Eckhard Jesse · Tom Thieme (Hrsg.)

Extremismus in den EU-Staaten

Eckhard Jesse
Tom Thieme (Hrsg.)

Extremismus in den EU-Staaten

VS VERLAG

Bibliografische Information der Deutschen Nationalbibliothek
Die Deutsche Nationalbibliothek verzeichnet diese Publikation in der Deutschen Nationalbibliografie; detaillierte bibliografische Daten sind im Internet über <http://dnb.d-nb.de> abrufbar.

1. Auflage 2011

Lektorat: Frank Schindler / Cori Mackrodt

VS Verlag für Sozialwissenschaften ist eine Marke von Springer Fachmedien.
Springer Fachmedien ist Teil der Fachverlagsgruppe Springer Science+Business Media.
www.vs-verlag.de

Umschlaggestaltung: KünkelLopka Medienentwicklung, Heidelberg
Druck und buchbinderische Verarbeitung: Ten Brink, Meppel
Gedruckt auf säurefreiem und chlorfrei gebleichtem Papier
Printed in the Netherlands

ISBN 978-3-531-17065-7

Inhaltsverzeichnis

Zusammenfassung

Einleitung

Extremismus in den EU-Staaten

Theoretische und konzeptionelle Grundlagen

Eckhard Jesse/Tom Thieme

1 Relevanz der Thematik, Ziel und Konzeption des Bandes

Wer hätte das im Sommer 1989 gedacht? Als vor dem Hintergrund der ökonomisch am Abgrund stehenden Sowjetunion die Schlagwörter Perestroika und Glasnost die Runde machten und erste zaghafte Reformen den maroden Staatssozialismus in Osteuropa retten (nicht abschaffen) sollten, rechneten weder die optimistischsten Beobachter im Westen noch die Bevölkerung im Ostblock mit dem baldigen Ende des so genannten „kurzen Jahrhunderts"[1]. Der „Schwarze Freitag der Sozialwissenschaften"[2] (wegen der allgemeinen Verblüffung über das unvorhergesehene Ausmaß und Tempo des weithin friedlichen Wandels) wurde zur Sternstunde von Demokratie und Freiheit. Millionen Menschen stimmten auf den Straßen und Plätzen Ost- bzw. Ostmitteleuropas über ihre orthodoxen kommunistischen Eliten und damit über den Ausgang des Systemwettbewerbs ab. Im Wettstreit zwischen demokratisch-marktwirtschaftlichen und diktatorisch-planwirtschaftlichen Staaten hatte sich die Idee der Freiheit gegenüber einem erzwungenen Gleichheitsanspruch durchgesetzt. Der Fall der Berliner Mauer am 9. November 1989 und die Wiedervereinigung Deutschlands am 3. Oktober 1990 wurden zum Symbol für das Ende der über vier Jahrzehnte währenden europäischen Teilung.

Die weitere Entwicklung verlief weniger schnell, aber nicht minder bewerkenswert. In den meisten Staaten der einstigen kommunistischen Hemisphäre entstanden Demokratie, Rechtsstaatlichkeit und Marktwirtschaft, wenngleich die allumfassende Transformation nicht überall den erhofften schnellen Wohlstand brachte. Nie zuvor in der Geschichte des alten Kontinents lebten so viele seiner Bewohner in Freiheit und Sicherheit wie heute, von wenigen autoritären (Weißrussland) und semidemokratischen (u. a. Russland, Ukraine) Ausnahmen im ehemaligen Sowjetreich abgesehen. Trotz aller Schwierigkeiten beim Übergang von Diktaturen zu Demokratien ist Europas jüngste Vergangenheit eine beispiellose Erfolgsgeschichte. Sechs Jahrzehnte nachdem der deutsche Nationalsozialismus die Welt an den Rand des Abgrundes geführt hatte und 15 Jahre nach der Überwindung der europäischen Teilung, traten am 1. Mai 2004 acht frühere sozialistische Blockstaaten der Europäischen Union bei, zweieinhalb Jahre später folgten Rumänien und Bulgarien. Die Staaten des früheren Jugoslawiens stehen nach Überwindung der Balkenkriege in den 1990er Jahren in den Startlöchern. Europa scheint aus den Katastrophen des 20. Jahrhunderts gelernt zu haben.

1 Vgl. Eric J. Hobsbawm: Das Zeitalter der Extreme: Weltgeschichte des 20. Jahrhunderts, 9. Auflage, München 2009.

2 Vgl. Klaus von Beyme: Systemwechsel in Osteuropa, Frankfurt a. M. 1994, S. 36.

Doch die Befriedung und Demokratisierung im „alten" wie im „neuen" Europa führten nicht an jeder Stelle zur Akzeptanz von Freiheit und Demokratie. Vor allem (aber nicht nur) bei den Verlierern der weltpolitischen Verwerfungen nach Ende des Nationalsozialismus und des Kommunismus konnten sich die Ideen von Demokratie, Pluralismus und Rechtsstaatlichkeit nicht durchsetzen. Obwohl eine Umkehr der demokratischen Entwicklung momentan in keinem der 27 EU-Staaten realistisch erscheint, sind autoritäre bzw. totalitäre Gesellschaftsvorstellungen in den meisten Demokratien nicht verschwunden. Dazu kommen neuere Erscheinungsformen wie der Terrorismus und so genannte semidemokratische Einstellungen, die weitgehend entideologisiert nach einer demokratischen Alternative streben, ohne an die Diktaturen der Vergangenheit anknüpfen zu wollen. All diese vielgestaltigen Phänomene umfasst der Begriff des politischen Extremismus, der über eine lange ideengeschichtliche Tradition verfügt.[3]

Der Sammelband untersucht die Entwicklungen und Ausprägungen extremistischer Bestrebungen in 24 Staaten[4] der Europäischen Union im Zeitraum von 1990 bis 2009. Die EU-Mitgliedschaft stellt das zentrale Auswahlkriterium der Länder dar. Es soll ein Überblick zur Entstehung, Erscheinung und Wirkung des politischen Extremismus gegeben werden. Dabei geht es darum, die Gemeinsamkeiten, Unterschiede und Besonderheiten der verschiedenen Extremismusphänomene herauszuarbeiten. Mit der vergleichenden Analyse unterschiedlicher Extremismusformen in West- und Osteuropa betritt der Band wissenschaftliches Neuland. Es existieren Untersuchungen für den gesamteuropäischen Vergleich des Rechtsextremismus[5], jedoch nicht für den Rechts- und Linksextremismus gleichermaßen – schon gar nicht für Analysen mit extremismustheoretischem Hintergrund. Die europäische Dimension bzw. die EU-Perspektive spielt nur selten eine Rolle.[6] Der Blick über den Tellerrand lohnt sich in doppelter Hinsicht: Ein Mehrebenenvergleich von verschiedenen Extremismusvarianten im europäischen Maßstab kann vielfältige Erkenntnisse zu den Ursachen, Auswirkungen, Erscheinungsformen und Gefahren des politischen Extremismus gewinnen. Was begünstigt das Auftreten extremistischer Kräfte? Was hemmt ihre Etablierung? Welche Faktoren sind für die Verbreitung extremistischer Einstellungen verantwortlich? Warum sind manche Staaten so anfällig gegenüber antidemokratischen Bestrebungen, warum andere anscheinend oder auch nur scheinbar resistent? Welche Rolle spielt der gesellschaftliche Umgang mit den verschiedenen Extremismen? Inwieweit sind extremistische Organisationen in den EU-Staaten verankert? Basiert die Wahrnehmung extremistischer Formen auf Äquidistanz?

---

3 Vgl. Uwe Backes: Politische Extreme. Eine Wort- und Begriffsgeschichte von der Antike bis zur Gegenwart, Göttingen 2006.

4 Unberücksichtigt bleiben die Kleinstaaten Luxemburg, Malta und Zypern mit jeweils weniger als einer Million Einwohner, da externe Faktoren für die nationale Politik dieser Länder eine zentrale Rolle spielen und sie somit nicht vorbehaltlos für den internationalen Vergleich herangezogen werden können. Zur Bedeutung der Bevölkerungsgröße als Kriterium für die Auswahl der Untersuchungsländer in der vergleichenden Politikwissenschaft siehe Robert L. Perry/John D. Robertson: Comparative Analysis of Nations: Quantitative Approaches, Boulder 2002, S. 14–18.

5 Siehe u. a. Paul Hainsworth: The Politics of the Extreme Right. From the Margins to the Mainstream, London/New York 2000; Pippa Norris: Radical Right. Voters and Parties in the Electoral Market, New York 2005; Cas Mudde: Populist Radical Right Parties in Europe, Cambridge 2007.

6 Siehe Aleks Szczerbiak/Paul Taggart (Hrsg.): Opposing Europe? The Comparative Party Politics of Euroscepticism, Band I: Case Studies and Country Surveys, Band II: Comparative and theoretical perspectives, Oxford/New York 2008.

Die Formen des politischen Extremismus lassen sich für den nationalen wie den internationalen Vergleich ebenfalls vielfältig differenzieren. Sie variieren in ihren ideologischen Ausrichtungen (Rechts-, Linksextremismus und Fundamentalismus), in ihren Organisationsformen (Parteien, Vereinigungen, Netzwerke), in ihrem Aktionismus (gewalttätig, militant, nicht militant) und in ihren Strategien (legalitätsorientiert, subkulturorientiert). Für den Ländervergleich ergeben sich daraus mannigfaltige Untersuchungsmöglichkeiten: Welche ideologischen-programmatischen Gemeinsamkeiten existieren? Worin unterscheiden sich rechts- und/oder linksextremistische Parteien in den jeweiligen Ländern? Wie agieren Extremisten auf parlamentarischer und außerparlamentarischer Ebene? Gibt es Zusammenhänge zwischen der Stärke und der Schwäche der extremistischen Antipoden? Inwieweit variiert der Intensitätsgrad extremistischer Organisationen im europäischen Maßstab? Welche Mittel zum Erreichen ihrer Ziele setzen sie ein? Was spricht für eine Radikalisierung, was für eine Mäßigung bestimmter Extremismen?

Des Weiteren lassen sich räumliche und zeitliche Dimensionen mit Blick auf die Extremismusproblematik untersuchen: Welche Extremismusformen dominieren in bestimmten europäischen Staaten bzw. Regionen? Gibt es Unterschiede, z. B. zwischen Ost- und Westeuropa, zwischen Nord- und Südeuropa? Wo existieren Hochburgen? Sind paneuropäische Tendenzen erkennbar? Handelt es sich bei den (Wahl-)Erfolgen extremistischer Kräfte um Ausnahmeerscheinungen oder um eine – soweit ersichtlich – dauerhafte Etablierung? Lassen sich aus bestimmten Wandlungsprozessen verallgemeinerbare Aussagen für die Zukunft extremistischer Bestrebungen ableiten? Hat sich in den vergangenen 20 Jahren ein Auf- oder Abschwung des politischen Extremismus bzw. bestimmter Extremismusvarianten abgezeichnet? Welche Ursachen sind dafür namhaft zu machen?

Die Extremismusforschung als Bestandteil einer als Demokratiewissenschaft verstandenen Politikwissenschaft fragt auch und vor allem nach dem Gefahrenpotenzial extremistischer Kräfte. Welche Auswirkungen ergeben sich aus der Extremismusproblematik für die europäischen Demokratien? Wie unterscheiden sich die verschiedenen Extremismen in ihrem Potenzial? Vor welchen Herausforderungen stehen die europäischen Staaten bei der Abwehr extremistischer Gefahren? Welche Strategien der Prävention und der Bekämpfung sind im internationalen Vergleichsmaßstab wirkungsvoll, welche wirkungslos?

Der Sammelband ist vergleichend konzipiert. Es sollen möglichst viele Aspekte in allen Beiträgen zur Sprache kommen, um breite und differenzierte Ergebnisse zu Ursachen, Erscheinungsformen, Ideologien und Strategien des politischen Extremismus analysieren zu können. Alle Autorinnen und Autoren wurden gebeten, ihre Beiträge nach einheitlichen Kriterien abzufassen. Die Länderporträts beginnen mit der Darstellung der allgemeinen Rahmenbedingungen. Dabei werden die historischen Wurzeln antidemokratischer Bestrebungen beleuchtet, verfassungsrechtliche Regelungen zur Extremismusproblematik und zu Parteien- und Organisationsverboten behandelt, die Auswirkungen der Wahlsysteme analysiert, die Bedeutung der politischen Kultur untersucht, und die Minderheitensituation in den einzelnen Staaten kommt zur Sprache. Die Untersuchung extremistischer Organisationen differenziert zum einen Extremismusformen nach ihrer ideologischen Ausrichtung (Rechts- und Linksextremismus, in bestimmten Fällen religiösen Fundamentalismus und ethnischen Minderheitenextremismus), zum anderen nach parteiförmigem und nichtparteiförmigem Extremismus. Für Parteien stehen die Analyse der Wahlergebnisse seit 1990, mögliche Allianzen und Regierungsbeteiligungen (Kapitel 2) sowie die ideologischen, strategischen und organisatorischen Betätigungen im Vordergrund (Kapitel 3). Aspekte wie die Positionierung zur Nation und zur EU, das Verhalten zu den demokratischen Kräften und das Verhältnis gegenüber den antidemokratischen Antipoden spielen hier ebenso eine Rolle wie die Klärung der Frage nach der inneren Verfasstheit der extremistischen Gruppierungen. Nichtparteiförmige Organisationen werden vor allem auf ihre Gewaltbereitschaft, ihre Aktivitäten und ihr subkulturelles Umfeld hin untersucht (Kapitel 4). Im Ergebniskapitel geht es um die Einordnung der Extremismen, den Vergleich der Größenordnungen, den Intensitätsgrad unterschiedlicher Gruppierungen und die Bewertung des Gefahrenpotenzials extremistischer Organisationen. Ein Ausblick soll jeweils versuchen, die künftigen Chancen extremistischer Etablierung einzuschätzen.

Gleichwohl werden in manchen Staaten Extremismusphänomene auftauchen, welche schwerlich in ein festes Raster passen. Daher soll trotz des Versuchs einer möglichst einheitlichen Gestaltung der Länderporträts Raum für die Besonderheiten und spezifischen Charakteristiken der jeweiligen politischen Extremismen gegeben sein. Je nachdem, ob eher parteiförmige oder andersartige extremistische Phänomene für den einzelnen Fall relevant sind, ist eine unterschiedliche Gewichtung des dritten und vierten Kapitels möglich. Das hängt zwangsläufig eng mit der Bedeutung bzw. den Größenverhältnissen der einzelnen Extremismusformen zusammen. Umgekehrt heißt das nicht, dass jenen Länderbeiträgen automatisch größere Aufmerksamkeit zuteil wird, in denen politischer Extremismus ein besonderes politisches und gesellschaftliches Problem darstellt. Die (weitgehende) Abstinenz von Extremismus stellt ein nicht minder wichtiges Ergebnis dar. Über den Tellerrand blicken bedeutet aus normativ-demokratischer Perspektive auch, Länder ohne bzw. mit wenig Extremismus zu betrachten. In solchen Fällen gilt es zu klären, welche Bedingungen und Ursachen für die weitgehende Abstinenz von Extremismus verantwortlich sind.

Uneinheitlichkeiten bei der Gestaltung der Länderbeiträge ergeben sich aus der unterschiedlichen Literaturlage zum politischen Extremismus. Die Analyse extremistischer Bestrebungen hängt eng mit der Bedeutung des politischen Extremismus zusammen und folgt meist konjunkturellen Zyklen. So können einige Länderporträts auf umfangreiche Darstellungen der Ursachen und Erscheinungsformen extremistischer Organisationen zurückgreifen (z. B. Deutschland, Italien, Frankreich), während die Forschung zu kleineren Ländern und zu Staaten, in denen Extremismus eine marginale Rolle spielt (z. B. im Baltikum, in Irland und in Portugal) noch in den Kinderschuhen steckt. An diesen Stellen sollen Grundlagen geschaffen werden. Die Rahmenbedingungen der politischen Systeme und die entstehungsrelevanten Faktoren des Extremismus sind dabei intensiver zu beleuchten.

Der Dank der Herausgeber gilt allen Autorinnen und Autoren für die gute Kooperation. Die vergleichende Konzeption des Bandes verlangte nicht selten nach Konzessionen, deren Umsetzung sich im Einzelfall meist konstruktiv realisieren ließ. Dass das Unterfangen gelang, geht in großem Maße auf die Geduld und die Kompromissbereitschaft des Autorenteams zurück. Zudem gilt besonderer Dank Niels Dehmel, Jan Freitag und Maria Lindner, die mit großem Einsatz an der formalen und redaktionellen Gestaltung des Bandes beteiligt waren und mit ihrem Engagement zum Gelingen des Projektes beigetragen haben.

2 Theoretische Grundlagen

2.1 Der Begriff des Extremismus

Elementar für die wissenschaftliche Auseinandersetzung mit dem vielgestaltigen Phänomen des politischen Extremismus ist der fundamentale Gegensatz von demokratisch und extremistisch. Politischer Extremismus wird allgemein als Gegenpol zum demokratischen Verfassungsstaat verstanden, der diesen ablehnt, ihn einschränken oder beseitigen will. Der Begriff des demokratischen Verfassungsstaats beinhaltet dabei zwei zentrale Elemente: eine demokratische und eine konstitutionelle Komponente. Das demokratische Prinzip umfasst die fundamentale menschliche Gleichheit, die Souveränität des Volkes, die Repräsentation des Volkes durch gewählte Vertreter und die Umsetzung bzw. Einhaltung von Mehrheitsregeln und Minderheitenschutz, das konstitutionelle Prinzip hingegen Regeln zur Begrenzung und Kontrolle politischer Macht sowie den Schutz persönlicher Freiheitsrechte. Notwendige Voraussetzung für das Funktionieren von Demokratie einerseits und Verfassungsstaatlichkeit andererseits ist die schon im Begriff des demokratischen Verfassungsstaates angelegte Verknüpfung beider Prinzipien.[7] In diesem Sinn ist Extremismus als Absage an die grundlegenden Werte, Verfahren und Institutionen der Demokratie zu verstehen. Dazu zählen die Idee der Menschenrechte, die daraus resultierenden Grund- und Freiheitsrechte aller Bürger, Interessenpluralismus, freie politische Betätigung und faire Wahlen sowie der Schutz bzw. die Bewahrung individueller und politischer Freiheiten. Alle Einstellungen, Verhaltensweisen, Institutionen und Ziele, die sich gegen diese Prinzipien richten, gelten als extremistisch. Da Demokratie und Rechtsstaatlichkeit Voraussetzungen für die Mitgliedschaft in der Europäischen Union sind, was u. a. der Lissabon-Vertrag und die Kopenhagener Kriterien definieren, ergibt sich eine klare Einordnung aller EU-Länder in diesem Sinne.

Bei dem Extremismusbegriff handelt es sich um eine „Negativdefinition".[8] Da die Doktrinen politischer Extremisten in ihrer direkten oder indirekten Ablehnung des demokratischen Verfassungsstaates wesentliche Gemeinsamkeiten aufweisen, gibt es zugleich ein entsprechend positives Begriffsverständnis: Fanatismus, Aktionismus, Dogmatismus, Verschwörungstheorien und Freund-Feind-Stereotype zählen zu den wesentlichen Strukturelementen aller Extremismusvarianten. Daraus leiten extremistische Kräfte auf organisatorisch-struktureller Ebene für sich Notwendigkeiten z. B. exklusiver Gestaltungsansprüche, starker und starrer Hierarchien, charismatischer Führung, autoritärer Unterwerfung und rechtliche Privilegien ab. Extremisten fordern den Alleinvertretungsanspruch als politische Kraft und reklamieren für ihre Doktrin die einzig politisch-historische Wahrheit, woraus Intoleranz und Feindschaft gegenüber Andersdenkenden entsteht.

Die Umsetzung der Ziele von Extremisten läuft auf eine Abschaffung oder Einschränkung des demokratischen Verfassungsstaates hinaus. Nicht immer ist ihr Ziel – die Errichtung einer Diktatur – offensichtlich. Und nicht immer ist das ihr Ziel. Intention und Auswirkung

7 Vgl. Uwe Backes/Eckhard Jesse: Politischer Extremismus in der Bundesrepublik Deutschland, Bonn 1993, S. 23.

8 Vgl. das Grundlagenwerk von Uwe Backes: Extremismus in demokratischen Verfassungsstaaten. Elemente einer normativen Rahmentheorie, Opladen 1989, S. 103.

müssen sich nicht decken. Abgrenzungsprobleme ergeben sich für die Theorie im Allgemeinen wie für den internationalen Vergleich extremistischer Bestrebungen im Besonderen. Zum ersten verschleiern manche Extremismen ihre Absichten – sei es aus Furcht vor staatlichen Restriktionen, sei es aus Pragmatismus, um Anhänger zu gewinnen. Die Legalitätstaktik darf nicht über das Wesen solcher Formationen hinwegtäuschen. Zum zweiten gibt es Grenzfälle bei der Zuordnung als demokratisch oder extremistisch. Nicht immer muss sich Extremismus gegen die gesamte Demokratie wenden, sondern kann sich nur gegen bestimmte Elemente des demokratischen Verfassungsstaates richten. Nicht alle Anhänger antidemokratischer Parteien und Organisationen müssen Extremisten sein, und auch in demokratischen Vereinigungen kann es extremistische Einflüsse geben. Der häufig missverständlich verwendete Terminus des Populismus – sozusagen als Extremismus-*light*-Variante – schafft in diesem Sinne mehr Verwirrung als Klarheit. Die Verneinung der Demokratie steht nicht im Vordergrund – es existieren demokratische wie extremistische Populismen. Im Zentrum der Definition steht der Rekurs auf das einfache „Volk" und die Kritik am „Establishment", nicht die Haltung zur Demokratie. Eine Klassifizierung extremistischer Parteien ist nur aus immanenter Perspektive sinnvoll. Es gilt folglich (eindeutig) zu klären, ob eine Organisation demokratisch oder extremistisch verfasst ist.

Für einen internationalen bzw. europäischen Vergleich besteht das Problem einer fehlenden, allgemein gültigen Definition für Extremismus, die in allen EU-Staaten gleichermaßen zur Identifikation und Abwehr extremistischer Kräfte Anwendung finden müsste. Die jeweils national festgelegten Kriterien, was überhaupt als extremistisch zu gelten hat, variieren – zum Teil beträchtlich. Nicht überall existiert etwa ein antiextremistischer Konsens. Einige Länder „kennen" nur Rechtsextremismus, andere sind empfindlicher gegenüber dem Linksextremismus. Organisationen, die in manchen Staaten wegen ihres Extremismus verboten würden, gelangen anderswo in Regierungsverantwortung. Die jeweils nationalen Unterschiede zwischen Verfassungstheorie und -wirklichkeit im Umgang mit antidemokratischen Bestrebungen verstärken die Schwierigkeiten einer komparativen Analyse. Für den Einzelfall gilt es sowohl die Maßstäbe des jeweiligen Landes als auch übergreifende Merkmale des politischen Extremismus zu berücksichtigen.

2.2 Formen des politischen Extremismus

Der Terminus Extremismus gilt als Oberbegriff für verschiedene Extremismusvarianten. Extremistische Phänomene lassen sich vielfältig differenzieren. Dabei geht es um vergleichen, nicht um gleichsetzen, auch wenn strukturelle Analogien auf der Hand liegen. So könnte man einen aktions-, parlaments- und diskursorientierten Extremismus unterscheiden. Zur ersten Rubrik gehören etwa autonome und terroristische Bestrebungen. In die zweite fallen Parteien, in die dritte Kategorie intellektuelle Kreise. Neben organisierten Formen des Extremismus, wie Parteien und Vereine, gibt es lose bzw. unorganisierte Varianten. Extremismus kann gewalttätig und gewaltfrei auftreten. Jede gewaltbereite politische Organisation ist extremistisch, aber nicht jede gewaltlose demokratisch.

Rechts- und Linksextremismus sowie religiöser Fundamentalismus sind die häufigsten (und bekanntesten) Formen des politischen Extremismus. Rechtsextremismus ist eine

Sammelbezeichnung für Strömungen, welche die universellen Freiheits- und Gleichheitsrechte der Menschen beeinträchtigen. Rechtsextremisten agieren rassistisch und fremdenfeindlich, sie streben einen ethnisch homogenen Nationalstaat an, oder sie versuchen, die antidemokratische Über- und Unterordnung sowohl innerhalb von Staaten als auch zwischen Nationen zu realisieren. Rechtsextremistische Gruppierungen bekämpfen Minderheiten und fremde Kulturen, neigen zum Führerkult und zu diktatorischen Ordnungsvorstellungen, propagieren und verherrlichen nationalistische Ideologien und zeigen Bereitschaft, diese Ideen auch umzusetzen.[9]

Im Gegensatz zum Rechtsextremismus, der die Grundsätze menschlicher Gleichheit einschränkt, setzt der Linksextremismus gesellschaftliche Gleichheitsansprüche absolut und überlagert damit das Freiheitsprinzip. Der Begriff Linksextremismus umfasst verschiedene Strömungen, deren Ziel es ist, den Menschen von allen gesellschaftlichen Zwängen zu befreien und eine herrschaftslose Ordnung anzustreben. Die Verwirklichung dieser Utopie – nach der klassischen Unterscheidung im Kommunismus durch die Errichtung einer Diktatur des Proletariats, beim Anarchismus durch die Ablehnung jeder Staatlichkeit – widerstreitet den konstitutionellen Prinzipien der Gewaltenteilung und Rechtsstaatlichkeit. Ziel aller Linksextremisten ist die Beseitigung der kapitalistischen Gesellschaft.[10] „Kapitalismus" ist dabei eine Metapher für den auf Machtkontrolle fußenden demokratischen Verfassungsstaat.

Religiöser Fundamentalismus und (separatistischer) Minderheitenextremismus stellen Extremismusvarianten dar, die sich nicht nach den Kriterien einer Rechts-Links-Achse einordnen lassen. Wiewohl es extremistische Strömungen in allen Religionen gibt, stellt der radikale Islamismus die wohl bekannteste Spielart des Fundamentalismus dar. Erklärtes Ziel seiner Anhänger ist die Weltvorherrschaft des Islam und die Errichtung eines Gottesstaates. Die Anwendung der islamischen Rechtsordnung nach den Geboten des Korans verwirft das Prinzip menschlicher Gleichheit – offensichtlich zu erkennen an der Benachteiligung von Frauen und Anders- bzw. Ungläubigen. Erklärter Hauptfeind des fundamentalen Islamismus ist der westliche Liberalismus, dem religiöse Extremisten den „heiligen Krieg" erklären und den sie mit Terroranschlägen gegen die Zivilbevölkerung führen. Der Extremismus nationaler Minderheiten ist mitunter mit rassistisch motivierten Einstellungen gegenüber der Bevölkerungsmehrheit und Bestrebungen um territoriale Autonomie bzw. Unabhängigkeit verbunden. Der nationale Befreiungskampf geht häufig auch mit linksextremen Gesellschaftsvorstellungen einher. Primäres Ziel ist nicht die unmittelbare Abschaffung der Demokratie, sondern die Loslösung des von der ethnischen Minderheit dominierten Gebietes vom Zentralstaat.

2.3 Intensitätsgrad des politischen Extremismus

Politische Extremismen variieren nicht nur in ihrer Form und Ausrichtung, sondern auch und vor allem in ihrem Intensitätsgrad. 1978 hatte der hispano-amerikanische Politikwissenschaft-

9 Vgl. Jürgen R. Winkler: Rechtsextremismus, in: Wilfried Schubarth/Richard Stöss (Hrsg.): Rechtsextremismus in der Bundesrepublik Deutschland. Eine Bilanz, Bonn 2000, S. 38–68, hier S. 44–47.

10 Vgl. Tom Thieme: Die langen Schatten der Vergangenheit. Linksextremistische Parteien in Tschechien und der Slowakei 20 Jahre nach der samtenen Revolution, in: Tilman Mayer (Hrsg.): Linkes Denken seit 1989: Parteien, Konzepte, Strategien, München 2011 (i. E.).

ler Juan J. Linz (Oppositions-)Parteien nach ihrer Einstellung zum demokratischen System in loyale, semiloyale und disloyale Kräfte eingeteilt.[11] Die seither gewachsene Relevanz einer international vergleichenden Erforschung des Extremismus verstärkt die Notwendigkeit einer systematischen und kriterienorientierten Beschäftigung mit dem Maß antidemokratischer Intensität. Diese Aufgabe wird zusätzlich erschwert, da in den meisten Staaten unterschiedlich (verfassungstheoretisch) geregelt und (politisch kulturell) wahrgenommen wird, was überhaupt als extremistisch bzw. demokratisch zu gelten hat. Bei der Differenzierung extremistischer Intensität geht es nicht darum, einen weichen Linksextremismus von einem harten Rechtsextremismus (und von einem unter Umständen noch härterem religiösen Fundamentalismus) abzugrenzen, wie dies die gängige Begriffsbildung „rechtsextrem" versus „linksradikal" suggeriert. Unterschiede kann es sowohl innerhalb der einzelnen Strömungen als auch aus vergleichender Perspektive geben.

Um den Intensitätsgrad von politischem Extremismus zu untersuchen, ist weiterhin die Differenzierung der Organisationsformen notwendig. Kriterien für die Unterscheidung so genannter harter und weicher extremistischer Parteien können beispielsweise nicht in gleichem Maße für den subkulturellen Extremismus angewandt werden. Hier kommt dem Element der Gewalt oder der Gewaltbejahung eine unterscheidende Relevanz zu. Da extremistische Parteien in der Regel nicht zu gewalttätigen Mitteln greifen und diese (zumindest nach außen hin) auch nicht für legitim erachten, würde die grundlegende Unterscheidung in gewaltbereit-harte und gewaltlos-weiche Extremismen zwangsläufig zu einer Verwässerung des Extremismusbegriffs führen. Die meisten antidemokratischen Parteien wären dann weiche Extremismusvarianten, was weder ihrem Wesen noch einer sinnvollen Differenzierung extremistischer Intensität entspäche. Für die Bemessung des extremistischen Intensitätsgrades gilt es daher einerseits unterschiedliche Erscheinungen (parteiförmigen und nichtparteiförmigen Extremismus) zu berücksichtigen, andererseits darf eine beliebige Subtypenbildung nicht zur Zerfaserung des Extremismuskonstruktes führen. Je nachdem, ob Parteien oder subkulturelle Strömungen untersucht werden, stehen verschiedenartige Kriterien für die Merkmale Ideologie, Organisation, Strategie und Aktionismus bereit. Intellektuelle Extremismusvarianten – die in diesem Band ausgeblendet bleiben – verlangen wiederum nach anderen Indikatoren.

Ideologie: Eine weltanschauliche Utopie der angestrebten Gesellschaftsform stellt den Kern antidemokratischen Denkens dar. Das gilt für Parteien wie für lose Verbindungen. Harte Extremismen lehnen den demokratischen Verfassungsstaat in toto ab und streben (mehr oder weniger offen) eine Diktatur an. Weiche Extremismen richten sich nur gegen bestimmte Bereiche demokratischer Verfasstheit, beispielsweise bürgerliche Freiheits- und Gleichheitsrechte. Sie laufen damit auf eine Abschwächung zentraler Elemente des demokratischen Verfassungsstaates hinaus. Der zweite Aspekt betrifft die Frage, ob den jeweiligen Gesellschaftsvorstellungen überhaupt eine konsistente (Groß-)Ideologie zugrunde liegt (hart), oder ob nur einzelne Elemente aus den historisch gewachsenen Weltanschauungen von Nationalismus, Kommunismus und Klerikalismus übernommen werden (weich). Vor dem Hintergrund einer europaweit breit verankerten gesellschaftlichen Ablehnung des National-

11 Vgl. Juan J. Linz: The Breakdown of Democratic Regimes: Crisis, Breakdown and Reequiliberation, Baltimore 1978.

sozialismus und der weitgehenden Delegitimierung des Kommunismus seit 1989/90 ist eine graduelle Deideologisierung (nicht nur, aber vor allem) extremistischer Parteien zu beobachten, die dem klassischen Extremismusbild nur bedingt entspricht. Wer auf einschlägige Großideologien setzt, ist in den meisten europäischen Gesellschaften isoliert.

Strategie: Vor allem strategisch unterscheiden sich extremistische Parteien von nichtparteiförmigen Strukturen. Die Klassifizierung antidemokratischer Parteien wird dadurch erschwert, dass sie – teils aus Angst vor staatlichen Restriktionen, teils aus Pragmatismus bzw. Populismus – ihre Position verschleiern. Weiche extremistische Parteien halten sich formal an die demokratischen Prinzipien. Harte Extremismen zielen dagegen (mehr oder weniger offen) auf den „Systemwechsel" ab und instrumentalisieren die Demokratie. Sie geraten dadurch offensichtlich in den Konflikt mit der demokratischen Rechtsordnung, und sie kooperieren teilweise mit ihnen nahestehenden militanten oder gar gewaltbereiten Kräften, gehen jedenfalls nicht auf unzweideutige Distanz. Extremistische Parteien nutzen solche Szenen häufig als Basis, Unterstützung und Rückzugsraum ihrer außerparlamentarischen Aktivitäten. Während beim weichen parteipolitischen Extremismus eine klare Distanzierung von militanten oder gewalttätigen Gruppen vorliegen muss, fehlt es den harten Extremismusformationen daran; sie suchen bisweilen sogar Zusammenarbeit. Für harte und weiche Extremismusvarianten innerhalb des subkulturellen Extremismus lässt sich die Frage des Pluralismusverständnisses umgekehrt anwenden. Gibt es Kooperationen mit demokratischen Parteien und gesellschaftlichen Interessensgruppen, handelt es sich um einen weichen Extremismus. Wird jede Zusammenarbeit prinzipiell abgelehnt, gilt das als Indikator einer harten Extremismusvariante.

Organisation: Auch organisatorisch ist eine Unterscheidung extremistischer Parteien und nichtparteiförmiger Organisationsformen sinnvoll. Zum einen deshalb, weil in Parteien häufig unterschiedliche (auch demokratische) Strömungen beheimatet sind. Sie versuchen, ein möglichst breites Spektrum potenzieller Sympathisanten zu erreichen und damit den eigenen politischen Einfluss zu steigern. Als Kriterium kann daher gefragt werden, ob die antidemokratische Richtung innerhalb der jeweiligen Organisation eine Mehrheits- (harter Extremismus) oder Minderheitsposition (weicher Extremismus) darstellt. Zum anderen spielen die internen Machtverhältnisse eine Rolle. Die Spitzen einer Partei können gemäßigter auftreten als ihre aufbegehrenden Flügel, oder – umgekehrt – eine radikale Führungsgruppe kann von eher moderaten Pragmatikern umgeben sein. Die innerparteilichen Faktionen sind mitentscheidend für die Zuordnungen als harte oder weiche extremistische Parteien. Für subkulturelle Kräfte gilt die Differenzierung interner Größen- und Kräfteverhältnisse nicht in gleichem Maße. Vielmehr ist eine starke Zentralisierung und Homogenisierung der inneren Ordnung zu erwarten. Daher stellt sich die Frage nach der Effizienz und Schlagkräftigkeit solcher Gruppen. Hochgradig militarisierte und straff organisierte Bewegungen gelten als hart-extremistisch, lose bzw. schwach organisierte Verbindungen als weich.

Tabelle 1 Kriterien für harten und weichen Extremismus bei Parteien

Ideologie	Weltanschauungsmodell	Liegt eine „klassische" Großideologie vor?
	Gesellschaftsmodell	Wird eine Diktatur angestrebt?
Strategie	Legalitätsverständnis	Wird die Demokratie abgelehnt?
	Pluralismusverständnis	Gibt es eine Zusammenarbeit mit antidemokratisch militanten oder gewaltbereiten Kreisen?
Organisation	Größenverhältnisse	Ist der Extremismus eine Mehrheitsposition?
	Kräfteverhältnisse	Ist das Machtzentrum extremistisch ausgerichtet?

Aktionismus: Da die meisten extremistischen Parteien nicht aggressiv und gewaltbereit auftreten, gilt das Kriterium nach der Wahl der Mittel in erster Linie als Bestimmungsmerkmal für harten und weichen nichtparteiförmigen Extremismus. Wird Gewalt unmittelbar ausgeübt oder propagiert oder legitimiert, kann von hartem Extremismus gesprochen werden. Lehnen solche Gruppierungen Militanz und Gewaltakte kategorisch ab und distanzieren sie sich von jeglicher Gewaltanwendung, handelt es sich um weichen subkulturellen Extremismus.

Tabelle 2 Kriterien für harten und weichen Extremismus bei subkulturellen Phänomenen

Ideologie	Systemvorstellung	Wird eine Diktatur nach „klassischem" Vorbild angestrebt?
Strategie	Pluralismusverständnis	Gibt es eine Zusammenarbeit mit demokratischen Kräften?
Organisation	Organisationsgrad	Ist die Militarisierung stark und damit die Effizienz und Schlagfertigkeit stark ausgeprägt?
Aktionismus	Militanz	Wird Gewalt angewendet bzw. propagiert und legitimiert?

Die Nichtsteigerbarkeit des Extremismusbegriffs steht nicht zwangsläufig im Gegensatz zu der Unterscheidung hart versus weich. Die Differenzierung des Intensitätsgrades darf nicht zu einer terminologischen Verwässerung und zu einer Erosion der Abgrenzung von Extremismus und Demokratie führen. Eine Klassifizierung extremistischer Organisationen nach ihrer Intensität macht nur aus immanenter Perspektive Sinn. Egal ob es sich um weiche oder harte Extremismusformen handelt – zunächst bleiben es im Kern antidemokratische bzw. verfassungsfeindliche Kräfte. Die Auffächerung ermöglicht jedoch eine bessere Unterscheidung extremistischer Positionen. Sie will plausibel machen, dass eine Gleichsetzung weder angestrebt noch sinnvoll ist. Schließlich macht es einen Unterschied aus, ob eine Partei des „harten Extremismus" 25 Prozent der Stimmen bei Wahlen gewinnt oder eine Partei des „weichen". Die Differenzierung zwischen einem „harten" und einem „weichen" Extremismus ist eine schlüssige Anwendung des Diktaturkonzepts (mit der Unterscheidung zwischen autoritären und totalitären Diktaturen).

2.4 Gefahrenpotenzial des politischen Extremismus

Die Gefährdungen der Demokratie durch den politischen Extremismus sind vielfältig. Ähnlich wie bei der Bestimmung des Intensitätsgrades extremistischer Bestrebungen lassen sich Kriterien zur Einordnung einer größeren oder geringeren Bedrohung nicht auf alle Extremismusformen gleichermaßen anwenden. Auch die naheliegende Schlussfolgerung – ein härterer Extremismus bedeute zugleich eine größere Gefahr für die Demokratie – verfängt nicht, denn die Kriterien von Intensität und Gefährdung sind nicht identisch. Von gewaltbereiten „Szenen" jedweder Couleur geht für individuelle Freiheit und persönliche Unversehrtheit ein höheres Gefährdungspotenzial aus als von den meisten extremistischen Parteien, die Gewalt als Mittel zum Zweck (zumindest) nicht anwenden. Zugleich sind militante Gruppen häufig gesellschaftlich geächtet, und ihre Größe ist marginal. In Fragen der gesellschaftlichen Verankerung, der parlamentarischen Vertretung und der politischen Einflussnahme sind es zumeist „weiche" Extremismen, die Erfolge verbuchen und somit auf anderen Ebenen einer Risikoanalyse des politischen Extremismus angesiedelt sind als militante Extremismen.

Es sind verschiedene Faktoren, die den Grad der Gefährdung des demokratischen Verfassungsstaates bestimmen.[12] Kein Kriterium ist absolut zu setzen. Das Gesamtpotenzial der extremistischen Bedrohung demokratischer Gesellschaften resultiert aus der Verbindung der zentralen Elemente. Dazu gehören *Wahlen*, die als wesentlicher Indikator für die Kräfteverhältnisse von extremistischen Parteien gelten. Das bezieht sich sowohl auf die verschiedenen extremistischen Lager als auch auf die Stellung der Parteien in den jeweiligen Parteiensystemen. Je stärker ihr politischer Einfluss ist, umso größer wird die Erosion der Demokratie. Die *Ideologie* spielt eine wichtige Rolle für die Ausrichtung und die Erfolgsbedingungen der politischen Extremismen. Zum einen geht es um das Ausmaß extremistischer Zukunftsvisionen, also ob das Gesellschaftsmodell eher auf eine defekte Demokratie, eine autoritäre oder eine totalitäre Diktatur hinausläuft. Zum anderen stellt sich die Frage, ob und inwieweit extremistische Ideologien von nennenswerten Bevölkerungsteilen angenommen werden. Die *Organisation* ist ein wesentliches Merkmal für die Frage nach dem schlagkräftigen und effizienten Handeln extremistischer Strömungen. Der *Aktionismus* extremistischer Kräfte stellt vor allem mit Blick auf Militanz und Terrorismus eine zentrale Herausforderung der demokratischen Sicherheit und Stabilität dar. Allein die Größe ist somit kein Gradmesser für Gefährlichkeit extremistischer Organisationen. Ferner sind *extremistische Einstellungen* in der Bevölkerung von Bedeutung. Sind diese in den Eliten vorhanden, so ist das gravierend. Das Einstellungspotenzial einer Gesellschaft ist maßgeblich für die soziale *Verankerung* des politischen Extremismus verantwortlich. Es gilt zu klären, ob der politische Extremismus gesellschaftlich geächtet ist oder ob es ihm gelingt, in Teile der Mehrheitskultur vorzudringen. Dazu gehören die Bündnis- und Koalitionsfähigkeit extremistischer Vereinigungen sowie ihr Einfluss auf den politischen Diskurs, zum Beispiel durch starke Medienpräsenz und durch die Akzeptanz bei den gesellschaftlichen Eliten eines Landes. Die Aspekte sollen im Rahmen einer Gefahrenanalyse der einzelnen Staaten in diesem Band näher beleuchtet werden.

---

12 Siehe hierzu und im Folgenden Uwe Backes/Eckhard Jesse: Extremistische Gefährdungspotenziale im demokratischen Verfassungsstaat. Am Beispiel der ersten und zweiten deutschen Demokratie, in: Dies. (Hrsg.): Vergleichende Extremismusforschung, Baden-Baden 2005, S. 245–264.

2.5 *Perspektiven der Extremismusforschung*

Der Mehrebenenvergleich von politischem Extremismus im europäischen Kontext ist ein anspruchsvolles Unterfangen, sind doch die Möglich- und Notwendigkeiten der Differenzierung vielfältig. Einigkeit besteht in der internationalen Forschung weder in der Konzeption noch in der Wahrnehmung des Extremismusphänomens. Daher kann ein Werk wie dieser Band einige, aber nicht alle Themenbereiche und Problemstellungen der vergleichenden Extremismusforschung behandeln. Primär geht es im Folgenden um einen Überblick zu den verschiedenen Extremismusformen im nationalen wie im europäischen Kontext. Nicht alle Facetten des politischen Extremismus werden dabei ausreichend gewürdigt, zumal die Forschungslücken zu den unterschiedlichen Erscheinungsformen gravierend sind und zudem zwischen den Staaten stark variieren. Während für rechtsextreme Parteien[13] inzwischen zahlreiche Studien vorliegen, gilt dies weit weniger für linksextreme Parteien, zumal diese meist nicht im Zusammenhang mit der Extremismusproblematik, sondern als kommunistische bzw. postkommunistische Parteien[14] wahrgenommen werden.

Vergleichende Untersuchungen zu gewaltbereiten und militanten Szenen sind selten.[15] Das gilt für den Rechtsextremismus, mehr noch für den Linksextremismus und weitere Extremismusformen wie den religiösen Fundamentalismus und den ethnischen Separatismus. Zwar wurde dem internationalen Terrorismus nach den Anschlägen vom 11. September 2001 in der Komparatistik hohe Aufmerksamkeit zuteil, doch empirisch gehaltvolle Analysen zum internationalen Vergleich subkulturell geprägter Gewaltszenen fehlen. Derartige Phänomene werden im Rahmen dieses Bandes zwar behandelt, gleichwohl bedarf es detaillierterer Einzelfallstudien, um solche Tendenzen genau einordnen und analysieren sowie eventuelle Handlungsempfehlungen im Umgang mit subkulturellen Extremismen geben zu können. Ein weiteres Problem für die Extremismusforschung stellen intellektuelle Bestrebungen dar. Solche Erscheinungen bleiben in diesem Band weitgehend unbeleuchtet, zum einen wegen der vagen theoretischen Konzeptionen zur Analyse solcher Phänomene[16], die in Deutschland

13 Siehe u. a. Pierre Blaise/Patrick Moreau (Hrsg.): Extrême Droite et National-Populisme en Europe de l'ouest, Brüssel 2004; Paul Hainsworth (FN 5); Piero Ignazi: Extrem Right Parties in Western Europe, Oxford/New York 2003; Pippa Norris (FN 5); Michael Minkenberg: Die neue radikale Rechte im Vergleich. USA, Frankreich, Deutschland, Opladen 1998; Cas Mudde: The Ideology of the Extreme Right, Manchester/New York 2000; ders. (Hrsg.): Racist extremism in Central and Eastern Europe, London 2005; Sabrina P. Ramet (Hrsg.): The Radical Right in Central and Eastern Europe since 1989, Pennsylvania 1999.

14 Siehe Uwe Backes/Patrick Moreau (Hrsg.): Communist and Post-Communist Parties in Europe, Göttingen 2008; Joan Botella/Luis Ramiro (Hrsg.): The crisis of Communism and Party Change. The evolution of West European Communist and Post-Communist Parties, Barcelona 2003; András Bozóki/John T. Ishiyama (Hrsg.): The Communist Successor Parties of Central and Eastern Europe, New York 2002; Gerhard Hirscher (Hrsg.): Kommunistische und postkommunistische Parteien in Osteuropa. Ausgewählte Fallstudien, München 2000; Patrick Moreau/Marc Lazar/Gerhard Hirscher (Hrsg.): Der Kommunismus in Westeuropa. Niedergang oder Mutation?, Landsberg am Lech 1998.

15 Siehe Uwe Backes/Eckhard Jesse: Autonome und Skinheads. Unterschiede und Perspektiven, in: Dies. (Hrsg.): Vergleichende Extremismusforschung, Baden-Baden 2005, S. 307–327; Hanspeter Kriesi: Movements of the Left, Movements of the Right: Putting the Mobilization of the New Types of Social Movments into Political Context, in: Herbert Kitschelt u. a. (Hrsg.): Continuity and Chance in Contemporary Capitalism, Cambridge 1999, S. 398–423.

16 Siehe nur Wolfgang Gessenharter/Thomas Pfeiffer (Hrsg.): Die Neue Rechte – eine Gefahr für die Demokratie?, Wiesbaden 2004.

unpräzise als „Neue Rechte" und „Neue Linke" firmieren, zum anderen wegen der mangelnden Datengrundlage im internationalen Vergleich. Und, das darf nicht verschwiegen werden: Wer dazu arbeitet, betritt ein Minenfeld. Es besteht ein weitaus größerer Konsens, gewalttätige Formen des Extremismus zu untersuchen als intellektuelle und dann noch im Vergleich zwischen rechts und links. Einzelfallstudien auf den angesprochenen Feldern, welche die Grundlage für differenzierte und internationale Vergleiche bilden, sind für die meisten Staaten Desiderata der Extremismusforschung.

Länder- bzw. Vielländervergleiche verschiedener extremistischer Erscheinungsformen sind rar. So gibt es wenige rechts-links-unterscheidende Analysen zu bestimmten Ländern[17] und Regionen[18]. Die gesamteuropäische Darstellung bzw. die Untersuchung der EU-Perspektive sind weitgehend unerforscht geblieben. Das hängt meist unmittelbar mit der Bedeutung der Extremismusproblematik in den jeweiligen Staaten zusammen. Vor allem in Ländern, in denen Extremismus nur in geringem Maße auftritt und in Gesellschaften, in denen eine klar definierte Abgrenzung von Demokratie und Extremismus fehlt, sind Einzelfallstudien extremistischer Randerscheinungen Mangelware. Eine solide Basis an Untersuchungen für alle betrachteten Länder stellt die Voraussetzung dar, um die verschiedenen Analyseebenen der Extremismusforschung für den internationalen Vergleich fruchtbar machen zu können. Der Band soll daher eine erste Grundlage bilden. Das Forschungsfeld einer international vergleichenden Extremismusforschung ist damit lange nicht ausgereizt. Vor allem für Studien der Wahl- und Parteienforschung, zu Fragen der politischen Kultur, im Bereich der Europawissenschaften sowie auf dem Gebiet der Transformationsforschung existieren vielfältige Anknüpfungspunkte.

Vergleichende Extremismusforschung ist Demokratieforschung. Sie darf antidemokratische Tendenzen nicht herbeireden oder herunterspielen. Das gilt auf nationaler wie auf europäischer Ebene. Gerade der internationale Vergleich bietet vielfältige Möglichkeiten, die Gefahrenpotenziale extremistischer Phänomene einzuordnen und zu bewerten. Das ist in der Praxis alles andere als selbstverständlich. Ohne den Länderporträts und dem vergleichenden Beitrag dieses Bandes etwas vorwegnehmen zu wollen, sei kurz auf ein Beispiel verwiesen. „Der organisierte Rechtsextremismus hat sich auf europäischer Ebene zurückgemeldet"[19], „Rechtsruck in Europa"[20] und „Aufwind der Extreme"[21] – so lauteten Schlagzeilen nach der Europawahl im Juni 2009. Tatsächlich erzielten – je nach Definition – rechtsextremistische bzw. rechtsradikale Parteien in Großbritannien, Italien, den Niederlanden, Österreich und Ungarn deutliche Stimmenzuwächse. Zugleich verschwanden jedoch Rechtsaußenparteien aus dem Europaparlament (Polen) oder erlitten teilweise starke

17 Siehe die Rubrik „Länderporträt" in: Uwe Backes/Eckhard Jesse (Hrsg.): Jahrbuch Extremismus & Demokratie, Band 11 bis 21, Baden-Baden 1999–2010.

18 Siehe nur Tom Thieme: Hammer, Sichel, Hakenkreuz. Parteipolitischer Extremismus in Osteuropa. Entstehungsbedingungen und Erscheinungsformen, Baden-Baden 2007.

19 Vgl. Carsten Hübner: Rechtsextremismus. Europas Rechtspopulisten auf dem Vormarsch, in: Bundeszentrale für politische Bildung, abrufbar unter: http://www.bpb.de/themen/NWJKT3.html%20am%2018.09.2009 [Stand: 7. Januar 2009].

20 Vgl. Christiana Otten: Rechtsruck. Vormarsch der Euroskeptiker, in: Focus-Online vom 8. Juni 2009, abrufbar unter: http://www.focus.de/politik/deutschland/wahlen-2009/europawahl/rechtsruck-vormarsch-der-europaskeptiker_aid_406327.html [Stand: 7. Januar 2010].

21 Vgl. Stephanie Bolzen/Christoph B. Schlitz: Aufwind für Europas Extreme, in: Die Welt vom 8. Juni 2009.

Verluste wie in Belgien, Frankreich und Lettland. Aus gesamteuropäischer Perspektive ist kein Rechtsruck eingetreten. Weder in Sitzen (unter Berücksichtigung der Verkleinerung des Europaparlaments) noch in Prozentanteilen gibt es eine (nennenswerte) Steigerung des Stimmenanteils rechter Flügelparteien. Erzielten bei den Europawahlen 2004/2007[22] rechtsextremistische Parteien europaweit 4,7 Prozent der Wählerstimmen, waren es 2009 4,4 Prozent (siehe den vergleichenden Beitrag in diesem Band). Von einem Rechtsruck bei den Europawahlen 2009 kann angesichts des sogar eher rückläufigen und insgesamt niedrigen Gesamtergebnisses der rechtsextremistischen Parteien auf europäischer Ebene nicht die Rede sein (von der Unfähigkeit der rechtsextremistischen Parteien, eine gemeinsame Fraktion zu bilden bzw. zu kooperieren, ganz abgesehen). Aufgabe einer international vergleichenden Extremismusforschung ist es auch, solche Entwicklungen ohne Hysterie zu analysieren und derlei Skandalisierungen richtig zu stellen. Es geht eben nicht darum, so laut wie möglich Alarm zu schlagen, sobald der Begriff (Rechts-)Extremismus ins Spiel kommt (für den Linksextremismus gilt das ohnehin in weitaus geringerem Maße). Die Wissenschaft hat den Finger auf die offenen Wunden zu legen, keine vermeintlichen oder vermeidbaren Blessuren provozieren. Wem die Festigung der demokratischen Verfassungsstaaten Europas am Herzen liegt, der muss an einer Extremismusforschung interessiert sein, die sich ihrer Untersuchungsgegenstände ergebnisoffen und ohne Scheuklappen annimmt.

3 Extremismus in den EU-Staaten – Kurzdarstellung der Länderbeiträge

Belgien:
Obwohl sich Parteien im liberalen politischen Klima Belgiens frei entfalten können, haben sich die demokratischen Kräfte des Landes für einen cordon sanitaire gegenüber dem rechtsextremistischen *Vlaams Belang* (VB) entschieden. Politisch wie gesellschaftlich ist der Rechtsextremismus damit isoliert. Während rechtsextremistische Parteien im frankophonen Teil Belgiens bedeutungslos geblieben sind, wuchs der VB in Flandern in den letzten zwei Jahrzehnten zur drittstärksten politischen Kraft heran. Damit ist ein innerparteilicher Mäßigungsprozess verbunden. Der VB versucht sich (vergeblich) vom Stigma des harten Rechtsextremismus zu befreien, tritt weniger rassistisch, sondern eher gemäßigt rechtspopulistisch auf. Der Linksextremismus ist bei den Parteien so gut wie nicht existent. Weder der parteiförmige Links- noch Rechtsextremismus stellt eine Bedrohung für die belgische Demokratie dar. Die Gefährdung der belgischen Demokratie resultiert vielmehr einerseits aus der verstärkten Polarisierung beider Landesteile und der Zunahme antiliberaler Einstellungen durch die VB-Politik, anderseits aus gewaltbereit-militanten rechtsextremistischen Gruppierungen.

---

22 In Rumänien und Bulgarien fanden die Europawahlen erst nach dem Beitritt beider Länder zur EU im Jahr 2007 statt.

Bulgarien:
Eine klare Trennung von Rechts- und Linksextremismus ist in Bulgarien unmöglich. Links- und rechtsextreme Positionen koexistieren nicht selten innerhalb einer Organisation. Die Erklärung dieser Durchmischung unterscheidet sich für beide Flügel: Die schwierige sozioökonomische Lage zwingt Vertreter der äußersten Rechten, die soziale Frage in ihren Programmen und Forderungen zu berücksichtigen, was vor allem strategischen Überlegungen geschuldet ist. Im Gegensatz dazu ist der Wandlungsprozess bei den Nachfolgeorganisationen der ehemaligen kommunistischen Staatspartei in erster Linie historisch erklärbar. Die delegitimierte kommunistische Ideologie wurde in der Spätphase des Sozialismus mit stark nationalistischen Tendenzen verbunden. Der erst mit einer gewissen Verzögerung einsetzende Aufstieg extremistischer Parteien in Bulgarien hängt vor allem mit der weit verbreiteten Frustration über die Ergebnisse der Transformation und mit dem Vertrauensverlust in die etablierten Parteien zusammen.

Dänemark:
Harte politische Extremismen sind in Dänemark von weithin schwacher Bedeutung. Sie stoßen einerseits auf eine stabile demokratische politische Kultur sowie auf eine tiefe Diskreditierung des Nationalsozialismus und der europäischen kommunistischen Diktaturen. Der politisch-kulturelle Raum für Anti-System-Parteien sowie für nichtparteiförmige links- und rechtsextremistische Akteure ist daher gering, extremistische Wertorientierungen finden gesellschaftlich kaum Anklang. Andererseits sehen sie sich mit dem parlamentarisch präsenten weichen Extremismus der *Dänischen Volkspartei* und der *Sozialistischen Volkspartei* konfrontiert, der Systemkritik wirksam absorbiert, im Falle der *Dänischen Volkspartei* diese sogar in Regierungshandeln transformiert. Ein Gefährdungspotenzial für die dänische Demokratie geht hiervon nicht aus, eher auf individueller Ebene von den gewalttätigen rechtsextremistischen oder linksautonomen Strömungen. Im Fokus der Sicherheitsbehörden steht primär der islamistische Terrorismus – als abstrakte, aber zuletzt hochgradige Gefahr.

Deutschland:
Die Rahmenbedingungen für alle Varianten des Extremismus sind angesichts der Last der Vergangenheit und vielfältiger Schutzmechanismen eher ungünstig. Bei den Parteien ist *Die Linke* weitaus einflussreicher und erfolgreicher als die *Nationaldemokratische Partei Deutschlands* (NPD), diese hingegen deutlich stärker extremistisch ausgerichtet als jene. *Die Linke* und die NPD repräsentieren in geradezu klassischer Weise schwachen Linksextremismus und harten Rechtsextremismus. Beide Parteien schneiden in den neuen Bundesländern besser ab als in den alten – vor allem wegen der günstigen Gelegenheitsstrukturen. Dieser Umstand ist gleichermaßen sozialisations- und situationsbedingt. Fällt die aggressive Fremdenfeindlichkeit rechter Skinheads im Osten stärker aus, so die Militanz linker Autonomer im Westen. Die Gewalt von rechts ist eher expressiv ausgerichtet, die Gewalt von links eher instrumentell. Der cordon sanitaire gegenüber den rechten Varianten des Extremismus funktioniert, weniger gegenüber den linken Varianten, sofern diese ohne Gewalt auskommen.

Estland:
Extremistische Parteien und gewaltbereit demokratiefeindliche Vereinigungen sind in Estland eine gesellschaftliche Randerscheinung ohne politische Relevanz. Dem Rechtsextremismus fehlt das Alleinstellungsmerkmal, da Vorurteile gegenüber der russischen Minderheit auch unter den demokratischen Parteien verbreitet sind. Linksextreme bzw. kommunistische Politik gilt dagegen als Relikt der einstigen sowjetischen Machthaber und wird von allen ethnisch-estnischen Gesellschaftsgruppen abgelehnt, während russisch-sozialistische Parteien durch den in den 1990er Jahren praktizierten Wahlausschluss von Minderheiten lange strukturell benachteiligt waren. Die Trennlinie des Extremismus in Estland verläuft heute nicht entlang der Kategorien Rechts- und Linksextremismus, sondern zwischen estnischem und russischem Nationalismus. Die Akteure verbinden Elemente des Rechts- und des Linksextremismus – auf beiden Seiten gehen Nationalprotektionismus und Sozialpopulismus Hand in Hand.

Finnland:
Das Aufkommen extremistischer Kräfte in Finnland ist eng mit den historischen und geopolitischen Entwicklungen sowie mit der homogenen Bevölkerungsstruktur des Landes verbunden. Bis zum Zusammenbruch der Sowjetunion bestimmten außenpolitische Doktrinen die Erscheinungsformen und die Intensität des politischen Extremismus. Während rechtsextremes Gedankengut durch einen breiten gesellschaftlichen und politischen Konsens verbannt war, erlangten die von der Sowjetunion unterstützten Kommunisten konstant zweistellige Wahlergebnisse und mehrfach Regierungsverantwortung. Seit 1990 ist politischer Extremismus in Finnland eine marginale Randerscheinung, wenngleich sich extremistische Strömungen in jeweils zwei links- und rechtsextremistischen Parteien manifestiert haben. Ihre Wahlerfolge beschränken sich auf die kommunale Ebene. Die Ursachen dafür, warum das Potenzial für extremistische Kräfte bisher nicht ausgeschöpft werden konnte, sind der Erfolg rechtspopulistischer Parteien, die konsensorientierte politische Kultur und eine vergleichsweise hohe Zufriedenheit mit dem politischen System.

Frankreich:
In Frankreich existieren an beiden Enden des politischen Spektrums relevante extremistische Parteien: die linksextremistische *Parti Communiste Français* (PCF) und der rechtsextremistische *Front national* (FN). Zusammen gewannen die Parteien in den 1990er Jahren teilweise über 25 Prozent der Wählerstimmen. Seit 2000 ist die Unterstützung der Wähler für Anti-System-Alternativen erheblich zurückgegangen. Auch ihre soziale Verankerung – gemessen an der Zahl der Mitglieder, der Stärke und Dichte lokaler Hochburgen sowie dem Einfluss in Gewerkschaften und anderen Interessenorganisationen – hat sich gelockert. Die französische Gesellschaft reagiert unterschiedlich auf die Flügelparteien von rechts und links. Die Strömungen der extremen Rechten sind durch das *Pétain*-Régime disqualifiziert, die Kommunisten durch die Résistance legitimiert. Auch in ihrem Intensitätsgrad unterscheiden sich PCF und FN deutlich. Während die Kommunisten ungeachtet aller revolutionären Rhetorik und strategischen Zweideutigkeiten nur bedingt als Anti-System-Partei gelten können, gilt der *Front national* – trotz seiner Legalitätstaktik – als eine klar antidemokratische Partei.

Griechenland:
Die gewaltbereiten Proteste des subkulturellen Linksextremismus seit Ende 2008, welche in der Ermordung eines Polizeibeamten gipfelten, zeigen deutlich, dass die linken Terrorgruppen *Revolutionäre Sekte* und *Revolutionärer Kampf* gegenwärtig die größte Herausforderung für die griechische Sicherheitspolitik darstellen. Der harte Rechtsextremismus fristet im Gegensatz dazu seit Jahren ein Schattendasein. Auf parlamentarischer Ebene indes konnte mit LAOS eine rechtspopulistische Sammlungsbewegung an Zugkraft gewinnen. Diese ist allenfalls als weiche Extremismusform zu charakterisieren, zumal sich die Partei seit einigen Jahren programmatisch mäßigte. Auf der anderen Seite des ideologischen Spektrums zeigt sich der Extremismus nicht nur auf parteipolitischer Ebene durch die kommunistisch-orthodoxe KKE, sondern auch im Umfeld studentischer und gewerkschaftlicher Organisationen sowie in Gruppierungen des Linksterrorismus.

Großbritannien:
Parteipolitischer Extremismus ist in Großbritannien nahezu bedeutungslos. Einzig die *British National Party* (BNP) tritt – wenn auch in sehr bescheidenem Umfang – bei Wahlen in Erscheinung. Das hat soziostrukturelle wie politisch-kulturelle Ursachen. Zwar gibt es weitere Splitter- und Kleinstparteien, diese errangen aber ebenso wie die BNP angesichts des relativen Mehrheitswahlsystems und einer als „unidentified morality" bezeichneten normativen Bindung der Briten an die Regierenden im Vereinigten Königreich kaum eine parlamentarische Vertretung auf nationaler Ebene. Dafür existiert in Großbritannien eine ausgeprägte subkulturelle rechtsextremistische Szene, deren Anhänger für zahllose Straf- und Gewalttaten verantwortlich sind. Galt zudem bis in die 1990er Jahre der Nordirlandkonflikt als Brennpunkt des Extremismus im Vereinigten Königreich, wird spätestens seit den Bombenanschlägen von London 2005 der islamistische Terrorismus als größte Bedrohung der Demokratie und der inneren Sicherheit wahrgenommen.

Irland:
Politischer Extremismus spielt in Irland heute eine marginale Rolle. Es existieren kaum rechtsextremistische, dafür zahlreiche linksextremistische Parteien, aber sie alle bleiben seit der Mäßigung bzw. Demokratisierung *Sinn Féins* erfolglos. Verantwortlich für die Misserfolge extremistischer Parteien sind die soziostrukturellen und politisch kulturellen Prägungen Irlands. Ohne nennenswertes urbanes Industrieproletariat gibt es keine Zielgruppe für Linksextremisten und ihre Forderungen nach Staatsbeteiligungen im Industrie- und Finanzsektor sowie nach zentralstaatlicher Planung. Rechtsextremistische Akteure besitzen durch die Verbindung von Sozialismus und Nationalismus in der irischen Nordirlandpolitik und wegen des Fehlens von Einwanderern bis in die 1990er Jahre keinerlei Mobilisierungschancen. Antidemokratischer Protest wird in Irland nicht durch Parteien, sondern vielmehr im Zuge der EU-Referenden artikuliert. Extremistische Kräfte zielen nicht direkt auf die Abschaffung der Demokratie, sondern auf die Beschädigung und Verzögerung des irischen Integrationsprozesses in die EU.

Italien:
Der Übergang Italiens vom Faschismus zur Demokratie nach dem Zweiten Weltkrieg prägte eine politische Kultur, in der rechts- und linksextremistische Parteien nicht bekämpft, sondern nur informell von der Regierung ferngehalten wurden. Im Laufe der 1990er Jahre wandelten sich Kommunisten wie Neofaschisten zu demokratischen Parteien, deren Regierungsfähigkeit außer Zweifel steht. Auf beiden Seiten spalteten sich extremistische Hardliner ab, die aber bei Wahlen schwach geblieben sind und kaum Einfluss auf die Regierungspolitik ausüben konnten. Allerdings kommt ihnen aufgrund der Besonderheiten des Wahlsystems eine gewisse Rolle zu. Bei den extremistischen Parteien Italiens handelt es sich um weiche Extremismusformen, mit Ausnahme der sich zunehmend re-radikalisierenden *Lega Nord*. Außerhalb der Parteienlandschaft gibt es zahlreiche extremistische Splittergruppen, von denen eine gewisse zivilgesellschaftliche, jedoch keine politische Gefahr ausgeht.

Lettland:
Extremistische – parteiförmige wie nichtparteiförmige – Organisationen sind in Lettland bedeutungslos. Eine klassische Unterscheidung zwischen Rechts- und Linksextremismus ist nur bedingt möglich. Charakteristisch für beide Seiten ist eine einseitige Betrachtung der Vergangenheit – insbesondere der Zeit unter sowjetischer Besatzung. Links- wie rechtsextremistische Organisationen bedienen sich einer nationalistischen Ideologie. Sie orientieren sich am ethnischen Cleavage und dem damit einhergehenden Konflikt zwischen lettischen und russisch-nationalen Kräften. Letten und Minderheiten leben partiell in Parallelgesellschaften, stehen jedoch nicht in offener Feindschaft zueinander. Die stark national geprägte Politik der demokratischen Parteien hemmt das Auftreten von politischem Extremismus. Klare Anti-System-Parteien sind in Lettland ohne politische Relevanz und erlangten nur kurzfristige Erfolge. Eine dauerhafte Verankerung im lettischen Parteiensystem blieb allen extremistischen Vereinigungen verwehrt und ist nicht zu erwarten.

Litauen:
Spektakuläre Erfolge der extremistischen Parteien sind in der postsowjetischen Transformationszeit Litauens ausgeblieben. Mit dem Untergang des Sozialismus ging auch der Linksextremismus zu Ende. Die Ablehnung der mit der sowjetischen Fremdherrschaft assoziierten kommunistischen Ideologie ist in Litauen weit verbreitet. Die rechtsextremistischen Parteien blieben bei den nationalen Wahlen ebenfalls erfolglos und konnten nur in einigen Regionen reüssieren. Allerdings dürfen die Wahlergebnisse nicht darüber hinwegtäuschen, dass Rechtsextremisten innerhalb der demokratischen Parteien agieren und verschiedene Posten im öffentlichen Dienst innehaben. Die Schwäche des parteiförmigen Rechtsextremismus erklärt sich einerseits mit der breiten gesellschaftlichen Ablehnung einer radikalen Systemalternative, anderseits mit der Instrumentalisierung des Nationalismus durch die etablierten Parteien. Litauens Rechtsextremisten fehlt das Alleinstellungsmerkmal.

Niederlande:
Politischer Extremismus ist in den Niederlanden kein Massenphänomen. Obwohl das niederländische Verhältniswahlsystem die Etablierung antidemokratischer Parteien begünstigt (eine künstliche Sperrhürde existiert nicht), konnten in den 1990er Jahren rechts- bzw.

linksextremistische Kräfte nur selten einzelne Mandate auf nationaler Ebene gewinnen. Im vergangenen Jahrzehnt verloren extremistische Parteien weiter an Zustimmung. Die traditionelle Schwäche des Extremismus hängt eng mit der konsensorientierten politischen Kultur des Landes zusammen, die politischen Extremismus zwar gesellschaftlich toleriert, aber zugleich politisch isoliert. Auch wenn sich die liberale Grundhaltung vieler Niederländer in den letzten 20 Jahren gewandelt hat, vermochten extremistische Akteure davon nicht zu profitieren. Dafür verantwortlich ist vor allem die Entstehung bzw. die Etablierung demokratisch-populistischer Parteien auf beiden Seiten des politischen Spektrums, denen es gelingt, Protestwähler zu mobilisieren und dem Extremismus sein – ohnehin beschränktes – Wählerpotenzial zu entziehen.

Österreich:
Der in der österreichischen Verfassung verankerte antifaschistische Gründungskonsens steht diametral zur Bedeutung und zum Kräfteverhältnis des heutigen politischen Extremismus. Die *Kommunistische Partei Österreichs* (KPÖ) spielt trotz ihrer hohen Legitimation als ein Hauptträger des Widerstandes gegen den Nationalsozialismus in der österreichischen Politik keine Rolle. Die rechtsextremistische FPÖ erzielte dagegen in den 1990er Jahren Wahlergebnisse von über 20 Prozent, erlangte Regierungsverantwortung, stieg zeitweise zur erfolgreichsten Rechtsaußenpartei Europas auf und prägte dadurch die politische Kultur Österreichs. Die Besonderheit der FPÖ liegt in der Verbindung von traditionellen deutschnationalen Wurzeln mit einem neuen identitären Rechtspopulismus. Nach der Spaltung der FPÖ und dem Tod ihrer Führungsfigur *Jörg Haider* verlor die Partei an Bedeutung. Ihr Comeback im Jahr 2008 verdankt sie dem neuen Vorsitzenden und einstigem Ziehsohn *Haiders, Heinz-Christian Strache.* Durch ihn, dessen Politik im Inhalt und im Stil große Ähnlichkeiten zur *Haider*-FPÖ aufweist, dürfte die Rolle des charismatischen Anführers im Rechtsaußenlager auch künftig gefüllt sein.

Polen:
Die Entwicklung des Rechts- und Linksextremismus in Polen vollzog sich unterschiedlich. „Klassischer" Linksextremismus existiert in Polen nicht. In den 1990er Jahren schaffte es allerdings auch keine rechtsextremistische Partei, sich dauerhaft im politischen System der Republik Polen zu etablieren. Erst nach den Wahlen 2001 gelang zwei radikalen Parteien der Einzug ins Parlament – die *Liga der Polnischen Familien* (LPR) und die *Selbstverteidigung der Republik Polen* (SPR). 2006/2007 waren sie an der Regierung *Kaczyńskis* beteiligt. Beide Parteien sind in einer Grauzone zwischen Demokratie und Extremismus angesiedelt. Sie stellen das demokratische System nicht in toto in Frage. Gleichwohl lassen sich für LPR und SPR xenophobe und antisemitische Haltungen nachweisen, die Diskriminierung von ethnischen Minderheiten sowie die Zusammenarbeit mit extremistischen Organisationen, die Gewalt als Mittel bejahen. Beide Parteien profilieren sich durch die Verbindung von Elementen des Nationalismus und des Sozialpopulismus.

Portugal:
Die politische Kultur Portugals geht auf den Demokratisierungsprozess seit der „Nelkenrevolution" zurück und ist von einem Demokratieverständnis geprägt, das sich insbesondere gegen den Rechtsautoritarismus bzw. Rechtsextremismus wendet. Rechtsextremistische Parteien führen daher in der politischen Landschaft Portugals ein Schattendasein. Die Schwäche des Rechtsextremismus resultiert ebenso aus der relativen Stärke der radikalen Linken. Linksextremistische Parteien kämpfen hingegen mit der sozialistischen Konkurrenz im demokratischen Lager. Auf absehbare Zeit bleibt es unwahrscheinlich, dass extremistische Parteien in Regierungsverantwortung gelangen. Dennoch sind Anzeichen von Unzufriedenheit und Politikverdrossenheit der Portugiesen zu vernehmen, die mit einem wachsenden Vertrauensverlust gegenüber den demokratischen Parteien und Eliten einhergehen, was zu einem Aufschwung extremistischer Kräfte führen könnte.

Rumänien:
Der politische Extremismus prägt die nationale Politik Rumäniens seit dem Ende des Kommunismus. Eine eindeutige Unterscheidung von rechts- und linksextremistischen Organisationen ist dabei unmöglich. Da fast alle Akteure in ideologischer Kontinuität zum nationalkommunistischen Regime unter *Ceauşescu* stehen bzw. standen, vermischen sich programmatisch Elemente des Rechts- und des Linksextremismus. In den 1990er Jahren schafften gleich mehrere extremistische Parteien den Parlamentseinzug, gelangten in Regierungsverantwortung und konnten dadurch ihre antidemokratischen Gesellschaftsvorstellungen im politischen Diskurs Rumäniens verankern. Obwohl der Einfluss extremistischer Parteien seit dem Jahr 2000 zurückging, sind die Gelegenheitsstrukturen für antidemokratische Akteure nach wie vor günstig: Die Vergangenheit blieb unbewältigt und eine breite gesellschaftliche Ablehnung extremistischer Bestrebungen existiert in Rumänien ebenso wenig wie eine positiv zur Demokratie eingestellte Bevölkerungsmehrheit. Davon profitieren nicht nur Parteien, sondern auch militante extremistische Organisationen.

Schweden:
Parteipolitischer Extremismus spielt in Schweden seit 1990 keine nennenswerte Rolle. Die Frage nach den Ursachen für den Misserfolg extremistischer Parteien lässt sich am ehesten mit den speziellen Ausprägungen der politischen Kultur Schwedens erklären. Die parlamentarische Demokratie konnte – trotz zweier Weltkriege – weitgehend reibungslos und ohne Rückschläge etabliert werden, und auch zu Beginn des 21. Jahrhunderts hat sich am breiten demokratischen Konsens der schwedischen Gesellschaft nichts verändert. Dennoch unterscheiden sich die gesellschaftlichen Strategien gegenüber dem Rechts- und dem Linksextremismus deutlich. Während die Einbindung der früheren kommunistischen Partei bzw. ihrer Nachfolgeorganisationen zur Mäßigung führte, wird dem Rechtsextremismus mit einer gesamtgesellschaftlichen Ausgrenzungsstrategie begegnet. Eine Gefahr für die schwedische Konsenskultur stellt weniger der parteipolitische Extremismus dar, sondern vielmehr ein starkes Spektrum militant-gewaltbereiter Gruppierungen, vor allem aus dem Umfeld des Rechtsextremismus.

Slowakei:
Politischer Extremismus ist in der Slowakei alles andere als eine Marginalie. Nach der slowakischen Unabhängigkeit 1993 gelangten bei allen nationalen Wahlen rechts- und/oder linksextremistische Anti-System-Parteien ins Parlament. Während der Einzug der slowakischen Kommunisten 2002 bislang einmalig blieb, behauptet sich die *Slowakische Nationalpartei* (SNS) als eine der konstant erfolgreichsten rechtsextremistischen Parteien Europas. Sie erzielte mehrfach zweistellige Wahlergebnisse und wurde dreimal an der slowakischen Regierung beteiligt. Die Auswirkungen sind allgegenwärtig spürbar: Rassistische und fremdenfeindliche Positionen stellen keine Randerscheinung dar, sondern prägen im Bewusstsein vieler Slowaken latente rechtsextreme Einstellungsmuster und verschärfen den slowakisch-ungarischen Konflikt – auch auf der bilateralen Ebene. Die politische Kultur des Landes scheint gegenüber dem Linksextremismus deutlich empfindlicher zu sein als gegenüber dem Rechtsextremismus.

Slowenien:
Im Musterland der demokratischen Transformation spielt der Rechtsextremismus eine weitaus stärkere Rolle als der Linksextremismus. Das gilt für den parteipolitischen Extremismus ebenso wie für nichtparteiförmige Extremismusformen. Die *slowenische Nationalpartei* (SNS) konnte bei allen Wahlen auf nationaler Ebene ins Parlament einziehen, ihre Wahlergebnisse stagnieren allerdings seit Mitte der 1990er Jahre im mittleren einstelligen Prozentbereich. Das liegt vor allem an dem in Slowenien ausgeprägten Nationalpopulismus, der von vielen demokratischen Parteien instrumentalisiert wird und dem Rechtsextremismus ein begrenztes Mobilisierungspotenzial überlässt. Die Schwäche des Linksextremismus resultiert dagegen aus den verbreiteten antikommunistischen und antijugoslawischen Einstellungen in Slowenien, die zu einer schnellen und deutlichen Reformierung der ehemaligen kommunistischen Partei Anfang der 1990er Jahre geführt haben.

Spanien:
Weder der Rechts- noch der Linksextremismus besitzt ein nennenswertes Gefährdungspotenzial für die spanische Demokratie. Die Wahlergebnisse von harten Extremismusformen bleiben bei den demokratischen Wahlen auf nationaler Ebene seit 1977 marginal. Die allenfalls als weiche Linksextremismusvariante zu bezeichnende *Vereinte Linke* verlor mit dem Jahr 2000 deutlich an Zustimmung. Anders fällt das Urteil mit Blick auf den regionalen Nationalismus und sein Gefährdungspotenzial für die spanische Demokratie aus. Der linksnationalistische Separatismus im Baskenland stellt ein zentrales Problem der spanischen Gesellschaft dar. Durch das 2002 eingeführte Parteienverbot und die Delegalisierung mehrerer ETA-naher Parteien konnte bei den Regionalwahlen 2009 erstmals keine separatistisch-extremistische Kraft ins baskische Nationalparlament einziehen. Die gesellschaftliche und politische Polarisierung zwischen dem Baskenland und der spanischen Zentralregierung verschwand dadurch ebenso wenig wie der Terrorismus durch die ETA.

Tschechien:
Die Kräfteverhältnisse des politischen Extremismus sind in Tschechien ungleich verteilt. Zwar konnten die rechtsextremistischen *Republikaner* in den 1990er Jahren zweimal ins tschechische Unterhaus einziehen, doch seit der Spaltung der Partei im Jahr 2000 ist der

Rechtsextremismus nahezu bedeutungslos. Die *Kommunistische Partei Böhmens und Mährens* (KSČM) erzielt dagegen bei allen Wahlen seit 1990 zweistellige Ergebnisse, behauptet sich als drittstärkste Kraft im tschechischen Parteiensystem und stellt somit eine der erfolgreichsten linksextremistischen Parteien Europas dar. Von einer Regierungsbeteiligung wurden die Kommunisten aufgrund des antiextremistischen Konsens in der tschechischen Politik (bislang) ausgeschlossen, was klare und koalitionsfähige Mehrheiten im Prager Parlament meist behinderte und seit 1996 dreimal zur Bildung von Minderheitsregierungen geführt hat. Von der tschechischen Bevölkerung wird die KSČM dagegen kaum als antidemokratisch wahrgenommen.

Ungarn:
Durch die starke Polarisierung der beiden ungarischen Großparteien sank Ende der 1990er Jahre der Einfluss extremistischer Parteien. Seit 1998 ist keiner antidemokratischen Kraft der Einzug ins nationale Parlament gelungen. Die postkommunistische MSZP bindet Wähler bis an den äußeren linken Rand des politischen Spektrums; dies dürfte die Schwäche des Linksextremismus maßgeblich erklären. Der bürgerliche FIDESZ hat wählerperspektivisch eine harsche Wendung nach rechts vollzogen. Durch die Gründung der militant rechtsextremistischen Organisation *Jobbik* und ihren Einzug ins Europaparlament 2009 bekommt die Extremismusproblematik in Ungarn wieder Relevanz. Es handelt sich dabei um eine Form von neuer sozialer Bewegung. Sie stellt durch ihre Orientierung an historische Vorbilder im ungarischen Rechtsextremismus, wegen ihrer offen rassistischen Ideologie und ihrer Militarisierung in Form der uniformierten *Ungarischen Garde* eine harte Variante des politischen Extremismus dar.

Länderporträts

Extremismus in Belgien

Dirk Rochtus

1 Rahmenbedingungen

Die belgische Verfassung spricht sich nicht darüber aus, wie mit extremistischen Parteien oder Vereinigungen umgegangen werden sollte. Die generelle Existenz von Parteien bleibt im Verfassungstext unerwähnt. Zwischen 1831 und 1847 kannte Belgien keine Parteien; die Regierungen waren ein loses Bündnis von Katholiken und Freidenkern, die sich gegen den holländischen König aufgelehnt hatten. Die ideologischen Divergenzen, denen Parteien Ausdruck verleihen, wurden nach dem Zweiten Weltkrieg von sprachgebundenen Interessengegensätzen überlagert, die im Zuge der 1970 einsetzenden Föderalisierung des Staates zur Spaltung der ehemals unitaristischen Parteien in jeweils flämische und frankophone Schwesterparteien führten. Nur strikt separatistische Parteien wie *Vlaams Belang* (VB) und *Nieuw-Vlaamse Alliantie* (N-VA) kennen keine Schwesterpartei auf der anderen Seite der innerbelgischen Sprachengrenze (zwischen Flandern im Norden und Wallonien im Süden). Das Verhältniswahlrecht und die vielen Gegensätze regionalen und weltanschaulichen Ursprungs machen absolute Mehrheiten auf Regierungsebene unmöglich. Die Bildung einer stabilen Regierung setzt eine Koalition von wenigstens zwei politischen Familien mit je zwei Parteien auf flämischer und frankophoner Seite voraus. Die großen Streitfragen mit Blick auf Kultur und Bildung, die auf die Gegensätze zwischen Flämisch- und Französischsprachigen bzw. zwischen Katholiken und Freidenkern zurückgehen, prägten den Parteienwettbewerb so stark, dass sich der Begriff der „Partikratie" verbreitete.

Um der zunehmenden Fragmentierung des Parteiensystems entgegenzuwirken, beschloss das Kabinett unter dem ehemaligen liberalen Premier *Guy Verhofstadt* (VLD) – obwohl seine Regierung aus sechs Parteien bestand (Sozialdemokraten, Liberaldemokraten und Grüne mit ihren jeweiligen flämischen und frankophonen Schwesterparteien) – 2003 die Einführung einer Fünf-Prozent-Hürde. Er beabsichtigte damit, die kleinen flämisch-nationalistischen Parteien N-VA und *Spirit*, die aus der Erbmasse der 2002 zu Grunde gegangenen *Volksunie* hervorgetreten waren, aus dem Parlament zu drängen. Der Versuch erwies sich als kontraproduktiv, denn erstes Opfer der neuen Regelung wurden die *Grünen*, die in der zweiten Amtszeit von *Verhofstadt* nicht mehr an der Regierung beteiligt waren, während N-VA und *Spirit* Allianzen mit den flämischen *Christdemokraten* (CD&V) bzw. *Sozialdemokraten* (SP.A) bildeten. Die CD&V/N-VA gewannen bei den Föderalwahlen 2007, nachdem sie bereits bei den Regionwahlen 2004 triumphiert hatte. Auch hatte *Verhofstadt* (vorschnell) erklärt, der Erfolg seiner Regierung sei am Niedergang des *Vlaams Belang* zu messen. Die Bekämpfung des VB sollte durch gediegene Regierungsarbeit erfolgen und an der Wahlurne belohnt werden.

Das Verbot einer antidemokratischen Partei ist in Belgien nahezu unmöglich. Parteien sind keine juristischen Personen, sondern faktisch Vereine, die weder zivil- noch strafrechtlich verfolgt werden können.[1] Die Parteien genießen daher einen großen Schutz. Seit seiner Gründung im Jahre 1830 gilt Belgien als Staat, der die uneingeschränkte Gewährung politischer Freiheiten fördert. Das drückt sich im Wortlaut des Artikels 19 der Verfassung aus: „Die Freiheit zu allem seine Ansichten kundzutun, wird gewährleistet". Auch die Artikel 25 (Freiheit der Presse) und 26 (Versammlungsfreiheit) bürgen dafür. Wo die Freiheit missbraucht wird, kann der Staat auftreten, aber nur reaktiv. Dass er aber von der Prämisse her liberal ist, zeigt sich auch an seiner Bereitschaft, Andersdenkenden und Verfolgten aus anderen Staaten Asyl zu gewähren, bis hin zu der Möglichkeit, sich publizistisch zu betätigen, oft zum großen Unmut der Regimes, vor denen die Migranten geflohen waren. Historische Beispiele dafür bieten *Karl Marx*, der in Brüssel sein „Kommunistisches Manifest" fertigstellte, und *Victor Hugo*, der ebenfalls in der belgischen Hauptstadt wirkte. Diese Wirkungsfreiheit gilt analog für politische und gesellschaftliche Kräfte, die ihren Ursprung im eigenen Land finden, wie der *Vlaams Blok*. Vor allem seit dem Wandel des VB von einer marginalen flämisch-nationalistischen zu einer fremdenfeindlichen Partei Mitte der 1980er Jahre zerbrechen sich die demokratischen Parteien jeder Couleur den Kopf darüber, wie den neuen Rechtsextremisten effektiv zu begegnen sei.[2] Die auffälligste Taktik war der sogenannte „cordon sanitaire", wobei alle sich in Abgrenzung zum VB „demokratisch" nennenden Parteien vereinbarten, ihn auf keiner politischen Ebene und unter keinen Umständen in Regierungsbündnissen zu beteiligen. Umstritten war diese Taktik aus zwei Gründen: Erstens stellte sich vor dem Hintergrund der liberalen politischen Kultur Belgiens die Frage, ob es demokratisch gerechtfertigt ist, die VB-Wähler vom demokratischen Willensbildungsprozess auszuschließen – die Partei wurde, dem Begriff „cordon sanitaire" entsprechend, wie eine Krankheit angesehen.

Zweitens blieb die Effektivität dieser Taktik fraglich, denn dadurch konnte der VB bislang weiter als „unverantwortliche" Protest- und Anti-System-Partei zulegen. Langfristig könnten sich die Befürworter des „cordon sanitaire" behaupten. Stimmen für den isolierten VB empfinden viele Wähler als „lost votes". Eine andere Möglichkeit, der sich die Gegner des VB bedienten, war der Versuch, die Partei aufgrund des Antirassismusgesetzes vom 30. Juli 1981 zu verbieten. Da die Verfassung kein Parteienverbot vorsieht, reichten das „Centrum voor gelijkheid van kansen" und die „Liga voor de Mensenrechten" eine Rassismusklage gegen parteinahe Vereine des VB ein. Am 21. April 2004 verurteilte der Berufungshof in Gent drei mit dem *Vlaams Blok* verbundene Vereine ohne Erwerbszweck, nämlich die *Nationalistische Omroep Stichting*, das *Nationalistisch Vormingsinstituut* und die *Vlaamse Concentratie*, zu Geldstrafen. Nachdem die Partei Revision eingelegt hatte, bestätigte der Kassationshof am 9. November 2004 das Urteil des Berufungshofes. Um das Odium, rassistische Vereine zu unterstützen loszuwerden, kam es im selben Monat zur Umbenennung von *Vlaams Blok* in *Vlaams Belang*. Strategisch gesehen war das eine vernünftige Entscheidung, da sich der neue Name semantisch nicht viel vom alten unterscheidet und so bei der Bevölkerung erkennbar bleibt. Zudem hört sich der Name als „Flämisches Interesse" positiver besetzt und weniger aggressiv als *Vlaams Blok* an. Der *Vlaams Belang* wurde inzwischen salonfähiger. Auf

1 Vgl. Nico Jacquemin/Mark Van Den Wijngaert: O Dierbaar België. Ontstaan en structuur van de federale staat, Antwerpen 1996, S. 104.

2 Vgl. William M. Downs: Pariahs in their Midst: Belgian and Norwegian Parties React to Extremist Threats, in: West European Politics 24(2001)3, S. 23–42.

der einen Seite versuchte er, „zivilisierter“ in Erscheinung zu treten, indem er die scharfen, ausländerfeindlichen Ecken seines Programms abschliff, auf der anderen Seite konnte er an vielen Debatten in den Medien teilnehmen. Zwar gilt nach wie vor das umstrittene Prinzip des „cordon sanitaire“, doch der Partei gelang es, in die Opferrolle zu schlüpfen: Der „cordon sanitaire“ sei undemokratisch, weil hunderttausende Wähler nicht gehört würden. Die Reaktion der demokratischen Parteien darauf war, dass sie ein gewisses Verständnis für die VB-Wähler hegen[3], nicht aber für die Partei. Stattdessen übernahmen die demokratischen Parteien (abgemilderte) Punkte aus dem VB-Programm, vor allem in Sicherheitsfragen, um den Sorgen und Ängsten der Bevölkerung entgegenzukommen. Von den Rechtsextremen besetzte Themen wie Sicherheit und Immigration wurden allmählich enttabuisiert.

2 Wahlentwicklung

Unter dem Namen „Zwarte Zondag“ ging der Wahlsonntag vom 24. November 1991 in die Geschichte des belgischen Parlamentarismus ein. An diesem Tag gelang dem rechtsextremen *Vlaams Blok* bei den Parlamentswahlen mit 10,4 Prozent der flämischen Stimmen (6,6 der belgischen Gesamtstimmen) der erste große Durchbruch auf föderaler Ebene (Tabelle 1)[4]. „Zwart“, weil die Farbe „schwarz“ als Reminiszenz an das faschistische Schwarzhemd oder die SS-Uniform in Belgien für den Rechtsextremismus steht. Als „zwarten“ („Schwarze“) wurden jene flämischen Nationalisten bezeichnet, die während des Zweiten Weltkriegs mit den deutschen Besatzern kollaborierten. Der Schock, den „Zwarte Zondag“ in der Öffentlichkeit bewirkte, veranlasste die belgischen Medien dazu, den Vergleich mit dem Jahr 1936 zu ziehen, als die rechtsextremen Parteien *REX* und *Vlaams Nationaal Verbond* (VNV) in der „Kamer“, dem belgischen Parlament, 21 bzw. 16 Sitze eroberten.[5] Indes wurde kaum darüber berichtet, dass im November 1991 die Einmannpartei *ROSSEM* des Pseudo-Anarchisten und Millionärs *Van Rossem* in Antwerpen fast genau so viele Stimmen wie der VB erzielte, was bedeuten könnte, dass es vielen Bürgern in erster Linie darauf ankam, eine Proteststimme abzugeben und „denen da oben“ einen Denkzettel zu verpassen. Ein weiterer Unterschied zum Jahr 1936 war allerdings, dass 1991 der Rechtsextremismus nur in Flandern erstarkte. 1936 war *REX* das mächtige Sprachrohr des frankophonen Rechtsextremismus, 1991 erhielt der *Front National* (FN) in Wallonien und im zweisprachigen Wahlbezirk Brüssel lediglich ein Prozent der Stimmen.

---

3 Eine Ausnahme bildete der belgische Außenminister *Karel De Gucht*, der die Wähler des VB als „Mistkäfer“ bezeichnete.

4 Bei den belgischen Parlamentswahlen können die Belgier nur für die Regional-Parteien in ihrer Region (Flandern, Wallonien, Brüssel) stimmen. Wenn zehn Prozent der sechs Millionen Flamen *Vlaams Blok* wählen, sind das reichlich sechs Prozent der zehn Millionen Belgier (vier Millionen Wallonen können nicht für eine flämische Partei stimmen).

5 Vgl. Jos Bouveroux: Van Zwarte Zondag tot Zwarte Zondag. Vijf jaar vernieuwen in de Wetstraat. Belgische politiek in Europees perspectief, Antwerpen 1996, S. 234.

Tabelle 1 Ergebnisse der extremistischen Parteien bei den belgischen Parlamentswahlen 1991–2007 (Kamer/La Chambre) (in Prozent)

	1991	1995	1999	2003	2007
VB	6,6	7,8	9,9	11,6	12,0
FN	1,1	2,3	1,5	2,0	2,0
PVDA/PTB	0,5	0,4	0,4	0,1/0,1	0,6/0,2

Quelle: Belgisches Innenministerium.

Die unterschiedliche Entwicklung des Rechtsextremismus im niederländischsprachigen und französischsprachigen Teil Belgiens gründet in der unterschiedlichen Haltung von *REX* und VNV gegenüber dem belgischen Staat und der sich daraus entwickelnden Nationalitätenfrage. Während sich der Rechtsextremismus auf frankophoner Seite positiv gegenüber Belgien als einem ursprünglich vom frankophonen Establishment regierten Staat verhielt, speiste er sich in Flandern aus einem weit verbreiteten flämischen, gegen den belgischen Staat gerichteten Nationalismus. Die „Repression", die pauschale Verfolgung des flämischen Nationalismus durch den Justizapparat des belgischen Staates nach der Befreiung im September 1944, sollte viele verbitterte flämische Nationalisten in ihrem Glauben an die „gerechte Sache" stärken und viele von ihnen für rechtsextremes bzw. radikalnationalistisches Gedankengut empfänglich machen. Der *Vlaams Blok* ist die Abspaltung von der *Volksunie* (VU), jener Partei, die sich seit 1954 als Interessenvertretung der flämischen Nationalisten und deren Streben nach mehr Autonomie für Flandern annahm. Der „Partizipationismus", die Bereitschaft der VU, an der belgischen Regierung teilzunehmen, zuerst 1977, dann nochmals 1987, galt radikalen flämischen Nationalisten als Verrat der eigenen Ideale an das „belgische System". Der „Egmontpact" von 1977, mit dem *Hugo Schiltz* und *Frans Van der Elst*, die „großen" Parteiführer der VU, eine demokratisch-föderale Umgestaltung des belgischen Staates beabsichtigten, wurde von radikalen flämischen Nationalisten und Separatisten als eine Gefahr für Flandern betrachtet. Für sie war die Auseinandersetzung über den Pakt der ersehnte Anlass, der als links und opportunistisch geltenden VU den Rücken zu kehren und 1977 zwei flämisch-nationalistische Splitterparteien zu gründen, die ein Jahr später zusammen als *Vlaams Blok* bei den Parlamentswahlen antraten. Aber in den ersten Jahren seiner Existenz war dem VB unter seinem Gründungsvater *Karel Dillen*, einem traditionalistischen flämischen Nationalisten, wenig Erfolg beschieden.

Mitte der 1980er Jahre trat die Wende ein. Junge Leute aus dem *Nationalistisch Studentenverbond* (NSV), einem radikal flämisch-nationalistischen Studentenverein, fanden den Weg in die Partei. *Filip Dewinter* (geb. 1962) und *Frank Vanhecke* (geb. 1960) gründeten die Organisation *Vlaams Blok Jongeren* (VBJ), die auf ihrem ersten Kongress im Oktober 1987 den sogenannten „Antimigrantenstandpunkt" in den Vordergrund stellte. Berüchtigt wurde die Partei für ihr 70-Punkte-Programm, das die Abschiebung der Immigranten vorsah. Der 24. November 1991 war keine große Überraschung: Was sich davor schon im Raum Antwerpen abgezeichnet hatte, vollzog sich nun auf föderaler Ebene. Seit der Verjüngung und Hinwendung zu anderen als rein flämisch-nationalistischen Themen lässt sich beobachten, dass die Partei in der Wählergunst zulegt, vor allem in Antwerpen, seit jeher das Bollwerk des flämischen Nationalismus (Tabelle 2). Bei den Parlamentswahlen im Dezember 1987 gewann der VB insgesamt drei Prozent, in Antwerpen hatten bereits über zehn Prozent für den *Blok* votiert. Diese Tendenz hielt an. Bei den Kommunalwahlen vom Oktober 1988 wählten 17,7 Prozent der Antwerpener den VB.

Tabelle 2 Ergebnisse der extremistischen Parteien bei den Kommunalwahlen in Antwerpen 1982–2006 (in Prozent)

	1982	1988	1994	2000	2006
VB	5,2	17,7	28,0	33,0	33,5[1]
PVDA	2,8	1,9	1,9	1,8	1,9
Quelle: Belgisches Innenministerium.					

[1] Im Wahlbündnis mit der flämischen Partei VLOTT.

Am „Zwarte Zondag“ votierten 25,5 Prozent der Antwerpener und 10,3 Prozent der Flamen für den VB. Das war die eigentliche Überraschung, denn das „Phänomen“ beschränkte sich nicht länger auf Antwerpen. Im Gegenteil: Die Stadt Antwerpen hatte den Weg für den Erfolg auf föderaler Ebene geebnet. Hier häuften sich die Faktoren, die den Erfolg des VB als Vorbild für ganz Flandern erklären: radikaler flämischer Nationalismus (traditionelles Bollwerk), Angst vor der multikulturellen Gesellschaft (Immigrantenviertel), Politikverdrossenheit (korrupte Stadtverwaltung) und Wohlfahrtschauvinismus (Metropole des reicheren Flanderns). Der flämische Marxist *Roosens* erklärte, anspielend auf die Theorie über Modernisierungsverlierer, den Erfolg des VB folgendermaßen: „Das Paradox ist nun, dass der *Vlaams Blok*, trotz seines verbal-rechten Images, die Zuflucht der Opfer des mondialen Kapitalismus wird. [...] Dieses Paradox ist die direkte Folge der Ausschließungspolitik, die von den herrschenden Klassen ihm gegenüber geführt wird. Dadurch wird diese Partei die einzige mögliche Wahl für Protestwähler, welcher Herkunft sie auch seien.“[6]

Mit zwölf Sitzen im belgischen Parlament wurde der VB 1991 die viertstärkste Partei in Flandern, gleich hinter den drei Parteien der klassischen ideologischen Familien (Christdemokratie, Sozialdemokratie, Liberalismus) und vor den *Grünen* und den gemäßigt-demokratischen flämischen Nationalisten der damaligen *Volksunie*. Die demokratischen Parteien bemühten sich, den Erfolg des VB abzubremsen, indem sie zum Beispiel in Antwerpen ein „monsterverbond“ („widernatürliches Bündnis“) von linken und rechten Parteien ins Leben riefen und den sogenannten „cordon sanitaire“ verkündeten. Ihr Vorhaben schlug fehl, denn bei den Föderal- und Regionalwahlen vom 21. Mai 1995 gewann der VB 7,8 in Belgien bzw. 12,3 Prozent in Flandern. Bei den Föderalwahlen vom 13. Juni 1999 legte er weiter auf 9,9 bzw. 15,5 Prozent zu. In Antwerpen wählten 30 Prozent den VB. Diese Wahlen bedeuteten eine Wende in der belgischen Politik, weil zum ersten Mal in der Nachkriegszeit die Christendemokraten auf föderaler Ebene von der Macht verdrängt wurden. Die Liberalen

6 Antoon Roosens: Vlaams Blok en Vlaamse Beweging, in: Vlaams Marxistisch Tijdschrift 34(2000)4, S. 30.

stellten zum ersten Mal seit 1937 den Premier. *Guy Verhofstadt* wollte Schluss machen mit der verkrusteten Dominanz der Christdemokraten in Politik und Gesellschaft, die oft als Erklärung für die Protestwähler des VB herangezogen wurde. *Verhofstadt* leitete daraus das Versprechen ab, den Erfolg seiner gelb-rot-grünen Regierung am Niedergang des VB bei den nächsten Parlamentswahlen messen zu lassen. Doch damit wäre die Regierung (*Verhofstadt* I) grandios gescheitert. Am 18. Mai 2003 legte der VB wiederum zu. Mit 11,6 Prozent der (belgischen) Stimmen hatte ein Sechstel der wahlberechtigten Flamen die Partei gewählt. Die Unfähigkeit *Verhofstadts*, durch seine Regierungspolitik dem VB Einhalt zu gebieten, ließ die Gegner der rechtsextremen Partei erste rechtliche Schritte in Richtung eines Verbotsverfahrens unternehmen. Der „underdog" VB holte dadurch noch mehr Stimmen, wie die Regionalwahlen 2004 zeigten. Er präsentierte sich erfolgreich als Opfer der „unterdrückten Meinungsfreiheit".

Tabelle 3 Ergebnisse der extremistischen Parteien bei den Regionalwahlen 1995–2004 (Vlaams Parlement/Flämisches Parlament) (in Prozent)

	1995	**1999**	**2004**
VB	12,3	15,5	24,2
PVDA-(AE)	0,6	0,6	0,6
Quelle: Belgisches Innenministerium.			

Erst bei den Wahlen vom 10. Juni 2007 stagnierte die Stimmenanzahl des VB, gleichwohl er geringfügig zulegen konnte. Wichtiger Grund dafür war die Entstehung einer Allianz von *Christdemokraten* (CD&V) und demokratischen *flämischen Nationalisten* der *Nieuw-Vlaamse Alliantie* (N-VA), die sich unter Leitung des flämischen Ministerpräsidenten *Yves Leterme* als konservative Alternative zur Regierung *Verhofstadt* II präsentierte. Der Urnengang war keine Wahl für den VB, sondern gegen die linksliberale Regierungskoalition.

Der Rechtsextremismus im französischsprachigen Teil Belgiens blieb in den 1990er Jahren marginal, auch wenn der *Front National* (FN) bei den Regionalwahlen 2004 überraschend seine Stimmenzahl verdoppelte (auf etwas mehr als acht Prozent) (Tabelle 4). Der FN legte vor allem in alten Industrierevieren zu, wo die Sozialdemokraten der *Parti Socialiste* (PS) traditionell stark sind. Die etablierten Parteien in Wallonien zeichneten unverzüglich ein Schreckensszenario, wonach der FN dem Beispiel des VB nacheifern könnte. Der VB trat am 24. November 1991, dem „Zwarte Zondag", auch deshalb seinen Siegeszug an, weil er den flämischen *Sozialdemokraten* (damals SP) viele Stimmen abnahm. Aber die Stimmengewinne brachten dem FN nur einen Sitz im belgischen Parlament, während der VB dort mit 18 Abgeordneten vertreten ist. Zudem rumorte es im FN unter der Führung des als autoritär geltenden *Daniel Féret;* es kam zur Abspaltung eines Teils der FN-Mitglieder. Der frankophone belgische Politikwissenschaftler *Huart-Eeckhoudt*, der ein Jahr „infiltriert" war, behauptet, der FN habe weder Struktur noch eine feste Ideologie.[7] Ihm habe der FN-Abge-

7 Vgl. Thierry Huart-Eeckhaudt: Un an au Front National, Brüssel 2008, S. 157.

ordnete *Patrick Cocriamont* anvertraut, er glaube nicht an die Existenz der Gaskammern.[8] Bei den Regionalwahlen vom 7. Juni 2009 schrumpfte der FN auf 2,8 Prozent (ein Verlust von 5,3 Prozentpunkten im Vergleich zu den Regionalwahlen von 2004). Die Partei verlor damit ihre vier Sitze im wallonischen Regionalparlament.

Tabelle 4 Ergebnisse der extremistischen Parteien bei den Regionalwahlen 1995–2009 (Wallonisches Parlament) (in Prozent)

	1995	1999	2004	2009
FN	5,1	4,0	8,1	2,8
PTB	0,7	0,5	0,6	1,2

Quelle: Belgisches Innenministerium.

Der Linksextremismus, vertreten durch die flämische *Partij van de Arbeid* (PVDA) und die frankophone *Parti du Travail de Belgique* (PTB), verharrt weiterhin unter der Ein-Prozent-Marke und ist demnach weder im föderalen Parlament noch in den regionalen Parlamenten vertreten (Tabelle 2 und 4). Bei den Parlamentswahlen vom 18. Mai 2003 hatte die PVDA unter dem Namen *RESIST* eine Allianz mit der *Arabisch-Europese Liga* (AEL) des belgisch-libanesischen „Aufwieglers“ *Dyab Abou Jahjah* gebildet – als Ausdruck des gemeinsamen Kampfes gegen „Kapitalismus, Faschismus und Rassismus“ (0,9 Prozent). Der 2000 als Interessenvertretung von muslimischen Immigranten gegründeten AEL werden von Gegnern islamistischer Fundamentalismus und Antisemitismus vorgeworfen. Am 9. Dezember 2003 drangen militante Anhänger der AEL in das Studio des Antwerpener regionalen Fernsehsenders ATV ein, um unter dem Hissen der palästinensischen Fahne gegen die positive Berichterstattung über die Beziehungen zwischen Antwerpen (Diamantstadt) und dem „kolonialistischen, terroristischen Staat Israel“[9] zu protestieren. Gegen *Jahjah* lief 2008 ein Verfahren, weil er bei einer Kundgebung im November 2002 belgisch-arabische Jugendliche gegen die als „rassistisch“ diffamierte Antwerpener Polizei aufgehetzt haben soll.

3 Extremistische Parteien

3.1 Rechtsextremismus

Der VB spielt im Rechtsextremismus des flämischen Landesteils von Belgien die zentrale Rolle. Zwar ist „rechts“ in Flandern nicht gleichermaßen ein Schimpfwort wie in Deutschland, und viele flämische Politiker nennen sich unverblümt „rechts“. Nur der VB ist jedoch

8 Vgl. FN-kamerlid ontkent het bestaan van gaskamers tijdens WOII, in: De Standaard vom 22. September 2008, abrufbar unter: http://www.standaard.be [Stand: 12. Juni 2009].

9 Arabisch-Europese Liga in VRT-en und ATV-studio's, in: De Standaard vom 10. Dezember 2003, abrufbar unter http://www.standaard.be/Artikel/Detail.aspx?artikelId=DEXB10122003_004 [Stand: 13. Juni 2009].

als eindeutig rechtsextrem zu bezeichnen. An Hand der Definition von Rechtsextremismus als antidemokratische Ideologie, welcher das Prinzip der fundamentalen Gleichheit ablehnt und sich an den Kategorien Nationalität, Ethnie und Rasse orientiert[10], kennzeichnen den VB hinsichtlich seiner Migrationspolitik und mit Blick auf die Aussagen führender Parteikader als eine eindeutig rechtsextreme Partei. Daneben existieren keine nennenswerten rechtsextremistischen Parteien. Angesichts der Fünf-Prozent-Hürde hätten diese ohnehin keine Erfolgsaussichten. Eine single-issue-Partei ist der VB nicht. Er beabsichtigt eine „konservative Revolution", einen Wandel der liberalen belgischen Gesellschaft. Ein unabhängiges Flandern oder ein Flandern, das dem Multikulturalismus Grenzen setzt, reicht als solches nicht aus. Es komme auch auf die Qualität, die Beschaffenheit eines „freien Flandern" an. Die Bausteine der VB-Ideologie gehen zurück auf die Grundprinzipien, die zum ersten Mal im Mai 1979 formuliert und seitdem mehrfach erneuert worden: Nationalismus, Solidarität und ethische Werte.

Der Nationalismus des VB umfasst mehr als das Streben nach einem unabhängigen flämischen Staat. Die Partei will ein Flandern, in dem Volk und Staat zusammenfallen. Belgien wird a priori abgelehnt, weil es eine „künstliche Konstruktion" sei, die zwei Völker, Flamen und Wallonen, zum Zusammenleben zwinge. Flämische Nationalisten, nicht nur die des VB, unterscheiden zwischen einem „Staatsnationalismus" (wie in Frankreich, wo es auf die „Grandeur" des Staates ankommt, ungeachtet seiner ethnischen Komposition) und einem „Volksnationalismus", der jedem eigenständigen Volk zur staatlichen Unabhängigkeit verhelfen soll. Für den VB muss der erträumte flämische Staat einen starken „ethnischen Zusammenhang" aufweisen und der Staat derjenigen Flamen sein, die sich vollends in die „hierarchically structured community of ethnically committed people"[11] integrieren. Dies schließt nicht zwangsläufig Menschen anderer ethnischen Herkunft aus, insofern sie sich dem flämischen Integrationswillen verschreiben und der westlich-europäischen Zivilisation verpflichtet fühlen. Der Volksbegriff des VB ist eher ethnisch und kulturell als biologisch geprägt. Der Solidarismus, auf den sich die rechtsextreme Partei beruft, setzt die Solidarität zwischen den verschiedenen Klassen voraus und gilt als eine Absage an die Gewerkschaften als Interessenvertreter einer partikularistischen Klasse. Die Erfahrungen des flämischen Nationalismus (zwischen den beiden Weltkriegen) spielen noch immer eine wichtige Rolle. Zweimal versuchten die flämischen Nationalisten, die Unabhängigkeit Flanderns zu erreichen, auch wenn sie dafür mit den deutschen Besatzern kollaborieren mussten. Nach der Befreiung wurde die Kollaboration mit *Hitler* von vielen flämischen Nationalisten mit dem Argument verklärt, sie hätten zum Wohle Flanderns gehandelt. Bis heute tut sich der VB schwer damit, die Unterstützung der Nationalsozialisten zu verurteilen.

Der VB plädiert für eine konföderale EU, die das Selbstbestimmungsrecht der Nationen respektiert. Sie soll kein Superstaat sein, sondern eine Kooperation von souveränen Staaten. Gegen den EU-Beitritt der Türkei wehrt sich der VB, weil dieser Staat mit seiner islamischen Bevölkerung inkompatibel mit den Werten der „westlichen Zivilsation" sei.[12] Der gesellschaft-

10 Vgl. William M. Downs (FN 2), S. 24.

11 Marc Swyngedouw/Gilles Ivaldi: The Extreme Right Utopia in Belgium and France: The Ideology of the Flemish Vlaams Blok and the French Front National, in: WestEuropean Politics 24(2001)3, S. 1–22, hier S. 7.

12 Siehe auch http://www.vlaamsbelang.org [Stand: 15. Oktober 2009].

liche Ausgleich und die Interessenharmonie könne nur durch die dritte ideologische Säule, den Korpus ethischer Werte, hergestellt und gewährleistet werden. Den Kern einer „gesunden" Gemeinschaft solle daher die Familie als Bund von Mann, Frau und Kindern bilden, auch wenn dies nicht mehr der gesellschaftlichen Realität entspricht. Auf Wahlkampfplakaten werden häufig junge, strahlende Kinder oder glückliche Familien als Inbegriff eines harmonischen Flanderns abgebildet. Der VB bekennt sich zu konservativ-christlichem Denken; trotzdem bezeichnen sich einige Führungskader und Mandatsträger als „Heiden".[13] Dennoch erklärt der VB das Christentum zum Ordnungsprinzip der europäischen Zivilisation und lehnt aus diesem Grund die EU-Kandidatur der Türkei ab.[14] *Bruno Valkeniers*, momentan Vorsitzender des VB, ist praktizierender Katholik. Im Innern streiten sich drei Flügel um die Vorherrschaft in der Partei, die flämischen Nationalisten, die Gruppe xenophober Rechtsextremisten und die traditionellen Wertkonservativen. Die Gegner des VB hoffen, dass die Partei an diesem internen Streit zerbrechen wird, aber bisher ist es der Parteiführung gelungen, die internen Flügelkämpfe zu unterbinden. Doch am militant-rechtsextremen Rand gärt Unzufriedenheit: Ewiggestrige werfen dem VB vor, zu bürgerlich zu sein und sich, in der Hoffnung auf Regierungsbeteiligung, bei der politischen Mitte anzubiedern.

Ganz anders sieht die Lage des Rechtsextremismus im frankophonen Teil Belgiens aus. Die unterschiedliche Entwicklung des Rechtsextremismus in den beiden belgischen Regionen widerlegt die verbreitete Auffassung, nach der hohe Arbeitslosigkeit und hohe Immigrantenzahlen diesen fördern. Wenn dem so wäre, müsste der Rechtsextremismus in Wallonien deutlich stärker sein als in Flandern; stattdessen ist der Norden dem Süden ökonomisch überlegen. Zwar gab es auch in Wallonien Versuche, die rechtsradikalen Kräfte zu bündeln. Warum ihnen aber der Durchbruch nicht gelang, hat mehrere Ursachen: Erstens absorbiert die *Parti Socialiste* (PS), die dominierende Kraft in Wallonien, die regionalistischen, weniger stark wallonisch-nationalistischen Bestrebungen in einem belgizistischen „Discours". Zweitens sind die Rechtsextremisten untereinander zerstritten, und drittens werden sie gesellschaftlich stigmatisiert und juristisch belangt. In den frankophonen Medien werden sie weder interviewt noch zu Debatten eingeladen. Sie sind in der wallonischen Öffentlichkeit praktisch nicht vertreten. Die Politiker des VB genießen dagegen ein gewisse Präsens in der flämischen Presselandschaft, wenngleich sich diese regelmäßig über Diskriminierung oder zu wenig Sendezeit beschweren. Auch war der stete Aufstieg des VB Gegenstand zahlreicher Kommentare, Meinungsbeiträge und Analysen in der Presse. „Alle" waren gegen den VB, aber niemand konnte über ihn schweigen, so dass er sich immer einer großen Aufmerksamkeit in den Print- und TV-Medien erfreuen durfte.

Es gibt eine weitere Erklärung dafür, warum der VB gut organisiert ist, und eine der stärksten rechtsextremen Parteien in Westeuropa geworden ist, während der wallonische FN marginal blieb. Die Verwurzelung des VB in der *Flämischen Bewegung* wurde traditionell von Intellektuellen getragen. Im Gegensatz zu vielen ihrer Gesinnungsgenossen in anderen Ländern zeichnen sich die Kader der rechtsextremen Partei durch ein gewisses intellektuelles

13 Vgl. Jan De Zutter: Heidenen voor het blok. Radicaal-rechts en het nieuwe heidendom, Antwerpen/Baarn 2000.

14 Vgl. Dirk Rochtus: Die belgische Haltung gegenüber der Frage des EU-Beitritts der Türkei, in: Angelos Giannakopoulos/Konstadinos Maras (Hrsg.): Die Türkei-Debatte in Europa. Ein Vergleich, Wiesbaden 2005, S. 97–106, hier S. 101 f.

Niveau aus. Dies nicht sehen zu wollen, liefe auf eine Unterschätzung hinaus. Auch wenn der VB eine extremistische Verzweigung der *Flämischen Bewegung* ist, kann seine Herkunft aus einer legitimen intellektuellen Strömung in der Geschichte des flämischen Volkes nicht geleugnet werden. Der flämische Nationalismus hat seit dem Ersten Weltkrieg seinen Ausdruck in der Existenz von selbstständigen politischen Parteien gefunden, wie *Frontpartij*, *Vlaams Nationaal Verbond* (VNV), *Volksunie*, *Nieuw-Vlaamse Alliantie*, *Vlaams Blok/Vlaams Belang*. Die rechtsextremen unter ihnen, VNV und VB, wussten bzw. wissen nicht nur die radikalen flämisch-nationalistischen Wähler an sich zu binden, sondern auch Kader der parteienübergreifenden *Flämischen Bewegung* zu rekrutieren. *David Art* weist auf diese Tatsache hin: Da der flämische Nationalismus die ursprüngliche Ideologie des VB ist, wuchs diese Partei aus dem „dense network of far right organizations, that were historically rooted in Flemish society"[15]. Der radikale Flügel der *Flämischen Bewegung* und der VB sind heute personell eng verwoben, auch wenn nicht alle radikalen Nationalisten die Partei wählen. Solange die Nationalitätenfrage in Belgien nicht gelöst ist und flämische Forderungen nach mehr Autonomie weiterleben, wird es eine breite, intellektuell aktive *Flämische Bewegung* geben, von deren Netzwerk der VB, als politischer Fürsprecher eines unabhängigen flämischen Staates, profitiert.

Auf frankophoner Seite hat sich nie ein ebenbürtiger wallonischer Nationalismus entwickelt, gerade deshalb, weil die Wallonen keinen Grund darin sahen, sich gegen den belgischen, bis in die 1950er Jahre von der Frankophonie dominierten Staat aufzulehnen. Im südlichen Teil Belgiens wurde der Rechtsextremismus nicht wie in Flandern von einer eigenständigen nationalistischen Subkultur getragen, sondern von faschistischen Elementen wie die Geschichte von *REX* während des Zweiten Weltkrieges zeigt. Während sich viele flämische Nationalisten von der Kollaboration mit den Nationalsozialisten Unabhängigkeit für Flandern erhofften, waren die Rexisten von Anfang an überzeugte Nationalsozialisten. Rexistenführer *Léon Degrelle* erklärte, ein romanischsprachiges Volk wie die Wallonen im „Großgermanischen Reich" sehen zu wollen. Weil die Kollaboration in Wallonien mit dem Bannfluch der Gesellschaft belegt wurde, entwickelte sich bis heute kein Netzwerk von volksnationalistisch geprägten Selbsthilfegruppen wie in Flandern und der Rechtsextremismus blieb „ein konfuses Feld rechtsextremer Kleingruppen"[16].

3.2 *Linksextremismus*

Viel Anziehungskraft besitzt der heutige Linksextremismus in Belgien nicht. Das war in der Zeit kurz vor und nach dem Zweiten Weltkrieg anders. Die 1921 gegründete *Kommunistische Partij België* (KPB) profitierte in den 1930er Jahren von der damaligen Polarisierung von links und rechts. Bei den Parlamentswahlen 1936 erhöhte sich die Zahl der kommunistischen Mandate von drei auf neun. Während der deutschen Besatzung 1940–44 erbrachte die KPB im Widerstand einen hohen Blutzoll. Nach der Befreiung im September 1944 erschie-

15 David Art: The Organizational Origins of the Contemporary Radical Right. The Case of Belgium, in: Comparative Politics 40(2008)4, S. 421–440, hier S. 430.
16 Ebd., S. 429.

nen die bewaffneten Partisanen – die meisten Kommunisten – dem bürgerlichen Lager als große Gefahr. Um sie zu „neutralisieren“, nahm der damalige Premier *Hubert Pierlot* drei Kommunisten in seine Regierung auf; mit Beginn des Kalten Krieges gaben sie im März 1947 ihre Ministerposten auf. Bei den Parlamentswahlen vom 17. Februar 1946 gewann die KPB 12,7 Prozent der Stimmen, aber im flämischen Landesteil war ihr Ergebnis eher mager. Linksextremismus war im frankophonen Teil Belgiens stärker präsent als im konservativeren Flandern. Während der Rechtsextremismus in Flandern überwinterte, ging es mit dem Linksextremismus bergab. Auch wenn sich die KPB nach *Stalins* Tod auf ihrem Parteitag 1954 von der „Diktatur des Proletariats“ distanzierte, blieb sie bis in die 1980er Jahre moskauhörig. Das Jahr 1968 führte zum Wiederaufleben gauchistischer Ideen. „Tiersmondismus“, Maoismus, Trotzkismus und antikapitalistischer „Flamingantismus“ waren unter den Studenten stark verbreitete Strömungen. Der KPB gelang es als autoritär-kommunistische Partei nicht, Anschluss an die Studentenrevolte zu finden. Mehrere Führungsköpfe aus der Studentenbewegung wurden Kader von Splittergruppen: *Socialistische Arbeiderspartij* (SAP) und *Alle Macht aan de Arbeiders* (AMADA), aus der später die PVDA/PTB hervorging. In den 1980er Jahren erlebte die extreme Linke als außerparlamentarische Kraft eine gewisse Renaissance durch ihre Teilnahme an den großen Friedensdemonstrationen in Brüssel gegen den NATO-Doppelbeschluss.

Seit den Parlamentswahlen vom 13. Oktober 1985 ist die KPB, ebenso wie die PVDA/PTB, nicht mehr im belgischen Parlament und den Regionalparlamenten vertreten. Nach dem Fall der Berliner Mauer und dem Ende des Kalten Krieges versank die KPB in die Bedeutungslosigkeit. Der Kommunismus in Belgien ist höchstens noch Gegenstand „nostalgischer Betrachtungen“.[17] Nur die PVDA/PTB ist heute aktiv und engagiert sich auf der Straße. Bei den Kommunalwahlen vom Oktober 2006 gewann die PVDA zwei Sitze im Bezirksrat Hoboken, einem überwiegend von Arbeitern und Leuten mit Immigrationshintergrund bewohnten Viertel von Antwerpen. Da die demokratischen Parteien im Sinne der Äquidistanz weder mit dem VB noch mit der PVDA koalieren wollten, konnte Hoboken monatelang nicht regiert werden. Aktuell regiert eine Minderheitskoalition, geduldet durch die Oppositionspartei PVDA.

Die PVDA arbeitet seit 2007 an einem zaghaften Imagewechsel. Auf ihrem „vernieuwingscongres“ im März 2008 schwor sie den alten Symbolen „Hammer und Sichel“ ab und verzichtet seitdem auf eine revolutionäre, auf die Umwälzung der Gesellschaft zielende Semantik. In ihrem Programm knüpft sie unter der Losung *„Eerst de mensen, niet de winst“* („Zuerst die Leute, nicht der Gewinn“) an die tagtäglichen Nöte und Bedürfnisse der Bevölkerung an und fordert z. B. Arbeitsplätze für alle und kostenlose Gesundheitsversorgung. Zwar plädiert die PVDA noch immer für „Sozialismus“, aber mit dogmatischen Verlautbarungen hält sie sich zurück, um gemäßigt linke Wähler nicht abzuschrecken. Mit ihrem Engagement, ihrer Anwesenheit bei Streiks und Umweltaktionen kommt sie zunehmend gut an bei jungen Unterstützern. Die PVDA hat etwa 3000 Mitglieder und verfügt über eine mobilisierungsfähige Basis in der alternativen Szene.

17 Ivan Ollevier: De laatste communisten. Hun passies, hun idealen, Antwerpen 1997, S. 320.

4 Nichtparteiförmiger Extremismus

4.1 Rechtsextremismus

Nur in Flandern entfalten militant rechtsextreme Organisationen rege Aktivitäten. Dabei ist zwischen Organisationen, die einem völkischen Nationalismus anhängen, und neonationalsozialistischen Gruppen zu unterscheiden. Die Letzteren sind marginal und werden von der flämisch-nationalistischen Szene abgelehnt. *Vlaamse Jongeren Mechelen* (VJM) war eine solche Organisation, die sich aus einem rechtsrevolutionären Impetus heraus zum Ziel gesetzt hatte, das „kleinbürgerliche Leben" in Mechelen, einer Provinzstadt zwischen Antwerpen und Brüssel, „aufzuwühlen". Die zwischen 1995 und 2005 existierende Organisation benutzte das keltische Kreuz als Symbol. Im Jahre 2000 machte sie auf sich aufmerksam, indem sie in Madrid an einer Kundgebung zu Ehren des verstorbenen Diktators *Franco* teilnahm und ihre Mitglieder die Hand zum *Hitler*-Gruß erhoben. Auch huldigte sie im selben Jahr in ihrer Mitgliederzeitschrift *Ian Donaldson*, Sänger der Skinheadband *Skrewdriver* und Führer der rechtsextremistischen Organisation *Blood & Honour*. Diese veranstaltet regelmäßig Zusammenkünfte in Belgien. Das wird durch ein liberales Gesetz zur Versammlungsfreiheit ermöglicht, über dessen Begrenzung die demokratischen Parteien seit Jahren diskutieren.

In der neonationalsozialistischen Szene tummeln sich weitere konkurrierende, gewaltbereite Gruppierungen wie *Blood & Honour Vlaanderen* und *Bloed-Bodem-Eer-Trouw* (BBET), die sich durch Judenhass und Verherrlichung der weißen Rasse kennzeichnen. Die VJM trat mehrfach mit der Jugendorganisation des VB auf, obwohl sich die Partei bemüht, Neonationalsozialisten aus ihrem Umfeld fernzuhalten. Die Partei legte 2001 *Roeland Raes* nahe, sein Amt als Vizevorsitzender abzugeben, weil er im holländischen Fernsehen den Holocaust bagatellisiert hatte. Dies passt zu *Filip Dewinters* Annäherungsstrategie an die jüdische Gemeinschaft in Antwerpen, die er zum Schulterschluss gegen den „gemeinsamen islamistischen Feind" aufruft.

Zum flämischen Nationalismus gehören Organisationen, die schon kurz nach dem Zweiten Weltkrieg gegründet wurden. Der *Sint-Maartensfonds*, eine Selbsthilfegruppe flämischer Ostfrontkämpfer, hat heute keinen Einfluss mehr. Die Jugendbewegungen *Vlaams Nationaal Jeugdverbond* (VNJ) und der *Nationalistische Studentenverbond* (NSV) agieren dagegen erfolgreicher, da sie jungen Leuten früh den flämischen Nationalismus in seiner völkischen Prägung nahebringen. Beide Organisationen bilden eine Rekrutierungsbasis für die flämisch-nationalistischen Parteien, vor allem für den VB, weil diese für die im Mikrokosmos des radikalen flämischen Nationalismus sozialisierten Jugendlichen den richtigen Mix von flämischem Nationalismus und rechtsradikalem Gedankengut darstellt. Eine radikalere Bewegung von jungen Leuten bildet der *Nationalistisch JongStudentenverbond* (NJSV), der sich an Schüler im Alter von 15 bis 18 Jahren richtet. Viele kommen aus der VNJ und werden weiter in den NSV strömen. In den letzten Jahren entfaltet der NJSV eine größere Dynamik, indem er aus einer flämisch-nationalistischen und völkischen Ideologie heraus Aktionen durchführt – z. B. gegen die Unterdrückung der Tibeter und den „französischsprachigen

Imperialismus“ an der belgischen Küste (beide im August 2008).[18] Flämische Nationalisten verstehen sich als Vorkämpfer der Identität unterdrückter Völker, denen sie ihre Solidarität aussprechen. Eine Organisation besonderer Art ist *Voorpost*, die Büros in Flandern, den Niederlanden und Südafrika unterhält. Sie befürwortet einen großniederländischen Staat, der alle niederländischsprachigen Länder umfasst, und übt Solidarität mit den sprachverwandten Buren in Südafrika. *Voorpost* unterstützt in Flandern politische Aktionen im Alltag gegen den „Djihad in unserer Straße“ wie eine rege intellektuell untermauerte Diskussionskultur über flämisch-nationalistische und völkische Themen, was nicht untypisch ist für den rechtsextremen Flamingantismus. Ideologisch wachgehalten wird das flämisch-nationalistische Stammpublikum auch durch die Lektüre der satirischen Wochenzeitung „’t Pallieterke“, die seit 1946 wöchentlich gegen den verhassten belgischen Staat wie gegen linkes Denken zu Felde zieht. Alljährlich sammeln sich die flämischen Nationalisten zum „Ijzerbedevaart“ im westflämischen Diksmuide am Yserturm, einem Monument, das in den 1920er Jahren zum Andenken der gefallenen flämischen Frontsoldaten errichtet wurde. An der Yserfront, wo die belgische Armee vier Jahre lang gegen die deutschen kaiserlichen Truppen standhielt, hatte sich der Unmut vieler flämischer Soldaten über die als diskriminierend empfundene Behandlung durch das überwiegend frankophone Offizierskorps geregt. Die daraus resultierende *Frontbeweging* begann, die flämischen Forderungen nach Gleichberechtigung lauter und radikaler zu artikulieren. 1996 kam es bei einer öffentlichen Gedenkfeier zu einem Eklat zwischen gemäßigten und radikalen Nationalisten. Die Letzteren warfen dem Organisationskomitee der Pilgerfahrt vor, das „Testament“ der Yserfrontkämpfer durch eine modernistische Neuinterpretierung zu verwässern. Auch empörten sie sich darüber, dass am Ende der Gedenkfeier nicht mehr das Volkslied des ehemaligen Apartheidsregimes „Die Stem van Suidafrika“ als Ausdruck der Verbundenheit aller „Niederländisch- und Afrikaanssprachigen“ gesungen werden durfte. Seitdem findet jedes Jahr, im Abstand von nur einer Woche, neben der offiziellen „Ijzerbedevaart“ eine radikalere, rechtsradikale „Ijzerwake“ statt. Auf beiden Gedenkfeiern ertönen stets die von der *Flämischen Bewegung* in ihrer moderaten bzw. radikalen Fassung erhobenen Forderungen nach mehr Autonomie.

4.2 Linksextremismus

Kennzeichnend für den Linksextremismus in Belgien ist die Zersplitterung in verschiedene Kleinparteien und Gruppierungen. Zugleich existieren Pläne einer Bündelung aller linken Kräfte gegen die „verrechtsing“ der Gesellschaft. Ende 2005 wurde auf Initiative einiger altgedienter Sozialdemokraten das *Comité voor een Andere Politik* (CAP) als Sammelbewegung linker Kräfte gegründet. Typisch für die belgische Linke ist, dass sie häufig den Begriff „anders“ verwendet, auch wenn dies als Abgrenzung gegenüber „rechts“ gemeint ist. So führen die flämischen Sozialdemokraten das „Anders-Sein“ im Parteinamen *Socialistische Partij.*

18 Die belgische Küste liegt auf dem Territorium der Flämischen Region; deshalb bezeichnen sie flämische Nationalisten als „flämische Küste“. Frankophone Feriengänger aus Brüssel und Wallonien verursachen angeblich einen „Französisierungsdruck“ in Geschäften, Restaurants und Hotels. Vgl. abrufbar unter http://www.vvb.org/actueel/141/25030 [Stand: 13. Juni 2009].

Anders (SP.A). Ihnen vorangegangen waren schon in den 1970er Jahren die Grünen mit der Gründung der Partei *Anders Gaan Leven* (AGALEV) („ein anderes Leben anstreben"). Das CAP war aus Unmut über den – angeblich – schlaffen linken Kurs von Sozialdemokraten und Grünen entstanden und sollte als Vorstufe für eine neuzugründende linke Partei dienen. Die Initiatoren des CAP fragten nach dem Sinn des „cordon sanitaire", da bei jeder Wahl der *Vlaams Blok* bzw. *Vlaams Belang* immer mehr Stimmen – noch dazu von vielen Arbeitern und Arbeitslosen – gewann. Als Antwort sollte ein an breite Bevölkerungsschichten gerichtetes „echtes" linkes Programm entstehen, um vor allem linke Protestwähler aufzufangen, die dem rechtsextremen VB ihre Stimme gaben. Das CAP entschloss sich als Partei an den Föderalwahlen vom 10. Juni 2007 teilzunehmen, bei der es in Flandern enttäuschende 0,4 Prozent der Stimmen erhielt. Bei den Regionalwahlen vom 7. Juni 2009 ist es – genauso wie die PVDA – mit weniger als einem Prozent Stimmenanteil unbedeutend geblieben.

5 Ergebnis

Für die politische Stabilität Belgiens stellen die Extremismen keine Gefahr dar – eher dagegen die Unzulänglichkeiten und Inkonsequenzen des föderalen Systems. Im Süden Belgiens ist der Rechtsextremismus völlig marginalisiert: nationalistische Bestrebungen sind von der PS, der *Sozialdemokratischen Partei* im frankophonen Teil Belgiens, absorbiert und gleichsam neutralisiert worden. Dies gilt genauso für den Linksextremismus. Zwar steht die PS links von der Mitte; von ihren Kadern ertönen oft auch klar antikapitalistische Töne, aber systemfeindlich wird die PS nicht wirken, weil sie insbesondere in Wallonien die stärkste Kraft darstellt und auf allen politischen Ebenen an den Hebeln der Macht sitzt. Dabei regiert sie pragmatisch. Gerade diese Monopolisierung des gesellschaftlichen Lebens Walloniens durch die PS erregt viel Ärger in den politischen und wirtschaftlichen Kreisen Flanderns, die von einer Blockadepolitik und Erstarrung des gesamtbelgischen Politikbetriebs sprechen.[19] Linksextreme Forderungen sind nicht so prägnant wie rechtsextreme Programme, weil die Gesellschaft im sozio-kulturellen Sinne eher nach links tendiert – dies gilt für Flandern, mehr noch für Wallonien, wo bestimmte Ziele der extremen Linken, wiewohl in abgeschwächter Form, realisiert wurden. Nur im frankophonen Segment der zweisprachigen Brüsseler Region behaupten sich auf Grund der bürgerlichen gesellschaftlichen Grundlagen die frankophonen Liberalen der *Mouvement Réformateur* (MR) und ihrer Partnerpartei *Front démocratique des Francophones* (FDF), die eine rabiate, antiflämische Sprachenpolitik zu Gunsten der Wallonen im Raum Brüssel verteidigen.

Auch in Flandern spielt der Linksextremismus kaum eine Rolle. Die Extremismusdiskussion in Belgien dreht sich seit den 1990er Jahren vor allem um den *Vlaams Blok* bzw. *Vlaams Belang*, dessen kometenhafter Aufstieg die etablierten Parteien erschreckt hat. Seit 2007 hat sich die Angst der Demokraten vor dem Rechtsextremismus etwas beruhigt. Seitdem stagniert der VB in Antwerpen. Im Vorfeld der Parlamentswahlen vom 10. Juni 2007, wo

19 Auch *Didier Reynders*, Vorsitzender der *Frankophonen Liberalen* (MR), bezeichnet Wallonien als von den „archaischsten Sozialdemokraten Europas" regiert, und vergleicht die PS mit dem „Sowjetstaat". Vgl. La Dernière Heure vom 19. September 2008.

die ganze Debatte auf die Reformversprechen des christdemokratischen Spitzenkandidaten *Yves Leterme* fixiert war, hatten die Medien den VB kaum beachtet. Seit der Staats- und Föderalismuskrise[20], die auf die Wahlen folgte und seitdem die belgische Regierungskrise verschlimmerte, konnte der VB sich als oppositionelle Protestpartei nicht mehr entfalten. Die Medien widmeten sich vorwiegend den Streitereien zwischen den etablierten Parteien über die Frage, ob es eine Staatsreform geben und wie diese aussehen sollte. So verlief eine am 11. September 2008 am WTC-Gebäude in Brüssel durchgeführte VB-Aktion gegen die Bedrohung durch den Islam ohne jegliche Berichterstattung der Medien.[21] Doch die wachsende Unzufriedenheit vieler Flamen über die belgische Staatskrise kann sich zum Vorteil des VB als separatistische Partei entwickeln. Es verwundert daher nicht, dass die Partei in letzter Zeit wieder die Trumpfkarte der „Unabhängigkeit Flanderns" spielt. So kehrt die Partei zurück zu ihren Anfängen. Unter der Ägide ihres neuen Parteivorsitzenden *Bruno Valkeniers* setzt sie auf Mäßigung.[22] *Valkeniers* will, zurückgreifend auf die moralischen Ansprüche von Anstand und Rationalität, seine Partei vom Makel des Extremismus und des ungezügelten Auftretens befreien. Dazu sucht er Kontakt zu Kreisen, die flämisch-nationalistisch denken, ohne antidemokratisch aufzutreten. Versuche, eine Sammelbewegung aller rechten Kräfte unter dem Namen *Forza Flandria* zu kreieren, schlugen bislang fehl. Eine solche Zusammenarbeit auf lokaler Ebene bildete das Kartell mit dem rechtsliberalen Bündnis *VLOTT* in 14 flämischen Gemeinden während der Kommunalwahlen 2006. Eine Erneuerung der Allianz bei den Parlamentswahlen 2007 lehnte der VB jedoch ab.

Einem rechtskonservativem VB droht indessen Konkurrenz in Gestalt der demokratischen Flämisch-Nationalisten der *Nieuw-Vlaamse Alliantie* (N-VA) um *Bart De Wever* und der Einmannpartei *Lijst Dedecker* (LDD). Der häufig als rechtspopulistisch bezeichnete ehemalige Judocoach *Jean-Marie Dedecker* kommt mit seiner flamboyanten Persönlichkeit und schlagfertigen Kritik am Establishment bei jenen Leuten gut an, die früher dem VB ihre Proteststimme gaben.[23] Da der VB weiterhin von der Macht ferngehalten wird, glauben viele Wähler, eine Stimme für *Vlaams Belang* sei eine verlorene Stimme, während *Dedecker* für das von ihm kritisierte Establishment koalitionsfähig blieb. Bei den letzten Regionalwahlen, die am 7. Juni 2009 mit den Europawahlen zusammenfielen, erlitt der VB zum ersten Mal seit 30 Jahren eine historische Niederlage: die Partei büßte gegenüber 2004 8,8 Prozentpunkte ein, fiel damit auf 15,3 Prozent zurück, aber blieb immerhin die zweitstärkste Partei in Flandern, nach den Christdemokraten (23,1 Prozent). Grund für diese herbe Niederlage ist die Fragmentierung an der rechten Seite, mit der *Lijst Dedecker* (7,7 Prozent) und der *Nieuw-Vlaamse Alliantie* (N-VA), die einen erdrutschartigen Sieg von 15,3 Prozent erzielte (2004 etwas weniger als fünf Prozent).

Der harte Extremismus ist in Belgien mittlerweile marginal. Zwar wird der VB, wenngleich er eine schwere Niederlage einstecken musste, eine starke Partei bleiben, aber zugleich

20 Vgl. Dirk Rochtus: Belgien vor dem Kollaps?, in: Aus Politik und Zeitgeschichte Nr. 8/2008, S. 6–12.

21 Vgl. Wouter Verschelden/Carolien Swinnen: VB op zoek naar een mediaopening, in: De Standaard vom 12. September 2008, S. 6.

22 Vgl. Interview mit Bruno Valkeniers: „Ik voel mij perfect thuis in Wallonië", in: De Standaard vom 13./14. September 2008.

23 Vgl. Isabel Albers: Er is een alternatief. Waarom Vlaams Belang klappen krijgt, in: De Standaard vom 10. September 2008, S. 24.

ist es nicht ganz sicher, wie er auf die jüngsten Misserfolge reagieren wird. *Filip Dewinter* verspricht jedenfalls fürs nächste Mal eine „radikale Kampagne".[24] Vom Neonationalsozialismus und Antisemitismus hatte der *Vlaams Belang* sich schon früh distanziert, und auch Immigranten will er nicht mehr zwangsläufig abschieben, vorausgesetzt, sie würden sich an die „europäische Kultur" anpassen. Aber mit seiner radikalen Islamkritik, seinem rassistischen Unterton und seinem kompromisslosen Streben nach flämischer Unabhängigkeit bleibt der VB eine unkontrollierbare Konstante im belgischen Parteiensystem.

24 Vgl. Interview mit Filip Dewinter: „Te radicaal? U heeft nog niets gezien", in: De Standaard vom 8. Juni 2009.

Extremismus in Bulgarien

Michael Meznik

1 Rahmenbedingungen

Die Bestimmungen zum Verhältnis von Demokratie und politischem Extremismus finden sich in der nach den ersten freien Wahlen von der Großen Volksversammlung ausgearbeiteten Verfassung von 1991.[1] So wird in Artikel 1, Absatz 3 festgehalten, dass sich keine Partei das Recht der Ausübung der Volkssouveränität aneignen kann. Dadurch soll die Herausbildung eines Machtmonopols, wie es bis 1989 die Staatspartei BKP (*Bulgarische Kommunistische Partei*) verkörperte, unterbunden werden. Artikel 11, Absatz 1 und 2 enthält ein klares Bekenntnis zum politischen Pluralismus und untersagt jede Form einer Staatspartei oder -ideologie. Weiterhin ist in Absatz 4 das Verbot von Parteien auf ethnischer, rassischer und religiöser Grundlage sowie von Parteien, die auf die „gewaltsame Übernahme der Staatsmacht" zielen, geregelt. Die Kompetenz über ein etwaiges Parteienverbot liegt beim Verfassungsgericht, das durch seine Judikatur eine Präzisierung des vagen Begriffs der „ethnischen" Partei im Sinne von Artikel 11 geliefert hat: So wird in der positiven Entscheidung über die Verfassungsmäßigkeit der als „türkisch" geltenden Partei *Bewegung für Rechte und Freiheiten* (*Dviženie za Prava i Svobodi*)[2] ausgeführt, dass das Verbot lediglich darauf zielt, die Gründung jener Parteien zu verhindern, die Bürger aufgrund ihrer ethnischen Herkunft ausschließen.

Das Parteiengesetz verpflichtet alle politischen Parteien, ihre Ziele mit demokratischen Mitteln durchzusetzen. Es sieht die Auflösung von Parteien vor, die durch ihre Tätigkeit gegen einzelne Verfassungsbestimmungen – insbesondere die Souveränität und die territoriale Integrität des Landes – verstoßen und die Einheit der Nation gefährden. Zudem gelten Parteien als extremistisch, die rassistischen und religiösen Hass schüren oder die Rechte und Freiheiten der Bürger verletzen.[3] Diese Bestimmungen kamen im Jahr 2000 zur Anwendung, als die *Vereinte Makedonische Organisation-Ilinden-PIRIN* (*Obedinena Makedonska Organizacija-Ilinden-PIRIN*) wegen ihrer „gegen die territoriale Integrität des Landes" gerichteten Tätigkeit vom Verfassungsgericht verboten wurde.[4]

---

1 Ich danke der Österreichischen Forschungsgemeinschaft für die Gewährung eines Stipendiums für einen Forschungsaufenthalt in Sofia, in dessen Rahmen auch Recherchearbeiten für diesen Aufsatz durchgeführt werden konnten.

2 Vgl. Entscheidung Nr. 4 vom 21. April 1992, abrufbar unter http://www.constcourt.bg [Stand: 24. Januar 2009]. Das Verfassungsgericht war auf Antrag von 93 Abgeordneten der *Bulgarischen Sozialistischen Partei* (*Bălgarska Socialističeska Partija*) in der Großen Nationalversammlung tätig geworden.

3 Vgl. Artikel 40, Absatz 1, Zeile 2 des Gesetzes über die politischen Parteien und Artikel 44, Absatz 2 der Verfassung von 1991.

4 Vgl. Entscheidung Nr. 1 vom 29. Februar 2000 – das Verfassungsgericht war im Falle der *VMO-Ilinden-PIRIN* auf Antrag von 61 Parlamentsabgeordneten tätig geworden. Die Partei setzte sich für mehr Rechte einer – nach ihrer Ansicht – im südwestlichen Teil des Landes um das Pirin-Gebirge lebenden makedonischen Minderheit ein. Nach Meinung ihrer Kritiker verfolgte sie eine sezessionistische, auf Abspaltung der Pirin-Region und auf einen Zusammenschluss mit der Republik Makedonien zielende Politik.

Im ersten Jahrzehnt des Systemwechsels erzielten extremistische Gruppierungen kaum Erfolge als eigenständige Akteure. Einzelne Parlamentssitze konnten bei einem Verhältniswahlrecht mit einer Vier-Prozent-Hürde nur über Bildung von Wahlbündnissen unter der Führung einer der zwei Großparteien errungen werden (vgl. Kapitel 2). Das änderte sich bei den Parlamentswahlen 2005 mit dem Erfolg der *Koalition ATAKA* (*Koalicija ATAKA*), die vor allem wegen der minderheitenfeindlichen und antisemitischen Äußerungen ihres Vorsitzenden, *Volen Siderov*, als rechtsextrem gilt.

Der Aufstieg der *Koalition ATAKA* erfolgte vor dem Hintergrund weitverbreiteter Unzufriedenheit mit der allgemeinen Entwicklung des Landes in der Transformation, die extremistischen Positionen Auftrieb verschaffte. In Bulgarien gibt es eindeutige Symptome einer Krise der repräsentativen (Parteien-)Demokratie, wie sie auch für die einstigen Musterschüler der Transformation in Ostmitteleuropa[5] diagnostiziert wird: Die Partizipationsbereitschaft der Bürger nimmt beständig ab[6], das Vertrauen in die politischen Parteien, welche kaum noch in der Lage sind, ihre Wähler dauerhaft zu binden[7], ist bedenklich niedrig. Die Ergebnisse des subjektiven Systemvergleichs fallen bei einer Mehrheit der Bulgaren weiterhin negativ aus. Gerade für Bulgarien gilt, dass die in der Demokratie hinzugewonnenen Möglichkeiten politischer Mitbestimmung vielfach nicht den Verlust sozialer Sicherheit und die negativen Folgen eines sinkenden Lebensniveaus auszugleichen vermochten. Zugleich vermischten sich im Vorfeld des EU-Beitritts die traditionell schwachen programmatischen Differenzen zwischen den etablierten politischen Parteien bis zur Ununterscheidbarkeit.[8] Ihre Spitzenvertreter wurden dagegen immer stärker als eigenständige, vom Volk losgelöste und gegen dessen Interessen agierende Kaste wahrgenommen. Das massive Glaubwürdigkeitsproblem der etablierten politischen Elite in Kombination mit dem „populistischen Zeitgeist"[9], der die Fokussierung auf markante Führungsfiguren befördert, schafft günstige Voraussetzungen für die Erfolge extremistischer Kräfte wie etwa *Siderovs ATAKA*. Bevorzugtes Opfer ihrer extremistischen Hetze sind verschiedene Minderheiten, die in die Rolle der Sündenböcke gedrängt werden. Die Anfeindungen gelten in erster Linie der türkischen Minderheit, welcher historisch-begründete Ressentiments[10] entgegengebracht werden, und den Roma, die von den negativen Folgen der Transformation überproportional betroffen sind und abseits der bulgarischen Mehrheitsgesellschaft leben.

---

5 Vgl. Dieter Segert: Parteiendemokratie in der Krise. Gründe und Grundlagen in Ostmitteleuropa, in: Osteuropa 58(2008)1, S. 49–61, hier S. 52 f.

6 Dies lässt sich an der Entwicklung der seit Beginn der Transformation kontinuierlich sinkenden Wahlbeteiligung ablesen, von der nationale wie lokale Wahlen gleichermaßen betroffen sind. So sank etwa die Wahlbeteiligung bei den Parlamentswahlen seit den ersten freien Wahlen 1990 von 90,6 Prozent auf 55,8 Prozent im Jahr 2005. Bei den Wahlen zum Europäischen Parlament betrug sie 28,6 Prozent.

7 Darauf deuten die seit den Wahlen 1997 stark ansteigenden Volatilitätswerte hin. Vgl. Christian Autengruber: Bulgarien. Zwischen anfänglichen Konsolidierungstendenzen und aktuellen Umbrüchen, in: Ellen Bos/Dieter Segert (Hrsg.): Osteuropäische Demokratien als Trendsetter? Parteien und Parteiensysteme nach dem Ende des Übergangsjahrzehnts, Leverkusen/Opladen/Ridgebrook 2008, S. 133–146, hier S. 139.

8 Vgl. ebd.

9 Vgl. Cas Mudde: The Populist Zeitgeist in Today's Europe, in: Critique und Humanism 23(2007)1, S. 109–112.

10 Diese gründen in erster Linie auf der Wahrnehmung der Periode der Osmanischen Fremdherrschaft als „500-jähriges Türkisches Joch", die nach vorherrschendem Geschichtsbild die bulgarische Nation in ihrer Entwicklung zurückgeworfen hat.

2 Wahlentwicklung

Der neue Pluralismus nach dem Zusammenbruch des realen Sozialismus löste Anfang der 1990er Jahre eine Flut von Parteigründungen aus. Darunter fanden sich extremistische Organisationen, wobei drei Hauptströmungen unterschieden werden können.

Zunächst entstanden rechtsextremistische, radikal antikommunistische Kräfte, die ideologisch und personell an die Tradition „historischer“, bereits in vorsozialistischer Zeit aktiver rechtsextremistischer und ultranationalistischer Formationen anknüpften. Dazu zählt das von ehemaligen Mitgliedern der in den 1930er Jahren aktiven *Union der Bulgarischen Nationalen Legionen*[11] gegründete *Bulgarische Demokratische Forum* (*Bălgarski Demokratičeski Forum* – BDF). Die Anhängerschaft des BDF rekrutierte sich größtenteils aus den Reihen hochbetagter, ehemaliger Legionäre und deren unmittelbaren Nachkommen. In der ersten Transformationsphase bis Ende der 1990er Jahre definierte sich das BDF als demokratische Partei und verfolgte eine radikal antikommunistische Linie mit monarchistischen Tendenzen. Als Teil der 1989 gebildeten Oppositions-Sammelbewegung *Union der Demokratischen Kräfte* (*Sajus na Demokratitschnite Sili* – SDS) konnte das BDF während der 1990er Jahre einzelne Abgeordnete im nationalen Parlament stellen.

Um eine Wiederaufnahme noch weiter zurückgehender Traditionslinien handelt es sich bei der zunächst 1990 als Kulturorganisation registrierten und 1999 als politische Partei gegründeten *Inneren Makedonischen Revolutionären Organisation/Bulgarische Nationalbewegung* (*Vătrešna Makedonska Revoljucionna Organizacija/Bălgarsko Nacionalno Dviženie* – IMRO-BNB). Sie bezieht sich auf eine Ende des 19. Jahrhunderts gegründete Organisation, die ihr Ziel der Errichtung eines großbulgarischen Reiches zeitweise unter Anwendung terroristischer Methoden verfolgte.[12] In ihrer gegenwärtigen Ausformung stellt die IMRO-BNB eine nationalistische und rechtskonservative Partei dar, die sich in ihren Statuten zur Idee einer „nationalen Demokratie“ bekennt und den „Erhalt der traditionellen bulgarischen Werte, Bräuche und des Glaubens für die künftigen Generationen“ sowie die „geistige Einheit“[13] der bulgarischen Bevölkerung in den Nachbarländern als wichtigste Ziele nennt. Dabei werden die Angehörigen des slawischsprachigen Bevölkerungsteils der ehemaligen jugoslawischen Teilrepublik Makedonien als Bulgaren betrachtet; die Existenz einer makedonischen Nation verneint die Partei. Sie sei eine Erfindung der „serbisch-kommunistischen“ Hegemonie ohne das historische Recht auf Unabhängigkeit.

11 Die *Union der Bulgarischen Nationalen Legionen* zählte während der 1930er Jahre rund 200.000 Mitglieder und wurde nach der kommunistischen Machtübernahme verboten. Sie wird generell als nationalistische, rechtsextreme und antisemitische Bewegung eingestuft und ihr Anführer, *Ivan Dočev*, als potenzieller bulgarischer „Führer“ bezeichnet. Ihre Nachfolger im *Bulgarischen Demokratischen Forum* sprechen dagegen vom „patriotischen“ Charakter der *Legionen*.

12 Das ursprüngliche Ziel der 1893 gegründeten Organisation, die sich ab 1919 IMRO nannte, war die Beendigung der osmanischen Fremdherrschaft in Makedonien. Sie entwickelte sich in der Folge zur Kraft des großbulgarischen Nationalismus; 1923 töteten IMRO-Anhänger in ihrem Kampf um ein Großbulgarisches Reich den bulgarischen Ministerpräsidenten, *Aleksandăr Stambolijski*.

13 Vgl. die Partei-Statuten auf der Internetseite der IMRO-BNB, abrufbar unter: http://www.vmro.bg/ [Stand: 4. Januar 2009].

Tabelle 1 Ergebnisse der extremistischen Parteien bei den bulgarischen Parlamentswahlen 1990–2005 (in Prozent)

	1990	1991	1994	1997	2001	2005
BKP	---	---	1,5	---	---	---
IMRO	---	---	---	---	3,6[1]	5,2[2]
ATAKA	---	---	---	---	---	8,1
Quelle: Eigene Zusammenstellung nach Angaben des offiziellen Statistikamtes Bulgariens.						

[1] In Koalition mit *Georgstag.*
[2] Im Wahlbündnis *Bulgarische Volksunion.*

Die linksextremistischen Kräfte entwickelten sich im Zuge des Wandlungsprozesses der ehemaligen kommunistischen Staatspartei BKP. Dazu gehören neben einem marxistischen Flügel innerhalb der reformkommunistischen *Bulgarischen Sozialistischen Partei* (*Bălgarska Socialističeska Partija* – BSP)[14] mehrere kommunistische Parteien, die die marxistisch-leninistische Ideologietradition der BKP fortführen. Einige dieser Parteien werfen der BSP „Deformationen" und den „Verrat an den Idealen von *Marx*, *Engels* und *Lenin*" vor. Die Mitglieder und Sympathisanten der linksextremistischen Parteien rekrutieren sich fast ausschließlich aus dem Lager ehemaliger BKP-Funktionäre. Ihre politische Bedeutung war über die gesamte Periode der Transformation marginal – die kumulierten Ergebnisse aller kommunistischen Parteien schwankten zwischen 1,0 und 2,0 Prozent.[15] Die *Kommunistische Partei Bulgariens* (*Komunističeska Partija na Bălgarija*) war 2001 und 2005 Teil des BSP-geführten Wahlbündnisses *Koalition für Bulgarien.* Bei ihrem eigenständigen Auftritt, den Wahlen zum Europäischen Parlament 2007, erzielte sie 1,0 Prozent der Stimmen. Bei den letzten Parlamentswahlen 2005 wanderten viele kommunistische Stimmen zur *Koalition ATAKA.*[16]

Zur dritten Gruppe zählen neu gegründete nationalistische und rechtsextremistische Vereinigungen. Sie entstanden in unmittelbarer Reaktion auf die Wiederherstellung der Rechte der bulgarischen Türken und der muslimischen Bevölkerungsminderheit durch die neue Staats- und Parteiführung.[17] Hier ist vor allem das *Komitee zur Verteidigung Nationaler Interessen* zu nennen. Die Gruppierung trat in den ersten Monaten des Jahres 1990 in den

14 Die sogenannte *Marxistische Plattform* hat die BSP zwischenzeitlich verlassen und sich einer kommunistischen Partei angeschlossen.

15 Vgl. Georgi Karasimeonov: Partijnata Sistema v Bălgarija [Das Parteiensystem in Bulgarien], Sofia 2006, S. 204.

16 Zu den Gründungsorganisationen der Koalition gehörten auch linksextreme und nationalistische Gruppierungen, die durch die Abspaltung von der BKP und der BSP entstanden. Nach den Präsidentschaftswahlen 2006 erklärte der Generalsekretär der *Bulgarischen Kommunistischen Partei,* die sich als eigentliche Erbin der ehemaligen Staatspartei versteht, in einem Zeitungsinterview, für *Volen Siderov* und nicht für den sozialistischen Kandidaten *Georgi Părvanov* gestimmt zu haben.

17 Die BKP unter *Živkov* hatte ab 1984 eine als „Wiedergeburtsprozess" bezeichnete Zwangsassimilierungskampagne unter der türkisch-muslimischen Bevölkerung gestartet, die in bestimmten Regionen des Landes zu erheblichen Spannungen zwischen der bulgarischen und der türkischen Bevölkerung führte. Das bald nach der Entmachtung *Živkovs* verabschiedete Maßnahmenpaket zur Beruhigung der ethnischen Spannungen beschloss u. a. die Rückgabe der Namen, die offizielle Aufforderung an die in die Türkei

Regionen mit einem starken türkisch-muslimischen Bevölkerungsanteil als Organisator großer Protestdemonstrationen gegen die Revision des „Wiedergeburtsprozesses" auf und erhob die Forderung nach einem Referendum in dieser Frage. Die als politischer Arm des Komitees gegründete *Vaterländische Partei der Arbeit* kandidierte erfolglos bei den ersten freien Wahlen im Juni 1990 – sie erreichte einen Stimmenanteil von 0,6 Prozent.

Aus Protesten gegen den Schwenk in der Politik gegenüber der türkischen Minderheit entstand auch die *Bulgarische National-radikale Partei* (*Bălgarska Nacional-radikalna Partija* – BNRP) *Ivan Georgievs*. Auch sie trat bei den Gründungswahlen an und erhielt ganze 0,1 Prozent der Stimmen. Die BNRP ist als extrem nationalistische, minderheitenfeindliche und antisemitische Partei einzustufen.

Ähnlich einzuschätzen ist die *Bulgarische Christ-Demokratische Partei* (*Bălgarska Hristian-Demokratičeska Partija* – BHDP) um den früheren orthodoxen Priester, „Vater" *Georgi Gelemenov*, der bei öffentlichen Auftritten vor seiner aus versprengten Skinheads bestehenden „Gemeinde", neben Antiamerikanismus vor allem einen minderheitenfeindlichen Rassismus „predigte". Die BHDP blieb bei mehreren Wahltteilnahmen politisch bedeutungslos.

Bis zu den letzten Parlamentswahlen im Jahr 2005 war es – trotz zahlreicher Versuche – keiner extremistischen Formation gelungen, annähernd den Einzug in die Nationalversammlung zu schaffen. Neben der Vier-Prozent-Hürde im bulgarischen Verhältniswahlsystem war es vor allem die Logik der politischen Auseinandersetzung in der ersten Dekade der Transformation, die durch die dominierende Konfrontation zwischen der ehemaligen Staatspartei BSP und der SDS, die Herausbildung eines „bipolaren" Parteiensystems[18] förderte und extremistische Parteien schwächte. Das durch den Bedeutungsverlust dieses Gegensatzes entstandene Vakuum wurde 2001 zunächst durch populistisch agierende Kräfte gefüllt.[19] Einzelne Vertreter extremistischer Parteien konnten daher bis 2005 nur über Listenplätze im Rahmen größerer Wahlkoalitionen Mandate erringen.

So stellte das *Bulgarische Demokratische Forum* nach den Wahlen 1991 zwei Abgeordnete dank eines Bündnisses mit der SDS. Die Nationalisten der IMRO unterstützen immer wieder die SDS, schlossen sich 1997 dem SDS-geführten Wahlbündnis der *Vereinten Demokratischen Kräfte* an und wurden schließlich mit zwei Mandaten belohnt. 2001 ging IMRO ein Bündnis mit der erst Mitte der 1990er gegründeten und am ehesten als Protestpartei zu charakterisierenden Partei *Georgstag* ein. Mit 3,6 Prozent der Stimmen wurde der Einzug ins Parlament nur knapp verpasst. Sie übersprang dafür 2005 als Teil des Wahlbündnisses *Bulgarische Volksunion*[20] knapp die Vier-Prozent-Hürde und ist seither wieder mit einigen Abgeordneten im Parlament vertreten. Die BSP wiederum ging vor allem in Regionen mit

ausgewanderten Personen zur Rückkehr nach Bulgarien und die Rückgabe von Eigentum, das infolge der Massenauswanderung 1989 zurückgelassen wurde.

18 Damit ist ein primär entlang der Konfliktlinie „Kommunismus/Antikommunismus" strukturiertes Parteiensystem gemeint. Vgl. etwa Georgi Karasimeonov: The Party System in Bulgaria, in: Ders. (Hrsg.): Political Parties and the Consolidation of Democracy in South Eastern Europe, Sofia 2004, S. 39–57, hier S. 45.

19 Als Lehrbuch-Beispiel kann der Triumph der Bewegung des früheren Zaren *Simeon II.* bei den Parlamentswahlen 2001 gelten: *Simeon* erreichte vor allem dank des Versprechens, „innerhalb von 800 Tagen die Lebensbedingungen aller Bulgaren spürbar zu verbessern", beim ersten Antreten seiner erst wenige Wochen vor den Wahlen gegründeten Bewegung auf Anhieb über 42 Prozent der Stimmen.

20 Dem Bündnis gehörten außerdem die vom früheren Sofioter Bürgermeister, *Stefan Sofijanski*, geführte *Union der freien Demokraten*, eine Abspaltung der SDS, und die *Bulgarische Agrar-Volksunion* an.

hohem Anteil der türkischstämmigen Bevölkerung immer wieder Bündnisse mit kleineren nationalistischen Kräften ein, um sich die Stimmen der ethnischen Bulgaren zu sichern.

Bei den Wahlen 2005 erhielt die zunächst als ein heterogenes Bündnis von Kräften extremer rechter und linker Provenienz entstandene *Koalition ATAKA* unter der Führung *Volen Siderovs* 8,1 Prozent der Stimmen. Trotz kurz darauf folgender interner Querelen, die den Auszug einzelner Abgeordneter aus der Parlamentsfraktion nach sich zogen, konnten *Siderov* und *ATAKA* dieses Ergebnis bei den darauffolgenden Präsidentschaftswahlen 2006 und den Wahlen zum Europäischen Parlament 2007 deutlich übertreffen.[21]

3 Extremistische Parteien

3.1 Rechtsextremismus

Die wichtigste Kraft des parteiförmig organisierten Rechtsextremismus ist seit dem Parlamentseinzug 2005 *ATAKA* unter der Führung *Volen Siderovs*. Die Einschätzung als rechtsextrem gründet zunächst auf der publizistischen Tätigkeit *Siderovs* und seinen skandalösen Medienauftritten im Wahlkampf 2005. Im Rahmen einer eigenen TV-Sendung führte er eine xenophobe Hetzkampagne gegen die türkischstämmige Bevölkerung und vor allem gegen die Roma-Minderheit.[22] Die in den Dokumenten der Partei enthaltenen Aussagen und die seit 2005 von der Partei und *Siderov* vertretenen Positionen gaben Anlass für unterschiedliche, einander widersprechende Einordnungsversuche – *ATAKA* wurde abwechselnd als „rechtsextreme", „populistische" und insbesondere wegen der Forderung nach Wiederverstaatlichung privatisierter Unternehmen als „linksextreme" Kraft betrachtet.[23] Ein Blick in die im Wahlkampf 2005 lancierten und bis heute unverändert aufrechterhaltenen „20 Punkte"[24] – einer Art Forderungskatalog, in dem sich typisch nationalistische wie sozialpolitische und Anti-Eliten-Positionen artikulieren – verdeutlicht die schwierige Einordnung der Partei. In der Heterogenität der Forderungen spiegelt sich nicht nur wahlstrategisches Kalkül, sondern auch die Struktur der ursprünglich als Koalition angetretenen Formation *ATAKA* wider, die als ein pragmatisches Bündnis rechter und linker Extremisten[25] entstand. Den kleinsten gemeinsamen Nenner bildeten dabei die Nation und die Sorge um ihren Fortbestand. Über

---

21 *Siderov* erreichte im ersten Wahlgang 24,5 Prozent der Stimmen und war damit zweitstärkster Kandidat hinter dem im Amt bestätigten amtierenden Präsidenten, *Georgi Părvanov*; bei den Wahlen zum Europäischen Parlament 2004 kam *ATAKA* auf 14,2 Prozent der Stimmen.

22 *Siderov* ist Autor zweier Bücher, die dem Genre der antisemitischen Weltverschwörungs-Literatur zuzuordnen sind. In seiner Fernsehendung präsentierte er die bulgarische Bevölkerung immer wieder als Opfer kriminellen „Zigeuner-Terrors", die zentralen *ATAKA*-Wahlkampfslogan lauteten: „Nein zur Türkisierung! Nein zur Ziganisierung!" und „Holen wir uns Bulgarien zurück!".

23 Vgl. Kristina Žečeva: „ATAKA" – meždu nacionalizma i populizma [„ATAKA" – zwischen Nationalismus und Populismus], in: Polititičeski Izsledvanija Nr. 3/2007, S. 49–65, hier S. 50.

24 Vgl. 20 točki na Partija ATAKA [20 Punkte der Partei ATAKA], abrufbar unter: http://www.ataka.bg/en/index.php?option=com_content&task=view&id=14&Itemid=27 [Stand: 4. Januar 2009].

25 Die Koalition wurde aus *Siderovs* Partei *ATAKA*, der *Union patriotischer Kräfte „Verteidigung"*, der *Bewegung für nationale Rettung „Vaterland"*, der *Bulgarischen Nationalpatriotischen Partei* und dem *Politischen Kreis „Zora"* gebildet.

die Ideologie des von *ATAKA* und *Siderov* gepflegten Nationalismus wird heftig gestritten.[26] Zentrale Programmpunkte sind Ressentiments gegenüber der türkischen Minderheit und ihrer politischen Vertretung (BRF) sowie die daraus abgeleiteten Forderungen nach Einstellung der türkischsprachigen Nachrichtensendungen im staatlichen Fernsehen und dem Verbot der „verfassungswidrigen ethnischen Partei BRF" (vgl. Kapitel 1). Integraler Bestandteil dieser Spielart des Nationalismus ist die Identifizierung von „Feinden der Nation", die vor allem in der Roma-Bevölkerung, ebenso in externen Kräften wie den USA, der NATO und den internationalen Finanzinstitutionen, ausgemacht werden. Im *ATAKA*-Diskurs erscheinen die Roma als eine kriminelle, die bulgarische Mehrheitsbevölkerung „terrorisierende" und zudem von international finanzierten NGOs „privilegierte" Minderheit, die auf Grund ihrer hohen Geburtenrate die einheimische Bevölkerung zu verdrängen droht.

Die Haltung zur Europäischen Union ist angesichts der in Bulgarien generell hohen Zustimmung zum Beitritt des Landes etwas differenzierter. Die Forderungen betreffen lediglich eine Abänderung der für Bulgarien ungünstigen Bestimmungen des Beitrittsvertrags. Die Mitgliedschaft in der EU wird nicht prinzipiell abgelehnt, vielmehr sucht *ATAKA* innerhalb des Europäischen Parlaments die verstärkte Vernetzung mit anderen Kräften der extremen Rechten.

Das Verhalten von *ATAKA* gegenüber den demokratischen Kräften hat seit dem ersten Auftritt 2005 einen Wandel durchlebt. Die anfängliche Haltung der Fundamentalopposition gegen die „korrupte Elite" – einschließlich der Forderung, „nationale Verräter" vor Gericht zu stellen – ist seit dem Parlamentseinzug einem pragmatischeren Umgang mit dem politischen Gegner gewichen. Eine Ausnahme bildet die unveränderte Ablehnung der BRF und insbesondere des Führungszirkels um den Parteivorsitzenden *Ahmed Dogan*, dem vorgeworfen wird, die Bulgaren unter ein „neues türkisches Joch" geführt zu haben. Eine Annäherung an andere Kräfte der Rechten, insbesondere an die Partei *GERB*[27] des Sofioter Bürgermeisters *Bojko Borisov*, der als künftiger Premier gilt, ist hingegen nicht auszuschließen.

ATAKA verfügt mittlerweile über regionale Parteistrukturen und hat bei den letzten Kommunalwahlen in einigen Städten an der Schwarzmeerküste überdurchschnittlich gut abgeschnitten. Das Prinzip der totalen Opposition wurde dabei in einigen Gemeinden durchbrochen, wo *ATAKA* Bündnisse mit anderen rechten Kräften eingegangen ist.[28] Nach dem unerwartet guten Abschneiden von *ATAKA* bei den nationalen Wahlen und bei den Wahlen zum Europäischen Parlament scheint eine längerfristige Etablierung im Parteiensystem realistisch. Dies wirft die Frage nach den Erfolgsvoraussetzungen und nach den Motiven für die Wahl der Partei auf. Der Protest gegen die etablierte und über die Parteigrenzen hin-

---

26 Zwischenzeitlich ist zwischen *Siderov* und den aus der Koalition ausgetretenen Kräften eine Auseinandersetzung im Gange, in der letztere ihn eines „opportunistischen", lediglich zum Zwecke der Stimmenmaximierung eingesetzten Nationalismus bezichtigen und gegen seinen „falschen Patriotismus" ihren eigenen „authentischen Nationalismus" in Stellung bringen. Im Zuge dieser Auseinandersetzung erscheinen Publikationen, die *Siderov* des Verrats an den ursprünglichen Zielen der Koalition überführen wollen. Vgl. Simeon Nejčev u. a.: Volen Siderov. Meždu lăžata i istinata [Zwischen Lüge und Wahrheit], Sofia 2007.

27 *GERB* wurde bei den Wahlen zum Europäischen Parlament 2007 mit 21,7 Prozent stimmenstärkste Partei. „Gerb" bedeutet auf Bulgarisch Wappen. Es handelt sich um ein Akronym aus der bulgarischen Bezeichnung der Partei *Bürger für die europäische Entwicklung Bulgariens* (*Graždani za Evropejskoto Razvitie na Bălgarija*).

28 Vgl. Kristina Žečeva (FN 23), S. 64.

weg durch Korruptionsskandale belastete politische Klasse ist ein wichtiger Grund. Neben solchen Anti-Establishment-Reflexen und dem Charisma *Siderovs*[29] sind für viele Wähler sozialpopulistische Botschaften ein Wahlmotiv: So fordert *ATAKA*, dass dem Gesundheits- und Bildungswesen sowie der sozialen Sicherheit und dem allgemeinen Wohlstand, Priorität gegenüber außenpolitischen Verpflichtungen wie etwa dem Beitritt zur EU und der NATO einzuräumen sind. Der typische *ATAKA*-Wähler[30] gehört zwar nicht den ärmsten Gesellschaftsschichten an, hat aber häufig seit 1990 empfindliche Statusverluste hinnehmen müssen und fürchtet die durch den EU-Beitritt entstandene neue Konkurrenzsituation. Das *ATAKA*-Elektorat eint dabei ein ausgeprägtes Verliererbewusstsein – sei es wegen des sozialen Status, des Ausverkaufs bulgarischer Betriebe an ausländische Investoren, der sozialen Absicherung oder auch nur aufgrund der im Zuge der Transformation verloren geglaubten „bulgarischen Lebensart". Der zentrale *ATAKA*-Slogan setzt hier an: „Holen wir uns Bulgarien zurück!" Auch die unversöhnliche Haltung gegenüber der BRF bringt Wählerstimmen. Viele Bulgaren empfinden die Minderheitenrechte der Türken als überzogen und kritisieren den im Umfeld der Partei blühenden Klientelismus. *ATAKA* firmiert als einzige glaubwürdige Kraft, die noch nicht mit der BRF koalierte und sich somit als probulgarisches „Korrektiv" positionieren kann.

Die *Innere Makedonische Revolutionäre Organisation* (IMRO) ist ebenfalls eine nationalistische Rechtsaußenpartei – in der Tradition einer gleichnamigen Organisation, die Anfang des 20. Jahrhunderts das Programm eines großbulgarischen Nationalismus unter Gewalteinsatz umzusetzen suchte. Der Nationalismus der IMRO trägt – anders als jener von *ATAKA* – deutliche Züge eines Irredenta-Nationalismus und richtet sich auf die bulgarischen Gemeinschaften in den Nachbarländern. Im Vordergrund stehen dabei die Forderungen nach der Bewahrung der bulgarischen Identität, der „geistigen Einheit" aller Bulgaren und gegen Tendenzen einer „Entnationalisierung der Bulgaren außerhalb Bulgariens". Als Produkt einer solchen Politik gilt vor allem die slawischsprachige Bevölkerung Makedoniens, deren makedonische Identität nicht akzeptiert wird. Nach innen artikuliert die Partei Sorgen um die eigene Nation vor allem in Warnungen vor einer Ausbreitung des islamischen Fundamentalismus unter den bulgarischen Muslimen und einer „Türkisierung" der Gruppe der Pomaken.[31] Dagegen drängt sie auf eine gezielte Förderung der bulgarischen Familien. Der Einsatz für die bulgarische Bevölkerung wird häufig mit Anti-Roma-Protestaktionen verknüpft. Die IMRO unterhält enge Beziehungen zu den Interessenorganisationen der bulgarischen Minderheiten in den Nachbarländern und zur bulgarischen orthodoxen Kirche. Sie verfügt über ein Netz von etwa 500 lokalen Organisationen und hat rund 25.000 Mitglieder, unter denen – nicht zuletzt infolge des aktiven Werbens an Universitäten und bei Jugendlichen – „geschichtsbewusste", jüngere Männer überproportional vertreten sind.[32] Die IMRO hat in mehreren

29 *Siderov* tritt öffentlich nicht nur als Volkstribun und unerschrockener Kämpfer für Bulgarien auf, sondern sucht immer wieder auch die symbolische Nähe zu historischen Vorbildern – etwa bei der als pathetisches Ritual mit Bezügen zur Überfigur des bulgarischen Unabhängigkeitskampfes des 19. Jahrhunderts, *Vasil Levski*, inszenierten Aufnahme neuer Parteimitglieder, oder wenn sein stilisiertes Porträt auf den Seiten der Zeitung „ATAKA" eine Ähnlichkeit mit *Vasil Levski* suggeriert.

30 Vgl. Evgenija Ivanova: Strah i žažda za văzmezdie [Angst und Durst nach Rache], Sofia 2007.

31 Dabei handelt es sich um bulgarischsprachige Muslime.

32 Vgl. Christo Ivanov/Margarita Ilieva: Bulgaria, in: Cas Mudde (Hrsg.): Racist Extremism in Central and Eastern Europe, London u. a. 2005, S. 1–29, hier S. 5.

Wahlbündnissen an Parlamentswahlen teilgenommen und ist seit 2005 als Teil des Bündnisses *Bulgarische Volksunion* mit drei Abgeordneten im Parlament vertreten.

3.2 Linksextremismus

Der parteiförmig organisierte Linksextremismus spielt in Bulgarien seit dem Ende der Herrschaft der kommunistischen Staatspartei BKP kaum eine Rolle. Das linke Spektrum blieb klar von ihrer reformierten Nachfolgepartei BSP dominiert, die jedoch im Rahmen von Wahlkoalitionen mehrfach Bündnisse mit linksextremistischen Kräften einging. So war die wiederbegründete orthodoxe *Kommunistische Partei Bulgariens* (*Komunističeska Partija na Bălgarija*) 2001 und 2005 an der BSP-geführten *Koalition für Bulgarien* beteiligt. Bei den Wahlen zum Europäischen Parlament 2007 kam sie bei einem eigenständigen Antritt auf 1,0 Prozent der Stimmen. Die Partei definiert sich selbst als marxistisch-leninistische Partei und versteht sich als „geistige Erbin und ideologische Fortführerin" der von *Dimităr Blagoev* 1891 begründeten *Sozialistischen Bewegung Bulgariens*. Erklärte Ziele sind der „Kampf gegen den Kapitalismus" und „die Errichtung einer demokratischen sozialistischen Gesellschaft". Durch die Aufnahme der Partei in die Wahlkoalition schmiedete die BSP ein breites Bündnis von reformbewussten Gewinnern der Transformation und enttäuschten Angehörigen der kommunistischen Aufbaugeneration.

Andere von ehemaligen BKP-Funktionären gegründete kommunistische Parteien blieben politisch bedeutungslos. Einen gewissen Einfluss konnten dagegen Formationen gewinnen, die den von der kommunistischen Staatspartei ab den 1970er Jahren vollzogenen Schwenk zum Nationalismus über die „Wende" von 1989 hinaus konservierten und mit einer fundamentalen Kritik der außen- und wirtschaftspolitischen Umorientierung des Landes in der Transformationsphase verknüpften. Hier ist der 1993 gegründete *Politische Kreis „Zora"* (*Političeski Krăg „Zora"*) zu nennen, der 2001 zunächst gemeinsam mit anderen linksextremistischen Gruppierungen die *Nationale Patriotische Union Vaterland* (*Nacionalen Patriotičen Săjuz Otečestvo*) und unter Einschluss weiterer linker Splitterparteien das Wahlbündnis *Koalition Nationalpatriotische Union Vaterland und Linke* (*Koalicija Nacionalen Patriotičen Săjuz Otečestvo i Levica*) bildete. Bei den Parlamentswahlen erzielte die Allianz 0,5 Prozent.[33] Die Mitglieder und Anhänger des *Politischen Kreises „Zora"* rekrutieren sich primär aus nationalistischen oder nach Eigendefinition aus „patriotischen" Kreisen ehemaliger BKP-Intellektueller und des akademischen Milieus. Einige der im *Politischen Kreis „Zora"* und ihm nahestehenden Gruppierungen engagierten Kräfte bildeten 2005 eine Wahlkoalition mit *Volen Siderovs ATAKA*-Partei. In den innerhalb der „20 Punkte" platzierten Forderungen nach Unabhängigkeit von IWF und Weltbank sowie einem NATO-Austritt drückten sich vor allem die Überzeugungen dieser Kräfte aus. Das Bündnis mit *Siderov* erwies sich jedoch als kurzlebig und dürfte kaum eine Neuauflage erleben.[34]

---

33 Vgl. ebd, S. 6.

34 Noch während des Wahlkampfs 2005 war es zu koalitionsinternen Konflikten gekommen; seit der Bildung einer Parlamentsfraktion hat fast die Hälfte der Abgeordneten diese wieder verlassen. *Siderov* hat unterdessen ohne seine einstigen Weggefährten von der nationalistischen Linken die Partei *ATAKA* gegründet.

3.3 Minderheitenextremismus

Infolge der Monopolisierung der politischen Vertretung der türkischen Minderheit durch die säkulare BRF, die sich als Garant des „bulgarischen ethnischen Modells“ einer friedlichen Koexistenz mit der bulgarischen Mehrheitsbevölkerung definiert, konnten fundamentalistische und separatistische Tendenzen innerhalb der muslimisch-türkischen Bevölkerung Bulgariens kaum Verbreitung finden. Eine Ausnahme bildet die 1992 durch Abspaltung von der BRF entstandene *Türkische Demokratische Partei* (*Turska Demokratičeska Partija* – TDP), die mehrfach Autonomierechte und die Eigenstaatlichkeit der türkischsprachigen Bevölkerung forderte. Die TDP verstieß offensichtlich gegen die in der Verfassung festgeschriebenen Regeln der Parteigründung auf ethnischer Grundlage. Daher erfolgte keine offizielle Registrierung, jedoch wird sie von den meisten politischen Kräften toleriert, da sie die BRF schwächt.[35] Ihr Vorsitzender, *Adem Kenan*, der nach dem Wahlerfolg von *ATAKA* 2005 im Falle einer Fortführung der antitürkischen Agitation *Siderovs* den „bewaffneten Widerstand“ nicht ausschließen wollte, wurde im September desselben Jahres wegen des Vorwurfs der Aufhetzung zum Rassenhass verhört.

4 Nichtparteiförmiger Extremismus

Die wichtigste nichtparteiförmige Organisation der extremen Rechten in Bulgarien ist die 2001 gegründete *Bulgarische Nationalunion* (*Bălgarski Nacionalen săjuz* – BNU). Die BNU verfügt über eine landesweite Organisationsstruktur und seit 2006 über eine politische Vertretung durch die nach dem Parteiengesetz registrierte Bewegung *Garde* (*Gvardija*). Sie bezeichnet sich selbst als „Organisation der nationalbewussten Bulgaren“[36], die das Ziel verfolgt, das „Vermächtnis der Vorfahren zu verwirklichen und die Wiedergeburt der bulgarischen Nation einzuleiten“. Der Nationalismus der BNU unterscheidet sich vom traditionellen Nationalismus – etwa in der IMRO oder von den linken Nationalisten – insofern, dass er stark auf eine „arische“ proto-bulgarische Identität fixiert ist und deshalb sämtliche slawischen und orthodoxen Traditionen ablehnt.[37] Die Transition seit 1989 wird als „Lügendemokratie“ bezeichnet, in der sich eine „verräterische Elite [...] auf Kosten des gewöhnlichen bulgarischen Arbeiters bereichert hat und [...] den Kindern die Zukunft stiehlt“. Wichtiger Bestandteil der Antisystemopposition der BNU ist neben der fundamentalen Kritik an den „verräterischen Politikern“ die Ablehnung des Parlaments als „Ort der Verkörperung von Korruption und kollektiver Unverantwortlichkeit und einer Ordnung, in der die Autorität gebietende und talentierte Persönlichkeit lediglich ausführendes Organ des Willens einer inkompetenten

---

35 Vgl. Sabine Riedel: Das politische System Bulgariens, in: Wolfgang Ismayr (Hrsg.): Die politischen Systeme Osteuropas, 2. Auflage, Opladen 2004, S. 593–636, hier S. 612.

36 Dieses und die folgenden Zitate stammen aus einem mit „Unser Kampf“ überschriebenen Abschnitt eines Programmtexts der BNU, abrufbar unter: http://bg.bgns.net/Za-nas/Borba.html [Stand: 4. Januar 2009].

37 Der damit einhergehende Bezug auf vor der Christianisierung der Bulgaren bedeutende Herrschergeschlechter drückt sich in den Symbolen der BNU aus. Der gewählte Familienname ihres Vorsitzenden, *Bojan Rasate*, ist eigentlich der Name eines Sohnes des Zaren *Boris I.*, unter dem Bulgarien im 9. Jahrhundert christianisiert wurde. Die historische Figur *Rasate* wollte die Christianisierung rückgängig machen. Dafür wurde er von seinem Vater bestraft.

Mehrheit ist." Die BNU positioniert sich als „patriotischer" Verteidiger des „traditionellen Bulgarentums" und attackiert alle „Gegner" der Nation, die Roma-Minderheit und sexuelle Minderheiten.[38] Den Höhepunkt der Mobilisierung gegen die Roma bildete die Aufstellung einer *Nationalen Garde* im Sommer 2007, welche die bulgarische Bevölkerung vor angeblichem „Zigeuner-Terror" schützen sollte. Zur Organisation der BNU gehört eine Sportgemeinschaft (*Edelweiß*) und ein Verband, der Mittel für in Not geratene Bulgaren sammelt. Darüber hinaus hat der Vorsitzende der BNU, *Bojan Rasate*, eine eigene Fernsehsendung auf einem privaten Kanal, in der er das aktuelle politische Geschehen kommentiert. In der Organisationsstruktur drückt sich eine strategische Mehrgleisigkeit aus: Über die Sportorganisation und die lokalen Strukturen hält die BNU Anschluss zu diversen rechtsextremen Gruppierungen, während über wohltätige Aktionen der soziale Gerechtigkeitsanspruch glaubhaft gemacht werden soll. In seiner TV-Sendung und in Auftritten in den Mainstream-Medien präsentiert sich *Rasate* als strenger, aber besonnener und stets dem Volk verpflichteter Kritiker des aktuellen politischen Geschehens. Die BNU lässt sich am ehesten als eine Gruppierung charakterisieren, die aus der rassistischen Ideologie einer „arischen" Identität der Proto-Bulgaren und aus populistisch-nationalistischen, sozialpolitischen und Anti-Eliten-Positionen ein eingängiges „Programm" formt.[39]

Neben der BNU existieren eine Vielzahl rechtsextremistischer Splittergruppen, die jedoch über keinen der BNU vergleichbaren Apparat und deren öffentliche Präsenz verfügen und vielfach auf eine vor allem virtuelle Existenz im Internet beschränkt bleiben. Eine Skinhead-Bewegung im eigentlichen Sinn besteht nicht. Berichtet wird eher von einzelnen ad hoc-Zusammenschlüssen von sich selbst als Skinheads definierenden Jugendlichen, die für Übergriffe auf Minderheiten und Einwanderer verantwortlich gemacht werden. Auch im Milieu der großstädtischen Fußball-Fanklubs und im Umfeld der rechtsextremen Parteien tauchen – typischerweise in der Funktion des Sicherheitspersonals – Skinheads auf, ohne dass diese sich dauerhaft in die Parteistrukturen integrieren lassen.[40]

Am äußersten linken Rand findet sich die 1990 wiedergegründete *Föderation der Anarchisten in Bulgarien* (*Federacija na Anarhistite v Bălgarija* – FAB), die sich als „anarchistische revolutionäre Organisation"[41] bezeichnet. Ihr Ziel ist die Errichtung einer „freien und klassenlosen Gesellschaft" auf revolutionärem Weg. Dabei werden die „Theoretiker des Anarchismus" und die Erfahrungen der „Praktiker des Marxismus" gleichermaßen bemüht, um die „Beseitigung des Staates [...] und seiner repressiven Institutionen als notwendige Voraussetzung für die angestrebte Gesellschaft darzustellen und die vollständige, tiefgreifende und unumkehrbare soziale Revolution als notwendiges Mittel zur Erreichung dieses Ziels festzuschreiben". In der Praxis konzentrieren sich die Aktivitäten der FAB vor allem auf Protestaktionen gegen schlechte Arbeitsbedingungen, niedrige Löhne und zuletzt gegen

38 Im Sommer 2008 startete die BNU unter dem Motto „Sei intolerant! Sei normal!" eine Plakatkampagne, auf denen die Teilnehmer einer Schwulen-Parade einer Kleinfamilie gegenüberstanden.

39 Dazu zählt die durch große Graffiti-Aktionen erreichte massive Präsenz des BNU-Symbols und der BNU-Web-Adresse im öffentlichen Raum der Hauptstadt Sofia.

40 Vgl. Christo Ivanov/Margarita Ilieva (FN 32), S. 13 f.

41 Dieses und die folgenden Zitate stammen aus der Deklaracija na Principite, Celite i Sredstvata na FAB [Deklaration der Prinzipien, Ziele und Mittel der FAB], abrufbar unter: http://a-bg.net/new/index.php?option=com_content&task=view&id=191&Itemid=63 [Stand: 4. Januar 2009].

die Verteuerung öffentlicher Dienstleistungen.[42] Darüber hinaus spielten FAB-Aktivisten eine Rolle bei kleineren Antikriegskundgebungen und bei Protesten gegen die Entsendung bulgarischer Truppen in den Irak. Teile der Anhängerschaft der FAB sind im Rahmen der in den letzten Jahren erstarkten bulgarischen Ökologie-Bewegung und in internationalen Anti-Globalisierungs-Netzwerken engagiert.

Über ein gesetzlich festgeschriebenes Verbot von Religionsgemeinschaften, die eine „Gefahr für die nationale Sicherheit" darstellen, hat der bulgarische Staat Kontrollmöglichkeiten über fundamentalistische Organisationen. So ist in einigen Fällen die Registrierung von Vereinigungen des islamischen Fundamentalismus von der zuständigen staatlichen Kommission abgelehnt worden. Vielfach sind die meist mit finanzieller Unterstützung aus dem arabischen Raum ausgestatteten Vereinigungen als gemeinnützige Stiftungen registriert, die keiner staatlichen Kontrolle unterliegen.[43] Über die Reichweite und Bedeutung ihrer Aktivitäten bestehen unterschiedliche Einschätzungen. Warnungen vor dem Vormarsch fundamentalistischer Spielarten des Islam unter der muslimischen Bevölkerung kommen vor allem aus den Reihen nationalistischer Kräfte wie der IMRO und *ATAKA* und werden nicht zuletzt deshalb vorschnell als antiislamischer Reflex bulgarischer Nationalisten[44] abgetan. Seit 1990 ist eine wachsende Zahl sogenannter „faith-based NGOs" in Bulgarien aktiv, welche die Rückkehr zu traditionelleren Geschlechterrollen und eine eingeschränkte Rolle von Frauen im öffentlichen Leben propagieren.[45]

5 Ergebnis

Die gerade mit Blick auf extremistische Tendenzen in Osteuropa aufgeworfene Frage nach der Sinnhaftigkeit der traditionellen Unterscheidung von Links- und Rechtsextremismus ist auch im Falle Bulgariens angebracht. Rein links- oder rechtsextremistische Parteien finden sich – zumindest unter den Kräften, die auch außerhalb marginaler ideologisierter Zirkel reüssieren wollen – bei genauerer Betrachtung der jeweiligen Programme und konkreten politischen Forderungen kaum. Möglich und sinnvoll ist dagegen die Unterscheidung von links- und rechtsextremen Positionen[46], die nicht selten in ein und derselben Partei „friedlich koexistieren". Im Falle Bulgariens überwiegen bei fast allen Kräften ideologische Positionen, die man dem Rechtsextremismus zuordnen würde: Ein starker Bezug auf das Volk respektive die Nation als zentrale politische Kategorie wird mit der Identifizierung ihrer „nationalen Feinde" – typischerweise unter den ethnischen Minderheiten – und zum Teil gezielten Hetzkampagnen gegen diese verbunden. Zugleich gesellt sich zu diesen rechtsextremen Positionen

42 Die FAB betreibt seit dem Sommer 2008 eine Kampagne gegen die Preiserhöhungen im öffentlichen Verkehrsnetz der Hauptstadt Sofia.

43 Vgl. Kristen Ghodsee: Religious Freedom versus Gender Equality: Faith-Based Organizations, Muslim Minorities, and Islamic Headscarves in the New Europe, in: Social Politics 14(2007)4, S. 526–561, hier S. 538–540.

44 Vgl. Christo Ivanov/Margarita Ilieva (FN 32), S. 18.

45 Vgl. Kristen Ghodsee (FN 43).

46 Vgl. Tom Thieme: Durchmischung von Rechts- und Linksextremismus. Parteipolitischer Extremismus in Osteuropa, in: Eckhard Jesse/Hans-Peter Niedermeier (Hrsg.): Politischer Extremismus und Parteien, Berlin 2007, S. 445–465, hier S. 464.

vielfach eine fundamentale Kritik am Systemwechsel seit 1989 und insbesondere an der durch ihn eingeleiteten Änderung der Eigentumsverhältnisse und der geopolitischen Ausrichtung des Landes. Wenn sich dies zu Forderungen nach Zurückdrängung des Einflusses der internationalen Finanzinstitutionen und einer Revision der bisherigen Privatisierungen zuspitzt, scheint die Bezeichnung „linksextremistisch" nicht unberechtigt. Die Erklärung dieser offensichtlichen „Durchmischung von Rechts- und Linksextremismus"[47] variiert zwischen den einzelnen Formationen: Die weite Teile der Gesellschaft betreffende schwierige sozioökonomische Lage zwingt selbst Vertreter der äußersten Rechten die soziale Frage in ihren Programmen und Forderungen entsprechend breit zu berücksichtigen – die Aufnahme „linker" Forderungen ist dabei vor allem strategischen Überlegungen geschuldet. Im Unterschied dazu ist der „radical right turn" verschiedener aus dem Wandlungsprozess der ehemaligen Staatspartei entstandener Gruppierungen vor allem historisch zu erklären. Hier mischt sich eine „linksextreme Anlage" mit den im bulgarischen Spätsozialismus besonders stark ausgeprägten nationalistischen Tendenzen[48] vor dem Hintergrund weitverbreiteter Unzufriedenheit mit den bisherigen Ergebnissen der Transformation zu einer Synthese wie sie etwa von *ATAKA* – zumindest in der Anfangsphase als Mehrparteienbündnis – verkörpert wurde.

Dabei haben die Erfolge solcher (rechts-)extremen Formationen vergleichsweise lange auf sich warten lassen. So konnte *John D. Bell* noch Ende der 1990er Jahre in einem Beitrag zum Thema Rechtsextremismus in Bulgarien resümieren, dass dieser lediglich eine marginale Größe in der politischen Landschaft darstelle und auf der Liste der Probleme des Landes seit dem Ende der BKP-Herrschaft keinesfalls einen vorderen Platz einnehme.[49] Mit gewisser Verspätung betrat 2005 der parteiförmige Rechtsextremismus in Gestalt von *ATAKA* die politische Bühne und hat – den letzten Wahlergebnissen von *ATAKA/Siderov* nach zu urteilen – gute Chancen, sich dauerhaft in der Parteienlandschaft zu etablieren. Zwar liegen noch zu wenig systematische Untersuchungen über die Wahlmotive vor, eine erste qualitative Untersuchung[50] deutet jedoch auf eine sehr heterogene Motivstruktur der *ATAKA*-Wähler hin: Protesthaltung, Anti-Establishment-Reflexe und der damit einhergehende Wunsch nach Rache an der politischen Klasse bewegen ebenso zur Stimmabgabe für *ATAKA*, wie die im Zuge der Transformation seit 1989 spürbar gewordenen Existenzängste, die extremistische Verführer à la *Siderov* geschickt instrumentalisieren.

Die in der internationalen Medienberichterstattung über *ATAKA* vielfach vorherrschenden Reaktionsmuster[51] der Stigmatisierung und Skandalisierung dürften einer demokratiepolitisch produktiven Auseinandersetzung eher abträglich sein. Jene Formen der politikwissenschaftlichen Beschäftigung mit extremistischen Phänomenen in Osteuropa, die unter Rückgriff auf psychoanalytische Begriffe und Konzepte vor allem die „Irrationalität der organisierten Intoleranz und des Hasses auf den Anderen"[52] herausarbeiten, neigen

47 Ebd.
48 Vgl. Maria Todorova: The Courses and Discourses of Bulgarian Nationalism, in: Peter F. Sugar (Hrsg.): Eastern European Nationalism in the Twentieth Century, Washington 1995, S. 55–102.
49 Vgl. John D. Bell: The Radical Right in Bulgaria, in: Sabrina P. Ramet (Hrsg.): The radical right in Central and Eastern Europe since 1989, Pennsylvania 1999, S. 233–254, hier S. 254.
50 Vgl. Evgenija Ivanova (FN 30).
51 Vgl. Hans-Gerd Jaschke: Politischer Extremismus, Wiesbaden 2006, S. 27 f.
52 Sabrina P. Ramet: Defining the Radical Right: The Values and Behaviors of Organized Intolerance, in: Dies. (FN 50), S. 3–27, hier S. 27.

dazu, die „Rationalität des Irrationalen" zu übersehen: Der Hass auf ethnische und religiöse Minderheiten und andere vermeintliche „Feinde der Nation" hat in Bulgarien viel mit einer „verzerrten Reaktion auf reale wirtschaftliche Probleme"[53] zu tun. An einem Beispiel lässt sich die Funktionsweise eines solchen nationalistisch verzerrten Reaktionsmusters auf problematische gesellschaftliche Entwicklungen anschaulich belegen: Bulgarien hat seit 1989 mit einer Besorgnis erregenden demographischen Entwicklung zu kämpfen, die sich in einem starken Rückgang der Bevölkerungszahl ausdrückt. Die nationalistische Interpretation dieser Entwicklung hält sich jedoch nicht mit einer Analyse der – auch in der Transformationskrise des Gesundheitssystems liegenden – Ursachen auf. Sie prangert einen von imaginären „Feinden der bulgarischen Nation geplanten Genozid" an und bringt parallel die geburtenstarke Gruppe der Roma als Gegner und Konkurrenten der Bulgaren ins Spiel. Ein so agierender rechter Extremismus ist keineswegs neu, aber er erhält verstärkten Zulauf. Die erfolgreichen Kräfte wie *ATAKA* verstehen es, soziale Forderungen der Bevölkerung mit einer latenten Anfälligkeit für nationalistisch gefärbte Vereinfachungen zu einem attraktiven Angebot und einer „echten" Alternative zu den etablierten Kräften zu verbinden.

Die künftige Entwicklung und damit der Bestand der „erfolgreichsten Institutionalisierung politischer Freiheit in der Geschichte der Menschheit"[54] wird auch im Falle der jungen bulgarischen Demokratie weniger von der Strategie extremistischer Kräfte als von der Problemlösungsfähigkeit der etablierten, demokratischen Parteien abhängen. Die bei vielen etablierten Parteien zu beobachtende „populistische" Strategie, sich Teile der Forderungen und Positionen der äußersten Ränder des politischen Spektrums zu eigen zu machen, dürfte zwar kurzfristig den Einfluss antidemokratischer Kräfte zurückdrängen, doch auf lange Sicht der demokratisch-politischen Kultur keinen guten Dienst erweisen.

53 David Ost: The Radical Right in Poland: Rationality of the Irrational, in: Sabrina P. Ramet (FN 50), S. 85–107, hier S. 89.

54 Peter Graf Kielmansegg: Das Experiment der Freiheit. Zur gegenwärtigen Lage des demokratischen Verfassungsstaates, Stuttgart 1988.

Extremismus in Dänemark

Thomas Schubert

1 Rahmenbedingungen

In der Tradition nordischer Konsensusdemokratien[1] ist das dänische Grundgesetz (*Danmarks Riges Grundlov*) von 1953 minimalistisch.[2] Es enthält keinen unabänderlichen Verfassungskern oder antiextremistischen Konsens, wiewohl eine Unantastbarkeitsklausel für das Parlament, das Folketing (Art. 34) – und damit für die parlamentarische Demokratie. Parteien verfügen in Dänemark nicht über Verfassungsrang. Sie sind „politische Vereine" (Art. 78) und können weitgehend frei gegründet, organisiert und eliminiert werden. Indes eröffnet das Grundgesetz die Möglichkeit des Verbots politischer Vereine durch den Obersten Gerichtshof, „die sich unter Anwendung von Gewalt betätigen oder ihre Ziele durch Gewaltanwendung, Anstiftung zu Gewaltanwendung oder ähnliche strafbare Beeinflussung Andersdenkender zu erreichen suchen" (Art. 78, Abs. 2). Ein Verbot von Parteien aus anderen Gründen ist unzulässig.[3]

Neben den zentralen Staatsschutzkapiteln 12 (Angriffe gegen die Unabhängigkeit und Sicherheit des Staates) und 13 (Angriffe gegen die Verfassung und die höchsten Regierungsgewalten) des dänischen Strafgesetzbuchs beschränkt der „Rassismusparagraph" 266b die grundgesetzlich verbürgte persönliche Freiheit sowie das Recht auf freie Meinung und Rede bei öffentlicher Volksverhetzung oder Verleumdung: „Any person who publicly or with the intention of dissemination to a wide circle of people makes a statement or imparts other information threatening, insulting or degrading a group of persons on account of their race, colour, national or ethnic origin, belief or sexual orientation, shall be liable to a fine, simple detention or imprisonment".[4] Das Strafgesetzbuch verbietet dabei nicht das Zeigen nationalsozialistischer Symbole, ausgenommen diese erfüllen den Tatbestand nach §266b.

Zentral für die Erfassung rassistisch motivierter Straf- und Gewalttaten ist neben der Polizei der Geheimdienst *Politiets Efterretningstjeneste* (PET). Die Polizei registriert Verstöße gegen §266b und meldet dem PET alle Straftaten mit einem mutmaßlich rassistischen oder religiösen Hintergrund. Beispielsweise verzeichnete sie im bewegten Jahr 2001 (Anschläge in den USA, Krieg in Afghanistan, Folketingwahlen) 65 Beschwerden über Hassreden nach §266b,

1 Vgl. Peter Nannestad: Das politische System Dänemarks, in: Wolfgang Ismayr (Hrsg.): Die politischen Systeme Westeuropas, 4. Auflage, Wiesbaden 2009, S. 65–106.

2 Danmarks Riges Grundlov vom 5. Juni 1953, abrufbar unter: http://www.grundloven.dk/ [Stand: 24. November 2009].

3 Von 1941 an (*Kommunistische Partei*) wurde keine dänische Partei verboten. Vgl. Peter L. Vesterdorf: Die Institution der politischen Partei in Dänemark, in: Dimitris Th. Tsatsos u. a. (Hrsg.): Parteienrecht im europäischen Vergleich, Baden-Baden 1990, S. 73–150, hier S. 86–88, 99, 135.

4 § 266b zitiert nach: European Monitoring Centre on Racism and Xenophobia: National Analytical Study on Racist Violence and Crime. Focal Point for Denmark, Wien 2004, S. 16.

der PET vermerkte 116 Straftaten mit Verdacht auf rassistische/religiöse Motive.[5] Die vom PET registrierten Fälle fluktuieren dabei erheblich, was eine starke Kontextabhängigkeit der Fälle sowie methodische Varianzen erkennen lässt.[6] Hauptaufgabe des Geheimdienstes ist indes die Analyse und Bekämpfung extremistischer und terroristischer Gruppierungen. Vorrangiges Arbeitsgebiet ist seit 2002 die Terrorismusbekämpfung („Anti-Terror-Paket"), speziell durch das *Center for Terroranalysis*. Die Extremismusbekämpfung konzentriert sich auf Links- und Rechtsextremismus sowie Islamismus. Die regierungseigene Definition von Extremismus ist daher universal: „Extremism is characterized by totalitarian and anti-democratic ideologies, intolerance to the views of others, hostile imagery and a division into ‚them' and ‚us'. Extremist ideas may be expressed in different ways, and ultimately they may bring individuals or groups to use violent or undemocratic methods as a tool to reaching a specific political objective, or they may seek to undermine the democratic social order".[7]

Das Verhältniswahlsystem zum Folketing zeichnet einen komplexen, mehrstufigen Verteilungsmechanismus und eine nationale Sperrklausel von zwei Prozent aus.[8] Die geringe künstliche Sperrwirkung räumt Kleinparteien[9] gute Erfolgschancen ein. Das Wahlgebiet besteht aus drei Regionen, seit 2007 unterteilt in 10 Mehrpersonenwahlkreise. Von 179 Sitzen werden 135 proportional auf die Mehrpersonenwahlkreise (Kreismandate) und 40 Ausgleichsmandate nach einer regionalen Kompensationsregel vergeben. Sie nivellieren die Disproportionalitäten in den Wahlkreisen.[10] Begünstigt das Proporzsystem formal kleine und damit auch extremistische Akteure, dämpften in der Realität das Wahlverhalten und die parlamentarische Konsenskultur lange Zeit das Fragmentierungspotenzial. Die Stimmverteilung konzentrierte sich bis Anfang der 1970er Jahre zu über 90 Prozent auf die vier Parteien *Socialdemokratiet i Danmark* (SD), *Venstre* (V), *Det Radikale Venstre* (RV), *Konservative Folkeparti* (KF). Dennoch öffnete die Verhältniswahl Rechts- und Linksaußenkräften regelmäßig die parlamentarischen Pforten. Dänemarks „parteiübergreifende parlamentarische Kultur"[11] und sein „kooperativer Parlamentarismus" zügelten jedoch den politischen Wettbewerb, machten Minderheitsregierungen ebenso zur Regel wie partielle lagerübergreifende Kooperationen, auch mit Extremparteien.[12] Parteiideologien, zumal extremistische, stehen „im

5 Vgl. Robin Oakley: Polizeiliche Verfolgung rassistisch motivierter Straf- und Gewalttaten, S. 18–22, abrufbar unter: http://fra.europa.eu [Stand: 22. Januar 2010].

6 Die PET-Jahresberichte über Straftaten mit möglichem rassistischen/religiösen Hintergrund führen folgende Zahlen an: 87(2005); 227(2006); 35(2007); 175(2008). Vgl. PET-Jahresberichte, abrufbar unter: http://www.pet.dk [Stand: 18. Mai 2010].

7 Government of Denmark: A common and safe future. An action plan to prevent extremist views and radicalization among young people 2009, abrufbar unter: http://www.nyidanmark.dk/ [Stand: 22. Januar 2010], S. 8.

8 Vgl. Tim Baedermann: Der Einfluss des Wahlrechts auf das Parteiensystem, Baden-Baden 2007, S. 263–350.

9 Relevante Sperreffekte gehen indes von den Unterschriften aus (mind. 1/175 der gültigen Stimmen der letzten Wahl), welche für die Kandidatur einer nicht im Folketing vertretenen Partei notwendig sind.

10 Vgl. Ministry of the Interior and Social Affairs: The Parliamentary Electoral System in Denmark, abrufbar unter: http://elections.vfm.dk [Stand: 13. Dezember 2009].

11 Vgl. Maria Eysell: Parteipolitik im Schatten des Minderheitsparlamentarismus: Parteien und Fraktionen in Dänemark, in: Ludger Helms (Hrsg.): Parteien und Fraktionen, Opladen 1999, S. 171–196, hier S. 173.

12 Vgl. Christian Steffen: Die Parteiensysteme Dänemarks, Norwegens und Schwedens, in: Oskar Niedermayer/Richard Stöss/Melanie Haas (Hrsg.): Die Parteiensysteme Westeuropas, Wiesbaden 2006, S. 67–108, hier S. 93.

Schatten des Minderheitenparlamentarismus"[13]. Nicht zuletzt diese „Verkartellisierung" der Politik schuf in Verbindung mit einer hohen Wahlbeteiligung elektoralen Erfolgsraum für Extremisten.

Unter den Nordländern ist Dänemark das kleinste und mit 5,5 Millionen Einwohnern am dichtesten besiedelte. Seine Gesellschaft ist ethnisch wie kulturell homogen, differenziert sich aber zusehends. Die Zahl der Immigranten (eingebürgert/nicht eingebürgert) und deren Nachkommen stieg von rund 40.000 in den 1960ern, über 215.000 im Jahr 1990 auf 541.000 (9,8 Prozent) Ende 2009. Trotz des relativ geringen allochthonen Bevölkerungsanteils weist Dänemark markante Integrationsprobleme auf.[14] Speziell die Beziehung zwischen Teilen der autochthonen Bevölkerung und der muslimischen Minderheit ist seit Anfang der 1990er Jahre spannungsgeladen. Eine Ursache liegt in einer ausgeprägten nationalen dänischen Identität, eine andere im solidarischen Wohlfahrtsverständnis. Immigranten, zumal Muslime, gelten Teilen der Bevölkerung als kulturelle „Gefahr" und soziale „Belastung".[15] So bekundeten laut *Euro-Barometer* 1997 46 Prozent der Dänen, es würden zu viele Ausländer in ihrem Land leben. Fast ebenso viele sahen dadurch ihre nationale Identität bedroht.[16] Zwei Drittel der Bevölkerung forderte mehr Migrationsbeschränkungen.[17] 2003 lehnten 24 Prozent die Aussagen, Migranten bereichern die Gesellschaft, teils oder vollständig ab.[18] Daher war das Problembewusstsein gegenüber Einwanderung hoch. Noch 2005 erkannten darin 31 Prozent das dringlichste Problem. Seitdem ist die Relevanz des Themas gesunken. Geblieben sind Bedrohungsängste und ethnisch bestimmte Ausgrenzung.[19]

Tabelle 1 Zufriedenheit mit dem Funktionieren der Demokratie in Dänemark 1973–2009 (in Prozent)

	1973	**1976–1977**	**1978–1979**	**1982–1983**	**1985**	**1993**	**1997**	**1999**	**2001**	**2003**	**2005**	**2007**	**2009**
sehr/ ziemlich zufrieden	45	62	66	65	68	81	77	81	75	90	92	94	93
nicht sehr/ überhaupt nicht zufrieden	53	34	29	29	28	18	22	18	24	10	8	6	5
Quelle: Euro-Barometer Nr. 21/1985; 41/1994; 48/1997; 51/1999; 54/2001; 60/2003; 63/2005; 68/2007; 71/2009.													

13 Vgl. Maria Eysell (FN 11), S. 193.

14 Vgl. Statistics Denmark, abrufbar unter: http://www.statbank.dk [Stand: 10. Dezember 2009].

15 Vgl. Peter Lawler: Janus-Faced Solidarity. Danish Internationalism Reconsidered, in: Cooperation and Conflict 42(2007)1, S. 101–126, hier S. 106, 115; Kirsten Simonsen: „Europe", national identities and multiple others, in: European Urban and Regional Studies 11(2004)4, S. 357–362, hier S. 360.

16 Vgl. Euro-Barometer Nr. 48/1997, S. 68–71.

17 Vgl. World Values Survey 1999, abrufbar unter: http://www.wvsevsdb.com [Stand: 13. Dezember 2009].

18 Vgl. European Monitoring Centre on Racism and Xenophobia (FN 4), S. 13 f.

19 Vgl. Euro-Barometer Nr. 63/2005, S. 24 und Nr. 71/2009, S. 27.

Seit der politischen Krise der „Marienborgdemokratie" Ende der 1960er bis Ende der 1970er Jahre[20] charakterisiert die Dänen eine sehr hohe Lebenszufriedenheit, die europaweit höchste Demokratiezufriedenheit (Tabelle 1), eine hohe Wahlbeteiligung und ein ausgeprägtes Institutionenvertrauen. Ebenso typisch ist die euroskeptische Haltung einer gewichtigen politischen und gesellschaftlichen Minderheit. Obwohl Dänemark seit Jahren von der wirtschaftlichen Globalisierung und Europäisierung profitiert, ruft die europäische Integration bei rund 20 Prozent der Bevölkerung Verlustängste hervor.[21] Gleichwohl ist der Raum für Anti-System-Parteien minimal. Extremistische Wertorientierungen und revolutionäre Haltungen stoßen kaum auf Resonanz. Kommunisten und Nationalsozialisten verbuchten noch nie systemdestabilisierende Wahlerfolge. Die politische Selbsteinschätzung der Dänen auf einer Links-Rechts-Skala offenbart nur ein moderates elektorales Rekrutierungspotenzial für Extremisten, wobei die gesellschaftliche Ablehnung von Rechtsextremisten klarer ausfällt.[22]

2 Wahlentwicklung

Das dänische Parteiensystem erfuhr seine drastischste Zäsur bei den Parlamentswahlen 1973. Banden bis dahin die vier „alten" Parteien im Schnitt rund 90 Prozent der Stimmen, kam es mit zehn erfolgreichen Parteien zu einer strukturellen Eruption, die „linke" Asymmetrie schmolz, Fragmentierung und Polarisierung stiegen.[23] Ursächlich waren sozialstrukturelle Veränderungen und neue politische Konflikte. Der expansive Wohlfahrtsstaat befand sich in einer Struktur-, das „etablierte" Parteiensystem in einer Legitimationskrise.[24] Als Konsequenz erzielte mit der 1972 gegründeten *Fremskridtspartiet* (FRP), der *Fortschrittspartei*, eine Steuer-Protestpartei unter *Mogens Glistrup* 15,9 Prozent. Sie wurde zweitstärkste Kraft. Die FRP war jedoch wegen ihrer Radikalität politisch weithin isoliert und verlor bald an Zustimmung.[25] Ab Mitte der 1980er Jahre bediente sie im Schatten der „bürgerlichen" Regierung *Poul Schlüter* (1982–1993) erfolgreich euroskeptische wie fremdenfeindliche Positionen, holte bei der Wahl 1988 9,0 Prozent, kam 1990 und 1994 auf je 6,4 Prozent.[26] Interne Richtungsstreitigkeiten führten 1995 zum Austritt des gemäßigt-kooperativen Flügels und zur Gründung der *Dansk Folkeparti* (DF). Deren immigrationskritischer, aber regierungswilliger Kurs grub der FRP das Wasser ab. 1998 erreichte diese nur 2,4 Prozent, während die DF mit einer „Wählt dänisch!"-Kampagne das erstarkte Immigrationsissue bediente

20 Vgl. Maria Eysell: Geschichte, Programmatik und Politik der Dänischen Linken, in: Hans Rühle/Hans-Joachim Veen (Hrsg.): Sozialistische und kommunistische Parteien in Westeuropa. Band II: Nordländer, Opladen 1979, S. 201–292, hier S. 202 f.

21 So scheiterten die Volksentscheide über den Vertrag von Maastricht (1992) und die Einführung des Euro (2000). Vgl. Euro-Barometer Nr. 47/1997, S. 5, 28–35; Nr. 59/2003, S. 37–39; Nr. 68/2007, S. 141.

22 Vgl. World Values Survey 1999 (FN 17).

23 Vgl. Rüdiger Wenzel: Das Parteiensystem Dänemarks, Neumünster 1982, S. 193–203.

24 Vgl. Christian Steffen (FN 12), S. 69 f.; Frauke Rubart: Dänemark, in: Joachim Raschke (Hrsg.): Die politischen Parteien in Westeuropa. Geschichte-Programm-Praxis, Hamburg 1978, S. 122–140.

25 Vgl. William M. Downs: How Effective is the Cordon Sanitaire?, in: Journal für Konflikt- und Gewaltforschung 4(2002)1, S. 32–51, hier S. 43 f.; Rüdiger Wenzel (FN 23), S. 209.

26 Vgl. Jørgen Goul Andersen/Tor Bjørklund: Struktureller Wandel, neue Konfliktlinien und die Fortschrittsparteien in Dänemark, Norwegen und Schweden, in: Franz Urban Pappi/Hermann Schmitt (Hrsg.): Parteien, Parlamente und Wahlen in Skandinavien, Frankfurt a. M. 1994, S. 57–89, hier S. 70.

und 7,4 Prozent errang. Bremste zunächst die breite Zufriedenheit mit der Arbeit der sozialdemokratischen Regierung ihren Aufstieg, wurde die *Dänische Volkspartei* 2001 in einer von parteiübergreifend scharfen Immigrationsdebatten geprägten Wahl mit 12,0 Prozent dritte Kraft, während die FRP mit 0,6 Prozent zerstob. Die DF rekrutierte durch ihren sozialen, nationalen, migrationsfeindlichen Kurs frühere FRP- und enttäuschte SD-Wähler.[27]

Venstre-Ministerpräsident *Anders Fogh Rasmussen* beging daraufhin bei der Bildung seiner „bürgerlichen" Minderheitsregierung (V/KF) einen epochalen Bruch, indem er auf eine Duldung durch die DF zurückgriff, um den langjährigen Einfluss der *Radikalliberalen* sowie die Dominanz der *Sozialdemokraten* einzudämmen, und so erstmals nach 1929 eine Mehrheit „rechts" der Mitte aufbot. In der Regierung konnte die DF zentrale Forderungen durchsetzen, z. B. verschärfte Einwanderungsregeln oder gestraffte Integrationsbemühungen – mit Erfolg, wovon 13,2 Prozent bei der Wahl 2005 zeugen. Während die Fortschrittspartei nicht mehr antrat, hatte sich die DF zehn Jahre nach ihrer Gründung im Parteiensystem etabliert und in eine Schlüsselrolle manövriert.[28] Auf anderen Ebenen fiel ihr dies schwerer. Bei den Wahlen zum Europäischen Parlament litt die DF unter der Konkurrenz euroskeptischer Wahlbündnisse. Ihre 5,8 Prozent (1999) und 6,8 Prozent (2004) waren Erfolge, lagen aber (weit) unter den nationalen Resultaten. Auf kommunaler Ebene begrenzte die Vormacht von SD und V ihre Verankerung. Hier blieb sie bis zuletzt nur fünftstärkste Kraft. Die öffentliche Agenda bot der DF auch nach 2005 Raum für ihren migrationskritischen und sozialprotektionistischen Kurs. 2007 errang sie unter ihrer populären Vorsitzenden *Pia Kjærsgaard* mit 13,9 Prozent ihr bestes Ergebnis, verteidigte ihre Stützrolle gegenüber den geschwächten Regierungsparteien und ermöglichte die Fortsetzung der Regierung *Fogh Rasmussen*.[29] Bei der Europawahl 2009 profitierte sie von der Schwäche der traditionellen Euroskeptiker und erreichte mit der islam- und EU-kritischen Kampagne ihres Spitzenkandidaten *Morten Messerschmidt* 15,3 Prozent und zwei Mandate.[30] Auch die Kommunalwahlen („Stimm Dänisch, auch lokal") verliefen 2009 für sie mit 8,1 Prozent gut. Harte rechtsextremistische Splittergruppen, wie die *Nationalpartiet Danmark* oder die *Partiet de Nationale*, blieben bei Wahlantritten auf allen Ebenen nur im Promillebereich.

27 Jørgen Goul Andersen: The general election in Denmark 2001, in: Electoral Studies 22(2003)2, S. 186–193.

28 Vgl. Richard Stöss: Rechtsextreme Parteien in Europa, in: Oskar Niedermayer/ders./Melanie Haas (Hrsg.): Die Parteiensysteme Westeuropas, Wiesbaden 2006, S. 521–563, hier S. 536 f.

29 *Fogh Rasmussen* holte nach dem Austritt einer konservativen Abgeordneten die links-liberale *Ny Alliance* mit ins Regierungsboot. 2009 folgte der Wechsel von *Anders Fogh Rasmussen* zu *Lars Løkke Rasmussen*. Vgl. Carsten Schymik: Neue Normalitäten in Dänemark. Die Folketing-Wahl 2007, in: Friedrich-Ebert-Stiftung (Hrsg.): Nordic Countries. Referat westliche Industrieländer, Stockholm 2008, S. 2.

30 Thomas Stehling/Catja Gaebel: Die Europawahlen in den Nordischen Ländern, abrufbar unter: http://www.kas.de [Stand: 18. Mai 2010].

Tabelle 2 Ergebnisse der extremistischen Parteien bei den Folketingwahlen 1990–2007 (in Prozent)

	1990	1994	1998	2001	2005	2007
Dansk Folkepartie	---	---	7,4	12,0	13,2	13,9
Fremskridtspartiet[1]	6,4	6,4	2,4	0,6	---	---
Partiet Venstresocialisterne[2]	---	---	---	---	---	---
Danmarks Kommunistiske Parti[2]	---	---	---	---	---	---
Enhedslisten	1,7	3,1	2,7	2,4	3,4	2,2
Sozialistisk Folkeparti[1]	8,3	7,3	7,5	6,4	6,0	13,0
Quelle: Peter Nannestad (FN 1), S. 88.						

[1] Nur bedingt als extremistisch zu klassifizieren.
[2] Eigenständige Parteien, aber seit 1990 Kandidatur über die *Enhedslisten.*

Am anderen Ende des Spektrums war die *Danmarks Kommunistiske Parti* (DKP) von 1945–60 und 1973–79 im Parlament vertreten, wiewohl schwach. Ihre Sowjetorientierung hatte mit der Gründung der *Sozialistisk Folkeparti* (SF) 1959 zur reformkommunistischen Sezession geführt. Die 1960 mit 6,1 Prozent in das Folketing eingezogene SF mäßigte sich bald und unterstützte 1966 bis 1968 die sozialdemokratische Minderheitsregierung („rotes Kabinett"). Die 1967 als kommunistische Linksabspaltung der SF gegründete *Partiet Venstresocialisterne* (VS) kam 1968 auf Anhieb mit 2,0 Prozent ins Parlament. Ihre Wahlerfolge blieben bescheiden.[31] Der Zusammenbruch des europäischen Kommunismus 1989/90 brachte der moskautreuen DKP harte Einschnitte. Absetz- und Austrittsbewegungen bewirkten eine Schwächung und eine Mäßigung zugleich. Die starken *Sozialdemokraten* und *Volkssozialisten,* der ausgeprägte Wohlfahrtsstaat und die konsensuelle Regierungsweise ließen ihnen kaum Raum. Nach 0,8 und 0,6 Prozent für DKP und VS bei der Wahl 1988 entstand 1989 mit der *Enhedslisten* (EL) ein bereits 1987 angestrebter, damals aber gescheiterter Verbund aus DKP, VS und der trotzkistischen *Socialistisk Arbejderparti* (SAP). Der EL gelang erstmals 1994 mit 3,1 Prozent der Sprung ins Folketing, nach 1,7 Prozent im Jahr 1990.[32] Das Rezept für ihren „Erfolg" waren Anti-EU-Kampagnen im Rahmen der Maastricht-Referenden 1992/93. Er „rettete" DKP und VS vor dem Aus. In den nachfolgenden Wahlen blieb die *Einheitsliste* schwach (ihr bestes Ergebnis hatte sie 2005 mit 3,4 Prozent), sie übersprang aber stets die

31 Vgl. Frauke Rubart (FN 24), S. 134–138; Maria Eysell (FN 20), S. 273, 281 f., 289 f. Kommunistische Splitterparteien wie die 1976 gegründete *Kommunistisk Arbejderparti* (KAP) scheiterten bei Wahlen. Eine Ausnahme war die personelle DKP-Abspaltung *Fælles Kurs* (FK), der 1987 mit 2,2 Prozent der einmalige Folketingeinzug gelang. Vgl. Svante Ersson: Kommunismus und linke Strömungen in Skandinavien nach 1989, in: Patrick Moreau/Marc Lazar/Gerhard Hirscher (Hrsg.): Der Kommunismus in Westeuropa. Niedergang oder Mutation?, München 1998, S. 423–452, hier S. 426 f.

32 Vgl. Maria Eysell (FN 11), S. 182; dies. (FN 20), S. 284.

Zweiprozenthürde.[33] Auch auf kommunaler Ebene besteht für sie wegen der „linken Vormacht" von SD, RV und SF kaum Spielraum.[34] Wesentlich prägender für die Zeit nach 2001 war der herbe Niedergang der *Sozialdemokraten*, während die *Volkssozialisten*, deren Aktien nach 1990 zunächst stark gesunken waren, 2007 mit 13 Prozent sehr gut abschnitten. Einen Sprung nach vorn machte die SF vor allem bei den Kommunalwahlen 2009, wo sie mit 12,6 Prozent (340 Mandate) zur dritten Kraft aufstieg.

Eine Besonderheit ergibt sich im Zusammenhang mit den Wahlen zum Europäischen Parlament. Die nur hier aktive *Folkebevægelsen mod EU*, eine harte euroskeptische Verbindung, die für den EU-Austritt Dänemarks optiert, ist eine 1972 u. a. von der SF gegründete überparteiliche Wahlkooperation, unter deren Dach neben Vertretern von SD, RV und KF auch DKP und VS agieren.[35] Die *Volksbewegung* erzielte bei der ersten Europawahl 1979 20,8 Prozent, danach sank ihr Zuspruch kontinuierlich, zumal die SF bald separat antrat und ab 1992 mit der *Juni Bevægelsen* (*Junibewegung*) eine gemäßigtere Kraft bereitstand. Absorbierten beide Bewegungen bis Ende der 1990er Jahre das EU-kritische Wählerpotenzial, reduzierte sich dieses bzw. kanalisierte sich ab 2004 stärker in Richtung der (zuletzt proeuropäischen) SF, insbesondere aber der (euroskeptischen) DF. 2009 erzielte die *Volksbewegung* mit dem Trotzkisten *Søren Søndergaard* 7,2 Prozent, die *Juni Bewegung* nur 2,4 Prozent. Ihr schwaches Abschneiden und der Einbruch der *Sozialdemokraten* (–11,1 Prozentpunkte) brachte der SF mit 15,9 Prozent und zwei Mandaten ihren bislang größten Erfolg.[36]

3 Extremistische Parteien

3.1 Rechtsextremismus

Wer die *Fortschrittspartei* und die *Dänische Volkspartei* im Kontinuum von Demokratie und Extremismus klassifizieren möchte, stößt auf Einordnungsprobleme – einerseits provoziert von diversen Kategorisierungen rechtsextremistischer Akteure;[37] andererseits kontrastiert durch die Einschätzungen zu den skandinavischen Sonderlingen.[38]

33 Vgl. Svante Ersson: Post-Communist and Leftist Parties in Two Scandinavian Countries after 1989 – The Cases of Denmark and Sweden, in: Uwe Backes/Patrick Moreau (Hrsg.): Communist and Post-Communist Parties in Europe, Göttingen 2008, S. 141–166, hier S. 142 f.

34 Vgl. Catja Gaebel: Wahlsieg für Volkssozialisten und Rechtspopulisten bei der Kommunalwahl 2009 in Dänemark, abrufbar unter: http://www.kas.de [Stand: 14. Januar 2010].

35 Vgl. Maria Eysell (FN 20), S. 273; Peter L. Vesterdorf (FN 3), S. 85.

36 Vgl. Ann-Christina L. Knudsen: The European Parliament Election in Denmark 7 June 2009, abrufbar unter: http://www.sussex.ac.uk [Stand: 18. Mai 2010]. Die *Juni-Bewegung* löste sich nach der Wahl auf.

37 Vgl. Cas Mudde: Populist radical right parties in Europe, Cambridge 2007, S. 20 f. Mudde nennt als zentrale Kenngrößen: *Nationalismus*, *Rassismus*, *Xenophobie*, *Demokratiefeindlichkeit* und *Autoritarismus*.

38 So betont *Ignazi* (2003), beide seien als extrem rechte Vertreter „peculiar anti-system parties". *Stöss* (2006) spricht von „gemäßigtem Rechtsextremismus". Sie seien „gemäßigt nationalistisch und fremdenfeindlich, eher systemkonform". *Rydgren* (2004) akzentuiert Unterschiede zwischen der FRP als Protest- und der DF als Extrempartei. Vgl. Piero Ignazi: Extreme Right Parties in Western Europe, Oxford 2003, S. 140, 148; Richard Stöss (FN 28), S. 527 f.; Jens Rydgren: Explaining the Emergence of Radical Right Wing Populist Parties: The Case of Denmark, in: West European Politics 27(2004)3, S. 474–502.

Speziell bei der FRP ist es fraglich, ob es sich um eine rechtsextremistische Partei handelt, gilt sie doch als „nichtextremistisch", „rechts-anarchistisch" oder „kulturell-populistisch".[39] Ursächlich für die konträren Einschätzungen ist ihre stetige Metamorphose. Die 1972 vom populären Steueranwalt *Mogens Glistrup* ins Leben gerufene und bis zu seiner Inhaftierung wegen Steuerhinterziehung 1983 geführte FRP bediente zunächst als Steuer-Protestpartei mit radikalen fiskalischen, antibürokratischen und EG-kritischen Haltungen das veränderte sozio-ökonomische Bewusstsein liberaler Wähler. Sie integrierte Protest außerhalb des sozialistischen Lagers. Ende der 1970er Jahre vitalisierte sie als rechte Protestpartei mit „law and order"-Themen, euroskeptischen wie ausländerfeindlichen Äußerungen ein neues Profil. Sie stand für einen gemäßigten Antietatismus, für Antiparteienkalküle und (partiell) für libertäre Werte (individuelle Freiheit).[40]

Ihr neuer Kurs war zunächst wenig erfolgreich. Erst mit dem Anstieg der Immigration und dem Aufkommen des Einwanderungsthemas Mitte der 1980er Jahre errang die FRP neue, stärker autoritär eingestellte Wähler. Vorangetrieben durch ihre neue Vorsitzende *Pia Kjærsgaard* bediente sie nun vorrangig ausländerfeindliche und wohlfahrtschauvinistische Muster. Als *Glistrup* 1985 radikalisiert zurückkehrte, führte dies zu massiven internen Konflikten zwischen seinem aggressiv-kompromisslosen Kurs und den Kräften um *Kjærsgaard*, die eine stilistisch (nicht inhaltlich) gezügelte, kompromissbereite Haltung zum „bürgerlichen" Lager verfolgten. Nach harten Auseinandersetzungen verließ *Glistrup* 1990 schließlich die FRP.[41] In der Folge beherrschte *Kjærsgaard* die Partei nur teils, was 1995 in den Austritt ihres Flügels und die Rückkehr der „Glistrupianer" mündete. Fremdenfeindliche Ausfälle der FRP-Repräsentanten dominierten nun. *Glistrup* überschritt Grenzen, indem er Muslime als Feinde bezeichnete, die die dänische Gesellschaft ausrotten wöllten, während seine Partei für ein „Mohammedan-free Denmark" focht.[42] Vom radikalen, aber bürgerlich-liberalen „Glistrupismus" war 2001 nichts übrig, was die FRP zur Randpartei degradierte.

Ideologisch ist sie nur schwer festzumachen, verband sie doch einen ökonomischen Neoliberalismus mit einem sozio-kulturellen Autoritarismus.[43] *Andersen* spricht von einem populistischen „Neoliberalismus der Unterschicht", der sowohl Kürzungen gegenüber ausgewählten Gruppen (z. B. Immigranten) umfasst, als auch die Steigerung der öffentlichen Ausgaben für Altersversorgung und Gesundheit vorsieht. Ihr zuweilen individualistischer Impetus spricht gegen die Einordnung als rechtsextremistisch, ebenso wie die FRP nie den

---

39 Vgl. Jens Rydgren: Vom Wohlfahrtschauvinismus zur ideologisch begründeten Fremdenfeindlichkeit. Rechtspopulismus in Schweden und Dänemark, in: Frank Decker (Hrsg.): Populismus in Europa, Bonn 2006, S. 165–190, hier S. 187; Carsten Schlüter-Knauer: Die Bedeutung des Rechtsrucks in Dänemark, in: Die Neue Gesellschaft/Frankfurter Hefte 49(2002), S. 152–156, hier S. 152; Frank Decker: Der neue Rechtspopulismus, 2. Auflage, Opladen 2004, S. 178–180.

40 Vgl. Jørgen Goul Andersen/Tor Bjørklund: Structural Change and New Cleavages: the Progress Parties in Denmark and Norway, in: Acta Sociologica 33(1990)3, S. 195–217; dies. (FN 26), S. 77.

41 Vgl. Jørgen Goul Andersen: Denmark: the Progress Party, in: Paul Hainsworth (Hrsg.): The Extreme Right in Europe and the USA, London 1992, S. 193–205. *Glistrup* gründete 1990 die *Trivselsparti* (*Wohlstandspartei*), erreichte aber keine Wahlzulassung und kandidierte daraufhin für den *Fælles Kurs*.

42 Vgl. Tor Bjørklund/Jørgen Goul Andersen: Anti-Immigration Parties in Denmark and Norway, in: Martin Schain u. a. (Hrsg.): Shadows over Europe: The Development and Impact of the Extreme Right in Western Europe, New York 2002, S. 107–136, hier S. 114.

43 Vgl. Herbert Kitschelt: Popular Dissatisfaction with Democracy: Populism and Party Systems, in: Yves Mény/Yves Surel (Hrsg.): Democracies and the Populist Challenge, New York 2002, S. 179–196, hier S. 186.

demokratischen Verfassungsstaat ablehnte, weder dem Antisemitismus frönte noch eine totalitäre Ideologie verfolgte, und sie unter *Kjærsgaard* kooperativ zum „bürgerlichen“ Lager stand. Ihr rechtsextremistisches Stigma ist ihre rassistische Ausrichtung in der letzten Phase.[44]

Hingegen gilt die 1995 als Antiimmigrations- und Prowohlfahrtstaatspartei ins Leben gerufene *Dänische Volkspartei* als „right-wing-extremist party“[45], wobei ein pauschales „moderater“ oder „radikaler“ als die *Fortschrittspartei* nicht möglich ist. Die frühe FRP war moderater als die frühe DF, die späte FRP radikaler als die späte DF, die wiederum gemäßigter als in ihrer Frühzeit. Die *Volkspartei* drückt sich stilvoller aus, bremst ihre rassistischen Ausfälle, hat *Kjærsgaard* und nicht *Glistrup* als Gesicht. Die DF ist straff organisiert und zentralistisch geführt. Die 2009 einstimmig wiedergewählte *Kjærsgaard* gilt als unangefochten, Partei und Programm sind auf sie fixiert, obgleich ihre dominante, wenig transparente Führung umstritten ist.[46] Zum neonationalsozialistischen Lager grenzt sich die Parteiführung strikt ab, schließt Mitglieder mit derlei Verbindungen regelmäßig aus. Auf europäischer Ebene enthält sich die DF der Kooperation mit den Rechtsextremen.

Ihr ideologischer Kern weist die *Dänische Volkspartei* als weiche rechtsextremistische Partei aus. Charakteristisch sind eine ethnisch-nationalistische Fremdenfeindlichkeit, basierend auf einer ethnopluralistischen Doktrin, verbunden mit einem ausgeprägten Wohlfahrtschauvinismus und einem Anti-Establishment-Populismus für mehr demokratische Beteiligung. Sie steht für ein „souveränes“, „dänisches“ Dänemark mit christlichen Werten, dezidiert sozialstaatlich und restriktiv in Fragen der Immigration sowie der inneren Sicherheit. Ihre Ideologie der Ungleichheit schöpft aus einer antiegalitären Ausländerfeindlichkeit sowie aus einer eigenen Überbewertung aufgrund ethnischer Zugehörigkeit.[47] Ihr Ethnopluralismus, der die kulturelle Vielfalt der Völker bei ethnischer Homogenität betont,[48] hat einen „hierarchischen Charakterzug“, der Fremde als kulturell (nicht rassisch!) minderwertig erachtet. Dem Feindbild ihres Kulturkampfes, dem nichtreformierten Islam, entgegnet sie das aufgeklärte Lutheranertum als Wertgrundlage der dänischen Nation.[49] Entsprechend ist die DF nationalistisch, forciert unablässig das Identitätsthema. Ihr Hauptziel ist ein monokultureller Staat gemäß *Cas Muddes* „Nativismus“, charakterisiert durch eine von ihr definierte dänische Identität. Ein antipluralistischer Impetus wird ebenso offenbar wie der populistische, der eine Wertgemeinschaft projiziert und so eine zu verteidigende Sozialgemeinschaft begründet – ganz im Sinne von *Taggarts* „heartland“ als Konstrukt der Retrospektive.[50] Sie verpasst keine Gelegenheit, um vor der europäischen Integration und Souveränitätsverlusten zu warnen, vertritt

---

44 Vgl. Jørgen Goul Andersen (FN 41), S 194–197; ders./Tor Bjørklund (FN 26), S. 70, 80.

45 Jørgen Goul Andersen: The parliamentary election in Denmark, February 2005, in: Electoral Studies 25(2006)2, S. 393–398, hier S. 397; ähnlich Piero Ignazi (FN 38), S. 150.

46 Vgl. Sven Hasselberg: Pia Kjærsgaard, in: Michael Jungwirth (Hrsg.): Haider, Le Pen & Co: Europas Rechtspopulisten, Graz 2002, S. 152–163, hier S. 158; René Karpantschof: Triebkräfte und Funktionsträger des dänischen Rechtsradikalismus, in: Zeitschrift marxistische Erneuerung Nr. 51/2002, S. 67–80, hier S. 75.

47 Vgl. Jens Rydgren (FN 38), S. 480, 488; Jan Christopher Mauthe: Erfolgsbedingungen für Rechtspopulisten in Skandinavien, Saarbrücken 2008, S. 70.

48 „Die Dänische Volkspartei ist für die kulturelle Zusammenarbeit mit anderen Ländern, aber wir sind dagegen, anderen Kulturen [...] Einfluss in Dänemark zu geben.“ Grundsatzprogramm der DF von 2002, zitiert nach: Jens Rydgren (FN 39), S. 180.

49 Vgl. Jan Christopher Mauthe (FN 47), S. 21; Kirsten Simonsen (FN 15), S. 360.

50 Vgl. Paul Taggart: Populism and the Pathology of Representative Politics, in: Yves Mény/Yves Surel (Hrsg.): Democracies and the Populist Challenge, Hampshire/New York 2002, S. 62–79, hier S. 67.

aber in toto einen weichen Euroskeptizismus.[51] Dies alles verbindet die DF mit einem starken wohlfahrtsstaatlichen Profil, unter der Prämisse, dass die Massenimmigration den Sozialstaat überlaste. Beobachter registrieren hierbei eine zunehmende Linksverschiebung der DF.[52]

Die *Volkspartei* erkannte und nutzte Ende der 1990er Jahre die Zeichen der Zeit. In einer verschobenen gesellschaftlichen Konfliktlinienstruktur beherrschten nicht mehr ökonomische Themen, sondern „Wohlfahrt" und „Immigration" die Wähleragenda. Indem sie seither den autoritären Pol der sozio-kulturellen Konfliktachse besetzt und zugleich EU-skeptisch und dezidiert sozial argumentiert, positioniert sie sich konkurrenzlos und rekrutiert so einstige sozialdemokratische Wähler.[53] Sah sich die DF anfangs in einer „notorischen Herausfordererrolle" (*Frank Decker*) gegen die Machthaber und deren Wertekonsens, haben sich ihre Angriffe auf das Establishment seit ihrer Regierungsbeteiligung abgeschwächt. Vielmehr präsentiert sie sich jetzt als eine Art „outsider to the establishment" (*Jens Rydgren*). Seit 2001 ist für *Liberale* und *Konservative* die parlamentarische Zusammenarbeit mit ihr Usus, die *Volkspartei* schließlich ein Grund für die für dänische Verhältnisse beispiellose Stabilität der „bürgerlichen" Regierung. Heute ist sie eine politisch gefestigte Kraft.

3.2 Linksextremismus

Die Problematik der phänomenologischen Einordnung ist am anderen Ende des politischen Kontinuums eine andere. Erschwert beim Rechtsextremismus das wissenschaftliche Überangebot eine präzise Abgrenzung, hemmt die „auffällig dünn gesäte"[54] Literatur über die skandinavischen Linksparteien die Betrachtung des parteipolitischen Linksextremismus[55]. Daher ist die bisherige Klassifizierung der für die Betrachtung relevanten Linksparteien, der *Sozialistischen Volkspartei* und der *Einheitsliste*, vage.[56]

Die größte Partei links der *Sozialdemokraten* ist die *Sozialistische Volkspartei*. Sie kann (wenn überhaupt) als weiche linksextremistische Akteurin gelten. Zunächst begann sie 1959 als eurokommunistische „Verfechterin eines dritten Weges zur sozialistischen Gesellschaft". Während ihrer Kooperation mit den *Sozialdemokraten* (1966–68, 71–73) durchlebte sie eine Mäßigung, was zur Abspaltung der *Linkssozialisten* führte. Mitte der 1970er Jahre

---

51 Vgl. Ann-Christina L. Knudsen: Euroscepticism in Denmark, in: Paul Taggart/Aleks Szczerbiak (Hrsg.): Opposing Europe? The Comparative Party Politics of Euroscepticism, Band 1, Oxford 2008, S. 152–167, hier S. 159.

52 Vgl. Jørgen Goul Andersen: The parliamentary election in Denmark, February 2005, in: Electoral Studies 25(2006)2, S. 393–398, hier S. 396 f.

53 War bereits die FRP ein beliebtester Anlaufpunkt für Arbeiter, steigerte die DF ihren Arbeiteranteil 2001 auf 56 Prozent. 2005 wählten sie 20 Prozent der dänischen Arbeiter. Vgl. Jørgen Goul Andersen/Tor Bjørklund (FN 26), S. 74 f.; Jens Rydgren (FN 38), S. 488–490.

54 So 1998 Svante Ersson (FN 31), S. 423; siehe auch ders. (FN 33), S. 142.

55 Zudem fehlt der Extremismusforschung ein stringenter Merkmalskatalog für Linksextremismus. Im Nachgang gelten als Merkmale: *Überhöhung des Ethos menschlicher Fundamentalgleichheit*; *Utopismus*; *antisystemischer Antikapitalismus*; *Antipluralismus*.

56 So stuft *Vesterdorf* (1990) VS wie DKP als „extreme Linksparteien" ein, während *Steffen* (2006) sie der Familie der „Linkssozialisten" zuordnet. *Ersson* (1998/2008) klassifiziert DKP und EL als „modernisierte KP", VS und SF als „linke Sozialisten". Vgl. Peter L. Vesterdorf (FN 3), S. 136; Christian Steffen (FN 12), S. 105; Svante Ersson (FN 31), S. 426, 445; ders. (FN 33), S. 148.

re-radikalisierte sie sich, wollte die kapitalistische Gesellschaft legal (nicht revolutionär) überwinden und initiierte die euroskeptische *Volksbewegung gegen die EG*.[57] Die nachfolgende Ära *Holger Nielsen* (1991–2005) kennzeichnete ein europapolitisches Umsteuern. Hatte die SF bis in die 1970er Jahre die EG-Mitgliedschaft Dänemarks abgelehnt, positionierte sie sich nun offener. Nielsen trug 1993 den dänischen Maastricht-Kompromiss mit und brach damit die absolute euroskeptische Haltung seiner Partei auf – was Wähler in Richtung der *Volksbewegung* verprellte, aber sozialdemokratische Wechsler band. 2001 akzeptierte die SF im Folketing den Vertrag von Nizza, Ende 2004 kündigte sie ihre Zustimmung zum Lissaboner-Vertrag an.[58] Der neue proeuropäische Bezug war Teil einer Moderation und einer Neuorientierung. Mit ihrer öko-sozialistischen Ausrichtung bewegt sich die SF im Trend europäischer sozialistischer Parteien. Sie profitiert von der Schwäche der dänischen *Grünen* und den Findungsproblemen der *Sozialdemokraten*.[59]

Ihr ideologischer Habitus ist demokratisch-sozialistisch, ihr Anspruch auf Systemveränderung reformerisch. „SF strives to establish Socialist changes in society through the implementation of structural reforms. To SF, it is not enough just to repair the existing order".[60] Ihre Programmatik prägt die Vision der Überwindung der „kapitalistischen" durch eine „sozialistische Gesellschaft", welche für eine Demokratisierung aller gesellschaftlichen Bereiche und für eine ökologisch-sozialistische Marktwirtschaft steht, in der „die wichtigsten Produktionsmittel" sozialisiert sind und der Markt „demokratisch kontrolliert" wird. Der Übergang zum Sozialismus könne nur in einem demokratischen, gesetzgeberischen Prozess erfolgen. Die SF brauche daher gesellschaftliche und parlamentarische Mehrheiten.[61] Sie lehnt kommunistische Vorstellungen ab, betont ihren „undogmatischen Sozialismus" und bejaht Parteienwettbewerb, Parlamentarismus und Rechtsstaat. Dennoch hat sie weder mit ihrem kommunistischen Erbe gebrochen noch sich dem marxistischen Fundament entzogen.[62]

Seit der Wahl *Villy Søvndals* zum Parteivorsitzenden im Jahr 2005 steuern die *Volkssozialisten* einen pragmatischen Reformkurs. Sie gelten mittlerweile als regierungsfähig und streben ihrerseits in eine Mitte-Links-Regierung. Der populäre *Søvndal* fungiert dabei als Hoffnungsträger einer „linken" Wachablösung 2011.[63] Die SF, die seit 2001 u. a. wegen Massenaustritten bei den *Sozialdemokraten* ihre Mitgliederzahl verdreifachen konnte (2009: 16.500), ist Anfang 2010 in den Umfragen zur drittstärksten Partei aufgestiegen, grenzt sich von kommunistischen Akteuren ab und versucht, ihre Regierungsfähigkeit unter Beweis

---

57 Vgl. Maria Eysell (FN 20), S. 210, 288; Svante Ersson (FN 33), S. 144; Frauke Rubart (FN 24), S. 134 f.

58 Vgl. Søren Risbjerg Thomsen: The 1994 Parliamentary Election in Denmark, in: Electoral Studies 14(1995)3, S. 315–322, hier S. 317 f.; Ann-Christina L. Knudsen (FN 51), S. 158 f.

59 Vgl. Svante Ersson (FN 33), S. 153; Luke March: Contemporary Far Left Parties in Europe. From Marxism to the Mainstream, o. O. 2008, S. 2, abrufbar unter: http://library.fes.de [Stand. 14. Januar 2010].

60 Socialist People's Party of Denmark, abrufbar unter: http://www.europeangreens.org [Stand: 4. Februar 2010].

61 Vgl. Grundlagenprogramm der SF von 2003; SFs politik i hovedtræk, abrufbar unter: http://www.sf.dk [beide Stand: 4. Februar 2010].

62 So heißt es offiziell, „die Partei arbeitet auf einer marxistischen Ideengrundlage." Vgl. Statut der SF 2009, abrufbar unter: http://www.sf.dk [Stand: 4. Februar 2010].

63 Die SF war nie an einer Koalition beteiligt, hatte unter der Regierung *Nyrup Rasmussen* selektiv stützende Funktionen. Noch Mitte der 1990er Jahre galt sie den *Sozialdemokraten* als nicht generell koalitionsfähig.

zu stellen: etwa indem sie 2009 ein mit (populistischen) umwelt-, sozial-, gesundheits- und bildungspolitischen Forderungen vollgestopftes Reformprogramm beschloss.[64]

Bei der 1989 ins Leben gerufenen *Enhedslisten/De Rød-Grønne* (EL) handelte es sich anfangs um eine Wahlkooperation aus DKP, VS und SAP. 1991 stieß die maoistische *Kommunistisk Arbejderparti* (KAP) hinzu, die sich 1994 auflöste. Ferner arbeitet die EL u. a. eng mit der 2001 gegründeten linksextremen *Socialistisk Ungdomsfront* (SUF) zusammen, seit 2006 auch mit der trotzkistischen *Internationale Socialister/Ungdom* (IS/U). Sie versammelt damit einerseits parteipolitische Vertreter eines harten Linksextremismus und Euroskeptizismus, andererseits handelt es sich um eine Partei mit eigener Mitgliedschaft. Entsprechend sind ihre rund 4500 Mitglieder (Durchschnittsalter 30 Jahre)[65] mit nur geringer Verbindung zu den Gründungsparteien, vielmehr der SUF bzw. der IS/U angehörig oder einfaches Mitglied der EL. Die Organisation der EL ist eigenständig, ihre Führung kollektiv.[66] Parteisprecherin ist *Johanne Schmidt-Nielsen*.

Die revolutionär-sozialistische EL spricht in ihren Grundsätzen (2003) von der „klassenlosen/kommunistischen Gesellschaft“, von der „Befreiung der Menschheit“, von der „Beseitigung der enormen wirtschaftlichen und sozialen Ungleichheit“ als Voraussetzung für Demokratie und Freiheit, von „Klassenkampf“ und „sozialistischer Revolution“. Ihr Ziel: ein „revolutionärer Bruch“ mit der „kapitalistischen Gesellschaft“ zugunsten einer auf „Solidarität“ und „Demokratie“ beruhenden „sozialistischen Gesellschaft“ mit einer Wirtschaft, die u. a. das Privateigentum an Produktionsmitteln durch kollektive Formen ersetzt. Dies gelinge nur durch eine „radikale Änderung des Systems“, diene doch der gegenwärtige Staat der „kapitalistischen Gesellschaft“.[67] Die *Einheitsliste* agiert antikapitalistisch, antifaschistisch und globalisierungskritisch. Wichtiger Baustein ist ihr harter Euroskeptizismus,[68] verbunden mit der Ablehnung internationaler Wirtschaftsregime. Daneben sind ökologische Aspekte bedeutsam – im Sinne eines Öko-Kommunalismus. Taktisches Vehikel der EL ist die außerparlamentarische Mobilisierung, etwa im Rahmen der Anti-Irak-Krieg-Demonstrationen 2003 oder der Proteste gegen die Sozialreformen 2006.[69] Dabei lässt sie eine Abgrenzung zum autonomen und militant-antifaschistischen Spektrum vermissen. Eine Regierungsbeteiligung ist in den radikalen Niederungen umstritten, hieße dies doch, den revolutionären Pfad für „faule“ Kompromisse zu verlassen.[70]

Wenn *March* die EL als „demokratisch-sozialistische“ Vertreterin der „extremen Linken“ klassifiziert,[71] berücksichtigt er zwar ihren revolutionären Impetus, vernachlässigt aber ihre

64 Vgl. Reformprogramm der SF von 2009, abrufbar unter: http://www.sf.dk [Stand: 4. Februar 2010].

65 Vgl. Nina Ericsson/Daniel Petersen/Pelle Dragsted: Hven er fødselsdagsbørnene?, in: Fødselsdagsmagasin, Mai 2009, S. 4 f. 57 Prozent ihrer Mitglieder leben in der Hauptstadtregion, der Studentenanteil ist hoch.

66 Vgl. Svante Ersson (FN 33), S. 145.

67 Vgl. Grundsatzprogramm der EL von 2003, abrufbar unter: http://www.enhedslisten.dk [Stand: 18. Februar 2010].

68 Die EL drängt auf Dänemarks EU-Austritt. Vgl. Ann-Christina L. Knudsen (FN 51), S. 160.

69 Vgl. http://www.enhedslisten.dk/about-party [Stand: 18. Februar 2010].

70 Vgl. Enhedslisten på venstrekurs, unter: http://www.sap-fi.dk [Stand: 4. Februar 2010]. Parteiführung und Parlamentsfraktion der *Einheitsliste* optieren für den Fall einer Mitte-Links-Regierung auf außerparlamentarischer Aktivität, punktuelle parlamentarische Unterstützung in Belangen von Arbeitnehmern und Arbeitslosen sowie „unerbittliche Kritik“. Vgl. etwa Johanne Schmidt-Nielsen: Enhedslisten tør drømme, in: Fødselsdagsmagasin, Mai 2009, S. 9.

71 Vgl. Luke March (FN 59), S. 4.

kommunistischen Strukturen – wie die 1980 gegründete SAP, deren Ziel ist, in Dänemark auf revolutionärem Weg eine sozialistische Gesellschaft unter Führung der Arbeiterklasse zu errichten.[72] Sie nutzt die EL entristisch, beeinflusst sie ideologisch und strategisch. Die *Linkssozialisten* gaben zwar 1998 ihren Parteistatus auf, ihre Mitglieder kandidieren jedoch noch für die EL. Sie stehen weiterhin für die „sozialistische Revolution" mit dem Ziel einer kommunistischen Gesellschaft.[73] Die deutlich aktivere DKP hatte nach der Übernahme des Vorsitzes durch *Ole Sohn* 1987 sukzessive ihre traditionell-kommunistische Prägung beendet, woraufhin ein personeller Exodus einsetzte. Orthodoxe Gruppen spalteten sich ab, die Jugendorganisation löste sich auf. Die Partei konzentriert sich seither auf ihre Zusammenarbeit mit der *Einheitsliste*. Dabei prägt sie ein kommunistischer Habitus. Ihr Postament ist marxistisch-leninistisch, ihr Ziel die kommunistische Gesellschaft.[74]

4 Nichtparteiförmiger Extremismus

Neonationalsozialistische Gruppierungen sind in Dänemark marginalisiert. Ihre scharfe Ablehnung durch die Bevölkerung, der Erfolg weicher rechtsextremistischer Parteien sowie ein gut organisierter militanter Linksextremismus schwächen die Szene. Deren dennoch gestiegene Aktivität hat u. a. eine Mobilisierung infolge der harten Immigrationsdebatte sowie den entlehnten „Kulturkampf" als Ursache.[75] Zudem ermöglicht ihr die liberale Gesetzgebung ein relativ offenes Auftreten. Dänemark gilt deshalb europaweit als rechtsextremistischer Rückzugs- und Aktionsraum, etwa für den Vertrieb von NS-Devotionalien.[76] Nach Attacken auf Ausländerunterkünfte und einer lokalen subkulturellen Militanz in den 1980er Jahren, kommt es seit Mitte der 1990er immer wieder zu Übergriffen gegen Immigranten, nicht aber zu Morden. Die Gewalt der Szene richtet sich eher gegen „Linke" und Autonome.[77]

Lange Zeit wichtigstes rechtsextremistisches Netzwerk war die *Dansk Front* (DFT). Sie wurde 2002 als Kameradschaft neonationalsozialistischer und rassistischer Akteure, u. a. der

72 Vgl. What is SAP's project? Adopted by SAP's 22nd National Conference 2006, abrufbar unter: http://www.sap-fi.dk [Stand: 14. Januar 2010].

73 Vgl. Programm der VS von 1996, abrufbar unter: http://www.venstresocialisterne.dk/ [Stand: 14. Januar 2010].

74 Vgl. Statut der DKP vom September 2009; Programmschrift Nr. 1: Eine Vision des Klassenkampfes im 21. Jahrhundert von 2003, beide abrufbar unter: http://www.dkp.dk [Stand: 16. Dezember 2009]. Das sonstige kommunistische Parteienspektrum ist marginalisiert. Als orthodoxer DKP-Ableger gründete sich 1990 das *Kommunistisk Forum*, welches 1993 zur marxistisch-leninistischen *Kommunistisk Parti i Denmark* (KPiD) transformierte. Der *Fælles Kurs* rutschte 1989 aus dem Folketing und damit in die Bedeutungslosigkeit. 2001 löste er sich auf. Die 1978 als KAP-Absplitterung ins Leben gerufene *Danmarks Kommunistisk Parti/ Marxister-Leninister* (DKP/ML), ging 2006 zusammen mit der KPiD-Absplitterung *Kommunistisk Samling* (KS) in der marxistisch-leninistischen *Kommunistisk Parti* (KP) auf. Im Jahr 2000 gründete sich als antirevisionistische DKP/ML-Abspaltung die orthodoxe *Arbejderpartiet Kommunisterne* (APK). Vgl. http://www.kommunisterne.dk; http://www.kommunister.dk; http://www.apk2000.dk. [Stand: 16. Dezember 2009].

75 Vgl. Kirsten Simonsen (FN 15), S. 360; Susi Meret: Country Report Denmark, in: Bertelmann Stiftung (Hrsg.): Strategies for Combating Right-Wing Extremism in Europe, Gütersloh 2009, S. 81–125, hier S. 89; PET: Annual Report 2006–2007, abrufbar unter: http://www.pet.dk, S. 52 [Stand: 16. Dezember 2009].

76 Vgl. Angelika Beer (Hrsg.): Europa im Visier der Rechtsextremen, Berlin 2009, S. 95 f.

77 Vgl. Carsten Schlüter-Knauer (FN 39), S. 153; Susi Meret (FN 75), S. 94; PET: Annual Report 2006–2007, S. 53.

Blood & Honour Danmark, der militanten *Combat 18/Copenhagen Division*, der *Dansk National Front* und der Århuser *Ultras White Pride*, gegründet und verfügte über regionale Büros und eine zentrale Internetplattform. Im Rahmen der „Karikaturen-Krise" 2005/6 stieg ihr Zulauf und vermehrten sich ihre Aktivitäten. Ihre Auflösung 2007 wegen interner Streitigkeiten schwächte die Szene in ihrer Organisation nachhaltig.[78] Gegenwärtig größter Einzelakteur ist die *Danmarks Nationalsocialistiske Bavægelse* (DNSB). Die Vereinigung „sieht es als ihre Mission an, die Ideen von Adolf Hitlers nationalsozialistischer Bewegung fortzusetzen und weiter zu entwickeln".[79] Entsprechend beschränkt ist ihre szeneinterne Attraktivität. Seit 1991 führt sie der bereits mehrfach wegen Gewaltvergehen inhaftierte *Jonni Hansen*. Er reorganisierte die DNSB, öffnete sie für subkulturelle Strömungen und setzt auf eine aktivistisch-offensive Strategie.[80]

Ferner existieren immigrationsfeindliche Vereinigungen (z. B. *Nationale Danskere*, *Stop Islamiseringen af Danmark*, *Århus mod Moskeen*). Sie agieren gewaltfrei, weisen aber Verbindungen ins harte rechtsextremistische Lager auf.[81] Darunter fallen auch das *Dansk Forum* (bis 2003) und die 1987 gegründete *Den Danske Forening* (DDF). Letztere sieht die dänische Kultur durch die Migration kulturell Fremder gefährdet, sie führt einen Kampf für das Land als „Heimstatt für das dänische Volk".[82] Ihr Programm von 1993 schuf der *Dänischen Volkspartei* den ideologischen Boden, die Übereinstimmung zwischen beiden ist ebenso evident wie die personelle „Infiltration" der DF durch die DDF.[83]

Demgegenüber steht ein nichtparteiförmiger Linksextremismus, der zwar zersplittert, in seinem personellen Einzugsbereich aber dem rechtsextremistischen Lager überlegen ist. Seine Akteure profitieren vom antirechtsextremistischen Konsens in Dänemark, stoßen durchaus auf gesellschaftliche Akzeptanz, speziell in Kopenhagen. Nicht militant sind Gruppen im Umfeld der Linksaußenparteien und ihrer (teils extremistischen) Jugendorganisationen *Socialistisk Ungsdomsfront* (SUF), *Danmarks Kommunistiske Ungdomsforbund* (DKU) und *Socialistisk Folkepartis Ungdom* (SFU). So war der 1992 gegründete Vorläufer der SUF, die *Rebell – Revolutionære Unge Socialister*, eine revolutionäre Sammlung Ehemaliger der *Linkssozialistischen Jugend* und der DKP-Jugend. Die ebenfalls revolutionär-sozialistische Jugendorganisation *Rød Ungdom* löste sich 2010 als landesweite Gruppe auf.[84]

Deutlich radikalisierter ist die infolge staatlichen Durchgreifens erodierte autonome Hausbesetzerszene. Sie nahm ihren Anfang in einer militanten Protestbewegung zu Beginn der 1980er Jahre, die sich einerseits vor allem im Kopenhagener Stadtteil Nørrebro subkulturell verfestigte – unter schärfster Konfrontation mit dem Staat (z. B. „Battle of Ryesgade"

78 PET: Annual Report 2004–2005, abrufbar unter: http://www.pet.dk, S. 53 [Stand: 16. Dezember 2009]; http://redox.dk/spip.php?article [Stand: 20. Februar 2010].

79 http://www.dnsb.info/ [Stand: 18. Januar 2009].

80 So war die DNSB in den 1990er Jahren regelmäßige Teilnehmerin der Rudolf-Heß-Gedenkmärsche in Wunsiedel, später, nach dem Verbot 2005, deren Organisatorin im dänischen Kolding. Vgl. PET: Annual Report 2006–2007, S. 52.

81 Vgl. Susi Meret (FN 75), S. 89.

82 Vgl. Jan Christopher Mauthe (FN 47), S. 30; siehe auch http://www.dendanskeforening.dk [Stand: 7. Januar 2010].

83 Vgl. Jens Rydgren (FN 38), S. 481 f.; René Karpantschof (FN 46), S. 72. Die DF-Folketingsmitglieder *Sören Krarup*, *Jesper Langballe* und *Søren Espersen* kamen aus dem DDF, verließ diesen aber 2002.

84 Vgl. Jacob Nicolaisen: REBEL – revolutionære unge socialister, abrufbar unter: http://www.leksikon.org; zur *Rød Ungdom* siehe http://www.ru.dk/ [beide Stand: 15. März 2010].

1986), und die andererseits stärker antiimperialistische, sozialrevolutionäre Züge annahm, organisiert u. a. im *Autonomi-kollektivet* (1991–2002).[85] Seit Jahren dominant ist die autonome Antifa-Szene. Neben lokalen Verbindungen, wie der *Fynske AntiFascister*, gibt die 1992 gegründete dänische Sektion der internationalen *Antifaschistischen Aktion* (AFA) den Ton an. Die auf Kopenhagen zentrierte Organisation vereint Akteure eines „militanten Antifaschismus". Ihre in erster Linie gegen „Faschisten" sowie Vertreter des (rassistischen und repressiven) Staates gerichtete Gewaltbereitschaft unterscheidet sie von gemäßigteren Linksaußenkräften – bei personellen Schnittmengen und Kooperationen. Schließlich versteht sich die AFA jenseits ihres antifaschistischen Habitus als „antikapitalistische und revolutionäre Organisation", die in der „Abschaffung des Kapitalismus" eine Notwendigkeit sieht. Taktisch setzt sie auf Demonstrationen „gegen Nazis", auf Blockaden „faschistischer Aufmärsche" sowie auf militante Aktionen.[86]

Trotz spezifischer Unterschiede gleichen sich Themen, Strukturen und Strategien der Szene.[87] So bildete etwa im Jahr 2003 der Widerstand gegen den Irak-Krieg einen übergreifenden Mobilisierungsgrund. Ebenso partizipieren dänische Autonome europaweit an Demonstrationen, z. B. gegen den G8-Gipfel 2007 in Deutschland. 2007 kam es nach der polizeilichen Räumung des Kopenhagener autonomen Jugendhauses (*Ungdomshuset*), einem strategischen Zentrum der Szene, zu tagelangen schweren Ausschreitungen hunderter Autonomer und zu insgesamt 1600 Verhaftungen. Auf die fragmentierte autonome Szene hatten die Ereignisse eine nachhaltig kohäsive Wirkung.[88]

Im Bereich Minderheitenextremismus dominieren zwei Varianten – die Bedrohung durch den internationalen islamistischen Terrorismus sowie ein latenter Ausländerextremismus. Der Geheimdienst stuft die Gefahr des internationalen Terrorismus als signifikant ein. Das Königreich steht ob seines militärischen Engagements in Afghanistan und Irak im Fadenkreuz islamistischer Terroristen. Phänomenologisch geht der PET einerseits von militant-islamistischen Personen und Gruppen in Dänemark aus,[89] andererseits existieren Anhaltspunkte für eine gestiegene externe Bedrohung durch terroristische Organisationen. Ursächlich dafür ist neben dem militärischen Engagement vor allem die „Karikaturen-Krise" des Jahres 2005/6. Am 30. September 2005 hatte die rechts-liberale Tageszeitung *Jyllands-Posten* zwölf Karikaturen des Propheten Mohammed veröffentlicht. Was Ausdruck von Meinungsfreiheit war, auch provozieren sollte, und im Land eine Immigrationsdebatte auslöste, beschwor wenige Monate später in vielen islamischen Staaten hasserfüllte Proteste, Anschläge auf dänische Einrichtungen und Terrordrohungen gegen Dänemark herauf – zumal die Karikaturen 2008

---

85 Vgl. Inge K. Hansen/Alfred Lang/Giovanni S.: Den autonome bevægelse i Europa, abrufbar unter: http://www.leksikon.org [Stand: 15. Februar 2010].

86 Vgl. //antifa.dk.php3?d_article=27 [Stand: 30. November 2008]. Seit 2009 existiert das Web-Portal *Project Antifa*. Vgl. http://projektantifa.dk/ [Stand: 15. Februar 2010].

87 Vgl. http://www.pet.dk/English/Operational_tasks/Extremism.aspx [Stand: 16. Dezember 2009].

88 „The left-wing extremist environment in Denmark appears today more as a united front." PET: Annual Report 2006–2007, S. 50.

89 So verhaftete die Polizei 2006 neun, der Terrorplanung verdächtige Männer, wovon 2007 drei verurteilt wurden. Vgl. PET: Annual Report 2006–2007, S. 40–42, 50.

erneut gedruckt wurden.[90] Anfang 2010 scheiterte der Mordanschlag eines Somaliers mit Verbindungen zu *Al-Qaida* auf den Karikaturisten *Kurt Westergaard*.

Im Bereich des Ausländerextremismus sehen sich die Dänen einem diffusen Gewaltpotenzial junger Immigranten gegenüber. So kam es 1999 wegen der Abschiebung eines Mehrfachtäters mit Migrationshintergrund zu Ausschreitungen von Immigranten im Kopenhagener Vorort Nørrebro, sowie, im Zuge des Karikaturenstreits 2005/6, zu Brandstiftungen durch junge Migranten.[91] Zudem beobachtet der PET Organisationen, wie die Vereinigung *Oprør*, die in Dänemark u. a. Spenden für die *Volksfront zur Befreiung Palästinas* (PFLP) sammelt. Zentrale islamistische Gruppierung ist die in Deutschland verbotene *Hizb-ut-Tahrir*. Die palästinensische Organisation versteht sich als politische Vereinigung mit dem Ziel eines globalen theokratischen Kalifatstaates und der Errichtung einer islamischen Gesellschaft unter der Herrschaft der Scharia. Sie hat sich der Bekämpfung nichtislamischer Weltbilder und der sie tragenden Systeme verschrieben, ist antiamerikanisch und antisemitisch, lehnt die Werte und Normen des demokratischen Verfassungsstaates ab.[92]

5 Ergebnis

In Dänemark spielt der Extremismus eine untergeordnete Rolle. Im Königreich existieren weder erwähnenswerte neonationalsozialistische Parteien noch relevante kommunistische Akteure. Harte Extremismen stoßen kaum auf gesellschaftliche Resonanz. Sie sind u. a. wegen der ausgeprägten demokratischen politischen Kultur, der historischen Diskreditierung des Nationalsozialismus, der europäischen Diktaturgeschichte nach 1945 sowie des parlamentarisch präsenten weichen Extremismus, der weithin radikale Systemkritik absorbiert, chancenlos. Die Gefährdung durch nichtparteiförmige Akteure im Bereich des Links- und Rechtsextremismus, speziell durch die autonome Antifa-Szene sowie durch neonationalsozialistische Verbindungen, ist als gering einzuschätzen. Im Fokus der dänischen Sicherheitsbehörden steht der internationale islamistische Terrorismus.

Auch das parteipolitische Gefährdungspotenzial ist gering. Handelt es sich bei der *Fortschrittspartei* und der *Dänischen Volkspartei* nicht um Anti-System-Parteien im Sinne von Gegnern des demokratischen Verfassungsstaates, weisen die *Sozialistische Volkspartei*, vor allem aber die *Einheitsliste*, antisystemische Züge auf. In toto empfiehlt sich für die *Fortschrittspartei* die Einordnung als nichtextremistisch. Allein in ihrer späten Phase (ab 1995) war die FRP eine weiche rechtsextremistische Partei. Der *Dänischen Volkspartei* gereicht zum Vorteil, dass sie, etwa im Vergleich zu den *Sverigedemokraterna*, keine neonationalsozialistischen Wurzeln hat. Gleichwohl prägen sie Elemente eines weichen Rechtsextremismus. Sie ist ethnopluralistisch, wohlfahrtschauvinistisch, rassistisch, nicht aber systemfeindlich,

---

90 Vgl. Center for Terroranalyse (CTA): The Cartoon Case from al-Qaida's ideological perspective, June 2009, abrufbar unter: http://www.pet.dk [Stand: 16. Dezember 2009].

91 Vgl. Daniel J. Doherty: Immigration: A Challenge to Tolerant Denmark, in: John E. Roemer u. a. (Hrsg.): Racism, Xenophobia, and Distribution. Multi-Issue Politics in Advanced Democracies, Cambridge/London 2007, S. 195–197, hier S. 200.

92 Vgl. Grundlagen der Hizb-ut-Tahir, abrufbar unter: http://www.hizb-ut-tahrir.dk/new/ [Stand: 13. Januar 2010].

fern einer Großideologie, distanziert von harten Extremismen. Ähnlich zu beurteilen – nur spiegelverkehrt – ist die *Sozialistische Volkspartei*. Die ehemalige DKP-Ablegerin ist frei von kommunistischen Ideologieelementen, dennoch statuarisch auf einer marxistischen Basis angesiedelt. Ihrer realpolitischen Mäßigung und öko-sozialistischen Ausrichtung stehen ein reformerischer Anspruch auf sozialistische Systemveränderung, ein antisystemischer Antikapitalismus sowie mangelnde Distanz nach Linksaußen entgegen. Dort befindet sich mit der *Einheitsliste* eine in Teilen harte linksextremistische Partei. Dies begründen einerseits die Einbindung kommunistischer Akteure sowie die Durchlässigkeit zum außerparteilichen Linksextremismus, andererseits ein revolutionäres Selbstverständnis, das offen den „Systemwechsel" propagiert. Gegen die Einordnung als hart linksextremistisch sprechen die fehlende Großideologie, die gewaltdistanzierte, kooperativ eingestellte Führung sowie die Ablehnung kommunistischer sowie die Kritik sozialistischer Diktaturen. Sind FRP und DF ohne nationalsozialistische Vorläufer, handelt es sich bei SF und EL um kommunistische Wiegenkinder, die sich bis heute nicht von dieser Vergangenheit distanzieren. Dennoch: Die Diktatur einer Klasse oder einer Rasse wird nur von wenigen Randgruppierungen gefordert – etwa der APK oder der DNSB.

Während der direkte Einfluss der *Fortschrittspartei* auf die dänische Regierungspolitik gering war, prägt die *Dänische Volkspartei* seit 2001 die Handschrift der liberal-konservativen Regierung. Bei ihr handelt es sich insofern um einen Sonderfall, als sie nicht direkt an der Regierung beteiligt ist, sie aber im Unterschied zu anderen regierungsbeteiligten Rechtsaußenparteien[93] veritablen Einfluss auf deren Politik ausübt. Die Segmentierung im linken Spektrum des Parteiensystems ist traditionell gering; nur eine Minderheit in der SD lehnt linke Koalitionen ab, zumal sich die Abneigung nicht aus einem antiextremistischen Impetus speist, sondern inhaltlich begründet. Daher waren in den 1990er Jahren linke parlamentarische Kooperationen opportun. Momentan stehen die Zeichen auf eine künftige Zusammenarbeit von *Sozialdemokraten* und *Volkssozialisten*, gestützt durch die *Sozialliberalen*, partiell durch die *Einheitsliste*. Nicht eine sozio-ökonomische Krise oder eine geringe Demokratiezufriedenheit bewirkten den Aufstieg der Flügelparteien, sondern einerseits die Unzufriedenheit im „bürgerlichen" Lager mit einem ausufernden Steuerregime sowie diffuse gesellschaftliche Bedrohungsängste gegenüber Immigration, andererseits die parlamentarische Tradition radikaler bzw. extremistischer Linksparteien, das Fehlen einer relevanten grünen Partei sowie eine ausgeprägte „linke" Integrationsschwäche der *Sozialdemokraten*.[94] Insbesondere die *Dänische Volkspartei* gewann in einer Phase hoher Demokratie- und Systemzufriedenheit sowie ökonomischer Prosperität an Unterstützung. Der Grund: die Überlagerung der traditionellen sozio-ökonomischen durch die neue sozio-kulturelle Konfliktlinie, mit politischem Handlungsbedarf in den Bereichen Wohlfahrt und Immigration. Dabei kanalisieren das liberale dänische Wahlsystem und der geringe Wahlabsentismus politische Unzufriedenheit – Proteststimmungen werden so zu Proteststimmen.

93 Vgl. Cas Mudde (FN 37), S. 280 f.
94 Vgl. Luke March (FN 59), S. 8.

Extremismus in Deutschland

Eckhard Jesse

1 Rahmenbedingungen

Die Bundesrepublik Deutschland wurde und wird stark durch die Hinterlassenschaft der NS-Diktatur geprägt, ebenso, wenngleich weniger, durch die der SED-Diktatur. Zwei Buchtitel zur deutschen Geschichte nach 1945 fangen gut die Traumata der Deutschen ein. Die Wendung „Nach der Katastrophe“[1] ist nicht nur temporal, sondern auch kausal gemeint. Sie spielt darauf an, dass Hitler bei vielen Debatten und Entscheidungen eine Art steinerner Gast ist. Die Anhänger wie die Gegner des Extremistenbeschlusses von 1972 zur Fernhaltung von Extremisten aus dem öffentlichen Dienst beriefen sich auf die historischen Erfahrungen: Die einen warnten vor staatlicher Laxheit mit Blick auf die abwehrschwache Weimarer Republik, die anderen vor staatlichen Exzessen mit Blick auf das NS-Unrechtsregime. Und die „Suche nach Sicherheit“[2] erscheint deswegen als ein wichtiges Element der zweiten deutschen Demokratie, wobei dieser Schlüsselbegriff höchst unterschiedliche Facetten besitzt, militärische, politische, kulturelle und wirtschaftliche. Allerdings ist auch Wandel eingetreten, zumal durch die deutsche Einheit. So hat sich das Verhältnis zu den nationalen Symbolen allmählich normalisiert, ist weniger verkrampft geworden.[3]

Das Konzept der streitbaren Demokratie ist bestimmend für die Bundesrepublik Deutschland. Die im antiextremistisch ausgerichteten Grundgesetz verankerte Konzeption der streitbaren Demokratie will die Hilflosigkeit der relativistisch geprägten Demokratie des Weimarer Typs überwinden. Ihr zentraler Gedanke ist die Vorverlagerung des Demokratieschutzes in den Bereich des legalen politischen Handelns. Der demokratische Verfassungsstaat soll sich seiner Gegner nicht erst erwehren können, wenn diese Strafgesetze verletzen. Die Demokratie Weimarer Prägung konnte gegenüber solchen Gruppierungen nichts unternehmen, da sie sich (überwiegend) keines Verstoßes gegen Gesetze schuldig machten.[4]

Alle Varianten der streitbaren Demokratie umfassen drei Charakteristika: (1) die Wertgebundenheit, (2) die Abwehrbereitschaft und (3) die Vorverlagerung des Demokratieschutzes, wobei dieser letzte Punkt eine Präzisierung des zweiten darstellt. Mit Wertgebundenheit ist gemeint, dass der Verfassungsstaat eine Wertordnung zur Grundlage hat, die er nicht zur Disposition gestellt wissen will. Zum demokratischen Minimalkonsensus zählen insbesondere die Menschenrechte. Dem Grundgesetz wohnt ein „Ewigkeitsgebot“ (Art. 79 Abs. 3 GG)

1 Vgl. Peter Graf Kielmansegg: Nach der Katastrophe. Eine Geschichte des geteilten Deutschland, Berlin 2000.

2 Vgl. Eckart Conze: Die Suche nach Sicherheit. Eine Geschichte der Bundesrepublik Deutschland von 1949 bis in die Gegenwart, München 2009.

3 Vgl. etwa Robert Habeck: Patriotismus – ein linkes Plädoyer, Gütersloh 2010.

4 Diese Position versucht *Christoph Gusy* zu relativieren. Vgl. ders.: Weimar – die wehrlose Republik? Verfassungsschutzrecht und Verfassungsschutz in der Weimarer Republik, Tübingen 1991.

inne: „Eine Änderung dieses Grundgesetzes, durch welche die Gliederung des Bundes in Länder, die grundsätzliche Mitwirkung der Länder bei der Gesetzgebung oder die in den Artikeln 1 und 20 niedergelegten Grundsätze berührt werden, ist unzulässig." Diese Werte und institutionellen Verfahrensnormen sind die Legitimationsbasis der Streitbarkeit. Zur Abwehrbereitschaft gehört die Verteidigung des demokratischen Verfassungsstaates gegenüber extremistischen Positionen. Art. 9, Abs. 2 GG sieht die Möglichkeit des Vereinigungsverbots vor, Art. 21, Abs. 2 die des Parteienverbots. Art. 18 erlaubt die Verwirkung der Grundrechte, um drei wesentliche Maßnahmen des präventiven Demokratieschutzes zu nennen. Als Vorverlagerung des Demokratieschutzes gilt der Sachverhalt, dass der demokratische Verfassungsstaat es sich vorbehält, nicht erst bei einem Verstoß gegen (Straf-)Gesetze zu reagieren. Der Zusammenhang von Wehrhaftigkeit und Werthaftigkeit liegt auf der Hand. Ein Staat, der auf unveränderbaren Werten ruht, muss abwehrbereit sein. Und wer Abwehrbereitschaft bejaht, kommt ohne Wertgebundenheit nicht aus.

Allerdings wirft die Vorverlagerung des Demokratieschutzes für die zu gewährleistende Liberalität des Staates gravierende Probleme auf. Wird nicht gerade dadurch, dass die Legalität des Verhaltens keineswegs der einzige Maßstab für die Beurteilung ist, die Demokratie unterminiert und Legalität gegen Legitimität ausgespielt? Wie kann sich eine im Ruch der Verfassungsfeindlichkeit stehende Organisation überzeugend gegen den Vorwurf wehren, sie tarne sich? Fördert die streitbare Demokratie, wenn auch unbeabsichtigt, McCarthyismus?

1952 wurde die *Sozialistische Reichspartei* (SRP) verboten, 1956 die *Kommunistische Partei Deutschlands* (KPD). Die junge – verunsicherte – Demokratie wollte mit den beiden Verboten Exempel statuieren. Diese waren nicht nur rechtmäßig, sondern wohl auch zweckmäßig. Die Urteile des Gerichts zeichneten sich in hohem Maße durch Zurückhaltung und Liberalität aus. Der antitotalitäre Konsens war so verbreitet, dass eine feinsinnige Differenzierung zwischen der rechts- und der linksextremistischen Variante nicht für sinnvoll angesehen wurde. Die Angst gegenüber „früher" und „drüben" war vorherrschend. Gegen die *Nationaldemokratische Partei Deutschlands* (NPD) wurde 2001 ein Verbotsverfahren eingeleitet – von der Bundesregierung, dem Bundestag und dem Bundesrat. Die Wissenschaft machte dagegen überwiegend Bedenken geltend.[5] Aufgrund verschiedener Pannen (z. B. Existenz von V-Leuten in der Führungsspitze der Partei) stellte das Bundesverfassungsgericht im März 2003 das Verfahren ein.[6]

Bis zum Inkrafttreten des Vereinsgesetzes im Jahr 1964 war von der Bestimmung des Art. 9 Abs. 2 GG rege Gebrauch gemacht worden: Die Ausschaltung von insgesamt 64 Vereinigungen (40 links- und 24 rechtsextremistischen) aus dem politischen Leben hat der Liberalität wohl eher geschadet, die innere Sicherheit kaum gestärkt. Seit 1964 sind vom Bundesministerium des Innern insgesamt 98 Verbotsverfügungen ergangen. Es handelt sich

5 Vgl. Horst Meier: „Ob eine konkrete Gefahr besteht, ist belanglos". Kritik der Verbotsanträge gegen die NPD, in: Leviathan 29(2001)3, S. 439–468; Eckhard Jesse: Soll die Nationaldemokratische Partei Deutschlands verboten werden? Der Parteiverbotsantrag war unzweckmäßig, ein Parteiverbot ist rechtmäßig, in: Politische Vierteljahresschrift 42(2001)4, S. 683–697; Michael Henkel/Oliver Lembcke: Die Dilemmata des Parteiverbots. Probleme der wehrhaften Demokratie im Umgang mit dem Rechtsextremismus, in: Zeitschrift für Parlamentsfragen 32(2001)3, S. 572–587.

6 Vgl. Lars Flemming: Das NPD-Verbotsverfahren. Vom „Aufstand der Anständigen" zum „Aufstand der Unfähigen", Baden-Baden 2005.

ausschließlich um ausländische Vereinigungen (etwa der *Islamistische Kalifatsstaat* 2001) oder um rechtsextremistische deutsche (*Wehrsportgruppe Hoffmann* 1980; *Wiking Jugend* 1994; *Blood & Honour Division Deutschland, White Youth* 2000), ferner – im Jahre 1983 – um die kriminelle Vereinigung *Hell's Angels Motor-Club*.[7] Linksextremistische Vereinigungen sind nicht mehr verboten worden. Zusätzlich gab es zahlreiche Verbote von Gruppierungen, die nur in einem Land aktiv waren (wie die Hamburger *Nationale Liste* 1995).

Die Parteiendemokratie ermöglicht allen Parteien eine Teilnahme an Wahlen, unabhängig von ihrer verfassungsmäßigen Ausrichtung. Eine Partei kann nur durch das Verfassungsgericht verboten werden („Parteienprivileg"). Auch wenn prinzipiell Chancengleichheit besteht, begünstigt das Wettbewerbssystem etablierte Kräfte, etwa durch die Fünfprozentklausel, die Parteienfinanzierung, die Unterschriftenquoren.[8] Die Fünfprozentklausel ist die größte Hürde für Kleinparteien, ob nun demokratischer, ob nun extremistischer Couleur. Die Erwähnung extremistischer Parteien in den Verfassungsschutzberichten schadet diesen, ist durch das Prinzip der streitbaren Demokratie aber gedeckt. Die Verfassungsschutzberichte, deren Entstehung auf die antisemitischen Schmierereien um die Jahreswende 1959/60 zu datieren ist, sind ein legitimer Ausdruck der Sorge des demokratischen Staates vor Unterwanderung[9], dürfen jedoch keine Verdachtsberichterstattung pflegen.[10]

Die politische Kultur in der Bundesrepublik Deutschland ist insgesamt stabil. Wirtschaftliche Krisen führen nicht notwendigerweise zu einem starken Anstieg des Extremismus. Wir haben keine „Schönwetterdemokratie" mehr. Allerdings gibt es beträchtliche Unterschiede zwischen den alten und den neuen Bundesländern. Das zeigt sich etwa bei den Antworten auf die Frage, ob die Demokratie in der Bundesrepublik die beste Staatsform sei oder ob es eine andere gäbe, eine bessere. Die Zahl derer, die der ersten Position zuneigen, liegt im Westen mit knapp 80 Prozent etwa doppelt so hoch wie im Osten. Und die Zahl derjenigen, die der zweiten Variante den Vorzug geben, ist im Osten mit knapp 30 Prozent mehr als doppelt so hoch wie im Westen. Dabei haben sich die Daten seit 1990 so gut wie nicht verändert (Tabelle 1). Mehr Ost- als Westdeutsche sehen den „Sozialismus" prinzipiell als eine gute, nur schlecht ausgeführte Idee an. 2009 bejahten 52 Prozent der Ostdeutschen diese Aussage (Nein: 23 Prozent), während sich bei der westdeutschen Bevölkerung die Positionen die Waage hielten (Ja: 26 Prozent; Nein: 30 Prozent).[11] Auch hier sind die Daten über die Jahre hinweg stabil. Das Demokratieverständnis zwischen dem Osten und dem West weist beträchtliche

7 Vgl. Bundesministerium des Innern (Hrsg.): Vereinsverbote, abrufbar unter: http.//www.bmi.bund.de/cln_174/DE/Themen/Sicherheit/Extremismus/Vereinsverbote/vereinsverbote_node.html [Stand: 21. April 2010].

8 Vgl. Jan Köhler: Parteien im Wettbewerb. Zu den Wettbewerbschancen nichtetablierter politischer Parteien im Rechtssystem der Bundesrepublik Deutschland, Baden-Baden 2006.

9 Vgl. Eckhard Jesse: Verfassungsschutzberichte der Bundesländer, in: Uwe Backes/ders. (Hrsg.): Jahrbuch Extremismus & Demokratie, Band 19, Baden-Baden 2008, S. 13–34; ders.: Verfassungsschutzberichte des Bundes und der Länder im Vergleich, in: Ders.: Demokratie in Deutschland. Diagnose und Analysen, Köln 2008, S. 358–376.

10 Vgl. Uwe Backes: Probleme der Beobachtung und Berichtspraxis der Verfassungsschutzämter – am Beispiel von REP und PDS, in: Bundesministerium des Innern (Hrsg.): 50 Jahre Verfassungsschutz in Deutschland, Köln 2000, S. 213–231; Lars Oliver Michaelis: Politische Parteien unter der Beobachtung des Verfassungsschutzes. Die Streitbare Demokratie zwischen Toleranz und Abwehrbereitschaft, Baden-Baden 2000.

11 Vgl. Renate Köcher (Hrsg.): Allensbacher Jahrbuch der Demoskopie 2003–2009, Band 12, Berlin 2009, S. 131.

Unterschiede auf.[12] Daraus kann nicht generell die Existenz einer fehlenden „inneren Einheit“ abgeleitet werden.[13] Wer die weltoffene Bürgerkultur der alten Bundesländer gegen die Obrigkeitskultur des Ostens ausspielt, bedient Klischees.

Tabelle 1 Demokratieverankerung 1990–2009 (in Prozent)

	West		Ost	
	Beste Staatsform	**Gibt andere**	**Beste Staatsform**	**Gibt andere**
1990	81	8	41	19
1991	80	8	31	26
1992	78	6	41	20
1993	75	8	32	30
1994	76	9	31	28
1995	70	12	30	29
1997	69	11	23	37
1998	72	10	29	35
2000	76	9	36	29
2001	75	7	32	30
2004	70	13	29	32
2005	71	9	30	33
2006	71	12	39	24
2008	70	10	38	26
2009	76	9	36	24

Frage: „Glauben Sie, die Demokratie, die wir in der Bundesrepublik haben, ist die beste Staatsform, oder gibt es eine andere Staatsform, die besser ist?“

Quelle: Renate Köcher (Hrsg.): Allensbacher Jahrbuch der Demoskopie, Band 12, Berlin/New York 2009, S. 116.

Die Konflikte in der Bundesrepublik Deutschland werden in einer Mischform aus Konkurrenz- und Konkordanzdemokratie geregelt. Einerseits gibt es meistens klare Regierungsmehrheiten für ein bestimmtes politisches „Lager“, andererseits zunehmend Blockaden, die den politischen Entscheidungsprozess verwässern, etwa durch das föderalistische Gefüge (u. a. die starke Rolle des Bundesrates).[14] Auf diese Weise wird zunehmend das Wahlergebnis verwässert. Der politische Extremismus profitiert wohl stärker von einer konkordanzdemokratischen Ausrichtung der Konfliktregelung: die linke Variante dadurch, dass demokratische

12 Vgl. Oskar Niedermayer: Bevölkerungseinstellungen zur Demokratie: Kein Grundkonsens zwischen Ost- und Westdeutschen, in: Zeitschrift für Parlamentsfragen 40(2009)2, S. 383–397.

13 Vgl. Markus Linden: Innere Einheit. Konjunkturen und Defizite einer Debatte, in: Deutschland Archiv 42(2009)2, S. 303–313.

14 Siehe die pointierte Kritik bei Thomas Darnstädt: Konsens ist Nonsens. Wie die Republik wieder regierbar wird, München 2006.

Kräfte sie zum Verfassungsbogen rechnen wollen, die rechte Variante dadurch, dass sie sich über das „Gemauschele" der ähnlich gewordenen „Etablierten" beklagt.

2 Wahlentwicklung

Bis zur deutschen Einheit waren rechts- und linksextremistische Parteien ohne Chance, in den Deutschen Bundestag einzuziehen, von der Anfangsphase abgesehen. Selbst in den Länderparlamenten war die Repräsentanz einer extremistischen Kraft eine Ausnahme. Nur die NPD feierte Erfolge und zog zwischen 1966 und 1968 in sieben Landesparlamente ein. Das sollte sich nach der deutschen Einheit ändern (Tabelle 2).

Tabelle 2 Ergebnisse der extremistischen Parteien bei den Bundestagswahlen 1990–2009 (in Prozent)

	1990	**1994**	**1998**	**2002**	**2005**	**2009**
NPD	0,3	---	0,3	0,4	1,6	1,5
DVU	---	---	1,2	---	---	0,1
REP[1]	2,1	1,9	1,8	0,6	0,6	0,4
PDS[2]	2,4	4,4	5,1	4,0	8,7	11,9
DKP	---	---	---	---	---	0,0
MLPD	---	0,0	0,0	---	0,1	0,1
Quelle: Amtliche Wahlstatistiken.						

[1] Die Partei galt nach Angaben des Verfassungsschutzes 1990 noch nicht und 2009 nicht mehr als rechtsextremistisch.

[2] Die Partei hieß ab 2005 *Die Linkspartei* und heißt seit 2007 (nach dem Zusammenschluss mit der WASG) *Die Linke.*

Zur rechten Variante des Extremismus[15]: Im Jahr der deutschen Vereinigung erreichte die 1964 gegründete NPD bei der gesamtdeutschen Bundestagswahl lediglich 0,3 Prozent, damit um die Hälfte weniger als beim letzten Wahlgang vor der Vereinigung. 1994 verzichtete sie gar auf eine Wahlteilnahme. Die Partei erzielte bei den Bundestagswahlen 1998 und 2002 lediglich 0,3 bzw. 0,4 Prozent der Stimmen, überwand damit nicht einmal die für die Parteienfinanzierung wichtige Marke von 0,5 Prozent. Bei den Bundestagswahlen 2005 und 2009 konnte die Partei mit 1,6 und 1,5 Prozent ein Wahlergebnis oberhalb der Ein-Prozent-Hürde aufweisen. Dabei schnitt sie in den neuen Bundesländern deutlich besser ab als in den alten (2009: 3,1 Prozent in den neuen, 1,1 Prozent in den alten).

15 Vgl. Frank Decker/Viola Neu (Hrsg.): Handbuch der deutschen Parteien, Wiesbaden 2007; Henrik Steglich: Rechtsaußenparteien in Deutschland. Bedingungen ihres Erfolges und Scheiterns, Göttingen 2010; ders.: Aktuelle Bedeutung und Perspektiven rechtsextremer Parteien in Deutschland, in: Totalitarismus und Demokratie 7(2010)1, S. 15–38; Uwe Backes: Rechtsextreme Wahlmobilisierung und Demokratiekonsolidierung im östlichen Deutschland, in: Totalitarismus und Demokratie 4(2007)1, S. 17–43.

An den Wahlen zum Europäischen Parlament, die eher ein Protestvotum begünstigen, nahm die NPD nach der deutschen Einheit dreimal teil: 1994, 1999 und 2004. Die Ergebnisse mit 0,2, 0,4 und 0,9 Prozent fielen ernüchternd aus. Die NPD konnte auch bei Landtagswahlen lange nicht reüssieren. Im Jahre 2004 sollte sich die Erfolglosigkeit der radikalisierten Partei teilweise ändern. Sie zog auf dem Höhepunkt der Kritik an Hartz IV in Sachsen mit 9,2 Prozent in den Landtag ein (2009: 5,6 Prozent) und konnte diesen Erfolg zwei Jahre später in Mecklenburg-Vorpommern fast wiederholen (2006: 7,3 Prozent).

Die 1987[16] als Partei ins Leben gerufene *Deutsche Volksunion* (DVU), die mit der NPD 2005 einen – so der vollmundige Name – „Deutschland-Pakt“ eingegangen war, kandidierte bei Bundestagswahlen nur zweimal: 1998 erreichte sie 1,2 Prozent, 2009, nach dem Ende des „Deutschland-Paktes“, 0,1 Prozent. Auch bei den Wahlen zum Europäischen Parlament trat sie zweimal an. Sie kam 1989 auf 1,6 Prozent und zuletzt – 2009 – lediglich auf 0,4 Prozent, obwohl die NPD als Konkurrenz entfiel und sie (wiewohl bloß halbherzig) unterstützt hatte. Die DVU überwand bei fünf Landtagswahlen nach der deutschen Einheit die Marke von fünf Prozent[17]: 1991 in Bremen mit 6,3 Prozent, 1992 in Schleswig-Holstein mit 6,2 Prozent, 1998 in Sachsen-Anhalt mit 12,9 Prozent, dem besten Ergebnis einer Rechtsaußenpartei in der Geschichte der Bundesrepublik Deutschland, 1999 und 2004 in Brandenburg mit 5,3 und 6,1 Prozent. Die Abgeordneten erwiesen sich in den Parlamenten, nicht nur in Sachsen-Anhalt[18], als überfordert. Nach dem Rückzug des reichen Immobilienmaklers *Gerhard Frey* von der Parteispitze steht sie, desolat organisiert, vor dem Aus. Geplant ist ein Zusammenschluss mit der NPD, wohl ein Aufgehen in ihr.

Die 1983 entstandene Partei der *Republikaner* (REP), eine Rechtsabspaltung der CSU, sorgte im Jahre 1989 für großes Aufsehen, als sie mit 7,5 Prozent in das Berliner Abgeordnetenhaus und mit 7,1 Prozent in das Europäische Parlament eingezogen war. Sie wurde Ende 1992 unter dem Vorsitz von *Franz Schönhuber* als rechtsextremistisch eingestuft, ehe vor einigen Jahren – von Land zu Land unterschiedlich – dieses Etikett fallengelassen wurde. Die Partei nahm an allen Bundestagswahlen im vereinigten Deutschland teil. Die Ergebnisse gingen von Wahl zu Wahl zurück (1990: 2,1 Prozent). Zuletzt (2009) scheiterte die Partei unter ihrem langjährigen Vorsitzenden *Rolf Schlierer* sogar an der 0,5-Prozent-Hürde für die Parteienfinanzierung. Ihr war es nicht mehr gelungen, in allen Ländern die für eine Wahlteilnahme nötigen Unterschriften zusammenzubringen. Die Ergebnisse bei den Wahlen zum Europäischen Parlament wiesen ebenso nach unten, freilich auf einem höheren Niveau. 1994 kam die Partei auf 3,9 Prozent, 2009 auf 1,3 Prozent. Der gleiche Trend gilt für die Bundesländer. Zwar konnte die Partei bei der Landtagswahl in ihrer Hochburg Baden-Württemberg angesichts der seinerzeit anschwellenden Zahl der Asylbewerber 1992 über 10,9 Prozent erreichen und dieses Ergebnis 1996 (9,1 Prozent) nahezu wiederholen, doch vermochte sie in keinem weiteren Bundesland den Einzug in das Parlament zu schaffen, auch wenn das Scheitern anfänglich knapp war (1990 in Bayern mit 4,9 Prozent und in Hamburg 1993 mit

16 Als Verein entstand sie am 18. Januar 1971, auf den Tag genau 100 Jahre nach der Reichsgründung.

17 Dank der für Bremen und Bremerhaven gesondert geltenden Fünfprozentklausel zog die DVU öfter mit einem Sitz in die Bürgerschaft Bremens ein, weil es ihr gelungen war, im strukturschwachen Bremerhaven mehr als fünf Prozent der Stimmen zu erreichen (zuletzt 2007).

18 Vgl. Everhard Holtmann: Die angepassten Provokateure. Aufstieg und Niedergang der rechtsextremen DVU als Protestpartei im polarisierten Parteiensystem Sachsen-Anhalts, Opladen 2002.

4,8 Prozent). Selbst in Baden-Württemberg, wo sie mit einer gewissen organisatorischen Festigkeit aufwartete, verlor sie an Einfluss (2001: 4,4 Prozent; 2006: 2,5 Prozent).[19] Durch die Stimmenverluste kehrten ihr radikale Strömungen nach und nach den Rücken zu. Heute ist die Partei, die den Avancen der NPD eine Absage erteilt hatte, zwar nicht mehr extremistisch, wohl aber organisatorisch stark geschwächt. Von Anfang an bestand unter den demokratischen Kräften ein (selbstverständlicher) Konsens, keine Koalition mit den REP einzugehen, schon gar nicht mit den beiden anderen.

Zur linken Variante des Extremismus – und damit fast ausschließlich zur *Partei des Demokratischen Sozialismus* (PDS), *Linkspartei* (2005–2007) und zur *Linken* (seit 2007):[20] Mit dem Überspringen der Fünfprozenthürde im Wahlgebiet Ost (11,1 Prozent; Wahlgebiet West: 0,3 Prozent) gelang der PDS wegen der für Ost und West gesondert geltenden Sperrklausel 1990 der Einzug in den Bundestag (bundesweit: 2,4 Prozent). Gleiches gilt für 1994 (die PDS zog mit 4,4 Prozent dank der Grundmandatsklausel in den Bundestag ein) und 1998 (die Partei überwand mit 5,1 Prozent die Fünfprozenthürde). *Gregor Gysi* nahm nach dieser Bundestagwahl einen nicht nur atmosphärischen Wandel im Verhalten der anderen Parteien gegenüber der PDS wahr, weil „die Ausgrenzungs- und Ablehnungsstrategie offensichtlich erfolglos gewesen war."[21] Ein Grund für den Wandel sah *Gysi* darin, „mittels der PDS zu veränderten Konstellationen in den neuen Bundesländern zu gelangen. [...] Einen Koalitionspartner auf Landesebene kann man auch auf Bundesebene nicht wie einen Feind behandeln."[22] Die PDS war zwar nicht mehr geächtet, aber gleichwohl nicht geachtet.

Auch im Jahre 2002 stand eine Regierungsbeteiligung der PDS nicht zur Diskussion. Selbst die Partei, die vehement gegen ein schwarz-gelbes Bündnis zu Felde zog, ließ im Wahlkampf keinen Zweifel an ihrer Oppositionsrolle aufkommen. „Die PDS bleibt Opposition gegen die derzeit in Deutschland herrschende Politik."[23] Das Wahlergebnis von 4,0 Prozent war ein Schlag ins Kontor. Da die PDS – im Osten Berlins – nur zwei Direktmandate erreichen konnte, gelang ihr nicht der Wiedereinzug in den Bundestag. Hätte sie ein drittes Direktmandat gewonnen, wäre die Fortsetzung der rot-grünen Koalition unmöglich gewesen. Die wohl unvermeidliche Konsequenz: die Bildung einer Großen Koalition. Eben diese Konstellation trat bei der vorgezogenen Bundestagswahl 2005 ein. Die *Linkspartei* steuerte mit dem populär-populistischen Tandem *Gysi-Lafontaine* einen massiven Anti-HartzIV-Wahlkampf: „Hartz IV steht für Armut und Demütigung per Gesetz. Die Agenda 2010 steht für Wahlbetrug und Entsolidarisierung."[24] Der Wahlkampf zeitigte Früchte: Die Partei gewann 8,7 Prozent. Sie hatte nicht mehr den Kardinalfehler des Jahres 2002 wiederholt: statt vor allem die rot-grüne Regierung die Oppositionsparteien CDU/CSU und FDP zu attackieren. Diesmal griff sie frontal die rot-grüne Politik an. Damit gelang es ihr, eine

19 Vgl. Stephan Thomczyk: Der dritte politische Etablierungsversuch der Republikaner nach 1994, Konstanz 2001.

20 Vgl. Frank Decker/Viola Neu (FN 15); Eckhard Jesse/Jürgen P. Lang: DIE LINKE – der smarte Extremismus einer deutschen Partei, München 2008, S. 109–144.

21 So Gregor Gysi: Ein Blick zurück, ein Schritt nach vorn, Hamburg 2001, S. 112.

22 Ebd., S. 113.

23 Gabi Zimmer u. a.: „Die andere Politik wählen: PDS. Wahlaufruf zur Bundestagswahl 2002", in: PDS-Pressedienst vom 23. August 2002, S. 3.

24 Für eine neue soziale Idee. Die Linke.PDS. Wahlprogramm zu den Bundestagswahlen 2005, Berlin 2005, S. 5.

neue Wählerklientel zu erobern. Sie konnte neben den Privilegierten in der DDR vor allem Wähler mit keiner so engen Bindung an die Partei gewinnen, vornehmlich solche mit einem niedrigeren Bildungsniveau, einer stärkeren gewerkschaftlichen Orientierung und höherer Arbeitslosigkeit.[25] SPD und *Grüne* lehnten eine Koalition mit der *Linkspartei* weiterhin ab. Daher musste eine große Koalition gebildet werden. Bei der Bundestagswahl 2009 profitierte die *Linke* maßgeblich von der Existenz der Großen Koalition, die sie erst indirekt heraufbeschworen hatte. Trotz ihrer 11,9 Prozent der Stimmen konnte sie ein schwarz-gelbes Bündnis nicht verhindern. Sie punktete zumal mit dem Thema der „sozialen Gerechtigkeit" nicht nur im Osten (28,5 Prozent), sondern auch im Westen (8,3 Prozent) und avancierte in zwei Bundesländern sogar zur stärksten Kraft – in Brandenburg mit 28,5 Prozent und in Sachen-Anhalt mit 32,4 Prozent.

Bei den Wahlen zum Europäischen Parlament weisen die Ergebnisse für sie zwar ebenso nach oben – von 4,7 Prozent (1994) über 5,8 Prozent (1999) und 6,1 Prozent (2004) auf 7,5 Prozent (2009) –, aber nicht annähernd in dem Maße wie bei den Bundestagswahlen. Ein Grund dürfte darin zu suchen sein, dass die Wählerschaft der *Linken* – zumal in den letzten Jahren – stark von Protestmotiven getragen ist. Diese Klientel ist bei solchen Wahlen mit einer deutlich niedrigeren Beteiligungsquote freilich weniger leicht mobilisierbar.

Die *Linke* zog bei allen Landtagswahlen in die Parlamente der neuen Bundesländer ein. Die Tendenz zeigt nahezu beständig nach oben. Allerdings schneidet sie in denjenigen Ländern deutlich schlechter ab, in denen sie als Juniorpartner eine Koalition eingegangen war (Mecklenburg-Vorpommern 2002 und Berlin 2006). Freilich konnte sie auch in Sachsen und Brandenburg trotz doppelter Opposition (im Bund wie im Land) bei den letzten Wahlen 2009 ihren Anteil nicht weiter erhöhen: In Sachsen ging ihr Stimmenanteil um 3,0 Punkte auf 20,6 Prozent zurück, in Brandenburg um 0,8 Punkte auf 27,2 Prozent. Gleichwohl bildete die SPD dort mit ihr eine Koalition.

Lange war die PDS bei den Landtagswahlen in den alten Bundesländern eine zu vernachlässigende Größe – sei es, dass sie gar nicht antrat; sei es, dass sie nicht einmal 1,0 Prozent der Stimmen erhielt. Durch den Zusammenschluss der PDS mit der (westlichen) *Wahlalternative Arbeit und soziale Gerechtigkeit* (WASG) im Jahre 2007 ist dies jedoch anders geworden. Bis auf Bayern (2008: 4,4 Prozent) gelangte sie überall in die Landtage. Nach dem Erfolg im größten Bundesland Nordrhein-Westfalen (2010: 5,6 Prozent) ist sie nun in 13 von 16 Bundesländern parlamentarisch vertreten. In diesem Land hat sie eine rot-grüne Minderheitsregierung ermöglicht. Die Erosion der Abgrenzung durch SPD und *Grüne* scheint sich auch im Westen des Landes fortzusetzen, wenngleich hier bisher noch keine Koalition unter Einschluss der *Linken* gebildet wurde. Die *Grünen*, vor die Wahl zwischen einem Bündnis mit schwarz-gelb oder rot-rot gestellt, entschieden sich im Saarland 2009 für die erste Variante.

Die Ergebnisse für die *Deutsche Kommunistische Partei* (DKP) und die *Marxistisch-Leninistische Partei Deutschlands* (MLPD) sind vernachlässigenswert. Die MLPD trat bei Bundestagswahlen zweimal nicht an (und erreichte ansonsten stets zwischen 0,0 bis 0,1 Prozent), die DKP kandidierte ein einziges Mal (und kam auf 0,0 Prozent). Die Resultate bei Europa- und Landtagswahlen fielen nicht anders aus.

---

25 Vgl. Oskar Niedermayer: Die Wählerschaft der Linkspartei.PDS 2005: Sozialstruktureller Wandel bei gleich bleibender politischer Positionierung, in: Zeitschrift für Parlamentsfragen 37(2006)3, S. 523–538.

3 Extremistische Parteien

3.1 Rechtsextremismus

Zu Beginn der 1990er Jahre befand sich die „alte NPD" in einer „Traditionsfalle". Während die Kontrahenten mit einem neuen, ideologisch „leichtfüßigen" Rechtsextremismus erfolgreich soziale und kulturelle Protestpotenziale bedienten, reduzierte ihr Kurs die Partei auf einen harten Wählerkern. Die ideologische Neuausrichtung unter der Führung von *Udo Voigt* (ab 1996) radikalisierte die NPD einerseits und verlieh ihr andererseits ein wählerwirksameres Auftreten.[26] Früher eher besitzbürgerlich-antikommunistisch orientiert, agiert die Partei nun aggressiv antikapitalistisch-nationalrevolutionär, bisweilen klassenkämpferisch. Sie propagiert einen „nationalen Sozialismus", wendet sich vehement gegen die Globalisierung, gegen die USA, gegen „den" Kapitalismus. Der geforderte Ausschluss aller Nichtdeutschen aus einer „ethnischen homogenen Volksgemeinschaft" steht für Vertreibung und Enteignung. Die Partei ist dezidiert fremdenfeindlich und dennoch keine überwiegend neonationalsozialistische Partei. Sie knüpft nicht offen an den historischen Nationalsozialismus an, kritisiert ihn jedoch auch nicht direkt. Hingegen richtet sie sich mit ihrer Programmatik klar gegen den demokratischen Verfassungsstaat an sich. Was sie verficht, läuft auf die Errichtung einer Diktatur hinaus.

Udo Voigt initiierte einen Strategiewechsel. Er proklamierte als Ziel, „seine" Partei aus ihrem „politischen Eremitendasein" herauszuführen. Die strategische Verjüngungskur bescherte der NPD einen „zweiten Frühling",[27] radikalisierte sie aber erkennbar, etwa durch ihr Drei- bzw. Viersäulenkonzept: den Kampf um die Köpfe, den Kampf um die Straße, den Kampf um die Wähler, den Kampf um den organsierten Willen. *Voigt* predigt den Kampf gegen die demokratische Ordnung. So erklärte er nach dem (ersten) sächsischen Wahlerfolg seiner Partei vollmundig: „Es ist unser Ziel, die BRD ebenso abzuwickeln, wie das Volk vor 15 Jahren die DDR abgewickelt hat. Dies geht offensichtlich auch über die Wahlurne".[28] Dabei kooperiert die Partei beim „Wiederaufbau der Volksgemeinschaft" mit Neonationalsozialisten und Skinheadgruppen. Die starke Anbindung der Partei an die „Freien Kräfte" lässt die demonstrativ nach außen gekehrte gewaltaversive Haltung der NPD als wenig glaubwürdig erscheinen. Mit Blick auf ihr Legalitätsverständnis nimmt die Partei kein Blatt vor den Mund. Sie lehnt das „System" ab. Und sie ist bestrebt, möglichst viele Richtungen um sich zu versammeln, wie die enge Zusammenarbeit mit den militanten „Freien Kräften" zeigt. Selbst die Abgrenzung gegenüber dem (braunen) „Schwarzen Block" fällt nicht prinzipiell aus, ist eher von strategischen Überlegungen getragen.

Die Frage nach dem innerparteilichen Verhältnis von extremistischen und demokratischen Strömungen stellt sich für die 6800 Mitglieder der NPD nicht ernsthaft. Es gibt zwar

---

26 Vgl. etwa Marc Brandstetter: Die NPD im 21. Jahrhundert. Eine Analyse ihrer aktuellen Situation, ihrer Erfolgsbedingungen und Aussichten, Marburg 2006; Uwe Backes/Henrik Steglich (Hrsg.): Die NPD. Erfolgsbedingungen einer rechtsextremistischen Partei, Baden-Baden 2007.

27 So Armin Pfahl-Traughber: Der „zweite Frühling" der NPD zwischen Aktion und Politik, in: Uwe Backes/ Eckhard Jesse (Hrsg.): Jahrbuch Extremismus & Demokratie, Band 11, Baden-Baden 1999, S. 146–166.

28 „Ziel ist, die BRD abzuwickeln". Der NPD-Vorstand über den Wahlerfolg seiner Partei und den Zusammenbruch des liberal-kapitalistischen Systems, in: Junge Freiheit vom 24. September 2004, S. 3.

unterschiedliche Strömungen in der Partei, etwa die Anhänger des „Deutschen Weges" um *Udo Voigt* und die des „Sächsischen Weges" um *Holger Apfel*, aber die Konflikte verlaufen nicht zwischen demokratischen und extremistischen Kräften. Im Zuge ihrer strategischen Wende hatte sich die NPD verstärkt für Personen aus dem nationalsozialistischen Spektrum geöffnet, entweder durch Mitgliedschaft oder durch eine Anbindung der eigenständigen Kameradschaften an die Partei. Einigen Neonationalsozialisten, etwa der Gruppe um *Christian Worch*, ist die Partei nicht radikal genug. Andere führende Aktivisten der „Szene", wie *Thorsten Heise*, *Jens Pühse* oder *Thomas Wulff* stießen zur NPD. Ihre Parteieintritte hatten Signalwirkung und dienten als Brückenfunktion zum neonationalsozialistischen Lager. Die vielfältigen Kontroversen innerhalb der NPD gehen neben anderen Faktoren in der Tat auf Zwistigkeiten zwischen „Tauben" und „Falken" zurück. Beide Richtungen stehen allerdings fest im extremistischen Umfeld.

Die DVU, die nach außen hin ein Treuebekenntnis zur freiheitlichen demokratischen Grundordnung ablegt, ist nationalistisch orientiert und auf ethnische Abgrenzung bedacht.[29] Ihre Parolen sind auf fremdenfeindliche Vereinfachung ausgerichtet. Das verwundert keineswegs bei einer Partei, die nicht durch überbordenden Intellektualismus gekennzeichnet ist. Ihre Strategie ist nur auf die jeweilige Wahl ausgerichtet – vor allem mit Wahlplakaten und Postwurfsendungen. Der DVU kam die Zusammenarbeit mit der NPD entgegen. Sie ist eine „Phantompartei", organisatorisch so gut wie nicht präsent. 4500 (passive) Mitglieder stehen auf dem Papier. Nach dem Rücktritt des „starken Mannes" der Partei im Januar 2009, *Gerhard Frey*, traten sofort finanzielle Probleme auf.

Die REP sind eine nationale Partei, die wider das Establishment leicht und gegen Zuwanderung massiv Stellung bezieht.[30] Sie propagieren einen starken Staat und traditionelle Werte wie Recht und Ordnung. Die Strategie der REP besteht darin, sich als einzige – demokratische – Rechtspartei zu profilieren. Sie setzen sich von der Union ebenso ab wie von der DVU und der NPD. Die Partei arbeitete darauf hin, nicht mehr als radikal zu gelten. Das ist ihr mittlerweile auch gelungen, wenngleich sie für Teile der Öffentlichkeit nach wie vor als mehr oder weniger rechtsextremistisch gilt. Die organisatorische Situation der Partei ist mit rund 6700 Mitgliedern schwächer denn je. Interne Zwistigkeiten – nicht in erster Linie politisch bedingte – bestimmen das Bild.

Repräsentiert die NPD mit Blick auf Ideologie, Strategie und Organisation einen harten Rechtsextremismus, so ist die DVU durch Elemente des harten wie des weichen Extremismus gleichermaßen gekennzeichnet. Die REP hingegen sind zwischen einem weichen Extremismus und einem demokratischen Nationalkonservatismus angesiedelt.

3.2 Linksextremismus

Einen Tag vor dem Vereinigungsparteitag 2007 traf *Lothar Bisky*, damals neben *Oskar Lafontaine* Vorsitzender der Partei *Die Linke*, auf der 3. Tagung des 10. Parteitages in einer Grundsatzrede die folgende Feststellung: „Kurz gesagt: Wir stellen die Systemfrage! Für

29 Vgl. Henrik Steglich (FN 17), S. 265–276.
30 Vgl. ebd., S. 250–264.

alle von den geheimen Diensten nochmal zum Mitschreiben. Die, die aus der PDS kommen, aus der Ex-SED und auch die neue Partei DIE LINKE – wir stellen die Systemfrage."[31] Wer die „Systemfrage" stellt oder einen „Systemwechsel" anstrebt, wie es im Entwurf zum neuen Programm heißt, lehnt die Grundlagen des Systems ab. Die Äußerung bedeutet in der Tat keine Rückkehr zum Realsozialismus der DDR — ebenso freilich keine Hinwendung zum demokratischen Verfassungsstaat der Bundesrepublik Deutschland. Damit nimmt die *Linke* durch den Zusammenschluss eine Verschärfung der eigenen Position gegenüber früher vor. So offenkundig deren Gesellschaftsmodell extremistische Ansätze erkennen lässt, so prinzipiell ist jedoch die Absage an die Großideologie des Marxismus-Leninismus einschließlich Stalinismus. Die Ideologie gleichwohl weist viele Elemente auf, die nur schwer mit dem demokratischen Verfassungsstaat in Einklang zu bringen sind, auch wenn dieser nicht in seiner Gesamtheit abgelehnt wird.[32]

Der Ansatz der *Linken* ist außerparlamentarischer und innerparlamentarischer Opposition sowie einer alternativen Politik verpflichtet. In dem sogenannten „strategischen Dreieck" der PDS hieß es 2004: „Für sozialistische Politik nach unserem Verständnis bilden Widerstand und Protest, der Anspruch auf Mit- und Umgestaltung sowie über den Kapitalismus hinausweisende Alternativen ein unauflösbares strategisches Dreieck."[33] In den „Programmatischen Eckpunkten" der *Linken* tauchen ähnliche Formulierungen auf. Auf der einen Seite strebt die Partei Koalitionen mit der SPD und den *Grünen* an (danach sah es 1990 zunächst gar nicht aus), auf der anderen Seite arbeitet sie mit militanten Demokratiegegnern zusammen. Selbst die Grenzziehung gegenüber Gewaltbefürwortern fällt der Partei mitunter schwer. Das Verhältnis der *Linken* zur gewaltbereiten autonomen Szene ist ambivalent – speziell dann, wenn es gegen „Faschisten" geht. Die Partei laviert damit in ihrem Legalitätsverständnis.

Nach der Fusion von *Linkspartei.PDS* und WASG zur *Linken* (die eine Vorsitzende, *Gesine Lötzsch*, stammt von der PDS, der andere Vorsitzende, *Klaus Ernst*, von der WASG) sind extremistische Kräfte innerhalb der Partei keineswegs schwächer geworden. Orthodoxe Kommunisten, Trotzkisten und radikale Linke unterschiedlicher Couleur wurden gestärkt und sind mehr denn je ein innerparteilicher Machtfaktor. Offenkundig ging durch den Zusammenschluss keine Mäßigung einher, sondern eher eine Radikalisierung, etwa durch neue sektiererische Gruppierungen. Der mit rund 1000 Mitgliedern stärkste extremistische Zusammenschluss in der über 78.000 Mitglieder[34] starken *Linken* ist weiterhin die *Kommunistische Plattform*. Sie hält unbeirrt am Kommunismus marxistisch-leninistischer Prägung fest, und tritt Reformtendenzen in der Partei rigoros entgegen. Ihre Protagonistin, *Sahra Wagenknecht*, die seit 2009 dem Bundestag angehört, ist nunmehr sogar stellvertretende Bundesvorsitzende der Partei, auch wenn sie in dieser Funktion nicht mehr als Repräsentantin der *Kommunistischen Plattform* auftritt. Sie reüssierte nicht trotz, sondern wegen ihrer fundamentalistischen Grundhaltung. Andere Zusammenschlüsse sind ebenfalls offen verfassungsfeindlich: z. B.

31 Vgl. Lothar Bisky: Wir sind gekommen, um zu bleiben, abrufbar unter: http://www.lothar-bisky.de/kat_reden_detail.php?v=147 [Stand: 31. März 2008].

32 Vgl. Jürgen P. Lang: Ist DIE LINKE eine demokratische Partei?, in Uwe Backes/Alexander Gallus/Eckhard Jesse (Hrsg.): Jahrbuch Extremismus & Demokratie, Band 21, Baden-Baden 2010, S. 161–179.

33 Zitiert nach: Disput Nr. 11/2004, S. 50 f.

34 Vgl. Oskar Niedermayer: Die Entwicklung der Parteimitgliedschaften 1990 bis 2009, in: Zeitschrift für Parlamentsfragen 41(2010)2, S. 421–437, hier S. 425.

das *Marxistische Forum*, die *Sozialistische Linke*, die *Arbeitsgemeinschaft Cuba Si*. Es gibt in der *Linken* Kräfte, die den demokratischen Verfassungsstaat ablehnen. Diese gelangen in führende Positionen, erfahren also auch von den gemäßigten Richtungen Unterstützung.

Die DKP machte in ihrem Programm von 2006 klar, der von ihr angestrebte Sozialismus sei nicht auf dem Weg der Reformen erreichbar.[35] Unter dem Vorsitzenden *Heinz Stehr* besitzt die Partei angesichts ihrer Isolation keine strategische Option, auch wenn sie den Eindruck zu erwecken sucht, als gehe der Erfolg der *Linken* mit auf sie zurück. Die nur noch 4000 Mitglieder (vor der deutschen Einheit hatte sie zehnmal mehr) repräsentieren diejenigen Linksextremisten, die sich weiterhin dem Sowjetkommunismus bei aller Kritik im Detail verbunden fühlen.

Die MLPD, entstanden 1982 als Nachfolgeorganisation des *Kommunistischen Arbeiterbundes Deutschlands*, beruft sich auf die Ideen *Mao Tsetungs*, ebenso auf die *Lenins* und *Stalins*,[36] sieht also den Kommunismus in der Sowjetunion der 1960er, 1970er und 1980er Jahre als „revisionistisch" an. Sie versteht sich als „proletarische Partei". In ihrer Strategie setzt sie unter dem Schlosser *Stefan Engel*, der seit 1982 an der Spitze der Partei steht, auf die Arbeiterschaft. Sie täuscht mit einer Kinder- (*Rotfüchse*) und einer Jugendorganisation (*REBELL*) eine innerparteiliche Lebendigkeit vor, die in der Wirklichkeit keine Bestätigung findet. Etwa 2000 häufig selbstlose Mitglieder streben die Weltrevolution an. Während die *Linke* mit Blick auf Ideologie, Strategie und Organisation einen weichen Linksextremismus vertritt, ist die DKP Repräsentant eines harten Extremismus, der von der MLPD noch übertroffen wird.

4 Nicht parteiförmiger Extremismus

4.1 Rechtsextremismus

Zu den subkulturell geprägten und sonstigen gewaltbereiten Rechtsextremisten zählt der Verfassungsschutz etwa 9000 Personen.[37] Feste rechtsterroristische Strukturen fehlen. Was auf der linken Seite des politischen Spektrums mit der „autonomen Szene" begonnen hatte, setzt sich nun rechts begrenzt fort. Seit einigen Jahren haben sich *Autonome Nationalisten* gebildet, die bei Demonstrationen aggressiv auftreten und antimilitaristisch eingestellt sind. Die NPD gilt diesem Milieu als zu brav, als angepasst. Die Parallele zum *Schwarzen Block* der Linksextremisten ist offenkundig.[38]

---

35 Vgl. Eckhard Jesse: Das neue Parteiprogramm der DKP, in: Uwe Backes/ders. (Hrsg.): Jahrbuch Extremismus & Demokratie, Band 19, Baden-Baden 2008, S. 199–211; Gerhard Hirscher/Armin Pfahl-Traughber (Hrsg.): Was wurde aus der DKP? Beiträge zu Geschichte und Gegenwart der extremen Linken in Deutschland, Brühl 2008.

36 Vgl. Helmut Müller-Enbergs: Eine stalinistische Sekte wird 40 Jahre alt – seit 25 Jahren heißt sie MLPD, in: Uwe Backes/Eckhard Jesse (Hrsg.): Jahrbuch Extremismus & Demokratie, Band 20, Baden-Baden 2009, S. 167–184.

37 Vgl. Verfassungsschutzbericht 2009, Berlin 2010, S. 53.

38 Vgl. Christian Menhorn: „Autonome Nationalisten", in: Uwe Backes/Eckhard Jesse (Hrsg.): Jahrbuch Extremismus & Demokratie, Band 19, Baden-Baden 2008, S. 213–225; Marc Brandstetter: Autonome Nationalisten im Vergleich, in: Ebd., Band 20, Baden-Baden 2009, S. 185–203.

Eine Vielzahl der politisch rechtsmotivierten Gewalttaten geht auf (nicht oder nur schwach organisierte) Skinheads zurück.[39] Deren Aktionen zielen häufig gegen Fremde (zum Teil gegen Asylbewerber). Bei den meisten überwiegend jungen – männlichen – Tätern gab es keinen rechtsextremistischen „Vorlauf". Oft liegt diesen kriminellen Handlungen keine langfristige Planung zugrunde, ist vielmehr Alkohol im Spiel. Die Aktionen sind das Produkt einer nicht verfestigten rechtsextremistischen Subkultur. Trotz mitunter martialisch-nationalsozialistischer Kostümierung verficht längst nicht jeder Skinhead das Gedankengut des NS-Systems. Die Skinhead-Szene verliert allerdings allmählich an Bedeutung. Angesichts des scharfen Vorgehens durch den Staat und der gesellschaftlichen Ächtung ging die Zahl der fremdenfeindlich motivierten Gewalttaten in den letzten Jahren etwas zurück (Tabelle 3).

Tabelle 3 Gewalttaten mit rechts- oder linksextremistischem Hintergrund 1990–2009

Jahr	rechts	links
1990	178	276
1991	849	361
1992	1.485	439
1993	1.322	445
1994	784	361
1995	612	348
1996	624	398
1997	790	833
1998	708	783
1999	746	711
2000	998	827
2001	709	750
2002	772	385
2003	759	483
2004	776	521
2005	958	896
2006	1047	862
2007	980	833
2008	1042	701
2009	891	1.115

Quelle: Verfassungsschutzbericht des Bundes und Umrechungen.

39 Vgl. Christian Menhorn: Skinheads: Portrait einer Subkultur, Baden-Baden 2001.

4.2 Linksextremismus

Der Verfassungsschutz zählt zu den gewaltbereiten Linksextremisten etwa 6600 Personen, wobei nur feste Personenzusammenschlüsse erfasst sind.[40] Terroristische Strukturen existieren – anders als in den 1970er und 1980er Jahren – gegenwärtig nicht. Dieser militante Linksextremismus, der sich etwa bei Ausschreitungen am 1. Mai in drastischer Weise zeigt, wird vor allem von der Szene der Autonomen getragen. Ein Teil ist eher antifaschistisch, ein anderer Teil eher antideutsch orientiert. Diese Szene ist erst mit der deutschen Einheit entstanden.

Die „Autonomen" auf der linken Seite haben sich Anfang der 1980er Jahre aus der „Sponti-Bewegung", einem Zerfallsprodukt der Studentenbewegung, herausgebildet.[41] Ihre Aktionen richten sich häufig gegen „Faschos" und „Bullen". Die Szene der Autonomen, die in manchen westdeutschen Universitätsstädten stark beheimatet ist, bekämpft mit ihren militanten Aktionen das „Schweinesystem". Sie propagiert „Gewalt gegen Sachen", nicht „Gewalt gegen Personen". Zu ihren klandestinen Aktionen zählen schon seit Jahren Brandanschläge auf „Luxusautos". Die Szene ist unzureichend erforscht.[42] Beim „Kampf gegen den Faschismus" ist Gewaltanwendung aus Sicht der Autonomen legitimiert – und nicht nur das. Szenezeitschriften wie *INTERIM* und *radikal* rufen dazu auf. Die Mehrzahl der Gewalttaten mit linksextremistischem Hintergrund (Tabelle 3) geht auf die Autonomen und ihr Umfeld zurück. Mit „Massenmilitanz" versucht die Szene zu beeindrucken und Aufmerksamkeit zu erregen.

4.3 Islamistischer Fundamentalismus

Die Meinungen über die Gefahr des gewalttätigen islamistischen Fundamentalismus in Deutschland gehen weit auseinander:[43] Sehen die einen eine konkrete Bedrohung, so sprechen die anderen von einer bloß abstrakten Warnung.[44] Zum Teil bestehen die abgeschotteten Netzwerke aus Personen, die aus muslimischen Ländern eingewandert sind, zum Teil aus Konvertiten, die das Missionsbewusstsein des islamistischen Fundamentalismus fasziniert („Homegrown"-Netzwerke). Besonders Aufsehen erregten die – rechtzeitig entdeckten – Anschlagspläne einer so genannten „Sauerland"-Zelle, deren Mitglieder einer usbekischen *Islamistischen Dschihad-Union* angehörten. Allerdings ließ die wenig professionelle Art der Vorbereitung Zweifel an der Planungsintensität des Unterfangens erkennen.[45]

40 Vgl. Verfassungsschutzbericht 2009 (FN 37), S. 130.
41 Vgl. zum Selbstverständnis Geronimo: Feuer und Flamme. Zur Geschichte der Autonomen, 4. Auflage, Hamburg 1995.
42 Vgl. Armin Pfahl-Traughber: Die Autonomen: Portrait einer linksextremistischen Subkultur, in: Aus Politik und Zeitgeschichte Nr. 9-10/1998, S. 36–46.
43 Zur gegenwärtigen Einschätzung vgl. Verfassungsschutzbericht 2009 (FN 37), S. 185–214.
44 Vgl. das Forum „Bedrohung und Bedrohungspotenzial des islamistischen Extremismus", in: Uwe Backes/Eckhard Jesse (Hrsg.): Jahrbuch Extremismus & Demokratie, Band 19, Baden-Baden 2008, S. 115–138.
45 Vgl. Michail Logvinov: Zwischen regionalem und internationalem Terrorismus – der Weg der Islamistischen Dschihad-Union, in: Uwe Backes/Alexander Gallus/Eckhard Jesse (Hrsg.): Jahrbuch Extremismus & Demokratie, Band 21, Baden-Baden 2010, S. 180–196.

Bei aller Unterschiedlichkeit der Einschätzungen – mit Blick auf Diagnose und Therapie – besteht in einem Punkt Konsens: Die abstrakte Gefährdung durch den islamistischen Fundamentalismus könnte zu einer konkreten werden.[46] Der islamistische Fundamentalismus findet keinerlei Anhang bei militanten Gruppierungen von rechts und links, wie diese nicht durch islamistische Kräfte unterstützt werden.

5 Ergebnis

Wie der Überblick zeigt, gibt es seit dem Wiedervereinigungsjahr 1990 vor allem zwei Parteien, die den demokratischen Verfassungsstaat in Frage stellen: die NPD mit ihrem harten Rechtsextremismus und die *Linke* mit ihrem weichen Linksextremismus. Lässt diese Diagnose die naheliegende Schlussfolgerung zu, die NPD sei für die deutsche Demokratie eine größere Gefahr als die *Linke*? Eine Risikoanalyse führte wohl zu einem anderen Ergebnis. Denn die Kriterien, die für einen höheren Grad des Extremismus sprechen, decken sich nicht mit denen für einen höheren Grad der Gefährdung, etwa die Bündnispolitik, die Wahlerfolge, die Koalitionspolitik oder die Akzeptanz bei den Medien. Eine Partei wie die NPD ist bekanntermaßen gesellschaftlich durch und durch geächtet. Das gilt für die *Linke* nicht annähernd im gleichen Maße.

Die partielle Absage an das „System" der Bundesrepublik Deutschland durch die *Linke* ist in großen Teilen der Öffentlichkeit kaum bemerkt, geschweige denn kritisiert worden. Extremistische Tendenzen kommen wenig zur Sprache. So konnte sie allmählich immer mehr Reputation erlangen. Wer eine Koalition mit der *Linken* ablehnt, führt meistens das Argument der mangelnden Politikfähigkeit an, nicht aber das Argument der mangelnden Demokratiefähigkeit. Der Zusammenschluss von PDS und WASG zur *Linken* hat vielfach den Eindruck einer Mäßigung der Partei hervorgerufen, weil die neue Kraft nicht aus den Reihen der SED stammt. Tatsächlich ist eher das Gegenteil eingetreten.

Ist die Fremdenfeindlichkeit im Osten stärker ausgeprägt als im Westen (mit einer hohen subkulturellen Gewaltwelle in den ersten Jahren nach der Wiedervereinigung), so dominieren die linken Autonomen in den Städten des Westens, weniger in denen des Ostens. Die Gründe für den höheren Grad des Linksextremismus in den neuen Bundesländern – was die Parteienebene betrifft – liegen auf der Hand; die Gründe für den dort höheren Grad des Rechtsextremismus sind sozialisations- (mangelnde Weltoffenheit der DDR-Gesellschaft) und vor allem situationsbedingt (weitaus stärkere Arbeitslosenquote). Der islamistische Fundamentalismus reüssiert stärker im Westen als im Osten, ohne dass eine akute Gefahr vorliegt, wohl aber eine latente.

Die verschiedenen Formen des gewalttätigen Extremismus sind ähnlich und unterschiedlich zugleich. In den 1990er Jahren ist die Zahl der gewaltbereiten Linksextremisten zurückgegangen, die der gewaltbereiten Rechtsextremisten in die Höhe geschnellt, vor allem in den neuen Bundesländern. Skinheads und Autonome weisen einen unterschiedlichen

46 In diesem Sinne Armin Pfahl-Traughber: Das Gefahrenpotenzial gewaltorientierter Islamisten in Deutschland – eine vergleichende Betrachtung der regional und transnational ausgerichteten Anhänger, in: Uwe Backes/Eckhard Jesse (Hrsg.): Jahrbuch Extremismus & Demokratie, Band 18, Baden-Baden 2006, S. 189–206.

ideologischen Hintergrund auf. Richtet sich die kommunikationsarme rechtsextremistische Gewaltszene vor allem gegen „Fremde“ und linke „Zecken“, so eint die Autonomen, deren Reflexionsniveau in der Regel ebenso höher ist wie die Planungsintensität, der Hass auf den Staat und auf rechte „Faschisten“. Unterschiede in der Tatspezifik (z. B. Überwiegen von Landfriedensbrüchen bei den Autonomen, zahlreiche Brandanschläge und Körperverletzungen bei den Skinheads) gehen zum Teil auf die soziale Charakteristik der Akteure zurück (z. B. niedriges Durchschnittsalter, niedriger Bildungsstand, Neigung zu körperlicher Gewalt bei den Skinheads; höheres Alter, höherer Bildungsgrad, Neigung zur „Massenmilitanz“ bei Autonomen).

Gleichwohl sind die Subkulturen[47] durch gewisse Analogien gekennzeichnet: durch Gewaltbejahung („schwarze Listen“) und -anwendung, durch mangelnde Organisationsfestigkeit, durch eine hohe Fluktuationsrate, durch schwammige Weltbilder, durch ihr jugendliches Alter, durch ein beträchtliches Aggressionspotenzial, durch primitive Feindbilder, durch die Ablehnung der Mehrheitskultur und nicht zuletzt durch ein ähnliches Erscheinungsbild. Das der rechtsextremistischen Subkultur hat sich dem der linksextremistischen zum Teil angeglichen. Nicht immer ist das ideologische Anliegen bei den Gewalttaten erkennbar. Insofern sind die Grenzen zu sozialer Verwahrlosung fließend. „Antifa“ und „Anti-Antifa“ bekämpfen sich – und brauchen sich doch. Allerdings ist die Fixierung der „Antifa“ auf den ideologischen Gegner größer als umgekehrt. Schließlich ist die ohnehin schwächere „Anti-Antifa“-Szene nicht in erster Linie antikommunistisch ausgerichtet. Obwohl beide Milieus den demokratischen Verfassungsstaat ablehnen, gibt es keinerlei Zusammenarbeit zwischen ihnen im Kampf gegen ihn. Zwischen den Wahlerfolgen der NPD und rechten Gewalttaten – so zeigt eine empirische Untersuchung – besteht offenbar kein Zusammenhang.[48] Allerdings nahm die linke „Konfrontationsgewalt“ danach ebenso zu wie die rechte. Insgesamt ist die linke „Konfrontationsgewalt“ stärker als die von rechts. Während Gewalt von rechts eher durch expressive Merkmale geprägt ist (als Mittel der Selbstdarstellung), zeichnet sich Gewalt von links eher durch instrumentelle Merkmale aus (als Mittel zum politischen Zweck).

Nur langsam löst sich das hiesige „Stabilitätstrauma“[49] auf. Dabei kann die zweite deutsche Demokratie 20 Jahre nach der Wiedervereinigung gelassen in die Zukunft schauen. Sie hat gravierende Probleme gemeistert und gerade dadurch höchst unterschiedliche Formen des Extremismus „entwaffnet“. Die Fixierung auf den (Rechts-)Extremismus darf nicht zu einer Vernachlässigung des Linksextremismus wie der Schwächen des demokratischen Verfassungsstaates führen. Wer sie benennt und abstellt, entkräftet jede Form des Extremismus.

47 Gibt es zahlreiche Studien zu den rechtsextremistischen Skinheads, so mangelt es an einer wissenschaftlichen Durchdringung der „autonomen Szene“, erst recht an Vergleichen. Vgl. jetzt das Kapitel „Wechselseitige Rezeptionen militanter Szenen: Antifa und Anti-Antifa“ bei Uwe Backes/Matthias Mletzko/Jan Stoye: NPD-Wahlmobilisierung und politisch motivierte Gewalt. Sachsen und Nordrhein-Westfalen im kontrastiven Vergleich, Köln 2010, S. 160–183.

48 Vgl. für diesen Befund und für die nachfolgenden Aussagen ebd., S. 190–200.

49 So Kurt Sontheimer: Wie stabil sind die pluralistischen Demokratien Westeuropa?, in: Gesine Schwan (Hrsg.): Bedingungen und Probleme politischer Stabilität, Baden-Baden 1988, S. 35–48, hier S. 46.

Extremismus in Estland

Axel Reetz/Tom Thieme

1 Rahmenbedingungen

Nach der wiedererlangten staatlichen Eigenständigkeit Estlands am 21. August 1991 erarbeitete eine verfassungsgebende Versammlung aus dem Obersten Sowjet und dem als Gegenparlament gegründeten Estnischen Kongress eine neue Verfassung. Daraus entstand in Estland eine parlamentarische Demokratie, die auf der Unabhängigkeitserklärung und dem „Frieden von Tartu" von 1918 gründet. Trotz der negativen Erfahrungen mit dem sowjetischen und deutschen Totalitarismus gibt es im estnischen Grundgesetz keinen unveränderlichen Verfassungskern. Stattdessen verpflichtet § 54 jeden Esten zur Verteidigung der Unabhängigkeit und der Verfassung: „Gibt es keine anderen Mittel, hat jeder estnische Staatsbürger das Recht, gegen eine gewaltsame Änderung der Verfassungsordnung eigenständigen Widerstand zu leisten."[1] Zudem beinhaltet § 12 die Gleichheit vor dem Gesetz und das Verbot jeder Diskriminierung: „Nationaler, rassistischer, religiöser oder politischer Hass, Bedrohung mit Gewalt oder Diskriminierung sind gesetzlich verboten und strafbar."[2] Von einer möglichen Verfassungsänderung sind diese Kernbestimmungen jedoch nicht ausgenommen; sowohl der Staatspräsident als auch ein Fünftel des Parlaments kann eine Verfassungsänderung initiieren. In der Praxis kommt es seit der neuerlichen staatlichen Unabhängigkeit 1991 weder im estnischen Parlament noch in der Bevölkerung zu größeren Kontroversen um die Inhalte der Verfassung.[3]

Die Zulassung, Beschränkung und Auflösung antidemokratischer Vereinigungen regelt das estnische Parteiengesetz.[4] § 4.1 erklärt Parteien für illegal, deren Ziel eine gewaltsame Änderung der konstitutionellen Ordnung des Landes ist. Paramilitärischen Organisationen ist der Parteistatus generell untersagt. Parteiverbote – bisher noch nicht ausgesprochen – sind nach der Prozessordnung des estnischen Verfassungsschutzes zu vollziehen. Zur Gründung einer Partei bedarf es nach § 6 seit 1999 mindestens 1000 Mitgliedern. Fällt diese unter die Minimalzahl, kann die Organisation aufgelöst werden. Die schrittweise Erhöhung der Mindestmitgliederzahl führte zum Verschwinden vieler kleinerer (auch extremistischer)

---

1 Verfassung der Republik Estland vom 28. Juni 1992, in: Herwig Roggemann (Hrsg.): Die Verfassungen Mittel- und Osteuropas, Berlin 1999, S. 410–447, hier S. 420 f.

2 Ebd., S. 412.

3 Vgl. Mikko Lagerspetz/Konrad Maier: Das politische System Estlands, in: Wolfgang Ismayr (Hrsg.): Die politischen Systeme Osteuropas, 2. Auflage, Opladen 2004, S. 71–110, hier S. 74.

4 Das estnische Parteiengesetz wurde am 11. April 1994 verabschiedet und seither mehrfach geändert, zuletzt 2006. Siehe hierfür und im folgenden Erakonnaseadus Elektrooniline Riigiteataja [Parteiengesetz], abrufbar unter: http://www.riigiteataja.ee/ert/act.jsp?id=28666 [Stand: 19. Januar 2009].

Parteien. Das drückt sich seit Mitte der 1990er Jahre in einer allmählichen, aber konstanten Konzentration des Parteiensystems aus.[5]

Das estnische Parteiensystem spiegelt zwei Besonderheiten der politischen Kultur Estlands wider, die für das Verhältnis von demokratischer Ordnung und extremistischer Bedrohung eine Rolle spielen und in einem gewissen Spannungsverhältnis zueinander stehen: einerseits eine ausgeprägte nationale Identität der meisten Esten, andererseits ein starkes Misstrauen der Bevölkerung gegenüber den Repräsentanten, Parteien und Institutionen des Landes. Nicht zuletzt aus diesen Umständen ergibt sich für Estland die spannende Frage, warum trotz der theoretisch günstigen Gelegenheitsstrukturen (geringes Demokratievertrauen, große nationale Minderheit, starke nationale Identität) politischer Extremismus – wie im gesamten Baltikum – vergleichsweise schwach ausgeprägt ist.

Die spezielle Spielart des estnischen Nationalismus als „exklusive Verteidigungsstrategie“ resultiert aus den Erfahrungen der sowjetischen Fremdherrschaft. Estland war bis 1918 ein Land mit einer homogenen Bevölkerung, da es im 19. Jahrhundert als Peripherie des Zarenreiches keinen Zustrom von Menschen aus anderen Landesteilen verzeichnete. Dies änderte sich nach der Inkorporation in die Sowjetunion. Der Anteil der Minderheiten liegt heute bei etwa einem Drittel der Gesamtbevölkerung. In den fünf Jahrzehnten der Sowjetherrschaft stand Estland jedoch weniger im Zentrum des geopolitischen Interesses Moskaus als der südliche Nachbar Lettland. So gab es in Tartu und Tallinn kaum Behinderungen, estnischsprachige Lesezirkel wie den *Klub Tõru* in Tartu zu unterhalten und estnisch-nationalen Denkmalschutz zu betreiben. Bereits von den 1960er Jahren an kam es zur Gründung von Vereinigungen, in denen später die Dissidenten tätig wurden. In der Ära *Gorbatschow* entstand mit der *Gesellschaft für Denkmalschutz* (*Muinsuskaitse Selts*) eine Organisation, welche offen für die nationale Frage Estlands eintrat. Damit erwuchs aus einer „parallel polis“[6] im Zuge der Singenden Revolution bis zum Zeitpunkt der Unabhängigkeit bereits eine breite nationale Gegenelite.[7]

Während sich die estnische Minderheit im Sowjetblock mit der „Strategie des nationalen Überlebens“ gegen die öffentliche und politische Dominanz des Russischen wehrte, ist es heute populär, die russische Minderheit als Gefahr der estnischen Nation darzustellen. Die ersten Jahre der Unabhängigkeit waren geprägt durch vielfältige Konflikte zwischen ethnischen Esten und Russen. Im Alltag weigerten sich zuerst die Esten, russisch zu sprechen. Die Abgrenzung wurde mit einer klar marktwirtschaftlichen Ausrichtung verbunden und damit die Konfliktlinie zwischen marktliberal-nationalen Esten und (reform)kommunistischen Russen vertieft. Auch der breite gesellschaftliche Konsens zur ökonomischen und sicherheitspolitischen Einbindung in die europäischen bzw. transatlantischen Strukturen war von Anfang an durch einen antirussischen Reflex geprägt. Erst mit dem EU-Beitritt Estlands 2004 wird der wachsende politische und kulturelle Einfluss des Westens verstärkt als Bedrohung der nationalen Souveränität wahrgenommen.

---

5 Vgl. Axel Reetz: Baltische Staaten: Politiker als Fixpunkte und verschiedene Varianten von parteipolitischer Fluidität, in: Ellen Bos/Dieter Segert (Hrsg.): Osteuropäische Demokratien als Trendsetter? Parteien und Parteiensysteme nach dem Ende des Übergangsjahrzehnts, Opladen/Farmington Hills 2008, S. 229–252.

6 Vgl. Mikko Lagerspetz: Constructing post-communism. A study in the Estonain social problems discourse. Dissertation, Tartu Ülikool 1996, S. 56–60.

7 Vgl. Li Bennich-Björkman: The Cultural Roots of Estonia's Successful Transition. How Historical Legacies Shaped the 1990s, in: East European Politics & Societies 21(2007)5, S. 316–347.

Die erste Regierung von *Mart Laar* von 1992 bis 1994 hinterließ mit ihrer zügigen Reformpolitik nicht nur den Mythos vom Baltischen Tiger[8], sondern auch ein umstrittenes und restriktives Ausländerrecht. Das 1993 vom estnischen Parlament angenommene Gesetz regelte die Aberkennung der estnischen Staatsbürgerschaft für Zugezogene aus der Sowjetzeit (de facto Russen). Obwohl die Staatsbürgerschaftsfrage – nicht zuletzt aufgrund der internationalen Kritik – rechtlich und praktisch mehrfach gelockert wurde, sind die Auswirkungen des Gesetzes für die politische Landschaft Estlands im Allgemeinen und für die Extremismusproblematik im Besonderen vielfältig spürbar: Bis heute sind 60 Prozent der ethnischen Minderheiten keine estnischen Staatsbürger, sondern entweder russische Staatsangehörige oder nach wie vor ohne Staatsbürgerschaft (38 Prozent). Dadurch ist die politische Vertretung der russischen Bevölkerung in Estland massiv geschwächt.[9] 1992 gelang es keinem russischen Vertreter, ein Mandat für das estnische Nationalparlament zu gewinnen. Die meisten russischen Rechtsextremisten schlossen sich daher den estnischen Außenstellen der von Moskau geführten antidemokratischen Parteien an. Die nationalistischen Kräfte Estlands verloren umgekehrt sowohl ihre politischen Ziele, da diese durch die rigide Ausländer- und Staatsbürgerschaftspolitik aller (demokratischen) Parteien umgesetzt wurden, als auch ihr Alleinstellungsmerkmal als Bewahrer der estnischen Nation.

Trotz des angespannten Verhältnisses zwischen Esten und Russen war bis zu den Ausschreitungen am Bronzesoldaten (*Pronkssõdur*)[10] im April 2007 kein manifester ethnischer Konflikt zu konstatieren. Auch im Anschluss kam es zu keinen weiteren gewalttätigen Konfrontationen. Trotz der anhaltenden politischen Verstimmungen zwischen beiden Ländern erweiterten sich die Auseinandersetzungen (bislang) nicht zu einer gesellschaftlichen Krise. Dennoch sind soziale Spannungen zwischen der estnischen und der russischen Bevölkerungsgruppe offenkundig. Auf beiden Seiten besteht eine Tendenz ihrer politischen Vertreter, die latenten Vorurteile gegenüber der anderen Volksgruppe zu instrumentalisieren. In der estnischsprachigen Mehrheitsgesellschaft existiert ebenso wie bei den Fragen, ob Minderheiten dem estnischen Volk angehören oder nicht, und wie die eigene Rolle im Zweiten Weltkrieg zu bewerten ist, kein Konsens darüber, was als demokratisch bzw. (rechts)extremistisch zu gelten hat. Umgekehrt scheint die russische Minderheit (wie das Mutterland) nicht zu einer umfassenden Vergangenheitsbewältigung bereit. Die großen sprachlichen Differenzen zwischen dem finno-ugrischen Estnischen und dem ostslawischen Russischen manifestieren vielerorts Parallelgesellschaften. Dies wird verstärkt durch die geographische Separation der Siedlungsgebiete. Während in den nordöstlichen Regionen Ida-Virumaa Jõhvi, Kohtla-Järve, Sillamäe und Narva der Bevölkerungsanteil der Russen über 90 Prozent erreicht, sind der

8 Siehe hierzu Konrad Maier: Estland: Tiger im Baltikum?, in: Aus Politik und Zeitgeschichte Nr. 37/1998, S. 16–27.

9 Vgl. Michel Endinger/Mindaugas Kuklys: Ethnische Minderheiten im Parlament. Repräsentation im osteuropäischen Vergleich, in: Osteuropa 57(2007)11, S. 163–176.

10 Das Monument des sowjetischen Bronzesoldaten wurde am 22. September 1947 enthüllt und nach Erlangung der estnischen Unabhängigkeit weiterhin von der russischen Minderheit als Gedenkort genutzt. Dagegen protestierten Teile der estnischen Bevölkerung, woraufhin die Umsetzung des Bronzesoldaten durch ein Gesetz gegen verbotene Denkmäler beschlossen wurde. Das führte zu massiven Verstimmungen im inneren und äußeren estnisch-russischen Verhältnis. Vgl. Karsten Brüggemann: Denkmäler des Grolls. Estland und die Kriege des 20. Jahrhunderts, in: Osteuropa 58(2008)6, S. 129–146; Siegfried Thielbeer: Kein Tag des Sieges, in: Frankfurter Allgemeine Zeitung vom 10. Mai 2007, S. 6.

Süden und die großen Inseln Saaremaa und Hiiumaa fast homogen estnisch besiedelt. Einzig in der Hauptstadt Tallinn ist das Verhältnis zwischen Esten und Russen ausgeglichen.[11]

Auch die zweite Besonderheit der politischen Kultur Estlands resultiert aus dem sowjetischen Erbe: der Argwohn und die Unzufriedenheit gegenüber jeder Politik. Die Wahlbeteiligung, das Vertrauen in die politischen Institutionen und Akteure sowie die Mitgliederzahlen der Parteien sind in Estland – selbst im Vergleich zu den postsozialistischen Staaten Osteuropas – extrem niedrig.[12] Daher haben bekannte Persönlichkeiten in Estland eine herausgehobene Position, was sich wiederum durch die Besonderheit von Kompensationsmandaten im estnischen Wahlsystem verstärkt. Die 101 Sitze des estnischen Parlaments (*Riigikogu*) werden nach dem Verhältniswahlrecht mit Vorzugsstimme vergeben. Der Wähler notiert auf dem Wahlzettel die Nummer des von ihm bevorzugten Kandidaten und votiert damit gleichzeitig für die Liste der Partei. Estland ist in elf Wahlkreise mit zwischen sieben und zwölf zu vergebenden Mandaten eingeteilt. Listen sind erfolgreich, wenn sie landesweit wenigstens fünf Prozent der Stimmen erhalten. Ein Kandidat kann bei Erreichen der Quote im Wahlkreis auch ein individuelles Mandat erhalten, wenn seine Partei landesweit nicht fünf Prozent der Stimmen auf sich vereinigt. Verrechnungen finden zunächst auf Wahlkreisebene, dann national statt.[13] Damit haben populäre Köpfe und Personen des öffentlichen Lebens eine Lokomotivfunktion. Die Wahlergebnisse von bekannten Kandidaten wie beispielsweise des Ministerpräsidenten *Andrus Ansip* oder auch von *Edgar Savisaar* übertrafen die Quote mehrfach und sorgten so für den Parlamentseinzug von Kandidaten, die aus eigener Kraft die Quote für ein Mandat nicht erzielten. Während der amerikanisch-estnische Politologe *Rein Taagepera* diesen Umstand als „System zur Enttäuschung der Wähler bezeichnet“[14], interpretiert *Evald Mikkel* die Ergebnisse als Zeichen einer zunehmenden Parteiidentifikation.[15] Die starke Personalisierung der estnischen Politik schwächt somit zwar auch extremistische Parteien, bietet jedoch einzelnen Akteuren die Möglichkeit, mit einer populistischen Anti-Establishment-Strategie im Fahrwasser der demokratischen Parteien ins Parlament einzuziehen.

2 Wahlentwicklung

Parteiförmiger Extremismus in Form von autoritär geprägten Kaderparteien spielt in Estland seit Mitte der 1990er Jahre keine Rolle. Vielmehr organisieren sich einige ehemalige Mitglieder der aufgelösten oder aufgesogenen extremistischen Gruppierungen heute in der

---

11 Vgl. Guido Tiemann: Die baltischen Staaten, in: Detlef Jahn/Nikolaus Werz (Hrsg.): Politische Systeme und Beziehungen im Ostseeraum, München 2002, S. 57–79.

12 Vgl. Wolfgang Ismayr: Die politischen Systeme Osteuropas im Vergleich, in: Ders. (Hrsg.): Die politischen Systeme Osteuropas, 2. Auflage, Opladen 2004, S. 9–69.

13 Vgl. Riigikogu valimise seadus Elektrooniline Riigiteataja [Nationales Wahlgesetz], abrufbar unter: https://www.riigiteataja.ee/ert/act.jsp?id=104556 [Stand: 19. Januar 2009].

14 Rein Taagepera: Valimisreeglid Eestis aegade jooksul, in: Riigikogu valimised 1999, Tartu 1999, S. 21–24.

15 Die Zahl der direkt durch Erreichen der Quote gewählten Kandidaten sank in den 1990er Jahren kontinuierlich von 17 (1992) auf 15 (1995) bis auf elf (1999) und verstärkte den Trend des „party hopping“. Vgl. Evald Mikkel: 1999. Aasta Riigikogu valimised ja kandidaadid, in: Riigikogu valimised 1999, Tartu 1999, S. 86, 98, 118; Vello Pettai: The Baltic States, in: Julie Smith/Elizabeth Teague (Hrsg.): Democracy in the new Europe. The Politics of Post-Communism, London 1999, S. 136.

konservativen Sammlungsbewegung *Liste Vaterland und Republik* (*Isamaa ja Res Publica Liit*), der wiederum diverse Zusammenschlüsse im nationalen Lager vorausgegangen waren und die bei den Wahlen 2007 17,9 Prozent der Stimmen gewann.[16] Trotz ihrer unklaren Identität und ihres teilweise populistischen Auftretens als Anti-Establishment-Partei präsentierte sich *Res Publica* im Praxistest als stärkste Regierungspartei (2003–2007) mit einer klar marktliberalen und proeuropäischen Ausrichtung als eindeutig demokratisch.

Vermeintlich extremistische Parteien waren bei Wahlen in Estland nur unmittelbar nach der erneuten Unabhängigkeit des Landes erfolgreich. Bei den ersten demokratischen Wahlen 1992 gelang zwei nationalistischen Parteien der Einzug ins nationale Parlament – der *Estnisch Nationalen Unabhängigkeitspartei* (ERSP) und den sogenannten *Estnischen Bürgern* (Tabelle 1). Seither scheiterten alle rechts- und linksextremen Parteien bei nationalen Wahlen an der Fünf-Prozent-Hürde. Beide Vereinigungen spielten während des Umbruchs von 1989 bis 1991 und im Streben nach der estnischen Souveränität eine gewisse Rolle, verloren jedoch nach der Verwirklichung ihres primären Ziels rasch an Bedeutung. Durch die Beteiligung an der wegen ihres wirtschaftlichen Reformeifers unbeliebten ersten estnischen Regierung sanken der Einfluss und die Unterstützung für die ERSP schnell.[17] Der Parteizusammenschluss mit dem größeren Koalitionspartner *Vaterland* (*Isamaa*) zur *Vaterlandsunion* (*Isamaaliit*) führte zu einer Mäßigung des Parteiprofils und zu einer innerparteilichen Isolation der Nationalisten. Die Abspaltung *Estnische Partei der Zukunft* erzielte bei den Wahlen 1995 2,5 Prozent der Stimmen. Bei den Wahlen 2003 und 2007 erhielt der Zusammenschluss aus *Zukunftspartei* und ehemaligen ERSP-Mitgliedern zur *Estnischen Unabhängigkeitspartei* (EIP) deutlich weniger als ein Prozent der Wählerstimmen.

Tabelle 1 Ergebnisse der extremistischen Parteien bei den Parlamentswahlen in Estland 1992–2007 (in Prozent)

	1992	1995	1999	2003	2007
Besseres Estland/Estnischer Bürger	6,9	3,6	---	---	---
Estnische Zentrumsunion der Nationalisten	---	0,9	---	---	---
Estnische Partei der Zukunft	---	2,6	---	---	---
Blaue Partei	---	0,4	1,6	---	---
Kommunisten und Nachfolgeparteien	1,6	2,3	6,1	---	0,2[1]
Quelle: Nationales Estnisches Wahlkomitee, abrufbar unter: http://www.vvk.ee/ [Stand: 21. September 2009].					

[1] Seit der Vereinigung der kommunistischen Nachfolgeparteien mit den russisch-nationalen Parteien ist die eindeutige Zuordnung als kommunistisch oder nationalistisch schwierig.

16 Vgl. Wahlergebnisse, abrufbar unter: http://www.parties-and-elections.de/estonia.html [Stand: 27. Mai 2009].

17 Vgl. Rein Helme: Die Entwicklung eines demokratischen Mehrparteiensystems und die innenpolitischen Zielsetzungen der einzelnen Parteien in Estland, in: Boris Meissner/Dietrich A. Loeber/Cornelius Hasselblatt (Hrsg.): Der Aufbau einer freiheitlich-demokratischen Ordnung in den baltischen Staaten. Staat – Wirtschaft – Gesellschaft, Hamburg 1995, S. 72–86.

Auch das nationalistische Bündnis *Besseres Estland/Estnischer Bürger* konnte den Parlamentseinzug drei Jahre später nicht wiederholen. 3,6 Prozent der Stimmen bedeuteten das Aus für die Partei, deren wichtigste Positionen in Staatsbürgerschafts- und Minderheitenfragen durch die staatliche Gesetzgebung geregelt wurden.[18] Die wichtigste als gewaltbereit-rechtsextremistisch einzustufende Partei *Estnische Zentrumsunion der Nationalisten* (ERKL) erzielte bei ihrem einzigen Wahlauftritt 1995 auf nationaler Ebene 0,9 Prozent. Das entsprach in estnischen Größenordnungen 3700 Wählerstimmen.

Durch die strikte Abgrenzung aller estnischen Parteien vom Sowjetkommunismus und der russischen Einflussnahme wurden die sozialistischen bzw. linksextremen Parteien nach 1990 ausschließlich von der russischen Minderheit geführt. Einige Mitglieder der *Kommunistischen Partei*, die sich 1990 unabhängig von der KPdSU in der *Estnischen Kommunistischen Partei* (EKP) organisierten, sind ihren Überzeugungen treu geblieben und konstituierten sich nach mehreren Umformierungen in Estlands *Vereinigter Linkspartei* (*Eestimaa Ühendatud Vasakpartei*).[19] Bei den Wahlen seit 1999 blieben die Parteien – einzeln und vereint – bedeutungslos. Auch die wichtigste Partei der russischen Minderheit, die *Russische Partei in Estland* (RPE), welche als One-Issue-Partei ausschließlich die Minderheitenfrage thematisiert, leidet an der politischen Apathie ihrer Landsleute. Zwar gelang der RPE in wechselnden Listenverbindungen 1995 und 1999 der Parlamentseinzug,[20] doch auch der Zusammenschluss der kommunistischen und demokratischen russischen Minderheitenparteien als *Vereinte Linkspartei* (seit 2007 als *Konstitutionspartei*) änderte nichts an den verheerenden Wahlschlappen 2003 und 2007. Da der Kommunismus heute beim estnischen Bevölkerungsteil durch eine manifeste Sowjet- bzw. Russophobie vollständig desavouiert ist und die russische Minderheit politische Einflussnahme generell (stillschweigend) boykottiert, blieb die gesellschaftliche Bedeutung linksextremer Systemalternativen in Estland marginal. Russisch-nationalistische Parteien erzielten in Estland bislang ebenfalls nur geringen Einfluss, weil deren wichtigste Vertreter von der estnischen in die russische Politik wechselten (vgl. Kapitel 3.3).

3 Extremistische Parteien

3.1 Rechtsextremismus

Eine klare Einordnung der rechtsextremistischen Gruppierungen in Estland fällt schwer, denn die Übergänge von demokratischen zu extremistischen Positionen sind in weiten Teilen der Gesellschaft fließend. In den ersten Jahren der estnischen Unabhängigkeit unterschieden

---

18 Vgl. Axel Reetz: Wahlen im Baltikum seit 1990. Parlamente in den Paradoxien der Selbstbestimmung, in: Winfried Steffani/Uwe Thaysen (Hrsg.): Demokratie in Europa. Zur Rolle der Parlamente, Opladen 1995, S. 300–323.

19 Vgl. Parteiprogramm der *Vereinten Linkspartei*, abrufbar unter: http://www.esdtp.ee/programm.htm [Stand: 19. Januar 2009].

20 Diese verschiedenen Kräfte traten mit wechselnden Listennamen wie *Linke Möglichkeit* 1992 und *Gerechtigkeit* 1995 bei den Wahlen an. 1999 gelang *Estlands Vereinigter Volkspartei* (*Eestimaa Ühendatud Rahvapartei* – EÜR) zusammen mit der ESTP und der *Russischen Einheitspartei* (*Vene Ühtsuspartei*) unter dem Listennamen *Unsere Heimat ist Estland!* (*Meie kodu on Eestimaa!*) der Einzug ins Parlament. Vgl. Eesti Rahvusarengu Instituut, abrufbar unter: http://www.erakonnad.instituut.ee [Stand: 19. Januar 2009].

sich die nationalistischen Parteien ERSP und *Estnischer Bürger* von den demokratischen Kontrahenten hauptsächlich in ihrem Auftreten und Vokabular – dagegen kaum in ihren politischen Inhalten. So unterstützten im Vorfeld der Wahlen 1995 alle ethnisch-estnischen Parteien die Forderung nach verstärkter Abschiebung aller Nichtesten aus dem Land.[21] Der größte Teil der estnischen Mehrheitsbevölkerung vertritt bis heute gegenüber den zu Sowjetzeiten zugewanderten Migranten anderer Nationalität latente xenophobe Ansichten. Die parteipolitische Organisation solcher Einstellungen ist schwer zu verfolgen, weil extremistische Positionen kontinuierlich von Personen vertreten werden, die sich ihrerseits am allgemeinen „party-hopping" bzw. „label-changing" der politischen Elite beteiligen und somit (auch) in demokratischen Parteien vertreten sind.[22]

Die ERSP wurde als erste unabhängige Partei Estlands – noch unter kommunistischer Flagge – von den nationalen Dissidenten *Tunne Kelam* und *Lagle Parek* zunächst illegal gegründet.[23] Die ERSP initiierte am 24. Februar 1990 die Wahl des Estnischen Kongresses als legitimes Parlament, da der Oberste Sowjet Estlands als solches nicht betrachtet und dessen Wahl am 11. März 1990 von der Partei boykottiert wurde. Wahlberechtigt für das neue Parlament sollten nur jene Einwohner sein, die bereits vor dem Anschluss an die Sowjetunion die estnische Staatsbürgerschaft besessen hatten oder als deren direkte Nachkommen galten.[24] Die Partei organisierte dabei die Registrierung der Wähler. Ihr Beitrag als eine der treibenden Kräfte im Unabhängigkeitsprozess wurde nach den Wahlen 1992 mit der Juniorpartnerschaft in der ersten estnischen Regierung belohnt.

Dadurch übertrug sich der Konflikt zwischen Esten und nationalen Minderheiten in die offizielle Politik. Nach Erlangung der estnischen Souveränität konnte die ERSP zwar ihre Interessen in der Staatsbürgerschafts- und Minderheitsgesetzgebung durchsetzen, aber durch die Realisierung sämtlicher Kernforderungen verlor die Partei rasch an Bedeutung. Dies führte zu internen Flügelkämpfen. Der gemäßigte Teil vereinigte sich am 2. Dezember 1995 mit der Partei *Vaterland* (*Isamaa*) zur *Vaterlandsunion* (*Isamaaliit*);[25] die nationalistischen Kräfte organisierten sich stärker im Wahlbündnis *Besseres Estland/Estnische Bürger* unter der Führung des aus dem Exil zurückgekehrten ehemaligen US-Kampfpiloten *Jüri Toomepuu*. Dem Bündnis war 1992 der Parlamentseinzug gelungen, doch *Toomepuu* war der stark national-orientierte Kurs der *Laar*-Regierung nicht repressiv genug und seine Partei verblieb in der Opposition. *Toomepuu* wollte u. a. die umstrittene Präsidialverfassung aus dem Jahre 1938 wieder in Kraft setzten, die eine schärfere Degradierung der nichtestnischen Bevölke-

21 Vgl. Andres Kasekamp: Extreme-right parties in contemporary Estonia, in: Patterns of Prejudice 37(2003)4, S. 401–414.

22 Vgl. Bernard Grofman/Evald Mikkel/Rein Taagepera: Fission and fusion of parties in Estonia, in: Journal of Baltic 31(2000)4, S. 329–357, hier S. 349.

23 Zur Gründung der ERSP am 21. August 1988 siehe Mikk Marran/Eve Vungo: Eesti pöördub läände, Tallinn 1999, S. 15. *Arter* spricht hingegen vom 20. August. Vgl. David Arter: Parties and democracy in the Post-Soviet republics: the case of Estonia, Aldershot 1996, S. 156.

24 Obwohl die Wahl des inoffiziellen Parlaments nicht behindert wurde, gab es außer Plakaten keine Popularisierung durch die Medien. *Taagepera* bezeichnet den Kongress als vermutlich einziges Parlament der Weltgeschichte, welches vollständig privat organisiert wurde. Vgl. Rein Taagepera: Estonia. Return to independence, Boulder 1993, S. 174.

25 Vgl. Ivp Pospíšil: Republika Estonsko, in: Petr Fiala/Jan Holzer/Maximilián Strmiska (Hrsg.): Politické strany ve střední a východni Evropě. Ideově-politický profil, pozice a role politických stran v postkomunisttických zemích, Brünn 2002, S. 154–171, hier S. 163.

rung zu Bürgern zweiter Klasse bedeutet hätte. Der Radikalisierung der *Estnischen Bürger* unter dem Einfluss früherer ERSP-ler und der ehemaligen Exil-Esten folgte der Niedergang.[26] Nach zahlreichen Wahlschlappen auf nationaler und regionaler Ebene trat die Partei zu den Parlamentswahlen 1999 nicht mehr an.

Die ERKL entstand am 19. März 1994 als selbsternannte Nachfolgeorganisation der *Estnischen Union der Freiheitskämpfer* aus der Zwischenkriegszeit. Zwar gilt die Partei seit 1999 wegen Unterschreitung der Mindestmitgliederzahl als offiziell aufgelöst, doch agiert sie seither ohne staatliche Registrierung. Die Losung der Partei lautet „Zurück zur Ordnung im Staat!", wobei ein kompromissloses Vorgehen gegen Kriminelle aus den ehemaligen Sowjetstaaten proklamiert wird. Ziel der ERKL ist die Übernahme des post-kommunistischen Regimes in Estland und die Schaffung einer militant-nationalistischen Diktatur.[27] Doch scheiterte die Strategie der Partei, einerseits parlamentarische Partizipation anzustreben, andererseits gewalttätige Ausschreitungen zu propagieren und durchzuführen. Die ERKL wurde von allen etablierten Parteien von Anfang an (und im Gegensatz zur ERSP) als extremistische Partei ausgegrenzt, nicht zuletzt in Sorge um das internationale Image Estlands und das Wachsen einer revisionistischen Ideologie im Land. Nach dem Scheitern der Partei bei den Wahlen 1995 und 1999 entschied der Parteivorsitzende *Tiit Madisson*, die Arbeit seiner Vereinigung in der Illegalität fortzusetzen.[28]

Der bekannteste Nationalist Estlands *Madisson* wurde 1950 in Tallinn geboren und als antisowjetischer Dissident 1981 zu vier Jahren Haft in Sibirien verurteilt. Die Inhaftierung endete nach dem Amtsantritt *Michail Gorbatschows* in Moskau, doch *Madisson* entwickelte sich in den späten 1980er Jahren zum radikalen Sowjet- und Russlandgegner. Er schloss sich der Dissidentenbewegung an und war gemeinsam mit den späteren Gründern der ERSP einer der wichtigsten Organisatoren der regimekritischen Demonstrationen im Hirvepark am 23. August 1987. Deshalb zwang ihn der KGB, einen Monat später Estland zu verlassen, und *Madisson* emigrierte für drei Jahre nach Schweden.[29] Nach seiner Rückkehr nach Estland verfolgte er politisch ausschließlich antirussische Ziele. 1996 rief er mit dem Artikel „Eesti saadus" (Estlands Schicksal) zur Schaffung einer Freiheitsarmee und zum Sturz von Ministerpräsident *Tiit Vähi* auf. *Madisson* drohte darin mit einem Raketenangriff für den Fall, dass die Regierung seine Garde nicht mit zwei Millionen Dollar Aufrüsten sollte.[30] Nachdem der ERKL-Vorsitzende gegenüber hochrangigen Militärs seine Putschpläne äußerte, wurde *Madisson* am 1. Juni 1996 inhaftiert, zu zwei Jahren Haft verurteilt, doch bereits 1997 wieder entlassen. Er setzte seine politische Betätigung auf kommunaler Ebene in der demokratischen *Zentrumspartei* von *Edgar Savisaar* fort. *Madisson* verließ die Partei 2001, nachdem sich diese zum Beitritt Estlands zur NATO und zur EU bekannte.[31] Von 2002 bis 2005 arbeitete

26 Vgl. Anatol Lieven: The Baltic revolution, New Haven/London 1994, S. 284.

27 Vgl. Vadim Poleshchuk: Estonia, in: Cas Mudde (Hrsg.): Racist Extremism in Central and Eastern Europe, London u. a. 2005, S. 60–79, hier S. 63.

28 Vgl. ebd.

29 *Madisson* veröffentlichte seine politische Biographie der Sowjetzeit 1996 in dem Buch „Vastasseis" [Gegnerschaft].

30 Vgl. Tiit Madisson: Riigipööraja Märkmik [Notizbuch eines Umstürzlers], o. O. 1999.

31 Vgl. Madis Jürgen: Tiit Madisson – igavene dissident, in: Eesti Ekspress vom 9. September 2004. 2004 erschien *Madissons* Buch „Maailma uus kord" [Die neue Weltordnung], ein Sammelsurium von Verschwörungstheorien um Freimaurer und Juden, das den Holocaust leugnet.

er als Gemeinderat in der westestnischen Kleinstadt Lihula, heute agiert er als Publizist und Organisator im subkulturellen extremistischen Milieu.

Ideologisch und programmatisch unterscheiden sich die rechtsextremen Parteien bzw. Vereinigungen Estlands kaum voneinander; die Abgrenzung vom bzw. die Diskriminierung des russischen Bevölkerungsanteil(s) ist für sie zentral. Mit der Umsetzung ihrer Forderungen in der Staatsbürgerschafts- bzw. Minderheitenfrage rückten sie weiter nach rechts außen. Ihrer Ansicht nach waren die Regeln zur Wiedererlangung der Staatsbürgerschaft für Minderheiten zu liberal. In dem Maße, wie die Radikalisierung des rechtsextremen Lagers zunahm und sich der Abstand vom politischen Mainstream vergrößerte, schwand zugleich der Zuspruch der Parteien durch die Bevölkerung.

Ideologisch versuchen Estlands Rechtsextremisten, an die Traditionen der semifaschistischen Organisationen Estlands anzuknüpfen.[32] Die Okkupation Estlands von 1941 bis 1944 durch Deutschland wird von der extremen Rechten nicht als nationalsozialistische Besetzung betrachtet, sondern als Abwehrnotwendigkeit des Kommunismus verklärt. Neben „alten" Immigranten der Sowjetzeit gelten heute „neue" nichtweiße Zuwanderer und politische Flüchtlinge als Hauptbedrohung der estnischen Nation durch Überfremdung. In ihrem aktuellen Programm fordert die EIP weitreichende Einschränkungen der kulturellen und sprachlichen Autonomie aller ethnischen Minderheiten.[33]

Wie begrenzt das Spektrum – keine der Einzelgruppierungen im estnischen Rechtsextremismus verfügt über mehr als 100 registrierte Mitglieder – und wie verwoben die Beziehungen innerhalb der rechtsextremistischen Parteien Estlands sind, zeigt das Beispiel der ERSP-Abspaltung *Estnische Partei der Zukunft* (*Tuleviku Eesti Erakond*). Sie entstand, da der wegen eines Skandals in der estnischen Armee zurückgetretene Verteidigungsminister *Hain Rebas* innerhalb der ERSP keinen Rückhalt mehr genoss. 1999 kam es zur Umbenennung seiner neuen Organisation in *Estnische Unabhängigkeitspartei* (EIP) und zur Wiedervereinigung mit ehemaligen ERSP-lern. Auch frühere ERKL-Mitglieder fanden in der *Unabhängigkeitspartei* eine neue politische Heimat. Die Partei positioniert sich nach wie vor antirussisch und nationalistisch, in den letzten Jahren verstärkt „hart-euroskeptisch".[34] Sie fordert den Austritt Estlands aus der EU und der NATO sowie die neuerliche Aberkennung der Staatsbürgerschaft für sämtliche nichtethnischen Esten.[35] Eine interne Krise aufgrund von persönlichen Differenzen führte zur erneuten Spaltung der EIP. Versuche einer Vereinigung mit anderen Parteien scheiterten – wie im Fall mit der Partei *Bauernversammlung* (*Põllumeeste Kogu*) – an inhaltlichen Differenzen. Im Streit mit der *Estnischen Demokratischen Partei* (*Eesti Demokraatlik Erakond*), die ihrerseits zwischen 1994 und 2001 den Namen *Blaue Partei Estlands* (*Eesti Sinine Erakond*) trug, konnten sich die beiden Parteien auf

32 Vgl. Vadim Poleshchuk (FN 27), S. 63.

33 Vgl. Parteiprogramm der EIP, abrufbar unter: http://www.iseseisvuspartei.ee/test/index.php/programm.html [Stand: 27. April 2009].

34 Im Gegensatz zur „weichen" Euroskeptizismusvariante, welche die Vertiefung und Erweiterung der europäischen Integration immanent kritisiert, lehnen Vertreter des „harten" Euroskeptizismus die Gemeinschaftsdemokratie und das Wertesystem der EU generell ab und fordern den Rückzug des jeweiligen Landes aus dem europäischen Rechts- und Vertragsrahmen. Siehe hierzu im Einzelnen Evald Mikkel/Andres Kasekamp: Emerging Party-based Euroscepticism in Estonia, in: Paul Taggart/Aleks Szczerbiak (Hrsg.): Opposing Europe? The Comparative Party Politics of Euroscepticism, Band 1, Oxford 2008, S. 295–313.

35 Vgl. Parteiprogramm der EIP (FN 33).

keine Bezeichnung einigen.[36] Nachdem im Vorfeld der Wahlen 2007 Verhandlungen über Vereinigungen und Listenkoalitionen mit demokratischen Parteien gescheitert waren, hat die EIP bis heute Schwierigkeiten, die Mindestanzahl von 200 Mitgliedern zu halten[37], um nicht den Parteistatus einzubüßen.

Unter den offiziell registrierten Parteien existiert außerdem die politisch einflusslose, weil zu Wahlen bisher nicht angetretene *Republikanische Partei* (*Vabariiklik*). Sie verknüpft ihre Ablehnung der liberalen Marktwirtschaft mit simplem Euroskeptizismus und unterscheidet sich in ihrem national orientierten Sozialpopulismus kaum von den anderen rechtsextremen Parteien Estlands. Ein gültiges Parteiprogramm besitzen die *Republikaner* nicht.[38]

Durch das 1993 angenommene Ausländergesetz und die politische Isolation der russischen Minderheitenparteien verlagerten ab Mitte der 1990er Jahre jene russisch-nationalistischen Kräfte, die ein Arrangement mit den Kommunisten ablehnten, ihre Aktivitäten in die rechtsextremen Parteien der Russischen Föderation. Die ultranationalistische Ideologie der *Russisch Nationalen Einheit* (RNE) vereint Ideologieelemente des orthodox-russischen Nationalismus mit dem Antisemitismus des deutschen Nationalsozialismus.[39] Die *RNE v Estonii* wurde 1996 gegründet, doch sie erhielt keinen offiziellen Status als Partei; sie hat heute etwa 50 Mitglieder und trat nie bei Wahlen an. Als ihr zentrales Ziel erklärt die Partei die Bewahrung der russischen Identität, Kultur und Sprache in Estland.[40] Wegen rassistischer Veröffentlichungen in der Parteizeitung *Kolovrat* gegen Esten, Tschetschenen und Juden wurden 2002 drei Mitglieder der RNE von einem estnischen Gericht schuldig gesprochen, zu einer Geldstrafe verurteilt sowie das Blatt konfisziert und später eingestellt.[41]

1993 erhielt *Pjotr Rozhok* bei den Duma-Wahlen 59,6 Prozent der Stimmen von den russischen Staatsbürgern in Estland für die *Liberal-Demokratische Partei Russlands* (LDPR). Der selbsternannte Vorsitzende der estnischen LDPR-Abteilung und persönliche Freund *Wladimir Schirinowskis* erregte in den 1990er Jahren mit nationalistischem Getöse vom neuen baltischen Faschismus die Öffentlichkeit. Im März 1995 wurde *Rozhok* von der estnischen Sicherheitspolizei aus Estland nach Russland deportiert. Die Begründung der Behörden lautete, *Rozhok* sei eine Gefahr der estnisch-nationalen Sicherheit, wogegen dieser beim Tallinner Bezirksgericht Revision einlegte. Bis zur endgültigen Rücknahme der als ungesetzlich erklärten Ausweisung arbeitete *Rozhok* als Berater in der Moskauer LDPR-Zentrale. In den letzten Jahren organisierte er eine Gruppierung mit dem Namen *Kämpfer für die russischen Rechte*.[42] Die als russisch-chauvinistisch bezeichnete Vereinigung erlangte ihre Bekanntheit im Zuge der Ausschreitungen um die Denkmal-Debatte.

36 Vgl. http://www.erakonnad.instituut.ee/erakonnad/registreeritud/edp.html [Stand: 19. Januar 2009].
37 Da es sich bei der EIP um keine Neugründung, sondern um eine Umbenennung handelt, gilt für die Partei die Mindestzahl an Mitgliedern aus dem Parteiengesetz von 1994.
38 Vgl. die Selbstdarstellung der Partei, abrufbar unter: http://www.vabariiklikpartei.ee/ [Stand: 19. Januar 2009].
39 Vgl. Tom Thieme: Hammer, Sichel, Hakenkreuz. Parteipolitischer Extremismus in Osteuropa, Entstehungsbedingungen und Erscheinungsformen, Baden-Baden 2007, S. 208–214.
40 Die Änderung der estnischen Verfassung bzw. des souveränen Status des Landes wird von der RNE-Estland nicht angestrebt. Vgl. http://eston.rne.org/ [Stand: 28. Mai 2009].
41 Vgl. Vadim Poleshchuk (FN 27), S. 66.
42 Vgl. ebd., S. 66f.

3.2 *Linksextremismus*

Linksextreme Parteien sind in Estland eine gesellschaftlich isolierte Randerscheinung, da die kommunistische Politik und Machtpraxis von der estnischen Bevölkerung ausnahmslos abgelehnt wird, und die (Wahl-)Unterstützung des russischen Bevölkerungsteils bis heute durch den unklaren Rechtsstatus der Minderheiten erschwert bleibt. Ähnlich wie im estnischen Rechtsextremismus ist die Kontinuität solcher Organisationen und Positionen schwer nachzuvollziehen, da zahlreiche Umbenennungen, Fusionen und Absplitterungen die Geschichte der linksextremen Parteien prägen. 1992 wurde die ehemalige *Estnische Kommunistische Partei* (EKP) zunächst in *Estnische Demokratische Partei der Arbeit* (EDT) und 1997 in *Estnische Sozialdemokratische Arbeitspartei* (ESTP) umbenannt. Ab 2004 bezeichnete sie sich als *Estnische Linkspartei* (EVP). Diese Partei hatte ihrerseits bereits mit der *Russischen Partei in Estland* (VEE) zusammengearbeitet und so endeten die Verhandlungen im Jahr 2007 mit der Vereinigung aller drei Parteien unter dem Namen *Konstitutionspartei* (*Kostitutsioonierakond*).

Die *Konstitutionspartei* wird von zwei Hauptströmungen geprägt, die auf den ersten Blick gegenläufig erscheinen, sich in der politischen Praxis jedoch vielfältig ergänzen: Auf der einen Seite existiert ein traditioneller Kern ehemaliger sowjetsozialistischer Funktionärseliten, auf der anderen Seite ein linker Flügel des neuen russischen Nationalismus. Ideologisch wird versucht, die kommunistische Überzeugung mit der russisch-nationalen Herkunft zu verbinden. Vor allem im Vergangenheitsdiskurs zeigt sich die prosowjetische Einstellung der russischen Esten. Die Partei (bzw. ihre Vorgängerorganisationen) organisiert seit der estnischen Unabhängigkeit weiterhin Gedenkveranstaltungen am 9. Mai[43] und am 22. September[44]. Russischstämmige Linksextremisten nutzen solche Veranstaltungen gezielt und verbinden das Gedenken an die Kriegsopfer mit der Wiederanknüpfung an die stalinistische Expansionspolitik. Ihre Mitglieder protestierten 2007 vehement gegen die Verlegung des „Bronzesoldaten“, eines sowjetischen Ehrenmals für Gefallene des Zweiten Weltkrieges, und beteiligten sich zum Teil an den gewaltsamen Ausschreitungen gegen estnische Nationalisten und Sicherheitskräfte.

Im politischen Tagesgeschäft nehmen die Parteien der russisch-nationalen Minderheit kaum (links)extremistische Positionen ein. 1999 versammelte die *Vereinigte Volkspartei* verschiedene russische Minderheitengruppierungen, darunter antidemokratische Parteien. Die Partei vertritt zum einen Themen um die Minderheitenfrage, zum anderen linkspopulistische (Arbeit für alle, Verteilungsgerechtigkeit) und eurokritische Ansichten. Ein offizielles Parteiprogramm existiert nicht. In den Jahren der Parlamentsbeteiligung verfolgte die *Vereinigte Volkspartei* in der Opposition einen konstruktiven Kurs.[45] Die Bandbreite innerhalb der 2007

43 Die Einladung des russischen Präsidenten *Wladimir Putin* zu den Feiern des 60. Jahrestages der Befreiung vom Nationalsozialismus lehnte der estnische Präsident *Arnold Rüütel* mit dem Verweis ab, Estland sei 1940 und 1944 widerrechtlich von der Sowjetunion okkupiert worden und der 9. Mai daher für Esten kein Tag zum Feiern. Vgl. Gedenken zum Kriegsende. Absagen verhageln Putin die Siegesfeier, in: Spiegel-Online vom 6. Mai 2005, abrufbar unter: http://www.spiegel.de/politik/ausland/0,1518,354900,00.html [Stand: 29. Mai 2009].

44 Am 22. April 1944 übernahm die Rote Armee Tallinn und beendete die deutsche Besatzung. Siehe im Einzelnen Wolfgang Curilla: Die deutsche Ordnungspolizei und der Holocaust im Baltikum und in Weißrussland 1941–1944, Paderborn 2006.

45 Vgl. Mikko Lagerspetz/Konrad Maier (FN 3), S. 90 f.

neu entstandenen Sammlungsbewegung *Konstitutionspartei* reicht von eher konservativen Kräften in der *Russischen Partei Estlands* (die Partei beruft sich in ihrem Programm auf die christlichen Werte)[46] über traditionelle Kommunisten bis hin zu den kapitalismus-globalisierungskritischen Milieus einer neuen russischstämmig-estnischen Linken.[47] Neben der strukturellen Benachteilung russischer Parteien in Estland dürften die inhaltlichen Unterschiede zwischen den Parteifaktionen hauptverantwortlich für deren Schwäche sein.

4 Nichtparteiförmiger Extremismus

Die zentrale Konfliktlinie der nichtparteiförmigen extremistischen Kräfte in Estland verläuft zwischen neonationalsozialistisch inspirierten Esten und ultranationalistischen Russen. Die Grenzen zwischen den extremistischen Parteien und militanten Gruppierungen sind auf beiden Seiten fließend, denn ihre Mitglieder sind organisatorisch vielfältig verwoben. Obwohl nicht nur estnische und russische Nationalisten den Minderheitenkonflikt kultivieren und die Feindschaft der Bevölkerungsgruppen bis in die Mehrheitsgesellschaft reicht, verfügen ausgerechnet die Führer der estnischen Nationalisten über Kontakte zu russischen extremistischen Organisationen. Der radikale Antikommunist *Tiit Madisson* bezeichnet *Wladimir Schirinowski* als seinen Freund. Beide Seiten vereint ein ausgeprägter Antisemitismus, Antikommusismus und Rassismus gegenüber Immigranten aus Vorder- und Zentralasien.[48]

Die meisten Mitglieder der russischen und estnischen gewaltbereiten Vereinigungen stehen sich dagegen unversöhnlich gegenüber. Auf der estnischen Seite gibt es rassistische Skinheadgruppen, die sich am deutschen Nationalsozialismus[49] und westlichen – vor allem skandinavischen – Vorbildern orientieren. Sie verfolgen zwei wesentliche politische Ziele: die Bekämpfung alter (sowjetischer) und neuer Immigranten sowie die Revision der estnischen Geschichte und der deutschen Besatzungszeit. Die gesamte estnische Skinheadszene umfasst nach eigenen Angaben etwa 150 Mitglieder. Über die Zahl der gewaltbereiten russischen Nationalisten herrschte lange Unklarheit.[50] Die Versetzung des Bronzesoldaten und die folgenden Ausschreitungen im April 2007 offenbarten das Potenzial des militanten russischen Nationalismus: An den Krawallen beteiligten sich nach Presseangaben im Frühjahr 2007 einige hundert, überwiegend jugendliche Anhänger, unter ihnen zahlreiche Skinheads. Die Gewalt der bis dahin friedlichen, wenn auch angespannten Demonstrationen eskalierte, als die Versetzung „Aljoschas“ am 26. April 2007 durchgeführt wurde. Tagelang randalierten vor allem russische Jugendliche in der Tallinner Innenstadt. Es kam zu wüsten Prügeleien mit mehr als 150 Verletzten und einem Toten. Am 9. Mai kam es erneut zu Zusammenstößen zwischen russischen und estnischen Nationalisten, nachdem sowjetische Kriegsveteranen

46 Vgl. Parteiprogramm der RPE, abrufbar unter: http://www.rusparty.ee/?lang=rus [Stand: 29. Mai 2009].
47 Vgl. Vereinigung, Konstituierung und Programmatik der *Konstitutionspartei*, abrufbar unter: http://www.kpartei.ee [Stand: 19. Mai 2009].
48 Vgl. Tom Thieme (FN 39), S. 271–280.
49 Vgl. Angelika Beer (Hrsg.): Europa im Visier der Rechtsextremisten, Berlin 2009, abrufbar unter: http://www.angelika-beer.de/stepone/data/downloads/3f/00/00/Europa_im_Visier_der_Rechtsextremen.pdf [Stand: 17. Mai 2009], S. 98.
50 *Vadim Poleshchuk* schätzte 2005, die Zahl der so genannten *Russischen Freiheitskämpfer* liegt näher bei zehn als bei 100. Vgl. ders. (FN 27), S. 67.

versuchten, einem national gesinnten Gegendemonstranten die estnische Flagge zu entreißen. Erst ein Großaufgebot der Polizei konnte die Ausschreitungen beenden. Die Behörden verhängten ein Verbot weiterer Protestaktionen für beide Seiten. Der neue Platz des Bronzesoldaten wird seither von der Polizei überwacht. Auch 2008 befanden sich die estnischen Sicherheitskräfte im Vorfeld des Gedenktages in höchster Alarmbereitschaft. Obwohl sich die Unruhen von 2007 nicht wiederholten, bemühen sich estnische Behörden um eine Deeskalation des Konfliktes, nicht zuletzt aus Sorge um das estnisch-russische Verhältnis.[51] Bei den Vorfällen handelte es sich um die schwerste innenpolitische Krise Estlands seit der Unabhängigkeit von der Sowjetunion.

Die Ausschreitungen zwischen Russen und Esten wurden – wie die meisten extremistischen Aktivitäten – von der Öffentlichkeit kaum als politische bzw. organisierte Konflikte wahrgenommen. Vielmehr treten im antidemokratischen Spektrum Estlands vor allem prominente Einzelpersonen wie der Journalist *Jüri Liim* und der frühere KRPL-Vorsitzende *Tiit Madisson* durch umstrittene, öffentlichkeitswirksame Aktionen in Erscheinung. 2008 demontierte *Liim* in Tallinn zwei sowjetische Heldendenkmäler und schenkte sie (unautorisiert) einem Geschichtsmuseum. *Liim* rechtfertigte seinen Alleingang damit, dass dies die Pflicht eines Bürgers sei, wenn der Staat die Aufgabe einer neuen estnischen Geschichtsschreibung nicht übernehme. Von offizieller Seite wurde ein Verfahren wegen Diebstahls gegen *Liim* eingeleitet.

Tiit Madisson sorgte 2004 für landesweite Aufmerksamkeit, als der Bürgermeister der Stadt Lihula ein Denkmal für SS-Legionäre errichten ließ.[52] Den Hintergrund bildet die bis heute umstrittene Bewertung der estnischen Kollaboration während des Zweiten Weltkrieges. Während der ersten sowjetischen Besetzung 1940 waren unter Stalin tausende Esten umgebracht und deportiert worden. Von vielen Einwohnern des gesamten Baltikums wurden die SS und die Wehrmacht zunächst nicht als kommende Besatzungsmacht, sondern als Befreier von der Roten Armee wahrgenommen. Den Mythos, nicht für *Hitler*, sondern für die Freiheit der Heimat an der Seite Deutschlands gekämpft zu haben, kultiviert *Madisson* bis heute. Am Rande der Ereignisse im Frühjahr 2007 goss er weiteres Öl ins Feuer, als er verkündete, die Rote Armee habe zehnmal mehr Esten getötet als deutsche Truppen. Heldenstatuen bräuchten die Russen zudem nicht, da die Wehrmacht Estland bereits verlassen hätte, als die Rotarmisten einmarschierten, so *Madisson*.[53] Angesichts der internationalen Kritik schickte die estnische Regierung ein Räumkommando, welches das Denkmal am 2. September 2004 demontierte. Das Problem revanchistischer Geschichtsbilder in der estnischen Gesellschaft verschwand damit nicht. Es fehlt im Land an zivilgesellschaftlichen Programmen gegen (subkulturellen) Rechtsextremismus sowie an einer angemessenen Auseinandersetzung mit der eigenen Vergangenheit und mit dem Holocaust.[54]

---

51 Vgl. Adrian Blomfield: War of words over bronze soldier, in: Telegraph.co.uk vom 5. Februar 2007, abrufbar unter: http://www.telegraph.co.uk/news/worldnews/1541641/War-of-words-over-bronze-soldier.html [Stand: 28. Mai 2009].

52 Vgl. Merike Pitk: Tiit Madisson lubab Lihulale 40 uut töökohta, in: Maaleht vom 14. November 2002, abrufbar unter: http://paber.maaleht.ee/?old_rubriik=5701&old_art=20027&old_num=788 [Stand: 19. Januar 2009].

53 Vgl. Adrian Blomfield (FN 51).

54 Vgl. Angelika Beer (FN 49), S. 98.

5 Ergebnis

Extremistische Parteien und gewaltbereit demokratiefeindliche Vereinigungen sind in Estland eine gesellschaftliche Randerscheinung ohne politische Relevanz. Dafür verantwortlich ist einerseits, dass bis in die 1990er Jahre Vorurteile gegenüber der russischen Minderheit in der estnischen Mainstreampolitik verbreitet waren, die rechtsextremistische Parteien „überflüssig“ machten. Die folgende Radikalisierung der Parteien ging mit ihrer Selbstzerstörung einher. Andererseits wird linksextreme Politik von allen ethnisch-estnischen Gesellschaftsgruppen abgelehnt und russisch-sozialistische Parteien bleiben durch den lange praktizierten Wahlausschluss von Minderheiten bis heute strukturell benachteiligt. Zwar beziehen die demokratischen Parteien Estlands spätestens seit dem EU-Beitritt und durch den wachsenden internationalen Druck in der Minderheitenfrage klar Stellung gegenüber nationalistischen, ethnozentrischen und antirussischen Positionen, doch gerade dies schafft (zwangsläufig) Etablierungsräume für extremistische Parteien. Die Verschärfung des Konfliktes zwischen Estland und Russland und die Folgen der weltweiten Finanzkrise, welche die baltischen Staaten besonders hart treffen,[55] könnten diesen Trend verstärken und zu einem Zulauf bei den antidemokratischen Kräften führen.

Die Trennlinie des Extremismus in Estland verläuft nicht entlang der Kategorien Rechts- und Linksextremismus, sondern zwischen estnischem und russischem Nationalismus. Die Rechts-Links-Unterscheidung spielt lediglich im Geschichtsbild der jeweiligen Extremismen eine Rolle. Die eine Seite versucht, die NS-Besatzung und die semifaschistischen Bewegungen Estlands aus der Zwischenkriegszeit als Abwehrmaßnahmen gegen den Kommunismus umzudeuten. Den Einmarsch der Sowjetarmee empfinden viele Esten bis heute nicht als Tag der Befreiung vom Nationalsozialismus, sondern als Beginn einer neuerlichen Unterdrückung. Für die andere Seite gilt noch immer die Sowjetzeit als herausragende Epoche der russisch-estnischen Vergangenheit. Programmatisch vereinen dagegen das estnische wie das russische Lager Elemente des Rechts- und des Linksextremismus. Nationalprotektionistische Verteidigungsstrategien gegenüber der jeweils anderen Seite werden um sozialpopulistische Themen erweitert. Die Forderungen nach überhöhter gesellschaftlicher Gleichheit beziehen russische und estnische Extremisten jeweils nur auf die eigene Volksgruppe; ihr Linksextremismus ist also weniger internationalistisch, sondern vielmehr stark ethnozentrisch ausgerichtet. Ob das Wesen der antidemokratischen Akteure in Estland mit den Begriffen Rechts- und Linksextremismus angemessen erfasst werden kann, ist daher zweifelhaft.

Die Genese und Entwicklung extremistischen Gedankengutes ist in Estland schwer zu verfolgen, da sich die entsprechenden politischen Kräfte in den Jahren seit der Unabhängigkeit immer wieder umbenannt, umgruppiert oder zusammengeschlossen haben. Einige der in diesem Beitrag erwähnten Organisationen sind klar als demokratisch einzuschätzen, aber durch das im gesamten Baltikum verbreitete „party hopping“ des politischen Personals gelangten über System-Parteien auch extremistische Politiker in das estnische Parlament und in politische Spitzenämter. Die Gefahr für die estnische Volkssouveränität ergibt sich (momentan) weniger aus militant-aggressiven Parteien und Vereinigungen, sondern eher durch

55 Vgl. Hella Engerer: Solidarität gesucht. Osteuropas Finanzmärkte in der globalen Finanzkrise, in: Osteuropa 58(2008)12, S. 25–40.

die Infiltrierung antidemokratischer Akteure innerhalb demokratischer Parteien. Eine systematische Unterwanderung der Parteien ist wiederum weniger zu erwarten als vielmehr eine Verrohung des politischen Klimas und eine Verschärfung der Beziehungen zu Russland. Weder Esten noch Russen haben sich bislang in nennenswerten extremistischen Gruppierungen organisiert. Auch die Entstehung neuer radikal-antidemokratischer Massenbewegungen scheint nicht in Sicht.

Extremismus in Finnland

Kati Kuitto/Christoph Oberst

1 Rahmenbedingungen

Das Aufkommen extremistischer Kräfte in Finnland ist eng mit den historischen und geopolitischen Entwicklungen sowie der Bevölkerungsstruktur verbunden.[1] Vor dem Zweiten Weltkrieg gab es sowohl rechts- als auch linksextremistische Bewegungen und Parteien, die Sitze im Parlament erringen konnten. Nach dem Zweiten Weltkrieg determinierte die außenpolitische Doktrin bis zum Zusammenbruch der Sowjetunion die Erscheinungsformen und Intensität des politischen Extremismus. Seit 1990 haben die Veränderungen der politischen Situation in Finnland zum vermehrten Auftreten radikaler und extremistischer Bewegungen insbesondere am rechten Rand geführt.

Die historischen Entwicklungen extremistischer Kräfte gewannen zu Beginn der staatlichen Unabhängigkeit Finnlands im Jahre 1917 und dem darauffolgenden blutigen Bürgerkrieg, in dem „Weiße" (bürgerliche Kräfte) gegen „Rote" (sozialistische Kräfte) kämpften, an Dynamik. Aus diesem Bürgerkrieg gingen die „Weißen" als Sieger hervor. Danach spaltete sich die *Sozialdemokratische Partei* (SDP) in einen gemäßigten und einen radikalen Flügel. Der radikale Flügel, der vor allem aus in die Sowjetunion geflüchteten *Rotgardisten* bestand, gründete 1918 in Moskau die *Kommunistische Partei Finnlands* (SKP), die jedoch als revolutionäre Partei in Finnland nicht legal war.[2] Am rechten Rand des politischen Spektrums flammten in den 1920er Jahren antikommunistische und nationalistische Bestrebungen auf. Aus der ultranationalistischen *Akademischen Karelien Gesellschaft* und der antikommunistischen *Lapua*-Volksbewegung von 1929 ging die faschistisch orientierte Partei *Vaterländische Volksbewegung* (*Isänmaallinen Kansanliike* – IKL) hervor. Die *Lapua*-Bewegung hatte insofern Erfolg, als 1930 antikommunistische Gesetze erlassen wurden. Die IKL war in den 1930er Jahren mit mehreren Abgeordneten im Parlament vertreten.[3] Nach dem Zweiten Weltkrieg wurden im Rahmen der Friedensabkommen von Moskau 1944 und Paris 1947 alle faschistischen Organisationen und damit auch die IKL verboten.[4] Die *Kommunistische Partei Finnlands* dagegen erhielt 1944 wieder die Zulassung. Zusammen mit dem linken Flügel der *Sozialdemokratischen Partei* gründete sie die *Demokratische Union des Finnischen Volkes* (SKDL), die in den Jahren nach dem Zweiten Weltkrieg in der finnischen Politik eine be-

1 Wir danken *Detlef Jahn*, *Stefanie Korte* und *Ann-Cathrin Jungar* für konstruktive Kommentare zum Manuskript, *Steffi Krohn* und *Lena Masch* für ihre Hilfe beim Redigieren.

2 Vgl. Jaakko Mäkelä: The Radical Left and the Communist Party in Finnish Politics, in: Juhani Mylly/Michael R. Berry (Hrsg.): Political Parties in Finland. Essays in History and Politics, Turku 1984, S. 153–189, hier S. 153–163; Rauli Mickelsson: Suomen puolueet. Historia, muutos ja nykypäivä, Tampere 2007, S. 84–86.

3 Vgl. Rauli Mickelsson (FN 2), S. 105–108; Pertti Pesonen/Olavi Riihinen (Hrsg.): Dynamic Finland. The Political System and the Welfare State, Helsinki 2002, S. 58 f.

4 Vgl. Kyösti Pekonen/Pertti Hynynen/Mari Kalliala: The New Radical Right Taking Shape in Finland, in: Kyösti Pekonen (Hrsg.): The New Radical Right in Finland, Helsinki 1999, S. 31–60, hier S. 33.

deutende Rolle spielte. Sie erhielt bis in die 1970er Jahre kontinuierlich über 20 Prozent der Stimmen bei Parlamentswahlen und war seit den 1960er Jahren mehrfach an Regierungen beteiligt.[5] Die Kommunisten wurden von der Sowjetunion unterstützt und verfolgten zeitweise das Ziel, dass Finnland sich dem Weg der „sozialistischen Volksdemokratien" anschließen sollte.[6] In den 1980er Jahren erodierte die SKDL jedoch zunehmend aufgrund von Richtungsstreitigkeiten. Ihr Nachfolger wurde das 1990 gegründete *Linksbündnis* (*Vasemmistoliitto* – VAS), das sich von seiner kommunistischen Vergangenheit distanzierte und seitdem zu den etablierten Parteien zählt. Am linken Rand existieren heute zwei kommunistische Parteien: die erneut gegründete *Kommunistische Partei Finnlands* (SKP) und die *Kommunistische Arbeiterpartei* (KTP), deren Wählerzuspruch jedoch marginal ist.

In den Jahren der sogenannten Finnlandisierung[7] war rechtsextremes Gedankengut durch einen breiten gesellschaftlichen und politischen Konsens verbannt und, wenn überhaupt, lediglich unterschwellig vorhanden.[8] Es kam nur zu kurzen Intermezzi rechtsradikaler Persönlichkeiten wie die des nationalsozialistischen und okkultistischen *Pekka Siitoin*.[9] Rechtsradikale Parteien, wie sie in vielen anderen Ländern Europas entstanden, konnten sich in Finnland dagegen nicht entwickeln. Mit dem Zusammenbruch der Sowjetunion entfiel der Hinderungsgrund für die Entstehung rechtsextremistischer Parteien, und seit 1990 sind mehrere kleine rechtspopulistische und rechtsextremistische Gruppierungen und Parteien entstanden. Die politische Kultur ist aber nach wie vor eher konsensorientiert, was es extremistischen Bewegungen erschwert, Anhänger im großen Maße zu gewinnen.

Die finnische Verfassung beinhaltet keine expliziten Regelungen zur Extremismusproblematik. Sie lässt, abgesehen von den freiheitlich-demokratischen Grundsätzen, die gesellschaftliche Ideologie absichtlich offen, um politischen Spielraum im Rahmen der demokratischen und rechtsstaatlichen Prinzipien zu gewährleisten. Auch Parteien werden nicht als politische Akteure in der Verfassung genannt.[10] Die Zulassung und Beschränkung von Parteien wird durch das Parteiengesetz von 1969 geregelt. Demnach können alle politischen Organisationen in das Parteienregister aufgenommen werden und als Partei gelten, die

5 Vgl. Detlef Jahn/Kati Kuitto/Christoph Oberst: Das Parteiensystem Finnlands, in: Oskar Niedermayer/Richard Stöss/Melanie Haas (Hrsg.): Die Parteiensysteme Westeuropas, Wiesbaden 2006, S. 135–159, hier S. 142; David Arter: „Communists we are no longer, Social Democrats we can never be". The Evolution of the Leftist Parties in Finland and Sweden, in: Journal of Communist Studies and Transition Politics 18(2002)3, S. 1–28, hier S. 4 f.; Timo Soikkanen: The Development of Political Parties. An Introduction and Overview, in: Juhani Mylly/Michael R. Berry (Hrsg.): Political Parties in Finland. Essays in History and Politics, Turku 1984, S. 28–34.

6 Vgl. Hannu Rautkallio: Suomen suunta 1945–1948, Savolinna 1979, S. 100.

7 Mit „Finnlandisierung" ist die selbst auferlegte Tendenz in Finnland gemeint, sich im Rahmen der finnischen Neutralitätspolitik und freundschaftlichen Nachbarschaftsbeziehungen, insbesondere in der Zeit ab Ende der 1960er Jahre, in vielen Bereichen der Sowjetunion unterzuordnen. Die auch als „realpolitische Überlebensstrategie" bezeichnete Politik beinhaltete u. a. Selbstzensur und beeinflusste die finnische Gesellschaft und Politik bis in das Koalitionsverhalten. Vgl. Timo Vihavainen: Kansakunta rähmällään: suomettumisen lyhyt historia, Helsinki 1991; Dörte Putensen: Die „Finnlandisierung" Finnlands, in: Robert Bohn/Jürgen Elvert (Hrsg.): Kriegsende im Norden. Vom heißen zum kalten Krieg, Stuttgart 1995, S. 281–293.

8 Vgl. Kyösti Pekonen u. a. (FN 4), S. 33 f.; Elina Kestilä: Is There Demand for Radical Right Populism in the Finnish Electorate?, in: Scandinavian Political Studies 29(2006)3, S. 169–191, hier S. 171.

9 Vgl. Mari Kalliala: Pekka Siitoin – A Representative of the Cultic Milieu, in: Kyösti Pekonen (Hrsg.): The New Radical Right in Finland, Helsinki 1999, S. 87–113.

10 Vgl. Matti Wiberg: Politiikka Suomessa, Porvoo/Helsinki 2006, S. 135; Suomen perustuslaki [Grundgesetz Finnlands], Vammala 2000.

a) gesellschaftliche Einflussnahme als primäres Ziel, b) mindestens 5000 wahlberechtigte Anhänger, c) ein politisches Programm, sowie d) eine Satzung haben, die die Befolgung demokratischer Prinzipien bei der Entscheidungsfindung und Tätigkeit der Partei sicherstellen. Änderungen in den Satzungen und in den Parteiprogrammen sind dem Justizministerium zu melden und erst nach Überprüfung ihrer Gesetzmäßigkeit rechtsgültig. Erhält eine Partei in zwei aufeinander folgenden Parlamentswahlen keine Mandate, verliert die Registrierung ihre Gültigkeit und ist neu zu erwerben.[11] Eine Partei kann in Finnland heute nicht verboten werden, sondern nur ihre Registrierung als Partei verlieren, wenn Veränderungen im Programm oder in der Satzung nach dem Parteiengesetz nicht mehr als gesetzmäßig gelten. Die Gründung von Vereinen ist durch das Vereinsgesetz von 1989 geregelt. Demnach kann ein nichtkommerzieller Verein zur „gemeinsamen Realisierung ideologischer Zwecke" gegründet werden, wenn der Zweck nicht gesetzes- oder sittenwidrig ist. Vereine, die Merkmale einer militaristischen Organisation aufweisen, sind verboten.[12]

Das finnische Wahlrecht ermöglicht die Erfolge kleinerer Parteien, da es keine explizite Sperrklausel gibt. Außerdem besteht für sie die Möglichkeit, ihre Wahlchancen durch Wahlallianzen zu verbessern. Durch das personifizierte Verhältniswahlrecht ist zudem der Wettbewerb auf Kandidaten ausgerichtet.[13] Dies begünstigt populistische und extremistische Kräfte, die oftmals charismatische Einzelpersonen als Führungsfiguren haben.[14]

Im finnischen Mehrparteiensystem waren zeitweilig bis zu zehn verschiedene Parteien im Parlament vertreten. Diese repräsentieren eine hohe Anzahl an *issue dimensions*. So verfügt das finnische Parteiensystem über viele Eigenschaften, die nach *Lijphart* typisch für ein Parteiensystem einer Konsensdemokratie sind.[15] Die Breite des Parteienspektrums reicht dabei von den Kommunisten bis zu den Nationalisten. Das gegenwärtige Parteiensystem zeichnet sich durch die Dominanz der drei großen Parteien aus – den *Sozialdemokraten* (SDP), der *Zentrumspartei mit agrarischem Hintergrund* (KESK) und der konservativen *Nationale Sammlungspartei* (KOK). Diese werden mit wechselnder Regierungsbeteiligung in der Regel durch das *Sozialistische Linksbündnis* (VAS), das *Grüne Bündnis* (VIHR) und die *Schwedische Volkspartei* (RKP) ergänzt. Darüber hinaus gibt es weitere kleine Parteien wie die *Christlich-Demokratische Partei* (KD) und die populistische *Basisfinnenpartei* (PERUS).[16] Im Jahre 2008 waren insgesamt 14 Parteien im Parteienregister verzeichnet.[17] Gegenwärtig sind acht Parteien in der *Eduskunta*, dem finnischen Parlament, vertreten. In der Zeit von

11 Vgl. Puoluelaki [Parteiengesetz] vom 1. Oktober 1969, abrufbar unter: http://www.finlex.fi/fi/laki/ajantasa/1969/19690010 [Stand: 28. Dezember 2008].

12 Vgl. Yhdistyslaki [Vereinsgesetz] vom 26. Mai 1989, abrufbar unter: http://www.finlex.fi/fi/laki/ajantasa/1989/19890503 [Stand: 28. Dezember 2008].

13 Vgl. Detlef Jahn u. a. (FN 5), S. 146; Pertti Pesonen/Olavi Riihinen (FN 3), S. 142.

14 Vgl. Kyösti Pekonen u. a. (FN 4), S. 49.

15 Vgl. Arend Lijphart: Patterns of Democracy. Government Forms and Performance in Thirty-Six Countries, New Haven 1999, S. 88.

16 Vgl. Detlef Jahn u. a. (FN 5).

17 Vgl. Ministry of Justice: List of registered parties vom 20. August 2008, abrufbar unter: http://www.vaalit.fi/15485.htm [Stand: 28. Dezember 2008].

1945 bis 2007 hat Finnland im Ländervergleich mit durchschnittlich 8,0 eine hohe Anzahl parlamentarischer Parteien.[18]

Gesellschaftlich stellt Finnland ein eher homogenes Land mit einem vergleichsweise niedrigen Ausländeranteil dar. Nationale Identität hat in der finnischen Gesellschaft einen hohen Stellenwert. Zu den traditionellen Minderheiten in Finnland gehören die Finnlandschweden (5,5 Prozent der Bevölkerung), die Sami (0,03 Prozent), die Roma (0,2 Prozent) und die Tataren. Im Fall der Finnlandschweden kann allerdings nicht von einer ethnischen Minderheit im rechtlichen Sinne die Rede sein, da Schwedisch die zweite Amtssprache Finnlands ist und die Finnlandschweden umfassende politische und kulturelle Rechte genießen.[19] Auch den Sami und den Roma ist ihre kulturelle Autonomie garantiert. Ende 2007 waren 3,8 Prozent der finnischen Bevölkerung im Ausland geboren, 2,5 Prozent hatten eine andere Staatsbürgerschaft als die finnische. 91,2 Prozent sprechen Finnisch, 5,5 Prozent Schwedisch und 0,03 Prozent Samisch. 3,3 Prozent haben eine andere Muttersprache. Die größte Ausländergruppe stellen Russen dar, gefolgt von Esten, Schweden und Somali.[20]

Seit Anfang der 1990er Jahre spielen mehrere Faktoren zusammen, welche die Entstehung von insbesondere rechtem Extremismus begünstigen. So erlebte die finnische Wirtschaft – vor allem als Folge des Zusammenbruchs der Sowjetunion, die ein wichtiger Handelspartner Finnlands war – eine tiefe Rezession in der ersten Hälfte der 1990er Jahre. Massenerwerbslosigkeit mit einer Spitzenarbeitslosenquote von 16,9 Prozent im Jahre 1994 und eine starke soziale Verunsicherung waren die Folge. Zunehmende Globalisierungstendenzen führten zu einem tiefgreifenden Strukturwandel, der erst in der zweiten Hälfte der 1990er Jahre einen starken Aufschwung brachte. Auch der Beitritt in die Europäische Union 1995 war und ist ein polarisierendes Thema, das vor allem von populistischen Kräften am rechten wie linken Rand aufgegriffen wird. Zur gleichen Zeit nahm die Migration in Finnland deutlich zu. Damit einher ging eine Zunahme negativer Einstellungen gegenüber Migranten und Ausländern. In Zeiten hoher Arbeitslosigkeit und des Strukturwandels wurden Ausländer oft als Bedrohung wahrgenommen („Sozialschmarotzertum").[21] Nach der Rezession ist wieder ein Rückgang ausländerfeindlicher Einstellungen zu beobachten, obwohl rassistische Einstellungen nach wie vor anzutreffen sind. So gaben im Jahre 2000 elf Prozent der Finnen an, „sich an der Anwesenheit anderer Rassen zu stören".[22] Nach einer Umfrage von 2003 wünschten sich 37 Prozent der Finnen die Beibehaltung des Status quo der Einwandererquoten, 32 Prozent deren Senkung.[23]

---

18 Vgl. Andrea Volkens/Hans-Dieter Klingemann: Parties, Ideologies, and Issues. Stability and Change in Fifteen European Party Systems 1945–1998, in: Kurt Richard Luther/Ferdinand Müller-Rommel (Hrsg.): Political Parties in the New Europe. Political and Analytical Challenges, Oxford 2002, S. 143–167, hier S. 162.

19 Vgl. Juhani Kortteinen: Romanit ja muut perinteiset vähemmistömme, in: Taina Dahlgren u. a. (Hrsg.): Vähemmistöt ja niiden syrjintä Suomessa. Ihmisoikeusliiton julkaisusarja Nr. 4, Helsinki 1996.

20 Vgl. Tilastokeskus: Väestörakenne, abrufbar unter: http://www.stat.fi/tup/suoluk/suoluk_vaesto.html [Stand: 28. Dezember 2009].

21 Vgl. Magdalena Jaakkola: Suomalaisten suhtautuminen maahanmuuttajiin vuosina 1987–2003. Työpoliittinen tutkimus 213, Helsinki 2005.

22 Vgl. Timo Makkonen: Rasismi Suomessa 2000. Tutkimusraportti, Helsinki 2000, S. 54.

23 Vgl. Eriikka Oinonen/Raimo Blom/Harri Melin: Onni olla suomalainen? Kansallinen identiteetti ja kansallisuus. Yhteiskuntatieteellisen tietoarkiston julkaisuja 1, Tampere 2005.

2 Wahlentwicklung

Während linksextremistische Kräfte seit 1990 stark an Bedeutung verloren haben, sind am rechten Rand mehrere extremistische Bewegungen und Organisationen entstanden. Aus einigen dieser Bewegungen haben sich politische Parteien entwickelt, die allerdings bislang nur marginalen Wählerzuspruch erhielten. Insgesamt vier als extremistisch einzustufende Parteien wurden in der Zeit von 1990 bis heute als Partei registriert: im linken Spektrum die *Kommunistische Partei Finnlands* (*Suomen Kommunistinen Puolue* – SKP) und die *Kommunistische Arbeiterpartei Finnlands* (*Rauhan ja Sosialismin Puolesta – Kommunistinen Työväenpuolue* – KTP), im rechten Spektrum die *Blauweißen des Finnischen Volkes* (*Suomen Kansan Sinivalkoiset* – SKS) und die *Finnische Vaterländische Volksbewegung* (*Suomen Isänmaallinen Kansanliike* – SIKL; früher: *Suomi – Isänmaa* – SI und *Suomi Nousee – Kansa Yhdistyy* – SNKY).

In Finnland fanden seit 1990 fünf Parlaments- und Kommunal-, sowie vier Europa- und Präsidentschaftswahlen statt. Neue, noch nicht gefestigte Parteien konnten bei allen fünf Parlamentswahlen insgesamt nur vier Sitze erringen. Die inzwischen zu den etablierten Parteien zählende populistische *Basisfinnen-Partei* (*Perussuomalaiset* – PERUS), welche nach der Wahl von 1995 aus der *Partei der Finnischen Landbevölkerung* (SMP) hervorging und auch nationalistische Züge aufweist,[24] errang 1999 einen, 2003 drei und 2007 fünf Sitze im Parlament. Dagegen gelang es keiner der extremistischen Parteien bisher mehr als ein Prozent der Wählerstimmen oder einen Sitz zu erreichen. Die Wahlergebnisse extremistischer Parteien bei Parlamentswahlen seit 1990 sind in Tabelle 1 dargestellt. Zum besseren Vergleich wurden darin auch die Erfolge populistischer Parteien aufgeführt.

Bei Kommunalwahlen gab es ebenfalls keine nennenswerten Erfolge extremistischer Parteien. Besonders auf der kommunalen Ebene kommen Wahlallianzen und Listenplatzübernahmen quer zu den programmatischen Ausrichtungen vor. So gab es beispielsweise bei der Kommunalwahl 2004 im Wahlkreis der Stadt Turku eine Wahlallianz zwischen der rechtsextremen SKS, der linksextremen KTP und der *Rentnerpartei*, wobei die SKS zwei Sitze erreichte.[25] Die rechtspopulistische *Basisfinnenpartei* war einer der Wahlgewinner der Kommunalwahl von 2008. Damit konnte die PERUS an ihren Erfolg bei den Parlamentswahlen 2007 anknüpfen.

Bei Europawahlen war der Erfolg extremistischer Parteien noch geringer als bei Parlamentswahlen. Hier konnten bisher nur etablierte Parteien Sitze erringen. Selbst die *Basisfinnenpartei* blieb auf der europäischen Ebene bisher immer unter einem Prozent der Stimmen und ohne Sitz. Die EU-kritische IP boykottierte die Wahl 2004, die linksextremistische KTP alle Europawahlen.

Bei Präsidentschaftswahlen wurden zwar populistische und extremistische Kandidaten aufgestellt, diese blieben aber unter vier Prozent. Bei der Wahl 1994 standen fünf Kandidaten nichtetablierter Parteien zur Wahl. Darunter erreichte *Pekka Tiainen* als Kandidat der KTP mit lediglich 7320 Stimmen (0,2 Prozent) ein nur sehr schwaches Ergebnis. *Sulo Aittoniemi* von der populistischen SMP bekam ein Prozent der Stimmen. Im Jahre 2000 erreichte *Ilkka*

24 Vgl. Kyösti Pekonen u. a. (FN 4), S. 39 f.
25 Vgl. Elina Kestilä (FN 8), S. 175.

Hakalehto, als gemeinsamer Kandidat von IP und *Basisfinnen* in der ersten Runde, ebenfalls ein Prozent der Stimmen, der Kandidat der Reformgruppe, *Risto Kuisma*, 0,6 Prozent der Stimmen. Den höchsten Wahlerfolg populistischer Präsidentschaftskandidaten erzielte bei der Präsidentschaftswahl 2006 *Timo Soini* als Kandidat der *Basisfinnen* mit 3,4 Prozent der Stimmen.

Tabelle 1 Wahlergebnisse extremistischer und populistischer Parteien bei den finnischen Parlamentswahlen 1991–2007 (in Prozent)

	1991	1995	1999	2003	2007
Rechtsextremistische Parteien					
SNKY/SI/SIKL	---	---	---	0,1	< 0,1
SKS	---	---	---	0,2	0,1
Linksextremistische Parteien					
KTP	0,2	0,2	0,1	0,1	0,1
SKP	---	---	0,8	0,8	0,7
Populistische Parteien					
VSL/IPVSL/IP	---	1,0	0,4	0,4	0,2
KA	---	---	---	0,1	0,1
SMP/PERUS	4,8	1,3	1,0	1,6	4,1
POP	0,3	---	---	---	---
REM	---	---	1,1	---	---
STP	---	---	---	---	0,1
Quelle: Statistics Finland, abrufbar unter http://www.stat.fi/til/vaa_en.html [Stand: 21. Mai 2009].					

Erläuterungen:
SNKY/SI/SIKL = 2002–2003 *Suomi Nousee – Kansa Yhdistyy* (*Finnland erwacht – das Volk vereint sich*), 2003–2006 *Suomi – Isänmaa* (*Finnland – Vaterland*), ab 2006 *Suomen Isänmaallinen Kansanliike* (*Finnische Vaterländische Volkbewegung*).
SKS = *Suomen Kansan Sinivalkoiset* (*Die Blauweißen des Finnischen Volkes*).
KTP = *Kommunistinen Työväenpuolue – Rauhan ja Sosialismin Puolesta* (*Kommunistische Arbeiterpartei – Für Frieden und Sozialismus*).
SKP = *Suomen Kommunistinen Puolue* (*Kommunistische Partei Finnlands*).
VSL/IPVSL/IP = 1994–2004 *Vapaan Suomen Liitto* (*Bund Freies Finnland*), 2004–2006 *Itsenäisyyspuolue Vapaan Suomen Liitto*, ab 2006 *Itsenäisyyspuolue* (*Unabhängigkeitspartei*). Die VSL formierte von 2003 bis 2004 zusammen mit *Vaihtoehtoväki* (*Alternativkräfte*) und weiteren kleineren Gruppierungen die *Muutosvoimat Suomi* (*Veränderungskräfte Finnland* MVS).
KA = *Köyhien Asialla* (*Für die Sache der Armen*).
SMP/PERUS = *Suomen Maaseudun Puolue* (*Partei der Finnischen Landbevölkerung*); ab 1995 *Perussuomalaiset* (*Basisfinnen*). PERUS ist die Nachfolgepartei der SMP.
POP = *Perustuslaillinen oikeistopuolue* (*Konstitutionelle Rechtspartei*).
REM = *Remonttiryhmä* (*Reformgruppe*).
STP = *Suomen Työväenpuolue* (*Arbeiterpartei Finnlands*).

3 Extremistische Parteien

3.1 Rechtsextremismus

In Finnland gab es seit dem Zweiten Weltkrieg keine relevanten rechtsextremistischen Parteien. Dies lässt sich – wie erwähnt – vor allem damit begründen, dass nach den Friedensverträgen von Moskau 1944 und Paris 1947 alle faschistischen Organisationen verboten wurden. Zudem nahm die Außenpolitik, insbesondere die Beibehaltung guter Beziehungen zur Sowjetunion, eine dominierende Rolle ein. Dieser Politikstil kulminierte in der Persönlichkeit des Präsidenten *Urho Kekkonen* (1956–1981, *Zentrumspartei*). Zu dieser Zeit wurde bereits die Kritik am Konsens in der Außenpolitik sowie an der Person und Politik *Kekkonens* als „rechtsextreme" Meinung abgetan.[26]

Der rechte Rand des Parteienspektrums wurde zunächst von populistischen Parteien besetzt, deren politische Führung meist aus charismatischen Kandidaten bestand, die *Kekkonen* und seine Politik direkt kritisierten. Eine solche Partei war die moderate *Konstitutionelle Rechtspartei* (POP), 1973 als Opposition zur nicht verfassungsgemäßen Verlängerung der dritten Amtszeit *Kekkonens* gegründet.[27] Die wichtigste der populistischen Parteien war die *Partei der Finnischen Landbevölkerung* (SMP). Diese spaltete sich 1959 vom *Bund der Agrarier* (ML, später KESK) ab. Auch hier war die Opposition zu *Kekkonen* die treibende Kraft bei der Gründung. So war *Veikko Vennamo* (1913–1997), der charismatische Vorsitzende der SMP, erklärter Gegner *Kekkonens*.[28] Die SMP positionierte sich als Gegenpol zur KESK, und es gelang ihr 1970, 1972 und 1983 hohen Wählerzuspruch zu erreichen. Von 1983 bis 1990 war sie an zwei Regierungskoalitionen beteiligt. Nach der Wahlniederlage von 1995 fiel die Partei dem Konkurs zum Opfer und wurde aus dem Parteienregister gestrichen. Ein Teil der Partei und der Abgeordnete *Raimo Vistbacka* gründeten die *Basisfinnenpartei* (PERUS).[29] Die Ideologie der SMP war populistisch, zudem arbeitete sie auch mit fremdenfeindlichen Ressentiments. Dies trifft ebenso auf ihre Nachfolgepartei zu. So stellte sie bei den Kommunalwahlen 1996 nicht nur eigene fremdenfeindliche Kandidaten auf, auch Mitglieder der rechtsradikalen SIKL standen auf den Wahllisten der *Basisfinnen*.[30] Bei den Parlamentswahlen von 1999 wurde *Vistbacka* bestätigt, und im Jahre 2003 erlangten die *Basisfinnen* drei, im Jahre 2007 fünf Sitze. Unter der Führung des charismatischen und eher gemäßigten Vorsitzenden *Timo Soini* hat PERUS den Wählerzuspruch in den jüngsten Wahlen auf rund fünf Prozent steigern können. Dieser Erfolg ist nicht zuletzt auf das Thema Migration zurückzuführen. Der Erfolg von PERUS markiert einen Durchbruch des Rechtspopulismus in Finnland. Die Partei hat damit Migration als Thema auf die politische Agenda gesetzt.[31]

---

26 Vgl. Kyösti Pekonen u. a. (FN 4), S. 33–35.

27 Vgl. ebd., S. 35.

28 Vgl. Burkhard Auffermann: Das politische System Finnlands, in: Wolfgang Ismayr (Hrsg.): Die politischen Systeme Westeuropas, 3. Auflage, Opladen 2003, S.187–223, hier S. 209.

29 Vgl. ebd., S. 209; Detlef Jahn u. a. (FN 5), S. 140.

30 Vgl. Kyösti Pekonen u. a. (FN 4), S. 36–40.

31 Vgl. Arto Astikainen: Professori Martikainen: Oikeistopopulismi teki läpimurron Suomeen, in: Helsingin Sanomat vom 27. Oktober 2008, abrufbar unter: http://www.hs.fi/politiikka/artikkeli/Professori+Martikainen+Oikeistopopulismi+teki+l%C3%A4pimurron+Suomeen/1135240578885 [Stand: 28. Dezember 2008].

Die Kritik am Beitritt Finnlands zur Europäischen Union wurde zum Nährboden für weitere populistische Parteien. So erhielt der *Bund Freies Finnland* (VSL) 1994 Aufnahme in das Parteienregister. Nach der ersten Umbenennung in *Unabhängigkeitspartei Bund Freies Finnland* (IPVSL) im Jahre 2004 und der zweiten Umbenennung zwei Jahre später firmiert die Partei heute als *Unabhängigkeitspartei* (IP). Die VSL gründete zusammen mit weiteren EU-kritischen Gruppierungen und Parteien aus verschiedenen ideologischen Richtungen im Jahre 2002 die Bündnispartei *Veränderungskräfte Finnland* (*Muutosvoimat Suomi*), deren Wählerzuspruch allerdings unter einem Prozent blieb. Von den EU-kritischen Gruppierungen hat sich die IP als dauerhafteste erwiesen, wenn auch mit schwankenden Mitgliederzahlen. *Pekonen* u. a. sehen in der VSL eine moderate, nationalistisch-populistische Partei, obwohl es auch innerparteiliche Strömungen gegen Immigration und die Aufnahme von Flüchtlingen sowie rechtsextreme Infiltrationsversuche gab.[32] Zentraler programmatischer Punkt der Partei ist die strikte Ablehnung der EU. *Mickelsson* bezeichnet die Ideologie der IP zudem als nationalkeynesianistisch.[33] Früher war die Rückgabe Kareliens ein weiteres programmatisches Ziel.[34] Heute votiert die IP gegen eine NATO-Mitgliedschaft Finnlands.[35] Die zentrale Figur der Partei ist *Ilkka Hakalehto*, der im Jahre 2000 als Präsident kandidierte.

Seit den 1990er Jahren wird der extrem rechte Rand des politischen Spektrums durch die Verlierer der strukturellen Umbrüche in der Wirtschaft und eine generelle Unzufriedenheit mit den Parteien gespeist. So kamen mehrere rechtsextreme Bewegungen und Gruppierungen auf, von denen zwei den Status einer Partei erreichten: die *Blauweißen des Finnischen Volkes* (*Suomen Kansan Sinivalkoiset* – SKS) sowie die *Finnische Vaterländische Volksbewegung* (*Suomen Isänmaallinen Kansanliike* – SIKL).[36]

Die *Blauweißen des Finnischen Volkes* (SKS) wurden 2002 als Partei registriert. Obwohl sie inzwischen wegen nicht erreichter Sitze im Parlament ihre Registrierung als Partei verloren haben, traten zur Kommunalwahl 2008 in Turku und anderen Kommunen einige Kandidaten der SKS in Wählerlisten an. *Olavi Mäenpää*, der Führer der SKS, wurde seit 1992 bei den Kommunalwahlen in der südfinnischen Stadt Turku immer wiedergewählt. Zudem erhielt er 2004 die meisten Stimmen aller Kandidaten. Die SKS hat einen starken lokalen Bezug zur Stadt Turku und besitzt Ortsgruppen in drei weiteren Städten. In ihrer nationalistischen und ausländerfeindlichen Programmatik propagiert sie neben der sehr kritischen Einstellung gegenüber der Einwanderung, der EU, Russland und den USA auch den Ausschluss von Ausländern bei wohlfahrtsstaatlichen Leistungen.[37]

Die härteste rechtsextreme Partei im heutigen Finnland ist die *Finnische Vaterländische Volkbewegung* (SIKL). Sie sieht sich als direkter Nachfolger der 1932 gegründeten IKL, deren Symbole und Uniform sie übernommen hat. Die Genese der Partei ist mit zwei Personen und den von ihnen ins Leben gerufenen rechtsextremen Organisationen verbunden.

32 Vgl. Kyösti Pekonen u. a. (FN 4), S. 40.
33 Vgl. Rauli Mickelsson (FN 2), S. 399.
34 Vgl. Kyösti Pekonen u. a. (FN 4), S. 41.
35 Vgl. ebd; Rauli Mickelsson (FN 2), S. 293.
36 *Kestilä* ordnet diese Parteien als radikale Rechtspopulisten ein. Vgl. Elina Kestilä (FN 8), S. 174. Beide Parteien haben am 4. Mai 2007 ihre Registrierung als Partei verloren, da sie in zwei aufeinander folgenden Parlamentswahlen keine Sitze erringen konnten. Stand des Parteiregisters: 28. August 2008.
37 Vgl. ebd., S. 175.

Anfang der 1990er gründete *Väinö Kuisma* die *Arische Germanenbrüderschaft* (*Arjalainen Germaaniveljeskunta* – AGV), aus der im Jahre 1993 die Organisation *Vaterländische Rechte* (*Isänmaallinen Oikeisto* – IO) hervorging. Diese neonationalsozialistische Gruppierung, die als Inspirationsquelle für ihre spirituell-elitäre Gemeinschaft das finnische Nationalepos *Kalevala* nutzt, fand starke Beachtung unter Skinheadgruppierungen in Turku und Joensuu.[38] 2002 registrierte *Kuisma* seine Organisation als Partei unter den Namen *Suomi Nousee – Kansa Yhdistyy* (SNKY). Ein Jahr später wurde die Partei in *Finnland – Vaterland* (*Suomi – Isänmaa* – SI) umbenannt.

Die zweite Gründungslinie der Partei ist mit der von *Matti Järviharju* gegründeten Organisation *Isänmaallinen Kansallis-Liitto* verknüpft. 1993 scheiterte *Järviharjus* Versuch, die an die IKL der 1930er Jahre angelehnte Organisation als Partei zu registrieren. Im Jahre 2006 übernahm *Järviharju* den Vorsitz der SI und benannte die Partei anschließend in *Finnische Vaterländische Volksbewegung* (*Suomen Isänmaallinen Kansanliike* – SIKL) um. Da auch die SIKL es nicht schaffte, Parlamentssitze zu erringen, wurde sie 2007 aus dem Parteienregister gestrichen.[39] Der Vorsitzende *Matti Järviharju* konnte sich zur Parlamentswahl 2003 und zur Europawahl 2004 auf Kandidatenlisten anderer Parteien platzieren, zur Europawahl beispielsweise auf der Liste der SKS. *Järviharju* wurde im gleichen Jahr bei Kommunalwahlen in Ilmajoki zudem über die Liste der PERUS gewählt. Die SIKL ist stark nationalistisch orientiert und tritt für die Wiedererlangung der im Zweiten Weltkrieg an die Sowjetunion verlorenen Gebiete Kareliens ein. Zentrale programmatische Punkte sind weiterhin die Opposition zur EU und NATO, eine starke antirussische Einstellung sowie die Kritik an den angeblich korrupten politischen Eliten und der Immigrationspolitik. Zudem fließen diffuse sozialistische Inhalte in die Programmatik mit ein.[40] Wahlspruch der Partei ist „Finnland den Finnen – das eigene Volk zuerst". Zu viel Toleranz gefährde finnische Werte, Normen und Gewohnheiten. Die Partei distanziert sich zwar rhetorisch von den gewaltbereiten Gruppierungen, genießt dennoch großen Zuspruch bei Skinheads.[41]

3.2 Linksextremismus

Am linken Rand des Parteienspektrums gab es im Zuge der weltpolitischen und soziostrukturellen Veränderungen seit den 1980er Jahren umfassende Reformbemühungen. Von 1944 an, nach der Wiederzulassung der *Kommunistischen Partei*, hatte der Zusammenschluss der SKP und weiterer sozialistischer Kräfte zur *Demokratischen Union des Finnischen Volkes* (SKDL) erhebliche Wahlerfolge erzielen können. Bereits in den 1960er Jahren, als sich die SKDL zur Regierungsbeteiligung entschloss, tobte in der Partei ein Machtkampf zwischen den orthodoxen, auf die Sowjetunion ausgerichteten Altkommunisten und den gemäßigten, eher an die europäische Linke angelehnten Kräften. 1986 gründete der wertkonservative Flügel der SKDL die Partei *Einheit* (*Suomen Kommunistinen Puolue yhtenäisyys* – SKPy). Ein

38 Vgl. ebd., S. 174 f.; Kyösti Pekonen u. a. (FN 4), S. 43–45.
39 Vgl. Rauli Mickelsson (FN 2), S. 290 f.
40 Vgl. ebd., S. 291.
41 Vgl. Elina Kestilä (FN 8), S. 174 f.

Flügel der SKDL trat als *Demokratische Alternative* (DEVA) zu den Parlamentswahlen 1987 an und errang vier Sitze.[42] Mit der Erosion der traditionellen Wählerschaft aus der Arbeiterschicht und dem sinkenden Wählerzuspruch standen die Kommunisten zunehmend vor einer ideologischen Neuorientierung. Unter dem Einfluss der gemäßigten Kräfte der alten SKDL formierte sich 1990 aus SKDL, SKP und DEVA das *Linksbündnis* (*Vasemmistoliitto* – VAS), das sich vom Kommunismus und von seinen altkommunistischen Mitgliedern distanzierte. Seitdem hat sich VAS als Linkspartei im finnischen Parteiensystem etabliert und ist mit durchschnittlich knapp zehn Prozent die viertgrößte Partei Finnlands. Das *Linksbündnis* greift in seiner Programmatik zunehmend eher gemäßigte rot-grüne Themen der „Neuen Linken" auf, wie nachhaltige Entwicklung und soziale Gerechtigkeit, und ist so programmatisch mit der schwedischen Linkspartei vergleichbar.[43] Folgerichtig zählt das heutige *Linksbündnis* nicht zu den linksextremistischen Parteien.[44]

Im finnischen Parteienspektrum existieren seit 1990 nur zwei Parteien, die als linksextremistisch einzustufen sind und die beide auf den wertkonservativen Flügel der früheren SKDL zurückgehen: die *Kommunistische Partei Finnlands* (*Suomen Kommunistinen Puolue* – SKP) und die *Kommunistische Arbeiterpartei – Für Frieden und Sozialismus* (*Kommunistinen Työväenpuolue – Rauhan ja Sosialismin puolesta* – KTP). Die „alte", 1918 gegründete SKP meldete paradoxerweise als Folge einer missglückten Börsenspekulation mit den Parteifinanzen Konkurs an und wurde 1995 aus dem Parteienregister entfernt. Durch komplizierte Namensänderungen und Vereinsneustrukturierungen gelang es der SKP, sich der Schulden zu entledigen und sich 1997 erneut als Partei registrieren zu lassen. Da sie bei den Parlamentswahlen von 1999 und 2003 keine Sitze erlangen konnte, wurde sie wieder aus dem Parteienregister gestrichen, sammelte aber erneut die erforderlichen 5000 Unterstützerunterschriften und ist seit 2003 wieder als Partei registriert. Die heutige SKP zählt nach eigenen Angaben rund 3000 Mitglieder, hat 14 Regionalverbände und über hundert Ortsgruppen. Sie gibt die Wochenzeitung „Tiedonantaja" heraus. Ideologisch ist die SKP als marxistisch einzustufen und steht der EU skeptisch gegenüber.[45] In ihrem Parteiprogramm reflektiert die Partei umfassend über die Lehren des Zusammenbruchs der Sowjetunion für den Sozialismus und betont die Relevanz von demokratischen Strukturen und der Freiheit des Individuums. Zu den programmatischen Kernzielen der SKP gehören die Stärkung von Demokratie und Solidarität auf nationaler und internationaler Ebene, die Erhaltung und der Aufbau der Wohlfahrtsgesellschaft, sowie der Aufbau des Sozialismus. Auch Nachhaltigkeit als politisches Ziel wurde in das Parteiprogramm aufgenommen. So gibt die SKP „eine

42 Vgl. Kim O. K. Zilliacus: Development of the Finnish Left Wing: Trends of Old Versus New Politics, in: Sami Borg/Risto Sänkiaho (Hrsg.): The Finnish Voter, Tampere 1995, S. 208–233; Rauli Mickelsson (FN 2), S. 261–265; Detlef Jahn u. a. (FN 5), S. 138; Pertti Pesonen: Change and Stability in the Finnish Party System, in: Lauri Karvonen/Stein Kuhnle (Hrsg.): Party Systems and Voter Alignments Revisited, London/New York 2001, S. 115–137, hier S. 119.

43 Vgl. David Arter (FN 5); Pertti Pesonen (FN 42), S. 119; Luke March/Cas Mudde: What's Left of the Radical Left? The European Radical Left after 1989. Decline and Mutation, in: Comparative European Politics 3(2005)1, S. 23–49.

44 Vgl. Rauli Mickelsson (FN 2), S. 328.

45 Vgl. ebd., S. 395.

rot-grüne Kooperation gegen Neoliberalismus und Großkapital" als ihr Ziel an.[46] Auf der europäischen Ebene hat die SKP bei der *Europäischen Linken* einen Beobachterstatus inne. *Yrjö Hakanen* ist seit 1990 Parteivorsitzender der SKP und gehört damit zu den am längsten amtierenden Parteivorsitzenden Finnlands. *Hakanen* wirkte in der Studentenorganisation der SKDL mit und war einer der radikalen Minderheitenkommunisten, die die SKPy gründeten.

Die zweite kommunistische Kleinpartei KTP entstand ebenfalls aus den innerparteilichen Konflikten der SKDL. Sie wurde 1987 von der orthodoxen, marxistisch-leninistischen Opposition der „alten" SKP als Reaktion auf die Gründung der SKPy gegründet und 1989 in das Parteienregister aufgenommen. Da die KTP ebenfalls noch nie Sitze im Parlament erringen konnte, wurde sie zweimal (1995 und 2003) aus dem Parteienregister entfernt, registrierte sich aber beide Male erneut. Nach eigenen Angaben zählt die Partei gegenwärtig 400 Mitglieder, die in vier Regionalverbänden im südlichen Finnland sowie in Lappland organisiert sind. Vorsitzender der Partei ist seit 1997 *Hannu Harju*. Eine weitere Führungspersönlichkeit in der KTP ist *Markus Kainulainen*, der jahrzehntelang in der *Kommunistischen Partei* gewirkt hat, sich aber als Vertreter orthodoxer Positionen mit den gemäßigteren Kommunisten überworfen hatte. Ideologisch vertritt die KTP dogmatische marxistisch-leninistische Positionen, den „wissenschaftlichen Sozialismus" und sympathisiert mit Nordkorea und der dort entwickelten Juche-Ideologie.[47] Die Parteizeitung „Työkansan Sanomat" unterstützt die Politik von *Kim Jong-Il* und verweist gelegentlich auf *Stalin*. Die KTP ist strikt gegen die EU und strebt den Austritt Finnlands an. Im Jahre 2002 führten interne Streitigkeiten über ein Bündnis mit *Muutosvoimat Suomi* – einem Wahlbündnis aus EU- und NATO-Gegnern, zu denen auch die rechtspopulistische VSL gehörte – zur Spaltung der KTP. Zu den zum Austritt gezwungenen Befürwortern des Bündnisses mit *Muutosvoimat Suomi* gehörten u. a. Parteisekretär *Heikki Männikkö* und der 1994 als Präsidentschaftskandidat aufgetretene *Pekka Tiainen* aus dem Regionalverband Helsinki. Sie gründeten später aus einem Teil des Wahlbündnisses die *Arbeiterpartei Finnlands* (*Suomen Työväenpuolue* – STP), die 2006 als Partei registriert wurde und eher gemäßigte linke und EU-skeptische Positionen verfolgt.[48] Im Jahr 2004 geriet die KTP erneut in negative Schlagzeilen, als der Kreisverband von zwei Städten ein Wahlbündnis mit der nationalistischen und ausländerfeindlichen SKS für die Kommunalwahlen gebildet hatte. Der Parteivorsitzende der KTP *Harju* distanzierte sich von den Wahlbündnissen. International pflegt die KTP enge Verbindungen mit der *Russischen Kommunistischen Arbeiterpartei* und strebt weitere Kooperationen mit skandinavischen kommunistischen Parteien an. Die Wahlerfolge der KTP fielen bislang sehr bescheiden aus.

Die beiden kommunistischen Parteien in Finnland unterscheiden sich nach *Mickelsson* vor allem in ihrer Radikalität. Die KTP stützt sich stärker als die SKP auf die alte kommunistische Rhetorik und den ideologischen Dogmatismus. Das Programm der SKP dagegen ist viel weniger polarisierend, und die Partei sucht stärker nach einer Kooperation mit weiteren linken und grünen politischen Gruppierungen. Während die KTP die Gründe für das Scheitern des Realsozialismus und den Zusammenbruch der Sowjetunion in der Abkehr vom

46 Vgl. SKP:n puolueohjelma 1994/2007 [Parteiprogramm der SKP], abrufbar unter: http://www.skp.fi/puolue.php?juttu=230 [Stand: 28. Dezember 2008].

47 Vgl. Rauli Mickelsson (FN 2), S. 295; KTP:n puolueohjelma 2006 [Parteiprogramm der KTP], abrufbar unter: http://www.kaapeli.fi/~ktp/ohjelma.html [Stand: 28. Dezember 2008].

48 Vgl. Rauli Mickelsson (FN 2), S. 294.

Marxismus sieht, zeigt sich darin für die SKP eher die Relevanz von Demokratie und Freiheit des Individuums.[49] Angesichts der bislang geringen Wahlerfolge sowohl auf der nationalen als auch auf der kommunalen Ebene bleiben die beiden Parteien in der politischen Arena Finnlands eher bedeutungslos.

3.3 Andere Formen des Extremismus

Aufgrund der homogenen Bevölkerungsstruktur Finnlands ist es bislang nicht zu extremistischen Bestrebungen religiöser, ethnischer oder anderer Gruppierungen gekommen. Als einziges Beispiel in der Gegenwart kann die *Islamische Partei Finnlands* (SIP) genannt werden, die sich derzeit um die für die Registrierung erforderlichen 5000 Unterschriften bemüht. Sie wurde 2007 von dem zum Islam konvertierten Finnen *Abdullah Tammi*, der über eine schillernde Vergangenheit in politischen und religiösen Vereinigungen aller Couleur verfügt, ins Leben gerufen. Insbesondere das Ziel der IPF, die Scharia und die Todesstrafe in Finnland einzuführen, hat eine Debatte über einen möglichen Reformbedarf der finnischen Parteien- und Vereinsgesetzgebung hinsichtlich der Zulassung extremistischer Parteien entfacht.[50]

4 Nichtparteiförmiger Extremismus

Verschiedene Subkulturen und politische Aktivistengruppierungen haben ihren Weg in den letzten Jahrzehnten auch nach Finnland gefunden. Von rechtsextremen Subkulturen sind Skinheads seit den 1990er Jahren zu einer weit verbreiteten Bewegung Jugendlicher in Finnland geworden. Schätzungen über die Anzahl von Skinheads reichen von 300 bis 1000. Rassistische Übergriffe jugendlicher Skinheads in der nordkarelischen Kleinstadt Joensuu rückten 1995 die Problematik in den Blick der breiten Öffentlichkeit. Gegenwärtig sind Skinheads in der Hauptstadt Helsinki, aber auch in vielen anderen Städten wie Joensuu, Turku und Mikkeli aktiv und regelmäßig in oftmals rassistisch motivierte Gewalttaten involviert. Rassismus und offen gezeigtes nationalsozialistisches Gedankengut prägen die Ideologie der finnischen Skinheads. Finnische Skinheads pflegen enge Kontakte zu gleichen Gruppierungen in anderen skandinavischen Staaten, vor allem in Schweden und Norwegen. Auch existiert ein finnischer Zweig der internationalen *Blood and Honour*-Organisation und Verbindungen zu Motorradbanden. In der jüngeren Vergangenheit suchten einige Skinhead-Gruppen die Zusammenarbeit mit weiteren neonationalsozialistischen Organisationen wie der von *Väinö Kuisma*, jedoch bisher ohne nennenswerten Erfolg. Generell hat in den letzten Jahren

49 Vgl. ebd., S. 294–296.

50 Vgl. Jyri Hänninen: Islamilaisen puolueen kieltämiselle ei laillisia perusteita, in: Helsingin Sanomat vom 16. Februar 2008, abrufbar unter: http://www.hs.fi/politiikka/artikkeli/Islamilaisen+puolueen+kielt%C3%A4miselle+ei+laillisia+perusteita/1135234116254 [Stand: 28. Dezember 2008].

der Organisationsgrad der Skinheads eher abgenommen.[51] Den zwei früheren Skinhead-Zeitschriften „Ainaskin“ und „Pro Patria“ folgte das Periodikum „Kalevan Soturit“.[52]

Insgesamt wurde die Anzahl rechtsextremer Gruppierungen Ende der 1990er Jahre auf ca. 40 geschätzt.[53] Sie alle sind stark nationalistisch und fokussieren vor allem Themen wie Zuwanderung, Souveränitätsverlust, die Karelien-Frage und „Sozialschmarotzertum“. Auch Ressentiments gegen Russen werden häufig aufgegriffen. Nicht wenige der Gruppierungen stützen sich auf mythologische Inhalte und Gebräuche. Eine dieser Gruppierungen ohne Parteienstatus mit Rückhalt in der Skinheadszene ist die 1991 gegründete *Nationalradikale Partei* (*Kansallinen Radikaalipuolue*).[54] Die Gruppierung schnitt bei den Kommunalwahlen von 1992 in Helsinki und Turku schlecht ab. *Suomen Sisu* ist ein registrierter Verein, der nationalistische und rassistische Ziele verfolgt. Einzelne Mitglieder der Organisation kandidierten erfolgreich auf Listen von PERUS und SKS bei den Kommunalwahlen 2008. Die *Suur-Suomi*-Vereinigung dagegen verfolgt zum größten Teil das Ziel der Rückgabe der Karelischen Gebiete.

Rassistisch motivierte Straftaten haben in Finnland in den letzten Jahren deutlich zugenommen. Derartige Delikte werden als solche in Finnland seit 1997 erfasst, allerdings kam es mehrfach zu Neudefinitionen, was die Vergleichbarkeit der Zahlen erschwert. Waren es 2002 noch 364 rassistisch motivierte Straftaten, stieg diese Zahl 2004 auf 558 und 2006 auf 748.[55] Rund 40 Prozent der zur Anzeige gebrachten Straftaten waren Körperverletzungen.

Das Aufkommen rassistischer Gruppierungen hat in den 1990er Jahren Gegenwehr im Bereich des Linksextremismus erzeugt. So wurde 1995 in Joensuu eine Antifa-Gruppe als Verein registriert, 1998 folgte die Antifa-Gruppe in Helsinki. Die Aktivitäten des 1987 gegründeten *Finnischen Anarchistenverbands* (*Suomen Anarkistiliitto*) dagegen flauten gegen Ende der 1990er Jahre ab, wenngleich kleinere anarchistische Gruppierungen wie *Anarkistinen Toiminta* und das international organisierte *Anarchist Black Cross* in Finnland aktiv sind.[56]

Die finnische Sicherheitspolizei schätzt Finnland als ein sehr sicheres und stabiles Land ein, in dem extremistische oder terroristische Aktivitäten keine Bedrohung für die Allgemeinheit darstellen. Globalisierungs- und kapitalismuskritische illegale Aktivitäten hielten sich bis 2007 in Grenzen; nur am 1. Mai kam es in den letzten Jahren zu Unruhen bei den Demonstrationen der *EuroMayDay*-Gruppen. Weitere Gruppierungen radikaler politischer Aktivisten, deren Aktivitäten gelegentlich illegale Formen annehmen, sind Tier- und Wald-

51 Vgl. YLE Uutiset: Rasistiset ääriliikkeet rauhoittuneet vom 16. September 2007, abrufbar unter: http://www.yle.fi/uutiset/24h/id69936.html [Stand: 28. Dezember 2008].

52 Vgl. Sini Perho: The racist youth subculture: The case of the „little skinheads“ of Joensuu, in: Young 8(2000)3, S. 17–36; Kyösti Pekonen u. a. (FN 4), S. 48 f.; Kari Mokko: Skinivalkoinen Suomi vom 11. Mai 1998, abrufbar unter: http://yle.fi/a2/juttu.php?tunnus=1031 [Stand: 28. Dezember 2008]; Vesa Puuronen: Skinhead Subculture – „aggro“ and Drinking. Paper presented at „Nordisk Konferanse om barn og ungdoms egne initiativ for bedre oppvekst- miljö“, 6.–8. November 1997 in Oslo.

53 Vgl. Elina Kestilä (FN 8), S. 174.

54 Vgl. Kyösti Pekonen u. a. (FN 4), S. 44.

55 Vgl. Tanja Noponen: Poliisin tietoon tullut rasistinen rikollisuus Suomessa. Poliisiammattikorkeakoulun tiedotteita Nr. 62/2007, Tampere; Kyösti Pekonen u. a. (FN 4), S. 53.

56 Vgl. Anarkistinen Toiminta, abrufbar unter: http://www.anarkismi.net/at/index_en.htm#periaateohjelma [Stand: 28. Dezember 2008].

schutzgruppen sowie Hausbesetzer. Bislang sind in Finnland die Aktivitäten solcher Gruppierungen jedoch nie zu ernsthaften Krawallen mit Körperverletzungen ausgeartet.[57]

5 Ergebnis

Politischer Extremismus ist im heutigen Finnland eine Randerscheinung. Extremistische Strömungen haben sich zwar in zwei links- und zwei rechtsextremen Parteien manifestiert, Wahlerfolge für extremistische Parteien sowie die Größe der Anhängerschaft extremistischer Bestrebungen sind jedoch marginal geblieben. Der Wählerzuspruch der linksextremistischen Parteien ist dabei geringfügig höher als der der rechtsextremistischen Parteien. Sitze konnten extremistische Parteien bislang allerdings nur auf kommunaler Ebene erringen. Die beiden kommunistischen Parteien greifen zum Teil auf alte Mitglieder- und Organisationsstrukturen zurück und weisen daher einen höheren Organisationsgrad auf. Die rechtsextremistischen Parteien konnten dagegen bislang lediglich lokale Gruppierungen formieren. Dafür ist die Vielfalt rechtsextremistischer Organisationen und Gruppierungen größer als die linksextremistischer Organisationen.

Hinsichtlich des Intensitätsgrades sind linksextreme Parteien insgesamt „weicher" einzustufen als die rechtsextremen Parteien. Denn obwohl sich die SKS und auch die SIKL von den gewaltbereiten rechtsextremistischen Gruppierungen distanzieren, bestehen eher am rechten Rand personelle Überlappungen und Kontakte zu Gruppierungen mit Gewaltpotenzial. Häufig werden rechtsextremistische Bewegungen von charismatischen Persönlichkeiten angeführt. Auch innerhalb der Lager unterscheiden sich die Parteien in ihrem Intensitätsgrad. So ist die SKP in ihrer Programmatik deutlich moderater als die KTP. Die SIKL vertritt wiederum radikalere Ansichten und Ziele als die SKS. Während die Gewaltbereitschaft der rechtsextremistischen Szene eher gegen bestimmte Personengruppen wie Ausländer gerichtet ist, zielen die Aktivitäten linksextremistischer Gruppen eher auf Sachbeschädigung und Störung der öffentlichen Ordnung. Insgesamt haben Aktivitäten von extremistischen Organisationen in den letzten Jahren in Finnland eher abgenommen.

Das Potenzial für einen stärkeren Erfolg extremistischer Kräfte wie in anderen europäischen Ländern wäre jedoch in der finnischen Gesellschaft vorhanden, denn laut *Kestilä* unterscheiden sich die Finnen in ihren für die Unterstützung von rechtsextremen Parteien relevanten Einstellungen, wie Intoleranz gegenüber Ausländern und Unzufriedenheit mit dem politischen System, nicht maßgeblich von den Bevölkerungen anderer europäischer Länder.[58] Rechtsextremistisches Wählerpotenzial ist besonders in der jungen männlichen Arbeiterschicht im Alter zwischen 25 und 30 Jahren im urbanen Milieu latent vorhanden – ein Klientel, das allerdings insgesamt wenig Interesse an Politik zeigt.[59] Dass dieses Potenzial bisher nicht ausgeschöpft werden konnte, liegt hauptsächlich in der politischen Geschichte Finnlands, im Erfolg rechtspopulistischer Parteien und in der konsensualen politischen Kul-

57 Vgl. Suojelupoliisi: Suojelupoliisin vuosikertomus 2007 [Bericht der finnischen Sicherheitspolizei 2007], abrufbar unter: http://www.poliisi.fi/poliisi/supo/home.nsf [Stand: 28. Dezember 2008].

58 Vgl. Elina Kestilä (FN 8), S. 187.

59 Vgl. Villiina Hellsten/Tuomo Martikainen: Nuoret ja uusi politiikka. Tutkimus pääkaupunkiseudun nuorten poliittisista suuntauksista, Helsingin kaupungin tietokeskus Tutkimuksia Nr. 3/2001, Helsinki 2001.

tur begründet. Während der Stellenwert des Kommunismus mit dem Zusammenbruch der Sowjetunion stark zurückgegangen ist, kam es nach 1990 aufgrund des Wegfalls der außenpolitischen Doktrin zu Neugründungen rechtsextremistischer Parteien. Diese haben aber bisher nur marginalen Zuspruch erhalten. Rechtspopulistische Parteien dagegen, allen voran die SMP/*Basisfinnenpartei*, konnten schon früh Wähler mobilisieren. Nach *Kestilä* wurde so das Gros des Wählerpotenzials rechtsextremer Parteien durch die rechtspopulistischen Parteien kanalisiert, weshalb es den neuen rechtsextremistischen Parteien schwer fällt, mehr Wähler zu mobilisieren.[60] Wie schon die Vorgängerpartei SMP in den 1960er und 1970er Jahren bietet vor allem die *Basisfinnenpartei* dabei ein Sammelbecken für Proteststimmen und für diffuse nationalistische Orientierungen. Diese Parteien sind jedoch trotz gelegentlich nationalistischer Kandidaten und Programmatik nicht antidemokratisch ausgerichtet. Eine konsensorientierte politische Kultur und vergleichsweise hohe Zufriedenheit mit dem politischen System sind weitere Faktoren, die die Erfolgschancen extremistischer Kräfte dämpfen.

Extremismus als gesellschaftliche Herausforderung ist dennoch auf die politische Agenda gelangt. So nennt die Nationale Sicherheitsstrategie von 2008 die Prävention von extremistischen Aktivitäten und Gewalttaten als ein wichtiges politisches Ziel.[61] Dafür wird im Rahmen eines zu entwickelnden Aktionsplans eine zunehmende Vernetzung zivilgesellschaftlicher und staatlicher Akteure angestrebt. Wie die Erfahrungen der 1990er Jahre zeigen, bergen wirtschaftliche und soziale Nöte der Bürger die Gefahr einer Zunahme fremdenfeindlicher Einstellungen, die wiederum als Nährboden für insbesondere rechtsextremistische Parteien und Organisationen dienen können. Die politische Instabilität Russlands sowie die zunehmende Immigration von Russen nach Finnland können ebenfalls Anlass für das Aufkommen von auch historisch bedingten russophoben Einstellungen geben. In absehbarer Zeit sind in Finnland jedoch keine extremistischen Wahlerfolge zu erwarten; dagegen ist eine Verstärkung des Zuspruchs für rechtspopulistische Parteien eher denkbar, wie die jüngsten Erfolge der *Basisfinnen* zeigen.

60 Vgl. Elina Kestilä (FN 8), S. 187.

61 Vgl. Ministry of the Interior: Safety First. Internal Security Programme vom 8. Mai 2008, abrufbar unter: http://www.intermin.fi/intermin/hankkeet/turva/home.nsf/files/252008%20ENG/$file/252008%20ENG.pdf [Stand: 28. Dezember 2008].

Extremismus in Frankreich

Uwe Backes

1 Rahmenbedingungen

Frankreich zählt zu jenen europäischen Staaten mit weit zurückreichender Verfassungsstaatstradition, die maßgeblichen Einfluss auf die konstitutionell-demokratische Entwicklung in anderen Teilen des Kontinents nahmen. In einer feierlichen Deklaration hatte die Konstituierende Nationalversammlung im Revolutionsjahr 1789 die Grundpfeiler des modernen Verfassungsstaates ex negativo definiert: „Eine Gesellschaft, in der weder die Rechtsgarantie gesichert, noch die Teilung der Gewalten gewährleistet ist, besitzt keine Verfassung."[1] Die Durchsetzung dieser Prinzipien benötigte mehr als ein Jahrhundert, vollzog sich sprunghaft und war von heftigen Auseinandersetzungen geprägt. Die Ausbildung konstitutionell-demokratischer Schutzmechanismen gegen Feinde der neuen Ordnungsprinzipien war von gravierenden, den rechtsstaatlichen Maßstäben hohnsprechenden Eingriffen in die Freiheitsrechte als „republikfeindlich" und „subversiv" geltender Kräfte überschattet. Die neuen politisch-institutionellen Gestaltungsprinzipien und ihre normativen Grundlagen mussten durchgesetzt, konsolidiert und gegen die (tatsächlichen oder vermeintlichen) Anhänger des Ancien régime wie neuartiger, radikaler Systemalternativen verteidigt werden. In den Turbulenzen der Revolution begründeten „freiheitszerstörerische" Intentionen wechselseitige Feinderklärungen. Der später wegen verschwörerischer Aktivitäten hingerichtete Agrarkommunist *François Noël Babeuf* brandmarkte derartige Angriffe als „projets liberticides".[2] In den Augen der Jakobiner rechtfertigte der Schutz der Republik sogar „terroristische" Methoden.[3] *Antoine de Saint-Just* wird die Parole zugeschrieben: „Pas de liberté pour les ennemis de la liberté!" – „Keine Freiheit den Feinden der Freiheit!". Für viele subjektive wie objektive Feinde (im Sinne *Hannah Arendts*) der jakobinischen Tugendherrschaft bedeutete dies den Gang zur Guillotine. Am Ende waren es die Anführer der Jakobiner selbst, deren Köpfe in den Korb fielen.

Die Folgezeit brachte einen raschen Wechsel der Freund-Feind-Konstellationen. Der Gegensatz zwischen dem monarchistischen und dem republikanischen Lager nahm durch die Auffächerung des politischen Spektrums und den Bonapartismus mit seiner spezifischen Verbindung traditioneller, charismatischer und rationaler Legitimationsmuster komplexe Gestalt an. Jähe Pendelumschwünge zwischen den Polen zogen Repressionswellen gegen

1 „Toute société dans laquelle la garantie des droits n'est pas assuré, ni la séparation des pouvoirs déterminée, n'a point de constitution." Zitiert nach Jean Gicquel: Droit constitutionnel et institutions politiques, 11. Auflage, Paris 1991, S. 204.

2 Zitiert nach Michèle Lenoble-Pinson: Liberticide. Néologisme révolutionnaire, in: Hugues Dumont u. a. (Hrsg.): Pas de liberté pour les ennemis de la liberté? Groupements liberticides et droit, Brüssel 2000, S. 19–25, hier S. 20. Siehe auch Max Frey: Les transformations du vocabulaire français à l'époche de la Révolution (1789–1800), Paris 1925, S. 30.

3 Vgl. Gerd van den Heuvel: Terreur, Terroriste, Terrorisme, in: Rolf Reichardt/Eberhard Schmitt (Hrsg.): Handbuch politisch-sozialer Grundbegriffe in Frankreich 1680–1820, Heft 3, München 1985, S. 89–132.

die jeweiligen Kontrahenten nach sich. Bis heute gültige Grundlagen innerstaatlicher Feindbestimmung wurden in der III. Republik gelegt. Das zu den „Grandes lois de la République" zählende Vereinsgesetz vom 1. Juli 1901 zieht die Grenze der Vereinigungsfreiheit dort, wo sich Assoziationen gegen die Gesetze, die „guten Sitten", die „Integrität des nationalen Territoriums" oder die „republikanische Regierungsform"[4] richten. Auf Antrag des Staatsanwalts oder eines Mitglieds erklärt das Tribunal de grande instance (Landesgericht) die Nichtigkeit eines Vereins. Ein weiteres Republikschutz-Instrument wurde aufgrund der Eskalation rechtsextrem motivierter Gewalt Mitte der 1930er Jahre geschaffen.[5] Das Gesetz vom 10. Januar 1936 über Kampfgruppen und private Milizen („loi sur les groupes de combat et les milices privées") verleiht dem Präsidenten der Republik die Befugnis zur Auflösung von Vereinen und Gruppierungen – insbesondere dann, wenn diese „wegen ihrer militärischen Form und Organisation als Kampfgruppen oder private Milizen zu betrachten sind".[6] Verbotsentscheidungen können vor dem Conseil d'Etat angefochten werden. Hiervon ist bis in die Gegenwart immer wieder Gebrauch gemacht worden.

Die vereinsrechtlichen Abwehrmechanismen sind jedoch in der Verfassung der V. Republik nicht zu einem dem deutschen Konzept der „streitbaren Demokratie" entsprechenden Demokratieschutzinstrumentarium fortentwickelt worden. Die Möglichkeit der Auflösung von Parteien nach deutschem Vorbild spielte zwar bei den Verfassungsberatungen eine Rolle, da General *de Gaulle* dieses Mittel gerne gegen die *Kommunistische Partei* eingesetzt hätte. Doch wollte er dem Vorwurf, er ziele auf die Errichtung einer Diktatur, keine Nahrung geben. Er selbst befürchtete möglichen Missbrauch, falls das Instrument in falsche Hände gelangte.[7] Die Bestimmungen des Art. 4 der Verfassung von 1958 binden die Parteien zwar an die Prinzipien der nationalen Souveränität und Demokratie („Ils doivent respecter les principes de la souveraineté nationale et de la démocratie"); dieser „Programmsatz" zeitigt aber keine Konsequenzen in Gestalt verfassungsrechtlich verankerter Abwehrinstrumente. Insbesondere „schließt die Gründungsfreiheit jedes Verbot einer politischen Partei aus, deren Programm antidemokratisch gestaltet ist".[8]

4 Loi du 1er juillet 1901 relative au contrat d'association, Titre premier, article 3: „Toute association fondée sur une cause ou en vue d'un objet illicite, contraire aux lois, aux bonnes mœurs, ou qui aurait pour but de porter atteinte à l'intégrité du territoire national et à la forme républicaine du gouvernement, est nulle et de nul effet." Vgl. Gregor Paul Boventer: Grenzen politischer Freiheit im demokratischen Staat. Das Konzept der streitbaren Demokratie in einem internationalen Vergleich, Berlin 1985, S. 140–181; Isabelle Canu: Der Schutz der Demokratie in Deutschland und Frankreich. Ein Vergleich des Umgangs mit politischem Extremismus vor dem Hintergrund der europäischen Integration, Opladen 1997, S. 99–188.

5 Vgl. zum zeithistorischen Hintergrund Serge Berstein: Le 6 février 1934, Paris 1975; Stéphane Kotovtchikhine: L'action juridique face aux groupements d'extrême-droite à la fin de la IIIe République, in: Bruno Villalba/Xavier Vandendriessche (Hrsg.): Le Front National au regard du droit, Villeneuve d'Ascq 2001, S. 19–38; Andreas Wirsching: Vom Weltkrieg zum Bürgerkrieg? Politischer Extremismus in Deutschland und Frankreich 1918–1933/39. Berlin und Paris im Vergleich, München 1999, S. 467–506.

6 Michel Fromont: Die Parteiinstitution in Frankreich, in: Dimitris Th. Tsatsos (Hrsg.): 30 Jahre Parteiengesetz in Deutschland. Die Parteiinstitution im internationalen Vergleich. Aspekte aus Wissenschaft und Politik, Baden-Baden 2002, S. 123–132, hier S. 128.

7 Vgl. Pierre Avril: L'article 4: explication d'un paradoxe, in: Didier Maus/Louis Favoreu/Jean-Luc Parodi (Hrsg.): L'écriture de la constitution de 1958. Actes du colloque du XXXe anniversaire, Aix-en-Provence, 8–10 septembre 1988, Paris 1992, S. 713–719.

8 Michel Fromont (FN 6), S. 126.

Die Vorstellung vom Gegensatz zwischen den politischen Extremen und einer Mäßigung verbürgenden Mitte ist aristotelischen Ursprungs und hat die politische Ideengeschichte des Konstitutionalismus geprägt. In Frankreich wurde sie seit der Revolution von 1789 mit der politisch-geographischen Rechts-Links-Dichotomie verknüpft.[9] Die sich ausbildende Parlamentsgeographie mit der Unterscheidung der politischen Lager nach den Richtungen „rechts" und „links" verband sich schon in ihren Anfängen mit der alten Unterscheidung „extrem"/„gemäßigt". Schon bald sprach man von „extrémité gauche" und „extrémité droite", um die äußersten Flügel des politischen Spektrums beim Namen zu nennen.[10] Zeitgenössische Beobachter wie *Madame de Staël* und *Benjamin Constant* verglichen rückblickend die Ausformung der Extreme und konstatierten trotz aller Gegensätze auffallende Gemeinsamkeiten.[11]

Der Gattungsbegriff „extrémisme" fand demgegenüber erst spät Eingang in die politische Sprache Frankreichs. Im Zuge der russischen Februarrevolution von 1917 breitete er sich aus. Die Pariser Presse bezeichnete damit vor allem die in ihren revolutionären Forderungen kompromisslose, die Regierung *Kerenski* unnachgiebig bekämpfende und zu einem – für die Westmächte bedrohlichen – Separatfrieden neigende Gruppe der „Maximalisten", die der „Zimmerwalder Linken" ideologisch entstammten, sich zu den Lehren Lenins bekannten und bald – nach dessen Rückkehr aus dem Exil – auch unter dem Parteinamen „Bolschewiki" auftraten.[12] Als nach der Oktoberrevolution und der Gründung der Komintern das „Zentrum der Weltrevolution" in Moskau den Versuch unternahm, die westeuropäischen Arbeiterbewegungen unter den eigenen Einfluss zu bringen, brachen heftige Auseinandersetzungen innerhalb der französischen Linken aus. Der führende Metallgewerkschafter *Alphonse Merrheim* wandte sich im Juni 1920 öffentlich gegen den „tourbillon de la démagogie d'extrême droite comme d'extrême gauche" und die machtpolitisch motivierten Haßkampagnen Moskaus und seiner Helfershelfer.[13] Ein in engem Kontakt mit *Merrheim* stehender renommierter Rechtswissenschaftler und Publizist, *Maxime Leroy*, bemühte sich in einem Buch über „Les techniques nouvelles du syndicalisme" (1921) wohl als erster um eine systematische Entfaltung des Extremismusbegriffs. Er verglich die „weißen Extremisten", die bourbonischen Ultraroyalisten, mit den „roten Extremisten", die in Moskau an die Macht gekommen waren, und charakterisierte diese als „abstrakte Geister", die ihre Ideen streng logisch entwickelten, dabei aber den unterschiedlichen Interessen, Anschauungen, Milieus und religiösen Prägun-

9 Vgl. Uwe Backes: Politische Extreme. Eine Wort- und Begriffsgeschichte von der Antike bis in die Gegenwart, Göttingen 2006, S. 100–108.

10 Vgl. Patrick Brasart: Paroles de la Révolution. Les Assemblées parlementaires 1789–1794, Paris 1988, S. 102–104; Fernand Brunot: Histoire de la langue française des origines à nos jours, Band IX: La Révolution et l'Empire, deuxième partie: Les événements, les institutions et la langue, Paris 1967, S. 769 f.; Max Frey: Les transformations du vocabulaire français à l'époque de la Révolution (1789–1800), Paris 1925, S. 46; Marcel Gauchet: La droite et la gauche, in: Pierre Nora (Hrsg.): Les lieux de mémoire, Band III: Les France. 1. Conflits et partages, Paris 1993, S. 395–467; Pierre Retat: Partis et factions en 1789: émergence des désignants politiques, in: Mots Nr. 16/1988, S. 69–89, hier S. 82 f.

11 Vgl. Madame de Staël-Holstein: De l'influence des passions sur le bonheur des individus et des nations (1796), in: Œuvres complètes, Slatkine Reprints, Genf 1967, Band I, S. 143 (Kap. VII: De l'esprit de parti); Benjamin Constant: Des Réactions politiques, o. O., An V (1797), S. 89 und S. 95.

12 Vgl. Backes (Anm. 9), S. 137–148.

13 Vgl. Alphonse Merrheim: Ce qui paralyse et tue les révolutions, in: L'Information Ouvrière et Sociale Nr. 224/1920, S. 1. Siehe auch ders.: Contre la dictature de la IIIe Internationale, in: L'Atelier vom 9. Oktober 1920, S. 1.

gen unzureichend Rechnung trügen. Ihr „Autoritarismus" sei gleichsam religiöser Natur, schließe den Krompromiss mit Andersdenkenden aus und folge der Überzeugung, dass jedes Mittel zulässig sei, um ein gerechtes, höchstes Ziel zu erreichen.[14]

Die frühe Entfaltung des Extremismusbegriffs bei Leroy hat in Frankreich keine direkten Nachfolger gefunden. Während die Flügelbezeichnungen „extrême droite" und „extrême gauche" bis in die Gegenwart häufig Verwendung finden, greift man auf den Gattungsbegriff „extrémisme" eher selten zurück.[15] Zumeist verbinden die Autoren mit dem Attribut „extrême" eine pejorative Konnotation – im Sinne der Abweichung von einem Ideal der „Demokratie" oder des „Verfassungsstaates".[16] Diese Bedeutungskomponente scheint für die so Bezeichneten in Verbindung mit „gauche" jedoch eher erträglich zu sein. Jedenfalls nehmen die relativ starken französischen Trotzkisten die Etikettierung als „extrême gauche" oder „ultra-gauche" klaglos hin, während der Anführer des rechtsextremen *Front national* (FN), *Jean-Marie Le Pen*, das Etikett „extrême droite" mit Entrüstung zurückwies. Er strengte einen Prozess gegen die Zeitungen „Le Monde" und „Libération" an, um diesen im Zusammenhang mit seiner Partei die Verwendung der Bezeichnung „extrême droite" zu verbieten. Im September 1996 wurde seine Klage vor Gericht zurückgewiesen.[17] Nach verbreiteter Auffassung legen die Parallelbegriffe „extrême droite" und „extrême gauche" eine so nicht bestehende Gemeinsamkeit nahe. Die Massenmorde des Stalinismus seien eine „Perversion" der sozialistischen Idee, die des NS-Regimes aber die logische Konsequenz der nationalsozialistischen Ideologie gewesen.[18]

Die französische Gesellschaft reagiert bis in die Gegenwart unterschiedlich auf die Flügelparteien von rechts und links. Die Strömungen der (extremen) Rechten waren durch das *Pétain*-Regime disqualifiziert, die Kommunisten durch die Résistance legitimiert.[19] Eine innere Bedrohung für die Republik wurde daher stets weit mehr in der äußersten Rechten als in der äußersten Linken gesehen. Heute ist der FN diejenige Partei, die die Gesellschaft in höchstem Maße polarisiert. Während sich in den Jahren 1990 bis 2006 im Schnitt mehr als 20 Prozent der Franzosen mit den von der Partei vertretenen Vorstellungen einverstanden erklärten, stieg zugleich die Zahl derer, die sie als Gefahr für die Demokratie wahrnahmen und entschieden ablehnten; in den Jahren 1990 bis 2006 lag sie nur bei einer einzigen SOFRES-Umfrage unter 65 Prozent.[20] So kann es nicht erstaunen, dass die große Bevölkerungsmehrheit (einschließlich des größten Teils der Anhänger der gemäßigten Rechten) die Möglichkeit von Bündnissen mit dem FN zurückweist.

Demgegenüber wurde der *Parti Communiste Français* (PCF) – bei allen Vorbehalten – als weit weniger gefährlich und schädlich eingestuft. Die französische Publizistik und Wis-

---

14 Vgl. Maxime Leroy: Les techniques nouvelles du syndicalisme, Paris 1921, S. 92–97.

15 Xavier Crettiez zeigt eine Möglichkeit der Begriffsverwendung in der Gegenüberstellung von „extrémisme" und „moderation" auf. Vgl. Extrémismes, in: David Alcaud/Laurent Bouvet (Hrsg.): Dictionnaire de sciences politiques et sociales, Paris 2004, S. 130–133; René Rémond: Les droites aujourd'hui, Paris 2005, S. 254–257.

16 Vgl. etwa Mathias Bernard: La guerre des droites. Droite et extrême droite en France de l'affaire Dreyfus à nos jours, Paris 2007, S. 10.

17 Vgl. Institute for Jewish Policy Research/American Jewish Committee (Hrsg.): Antisemitism World Report 1997, Band 6, New York 1997, S. 145 f.

18 Vgl. z. B. Martine Aubry/Olivier Duhamel: Petit dictionnaire pour lutter contre l'extrême droite, Paris 1995, S. 30.

19 Vgl. Marie-Claire Lavabre/François Platone: Que reste-t-il du PCF?, Paris 2003, S. 6.

20 Vgl. SOFRES: L'image du Front national dans l'opinion, abrufbar unter: http://www.tns-sofres.com/ [Stand: 20. August 2008].

senschaft rechnet die Partei üblicherweise nicht zur „extrême gauche“. Diese Bezeichnung bleibt dem aus der 68er-Bewegung stammenden „gauchisme“ maoistischer, trotzkistischer oder auch anarchistischer Prägung vorbehalten. Manche Autoren unterscheiden zwischen einer solchen „extrême gauche“ im engeren Sinne und der „gauche radicale“ unter Einschluss des PCF.[21] Diese Differenzierung unterstellt eine stärkere Systemkonformität des PCF und kann sich auf ein höheres Maß an Akkulturation, an gesellschaftlicher Akzeptanz, auf die größere Offenheit des Parteiapparates, die zurückhaltendere revolutionäre Rhetorik und die Einbindung in politische Bündnisse und Koalitionen der Linken stützen. Die Sprachpraxis trägt einer normativen Kraft des Faktischen Rechnung, vermittelt aber insofern ein geschöntes Bild der Wirklichkeit, als sie das Bündnis des PCF mit linksextremen Diktaturen (bis 1991) ebenso ignoriert wie die bis heute unübersehbaren Tendenzen, die auf eine „Überwindung“ der „bürgerlichen Demokratie“ zielen. Dennoch wurde die Regierungsbeteiligung des PCF nach den Parlamentswahlen 1997 von 76 Prozent der Franzosen gebilligt.[22] Premierminister *Jospin* gab nach dem Erscheinen des „Schwarzbuchs des Kommunismus“, das in der französischen Öffentlichkeit auch als Angriff auf den PCF wahrgenommen wurde, eine Ehrenerklärung zugunsten seiner kommunistischen Minister ab. Bürgerliche Politiker verließen zwar den Saal, doch blieb die Mehrzahl der Gaullisten sitzen – ein klares Indiz für die nicht nur bei der Linken verbreitete Perzeption des PCF als einer historisch legitimierten, zum Verfassungsbogen zählenden politischen Kraft. Selbst ein Teil der gemäßigten Rechten sah sich so außerstande, taktische Absprachen mit dem FN durch den Hinweis auf die seitens der Linken seit langem praktizierte „republikanische Disziplin“ zu rechtfertigen.

Die größere Toleranzbereitschaft gegenüber dem PCF hat der Partei im Vergleich zum FN wesentliche Vorteile verschafft. Konnte dieser seinen vergleichsweise hohen Stimmenanteil bei Parlamentswahlen (mit Ausnahme der Periode 1986 bis 1988, wegen der vorübergehenden Einführung des Proportionalwahlrechts) unter den Bedingungen der relativen Mehrheitswahl kaum in Abgeordnetensitze verwandeln, sorgten die bewährten, für die Maximierung der Mandate unerlässlichen Absprachen mit den Sozialisten zwischen den Wahlgängen stets für eine angemessene kommunistische Vertretung in der Nationalversammlung. Auch auf lokaler Ebene fand der PCF aus diesem Grunde eine Verankerung, die sich erst nach einem langen Erosionsprozess gelockert und gelöst hat.

2 Wahlentwicklung

Der PCF beherrschte lange Zeit den linken Flügel des politischen Spektrums. Binnen eines halben Jahrhunderts avancierte er zu einer der beiden mächtigsten Kommunistischen Parteien (neben der italienischen) Westeuropas mit fester Verankerung in lokalen Hochburgen und im

21 Vgl. Jean Chiche/Dominique Reynié: Vers la recomposition d’une galaxie?“, in: Le Figaro vom 29. Juni 1999.

22 Vgl. Les Français jugent le PCF. Une enquête SOFRES – „Le Nouvel Observateur“, in: Le Nouvel Observateur vom 20. November 1997. Vgl. für eine detailliertere Auffächerung der „Familien“ am linken Flügel des politischen Spektrums: Serge Cosseron: Dictionnaire de l’extrême gauche, Paris 2007; Helène Hatzfeld/ Julian Mischi/Henri Rey (Hrsg.): Dictionnaire de la gauche, Paris 2007; Michel Winock: La gauche en France, Paris 2006.

gewerkschaftlichen Bereich.[23] Drei Phasen der Regierungsbeteiligung – 1944 bis 1947 unter *Maurice Thorez*, 1981 bis 1984 unter *Georges Marchais* und 1997 bis 2002 unter *Robert Hue* – begründeten den Einfluss der Kommunisten in der französischen Administration. Allerdings war die zweite Regierungsbeteiligung bereits Resultat einer erfolgreichen sozialistischen Umarmungsstrategie, die den PCF in einen zunehmend unbequemen Spagat zwischen konstruktiver Mitwirkung auch bei unpopulären Sparmaßnahmen und gewohnter Fundamentalopposition gezwungen und einen Teil der Wähler- und Mitgliederbasis verprellt hatte.

Abbildung 1 Ergebnisse des PFC bei Parlaments- (Parl), Präsidentschafts- (Präs) und Europawahlen (EP) 1993–2007 (in Prozent)

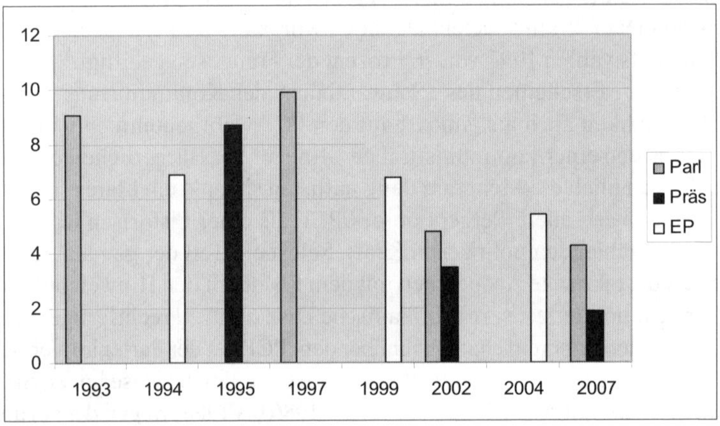

Quelle: Amtliche Wahlstatistiken; Parlaments- und Präsidentschaftswahlen: 1. Wahlgang.

Die Krise des PCF vertiefte sich durch die Veränderungen in der Sowjetunion unter *Gorbatschow* und erreichte ihren Höhepunkt infolge des Machtverlustes der KPdSU. Die zwiegespaltene Haltung der Partei kam während des Putsches vom 19. August 1991 in der Parteizeitung „L'Humanité" offen zum Ausdruck, wo man das Unternehmen weder begrüßte noch verurteilte, aber die Putschisten ausführlich vorstellte und deren Aufruf an das sowjetische Volk vollständig abdruckte.[24] Trotz wachsender innerparteilicher Kritik brauchte die Partei lange, bis sie aus ihrem rapiden Niedergang Konsequenzen zog. Auf dem 28. Parteitag vom Januar 1994 in Bercy trat der aus dem Val d'Oise stammende gelernte Krankenpfleger *Robert Hue* an die Stelle des seit 1972 amtierenden, von Krankheit gezeichneten Generalsekretärs *Georges Marchais*. Der neue Parteichef äußerte sich kritisch gegenüber der ehemaligen Sowjetunion und zeigte eine gewisse Offenheit für die Ansichten der innerparteilichen

23 Eine aktuelle Bilanz zur Entwicklung der Partei bietet: Stéphane Courtois (Hrsg.): Communisme en France. De la Révolution documentaire au renouveau historiographique. Actes du colloque organisé par le Centre de Recherches Hannah Arendt le 11 mai 2006, Paris 2007.

24 Vgl. Stéphane Courtois: Das letzte Jahrzehnt des französischen Kommunismus – Agonie oder Mutation?, in: Patrick Moreau/Marc Lazar/Gerhard Hirscher (Hrsg.): Der Kommunismus in Westeuropa. Niedergang oder Mutation?, Landsberg am Lech 1998, S. 23–93, S. 35.

Opposition. Der rundliche Mann mit dem altbackenen Seemannsbart verstand es, durch gutmütig-joviales Auftreten die Sympathiewerte seiner Partei wieder zu steigern. In der Folgezeit stabilisierten sich die Wahlergebnisse des PCF auf bescheidenem Niveau. Bei der Präsidentschaftswahl von 1995 erzielte *Hue* 8,7 Prozent der Stimmen im ersten Wahlgang. Bei den Parlamentswahlen von 1997 konnte der PCF seinen Stimmenanteil gegenüber 1993 leicht erhöhen (von 9,2 auf 9,9 Prozent). Dank der Schwäche und Zerstrittenheit der Rechten sowie der weiterhin funktionierenden „republikanischen Disziplin" auf der Linken konnten die Kommunisten die Zahl ihrer Mandate in der Nationalversammlung von 25 auf 38 Sitze steigern. Unter Premierminister *Lionel Jospin* begann die dritte Phase kommunistischer Regierungsbeteiligung seit dem Ende des Zweiten Weltkrieges.

Als Juniorpartner in einer sozialistisch geführten Regierung gelang es der Partei, die allgemeine gesellschaftliche Akzeptanz wieder zu stärken. Doch die angestammten Klientelgruppen schrumpften weiter, ohne dass neue gewonnen werden konnten. In ihren einstigen oder noch verbliebenen Hochburgen – vor allem in den Montanindustrierevieren des Nordens, im „roten Gürtel" des nördlichen und östlichen Pariser Umlandes, in einigen Gebieten des Centre mit ländlich-laizistischer Tradition und im Raum Marseille – litt die Partei seit längerem an einem zum Teil strukturell bedingten Rückgang ihres Einflusses. Während ihre Klientel in der Industriearbeiterschaft schrumpfte, gelang es ihr nicht in dem erwünschten Maße, in den neuen Mittelschichten der Dienstleistungsbranchen Fuß zu fassen. Wo lokale Honoratioren (oft mit Résistance-Vergangenheit) Teile der Bevölkerung an die Partei herangeführt hatten, fanden sich nur selten populäre Nachfolger. Bei den Kommunalwahlen von 1995 gelang es der Partei immerhin, in einer Großstadt mit mehr als 100.000 Einwohnern (Le Havre) und in 45 Städten mit mehr als 30.000 Einwohnern stärkste Partei zu werden und den Bürgermeister zu stellen. Diese lokalen Bastionen stellten die „wichtigste Machtstütze" der Partei dar.[25] Schon bei den Kommunalwahlen vom März 2001 zeigte sich aber, dass es trotz der Popularität *Hues* nicht gelungen war, den strukturellen Rückgang aufzuhalten. Die Partei verlor mit Le Havre die letzte Großstadt und büßte auch in den kleinen und mittleren Städten weiter an Terrain ein. Die Skepsis professioneller Beobachter hatte sich bestätigt: Es war der Partei nicht gelungen, ihre totalitären Strukturen vollends aufzubrechen, durch eine stärkere organisatorische und ideologische Öffnung neue Loyalitäten aufzubauen und den Stimmenanteil bei den Jungwählern wieder zu erhöhen.[26]

Die Wahlen des Jahres 2002 bestätigten diesen Trend auf dramatische Weise. *Robert Hue* erhielt im ersten Wahlgang der Präsidentschaftswahlen nur 3,4 Prozent der Stimmen. Bei den Parlamentswahlen wurde der Stimmenanteil der Partei halbiert. Mit 4,8 Prozent im ersten Wahlgang erzielte sie das schlechteste Ergebnis seit Ende des Zweiten Weltkrieges. *Robert Hue* kündigte im November 2002 seinen Rücktritt vom Parteivorsitz an. In der neu geschaffenen Doppelspitze verblieb die aktive Feministin und ehemalige Ministerin für Jugend und Sport *Marie-George Buffet*, die das Wählerreservoir der Partei durch eine strategische Öffnung zur Szene der antikapitalistischen Globalisierungskritiker zu erweitern

25 Vgl. ebd., S. 53.

26 Vgl. Marc Lazar: Le communisme français et italien fut-il un totalitarisme?, in: Communisme Nr. 47-48/1996, S. 115–125; Jean-Jacques Urvoas: La mutation du PCF: fiction ou velléité?, in: Regards sur l'actualité Nr. 229/1997, S. 3–14.

suchte. Doch obwohl sie im Januar 2007 ihr Amt als Parteichefin zeitweise niederlegte, um bei der bevorstehenden Präsidentschaftswahl als Kandidatin breiterer linker Kreise gelten zu können, erzielte sie im ersten Wahlgang noch weniger Stimmen (1,9 Prozent) als ihr Vorgänger *Hue* fünf Jahre zuvor.

Vom sukzessiven Verlust der einstmals dominierenden Stellung am linken Flügel des politischen Spektrums profitierten zum Teil „härtere" linksrevolutionäre Formationen. Die in Frankreich von den Anfängen in den 1930er Jahren an beheimateten, in zahlreiche Gruppierungen aufgespaltenen Trotzkisten verzeichneten steigende Stimmenanteile.[27] So wurde *Robert Hue* im ersten Wahlgang der Präsidentschaftswahl von 2002 gleich von zwei trotzkistischen Bewerbern geschlagen. Die langjährige Kandidatin der unter dem Namen *Lutte Ouvrière* (LO) antretenden *Union communiste*, die Pariser Bankangestellte *Arlette Laguiller*, erzielte 5,7 Prozent, und der erstmals bei einer Präsidentschaftswahl kandidierende junge Postbote (mit Hochschulabschluss) *Olivier Besancenot*, der neue Sympathieträger der *Ligue Communiste Révolutionnaire* (LCR), erreichte 4,3 Prozent der Stimmen. Mit dem Ergebnis des „Lambertisten" *Daniel Gluckstein* (0,5 Prozent) vom *Parti des travailleurs* (PT; seit Juni 2008: *Parti ouvrier indépendant* – POI), entfielen insgesamt mehr als zehn Prozent der Stimmen auf trotzkistische Bewerber.

Diesem Trend entsprach auch die Präsidentschaftswahl des Jahres 2007, obwohl die trotzkistischen Bewerber – vor allem wegen des schwachen Abschneidens von *Arlette Laguiller* – zusammengerechnet weit weniger Stimmen erzielten als fünf Jahre zuvor.[28] Der LCR-Kandidat *Olivier Besancenot* konnte sein Überraschungsergebnis von 2002 jedoch nahezu bestätigen (4,1 Prozent) und erhielt mehr als doppelt so viele Stimmen wie die vom PCF ins Rennen geschickte *Marie-George Buffet*. Das insgesamt schwache Abschneiden der – gemäßigten wie extremen – Linken, auch bei den nachfolgenden Parlamentswahlen, hat seither Bewegung in die politische Landschaft gebracht. Der PCF wie Teile der Trotzkisten versuchen, ihre Wählerbasis durch ideologische Lockerung und flexiblere Bündnispolitik zu verbreitern. Die LCR mit *Besancenot* entwickelte im Vorfeld der Europawahl das Projekt einer neuen Partei zur Sammlung aller „antikapitalistischen" Kräfte in der Jugend, im öffentlichen Sektor, in den Betrieben und den „quartiers populaires". Der 2009 konstituierte *Nouveau parti anticapitaliste* (NPA) schloss wenige Wochen später eine Kooperation mit dem PCF aus, da dieser sich die Tür zum „Sozialliberalismus" des *Parti Socialiste* (PS) offenhalte. Der PCF seinerseits hat sich mit dem vom linken PS-Flügel abgespaltenen, vom deutschen Vorbild *Die Linke* inspirierten *Parti de gauche* (PG) zusammengetan, dessen Gründung die soeben aus dem PS ausgeschiedenen Aktivisten *Jean-Luc Mélenchon* und *Marc Dolez* im November 2008 ankündigten und im Februar 2009 besiegelten. Das gegen den „liberalen" Vertrag von Lissabon gerichtete Bündnis erzielte (mit der andere kleine Linksgruppierungen einschließenden Liste *Front de gauche pour changer l'Europe*) bei der Europawahl im Juli 2009 sechs Prozent der Stimmen. Eine interne Wahlanalyse kam zu dem Ergebnis, das Stimmenpotenzial hätte im Falle einer Einbindung des NPA (er erzielte 4,9 Prozent) weit

27 Vgl. Jean-Pierre Le Goff: Permanence et métamorphoses du trotskisme, in: Études Nr. 1/2004, S. 43–53; Dominique Reynié (Hrsg.): L'extrême gauche, moribonde ou renaissante?, Paris 2007.

28 Vgl. Daniel Boy/Jean Chiche: L'échec électoral de la „gauche non socialiste", in: Pascal Perrineau (Hrsg.): Le vote de rupture. Les élections présidentielle et législatives d'avril-juin 2007, Paris 2008, S. 197–212.

effektiver in Mandate verwandelt werden können. Daher sei die „Politik der ausgestreckten Hand" gegenüber dem NPA fortzusetzen.[29] Ob es gelingen kann, die Kräfte im politischen Feld jenseits von PS und Grünen (*Les Verts*) stärker zu bündeln, bleibt offen. Dass dies für dauernde Wahlerfolge höchst bedeutsam ist, zeigt die Geschichte der Formationen am anderen Ende des politischen Spektrums. So hätte der rechtsextreme *Front national* (FN) ab Mitte der 1980er Jahre keine so bedeutende Rolle auf der politischen Bühne spielen können, wäre es seinem unangefochtenen Anführer *Jean-Marie Le Pen* nicht gelungen, die in den Jahrzehnten zuvor nicht zuletzt wegen ihrer Zersplitterung bei Wahlen weithin erfolglose extreme Rechte in eine geschlossen auftretende Sammlungspartei zu integrieren.[30] Dabei profitierte er von langjährigen Erfahrungen und Fertigkeiten, die er seit den politischen Anfängen als Abgeordneter auf der Liste *Pierre Poujades* erworben hatte.[31] Seit ihrem elektoralen Durchbruch bei den Europawahlen von 1984 (11,0 Prozent) hatte die mit xenophoben Parolen und populistischen Forderungen aufwartende Protestpartei ihren Stimmenanteil bei den Parlamentswahlen nach und nach vergrößern können – bis zum Spitzenergebnis von 14,9 Prozent im Jahr 1997. Den Auslöser für den in den Folgejahren zu verzeichnenden Rückgang der Wählergunst (siehe Abbildung 2) wiederum bildeten die innerparteilichen Konflikte um die Nachfolge des alternden Parteivorsitzenden.

Abbildung 2 Ergebnisse des FN bei Parlaments- (Parl), Präsidentschafts- (Präs) und Europawahlen (EP) 1993–2007 (in Prozent)

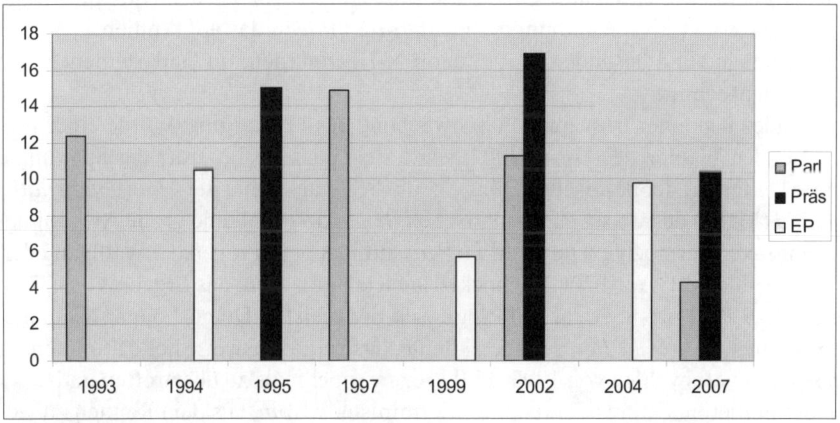

Quelle: Amtliche Wahlstatistiken; Parlaments- und Präsidentschaftswahlen: 1. Wahlgang

29 Vgl. Pascale Le Néouannic: Analyse des résultats (suite): un regret, abrufbar unter: http://www.lepartidegauche.fr/index.php [Stand: 2. August 2009].

30 Vgl. Harald Bergsdorf: Ungleiche Geschwister, Die deutschen Republikaner (REP) im Vergleich zum französischen Front National (FN), Frankfurt a. M. 2000; Jean-Yves Camus: Front National. Eine Gefahr für die französische Demokratie?, Bonn 1998; Erwan Lecœur: Un néo-populisme à la française. Trente ans de Front national, Paris 2003; James G. Shields: The Extreme Right in France. From Pétain to Le Pen, Abingdon/New York 2007.

31 Vgl. Romain Souillac: Le mouvement Poujade. De la défense professionnelle au populisme nationaliste (1953–1962), Paris 2007.

Der Konflikt entlud sich zur Jahreswende 1998/99 in einer Spaltung. Dem von *Le Pen* aus der Partei gedrängten ehemaligen Generaldelegierten *Bruno Mégret* gelang es, einen beachtlichen Teil des Parteiapparates auf seine Seite zu bringen: 59 Prozent der Departementssekretäre und 51 Prozent der Regionalratsabgeordneten schlossen sich ihm an.[32] Unterteilt man die FN-Elite in Gründungsmitglieder, lokale „Notabeln" und aus *Nouvelle droite*, *Club de l'Horloge* und RPR/UDF in den 1980er Jahren neu Rekrutierte,[33] so ging vor allem die dritte Gruppe mit *Mégret*. In ihr waren viele der jüngeren, ideologisch versierteren und strategisch flexibleren Vertreter zu finden. Zudem wechselten erhebliche Teile des parteieigenen Sicherheitsdienstes DPS Anfang 1999 zu *Mégret*.[34] Die überregionale parteinahe Presse („Minute", „National Hebdo", „Présent") hielt jedoch *Le Pen* – nach einigen personellen Umbesetzungen – die Treue.[35] Wichtiger noch: Die Parteibasis und große Teile der Sympathisanten und Stammwähler neigten deutlich stärker zu *Le Pen* als zu *Mégret*. In den ersten SOFRES-Umfragedaten vor der sich abzeichnenden Parteispaltung machte die FN-Stammwählerschaft überwiegend *Mégret* für die Krise der Bewegung verantwortlich und erklärte sich in höherem Maße bereit, *Le Pen* weiterhin ihre Stimme zu geben. Ein hoher Prozentsatz der FN-Sympathisanten wollte weder *Le Pen* noch *Mégret* wählen.[36] Bei den Europawahlen vom Juni 1999 bestätigte sich dieser Trend. Die Liste *Mégrets* erhielt lediglich 3,3 Prozent der Stimmen und verfehlte den Einzug ins Parlament, die Liste *Le Pens* kam auf 5,7 Prozent und fünf Mandate (1994: 10,4 Prozent, elf Mandate). Insgesamt bewirkte das getrennte Aufmarschieren jedoch eine erhebliche Schwächung: Die beiden Parteien zusammen erzielten weniger Stimmen als der geschlossen auftretende FN fünf Jahre zuvor. Zu den Nutznießern gehörte das national-konservative Wahlbündnis *Pasqua-de Villiers*, das auf Anhieb 13 Prozent der Stimmen erreichte und besonders gut in den FN-Hochburgen, im Departement Var und in den Seealpen abschnitt.

Wer indes von einer irreversiblen Schwächung des FN ausging, wurde eines Besseren belehrt. Bei den Wahlen des Jahres 2002 zeigte sich, dass der FN trotz der Spaltung ein bedeutender Faktor auf der politischen Bühne geblieben war, zumal der *Mouvement national et républicain* (MNR) des wenig charismatischen *Bruno Mégret* keine große Anziehungskraft mehr zu entfalten vermochte. Die Wahl *Le Pens* auf Platz zwei im ersten Wahlgang der Präsidentschaftswahlen (21. April 2002) schockierte viele Franzosen; das Ergebnis des 77jährigen Bretonen (16,9 Prozent) übertraf die Prognosen der meisten Demoskopen. Niemand hatte damit gerechnet, dass es *Le Pen* gelingen könnte, das vergleichsweise hohe Stimmenergebnis der Präsidentschaftswahlen von 1995 (15,0 Prozent) nochmals zu übertreffen und den Hauptrivalen des amtierenden Präsidenten, Premierminister *Jospin*, aus dem Rennen zu werfen.[37] Im Nachhinein erwies sich *Jospins* Verhalten als leichtsinnig, sich nicht energisch für ein

32 Vgl. Pascal Perrineau: Comment Mégret a fait éclater le FN, in: Le Nouvel Observateur vom 17.–23. Juni 1999.

33 Vgl. Edward G. DeClair: Pathways to Power on the Far Right: Elite Recruitment in the French National Front, in: Southeastern Political Review 26(1998)1, S. 103–125.

34 Vgl. Anhörung von Monsieur Yves Bertrand, Leiter der Direction Centrale des Renseignements Généraux, Assemblée Nationale vom 16. Februar 1999.

35 Vgl. Renaud Dely: Le Pen – Mégret: la séparation des biens, in: Libération vom 18. Dezember 1998.

36 Vgl. Pascal Perrineau: Les électeurs frontistes et la crise du Front national, CEVIPOF, Januar 1999.

37 Vgl. Gilles Ivaldi: L'extrême droite renforcée mais toujours isolée, in: Revue Politique et Parlementaire, 104(2002)1020-21, S. 133–149; Nonna Mayer: Le Pen's Comeback: The 2002 French Presidential Election,

halbwegs geschlossenes Auftreten des sozialistischen Lagers bemüht zu haben. Es waren rund 300.000 Stimmen, die den Ausschlag für das Ausscheiden *Jospins* (16,2 Prozent) im ersten Wahlgang gaben. Dass die Zersplitterung der linken Wählerschaft die Konkurrenzsituation zugunsten *Le Pens* verbessert hatte, wird im Vergleich zu 1995 deutlich. Damals hatte sich *Jospin* nur drei linker Konkurrenten zu erwehren. 2002 hingegen musste er gegen deren sieben antreten, wobei die Grünen deutlich besser abschnitten als sieben Jahre zuvor.

Le Pens Triumph war die Folge günstiger Gelegenheitsstrukturen. Die von vielen Franzosen gewünschte „Kohabitation" des neogaullistischen Präsidenten und einer Linksregierung aus Sozialisten, Grünen und Kommunisten hatte den Mechanismus der demokratischen Opposition geschwächt und jene Wähler, die einen grundsätzlichen Richtungswechsel favorisierten, in die Arme der außerparlamentarischen Kräfte getrieben. Das rechte Protestpotenzial konnte von der nicht in parlamentarische Willensbildungsprozesse eingebundenen extremen Rechten umso leichter mobilisiert werden, als die im Parlament vertretene gemäßigte Rechte die Rolle einer eher kooperativen als kompetitiven Opposition spielte. Die „Kohabitation" verlieh der populistischen Demagogie *Le Pens*, die auf die Gegenüberstellung eines angeblich korrupten Interessenkartells der im Parlament vertretenen Parteien („die da oben") und „denen da unten", also der Masse des Volkes, zielte, ein gewisses Maß an Plausibilität. *Le Pen* konnte den Anti-Establishment-Affekt auskosten. Er profitierte zudem von Parteispenden-Skandalen und Korruptionsaffären der Regierungsparteien. Die Mobilisationskraft *Chiracs* war dadurch geschwächt. Zudem sah sich der FN-Chef keinem populären Konkurrenten am rechten Flügel gegenüber. Hätten der Rechtsgaullist *Charles Pasqua* und der traditionalistische katholische Adelige *Philippe de Villiers* kandidiert (*de Villiers* hatte 1995 4,3 Prozent der Stimmen im 1. Wahlgang erzielt), wäre *Le Pen* keinesfalls auf Platz zwei gelandet. Die politische Situation nach dem 11. September 2001 goss zusätzlich Wasser auf die Mühlen *Le Pens*. Seine von vielen als übertrieben erachteten Katastrophengemälde von einer sich ausbreitenden Unsicherheit schienen eine gewisse Bestätigung zu finden. Viele gewannen den Eindruck, der FN-Führer habe früher und deutlicher als alle anderen den Finger auf eine offene Wunde gelegt. Die Anschlagserie mutmaßlich arabischer Täter gegen jüdische Einrichtungen spielte *Le Pen* in die Hände. Die von ihm seit Jahren geknüpfte Verbindung zwischen „insécurité" und „immigration" gewann an Überzeugungskraft. Das in vielerlei Hinsicht kritikwürdige Vorgehen der Israelis in den Palästinensergebieten entwertete den gegen *Le Pen* erhobenen Vorwurf des Antisemitismus. *Le Pen* war im Wahlkampf darüber hinaus klug genug, sich rhetorischer Ausfälle, wie sie ihm in der Vergangenheit immer wieder unterlaufen waren, zu enthalten. Er nahm bei zentralen Streitpunkten Abschwächungen vor, um als gereifter, verantwortlich denkender Politiker zu erscheinen. So zeigte ihn ein Magazin in einem arabischen Restaurant mit Wasserpfeife. Ausdrücklich erklärte er, er respektiere selbstverständlich auch die Rechte der aus anderen ethnokulturellen Verhältnissen stammenden eingebürgerten Franzosen, und entschuldigte sich öffentlich für seine frühere Äußerung, Auschwitz sei nur ein Detail in der Geschichte des Zweiten Weltkriegs gewesen. Er hielt zwar an der Forderung nach Abschaffung des Euro fest, befürwortete aber zugleich die Rückkehr zu dem davor bestehenden System fester Wechselkurse.

---

in: International Journal of Urban and Regional Research, 27(2003)2, S. 455–459; Pascal Perrineau: Le vote d'extrême droite en France: adhésion ou protestation?, in: Futuribles Nr. 276/2002, S. 5–20.

Fünf Jahre später war alles anders. Ein kaum altersmilde erscheinender *Le Pen* fiel auf Rang vier zurück und erreichte mit 10,4 Prozent seinen mit Abstand schwächsten Stimmenanteil im ersten Wahlgang seit 1988. Mit *Nicolas Sarkozy* sah er sich einem jung-dynamischen Kandidaten der gemäßigten Rechten gegenüber, der die klassischen Themen Unsicherheit und Immigration bediente und laut IFOP-Umfragedaten 38 Prozent jener Wähler für sich gewann, die 2002 *Le Pen* gewählt hatten.[38] Im Gegensatz zur Wahl fünf Jahre zuvor trat auch der Konservative *de Villiers* wieder an und erreichte immerhin 2,2 Prozent der Stimmen. *Le Pen* profitierte von keiner Terroristen-Hysterie und konnte auch das Schreckgespenst der Kohabitation nicht beschwören. So wurde die Schwäche des FN auch in den folgenden Parlamentswahlen vom Juni 2007 bestätigt. Obwohl *Le Pen* in einer großen Kraftanstrengung den Versuch einer Remobilisierung seiner Wählerschaft unternommen und alle Regionen bereist hatte, büßte die Partei mehr als sieben Prozentpunkte ein und fiel auf 4,3 Prozent zurück. Sie verlor dabei am stärksten bei Facharbeitern und mittleren Angestellten, zeigte aber ein gewisses Beharrungsvermögen in den industriellen Krisenzonen des Nordostens (Pas-de-Calais), wo auch die Tochter *Le Pens*, *Marine Le Pen*, einen Achtungserfolg erzielen konnte, da sie als einzige FN-Kandidatin in den zweiten Wahlgang kam (mit 24,5 Prozent) und unterlag.

So sehr das Absinken der Wählergunst auch auf den Erfolg der Strategie *Sarkozys* zurückzuführen war, so wenig dürfte sie losgelöst von der langjährigen Führungs- und Nachfolgekrise des FN zu verstehen sein. Die herausragende Rolle des charismatischen Populisten an der Parteispitze hatte die Entstehung autokratischer Entscheidungsstrukturen begünstigt. Lange Zeit schien *Le Pen* eifersüchtig bedacht, neben sich keinen potenten Rivalen aufkommen zu lassen, und neigte dazu, potenzielle Nachfolger gegeneinander auszuspielen.[39] Nach dem Weggang *Mégrets* wurde zunächst der Jurist und Japanologe *Bruno Gollnisch* als aussichtsreichster Nachfolger gehandelt. Doch auf dem Parteitag vom April 2003 in Nizza ernannte *Le Pen* ohne vorherige Beratung seine jüngste Tochter *Marine* zur Stellvertreterin, obwohl diese von den Delegierten bei der Wahl des Zentralkomitees mit einem miserablen Ergebnis bedacht worden war. Der Vorgang erregte innerhalb der Partei nicht nur aus formalen Gründen Anstoß, sondern auch weil sich die junge Juristin eine „Dediabolisierung" des FN auf ihre Fahnen schrieb und sich öffentlich mit Abweichungen von der harten Parteilinie (etwa in der Frage des Schwangerschaftsabbruchs und des Verhältnisses zum Islam) zu profilieren suchte. Kritiker am zu großen Einfluss der Tochter, die Aktivistin der ersten Stunde *Marie-France Stirbois*, der Bürgermeister von Orange, *Jacques Bompard*, und der Nationalkatholik *Bernard Antony*, wurden alsbald aus dem „politischen Büro" des FN ausgeschlossen. Nachdem *Le Pen* auf dem Parteitag in Bordeaux im November 2007 erneut (mit 97,7 Prozent der Delegiertenstimmen) zum Parteivorsitzenden gewählt worden war, folgten weitere prominente Abgänge, u. a. des Vizepräsidenten *Carl Lang*, der im Februar 2009 mit ehemaligen FN-Aktivisten der ersten Stunde die Konkurrenzorganisation *Parti de la France* (PDF) ins Leben rief und mit ihr – erfolglos (0,14 Prozent) – bei der Europawahl vom Juli 2009 antrat. Dieser Misserfolg konnte über das magere Abschneiden des FN nicht hinweg-

38 Vgl. Jérôme Fourquet: L'érosion électorale du lepénisme, in: Pascal Perrineau (FN 28), S. 213–234, hier S. 213.

39 Vgl. die aufschlussreiche Darstellung eines ehemaligen führenden Funktionärs: Jacques Bompard: Le Pen contre Le Pen, o. O., 2006, S. 7.

täuschen, der gegenüber der letzten Wahl mehr als drei Prozentpunkte verlor (6,3 Prozent) und nur mehr drei Abgeordnete in das Europaparlament entsendet.

Der personelle Auszehrungsprozess des FN zeigt sich deutlich in den ehemaligen lokalen Hochburgen. In der Fläche ging die Verankerung der Partei stark zurück. Erzielte sie bei den Kommunalwahlen von 2001 noch 213 Mandate in Repräsentativkörperschaften von Gemeinden mit mehr als 3.500 Einwohnern, waren es 2008 nur noch 59.[40] In keiner Gemeinde gelang es, das Rathaus zu erobern. Lange vorbei ist die Zeit, als der FN in der Region „PACA" in mehreren großen Städten die Bürgermeister stellte. Von ihnen war nach den Kommunalwahlen von 2008 nur noch einer im Amt: *Jacques Bompard*, mit über 60 Prozent der Stimmen in Orange (bereits zum zweiten Mal) wiedergewählt, aber nicht mehr als FN-Kandidat, sondern als Repräsentant der Partei von *Philippe de Villiers*.

3 Extremistische Parteien

Ein Vergleich der französischen Flügelparteien lässt markante Unterschiede, aber auch beachtliche Gemeinsamkeiten zutage treten. Der sozialistische Universalismus und Internationalismus steht zumindest in der Theorie in scharfem Kontrast zur ethnozentrisch untermalten Betonung nationaler Identität. Lebt die (extreme) Linke nahezu unverändert von einer bis zur Französischen Revolution zurückreichenden revolutionären Passion[41] mit ihren Freiheits-, Gleichheits- und Solidaritätsversprechungen, greift die (extreme) Rechte in beachtlichem Umfang auf vorrevolutionäre nationale Mythen zurück, wie etwa die Verehrung *Jeanne d'Arcs* zeigt. In der Programmatik des FN bildet die Einwanderung das Erzübel, auf das fast alle anderen Plagen (Unsicherheit, Islamisierung etc.) zurückzuführen seien. Die (extreme) Linke zeigt sich in dieser Frage den republikanischen Prinzipien und einer am Geburtsort („droit du sol") orientierten Definition staatsbürgerlicher Zugehörigkeit ohne Ansehen von Herkunft und Hautfarbe verpflichtet. Sie spricht sich sogar gegen eine „immigration sélective"[42] aus, die vor allem dem ökonomischen Interesse europäischer Unternehmen an billigen Arbeitskräften entspreche. Das Prinzip der Offenheit der Grenzen gilt allerdings nicht in gleichem Maße für Kapital, Waren und Unternehmensstandorte. In diesem Punkt ähnelt die PCF-Position der des FN, der angesichts der globalen Finanzkrise die Ideologie des Freihandels geißelt. Sie habe mit der Befürwortung ungehemmter Zirkulation von Waren, Unternehmen, Menschen und Kapital in die Katastrophe geführt.[43] Diese Fundamentalkritik dokumentiert die populistische Wendigkeit einer Partei, deren wirtschaftspolitische Forderungen der 1980er Jahre von den Reagonomics geprägt waren. Heute vertritt sie hingegen einen Antiglobalismus, der weiter

40 Vgl. http://www.interieur.gouv.fr/sections/a_votre_service/elections/resultats/view [Stand: 30. Mai 2009].

41 Vgl. François Furet: Le passé d'une illusion. Essai sur l'idée communiste au XXe siècle, Paris 1995; Christine Pina: L'extrême gauche en Europe, Paris 2005, S. 111 f.

42 Argumentaire pédagogique à l'attention des militant(e)s. Pour la campagne en vue des élections européennes du 7 juin 2009, Punkt 28: Non à l'Europe forteresse, Immigration, abrufbar unter: http://www.pcf.fr/IMG/pdf/Argumentaire_europeennes_2009-1.pdf [Stand: 18. März 2009].

43 Vgl. Programme „Europe" du Front National. „Leur" Europe n'est pas la nôtre! Voilà l'Europe que nous voulons, abrufbar unter: http://www.fn2009.fr/pdf/programme_FN.pdf [Stand: 18. März 2009], S. 1.

geht als der Altermondialismus des PCF.[44] Beide Konzeptionen sind indes gleichermaßen mit manichäischen Freund-Feind-Konstruktionen verknüpft, beim PCF mit dem Klassenkampf und dem Gegensatz zwischen Arbeiterbewegung und „Bourgeoisie", beim FN mit dem Überlebenskampf der einfachen Bevölkerung gegen das Interessenkartell der „Systemparteien". So kultivieren die Flügelparteien den Geist einer Gegengesellschaft („contre-société"[45]), die sich dem Status quo und den ihn tragenden „korrupten", „opportunistischen", „dekadenten", die „wahren Interessen" des Volkes verratenden Kräften widersetzt.

Was *Annie Kriegel* für den PCF der 1960er Jahre beschrieben hat, trifft auf die heutige Partei indes nicht mehr in gleichem Maße zu. Sie hat auf dem 28. Parteitag von 1994 dem demokratischen Zentralismus explizit abgeschworen, beheimatet in ihrem Inneren ein Spektrum linker Strömungen – von den marxistisch-fundamentalistischen Kritikern der „mutation réformiste" bis zu deren entschiedenen Befürwortern.[46] Die Mehrheit der Mitglieder (Ende 2006 nach eigenen – überzogenen – Angaben 134.000[47]) um die derzeitige Parteivorsitzende *Buffet* plädiert für ideologisch-strategische Offenheit nach beiden Seiten: zum PS ebenso wie zum Antikapitalismus von Trotzkisten und radikalen Globalisierungskritikern. Diese Flexibilität dürfte einer der Gründe sein, warum der von ehemaligen LCR-Aktivisten dominierte NPA im Vorfeld der Europawahl vom Juni 2009 nicht auf die Bündnisofferten des *Front de gauche* eingegangen ist. Wie die Konflikte innerhalb des neugegründeten NPA zeigen, haben die LCR-Kader dem Geheimbündlertum revolutionärer Avantgarden keineswegs abgeschworen[48], so sehr sie auch an einer Verbreiterung ihrer Wirkungsbasis interessiert sind (der NPA soll unmittelbar nach seiner Gründung mit knapp 9100 bereits dreimal soviel Mitglieder umfasst haben wie die LCR zuvor[49]). Zudem setzen sie stärker auf außerparlamentarische Mobilisierung, während der PCF als langjährige parlamentarische Kraft die staatlichen Institutionen als Wirkungsorte des Klassenkampfes begreift, in denen die sozialen Kräfteverhältnisse zugunsten der „Arbeiterklasse" verändert werden können. In diesem Sinne wird vor „antiparlamentarischen Abwegen" gewarnt, von denen die „schlimmsten Populismen"[50] profitierten.

Gemeint ist nicht zuletzt der FN, dessen Anti-System-Haltung wohl auch deshalb ausgeprägter erscheint als die des PCF, weil er ein Ausmaß sozialer Stigmatisierung beklagt (und kultiviert)[51], das bei der extremen Linken keine Entsprechung findet. Dabei handelt es sich

44 Vgl. Alexandre Dézé: Le Front national comme „entreprise doctrinale", in: Florence Haegel (Hrsg.): Partis politiques et système partisan en France, Paris 2007, S. 255–284.

45 Vgl. Annie Kriegel: Les communistes français. Essai d'ethnographie politique, Paris 1970.

46 Vgl. Marie-Claire Lavabre/François Platone (FN 16), S. 42.

47 Vgl. Stéphane Courtois/Dominique Andolfatto: France – The Collapse of the House of Communism, in: Uwe Backes/Patrick Moreau (Hrsg.): Communist and Post-Communist Parties in Europe, Göttingen 2008, S. 87–132, hier S. 117; Dominique Andolfatto: PCF: de la mutation à la liquidation, Paris 2005, S. 241–255.

48 Vgl. Jean-Paul Piérot: Malaise au NPA, in: L'Humanité vom 18. Mai 2009; Sylvia Zappi: Des militants du parti de M. Besancenot dénoncent un „bug démocratique", in: Le Monde vom 30. April 2009. Siehe zum ideologischen Selbstverständnis der Szene Philippe Raynaud: L'Extrême gauche plurielle. Entre démocratie et révolution, Paris 2006; Yolande Dilas-Rocherieux: Communisme et néocommunisme à l'heure de la mondialisation, in: Stéphane Courtois (FN 23), S. 241–256.

49 Vgl. „Le NPA élit son ‚parlement'", AP-Meldung vom 8. Februar 2009.

50 Argumentaire, Punkt 6: Ne pas sortir de l'Union européenne.

51 Vgl. Sylvain Crépon: La nouvelle extrême droite. Enquête sur les jeunes militants du Front national, Paris 2006, S. 219 f.

um eine Sammlungspartei (mit nach eigenen Angaben Ende 2008 rund 75.000 Mitgliedern), die auf ihrem Höhepunkt unterschiedliche Strömungen zu bündeln vermochte, allerdings weit stärker als alle ihre linken Konkurrenten um fluktuierende Protestpotenziale auf den charismatischen Integrator fixiert war. Diese Tendenz hat sich unter dem alternden *Le Pen* soweit verstärkt, dass sie die Sammlungsfähigkeit der Bewegung in Frage stellt.

4 Nichtparteiförmiger Extremismus

Die innerhalb der Grenzen des Hexagons wirkenden, auf Stimmengewinn bei Wahlen zielenden Parteien der extremen Rechten und Linken erteilen der Anwendung von Gewalt als Mittel der Durchsetzung politischer Ziele eine Absage. Sie tragen damit, ungeachtet ihrer Fundamentalkritik am Status quo und ihrer revolutionären Rhetorik, willentlich oder unwillentlich zur Integration politischer Unzufriedenheitspotenziale in das geregelte pluralistisch-parlamentarische Kräftespiel bei. Dies gilt weitgehend auch für die in Frankreich besonders vitale Kultur gezielter und dosierter Grenzüberschreitungen bei meist legalen außerparlamentarischen Protestbekundungen[52], als deren hervorstechendster Vertreter der linke Bauernbündler *José Bové* gelten kann. Der u. a. wegen der Zerstörung von Versuchspflanzungen mit genetisch verändertem Saatgut vielfach verurteilte Aktivist zog im Juli 2009 auf der grünen Liste *Europe Écologie* ins Europaparlament ein. Er engagiert sich auch bei ATTAC, dem 1998 in Paris u. a. von Linksintellektuellen um „Le Monde Diplomatique" gegründeten globalisierungskritischen Netzwerk, das sich international ausbreitete, in Frankreich schon nach kurzer Zeit ein breites Spektrum antikapitalistischer Personen, Initiativen sowie Gewerkschafts- und Parteisektionen (Linkskatholiken, Grüne, Sozialisten, Kommunisten, Trotzkisten, Anarchisten) umfasste.[53] Während die „Sozialforen" der Globalisierungskritiker mit ihren vielfältigen Protestformen (einschließlich Regelverstößen im Rahmen eines reklamierten „zivilen Ungehorsams") an Anziehungskraft gewannen, fanden die linksextremistischen Terrorzellen, die als verspätete Spaltprodukte linker Protestbewegungen Ende der 1970er Jahre (*Action directe*) entstanden waren, kaum Nachfolger. Die Verhaftung einer Gruppe „ultra-linker Anarcho-Autonomer" (so Innenministerin *Michèle Alliot-Marie* im November 2007)[54], denen mehrere Sabotageakte gegen eine TGV-Linie zur Last gelegt wurden, löste angesichts unzureichender Beweise eine Welle der Solidarität aus.

Die Integrationsfähigkeit erfolgreicher extremistischer Parteien bei Wahlen erklärt zum Teil die relative Schwäche gewaltgeneigter Szenen. Der Versuch des FN, Jugendliche aus

52 Vgl. Oscar W. Gabriel/Kerstin Völkl: Politische und soziale Partizipation, in: Oscar W. Gabriel/Sabine Kropp (Hrsg.): Die EU-Staaten im Vergleich. Strukturen, Prozesse, Politikinhalte, 3. Auflage, Wiesbaden 2008, S. 268–298, hier S. 282 f.; Joachim Schild: Politische Konfliktlinien, individualistische Werte und politischer Protest. Ein deutsch-französischer Vergleich, Opladen 2000. Zum organisatorischen Hintergrund: Xavier Crettiez/Isabelle Sommier: La France rebelle. Tous les foyers, mouvements et acteurs de la contestation, 2. Auflage, Paris 2006.

53 Vgl. Patrick Moreau: „Die Welt ist keine Ware" – Aspekte der Bewegung der Globalisierungskritiker am Beispiel von „Attac" Frankreich und Deutschland, in: Uwe Backes/Eckhard Jesse (Hrsg.): Jahrbuch Extremismus & Demokratie, Band 14, Baden-Baden 2002, S. 134–154.

54 Vgl. „Sabotages: Trois suspects libérées", abrufbar unter: http://www.lejdd.fr/Societe/Justice/Actualite/Sabotages-Trois-suspects-liberes-83469/ [Stand: 31. Juli 2009].

militanten Subkulturen für die Partei zu gewinnen, schlug indes teilweise fehl, wie die Auseinandersetzungen des Sicherheitsdienstes DPS mit 100 bis 150 Skinheads auf dem FN-Parteifest vom September 1998 zeigten.[55] Anhänger „harter" NS-affiner Gruppierungen (die *Renseignements Généraux* zählten 2005 2500 bis 3500 Aktive im Elsass, in der Île-de-France und der Region „PACA"[56]) blieben der Partei fern. Das galt auch für die meist jugendlichen Anhänger der unter den Gruppennamen *Nomad 88* und *Droite socialiste* vorwiegend im Pariser Raum agierenden Militanten, „soziale Nationalisten" im Abwehrkampf gegen den „globalistischen Zionismus". Nach einer „Bestrafungsaktion" mit automatischem Gewehr wurden drei Aktive im Juni 2008 wegen Mordversuchs und der Mitgliedschaft in einer „bewaffneten Gruppe" verhaftet.[57]

Während die Militanz von NS-Nostalgikern, Skinheads und Fußball-„Ultras"[58] in den letzten beiden Jahrzehnten in der Regel ein geringes organisatorisches und planerisch-strategisches Niveau erreichte, verfestigten sich in einigen französischen Regionen, auf Korsika und in überseeischen Gebieten Untergrundstrukturen von Separatisten mit zum Teil über längere Zeiträume hinweg operierenden terroristischen Zellen. Im Mutterland galt dies für die *Armée Révolutionnaire Bretonne* (ARB), die in den 1990er Jahren in der Bretagne eine Reihe von Anschlägen auf Einrichtungen des französischen Staates verübte[59], weniger jedoch für den Separatismus der südbaskischen ETA, die Stützpunkte im französischen Baskenland in der Regel als logistische Basis und Ruheraum nutzte, und der nordbaskischen *Iparretarrak*, die im neuen Jahrtausend weitgehend inaktiv blieb.[60] Während die (zögerliche, von Anhängern des Zentralstaates mit Misstrauen beobachtete) Stärkung von Autonomierechten in überseeischen Gebieten (Guayana, Martinique, Guadeloupe, Neukaledonien) zu einem Rückgang independistischer Tendenzen beitrug, hat das – mehrfach erweiterte – Autonomiestatut auf Korsika den nativistischen Ultranationalismus nicht nachhaltig entschärft. Stattdessen verfestigte sich eine Tradition des gewaltsamen Konfliktaustrags (mehr als 9000 allerdings nur zum geringeren Teil politisch motivierte Attentate zwischen 1973 und 2006[61]) und der Wechselwirkung und temporären „Arbeitsteilung" zwischen parlamentarischen und paramilitärisch-gewaltsamen Kräften.[62] Der separatistische Untergrund basiert auf familiären Clanstrukturen und weist Züge organisierter Kriminalität auf; er lässt sich also nicht allein als politisches Phänomen deuten. Verglichen mit der Gewalt von Separatisten und Autono-

55 Vgl. Anhörung von Monsieur Philippe Massoni, préfet de police de Paris, Assemblée Nationale vom 10. Februar 1999.

56 Vgl. Jean-Yves Camus: Extrémismes en France. Faut-il en avoir peur?, Toulouse 2006, S. 23.

57 Vgl. „La droite ultra dans le collimateur des ‚RG'", in: Le Figaro vom 27. Juni 2008.

58 Siehe Nicolas Hourcade: Supporters extrêmes, violences et expressions politiques en France, in: Thomas Busset u. a. (Hrsg.): Le football à l'épreuve de la violence et de l'extrémisme, Lausanne 2008, S. 87–105.

59 Vgl. aus wohlwollender Perspektive Lionel Henry/Annick Lagadec: FLB – ARB. L'histoire, 1966–2005, Fouesnant 2006; aus der Perspektive der Sicherheitsbehörden Jacques Baud: Encyclopédie des terrorismes et violences organisées, Panazol 2009, S. 135–138.

60 Vgl. Xavier Crettiez/Isabelle Sommier (Hrsg.): La France rebelle. Tous les mouvements et acteurs de la contestation, Paris 2006, S. 73.

61 Vgl. ebd., S. 65.

62 Vgl. Thierry Dominici: Le système partisan nationalitaire corse contemporain: étude d'un phénomène politique, in: BCN Political Science Debates Nr. 4/2005, S. 43–87; Rapport de la commission d'enquête sur la conduite de la politique de sécurité menée par l'État en Corse, Sénat, session ordinaire de 1999–2000, Nr. 69, Paris 1999. Siehe auch Christian Lammert: Nationale Bewegungen in Québec und Korsika 1960–2000, Frankfurt a. M./New York 2004.

misten ist der islamistische Terrorismus ein neueres Phänomen, wenngleich nicht losgelöst von der kolonialen Vergangenheit Frankreichs zu betrachten. Dies gilt auch und besonders für die Anschläge der algerischen *Groupe Islamique Armé* (GIA) Mitte der 1990er Jahre. Die Bedrohung durch den algerischen – und maghrebinischen – islamistischen Terrorismus ist auch im neuen Jahrtausend und nach den Attentaten vom 11. September 2001 nicht gewichen. Die Ende der 1990er Jahre von der GIA abgespaltene *Groupe salafiste pour la prédication et le combat* (GSPC) erklärte Frankreich u. a. wegen der angeblichen Unterstützung des algerischen Regimes im Sommer 2005 zum „Feind Nr. 1".[63] Diese Haltung hat sich im Zuge der Internationalisierung der nordafrikanischen Terrorszene und ihrer Integration in das grenzüberschreitende Netzwerk der *Al Qaïda au Maghreb* (seit 2007) eher noch verstärkt.[64]

Islamistische Gruppierungen bilden eine kleine Minderheit unter den rund fünf Millionen Muslimen in Frankreich.[65] Sie sind zudem in hohem Maße fragmentiert (Konvertiten/Nichtkonvertiten; 1., 2. und 3. Einwanderergeneration mit und ohne französische Staatsbürgerschaft; verschiedene Ursprungsländer; einander zum Teil heftig befehdende Schulen: Schiiten, Sunniten, Salafiten, Deobandis, Wahhabiten etc.). Von den über lange Zeiträume gewachsenen politischen Strömungen des Landes abgesondert, ähneln sie mit ihren subkulturellen Zügen den abseits des Parteiengefüges existierenden, meist sozial ausgegrenzten Zirkeln der antiliberalen Rechten – von den meist christlich grundierten Anhängern der Bourbonen-Restauration bis zu den ideologischen Gralshütern des Neopaganismus und der „weißen Rasse" vom Schlage *Pierre Vials* und dessen Vereinigung *Terre et Peuple*.[66] Nur wenigen Gruppierungen ist es in den letzten Jahrzehnten gelungen, über den engeren Kreis politischen Sektierertums hinauszuwirken. Eine Ausnahme bildet insofern die *Nouvelle droite* um *Alain de Benoist*, da sie mit dem Konzept des „Ethnopluralismus" dem linken Multikulturalismus ein nicht nur für Immigrationsgegner attraktives Ideologem entgegenzusetzen vermochte.[67] Sie ist allerdings längst wieder aus dem Rampenlicht skandalumwitterter Negativberichterstattung, in das sie Ende der 1970er Jahre geraten war, herausgetreten und findet öffentlich kaum mehr Beachtung, zumal sie zahlreiche Spaltungen und Metamorphosen – bis hin zu einer Öffnung zur Linken[68] – durchlaufen hat. Höhere mediale Akzeptanz genießen Anarchisten auf der Suche nach einer herrschaftsfreien Ordnung jenseits von Staat und Markt oder auch globalisierungskritisch engagierte, auf den Spuren *Antonio Negris* wandelnde Neokommunisten, die sich um eine Er-

---

63 Vgl. La France face au terrorisme. Livre blanc du Gouvernement sur la sécurité intérieure face au terrorisme, Paris 2006, S. 33–38.

64 Vgl. Mathieu Guidère: La tentation internationale d'Al-Qaïda au Maghreb, ifri, Focus stratégique no. 12, Paris 2008.

65 Die Zahl der Muslime ist mangels offizieller Statistiken (aufgrund des Diskriminierungsverbots dürfen religiöse oder ethnische Zugehörigkeiten nicht erhoben werden) umstritten. Vgl. zur Problematik Jonathan Laurence/Justine Vaïsse: Intégrer l'Islam, Paris 2007, S. 38.

66 Vgl. Erwan Lecœur: Dictionnaire de l'extrême droite, Paris 2007, S. 285–287; Jean-Yves Camus: Strömungen der europäischen extremen Rechten – Populisten, Integristen, Nationalrevolutionäre, Neue Rechte, in: Uwe Backes (Hrsg.): Rechtsextreme Ideologien in Geschichte und Gegenwart, Köln/Wien 2003, S. 235–260.

67 Vgl. Tamir Bar-On: Where Have All the Fascists Gone?, Aldershot/Burlington 2007; Pierre-André Taguieff: Sur la Nouvelle droite. Jalons d'une analyse critique, Paris 1994; Matthias Weber: Prototyp der Neuen Rechten. Alain de Benoist und die Nouvelle Droite in Frankreich, in: Wolfgang Gessenharter/Thomas Pfeiffer (Hrsg.): Die Neue Rechte – eine Gefahr für die Demokratie?, Wiesbaden 2004, S. 145–161.

68 Vgl. zur Entwicklung und zum europäischen Kontext Tamir Bar-On: Where have all the fascists gone? with a preface by Roger Griffin, Aldershot/Burlington 2007, S. 45–56.

neuerung der *Lenin'schen* Imperialismustheorie bemühen[69] – teils als unerschrockene Idealisten und Wahrheitssucher bewundert, teils als unbelehrbare Weltverbesserer und Spinner belächelt.

5 Ergebnis

Die Französische Republik zählt zu den traditionsreichen, seit langem konsolidierten Verfassungsstaaten des Westens. Das in seinen Anfängen zwischen den demokratischen Parteien umstrittene Institutionengefüge der V. Republik hat sich im Großen und Ganzen als funktionsfähig erwiesen und genießt ungeachtet anhaltender Reformdiskussionen hohe Akzeptanz. Die vitale, pluralistische Bürgergesellschaft weist ein breites Spektrum politischer Orientierungen auf und bietet auch extremen Positionen Raum. Dabei genießt die kommunistische Linke soziale Anerkennung, während die extreme Rechte weithin als Gefahr für die republikanische Ordnung wahrgenommen und bekämpft wird.

Der Bestand der V. Republik war in den mehr als fünf Jahrzehnten ihrer Existenz zu keinem Zeitpunkt akut gefährdet. Die unzweifelhaft systemloyalen Parteien verfügten im Zeitraum 1993 bis 2007 stets über eine komfortable Mehrheit. Rechnet man die Stimmenanteile semiloyaler bis klar extremistischer Parteien („extrême gauche", PCF, FN, sonstige „extrême droite") zusammen, ergibt sich folgendes Bild: 1993 23,4 Prozent, 1997 27,5 Prozent, 2002 19,2 Prozent, 2007 12,3 Prozent. Die Unterstützung der Wähler für Anti-System-Alternativen ist somit erheblich zurückgegangen. Auch ihre soziale Verankerung – gemessen an der Zahl der Mitglieder, der Stärke und Dichte lokaler Bastionen sowie dem Einfluss in Gewerkschaften und anderen Interessenorganisationen[70] – hat sich gelockert. Dabei kann der PCF in Anbetracht seines Verhaltens in Regierungskoalitionen ungeachtet aller revolutionären Rhetorik und strategischen Zweideutigkeiten nur bedingt als Anti-System-Partei gelten. Die integrative Wirkung ihrer politischen Tätigkeit dürfte die desintegrativen Effekte bei weitem überwiegen. Dies gilt für Trotzkisten und FN nicht in gleichem Maße, auch wenn diese ihren Kampf gegen das System mit legalen Mitteln führen und zumindest in politischen Erfolgsphasen die Attraktivität militanter Optionen verringern.[71]

Selbst wenn Frankreich im langjährigen Vergleich mit Blick auf die Demokratiezufriedenheit und das Institutionenvertrauen seiner Bevölkerung nur europäische Mittelwerte erreicht,[72] kann von einer Akzeptanzkrise der französischen Demokratie keine Rede sein. Sie weist, auch wenn man eine anspruchsvolle Definition zugrunde legt, ein hohes Konsolidierungsniveau auf. So dürfte sie über ein solides Polster verfügen, um die Auswirkungen der weltweiten Finanz- und Wirtschaftskrise ohne existentielle Probleme zu überstehen.

---

69 Vgl. Yolène Dilas-Rocherieux: Communism and Neo-Communism in Times of „Globalization", in: Uwe Backes/Patrick Moreau (Hrsg.): Communist and Post-Communist Parties in Europe, Göttingen 2008, S. 523–534.

70 Vgl. Dominique Andolfatto: Trade Unions and Communism in Spain, France, and Italy, in: Uwe Backes/Patrick Moreau (FN 47), S. 483–500; Julian Mischi: Pour une histoire sociale du déclin du parti communiste, in: Florence Haegel (FN 44), S. 69–101.

71 Siehe zur Bedeutung solcher Optionen François Heisbourg/Jean-Luc Marret: Le terrorisme en France aujourd'hui, Paris 2006.

72 Vgl. Oscar W. Gabriel: Politische Einstellungen und politische Kultur, in: Ders/Sabine Kropp (FN 52), S. 181–214.

Extremismus in Griechenland

Lazaros Miliopoulos

1 Rahmenbedingungen

Trotz verfassungsrechtlicher Treuegrundsätze („Respektierung der Verfassung" als „Grundpflicht für alle Griechen" gemäß Artikel 120 Absatz 2 und „Grundpflicht des Beamten" gemäß Artikel 103 Absatz 1 der griechischen Verfassung)[1] und starker Unabänderlichkeitsprämissen in Bezug auf einen „Verfassungskern" (Artikel 110 Absatz 1 der griechischen Verfassung, vergleichbar mit Artikel 79 Absatz 3 GG)[2] besitzen extremistische Parteien in Griechenland in gesetzlicher Hinsicht einen relativ großen Bewegungsspielraum. Gemäß Abänderungsgesetz 3033/2002 muss ein Antrag auf Parteigründung, nebst 200 für die Genehmigung beizubringenden Unterschriften wahlberechtigter Bürger, nur noch den Wortlaut des Artikel 29 (1) der griechischen Verfassung wiederholen: „Die Organisation und Tätigkeit der Parteien hat dem freien Funktionieren der demokratischen Staatsordnung zu dienen."[3] Materielle Überprüfungs- und Kontrollbefugnisse diesbezüglich existieren weder auf der Seite der Exekutive noch auf der Seite der Gerichte.[4] Ein Parteiengesetz existiert nicht. Die einzige Einschränkung der Gründungs- und Betätigungsfreiheit im „Parteienartikel" 29 der Verfassung besteht im Betätigungsverbot für Beamte (gemäß Absatz 3), das in Praxis und Rechtsprechung als relativ offenes „Neutralitätsgebot" ausgelegt wird und als Gegengewicht zur traditionell einflussreichen Staatsbürokratie in Griechenland zu verstehen ist.[5] Im Falle der Vereinigungen ist die Gesetzeslage zwar restriktiver, doch wird sie in der Praxis kaum angewandt.[6]

Ohne einen kurzen Blick in die repressive Vergangenheit der jüngsten griechischen Geschichte sind diese Rahmenbedingungen nicht zu verstehen. Statt einer „Versöhnungsoption" ließ der royalistisch geführte Staat nach der Beendigung des blutigen und verlustreichen Bürgerkrieges 1946–49 nicht vom Notstandsgesetz 509/1947 ab, das die Repressionsmaßnahmen gegen (kommunistische) Verfassungsfeinde zu einem exekutiven Vorrecht diverser Sicherheitsausschüsse und der Regierung machte, was zu völlig überzogenen Strafzumessungen

---

1 Vgl. Prodromos D. Dagtoglou: Über den Zugang und die Entlassung aus dem öffentlichen Dienst in Griechenland, in: Ernst-Wolfgang Böckenförde (Hrsg.): Extremismus und öffentlicher Dienst. Rechtslage und Praxis des Zugangs zum und der Entlassung aus dem öffentlichen Dienst in Westeuropa, USA, Jugoslawien und der EG, Baden-Baden 1981, S. 195–212, hier S. 205.

2 Vgl. ebd., S. 196.

3 Vgl. Kostas Chryssogonos: Verfassung und Politische Parteien in Griechenland. Betrachtungen zum Defizit demokratischer Repräsentation, in: Dimitris Th. Tsatsos/Evangelos Venizelos/Xenophon I. Contiades (Hrsg.): Political Parties in the 21st Century. Politische Parteien im 21. Jahrhundert, Athen 2004, S. 335–362, hier S. 344; Peter Zervakis: Das Parteiensystem Griechenlands, in: Oskar Niedermayer/Richard Stöss/Melanie Haas (Hrsg.): Die Parteiensysteme Westeuropas, Wiesbaden 2006, S. 189–212, hier S. 201.

4 Vgl. Kostas Chryssogonos (FN 3), S. 343 f.; Prodromos D. Dagtoglou (FN 1), S. 198–201.

5 Vgl. Prodromos D. Dagtoglou (FN 1), S. 210–212; Ioannis Kassaras: Die griechische Verfassung von 1975. Entstehung und Probleme, Hamburg 1983, S. 36.

6 Vgl. zur Gesetzeslage Prodromos D. Dagtoglou (FN 1), S. 201 f.

durch außerordentliche Militärgerichte und die massenhafte Einführung von Gesinnungszertifikaten führte.[7] Der Versuch der (konservativen) Regierung 1963, ein gerichtsförmiges Parteiverbotsverfahren zu begründen, scheiterte an Widerständen des Militärs und des Königshauses.[8] Auch wenn die repressiven Maßnahmen gegen die Mitglieder der 1946 verbotenen *Kommunistischen Partei Griechenlands* und anderer unter Kommunismusverdacht stehender Staatsbürger nicht an die repressive Behandlung von „Klassenfeinden“ im kommunistisch besetzten Nordgriechenland 1946–49 heranreichten, hat der aus der Besatzungszeit und den Bürgerkriegswirren erwachsene, paramilitärisch agierende „Nebenstaat“ (parakrátos/παρακράτος), aus welchem schließlich auch die Militärdiktatur 1967–74 entstehen konnte, insbesondere bei der griechischen Linken tiefe Spuren hinterlassen. Mit der Versöhnungspolitik der Konservativen von 1974 unter Premierminister *Konstantinos Karamanlis Sr.* ist der „antirepressive Affekt“ zu einem gesamtgriechischen Phänomen geronnen. Hierin liegen auch die tieferen Gründe für die Tatenlosigkeit im Kampf gegen den Extremismus aus der linken Szene: Seit der Neugründung der Republik 1974 verharrte der griechische Staat jahrelang in einem Zustand der ideologischen Verkrampfung. Alle griechischen Regierungen wählten eine Strategie der Koexistenz mit den anarchistischen Strukturen, auch die Konservativen. Diese meiden jeden linken Repressionsvorwurf wie der Teufel das Weihwasser.

So besaßen selbst terroristische Gruppierungen lange Zeit einen relativ großen Artikulations- und Bewegungsspielraum, insbesondere die in Griechenland 1974–2002 aktive linksextreme Organisation *17. November* (17N). Das 1990 in der Regierungszeit der liberalkonservativen *Neuen Demokratie* (*Néa Dimokratía*, Νέα Δημοκρατία – ND) verabschiedete Antiterrorgesetz (1916/1990) löste heftige Reaktionen aus.[9] Die Regelungen ermöglichten u. a. das Festhalten von Terrorverdächtigen ohne Gerichtsurteil bis zu 15 Tagen und verboten die Veröffentlichung terroristischer Bekennerschreiben in der Presse.[10] Das Gesetz wurde direkt nach der Regierungsübernahme der *Panhellenischen Sozialistischen Bewegung* (*Panellínio Sosialistikó Kínima,* Πανελληνικό Σοσιαλιστικό Κίνημα – PASOK) 1993 zurückgenommen und erst nach 2000 wieder, nunmehr von der modernisierten PASOK selbst, eingebracht und durchgesetzt. Im Jahr 2002 erfolgte dann zwar die Zerschlagung des 17N, doch spätestens mit den heftigen Straßenkrawallen in Athen im Dezember 2008, ausgelöst durch den gewaltsamen Tod eines jugendlichen Anarchisten, hat eine neue Generation des militanten, sich selbst „sozialrevolutionär“ überhöhenden Linksextremismus und Linksterrorismus das Ruder übernommen, auch wenn sich die neue Terrorismusszene noch in einer Art Inkubationsphase befindet. Seit den Dezemberereignissen wird das Land jedenfalls von einer fast beispiellosen Anschlagserie heimgesucht, bei der inzwischen ein erstes Todesopfer zu beklagen ist, ein 41-jähriger Personenschützer aus den Reihen der griechischen Antiterroreinheit. Mehrere kleinere Terrorgruppen versuchen, in die Fußstapfen des 17N zu treten. Daher steht Griechenland

7 Vgl. Theodoros Lagaris: Innerer Feind, Nation und Demokratie. Zum Legitimationsprozess in Griechenland nach dem Bürgerkrieg, Baden-Baden 2000, S. 99 f.

8 Vgl. ebd., S. 108 f.

9 Vgl. Georgios Karyotis: Securitization of Greek Terrorism and Arrest of the Revolutionary Organization of November 17, in: Cooperation and Conflict 42(2007)3, S. 271–293, hier S. 277.

10 Vgl. Daniel Byman: States that Sponsor Terrorism, Cambridge u. a. 2005, S. 241 f.; Gustav Auernheimer: Terrorismus und Antiamerikanismus in Griechenland, in: Südosteuropa 50(2002)10-12, S. 488–501, hier S. 490.

jetzt vor ganz neuen sicherheitspolitischen Herausforderungen und (links)extremistischen Bedrohungen, welche den stark antirepressiven Konsens der griechischen Gesellschaft im postdiktatorischen Zeitalter an mehreren Stellen in Frage stellen könnten.

Neben dem „antirepressiven Mainstream" birgt das Wahlsystem auch Chancen für Extremisten in kleineren Parteien, da auf nationaler Ebene seit 1993 eine relativ niedrige Sperrklausel von drei Prozent der Wählerstimmen gilt. Das griechische Wahlrecht begünstigt jedoch stets die stärkste Partei durch absolute Mehrheit der Sitze, so dass die Chance auf Regierungsbeteiligung für kleinere Parteien faktisch kaum vorhanden ist, zumindest solange es nicht zu einer Umwälzung des bestehenden Wahl- und Parteiensystems kommt. Allerdings kann das gesetzlich einfach organisierte griechische Wahlrecht durch parlamentarische Mehrheiten (für die jeweils übernächsten Wahlen) leicht abgeändert werden.[11]

Schließlich ist in der Frage des antirepressiven Affektes in der jüngsten Zeit eine gewisse Schlagseite auf der Links-Rechts-Achse zu beobachten, wie sie auch in anderen europäischen Gesellschaften und Rechtssystemen konstatiert werden kann. Von Seiten „antifaschistischer" Vereinigungen wird auf dem Gerichtsweg in mehreren Fällen versucht, ein griechisches Antidiskriminierungsgesetz aus dem Jahre 1979 (Gesetz 927/79), flankiert durch die jüngste europäische Antidiskriminierungsgesetzgebung, gegen Akteure des antisemitischen Lagers Griechenlands zur Anwendung zu bringen und eine für griechische Verhältnisse ungewöhnliche und in allen politischen Lagern eher unerwünschte Verrechtlichung der politischen Auseinandersetzung, diesmal gegen rechtsextreme Kräfte, voranzutreiben. Das Gesetz verbietet unter Androhung einer maximal dreijährigen Haftstrafe jegliche öffentlichen Verlautbarungen, die „bewusst zu Handlungen und Aktivitäten auffordern, welche dazu geeignet sind, Diskriminierungen, Hass oder Gewalt gegen Personen und Personengruppen aus alleinigem Grund der rassischen oder ethnischen Herkunft oder der religiösen Überzeugungen der Betroffenen hervorzurufen". Außerdem wird die Gründung oder die aktive Beteiligung an einer „Organisation, welche Propaganda- oder sonstige Aktivitäten mit dem Ziel der rassischen Diskriminierung, verfolgt."[12]

2 Wahlentwicklung

Die mit dem Systemwechsel 1974 wieder legalisierte *Kommunistische Partei Griechenlands* (*Kommounistikó Kómma Ellàdos*, Κομμουνιστικό Κόμμα Ελλάδας – KKE) gehörte im Unterschied zu rechtsextremen Parteien seit Anbeginn zum festen Bestandteil des griechischen Parteiensystems. Sie erreichte bis 1990 in allen Parlamentswahlen stabil etwa zwischen neun und elf Prozent, 1990 im Rahmen des *Linksbündnisses* (*Synaspismós*, Συνασπισμός –

11 Vgl. Peter Zervakis (FN 3), S. 203.

12 Im September 2008 ist es in zweiter Gerichtsinstanz zu einer Verurteilung zweier Redakteure der rechtsradikalen Zeitung „Eléftheros Kósmos" [Ελεύθερος Κόσμος, „Freie Welt"] gekommen. Die inkriminierte Aussage lautete in Anspielung auf die Judendeportation aus Thessaloniki im Zweiten Weltkrieg: „Gott sei Dank sind nicht einmal 1500 Juden in Saloniki verblieben." Ein weiteres Gerichtsverfahren gegen einen der führenden antisemitischen Akteure des Landes (*Konstantinos A. Plevris*), der wegen ähnlicher Aussagen in erster Instanz zu 14 Monaten Haft auf Bewährung verurteilt wurde, endete jedoch in zweiter Instanz jüngst mit einem Freispruch. Vgl. Eva Karamanoli: Verurteilung Plevris wegen rassischer Diskriminierung [Καταδίκη Κ. Πλεύρη για φυλετικές διακρίσεις], in: Kathimerini vom 14. Dezember 2007.

SYN) sogar 13,1 Prozent. Der SYN bestand bis dahin im Kern aus einer 1968 gegründeten, reformkommunistischen KKE-Abspaltung, der *KKE Inland*, die Mitte der 1980er Jahre im *Linksbündnis* aufgegangen war.[13] Aufgrund der schwierigen Mehrheitsverhältnisse im Lande, die auf das von der Regierung *Andreas Papandreou* (PASOK) gegen die ND-Opposition eingeführte (später wieder abgeschaffte) reine Verhältniswahlsystem zurückzuführen waren, bedurfte es zur stabilen Regierungsfindung zwei weiterer Wahlen im November 1989 und im April 1990. Das führte angesichts der damaligen Finanzskandale der PASOK zeitweise sogar zu einer Übergangskoalition des *Linksbündnisses* (inklusive KKE) mit der ND, so dass der SYN im November 1989 nur noch elf und im April 1990 nur noch 10,6 Prozent der Wählerstimmen erreichte. Als dann die Reformkommunisten im SYN versuchten, alle Einzelparteien in einer einzigen sozialistischen Partei abseits eines orthodox-revolutionären Marxismus aufgehen zu lassen[14], folgte 1991 eine innerparteiliche Revolte im orthodoxen Mehrheitsflügel der KKE, der Wiederaustritt der KKE aus dem SYN und die Ablösung des seit 1972 als Generalsekretär und Parteivorsitzender amtierenden, vorsichtigen Reformers *Charilaos Florakis*. Er hatte den Beitritt zum SYN 1989 herbeigeführt. An seine Stelle trat eine eindeutig linksextreme Parteiführung unter dem Vorsitz von *Aleka Papariga*, was wiederum den Austritt einer Reihe reformorientierter Kräfte nach sich zog.[15] Die bis heute unter der Führung *Paparigas* stehende KKE pendelte sich nach diesen Ereignissen zwischen 4,5 und 6,0 Prozent der Wählerstimmen ein (1993: 4,5 Prozent; 1996: 5,6; 2000: 5,5; 2004: 5,9). Erst bei den Parlamentswahlen 2007 gelang es ihr mit 8,2 Prozent der Stimmen, den alten Ergebnissen vor 1989 wieder ein wenig näher zu kommen. Der übrig gebliebene SYN (seit 2007 *Linksbündnis der Radikalen Linken*, SYRIZA) fiel bei den Parlamentswahlen 1993 unter die Drei-Prozent-Hürde, konnte sich aber anschließend unter der neuen Führung des gewerkschaftsnahen und populären *Nikos Konstantopoulos*[16] wieder als parlamentarische Kraft etablieren und öffnete sich immer stärker für linkslibertäre und ökologische Fragen.

13 Der Name *KKE Inland* entstand in Anlehnung an das bis zur Militärdiktatur 1967 in Griechenland geheim und danach im Bukarester Exil operierende KP-Inlandsbüro, das sich den KKE-Dissidenten 1968 anschloss. Zu den Kämpfen innerhalb der KKE vgl. Ilios Yannakakis: Die griechischen Opfer des Kommunismus, in: Stéphane Courtois u. a.: Das Schwarzbuch des Kommunismus. Band 2: Das schwere Erbe der Ideologie, München/Zürich 2004, S. 447–468.

14 Vgl. Heinz A. Richter: Die Entwicklung der griechischen Linken 1918–1996, in: Patrick Moreau/Marc Lazar/Gerhard Hirscher (Hrsg.): Der Kommunismus in Westeuropa. Niedergang oder Mutation?, Landsberg am Lech 1998, S. 131–166, hier S. 160.

15 Vgl. Stathis N. Kalyvas/Nikos Marantzidis: The Two Paths of the Greek Communist Movement (1985–2001), in: Joan Botella/Luis Ramiro (Hrsg.): The Crisis of Communism and Party Change. The Evolution of West European Communist and Post-Communist Parties, Barcelona 2003, S. 14–32, hier S. 20.

16 Vgl. Georgios Tsakalidis: Das politische System Griechenlands nach 1974, Münster 1999, S. 35–37.

Tabelle 1 Ergebnisse der extremistischen Parteien bei den griechischen Parlamentswahlen 1990–2007 (in Prozent)[1]

	1990	1993	1996	2000	2004	2007
Linksextremistische Parteien						
KKE	10,3	4,5	5,6	5,5	5,9	8,2
Rechtsextremistische Parteien						
EPEN	---	0,1	0,2	---	---	---
Ethniko Komma	0,1		---	---	---	---
Ethniki Symmachia[2]	---	---	0,1	0,2	---	---
Prote Gramme	---	---	---	0,2	---	---
Ethniki Symmachia	---	---	---	0,2	---	---
Ethniko Metopo	---	---	---	---	0,1	---
Quelle: Griechisches Innenministerium.						

[1] Wahlergebnisse extremistischer Parteien unter 0,1 Prozent wurden nicht berücksichtigt.
[2] Ab 1996 Chr. Avgi; ab 2000 Ethniki Symmachia.

Im Unterschied zur radikalen Linken fristete die radikale Rechte lange Zeit ein Schattendasein. Bis 1984 war das griechische Parteiensystem geprägt von einer Vielzahl rechtsextremer „flash parties" mit nur sporadischen Erfolgen[17], danach von einer absoluten Erfolglosigkeit des parteipolitischen Rechtsextremismus. Erst mit der im Jahr 2000 vom ehemaligen ND-Abgeordneten *Georgios Karatzaferis* gegründeten Partei der *Volksorthodoxen Sammlungsbewegung* (*Laikós Orthódoxos Synargemós*, Λαικός Ορθόδοξος Συναγερμός – LAOS) sollte es wieder gelingen, Fuß zu fassen.

Die Situation in den 1990er Jahren gestaltete sich für die zwischenzeitlich zur Splitterpartei abgesunkene *Nationale Politische Union* (*Ethnikí Politikí Énosis*, Εθνική Πολιτική Ένωσις – EPEN), die vom seit 1974 inhaftierten (und 1999 in Haft verstorbenen) Militärmachthaber *Georgios Papadopoulos* 1984 aus dem Gefängnis heraus höchst selbst gegründet wurde[18], noch schwerer, als die nationalkonservative One-Issue-Partei *Politischer Frühling* (*Politikí Ánixi*, Πολιτική Άνοιξη – POL.AN)[19] des griechischen Außenministers und ND-

17 Vgl. Takis S. Pappas: Making Party Democracy in Greece, Basingstoke 1999, S. 61; Richard Clogg: Parties and Elections in Greece. The Search for Legitimacy, London 1987, S. 184; Antonis Ellinas: The Electoral Dynamics of Far Right Ascendance. The Case of Greece, in: Gregory T. Papanikos (Hrsg.): International Research on Global Affairs, Athen 2005, S. 275–316, hier S. 290; Piero Ignazi: Extreme Right Parties in Western Europe, Oxford/New York 2003, S. 192; André Osterhoff: Die Euro-Rechte. Zur Bedeutung des Europäischen Parlaments bei der Vernetzung der extremen Rechten, Münster 1997, S. 68 f.

18 Vgl. André Osterhoff (FN 17), S. 69.

19 Vgl. zu dieser Partei Georgios Tsakalidis (FN 16), S. 40 f.; die Zuordnung bei Peter Zervakis: Das politische System Griechenlands, in: Wolfgang Ismayr (Hrsg.): Die politischen Systeme Westeuropas, 2. Auflage, Opladen 1999, S. 637–672, hier S. 654; Richard Stöss: Rechtsextreme Parteien in Westeuropa, in: Oskar Nieder-

Abkömmlings *Georgios Samaras* im Zuge der Makedonien-Krise[20] das nationale Lager an sich binden konnte und bei den Parlamentswahlen 1993 4,9 Prozent der Wählerstimmen auf sich vereinigte.

Trat die EPEN für die Freilassung der Junta-Offiziere und für die Rückkehr des Königs ein, so ging der ehemalige Jugendführer der Partei *Makis Voridis*, der diese alten Ziele als Modernisierungsblockaden ansah, einen eigenen Weg und gründete 1994 ganz nach dem Vorbild seines persönlichen Freundes *Jean-Marie Le Pen* die *Hellenische Front* (*Ellinikó Métopo*, Ελληνικό Μέτωπο – EM).[21] Doch blieb die EM mit regelmäßigen Stimmenanteilen deutlich unter einem Prozent ebenso erfolglos wie die nach 1996 aufgelöste EPEN oder die 1999 vom ehemaligen Geheimdienstoffizier *Konstantinos A. Plevris* gegründete (und inzwischen ebenfalls wieder aufgelöste) rassistisch-nationalistisch und antisemitisch ausgerichtete Partei *Frontlinie* (*Prote Gramme*, Πρώτη Γραμμή), die eine Zeit lang mit der seit 1993 als Partei anerkannten offen neonationalsozialistischen Gruppierung *Goldene Morgenröte* (*Chryssí Avgí*, Χρυσή Αυγή) kooperierte, welche bis heute vom führenden Neonationalsozialisten Griechenlands, dem Mathematiker und ehemaligen Armeeoffizier *Nikolaos G. Michalokiakos*, geführt wird.

Erst *Karatzaferis* neue LAOS-Bewegung, seit 2001 im Wahlbündnis mit der organisatorisch starken EM stehend, konnte ihre Chance nutzen, als die ND im Zuge einer scharfen Auseinandersetzung zwischen der Christlich-Orthodoxen Kirche Griechenlands unter dem (jüngst verstorbenen) Erzbischof *Christodoulos* und der damaligen Regierung unter *Simitis* über die Frage, ob die Angabe der Religionszugehörigkeit im Rahmen einer europäischen Harmonisierung aus den griechischen Personalausweisen getilgt werden soll, bei den Athener Präfektur-Wahlen 2002 *Giannis Tzannetakos* vom liberalen ND-Flügel kandidieren ließ. *Tzannetakos*, der sich entgegen der Mehrheitsmeinung in der eigenen Partei bezüglich der Frage der Personalausweise gegen die Position der Kirche stellte[22], bot *Karatzaferis* die Gelegenheit zur aussichtsreichen Gegenkandidatur, die der LAOS-Vorsitzende auf Anhieb in 13,6 Prozent der Stimmen ummünzen konnte. Bei den folgenden Europawahlen 2004 baute der „Athener *Le Pen*"[23], wie ihn die griechische und britische Presse nun titulierte, seine neue Popularität aus und zog mit einem Wahlergebnis von 4,1 Prozent selbst als Abgeordneter in das Europäische Parlament ein. Zwar war es LAOS zunächst nicht möglich, die Erfolge bei den im selben Jahr folgenden nationalen Parlamentswahlen zu wiederholen (die Partei erreichte 2,2 Prozent der Stimmen), doch gelang ihr das schließlich bei den nationalen Parlamentswahlen von 2007, indem sie nun 3,8 Prozent der Wählerstimmen erreichte. Seitdem

mayer/Richard Stöss/Melanie Haas (FN 3), S. 521–563, hier S. 528. Die Einordnung bei *Kai Arzheimer* trifft indes nicht zu; vgl. Kai Arzheimer: Die Wähler der extremen Rechten 1980–2002, Wiesbaden 2008, S. 19.

20 *Samaras* wehrte sich als Außenminister (damals unisono mit der PASOK) gegen Bestrebungen des damaligen ND-Ministerpräsidenten *Mitsotakis*, das nördliche Nachbarland Griechenlands unter Umständen mit einem zusammengesetzten Namen unter Einschluss des Terminus „Mazedonien" – z. B. „Nordmazedonien" – anzuerkennen. *Samaras* hatte nach dem Wiederausscheiden aus dem griechischen Parlament 1996 seine Partei aufgelöst und ist inzwischen in die ND zurückgekehrt.

21 Vgl. Antonis Ellinas (FN 17), S. 278.

22 Vgl. ebd., S. 300f.

23 Vgl. Helena Smith: ‚Le Pen' of Athens alters the Greek political landscape, in: The Observer vom 7. März 2004.

sitzt auch der EM-Vorsitzende *Voridis* im Rahmen des erwähnten Wahlbündnisses als LAOS-Fraktionsmitglied im Nationalparlament.

Dass sich rechtsnationale Kräfte bis 2002 trotz starker autoritärer und parochialer Strömungen und Einstellungen in der Bevölkerung[24] nicht längerfristig etablieren konnten, hängt mit dem Misserfolg des Obristen-Regimes (wirtschaftliche Stagnation in der Endphase des Regimes, Teilung Zyperns, keine transformative Eigendynamik) und den damit einhergehenden Spaltungstendenzen im alten griechischen Rechtsextremismus zwischen Royalisten und „Putschisten" zusammen.[25] Neonationalsozialistische Gruppierungen sind zudem ohnehin unbeliebt angesichts der Erfahrungen mit der NS-Besatzung 1941–44.[26]

3 Extremistische Parteien

3.1 Rechtsextremismus

Das Programm von LAOS ist geprägt von einem restriktiven Kurs in der Immigrationspolitik (sofortige Ausweisung aller illegalen Einwanderer), einem ethnischen Nationalismus, einer Globalisierungsfeindschaft und einem scharfen christlich-orthodoxen Wertkonservativismus (gegen Homosexuellen-Ehen, gegen Abtreibungen, für die Beibehaltung der staatsrechtlichen Sonderstellung der christlich-orthodoxen Kirche).[27] Außenpolitisch fordert die Partei eine expansive Rüstungspolitik und eine harte Gangart gegenüber Ankara, Skopje und Tirana. So wurde die Position der ehemaligen POL.AN-Partei übernommen, das nördliche Nachbarland Griechenlands unter keinen Umständen mit einem zusammengesetzten Namen unter Einschluss des Terminus „Mazedonien" anzuerkennen.

Trotz aller rechtsextremen Einflüsse ist insgesamt keineswegs ausgemacht, ob es sich bei der LAOS-Partei um eine Erscheinungsform des „extremistischen Rechtspopulismus" han-

24 Vgl. zu den Einstellungen insbesondere EUROSTAT: Racism and Xenophobia Special, Brüssel 1989, S. 94; vgl. zum Erklärungsmuster zutreffend Richard Stöss (FN 19), S. 533. Demnach sind die Einstellungen eine Folge der exponierten geopolitisch-historischen Lage, der religiösen Homogenität und der Unerfahrenheit dieses traditionellen Auswandererlandes mit neuen immigrationspolitischen Herausforderungen sowie der Internalisierung des kulturellen Selbstverständnisses einer „disziplinierten Demokratie" nach dem Bürgerkrieg.

25 Der Militärputsch vom 21. April 1967 erfolgte nicht auf Weisung und ohne Wissen des damaligen jungen Königs *Konstantin II.* Der schließlich erfolgte Putsch unter *Papadopoulos* durchkreuzte die Planungen des Königshauses und führte am 13. Dezember 1967 zu einem royalistischen Gegenputsch, welcher allerdings auf allen Ebenen scheiterte und den König ins Exil zwang. Die damit einhergehende Spaltung zwischen einer royalistischen und einer „putschistischen" Rechten prägte nach 1974 das Erscheinungsbild aller Parteien rechts von der ND, wobei das „putschistische" Lager aus nahe liegenden Gründen für extremistische Gruppierungen viel stärker anschlussfähig war als das royalistische. Trotz einer auch die royalistischen Kräfte einbindenden Integrationskraft des konservativen Flügels der ND der 1970er und frühen 1980er suchten diverse royalistische Gruppen ihr Heil rechts von der ND, was zu einer unübersichtlichen Gemengelage rechtskonservativer, königstreuer und eindeutig rechtsextremer Gruppen in diesem Bereich führte.

26 Vgl. Takis S. Pappas: Grand Designs, Narrow Choices: Conservatives and Democracy in Southern Europe, San Domenico 1996 (EUI Work Paper SPS No. 96/7), S. 44. Vgl. auch die Zahlen zum niedrigen rechtsextremen Einstellungspotenzial in Griechenland bei Petra Bauer/Oskar Niedermayer: Extrem rechtes Potenzial in den Ländern der Europäischen Gemeinschaft, in: Aus Politik und Zeitgeschichte Nr. 46-47/1990, S. 15–26, hier S. 20–22.

27 Vgl. Antonis Ellinas (FN 17), S. 278 f.

delt.[28] Eher ist von einer populistischen Sammlungsbewegung mit wechselnden Protestthemen (Ausländer, Drogen, Kriminalität, Werte) auszugehen, die „prinzipiell systemloyale bis hin zu fundamentaloppositionelle“[29] Kräfte der Rechten in einer populistischen Bewegung vereinigt und sich mit einer Partei wie der *Alleanza Nationale* vor dem Austritt der *Mussolini*-Fraktion vergleichen lässt. Die Wählerstruktur ist weitgehend männlich geprägt und besteht in erster Linie aus Kleinhändlern, Arbeitern und Angestellten mit niedrigen bis mittleren Einkommen.

Eine endgültige Einordnung der Partei muss von der Ernsthaftigkeit des spätestens nach dem Einzug in das nationale Parlament 2007 zu beobachtenden innerparteilichen Mäßigungsprozesses abhängig gemacht werden. Schon zuvor hatte *Karatzaferis* in seiner Zeit als Europaabgeordneter seine Partei in die zwar betont europaskeptische, aber doch gemäßigt konservative ID-Gruppe geführt. Zudem grenzt sich LAOS seit längerer Zeit in scharfer Form gegen Verbindungen zur *Goldenen Morgenröte* sowie weiteren nationalsozialistischen und radikal antisemitischen Kräften ab und drosselt vernehmbar ihre ursprünglich starken antijüdischen und antiwestlichen Argumentationsfiguren. Insgesamt ist es *Karatzaferis* gelungen, innerparteiliche Flügelbildungen zu unterbinden. Er bewies dabei machtpolitische Geschicklichkeit, wobei ihm weniger sein Charisma als sein mächtiger Medieneinfluss hilfreich gewesen ist: Er besitzt einen landesweit zu empfangenden TV-Sender („Tyleastis“) und eine eigene Zeitung („A1“).[30] Über diese Medien konnte er rhetorisch begabte Rechtspopulisten in Stellung bringen, wie z.B. den im ganzen Land bekannten Publizisten und Fernsehautor *Kyriakos Velopoulos*, der inzwischen für LAOS im Athener Parlament sitzt. Den Mäßigungskurs von *Karatzaferis* verfolgt die angeschlossene EM, in welcher die Nationalismus-Vokabel durch eine globalisierungskritisch eingebettete Patriotismus-Begrifflichkeit abgelöst wurde.

Zugleich sind aber auch Radikalisierungstendenzen zu beobachten: So wurde jüngst der nordgriechische Universitätsprofessor und „neo-orthodoxe“ Linksnationalist *Kostas Zouraris*, ein ehemaliges KKE-Mitglied und enger Bekannter des inzwischen verhafteten Anführers der terroristischen Organisation 17N, *Alexandros Giotopoulos*, in politische Großveranstaltungen der Partei zur Makedonien-Frage aktiv eingebunden.[31] Zudem lässt sich zumindest in der Vergangenheit führender Parteiangehöriger, *Voridis* und *Karatzaferis* mit eingeschlossen, eine Idealisierung rechtsextremer Traditionslinien beobachten, welche auf den Grundsätzen der Diktatur von *Ioannis Metaxas* von 1936 bis 1941 und derjenigen der Obristen unter *Georgios Papadopoulos* 1967 bis 1973 fußen.[32] Zwar handelt es sich hierbei, trotz der Ideenansätze eines „neuen Staates“ oder eines „Griechenlands griechischer Christen“, nicht um „totalitäre“ Phänomene, aber eindeutig um ein rechtsextremes Bündel aus Antiliberalismus, einem ausgeprägten Anti-Parteien-Affekt und Militarismus sowie der Amalgamierung eines scharfen

28 Vgl. zum Begriff „extremistischer Populismus“ Tom Thieme: Hammer, Sichel, Hakenkreuz. Parteipolitischer Extremismus in Osteuropa: Entstehungsbedingungen und Erscheinungsformen, Baden-Baden 2007, S. 39–41.

29 Vgl. Uwe Backes: Extremismus und Populismus von rechts. Ein Vergleich auf europäischer Ebene, in: Aus Politik und Zeitgeschichte Nr. 46-47/1990, S. 3–14, hier S. 13.

30 Vgl. Antonis Ellinas (FN 17), S. 275.

31 Vgl. zum „neo-orthodoxen“ Ansatz, der Orthodoxie, antiwestliches Denken und marxistische Ansätze miteinander verbindet: Vassilios N. Makrides: Neoorthodoxie – eine religiöse Intellektuellenströmung im heutigen Griechenland, in: Peter Antes/Donate Pahnke (Hrsg.): Die Religion von Oberschichten. Religion – Profession – Intellektualismus, Marburg 1989, S. 279–289.

32 Vgl. Antonis Ellinas (FN 17), S. 279.

Antikommunismus mit einem weitverbreiteten Antipanslawismus[33] sowie einem aggressiv aufgeladenen, christlich-orthodox überhöhten und stark mystifizierten Nationalismus.

3.2 Linksextremismus

Zur festen linksextremen Kraft im griechischen Parteiensystem gehört die 1924 gegründete KKE. Erst nach dem Systemwechsel 1974 wurde die KKE im Rahmen der Versöhnungspolitik von *Konstantinos Karamanlis* wieder legalisiert und erreichte in der Regierungszeit *Papandreous* volle innenpolitische Satisfaktionsfähigkeit.[34] Nach der Unterscheidung von *Patrick Moreau* (traditionalistisch, postkommunistisch, reformkommunistisch)[35] handelt es sich bei der KKE seit dem Machtantritt *Paparigas* 1991 eindeutig um eine traditionalistische Partei, vergleichbar mit der italienischen *Rifondazione Communista*, oder der deutschen DKP. Eine Reihe führender Vertreter der Partei bejaht ganz offen Gewaltanwendung im Falle einer revolutionären Möglichkeit.[36] Die KKE-Führung unterstreicht zudem den Grundsatz des „demokratischen Zentralismus“ und versteht sich mehrheitlich als „marxistisch-leninistisch“, auch wenn sie damit in einem relativen Gegensatz zu ihrer Parteibasis steht, welche ein eher „emotionales“ und familiär begründetes, d.h. nostalgisches Verhältnis zur Partei pflegt.[37] Die Bewertung der Sowjetunion verbleibt bis heute uneingeschränkt positiv und wird mit der These verknüpft, die kommunistischen Systeme Mittel- und Osteuropas seien nicht kollabiert, sondern durch ausländische Faktoren gestürzt worden.[38] Die Parteisymbolik ist eindeutig bolschewistisch und stalinistisch geprägt. Das „proletarisch-internationalistische“ Selbstverständnis wird indes nur gelegentlich mit den für Griechenland typischen befreiungsnationalistischen Losungen verwoben. Das geschieht am effektivsten über einen nationalrhetorisch und extrem antikapitalistisch aufgeladenen Antiamerikanismus, welchen die KKE immer wieder bedient. In diesem Kontext erfolgte eine bis heute wenig hinterfragte Solidarität mit der Politik von *Slobodan Milošević*.

Ein Versuch der programmatischen Mäßigung wie im Falle des SYN-Bündnisses (heute SYRIZA), das sich in den 1990er Jahren zur Anerkennung des parlamentarischen Systems und des Pluralismus durchrang, eine starke innerparteiliche Demokratie begründete und den Kommunismus-Begriff durch den Grundsatz des „demokratischen Sozialismus“ ersetzte, würde von der KKE als verräterischer Akt angesehen. Dies verdammt sie insgesamt zu einem isolierten Nischendasein[39] und zunehmenden Vergreisungsprozess, erkennbar anhand

33 Die kommunistische Rebellion im Bürgerkrieg 1946–49 empfanden die Griechen angesichts der Zielsetzung der KKE, ein unabhängiges „*Tito*-Makedonien“ zu ermöglichen, als panslawistische Bedrohung. Vgl. Gregor Manousakis: Die Rolle der Armee in der griechischen Politik. Ein historischer Rückblick unter Berücksichtigung der heutigen Lage, in: Beiträge zur Konfliktforschung 5(1975)1, S. 61–85, hier S. 78.

34 Vgl. Heinz A. Richter (FN 14), S. 153 f.

35 Vgl. Patrick Moreau: Die kommunistischen und postkommunistischen Parteien Westeuropas: Ein unaufhaltsamer Niedergang?, in: Totalitarismus und Demokratie 1(2004)1, S. 35–62, hier S. 54–56.

36 Vgl. Neovi M. Karakatsanis: The Politics of Elite Transformation. The Consolidation of Greek Democracy in Theoretical Perspective, London 2001, S. 113 f.

37 Vgl. ebd.

38 Vgl. Heinz A. Richter (FN 14), S. 161; Neovi M. Karakatsanis (FN 36), S. 111.

39 Vgl. Heinz A. Richter (FN 14), S. 161 f.

der Auflagenzahlen der Parteizeitung „Rizospastis“ („Radikal“), die von 53.000 Exemplaren 1986 auf den Stand von gerade einmal 8000 Exemplaren im Jahr 2001 zurückgefallen sind.[40] Zudem hat sich bis heute die in Zusammenarbeit mit slawischen Bevölkerungsgruppen inner- und außerhalb Griechenlands lange Zeit propagierte Föderationsidee eines Balkanbundes unter Einschluss eines von Griechenland unabhängigen Makedoniens zu einer schweren Hypothek des griechischen Kommunismus entwickelt.[41]

Auf der anderen Seite sollte der Einfluss der KKE auch nicht unterschätzt werden: Sie war die erste Massenintegrationspartei in der Geschichte Griechenlands und hat immer noch etwa 100.000 Mitglieder. Damit liegt sie trotz eines rapiden Alterungsprozesses etwa gleichauf mit der PASOK (der ND gehören 400.000 Mitglieder an), während der SYRIZA (ehemals SYN) gerade einmal 7000 bis 14.000 Mitglieder aufweisen kann[42] und LAOS wahrscheinlich noch weiter darunter liegt (verlässliche Zahlen liegen nicht vor). Über ihre Jugendorganisation (KNE) und ihren großen Einfluss in den Arbeitnehmergewerkschaften (GSEE) besitzt die KKE weitere wichtige Machtpotenziale.[43] Strategisch versucht die Partei mit Hilfe einer aktiven Rolle in der internationalen Antiglobalisierungsbewegung neue Dynamik zu entwickeln, was in ihrer aktiven Rolle beim G8-Gipfel in Genua 2001 zum Tragen kam.[44]

Insgesamt ist dennoch abzusehen, dass SYRIZA der KKE langfristig das Wasser abgraben könnte. Anfang 2008 erfolgte der von der jugendlichen SYRIZA-Parteibasis langersehnte Generationswechsel, als der 34-jährige *Alexis Tsipras* den von 2004 an amtierenden Vorsitzenden und heutigen Fraktionsvorsitzenden *Alekos Alavanos* ablöste. Das *Linksbündnis* ist zudem bei der Gewinnung jüngerer Großstädter weit erfolgreicher als die KKE.[45] Allerdings verspielte das *Linksbündnis* SYRIZA während der Dezemberereignisse 2008 wieder viele Sympathien und erreichte bei den jüngsten Europawahlen 2009 nur 4,7 Prozent der Stimmen, da gerade der radikale Jugendverband im Dezember 2008 eine zweifelhafte Rolle in der Gewaltfrage einnahm. SYRIZA distanzierte sich daher sehr spät von der Gewalt und signalisierte erst nach einigen Tagen ihre explizite Weigerung, sich mit eigenen Kräften an Protesten und Demonstrationen zu beteiligen, solange nicht gesichert sei, dass hieraus keine gewalttätigen Erscheinungsformen resultieren. Die KKE indes verurteilte von Anfang an die gewalttätigen Proteste auf das Schärfste, und zeichnete ein Bild von SYRIZA, das die Linkssozialisten als Unterstützer und Anstifter von „Provokateuren“ und „maskierten Gewalttätern“ hinstellte.[46] Das eigentliche Problem der KKE bestand darin, dass es für sie nur einen von ihr organisierten und repräsentierten Klassenkampf unter aktiver Beteiligung der Arbeiter- und Bauernschaft geben darf. Da die gewalttätigen Proteste und Ausschreitungen nicht diesem Prokrustesbett entsprachen, konnten sie für die KKE auch nichts anderes sein als konterrevolutionäre oder in sonstiger Art fremd beeinflusste Sabotageakte. Trotz

---

40 Vgl. Stathis N. Kalyvas/Nikos Marantzidis (FN 15), S. 27.

41 Vgl. Pavlos Tzermias: Politik im neuen Hellas, Tübingen 1997, S. 68; Heinz A. Richter (FN 14), S. 132. Vgl. ferner Giorgis D. Katsoulis: Istoria tou Kommounistikou Kommatos Elladas [Geschichte der Kommunistischen Partei Griechenlands], Band 6, 1946–1949, Athen o. J., S. 252–254.

42 Vgl. Peter Zervakis (FN 3), S. 201.

43 Ebd.

44 Vgl. Stathis N. Kalyvas/Nikos Marantzidis (FN 15), S. 22.

45 Vgl. ebd., S. 24.

46 Vgl. Dora Antoniou: Direktes Feuer KKE gegen SYRIZA [Αμεσα πυρά KKE κατά του ΣΥΡΙΖΑ], in: Kathimerini vom 10. Dezember 2008.

der großen Sympathieverluste des SYRIZA in Meinungsumfragen zwischen 2008 und 2009 konnte die KKE von dieser Entwicklung in keiner Weise profitierten. Hingegen gewinnen linksalternative, aber friedlich orientierte politische Gruppierungen und Parteien demoskopisch an Boden, wie z. B. die *Partei der Ökologen/Grüne* (Οικολόγοι/Πράσινοι). Die KKE indes wird wegen ihrer Alterung und programmatischen Stagnation in langfristiger Perspektive wohl immer stärker unter Druck geraten, es sei denn sie profitiert von jähen ökonomischen Krisenzuspitzungen. Ein möglicher Ausweg mit Hilfe eines in Griechenland nach der Mäßigung der PASOK eventuell erfolgversprechenden, charismatisch verkörperten Nationalkommunismus ist unter dem Vorsitz einer typischen KKE-Apparatschik wie *Papariga* ohnehin nicht vorstellbar.[47]

4 Nichtparteiförmiger Extremismus

4.1 Linksextremismus

Neben zahlreichen linksextremen Gruppierungen der außerparlamentarischen Linken sorgen insbesondere die terroristischen Organisationen für Schlagzeilen. Zudem existiert in Athen, insbesondere im alternativen Stadtviertel Exarcheia eine virulente autonome Protestszene, die sich seit Jahren an gewalttätigen Aktionen beteiligt.[48] Die zum Teil sehr jungen Aktivisten wollen Chaos herbeiführen, um Legitimationsprobleme des Staates heraufzubeschwören und zu verschärfen; einige zerstören aber auch aus purem Vandalismus. Immer wieder projizieren sie ihren antirepressiven Affekt auf die Polizei als Repräsentant des Staates, der permanent unter Generalverdacht steht.[49] Der am 6. Dezember 2008 während eines mit Wasserflaschen durchgeführten Angriffs auf einer Polizeistreife durch einen Warnschussquerschläger verursachte Tod des 15-jährigen *Alexandros Grigoropoulos*, eines in die anarchistische Szene geratenen Jugendlichen, bedeutete einen willkommenen Anlass für eine besondere Form der Zelebration dieser antistaatlichen Projektion im Dezember 2008. Die dramatischen Bilder zerborstener Fensterscheiben, brennender Autos, verletzter Polizisten und geplünderter Geschäfte sind um die ganze Welt gegangen und haben schonungslos gezeigt, dass Griechenland nicht nur mit ernsthaften sozialökonomischen, sondern auch mit sicherheitspolitischen Problemen und extremistischen Herausforderungen zu kämpfen hat.[50] Zu erwarten war, was sich am 5. Januar 2009 ereignete, als, trotz aller vorhergehenden Beschwichtigungsversuche seitens der ND-Regierung, eine weitere „Vergeltungsaktion" in Athen erfolgte, indem aus einem fahrenden Auto mehrmals auf Polizisten, die vor dem Kulturministerium Wache standen, geschossen wurde. Ein 21-jähriger Schutzmann wurde dabei schwer verletzt.

47 Vgl. Stathis N. Kalyvas/Nikos Marantzidis (FN 15), S. 23.

48 Vgl. Michael Martens: Ein Schuss und seine Geschichte, in: Frankfurter Allgemeine Zeitung vom 14. Dezember 2008, S. 12.

49 Vgl. Dimitrios Kisoudis: Anarchie von unten gegen Anarchie von oben. „Autonome" Gewalt hat in Griechenland eine lange Tradition – Der Staat als rationales Herrschaftsgebilde konnte sich nie richtig festigen, in: Frankfurter Allgemeine Sonntagszeitung vom 14. November 2008, S. 15.

50 Vgl. Michael Martens: Ausweitung der Kampfzone, in: Frankfurter Allgemeine Zeitung vom 9. Dezember 2008, S. 3.

Zwar kann seitdem keineswegs mehr von einer „sozialrevolutionären" Bewegung oder gar einem „sozialen Aufstand" die Rede sein, doch hatten es die Linksautonomen und Anarchisten im Dezember 2008 zwischenzeitlich vermocht, einen Teil der griechischen Jugendlichen und linksalternativen Protestbewegungen zu einer etwa zwei Wochen andauernden, höchst aggressiven Jugendrevolte gegen Symbole des Staates, der Banken und multinationalen Konzerne anzustacheln. Aufgrund der Tatsache, dass der zu Tode gekommene Randalierer minderjährig war, reagierte auch die veröffentlichte Meinung anfangs mit Verständnisbekundungen gegenüber den randalierenden Jugendlichen. Zudem spielten ernsthafte sozioökonomische Probleme der griechischen Gesellschaft den Drahtziehern der gewalttätigen Ausschreitungen, die sich insbesondere über Handys, Funkgeräte und die griechische Ausgabe der weltweiten Internetplattform „Indymedia" (http://athens.indymedia.org/) organisierten, in die Hände. Die jungen Griechen sind im Rahmen einer höchst immobilen und statischen, mit einem weiterhin stark aufgeblähten Staatsapparat, einer relativ hohen Inflationsrate und einer immens hohen Jugendarbeitslosigkeit verbundenen Klientelwirtschaft ordnungsökonomisch stark benachteiligt. Auch die konservative ND-Regierung hat es bisher nicht vermocht, die Klientelstrukturen und Immobilitätsfaktoren der griechischen Wirtschaft wirksam zu bekämpfen. Im Zuge der Griechenland hart treffenden Weltwirtschaftskrise und dem Eindruck, dass mit dem Tod von *Alexandros Grigoropoulos* die (ökonomische) „Repression" nunmehr neue Dimensionen gewinne, suchten viele links orientierte Jugendliche in der Gewalt ein Ventil für den Abbau ihrer Frustrationen, Enttäuschungen und sozialen Verlustängste.

Viele Sympathien verspielten die militanten Anarchisten jedoch, wie schon angedeutet, mit der lebensgefährlichen Verletzung des 21-jährigen Schutzmanns am 5. Januar 2009, zumal dieser (im Gegensatz zu *Grigoropoulos*) aus einfachen sozioökonomischen Verhältnissen stammte. Die Vorstellung der militanten Gruppierungen, eine sozialrevolutionäre Dynamik mittels terroristisch fortgeführter Infragestellung des physischen Gewaltmonopols des Staatsapparates weiter entfachen zu können, hat sich bisher als irrig herausgestellt. Die Universitäten indes gelten dem militanten Linksextremismus Griechenlands mehr denn je als das zentrale „Schlachtfeld des Bewusstseins".[51] Die Hochschulen werden immer wieder – unter Ausnutzung eines auf 1973 zurückzuführenden Interventionsverbots der griechischen Polizei auf akademischem Gelände – durch gewalttätige Universitätsbesetzungen und Blockaden des Lehrbetriebs erobert. Linksanarchistische Gruppen haben es in den vergangenen Jahren auf diesem Wege geschafft, jegliche von der parlamentarisch legitimierten Regierung angestrebten Reformen im Bildungsbereich (z. B. die Ermöglichung der Gründung privater Hochschulen) gezielt zu sabotieren. Zudem gesellten sich abseits der Universitäten auf Griechenlands Straßen und Plätzen schon vor den Ereignissen im Dezember 2008 die unter Athener Linksautonomen und vermummten Aktivistengruppen beliebten Supermarktplünderungen, Diebstähle, Sachbeschädigungen, Brandstiftungen (insbesondere gegen politisch „unliebsame" Buchhandlungen), Bedrohungen Andersdenkender, Polizeiblockaden und „antifaschistischen" Gewaltaktionen hinzu, welche nun spürbar an Frequenz zugenommen haben.

Zudem hat sich nach den Schüssen vom 5. Januar inzwischen eine ganze Serie von weiteren kleineren und größeren Anschlägen in Athen ereignet, die das Land in Atem hält,

51 Vgl. Nepotismus als Lebensprinzip. Ein Gespräch mit dem griechischen Soziologen Michael Kelpanides, in: Frankfurter Allgemeine Zeitung vom 12. Dezember 2008, S. 40.

und am 17. Juni 2009 in der Erschießung *Nektarios Savvas*, einem 41-jährigen Polizisten der griechischen Antiterroreinheit, gipfelte. Drei Täter eröffneten am frühen Morgen das Feuer auf *Savvas*, Vater eines Kindes, der in einem Zivilfahrzeug im Athener Stadtviertel Patissia saß und im Rahmen eines Zeugenschutzprogramms die Frau eines Angeklagten einer inzwischen aufgelösten, kleinen Nebenorganisation des *17. November* (*Revolutionärer Volkskampf, Epanastatikós Laikós Agónas*, ELA) bewachte. Das Opfer wurde von zahlreichen Kugeln getroffen und starb sofort am Tatort. Vorher waren bereits zahlreiche Anschläge zu registrieren: annähernd 20 Brandanschläge auf Polizeiwachen, Wohnungen und Büros von Richtern, Staatsanwälten und Abgeordneten (u. a. auf das Büro des Vize-Innenministers *Christos Markoyannakis*), ein versuchter Anschlag mit einer 60-Kilogramm-Autobombe auf eine Citibank-Filiale am 17. Februar 2009, wobei die Bombe rechtzeitig von der Polizei entdeckt und entschärft werden konnte, ein Terroranschlag auf die private Fernsehstation „Alter TV" am 18. Februar 2009, als laut Zeugenaussagen vier Motorradfahrer aus mehreren Handfeuerwaffen auf parkende Fahrzeuge feuerten und einen selbst gefertigten Sprengsatz durch die Hintertür des Senders schleuderten, der aber nicht explodierte. Am 2. März 2009 wurde zudem ein Zug der Athener Vorstadtbahn angezündet (drei der sechs Waggons brannten völlig aus), am 6. März erneut eine größere Polizeistation mit Molotow-Cocktails angegriffen und am 8. März vor einer weiteren Citibank-Filiale in der Athener Vorstadt Filothei eine Autobombe gezündet, woraus erhebliche Sachschäden entstanden. Diese Ereignisse vermischen sich zusehends mit Straßenszenen in Athen und in der Hafenstadt Patras (der Drehscheibe der illegalen Migration in Griechenland), in denen sich illegal in Griechenland aufhaltende Immigranten (hauptsächlich afghanischer und pakistanischer Herkunft) zusehends an Gewaltaktionen gegen die Polizei entweder beteiligen (wie im Dezember 2008 während der linksextremen Ausschreitungen in Athen), sie inzwischen aufgrund ihrer verzweifelten Lage selbst hervorrufen (wie im größeren Ausmaß am 2. März 2009 in Patras) oder sich in größeren Gruppen untereinander mit Gewalt befehden (wie am 30. August 2008 und am 27. März 2009 in Athen geschehen).[52] Durch diese Gemengelage ist ein großes Unsicherheitsgefühl in der Athener Bevölkerung entstanden, auf das gegenwärtig insbesondere die Rechtspopulisten in den Reihen von LAOS reagieren. Zwar konnten sie bisher in den Meinungsumfragen nicht spürbar davon profitieren, zumal sich die Lage seit Mitte März 2009 wieder etwas beruhigt hat, doch könnte sich dies bei weiteren Zuspitzungen in Zukunft ändern.

Viel eher indes ist zu befürchten, dass eine neue Generation des griechischen Linksterrorismus gestärkt wurde, indem die Linksmilitanten während der jüngsten Straßenkrawalle erfolgreich Nachwuchs rekrutierten, und vielleicht gar eine Radikalisierung des Terrors bevorstehen könnte (die Opfer eines „geglückten" Anschlags am 17. Februar 2009 hätten in die Hunderte gehen können). Während fast alle größeren Anschläge mit ziemlicher Sicherheit auf die linksextremistische Terrorgruppe *Revolutionärer Kampf* (*Epanastatikós Agonas*, Επαναστατικός Αγώνας – EA), die bereits vor 2009 mehrmals in Erscheinung trat, zurückgeführt werden können, bekannte sich zum Anschlag auf „Alter TV" und auf den Polizeibeamten eine ganz neue Gruppierung namens *Revolutionäre Sekte* (Επαναστατική

52 Vgl. Chrisi Wilkens: Griechenland ist das neue Ziel für illegale Migranten, in: Die Welt vom 29. Oktober 2008; Rachel Donadio: Potent Mix of Radicals at the University in Athens, in: International Herald Tribune vom 14. Dezember 2008.

Σέχτα), deren Bekennerschreiben sich nicht nur durch eine besonders vulgäre Art der Selbstrechtfertigung hervortut, sondern auch durch die Tatsache, dass zum ersten Mal in der griechischen Geschichte des Terrorismus ganz pauschal angekündigt wird, dass nicht nur Polizisten, Justizbeamte und Unternehmer, sondern auch Journalisten und der gemeine „griechische Kleinbürger" zur Zielscheibe gehören.[53] Wie die Polizeiermittlungen ergeben haben, wurden die Schüsse auf den Fernsehsender „Alter TV" sowie die auf den Polizeibeamten mit den gleichen Tatwaffen durchgeführt. Mit ihrem jüngsten Bekennerschreiben hat sich die mehr und mehr unberechenbare *Revolutionäre Sekte* ein beispiellos zynisches, misanthropisches und „antigriechisches" Profil gegeben, indem sie nicht nur dem Staat, sondern letztlich dem ganzen griechischen Volk den Krieg erklärt. Schon im ersten Bekennerschreiben wurden z. B. Polizisten maliziös als „Donuts" verunglimpft, die besser aussähen „mit einem Loch in der Mitte". Nachdem die Gruppe ihren Worten Taten folgen ließ, wurde im zweiten Bekennerschreiben hinzugefügt, dass im Gegensatz zum *17. November* auch die „gefräßige kleinbürgerliche Klasse" in Griechenland zur Zielscheibe gehören müsse und die Bekenner froh seien, dass sie sich im Vergleich zu ihren Vorgängerorganisationen als „Realisten" bezeichnen können, da sie nicht mehr die „Vision und Hoffnung einer besseren Welt" mit sich herumtrügen, sondern, so ist dies wohl implizit zu verstehen, ihren als „Stadtguerilla" bezeichneten Terrorismus als Selbstzweck verstehen. Angesichts dieses Gewaltnihilismus wird es überhaupt fragwürdig, das ganze Phänomen als einen herkömmlichen linksextremen Terrorismus zu klassifizieren.

Die vorhergehenden Anschläge vom 5. Januar und 17. Februar 2009 indes sind auf die zweite gegenwärtig aktive Organisation, die bereits erwähnte EA, zurückzuführen, wobei personale Verflechtungen, Teilidentitäten und Wechselbeziehungen zwischen EA und *Sekte* nicht auszuschließen sind: Aus einer der Tatwaffen vom 5. Januar 2009 wurden bereits am 23. Dezember 2008 Schüsse auf einen Polizeibus in Athen abgefeuert, wozu sich die EA frühzeitig bekannte. Aus einer anderen wurde bereits im April 2007 auf eine Athener Polizeiwache geschossen, ebenfalls verbunden mit einem EA-Bekenntnis. Nach der Zerschlagung der langjährig aktiven linksextremen Terrororganisation 17N im Jahr 2002 trat die EA immer wieder in Erscheinung, verursachte aber bisher – auch aufgrund glücklicher Umstände – nur Sachschäden. Einen bemerkenswerten Höhepunkt erreichten die Aktivitäten bereits im Mai 2006 und Januar 2007, also lange vor den Dezemberereignissen 2008: Nachdem sich ihre Anschläge zunächst hauptsächlich gegen Polizeistationen, Polizeibusse, Gerichtshöfe und Ministeriumsgebäude richteten, erfolgte am 12. Mai 2007 ein missglückter Raketenangriff auf die US-Botschaft in Athen. Zuvor hatte die Gruppe im Mai 2006 ohne Erfolg versucht, mit einer Bombe den ehemaligen griechischen Sicherheitsminister *Georgos Voulgarakis* zu töten.

Insbesondere die Vorgehensweise der EA erinnert frappierend an den 17N, der das Land lange in Atem gehalten hatte. Benannt nach dem Datum des Studentenaufstandes gegen die Militärjunta 1973, forderten die Anschläge des 17N bis zur ihrer Zerschlagung insgesamt 23 Todesopfer, darunter vier hohe amerikanische und zwei britische Funktionsträger (Militär-

53 Vgl. Helena Smith: Death threat to Greek media as terrorists plot bomb havoc. The explosion at Citibank in Athens came without warning, in: The Observer vom 22. Februar 2009. Vgl. zu den jüngsten Ereignissen und im Folgenden Corinna Jensen: Griechenland. Neuer Terror mit alten Wurzeln, in: Die Presse vom 18. Juni 2009 und Giannis Souliotis: Die selbsternannte Sekte droht jedem mit Mord… [Η Σέχτα απειλεί τους πάντες με δολοφονία…], in: Kathimerini vom 25. Juni 2009.

attachés, Diplomaten und Sicherheitsagenten) sowie eine Reihe bekannter griechischer Reeder, Großindustrieller und Publizisten. Die Ideologie des 17N war eine besonders radikale Form des Marxismus-Leninismus, allerdings nationalspezifisch angereichert, wie z. B. mit der Forderung nach Abzug aller amerikanischen Truppen aus Griechenland und aller türkischen Truppen aus Zypern.[54] Obwohl die Terroraktivitäten der seit dem Systemwechsel 1974 aktiv gewordenen Organisation ursprünglich gegen Junta-Funktionäre und mit der Junta kollaborierende amerikanische Stellen gerichtet waren, wurden sie in den Bekennerschreiben frühzeitig mit klaren systemrevolutionären Vorstellungen verbunden. Ab Mitte der 1980er Jahre bis zur Zerschlagung 2002 richteten sich die Anschläge mehr und mehr gegen Großunternehmer, Politiker und konservative wie liberale Publizisten und nahmen an Frequenz und Letalität zu.[55] Zudem entwickelte der 17N ein stärkeres „nationales" und „linkspopulistisches" Profil und nahm neben Finanzämtern, Staatsanwälten und der organisierten Ärzteschaft zunehmend türkische Diplomaten, Institutionen der EG und multinationale Unternehmensniederlassungen (z. B. von Procter and Gamble 1990) ins Visier. Von Beginn an formulierte der 17N in seinen Bekennerschreiben eine klare Abgrenzung zum Legalitätskurs der KKE und produzierte laufend Tiraden gegen die „parlamentarische Demokratie" oder den „altmarxistischen Internationalismus". Stattdessen plädierte er für den „Sozialismus in einem Land" und für die „nationale Befreiung".[56]

Auch wenn *Papandreou* nach 1990 nicht mehr in gleicher Weise wie in den 1980er Jahren die Verbindung von Sozialismus und Nationalismus in Form eines „griechischen Weges des Sozialismus" und „nichtdogmatischen" Marxismus beschwor,[57] so wirkte seine Tolerierungspolitik gegenüber Legitimationsstrategien terroristischer Gruppierungen lange nach,[58] nicht nur im innergriechischen Spielfeld: 1997 und 1998 sprachen sich z. B. zahlreiche Abgeordnete (nicht nur) der PASOK auf Anfrage von *Michalis Charalambides*, einem 1995 aus der PASOK ausgetretenen, radikal prokurdischen, PKK-nahen Vertriebenenfunktionär, für eine Einladung des PKK Führers *Abdullah Öcalans* nach Griechenland aus.[59] Erst mit der Entideologisierung der PASOK unter *Simitis*, welcher seit seiner Wiederwahl 2000 begann, die Taten des 17N klar und deutlich zu verurteilen,[60] und spätestens seit der Intervention des Scotland Yard im Jahr 2000 nach der Ermordung des britischen Militärattachés *Ste-*

54 Vgl. Gustav Auernheimer (FN 10), S. 489.

55 Vgl. Georgios Karyotis (FN 9), S. 278; George Kassimeris: 17N: Greece's secret socialist spectre, in: Jane's intelligence review 11(1999)9, S. 23–28, hier S. 27 f.; Gustav Auernheimer (FN 10), S. 497.

56 Vgl. George Kassimeris (FN 55), S. 24.

57 Vgl. Gregor Manousakis: Die Panhellenische Sozialistische Bewegung (PASOK), in: Zeitschrift für Politik, 30(1983)1, S. 68–77; Juan J. Linz/Alfred Stepan: Problems of Democratic Transition and Consolidation. Southern Europe, South America, and Post-Communist Europe, London 1996, S. 133 f.; Stephen F. Larabee: The Southern Periphery: Greece and Turkey, in: Paul S. Shoup (Hrsg.): Problems of Balkan Security. Southeastern Europe in the 1990s, Washington D.C. 1990, S. 175–204, hier S. 179; Richard Clogg: Geschichte Griechenlands im 19. und 20. Jahrhundert. Ein Abriss, Köln 1997, S. 230.

58 Vgl. Dieter Oberndörfer: Die sozialistischen und kommunistischen Parteien Frankreichs, Italiens, Spaniens und Griechenlands, in: Ders. (Hrsg.): Sozialistische und kommunistische Parteien in Westeuropa, Opladen 1978, S. 7–34, hier S. 30; Richard Clogg (FN 57), S. 230 f.

59 Vgl. Gustav Auernheimer: Zum Bild der Türkei in Griechenland und seinen historischen Voraussetzungen, in: Südosteuropa 48(1999)5-6, S. 336–358, hier S. 336.

60 Vgl. Georgios Karyotis (FN 9), S. 271–293.

ven Saunders[61] wurde ein Bewusstseinsbildungsprozess gegen den Terrorismus angestoßen. Zudem ging die Angst um, die damals bevorstehenden Olympischen Spiele 2004 könnten in Mitleidenschaft gezogen werden. Zu diesem Bewusstseinsprozess trug ein durch den Erzbischof *Christodoulos* organisierter Gedenkgottesdienst für die Opfer des griechischen Terrorismus nach dem *Saunders*-Attentat bei.[62] Nach einer quälend langen Zeit des Zögerns und Abwartens[63] und einer geradezu „bizarren", in Teilen wohl zumindest unterschwellig antiamerikanisch motivierten Tolerierung terroristischer Legitimationsstrategien kam es seit 2001 zu einer engeren geheimdienstlichen Zusammenarbeit mit den USA und einer besseren Ausstattung und Professionalisierung der griechischen Polizei.[64] Erstmals rang sich die PASOK, nun zusammen mit den Stimmen der ND, zu einer effektiven Antiterrorgesetzgebung durch, welche DNA-Analysen, Abhörmöglichkeiten und das Festhalten terrorverdächtiger Personen ermöglichte.[65] Nach knapp 30 Jahren (!) wurde auf diesem Wege die Gruppe von im Wesentlichen 15 Terroristen in Piräus 2002 nach einem fehlgeschlagenen Bombenattentat zerschlagen. Der theoretisch-ideologische Kopf der Organisation, der trotzkistisch-marxistische Wirtschaftswissenschaftler *Alexandros Giotopoulos* und sein „Mann fürs Grobe", *Dimitrios Koufodinas*, wurden zu mehrmaligen lebenslangen Haftstrafen verurteilt. Gerüchte, Teile der PASOK stünden hinter der Organisation,[66] konnten nie bewiesen werden, ebenso wenig wie eine Verbindung zum rechtsextremen Lager. Ein Jahr nach der Zerschlagung des 17N flog zwar ein Erpressungssystem von *Gregorios Michalopoulos*, dem Herausgeber der putschistischen Zeitung „Eléftheri Óra" („Freie Zeit") auf, das darauf ausgerichtet war, unter Verweis auf Druck des 17N, Schutzgelder von einflussreichen Unternehmerfamilien wie *Angelopoulos* und *Latsis* zu erpressen. Nach heutigem Erkenntnisstand hat aber der inzwischen auf Kaution freigelassene *Michalopoulos* auf eigene Rechnung gehandelt.[67]

4.2 Rechtsextremismus

Neben den modernisierten Erzeugnissen des *Michalopoulos*-Verlages (Tageszeitung „Eléftheri Óra", Wochenzeitung „Eléftheros Kósmos") spielt in der inzwischen relativ agilen, jungen Nationalisten-Szene Griechenlands das antisemitisch und antiamerikanisch aufgeladene Magazin „Stochos" („Ziel") und die Internetzeitung „Hellenikes Grammes" der *Hellenischen Front* eine wichtige Rolle. *Stochos* vermochte es wegen der NATO-Interventionen in Bosnien 1995 und im Kosovo 1999 zeitweise, die Sympathie kirchlicher Kreise für sich zu gewinnen.[68] Im Umfeld der *Goldenen Morgenröte* kann die Zeitschrift „Antiepíthesis" („Gegenangriff")

---

61 Vgl. Constantine Buhayer: UK's Role in Boosting Greek Counterterrorism Capabilities, in: Jane's Intelligence Review 14(2002)1, S. 11–13.
62 Vgl. Daniel Byman (FN 10), S. 243.
63 Vgl. Gustav Auernheimer (FN 10), S. 491. Vgl. zum Erklärungsmuster Daniel Byman (FN 10), S. 240–243.
64 Vgl. Georgios Karyotis (FN 9), S. 285–288.
65 Vgl. ebd., S. 283.
66 Vgl. ebd., S. 279 f.
67 Vgl. die Berichterstattung in der „Kathimerini" vom 19. Januar und in der „Eleftherotypia" vom 25. Januar 2003.
68 Vgl. Christos Katsioulis: Die griechische außenpolitische Identität im Namenskonflikt mit Mazedonien und im Kosovo-Krieg, Trier 2002, S. 120 f. und S. 126–132.

und die Skinheadband *Iron Youth* verortet werden, die in der internationalen Neonazi-Szene durch ihr eindeutiges und kompromissloses Bekenntnis zum Nationalsozialismus Bekanntheit erlangt hat.

Terroristische Erscheinungsformen des Rechtsextremismus sind nicht in gleicher Weise wie beim Linksextremismus anzutreffen. 1994 trat eine *Front zur Befreiung von Nordepirus* (*Métopo Apelefhérosis Voreiou Ypeírou*, Μέτωπο Απελευθέρωσης Βορείου Ηπείρου, MABI) in Erscheinung, als am 10. April sechs bis sieben Angreifer in griechischen Armeeuniformen einen für zwei albanische Grenzsoldaten tödlichen Anschlag auf einen Militärposten im albanischen Grenzort Peshkëpi verübten. Die Organisation konnte von der griechischen Polizei im März 1995 schnell wieder zerschlagen werden. Die MABI verfolgte irredentistische Ziele und setzte sich aus griechischen Staatsbürgern wie Nordepiroten (d. h. griechischen Bewohnern Südalbaniens) zusammen.[69] Kleinere paramilitärische Verbände aus dem rechtsextremen Lager traten auch während des Bosnienkrieges extraterritorial in Erscheinung. Anscheinend spielte an der Seite *Ratko Mladićs* insbesondere die im März 1995 gegründete, aus etwa hundert Mitgliedern bestehende griechische „Freiwilligengarde" aus dem Umkreis der *Goldenen Morgenröte* eine gewisse, wenn auch wohl eher passive Rolle. Fünf Mitglieder der Garde, die in Vlasenice nahe Tuzla ihr Hauptquartier bezog, wurden im September 1995 von *Radovan Karadžić* mit dem Orden des „Weißen Adlers" ausgezeichnet.[70]

5 Ergebnis

Lange Zeit konnte im soziökonomisch rückständigen Griechenland die für den „neuen Rechtspopulismus" typische antiwohlfahrtsstaatliche Aufladung der politischen Rechten wie in anderen europäischen Ländern nicht erfolgen. In diesem Zusammenhang hat sich das Aufkommen einer durch „gesellschaftliche Modernisierung" bedingten kulturellen Konfliktlinie ebenso verzögert.[71] Mittlerweile haben die Thesen von *Herbert Kitschelt*[72] zur wirtschaftsliberalen Dimension des neuen Rechtspopulismus stark an Relevanz verloren, so dass Parteien mit wohlfahrtsstaatlichen Affekt wie LAOS an Zugkraft gewinnen. Hinzu kommt seit dem Mäßigungskurs der PASOK eine die LAOS-Partei begünstigende Entideologisierung des Parteienwettbewerbs,[73] die ein emotionales Bindungsvakuum hinterlassen hat, welches die Partei mit nationalistischen und modernisierungsskeptischen Parolen zu füllen vermag. Da die ND auf der anderen Seite des parteipolitischen Spektrums nicht mit einer Stärkung ihres sozial- und nationalkonservativen Flügels reagierte, konnte LAOS auch in diesem Wählersegment neue Stimmen für sich gewinnen. Kurzfristig spielen der Partei auch eine Reihe von Entwicklungen in die Hände wie z. B. die gegenwärtig äußerst angespannte

69 Vgl. Konrad Clewing: Zwischen Instrumentalisierung und Brückenfunktion. Die griechische Minderheit in Südalbanien als Faktor in der Albanienpolitik Athens, in: Südosteuropa 44(1995)6-7, S. 413–432, hier S. 413.

70 Vgl. Takis Michas: Unholy Alliance. Greece and Milošević's Serbia, o. O. 2002, S. 18.

71 Vgl. Antonis Ellinas (FN 17), S. 283.

72 Vgl. Herbert Kitschelt: The Radical Right in Western Europe. A Comparative Analysis, Ann Arbor 1995, S. 13–15. Vgl. ferner die Unterscheidung zwischen national populism und neoliberal populism bei Hans-Georg Betz: Radical Right-Wing Populism in Western Europe, New York 1994, S. 108.

73 Vgl. Pavlos Tzermias (FN 41), S. 208 f.

innenpolitische Sicherheit, die erhebliche Verteuerung von Lebensmitteln nach der Einführung des Euro, eine hohe Arbeitslosigkeit, ein für das kleine, ethnisch-religiös weitgehend homogene Land enorm angewachsener Immigrationsdruck und eine bedrückende Vielzahl von Korruptionsaffären sowohl bei der PASOK als auch in den Reihen der ND. Da in nächster Zukunft nicht mit einer Änderung dieser Strukturkonstellationen zu rechnen ist, wird sich der LAOS solange stabilisieren wie *Karatzaferis* es weiterhin gelingt, die disparaten Flügel der Partei unter einem Dach zu vereinigen und seinen Mäßigungskurs fortzusetzen.

Auf der anderen Seite des ideologischen Spektrums zeigt der Extremismus in Griechenland nicht nur im Rahmen des parteiförmigen Faktors KKE stabile Präsenz, sondern viel folgenreicher über einflussreiche kollektive Bewegungen im Bereich studentischer und gewerkschaftlicher Vorfeldorganisationen sowie über Erscheinungsformen des linksextremen Terrorismus. Die Dezemberereignisse 2008 sowie die daran anschließende und bis heute andauernde Anschlagsserie in Griechenland zeigen deutlich, dass dieses Segment gegenwärtig die größte extremistische Herausforderung für den griechischen Staat darstellt, die zwischenzeitlich Züge einer existenziellen Bedrohung angenommen hat. Zur effektiven Bekämpfung des griechischen Linksextremismus trüge insofern eine klare, kompromisslose Zurückdrängung jener in griechischen Großstädten und Universitätsgeländen grassierenden Anzweiflung des physischen Gewaltmonopols des Staates bei. Ansonsten bestünde die Gefahr, dass verärgerte Bürger das Gesetz beim nächsten Mal selber in die Hand nehmen. Zwar konnte man dies während der Dezemberereignisse nur in sehr begrenzter Form beobachten, zumal lediglich bei Nachahmerkrawallen in Provinzstädten außerhalb Athens, doch ist nicht auszuschließen, dass jene Zurückhaltung mit der Schockparalyse der griechischen Gesellschaft aufgrund der Minderjährigkeit des Todesopfers *Grigoropoulos* zusammenhing. Als am 24. Februar 2009 in Exarcheia, dem Zentrum der griechischen Autonomenszene, ein Handgranatenanschlag auf ein alternatives Kultur- und Immigrationszentrum erfolgte, bei dem nur Sachschaden entstand, lag der Verdacht nahe, dass es sich um einen Gegenanschlag von rechtsradikaler Seite gegen die Linksautonomen handeln könnte. Die Straftat ist jedoch bis heute nicht aufgeklärt und es lässt sich nicht ausschließen, dass sie auf Rivalitäten innerhalb der Linken oder von Immigrantengruppen zurückgeht. Unabhängig davon ist es schon aus präventiven Gründen nicht immer klug gewesen, den für Griechenland so typischen „antirepressiven Affekt" in Hinsicht auf den militanten Linksextremismus walten zu lassen. Insbesondere die PASOK könnte jetzt staatspolitische Verantwortungsfähigkeit beweisen, indem sie sich diese Erkenntnis im Konsens mit der ND zu eigen machen würde.

Extremismus in Großbritannien

Marleen Gambel/Roland Sturm

1 Rahmenbedingungen[1]

Bis heute beharrt das britische Gemeinwesen auf der Doktrin der Parlamentssouveränität und der komplementären Gesetzesbindung für alle im Lande lebenden Menschen („Rule of Law"). Das Vereinigte Königreich hat keine in einem Dokument niedergelegte geschriebene Verfassung. Die Offenheit und Flexibilität der britischen Verfassung ist durchaus zweischneidig. Sie kalkuliert den Zustand der freiwilligen Selbstbegrenzung der Macht politischer Amtsträger als Normalfall ein. Und bis heute findet die Auffassung Beifall, dass eine Diktatur im Lande wegen der politischen Kultur britischer Demokratie unmöglich sei.[2] Allerdings fehlen institutionelle Sicherungen, was schon *William Gladstone* zu der viel zitierten Bemerkung veranlasste: „It presumes the good faith of those who work in it."

Die britische Öffentlichkeit und Politik gehen traditionell davon aus, dass die britische politische Kultur den politischen Entscheidungsträgern in einer Weise Schranken auferlegt, die Freiheitsbedrohungen durch Regierungshandeln oder Akte der Justiz unmöglich macht.[3] Der britische Exzeptionalismus beruhe auf einer „unidentified morality", einer unausgesprochenen normativen Bindung der Regierenden, die von anderen Europäern zwar bewundert werde, aber die sie zugleich für eine Art Wunder halten.[4] Ein *Adolf Hitler* wäre aus diesem Grund im Vereinigten Königreich völlig unmöglich gewesen, so die populäre Vorstellung. Politischer Extremismus und politische Gewalt (die nordirische Erfahrung ist eine andere) sind und waren in Großbritannien kein wichtiges Thema der Nachkriegspolitik. Auch der islamische Terrorismus mit den Bombenanschlägen auf die Londoner U-Bahn am 7. Juli 2005 wurde zunächst, den alten Denkmustern folgend, als Bedrohung „von außen" interpretiert. Inzwischen weiß man allerdings im Vereinigten Königreich, dass der islamische Terrorismus auch „britische" Wurzeln haben kann.

Neben den Konventionen der Verfassung und dem Selbstverständnis des britischen Gemeinwesens, das traditionell radikalen Gesellschaftsentwürfen wenig abgewinnen kann und bis heute pragmatische Problemlösungen bevorzugt, bot in der Vergangenheit vor allem das bei allen Wahlen (mit Ausnahme von Nordirland) angewandte System der relativen Mehrheitswahl eine institutionelle Hürde gegen das Aufkommen extremistischer Parteien.

---

1 Zu den Rahmenbedingungen ausführlicher Roland Sturm: Politik in Großbritannien, Wiesbaden 2009.

2 Vgl. Ralf Dahrendorf: Das „Westminster Game" und die englische Freiheit, in: Merkur 40(1986)9, S. 737–746, hier S. 746.

3 „That commitment to liberty which appeared to seep unconsciously and effortlessly through the British system of government." Keith D. Ewing/Conor Anthony Gearty: Freedom under Thatcher. Civil Liberties in Modern Britain, Oxford 1990, S. 1.

4 Vgl. Shirley Robin Letwin: The Anatomy of Thatcherism, London 1992, S. 336 f.

Für die Wahl der seit 2005[5] 646 Abgeordneten des Unterhauses wird das ganze Land in 646 Wahlkreise aufgeteilt, deren Grenzlinien entsprechend der Bevölkerungsentwicklung seit 1944 von vier Wahlkreisausschüssen – je einen für England, Schottland, Wales und Nordirland – frühestens alle acht Jahre und nicht später als alle zwölf Jahre korrigiert werden. Um gewählt zu werden, muss der Kandidat einer Partei in seinem Wahlkreis mehr Stimmen bekommen als einer der Kandidaten der anderen Parteien (relative Mehrheit), der Stimmenanteil für den Sieg muss aber nicht über 50 Prozent der abgegebenen Stimmen (absolute Mehrheit) liegen. Alle Stimmen für Kandidaten, die in den Wahlkreisen nicht siegen, werden bei der Sitzvergabe im Parlament nicht berücksichtigt. Es findet also keine nationale Verrechnung der Stimmergebnisse statt. Scheidet ein Abgeordneter aus dem Parlament aus, gibt es keinen „Nachrücker", sondern Nachwahlen. By-elections während der laufenden Legislaturperioden haben häufig den Charakter von Popularitätstests der amtierenden Regierung. Selten werden Nachwahltrends, die lokale Umstände widerspiegeln können oder möglicherweise nur einen taktischen oder zeitlich begrenzten Protest ausdrücken, bei Parlamentswahlen im vollen Umfange bestätigt.

Die Höchstsumme, die Kandidaten im Parlamentswahlkampf ausgeben dürfen, ist begrenzt. Um die Ernsthaftigkeit von Kandidaturen bei Parlamentswahlen zu sichern, die mit Privilegien, wie dem freien Versand von Parteiwerbung und Medienpräsenz verbunden ist, müssen alle Kandidaten eine Summe von 500 Pfund hinterlegen (deposit), die sie nur wiedererhalten, wenn sie in ihrem Wahlkreis mindestens fünf Prozent der Stimmen gewinnen. Gemessen an der Zahl der „lost deposits" sind die britischen Kleinparteien weit von durchgreifenden Erfolgen entfernt. Die Schwelle für den Wahlerfolg einer Partei, die keine Hochburgen besitzt, liegt in Großbritannien bei einem landesweiten Wahlergebnis von ca. 33 Prozent. Auch in ihren Hochburgen kommen die Kleinparteien schon kaum über die Fünf-Prozent-Marke. Dennoch hat sich bei den letzten drei Wahlen die Zahl der verlorenen deposits der wichtigsten Kleinparteien verringert. Das Argument der „verschwendeten" Stimme hat für die Wähler der Kleinparteien teilweise seine abschreckende Wirkung verloren.

Die Regierung *Blair* hat Ende der 1990er Jahre Verhältniswahlsysteme für die Europawahlen und für die Wahlen zu den schottischen und walisischen Regionalversammlungen eingeführt. Zur Europawahl entscheiden die Parteizentralen über Kandidaturen auf regionalen Listen. Die Regionen entsprechen den nicht mehr genutzten alten Wahlkreisen für Europawahlen aus der Zeit, als die Europaabgeordneten in Großbritannien noch mit relativer Mehrheit in Einerwahlkreisen gewählt wurden. Die Kontrolle der Kandidaturen durch die Parteizentrale ist eine gesetzliche Regelung, die *Tony Blair* gegen den heftigen Widerstand der *Konservativen Partei* durchgesetzt hatte. Für die Wahl der Regionalversammlungen wird das Additional Member System (AMS) benutzt, das die Stimmabgabe für Wahlkreiskandidaten mit einer Stimmabgabe für eine Parteiliste verbindet. Der ergänzende Charakter der Parteiliste führt dazu, dass anders als in Deutschland, diese nicht prominent zur Absicherung eventuell im Wahlkreis scheiternder Kandidaten dient. In Wales wurde sogar ein Verbot der Doppelkandidatur erörtert. Das AMS knüpfte mit der Anlehnung der Zahl der Wahlkreise an diejenigen bei Unterhauswahlen an Wählergewohnheiten an. In Schottland wurde lediglich

5 Bei der nächsten Wahl wird die Zahl der Sitze auf 650 erhöht, weil England vier zusätzliche Wahlkreise erhält.

der Unterhauswahlkreis Orkney und Shetlands aufgeteilt, so dass 73 anstatt 72 Wahlkreismandate bei Wahlen zum schottischen Parlament entstanden. Wie im Devolution-Gesetz (Scotland Act 1998) wegen der nun stärkeren Selbstregierung in Schottland im Prinzip vorgesehen, wurde bei den Unterhauswahlen 2005 die Zahl der schottischen Wahlkreise jedoch von 73 auf 59 reduziert. Die Wahlsystemreformen haben es extremistischen Parteien zwar formal erleichtert, Parlamentssitze zu erreichen. Es fehlt ihnen aber die nötige gesellschaftliche Unterstützung.

Das Vereinigte Königreich ist eine multikulturelle Gesellschaft. London ist eine Art Mikrokosmos der Welt. Nach dem Zensus von 2001 haben zwölf Prozent der in schulischer Ausbildung befindlichen 16–25-Jährigen einen asiatischen oder afro-britischen Hintergrund. Für zehn Prozent der Schüler ist Englisch nicht die Muttersprache. Im Vereinigten Königreich leben zwei Millionen Moslems, 1,2 Millionen Hindus und Sikhs sowie eine viertel Million Juden. Die Selbstverständlichkeit, mit der Multikulturalität als neues Gesicht des Vereinigten Königreichs präsentiert wird, korrespondiert keineswegs immer mit Toleranz, Integration und gesellschaftlichem Dialog. In den letzten zehn Jahren hat sich die Ablehnung weiterer Zuwanderung in der Bevölkerung verstärkt. Ca. 75 Prozent geben in Befragungen an, dass sie weniger Einwanderung wünschen. Die Furcht vor Arbeitsplatzkonkurrenz und der Bedrohung der „britischen Lebensweise“, insbesondere durch Muslime, sind die primären Motive.[6] Entsprechende Argumente werden inzwischen auch im Schlagabtausch der politischen Eliten und in Wahlkämpfen genutzt. Empirisch lässt sich jedoch zeigen, dass trotz teils segregierten Wohnens und trotz des Gewichts religiöser und ethnischer Identifikation, Muslime und ursprünglich aus Südasien kommende Briten weit positiver dem britischen Selbstverständnis gegenüber stehen als es Kritiker der multikulturellen Gesellschaft vermuten. Positiven Einfluss haben in diesem Sinne die Teilhabe an politischen und gesellschaftlichen Aktivitäten sowie ein tiefverwurzelter Legitimitätsglaube bezogen auf das Westminster Regierungsmodell und die Institutionen des Landes.[7]

Das Thema Asyl und das schnelle Abschieben von Asylbewerbern ohne Anspruch auf Asyl wurde insbesondere in der Regierungszeit *Tony Blairs* ein wichtiges Thema der Innenpolitik. Die *Labour*-Regierung wollte sich von der Opposition und vor allem von der Massenpresse nicht der mangelnden Härte bezichtigen lassen. Sie veränderte deshalb das Asylverfahren, um mehr Asylbewerber schneller abschieben zu können, vor allem diejenigen, deren Asylantrag zwar abgelehnt wurde, die sich aber dennoch weiterhin im Lande aufhielten. 1998 veröffentlichte das Innenministerium das Weißbuch „Fairer, Faster and Firmer: A Modern Approach to Immigration and Asylum“, dem 2002 der „Nationality, Immigration and Asylum Act“ folgte. *Tony Blair* machte das Asylthema 2002 zur Chefsache. Die neuen gesetzlichen Regelungen erlaubten nun, ca. 80 Prozent der Asylverfahren innerhalb von zwei Monaten abzuwickeln. Asylbewerber aus „sicheren Ländern“ wurden sofort abgeschoben – Einsprüche waren nur noch aus ihren Heimatländern möglich. Asylbewerber werden seitdem in Abschiebezentren gebracht, wo über ihre Anträge schon in durchschnittlich zwölf

6 Vgl. Lauren McLaren/Mark Johnson: Resources, Group Conflict and Symbols: Explaining Anti-Immigration Hostility in Britain, in: Political Studies 55(2007)4, S. 709–732.

7 Vgl. Rahsaan Maxwell: Muslims, South Asians and the British Mainstream: A National Identity Crisis?, in: West European Politics 29(2006)4, S. 736–756.

Tagen eine erste Entscheidung vorliegt (2006 war diese nur bei einem Prozent positiv). Neu eingeführte finanzielle Anreize sollten abgelehnte Asylbewerber zur Rückkehr bewegen.

Einwanderung und das Gewähren von Asyl wurden in der Diskussion um die Bewältigung der Folgen des Terroranschlags vom 11. September 2001 in den USA, in der britischen Öffentlichkeit und im Parlament in Zusammenhang mit terroristischer Bedrohung gebracht und damit Sicherheitsfragen nachgeordnet („securitisation“[8]). Der 2001 verabschiedete „Anti-Terrorism, Crime and Security Act“ widmet Einwanderung und Asyl ein eigenes Kapitel. Terrorismusverdächtige Ausländer, die wegen der Gefahr für ihr Leben oder ihre Menschenrechte nicht nach Hause geschickt werden können, dürfen auf unbestimmte Zeit interniert werden. Sie können dagegen bei der „Special Immigration Appeals Commission“ (SIAC) Einspruch einlegen, erhalten aber keine volle Akteneinsicht. Die britische Regierung musste für diese Regelung (auch mit der Begründung einer Notsituation) am 12. November 2001 Artikel 5 der Europäischen Menschenrechtskonvention (EMRK) außer Kraft setzen, der Verhafteten ein ordentliches Gerichtsverfahren garantiert.

Der Innenminister bat 2002 den Privy Council, um eine Stellungnahme. Der im Dezember 2003 veröffentlichte *Newton*-Report stellte zum einen fest, dass die in Kapitel 4 der Exekutive übertragenen Rechte nicht ausreichen, um den Terrorismus zu bekämpfen. Er forderte aber, eine Regelung zu finden, die der EMRK nicht widerspricht. Letzterem wurde mit einer neuen Gesetzesinitiative der britischen Regierung Rechnung getragen. Der „Prevention of Terrorism Act“ (2005) sieht nun eine richterliche Mitwirkung bei dem Verhängen von Auflagen gegen Terrorismusverdächtige vor, sowohl wenn es um den Entzug von Freiheitsrechten geht („derogating Control Order“) als auch bei deren Einschränkung („non-derogating Control Order“). „Derogating Control Orders“ werden für sechs Monate verhängt, „non-derogating Control Orders“ für zwölf. Beide können verlängert werden. Der „Immigration, Asylum and Nationality Act“ 2006 erschwerte Einsprüche gegen Abschiebung, führte Strafen für das Beschäftigen von Personen ohne Aufenthaltserlaubnis ein und machte es leichter, Terrorverdächtigen die britische Staatsbürgerschaft zu nehmen und diese abzuschieben.

Gesetzgebung zur Bekämpfung gesellschaftlicher Diskriminierung hat im Vereinigten Königreich eine bis in die 1970er Jahre zurückreichende Tradition. Der „Race Relations Act“ von 1976 bzw. 2000 stellte die Diskriminierung von Menschen anderer Rasse, Hautfarbe oder nationaler Herkunft unter Strafe. Verboten wurde der sogenannte „institutionelle Rassismus“, also das rassistische Verhalten von Amtsträgern (einschließlich der Polizei) und von Behörden. Mit der Gesetzgebung einher ging die Errichtung von so genannten „Überwachungsinstitutionen“, die den Gesetzen praktische Geltung verschaffen sollten. Häufig im Mittelpunkt des öffentlichen Interesses stand die „Commission for Racial Equality“[9]. Sie wurde beispielsweise 2005 1028 Mal um Hilfe angerufen. 477 Mal kamen die Beschwerden von dunkelhäutigen Briten, 214 mit afrikanischem und 213 mit karibischem Hintergrund. Die Zahl der Anfragen von Briten mit asiatischem Hintergrund wuchs auf 196. Etwas mehr als die Hälfte der Beschwerden bezog sich auf den Arbeitsplatz (52 Prozent). Die meisten Beschwerden kamen

8 Jef Huysmans/Alessandra Buonfino: Politics of Exception and Unease: Immigration, Asylum and Terrorism in Parliamentary Debates in the UK, in: Political Studies 56(2008)4, S. 766–788.

9 Vgl. Ray Honeyford: The Commission for Racial Equality. British Bureaucracy and the Multiethnic Society, London 1988.

aus dem öffentlichen Dienst (53 Prozent). 2007 wurden die „Überwachungsinstitutionen" organisatorisch zusammengeführt in der „Equality and Human Rights Commission" (EHRC).

Der „Equality Act" von 2006 löste die „Equal Opportunities Commission" (EOC), die „Commission for Racial Equality" (CRE) and the „Disability Rights Commission" (DRC) auf. Die neue EHRC hat eine Aufgabenstellung, die über diejenige der drei Vorgängerkommissionen hinaus weist. Sie kümmert sich u. a. um die Antidiskriminierungsgesetzgebung in den Bereichen Alter, Behinderung und Gesundheit, Geschlecht, Rasse, Religion oder Glaube sowie sexuelle Orientierung und unterstützt die Ziele des Human Rights Act. In der Praxis dürfte sich dies als keine einfache Aufgabe erweisen. Im Vereinigten Königreich wird, wie überall, diskutiert, ob Antidiskriminierungsgesetzgebung den einzelnen Menschen oder eine (wie auch immer definierte Gruppe) schützen soll. Hinzu kommt der mögliche Konflikt von Schutzzielen. Die Berücksichtigung religiöser oder kultureller Besonderheit könnte beispielsweise die Diskriminierung von Frauen oder Homosexuellen zementieren. Problematisch ist auch die Sichtweise, die Regierungsvertreter zur Begründung der Einrichtung der EHRC vertraten. Für sie steht im Vordergrund, dass Antidiskriminierung Schranken für die Integration in den Arbeitsmarkt beseitigt.[10]

2 Wahlentwicklung

Tabelle 1 Ergebnisse extremistischer Parteien bei Wahlen zum House of Commons 1992–2005 (in Prozent)

	1992	**1997**	**2001**	**2005**
Rechtsextremistische Parteien				
NF	0,0	0,0	0,0	0,0
BNP	0,0	0,1	0,2	0,7
Linksextremistische Parteien				
CPB	---	0,0	0,0	0,0
SA	---	---	0,2	---
Quelle: http://www.parliament.uk [Stand: 13. Juni 2009].				

Auf parlamentarischer Ebene konnte der politische Extremismus in Großbritannien bisher kaum Fuß fassen. Seit 1990 erzielte keine extremistische Partei bei den Wahlen zum House of Commons ein Ergebnis, das über ein Prozent der Stimmen lag. Bedeutendster Akteur im

10 Vgl. Deborah Mabbett: Aspirational Legalism and the Role of the Equality and Human Rights Commission in Equality Policy, in: Political Quarterly 79(2008)1, S. 45–52; Bob Niven: The EHRC: Transformational, Progressively Incremental or a Disappointment?, in: Political Quarterly 79(2008)1, S. 17–26; Sarah Spencer: Equality and Human Rights Commission: A Decade in the Making, in: Political Quarterly 79(2008)1, S. 6–16.

parteipolitisch organisierten Rechtsextremismus in Großbritannien ist heute die *British National Party*. In dieser Rolle löste sie die 1967 von *John Tyndall* und *Martin Webster* – beide einschlägige Rechtsextremisten mit Erfahrungen in rechtsextremistischen bzw. neonationalsozialistischen Organisationen – gegründete *National Front*[11] ab, welche bis dahin die führende Kraft im rechtsextremistischen Parteienspektrum des Vereinten Königreichs darstellte.

Auf dem Höhepunkt ihres Erfolges befand sich die *National Front* in der ersten Hälfte der 1970er Jahre, als sie eine rund 14.000 Personen umfassende Mitgliedschaft aufweisen konnte, welche zum Großteil aus früheren Anhängern der konservativen *Tories* bestand, und auch bei nationalen Wahlen (relative) Erfolge feierte. So erzielten die zehn Kandidaten der Partei 1970 bei den landesweiten Wahlen im Durchschnitt 3,6 Prozent der Stimmen[12], drei Jahre später erreichte die *National Front* mit 16,4 Prozent bei der Nachwahl in West Bromich das bis dahin beste Ergebnis einer rechtsextremistischen Partei bei landesweiten Wahlen. Gleichwohl konnte sich die *National Front* nicht langfristig erfolgreich im britischen Parteiensystem verankern. Die Politik der Konservativen unter *Margaret Thatcher*, interne Streitigkeiten, Kurs- und Strategiewechsel sowie verschiedene Abspaltungen führten zu einer Marginalisierung der *National Front* und zu deren faktischem politischen Ende.[13] In ihrer Rolle als führende Kraft des organisierten britischen Rechtsextremismus wurde sie von der *British National Party* (BNP) beerbt. Diese wurde im Zuge des Zerfalls der *National Front* Ende der 1970er, Anfang der 1980er Jahre vom langjährigen *National Front*-Vorsitzenden und -Aktivisten *John Tyndall* gegründet und stellt die mittlerweile vierte Partei dieses Namens in der Geschichte des britischen Parteiensystems dar. Während die BNP unter *Tyndall* zunächst der traditionellen extremen Rechten zuzurechnen war, versucht sie sich seit dem Führungswechsel 1999 unter ihrem neuen Vorsitzenden *Nick Griffin* formal vom Rechtsextremismus zu distanzieren und einen eher populistischen Politikstil zu pflegen. Gleichwohl bleibt sie ihrem rechtsextremistischen Gedankengut treu, wenn auch in anderer Verpackung, wie *Griffin* 2001 erklärte: „So, what are we now doing with the *British National Party*? Well we tried to simplify its message in some ways and to make it a saleable message. So it's not white supremacy or racial civil war or anything like that, which is what we know in fact is going on, and we're not supremacists, we're white survivalists."[14]

Obwohl die BNP mit ihrer populistischen Strategie und ihrer offenen Kritik am Multikulturalismus immer wieder ein vergleichsweise hohes Maß an öffentlicher und medialer Aufmerksamkeit erregt, hat sich dies bisher nicht in gleichem Umfang in ihren Wahlergebnissen niedergeschlagen. Der Zuwachs bei den letzten Wahlen basiert hauptsächlich auf der erfolgreich praktizierten Instrumentalisierung populistischer Themen wie Asyl und Einwanderung und der sozialen Probleme Nordenglands sowie der offenen Gegnerschaft der BNP zur muslimischen Gemeinschaft in Großbritannien.

---

11 Vgl. Martin Walker: The National Front, Glasgow 1977.

12 Gleichwohl konnte die *National Front* landesweit nur 0,04 Prozent der Stimmen auf sich vereinen.

13 Vgl. Thomas Grumke/Andreas Klärner: Rechtsextremismus, die soziale Frage und Globalisierungskritik. Eine vergleichende Studie zu Deutschland und Großbritannien seit 1990, Berlin 2006, S. 52–55.

14 Nick Griffin zitiert nach Stefano Fella: Britain: Imperial Legacies, Institutional Constraints and New Political Opportunities, in: Daniele Albertazzi/Duncan McDonnell (Hrsg.): Twenty-First Century Populism. The Spectre of Western European Democracy, Houndmills 2008, S. 181–197, hier S. 193.

Konnte die BNP bei der Unterhauswahl 1992 nur rund 7000 Wähler von sich überzeugen, so gaben ihr fünf Jahre später bereits ca. 35.000 Wähler ihre Stimme, 2001 steigerte sie ihr Wahlergebnis erneut auf etwa 47.000. Bei der Wahl 2005 erzielte sie ihr bislang bestes Ergebnis von über 190.000 Stimmen, was einem Anteil von 0,7 Prozent entspricht. Der durchschnittliche Stimmenanteil der einzelnen Kandidaten der BNP in ihren Wahlkreisen wuchs in dieser Zeit von 1,2 Prozent (1992) und 1,4 Prozent (1997) auf 3,9 Prozent im Jahr 2001 und 4,3 Prozent bei der Wahl 2005. Auch der Anteil der „lost deposits" verringerte sich deutlich: Verloren 1997 noch 54 von 57 Bewerbern der BNP ihr „deposit", waren es 2001 28 von 33 Kandidaten. 2005 verbesserte sich die Bilanz weiter: nur noch 85 der 119 BNP-Kandidaten mussten wegen zu geringer Wahlergebnisse auf die Rückgabe des „deposit" verzichten.

Während die Ergebnisse der BNP bei Unterhauswahlen trotz des Zuwachses der vergangenen Jahre weiterhin marginal bleiben, gelang ihr auf europäischer Ebene ein beachtlicher Erfolg, als sie 2005 mit über 800.000 Stimmen einen landesweiten Stimmenanteil von 4,9 Prozent auf sich vereinen konnte. Bei der Europawahl im Juni 2009 konnte sie sich weiter steigern und mit 6,2 Prozent rund 950.000 Wähler von sich überzeugen. Die BNP ist nun erstmals mit zwei Abgeordneten im Europäischen Parlament vertreten.[15]

Auch auf kommunaler Ebene konnte die BNP mit Beginn des neuen Jahrtausends einige Erfolge feiern. So erzielten ihre 67 Kandidaten bei Kommunalwahlen 2002 durchschnittlich 16,0 Prozent und errangen damit sechs Mandate, 2003 traten bereits 217 Kandidaten an, die im Schnitt 17,2 Prozent und damit 13 Mandate erzielten. Ein Jahr später schickte die BNP 309 Bewerber ins Rennen und gewann 14 Mandate mit durchschnittlich 16,1 Prozent pro Kandidat.

Ungeachtet dessen bleibt die BNP im britischen Parteiensystem auf dem Niveau einer Splitterpartei ohne landesweite Relevanz. Noch marginaler stellt sich die Situation der NF dar. Deren 14 Kandidaten bei der Wahl zum House of Commons 1992 erreichten mit durchschnittlichen 0,7 Prozent pro Bewerber nur einen landesweiten Stimmenanteil von 0,01 Prozent, fünf Jahre später traten nur sechs Kandidaten an, die ähnlich wie die fünf Bewerber der NF im Jahr 2001 magere 0,01 Prozent der landesweiten Wählerstimmen gewannen, ihren durchschnittlichen Stimmenanteil pro Bewerber aber auf 1,2 bzw. 1,5 Prozent auf niedrigem Niveau steigern konnten. 2005 gaben rund 8000 Wähler den 13 Bewerbern der NF ihre Stimmen. Die NF bleibt damit weit deutlicher noch als die BNP eine Splitterpartei.[16]

Auch linksextremistische Parteien konnten bisher in Großbritannien nie wirklich Fuß fassen. Die *Communist Party of Great Britain* (CPGB) etablierte sich trotz ihrer bis 1970 rund 30.000 Mitglieder nie als Massenorganisation. Es gelang ihr nicht, von der steigenden Militanz der britischen Gewerkschaften in den 1970er Jahren zu profitieren oder aus der zunehmenden Links-Rechts-Polarisierung der britischen Politik Nutzen zu ziehen. War es schon in den 1940er Jahren Strategie der Kommunisten, sich mit dem linken Flügel der *Labour Partei* und den Gewerkschaften zu verbünden, so brachte dieses Vorgehen der CPGB nicht den gewünschten Erfolg. Stattdessen bildete sich innerhalb der *Labour* Partei ein starker linker Flügel, der immer mehr die Politik des Klassenkampfes in die politische Debatte einbrachte,

15 Vgl. BBC-Online, abrufbar unter: http://news.bbc.co.uk/2/shared/bsp/hi/elections/euro/09/html/ukregion_999999.stm [Stand: 23. Juli 2009].

16 Vgl. Thomas Grumke/Andreas Klärner (FN 13), S. 52 f. sowie S. 60–65.

gegenüber der *Konservativen Partei* unter *Thatcher* die Idee des Staatssozialismus vertrat[17] und der CPGB damit ihr Klientel streitig machte. Aus dem inneren Spaltungsprozess der CPGB in den folgenden Jahren ging einen Reihe miteinander konkurrierender marxistischer, kommunistischer und trotzkistischer Organisationen hervor.

Zu den bedeutendsten Gruppierungen zählten die *Militant Tendency* sowie die *Socialist Workers Party* (SWP) mit jeweils zwischen 8000 und 10.000 Mitgliedern. Erstere versuchte, *Labour* zu unterwandern und dort ihre politischen Ideen voranzutreiben, die SWP dagegen verfolgte die Strategie, mit den Kommunisten außerhalb von *Labour* zu konkurrieren. Während sich die CPGB 1991 selbst auflöste, nimmt die SWP heute die führende Rolle im britischen Linksextremismus ein. Mit ca. 6000 Mitgliedern ist sie zwar heute deutlich kleiner als die CPGB auf dem Höhepunkt ihrer Entwicklung, stellt aber heute eine weitaus homogenere und energetischere Partei mit jüngerer und höher gebildeter Mitgliedschaft dar. Gleichwohl gibt es keine extremistische Gruppierung links von *Labour*, der bei Unterhauswahlen auch nur ein Prozent der Wähler ihre Stimme geben.[18] Die *Communist Party of Britain* (CPB), als eine der vielen CPGB-Abspaltungen Ende der 1980er Jahre gegründet, konnte bei den letzten beiden landesweiten Wahlen zum House of Commons gerade einmal etwas mehr als 1000 Stimmen auf sich vereinen. Der *Socialist Alliance*, einem Wahlbündnis verschiedener sozialistischer und trotzkistischer Gruppierungen wie der SWP, *International Socialist Group* und *Workers Power*, gelang dagegen 2001 ein relativer Erfolg, als sie mit rund 57.000 Wählerstimmen einen landesweiten Stimmenanteil von 0,2 Prozent bei der Unterhauswahl gewann. Dabei gelang es nur drei ihrer 98 Kandidaten, die Hürde zur Rückgabe des „deposit" zu überspringen.

3 Extremistische Parteien

3.1 Rechtsextremismus

In organisatorischer Hinsicht hat die BNP[19] in den vergangenen Jahren eine für sie positive Entwicklung genommen, wie ein Blick auf ihre Mitgliedschaft zeigt. Gleichwohl ist die Rekrutierungs- und Mobilisierungsfähigkeit nicht so groß, wie es diese Zahlen möglicherweise Glauben machen. Aufgrund der hohen Fluktuation ihrer Mitglieder ist die Personal- und Aktivistenbasis der BNP relativ schwach. Eine mit dem deutschen Rechtsextremismus vergleichbare Demonstrationsaktivität o. ä. ist bei der BNP nicht vorhanden.[20]

17 Vgl. z. B. Tony Benn: Arguments for Socialism, Harmadsworth 1980.

18 Vgl. John Callaghan: Die marxistische Linke Großbritanniens: Rückzug und Verfall, in: Patrick Moreau/Marc Lazar/Gerhard Hirscher (Hrsg.): Der Kommunismus in Westeuropa. Niedergang oder Mutation?, Landsberg am Lech 1998, S. 551–573.

19 Vgl. Matthew J. Goodwin: New British Fascism: The Rise of the British National Party (BNP), London 2009.

20 Vgl. Thomas Grumke/Andreas Klärner (FN 13), S. 66 f.

Abbildung 1 Mitgliederentwicklung der BNP 2001–2007

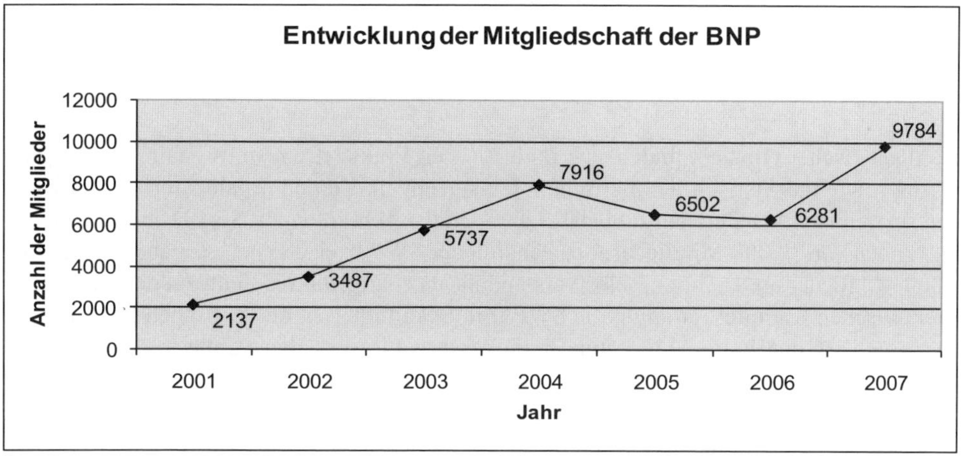

Quelle: Für die Jahre 2001–2004 Thomas Grumke/Andreas Klärner (FN 13), S. 66. Für die Jahre danach Rechenschaftsberichte der BNP an die Electoral Commission.[21]

Die ideologische Position der BNP zur Rolle Großbritanniens in der Europäischen Union ist eindeutig: Die BNP steht der EU klar ablehnend gegenüber. Unter dem Slogan „Europe – back to British independency" erklärt sie offen ihre EU-feindliche Haltung. Sie lehnt den Euro als europäische Gemeinschaftswährung ab und tritt für die Beibehaltung des britischen Pfundes sowie der traditionellen britischen Maßeinheiten ein. Die EU stellt nach Auffassung der BNP eine politische wie wirtschaftliche „Zwangsjacke" dar. Sie fordert den Austritt Großbritanniens aus der EU und propagiert als Ziel eine größere Autarkie des Vereinten Königreichs bei gleichzeitiger Stärkung und Ausweitung der traditionellen Verbindungen Großbritanniens zu Australien, Kanada und Neuseeland in politischer wie wirtschaftlicher Hinsicht „as it suits us".[22] Der durch das Verlassen der Europäischen Union eingesparte tägliche Nettobeitrag in Höhe von 43 Millionen Pfund soll stattdessen für „sinnvollere Projekte" in der Heimat verwendet werden.[23] Die Haltung der BNP gegenüber den demokratischen Parteien ist kritisch. Die politischen Eliten Großbritanniens übergehen ihrer Ansicht nach den Willen des kleinen Mannes und berauben ihn seiner demokratischen Rechte. So scheut die BNP an dieser Stelle auch vor verschwörungstheoretischen Tendenzen nicht zurück: *Labour*, *Tories* und *Liberals* würden sich demnach Wahl für Wahl untereinander absprechen, um dem britischen Volk

21 http://www.electoralcommission.org.uk/__data/assets/pdf_file/0006/58488/British-National-Party-Statement-of-Accounts-2007.pdf [Stand: 15. April 2009], S. 4.
22 BNP: Europe – back to British indipendency, abrufbar unter: http://bnp.org.uk/policies-2/europe/ [Stand: 13. April 2009].
23 Vgl. ebd.

bei so wichtigen Themen wie Einwanderung, Souveränitätsabtretungen an die EU oder der Todesstrafe jede wirkliche Wahlmöglichkeit zu nehmen.[24]

3.2 Linksextremismus

In ideologischer Hinsicht finden sich im britischen Linksextremismus zahlreiche trotzkistische sowie marxistisch-leninistische Kleinstgruppen. Zu den organisatorisch stärksten linksextremistischen Parteien zählt dabei die *Socialist Workers Party*. Spricht *John Callaghan* 1998 noch von 10.000 Mitgliedern, so gehören der SWP nach eigenen Angaben heute rund 6000 Mitglieder an. In ihrem Selbstverständnis als einzig wahres Zentrum des außerparlamentarischen Kampfes, erlangte die SWP ihre Bekanntheit in der britischen Bevölkerung hauptsächlich durch die Aktivitäten ihrer Frontorganisation, den Straßenverkauf von Zeitungen sowie ihrer Demonstrationstätigkeit. Ihren stärksten Rückhalt fand sie lange Zeit im öffentlichen Dienst, bei Lehrern oder Angestellten im Gesundheitswesen. Von großer strategischer Bedeutung für die SWP war die Gründung der *Anti-Nazi-Liga* 1977. Durch deren „Straßenkämpfe" gegen Rechtsextremisten gelingt es der SWP nicht nur öffentliche Aufmerksamkeit zu erregen; derartige Aktivitäten erhöhten auch ihre Mobilisierungs- und Rekrutierungsfähigkeit.[25]

Wesentlich weniger Mitglieder weist die CPB auf. Ihre Mitgliederentwicklung stagniert seit Jahren bei rund 1000 Personen. Ziel der CPB ist die sozialistische Revolution, welche laut der von ihr veröffentlichten programmatischen Schrift „Britain's Road to Socialism" durch Massenunruhen anzustreben ist: „The socialist revolution can be carried through in Britain by organised mass struggle outside parliament, creating and combining with a socialist parliamentary majority – producing a government and mass movement determined and able to implement a socialist programme".[26] Hinsichtlich der Entwicklung und Leitung dieser Massenproteste sieht sich die CPB in einer besonderen Verantwortung und bekräftigt den eigenen Führungsanspruch. Die Europäische Union wird dabei als Bestandteil der Institutionen des internationalen Kapitalismus und Helfershelfer der herrschenden britischen Klasse diffamiert.[27]

4 Nichtparteiförmiger Extremismus

4.1 Rechts- und Linksextremismus

Anders als der parteiförmig organisierte Extremismus, der in Großbritannien aufgrund der institutionellen Rahmenbedingungen bisher zu keinerlei politischem Einfluss kommen konnte,

24 Vgl. BNP: Democray – letting the people decide!, abrufbar unter: http://www.general-election-2010.co.uk/bnp-policies-democracy-%E2%80%93-letting-the-people-decide.html [Stand: 13. April 2009].

25 Vgl. John Callaghan (FN 18), S. 566–570.

26 CPB: Britain's Road to Socialism, abrufbar unter: http://www.communist-party.org.uk/index.php?option=com_content&view=article&id=250&Itemid=13 [Stand: 10. Juli 2009].

27 Vgl. ebd.

zeigt sich hinsichtlich seiner subkulturellen Ausprägungen sowie der extremistisch motivierten Straf- und Gewalttaten im Vereinigten Königreich ein anderes Bild. Insbesondere im Bereich des Rechtsextremismus gibt es hier differenziert erfasstes Datenmaterial der britischen Behörden,[28] etwa für polizeilich registrierte Vorkommnisse mit rassistischem Hintergrund:

Abbildung 2 Vorkommnisse in England und Wales mit rassistischem Hintergrund 2000–2006

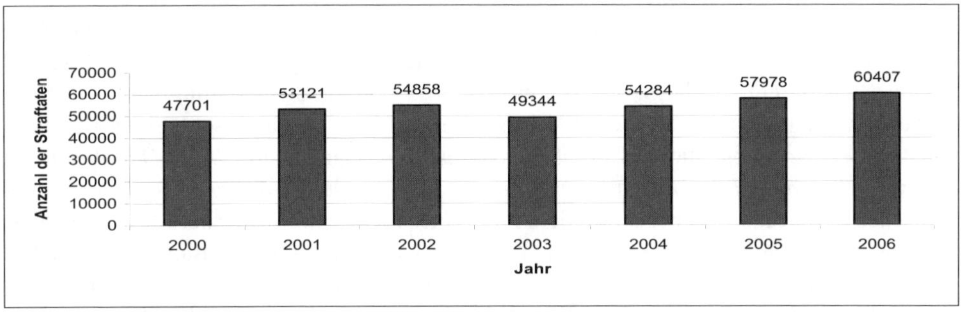

Quelle: Eigene Darstellung auf Grundlage von Daten aus Racist violence overview, abrufbar unter: http://infoportal.fra.europa.eu/InfoPortal/infobaseShowContent.do [Stand: 2. September 2009].

Mit einer durchschnittlichen jährlichen Steigerung der rassistischen Vorfälle von ca. 4,3 Prozent in England und Wales[29] gehört Großbritannien damit neben Ländern wie Dänemark, Frankreich und der Slowakei zu den EU-Staaten, welche im Zeitraum 2000–2006 einen steigenden Trend in diesem Bereich zu verzeichnen hatten. Die Angaben des „Home Office" erlauben eine weitere Differenzierung der rassistischen Gewalttaten. Für den Erfassungszeitraum 2000–2001 gibt die Behörde die Zahl der polizeilich erfassten schwerwiegenden rassistisch motivierten Straftaten mit rund 25.000 an, darunter rund 3100 Körperverletzungen, 12.000 Belästigungen/Bedrohungen und 4700 gemeinschaftliche Angriffe.[30] Aber nicht nur die Anzahl rassistischer, auch die antisemitischer Vorfälle hat in den letzten Jahren zugenommen. Die NGO „Community Securtity Trust" berichtet von einer kontinuierlichen Zunahme

28 Aufgrund des spezifischen britischen Erfassungssystems ist ein Vergleich mit anderen europäischen Staaten jedoch schwierig. So wird etwa die Anzahl der Straftaten nicht wie beispielsweise in Deutschland üblich in Kalenderjahren angegeben und das Datenmaterial nicht für den Gesamtstaat, sondern regional getrennt aufbereitet; zudem arbeitet Großbritannien mit einem Erfassungssystem, das von der „European Union Agency for Fundamental Rights" als „victim-" bzw. „public-centred" bezeichnet wird und zu vergleichsweise hohen Zahlen führt. Als „racist incident" wird dabei jeder Vorfall klassifiziert, der von dem Opfer oder jeder anderen Person als rassistisch motiviert wahrgenommen wird. Vgl. dazu Data Collection situation, abrufbar unter http://infoportal.fra.europa.eu/InfoPortal/infobaseShowContent.do [Stand: 1. April 2009].

29 Schottland weist im Zeitraum 2002–2006 eine durchschnittliche jährliche Steigerung von 27,3 Prozent auf. Vgl. Assessing Trends in Officially Recorded Racist Violence and Crime, abrufbar unter: http://infoportal.fra.europa.eu/InfoPortal/infobaseShowContent.do [Stand: 2. April 2009].

30 Vgl. EUMC (Hrsg.): Racist Violence in 15 EU Member States. A Comparative Overview of Findings from the RAXEN National Focal Points Reports 2001–2004, o. O. 2005, S. 146.

antisemitischer Delikte von 310 im Jahr 2001 auf knapp 600 im Jahr 2006.[31] Während in Nordirland in den Zeiträumen 2004/2005, 2005/2006 und 2006/2007 jeweils 813, 936 und 1047 Vorfälle mit rassistischem Hintergrund verzeichnet wurden, registrierte die schottische Polizei im Erfassungszeitraum 2000–2001 rund 2600 Vorkommnisse.[32]

Zu den bedeutendsten Organisationen im Bereich des nichtparteiförmig organisierten Extremismus, den sogenannten „groupuscules", gehört das in Anlehnung an das Motto der Hitlerjugend „Blut und Ehre" benannte Netzwerk *Blood & Honour*, die Kampfgruppe *Combat 18* sowie die *National Revolutionary Faction*. *Blood & Honour* ist heute die einflussreichste Skinhead-Organisation Großbritanniens. Entstanden ist das Netzwerk Mitte der 1980er Jahre als Reaktion auf die Konzerte unter dem Slogan „Rock Against Racism", denen rechtsextremistische Skinheads ihrerseits „Rock Against Communism"-Konzerte entgegenhielten. Aus den an diesen Veranstaltungen beteiligten einschlägigen Bands erwuchs unter dem maßgeblichen Einfluss des Skrewdriver-Sängers *Ian Stuart Donaldson* das Netzwerk *Blood & Honour*. Seither ist *Blood & Honour* als die zentrale Organisation der britischen Skinheads-Szene insbesondere im Bereich rechtsextremistischer Musik engagiert und hat sich durch die Verbreitung von Tonträgern sowie der Organisation von (zum Teil illegalen) Skinhead-Konzerten einen „szene"-intern geradezu legendären Ruf erworben. Dem Selbstverständnis entsprechend liegt das Hauptaugenmerk von *Blood & Honour* auf der Verbreitung neonationalsozialistischen Gedankenguts unter Jugendlichen mithilfe der Musik, welche – wie der langjährige Kopf der Organisation *Donaldson* erkannte – „das ideale Mittel (sei), Jugendlichen den Nationalsozialismus näher zu bringen, besser als dies in politischen Veranstaltungen gemacht werden kann, kann damit Ideologie transportiert werden."[33]

Eng mit *Blood & Honour* verwoben ist die paramilitärische Kampfgruppe *Combat 18*. Die Zahl 18 ist dabei gemäß dem rechtsextremistischen Zahlencode, der den Buchstaben des Alphabets jeweils Zahlen zuordnet, als Initialen *Adolf Hitlers* zu lesen (A = 1. Buchstabe des Alphabets, H = 8. Buchstabe). Die Gruppe steht in der Tradition der ehemals von *Donaldson* angeführten Schlägertruppe *Instant Response Unit*, welche aus der Kooperation von *National Front* und Teilen der Skinheadszene hervorging und deren erklärtes Feindbild farbige Einwanderer und politische Gegner waren. Derzeit steht *Paul David Sargent* an der Spitze der Kampfgruppe, die die Verantwortung für mehrere Gewalttaten in Großbritannien trägt, beispielsweise den Brandanschlag auf die kommunistische britische Tageszeitung „The Morning Star".[34]

Eine weitere Gruppierung der „groupuscular right" in Großbritannien – dem Mutterland der Skinhead-Bewegung – stellt die *National Revolutionary Faction* dar, welche 1996 von *Troy Southgate* gegründet wurde und für sich beansprucht, einen „nationalen Anarchismus" zu vertreten. Dieser umfasst Elemente radikal antikapitalistischer wie antimarxistischer Ideologie und zielt auf die Bildung autonomer ländlicher Gemeinschaften, die in einem dezentral

31 Vgl. http://infoportal.fra.europa.eu/InfoPortal/infobaseShowContent.do?btnCat_11&btnCountryBread_169 [Stand: 3. April 2009].

32 Vgl. Official Criminal Justice Date. United Kingdom, abrufbar unter: http://infoportal.fra.europa.eu [Stand: 3. April 2009].

33 Ian Stuart Donaldson zitiert nach Thomas Grumke/Andreas Klärner (FN 13), S. 68.

34 Vgl. Steffen Kailitz: Politischer Extremismus in der Bundesrepublik Deutschland. Eine Einführung, Wiesbaden 2004, S. 151 f.

organisierten, pan-europäischen Rahmen existieren sollen. Die *National Revolutionary Faction* sieht sich selbst jenseits der gängigen Unterscheidung in rechts und links und strebt eine Synthese von Faschismus und Anarchismus an. Aktuell versucht sie schwerpunktmäßig, in subkulturellen Jugendströmungen wie der Heavy-Metal-Szene sowie esoterischen oder auch satanistischen Kreisen Fuß zu fassen.

Obwohl die Anzahl der rechtsextremen *„groupuscules"* in Großbritannien relativ groß ist, stellen sie insgesamt jedoch eine qualitativ schwache Szene dar. Wichtigstes Defizit ist hierbei die fehlende Vernetzung der einzelnen Gruppierungen untereinander, das Sektierertum sowie die häufigen persönlichen Auseinandersetzungen der wichtigsten Akteure. Bewegungsförmige Elemente, wie sie im deutschen nichtparteiförmigen Rechtsextremismus in Form von zum Teil flächendeckend vorhandenen nationalen Kameradschaften oder Aktionsgemeinschaften sowie den umfangreichen Demonstrationsaktivitäten zu finden sind und die vor allem in Ostdeutschland bis stark in die (Mehrheits-)Jugendkultur hineinwirken, existieren in Großbritannien nicht.[35]

Terroristische Organisationen bzw. Zellen stellen in Großbritannien von rechtsextremistischer wie linksextremistischer Seite ein vergleichsweise geringes Risiko dar. Der erste bedeutende Anschlag aus dem rechtsterroristischen bzw. rassistischen Milieu ereignete sich 1999, als mehrere Nagelbomben in Brixton, Brick Lane und Soho explodierten und drei Menschen in den Tod rissen. Als Tatmotiv wird dabei Hass gegen Schwarze, Asiaten und Homosexuelle vermutet. Im Bereich des Linksterrorismus kann als einzig bedeutende Gruppierung die anarchische *Angry Brigade of England* genannt werden; deren Wirkungszeit liegt jedoch bereits einige Jahrzehnte zurück. Zwischen 1968 und 1971 verübte die Gruppe, deren Mitgliederzahl nie mehr als 50 Personen betrug, zahlreiche Maschinengewehrattacken und Bombenanschläge auf öffentliche Gebäude. Insgesamt jedoch ist die Zahl der rechts- und linksterroristischen Anschläge in Großbritannien vergleichsweise gering.[36]

4.2 Islamistischer Fundamentalismus

Ein anderes Bild bietet sich mit Blick auf den islamistischen Terrorismus. Die enge Partnerschaft Großbritanniens mit den USA, das militärische Engagement im Irak und das nach den Ereignissen des 11. September 2001 stärkere Vorgehen gegen islamistische Strukturen, welche das Vereinte Königreich seit längerem als Rückzugsraum und strategische Basis nutzen, ließen Großbritannien seit Jahren auf Platz eins der Gefährdungsliste der europäischen Staaten stehen.

Am Morgen des 7. Juli 2005 war es so weit: Vier junge britische Muslime sprengten sich nahezu zeitgleich im Londoner Nahverkehr in drei U-Bahn-Zügen und einem Doppeldeckerbus in die Luft und rissen 52 Menschen mit in den Tod; 700 Personen wurden zum Teil schwer verletzt. Nach übereinstimmender Einschätzung von Experten dürfte der G8-Gipfel im schottischen Gleaneagles den Anlass für die Anschläge dargestellt haben.[37] 14 Tage später

35 Vgl. Thomas Grumke/Andreas Klärner (FN 13), S. 67–75.
36 Vgl. Steffen Kailitz (FN 34), S. 152 f.
37 Vgl. Andreas Förster: Terror in London. Auf verlorenem Posten, in: Berliner Zeitung vom 8. Juli 2005.

schlugen vier weitere Attentatsversuche fehl. Im Juni 2007 konnten Sicherheitskräfte einen Doppelanschlag verhindern, indem es ihnen gelang, die Sprengsätze in zwei an verschiedenen Punkten in der Innenstadt geparkten und mit Gasflaschen, Benzin und Nägeln beladenen Autos zu entschärfen.[38] Einen Tag nach den vereitelten Bombenanschlägen schlugen Terroristen in Glasgow zu. Zwei Männer rasten mit einem brennenden Geländewagen in das Hauptterminal des Glasgower Flughafens, das Fahrzeug explodierte, umgelenkt durch einen Betonpoller, am Eingang des Terminals und nicht wie wohl geplant im Gebäude in unmittelbarer Nähe der Urlauber. Dass es sich bei den Hintermännern der Tat um islamistische Terroristen handelte, darin waren sich britische Behörden weitgehend einig.[39]

Die von islamistischen Extremisten ausgehenden Gefahren führten zu einer weiteren Verschärfung der britischen Sicherheitspolitik. Nach den Ereignissen des 11. September, spätestens aber mit den Anschlägen auf Einrichtungen des Londoner Nahverkehrs im Sommer 2005, wurden härtere Gesetze für den Kampf gegen den Terrorismus gefordert und in Teilen auch beschlossen. Während das angekündigte Verbot der extremistischen islamischen Partei *Hizb-ut-Tahrir* bis heute nicht erfolgte,[40] kam es zu weitreichenden Veränderungen beispielsweise in der Frage der Behandlung von Terrorverdächtigen. So durfte in Großbritannien ursprünglich niemand länger als zwei Tage ohne richterlichen Haftbefehl festgehalten werden. Nach den Anschlägen in den USA vom 11. September 2001 wurden im Vereinten Königreich später weiter verschärfte Sondergesetze für Terrorverdächtige geschaffen. Die vom damaligen Premierminister *Tony Blair* angestrebte Regelung, wonach eine mögliche Haftzeit ohne Beschuldigung von bis zu 90 Tagen möglich geworden wäre, scheiterte am Widerstand der eigenen Partei. Eine Gesetzesänderung erlaubte es den Behörden, mutmaßliche Terroristen auch ohne Anklageerhebung bis zu 28 Tage festzuhalten. Der Versuch seines Nachfolgers *Gordon Brown*, diese Frist auf 42 Tage zu verlängern, scheiterte nach der knappen Zustimmung des britischen Unterhauses mit 309 zu 118 Stimmen im Oberhaus. Auch ohne diese Ausweitung hat Großbritannien heute eine der längsten derartigen Haftzeiten in westlichen Demokratien.[41]

Dass eine umfangreiche Anti-Terror-Gesetzgebung nötig ist, darin stimmen Sicherheitsexperten im Vereinten Königreich weitgehend überein. Gab der britische Geheimdienst MI5 2006 die Zahl der unter Beobachtung stehenden Organisationen noch mit rund 200 Kleingruppen bzw. Netzwerken an, denen etwa 1600 namentlich bekannte Mitglieder angehörten,[42] so spricht der Chef des Geheimdienstes 2007 bereits von ca. 2000 mutmaßlichen muslimischen

38 Vgl. Schock in London. Rollende Bombe mit Benzin, Nägeln und Gasflaschen entdeckt, abrufbar unter: http://www.spiegel.de/panorama/justiz/0,1518,491429,00.html [Stand: 9. Mai 2009]; Autobomben in London. Klare Verbindung zwischen beiden Funden, abrufbar unter: http://www.sueddeutsche.de/politik/294/354124/text/ [Stand: 9. Mai 2009].

39 Vgl. Anschlag in Glasgow. Polizei fandet mit Großrazzia nach Terroristen, abrufbar unter: http://www.spiegel.de/panorama/justiz/0,1518,491655,00.html [Stand: 30. April 2009].

40 Vgl. Jürgen Krönig: Terror. London, ein Jahr später, abrufbar unter: http://www.zeit.de/online/2006/27/london-terror-7-juli-kommentar [Stand: 15. April 2009].

41 Vgl. Oberhaus lehnt Verschärfung der Anti-Terror-Gesetze ab, abrufbar unter: http://www.spiegel.de/politik/ausland/0,1518,584065,00.html [Stand: 15. April 2009].

42 Vgl. Sebastian Borger: Islamisten-Furcht in Großbritannien. 1600 Gründe für die Terrorangst, abrufbar unter: http://www.spiegel.de/politik/ausland/0,1518,druck-448820,00.html [Stand: 12. April 2009].

Terroristen in Großbritannien.[43] Nach Einschätzung der Regierung wird künftig eine größere Gefährdung von kleineren, eigenständig organisierten Terrorzellen für Großbritannien ausgehen, als es bislang von *al-Quaida* der Fall war. In einem aktuellen Anti-Terror-Bericht wird davon ausgegangen, dass Terrororganisationen sich um Zugang zu biologischen, chemischen und auch nuklearen Waffen bemühen und eine realistische Gefahr besteht, dass Terroristen künftig auch „schmutzige" Bomben[44] einsetzen könnten.

Schenkt man den Ergebnissen einer Umfrage im Auftrag der „Times" aus dem Jahr 2006 Glauben, treffen Terrorakte bei einer nicht unbedeutenden Minderheit der britischen Muslime auf Zustimmung oder zumindest Duldung. So gaben rund 13 Prozent der etwa zwei Millionen britischen Muslime an, dass die vier Selbstmordattentäter, die für die Anschläge auf den Londoner Nahverkehr verantwortlich waren, als „Märtyrer" betrachtet werden sollten. Etwa sechs Prozent der Briten muslimischen Glaubens (und damit mehr als 100.000 Menschen) vertraten die Auffassung, die Attentäter hätten entsprechend den „wahren Prinzipien" des Islams gehandelt, sieben Prozent sind der Meinung, derartige Terrorakte seien gegen Zivilisten unter bestimmten Bedingungen gerechtfertigt.[45]

5 Ergebnis

Auf der Ebene des parteipolitisch organisierten Extremismus spielen in Großbritannien weder der Rechts- noch der Linksextremismus eine relevante Rolle. Zwar existieren verschiedene Splitter- und Kleinstparteien, diese treten jedoch bei Wahlen nur marginal in Erscheinung und können angesichts der strukturellen Gegebenheiten des politischen Systems Großbritanniens kaum auf landesweite parlamentarische Vertretung oder gar eine Regierungsbeteiligung hoffen. Einzig die *British National Party* tritt – wenn auch in sehr bescheidenem Umfang – bei Wahlen zum House of Commons und vereinzelt bei Kommunalwahlen in Erscheinung und konnte sich (wiewohl auf niedrigem Niveau) stabilisieren. Ob sich ihr Erfolg bei der Europawahl 2009, als die BNP zwei Mandate erringen konnte, auf weitere elektorale Zugewinne auswirken wird, bleibt abzuwarten. Insgesamt stellen rechtsextremistische Parteien in Großbritannien derzeit jedoch kaum ein Risiko für den demokratischen Verfassungsstaat dar.

Allerdings geben die Untersuchungen zum nichtparteiförmigen Extremismus gerade im Bereich des Rechtsextremismus durchaus Anlass zur Sorge. Großbritannien verfügt über eine ausgeprägte subkulturelle rechtsextremistische Szene, die zwar nicht mit der in Deutschland verbreiteten Demonstrationspolitik auf eine Stufe zu stellen ist, aber eine hohe Zahl an Straf- und Gewalttaten aufweist. Auf Seiten des Linksextremismus ist derzeit nur ein vergleichsweise geringes Potenzial erkennbar. Nach dem Niedergang der anarchischen *Angry Brigade of England* konnten sich keine linksterroristischen Zellen mehr in Großbritannien auf nennenswertem Niveau etablieren und deren Nachfolge antreten.

43 Vgl. Anschläge mit schmutzigen Bomben befürchtet, abrufbar unter: http://www.focus.de/politik/ausland/grossbritannien_aid_227690.html [Stand: 12. April 2009].

44 Als „schmutzige" Bombe wird ein Sprengsatz bezeichnet, der radioaktive Strahlung freisetzt, ohne eine nukleare Kettenreaktion nach sich zu ziehen.

45 Vgl. Jürgen Krönig: Terror. London, ein Jahr später, abrufbar unter: http://www.zeit.de/online/2006/27/london-terror-7-juli-kommentar [Stand: 12. April 2009].

Die größte Gefahr dürfte derzeit vom islamischen Fundamentalismus ausgehen, dessen erneutes gewaltsames In-Erscheinung-Treten angesichts 2000 mutmaßlicher Terroristen im Lande wohl keine Frage des „Ob“, sondern nur eine Frage des „Wann“ sein dürfte. Dabei werden voraussichtlich hauptsächlich kleine, eigenständig organisierte Gruppierungen eine zentrale Rolle spielen, deren Streben nach biologischen und chemischen, aber auch nuklearen Waffen britischen Sicherheitsbehörden Anlass zur Sorge bereitet.

Extremismus in Irland

John Fitzgibbon

1 Rahmenbedingungen

Extremismus spielt im irischen Parteiensystem kaum eine Rolle. Was den Fall Irlands interessanter macht, ist, dass es keinerlei institutionelle Vorkehrungen gibt, die den Einzug einer extremistischen Partei in den Dáil (das irische Parlament) verhindern würden. Tatsächlich scheint das irische Wahlsystem Extremismus in all seinen Formen zu fördern. Zentral für diesen Beitrag ist die Frage, weshalb sich in Irland politischer Extremismus nicht ansatzweise im selben Maße wie in anderen europäischen Staaten entwickeln konnte. Während meist die Ursachen, die für das Aufkommen und das Ausmaß von Extremismus verantwortlich sind, im Mittelpunkt der Analysen stehen, gilt es für den irischen Fall zu untersuchen, welche Gründe die fehlende Unterstützung antidemokratischer Kräfte hat.

Eine klare rechtliche Regelung zum Verbot extremistischer Parteien existiert in Irland nicht. Eine politische Partei ist nur zu verbieten, wenn schlüssig nachgewiesen werden kann, dass die Partei in illegale Aktivitäten oder in konkrete Umsturzbemühungen involviert ist. In der politischen Praxis ist dieser Fall äußerst unwahrscheinlich; der Dáil zeigte sich bisher unwillig, harte Maßnahmen gegen Parteien zu ergreifen, wohl aus Furcht vor den Wirkungen auf die etablierten politischen Parteien. Die *Sinn Féin* der 1970er und 1980er Jahre ist dafür ein Beispiel. Trotz ihrer eindeutigen Verbindungen zur IRA wurde kein Versuch unternommen, die Partei zu verbieten – und dies zu einer Zeit, als die Terrorgruppe zahlreiche gewaltsame Aktionen gegen den Staat verübte. Stattdessen wurden Repräsentanten der *Sinn Féin* aus den öffentlichen Medien verbannt. Diese Regelung erwies sich gleichwohl als wirkungslos, denn die *Sinn Féin* nutzte die Zustimmung von prominenten, nicht parteigebundenen Iren, z. B. Schauspielern, um so öffentlich für ihre Interessen zu werben.[1]

Das irische Wahlsystem bietet mit dem System der einfach übertragbaren Stimmgebung (Single Transferable Vote, STV) in Mehrpersonenwahlkreisen extremistischen Parteien gute Bedingungen, um in den Dáil zu gelangen. Ein solches Verhältniswahlrecht reduziert die Zahl der Papierkorbstimmen und stärkt die Mandatsanteile von Einzelpersonen gegenüber Parteilisten. Der Wähler stimmt für seinen (bevorzugten) Kandidaten. Ist dieser nach der Mandatszuteilung nicht gewählt, werden dessen Stimmen auf die erfolgreicheren Kandidaten übertragen. Diese Verteilung ergibt sich aus den festgelegten, nachfolgenden Präferenzen der einzelnen Stimmberechtigten.[2] In Irland bestehen Wahlkreise aus drei, vier oder fünf Sitzen. Für extremistische Parteien sind besonders Wahlkreise mit fünf Sitzen attraktiv, denn dort haben sie die Chance, den letzten verbleibenden Sitz zu erringen, wenn die Kandidaten der

1 Vgl. Ed Moloney: A Secret History of the IRA, Dublin 2006, S. 489–492.
2 Vgl. Richard Sinnott: The Rules of the Electoral Game, in: John Coakley/Michael Gallagher (Hrsg.): Politics in the Republic of Ireland, Dublin 2004, S. 109.

etablierten Parteien auf die ersten vier Sitze gewählt wurden. Die Eigenheiten des irischen Wahlsystems haben demnach zur Folge, dass kleine Parteien nicht unbedingt die Stimmen der ersten Wahlpräferenz der Wähler erringen müssen, um eine respektable Chance zu haben, gewählt zu werden. Es reicht ihnen, die Stimmen der zweiten, dritten, vierten oder fünften Präferenz auf sich vereinigen zu können. Vor diesem Hintergrund können extremistische Parteien Kandidaten mit starker Persönlichkeit oder lokale Prominenz ins Rennen schicken, um auf diese Weise den Stimmentransfer zu maximieren. In Irland gibt es folglich keine Sperrklausel, die Parteien den Eintritt ins Parlament erschwert. Das Wahlsystem richtet sich ausschließlich auf die Kandidaten, nicht auf die Parteien. So können extremistische Vereinigungen ihre Ressourcen darauf konzentrieren, einen Kandidaten in einem Wahlkreis zum Sieg zu verhelfen, ohne dass sie eine Mindesthürde nehmen müssen. Diese Strategie nutzte vor allem die *Socialist Party*.

Die politische Kultur Irlands unterscheidet sich grundsätzlich vom (west)europäischen Festland. Wie irische Politologen[3] wiederholt festgestellt haben, treffen die Regeln von *Rokkans* klassischen politischen Cleavages nicht auf den Fall Irland zu. Stattdessen wirken bis heute das Erbe des Unabhängigkeitskrieges von 1919–21 und des daraus resultierenden irischen Bürgerkrieges der Jahre 1922–23 auf die politische Kultur des Landes. Die politische Identifikation basierte lange Zeit nicht auf Klassenzugehörigkeit oder Stadt-Land-Gegensätzen, sondern vielmehr darauf, welche Seite die Familie des Wählers im Bürgerkrieg unterstützt hatte. Die fehlende gesellschaftliche Differenzierung und das historische Erbe des Kolonialismus ließen Irland „unindustrialisiert", folglich ohne ein nennenswertes städtisches Proletariat und – bis vor kurzem – ohne signifikante Einwanderung. Somit wird das Dilemma von Links- und Rechtsextremisten in Irland offensichtlich: Linksextremisten gelingt es nicht, das Klassenbewusstsein der arbeitenden Klasse zu mobilisieren, weil dies kein motivierender Faktor in der irischen Politik ist. Und Rechtsextremisten können kaum spezifische Formen eines irischen Nationalismus entwickeln, da das Kernproblem der nationalen Frage Irlands – nämlich der Nord-Irland-Konflikt – von den demokratischen Parteien thematisiert wird. Der irische Nationalismus blieb stets an die katholisch-irische Position aller politischen und gesellschaftlichen Kräfte der Insel gebunden[4] und transformierte sich in den 1990er Jahren in eine gemäßigte Form.

Wie bereits gezeigt, ermöglicht es das irische Wahlsystem vielen unabhängigen Kandidaten, mit rein lokalen Themen ins Parlament zu gelangen. In diesem Zusammenhang erweist sich auch die Idee des Populismus als nicht tragfähig. Untersuchungen von *Michael Marsh* belegen, dass unter allen Repräsentativdemokratien ausgerechnet die irischen Wähler die meisten Kontakte zu Kandidaten haben. Nach diesen Studien gelten Iren im europäischen Vergleich auch als am zufriedensten mit ihrem politischen System – eben wegen der Mischung aus persönlichem Kontakt und einer großen Auswahl beim Wahlakt.[5]

---

3 Vgl. Basil Chubb: Politics and Government in the Republic of Ireland, Stanford/Dublin 1982; John Coakley: Society and Political Culture, in: Ders./Michael Gallagher (Hrsg.): Politics in the Republic of Ireland, Dublin 2004, S. 3–36.

4 Vgl. Joseph J. Lee: Ireland 1912–1985. Politics and Society, Cambridge 1989, S. 458.

5 Vgl. u. a. Michael Marsh: None of that Post-modern stuff around here: Grassroots campaigning in the 2002 Irish General Election Journal of Elections, in: Public Opinion & Parties 14(2004)1, S. 245–267.

2 Wahlentwicklung

Von 1990 an gab es in der Republik Irland vier Parlamentswahlen auf nationaler Ebene. Die Ergebnisse in Tabelle 1 offenbaren drei wesentliche Entwicklungen des irischen Extremismus bei Wahlen: Erstens sind antidemokratische Parteien in Irland auf nationaler Ebene kaum präsent, zweitens ist die überwiegende Mehrheit der extremistischen Parteien Irlands auf der linken Seite des politischen Spektrums angesiedelt und drittens erlangten bislang nur linksextremistische Parteien Mandate.

Bis 1990 gelang es neben *Sinn Féin* lediglich der *Workers Party* (WP) regelmäßige Wahlerfolge zu feiern. 1987 stellte die WP sieben Abgeordnete im Dáil. Sie wurde damals als kommende Kraft in der irischen Politik gesehen. Mit dem Untergang des Kommunismus nach 1989 verließen jedoch bis auf zwei Abgeordnete alle WP-Parlamentarier ihre Partei. Sie gründeten aufgrund des sturen Festhaltens an harten marxistischen Positionen und zentralstaatlicher Planung des WP eine neue, sozialdemokratische Partei (*Democratic Left* – DL). Durch die Abspaltung der Mehrheitsfraktion zerfiel die WP vor den Wahlen 1992, nicht nur deshalb, weil ihre Unterstützer zu den marktfreundlicheren Positionen der DL wechselten, sondern vor allem deshalb, weil sie die Verbindungen der WP zu Terroristen ablehnten. Die Stimmen für die Partei gingen bei den folgenden Wahlen kontinuierlich zurück, wenngleich die WP bei Regional- und Kommunalwahlen in den nördlichen Gegenden des Landes weiterhin erfolgreich ist – besonders dort, wo sie weiterhin ihre Verbindungen zu den Arbeitermilieus hat.

Tabelle 1 Ergebnisse der irischen Dáil-Wahlen in Parlamentssitzen 1992–2007

	1992	1997	2002	2007
Sinn Féin	0	1	5	4
Socialist Party	0	1	1	0
Workers Party	0	0	0	0
Socialist Workers Party	---	---	0	0[1]
Immigration Control Platform	---	---	0	0
Irish Socialist Network	---	---	---	0
Irish Republican Socialist Party	0	0	0	0

Quelle: Parliament of Ireland, abrufbar unter: http://www.oireachtas.ie [Stand: 6. August 2009].

[1] Als Teil der Listenverbindung *Alliance People Before Profit.*

Rechtsextremismus ist in Irland bisher nur mit der Entstehung der *Immigration Control Platform* (ICP) aufgetreten. Diese kandidiert nicht als politische Partei bei Wahlen, weil sie sich weigert, Mitgliederzahlen und Geldquellen gegenüber der Verwaltung des Dáil offenzulegen, was jedoch eine Voraussetzung für die Zulassung einer Partei im Parlament ist. Darum traten die drei Kandidaten der ICP 2007 als parteilos an. Dies hat die Partei gleichwohl nicht davon abgehalten, unter ihrem Banner eine intensive Wahlkampfkampagne durchzuführen. Die

Kampagne gegen den Missbrauch von Studentenvisa durch Wirtschaftsmigranten brachte ihr eine beträchtliche öffentliche Aufmerksamkeit ein. Auslöser der Aktion war der Wahlantritt eines ICP-Kandidaten im Wahlkreis Dublin Central mit vielen osteuropäischen und afrikanischen Immigranten.[6] Die Wahlergebnisse aller drei Kandidaten sprechen für sich: Keiner von ihnen konnte die Grenze von 1000 Wählern überspringen, um die Wahlkampfkostenerstattung zu erhalten, geschweige denn ein Mandat für den Dáil gewinnen. Alle drei Bewerber erhielten zusammen weniger als 0,1 Prozent der Stimmen.[7]

3 Extremistische Parteien

3.1 Rechtsextremismus

Warum sind rechtsextreme Parteien in Irland eine marginale Randerscheinung? *Paul Taggart* weist mit Blick auf die Erfolglosigkeit rechtsextremer Parteien in Irland darauf hin, dass die Etablierung und Unterstützung solcher Vereinigungen damit zusammenhängt, ob sich aus den gesellschaftlichen Rahmenbedingungen eine Vielzahl von eigenen Mobilisierungsthemen ergeben oder nicht.[8] Was ist jedoch, wenn eine rechtsextremistische Partei kein Thema ohne Alleinstellungsmerkmal für sich beanspruchen kann? Oder wenn das Thema, das die Partei zu kreieren versucht, z. B. die Einwanderungsfrage oder die Verteidigung traditioneller irisch-katholischer Werte, bei den Wählern nicht ankommt?

Der einzigen nennenswerten rechtsextremistischen Partei in Irland – der ICP – mangelt es einerseits an „unbesetzten" Mobilisierungsthemen. Die größte irische Partei *Fianna Fáil* spricht die meisten Unterstützer der nationalen gälischen Kultur an, in dem sie die Bedeutung der irischen Sprache unterstreicht (so setzte sie sich intensiv für Irisch als offizielle EU-Sprache ein). Andererseits fehlt dem irischen Rechtsextremismus ein historisch gewachsener Hintergrund. Auf dem europäischen Festland beziehen sich rechtsextreme Parteien häufig auf die historischen Aspekte der Nation und der Volksgemeinschaft und heben die Bedeutung der ethnischen Homogenität für das eigene Land hervor. Die Iren hingegen assoziieren jeden Bezug zu Nationalismus und Chauvinismus automatisch mit der Gewalt der IRA und den sozialistisch-linksextremen Prinzipien. Irland war stets darauf bedacht, die Idee des Nationalismus zu umgehen, indem es als modernes europäisches Land neu erfunden wurde. Daher interpretieren Vertreter der ICP Europa als Element des wirtschaftlichen und sozialen Fortschritts – jenseits des Inselsozialismus der Republikaner. Die Teilnahme am europäischen Integrationsprozess wird als Hauptgrund für die enorme ökonomische Expansion Irlands anerkannt.[9] Die Erinnerungen an Armut und wirtschaftliche Stagnation sind zudem (noch) wach genug, um von einem ethnozentrischen Sozialpopulismus zu profitieren, die Ängste der

6 Vgl. Shane Hegarty: Small groups seek to end large parties dominance, in: The Irish Times vom 19. Mai 2007.
7 Vgl. House of the Oireachtais, abrufbar unter: http://www.oireachtas.ie [Stand: 3. September 2009].
8 Vgl. Paul Taggart: Populism, Philadelphia 2000, S. 9.
9 Vgl. John Fitzgibbon: The Triumph of Strategy Over Ideology? Euroscepticism in the Irish Party System, Paper Presented at the Conference Populism and Euroscepticism, University Paris, Nanterre 28. bis 29. Juni 2007.

Iren vor einer übermächtigen EU zu schüren und eine dauerhafte Systemalternative etablieren zu können. Zwar profitiert die ICP von Phänomen des Euroskeptizismus, doch auch dieses Thema wird von immanenten Europakritikern (mehr oder weniger erfolgreich) besetzt. Vor dem Hintergrund, dass eine große Mehrheit der Iren die EU-Mitgliedschaft ihres Landes für eine gute Sache hält, gibt es neben „weichen" Euroskeptikern kaum Potenzial für eine „harte" europafeindliche Partei.[10] Die Europaablehnung der meisten Iren ist weder ethnozentrisch noch fundamental einzuschätzen, sondern eher eine immanente Kritik an den politischen und ökonomischen Zielen der europäischen Integration und an der nationalen irischen Politik.

3.2 Linksextremismus

Bis auf zwei Ausnahmen sind alle in Tabelle 1 aufgelisteten Parteien linksextremistisch. *Sinn Féin* wird im Folgenden als ethno-regionalistisch klassifiziert, gleichwohl ihre Politik seit dem Jahr 2007 als links der Mitte und nicht als linksextrem zu bezeichnen ist. Es stellt sich die Frage, wieso es eine solche Vielzahl linksextremistischer Parteien gibt, wenn es an einem urbanen Industrieproletariat in Irland fehlt. Die irische Arbeiterbewegung und die republikanische Bewegung[11] waren seit der Zeit des Aufstandes gegen das britische Königreich im Jahr 1916 und dem folgenden Unabhängigkeitskrieg eng verknüpft. Alle linksextremistischen Parteien berufen sich auf das Erbe des 1916 hingerichteten *Unionisten*-Führers *James Connolly*. Jede linksextreme Partei in Irland nimmt heute für sich in Anspruch, sein Erbe von Sozialismus und der „Freiheit vom britischen Imperialismus" zu verwirklichen. Der bekannte Dramatiker und frühere IRA-Terrorist *Brendan Behan* stellte bezüglich der Zersplitterung im irischen Linksextremismus lakonisch fest: „Wenn sich Republikaner zum ersten Mal treffen, besteht der erste Tagesordnungspunkt aus der Spaltung."[12] Mit dem Ende des Bürgerkrieges und der aus ihm resultierenden Grenze zwischen Nordirland als Teil des Vereinigten Königreichs und dem freien irischen Staat im Süden, folgte die Spaltung des sozialistisch-republikanischen Lagers. Während der gemäßigte Flügel versuchte, auf parlamentarischem Weg im Norden an Einfluss zu gewinnen, verlangten radikale Gruppen die Wiedervereinigung des Landes. Die Mehrheit der Unionisten gründete die *Irish Labour Party* und verfolgte einen sozialdemokratischen Kurs.[13] Militante Kreise traten der *Workers Party* (WP) und *Sinn Féin* bei und formierten durch eine Reihe von Neuausrichtungen und Aufspaltungen den heutigen Flickenteppich linksextremistischer Parteien.[14]

10 Vgl. Karin Gilland: Shades of Green: Euroscepticism in Irish Political Parties, in: Aleks Szczerbiak/Paul Taggart (Hrsg.): Opposing Europe? The Comparative Party Politics of Euroscepticism, Band I: Case Studies and Country Surveys, Oxford/New York 2008, S. 117–133.

11 Zur Definition des irischen Republikanismus siehe Anthony McIntyre: Modern Irish Republicanism. The Product of British State Strategies, in: Irish Political Studies 10(1995)1, S. 79–122. *McIntyre* versteht den Republikanismus als Opposition zum strukturellen Ausschluss der nationalen Kräfte im nordirischen Teilstaat des britischen Königreichs, der ausschließlich durch eine Wiedervereinigung mit der Republik Irland überwunden werden könne.

12 Brendan Behan: The Quare Fellow, Dublin 1954.

13 Vgl. Richard English: Radicals and the Republic. Socialist Republicanism in the Irish Free State, 1925–1937, Oxford 1994, S. 132–141.

14 Vgl. Richard Dunphy/Stephen Hopkins: The Organizational and Political Evolution of the Workers' Party, in: Journal of Communist Studies 8(1992)3, S. 91–118, hier S. 93–95.

Zur Einschätzung der linksextremistischen Parteien bietet sich die Typologie von *Luke March* und *Cas Mudde* an.[15] Zwei Aspekte ihrer Konzeption sind zentral: „Die Ablehnung des Kapitalismus und die Forderung nach der Umwandlung der ökonomischen Machtverhältnisse, die eine grundlegende Verstaatlichung bzw. Umverteilung aller gesellschaftlichen Ressourcen beinhaltet."[16] Die linksextremistischen Parteien Irlands eint die Position, dass die Gesellschaft und das politische System dafür grundlegend umzugestalten sind. In ihren Programmen finden sich ähnliche Auffassungen zur Kontrolle der Wirtschaft, zu zentralstaatlicher Planung und zu weitgehenden Verstaatlichungen der Schlüsselsektoren Industrie, Finanzen und Rohstoffe. Da alle linksextremistischen Parteien (mit Ausnahme der *Socialist Party*) von ehemaligen Mitgliedern der IRA gegründet wurden, die sich 1969 spaltete, ist die ideologische Basis meist identisch. Die Parteien unterscheiden sich vorrangig in der Anwendung bzw. in der Akzeptanz von Gewalt im Nordirlandkonflikt und in ihrem Organisationsgrad.

Nachdem die moderaten Köpfe der IRA in das sozialdemokratische Lager gewechselt waren, organisierten sich die extremistisch-gewaltbereiten Kräfte in der *Workers Party*.[17] Der frühere Vorsitzende der Partei, *Seán Garland*, wurde von der BBC beschuldigt, Teil eines Plans der nordkoreanischen Regierung zu sein, US-amerikanische 100-Dollar-Noten zu fälschen. Damit sollten einerseits republikanische Terroristen in Nordirland unterstützt und anderseits die amerikanische Währung destabilisiert werden, um dadurch die kapitalistische Ökonomie weltweit zu überwinden. *Garland* wurde auf der jährlichen Konferenz seiner Partei in Belfast verhaftet, floh nach seiner Freilassung auf Kaution jedoch in den Süden, wo er sich seitdem aufhält.[18] Der bizarre Vorfall illustriert anschaulich den Niedergang der WP: Stellte die Partei in den späten 1980er Jahren eine ernsthafte Konkurrenz für die irische *Labour Party* dar, ging es seit Anfang der 1990er Jahre aufgrund des dogmatischen Festhaltens an gewaltbereit-extremistischen Positionen für die WP bergab.

Aus der WP ging 1976 die *Irish Republican Socialist Party* (IRSP) hervor. Auch sie unterstreicht die traditionelle Verbindung zwischen Sozialismus und Republikanismus. Obwohl sie seit den 1980er Jahren kein politisches Mandat in der Republik mehr gewann, ist sie in Nordirland sehr aktiv. Die Partei gilt als politischer Arm der Terrororganisation *Irish National Liberation Army* (INLA), die – wenngleich gegenwärtig ein Waffenstillstand herrscht – das Good-Friday-Agreement zur friedlichen Beilegung des Nordirland-Konfliktes nicht unterzeichnete. Mitglieder der Partei wurden 2008 von der irischen Polizei verhaftet und verdächtigt, bewaffnete Raubüberfälle auf Geldtransporter verübt zu haben.[19] Die Partei ist marxistisch-antiimperialistisch ausgerichtet und verbindet diese Vorstellungen mit nationalistischen Positionen, wie der Notwendigkeit des bewaffneten Kampfes zur Lösung des Nordirlandkonfliktes und zur Vereinigung Irlands.[20]

---

15 Vgl. Luke March/Cas Mudde: What's Left of the Radical Left? The European Radical Left After 1989: Decline and Mutation, in: Comparative European Politics 3(2005)1, S. 23–49, hier S. 24 f.

16 Ebd.

17 Vgl. ebd., S. 110–116.

18 Vgl. Arrest Warrant Issued for Arrest of WP President, in: The Irish Times vom 12. Dezember 2005.

19 Vgl. Fiona Gartland: Judge remands suspected INLA leader in custody, in: The Irish Times vom 10. Juli 2008.

20 Programm der IRSP, abrufbar unter: http://www.irsm.org/irsp/ [Stand: 23. Juli 2008].

Die *Socialist Party* (SP) besitzt dagegen keine Verbindungen zur IRA bzw. zu militant-gewaltbereiten Gruppierungen. Sie wurde 1996 offiziell gegründet, nachdem die *Irish Labour Party* in den frühen 1990er Jahren Mitglieder der *Trotskyite Militant Tendency* aus ihren Reihen ausschloss. Ihr Vorsitzender ist der als charismatisch geltende Marxist *Joe Higgins*. Da er 2002 als bisher einziger Kandidat seiner Partei in den Dáil einzog, erhält die SP durch seine Auftritte im Parlament sowie durch seine öffentlichkeitswirksamen Kampagnen gegen die Privatisierung der Müllabfuhr und gegen (Ab)Wassergebühren breite Aufmerksamkeit in den Medien. Der (Einzel)Erfolg bei den Parlamentswahlen 2002 gründete vor allem auf der Persönlichkeit *Higgins* und auf dem Engagement seiner Partei in der Kommunalpolitik.[21] Die SP wird jedoch nicht wegen ihrer linksextremistischen Forderungen nach Verstaatlichung der Wirtschaft und der Errichtung einer Diktatur des Proletariats unterstützt. Ihre fünf lokal gewählten Ratsmitglieder engagieren sich überwiegend demokratisch, vor allem in sozialpolitischen Fragen (Ausbau öffentlicher Dienstleistungen, Drogenprävention, Gesundheitsfürsorge und Rechte für Gewerkschaften). Während die offiziellen Positionen und Leitlinien der Partei eindeutig antidemokratisch sind, baut ihr Wahlerfolg vielmehr auf populistisch-pragmatischer Lokalpolitik. Dennoch verfehlte *Higgins* 2007 die Wiederwahl, was die Partei von wichtigen Ressourcen aus seinem Parlamentsgehalt abschnitt und die Aufmerksamkeit um ihn und die SP schrumpfen ließ.

Die *Socialist Workers Party* (SWP) entstand aus einer politischen Bewegung (*Socialist Workers Movement*) und nahm 1995 erstmals mit eigenen Kandidatenlisten an den nationalen Wahlen teil. Die SWP ist besonders an Universitäten stark. Aus dem studentischen Umfeld entstand eine öffentlichkeitswirksame Kampagne gegen die Nutzung des Shannon-Flughafens im Westen Irlands durch US-Truppen im Irak-Krieg. Seit 2002 schickt sie bei Wahlen keine eigenständigen Kandidaten ins Rennen, sondern bildet als Organisation *People Before Profit* (PBP) eine breite Allianz mit demokratischen und extremistischen Strömungen des linken Spektrums. Die PBP trat 2007 mit fünf Kandidaten an, die alle erfolglos blieben.[22] Der bekannte Aktivist *Richard Boyd Barrett* verpasste den Sitz im wohlhabenden Dun Laoghaire-Wahlkreis um nur wenige hundert Stimmen. *Boyd Barretts* Unterstützerkreis vertrat kaum linksextreme Standpunkte, sondern war vielmehr Teil der „Save Our Seafront"-Kampagne, einer lokalen Aktivistengruppe, die sich gegen den wirtschaftlichen und militärischen Ausbau der irischen Küstenregion einsetzt. Durch die Verbindung zu dieser lokalen Gruppe konnte PBP nicht nur ein beachtliches Netzwerk an Freiwilligen für den Wahlkampf gewinnen. Zugleich gelang es, die Kritik am freien Markt mit einem populären lokalen Thema zu verbinden, was der Allianz landesweite Aufmerksamkeit brachte.[23]

Der Taktikwechsel linker Parteien – weg von rigiden marxistisch-leninistischen Positionen hin zu lokalem Aktivismus – ist auffällig. In diesem Punkt ähnelt der Trend des irischen Linksextremismus den meisten kommunistischen bzw. sozialistischen Parteien auf dem europäischen Festland. In ihren Analysen zum Linksextremismus nach 1991 argumentieren *March/Mudde*, die Diskreditierung des Marxismus-Leninismus hätte diese Parteien (auch in

21 Vgl. Peter Mair/Liam Weeks: The Party System, in: John Coakley/Michael Gallagher (Hrsg.): Politics in the Republic of Ireland, Dublin 2004, S. 135–159, hier S. 148–152.

22 Vgl. http://www.electionsireland.org [Stand: 1. Oktober 2008].

23 Vgl. Kathleen Barrington: Bid to save Dun Laoghaire field in development, in: The Sunday Business Post vom 24. Juni 2007.

Irland) unwählbar gemacht und sie seien zur Mutation – weg von den Strukturen politischer Parteien, hin zu sozialen/lokalen Bewegungen – gezwungen gewesen.[24] *People Before Profit* ist ein idealtypisches Beispiel. Die *Socialist Workers Party* scheiterte, in lokale Gremien gewählt zu werden, doch durch die Umbenennung und Umorganisation zu einer Allianz lokaler Bewegungen konnte sie die Zahl ihrer Wählerstimmen ausbauen und neue Wählerklientel erreichen. Die Umbenennung von einem traditionell linksextremen Namen zu einer moderneren Bezeichnung und die programmatische Neuausrichtung – trotz der Beibehaltung sozialistischer Kernprinzipien – sprechen für einen Strategiewechsel im irischen Linksextremismus: dem Wegbewegen von marxistisch-leninistischen Dogmen und der Zuwendung zu kommunalen Alltagsthemen.

3.3 Ethnoregionalistischer Extremismus

Taggart identifiziert *Sinn Féin* als Teil der ethno-regionalistischen Parteienfamilie.[25] *Sinn Féin* folgte nicht der walisischen Partei *Plaid Cymru* und den schottischen Nationalisten in den Zusammenschluss der nationalistischen irischen und britischen Gruppierungen im Europäischen Parlament, sondern ist im EU-Parlament Mitglied der Fraktion der *Vereinigten Europäischen Linken*. Somit erscheint *Sinn Féin* als sozialistische Partei, doch dies übersieht die raison d'être der Partei: den irischen Republikanismus. Die früheren Parteiführer *Martin McGuinness* und *Gerry Adams* wurden wiederholt als Mitglieder der IRA identifiziert. Die Abgeordneten *Arthur Morgan* und *Martin Ferris* verbüßen langjährige Haftstrafen für die Mitgliedschaft in der IRA und für die Einfuhr von Waffen. Die enge Verbindung der Partei zum bewaffneten Konflikt in Nordirland ist offenkundig.[26]

Die Wahlerfolge der Partei kamen mit den Erfolgen im nordirischen Friedensprozess. Mit Unterzeichnung des Good-Friday-Abkommens 1998 wurde die Verpflichtung der Partei auf eine demokratische und politische Lösung des Konfliktes geregelt und es begann die Entwaffnung der IRA. Somit repräsentiert die Partei nicht mehr nur das Nordirlandthema. Sie lenkt die Aufmerksamkeit auf sogenannte „Butter-und-Brot-Themen", die vor allem sozial schwache Wähler ansprechen. Unterstützt von ihrer starken Förderorganisation in den USA entwickelte *Sinn Féin* einen professionellen Parteiapparat. Sie konzentrierte sich auf arme städtische Gebiete, die von den großen Parteien weitgehend aufgegeben wurden. Getragen von der Euphorie des Freitagsabkommens gelang der Partei bei den Wahlen 2002 der Durchbruch, als sie mit fünf Abgeordneten in den Dáil einzog. Bei den Wahlen 2007 war *Sinn Féin* zuversichtlich, weitere Gewinne zu verbuchen und potenzieller Koalitionspartner im Norden wie im Süden Irlands werden zu können – eine Taktik mit der Hoffnung, dem Vereinigungsprozess der Insel neue Impulse geben zu können. Um dies zu erreichen, bewegte sich *Sinn Féin* in die Mitte der irischen Politik. So verkündete der Parteivorsitzende *Gerry Adams* während der Debatte der kleineren Parteien im Vorfeld der Wahl 2007, dass *Sinn Féin*

24 Vgl. Luke March/Cas Mudde (FN 15), S. 38–41.
25 Vgl. Paul Taggart: A Touchstone of Dissent: Euroscepticism, in: European Journal of Political Research 33(1998)3, S. 363–388, hier S. 378.
26 Vgl. Ed Moloney (FN 1), S. 381–384.

nicht länger auf die Anhebung der Steuern für Unternehmen bestehe.[27] Die klaren inhaltlichen Veränderungen waren prägend für den Wandel der Partei von streng sozialistischen Positionen in den 1980er Jahren zu einer heute eher wirtschaftsliberalen Partei.

Durch ihre Verbindungen zur IRA bleibt *Sinn Féin* dennoch extremistisch. Der Extremismus der Partei zeigt sich nicht zuletzt darin, dass sich *Sinn Féin* bis heute nicht von der IRA distanziert, die trotz Freitagsabkommen und Entwaffnung weiterhin kriminell und gewalttätig aktiv ist. 2001 wurden zwei frühere IRA-Mitglieder und ein *Sinn Féin*-Aktivist in Kolumbien wegen des Vorwurfes festgenommen, marxistischen FARC-Rebellen beim Bau von Sprengsätzen behilflich gewesen zu sein.[28] Auch der Überfall auf eine Bank, bei dem im Jahr 2004 26,5 Millionen britische Pfund gestohlen wurden, geht nach Meinung britischer und irischer Behörden auf das Konto der IRA. Trotz der Verhaftung eines *Sinn-Féin*-Mitglieds und mehrerer Köpfe der IRA weigerte sich *Sinn Féin*, die Verantwortung der IRA dafür anzuerkennen. Auch wenn *Sinn Féin* sich in Fragen der Innenpolitik dem Zentrum der irischen Politik angenähert hat, zeigen sich ihre historischen Verbindungen zum bewaffneten Republikanismus immer wieder – selbst nachdem die IRA dem bewaffneten Kampf abgeschworen hat.

4 Nichtparteiförmiger Extremismus

Nichtparteiförmiger Extremismus tritt in Irland vor allem in Zusammenhang mit dem Widerstand gegen die EU-Verträge auf. Seit 1990 gab es in Irland sechs Europa-Referenden (1992, 1998, 2001, 2002, 2008 und 2009) und vier Europawahlen (1994, 1999, 2004 und 2009) – die Iren stimmen damit häufiger über Europa ab als über ihre nationale Politik bei Parlamentswahlen (1992, 1997, 2002 und 2007). Nach dem irischen Beitrittsreferendum 1972 gab es innerhalb der irischen Politik keine nennenswerte Kraft, die sich gegen die EU-Mitgliedschaft des Landes positionierte. Zwischen allen demokratischen Parteien war ein Konsens erwachsen, der bis zur Ablehnung des ersten Nizza-Vertrages unbestritten blieb. Dieser Konsens ermöglichte es wiederum neuen Akteuren und sozialen Bewegungen, mit einem breiten Spektrum an antieuropäischen Ressentiments jenseits der parlamentarischen Arena öffentliche Aufmerksamkeit zu erreichen. Diese Situation wurde deutlich während der Kampagnen gegen die Nizza-Verträge, bei denen sich *Sinn Féin*, die *Grünen*, die *Socialist Party*, die *Workers Party* sowie eine Reihe von NGOs und Interessengruppen unter dem gemeinsamen Namen *Peace and Neutrality Alliance* (PANA) zusammenschlossen.

Die PANA-Allianz besteht zum Teil aus den bereits erwähnten linksextremistischen Parteien. Ihre Vertreter argumentieren antimilitärisch und bezeichnen die EU als Instrument einer expansiven Kriegspolitik. Nach ihrer Ansicht ist der EU-Föderalismus ein Plan der NATO, um Europa zu militarisieren. Der Vorsitzende der Allianz, *Roger Cole*, behauptete, der Vertrag von Nizza sei der erste Schritt bei der Umwandlung der Europäischen Union zu

27 Vgl. Ed Moloney: SF leaders too slick for party's own good, in: The Irish Times vom 31. Mai 2007.
28 Vgl. Ed Moloney (FN 1), S. 489–492.

einem nuklear bewaffneten Superstaat.[29] Die PANA versuchte den Nizza-Vertrag bzw. die EU-Integration mit dem amerikanischen Irakkrieg gleichzusetzen. Die europäischen Eliten seien bestrebt, eine Allianz aus einem „EU-Superstaat und *Bushs* Imperium" zu schmieden. Die globale Struktur des internationalen imperialistischen Kapitalismus sei die Ursache für den Irakkrieg und die EU als Teil und Partner der US-Hegemonie somit mitverantwortlich.[30]

Zugleich wurde mit den Referenden zum Nizza- und zum Lissabon-Vertrag der irische Rechtsextremismus (erstmals) sichtbar. Mit der Kampagne „Nein-zu-Nizza" und ihrer Lissabon-Inkarnation *Cóir* (gälisch für Wahrheit) gelang es rechtsextremen Akteuren in Irland erstmals, in der Öffentlichkeit wahrgenommen zu werden. Die Nein-zu-Nizza-Opposition basierte auf einer Mischung schriller katholischer Orthodoxie und aggressiver Ablehnung von Immigration: „Eine ökonomische Erweiterung heißt Öffnung nach Osten auf der Suche nach billigen Arbeitskräften, während Osteuropäer auf der Suche nach Arbeit nach Westen ziehen".[31] Andere politische Parteien und Interessengruppen mit nationalistischem Hintergrund waren darauf bedacht, Souveränität und nicht Immigration als zentrales Thema für die Ablehnung herauszustellen. Die Nizza-Gegner lehnten den Vertrag mit der Begründung ab, die irische Regierung würde Millionen verarmter Migranten unbeschränkten Zugang zum irischen Arbeitsmarkt und zu den Sozialsystemen gewähren und damit „dem Land wirtschaftliche und soziale Forderungen aufzwingen, auf die das Land nicht vorbereitet ist." Besonders stark betonten sie, dass andere EU-Mitglieder diesen Zugang für zehn Jahre blockierten, was Migranten einen noch größeren Anreiz liefere, Irland zu überfluten.[32] Interessant ist, dass die Auseinandersetzung um das Einwanderungsthema auf den Leserbriefseiten der „Irish Times" ausgetragen wurde und nur wenig Beachtung in den Leitartikeln und offiziellen Foren wie dem „National Forum on Europe" fand. Die irische Regierung und Öffentlichkeit waren nicht bereit, dem Druck der extremen EU-Gegner nachzugeben und Einwanderung zu einem EU-Thema zu machen, wie dies z. B. in Österreich, Dänemark und Schweden der Fall war.

Ein weiteres zentrales Thema um die beiden Referenden zum Lissabonvertrag (2008 gescheitert, 2009 angenommen) war (nicht nur) für Rechtsextremisten die Abtreibungsfrage. Die Basis der Abtreibungsgegner organisiert sich in der Organisation *Youth Defence*. Die Gruppe verlangte ein Nein, da ihrer Ansicht nach die Charta der Grundrechte und Freiheiten Abtreibung in Irland legalisieren würde. Die Abtreibungslegalisierung ist jedoch kein Bestandteil der Nizza- und Lissabonverträge. Der Sprecher der Gruppe, *Justin Barrett*, verband die Anti-Abtreibungs-Kampagne mit einem Bedrohungsszenario für die irische Nation, die einerseits durch den Geburtenrückgang und andererseits durch die massive Einwanderung aus Osteuropa doppelt gefährdet sei: „Wie auch vielen Gewerkschaftern scheint mir sehr deutlich zu sein, dass die Hauptmotivation [...] im Zugang zu billigen Arbeitskräften liegt. Der IBEC[33] freut sich doch geradezu auf eine Situation, in der Unternehmen nur noch sehr

---

29 Vgl. Roger Cole: PANA Submission to the 39th Plenary Session of the National Forum on Europe vom 8. Januar 2004.

30 Vgl. ebd.

31 Tim O'Brien: Anti-Nice campaigner calls EU accession an ‚economic servitude', in: The Irish Times vom 17. Oktober 2002.

32 Vgl. Anthony Coughlan: letter to: The Irish Times vom 26. August 2002.

33 Abkürzung für *Irish Business Employers Confederation.*

viel niedrigere Löhne zu zahlen haben."[34] Verbindungen zu italienischen und deutschen neonationalsozialistischen Gruppen diskreditierten die Gruppen allerdings schon vor dem zweiten Nizza-Referendum.[35]

Ein weiteres Thema, das rechtsextreme Euroskeptiker in die Debatte um den Nizza-Vertrag einbrachten, war die Gefährdung der traditionellen irisch-katholischen Werte durch die EU. Die irische Haltung zum Thema Abtreibung spielte dabei eine Schlüsselrolle. Eine europäische Elite versuche der irischen Öffentlichkeit ihre „gottlosen sozialistischen Werte" unterzuschieben – dabei habe Irland in mehreren Fällen Gesetze, die Abtreibung gestatten, in Volksabstimmungen abgelehnt.[36] Wiederholt bezog sich *Youth Defence* auf diese Referenden; diese repräsentierten die wahre Stimme Irlands und nicht das „von Föderalisten dominierte EU-Parlament."[37]

Während des Ringens um den Lissabon-Vertrag tauchten die rechtsextrem-nationalistischen EU-Gegner erneut auf, nun unter dem Namen *Cóir*. Dieses Mal setzten sie weniger auf das Thema Einwanderung, da man feststellte, dass es die Iren nicht mobilisieren konnte. Stattdessen konzentrierten sie sich gänzlich auf das Thema Abtreibung. Durch eine frühzeitig gestartete landesweite Posterkampagne überzeugten sie 45 Prozent der Bevölkerung, dass Abtreibung – im Fall der Ratifizierung des Lissabon-Vertrages – legalisiert werden würde.[38] Die einfache und emotionalisierende Kampagne *Cóirs* überzeugte viele Iren nicht grundsätzlich von der Anti-EU-Haltung der Rechtsextremisten. Vielmehr schufen die Europagegner durch die Vermischung der Themen und Verträge eine derartige inhaltliche Konfusion, dass 2008 viele Wähler dazu motiviert wurden, mit Nein gegen den Lissabonvertrag zu stimmen.[39]

Worin liegen die Ursachen für die enge Verbindung zwischen Europafeindschaft und politischem Extremismus in Irland? Wie bereits erwähnt gab es seit 1990 mehr EU-Referenden als Parlamentswahlen. EU-Referenden drehen sich stärker um ideologische Positionen als um eher pragmatischen Fragen der irischen Tagespolitik. Nach dem *McKenna*-Urteil von 1995 müssen die Medien über Ja- und Nein-Kampagnen zur EU im selben Maße berichten. Dieser Umstand stellt für Extremisten eine wertvolle und günstige Möglichkeit dar, ihre Standpunkte medial zu verbreiten. Das Abtreibungsthema spaltet die irische Öffentlichkeit. Durch die EU-Referenden, die damit verbundene mediale Aufmerksamkeit, die Verbindung mit der Abtreibungsfrage und die geschürte Angst, Brüssel erlasse eigenmächtig Gesetze für Irland und untergrabe die nationale Souveränität, können die Extremisten erfolgreich politisch aktiv werden, ohne direkt Teil des parteipolitischen Systems sein zu müssen, das ohnehin die Finger von der heiklen Abtreibungsfrage lässt.

Der Einfluss dieser Gruppen sollte nicht unterschätzt werden, schließlich wurden sowohl der Nizza- als auch der Lissabon-Vertrag im ersten Anlauf abgelehnt. Für die zweiten Anläufe musste die irische Regierung Ausnahmeregelungen der EU einfordern, die die historische

---

34 Deaglán de Breadún: Nice Yes will bring militarised EU closer, says PANA, in: The Irish Times vom 1. Oktober 2002.

35 Vgl. Derek Scally: ‚Neo-Nazis' Affirm links with Youth Defence, in: The Irish Times vom 12. Oktober 2002.

36 Vgl. Tomás Mac Cormaic: A Gaelic Nation, in: The Hibernian vom 1. Januar 2001.

37 Vgl. Gary Brady: Our Nation is Under Attack, in: The Hibernian vom 1. Januar 2001.

38 Vgl. Millward Brown IMS: Post Lisbon Treaty Referendum Research Findings, Dublin 2008.

39 Vgl. Michael Holmes: The Referendum on the Treaty of Lisbon in the Republic of Ireland, in: Sussex EPERN Referendum Briefings Nr. 16/2008, abrufbar unter: http://www.sussex.ac.uk/sei/1-4-2-9.html [Stand: 3. Juli 2009].

Neutralität und kulturellen Besonderheiten Irlands anerkannten. PANA hatte die Wähler überzeugt, dass der Vertrag von Nizza Irland in die NATO führen würde. Diese Gruppen spielten weiterhin eine entscheidende Rolle beim Lissabon-Vertrag. Es gelang ihnen, mit ihren medienwirksamen Kampagnen die Wähler davon zu überzeugen, dass das Thema Abtreibung mit dem Vertrag in Verbindung stand, was tatsächlich so nicht der Fall war. Die irische Öffentlichkeit ignorierte 2008 sogar die Empfehlung des Erzbischofs von Dublin, dass Katholiken für Lissabon stimmen sollten und folgten stattdessen den Argumenten der Extremisten. Dies belegt, wie wichtig das Thema den Iren ist und wie gut es von den Europagegnern kommuniziert wurde.

5 Ergebnis

Aufgrund der Marginalität antidemokratischer Kräfte im politischen System Irlands stellt sich die Frage, was die Etablierung extremistischer Parteien auf der „Grünen Insel" bislang hemmte und warum zahlreiche (unbedeutende) linksextremistische, aber kaum rechtsextremistische Parteien existieren. Der Linksextremismus stellt die wichtigste Variante des insgesamt kaum relevanten parteipolitischen Extremismus in Irland dar. Dafür gibt es zwei Gründe. Zum einen waren Sozialismus und irischer Republikanismus seit der irischen Unabhängigkeit eng verbunden. Die meisten linksextremistischen Gruppen setzen den Kampf der Arbeiterklasse mit dem Kampf um die Unabhängigkeit vom britischen Imperialismus in Nordirland gleich. Zum anderen gibt es viele soziale (bzw. sozialistische) Bewegungen im Land, die sich mit lokalen Themen beschäftigen und damit um Repräsentation auf regionaler und nationaler Ebene kämpfen.

Anders als in den meisten europäischen Staaten existiert in Irland keine relevante rechtsextremistische Partei. Kandidaten der ICP erhielten bei den Wahlen 2007 zusammen weniger als 0,1 Prozent der Stimmen. Sie kann kaum als politische Partei bezeichnet werden, da sie nicht selbstständig zu Wahlen antritt. Der Hauptgrund für das Scheitern rechtsextremistischer Parteien ist das Fehlen eines genuinen Themas, das nicht zugleich durch links-nationalistische und demokratische Kräfte abgedeckt wird. Was ihnen bleibt sind die Themen Einwanderung und Abtreibung, wobei ersteres die irische Wählerschaft (bislang) kaum interessierte und letzteres als gesellschaftliches Tabu kaum in der irischen Öffentlichkeit thematisiert wird. Stattdessen hat sich die extreme Rechte in Irland dazu entschieden, die Kampagnen um die EU-Referenden zu nutzen, um ihre Themen zu kommunizieren. Im Fall des Lissabon-Vertrages verband sie das Thema Abtreibung erfolgreich mit der europäischen Integration, was eine wichtige Rolle bei der Ablehnung des Vertrages 2008 spielte. Gleichermaßen instrumentalisieren Linksextremisten ihre Vorbehalte gegenüber der EU. In der Kampagne gegen den Nizza-Vertrag wurde das Argument benutzt, Nizza sei geschaffen worden, um die irische Neutralität zu beenden („Nein zu Nizza: Nein zur NATO").[40] Dennoch gelingt es den extremistischen Parteien Irlands kaum, bei Wahlen vom latenten Euroskeptizismus vieler

40 Vgl. EU will Nizza-Vertrag retten. Iren lehnen Reformwerk ab, in: Handelsblatt vom 10. Juni 2001, abrufbar unter: http://www.handelsblatt.com/archiv/eu-will-nizza-vertrag-retten;429287 [Stand: 13. Juli 2009].

Iren zu profitieren, da diese Positionen ebenso von populistisch-demokratischen Akteuren vertreten werden, z. B. dem irischen Milliardär *Declan Ganley* und seiner Partei *Libertas*.

Die politische Kultur Irlands erschwert es Extremisten, in die Sphären gewählter Repräsentation vorzudringen. Ohne nennenswertes urbanes Industrieproletariat gibt es keine Zielgruppe für Linksextremisten und ihre Forderungen nach Staatsbeteiligungen im Industrie- und Finanzsektor sowie nach zentralstaatlicher Planung. Die Verbindung von Sozialismus und Nationalismus in der irischen Nordirlandpolitik und das Fehlen von Einwanderern bis in die 1990er Jahre gaben den rechtsextremistischen Parteien bisher keine Mobilisierungschancen, die ihre Gesinnungsgenossen auf dem europäischen Festland zu Wahlerfolgen geführt hatten. Selbst die Partei *Sinn Féin*, die bei nationalen Wahlen bislang am erfolgreichsten war, musste vom (gewaltbereiten) politischen Extremismus Abstand nehmen, sich dem politischen Zentrum annähern und viele ihrer Kernforderungen aufgeben, um nicht vollständig in der Bedeutungslosigkeit zu verschwinden.

Seit 1990 scheiterten Rechts- und Linksextremisten daran, mehr als eine marginale Rolle im irischen Parteiensystem zu spielen. Die aufgestaute Frustration über ausbleibende Wahlerfolge fand ein kraftvolles Ventil in den EU-Referenden, bei denen es mehrmals gelang, die Verträge von Nizza und Lissabon scheitern zu lassen und Nachbesserungen auszuhandeln. Die speziell irische politische Kultur sollte gleichwohl ein künftiges Erstarken bzw. Erwachen des Extremismus verhindern. Ob durch die latente Euroskepsis vieler Iren auch das Ausmaß des parteipolitischen Extremismus wachsen wird, oder ob demokratisch-europakritische Akteure diesen Protest kanalisieren können, ist bislang offen. Momentan sind die Erfolge extremistischer Kräfte nicht hinsichtlich der Durchsetzung einer Systemalternative zu konstatieren, sondern vielmehr in einer Beschädigung und Verzögerung des irischen Integrationsprozesses in die EU.

Extremismus in Italien

Stefan Köppl

1 Rahmenbedingungen

Die italienische Verfassung von 1948 ist genau wie die Jahrzehnte nach ihrem Inkrafttreten nicht ohne den ganz speziellen Übergang Italiens vom Faschismus zur Demokratie zu verstehen. Die verfassungsgebende antifaschistische Allparteienkoalition beinhaltete auch die kommunistische und die sozialistische Partei, die zusammen auf 219 der 556 Sitze kamen. Vorkehrungen der wehrhaften Demokratie wie etwa ein Verbot systemwidriger Parteien, das sich aus Sicht der bürgerlich-liberalen Kräfte und im Lichte des heraufziehenden Kalten Krieges durchaus auch gegen kommunistische Parteien hätte richten können, waren unter diesen Umständen nicht durchsetzbar.[1]

Parteien finden ihre einzige Erwähnung in Art. 49 der Verfassung: „Alle Bürger haben das Recht, sich frei zu Parteien zusammenzuschließen, um in demokratischer Weise bei der Bestimmung der nationalen Politik mitzuwirken." Allerdings legt die Übergangsbestimmung XII fest: „Die Reorganisation der aufgelösten *Faschistischen Partei* ist in jeglicher Form verboten." Die Ausführungsgesetze und Nachfolgeregelungen[2] gehen darüber hinaus: Sie stellen die Bildung von Vereinigungen oder ähnliche Bestrebungen mit dem Ziel der Diskriminierung oder Gewalt aus rassistischen, ethnischen, nationalen oder religiösen Gründen unter Strafe. Verboten sind auch die Verharmlosung des Faschismus und der Gebrauch entsprechender Symbole. Diese Regelungen richten sich primär gegen rechtsextreme Vereinigungen; die Definition und Verteidigung eines Verfassungskerns gegen Angriffe von allen Seiten blieb aus.

Darüber hinaus ist das Fehlen eines Parteiengesetzes mit Regeln für die interne Struktur von Parteien bemerkenswert. So ist es in Italien möglich, Parteien aufzubauen und zu führen, deren innere Ordnung durchaus als autoritär bezeichnet werden kann und mit deutschen Maßstäben innerparteilicher Demokratie nicht vereinbar sind, wie z. B. die *Forza Italia Silvio Berlusconis.*

Hinsichtlich des Wahlsystems ist Italien ein Musterbeispiel für den Zusammenhang zwischen institutionellem Kontext und Einflusspotenzial kleiner (und damit auch extremistischer) Parteien. Seit 1990 lassen sich drei verschiedene Wahlsysteme beobachten, die jeweils unterschiedliche Auswirkungen auf die Parteienlandschaft und auf die Stellung extremistischer Parteien hatten.[3] Bis 1993 galt in Italien ein reines Verhältniswahlsystem, das de facto keine Sperrklauseln vorsah. Das erlaubte kleinen Parteien, zu einer parlamentarischen Vertretung

---

1 Vgl. Aldo G. Ricci: Il compromesso costituente. 2 giugno 1946–18 aprile 1948: le radici del consociativismo, Foggia 1999.

2 Vgl. Gesetz Nr. 645/1952 (sog. legge Scelba) und Gesetz Nr. 205/1993 (sog. legge Mancino).

3 Vgl. hier und im Folgenden Stefan Köppl: Das politische System Italiens. Eine Einführung, Wiesbaden 2007, S. 101–109.

zu kommen, und begünstigte die italienische Parteienzersplitterung. So erreichten links- und rechtsextremistische Parteien das Parlament. Allerdings sorgte die Mechanik des Parteiensystems dafür, dass extremistische Parteien kaum nennenswerten Einfluss gewannen, denn ein Parteienkartell der Mitte monopolisierte die Regierungsbildung und hielt Parteien von den Rändern des politischen Spektrums von zentralen Machtpositionen fern.

Diese recht permissiven Rahmenbedingungen veränderten sich schlagartig mit der Einführung eines gemischten Wahlsystems im Jahre 1993. Danach wurden in beiden Kammern ein Viertel der Sitze nach Verhältniswahl, die restlichen drei Viertel in Einerwahlkreisen nach relativer Mehrheitswahl vergeben. Was zur Reduzierung der Parteienzersplitterung und im Idealfall zur völligen Ausschaltung kleiner Parteien führen sollte, hatte aber genau das Gegenteil zur Folge: Um die Direktmandate in den Wahlkreisen zu gewinnen, schlossen sich die Parteien zu Wahlbündnissen zusammen und die kleinen Parteien überlebten. Aufgrund der relativen Mehrheitswahl in den Wahlkreisen konnten geringe Stimmenanteile das Zünglein an der Waage bilden. So kam es zwischen dem Mitte-Rechts- und dem Mitte-Links-Lager im Vorfeld der Wahlen zu einem regelrechten Rennen um das breiteste Parteienbündnis. Bündnistaktik wurde wahlentscheidend. In dieser Situation versuchten die beiden Lager, ihre Bündnisse nicht nur zur Mitte, sondern auch zu den Rändern hin möglichst weit auszudehnen. Randparteien von links und rechts kam so eine Schlüsselrolle zu, die sie direkt in die Regierungsverantwortung führte bzw. zum Richter über das Schicksal von Regierungen machte.

Eine erneute Wahlrechtsreform 2005 ersetzte zwar die relative Mehrheitswahl in Einerwahlkreisen wieder durch eine Listenwahl nach Proporzprinzip, führte allerdings mit einer Mehrheitsprämie für das stärkste Parteienbündnis abermals einen starken majoritären Faktor ein. Die Sperrklauseln des neuen Wahlsystems sind so niedrig, dass sie von Listenverbindungen leicht übersprungen werden können.[4] Die Mehrheitsprämie führte 2006 wieder zu einem Wettlauf um das breiteste Bündnis. Der knappe Ausgang dieser Wahlen zeigte, wie entscheidend die Integration extremistischer Splitterparteien in ein Wahlbündnis sein konnte. Bei der zweiten Anwendung 2008 war allerdings zu beobachten, dass das Wahlsystem den Randparteien nicht unbedingt eine Schlüsselrolle zuspielen muss: Denn Mitte-Links und danach auch Mitte-Rechts verzichteten 2008 auf die Bildung möglichst großer Bündnisse, so dass im aktuellen Parlament sowohl die extreme Rechte als auch die extreme Linke nicht mehr vertreten sind. Entscheidend dafür war keine Wahlrechtsänderung, sondern eine Verhaltensänderung der Akteure.

Politische Kultur und historischer Hintergrund sind für die Betrachtung und Einordnung des Extremismus in Italien besonders wichtig.[5] So nimmt Italien sowohl in den Erscheinungsformen als auch beim Umgang mit politischem Extremismus im Vergleich zu anderen Ländern Westeuropas und speziell im Vergleich zu Deutschland eine Sonderstellung ein. Zum einen trägt Italien die historische Vorbelastung des Faschismus, hat sich aber nach seiner Selbstwahrnehmung aus eigener Kraft von dem faschistischen Regime befreit. Die Verantwortung für die Katastrophe des Zweiten Weltkriegs und sogar für einige Grausam-

4 Auf nationaler Ebene bei der Abgeordnetenkammer 4,0 Prozent für allein antretende Parteien oder Listenverbindungen, 2,0 Prozent für Parteien innerhalb von Wahlbündnissen und 10,0 Prozent für Wahlbündnisse; auf regionaler Ebene für den Senat 8,0 Prozent für allein antretende Parteien oder Listenverbindungen, 3,0 Prozent für Parteien innerhalb von Wahlbündnissen und 20,0 Prozent für Wahlbündnisse.

5 Vgl. Stefan Köppl (FN 3), S. 24–47.

keiten auf italienischem Boden wurde von einigen dem nationalsozialistischen Deutschland zugewiesen. Allerdings basiert diese Sichtweise auf groben Verharmlosungen. Dass solche Interpretationen gleichwohl in beträchtlichen Teilen der italienischen Gesellschaft vorhanden waren und sind, prägt den Umgang mit dem Rechtsextremismus bis heute. Der antifaschistische Gründungskonsens, den die italienische Republik durchaus mit guten Gründen für sich beanspruchen kann, ist vor diesem Hintergrund weniger rigoros zu interpretieren als die Ächtung des Nationalsozialismus in Deutschland. Auch die Vergangenheitsbewältigung zeigt große Unterschiede: Eine vergleichbare Aufarbeitung des Faschismus wie in Deutschland gab es in Italien kaum, ebenso wenig wie einen personellen Bruch in den Eliten.

Zum anderen führte die bedeutende Rolle des kommunistischen Widerstandes beim Übergang zur Demokratie dazu, dass die Republik bereits während ihrer Gründung mit einer stark verwurzelten kommunistischen Partei umgehen musste. Die Präsenz der stärksten KP innerhalb einer westlichen Demokratie wies Italien zur Zeit des Kalten Krieges eine besondere Rolle zu: Während der Konflikt zwischen freiheitlicher Demokratie und Kommunismus Deutschland territorial spaltete, zog sich die Spaltung in Italien quer durch die Gesellschaft und die Parteienlandschaft. Die daraus entstehende Praxis, die Kommunisten nicht mit den Mitteln einer wehrhaften Demokratie zu bekämpfen, sondern sie informell von der Teilhabe an der Regierung fernzuhalten, prägte die italienische Politik dauerhaft. Nur vor diesem Hintergrund ist verständlich, warum in Italien bis heute Parteien existieren, die sich als kommunistisch bezeichnen und Hammer und Sichel im Parteisymbol führen, ohne als antidemokratisch zu gelten.

Für das politisch-kulturelle Umfeld extremistischer Strömungen sind außerdem zwei tiefe gesellschaftliche Spaltungen im Italien der Nachkriegszeit zentral: Die erste tat sich zwischen der breiten Koalition der antifaschistischen Kräfte und den Sympathisanten des faschistischen Regimes auf. Letztere organisierten sich ab 1946 politisch in der Partei *Italienische Sozialbewegung* (*Movimento Sociale Italiano* – MSI). Die zweite Spaltung verlief entlang von Konfliktlinien, die sich bereits im 19. Jahrhundert etabliert und in der Folge verfestigt hatten[6]: Auf der einen Seite entwickelte sich das Lager des Katholizismus, auf dessen ideologischer Basis sich die *Democrazia Cristiana* (DC) etablierte. Neben Traditionalismus und Konservatismus gründete sich der Zusammenhalt innerhalb des Bündnisses auf eine – zumindest wahrgenommene – Bedrohung: Die DC verstand sich als das Bollwerk gegen eine Machtübernahme durch die Kommunisten. Um diese wiederum formierte sich auf der anderen Seite eine kommunistische Subkultur, die auf der ideologischen Basis des Marxismus fußte.[7] Mit ihrer antiklerikalen und antibürgerlichen Stoßrichtung stellten die Kommunisten sowohl für Gläubige als auch für Traditionalisten ein Schreckgespenst dar. Daraus folgte die politische Ausgrenzung der *Kommunistischen Partei Italiens* (*Partito Comunista Italiano* – PCI) von jeglicher Regierungsverantwortung durch die anderen Parteien mittels einer stillschweigenden Übereinkunft, der sogenannten „conventio ad excludendum“.

6 Vgl. Günter Trautmann: Italien – Eine Gesellschaft mit gespaltener politischer Kultur, in: Peter Reichel (Hrsg.): Politische Kultur in Westeuropa, Bonn 1984, S. 220–260.

7 Vgl. Mario Caciagli: Ein „roter“ Bezirk in der „roten“ Toskana. Entstehung und Persistenz politischer Subkulturen, in: Zeitschrift für Parlamentsfragen 18(1987)4, S. 512–522.

Die italienische Gesellschaft blieb somit über Jahrzehnte hinweg politisch dreigeteilt: Rechts und links Neofaschisten und Kommunisten, die (zumindest offiziell) von der Machtbeteiligung ausgeschlossen blieben, und in der Mitte ein Kartell aus fünf Parteien (Christdemokraten, Sozialisten, Sozialdemokraten, Liberale, Republikaner). Diese im Laufe der Zeit tief verwurzelte Konfliktstruktur erodierte zwar mit der zunehmenden Modernisierung der Gesellschaft, stellt aber nach wie vor einen wichtigen Faktor zum Verständnis der italienischen Politik dar.[8]

Für das Gedeihen des politischen Extremismus folgte daraus zweierlei: Erstens blieben weite Teile der Gesellschaft zwar parlamentarisch repräsentiert, vom Zugang zur Regierungsmacht aber dauerhaft ausgeschlossen, was immerhin zwischen 27 und 40 Prozent des Elektorats betraf.[9] Dies und die Dauerregierung des Parteienkartells der Mitte warfen schwerwiegende Legitimitätsprobleme für das demokratische System auf, an die systemoppositionelle Kräfte anknüpfen konnten. Zweitens wurde aus politischen Opportunitätsgründen ein Systemkonflikt künstlich aufrecht erhalten, auch längst nachdem sich die Kommunisten von Moskau abgewandt und in der Demokratie eingerichtet hatten. So sprossen von rechts Ideen, wonach die kommunistische Gefahr unter Einsatz aller denkbaren Mittel abgewendet werden müsse, während die Linke behauptete, das Dauerregime von DC & Co. sei keine Demokratie und diese müsse erst per Revolution herbeigeführt werden. Die Hochzeit solcher extremistischer Auswüchse von beiden Seiten markierten die vom Terrorismus geprägten „bleiernen Jahre“ 1969–1982.

2 Wahlentwicklung

Jede Betrachtung italienischer Parteien kommt nicht an der völligen Umwälzung des gesamten Parteiensystems in den 1990er Jahren vorbei, die gemeinhin als „Transition“ bezeichnet wird.[10] Im Trubel der Ereignisse der Jahre 1991 bis 1996 vollzog sich ein fast vollständiger Austausch: Die Parteien, die über Jahrzehnte hinweg die politische Bühne bestimmt hatten, gingen unter und wurden durch neue ersetzt. Bei diesen handelte es sich zum Teil um völlig neue Formationen, zum Teil um mehrfach neu arrangierte und umbenannte Zerfallsprodukte der alten Parteien. Die Gründe für die Umwälzungen sind vielfältig: Zu langfristigen „dealignment“-Prozessen kam mit dem Ende des Ost-West-Konfliktes der Wegfall eines wichtigen strukturellen Faktors (Abwehr der kommunistischen Bedrohung). Die massenhafte Aufdeckung von Korruption in den Parteien führte schließlich innerhalb kürzester Zeit zur Implosion des Kartells der fünf etablierten Parteien. In das Vakuum stießen neue Akteure, darunter solche vom Rand des politischen Spektrums.[11]

8 Vgl. etwa für die frappierende Kontinuität der entsprechenden Hochburgen Michael E. Shin/John A. Agnew: Berlusconi's Italy. Mapping Contemporary Italian Politics, Philadelphia 2008.

9 Vgl. die Wahlergebnisse bei Stefan Köppl (FN 3), S. 261 f.

10 Vgl. exemplarisch Sergio Fabbrini: The Italian case of a transition within democracy, in: Journal of Southern Europe and the Balkans 8(2006)2, S. 145–161.

11 Vgl. Stefan Köppl (FN 3), S. 48–100 und Luciano Bardi: Electoral Change and its Impact on the Party System in Italy, in: West European Politics 30(2007)3, S. 711–732.

Damit ist die Geschichte der extremistischen Parteien in Italien seit 1990 vor allem eine Geschichte ihres Wandels, so dass sich die Situation heute gänzlich anders darstellt als zu Beginn dieser Periode. Zahlreiche Abspaltungen und Neugründungen, Fusionen und Auflösungen, teils aus rein persönlichen oder taktischen Gründen, erschweren sowohl die Beobachtung der Szenerie als auch die Formulierung allgemeiner Aussagen. Daher ist die Parteienlandschaft eine ergiebige Fundgrube für ungewöhnliche Entwicklungen, weshalb der Schwerpunkt dieses Beitrags auf den Parteien liegen wird.

Die wichtigste Entwicklung seit 1990 ist die Umorientierung extremer Parteien zur Mitte und ihre Inkorporierung in das Spektrum der demokratisch legitimierten und regierungsfähigen Parteien. Im Unterschied zu anderen Ländern ist in Italien also weniger der Aufstieg extremistischer Parteien zu konstatieren als vielmehr ein Kurswechsel von Parteien, die sich Ende der 1980er Jahre noch als Systemopponenten gerierten oder als solche angesehen wurden. Die rechten Parteien MSI bzw. *Nationale Allianz* (*Alleanza Nazionale* – AN) und *Lega Nord* (LN) haben von den Umbrüchen Mitte der 1990er Jahre profitiert und sich auch elektoral etabliert (Tabelle 1), ebenso wie die kleineren kommunistischen Parteien *Partei der Kommunistischen Neugründung* (*Partito Rifondazione Comunista* – PRC) und *Partei der Italienischen Kommunisten (Partito dei Comunisti Italiani* – PdCI). Die dem Extremismus weiter verhafteten rechten Splitterparteien *Sozialbewegung – Dreifarbige Flamme* (*Movimento Sociale – Fiamma Tricolore* – MS-FT) und *Soziale Aktion* (*Azione Sociale* – AS) blieben dagegen erfolglos.

Tabelle 1 Ergebnisse von extremistischen und postextremistischen Parteien bei den italienischen Parlamentswahlen 1987–2008 (in Prozent)

	1987	1992	1994	1996	2001	2006	2008
MSI/AN[1]	5,9	5,4	13,5	15,7	12,0	12,3	(37,4)[3]
MS-FT	---	---	---	0,9	0,4	0,6	(2,4)[4]
AS	---	---	---	---	---	0,7	---[5]
Lega Nord[2]	0,5	8,7	8,4	10,1	3,9	4,6	8,3
PCI	26,6	---	---	---	---	---	---
PRC	---	5,6	6,0	8,6	5,0	5,8	3,1[6]
PdCI	---	---	---	---	1,7	2,3	

Quelle: Innenministerium der Republik Italien, abrufbar unter http://politiche.interno.it/ind_poli.htm [Stand: 1. Dezember 2008].

[1] 1987, 1992 als MSI, ab 1994 AN.
[2] 1987, 1992 als *Lega Lombarda.*
[3] Zusammen mit *Forza Italia* und Kleinparteien als *Popolo della Libertà.*
[4] Zusammen mit *La Destra.*
[5] Innerhalb des Wahlbündnisses *Popolo della Libertà.*
[6] PRC und PdCI zusammen mit *Verdi* und *Sinistra Democratica* als *La Sinistra l'Arcobaleno.*

Für den Wandel einst ausgeschlossener extremistischer Kräfte zu Regierungsparteien sind die Jahre 1994 und 1996 entscheidende Wegmarken. Die Implosion des Parteienkartells der Mitte machte in Verbindung mit der Bipolarisierung des Parteiensystems durch das Wahlsystem die Randparteien zu entscheidenden Mehrheitsbeschaffern. 1994 übernahm eine Mitte-Rechts-Koalition unter Führung *Silvio Berlusconis* die Regierung, die nicht nur seine neugegründete *Forza Italia* und Nachfolger der untergegangenen Parteien enthielt, sondern auch die LN und den MSI (der im Januar 1995 zur AN wurde). Damit besetzten Neofaschisten bzw. Postfaschisten zum ersten Mal Regierungsämter. Seit diesem Datum ist die AN fester Bestandteil des Mitte-Rechts-Lagers; Zweifel an der Regierungsfähigkeit der einst rechtsextremen Partei kamen nicht (mehr) auf.

Nach dem schnellen Ende der Regierung *Berlusconi* I folgten 1996 vorgezogene Neuwahlen, die das Mitte-Links-Bündnis gewann. Die daraufhin gebildete Regierung unter *Romano Prodi* darf ebenfalls als Meilenstein gelten, da in ihr erstmals ehemalige Mitglieder des PCI Ministerämter übernahmen. Der PRC stützte diese Regierung von außen, ohne formal an ihr teilzuhaben. Für den PRC sollte es noch zehn Jahre dauern, bis im Jahre 2006 in der Regierung *Prodi* II erstmals dessen Vertreter Regierungsämter bekleideten.[12] Allerdings wurde schon 1998 mit *Massimo D'Alema* erstmals ein ehemaliges PCI-Mitglied Regierungschef, was das Ankommen des größten Teils der einstigen Kommunisten im System markiert.

Der Zugang zu Parlament und Regierung hängt folglich für Randparteien nicht zuletzt aufgrund der Beschaffenheit des Wahlsystems essenziell von ihrer Beteiligung an den großen Wahlbündnissen ab. Dementsprechend stellten die Parlamentswahlen 2008 für sie eine entscheidende Wegmarke dar: Sie wurden auf beiden Seiten nicht in die großen Wahlbündnisse aufgenommen und scheiterten an den Sperrklauseln.

3 Extremistische Parteien

3.1 Rechtsextremismus

Am rechten Rand des Parteienspektrums gibt es in Italien seit 1990 zwei gegenläufige Entwicklungen zu beobachten: einerseits die grundlegende Umorientierung einer rechtsextremistischen Partei, die *Roland Höhne* als „einen einmaligen Vorgang der europäischen Parteiengeschichte seit 1945“[13] bezeichnet, nämlich den Wandel vom MSI zur AN, und andererseits den Aufstieg einer regionalen Protestpartei, die sich zunehmend radikalisiert und in Richtung Extremismus bewegt. Diese beiden Entwicklungen überschatten alle restlichen Kleinparteien im Bereich des Rechtsextremismus.

Im italienischen Rechtsextremismus blieb der MSI bis in die 1990er Jahre die einzige Formation, die sich als nennenswerter Faktor etablieren konnte. Er wurde 1946 gegründet. Hinter der eher jungen Gründungsgruppe um *Giorgio Almirante* standen höhere Exponenten

12 PdCI-Mitglieder besetzten schon 1998 Regierungsposten.

13 Roland Höhne: Der Sieg der Demokratie. Die Transformation der neofaschistischen italienischen Sozialbewegung MSI in die rechtsnationale Alleanza Nazionale, in: Uwe Backes/Eckhard Jesse (Hrsg.): Jahrbuch Extremismus & Demokratie, Band 19, Baden-Baden 2008, S. 89–114.

des faschistischen Regimes, die im Untergrund lebten. Sowohl Ideologie als auch Personal kennzeichneten den MSI als nostalgische neofaschistische Partei. Allerdings entschied man sich für ein legales Vorgehen und für eine Teilnahme an den Wahlen. Diese legalistische und angepasste Strategie war die Voraussetzung für das Überleben der Partei in einer auf Antifaschismus gegründeten Republik. Nach einem schwachen Start erreichte der MSI bei den nationalen Parlamentswahlen bis 1994 stets zwischen 4,5 und 8,7 Prozent der Stimmen. Trotz der Ausgrenzung durch die anderen Parteien war er so fast durchweg die viertstärkste Partei – an eingeschriebenen Mitgliedern wie an Wählerstimmen.[14]

Flügelkämpfe zwischen radikalen und moderaten Strömungen führten zu mehreren Kurswechseln bis in die 1980er Jahre. Der eine Flügel knüpfte an die Bewegungsphase des Faschismus mit seiner radikalen, revolutionären und antibürgerlichen Stoßrichtung an und gerierte sich als Anti-System-Partei. Der gemäßigte Flügel wollte die Partei innerhalb des parlamentarischen Systems etablieren und strategisch die Ausgrenzung überwinden. Erfolgreiche Phasen wechselten mit weniger erfolgreichen, ebenso wie Abspaltungen mit der Aufnahme neuer Kräfte. Die Beteiligung des MSI an Straßengewalt und Terrorismus isolierte die Partei bis Anfang der 1980er Jahre völlig. Die Reaktionen darauf leiteten die große Wende in den 1990er Jahren ein: Man zeigte sich weniger militant und ersetzte die Fixierung auf den kommunistischen Gegner durch Protest gegen die Parteienherrschaft. Mit der Verurteilung von Gewalt distanzierte man sich zugleich von militanten Gruppierungen.

Der moderate Kurs als nationale Partei, die an der Seite der Christdemokraten für die Verteidigung christlicher, westlicher Werte gegen den Kommunismus kämpft, führte zu beachtlichen Erfolgen an der Wahlurne und zu großem Zulauf. Vor allem für Protestwähler aus unteren sozialen Schichten und dem Süden, die ihre Stimme nicht den Kommunisten geben wollten, bot der MSI eine Gelegenheit, ihren Protest gegen das herrschende Parteienkartell auszudrücken. Der hohen Mitgliederzahl entsprach eine große, straff zentralistisch geführte und differenzierte Parteiorganisation, mit welcher der MSI tiefe Wurzeln – vor allem im Süden des Landes – schlagen konnte und die bis in die 1990er Jahre eine wichtige Basis für den Erfolg blieb.

Ideologisch war der MSI, solange er bestand, eine neofaschistische und damit extremistische Partei. Die Diskussionen zwischen moderaten und radikalen Flügeln betrafen stets nur das taktische Verhalten im demokratischen System, nicht aber den ideologischen Kern des Faschismus mit der Bejahung von Korporatismus und Autoritarismus und der Ablehnung der liberalen Demokratie.

Am 27. Januar 1995 löste sich auf dem Parteitag von Fiuggi („Wende von Fiuggi") der MSI offiziell auf und wurde in die AN überführt, die bereits ein Jahr zuvor als loses Wahlkartell gegründet worden war.[15] Organisation, Statut und Mitglieder entsprachen weitgehend der

---

14 Vgl. im Folgenden Piero Ignazi: Il Polo escluso. Profilo storico del Movimento Sociale Italiano, Bologna 1998.

15 Vgl. zum Folgenden Roland Höhne (FN 13); Piero Ignazi: Legitimation and Evolution on the Italian Right Wing: Social and Ideological Repositioning of Alleanza Nazionale and the Lega Nord, in: South European Society & Politics 10(2005)2, S. 333–349; Piero Ignazi: Extreme Right Parties in Western Europe, Oxford 2006, S. 41–53; Marco Tarchi: Dal MSI ad AN. Organizzazione e strategie, Bologna 1997; Stefano Fella/Carlo Ruzza: Changing political opportunities and the re-invention of the Italian right, in: Journal of Southern Europe and the Balkans 8(2006)2, S. 179–200.

Vorgängerpartei. Die große organisatorische Kontinuität schlug sich u. a. darin nieder, dass die offizielle Parteizeitung des MSI, „Secolo d'Italia", von der AN als Parteiorgan weitergeführt wurde. Allerdings wandelte sich die AN von der Mitgliederpartei mit zunehmender Integration ins politische System in Richtung einer professionalisierten Wählerpartei mit etwa 200.000 Mitgliedern. Dem Ziel, möglichst großen Einflusses in Parlament und Regierung zu erlangen, konkret der Eroberung von Ämtern und der Durchsetzung inhaltlicher Vorstellungen, wurden Ideologie und faschistische Nostalgie untergeordnet. Die Parteiführung steuerte mit medial angepassten Kommunikationsstrategien weitgehend selbständig den Kurs und präsentierte die AN als gemäßigte, staatspolitisch verantwortungsvolle konservative Partei. Widerspruch von der Basis und aus der mittleren Ebene entlud sich punktuell konflikthaft und entfaltete hemmende Wirkung auf den ideologischen Wandel, wurde von der starken Parteiführung aber stets eingedämmt.

Der Erfolg dieser Strategie ist mit der Person des Parteichefs *Gianfranco Fini* verbunden, der es geschickt versteht, die Abkehr von faschistischen Altlasten voranzutreiben. Dazu gehören u. a. Kranzniederlegungen an Gedenkstätten für die Opfer von Nationalsozialismus und Faschismus, ein Besuch in Israel, bei dem er den Faschismus als Teil des „absolut Bösen"[16] bezeichnete, bis hin zur Akzeptanz gewisser Formen gleichgeschlechtlicher Partnerschaften und zur Unterstützung der Liberalisierung von künstlicher Befruchtung, sogar gegen die Linie eines großen Teils der eigenen Partei. Parallel dazu erklomm *Fini* Stufe für Stufe höchste repräsentative Staatsämter und symbolisierte so den Legitimitätsgewinn der AN: vom italienischen Vertreter im Europäischen Verfassungskonvent über den Posten des Außenministers bis hin zur Präsidentschaft der Abgeordnetenkammer (das protokollarisch dritthöchste Amt der Republik) seit 2008, für die er den Parteivorsitz aufgab.[17]

Ideologisch änderte sich durch die Umgründung zur AN zunächst wenig; der Abschied von ideologischem Ballast erfolgte erst danach in einem stetigen, aber nicht immer widerspruchslosen und konfliktfreien Prozess. Mehrere Untersuchungen der programmatischen Dokumente bescheinigen ihr einen signifikanten (wiewohl stellenweise nicht ganz lupenreinen) Schritt aus dem Rechtsextremismus heraus.[18] Sowohl ihre Sprache als auch die Bezüge ihrer Parteidokumente betonen die Distanz zu anderen rechtsextremistischen Parteien. Die AN begreift sich selbst als eine rechte Partei im Mainstream, die als Regierungspartei legitimiert ist und demokratischer agiert als die *Forza Italia*.

Voraussetzung dafür war eine Historisierung des Gegensatzes von Faschismus und Antifaschismus, was die offizielle Verurteilung von Rassismus, Antisemitismus und Totalitarismus ebenso erlaubte wie eine gewisse Traditionspflege, z. B. das Gedenken an diejenigen, die im Krieg auf der Seite des faschistischen Regimes kämpften. Eine Verbindung von Konservatismus, Nationalismus und Katholizismus erlaubt die weitere Betonung von Nation,

16 Vgl. Paul Badde: Glück gehört dazu: Gianfranco Fini wird italienischer Außenminister, in: Die Welt vom 20. November 2004, S. 9.

17 Vgl. Stefano Fella: From Fiuggi to the Farnesina: Gianfranco Fini's Remarkable Journey, in: Journal of Contemporary European Studies 14(2006)1, S. 11–23.

18 Vgl. Marco Tarchi: The political culture of the Alleanza nazionale: An analysis of the party's programmatic documents (1995–2002), in: Journal of Modern Italian Studies 8(2003)2, S. 135–181; Piero Ignazi: Legitimation and Evolution (FN 15); Alexandra Cole: Old Right or New Right? The Ideological Position of Parties of the Far Right, in: European Journal of Political Research 44(2005)2, S. 203–230.

Staat, Ordnung, Autorität, Tradition und Solidarität im demokratischen Rahmen. Mit der Betonung der staatlichen Einheit grenzt sich die AN gegen die föderalistischen Bestrebungen der LN ab. Mit sozialstaatlichen Positionen macht sie gegen den Wirtschaftsliberalismus der *Forza Italia* mobil. Dabei sind die programmatischen Weichenstellungen jeweils mehr auf die Wählerklientel gerichtet als das Ergebnis einer systematischen parteiinternen Debatte. Die Kombination mit einer staatsmännisch-integrationsfreundlichen Haltung in der Europapolitik gibt die Vision eines Europas der Vaterländer vor, womit sich die AN durchaus im Mainstream europäischer konservativer Parteien bewegt. Mit der ideologischen Befreiung von faschistischen Altlasten und der Präsentation als demokratische Alternative zu den korrupten Parteien erschloss sich die AN neue Wählerreservoirs. Die Wählerschaft der AN wurde in den 1990er Jahren als die am wenigsten ethnozentrische, fremdenfeindliche und autoritär eingestellte aller europäischen Rechtsaußenparteien eingestuft.[19] Selbst mit dem Vorschlag eines Ausländerwahlrechts bei Kommunalwahlen befand sich Parteichef *Fini* im Einklang mit Basis und Wählerschaft.[20]

Dabei kamen Anstoß und Gelegenheit für die drastische Umwandlung von außen: Die völlige Delegitimierung des etablierten Parteienkartells durch die Korruptionsskandale ließen nur wenige Parteien sauber dastehen, darunter den MSI. All die Parteien, für die eine Kooperation mit den Neofaschisten undenkbar war, gingen unter. Dafür betrat *Silvio Berlusconi* die Bühne, der nicht solche Berührungsängste zeigte. Vor dem Hintergrund der Mehrheitswahl eröffnete sich das Gelegenheitsfenster, innerhalb des Mitte-Rechts-Bündnisses sowohl elektoral in bisher nie erreichte Gefilde vorzustoßen als auch in die Regierung katapultiert zu werden. Die Parteiführung der AN nutzte diese Chance und achtete bei aller Rivalität stets darauf, dass sich das Mitte-Rechts-Lager nicht spaltete; denn nur durch Wahlerfolge und Regierungsbeteiligung konnte zum einen die Legitimität als anerkannte Kraft im Parteiensystem erreicht und zum anderen der ideologische Wandel der Parteibasis zugemutet werden. In den Worten *Roland Höhnes*: „Die Entwicklung des MSI von einer neofaschistischen Bewegung in eine demokratische Partei ist daher in erster Linie ein Beweis für die Integrationskraft parlamentarischer Demokratien, sie zeigt aber auch die Wandlungsfähigkeit selbst ursprünglich antidemokratischer Parteien.“[21]

Fast parallel zur Umorientierung des MSI war am rechten Rand des italienischen Parteienspektrums der Aufstieg einer Partei neuen Typs zu beobachten: der regionalpopulistischen bzw. rechtspopulistischen *Lega Nord* (LN).[22] Bereits Anfang der 1980er Jahre tauchten in Norditalien erste regionalistische Tendenzen auf, allerdings ohne nennenswerten Erfolg. Als Zusammenschluss einiger dieser Ligen entstand schließlich die LN unter der Führung von *Umberto Bossi*.[23] Nach ersten Erfolgen 1987 gelang ihr 1992 der Durchbruch mit national über acht Prozent der Stimmen; in einigen Gebieten Norditaliens wurde sie zur stärksten Partei

19 Vgl. Piero Ignazi: Extreme Right Parties (FN 15), S. 52.

20 Vgl. Piero Ignazi: Strappi a destra. Le trasformazioni di Alleanza Nazionale, in: Il Mulino 53(2004)1, S. 67–76.

21 Roland Höhne (FN 13), S. 114.

22 Vgl. Patricia Chiantera-Stutte: Leadership, Ideology, and Anti-European Politics in the Italian Lega Nord, in: Daniele Caramani/Yves Mény (Hrsg.): Challenges to Consensual Politics. Democracy, Identity, and Populist Protest in the Alpine Region, Brüssel u. a. 2005, S. 113–129.

23 Vgl. Frida Bordon: Lega Nord im politischen System Italiens. Produkt und Profiteur der Krise, Wiesbaden 1997.

und blieb es bis heute.[24] Die LN ist offiziell eine Föderation von 13 regionalen Verbänden, existiert aber faktisch nur in Norditalien. In ihren Hochburgen Lombardei, Venetien und Piemont ist sie fest verwurzelt und regiert viele Kommunen und Provinzen. Obwohl die LN meist als „neue“ Kraft im italienischen Parteiensystem bezeichnet wird, ist sie die einzige der heutigen Parteien, die in dieser Form schon vor den Umbrüchen der 1990er Jahre im Parlament vertreten war. Sie ist gewissermaßen eine der Ursachen, aber auch eines der Produkte der Transformation der Parteienlandschaft und die einzige konstante Partei seit 1990.

Ihre territoriale Ideologie[25] bezieht sich auf eine vom Rest Italiens unterschiedene Region „Padanien“, der eine eigene Identität und Tradition zugeschrieben wird. Ziel ist die Befreiung des fleißigen und wohlhabenden Padaniens von der politischen Unterdrückung und ökonomischen Ausbeutung durch den Rest Italiens. Dabei verschärfte die LN 1996 ihre Forderungen bis hin zur Schaffung einer eigenen nationalstaatlichen Symbolik und der Proklamation der Unabhängigkeit nebst Einrichtung einer padanischen Regierung und entsprechenden Wahlen 1997. Diese Strategie hatte per se eine Anti-System-Konnotation, da sie auf das Zerbrechen der politischen Gemeinschaft zielte. Darüber hinaus beinhaltete sie eine Logik der Exklusion, die über den vorherigen Ansatz weit hinausging: Die Außenseiter waren nicht länger Süditaliener, sondern Einwanderer aus dem Ausland. Allerdings ging dieses Projekt mangels Unterstützung schnell wieder unter; auch aus Rom wurde es eher als Folklore belächelt. Danach schwenkte die LN auf ihre Forderung nach größerer Autonomie für die Regionen zurück.

Doch änderte dies nichts daran, dass sich der padanische Regionalismus der LN von Anfang an mit einer ethnozentrischen, rassistischen und fremdenfeindlichen Ideologie verband.[26] Diese wurde im Laufe der Zeit immer weiter forciert, so dass die Süditaliener inzwischen von den Immigranten als Feindbild abgelöst wurden und die anfängliche Klassifikation der LN als rechtspopulistisch immer weniger zutrifft. Zu den stärker fremdenfeindlichen Tönen gehören dämonisierende Propaganda gegen Immigranten, scharfe Proteste gegen den Bau von Moscheen, bis hin zu dem Vorschlag von Parteichef *Umberto Bossi*, man solle auf Flüchtlingsboote schießen.[27]

Die Fremdenfeindlichkeit gehört dabei zu dem grundsätzlich populistischen Ansatz, als Anwalt der kleinen Leute deren Sprache zu sprechen und deren Interessen gegen „die da oben“ zu verteidigen. Obwohl sie längst zum Establishment gehört, geriert sich die LN nach wie vor als Protestbewegung und Anti-Parteien-Partei, die an die allgemeine Parteienverdrossenheit anknüpft. Ihr Poltern gegen „die in Rom“, den Süden und illegale Einwanderer spricht Unzufriedene und Globalisierungsverlierer an. Bewusste Provokationen gehören in dieses Konzept ebenso wie das Ansprechen von Themen, die andere Parteien vernachlässigen.[28] Europäische Integration und Globalisierung werden als Bedrohung wahrgenommen, vor denen die vielen norditalienischen Kleinunternehmer zu schützen seien. So verbindet die LN

24 Bei den Parlamentswahlen 2008 kam sie in fünf Provinzen auf über 30 Prozent, in weiteren 20 über 15 Prozent.

25 Vgl. Anna Cento Bull/Mark Gilbert: The Lega Nord and the Northern Question in Italian Politics, Basingstoke 2001; vgl. zum Folgenden auch Stefano Fella/Carlo Ruzza (FN 15).

26 Vgl. Stefano Fella/Carlo Ruzza (FN 15) und Piero Ignazi: Legitimation and Evolution (FN 15).

27 Vgl. Umberto Bossi im Interview mit Fabio Cavalera, in: Corriere della Sera vom 16. Juni 2003, S. 5.

28 Bezeichnenderweise gehört ausgerechnet die AN aus Sicht der LN zu den Parteien, die das Thema Immigration nicht hart genug angehen.

einen im nationalen Rahmen wirtschaftsliberalen Kurs mit protektionistischen Forderungen auf europäischer und internationaler Ebene.

In der Wählerschaft übergreift sie als regionale Partei mehr als alle anderen Parteien die Lagergrenzen: Ihre Anhänger und Wähler verorten sich selbst in der politischen Mitte[29] und ziehen sich quer durch alle sozialen Gruppen (Arbeiter, Unternehmer, Hausfrauen, Arbeitslose),[30] so dass die LN 2008 selbst aus dem Mitte-Links-Lager Stimmen gewinnen konnte. Auf der politischen Bühne, insbesondere bei Regierungsbeteiligung verfolgt die LN eine maximalistische Strategie, die wesentlich von den persönlichen Wendungen ihres Parteichefs abhängig ist. Bei wichtigen Themen wie der Verlagerung von Kompetenzen auf die regionale Ebene und größerer finanzieller Autonomie konnte sie zwischen 2001 und 2005 einiges durchsetzen, wobei sie sich meist auf die Sympathie des Regierungschefs stützte. Die LN ist sich der Tatsache bewusst, dass das Mitte-Rechts-Bündnis auf sie angewiesen ist; als sie 1996 außerhalb des Bündnisses selbständig antrat, war Mitte-Rechts chancenlos. Bislang widersetzt sich die LN – anders als die AN – allen Versuchen der Einbindung in eine große Mitte-Rechts-Partei. Das entspricht ihrer Identität, die ganz auf der nördlichen Eigenständigkeit und einem Profil als Anti-Parteien-Bewegung beruht. Seit 2008 ist sie gestärkt in der Regierungskoalition vertreten und pocht auf das eigenständige Profil, insbesondere auf den Feldern innere Sicherheit und institutionelle Reform.

Stellte über Jahrzehnte der MSI die eindeutig größte Kraft auf dem Feld des Extremismus dar, die alle anderen dort verorteten Splittergruppierungen überragte, so ist der Begriff des Rechtsextremismus heute in erster Linie auf die Parteien anzuwenden, die sich rechts von der AN positionieren. Bei ihnen handelt es sich meist um Gruppierungen, deren Entstehung auf die Umorientierung des ehemaligen MSI zurückgeht. Das Spektrum reicht von denjenigen Teilen des MSI, die die Neugründung der AN nicht mittragen wollten, bis hin zu denjenigen, die sich erst im Laufe der Zeit von der AN lossagten, je mehr diese ihren moderaten Kurs vorantrieb. Insofern wird jede Zusammenarbeit des Mitte-Rechts-Bündnisses mit diesen Gruppierungen, wie entscheidend deren geringe Stimmanteile auch sein könnten, von der AN argwöhnisch betrachtet, da diese lieber die Konkurrenz von ganz rechts eliminiert sähe.

Zunächst spalteten sich 1995 die rechten Hardliner ab und gründeten unter der Führung von *Pino Rauti* die *Soziale Bewegung – Dreifarbige Flamme* (*Movimento Sociale – Fiamma Tricolore* – MS-FT). Der MS-FT blieb aufgrund interner Querelen (der Gründer wurde 2004 aus der Partei ausgeschlossen) eine Splitterpartei mit geringer Bedeutung. Ideologisch könnte man den MS-FT als linksfaschistisch bezeichnen: antikapitalistisch, antiamerikanisch, nationalistisch und mit stark wohlfahrtsstaatlicher Orientierung (was ihm manchmal eine Positionierung links von der AN einbringt). Hinzu kommt jedoch eine starke xenophobische Komponente mit strikter Ablehnung jeder Form von Einwanderung.[31]

Eine nennenswerte Abspaltung von der AN erfolgte 2004. Die Enkelin *Benito Mussolinis*, *Alessandra Mussolini*, verließ aus Protest gegen die Distanzierung *Gianfranco Finis*

29 So auch oft eine Verortung der heterogenen Programmatik; vgl. Alexandra Cole (FN 16), S. 200–221.
30 Vgl. Piero Ignazi: Extreme Right Parties (FN 15), S. 58–61.
31 Marco Tarchi: The Far Right Italian Style, in: Xavier Casals (Hrsg.): Political Survival on the Extreme Right. European Movements between the Inherited Past and the Need to Adapt to the Future, Barcelona 2005, S. 35–50, hier S. 46; Ugo Maria Tassinari: Fascisteria. I protagonisti, i movimenti e i misteri dell'eversione nera in Italia (1945–2000), Rom 2001.

vom Faschismus die AN und gründete ihre eigene Partei, die *Soziale Alternative* (*Alternativa Sociale* – AS). Die AS versammelte einige Gruppierungen vom extrem rechten Rand (*Forza Nuova* und *Fronte Sociale Nazionale*) und bildete mit ihnen das Bündnis *Soziale Aktion* (*Azione Sociale* – ebenfalls AS). Sie vermischt inhaltlich unterschiedlichste Strömungen, vom Neofaschismus über Traditionalismus und Ethnozentrismus bis hin zur Suche nach einem „dritten Weg" und sogar zu post-materialistischen Positionen wie der Betonung von Frauenrechten (was besonders von *Alessandra Mussolini* selbst propagiert wird).[32] Im Wesentlichen gruppiert sich die Partei um ihre Vorsitzende, die die einzige prominente Exponentin ist und sich etwa mit abfälligen Äußerungen über Homosexuelle im Gespräch hält. Elektoral ist die AS nicht sonderlich erfolgreich: Ihr größter Erfolg war der Gewinn eines Abgeordnetenmandats mit 1,6 Prozent der Stimmen bei der Europawahl 2004. 2006 war sie Teil des Mitte-Rechts-Bündnisses, ohne eigene Mandate gewinnen zu können; 2008 erreichte die AS (anders als die restlichen Parteien rechts der AN) die Platzierung eigener Kandidaten auf den Listen des *Popolo della Libertà*, von denen einzig *Alessandra Mussolini* selbst den Einzug ins Parlament schaffte. 2009 ging die *Azione Sociale* in der neuen Mitte-Rechts-Partei *Popolo della Libertà* auf.

3.2 Linksextremismus

Der Begriff des Linksextremismus war im italienischen Sprachgebrauch vor 1991 für Parteien reserviert, die sich links des PCI positionierten, z. B. die *Democrazia Proletaria* (DP), die zwischen 1976 und 1987 einzelne Parlamentssitze erringen konnte, bevor sie sich 1991 auflöste. Allerdings konnten diese Splitterparteien nie nennenswerte Bedeutung erlangen, da am linken Rand des italienischen Parteienspektrums der übermächtige PCI existierte.[33]

Die Frage nach der Systemwidrigkeit des PCI prägte die italienische Politik über Jahrzehnte. War sie zu Anfang mit guten Gründen zu bejahen, so dass die gemäßigten Parteien zu Recht ihr Kartell bildeten, richtete sich der PCI im Laufe der Zeit immer mehr in der Demokratie ein. Spätestens seit den 1970er Jahren kann der PCI kaum mehr als Systemopponent betrachtet werden. Ungeachtet dessen bot die unvermindert kommunistische Rhetorik und Symbolik weiterhin genug Anknüpfungspunkte, um das Gespenst einer kommunistischen Machtübernahme an die Wand zu malen. Unter der Oberfläche wurden die Kommunisten allerdings längst im politischen Alltagsgeschäft eingebunden. Sie übernahmen über die kommunale Ebene hinaus in den Regionen des so genannten „Roten Gürtels" (Umbrien, Toskana, Marken, Emilia Romagna) politische Verantwortung. Der Zusammenbruch des Kommunismus in Osteuropa verhalf den parteiinternen Bestrebungen zu einer ideologischen Umorientierung in Richtung einer gemäßigten sozialdemokratischen Volkspartei zum Sieg: 1991 wurde nach harten Richtungskämpfen die Nachfolgeformation *Demokratische Linkspartei* (*Partito Democratico della Sinistra* – PDS) gegründet, die Vermögen, Symbol und Mitglieder des PCI erbte. Aus der PDS wurden schließlich die *Linksdemokraten* (*Democratici di Sinistra* – DS) und nach einer Vereinigung mit ehemaligen Christdemokraten und Liberalen

32 Vgl. ebd., S. 46 f.
33 Vgl. Albertina Vittoria: Storia del PCI 1921–1991, Rom 2006.

die *Demokratische Partei* (*Partito Democratico* – PD) gegründet, die seit 2007 die größte Partei im Mitte-Links-Lager darstellt.[34]

Nach dem Ende des PCI wurde der Begriff Extremismus kaum mehr auf linke Parteien angewendet. Dafür hat sich für die Parteien, die am kommunistischen Erbe festhalten oder sich anderweitig links von den großen PCI-Nachfolgeparteien positionieren, der Begriff der „Radikalen Linken" („sinistra radicale") eingebürgert. Dazu gehören: PRC, PdCI, die *Grünen* (*Verdi*) und die erst 2007 gegründete *Demokratische Linke* (*Sinistra Democratica* – SD).

Hier stellt sich die grundsätzliche Frage, inwieweit der Rekurs auf den Kommunismus im Parteinamen sowie die kommunistische Rhetorik und Symbolik einem echten ideologischen Gehalt entsprechen und ob die Überwindung des aktuellen Systems nebst Errichtung eines sozialistischen bzw. kommunistischen Staates (noch) Ziel dieser Parteien ist. Rhetorik und Symbolik (z. B. führen sie weiterhin Hammer und Sichel in ihrem Parteisymbol) scheinen oftmals vor allem der Pflege einer romantischen Nostalgie bzw. Identität der ehemaligen kommunistischen Subkultur zu dienen. Offiziell teilen PRC und PdCI das Ziel der Überwindung des Kapitalismus und einer sozialistischen Gesellschaft, ebenso wie die internationalistische und pazifistische Ausrichtung. Zugleich berufen sie sich auf das Erbe der *Resistenza* und die antifaschistische Verfassung von 1948.

Der PRC entstand 1991 anlässlich der Umgründung des PCI aus der Abspaltung kommunistischer Hardliner unter Führung *Fausto Bertinottis*, der bis zur Wahlniederlage 2008 die bestimmende Person der Partei bleiben sollte. Tendenziell geht die Mitgliederzahl des PRC zurück, 2007 lag sie bei etwa 88.000. Das offizielle Parteiorgan des PRC ist die Zeitung „Liberazione".

Der PRC versteht sich als der wahre Verteidiger des PCI-Erbes und der Interessen der Arbeiterklasse.[35] Klassische Ansichten über den Kapitalismus als System der Ausbeutung, Entfremdung der Arbeiter, Skepsis gegenüber dem Markt und Antiklerikalismus sind im PRC stärker vertreten als in den PCI-Nachfolgeparteien, die sich der Mitte zuwendeten. 1999 sahen nur 47,3 Prozent der PRC-Delegierten Gewaltlosigkeit als einzige legitime politische Aktionsform an.[36] Gemäß der Berufung auf den Kommunismus wendet sich der PRC gegen den neoliberalen Zeitgeist, die Globalisierung und Privatisierungen. Noch 2005 bezeichnete *Bertinotti* in einem Interview die Aufhebung des Privateigentums als Ziel.[37] Allerdings haben ideologische Debatten über die reine Lehre an Bedeutung verloren. Heute finden sich im PRC unterschiedliche Strömungen des Marxismus, verbunden mit Ideen der Frauen-, Bürgerrechts- und Umweltbewegung. Das Ziel der Wiedererrichtung einer kommunistischen Massenpartei bleibt allerdings ständiges Thema der Diskussion.

Während der kurzen Regierungsbeteiligung an der Regierung *Prodi* II (2006–2008) verhielt sich der PRC in vielen Fällen maximalistisch zugunsten der Arbeitnehmerinteressen und der Empfänger staatlicher Leistungen. Der Protest gegen internationale Militäreinsätze

---

34 Vgl. Paolo Bellucci/Marco Maraffi/Paolo Segatti: PCI, PDS, DS. La trasformazione dell'identità politica della sinistra di governo, Rom 2000.

35 Vgl. Simone Bertolino: Rifondazioone Comunista. Storia e organizzazione, Bologna 2004; zu einer Innensicht sowie der späteren Abspaltung des PdCI Leonardo Caponi: Rifondazione comunista: la scommessa perduta. Fatti, personaggi, retroscena, Rom 2003.

36 Vgl. ebd., S. 248.

37 Voglio la fine della proprietà privata, in: Corriere della Sera vom 3. März 2005.

und gegen den Ausbau eines US-Stützpunktes unterstrich die antiimperialistische, zumindest pazifistische Haltung des PRC.

Der PdCI entstand 1998, als der PRC beschloss, der Regierung *Prodi* das Vertrauen zu entziehen. Diejenigen Teile des PRC (vor allem Parlamentarier), die diesen Schritt nicht unterstützen wollten, gründeten unter Führung *Armando Cossuttas* ihre eigene Partei, die den Regierungssturz zwar nicht verhindern konnte, im folgenden Kabinett aber mit am Tisch saß. Vor allem in der Oppositionszeit zwischen 2001 und 2006 erhielt die Partei bemerkenswerten Zulauf, was sich allerdings in den Regierungsjahren 2006/2007 ins Gegenteil kehrte. Aktuell verfügt sie über ca. 29.000 Mitglieder. Organisatorisch hat sie sich somit konsolidiert. Dennoch ist sie stark von der profilierten Führungspersönlichkeit des Vorsitzenden *Oliviero Diliberto* abhängig, der das Gesicht der Partei nach außen ist. Offizielles Parteiorgan des PdCI ist „La Rinascita della Sinistra".

Programmatisch beruft sich der PdCI wie der PRC auf den Kommunismus; ideologische Unterschiede sind lediglich in Details zu erkennen und treten nur bei tagespolitisch-taktischen Meinungsverschiedenheiten der beiden Parteien in Erscheinung. Zentral ist die Fokussierung auf die Themen Pazifismus und Arbeiterinteressen. Insgesamt kann der PdCI als etwas weniger maximalistisch und eher an der Regierungsbeteiligung interessiert angesehen werden, doch sind dies bloße taktische Nuancen.[38] Der PdCI knüpft ebenfalls an die subkulturell verankerten kommunistischen Wurzeln in der Mitte Italiens an und konkurriert hier um diejenigen linken Wähler, die von dem Streben der großen PCI-Nachfolger in Richtung Mitte enttäuscht sind.

Die Zukunft des PdCI hängt wie die des gesamten Linksaußenlagers nach dem Ausscheiden aus dem Parlament 2008 einerseits vom Erfolg einer möglichen Fusion der vier Parteien der „Radikalen Linken" ab und andererseits von der weiteren Bündnispolitik im Mitte-Links-Lager. Bleibt es wie 2008 bei einer Nichteinbindung, bedeutet das für alle Parteien links des PD höchstwahrscheinlich den Abstieg zur Bedeutungslosigkeit.

4 Nichtparteiförmiger Extremismus

Die rechtsextremistische wie die linksextremistische Szene werden in Italien von den entsprechenden Parteiorganisationen dominiert. Die Milieus wurden über Jahrzehnte von den Parteien geprägt und organisatorisch durchdrungen. So existiert noch heute eine Vielzahl von politischen Richtungsgewerkschaften, mit entsprechenden Pendants in der parteipolitischen Sphäre. Mit der Umwälzung des italienischen Parteiensystems sind die entsprechenden Verbindungen jedoch geschwächt oder gar abgebrochen worden. So hat sich die größte Gewerkschaft, die *Confederazione Generale Italina del Lavoro* (CGIL), von ihrer langen Bindung an den PCI gelöst, steht aber den Parteien der radikalen Linken nahe. Dabei ist schwer zu entscheiden, ob die CGIL deren Forderungen durch entsprechende Aktionen unterstützt oder ob sich die Parteien als parlamentarische Speerspitzen der Arbeiterbewegung sehen; beides sind eher zwei Seiten einer Medaille. Es gab auch eine dem MSI korrespondierende

38 Vgl. Nicolò Conti: On political fragmentation: stay in or stay out? The role of small parties in the Italian centre-left, in: Journal of Modern Italian Studies 13(2008)3, S. 388–404.

Richtungsgewerkschaft, die *Confederazione Italiana Sindacati Nazionali dei Lavoratori* (CISNAL), die sich 1996 als *Unione Generale di Lavoro* (UGL) umformierte. Sie blieb im Vergleich zu den anderen großen Richtungsgewerkschaften organisatorisch eher schwach und von geringer Bedeutung. In der CGIL wie in der UGL gedeiht bis heute kommunistisches bzw. linksextremistisches Gedankengut. Noch weiter links haben seit den späten 1980er Jahren kleine *Basiskomitees* (*Comitati di Base* – Cobas) die Initiative übernommen, denen der CGIL-Kurs zu zahm war. Sie agieren an der lokalen Basis und orientieren sich an der Idee der Fabrikräte. In der heterogenen Landschaft der Cobas finden sich auch linksextremistische Elemente, die anarchisch, antiliberal sowie antikapitalistisch orientiert sind und sich mit dem militanten Globalisierungsgegner-Milieu vermischen.

Eine besorgniserregende Entwicklung ist die zunehmende Ausbreitung extremistischen Gedankenguts in der Szene gewaltbereiter Fußballfans (*Ultrà* bzw. *Ultras*). Trotz mancher gewaltbereiter linksextremistischer Fangruppen dominiert hier die rechtsextremistische Szene. So sind in den Stadien immer wieder antisemitische und rassistische Parolen, Transparente und Symbole zu sehen und zu hören. Gewalttätige Ausschreitungen bei Spielen auf allen Ebenen, auch bei Auswärtsspielen der italienischen Nationalmannschaft, sind keine Seltenheit. Doch sind diese Gruppierungen jenseits von entsprechenden Straftaten schwer zu fassen und zu quantifizieren.[39] Als Beispiel und sichtbarer Exponent dieser Verbindung von Fußball und politischem Extremismus kann der frühere Erstligaspieler *Paolo di Canio* gelten, der sich offen als Faschist bezeichnete und im Jahre 2005 mehrmals im Stadion den „römischen Gruß" zeigte – auch provokativ den politisch links stehenden Anhängern des *AS Livorno* gegenüber. Die dafür verhängten Geldstrafen zogen Solidaritätsaktionen der Ultra-Gruppe *Irriducibili Lazio* nach sich.

Hinsichtlich terroristischer Organisationen hat Italien eine lange und blutige Geschichte. Ausgehend von Studenten- und Arbeiterprotesten Ende der 1960er Jahre entstanden zahlreiche Terrorgruppen, wobei die linken den auf der Straße begonnenen Kampf mit Gewalt weiterführen und die rechten die Situation für die Errichtung eines autoritären Regimes nutzen wollten.[40] Eine von beiden Seiten vorwärts getriebene Spirale der Gewalt forderte in den so genannten „bleiernen Jahren" 1969–1980 zahlreiche Opfer. Während der Rechtsterrorismus weitgehend diffus blieb, sich gegen allgemeine Ziele (Züge, Bahnhöfe, öffentliche Plätze) richtete, oft ohne Bekennerschreiben blieb und allgemeine Verunsicherung erzeugen wollte, gingen die linken Terrorgruppen gezielt gegen Symbole und Repräsentanten aus Staat und Wirtschaft (Politiker, Richter, Staatsanwälte, Polizisten) vor, um eine proletarische Revolution vorzubereiten.

Besonders aktiv zeigten sich die *Roten Brigaden* (*Brigate Rosse* – BR), die nicht nur mit der Entführung und Ermordung des DC-Parteivorsitzenden *Aldo Moro* 1978 den spektakulärsten Anschlag verübten, sondern auch bei den Opferzahlen andere terroristische Organisationen übertrafen; zwischen 1974 und 1988 werden ihnen 86 Tote zugerechnet.[41] Die BR gelten seit Ende der 1980er Jahre im Wesentlichen als zerschlagen, doch Reste von ihnen

39 Vgl. Ugo Maria Tassinari (FN 31).

40 Vgl. Franco Ferraresi: Threats to Democracy: The Radical Right in Italy after the War, Princeton 1996.

41 Vgl. aus der uferlosen Literatur über die *Roten Brigaden* exemplarisch Marco Clementi: Storia delle Brigate Rosse, Rom 2007 und Michaela Wunderle: Die Roten Brigaden, in: Wolfgang Kraushaar (Hrsg.): Die RAF und der linke Terrorismus, Band 2, Hamburg 2006, S. 782–808.

sind nach wie vor als *Neue Rote Brigaden* (*Nuove* BR) aktiv. Davon legen nicht zuletzt die Morde an den Regierungsberatern *Massimo D'Antona* 1999 und *Marco Biagi* 2002 trauriges Zeugnis ab. Immer wieder werden einzelne Zellen ausgehoben und dabei Informationen über mögliche Anschlagsziele sowie konkrete Planungen gefunden.[42]

5 Ergebnis

Der Fall Italiens zeigt insbesondere auf der rechten Seite des politischen Spektrums die Schwierigkeit, zwischen extremistischen, populistischen und im Mainstream verorteten Parteien trennscharf zu unterscheiden.[43] Am rechten Rand der italienischen Parteienlandschaft kann jenseits der AN berechtigt von Extremismus gesprochen werden, auch wenn die dort positionierten Parteien keine aktiv kämpferische Haltung zur Beseitigung des Systems an den Tag legen und die Spielregeln der parlamentarischen Demokratie akzeptieren. Die mehr oder weniger offen gezeigten Einstellungen verraten allerdings Sympathie für den Faschismus, autoritäres Staatsverständnis, rassistische Vorurteile und Ressentiments gegenüber Minderheiten. Jedoch zeigt die Vielfalt der Parteienlandschaft, wie unklar die Qualifikation „rechts von der AN" sein kann. Bei den elektoral erfolgreicheren Antipoden am linken Rand ist das Etikett des Extremismus nur mit starken Einschränkungen zu verwenden. Es ist allenfalls von einem „weichen Extremismus" zu sprechen, wie er der deutschen Partei *Die Linke* attestiert wurde.[44] Der Begriff des Linkspopulismus scheint trotz der kommunistischen Altlasten besser geeignet zu sein.

Eine direkte Gefährdung der Demokratie durch extremistische Kräfte existiert nicht. Vielmehr haben sich einst fragwürdige Parteien dem demokratischen System zugewandt. Die Bedrohungen liegen eher bei einem grassierenden Vertrauensverlust in die politischen Eliten und Parteien, aber auch generell in Staat und Politik. Die Verschärfung der Problemlagen, etwa auf den Feldern Wirtschaft, soziale Sicherung und innere Sicherheit, verbindet sich mit dem Eindruck einer handlungsunfähigen Politik, von der keine Lösungen zu erwarten sind. So erklären sich auch Protestphänomene wie Massendemonstrationen, die sich von keiner Partei nutzen lassen, wie z. B. die sogenannte *Girotondi*-Bewegung oder die populären Aktionen des Komikers *Beppe Grillo*. Es steht zu befürchten, dass mit dem wachsenden Wunsch nach Handlungsfähigkeit die Verankerung und Akzeptanz demokratischer Prinzipien wie Gewaltenteilung und Rechtsstaatlichkeit weiter erodiert. Allerdings ist hierfür (noch) kein Nutznießer in Sicht.

---

42 Vgl. Luigi Manconi: Terroristi italiani. Le Brigate Rosse e la guerra totale, Mailand 2007.

43 Vgl. Piero Ignazi: Extreme Right Parties (FN 15), S. 4–19 und S. 219–256.

44 Vgl. Eckhard Jesse/Jürgen P. Lang: Die Linke – der smarte Extremismus einer deutschen Partei, München 2008.

Extremismus in Lettland

Niels Dehmel/Axel Reetz

1 Rahmenbedingungen

Nach der internationalen Anerkennung der lettischen Unabhängigkeit und der damit verbundenen wiedererlangten staatlichen Eigenständigkeit am 21. August 1991 war die verfassungsrechtliche Situation in der parlamentarischen baltischen Republik bis 1993 unübersichtlich. Das politische System Lettlands musste in der Übergangszeit ohne gültige Verfassung (Satversme) auskommen. Zwar setzte der Oberste Rat die alte Verfassung vom 22. Februar 1922 bereits am 4. Mai 1990 wieder in Kraft und verabschiedete ergänzend am 10. Dezember 1991 das „Verfassungsgesetz", welches die Verfassung um ihren fehlenden Grundrechtskatalog erweiterte, die Bestimmungen der Satversme blieben jedoch im Wesentlichen bis zur ersten Zusammenkunft eines legitimen Parlaments suspendiert.[1] Erst auf der Sitzung des neuen lettischen Parlaments (Saeima) am 6. Juli 1993 erfolgte die vollständige Inkraftsetzung der Verfassung des Jahres 1922. Ein Grundrechtskatalog – angelehnt an das „Verfassungsgesetz" von 1991 – wurde am 8. Oktober 1998 ergänzt. Der umfangreiche Grundrechtsteil im Abschnitt VIII der Verfassung gründet auf den Negativerfahrungen der totalitären Vergangenheit Lettlands als Teil der Sowjetunion.[2] Neben der Garantie von Meinungs-, Gewissens- und Religionsfreiheit in Artikel 99 legt Artikel 95 den Schutz der Menschenwürde fest. Zudem sieht Artikel 91 die Gleichheit vor dem Gesetz sowie eine Diskriminierungsverbot vor: „Die Menschenrechte werden ohne Diskriminierung jeder Art verwirklicht."[3] Allerdings gelten gemäß Artikel 116 einige Grundrechte nur unter Vorbehalt. Einen unabänderlichen Verfassungskern gibt es nicht. Zur Verfassungsänderung bedarf es einer Stimmenmehrheit von zwei Dritteln der Abgeordneten der Saeima als auch einer Volksabstimmung, bei der mindestens die Hälfte aller Wahlberechtigten zustimmen muss. Vorschläge einer Verfassungsänderung benötigen die Unterstützung von mindestens zehn Prozent der Wahlberechtigten, bevor über diese abgestimmt wird.[4]

Politische Parteien besitzen in Lettland keinen verfassungsrechtlichen Rang. Das aktuelle Parteiengesetz wurde am 22. Juni 2006 verabschiedet. Es definiert in § 2 Parteien als politische Organisationen, die an Wahlen auf verschiedenen Ebenen teilnehmen und nach § 12 Absatz 2 zur Registrierung mindestens 200 Mitglieder vorweisen müssen. Dabei begünstigt die geringe Mitgliederzahl das instabile und unstrukturierte Vielparteiensystem, welches Lettland seit seiner Unabhängigkeit aufweist. Parteien können nach § 22 Absatz 4 aufgrund

1 Vgl. Thomas Schmidt: Das politische System Lettlands, in: Wolfgang Ismayr (Hrsg.): Die politischen Systeme Osteuropas, 2. Auflage, Opladen 2004, S. 111–151, hier S. 112 f.

2 Vgl. ebd., S. 115.

3 Vgl. Verfassung der Republik Lettland, abrufbar unter: http://www.likumi.lv/doc.php?id=57980 [Stand: 30. Mai 2009].

4 Vgl. ebd.

eines Gerichtsbeschlusses aufgelöst werden. Dieser ergeht nach § 39 für einen Zeitraum von bis zu sechs Monaten, wenn nach schriftlicher Aufforderung die Gesetzesverstöße nicht unterbunden werden oder innerhalb eines Kalenderjahres kein Parteitag mit der Mindestmitgliederzahl zusammengetreten ist. Nach §§ 38, 41 und 45 kann eine Partei aufgelöst werden, wenn das Antikorruptionsbüro, die Finanzbehörden, das Parteienregister oder andere staatliche Institutionen einen Verstoß gegen geltende Gesetze durch die Partei feststellen. Zudem sind Parteien nach § 6 Absatz 4 untersagt, die sich in ihrer Organisation, ihrem Namen oder ihren Symbolen und Abkürzungen gegen die Unabhängigkeit und Souveränität Lettlands richten. Gleiches gilt für poltische Vereinigungen die zur Gewalt aufrufen und Gesetzesverletzungen begrüßen.[5] § 26 Absatz 3 schreibt außerdem vor, mindestens die Hälfte der Parteimitglieder müsse die lettische Staatsbürgerschaft besitzen. Diese Regelung schwächt insbesondere Parteien am linken Rand, die von der russischsprachigen Minderheit getragen werden.

Die 100 Mandate des lettischen Parlaments Saeima werden nach dem Verhältniswahlrecht vergeben. Der Wähler erhält im Wahllokal sämtliche kandidierenden Listen und wählt die von ihm bevorzugte Partei aus, auf deren Liste er Änderungen vornehmen kann. Der Wähler seinerseits kann seine Stimme landesweit in einem beliebigen Wahllokal abgeben. Die Teilnahme wird durch einen Stempel im Pass bestätigt. Landesweit gilt eine Fünf-Prozent-Hürde.[6]

Die schwachen Parteibindungen der Wähler, eine hohe Wählerfluktuation und eine zunehmende Personalisierung und Elitenorientierung in der Politik sind auf die Besonderheiten der politischen Kultur Lettlands zurückzuführen. Zwei Erfahrungen der lettischen Nationalgeschichte stehen hierbei im direkten Gegensatz zueinander und wirken bis heute auf die politische Landschaft: einerseits die autokratische Herrschaft unter *Kārlis Ulmanis* in der zweiten Hälfte der 1930er Jahre, welche der Bevölkerung als prosperierende Epoche in Erinnerung geblieben ist und nicht zuletzt durch die Wiedereinsetzung der alten Verfassung Ausdruck fand; andererseits die jüngere Vergangenheit der sowjetischen Okkupation. Unmittelbare Folgen dieses Spannungsverhältnisses sind die bis heute vorherrschende Minderheitenproblematik und eine latente Unzufriedenheit vieler Letten mit demokratischer Politik.[7]

Lettland war bereits zur Zeit des russischen Zarenreiches im Baltikum geostrategisch am wichtigsten. In der sowjetischen Epoche verhielt es sich ähnlich. In Riga war das Hauptquartier der Armee, der Badeort Jūrmala – einstiger Rigaer Hausstrand – wurde Urlaubsort für hochrangige Parteimitglieder und Altersruhesitz vieler sowjetischer Militärs. Im Vergleich zu den baltischen Nachbarn war die politische Einflussnahme in Lettland deutlich stärker. So besetzte die *Kommunistische Partei* (KP) ihre Schlüsselpositionen überwiegend mit zugewanderten Personen. In der Folge wurden in der kleinen baltischen Republik zahlreiche Menschen aus anderen Sowjetrepubliken angesiedelt, was die Bevölkerungszusammensetzung grundlegend veränderte. Zwar war Lettland schon seit Beginn des 20. Jahrhunderts ein multikulturelles Land, doch während der Sowjetzeit gelang es den Kommunisten beinahe, die

5 Vgl. Gesetz über die politischen Parteien, abrufbar unter: http://www.likumi.lv/doc.php?id=139367 [Stand: 30. Mai 2009].

6 Vgl. Verfassung der Republik Lettland (FN 3).

7 Hierzu stellvertretend: Axel Reetz/Veiko Spolītis: Die Sehnsucht des Volkes nach einer unschuldigen Politik, in: Aktuelle Probleme postsozialistischer Länder. Das Beispiel Lettland, Wittenbach 2007, S. 134–146, auch abrufbar unter: http://www.infobalt.de/reetz/Lettland-Buch.pdf [Stand: 30. Mai 2009].

Letten in der eigenen Republik zur Minderheit zu machen.[8] Dieser Wandel in der ethnischen Zusammensetzung der Bevölkerung stellt den lettischen Staat bis heute vor ein „schwerwiegendes Integrationsproblem“, zumal sich die Anteile der ethnischen Minderheiten nicht grundlegend veränderten. Zugleich wirkt sich die unterschiedliche ethnische Zusammensetzung der Wahlbevölkerung in den einzelnen Landesteilen auf die Parteienpräferenz aus. Schneiden in den östlichen russischdominierten Regionen linke Gruppierungen besonders gut ab, sind im Westen rechte, lettisch-nationalistische Parteien erfolgreicher.[9]

Eng mit dieser Minderheitenproblematik hängt die unterschiedliche Rechtsstellung von Staatsbürgern und Nichtstaatsbürgern in der Verfassungspraxis zusammen. 1991 erhielten nur Bürger der lettischen Republik und deren Nachkommen die lettische Staatsbürgerschaft; alle anderen sahen sich einem Einbürgerungsverfahren ausgesetzt. Das 1994 verabschiedete Staatsbürgerschaftsgesetz formulierte erstmals die Voraussetzungen für den Erhalt der lettischen Staatsbürgerschaft, zu denen unter anderem ein Sprachtest, ein Loyalitätseid gegenüber Lettland und die Aufgabe anderer Staatsbürgerschaften zählen. Ohne ein entsprechendes Sprachzeugnis ist es gesetzlich untersagt, in bestimmten Berufen tätig zu sein.[10] Praktisch findet diese Regelung selten Anwendung. Erst 2002 wurde auf internationalen Druck hin eine Klausel im lettischen Wahlgesetz gestrichen, nach der Kandidaten zum Parlament Sprachkenntnisse der höchsten Stufe nachweisen mussten. Im Gegenzug wurde Artikel 18 der Verfassung um ein Bekenntnis zu Lettland erweitert, welches von jedem Parlamentsmitglied zu leisten ist: „Ich schwöre (verspreche feierlich) mit der Übernahme der Pflichten als Mitglied der Saeima vor dem lettischen Volk, Lettland treu zu sein, seine Souveränität und die lettische Sprache als einzige Amtssprache zu stärken, Lettland als unabhängigen und demokratischen Staat zu verteidigen und meine Pflichten ehrenvoll und gewissenhaft zu erfüllen.“[11] Laut *Thomas Schmidt* sichert die Staatsbürgerschafts- und Sprachgesetzgebung den ethnischen Letten somit die „Vormachtstellung im Land“ und definiert das lettische Volk als „grundlegende Staatsnation“.[12]

Abseits der Minderheitenproblematik sind die oftmals beschriebenen Aspekte der politischen Kultur des Postsozialismus in Lettland ausgeprägter als in anderen ehemaligen Sowjetrepubliken. Die „gelernte Passivität im öffentlichen Leben“[13] erklärt die lettische Soziologin

8 1935 betrug der Anteil der russischen Bevölkerung in Lettland 8,8 Prozent (bei 77,0 Prozent Letten). 1989 hatte sich der lettische Bevölkerungsanteil auf 52,0 Prozent verringert, der russische auf 34,0 Prozent erhöht. Die Bevölkerungszusammensetzung 2006 wies mit 59,8 Prozent Letten und 28,3 Prozent Russen ähnliche Verhältnisse auf. Vgl. Thomas Schmidt (FN 1), S. 111–151, hier S. 112; Centrālā statistikas pārvalde: Demogrāfiskās statistikas galvenie rādītāji 2006.g., abrufbar unter: http://www.csb.lv/images/modules/items/item_file_4351_demografijaa42006.pdf [Stand: 30. Mai 2009].

9 Vgl. Thomas Schmidt (FN 1), S. 134.

10 Vgl. ebd., S. 117.

11 Vgl. Verfassung der Republik Lettland (FN 3), Art. 18.

12 Vgl. Thomas Schmidt (FN 1), S. 134.

13 Jakob Juchler: Schwierige Demokratisierungsprozesse. Zur politischen Entwicklung in den Reformländern Osteuropas, in: Osteuropa 44(1994)2, S. 125–141, hier S. 125; ders.: Osteuropa im Umbruch: politische, wirtschaftliche und gesellschaftliche Entwicklungen 1989–1993 – Gesamtüberblick und Fallstudien, Zürich 1994, S. 123. *Tabuns* und *Tabuna* schreiben: „There is no doubt that the Soviet regime fundamentally denied individual autonomy, reducing opportunities for personal choice and self-expression.“ Vgl. Aivars Tabuns/ Ausma Tabuna: Estranged Europeans – sociological investigation of Latvian society, in: Humanities and Social Sciences 22(1999)1, S. 28

Aivita Putniņa als eine zu sowjetischen Zeiten erlernte Form des Protests.[14] In der Zeit hoher politischer Aktivität der Bevölkerung während der Liberalisierung unter *Gorbatschow* erlebten die Menschen ein großes Maß an Einigkeit. Diese Geschlossenheit ließ sich nicht aufrechterhalten und wurde begleitet durch ein falsches Verständnis von Demokratie in Ermangelung langjähriger Erfahrungen. Nach der Unabhängigkeit stellte sich angesichts der wirtschaftlichen Probleme und der sozialen Härten schnell Unzufriedenheit mit der Leistungsfähigkeit demokratischer Politik ein. Dies führte zu einem generell negativen Politikverständnis.[15] Signifikant für diese Entwicklung war der Rückgang der Wahlbeteiligung nach den ersten postsowjetischen Wahlen 1993.[16] „Die erworbene Abneigung gegen die vorangegangene autoritäre Form der Politik mischt sich in bedenklicher Weise mit Frustration gegenüber den Resultaten einer Demokratisierung, die fast ausschließlich durch die Parteieliten getragen wird“[17], so der Befund *Dieter Segerts*. Diese Frustration ist in Lettland nicht immer ungerechtfertigt. Besonders mit Blick auf die innenpolitischen Querelen seit Ende 2006[18] kann von „good governance“ keine Rede sein. Wiewohl im Herbst 2007 erstmals seit der „Regenschirmrevolution“[19] 1989/90 tausende Letten an Demonstrationen teilnahmen, ist angesichts der Erfolglosigkeit des Massenprotestes wieder Lethargie eingekehrt. Politikverdrossenheit ist zwar auch in Westeuropa kein fremdes Phänomen, aber in Lettland mittlerweile so stark ausgeprägt, dass 2008 ein wichtiges Referendum zur Verfassung wegen geringer Beteiligung scheiterte, welches dem Wähler – ebenfalls per Referendum – künftig das verfassungsmäßige Recht zugestehen sollte, die Auflösung des Parlamentes zu beantragen.[20]

2 Wahlentwicklung

Die Wahl zum lettischen Parlament 2006 stellte ein Novum in der Geschichte des Landes nach der wiedergewonnenen Unabhängigkeit dar: Erstmals wurde eine Regierung im Amt bestätigt.[21] Bis dahin prägten unterschiedlich zusammengesetzte Mehrparteienkoalitionen,

---

14 Vgl. Aivita Putniņa: Strādāsim vai noalgosim Antiņu? Interview mit www.politika.lv vom 11. September 2001, abrufbar unter: http://www.politika.lv/index.php?id=7814 [Stand: 30. Mai 2009].

15 Vgl. hierzu stellvertretend: Axel Reetz/Veiko Spolītis (FN 7), S. 134–146.

16 Wahlbeteiligung bei den lettischen Parlamentswahlen: 1993 89,0 Prozent, 1995 71,9 Prozent, 1998 71,9 Prozent, 2002 71,2 Prozent, 2006 62,3 Prozent.

17 Dieter Segert: Die Entwicklung der Parteienlandschaft im ostmitteleuropäischen Transformationsprozess, in: Hans Süssmuth (Hrsg.): Transformationsprozesse in den Staaten Ostmitteleuropas 1989–1995, Baden-Baden 1998, S. 90–111, hier S. 108.

18 Dazu zählt u. a. Ereignissen der Versuch, eine verfassungsrechtlich fragliche Änderung im Gesetz über die nationale Sicherheit gleichsam per Dekret durchzusetzen und die anschließende Wahl des Arztes Valdis Zatlers, der Schwarzgelder von Patienten angenommen hatte, zum Präsidenten. Vgl. Axel Reetz: Gratis-Zirkus in Lettland. Ivars Godmanis neuer Ministerpräsident, in: Baltische Briefe Nr. 1/2008, S. 4–6, abrufbar unter: http://axelreetz.blogspot.com/2007/12/gratis-zirkus-in-lettland-neufassung.html [Stand: 30. Mai 2009].

19 Der Wunsch der Regierung, den Chef der Antikorruptionsbehörde, *Aleksejs Loskutovs*, abzusetzen, brachte das Fass zum Überlaufen. Dennoch wurde er im folgenden Jahr aus dem Amt entfernt.

20 Im Gegensatz zu gewöhnlichen Referenden, zu deren Gültigkeit das Quorum von wenigstens der Hälfte der teilnehmenden Wähler der vorherigen Parlamentswahl benötigt wird, war für eine Verfassungsänderung die Hälfte der Wahlberechtigten erforderlich.

21 Vgl. Andreas von Below: Lettland hat gewählt – Partei von Ministerpräsident Kalvitis ist Wahlsieger, in: KAS-Länderbericht vom 12. Oktober 2006, abrufbar unter: http://www.kas.de/wf/doc/kas_9344-544-1-30.pdf [Stand: 30. Mai 2009].

meist der national-konservativen Parteien, die Regierungsbildung in der baltischen Republik. Mit der Regierungsbeteiligung war oftmals eine Mäßigung der extremistischen Gruppierungen verbunden, welche einerseits zu Stimmenverlusten führte, andererseits die Aufspaltung der extremistischen Parteien förderte.

Bei den ersten demokratischen Wahlen 1993 zogen zwei nationalistische Parteien in das lettische Parlament ein – *Lettlands Nationale Unabhängigkeitspartei* (*Latvijas Nacionālās Neatkarības Kustība* – LNNK) und die Partei *Für Vaterland und Freiheit* (*Tevzemei un Brīvībai*[22] – TB) (Tabelle 1). Beide haben ihre Wurzeln in der nationalradikalen Strömung der lettischen Unabhängigkeitsbewegung vor 1991, welche eine vollständige Wiederherstellung der lettischen Souveränität gefordert und sich gegen den Verbleib sowjetischer Zuwanderer in Lettland ausgesprochen hatte.[23] Traten sie nach der ersten Parlamentswahl bereits als einflussreiche Oppositionsparteien in Erscheinung, veränderte sich ihr Status nach den Wahlen zur sechsten Saeima 1995. Die TB konnte ihr Ergebnis mehr als verdoppeln und wurde mit 14 Parlamentssitzen Mitglied der neuen Regierungskoalition. Die LNNK verlor hingegen die Hälfte ihrer Sitze. 1997 vereinigte sie sich mit der TB zur Partei *Für Vaterland und Freiheit/ Lettlands Nationale Unabhängigkeitsbewegung* (*Tevzemei un Brīvībai/Latvijas Nacionālās Neatkarības Kustība* – TB/LNNK), die fortan das rechtsnationale Spektrum dominierte und von Juli 1997 bis November 1998 den lettischen Ministerpräsidenten (*Guntars Krasts*) stellte. Allerdings führte die Regierungsbeteiligung bis zum Jahr 2004 zu einer „Entradikalisierung und Hinwendung zur politischen Mitte"[24], welche sich 2002 in erheblichen Stimmenverlusten niederschlug. Die TB/LNNK fiel hinter das Wahlergebnis der TB von 1993 zurück. Erst ohne die „Vorbelastung" einer Regierungsbeteiligung konnte die Partei 2006 wieder Stimmengewinne verbuchen und sich somit im Parteienspektrum etablieren.

Demgegenüber stand Mitte der 1990er Jahre der Erfolg der wichtigsten rechtsextremistischen Partei Lettlands. Als Abspaltung der LNNK gründete der Deutsche *Joachim Siegerist* 1995 die *Volksbewegung für Lettland* (*Tautas Kustība Latvijai* – TKL) – auch *Siegerist-Partei* (*Zīgerista Partija*) –, die mit 14,9 Prozent zweitstärkste Kraft im lettischen Parlament wurde. Ihr erfolgloser Versuch einer Regierungsbeteiligung, für die *Siegerist* eine Koalition mit den Kommunisten anstrebte, führte innerhalb eines Monats nach den Wahlen zum Zerfall der Partei. 1998 erhielt sie nur noch 1,7 Prozent der Stimmen und verschwand in der Bedeutungslosigkeit.[25]

Diese Kurzlebigkeit gilt für alle anderen rechtsextremen Gruppierungen, die bei den bisherigen Parlamentswahlen deutlich an der Fünf-Prozent-Hürde scheiterten. Vereinigungen wie *Unser Land* (*Mūsu Zeme*), die seit 1995 mit der *Antikommunistischen Vereinigung* (*Pretkomunistu apvienība*) kandidierte, *Māras Land* (*Māras Zeme*) und die Nachfolgeorganisation der Gruppe *Helsinki 86*, *Union der Nationalen Kräfte* (*Nacionālā Spēka Savienība* – NSS), blieben bislang ebenso ohne Parlamentssitz wie die *Partei der Letten* (*Latviešu Partija*) und die Partei *Alles für Lettland!* (*Visu Latvijai!*).

22 Diese Worte stehen auf dem während der Herrschaft von *Kārlis Ulmanis* errichteten Freiheitsdenkmal.
23 Vgl. Thomas Schmidt (FN 1), S. 138.
24 Ebd.
25 Vgl. Nils Muiznieks: Latvia, in: Cas Mudde (Hrsg.): Racist Extremism in Central and Eastern Europe, London u.a. 2005, S. 101–128, hier S. 103f.

Tabelle 1 Ergebnisse der extremistischen Parteien bei den lettischen Parlamentswahlen 1993–2006 (in Prozent)

Partei	1993	1995	1998	2002	2006
Alles für Lettland!	---	---	---	---	1,5
Helsinki 86	---	---	0,2	---	0,1[1]
L	5,8	---	---	---	---
LSP	---	5,6[2]	---	---	---
Māras Land	---	---	0,2	0,2	0,5
Partei der Letten	---	---	---	---	0,4
PCTVL	---	---	14,1[3]	19,0[4]	6,0[5]
TKL	---	14,9	1,7	---	---
Unser Land/	0,8	0,5[6]	---	0,1[6]	0,2[6]
Antikommunistische Vereinigung	0,5				
Quelle: Zentrale Wahlkommission, abrufbar unter: http://web.cvk.lv/pub/public/28757.html [Stand: 1. Dezember 2009].					

[1] Als NSS.
[2] Gemeinsame Kandidatur von L und LSP auf der Liste der LSP.
[3] Auf der Liste der TSP.
[4] Als Wahlbündnis von L, LSP und TSP.
[5] Ab Juni 2003 kandidierten nur noch die Abgeordneten der L unter dem Namen PCVTL.
[6] Als Vereinigung *Unser Land.*

Im linken politischen Spektrum spiegelt sich die vorherrschende Minderheitenproblematik in Lettland wider. Die aus der KP hervorgegangene Gruppierung *Lettlands Demokratische Partei der Arbeit* (*Latvijas Demokrātiskā Darba Partija* – LDDP) verpasste 1993 deutlich den Einzug in das Parlament, 1995 knapp und vereinigte sich anschließend mit der *Sozialdemokratischen Arbeiterpartei Lettlands* (*Latvijas Sociāldemokrātiskā Strādnieku Partija* – LSDSP), die unter der Führung des ehemaligen KGB-Offiziers *Juris Bojārs* versuchte, prorussisch-nationalistische Ansichten in die gemäßigte Partei zu integrieren.[26] Dabei scheiterte er ebenso wie die linkspopulistische, gleichwohl nicht linksextreme *Demokratische Partei Saimnieks* (*Demokrātiskā Partija Saimnieks* – DPS), die noch 1995 als stärkste Kraft aus den Wahlen hervorgegangen war. Erfolgreicher waren sozialistisch orientierte, linksextreme Parteien, welche die russische Minderheit repräsentieren. Von 1998 bis Ende 2002 agierte das Wahlbündnis *Für Menschenrechte in einem vereinten Lettland* (*Par Cilvēka Tiesībām Vienotā Latvijā* – PCTVL) als Zusammenschluss der gemäßigten *Partei der Volksharmonie* (*Tautas Saskaņas Partija* – TSP), der extremistischen *Sozialistischen Partei Lettlands* (*Latvijas Socialistiskā Partija* – LSP) und der Gruppe *Gleichberechtigung* (*Līdztiesība* – L). Die aus

26 Vgl. Ivo Pospíšil: Republika Loyšsko, in: Petr Fiala: Politické strany ve strední a východní Evrope. Ideove-politický profil, pozice a role politických stran v postkomunistických zemích, Brünn 2002, S. 207–222, hier S. 213.

der *Interfont* entsprungene *Līdztiesība*, der 1993 mit 5,8 Prozent der Einzug in die Saeima gelang, verbündete sich zwei Jahre später mit der LSP, die 1994 als Reaktion auf das Verbot der KP entstand, weshalb ihre Kandidaten überwiegend dem alten Parteiapparat entstammten. Die Partei bestätigte ihren Erfolg. 1998 kandidierten beide Parteien auf der Liste der TSP und 2002 gemeinsam im Bündnis PCTVL. Ihrem beachtlichen Wahlerfolg – mit 19,0 Prozent zweitstärkste Partei bei den Parlamentswahlen 2002 – folgte im Februar 2003 der Austritt der TSP aus dem Bündnis. Kontroversen über die Haltung der Allianz zur Mitgliedschaft Lettlands in der NATO und der EU führten ebenso zum Bruch wie die Forderung der LSP nach einer Wiederzulassung der KP.[27] Nach dem Austritt der LSP bestand die PCTVL einzig aus den verbliebenen Abgeordneten der *Līdztiesība*. Als neue Allianz sozialistisch, russischorientierter Parteien formierte sich unter der Führung der TSP ab 2005 das *Harmoniezentrum* (*Saskaņas Centrs* – SC), dem sich die LSP zusammen mit weiteren Kleinparteien im selben Jahr anschloss.[28] Das Bündnis präsentierte sich als gemäßigte Vertretung der russischsprachigen Minderheit und stellte nach den Wahlen 2006 mit 14,4 Prozent die viertgrößte Fraktion im lettischen Parlament. Die linksextreme, radikal prorussische PCTVL musste hingegen hohe Stimmverluste hinnehmen und erhielt „nur" 6,0 Prozent der Stimmen. Obwohl beiden Parteien eine Regierungsbeteiligung versagt blieb, ist die Spaltung der Parteien ein Indiz für die Verlagerung der Wählerschaft hin zu einer gemäßigteren Alternative.[29]

3 Extremistische Parteien

3.1 Rechtsextremismus

Die Wurzeln des lettischen Rechtsextremismus liegen in der außerparlamentarischen nationalradikalen Opposition gegen die sowjetische Herrschaft in den späten 1980er Jahren. Das politische Tauwetter nach dem Machtantritt von *Michail Gorbatschow* 1985 führte in Lettland zur Entstehung einer nationalen Bewegung, die sich in extremistische und moderate Kräfte teilte. Beide einte die Forderung nach Wiederherstellung der Unabhängigkeit Lettlands. Befürworteten die moderaten Kräfte, die sich nach estnischem Vorbild 1988 mit reformorientierten Kommunisten in der *Volksfront* (*Latvijas Tautas Fronte*) zusammenschlossen, ein langsames Vorgehen, votierten die radikalen Kräfte für die sofortige nationale Unabhängigkeit.

Zu den konsequenten Verfechtern der nationalen Unabhängigkeit zählten die drei Aktivisten *Linards Grantiņš, Raimonds Bitenieks* und *Mārtiņš Bariss*, die bereits 1986 – sich auf die KSZE-Schlussakte berufend – die nationalistische Gruppe *Helsinki 86* gründeten. Im Frühjahr 1987 gedachten sie mit einer Blumenniederlegung am Freiheitsdenkmal[30] in Riga der Opfer des kommunistischen Terrors und organisierten im August eine Protestdemonstration im Gedenken an den *Molotow-Ribbentrop* Pakt. Bereits am 10. Juli 1988 gründeten die Ver-

27 Vgl. Thomas Schmidt (FN 1), S. 138.
28 Vgl. Homepage der LSP, abrufbar unter: http://www.latsocpartija.lv/?sect=18&cid=119&p= [Stand: 30. Mai 2009].
29 Vgl. Andreas von Below (FN 21).
30 Das auffällige Freiheitsdenkmal neben der Altstadt von Riga war zwar während der Sowjetzeit nicht abgerissen worden, sich ihm zu nähern, war jedoch verboten.

fechter eines radikaleren Vorgehens *Lettlands Nationale Unabhängigkeitsbewegung*. Zu den Initiatoren zählte der in den 1960er Jahren aus Russland zurückgekehrte Nationalkommunist *Eduard Berklavs* – nun in der Rolle eines Dissidenten.[31] Rechtsextreme Kräfte organisierten sich außerdem in Bürgerkomitees, die das Ziel verfolgten, die jungen Bürger Lettlands zum Zeitpunkt der Okkupation und deren Nachkommen zu registrieren, um anschließend ein Alternativparlament, den *Bürgerkongress* (*Pilsoņu Kongress*), wählen zu können. Sowohl die Bürgerkomitees als auch die LNNK betrachteten den *Obersten Sowjet* als illegitim, da alle Einwohner Lettlands, einschließlich der Migranten und Armeeangehörigen aus der Zeit der sowjetischen Herrschaft, das Wahlrecht besaßen. Beide national-orientierten Kräfte boykottierten die Wahlen zum *Obersten Sowjet* 1990.[32] Mit der Missachtung des Boykotts durch die Bevölkerung, die sich größtenteils vor möglichen Reaktionen aus Moskau fürchtete, verlor der *Bürgerkongress* jedoch an Bedeutung.

Aus den Komitees ging 1993 eine der wenigen von unten gegründeten Parteien *Für Vaterland und Freiheit* (TB) hervor, die sich auch nach der Unabhängigkeit in ihren Inhalten am *Bürgerkongress* orientierte. In den 1990er Jahren kämpfte die Partei für die Durchsetzung strenger Sprach- und Staatsbürgerschaftsgesetze und war Initiator zweier Versuche, mit Hilfe von Volksabstimmungen die lettische Gesetzgebung zu verschärfen. 1996 erreichte das Volksbegehren nicht die nötige Unterschriftenzahl; 1998 blockierte sie zunächst erfolgreich die Änderung des Staatsbürgerschaftsgesetzes im Parlament, scheiterte jedoch beim folgenden Referendum.[33] Für die LNNK war nach der Unabhängigkeit der Abzug russischer Militärs und offizieller Mitarbeiter der *Kommunistischen Partei* das wichtigste Ziel. Im Zuge des Zusammenschlusses zur TB/LNNK und ihrer Regierungsbeteiligung wandte sich die neue Partei vermehrt wirtschaftlichen Themen zu, orientierte sich in ihren Konzepten an den demokratischen Parteien und verzichtete auf die nationalistischen Inhalte der Anfangsjahre. TB/LNNK bezeichnet sich heute selbst als national und konservativ. Sie befürwortet in ihrem Programm vom 8. Oktober 2004 und in den „Prioritäten" für die Jahre 2008 bis 2010 eine restriktivere Minderheitenpolitik.[34] Die Partei fordert die Rücknahme zahlreicher Integrationsmaßnahmen gegenüber der russischsprachigen Minderheit, setzt sich für eine stärkere Betonung der lettischen Sprache und Kultur innerhalb des Landes ein sowie für die strikte Überwachung und Einhaltung der Verfahren zur Erlangung der Staatsbürgerschaft. Sie verteidigt die Hürden für Sprachprüfungen und initiiert Gesetze, um den Gebrauch der russischen Sprache einzuschränken.[35] Ziel der Partei ist eine lettische Sprachnation. Das Mo-

31 Vgl. Latvijas Valsts Arhīvs/Latvijas Nacionāli Konservatīvā Partija – LNNK (Hrsg.): Tauta Zeme Valsts, Latvijas Nacionālā Neatkarības Kustība dokumentos, Riga 1995, S. 5, 8.

32 Vgl. Ļubova Zīle: Sabiedrības spēku polarizācija, in: Latvijas Universitātes žurnāla „Latvijas Vēsture" fonds, Latvijas Zinātņu akadēmijas Baltijas stratēģisko pētījumu centrs (Hrsg.): Latvijas valsts atjaunošana 1986–1993, Riga 1998, S. 181–183.

33 45 Prozent sprachen sich für eine Aufhebung der Änderung, 53 Prozent für eine Beibehaltung aus. Vgl. Neil Munro/Richard Rose: Elections and parties in new European democracies, Washington, D.C. 2003, S. 196.

34 Vgl. Apvienības TB/LNNK prioritātes turpmākajam triju gadu periodam (2008–2010). I Pamatprincipi, abrufbar unter: http://www.tb.lv/page.php?pgID=051e4e127b92f5d98d3c79b195f2b291&lang=est [Stand: 10. Juni 2009]; Wahlprogramm der TB/LNNK zur 9. Saeima, abrufbar unter: http://www.tb.lv/page.php?pgID=1d7f7abc18fcb43975065399b0d1e48e&lang=est [Stand: 18. Juni 2009].

35 Vgl. Verbot der russischen Sprache im lettischen Parlament initiiert, in: RIA Novosti vom 19. September 2006, abrufbar unter: http://de.rian.ru/postsowjetischen/20060919/54055624.html [Stand: 18. Juni 2009]; Lettisches Parlament gegen Verbot des Fremdsprachengebrauchs in seinen Sitzungen, in: RIA Novosti vom

dell einer Staatsnation, welches dem multiethnischen Charakter der lettischen Bevölkerung entsprechen würde, lehnt sie ab.[36] Im Oktober 2007 brachte die TB/LNNK einen Gesetzesvorschlag im lettischen Parlament ein, der den Veteranen der Waffen-SS-Legion staatliche Vergünstigungen einräumen sollte.[37] Die Partei fordert die Anerkennung und Verurteilung der sowjetischen Okkupation. Ferner setzt sie sich für die Entwicklung der EU als losen Zusammenschluss von Nationalstaaten ein.[38]

Eine der bekanntesten Personen des lettischen Rechtsextremismus ist der Deutsche *Joachim Siegerist*. Der frühere Vorsitzende der *Deutschen Konservativen* hatte 1992 als Sohn eines lettischen Vaters die Staatsangehörigkeit erhalten. Im Wahlkampf 1993 finanzierte er die aggressive Wahlkampagne der LNNK gegen die Nachfolgeorganisationen der *Kommunistischen Partei* mit teilweise ganzseitigen Zeitungsanzeigen. Er wandte sich lautstark gegen Korruption und zog für die LNNK in das lettische Parlament ein. Als gewählter Abgeordneter verpasste *Siegerist* die meisten Parlamentssitzungen und verbrachte den Großteil seiner Zeit in Deutschland. Viele Sympathisanten der Unabhängigkeitsbewegung fühlten sich durch diesen Politikstil eher abgestoßen.[39] 1993 erfolgte sein Ausschluss aus der Partei wegen „wiederholten parteischädigenden Verhaltens".[40]

Siegerist zog sich nicht aus der Politik zurück, sondern gründete die rechtsextreme *Volksbewegung für Lettland* bzw. *Siegerist Partei* (TKL), die nach den Wahlen 1995 in einem stark fragmentierten Parlament entgegen aller vorherigen Umfragen mit 14,9 Prozent zweitstärkste Kraft wurde.[41] *Siegerists* Popularität gründete insbesondere auf populistischen Äußerungen, in denen er für die Wahrung von Recht und Ordnung eintrat. Im Wahlkampf sprach er zumeist Deutsch und propagierte weiterhin Antikommunismus, indem er vor einer Überfremdung durch die russischsprachige Minderheit warnte.[42] In einer Pressemitteilung

21. September 2006, abrufbar unter: http://de.rian.ru/postsowjetischen/20060921/54128067.html [Stand: 18. Juni 2009].

36 Vgl. Sabine Riedel: Nationalismus im EU-Parlament. Parteien, Standpunkte und Gegenstrategien vor den Europawahlen 2009, in: SWP-Studie Nr. 37/2008, Berlin 2008, S. 24, abrufbar unter: http://www.swp-berlin.org/common/get_document.php?asset_id=5623 [Stand: 18. Juni 2009].

37 Dem Gesetzentwurf zufolge sollten Soldaten der lettischen Legion nationalen Partisanen gleichgestellt werden, die in den Jahren von 1945 bis 1953 in Lettland gegen die Sowjetmacht gekämpft hatten. Letzte haben eine Vielzahl von Privilegien, sie beziehen unter anderem einen speziellen Zuschuss vom lettischen Verteidigungsministerium. Der Vorschlag wurde am 4. Oktober 2007 vom lettischen Parlament abgelehnt. Vgl. Lettland: Parlament stimmt gegen Privilegien für SS-Veteranen, in: RIA Novosti vom 4. Oktober 2007, abrufbar unter: http://de.rian.ru/postsowjetischen/20071004/82447190.html [Stand: 18. Juni 2009]; Anton Maegerle: Rechts am Rand in Osteuropa. Ein Überblick über osteuropäische Rechtsaußenparteien vom 3. Juni 2009, hier unter: http://www.bpb.de/themen/94RSX4,0,Rechts_am_Rand_in_Osteuropa.html [Stand: 18. Juni 2009].

38 Vgl. Apvienības TB/LNNK prioritātes turpmākajam triju gadu periodam (FN 35).

39 Vgl. Einars Semanis: The transition of the political regime in Latvia, Preelection situation in 1993, Riga 1993, S. 9; Valdis Blūzma: Sabiedriski politiskās domas un partiju sistēmas attīstība, in: Latvijas Universitātes žurnāla „Latvijas Vēsture" fonds, Latvijas Zinātņu akadēmijas Baltijas stratēģisko pētījumu centrs (Hrsg.): Latvijas valsts atjaunošana 1986–1993, Riga 1998, S. 367.

40 Vgl. Deutscher Bundestag: Drucksache 14/5635, S. 11, abrufbar unter: http://dip21.bundestag.de/dip21/btd/14/056/1405635.pdf [Stand: 6. Juni 2009].

41 *Zepa* erklärt dies mit der Schweigespirale *Noelle-Neumanns*. Vgl. Ilze Ostrovska: 6. Saeimas vēlēšanās: izvēle un rezultāti, in: Socioloģijas un politoloģijas žurnāls Nr. 7/1996, S. 45; Brigita Zepa: Vēlētāju uzvedība un pašvaldību vēlēšanās 1990–1995, in: Socioloģijas un politoloģijas žurnāls Nr. 7/1996, S. 11–18, hier S. 16.

42 Vgl. Lettland ohne regierungsfähige Mehrheit, in: Welt-Online vom 4. Oktober 1995, abrufbar unter: http://www.welt.de/print-welt/article662630/Lettland_ohne_regierungsfaehige_Mehrheit.html [Stand: 3. Mai 2009].

im November 1994 formulierte *Siegerist* fünf Punkte der neuen Partei, die im Vorfeld der Parlamentswahlen in ein Programm gewandelt wurden.[43] Entgegen den rechtsextremen Ansichten ihres Vorsitzenden blieb das Wahlprogramm der TKL vage. Wurzel allen Übels sei die 50 Jahre währende kommunistische Diktatur. Neben der demografischen Struktur habe sie alle Elemente einer gesunden Gesellschaft zerstört, den wirtschaftlichen Zusammenbruch Lettlands verursacht und zu Korruption und Kriminalität geführt. Darüber hinaus formulierte die Partei sieben Ziele. Die Systemfrage stellte sie jedoch nicht (mehr). Neben populistischen Forderungen nach „Wohlstand für Alle" und einer „Schaffung von Arbeitsplätzen mit zufriedenstellenden Löhnen" strebte die TKL eine selbstbewusstere Nation sowie eine stärkere Betonung der lettischen Identität und Sprache an. Ebenso forderte sie eine kleine, gut ausgebildete und starke lettische Armee zum Schutz des Landes. Konkrete Maßnahmen und Schritte zur Umsetzung der Ziele nannte die TKL in ihrem Programm nicht.[44]

Aufgrund der Person *Siegerists* und seiner extremistischen Äußerungen im Wahlkampf verweigerten die lettisch nationalen Parteien die Bildung einer Koalitionsregierung mit der TKL. In der Opposition präsentierte sich die Partei zunehmend profillos und zersplittert. Nach den Parlamentswahlen 1998, bei denen sie mit einem nahezu unveränderten Programm antrat, verschwand sie von der politischen Bühne. *Siegerist* legte nach der verheerenden Niederlage noch am Wahlabend seine Parteiämter nieder und zog sich aus der lettischen Politik zurück. Über Artikel und Anzeigen in großen lettischen Zeitungen nimmt der Deutsche jedoch weiterhin Einfluss auf die Politik.[45] Laut Informationen des Deutschen Bundestages sammelte *Siegerist* Spenden für die Errichtung einer Soldatenkappelle und eines Museums zu Ehren der SS-Legionäre auf einem von ihm zur Verfügung gestellten Grundstück. Seit Ende der 1990er Jahre hält sich Siegerist kaum noch in Lettland auf und ist politisch nahezu bedeutungslos.[46]

In ihrer Programmatik und Ideologie weisen die nationalistischen Parteien Lettlands zahlreiche Gemeinsamkeiten auf. Sie eint die Ablehnung der Zeit unter sowjetischer Okkupation, die Glorifizierung der Jahre der ersten lettischen Unabhängigkeit und die Verklärung der nationalsozialistischen Herrschaft als Widerstand gegen den Kommunismus – Mitglieder der lettischen Waffen-SS werden bis heute mit einem jährlichen Gedenkmarsch geehrt.[47] Ein wesentlicher Teil ihrer Programmatik forciert die Ausgrenzung der russischsprachigen Minderheit und fordert eine verschärfte Staatsbürgerschafts- und Sprachgesetzgebung. Ebenso signifikant ist eine programmatische Mäßigung der Parteien im Zuge der parlamentarischen Etablierung. Zahlreiche Akteure verließen die Szene, demokratisierten sich innerhalb des parlamentarischen Systems und distanzierten sich von ihren nationalistischen Positionen der

---

43 Vgl. Joahims Zīgerists: Joahims Zīgerists – beidzot lielā diena ir klāt! vom 1. November 1994, abrufbar unter: http://www.politika.lv/index.php?id=101385&lang=lv [Stand: 18. Juni 2009].

44 Vgl. Wahlprogramm der TKL zur 6. Saeima, abrufbar unter: http://web.cvk.lv/pub/public/27765.html [Stand: 1. Juli 2009].

45 Er kritisierte u. a. den EU-Beitritt des Landes und verglich ihn mit der Okkupation durch die Sowjetunion. Vgl. Nils Muiznieks (FN 25), S. 104.

46 Vgl. Deutscher Bundestag (FN 40), S. 3.

47 Die Saeima lehnte im Oktober 2008 den Antrag aus der Fraktion *Für Vaterland und Freiheit* ab, den Legionären denselben Status zuzusprechen, wie den Mitgliedern des nationalen Widerstandes gegen die Sowjetokkupation. Der Antrag wurde von der *Neuen Zeit* (*Jaunais Laiks* – JL) und ihrer Abspaltung, unter Führung der ehemaligen Außenministerin und vorübergehenden EU-Kommissarin *Sandra Kalniete*, *Bürgerliche Union* (*Pilsoniskā Savienība*) unterstützt, die beide nicht extremistisch sind. Vgl. Saeima atkārtoti noraida TB/LNNK ierosinājumu piešķirt pabalstu leģionāriem vom 25. September 2008.

Anfangsjahre. Die TB/LNNK präsentiert sich als gemäßigt, trägt Regierungsverantwortung und engagiert sich in Europa. Die TKL ist nicht mehr existent.

Kleine Parteien mit einer rechtsextremen Ideologie wie *Unser Land, Māras Land* und die *Partei der Letten* sind marginal und ohne Aussicht auf parlamentarische Repräsentation. Keine der Gruppierungen verfügt über 100 registrierte Mitglieder.[48] Sie verharren in ihren Forderungen aus den frühen 1990er Jahren.[49] Neben traditionellen Elementen wie der Ablehnung des Wahlrechts für Nichtletten sowie der Forderung nach Repatriierung und Kompensationszahlungen präsentieren sie sich teils antisemitisch, homophob und euroskeptisch. Ebenso betrachten sie die steigende Zahl an nichteuropäischen Immigranten als Bedrohung der lettischen Nation und des Kulturgutes.

3.2 Linksextremismus

Der lettische Linksextremismus weist bis heute wenig Beständigkeit auf. Absplitterungen und Parteiaustritte sind ebenso gegenwärtig wie Neugründungen und wechselnde Parteienbündnisse. Die Wurzeln der linksextremen Parteien liegen in der *Kommunistischen Partei Lettlands* (LKP) und ihren Nachfolgeorganisationen, die zumeist von ethnischen Russen geführt wurden. Ihr Ziel war es, die Auflösung der Sowjetunion und die Unabhängigkeit Lettlands zu verhindern. Daneben gab es ein eher lettisch geprägtes reformkommunistisches Lager, welches sich an der *Volksfront* beteiligte. Bereits im Januar 1989 gründete der ehemalige Vorsitzende der KP *Alfrēd Rubiks* die prosowjetische *Internationale Front der Werktätigen Lettlands* (*Latvijas Darbaļaužu Internacionālā Fronte*) – kurz *Interfront* –, die vorwiegend russischsprachige Mitglieder der KP vereinte. Als Gegenkraft zur *Volksfront* wandte sie sich gegen die nationale Unabhängigkeit Lettlands. Dem Verbot der *Interfront* folgte die Neugründung zahlreicher Parteien als Nachfolgeorganisationen der LKP. Sie vertraten (und vertreten) prorussische und sowjetnostalgische Ansichten. Zentrale Bezugspunkte ihrer Politik waren die Rechte der russisch-nationalen Minderheit in Lettland.

1993 trat die aus der *Interfront* hervorgegangene Partei *Gleichberechtigung* erfolgreich bei den Parlamentswahlen an. In ihrer Programmatik wandte sie sich gegen die Idee eines lettischen Nationalstaates, unterstützte die russische Minderheit und forderte das Staatsbürgerrecht für alle Einwohner. Russisch sollte als zweite Amtssprache anerkannt werden. Ideologisch setzte die Partei auf sozialistische Forderungen.[50] 1995 trat sie auf der Liste der als Reaktion auf das Verbot der LKP 1994 gegründeten *Sozialistischen Partei Lettlands* an, die sich ebenfalls als Vertretung der russischen Immigranten verstand. Das Bündnis forderte die Aufhebung der gesetzlichen Unterschiede zwischen den Bevölkerungsgruppen. Unter ihrem damals inhaftierten Vorsitzenden *Alfrēds Rubiks* vertrat die Parteiallianz eine

48 Vgl. Nils Muiznieks (FN 25), S. 102.

49 Vgl. Wahlprogramme der Parteien zur 9. Saeima, abrufbar unter: http://www.politika.lv/index.php?id=11012 [Stand: 6. Juni 2008].

50 Vgl. Wahlprogramm der L zur 5. Saeima, abrufbar unter: http://web.cvk.lv/pub/public/27483.html [Stand: 1. Juli 2009].

euroskeptische Position und war gegen einen NATO-Beitritt Lettlands. Eine Verbesserung des Wahlergebnisses von 1993 gelang nicht.[51]

In der Opposition näherten sich die linksextremen Gruppen bis 1998 der gemäßigten linken *Partei der Volksharmonie* (TSP) an. Die TSP trat für eine erleichterte Staatsbürgerschafts- und Sprachgesetzgebung ein, teilte jedoch nicht die sozialistischen und radikalen Ansichten der extremistischen Parteien. Als Fraktionsgemeinschaft *Für Menschenrechte in einem vereinten Lettland* (PCTVL) nahm das Bündnis erfolgreich an den Parlamentswahlen 1998 und 2002 teil.[52] In der Programmatik der Allianz vermengten sich mehr oder weniger stark kommunistisch-linksextremistische mit russisch-nationalistischen Standpunkten. Die Vereinigung verstand sich als alleinige Vertretung der Rechte und Interessen der russischsprachigen Minderheit und befürwortete enge Beziehungen zwischen Russland und Lettland. In Lettland geborenen Ausländern sollte das Recht auf die Staatsbürgerschaft bedingungslos eingeräumt werden. Zugleich forderte das Wahlbündnis die Anerkennung von Russisch als zweiter Amtssprache in Städten mit über 20 Prozent russischsprachigem Bevölkerungsanteil.[53]

Die PCTVL löste sich 2003 teilweise auf und besteht heute einzig aus den Abgeordneten der Partei *Gleichberechtigung*. Ideologisch distanzierte sich die Partei von den gemäßigten Ansichten der Bündnisjahre. Sie fordert eine vollständige Normalisierung der Beziehungen zu Russland und Weißrussland sowie ein stärkere Fokussierung der lettischen Wirtschaft auf diese Länder. Vehement spricht sie sich gegen die NATO-Mitgliedschaft aus. Unter dem Motto „Ein Gesetz, ein Recht für alle!" tritt die Partei für die offizielle Anerkennung der russischen Sprache als zweite Amtssprache ein und befürwortet ein Stimmrecht für die russische Minderheit bei Kommunalwahlen.[54] Sie pflegt enge Kontakte zu russischen Parteien. Die PCTVL ist heute die einzige linksextremistische Vertretung der russischsprachigen Minderheit in der Saeima.

Eine Sonderstellung nahm die aus dem kommunistischen Kadermillieu hervorgegangene *Demokratische Zentrumspartei* ein. Sie vereinigte sich 1994 mit der Organisation *Hausherr* (*Saimnieks*) des vormaligen *Volksfront*-Innenministers *Ziedonis Čevers*[55] zur *Demokratischen Partei Saimnieks* (DPS). Die Partei vertrat linkspopulistische, gleichwohl nicht linksextremistische Positionen und versprach u. a. die Beseitigung von Korruption und organisiertem Verbrechen innerhalb weniger Monate.[56] Im fragmentierten Parlament von 1995 war sie die stärkste politische Kraft. *Čevers* erhielt als zweiter Kandidat den Auftrag zur Regierungs-

51 Vgl. Wahlprogramm der LSP zur 6. Saeima, abrufbar unter: http://web.cvk.lv/pub/public/27759.html [Stand: 1. Juli 2009].

52 1998 auf der Liste der TSP. Vgl. Tabelle 1.

53 Vgl. Wahlprogramm der PCTVL zur 8. Saeima, abrufbar unter: http://web.cvk.lv/pub/public/27454.html [Stand: 1. Juli 2009].

54 Vgl. Wahlprogramm der PCTVL zur 9. Saeima, abrufbar unter: http://www.cvk.lv/cgi-bin/wdbcgiw/base/saeima9.cvkand9.sak [Stand: 1. Juli 2009].

55 Der Gründer der – angeblich – gegen das organisierte Verbrechen kämpfenden Stiftung *Sicherheit* (*Drošība*) gehört zu den umstrittensten politischen Persönlichkeiten in Lettland. Vgl. Axel Reetz: Die Entwicklung der Parteiensysteme in den baltischen Staaten. Vom Beginn des Mehrparteiensystems 1988 bis zu den dritten Wahlen, Wittenbach 2004, S. 108.

56 Vgl. ebd., S. 86.

bildung, scheiterte jedoch an der konservativen Mehrheit.[57] Die DPS verschwand nach den Parlamentswahlen 1998 in der Bedeutungslosigkeit und hat sich mittlerweile aufgelöst.

4 Nichtparteiförmiger Extremismus

Die ethnischen Verhältnisse Lettlands spiegeln sich in den nichtparteiförmig organisierten extremistischen Kräften wider. Radikal nationalistische Letten stehen nationalistischen Vertretern der russischsprachigen Minderheit gegenüber. Beide Lager zeichnet eine enge Verbindung zu den jeweiligen politischen Parteien aus, da Doppelmitgliedschaften gängig sind. Sie verfügen über gemeinsame Publikationsnetze. Dennoch agieren die militanten Gruppen unabhängig. Ein Großteil der extremistischen Aktivitäten geht von ihnen aus. Entgegen der ethnischen Trennung gibt es auch verbindende Elemente von lettischen und russischen Nationalisten. Beide präsentieren sich antisemitisch, in Teilen homophob und bedienen sich einer rassistischen Propaganda. Ihre Mitglieder sind zumeist jung, wenig gebildet und entstammen der sozialen Unterschicht. Sie stehen in Kontakt mit extremistischen Organisationen im Ausland. Zentrale Unterschiede herrschen in der ideologischen Verwurzelung, im jeweils nationalen Geschichtsbild und in der programmatischen Ausrichtung der militanten Gruppierungen.[58]

Die bekannteste lettisch-nationale extremistische Organisation ist die 1995 gegründete Bewegung *Donnerkreuz* (*Perkonkrusts*) – benannt nach der nationalistischen Partei der 1930er Jahre. Initiatoren der Gruppierung waren die ehemaligen *Aizargs*-Mitglieder *Valdis Raups*, *Aivars Vīksniņš* und *Vilis Liniņš* sowie der Kampfsport-Experte *Juris Rečs*. Im Kern besteht die Gruppe aus zwölf aktiven Mitgliedern, die mit anderen rassistisch-extremistischen Organisationen kooperieren. *Donnerkreuz* vertritt einen ethnisch-rassistischen Nationalismus, dessen Ziel ein „lettisches Lettland" ist, in dem sämtliche Staatsgewalt den Letten obliegt. Die Gruppe fordert eine Erneuerung der rassischen Reinheit der lettischen Bevölkerung, propagiert Antisemitismus und ging mehrfach gewaltsam gegen lettische Juden vor. Wirtschaftspolitisch lehnt sie Liberalismus und Kapitalismus ab, sie befürwortet eine strikte wirtschafts- und finanzpolitische staatliche Regulierung. Die Gruppe versteht sich als „lettische Kampfeinheit", die einen „heiligen Befreiungskampf" führt.[59] Diesen Ansichten verlieh die gewaltbereite Bewegung mit militanten Aktionen Nachdruck: *Donnerkreuz* verübte Anschläge auf Gaspipelines, plante den lettischen Telefonmonopolisten Lattelekom zu sabotieren und versuchte mehrfach das Denkmal des Sieges über den Faschismus zu sprengen. Strafrechtlich wurde die Gruppe erst nach dem Tod zweier Aktivisten bei einem Anschlagversuch im Juni 1997 verfolgt. Im Mai 2000 verurteilte das Gericht acht Mitglieder zu geringen Gefängnis- und Bewährungsstrafen. Am 28. Dezember 2000 erhielt *Juris Rečs* die „Höchststrafe" von drei Jahren. Dies waren die ersten Verurteilungen von Anstiftungen zum Rassenhass seit

57 Vgl. Manfred Kerner/Mārcis Gobiņš: Politische Parteien in Lettland. Persönlichkeiten, Programme, Perspektiven, in: Osteuropa 47(1997)2, S. 139–149, hier S. 142.
58 Vgl. Nils Muiznieks (FN 25), S. 102.
59 Vgl. Nils Muiznieks: Extremism in Latvia, abrufbar unter: http://www.politika.lv/temas/cilvektiesibas/5373 [Stand: 30. Juni 2009].

der erneuerten Unabhängigkeit 1991. Angebliche Verfahrensfehler führten 2001 zu einer Reduzierung der Strafen.[60]

Eine der wichtigsten Personen des unorganisierten Extremismus in Lettland ist *Aivars Garda*[61], Anführer der *Lettischen Nationalen Front* (*Latvijas Kultūras akadēmija* – LNF). Die LNF ist eine Vereinigung, die den am 18. November 1918 ausgerufenen lettischen Staat wiederherstellen will. Dies sei 1991 nicht geschehen.[62] Damals sei es der Elite der *Kommunistischen Partei* gelungen, die Macht zu behalten und anschließend das Land wirtschaftlich zugrunde zu richten. Es wird gefordert, dass die UNO die Annexion Lettlands im Jahre 1940 offiziell anerkennt. Erst ein rechtmäßig gewähltes Parlament könne Bestimmungen zur Staatsbürgerschaft machen.[63] Die Organisation richtet sich gegen die russischen Einwanderer, fordert eine Dekolonisierung und tritt stark homophob auf. Die LNF beteiligt sich aktiv am jährlichen Aufmarsch zu Ehren der lettischen SS-Legionäre.

Während die neonationalistischen Letten überwiegend endogene Züge aufweisen, sind die ultranationalistischen Russen organisatorisch wie inhaltlich eng mit gleichgesinnten militanten Gruppierungen in Russland verbunden. Die größte russische Vereinigung des nichtparteiförmigen Extremismus ist die *Russisch Nationale Einheit* (*Russkoe natsional'noe edinstvo* – RNE), die seit 1998 in Lettland aktiv ist, sich in ihrer Programmatik jedoch stark auf Russland bezieht. Sie sympathisiert mit den sowjetischen Soldaten des Zweiten Weltkrieges, organisiert Konzerte und Gedenkfeiern für die Veteranen. Militarismus ist das bestimmende Merkmal der Organisation. Als Basis dient der RNE Liepāja, ein ehemaliger sowjetischer Militärstützpunkt, auf dem altgediente sowjetische Offiziere junge Mitglieder militärisch ausbilden. Hinzu kommen regelmäßige Lehrgänge.[64] Ihre programmatischen Vorgaben erhält die RNE größtenteils aus Russland. Die Gruppe hatte regelmäßig Probleme mit den Strafverfolgungsbehörden und versuchte, ihre Aktivitäten zu legalisieren.[65] 1999 und 2001 wurde ihr die Registrierung als soziale Organisation *Kolovrat* verweigert. Seit Mai 2002 agiert sie unter dem Schutz der *Nationalen Demokratischen Partei* (*Latvijas nacionaldemokratiska partija* – LNDP). Die genaue Zahl der Aktivisten der RNE ist unbekannt – nach eigenen Angaben waren es um die Jahrtausendwende rund 200 Anhänger.[66] Realistisch ist heute eine Zahl deutlich unter 100 Mitgliedern.

Eine zweite Gruppierung des russischen Nationalismus ist die *Nationale Bolschewistische Partei* (NBP), die eng mit der gleichnamigen Partei in Russland verwoben ist. Die

60 Vgl. ebd.

61 In den Jahren 2001 und 2002 sicherte sich *Garda* durch antirussische und homophobe Aufsätze die Unterstützung einiger Politiker. Seine Hauptforderung war die sofortige Befreiung Lettlands von 700.000 Immigranten. Im Juni 2001 veröffentlichte *Garda* ein Buch mit 75 Aufsätzen zur Dekolonisierung Lettlands und zur Bekämpfung der Homosexualität. Vgl. Nils Muiznieks (FN 25), S. 109.

62 Lettland hat 1940 die Aufnahme in die Sowjetunion beantragt. Dem wurde in Moskau stattgegeben. Selbstverständlich war dieser Beschluss durch ein Parlament gefasst worden, welches aus unfreien Wahlen hervorging. Am 4. Mai 1990 beschloss der Oberste Sowjet Lettlands den nach der Verfassung der Sowjetunion möglichen Austritt aus der Sowjetunion.

63 Vgl. Latvijas Nacionālās frontes deklarācija 1998/2002, abrufbar unter: http://www.dddlnf.com/content/view/28/27/ [Stand: 11. Dezember 2008].

64 Vgl. Kommersant vom 17. Februar 1999.

65 Die Mitglieder der RNE erhielten die bis dahin längsten Haftstrafen (sechs Jahre und zehn Monate). Vgl. Nils Muiznieks (FN 25), S. 112.

66 Vgl. Biznes i Baltiia vom 16. Februar 1999.

Gruppe bezeichnet sich selbst als revolutionäre russisch-nationalistische Partei, die für eine Aufwertung der russischen Sprache eintritt. Ihre Programmatik ist antikapitalistisch und antieuropäisch. Die Mitgliedschaft in der NATO wird abgelehnt, eine engere Freundschaft mit Russland hingegen befürwortet.[67] Provokation ist die oberste Maxime der NBP. Mit Slogans wie „Arbeit oder Tod“ und „Die NATO ist schlimmer als AIDS“ versucht die Organisation, Aufmerksamkeit zu gewinnen. Neue Mitglieder wirbt die Gruppe mit den heilsversprechenden Aussagen: „Wir garantieren ihnen ein interessantes Leben und einen schönen Tod.“[68] Die NBP publiziert seit 2000 eine eigene Zeitung mit überwiegend antisemitischen Inhalten und verlinkt auf ihrer Internetseite zahlreiche internationale extremistische Bewegungen. Verbindungen mit anderen militanten Gruppen des russischen Nationalismus in Lettland hat die NBP nicht. Gelegentliche gemeinsame Aktionen mit der RNE wurden von offenen Anfeindungen in den Zeitungen der Organisationen überschattet. Die NBP in Lettland zählt nur 50 bis 60 aktive Mitglieder.[69] Strafrechtlich ist die Gruppe mehrfach verurteilt wurden, bekam aber nur milde Strafen. Die NBP ist heute in Lettland sporadisch aktiv und bemüht sich um die Rekrutierung jüngerer Anhänger.

5 Ergebnis

Die ethnische Zusammensetzung der lettischen Bevölkerung und der damit einhergehende Konflikt zwischen lettischen und russisch-nationalen Kräften prägen den politischen Extremismus in Lettland. In keiner baltischen Republik ist der Anteil der Minderheit so groß wie in Lettland. Extremistische Organisationen bedienen sich des ethnischen Cleavages. Eine klassische Unterscheidung zwischen Rechts- und Linksextremismus ist daher kaum möglich. Die Ideologie der Extremisten ist einerseits von den Erfahrungen der lettischen Republik, andererseits durch die 50 Jahre währende sowjetische Okkupation geprägt. Die lettisch-nationalen Kräfte betrachten die Zeit unter *Kārlis Ulmanis* als bedeutende Epoche des Landes und verklären die lettischen SS-Legionäre als Kämpfer gegen den Kommunismus. Die Zeit unter sowjetischer Besatzung gilt hingegen als Genozid am eigenen Volk. Die Vertreter der russischsprachigen Minderheit sehen dagegen die Zeit unter sowjetischer Herrschaft als blühende Epoche Lettlands. Charakteristisch für beide Seiten ist eine einseitige Betrachtung der Vergangenheit.

Grundsätzlich begünstigt – trotz aller Spannungen – weder die lettische noch die russische politische Kultur das Auftreten von politischem Extremismus. Radikale Nationalisten haben keine Etablierungschancen in der Mehrheitsbevölkerung, welche sich vorwiegend nach Normalität sehnt und instinktiv jeglichen politischen Radikalismus ablehnt.[70] Paradoxerweise

67 Vgl. Programm der NBP, in: General'naia Liniia 9/11.

68 Ihre Mitglieder tragen Armbinden, auf denen Hammer und Sichel abgebildet sind, und präsentieren auf Demonstrationen Bilder von Stalin und anderen führenden Funktionären der KPdSU. Vgl. Tribunal vom 2. Mai 2000.

69 Vgl. Nils Muiznieks (FN 60).

70 Vgl. Anna Wolff-Poweska: Politische Kultur in den postkommunistischen Gesellschaften, in: Werner Weidenfeld (Hrsg.): Demokratie und Marktwirtschaft in Osteuropa. Strategien für Europa, Gütersloh 1995, S. 35–54, hier S. 40.

zeigt sich der Extremismus am ehesten im Geschichtsbild und im Vergangenheitsdiskurs der antidemokratischen Parteien, die sich in diesem Punkt kaum von den demokratischen Akteuren unterscheiden. Gerade weil der Mainstream innerhalb der lettischen Gesellschaft stark national bzw. nationalistisch geprägt ist, hemmt dies die Etablierung radikal-antidemokratischer Parteien. Nationalismus ist kein Alleinstellungsmerkmal rechtsextremer Parteien. Für die lettische Gesellschaft bedeutet dies mehr ein Abgrenzen von den historischen Erfahrungen mit dem Sowjetkommunismus und weniger das Bedürfnis nach einem nationalistisch-autoritären System. Zwar leben Letten und Minderheiten partiell in Parallelgesellschaften, stehen allerdings nicht in offener Feinschaft zueinander. Harter Extremismus, der sich in gewaltbereiten antidemokratischen Akteuren äußert, existiert in Lettland nur marginal. Klare Anti-System-Parteien sind ohne politische Relevanz und weisen wenig Beständigkeit auf. Kurzfristige Erfolge erlangten sie nur unmittelbar vor den ersten freien Wahlen. Eine dauerhafte Verankerung im lettischen Parteiensystem blieb allen extremistischen Vereinigungen verwehrt.

Die Parlamentswahlen 2006 deuteten erstmals auf eine Konsolidierung der instabilen lettischen Parteienlandschaft hin. Die Hinwendung der russischsprechenden Wählerschicht zu eher gemäßigten Parteien ist ebenso bezeichnend für die fortschreitende Integration der ethnischen Bevölkerungsgruppen, wie die erneute Regierungsbeteiligung der rechten TB/LNNK und ihre Mäßigung unterstreicht. Die Gründung einer neuen extremistischen Kraft zeichnet sich am rechten wie am linken Rand nicht ab. Ein Risiko für Lettland liegt jedoch in der niedrigen Wahlbeteiligung, die auf eine Ermüdung zentraler Wählergruppen in Folge politischer Skandale und Korruptionsaffären zurückzuführen ist.[71] Ziel der aktuellen lettischen Mitte-Rechts-Regierung muss es sein, dieser Entwicklung entgegenzuwirken und einer Hinwendung der Wählerschicht zu extremistischen Alternativen vorzubeugen. Eine entscheidende Rolle werden hierbei die Entwicklungen und Folgen der internationalen Finanzkrise (von der das gesamte Baltikum stark betroffen ist) sowie klare Regelungen in der Staatsbürgerschaftsfrage spielen.

71 Vgl. Andreas von Below (FN 21).

Extremismus in Litauen

Michail Logvinov

1 Rahmenbedingungen

Kein anderes Merkmal prägt das postsozialistische Geschichtsbild Litauens mehr als die kategorische Ablehnung des von der *Kommunistischen Partei der Sowjetunion* (KPdSU) oktroyierten Regimes. Es lassen sich aufgrund der Haltung zum Kommunismus als differentia specifica vier geschichtspolitische Regionen im östlichen Europa unterscheiden, für die verschiedene Abstufungen des Verhältnisses zur kommunistischen Vergangenheit charakteristisch sind. Während in Ungarn, Polen und Tschechien gesellschaftliche wie politische Deutungskontroversen ausgetragen werden, in Bulgarien, Rumänien, Albanien und Mazedonien Ambivalenz bzw. Apathie hinsichtlich dieser Themen herrschen, werden im postsowjetischen Raum zumeist sowjetische Kulturnormen durch nationale und regionale Attribute überlagert. Die drei baltischen Länder stellen in diesem Kontext einen deutlich unterscheidbaren baltisch-nordeuropäischen Sonderfall[1] eines antitotalitären Konsens dar, der als Gründungsmythos der nationalstaatlichen Unabhängigkeit Litauens fungiert.

Vor diesem Hintergrund kann die symbolische Wiederinkraftsetzung der letzten litauischen Verfassung der Zwischenkriegszeit bei der Unabhängigkeitserklärung am 11. März 1990 nicht nur als Betonung der staatlichen und verfassungsrechtlichen Kontinuität verstanden werden, sondern vor allem als unmissverständliches Signal an Moskau und als Hinweis auf die sowjetische Fremdherrschaft als völkerrechtswidrige Okkupation.[2] Die Präambel sowie Art. 1–3 der 1992 verabschiedeten Verfassung des unabhängigen Litauen bestätigen diese Lesart.[3]

Die Verfassung Litauens weist Elemente der streitbaren Demokratie auf, wobei die freiheitlich-demokratischen Grundlagen der Staatsordnung als unantastbare Verfassungs- sowie Souveränitätsprinzipien gelten.[4] Die traumatischen Erfahrungen Litauens im 20. Jahr-

---

1 Siehe dazu Stefan Troebst: Jalta versus Stalingrad, GULag versus Holocaust, in: Berliner Journal für Soziologie 15(2005)3, S. 381–400.

2 Vgl. Joachim Tauber: Das politische System Litauens, in: Wolfgang Ismayr (Hrsg.): Die politischen Systeme Osteuropas, 2. Auflage, Opladen 2004, S. 153–188, hier S. 156. Im Gesetz „Über die Wiederinkraftsetzung der Verfassung Litauens vom 12. Mai 1938" vom 11. März 1990 beschloss der Oberste Rat die Verfassung vom 12. Mai 1938 auf dem gesamten Territorium wiederherzustellen unter Ausschluss der Artikel, welche den Status des Präsidenten, der Republik, den Seimas, den Staatsrat und die Staatskontrolle betreffen. Punkt 4 des Gesetzes enthielt allerdings eine Klausel, nach der die Wiederinkraftsetzung der Verfassung vom 12. Mai 1938 keine Wiederherstellung der Gesetze bedeute, die in der Litauischen Republik vor dem 15. Juni 1940 galten. Der eigentliche Zweck der Aktion bestand darin, die Geltung des Grundgesetzes der Litauischen SSR vom 20. April 1978 zu beenden.

3 Vgl. Verfassung der Republik Litauen, abrufbar unter: http://www.verfassungen.eu/lt/index.htm [Stand: 13. Februar 2009].

4 „Niemand darf die Souveränität des Volkes einengen oder beschränken oder sich dem gesamten Volk gehörender souveräner Rechte bemächtigen. Das Volk sowie jeder Bürger sind berechtigt, sich jedem zu widersetzen,

hundert[5] schlugen sich im Art. 8 der Verfassung nieder, der eine „gewaltsame Inbesitznahme der Staatsgewalt oder einer ihrer Institutionen“ als verfassungs-, rechtswidrige und ungültige Handlung deklariert. Aufforderungen zur gewaltsamen Verletzung der Souveränität Litauens werden als verfassungswidrige Handlungen nach § 68 des litauischen Strafgesetzbuches rigoros geahndet. Im Fall einer Bedrohung der verfassungsmäßigen Ordnung kann das litauische Einkammerparlament als ultima ratio auf Teilen des Staatsgebietes den Ausnahmezustand ausrufen (Art. 144) und damit eine Aussetzung der Verfassung verhindern. Denn während eines Ausnahmezustandes darf die Verfassung nicht geändert werden (Art. 147). Auch sonst sind die Hürden für eine Verfassungsänderung in Litauen relativ hoch (vgl. Art. 147–149).

Erfahrungen mit identitätstheoriegeleiteten Gesellschaftsmodellen sowjetischer bzw. nationalsozialistischer Couleur spiegeln sich in Art. 25 und 29 der Verfassung wider, welche die Diskriminierung aufgrund des Geschlechts, der Rasse, der Volkszugehörigkeit, der Sprache, der Abstammung, der sozialen Lage, des Glaubens, der Überzeugungen oder der Anschauungen sowie den Missbrauch der Informationsfreiheit für Zwecke des völkischen, rassischen, religiösen oder sozialen Hasses verbietet. Darüber hinaus werden die Verstöße gegen das in der Verfassung verankerte Demokratieverständnis sowie die Anstiftung zum ethnischen, religiösen oder sozialen Hass als Bedrohung für die nationale Sicherheit aufgefasst.[6]

Eine Reihe von weiteren Gesetzesakten sieht Restriktionen vor, die für die Einhaltung der verfassungsmäßigen Ordnung und des „antiextremistischen Konsens“ in Litauen sorgen sollen. Nicht unbedeutend erscheint in dieser Hinsicht die Entwicklung des litauischen Parteienrechtes. Laut Verfassung (Art. 35) können sich die Staatsbürger frei zu politischen Organisationen zusammenschließen, „sofern deren Ziele und Tätigkeit nicht der Verfassung und den Gesetzen zuwiderlaufen“. Die Tätigkeit der Parteien regelt ein Gesetz über politische Parteien und Organisationen aus dem Jahr 1994. Ein nicht unerheblicher Teil des Parteiengesetzes (Art. 2, 5, 6 bis 10) ist den Gründen für ein Parteiverbot gewidmet, was aus dem ursprünglichen Bestreben heraus verstanden werden muss, der LKP (KPdSU) die Legitimität zu entziehen. Das Verbot der LKP (KPdSU) folgte am 22. August 1991 auf Grundlage des Parteiengesetzes von 1990, nachdem der Oberste Rat Litauens festgestellt hatte, dass die (illegale) Tätigkeit der LKP (KPdSU) auch nach der Unabhängigkeitserklärung der Republik fortgesetzt wurde.[7]

---

der mit Zwangsmitteln gegen die Unabhängigkeit, die territoriale Integrität oder die Verfassungsordnung des litauischen Staates vorgeht“ (Art. 3).

5 Dazu gehören der Putsch in Kaunas 1926, der zur Etablierung eines autoritären Regimes unter der Führung von *Antanas Smetona* führte, und vor allem die Zäsuren von 1939/40, 1941 und die Ereignisse vom 13. Januar 1991, als in Vilnius Panzer aufgefahren und die sowjetischen Sondereinheiten eingesetzt wurden, um die Unabhängigkeit Litauens zu verhindern.

6 Die beiden Artikel heißen im Wortlaut: „Die Freiheit, Überzeugungen zu äußern und Informationen zu verbreiten, ist unvereinbar mit verbrecherischen Handlungen, mit Aufwiegelung zu völkischem, rassischem, religiösem oder sozialem Hass, zu Gewalt oder zu Diskriminierung, mit Verleumdung und mit Desinformation“ (Art. 25). „Die Rechte eines Menschen dürfen nicht aufgrund des Geschlechts, der Rasse, der Volkszugehörigkeit, der Sprache, der Abstammung, der sozialen Lage, des Glaubens, der Überzeugungen oder Anschauungen eingeschränkt werden oder ihm Privilegien gewähren“ (Art. 29).

7 Vgl. Vilenas Vadapalas: Das Parteienrecht in Litauen, in: Dimitris Th. Tsatsos/Zdzislaw Kedzia (Hrsg.): Parteienrecht in mittel- und osteuropäischen Staaten. Entstehungsmomente des Parteienrechts in Bulgarien, Litauen, Polen, Russland, der Slowakei, Tschechien und Ungarn, Baden-Baden 1994, S. 73–114, hier S. 83, 107.

Das deutsche Parteienrecht galt für litauische Parteiengesetze als Vorbild. Das Grundprinzip der Verfassungskonformität politischer Parteien wurde in Litauen übernommen und zur Stärkung des unabhängigen demokratischen litauischen Staates zugleich weiterentwickelt. Die Gewährleistung des Pluralismus und der Demokratie gehören zu den wichtigsten, im Gesetz niedergeschriebenen Funktionen der litauischen Parteien. Demokratie war allerdings damals für viele „identisch mit der Durchsetzung eines nicht näher definierten gemeinen Volkswillens", verstanden als „Vehikel, die Unabhängigkeit zu erhalten bzw. die Souveränität zu wahren".[8]

Das litauische Parteienrecht weicht von seinem deutschen Pendant in der Hinsicht ab, dass die innere Ordnung einer Partei nicht den demokratischen Grundsätzen entsprechen muss.[9] Für die Registrierung einer politischen Partei sind ein schriftliches Programm und eine den Verfassungsnormen entsprechende Satzung conditio sine qua non (Art. 3 PG). Laut Eintragungsregeln muss eine Parteisatzung folgende Angaben beinhalten: a) Zielsetzung und Aufgaben, b) Beitritts- und Austrittsregeln, c) Rechte und Pflichten der Mitglieder, d) Struktur, e) Gründungsordnung, f) Aufsichtsordnung über die Tätigkeit leitender Organe, g) Finanzierungsquellen und h) Ordnung der Tätigkeitseinstellung.[10] Die Registrierungsauflagen für politische Parteien verhinderten die Eintragung der *Litauischen nationalsozialen Einheitsunion*, die zwischen 1998 und 2000 vergeblich versuchten, sich zehnmal als politische Organisation und zweimal als politische Partei beim Justizministerium registrieren zu lassen.[11]

Das Verbotsverfahren bzw. die Aussetzung der Tätigkeit einer registrierten extremistischen Partei werden in Art. 5 und 7 des Parteiengesetzes geregelt. Danach werden die Verfassungsschutzmaßnahmen in folgender Reihenfolge getroffen: Erfährt das Justizministerium Litauens von einer Gesetzesverletzung, muss es die betroffene Partei in schriftlicher Form von der Verletzung einer der Verfassungs- bzw. Gesetzesnormen in Kenntnis setzen und eine Verbesserungsfrist anberaumen. Wird die Gesetzesverletzung innerhalb des entsprechenden Zeitraums nicht behoben, ist die Tätigkeit der politischen Partei für die Dauer von sechs Monaten auszusetzen. Falls nach der Aussetzung ihrer Tätigkeit eine Partei sich weiterhin gesetzeswidrig verhält, erfolgt die Suspendierung für ein Jahr (Art. 5 PG). Verfehlen staatliche Reaktivmaßnahmen ihren Zweck und setzt eine Partei verfassungswidrige Aktivitäten auch im Wiederholungsfall fort, kann sie auf Antrag des Justizministeriums per Gerichtsbeschluss verboten werden (Art. 7).[12] Ähnliche Restriktionen enthält das litauische Gesetz über gesellschaftliche Organisationen.

---

8 Axel Reetz: Baltische Staaten: Politiker als Fixpunkte und verschiedene Varianten von parteipolitischer Fluidität, in: Ellen Bos/Dieter Segert (Hrsg.): Osteuropäische Demokratien als Trendsetter? Parteien und Parteiensysteme nach dem Ende des Übergangsjahrzehnts, Opladen 2008, S. 229–252, hier S. 232.

9 Art. 2 des Parteiengesetzes lautet: „Die Errichtung oder Tätigkeit einer politischen Partei, die zur Diskriminierung oder zum Hass aus rassischen, religiösen oder sozialen Gründen, zu Methoden einer autoritären oder totalitären Herrschaft, zur gewaltsamen Machtübernahme, zum Krieg oder zur gewalttätigen Propaganda, zu Verstößen gegen die Menschenrechte und -freiheiten oder zu anderen Ideen oder Aktionen aufruft, die der verfassungsmäßigen Ordnung der Republik Litauen widersprechen und mit den allgemein anerkannten Regeln des Völkerrechts unvereinbar sind, oder dies praktiziert, ist streng verboten". Vgl. dazu: Joachim Tauber (FN 2), S. 156.

10 Siehe dazu ausführlich Vilenas Vadapalas (FN 7).

11 Vgl. Giedrius Kiaulakis: Lithuania, in: Cas Mudde (Hrsg.): Racist Extremism in Central and Eastern Europe, London u. a. 2005, S. 129–155, hier S. 133.

12 Vgl. ebd., S. 147.

Das litauische Strafgesetzbuch von 2003 sieht harte Strafen für Delikte mit extremistischem Hintergrund vor. Nachdem am 13. Januar 1991 13 unbewaffnete Menschen durch sowjetische Spezialeinheiten ermordet wurden, leitete die Generalstaatsanwaltschaft in Vilnius Ermittlungen mit drei Anklagepunkten ein. Dabei entstammten zwei – die Aufforderung zur gewaltsamen Verletzung der Souveränität der Litauischen Republik und die Gründung einer verfassungswidrigen Organisation – dem Kontext der Extremismusbekämpfung. Darüber hinaus regeln § 71, § 72, § 101, § 171 und § 172 Genozid- und Diskriminierungsdelikte aus rassischen, nationalen und ethnischen Motiven.[13] Gemäß § 71 werden Genoziddelikte mit einer Freiheitsstrafe von fünf bis 25 Jahren belangt. Diskriminierung aufgrund der Zugehörigkeit zu einem Geschlecht, einer Rasse, einer Religion, einer sozialen oder politischen Gruppe ist laut § 72 verboten und wird strafrechtlich verfolgt. Die öffentliche Aufhetzung gegen nationale, rassische, ethnische, religiöse oder andere Gruppen wird aufgrund § 72 ebenfalls strafrechtlich belangt.

Dennoch werden entsprechende Gesetzesnormen in Litauen sehr spärlich angewandt.[14] Experten beanstanden in diesem Zusammenhang, dass weder gegen Personen, die öffentlich zu Übergriffen auf Juden aufrufen (etwa der 2000 zum Bürgermeister der zweitgrößten litauischen Stadt Kaunas gewählte *Vytautas Šustauskas*), noch gegen Betreiber von Internetportalen, die sich für Angriffe auf Ausländer und Homosexuelle aussprechen, gebührende Sanktionen verhängt wurden: „It should be said, however, that several skinheads were taken to court for their racist assaults, but they were punished for simple public nuisances rather than racist crimes“.[15]

Roman Burstein macht darauf aufmerksam, dass in der populären Tageszeitung „Respublika“, extremistische Inhalte und judenfeindliche Parolen vor dem EU-Beitritt an der Tagesordnung waren.[16] Die Genozid-Artikel des litauischen StGB sind primär darauf gerichtet, die Kollaborateure des sowjetischen Besetzungsregimes als Verbrecher gegen das litauische Volk zur Verantwortung zu ziehen. Jedenfalls ist nicht bekannt, dass die Staatsanwälte die an der Shoa schuldigen litauischen NS-Verbrecher mit dem gleichen Nachdruck verfolgt hatten, wie die ehemaligen NKWD- bzw. KGB-Mitarbeiter. Im Gegenteil wurde in der litauischen Öffentlichkeit eine „Theorie der symmetrischen Gerechtigkeit“ propagiert. „Dieser zufolge hätten sich die Juden als Kollaborateure an dem Völkermord an den Litauern durch die sowjetischen Besatzer im Jahre 1940 beteiligt; nach der Befreiung durch die Deutschen hätten die Litauer spontan Rache an den jüdischen Verrätern genommen“.[17] Der Fall von *Aleksandras Lileikis*[18] zeigt, wie schwierig sich die Vergangenheitsbewältigung in Litauen gestaltet.

---

13 Ebd.

14 Auch die Sanktionen des litauischen Parteiengesetzes wurden bis 1996 für keine der rechtsextremistischen Parteien angewandt. Vgl. dazu: Vytautas Paulaskas: Erscheinungen des Rechtsextremismus und Nationalismus in Litauen, in: BIOst Nr. 21, Köln 1996, S. 11.

15 Ebd., S. 148.

16 Vgl. Matthias Messmer: Antisemitismus in Russland, der Ukraine und Litauen – eine vergleichende Studie, in: BIOst Nr. 7, Köln 1998, S. 33.

17 Vytautas Toleikis: Verdrängung, Aufarbeitung, Erinnerung. Das jüdische Erbe in Litauen, in: Osteuropa 58(2008)8-10, S. 455–464, hier S. 459.

18 *Lileikis* wird beschuldigt, in seiner Funktion als Chef der Sicherheitspolizei im Bezirk Vilnius von Juni 1941 bis Juli 1944 für den Mord an 75 Juden mitverantwortlich zu sein. Vgl. BIOst Nr. 28, Köln 1997, S. 13, abrufbar unter: http://www.hagalil.com/archiv/98/10/lileikis.htm [Stand: 16. März 2009].

Die Weiterbeschäftigung von kommunistischen Funktionsträgern im öffentlichen Dienst Litauens regelt ein Gesetz, durch das den Abgeordneten des Seimas wie der kommunalen Parlamente Mandate aberkannt werden können, wenn ihre KGB-Mitarbeit nachweisbar ist.[19] Darüber hinaus übernehmen entsprechende Wahlkommissionen eine Kontrolle der Vergangenheit von Kandidaten für legislative Gremien. Für die Seimas-Wahlen im Herbst 1992 mussten die Kandidaten für ihre Registrierung der Kommission u. a. Auskunft geben, welcher Partei sie „früher" angehört und ob sie in irgendeiner Beziehung zu den sowjetischen Sicherheitsorganen gestanden hatten. Auch bei den Wahlen am 20. Oktober 1996 fand eine Überprüfung der Kandidaten durch die Wahlkommission statt.[20]

Während die sowjetische Vergangenheit dämonisiert und energisch abgelehnt wird, idealisierten Litauer in den 1990er Jahren das politische Regime der Zwischenkriegszeit. Die parlamentarische Demokratie existierte zwar nur sechs Jahre, nachdem die aus der *Volkspartei* und den Sozialdemokraten bestehende linksliberale Regierung von Nationalisten (*tautininkai*) mit Unterstützung des Militärs 1926 gestürzt wurde und einem autoritären Staat weichen musste. Dennoch gelten die Putschisten heute als Helden, die Litauen als Nationalstaat vor dem Kommunismus retteten.[21] „Ohne eine gründliche und objektive Analyse der Geschichte Litauens als Folge der aufgedrängten sowjetischen Propaganda, die das Gegenteil des Gewünschten erreichte, wurde das Modell des litauischen Staates aus der Zwischenkriegszeit konserviert. Stereotype Denkmuster der Vorkriegszeit wurden von bestimmten Politikern mechanisch auf die heutige Gesellschaft übertragen".[22] So wurde der neue Staat auf der Grundlage von Denkweisen der Vorkriegszeit und Nationalpatriotismus errichtet: „Das politische Pendel schlug weit nach rechts aus", urteilte der litauische Politikwissenschaftler *Vytautas Paulaskas*.[23] Aufgrund der Erfahrung mit dem Sowjetkommunismus hat sich der offiziell antiextremistische Konsens in Litauen (wie im gesamten Baltikum) praktisch nach rechts verschoben. Die politische Kultur in allen drei Ländern reagiert kaum auf rechtsextremistische Gefährdungen, allerdings umso hysterischer auf linksextreme Tendenzen. Antitotalitarismus bedeutet in Litauen de facto Antikommunismus.

Dennoch hat sich der Radikalismus der litauischen Unabhängigkeitbewegung auch nach der Loslösung Litauens von der Sowjetunion kaum gemäßigt. Nicht nur gegenüber Moskau wollte die neue Führung Härte demonstrieren. Auch in der Innenpolitik wurde die ideologische Konkurrenz nicht toleriert und im Zeichen des Ideenkampfes gegen den verhassten Kommunismus wahrgenommen bzw. verklärt. „Im kulturellen Bereich zeigte sich der Radikalismus als eine natürliche Reaktion eines großen Teils der litauischen Bevölkerung auf die 50jährige Okkupation und die antipluralistische Ideologie der kommunistischen Gesellschaft, als Zurückweisung von Werten, die als ausländisch betrachtet wurden, und als Propagierung nationaler Einheit."[24]

19 Vgl. Joachim Tauber: Die Auseinandersetzung mit der kommunistischen Vergangenheit in Litauen, in: BIOst Nr. 28, Köln 1997, S. 15.
20 Vgl. ebd., S.15 f.
21 Vgl. Vytautas Paulaskas (FN 14), S. 8; Joachim Tauber (FN 19), S. 153.
22 Vytautas Paulaskas (FN 14), S. 9.
23 Ebd., S. 10.
24 Ebd.

Welche Auswirkungen hat das auf extremistisches Gedankengut in Litauen? Konnten die litauischen Rechtsextremisten den Diskurs über den „gemeinen Volkswillen“ und die nationalen Parolen für sich instrumentalisieren? Wie entwickelte sich der Linksextremismus nach dem Verbot der LKP? Welche Gefahren bergen extremistische Parteien und Organisationen für den demokratischen Verfassungsstaat Litauen?

2 Wahlentwicklung

Die Grenzen zwischen Links- und Rechtsextremismus in Litauen sind fließend. Nicht selten finden sich in der Entwicklungsgeschichte des politischen Extremismus Litauens Beispiele, dass links- und rechtsextremistische Parteien und Organisationen Berührungspunkte entdeckten und gemeinsame Veranstaltungen durchführten: „It should be noted [...] that in Lithuania right-wing extremists often find common ground with the extreme left, and even organize joint actions. For example, in January 2001, a number of rallies in front of the President's Office, the Government Palace, and the Kaunas city municipality by joint efforts of the *National Socialists* (currently called *National Democrats*), *Young Lithuanians*, LLS[25] and the procommunist *People's Union For a Fair Lithuania* [...] led by MP *Julius Veselka*“[26].

Es zeichnete sich darüber hinaus die Tendenz bei Litauens Extremisten ab, ein moderates und zivilisiertes Image ihrer Organisationen zu kreieren. Im Hinblick auf die nationale wie internationale Wahrnehmung scheint diese Rechnung aufzugehen. International ist die Strategie erfolgreich, da in Europa kein nennenswerter Diskurs über die Extremismusgefahr in Litauen der 1990er Jahre stattfand und der auch heute kaum geführt wird. So ist im Länderbericht über Litauen des Bertelsmann Transformation Index (BTI) aus dem Jahr 2003 nachzulesen, dass das politische System Litauens „seine Trag- und Funktionsfähigkeit inzwischen vielfach unter Beweis gestellt hat: Machtwechsel vollzogen sich in demokratischer Art und Weise, extremistische Parteien fanden keinerlei Resonanz bei den litauischen Wählern (auch wenn die Bevölkerung, wie die letzten Präsidentschaftswahlen zeigen, teilweise anfällig für populistische Slogans ist)“[27]. Die Stabilität des Systems wird damit begründet, dass die Wähler u. a. ihre Präferenzen innerhalb der politischen Mitte wechselten und nicht für extremistische Parteien stimmten. Bei der Gefahrenanalyse des politischen Extremismus in Litauen wird allerdings übersehen, dass einige Vertreter extremistischer Parteien und Organisationen in den 1990er Jahren sowohl auf lokaler als auch auf nationaler Machtebene vertreten waren.[28]

So gewann 2003 die neofaschistische *National-Demokratische Partei Litauens* (LNDP) vier von 31 Sitzen bei den Wahlen ins Stadtparlament Siauliai und einen Sitz in der Stadt Alytus. Hinzu kam die Personal- bzw. Bündnispraxis der zwischen 1992 und 1996 an der Macht stehenden *Demokratischen Arbeitspartei Litauens* (LDDP), die es beispielsweise dem damaligen Vorsitzenden der ultranationalistischen Partei *Junges Litauen* ermöglichte, im Zeitraum von 1993 bis 1995 als Berater für Jugendfragen in der Regierung zu fungieren.

---

25 *Litauische Liberale Union* (*Lietuvos Liberalų Sàjunga*).

26 Giedrius Kiaulakis (FN 11), S. 139.

27 BTI: Länderbericht Litauen, abrufbar unter: http://bti2003.bertelsmann-transformation-index.de/fileadmin/pdf/laendergutachten/ostmittel_suedosteuropa/Litauen.pdf [Stand: 16. März 2009].

28 Vgl. Giedrius Kiaulakis (FN 11), S. 139.

Die LDDP erklärte, dass diese Berufung es möglich mache, den Radikalismus des *Jungen Litauen* zu neutralisieren und die Beziehung zu dieser Organisation zu festigen, die unter Jugendlichen einen ziemlich großen Einfluss habe.[29] Auch einige führende Politiker der rechtsextremistischen *Partei des Fortschritts der Nation* konnten nach der Präsidentenwahl von 1993 hohe Posten im Regierungsapparat ergattern.[30] Auf nationaler Ebene blieb die Strategie erfolglos. In der Wissenschaft wie in der Publizistik wurde der politische Extremismus in Litauen spärlich behandelt.

Der postsozialistische Umbruch und die Besinnung auf nationale Werte führten in Litauen zur Verpönung der kommunistischen Ideologie, so dass das Fehlen einer ernstzunehmenden kommunistischen Partei sowie die antikommunistische Haltung in Politik und Gesellschaft kaum verwundern. Als eine der wenigen Parteien der extremen Linken ist die 1994 gegründete und 1995 im Justizministerium registrierte *Sozialistische Partei Litauens* (LSP) zu nennen. Die LSP machte kein Hehl daraus, dass sie als Auffangbecken für Mitglieder der ehemaligen und seit 1991 verbotenen LKP fungiert. Dennoch blieben ihre Erfolge in den 1990er Jahren bescheiden. Bei den Parlamentswahlen von 1996 erreichte sie mit 0,3 Prozent der Wählerstimmen das schlechteste Ergebnis aller angetretenen Parteien.

Tabelle 1 Ergebnisse der extremistischen Parteien bei den litauischen Parlamentswahlen 1992–2008 (in Prozent)

	1992	**1996**	**2000**	**2004**	**2008**
Volksunion	0,4	0,9	1,4	11,4	12,7
LLS	2,1	3,0	2,0	3,8	4,8
NDPL/LNDP	1,9	0,8	0,3	0,2	---
DAPL/LDDP	44,0	9,5	31,1	---	---
LSDP	6,1	6,6	[1]	20,7	11,7
Front	---	---	---	---	3,2
SPL/LSP	---	0,3	0,5	0,3	0,8
NRP	---	---	---	---	15,1

Quelle: http://www2.essex.ac.uk/elect/electer/lt_er_nl.htm; http://www3.lrs.lt/rinkimai/ 2004/seimas/index.eng.html; http://www.europe-politique.eu/elections-lituanie.htm [Stand: 20. Oktober 2009].

[1] Listenverbindung mit LMP, LRS und LDDP.

Die populistische Volksunion *Für ein gerechtes Litauen*, die in Koalition mit der liberalen Partei *Ordnung und Gerechtigkeit* (*Liberaldemokraten*) bei den Parlamentswahlen 2008 13 Prozent der Wählerstimmen erlangte und drittstärkste Kraft im Parlament wurde, verfügt kaum über extremistisches Potenzial.

29 Vgl. Vytautas Paulaskas (FN 14), S. 16.
30 Vgl. ebd.

2008 gründete ein ehemaliger Sozialdemokrat, *Algirdas Paleckis*, die Partei *Front*, die nur widerwillig das Wort Sozialismus in ihrem Namen auslässt. *Paleckis* setzt sich für den Staatskapitalismus und einen starken Staat ein, der die litauischen nationalen Interessen verteidigt und nicht nur der EU und den USA Folge leistet. Die neue Anti-System-Partei wird momentan von den Wellen der Enttäuschung infolge der Finanz- und Wirtschaftskrise getragen.[31] Weitere linksextremistische Vereinigungen, wie die marxistische *Leftas*, beschränken ihre Aktivitäten auf kleine Protestdemonstrationen und Internetauftritte.[32] Darüber hinaus betreiben litauische Kommunisten das Internetforum „www.komunizmas.org", wo vor allem zentrale Fragen des Kommunismus diskutiert werden. Ihre Aktivitäten gehen jedoch nicht über die Grenzen des Cyberspace hinaus.

Der überwältigende Sieg der kommunistischen Nachfolgepartei LDDP bei den Seimas-Wahlen im Herbst 1992 wurde von den konservativen und rechtsextremen Parteien als Rückkehr zum Kommunismus bewertet. In der Tat mag die Etablierung einer postkommunistischen Partei als stärkste Kraft im Land zwischen 1992 und 1996 angesichts der öffentlichen Ablehnung des Kommunismus manchen Beobachter überraschen. Die seit 2001 als *Sozial-Demokratische Partei Litauens* firmierende LDDP war Koalitionspartei in jeder litauischen Regierung. Der LDDP-Erfolg hat eine Reihe von Gründen. Erstens ist es der LKP in der Sowjetzeit gelungen, das Modell des „nationalen Kommunismus" in Litauen zu etablieren. Mit Erfolg lehnte sich der Parteiapparat der LKP gegen Direktiven aus Moskau und die Russifizierung der LKP wie Litauens auf. Auf diese Weise konnten die Kommunisten die kulturelle Unabhängigkeit erhalten und sie sogar durch nationale Politik ausweiten. Zwar lehnte die LKP nicht die Sowjetmacht an sich ab, wie es bei der litauischen Dissidentenbewegung der Fall war, dennoch arbeitete sie mit Erfolg auf die Eingrenzung ihres Einflusses hin. Dies schuf Freiräume für die nationalistische und liberale Opposition in Litauen.[33] Die unterschwellige nationale Ausrichtung ermöglichte es darüber hinaus vielen Akademikern, Parteimitglieder zu werden – trotz ihrer Systemskepsis.

Die LKP wandelte sich Ende der 1980er Jahre in eine nationale litauische Partei mit dem Motto „Litauen ohne Souveränität ist Litauen ohne Zukunft". Die radikalere *Sajudis*-Bewegung stammte ebenfalls aus ihren Reihen. Allerdings fassten die mit der Oppositionsbewegung konfrontierten Eliten der LKP verschiedene Wege zur Unabhängigkeit ins Auge. Während die moderaten Kräfte unter Generalsekretär *Brazauskas* sich für eine vollständige Unabhängigkeit einsetzten, plädierte die von orthodoxen Kommunisten besetzte Legislative für eine Souveränität der Republik im Gefüge der Sowjetunion.[34] Die Interaktion zwischen der Opposition und der LKP führte zur Spaltung der Parteieliten. Die erste – orthodoxe – Gruppe von Parteimitgliedern forderte die Auflösung der Oppositionsbewegung *Sajudis* und die Einstellung jeglicher Reformverhandlungen. Die zweite Gruppe, der auch *Brazauskas* angehörte, setzte auf Kooperation mit der *Sajudis* bei gleichzeitiger Kritik an ihrem Radi-

31 Vgl. Jason Burke: Downturn shatters east's dream of a prosperous post-Soviet future, abrufbar unter: http://www.guardian.co.uk/business/2009/feb/08/lithuania-credit-crunch-economic-crisis [Stand: 16. März 2009].

32 Siehe den Internetauftritt der Vereinigung, abrufbar unter: http://lithuania.left.ru/ [Stand: 23. März 2009].

33 Vgl. Terry D. Clark/Jovita Pranevičiūte: Perspectives on communist successor parties: The case of Lithuania, in: Communist and Post-Communist Studies 41(2008)4, S. 443–464, hier S. 446–450

34 Vgl. ebd., S. 454

kalismus.[35] Trotz ideologischer Differenzen unterschrieben alle LKP-Abgeordneten die Unabhängigkeitserklärung Litauens und stellten sich an die Seite der Regierung während der schweren Blockadezeiten und tragischen Ereignisse im Januar 1991.[36]

Nach dem Verbotsverfahren stellte die in *Demokratische Arbeiterpartei* (LDDP) umbenannte LKP ihre prolitauische Haltung unter Beweis. Das Verbot der *Kommunistischen Partei* hatte somit primär symbolischen Charakter. Darüber hinaus zielte das Wahlprogramm der LDDP mit den Schlagworten „Darbas, darna, dora" („Arbeit, Harmonie, Sittlichkeit") sowohl auf die Verbesserung der desolaten wirtschaftlichen Lage Litauens als auch auf die Verminderung der sozialen Polarisierung. Die Partei stellte sich bewusst als versöhnende und gemäßigte politische Kraft dar.[37]

Die Politik der späten 1980er und der frühen 1990er Jahre führte zur Etablierung eines auf dem Nationalgedächtnis basierenden Geschichtsbildes vom „goldenen Zeitalter" der Unabhängigkeit und des nationalen Widerstandes, das in mancher Hinsicht mystifiziert und sakralisiert wurde. Dieser Mythos lieferte nicht nur die Legitimation für die nationale Unabhängigkeitsbewegung, sondern auch den Nährboden für rechtsextremistische Organisation und Vereinigungen, die in großer Anzahl die soziale und politische Bühne Litauens betraten. *Junges Litauen* gilt als eine große und einflussreiche Organisation, die das Wohlwollen der litauischen Behörden in den 1990er Jahren genoss.[38] Zu den neugegründeten Parteien und Organisationen zählten in den 1990er Jahren die *Union der nationalsozialen Einheit Litauens* (LNDP) und die *Union der Freiheit Litauens*. Dazu kommen eine Reihe marginaler rechtsextremer Organisationen mit begrenzter Lebensdauer: die *Republikanische Partei Litauens*, deren Aktivitäten sich auf die Herausgabe und Distribution der Monatszeitung „Respublikos Varpai" („Die Glocken der Republik") begrenzte, sowie die *Partei des nationalen Progresses* und die *Reformenpartei*. Die beiden letzten Organisationen existierten als Phantomparteien bzw. als Foren für rechtsextreme Politiker wie *Egidijus Klumbas* und *Algirdas Pilvelis*.[39] Die Zeitung „Respublikos Varpai" wird seit 1995 von der *Republikanischen Partei* herausgegeben. Der Chefredakteur und Vorsitzende der *Reformpartei Kazimieras Petraitis* propagierte in ihr unter dem Deckmantel historischer Forschung antisemitisches Gedankengut.[40]

Eine der Besonderheiten dieses Mediums stellt seine Offenheit für rechts- und linksextremistische Akteure dar: „The newspaper is open to manifestations by both left- and right-wing radical and extremist organizations. Its frequent guests include representatives of procommunist organizations, such as [...] *Nikolajus Stepanovas*, an active figure of the *Lithuanian Socialist Party* [...]. In addition to the various racist extremist organizations described above, the present leaders of the *Lithuanian Christian Democrats* [...], a parliamentary opposition party, cooperate closely with the newspaper".[41]

Nicht nur extremistische politische Parteien und Organisationen sondern vor allem die militärischen und paramilitärischen Vereinigungen Litauens sorgten in den 1990er Jahren für

35 Vgl. ebd.
36 Vgl. Joachim Tauber (FN 19), S. 11
37 Vgl. ebd.
38 Vgl. Giedrius Kiaulakis (FN 11), S. 134 f.
39 Vgl. ebd., S. 139.
40 Vgl. ebd., S. 140.
41 Ebd.

großes Aufsehen. So geriet der nach den Unruhen am 13. Januar 1991 in Vilnius gegründete *Freiwillige Landesschutz* ins Fadenkreuz der Staatssicherheit, nachdem seine Verquickung mit der rechtsextremistischen paramilitärischen *Union der nationalen Unabhängigkeit Litauens* (SKAT) aufgedeckt wurde. Der Leiter der nicht registrierten Vereinigung *Mindaugas Murza*, machte es sich zur Aufgabe, „etwa 30 Mann auszubilden, die effiziente Kämpfer sein können und keine Angst vor dem Sterben haben".[42] *Žilvinas Razminas* – ein Bataillonskamerad von *Murza* – wurde verdächtigt, ein Sowjetarmeemonument und eine Eisenbahnbrücke am Fluss Bražuolė gesprengt zu haben.

Sowohl der Abteilungschef des Departements für Sicherheit im Bezirk Šiauliai, *Keserauskas*, als auch ein Mitglied der Seimas-Fraktion der LDDP, *Ivaškevièius*, schätzen die SKAT als eine verfassungsfeindliche profaschistische Organisation ein, deren Ideologie auf dem Traum von einem „schönen nationalen Faschismus" basiere. Davon zeugte nicht nur die Losung „Litauen für Litauer", sondern und vor allem die Organisationssymbole.[43] Die Unionsfahne stellte ein rotes Hakenkreuz auf blauem Hintergrund dar.[44] Nach Meinung der nationalistischen Presse seien die SKAT-Mitglieder die wahren Patrioten: „The existence of this fascist organization was discovered in 1995 when law enforcement officers were carrying out an investigation into the smearing of oil on obelisks and monuments in a cemetery for Soviet soldiers. During a search at the home of *Murza*, thirty-seven cartridges were found and he was later prosecuted".[45]

Eine weitere rechtsextremistische paramilitärische Vereinigung, ist die 1919 gegründete und nach dem Umsturz von 1926 zu einer wichtigen Stütze für das autoritäre *Smetona*-Regime gewordene *Šauliai-Union* (LŠU). Die LŠU zählte zu den verfassungsfeindlichen rechtsextremistischen Organisationen, die ihre Gewaltideologie gleich nach den Seimas-Wahlen von 1992 offenbarte. Auf der Konferenz der LŠU Ende 1992 wurde das Ergebnis der Seimas-Wahlen bedauert, dass die LDDP als Nachfolgerin der KP nicht verboten worden war. Es gab auch Anspielungen darauf, dass in der Stunde X „neue Helden auftauchen werden" und dass „die *Šauliai* gute Fachleute für Sprengungen sind."[46] Eine nicht minder extreme Organisation ist die im Anschluss an die Parlamentswahlen von 1992 gegründete *Union der Gründer der Armee Litauens*.

Die Befürchtungen litauischer Politikwissenschaftler und Journalisten, paramilitärische extremistische Organisationen hätten in den 1990er Jahren den demokratischen Verfassungsstaat mit Gewalt abschaffen wollen, waren also nicht unbegründet und umso mehr berechtigt, als sich nach der Wahl der postkommunistischen Partei LDDP die Stimmen mehrten, die Ereignisse des Jahres 1926 zu wiederholen. Die Diskussionen über die Möglichkeit und Notwendigkeit eines bewaffneten Widerstands gegen die linke Regierung, wie dies die rechtsextremistische *Lietuvos aidas* vertrat, wurden in den 1990er Jahren öffentlich ausgetragen.[47]

42 Vytautas Paulaskas (FN 14), S. 31.
43 Vgl. ebd.
44 Vgl. Giedrius Kiaulakis (FN 11), S. 131.
45 Ebd.
46 Vytautas Paulaskas (FN 14), S. 33.
47 Vgl. ebd., S. 12–14.

3 Extremistische Parteien

3.1 Rechtsextremismus

In verschiedenen Ländern Osteuropas waren die rechtsextremistischen Akteure ein kleiner, aber nicht unbedeutender Teil der antikommunistischen Bewegung. Nach dem Zusammenbruch der Sowjetunion fungierten einige Organisationen im Gefüge der antikommunistischen Schirmparteien weiter, während andere sich für die Gründung selbstständiger politischer bzw. gesellschaftlicher Vereinigungen entschieden.[48] Rechtsextremistische Organisationen Litauens entwickelten sich in letztere Richtung.

Litauen gehört zu einer Gruppe von osteuropäischen Ländern (neben Bulgarien, Estland und Lettland), in denen rechtsextremistische Parteien keine große elektorale Resonanz erreicht haben. Zwar wurden in diesen Ländern hin und wieder rechtsextreme Parteien in die Parlamente gewählt. Dennoch erlangten sie ihre Mandate entweder als Listenkandidaten anderer, nicht extremistischer Parteien oder in kleineren Einerwahlkreisen.[49] Allerdings bildet die elektorale Resonanz nur eine der Analysedimensionen des Gefahrenpotenzials extremistischer Parteien. Um eine multikausale Gefahrenanalyse rechtsextremistischer Parteien leisten zu können, bedarf es einer differenzierten Untersuchung der extremistischen Akteure, Strukturen und Ideologien.

Die *Nationaldemokratische Partei Litauens* (LNDP) wurde vom ehemaligen Vorsitzenden der litauischen Nationalisten, *Rimantas Smetona*, im Jahr 1999 gegründet. Zwar hatte die LNDP auf lokaler Ebene bescheidene Wahlerfolge zu verzeichnen, das Ergebnis der Parlamentswahlen im März 2000 erwies sich jedoch als politisches Desaster (0,3 Prozent der Wählerstimmen). *Smetona* entschloss sich daraufhin, die Partei im März 2001 zu verlassen. Sein Nachfolger *Kazimieras Uoka* verwandelte die euroskeptische LNDP in eine nationalistische Partei, indem er sich auf ein Bündnis mit den litauischen Nationalsozialisten einließ.[50] Nachdem die von *Murza* 1996 etablierte nationalsozialistische Gesellschaftsorganisation *Union der nationalsozialen Einheit Litauens* der LNDP beitrat, gerieten beide Organisationen in eine Win-Win-Situation. Die Nationalsozialisten von *Murza* erlangten den lang ersehnten und vom Justizministerium mehrmals verweigerten Status einer politischen Partei und durften somit für Wahlen kandidieren. Die profillose und sich auf dem Weg zu einer Taxi-Partei befindliche LNDP gewann durch die Fusion an aktiven Parteimitgliedern.

Kiaulakis definiert die LNDP-Ideologie als neonationalsozialistisch.[51] Dennoch scheint das Attribut des aggressiven Nationalismus mehr angebracht zu sein. In ihrem Programm bekennt sich die LNDP zur nationalen Demokratie als Mittelweg zwischen der terroristischen Diktatur und dem anarchischen Liberalismus.[52] Die Partei tritt für den Schutz nationaler Interessen Litauens auf der Grundlage ethnischer, christlicher und humanitärer Werte ein. Nationale Demokratie repräsentiere am besten Demokratie, Gerechtigkeit und Chancengleich-

48 Vgl. Cas Mudde: Central and Eastern Europe, in: Ders. (Hrsg.): Racist Extremism in Central and Eastern Europe, London u. a. 2005, S. 267–285, hier S. 268.
49 Vgl. ebd.
50 Vgl. Giedrius Kiaulakis (FN 11), S. 131.
51 Vgl. ebd., S. 134.
52 Vgl. Parteiprogramm der LNDP, abrufbar unter: http://www.lndp.lt/index.php?7 [Stand: 16. März 2009].

heit für alle, wobei unter „alle" die ethnisch definierte litauische Nation zu verstehen ist. Es gelte die Verbreitung von schädlichen Einflüssen von fremden Kulturen und Lebensweisen zu stoppen und der Schwächung der nationalen Identität durch (illegale) Immigration entgegenzutreten, heißt es im Programm weiter.[53]

In dem Papier „Stimme der Nation", von der *Union der nationalsozialen Einheit* herausgegeben, wird die Überfremdungsgefahr für Litauen auf den Punkt gebracht: „Litauen ist mit der Gefahr so genannter ethnischen Minderheiten konfrontiert. Es sollte jedem klar sein, dass nur die Litauer berechtigt sind, in Litauen zu herrschen. [...] Minderheiten wie Russen, Polen und Juden sind extrem gefährlich für Litauen. [...] Man sollte immer daran denken, dass Juden, Polen und Russen Kolonisten sind und sie werden immer nichtloyal gegenüber dem litauischen Staat bleiben. [...] Es ist erforderlich, solch eine Situation hervorzubringen, in der jeder Fremde wünschen soll, in seine Heimat so schnell wie möglich zurückzukehren [...]."[54]

Die LNDP bemühe sich um die Integration Litauens in die Weltwirtschaft. Dennoch ist sie gegen die Europäische Union. Kosmopolitismus und Globalisierung als Grundsätze Europas hätten keine Zukunft. Harten Euroskeptizismus verbindet die Partei mit Antisemitismus. So wurde nach einer Demonstration am 26. September 2002 eine Deklaration verfasst, die folgende Passage enthält: „Litauen wird von einem Okkupationsregime jüdischer Freimaurer beherrscht. Ihr Ziel ist es, den kreativsten Teil unserer Nation zu zerstören, uns unseres Eigentums zu berauben und den restlichen Teil unserer Nation zu unterwerfen."[55] Die nichtjüdische Bevölkerung sei dazu verdammt, der jüdischen Supernation zu dienen. Die EU wird in der Deklaration als Mittel zum Unterwerfungszweck anderer Nationen beschrieben. Zwar gewann die LNDP keinen Einfluss im politischen Leben Litauens, dennoch versuchte sie durch zahlreiche Demonstrationen und die Publikationen der Parteizeitschrift „Der Weg der Nation" hartnäckig ihre Klientel zu mobilisieren. Allerdings liefen die Mobilisierungsanstrengungen ins Leere. Das Gefahrenpotenzial durch die LNDP lässt sich schwer einschätzen. Der ständige Mangel an Mitteln verhindert zwar ihre Etablierung, dennoch erreichen ihre Anführer die Wählerschaft durch regelmäßige Auftritte in den Medien.

Die bereits in der ersten litauischen Republik gegründete Partei *Junges Litauen* (JL) wurde mit den beginnenden Reformen in der Sowjetunion im November 1988 als eine politische Organisation wiederbelebt. Zwar war *Junges Litauen* eine nicht unbekannte rechtsextremistische Partei. Sie blieb jedoch im postsowjetischen Litauen eine kleine und eher marginale Organisation. *Junge Litauer* machten nach 1989 durch Protestaktionen gegen die damals in Litauen stationierte Rote Armee und die Zerstörung von sowjetischen Denkmälern auf sich aufmerksam.[56] Die Organisation trat gegen die „russischen Kolonisten" und andere „Fremde" auf, die die „Appartements okkupieren", die „Arbeitsplätze den Litauern wegnehmen" und die litauische Nation durch gemischte Familien schwächen. *Junges Litauen* setzte sich in ihren Aktionen für die Repatriierung der Kolonisten, die Ausweisung von Ausländern und die Verweigerung der Staatsbürgerschaft für Fremdlinge ein. Darüber hinaus propagierten die *Jungen Litauer* die Idee von ethnischen Säuberungen und riefen in diversen Memoranden an

53 Vgl. ebd.
54 Hier und im Folgenden Giedrius Kiaulakis (FN 11), S. 132.
55 Ebd., S. 134.
56 Vgl. Vytautas Paulaskas (FN 14), S. 35.

die litauischen Behörden auf, den Kolonisten aufgrund ihrer feindseligen Haltung zum litauischen Staat die Staatsbürgerschaft vorzuenthalten und ihnen das Wahlrecht zu entziehen.[57]

Nachdem sich die Organisation spaltete, zum einen in die Gesellschaftsorganisation *Junge Litauer* und zum anderen in die politische Organisation *Junges Litauen*, bekam ihr Vorsitzender *Stanislovas Buškevičius* die Möglichkeit, bei Wahlen zu kandidieren.[58] 1992 trat er als Listenkandidat der moderaten nationalistischen *Christlichsozialen Union* an, konnte aber keine nennenswerte Anzahl von Wählerstimmen auf sich vereinigen. Nachdem *Buškevičius* 1993 als Berater für die Jugendfragen des Ministerpräsidenten *Šlezevičus* berufen wurde,[59] machte er kein Hehl aus seinen aggressiv nationalistischen Einstellungen. 1994 übergab er dem Präsidenten *Brazauskas* eine Petition der *Union litauischer Jugend*, die aufrief, die nationale Zusammensetzung der Stadt Vilnius zugunsten ethnischen Litauer zu ändern, die Sendungen im nationalen Fernsehen in russischer und polnischer Sprache sowie den Schulunterricht auf Russisch abzuschaffen und schließlich die Immigration aus Russland zu stoppen.[60]

Die im August 1994 als politische Partei registrierte *Litauische Freiheitsunion* (LLS) wurde vom ehemaligen Mitglied des moderaten nationalistischen *Litauischen Freiheitsbundes*, *Vytautas Šustauskas*, gegründet. Die LLS ist eine der bekanntesten rechtsextremistischen Parteien in Litauen wie außerhalb des Landes.[61] Ihr 1995 in den Stadtrat von Kaunas gewählter Spitzenmann *Šustauskas* verstand es gut, sozial- und wirtschaftspolitische Missstände in Litauen für seine sozialpopulistischen Aktionen zu instrumentalisieren.[62] Dennoch fielen die zusammen mit den *Jungen Litauern* durchgeführten Demonstrationen der LLS gegen Korruption und die Mafia durch ihre fremdenfeindlichen und antisemitischen Untertöne auf. Da die Litauer, so die populistische Argumentation der *Freiheitsunion*, ein fleißiges Volk seien, können nur die Außenkräfte an ihrer Armut schuld sein. In Kaunas, wo vor dem Holocaust 200.000 Juden lebten, kamen die antisemitischen Anschuldigungen wie das Versprechen, für Recht und Ordnung zu sorgen, gut an. Bei den Regionalwahlen 2000 gewann die LLS elf von 41 Plätzen und als Vorsitzender der stärksten politischen Partei wurde *Šustauskas* zum Bürgermeister von Kaunas gewählt.[63]

Allerdings waren der Antisemitismus und die xenophoben Parolen nicht das alleinige Erfolgsrezept seiner Partei. Strategisch orientierte sich die LLS in Richtung Linkspopulismus. Bereits 1999 kündigte *Šustauskas* auf einer Pressekonferenz an, dass seine nächste Aktion gegen die Juden gerichtet sein werde. Zwar begrenzten sich die Demonstrationen der LLS nicht nur auf Juden, dennoch sorgten die antisemitischen Aktionen der *Freiheitsunion* für internationales Aufsehen.

Šustauskas versuchte nicht, seine Gewalt- und Hasspropaganda zu verschleiern. So erklärte er bei einem Fernsehauftritt in Schweden, dass der ehemalige des Massenmordes

57 Vgl. Giedrius Kiaulakis (FN 11), S. 135.
58 Vgl. ebd.
59 Siehe unter: http://www3.lrs.lt/n/rinkimai/20001008/kandvl.htm-152675.htm [Stand: 16. März 2009].
60 Vgl. Giedrius Kiaulakis (FN 11), S. 135 f.
61 Vgl. ebd., S. 137.
62 Vgl. Vykintas Pugačiauskas: Islands of Extremism: Localism of Radical „Voice" in Lithuania, abrufbar unter: http://www.pugaciauskas.lt/study/m2pd.html [Stand: 23. März 2009].
63 Vgl. hier und im Folgenden Giedrius Kiaulakis (FN 11), S. 138.

an Juden beschuldigte Chef der Sicherheitspolizei von Vilnius ein nationaler Held sei, dem er die Schuhe zu putzen bereit wäre. Diese und ähnliche antisemitische Äußerungen sorgten dafür, dass die israelische Botschaft in Tallinn in einer Presseerklärung ihre Bedenken über *Šustauskas'* Wahl zum Bürgermeister zum Ausdruck brachte. 1999 sprach sich dieser für terroristische Kampfmethoden aus und bezeichnete die Ereignisse im armenischen Parlament, als Terroristen acht Parlamentarier umgebracht hatten, als Positivbeispiel.

Auch ein weiteres Parteimitglied, *Saulius Oželis*, ehemaliger Vorsitzender der LLS in Taurage, fiel nicht nur durch die Anstiftung zum Mord an Präsident *Adamkus* im litauischen Fernsehen und die Demonstration, wie der Mord begangen werden könnte, sondern auch durch die von ihm organisierten Protestaktionen gegen Juden auf. Im April 2002 führte seine Partei eine Demonstration gegen die Restitutionen des jüdischen Eigentums durch. Dabei rief er dazu auf, „dieser schamlosen Nation eine Lektion zu erteilen" sowie Pogrome zu organisieren. Im Zentrum von Taurage wurde 2002 die israelische Flagge beim Abspielen eines NS-Marsches verbrannt.[64] Wider Erwarten wurden keine ernsthaften Maßnahmen gegen *Oželis* von den Sicherheitsbehörden ergriffen – er blieb im öffentlichen Dienst und arbeitete als Lehrer in Taurage weiter.[65]

Antisemitismus in Litauen ist allerdings keine exklusive Domäne der rechtsextremistischen Parteien. Nicht nur „Juden raus"-grölende Neonationalsozialisten gehören zum Stadtbild der Kulturhauptstadt Europas 2009 Vilnius. Auch schleppende Ermittlungsverfahren gegen die litauischen NS-Kollaborateure, Bunkermentalität gegenüber westlicher Antisemitismuskritik, Rehabilitierung von den wegen der Massenmorde an den Juden verurteilten Kriegsverbrechern und Restitutionsverweigerung prägen die politische Arena Litauens: „Die Politik ist im Großen und Ganzen nicht bereit, sich mit der historischen Schuldfrage Litauens auseinanderzusetzen, und das gilt nicht nur für lokale Behörden, sondern auch für das Justiz- und Kulturministerium, ja sogar für das Ministerium für Wissenschaft und Bildung sowie für das Außenministerium."[66]

3.2 *Linksextremismus*

Die einzige nennenswerte und legal agierende linksextremistische Partei Litauens ist die *Sozialistische Partei* (LSP). Ihre Ideologie basiert laut Parteiprogramm „auf der dialektisch-materialistischen Methodologie, Marxismustheorie und moderner Sozialkunde. Die Partei distanziert sich unmissverständlich von der Theorie und Praxis des Stalinismus und des Totalitarismus".[67] Die LSP sei primär keine Partei der Gegenwart, sondern eine Partei der Zukunft, die nach einem neuen Sozialismus des 21. Jahrhunderts strebt. Hierbei firmiert Sozialismus als eine postkapitalistische Gesellschaftsform.

Die LSP beurteilt das sowjetische Erbe als „leuchtende Errungenschaft" in der Wirtschaft und Kultur und erklärt den Aufbau eines sozialen Staates mit verschiedenen Eigen-

---

64 Vgl. Radikalas Saulius Oželis baudos nemokės, abrufbar unter: http://www.ve.lt/?rub=1065924810&data=2002-07-05&id=1025859362 [Stand: 16. März 2009].
65 Vgl. Giedrius Kiaulakis (FN 11), S. 138.
66 Vytautas Toleikis (FN 17), S. 463.
67 Vgl. Parteiprogramm der LSP, abrufbar unter: http://www.lsp.w3.lt/index.htm [Stand: 16. März 2009].

tumsformen und einem sozial orientierten Haushalt zu ihrem Ziel. Das Programmcredo litauischer Marxisten lautet: Sozialismus, Demokratie und Unabhängigkeit. Die litauischen Marxisten bekennen sich zu einem verfassungskonformen, demokratischen Agieren im politischen System. Die national-kulturelle Unabhängigkeit gilt für die *Sozialistische Partei* als notwendige Voraussetzung für den neuen, demokratischen Sozialismus. Bekenntnisse zur freiheitlich-demokratischen Ordnung können jedoch nicht über das Hauptziel der LSP – die Gründung eines sozialistischen Litauens – hinwegtäuschen. Konsequenterweise bleibt die *Sozialistische Partei* im postsozialistischen Litauen einfluss- und erfolglos. In den gesellschaftlichen Diskursen Litauens spielen der Linksextremismus im Allgemeinen und die LSP im Besonderen nur eine Nebenrolle.

4 Nichtparteiförmiger Extremismus

Nichtparteiförmige extremistische Formationen in Litauen lassen sich in drei Gruppen unterscheiden. Zur ersten Gruppe gehören jene Organisationen, denen es seit ihrer Gründung nicht gelungen ist, sich zu einer offiziell registrierten politischen Partei zu transformieren. Solche nichtparteiförmigen extremistischen Organisationen (beispielsweise die *Union der nationalsozialen Einheit Litauens*) waren auf Kooperationen mit etablierten Parteien angewiesen, die entweder durch eine Fusion, wie zwischen LNDP und den Nationalsozialisten, oder durch die Integration von rechtsextremistischen Kandidaten auf Wahllisten anderer Parteien (wie im Fall des *Jungen Litauens*) entstanden.

Die zweite Gruppe umfasst Organisationen, die als militanter Arm politischer Schirmparteien agieren. Während politische Parteien als Sprungbrett für verschiedene rechtsextreme Politiker im Kampf um Parlamente fungierten, dienten entsprechende Organisationen als Basis im Kampf um die Straße. So eine Konstellation ergab sich nach der Spaltung der *Litauischen Jugendunion* (LJS) in die *Litauische nationale Jugendunion Junge Litauer* und die *Litauische Nationale Partei Junges Litauen*.

Im Februar 1996 gründete die Organisation *Junge Litauer* eine weitere Vereinigung, die sich auf Kampfsportarten und patriotische Erziehung spezialisierte. Neben Trainingseinheiten in „nationaler Selbstverteidigung" war vor allem die umfangreiche Vermittlung nationalistischer Propaganda an Kinder und Jugendliche im Interesse der weiterhin bestehenden Organisation. Zugleich gelang es den *Jungen Litauern* in der Öffentlichkeit als Organisation aufzutreten, die sich um die Freizeitgestaltung der Jugend sorgt.[68] Im Mai 2001 registrierten die Behörden von Kaunas eine Miliz der *Jungen Litauer*, die es sich zur Aufgabe machte, die Sicherheitsbehörden im Kampf gegen Drogenhändler und Rowdies zu unterstützen. Die Tatsache, dass diese Miliz einen Bezug zur rechtsextremistischen Partei hatte, ließ merkwürdigerweise jedoch bei der Politik und den Sicherheitsbehörden keine Fragen über ihre Verfassungskonformität aufkommen – ein Zeichen der gesellschaftlichen Akzeptanz des militanten Rechtsextremismus.

Eine dritte Gruppe von nichtparteiförmigen Organisationen des Extremismus in Litauen bilden die subkulturellen Erscheinungsformen, zu denen in erster Linie die Skinheads gehören.

68 Vgl. Giedrius Kiaulakis (FN 11), S. 136.

Die litauischen Skinheads stellen eine von der Außenwelt eher abgeschottete Szene dar, die kaum internationale Kontakte pflegt. Erst ein Fußballspiel zwischen Mannschaften Litauens und Israels machte die Experten im April 1994 auf das Phänomen der litauischen Skinheads aufmerksam. Bis heute identifizieren sich einige Mitglieder der Szene mit gewaltbereiten Fußballfans. Diese gelten als eher unpolitisch und ziehen lieber in die Straßenschlachten gegen feindliche Fans, anstatt nationalistisch und rassistisch aufzutreten. Die meisten Skinheads propagieren hingegen eine aggressiv intolerante und autoritäre Ideologie.[69]

Die litauische Skinheadszene ist im Vergleich zu anderen osteuropäischen Staaten verhältnismäßig übersichtlich. Die im Untergrund verlegte Zeitschrift „Der neue Weg" veröffentlicht seit 1994 antisemitische und rassistische Texte.[70] Die litauischen Skinheads streben eine ethnisch homogene Gesellschaft an und versuchen, ihre aggressiv nationalistische Ideologie durch Übergriffe[71] auf Ausländer in die Praxis umzusetzen. „Juden raus!" und „Heil Hitler" brüllende Skinheads sind keine seltenen Gäste bei Fußballspielen und Rockkonzerten der „White-Power-Band" *Diktatura.*[72]

Da die litauischen Skinheads keine isolierte Gruppe in der Gesellschaft darstellen, besitzen sie ein gewisses Einflusspotenzial auf ihre unmittelbare Umgebung. Wie groß dieses werden könnte, schildert *Robert B. Fishman* in seinem Essay „Hauptstadt des Rassismus": „Juden raus steht auf Deutsch zwischen Hakenkreuzen an der Fassade des jüdischen Gemeindehauses in Litauens Hauptstadt [...]. Bereits am litauischen Unabhängigkeitstag im März zogen grölende Neonazis unbehelligt über die Haupteinkaufsstraße von Vilnius. Nach westlichen Protesten dauerte es neun Tage, bis die Regierung den Vorfall verurteilte."[73]

5 Ergebnis

Mit dem Untergang des „realen Sozialismus" schlug auch die Stunde des Linksextremismus in Litauen. Die Abneigung gegen bzw. die Verpönung der kommunistischen Ideologie und Praxis in der Politik und Gesellschaft Litauens lässt den linksextremistischen Parteien keine andere Wahl, außer sich als „Parteien der Zukunft" zu positionieren. Das ist insofern eine smarte bzw. die einzig mögliche Strategie, als im postsozialistischen politischen System Litauens für den Linksextremismus jeglicher Ausprägung kein Platz ist. Anders ist die Situation im litauischen Rechtsextremismus. Ähnlich wie in Estland und Lettland konnten die rechtsextremistischen Parteien Litauens keine breite Klientel gewinnen; sie erreichten nur in wenigen Regionen eine gewisse elektorale Relevanz.[74] Allerdings dürfen diese Rückschläge bei den Wahlen nicht darüber hinwegtäuschen, dass rechtsextreme Positionen auch in weiten Teilen der demokratischen Mehrheitskultur Litauens verankert sind .

69 Vgl. ebd., S. 142 f.
70 Vermutet werden 40–50 Mitglieder in Vilnius, 20–30 in Kleipeda und eine Handvoll in anderen Städten. Siehe dazu: ebd., S. 143.
71 Es wurden zwischen 1995 und 1997 sechs Angriffe auf Ausländer registriert sowie ein weiterer Vorfall 2001.
72 Siehe den Internetauftritt der Band, abrufbar unter: http://www.diktatura.skynet.lt/ [Stand: 16. März 2009].
73 Robert B. Fishman zit. nach Vytautas Toleikis (FN 17), S. 465–469, hier S. 465.
74 Vgl. Vykintas Pugačiauskas (FN 62).

Nichtparteiförmige Organisationen sind in der Entwicklungsgeschichte des politischen Extremismus Litauens keineswegs unbedeutend gewesen und weisen – wie oben angedeutet – vielfältige Interaktionsmuster mit den politischen Dachorganisationen auf. Dennoch kann bei dieser Organisationsform des politischen Extremismus wie im Hinblick auf politische Parteien lediglich von extremistischen Randerscheinungen gesprochen werden. Denn die rechtsextremistischen Schirmparteien konnten nur in der Region Kaunas und in Šiauliai ihre Wählerschaft mobilisieren. Vilnius und in geringerem Maße Kleipeda zählen zu Hochburgen des subkulturellen Extremismus.

Worin bestehen die Gründe für nationale Misserfolge und Regionalisierungstendenzen des Rechtsextremismus in Litauen? Eine erste mögliche Erklärung könnte die Berichterstattung litauischer Medien liefern, die den Rechtsextremismus ausschließlich als regionales Phänomen und die Anführer der rechtsextremistischen Parteien als lokale Kämpfer für die Wahrheit darstellen. Einerseits wurde dadurch Politikern wie *Šustauskas* und *Murza* ihre Vermessenheit genommen, sich als legitime Vertreter des ganzen Volkes zu präsentieren.[75] Andererseits besteht in Litauen die Gefahr, den Rechtsextremismus zu bagatellisieren, während der (gesellschaftlich unbedeutende) Linksextremismus hochgespielt wird.

Eine zweite Erklärung findet sich in der postsozialistischen Entdeckung der Nation und dem damit einhergehenden Aufkommen des Nationalismus, der von den großen Parteien für ihre Zwecke instrumentalisiert wurde. Dies machte es den kleinen aggressiv nationalistischen Parteien praktisch unmöglich, landesweit an Profil zu gewinnen. Die „Erosion der Abgrenzung“ (*Wolfgang Rudzio*) geschieht in Litauen anders als in den meisten Staaten Europas nicht am linken, sondern am rechten Rand des politischen Spektrums.

75 Vgl. ebd.

Extremismus in den Niederlanden

Paul Lucardie/Gerrit Voerman/Friso Wielenga

1 Rahmenbedingungen

Das niederländische Parteiensystem wurde von Klassenkampf und Kulturkampf geprägt.[1] Am Ende des 19. Jahrhunderts entstanden evangelische, katholische und sozialistische Massenparteien, eng verbunden mit Gewerkschaften, Frauen- und Männervereinen, Hochschulen und Schulverbänden, Zeitungen usw. – kurz: eigenen gesellschaftlichen Milieus oder Säulen (*zuilen*). Die Eliten der Massenparteien und Massenorganisationen trafen sich regelmäßig. So entwickelte sich in den Niederlanden eine Konkordanzdemokratie – wenn nicht eine Konkordanzoligarchie, weil die Bevölkerung recht wenig Einfluss auf die Kompromisse zwischen den politischen Eliten nehmen konnte.

Extreme, systemfeindliche Parteien wurden durch die Versäulung und die konsensorientierte politische Kultur toleriert, aber auch isoliert. Wenn ein kalvinistischer Ladenbesitzer, ein katholischer Bauer oder ein sozialdemokratischer Arbeiter zu einer links- oder rechtsextremistischen Partei übertrat, verlor er nicht nur die Sympathie seiner Kollegen, sondern auch seine Mitgliedschaft im Berufsverband oder der Gewerkschaft sowie in den vielfältigen Vereinen, und er konnte sogar aus der Kirche ausgeschlossen werden. Erst 1937 gelang es der *National-Sozialistischen Bewegung* (*Nationaal Socialistische Beweging* – NSB), in das Parlament einzuziehen. Mit vier (von 100) Sitzen blieb die von italienischen und deutschen Ideen beeinflusste NSB jedoch eine Randerscheinung in der niederländischen Politik. Nachdem sie mit der deutschen Besatzung (1940–45) kollaboriert hatte, wurde sie verboten. Die *Kommunistische Partei der Niederlande* (*Communistische Partij van Nederland* – CPN) hatte sich gerade durch ihren Widerstand gegen die deutsche Besatzung beliebt gemacht und wuchs kurzfristig zwischen 1946 und 1948 zur Massenpartei. Der aufkommende Kalte Krieg und der in Westeuropa wachsende Antikommunismus isolierte und schwächte sie erneut.

In den 1960er und 1970er Jahren begannen die Säulen langsam abzubröckeln. Die Massenparteien verloren ihre Massen. Die evangelischen und katholischen Parteien verschmolzen zur *Christdemokratischen Partei* (*Christen Democratisch Appel* – CDA); die sozialdemokratische *Partei der Arbeit* (*Partij van de Arbeid* – PvdA) war kaum noch eine Arbeiterpartei. Allmählich entstand Raum für neue Parteien, die zum Teil auf populistische oder radikaldemokratische Weise gegen das politische Konkordanzsystem wetterten. Viele verschwanden schnell, dauerhaft war die Partei *Demokraten 66* (*Democraten 66* – D66), die seit 1966 (erfolglos) versucht, das System zu demokratisieren. Das wollen auch die *Grüne*

1 Siehe im Einzelnen Paul Lucardie: Das Parteiensystem der Niederlande, in: Oskar Niedermayer/Richard Stöss/Melanie Haas (Hrsg.): Die Parteiensysteme Westeuropas, Wiesbaden 2006, S. 331–350; Markus Wilp: Das politische System der Niederlande, in: Friso Wielenga/Markus Wilp (Hrsg.): Nachbar Niederlande. Eine landeskundliche Einführung, Münster 2007, S. 61–91.

Linke (*GroenLinks* – GL) und die *Sozialistische Partei* (*Socialistische Partij* – SP), allerdings mit vielen Unterschieden. Ab dem Jahr 2000 kamen die Erfolge rechtspopulistischer Strömungen wie der *Liste Pim Fortuyn* (*Lijst Pim Fortuyn* – LPF) (2002) und der *Partei für die Freiheit (Partij voor de Vrijheid* – PVV) von Geert Wilders (2006). Die LPF wurde 2002 mit 17,1 Prozent die zweitgrößte Gruppierung im Parlament. 2009 erzielte die PVV bei den Europawahlen knapp 17 Prozent der Stimmen.[2]

Das niederländische Verhältniswahlrecht macht es neuen Parteien nicht besonders schwer. Eine Sperrklausel wie in Deutschland gibt es nicht, der Wahlquotient genügt, um einen Sitz im Parlament zu gewinnen. Seit 1956 die Zahl der Sitze im Parlament von 100 auf 150 erhöht wurde, ist der Wahlquotient die Gesamtzahl der gültigen Stimmen geteilt durch 150, also 0,67 Prozent (bei der letzten Parlamentswahl im Jahr 2006 waren das ungefähr 73.000 Stimmen). Das ganze Land wird praktisch als ein Wahlkreis betrachtet, obwohl es rein administrativ zur Zeit 19 Wahlkreise gibt. Die Sitze werden nach dem d'hondtschen Höchstzahlverfahren verteilt.

Es gibt kein Parteiengesetz, nur einzelne Gesetze, die Parteien betreffen. Parteien die unter ihrem Parteinamen an Wahlen teilnehmen möchten, haben wie alle Vereine die Bedingungen des bürgerlichen Gesetzbuches zu beachten. Regelmäßig soll eine Mitglieder- oder Delegiertenversammlung einberufen werden, die einen Vorstand wählt. Parteien können verboten werden, wenn sie die öffentliche Ordnung gefährden, z. B. durch Hetze gegen Minderheiten. Im Jahre 1894 wurde der revolutionäre *Sozialdemokratische Bund* (*Sociaal-Democratischen Bond* – SDB) verboten, 1945 die NSB und später zwei nationalsozialistisch angehauchte Parteien.[3]

2 Wahlentwicklung

Welche Parteien als extremistisch eingestuft werden sollen, ist in den Niederlanden umstritten. Politischer Extremismus wird in diesem Beitrag als Gegenpol zum demokratischen Verfassungsstaat, oder vielleicht noch genauer: als Gegenpol zur Mischverfassung verstanden. Wie Uwe Backes angeführt hat, mischen die modernen Verfassungsstaaten demokratische, aristokratische und monarchische Elemente: „(Das) ‚extrem-demokratische', nach totaler Bürgergleichheit, permanenter und unmittelbarer bürgerlicher Machtausübung drängende Element wird durch ‚monarchische' und ‚aristokratische' *checks and balances* etwa im Interesse rascher Regierungsentscheidung, qualifizierter Beratung in Parlamenten oder richterlichen Schutzes vor Übergriffen des Volkswillens auf elementare Freiheitsrechte begrenzt."[4] Hier werden solche Parteien und Gruppen demnach nur als extremistisch betrachtet, die entweder aristokratische und autoritäre oder demokratische und egalitäre Prinzipien konsequent in Staat und Gesellschaft durchführen möchten.

---

2 Vgl. für die politische Geschichte der Niederlande im Einzelnen Friso Wielenga: Die Niederlande. Politik und politische Kultur im 20. Jahrhundert, Münster 2008.

3 Vgl. Johannes A. O. Eskes: Repressie van politieke bewegingen in Nederland, Zwolle 1988.

4 Uwe Backes: Politische Extreme. Eine Wort- und Begriffsgeschichte von der Antike bis zur Gegenwart, Göttingen 2006, S. 240 f.

In der Periode seit 1990 erfüllen lediglich wenige niederländische Parteien diese Definition. Deutlich trifft das auf die *Niederländische Volksunion* (*Nederlandse Volksunie* – NVU) zu, die sich selbst (zu Recht) als „extremistischste Partei der Niederlande“ bezeichnet.[5] Bei ihrer Gründung im Jahr 1971 schien sie noch eine nicht allzu extreme nationalistische Schwesterpartei der *Flämischen Volksunion* (*Vlaamse Volksunie* – VU) zu werden, aber nach und nach geriet sie unter den Einfluss alter und neuer Nationalsozialisten. 1974 wurde der Buchhalter *Joop Glimmerveen* zum Parteiführer ernannt, nachdem er mit der Parole „Den Haag muss weiß und sicher bleiben“ fast einen Sitz im Stadtrat der Regierungsstadt gewonnen hatte.[6] 1977 erzielte die NVU unter seiner Führung bei den Parlamentswahlen mit einer ebenfalls rassistischen Kampagne 0,4 Prozent der Stimmen – wiederum zu wenig für einen Sitz. Ein Jahr später wurde die Partei gerichtlich verboten, da sie sich im Widerspruch zur öffentlichen Ordnung befinde und sittenwidrig sei.[7] Wegen eines Formfehlers konnte die NVU nicht aufgelöst werden. Sie sollte jedoch nicht mehr an Parlamentswahlen teilnehmen und schien in den 1980er Jahren lautlos zu verkümmern. Viele Anhänger suchten ihr Heil anderswo. 1996 beschloss *Glimmerveen*, der NVU mit Hilfe jüngerer Anhänger neues Leben einzuhauchen. Die Partei nahm von 1989 an in einigen Städten wieder an den Wahlen zum Stadtrat teil – auch wenn sie dabei nie einen Sitz gewann – und organisierte regelmäßig Kundgebungen. Unter der Leitung von *Constant Kusters*, der *Glimmerveen* 2001 als Parteiführer abgelöst hatte, wurde weniger die Konfrontation mit der Polizei gesucht, und man beschränkte sich in der Regel auf friedliche Demonstrationen mit Fahnen, Parolen und Reden.[8] Geistesverwandte, die der Gewalt nicht aus dem Weg gingen, suchten oftmals ihre Zuflucht bei militanteren Gruppen wie *Stormfront Nederland, Racial Volunteer Force* und *Nationaal-Socialistische Actie*, die nicht an Wahlen teilnahmen und daher nicht als politische Parteien betrachtet werden.[9]

Nationalisten, die den Nationalsozialismus der NVU ablehnten, unternahmen in den 1980er und 1990er Jahren verschiedene Versuche zur Parteibildung, von denen jedoch keiner zu dauerhaften Formationen geführt hatte. Die am wenigsten flüchtige Formation war die 1980 gegründete *Zentrumspartei* (*Centrumpartij* – CP), die sich 1986 in *Zentrumspartei ’86* (*Centrumpartij ’86* – CP’86) umbenannt hatte und 1998 gerichtlich verboten wurde. Wie der Name zeigt, wollte sie nicht als rechte, geschweige denn als rechtsextreme Partei gelten. Von anderen Parteien der Mitte unterschied sie sich in erster Linie durch ihre nationalistische Betonung der „niederländischen Kultur“ und die Aversion gegen die multikulturelle Gesellschaft, zu der sich die Niederlande entwickelten. 1982 gewann sie einen Sitz (0,8 Prozent) in der Zweiten Kammer des niederländischen Parlaments, den ihr Vorsitzender, der Politikwissenschaftler *Hans Janmaat*, einnehmen sollte. Die *Centrumpartij* durchlebte eine kurze Wachstumsperiode, die endete, als innere Konflikte die Partei 1984 zerrissen. Persönliche und (in geringerem Maße) ideologische Unterschiede zwischen *Janmaat* und dem

5 Vgl. NVU: Geschiedenis. Voorwaarts in de naam van ons Volk en Vaderland, abrufbar unter: www.nvu.info/gesch.html [Stand: 14. November 2006].

6 Vgl. Carolien Bouw/Jaap van Donselaar/Carien Nelissen: De Nederlandse Volksunie: portret van een racistische partij, Bussum 1981, S. 39.

7 Vgl. ebd., S. 101–105.

8 Vgl. NVU (FN 5); Jaap van Donselaar/Peter R. Rodrigues (Hrsg.): Monitor racisme en extreem-rechts, Vierde rapportage, Amsterdam/Leiden 2001, S. 37.

9 Vgl. Willem Wagenaar/Jaap van Donselaar: Extreemrechtse formaties, in: Jaap van Donselaar/Peter R. Rodrigues (Hrsg.): Monitor Racisme & Extremisme, Achtste Rapportage, Amsterdam 2008, S. 43–67.

neuen Parteivorsitzenden *Nico Konst* führten zu einem Bruch. *Janmaat* und seine Mitstreiter gründeten noch 1984 eine neue Partei, die *Zentrumsdemokraten* (*Centrumdemocraten* – CD).

Die *Centrumpartij* wandelte sich vor allem aus finanziellen Gründen zur *Centrumpartij '86* – die alte Partei ging bankrott. In einigen Städten gewann sie bei den Gemeinderatswahlen der Jahre 1990 und 1994 Sitze. Interne Konflikte plagten auch die CP'86. Nationalsozialistisch gesinnte Jugendliche übernahmen 1996 die Macht. Zwei Jahre später wurde die Partei verboten.[10] Die weniger extremen Nationalisten starteten von 1996 an verschiedene Versuche, eine neue Partei auf die Beine zu stellen, so 1997 die Partei *Volksnationalisten der Niederlande* (*Volksnationalisten Nederland* – VNN), die 1998 in der *Neuen Nationalen Partei* (*Nieuwe Nationale Partij* – NNP) aufgegangen war.[11] Nach einer kurzen Blüte, in der sie zwei Sitze in Stadtbezirksräten in Rotterdam gewonnen hatte, fiel die NNP auseinander.[12] Ein Mitglied eines Stadtbezirksrats, *Jan Teijn*, gründete daraufhin im Jahr 2003 die *Nationale Allianz* (*Nationale Alliantie* – NA), die als Dachorganisation für Nationalisten unterschiedlicher Richtungen gedacht war. 2007 wurde auch diese Organisation aufgelöst.[13]

Inzwischen war *Janmaat* 1989 erneut in die Zweite Kammer gewählt worden (0,9 Prozent), dieses Mal für die CD. Die Partei erlebte eine Blütezeit und konnte die Zahl ihrer Sitze 1994 verdreifachen (2,5 Prozent). Dieses Wachstum brachte auch Probleme mit sich. Viele Ratsmitglieder zeigten sich ihrem Amt nicht gewachsen und kamen ins Gerede – in Arnheim beispielsweise wegen Handels mit Heroin, in Purmerend wegen Betrugs und Waffenbesitzes, in Amsterdam wegen Brandstiftung.[14] Andere Ratsmitglieder verließen aufgrund der negativen Publizität die ohnehin schon an einem Führungsmangel leidende Partei. Bei den Wahlen 1998 gingen die drei Sitze in der Zweiten Kammer und bis auf einen einzigen alle Ratssitze verloren. Die Partei verkümmerte. Als *Janmaat* im Jahr 2002 starb, war von ihr nicht mehr viel übrig.[15] Ob die CD als rechtsextrem gelten kann, ist umstritten.

Dieser Zweifel gilt erst recht für die Parteien, die nach 2000 von der CP und der CD die nationalistische Fahne übernommen haben. Die *Liste Pim Fortuyn* (*Lijst Pim Fortuyn* – LPF), die 2002 mit 26 Sitzen (17,0 Prozent der Stimmen) ins Parlament eingezogen war und die zweitgrößte Fraktion gestellt hatte, verband einen gemäßigten Nationalismus und eine starke Furcht vor „Islamisierung" mit liberalen Auffassungen auf sozioökonomischem Gebiet und einer populistischen Kritik an der politischen Elite.[16] Die LPF war aus der ebenfalls populistischen, jedoch nicht nationalistischen Partei *Lebenswerte Niederlande* (*Leefbaar Nederland* –

10 Vgl. Jaap van Donselaar: Monitor Racisme en Extreem-rechts, Eerste rapportage, Leiden 1997, S. 8 f. und S. 67 f.; Paul Lucardie: Een geschiedenis van vijftien jaar Centrumstroming, in: Joop van Holsteyn/Cas Mudde (Hrsg.): Extreem-rechts in Nederland, Den Haag 1998, S. 17–30.

11 Vgl. Jaap van Donselaar (FN 10), S. 9.

12 Vgl. Jaap van Donselaar/Peter R. Rodrigues (Hrsg.): Monitor racisme en extreem-rechts, Vijfde rapportage, Amsterdam/Leiden 2002, S. 41–46; dies. (Hrsg.): Monitor racisme en extreem-rechts, Zesde rapportage, Amsterdam/Leiden 2004, S. 50–52.

13 Vgl. Willem Wagenaar/Jaap van Donselaar (FN 9), S. 61.

14 Vgl. Paul Lucardie (FN 10), S. 25.

15 Vgl. Jaap van Donselaar/Peter R. Rodrigues (FN 12), S. 37–40.

16 Vgl. Frank Eckhardt: Pim Fortuyn und die Niederlande. Populismus als Reaktion auf die Globalisierung, Marburg 2003; siehe auch dazu Paul Lucardie: Populismus im Polder: Von der Bauernpartei bis zur Liste Pim Fortuyn, in: Nikolaus Werz (Hrsg.): Populismus. Populisten in Übersee und Europa, Opladen 2003, S. 177–194, hier S. 188–192.

LN) entstanden, die 2002 zwei Sitze (1,6 Prozent) erzielt hatte.[17] Nach dem Mord an *Fortuyn* im Mai 2002 fiel die LPF rasch auseinander. Bei den Parlamentswahlen 2006 verschwand sie aus der Zweiten Kammer. Ihr Platz wurde von der im selben Jahr gegründeten *Partei für die Freiheit* (*Partij voor de Vrijheid* – PVV) eingenommen, die auf Anhieb mit 5,9 Prozent (neun Sitze) ins Parlament einzog.

Tabelle 1 Ergebnisse extremistischer und demokratisch-populistischer Parteien bei den niederländischen Parlamentswahlen 1989–2006 (in Prozent und Parlamentssitzen)

	1989	**1994**	**1998**	**2002**	**2003**	**2006**
CD	0,9 (1)	2,5 (3)	0,6 (0)	---	---	---
CP'86	---	**0,4 (0)**	---	---	---	---
Idealisten	---	---	**0,0 (0)**	---	---	---
LN	---	---	---	1,6 (2)	0,4 (0)	---
LPF	---	---	---	17,0 (26)	5,6 (8)	0,2 (0)
NCPN[1]	**0,1 (0)**	**0,1 (0)**	**0,1 (0)**	---	**0,1 (0)**	---
PSP'92	---	**0,1 (0)**	---	---	---	---
PVV	---	---	---	---	---	5,9 (9)
SAP	**0,0 (0)**	**0,1 (0)**	---	---	---	---
SP	0,4 (0)	1,3 (2)	3,5 (5)	5,9 (9)	6,3 (9)	16,6 (25)
Quelle: Wahlamt (Kiesraad), abrufbar unter: http://www.kiesraad.nl [Stand 24. März 2009].						

Extremistische Parteien sind **fett** gedruckt.
[1] Im Jahr 1989 VCN, seit 1992 NCPN.

Auch auf der linken Seite des politischen Spektrums ist der Extremismus geradezu marginalisiert. Die CPN hätte man extremistisch nennen können, solange sie eine Diktatur des Proletariats anstrebte – aber dieses Ziel hatte sie bereits in den 1980er Jahren aufgegeben. 1989 schloss sie ein Wahlbündnis mit der *Pazifistisch-Sozialistischen Partei* (*Pacifistisch-Socialistische Partij* – PSP), der *Politischen Partei der Radikalen* (*Politieke Partij Radicalen* – PPR) und der *Evangelischen Volkspartei* (*Evangelische Volkspartij* – EVP), aus dem 1990 die *Grüne Linke* (*GroenLinks* – GL) entstand. 1991 löste sich die CPN auf.[18]

Zu diesem Zeitpunkt hatten bereits viele orthodoxe Kommunisten die CPN verlassen. Im November 1985 gründeten sie den *Verbund der Kommunisten in den Niederlanden* (*Verbond van Communisten in Nederland* – VCN), der 1992 gemeinsam mit einigen lokalen Gruppierungen in der *Neuen Kommunistischen Partei der Niederlande* (*Nieuwe Communistische*

17 Vgl. Paul Lucardie (FN 16), S. 185 f.
18 Vgl. Gerrit Voerman: Das Gespenst des Kommunismus – Eine verblassende Erscheinung. Gegenwart und Vergangenheit des Kommunismus in den Niederlanden, in: Patrick Moreau/Marc Lazar/Gerhard Hirscher (Hrsg.): Der Kommunismus in Westeuropa. Niedergang oder Mutation?, Landsberg am Lech 1998, S. 498–523.

Partij van Nederland – NCPN) aufging.[19] Die NCPN nahm bis 2003 an Parlamentswahlen teil, ohne jemals mehr als 0,1 Prozent der Stimmen zu erzielen. Lediglich bei den Gemeinderatswahlen gelang es ihr, in einigen Orten im Norden des Landes Sitze zu gewinnen. Dabei blieb sie nicht von internen Konflikten und Abspaltungen verschont.[20] Die NCPN gibt eine Monatszeitung mit dem Namen „Manifest" heraus.

Manche Kommunisten fanden die CPN bereits in den 1960er Jahren zu „revisionistisch". Inspiriert von *Mao Zedong* spalteten sich verschiedene Gruppen von der CPN ab. Einige von ihnen landeten – über die üblichen Fusionsversuche und neuen Abspaltungen – im Jahr 1971 in der marxistisch-leninistischen *Kommunistischen Partei der Niederlande*, die sich ein Jahr später in *Sozialistische Partei* (*Socialistische Partij* – SP) umbenannte.[21] Nach dem Tode *Maos* löste sie sich langsam von Peking, warf das Konzept der gewaltsamen Revolution über Bord und begann, sich an Parlamentswahlen zu beteiligen. Auf lokaler Ebene war sie in den 1970er und 1980er Jahren erfolgreich, auf nationaler Ebene nicht. Erst 1994 gelang der Durchbruch, und die SP schaffte mit zwei Abgeordneten (1,3 Prozent der Stimmen) den Sprung ins Parlament. Die Parteiführer waren mit dem Wahlergebnis relativ zufrieden und setzten die Modernisierung der Partei fort. Bei den Parlamentswahlen 1998 gewann die SP 3,5 Prozent. 2002 legten die Sozialisten erneut zu und erreichten 5,9 Prozent. Die SP profitierte von den Schwächen der PvdA, ebenso von der Popularität ihres Vorsitzenden, *Jan Marijnissen*, der im Parlament nicht nur geschickt debattieren, sondern sich auch staatsmännisch verhalten konnte. Das zahlte sich bei den Parlamentswahlen 2006 aus und die SP wurde mit 16,6 Prozent der Stimmen die drittstärkste Partei des Landes. *Marijnissen* trat im Juni 2008 als Fraktionsvorsitzender zurück, blieb aber Parteivorsitzender.

Nicht nur Maoisten, sondern auch Trotzkisten hatten sich schon früh von der CPN getrennt. Die erste trotzkistische Abspaltung fand bereits 1927 statt.[22] Sie überlebte den Zweiten Weltkrieg nicht. Eine Neugründung im Jahr 1945 blieb erfolglos und löste sich bald wieder auf. Erst 1974 trat wieder eine trotzkistische Partei an, der *Internationale Kommunistenbund* (*Internationale Kommunistenbond* – IKB), der zur *Vierten Internationale* gehörte. Um nicht mit der Sowjetunion oder der CPN in Verbindung gebracht zu werden, nannte sie sich ab 1983 *Sozialistische Arbeiterpartei* (*Socialistische Arbeiderspartij* – SAP).[23] Die Partei nahm in den 1980er und 1990er Jahren an Parlamentswahlen teil, ohne je mehr als 0,1 Prozent der Stimmen zu gewinnen. Im Jahr 2004 gab sie das Ziel auf, eine sozialistische Partei zu etablieren und änderte den Namen in *Sozialistische Alternative Politik* (*Socialistische Alternatieve Politiek* – SAP). Die Zeitschrift „Grenzeloos" erschien weiterhin alle zwei Monate. Die Mehrheit der SAP-Mitglieder schloss sich individuell der SP an.[24]

Das taten auch Mitglieder von zwei anderen trotzkistischen Organisationen, die es zurzeit noch gibt: die *Gruppe Offensive* (*Offensief*) und die *Internationalen Sozialisten* (IS).

19 Vgl. ebd., S. 518 f.
20 Vgl. Gerrit Voerman: The Disappearance of Communism in the Netherlands, in: Uwe Backes/Patrick Moreau (Hrsg.): Communist and Post-Communist Parties in Europe, Göttingen 2008, S. 15–38, hier S. 21–23.
21 Vgl. Gerrit Voerman (FN 18), S. 515; siehe dazu auch Paul Lucardie (FN 16), S. 182–184.
22 Vgl. Gerrit Voerman (FN 18), S. 511 f.
23 Vgl. ebd., S. 513 f.
24 Vgl. Paul Mepschen: Grenzeloos: het ritme van een andere tamboer, in: Grenzeloos Nr. 100/2008, S. 6 f.; Gerrit Voerman (FN 20), S. 24.

Die „Offensive“ war eine Zeitschrift, seit 1982 herausgegeben von der niederländischen Abteilung des *Komitees für eine Arbeiterinternationale* (*Comité voor een Arbeidersinternationale* oder *Committee for a Workers' International* – CWI).[25] Die Mitglieder der Gruppe gehörten meist der PvdA an. Im Jahr 1998 entschlossen sie sich, der SP beizutreten. Allerdings drohte der Parteivorstand der SP 2009, die Gruppe auszuschließen, wenn sie ihre eigene Organisation aufrechterhielte.[26] Die *Internationalen Sozialisten* (*Internationale Socialisten* – IS) entstanden Ende der 1980er Jahre, inspiriert von der britischen *Socialist Workers Party* (SWP). Sie schlossen sich der von der SWP dominierten *International Socialist Tendency* an.[27] Die IS beteiligten sich (bis jetzt) nie an Wahlen, weil man so das kapitalistische System nicht abschaffen könne. Außerparlamentarische Aktionen gegen Rassismus, Sexismus, Krieg und Globalisierung waren für sie wichtiger. Im Jahre 2005 beschloss die IS, sich der SP anzuschließen, ohne ihre Organisation aufzulösen. Der Parteivorstand der SP tolerierte jedoch keine Doppelmitgliedschaft – obwohl die IS keine politische Partei im engeren Sinn ist.

In den 1990er Jahren entstand ferner die *Pazifistisch-Sozialistische Partei '92* (*Pacifistisch Socialistische Partij '92* – PSP'92). Sie wurde 1992 von Mitgliedern der PSP gegründet, die sich weigerten, zur *Grünen Linken* überzutreten, weil diese neue Formation weder pazifistisch noch sozialistisch war. Bei den Parlamentswahlen im Jahre 1994 gewann die PSP'92 nur 0,1 Prozent der Stimmen. Seitdem hat sie nicht mehr an Parlamentswahlen, sondern nur an Gemeinderatswahlen teilgenommen, ohne Erfolg. Sie beteiligt sich an außerparlamentarischen Aktionen und verlegt eine Zweimonatszeitschrift namens „Socialistisch Initiatief“ (Sozialistische Alternative). [28] Auch die 1997 gegründete Partei *Du und die Idealisten* (*Jij en de Idealisten*) ließe sich als linksextrem betrachten, weil sie die Mischverfassung ablehnt. Im Jahre 1998 gewann sie nur 0,03 Prozent der Stimmen. Kurz darauf verschwand die Partei. Ihr basisdemokratisches oder neoanarchistisches Ideengut aber nicht. Es wird bis heute von Bürgerinitiativen, Hausbesetzern, Autonomen usw. propagiert.

3 Extremistische Parteien

3.1 Rechtsextremismus

Die *Niederländische Volksunion* (*Nederlandse Volksunie* – NVU) hat seit ihrer Gründung konsequent eine autoritäre Ideologie mit einer autoritären Organisationsstruktur kombiniert. Zwar konnten alle Mitglieder am Parteitag teilnehmen, aber dieser verfügte nur über eine begrenzte Macht. Der Parteitag wählte einen Teil des Vorstandes, konnte jedoch dabei nur unter bestimmten Bedingungen vom bindenden Vorschlag des amtierenden Vorstandes abweichen.[29] Darüber hinaus wurde fast die Hälfte des Vorstandes von der *Stiftung zur Förderung und Kontrolle der Niederländischen Volksunion* (*Stichting tot Steun aan en Toezicht*

25 Vgl. Gerrit Voerman (FN 20), S. 24 f.
26 Vgl. Barbara Veger: Offensief-leden dreigen uitgesloten te worden uit de SP, in: Offensief Nr. 189/2009, S. 3.
27 Vgl. Gerrit Voerman (FN 20), S. 25–27.
28 Vgl. Daphne van der Werff: PSP'92 10 jaar, in: Socialistisch Initiatief Nr. 6/2002, S. 10 f.; abrufbar unter: http://www.psp92.nl/pspset.html [Stand: 29. März 2009].
29 Vgl. Statuten van de Nederlandse Volks-Unie, s. l. s. a., Art. 5.

op de Nederlandse Volks-Unie) bestimmt, einem Gremium, das niemandem Rechenschaft schuldet. Die Stiftung konnte Parteitagsbeschlüsse, die ihrer Meinung nach im Widerspruch zu den Statuten standen, auf Eis legen,[30] der Vorstand ohne Mitsprache des Parteitages Wahlprogramme und Kandidatenlisten festlegen.[31] In den 1970er Jahren strebte die NVU einen autoritären Staat an, in dem der Ministerpräsident durch das Staatsoberhaupt ernannt werden und nicht mehr von Parlament abhängig sein sollte. Das Parlament sollte einen korporativen Charakter erhalten und seine Mitglieder nicht nur aus politischen Parteien, sondern auch aus „Genossenschaften" und Berufsorganisationen zugewiesen bekommen.[32] In späteren Jahren übernahm die NVU zunehmend nationalsozialistisches Gedankengut. Im Mittelpunkt stand eine mystisch gefärbte Rassenlehre: „eine Religion der Rasse".[33] Volk und Vaterland sollten von einer Elite „politischer Soldaten" vor den „demokratischen, multikulturellen Plutokraten" gerettet werden.[34] Die NVU wollte ihr Ziel nicht nur über den parlamentarischen Weg erreichen, sondern auch über die direkte Aktion (Doppelstrategie). Ihre politischen Aktivisten sollten als „Pioniere des germanischen Volkes" gemäß der Parteiideale leben: Volkslieder singen und Volkstänze lernen, germanische Feste feiern, Kampfsport ausüben, keine Hamburger von McDonald's oder Döner-Kebap essen.[35] Die Mitgliederzahl schwankt wahrscheinlich um die 100.[36]

Die *Centrumpartij* und ihre Nachfolgerin, die CP'86, waren weniger eindeutig in ihrem Extremismus. Ihre Organisationsstruktur wich kaum von der der etablierten Parteien ab: Der Vorstand war der Generalversammlung bzw. dem Parteitag, dem höchsten Organ der Partei, Rechenschaft schuldig.[37] Die Ideologie von CP und CP'86 schien weniger kohärent zu sein als die der NVU.[38] Die *Nationaldemokraten*, wie sich die Mitglieder der CP'86 nannten, gingen von der „natürlichen Ungleichheit des Menschen" aus.[39] Dennoch verteidigte die Partei den „demokratischen Staat" und wollte diesen durch die Ausweitung von Volksentscheiden weiter demokratisieren. Der Staat sollte ethnisch rein sein und „groß-niederländisch", mithin auch den niederländischsprachigen Teil Belgiens umfassen. Kurz vor ihrer Auflösung verabschiedete die CP'86 ein Parteiprogramm, das die nationale Unabhängigkeit stärker in

30 Vgl. ebd., Art. 25.1.

31 Vgl. Huishoudelijk Reglement van de Nederlandse Volks-Unie, s. l. s. a., Art. 70 und 78.

32 Vgl. F. Zoetmulder/G. Looij: Standpunten van de Nederlandse Volksunie, in: Wij Nederland 10(1980)4, S. 5 f.; siehe dazu auch: Carolien Bouw/Jaap van Donselaar/Carien Nelissen: De Nederlandse Volksunie: portret van een racistische splinterpartij, Bussum 1981, S. 57–69.

33 Vgl. Hans Prützmann: Oorsprong van onze ideologie, S. 2, abrufbar unter: http://www.nvu.info [Stand: 20. März 2009].

34 Vgl. NVU: Vrij nationaal-sociaal-nationaal. De strijd voor volk en vaderland!, abrufbar unter: http://www.nvu.info/schart/_schart.html [Stand: 20. März 2009].

35 Vgl. NVU: Richtsnoer voor de politieke soldaat/politiek activist, abrufbar unter: http://www.nvu.info/schart10.html [Stand: 25. November 2004].

36 Vgl. Willem Wagenaar/Jaap van Donselaar: Extreemrechtse formaties in Nederland, in: Jaap van Donselaar/Peter R. Rodrigues (Hrsg.): Monitor Racisme & Extremisme, Zevende Rapportage, Amsterdam/Leiden 2006, S. 111–137, hier S. 116.

37 Vgl. Centrumpartij: Statuten en huishoudelijk reglement, Den Haag 1980, Art. 12 (S. 5), Art. 16 (S. 8 f.), Art. 17 (S. 9 f.), Huishoudelijk reglement Art. 1.1 (S. 14).

38 Für eine tiefergehende Analyse Cas Mudde: The ideology of the extreme right, Manchester 2000, S. 148–164.

39 Vgl. Centrumpartij '86: Nationaaldemocratische gedachten voor en [sic] menswaardige toekomst. Beginselprogramma van de Centrumpartij, Den Haag 1990, S. 9.

den Mittelpunkt stellte.[40] Die Niederlande sollten wirtschaftlich unabhängig werden, den Gulden beibehalten und – wenn möglich – die Mitgliedschaft in der Europäischen Union beenden.[41] Immigranten, die nicht dem niederländischen oder einem anderen europäischen Volk angehörten, sollten das Land verlassen, auch wenn sie bereits die niederländische Staatsbürgerschaft erworben hätten.[42] Die Strategie von CP und CP'86 schien mehr auf Wahlen ausgerichtet zu sein, auch wenn besonders jüngere Mitglieder mit nationalsozialistischen Sympathien regelmäßig auf die Straße gingen. Kurz vor ihrer Auflösung zählte die CP'86 ungefähr 150 Mitglieder (1994: 550).[43]

Die *Zentrumsdemokraten* betonten die Teilnahme an den Wahlen stärker. *Janmaat* betrachtete seinen Parlamentssitz als für die Partei wesentlich. Der Nationalismus der CD war weniger „völkisch" als der der CP'86. Die Politik der bevorzugten Behandlung von Niederländern bei der Verteilung von Arbeit, Renten usw., die die *Zentrumsdemokraten* in den 1990er Jahren verfochten, impliziert allerdings eine grundsätzliche Ungleichheit zwischen den Menschen und könnte für sich betrachtet als rechtsextrem bezeichnet werden.[44] Auf politischem und sozioökonomischem Gebiet war die CD jedoch alles andere als extremistisch.

Ähnliches lässt sich über die populistisch-nationalistischen Parteien der 2000er Jahre sagen. Der Anthropologe *Jaap van Donselaar* und seine Kollegen bezeichnen die LPF (unter Vorbehalt) nicht, die PVV hingegen sehr wohl als rechtsextrem.[45] Der Extremismus der PVV zeige sich in der Instrumentalisierung der Ängste vieler Niederländer vor Überfremdung und Islamisierung, in ihrem „großniederländischen" Nationalismus und im autoritären Auftreten ihres Führers, *Geert Wilders*. *Wilders* ist das einzige Mitglied seiner Partei, die übrigen acht Parlamentarier sind formal keine Parteimitglieder und haben daher kaum Einfluss auf die Festlegung von Kandidatenlisten und Wahlprogrammen. Dem steht gegenüber, dass die PVV das politische System der Niederlande nicht in eine autoritäre Richtung ändern, sondern vielmehr – durch die Einführung von Referenden und Direktwahl von Ministerpräsident und Bürgermeistern durch die Bevölkerung – weiter demokratisieren will.[46] In ihrem Wahlprogramm und anderen Publikationen finden sich keine Hinweise darauf, dass sie den demokratischen Verfassungsstaat ablehnt und ebenso wenig darauf, dass sie einen „weichen" Extremismus befürwortet.[47] Gemäß der hier verwendeten Definition kann die PVV daher nicht als rechtsextrem (und ebenso wenig als linksextrem) bezeichnet werden. Rechtsextreme Parteien spielen in den Niederlanden offensichtlich eine unbedeutende Rolle.

---

40 Vgl. Partijprogramma CP'86, abrufbar unter: http://predator.www.cistron.nl/Partijprogram.htm [Stand: 21. Januar 2008].

41 Vgl. ebd., S. 6, S. 12.

42 Vgl. ebd., S. 29f.

43 Vgl. Jaap van Donselaar (FN 10), S. 9; Interview mit Henk Ruitenberg vom 27. Oktober 1994.

44 Vgl. Centrumdemocraten: Oost West Thuis Best, in: Verkiezingsprogramma's 1994, Den Haag 1994, S. 423–433; Centrumdemocraten: Trouw aan rood wit blauw, in: Verkiezingsprogramma's 1998, Den Haag 1998, S. 476–481.

45 Vgl. Jaap van Donselaar/Peter R. Rodrigues (FN 12), S. 59–87; Marija Davidoviç u. a.: Het extreemrechtse en discriminatoire gehalte van de PVV, in: Jaap van Donselaar/Peter R. Rodrigues (FN 9), S. 167–198.

46 Vgl. Partij voor de Vrijheid: Verkiezingspamflet, in: Huib Pellikaan u. a. (Hrsg.): Verkiezing van de Tweede Kamer 22 november 2006. Verkiezingsprogramma's, Amsterdam 2006, S. 407–410.

47 Mehr dazu bei Paul Lucardie: Rechts-extremisme, populisme of democratisch patriotisme? Opmerkingen over de politieke plaatsbepaling van de Partij van de Vrijheid en Trots op Nederland, in: Documentatiecentrum Nederlandse Politieke Partijen (Hrsg.): Jaarboek 2007, Groningen 2009, S. 176–190.

3.2 Linksextremismus

Die Grundlage der NCPN ist weiterhin der Marxismus-Leninismus. Die Partei ist nach leninistischen Grundsätzen „demokratisch zentralistisch" organisiert.[48] Sie möchte die soziale Ungleichheit und den Kapitalismus aufheben, Geld und Macht unter gesellschaftliche Kontrolle bringen sowie die bürgerliche Demokratie in eine sozialistische Demokratie verwandeln.[49] Kuba und Venezuela firmieren oft als rühmenswerte Beispiele.[50] Wahlen seien nicht unwichtig, Massenaktionen aber wichtiger. Auch internationale Zusammenarbeit schätzt die Partei hoch; besonders mit der *Deutschen Kommunistischen Partei* (DKP), der belgischen *Partei der Arbeit* (PVDA) und der *Kommunistischen Partei Luxemburgs* (KPL). Im Wahljahr 1994 zählte die NCPN etwa 600 Mitglieder; 1998 sollte die Zahl – nach Aussagen des Parteivorstandes – auf 900 und 2003 sogar bis auf 1000 Mitglieder angewachsen sein.[51]

Die SP wies in den 1970er und 1980er Jahren auch extremistische Züge auf. Im Jahr 1991 strich sie den Marxismus-Leninismus aus der Satzung und startete Versuche, ihre Organisation einigermaßen zu demokratisieren. Dennoch blieb die SP (vorerst) marxistisch und sozialistisch: Das Großkapital sollte enteignet und die Produktion geplant werden. Populistisch war die Partei zudem: Volksvertreter sollten nicht von politischen Parteien, sondern von Betrieben, Wohnvierteln oder „gesellschaftlichen Organisationen" aufgestellt werden.[52] Auch der Wahlkampf im Jahre 1994 hatte populistische Merkmale. „Stimme dagegen, wähle SP!" („Stem tegen, stem SP") war die Losung. Auf Plakaten zeigte die Partei eine rote Tomate als Symbol des Protestes.[53] Im Jahr 1999 verschwand auch der Marxismus aus dem Parteiprogramm. Sozialismus wurde jetzt definiert als „menschliche Würde, Gleichheit und Solidarität."[54] Mit dem Wahlprogramm 2002 verschwanden auch die populistischen Losungen der Partei, die von nun an eher traditionell sozialdemokratisch auftrat.[55] Ohne Vorbehalte akzeptiert die SP seitdem das parlamentarische System und die politischen Parteien. Ab und zu äußern sich hochrangige Parteivertreter aber noch auf populistische Weise.[56] Mit mehr als 50.000 Mitgliedern wuchs die SP zur drittstärksten Partei der Niederlande. Die Organisation der Partei blieb relativ zentralisiert und geschlossen.

---

48 Vgl. Gerrit Voerman (FN 20), S. 21–23.

49 Vgl. Alternatief verkiezingsprogramma NCPN 2006, abrufbar unter: http://www.ncpn.nl/ncpn/verkies.htm [Stand: 30. März 2009].

50 Vgl. Manifest vom 18. Dezember 2008.

51 Vgl. Aussagen des Spitzenkandidaten und Parteivorsitzenden *Rinze Visser* (Interview vom 8. Dezember 1994), des Spitzenkandidaten *Engel Modderma*n (Interview vom 18. Juni 1998) und des Generalsekretärs *Wil van der Klift* (Interview vom 24. Januar 2003).

52 Vgl. SP: Handvest 2000, in: Wegwijs in de SP, Rotterdam 1993, S. 15–19.

53 Vgl. Peter van der Steen: De doorbraak van de „gewone mensen"-partij: de SP en de Tweede-Kamerverkiezingen van 1994, in: Jaarboek 1994 DNPP, Groningen 1995, S. 172–189.

54 Heel de mens: alternatieven voor „Brutopia", Parteiprogramm der SP von 2001, abrufbar unter: http://www.sp.nl/tegenst./theorie/kernvisie/kernvisie3.stm [Stand: 14. Mai 2009].

55 Vgl. SP: Eerste weg links: actieprogramma SP 2002–2006, Rotterdam 2002; dazu auch Gerrit Voerman/Paul Lucardie: De sociaal-democratisering van de SP, in: Frans Becker/René Cuperus (Hrsg.): Verloren slag. De PvdA en de verkiezingen van november 2006, Amsterdam 2007, 139–164.

56 Vgl. Gerrit Voerman: ‚Van Mao tot marketing. Over het populisme van de SP', in: Socialisme & Democratie, 66(2009)9, S. 26–32.

Die SAP galt von Anfang an als eher demokratische Partei. Alle Mitglieder konnten sich auf Parteitagen oder Parteikonferenzen an Entscheidungen beteiligen.[57] Minderheiten durften ihre abweichende Meinung offen formulieren. Sogar im Wahlprogramm wurden gelegentlich unterschiedliche Ansichten vertreten (etwa über die Ökosteuer).[58] Einigkeit herrschte über das Endziel: Sozialismus, Planwirtschaft, internationale Solidarität und direkte Demokratie. Direkte Demokratie bedeutete für die SAP nicht nur Volksinitiative und Volksbegehren, sondern auch Selbstverwaltung in Betrieben, Schulen, Wohnvierteln usw.[59] Die Partei lehnte den Vertrag von Maastricht, nicht aber die EU insgesamt ab; die Union sollte sozialer werden.[60] Die SAP wollte keine parlamentarische Partei sein, außerparlamentarische Aktionen – in Gewerkschaften, Frauenbewegung, Umweltbewegung usw. – waren für die Partei wichtiger. Im Wahljahr 1994 zählte die SAP etwa 500 Mitglieder.[61]

Die *Offensive* strebte nach Sozialisierung der Produktionsmittel und einer „demokratischen Planwirtschaft“. Dazu forderte sie eine „vollständige Demokratie“, bei der nicht nur Minister und Parlamentarier, sondern auch Richter, Polizeipräsidenten und Manager gewählt, kontrolliert und – wenn nötig – abberufen werden. Die Europäische Union wurde abgelehnt, das Ziel war „eine Weltföderation sozialistischer Staaten“.[62] Die Gruppe soll etwa 50 Mitglieder haben.

Die *Internationalen Sozialisten* (IS) möchten eine bolschewistische Vorhutpartei bilden, inspiriert von *Marx*, *Lenin*, *Trotzki* und *Luxemburg*, die die Arbeiterklasse auf die Revolution vorbereitet und organisiert. Der Sozialismus werde nicht durch das Parlament, sondern durch außerparlamentarische Aktion erreicht. Die Niederlande seien keine Demokratie, weil die wirklichen Machthaber – die Führer der multinationalen Betriebe, der Polizei und der Armee – nicht gewählt würden.[63] Die *Internationalen Sozialisten* beteiligten sich vor allem an Protestaktionen gegen Krieg und Globalisierung. In den 1990er Jahren zählte die straff geführte Organisation kaum 100 Mitglieder, in letzter Zeit etwa 200.[64]

Dic PSP'92 hielt die (relativ) demokratische Organisation der PSP aufrecht. Zurzeit hat sie keinen Parteivorsitzenden, nur einen Geschäftsführer oder Sekretär und einen Schatzmeister.[65] Auch ihre Ideologie unterschied sich nur wenig von dem freiheitlichen Sozialismus der Mutterpartei. Die Partei wollte Staat und Gesellschaft radikal demokratisieren, indem sie Volksinitiativen, Volksbegehren und Selbstverwaltung in den (sozialisierten) Betrieben einzuführen gedachte.[66] Im Wahljahr 1994 hatte die PSP'92 etwa 200 Mitglieder; 2009 dürften es 100 sein.[67]

57 Vgl. Interview mit Wim Baltesen, Schatzmeister der SAP, vom 25. November 1994.
58 Vgl. Grenzeloos solidair. SAP verkiezingsprogramma 1994–1998, Amsterdam 1994, S. 21–28.
59 Vgl. ebd., S. 43 f.
60 Vgl. ebd., S. 9 f.
61 Vgl. Interview mit Wim Baltesen (FN 57).
62 Wat wil Offensief, in: Offensief Nr. 187/2008, S. 3; Waar wij voor staan, in: Offensief Nr. 189/2009, S. 3.
63 Vgl. Waar de Internationale Socialisten voor staan, in: De Socialist Nr. 207/2008, S. 11.
64 Vgl. Bart Griffioen: Netherlands, International Socialist Tendency, Discussion Bulletin Nr. 6/2005, S. 35–37; Email Pepijn Brandon vom 25. August 2006.
65 Vgl. PSP'92, abrufbar unter: http://www.psp92.nl/pspset.html [Stand: 29. März 2009].
66 Vgl. PSP'92: Beginselen en uitgangspunten, abrufbar unter: http://www.psp92.nl/pspset.html [Stand: 29. Dezember 2008]; Verkiezingsprogramma 1994–1998, Den Haag 1994.
67 Vgl. Aussage von *Jos Robroek*, Spitzenkandidat der Partei (Interview vom 8. April 1994); Email vom Vorstandsmitglied *Daphne van der Werf* vom 31. März 2009.

4 Nichtparteiförmiger Extremismus

Der nichtparteiförmige Extremismus in den Niederlanden lässt sich in der Praxis nur schwer vom parteigebundenen Extremismus trennen. Das Feld ist fragmentiert und in Bewegung, aber zahlenmäßig schwach, wodurch die von ihm ausgehende Bedrohung begrenzt bleibt. Dies gilt sowohl für den Links- als auch für den Rechtsextremismus. Die hier verwendeten Quellen – in erster Linie Veröffentlichungen der Anne-Frank-Stiftung und des niederländischen Nachrichtendienstes AIVD – verwenden breitere Kriterien für den Extremismusbegriff als die Autoren des vorliegenden Beitrags, so dass bei den nachfolgenden Beobachtungen ein gewisser Vorbehalt angebracht ist.

Auf der rechtsextremistischen Seite waren in den späten 1990er Jahren rund 300 Personen Mitglied in militanten und neonationalsozialistischen Gruppen.[68] Diese Zahl verteilte sich auf rechtsextremistische Organisationen wie *Vorposten* (*Voorpost*), die *Niederländische überregionale Studentenvereinigung* (*Nederlandse Landelijke Studentenvereniging* – NLSV) – seit 1999 umbenannt in *Überregionale Aktionsplattform für nationalistische Studenten* (*Landelijk Actieplatform voor Nationalistische Studenten* – LANS) – und neonationalsozialistische Gruppen wie die *Aktionsfront Nationale Sozialisten* (*Actiefront Nationale Socialisten* – ANS) und die *Nationale Offensive* (*Nationaal Offensief*). Es ist charakteristisch für diese Organisationen, dass die personellen Übergänge zu den rechtsextremen politischen Parteien nicht scharf konturiert waren und dass deren kurze Existenz oftmals von der Präsenz bestimmter Personen abhing. *Voorpost* beispielsweise, 1978 als niederländischer Zweig einer flämischen Organisation gegründet, führte jahrelang eine Schattendasein, bekam aber 1998 Rückenwind, als die *Zentrumsdemokraten* von *Janmaat* aus dem Parlament verschwanden und sich die Organisation zum Sammelbecken rechtextremistischer Aktivisten entwickelte. Drei Jahre später waren es neue Organisationen, die das Interesse auf sich zogen, während *Voorpost* erst im Jahr 2004 erneut Aufmerksamkeit erregte. Die NLSV beziehungsweise die LANS waren um die Jahrhundertwende vor allem auf lokaler Ebene aktiv (u. a. in Eindhoven), wobei es auch hier Querverbindungen zu anderen Gruppierungen und Parteien gab.

Einen etwas längeren Atem hatte die neonationalsozialistische ANS, die in den frühen 1980er Jahren gegründet wurde und enge Beziehungen zur gleichnamigen deutschen Gruppierung unterhielt. Die Organisation kannte keine formale Mitgliedschaft und die Zahl ihrer Aktiven schwankte zwischen fünf und 50. Um 2004 benannte sich die ANS in *Racial Volunteer Force* (RVF) um. Ebenso wie bei den oben genannten Organisationen gab es auch bei der ANS beziehungsweise der RVF eine starke Überschneidung mit anderen Gruppierungen. In den Jahren 2006/2007 arbeitete die RVF beispielsweise mit der *Nationalsozialistischen Aktion* (*Nationaal-Socialistische Aktie* – NSA) zusammen, die aus der Skinheadszene hervorgegangen war. Diese Kooperation zeichnete sich durch einen starken Antisemitismus aus, der wiederum zu Überschneidungen mit dem Gedankengut radikaler Muslime führte.

Des Weiteren ist die 2000 gegründete *Sturmfront Niederlande* (*Stormfront Nederland* – SFN) zu nennen. Ihr Organisationsgrad war und ist gering. Sie kommuniziert eher informell

68 Die nachfolgenden Angaben über Rechtsextremismus beruhen auf den Berichten des in den Jahren 1997, 1998, 2000, 2001, 2002, 2004, 2006 und 2008 unter der Redaktion von *Jaap van Donselaar* und *Peter R. Rodrigues* veröffentlichten Monitor Racisme & Extremisme (FN 9, FN 10, FN 12).

über das Internet und Mobiltelefone. Dennoch war die SFN 2001/02 in der Lage, eine Anhängerschaft von 150 Personen zu mobilisieren, die sich wiederholt an Gewalttaten beteiligten. Im Gegensatz zu den oben genannten Organisationen setzte sich die SFN bewusst von den anderen rechtsextremistischen Gruppierungen ab. Jüngeren Datums (2006) ist die *Nationalistische Volksbewegung* (*Nationalistische Volks Beweging* – NVB), die aus der Splitterpartei *Nationale Allianz* (*Nationale Alliantie*) hervorging. Die rassistisch motivierte NVB, die eine Vereinigung mit Flandern anstrebt und die Symbolik der *Nationalsozialistischen Bewegung* (*Nationaal Socialistische Beweging* – NSB) der 1930er Jahre und der Kriegszeit verwendet, war in verschiedene Schlägereien und gewalttätig verlaufende Demonstrationen in Den Haag und Amsterdam verstrickt. Im Jahr 2007 starb die treibende Kraft hinter der Gruppierung – seitdem ist nur wenig von ihr zu hören.

Im gleichen Jahr starb auch *Florentine Rost van Tonningen-Heubel* (1914–2007), besser bekannt unter dem Spitznamen „schwarze Witwe". Ihr früherer Mann, *Meinoud Rost van Tonningen*, war ein prominenter niederländischer Nationalsozialist gewesen, der in den Jahren 1940–1945 mit der deutschen Besatzungsmacht kollaborierte und 1945 in der Kriegsgefangenschaft verstarb. Die „schwarze Witwe" war in den 1980er Jahren zur Galionsfigur rechtsextremer und neonazistischer Gruppierungen geworden, ohne selbst Einfluss in den Organisationen auszuüben. Ihre Rolle war vor allem von symbolischem und solidarischem Wert. Sie hatte sich nie von der Haltung ihres Mannes in der Besatzungszeit distanziert, und so beschwor ihr Name vor allem Erinnerungen an die Kollaboration herauf. Um sie herum entwickelte sich unter dem Namen *Konsortium des Lebensbaums* (*Consortium de Levensboom*) ein Netzwerk aus Alt- und Neonationalsozialisten sowie anderen rechtsextremistischen Personen und Gruppen. Treffen dieses Netzwerkes in ihrem Haus sorgten in den Medien regelmäßig für Aufsehen. Mit ihrem Tod verschwand keine treibende Kraft des niederländischen Rechtsextremismus, wohl aber eines seiner „kulturellen Emblemata"[69].

Zu dem bruchstückhaften Feld des nichtparteigebundenen Rechtsextremismus gehören des Weiteren verschiedene Webforen wie *Sturmfront* (*Stormfront*), *Holland Hardcore* und *Polinco*, die zum Teil international vernetzt sind und für rechtsextremistische Organisationen und Aktivitäten werben. In einem ähnlichen Rahmen können Webshops und das Versandhaus „Fenris" genannt werden. Mit den Einkünften des Verkaufs rechtsextremistisch orienterter Waren (CD's, DVD's, Bücher, Fahnen usw.) werden andere Aktivitäten finanziert, wie der Internet-Radiosender „Radio Rapaille". Darüber hinaus muss auf das international agierende Netzwerk neonationalsozialistischer Skinheads, *Blood & Honour,* hingewiesen werden, das in verschiedenen europäischen Ländern verboten ist. Die Aktivitäten variieren von der Organisation von Konzerten und gemeinsamen Trinkgelagen bis zu Gedenkfeiern für niederländische und flämische SS-Freiwillige im Zweiten Weltkrieg.

Schließlich ist noch die so genannte „Lonsdale-Problematik" zu erwähnen. Dabei geht es um Jugendliche, die Kleidungsstücke dieser Marke tragen, deren Einstellung und Verhalten rechtsextremistische Züge aufweist und die häufig in gewalttätige Zwischenfälle verwickelt sind. Der niederländischen staatlichen Sicherheitsbehörde (AIVD) zufolge dürfen diese sogenannten „Lonsdale-Jugendlichen" nicht ohne Weiteres als rechtsextremistisch betrachtet

69 Jaap van Donselaar/Peter R. Rodrigues (Hrsg.): Monitor Racisme & Extremisme. Achtste rapportage, Amsterdam 2008, S. 45.

werden. Allerdings kommt es häufig vor, dass sich diese Jugendlichen radikalisieren und bei rechtsextremen Gruppierungen landen. Es gibt in den Niederlanden schätzungsweise 125 „Lonsdale-Gruppen", die jeweils bis zu 50 Personen umfassen. Damit stellen sie eine wichtige Brutstätte des niederländischen Rechtsextremismus dar.

Ingesamt ist der nichtparteigebundene Rechtsextremismus in den Niederlanden stark fragmentiert und nur wenige Organisationen existierten über einen längeren Zeitraum hinweg. Viele Anhänger wechseln von einer Organisation zur anderen, je nach der Präsenz bestimmter Führungsfiguren. Der Umfang der Anhängerschaft ist seit den 1990er Jahren stabil, und die Zahl der gewalttätigen Zwischenfälle (Schmierereien, Zerstörungen, Körperverletzung usw.) war bis ca. 2005 mit rund 300 Fällen jährlich mehr oder weniger konstant. Seitdem gibt es einen leichten Rückgang (223 Fälle im Jahr 2007), aber es ist noch zu früh, um hier von einer Wende bzw. Entwarnung sprechen zu können, denn gleichzeitig hat die Zahl der rechtsextremistischen Demonstrationen und militanter Neonationalsozialisten zugenommen. Der AIVD schätzt, dass im Jahr 2007 400 Personen in der Szene aktiv waren. Der Rechtsextremismusexperte *Jaap van Donselaar* zählt für die Gruppierung *Voorpost* zusätzliche 200 Mitglieder. Rechnet man die diffuse, aber große Gruppe der „Lonsdale-Jugendlichen" hinzu, dann handelt es sich hier um eine deutliche Zunahme der Zahl an Personen, die dem gewaltbereit-nichtparteiförmigem Rechtsextremismus angehören. Die starke Zersplitterung und der Mangel an einer parteipolitischen Umsetzung führen jedoch zu dem Ergebnis, dass die demokratische Gefährdung durch solche Kreise – abgesehen von ihrer Gewaltbereitschaft – begrenzt bleibt.

Dies gilt auch für den nichtparteigebundenen Linksextremismus, der in den Niederlanden nie eine starke Bewegung war. Während in den 1970er Jahren in Deutschland linksterroristische Organisationen wie die RAF oder in Italien die *Roten Brigaden* besonders aktiv waren, blieb es in den Niederlanden relativ ruhig. *Antoine Verbij* kommt in seiner Darstellung des Linksextremismus in den Niederlanden zu dem Ergebnis: „Wie die Revolutionäre damals selbst schon einräumten, gab es immer noch Raum für Dialog. Revolutionäre Gruppen waren in eine Umgebung eingebettet, die 24 Stunden am Tag zur Diskussion bereit waren. Die niederländische Verhandlungskultur und der linke, progressive Konsens hielten die Extremisten im Zaum."[70] Das heißt nicht, dass es in den Niederlanden keine Sympathie für ausländische linksextremistische Gruppierungen gab oder dass derartige Organisationen völlig fehlten. *Verbij* schätzt, dass in jenen Jahren insgesamt zwischen 150 und 250 Personen in linksextreme Aktivitäten mit gewalttätigem Hintergrund verwickelt waren.[71] Gruppierungen wie die *Rote Jugend* (*Rode Jeugd*), die *Rote Hilfe* (*Rode Hulp*) und die *Rote Widerstandsfront* (*Rode Verzetsfront*) waren nacheinander aktiv, blieben aber marginal. Ungefähr 20 bis 30 Bomben explodierten und richteten überwiegend materiellen Schaden an. Opfer (einen einzigen Toten) gab es nur durch die Gewalt der deutschen RAF, die in den Niederlanden Rückzugsräume besaß.

Ebenso wie in anderen westlichen Ländern waren in den Niederlanden in den 1970er Jahren neue soziale Bewegungen entstanden. Diese fanden zum größten Teil Eingang in die

70 Antoine Verbij: Tien rode jaren. Links radicalisme in Nederland 1970–1980, Amsterdam 2005, S. 11.

71 Vgl. ebd., S. 8; Jacco Pekelder: Sympathie voor de RAF. De Rote Armee Fraktion in Nederland 1970–1980, Amsterdam 2007.

niederländische Mehrheitsgesellschaft. Eine kleine Gruppe radikalisierte sich. Bis Mitte der 1980er Jahre machte die antimilitaristische Gruppe *Onkruit* häufig auf sich aufmerksam. Von sogenannten „Totalverweigerern"[72] gegründet, richtete sich *Onkruit* mit unzähligen Aktionen (Beschmieren von Kampfflugzeugen, Einbrüchen, Umsägen von Sendemasten, Blockadeaktionen usw.) gegen die Armee. Gewalttätig wurde auch ein Teil der Hausbesetzerbewegung, und es kam 1980 wiederholt zu ernsthaften Ausschreitungen gegen die Polizei. Gewalt gab es in den 1980er und 1990er Jahren zudem von der *Revolutionären Antirassistischen Aktion* (*Revolutionaire Anti-Racistische Actie* – RaRa). Bei der RaRa handelte es sich nicht um eine linksextremistische Organisation mit klarem ideologischen Profil. Sie versuchte in den 1980er Jahren, durch Bombenanschläge Unternehmen wie Makro (Großhandel, u. a. für Lebensmittel) und Shell zur Beendigung ihrer geschäftlichen Kontakte zum südafrikanischen Apartheid-Regime zu zwingen. In den 1990er Jahren verlagerte sich das Betätigungsfeld der RaRa auf Aktionen gegen die niederländische Asylpolitik, und es gab Anschläge auf einige Ministerien in Den Haag. In den frühen 1990er Jahren machte eine gewalttätige Abspaltung der Umweltbewegung mit Anschlägen in Arnheim auf sich aufmerksam. Aus diesem Umfeld stammte auch der Mörder *Pim Fortuyns*.

Erhebliche Aufmerksamkeit erregten in den vergangenen Jahren die gewalttätigen Aktionen militanter Tierschützer. Im April 2009 veröffentlichte der niederländische Nachrichtendienst AIVD einen ausführlichen Untersuchungsbericht über die Entwicklung dieser Form des Extremismus. Zu erwähnen ist außerdem die *Antifaschistische Aktion* (*Antifacistische Actie* – AFA). Diese Gruppierung sucht die offene Konfrontation mit rechtsextremistischen Organisationen. Sie versucht deren Treffen zu verhindern. Dabei geht die AFA einschüchternd und gewalttätig vor. Das in der Öffentlichkeit vorherrschende Bild, die AFA trete nur defensiv auf und sei nicht selbst der Aggressor, trifft nicht immer zu. Im Jahr 2008 hatte die AFA einen gewalttätigen Zusammenstoß zwischen Links- und Rechtsextremisten provoziert, wofür sie anschließend verurteilt wurde..

Der nichtparteigebundene Linksextremismus hat in den Niederlanden niemals reüssieren können. Die Zusammenstellung einer Übersicht der Gruppierungen bereitet Schwierigkeiten, da die meisten kein kohärentes ideologisches Profil besitzen. Vielmehr handelt es sich um eine Reihe von Gruppen, die auf bestimmte Teilaspekte abzielen (Hausbesetzungen, Antiapartheid, gegen die Armee, gegen die Globalisierung usw.), wobei es zwischen diesen Gruppen zum Teil Schnittmengen gab. So ist die Hausbesetzerszene mit der RaRa verbunden, Umweltaktivisten sind beim Tierschutzextremismus aktiv und im Sammelbecken der aktuellen Globalisierungsgegner kommen ebenfalls Gruppierungen mit unterschiedlichen Entstehungshintergründen zusammen. Eine klare Struktur gibt es nicht, vielmehr ab und zu auflodernde Gewalt im Dunstkreis bestimmter Themen.

72 Als Totalverweigerer werden jene Wehrdienstverweigerer bezeichnet, die auch keinen Wehrersatzdienst leisten wollten.

5 Ergebnis

Extremismus hat in den Niederlanden niemals eine große Bedeutung gehabt. Immerhin gelang es links- und rechtsextremistischen Parteien ab und zu, Mandate im nationalen Parlament und in den Gemeinderäten zu gewinnen. In den 1980er und 1990er Jahren waren die (teilweise) rechtsextremen CP, CP'86 und CD sowie die linksextreme NCPN in einigen Gemeinderäten vertreten. Die CP'86 wurde 1998 verboten. Trotz mehrerer Versuche gibt es keine dauerhafte Nachfolgeorganisation. Die NCPN existiert noch, verliert aber langsam Wähler. Nicht anders ist das Bild des nichtparteigebundenen Rechts- und Linksextremismus. Auch hier geht es um eine Reihe kleiner Organisationen, die in den vergangenen Jahrzehnten regelmäßig für Aufsehen sorgten, jedoch oftmals so schnell wieder verschwanden wie sie aufkamen.

Wohin sind die Protestwähler gewandert, die in den frühen 1990er Jahren rechts- und linksextremen Parteien ihre Stimme gaben? Entweder sie blieben den Wahlurnen fern oder sie wechselten zu den demokratisch-populistischen Parteien, die seit 1994 auf der linken Seite und seit 2002 auf der rechten Seite im Parlament vertreten sind: SP und LPF bzw. PVV. Obwohl die SP ihrem Programm nach nicht mehr populistisch genannt werden kann, gelingt es ihr noch immer, linke Protestwähler zu mobilisieren. Auf der rechten Seite hat die PVV das Erbe von *Pim Fortuyn* angetreten, und einigen Meinungsumfragen aus dem Jahr 2009 zufolge könnte die PVV bei den kommenden Parlamentswahlen zur stärksten Partei werden. Es ist möglich (aber nicht sicher), dass der Populismus in den Niederlanden dem Extremismus sein – ohnehin sehr beschränktes – Wählerpotenzial entzogen hat. In den letzten Jahren waren Rechtspopulisten stets in der Lage, zwischen 15 und 20 Prozent der Wählerstimmen zu mobilisieren und es deutet nichts darauf hin, dass sich daran in näherer Zukunft etwas ändern wird.

Was bedeutet das für den Umgang der demokratischen Parteien mit links- und rechtsextremistischen Kräften? Im Zeitalter der gesellschaftlichen „Versäulung" und des Kalten Krieges war die Antwort einfach: Extremistische Gruppierungen standen außerhalb des demokratischen Konsens, und eine Zusammenarbeit mit Nationalsozialisten oder Kommunisten war undenkbar. Auf eine ähnlich breite Front der politischen und gesellschaftlichen Ablehnung stießen die rechtsextremistischen Parteien CP, CP'86 und CD in den 1980er und 1990er Jahren. Auf der Seite der Linken hat sich die SP mittlerweile so weit „sozialdemokratisiert", dass eine Zusammenarbeit mit den traditionellen demokratischen Parteien in der Zukunft nicht mehr problematisch scheint. Nach den Parlamentswahlen des Jahres 2006 wurde die SP – wenn auch nur kurz – bereits in die Kabinettsbildung einbezogen.

Viel größere Schwierigkeiten scheinen die etablierten Parteien mit den rechtspopulistischen Kräften zu haben. Die Popularität von *Pim Fortuyn* im Jahr 2002 wurde dadurch erhöht, dass die etablierten Parteien versuchten, ihn anfangs zu ignorieren bzw. als rechtsextremistisch zu stigmatisieren. Diese Strategie hatte eine kontraproduktive Wirkung, weil die Stellung des Underdogs, die *Fortuyn* inne hatte, dadurch verstärkt wurde und er Zustimmung für seine Polarisierung und gegen die „Geschlossenheit" und die „Selbstzufriedenheit" der traditionellen Parteien fand. Nach dem Wahlerfolg der LPF im Jahr 2002 beschritt man einen anderen Weg: Es kam zu einer Umarmungsstrategie. Die LPF trat einer Regierung mit dem CDA und der rechtsliberalen *Volkspartei für Freiheit und Demokratie* (*Volkspartij voor Vrijheid en Democratie* – VVD) bei. Dies führte sowohl im Kabinett als auch im Parlament zu teilweise chaotischen Zuständen, und CDA und VVD beendeten die Zusammenarbeit nach drei Monaten. Ein ähnliches Problem könnte auftreten, wenn *Geert Wilders* im Jahr 2010 durch einen Wahlsieg versuchen sollte, eine Regierungsbeteiligung zu erzwingen. Um es nicht so weit kommen zu lassen und geläutert aus den Erfahrungen mit der LPF, versuchen viele Politiker die politische Debatte mit *Wilders* aufzunehmen. Ob diese Strategie erfolgreicher ist, muss abgewartet werden, denn von einer abbröckelnden Unterstützung für die PVV kann vorerst keine Rede sein. Noch ist die Frage offen, ob das liberale Poldermodell, das jahrzehntelang charakteristisch für die Niederlande war und niemals ernsthaft durch einen Extremismus von links oder rechts bedroht worden ist, die neue Herausforderung durch den Populismus ebenfalls unversehrt überstehen wird.

Extremismus in Österreich

Florian Hartleb

1 Rahmenbedingungen

In Artikel 9 des 1955 unterzeichneten Staatsvertrags, welcher Bestandteil der Bundesverfassung ist, verpflichtete sich Österreich, alle nationalsozialistischen Organisationen aufzulösen und keine Wiederbetätigung zuzulassen. Als Grundlage dafür firmiert das Parteienverbotsgesetz. 1947 wurde die NSDAP verfassungsgesetzlich aufgelöst und die Entnazifizierung in Österreich gesetzlich geregelt. Das Gesetz wurde am 8. Mai 1945 beschlossen, jedoch 1947 neu verlautbart. Die bis heute gültige Rechtsordnung verbietet u. a. unter Androhung von Strafe jede Betätigung im Sinne des Nationalsozialismus. Darunter fällt die Leugnung des Holocaust. Auf Grundlage dieser Bestimmung wurde 2006 der international bekannte Rechtsextremist *David Irving* in Österreich wegen eines früheren Haftbefehls verurteilt, als er in Österreich weilte.[1] Die Anklage lautete auf Wiederbetätigung im Sinne des Nationalsozialismus.[2]

Indirekt existiert ein Parteienverbot, da ein Personenzusammenschluss beim Verstoß gegen den Staatsvertrag oder das Verbotsgesetz keinen Parteistatus erlangen kann. Allerdings richtet sich ein Verbot allein gegen die Tätigkeit „nazistischer Organisationen in Österreich" (Art. 9 des Staatsvertrags). Die *Kommunistische Partei Österreichs* war selbst an der Gründung der Zweiten Österreichischen Republik beteiligt. Ihre teilweise stalinistische Ausrichtung wurde, anders als in Deutschland, von staatlicher Seite nicht kritisch betrachtet. Somit entwickelte sich mit Gründung der Zweiten Republik Österreichs und forciert durch die 1945 (wieder-)gegründeten Großparteien *Sozialdemokratische Partei Österreichs* (SPÖ) und *Österreichische Volkspartei* (ÖVP) sowie der *Kommunistischen Partei Österreichs* (KPÖ) eine antifaschistische (nicht antiextremistische) Grundausrichtung, welche im Staatsvertrag und damit in der Verfassung ihren Niederschlag fand.[3] Dies prägt die politische Kultur Österreichs nachhaltig. Linksextremismus wird im Gegensatz zum Rechtsextremismus kaum als antidemokratisch wahrgenommen. Allerdings existiert in Österreich ein Bundesamt für Verfassungsschutz und Terrorismusbekämpfung, das dem Innenministerium untersteht.[4] In den jährlichen Berichten werden Rechts-, Links- und Ausländerextremismus abgehandelt, ebenso

1 Vgl. dazu Bundesministerium für Inneres (Hrsg.): Staatsschutzbericht 2007, Wien 2008, S. 52 f.

2 Hintergrund dafür waren zwei Vorträge in Wien und Leoben im November 1989. Der gegen ihn erhobene Vorwurf lautete „Leugnung der Existenz von Gaskammern in Auschwitz".

3 Den Aspekt dieser antifaschistischen Weichenstellung betont auch Anton Pelinka: Die Großparteien und der Rechtsextremismus, in: Stiftung Dokumentationsarchiv des österreichischen Widerstandes (Hrsg.): Handbuch des österreichischen Rechtsextremismus, Wien 1994, S. 552–561, hier S. 552.

4 Angesichts der Ereignisse rund um die Terroranschläge vom 11. September 2001 kam es zur Neustrukturierung der österreichischen Terrorabwehr.

der Terrorismus. Internationale Entwicklungen wie der islamistische Terrorismus oder linksextremistische Teile der globalisierungskritischen Bewegung finden darin Berücksichtigung.[5]

Lange Zeit galt die politische Kultur des Alpenlands als Muster für Konsensorientierung und Konfliktlosigkeit („Hyperstabilität"[6] und Proporz durch „Sozialpartnerschaft"). Wegbereiter einer Entwicklung weg vom Prototyp einer Proporz- oder Konkordanzdemokratie[7] war *Jörg Haider* als erfolgreicher Protagonist der von ihm neuformierten *Freiheitlichen Partei Österreichs* (FPÖ), der von 1986 an die politische Kultur maßgeblich prägte. *Jörg Haider* trat fortan als „rechtspopulistischer Störer eines Burgfriedens der Etablierten", als „Stachel im Fleisch der Konsensdemokratie" auf und veränderte damit vor allem in den 1990er Jahren das politische Klima nachhaltig. Davon zeugte seine Rede von der „dritten Republik", die eine „Bürgerbewegung" als Antwort auf den Status quo, „den ausufernden Parteienstaat", initiieren sollte. Auch die neuen sozialen Bewegungen und das Aufkommen der *Grünen* führten zu einer Wettbewerbsdemokratie.[8]

Das österreichische Wahlsystem ist nach dem Verhältniswahlrecht geregelt. Für die Beteiligung an der Vergabe der Mandate nach dem Verhältnis sind bundesweit 4 Prozent der abgegebenen Stimmen Voraussetzung oder das Erreichen eines Grundmandats. Wenn das BZÖ die Vier-Prozent-Hürde bei der Nationalratswahl 2006 verfehlt hätte (es kam auf 4,1 Prozent), wäre die Partei durch ihre Stärke im Stammland Kärnten über die Regelung des Grundmandats in das Parlament eingezogen. 2007 wurde das aktive Wahlalter von 18 auf 16 Jahre herabgesetzt, wovon bei der Nationalratswahl von 2008 neben den *Grünen* vor allem die beiden Rechtsaußenparteien, FPÖ und BZÖ, profitierten.[9]

2 Wahlentwicklung

Verglichen mit anderen rechtsextremen Parteien Westeuropas verfügt die FPÖ über eine hohe organisatorische Institutionalisierung. Sie hat eine feste Tradition innerhalb der eigenen nationalen politischen Kultur.[10] Es schien aufgrund des Aufstiegs der Partei unter *Jörg Haider* und den steigenden Wahlergebnissen nur eine Frage der Zeit zu sein, bis die FPÖ in die Regierungsverantwortung gelangte. Noch mehr schien die FPÖ von ihrer Anti-Establishment-Orientierung zu profitieren. Aus einer Fünf-Prozent-Partei (1986) wurde eine Partei, die bei Wahlen die 20-Prozent-Marke überschreiten konnte. Nach der Nationalratswahl 1999 ging

5 Besondere Aufmerksamkeit der letztjährigen Berichte galt der „militanten Tierschutzszene" und „pseudoreligiösen Erscheinungen".

6 So urteilten Anfang der 1980er Jahre die bekannten österreichischen Politikwissenschaftler Fritz Plasser/Peter A. Ulram: Unbehagen im Parteienstaat, Wien 1982.

7 So zuerst Gerhard Lehmbruch: Proporzdemokratie. Politisches System und politische Kultur in der Schweiz und in Österreich, Tübingen 1967.

8 Vgl. Anton Pelinka: Das politische System Österreichs, in: Wolfgang Ismayr (Hrsg.): Die politischen Systeme Westeuropas, 4. Auflage, Wiesbaden 2009, S. 607–642, hier S. 631 f.; Anton Pelinka: Right-Wing Populism Plus „X": The Austrian Freedom Party (FPÖ), in: Daniele Caramani/Yves Mény (Hrsg.): Challenges to Consensual Politics. Democracy, Identity and Populist Protest in the Alpine Region, Brüssel 2005, S. 141–143.

9 Vgl. Institut für Jugendkulturforschung: Nachwahlbefragung, Pressemitteilung vom 24. November 2008.

10 Vgl. Kurt Richard Luther: Wahlstrategien und Wahlergebnisse des österreichischen Rechtspopulismus, 1986–2006, in: Fritz Plasser/Peter A. Ulram (Hrsg.): Wechselwahlen. Analysen zur Nationalratswahl 2006, Wien 2007, S. 231–253, hier S. 252.

schließlich die ÖVP, vorher Juniorpartner innerhalb der Großen Koalition, eine Koalition mit der FPÖ ein. Die FPÖ konnte mit 26,9 Prozent sogar die ÖVP überflügeln, verzichtete aber, um die Koalition zu ermöglichen, auf den Kanzleranspruch.

Tabelle 1 Ergebnisse der österreichischen Nationalratswahlen 1990–2008 (in Prozent)

	1990	1994	1995	1999	2002	2006	2008
BZÖ	---	---	---	---	---	4,1	10,7
FPÖ	16,6	22,5	22,0	26,9	10,0	11,0	17,5
KPÖ	0,6	0,3	0,3	0,5	0,6	1,0	0,8

Quelle: Amtliche Wahlergebnisse des Bundesministeriums für Inneres, abrufbar unter: http://www.bmi.gv.at/cms/BMI_wahlen/ergebnisse/start.aspx [Stand: 28. Mai 2009].

Nach der Entzauberung in der Regierung, zahlreichen verlorenen Landtagswahlen und innerparteilichen Zerreißproben, die unter der Regie von *Haider* zur Abspaltung und zur Gründung des *Bündnis Zukunft für Österreich* (BZÖ) führten, meldete sich die FPÖ bei der Nationalratswahl 2008 zurück. Diese Wahl stellte eine Besonderheit dar, da beide Rechtsaußengruppierungen reüssieren konnten (FPÖ: 17,5 Prozent; BZÖ: 10,7 Prozent). Damit bilden beide Rechtsaußenparteien einen gewichtigen politischen Block in der Größenordnung von 1999, als die *Haider*-FPÖ in der Opposition am Zenit ihres Erfolges angelangt war. Die strukturelle Verankerung der FPÖ im politischen System Österreichs lässt sich auch am Mitgliederstand ablesen, der im Jahr 2000 seinen Höhepunkt erreicht hatte (51.296 Mitglieder).[11]

Die zur Gründung der Zweiten Republik Österreich bedeutsame, an der ersten provisorischen Regierung beteiligte KPÖ war lange marginalisiert, konnte aber auf Landesebene eine Wiederauferstehung feiern. Dieser Umstand erstaunt, da sich die Partei programmatisch nicht neu ausrichtete. 2005 zog sie durch die Person *Ernest Kaltenegger* in den Landtag der Steiermark ein. Der Erfolg kam auch dadurch zustande, weil sich der Landesverband vom Dogmatismus der Bundespartei abkapselte. Auf Bundesebene bleibt die KPÖ weiterhin bedeutungslos.

3 Extremistische Parteien

3.1 Rechtsextremismus

Die FPÖ hat eine lange Tradition. Sie wurde 1956 gegründet, zu spät allerdings, um auf die Strukturen der politischen Kultur der Nachkriegszeit – einen antifaschistischen Grundkonsens – Einfluss nehmen zu können. Von Anfang an war sie im deutschnationalen Lager ver-

11 1986, vor *Haiders* Machtübernahme hatte die FPÖ 36.683 Mitglieder. Nach der Parteispaltung traten zahlreiche Mitglieder aus der Partei aus bzw. wanderten zum BZÖ ab, das inzwischen um die 10.000 Mitglieder zählt. Der Mitgliederstand der FPÖ pendelte sich bei rund 43.000 ein. Quelle: offizielle Angaben der beiden Parteien.

haftet, einem Lager, das die österreichische Variante der NSDAP hervorbrachte. Ihre ersten Vorsitzenden *Anton Reinthaller*[12] und *Friedrich Peter* gehörten als Offiziere der SS an. Bis heute rekrutiert die FPÖ Aktivisten und Mitglieder aus schlagenden Verbindungen, Turnvereinen und Landsmannschaften. Ab 1970, in der Spätphase der Ära *Peter*, und vor allem in der Ära *Norbert Steger* (1979–1986), wurde die Traditionslinie zum Nationalsozialismus dann deutlich aufgeweicht. Schließlich tolerierte die FPÖ ab 1983 die sozialdemokratische Minderheitsregierung und fand auf europäischer Ebene Aufnahme in die Parteifamilie der Liberalen.[13]

1986 übernahm der junge, ehrgeizige *Jörg Haider*[14] den Vorsitz der FPÖ und leitete als „echte" Oppositionspartei im Bund den beispiellosen Aufstieg der *Freiheitlichen* ein. Schon in seiner Antrittsrede gab er die neue Ausrichtung der FPÖ bekannt: „Wir sind [...] ein verläßlicher Partner für jene, die heute abseits stehen. Wir sind daher auch keine Partei im üblichen Sinne, wir sind eine politische Bewegung, die man besser als eine ständige Bürgerinitiative bezeichnen könnte."[15] In Wirklichkeit war die Partei vom autoritären Führungsstil *Haiders* geprägt.

Bereits in jungen Jahren praktizierte er die „chamäleonhafte Verwandlung", wie seine Biographin *Christa Zöchling* plastisch beschreibt: „Wie der Jungendfunktionär übers Land fuhr, packte er regelmäßig mehrere Garderobenvariationen in seinen Mini und schlüpfte im Straßengraben vor jeder Veranstaltung in das jeweils passende Kostüm: Trachtenjanker für die Dorfwirtshäuser, Jeans für die Disko, Anzug und Schlips für das Seminar."[16]

Der eloquente und charismatische *Haider* bestimmte mit seinen Auffassungen von Politik zwei Jahrzehnte den Kurs der FPÖ.[17] In seinen Auffassungen von Politik sind die Grenzen zwischen Demokratie und Rechtsextremismus fließend:

- Politik des Wir gegen „die-da-oben": In diesem Sinne schreibt *Jörg Haider* in seinem Buch *Die Freiheit, die ich meine*: „Dafür haben wir [die FPÖ] uns den Vorwurf des Populismus eingehandelt, und das empfinden wir durchaus als ehrenwert. In einer Demokratie muss das Volk gehört und ernst genommen werden! Befehlsausgaben aus dem Elfenbeinturm der herrschenden politischen Klasse, deren Verachtung für das gemeine Volk somit sichtbar wird, haben mit einem System der Freiheit nichts gemein. Gerade staatspolitische Verantwortung müsste es aber gebieten, Sorgen und Ängste des Volkes

12 *Reinthaller* kam über den Landbund in die NSDAP. Er war unter der Reichsregierung *Hitler* Staatssekretär im Reichsernährungsministerium.

13 Vgl. zu diesem Absatz und der Einordnung der FPÖ auch als Traditionspartei Anton Pelinka: Die FPÖ in der vergleichenden Parteienforschung. Zur typologischen Einordnung der Freiheitlichen Partei Österreichs, in: Österreichische Zeitschrift für Politikwissenschaft 31(2002)3, S. 281–290, hier S. 286–289.

14 *Jörg Haider*, geb. 1950, entstammte einem nationalsozialistisch geprägten Elternhaus. Er selbst erwies sich schnell als hochbegabt, gewann schon als Schüler Redewettbewerbe und promovierte 1973 in Jura. 1979 zog er als damals jüngster Abgeordneter für die FPÖ in den österreichischen Nationalrat ein.

15 Jörg Haider: Antrittsrede des neugewählten Bundesparteiobmanns Dr. Jörg Haider auf dem ordentlichen Bundesparteitag 1986 in Innsbruck, herausgegeben vom Freiheitlichen Bildungswerk. Politische Akademie der FPÖ, Wien 1986, S. 4.

16 Christa Zöchling: Haider. Eine Karriere, Wien 2000, S. 98.

17 Wissenschaftlich ging mit einem beachtenswerten Sammelband und dem Referenzpunkt „Haider und FPÖ" eine eigene Populismusforschung einher – mit dem Anspruch einer Theoriebildung. Vgl. Anton Pelinka (Hrsg.): Populismus in Österreich, Wien 1987.

ernst zu nehmen und durch politisches Handeln mögliche Gefahren und Bedrohungen frühzeitig abzuwehren."[18]

- Selbsternannter Anwalt der „schweigenden Mehrheit": *Jörg Haider* illustrierte dieses Anliegen: „Die Ursache für den politischen Erfolg unserer Bewegung [liegt darin], dass wir entgegen der veröffentlichten Meinung des medialen und politischen Establishments die öffentliche Meinung breiter Bevölkerungsschichten artikulieren. Die schweigende Mehrheit, die die Last dieses Staates trägt, hat ein Recht, gehört zu werden."[19]
- Schüren von Vorurteilen gegen die „politische Klasse": „Die Modernisierung des Landes beginnt mit dem Macht- und Privilegienverzicht der herrschenden politischen Kaste [...]. In diesem Sinne haben wir uns als Tabu-Brecher in einer geschlossenen Gesellschaft bemerkbar gemacht."[20]
- Emotionale Besetzung des „Ausländerthemas": Immer wieder machte *Haider* das Thema Ausländer zum Mittelpunkt von Parteitaktik und Wahlkampfstrategie, z. B. mit der Aufrechnung „Ausländerzahl versus Arbeitslosenanzahl" oder mit pauschalisierenden Verweisen auf Ausländerkriminalität.
- Schüren von Feindbildern: So warnte *Jörg Haider* beständig vor einer multikulturellen Gesellschaft. *Haider* zufolge integrierten sich die Einwanderer nicht in die gesellschaftlichen und kulturellen Strukturen, welche sie vorfinden. Vielmehr würden die Einwanderer von den Einheimischen erwarten, dass diese den neuen Gebräuchen Tribut zollen.[21]
- EU als Sündenbock: In Anti-EU-Rhetorik bezeichnet *Haider* die europäische Integration als Symbol für ausufernde Bürokratie und als Angriff auf die Souveränität Österreichs: „Die heutige EU kann alles: tief in das tägliche Leben jedes einzelnen eingreifen [...], aber Sicherheiten bietet sie nicht. [...] Die EU beginnt sich massiv in Lebensbereiche einzumischen, wo sie nichts verloren hat. Das ist ein Zeichen für die Entwicklung zu einem Verwaltungsmonster, das von den Bürgern nicht mehr beherrschbar wird. [...] Tonnen von Verordnungen, achtzig Prozent unserer Gesetzgebung wird von Beamten – nicht demokratisch gewählten Vertretern – in Brüssel fabriziert. Auspuffe werden geregelt, die Farben der Straßenmalerei, Traktorsitze europäisch genormt, ebenso der Rasenmäher."[22]
- Politik des Wohlfahrtschauvinismus: Die FPÖ gab sich als Anwalt der Arbeiter aus, propagierte einen Ausbau des Wohlfahrtsstaates. So schrieb *Jörg Haider*: „Der Skandal in unserem System ist: Die Faulen, die Nichtstuer, die Sozialschmarotzer und Tagträumer sind sich der fürsorglichen Hand des Sozialstaates sicher, während der bildungswillige Aufsteiger, für den persönliche Leistung im Vordergrund steht, das Nachsehen hat."[23]
- Anwendung professionalisierter Medienstrategie: Populistische Parteien mit einem zentralisierten, zudem ganz auf den „Star" an der Spitze abgestellten Entscheidungsprozess entsprechen den Anforderungen der modernen Mediendemokratie in der Regel besser

18 Jörg Haider: Die Freiheit, die ich meine, Frankfurt a. M. 1994, S. 57.
19 Ebd., S. 53.
20 Jörg Haider: Befreite Zukunft jenseits von links und rechts. Menschliche Alternativen für eine Brücke ins neue Jahrtausend, Wien 1997, S. 11.
21 Vgl. Jörg Haider (FN 18), S. 86–106.
22 Ebd., S. 206 f.
23 Ebd., S. 181.

als traditionelle Parteien mit komplexeren Gremien und Entscheidungsstrukturen. Unter *Haider* wurde diese Politik perfektioniert; er profitierte selbst von negativer Berichterstattung. Das bestärkt die eigene Klientel in der Annahme, das gesamte Establishment habe sich gegen die populistischen Newcomer verschworen.[24]

Schrittweise schaffte es die FPÖ unter der personalisierten, charismatischen Regie[25] *Haiders*, zu den „großen" Volksparteien SPÖ und ÖVP, die in einer immer ungeliebteren Großen Koalition verharrten, aufzuschließen.[26] Eine Regierungsbeteiligung von 2000 bis 2002 war die Folge des Aufwärtstrends, die FPÖ war am Zenit ihres Erfolges angelangt. Die anderen EU-Mitgliedstaaten erkannten Grundzüge einer extremistischen Partei, weshalb die EU zwischen Februar und September 2000 gegen das Land Österreich Sanktionen als Antwort auf die Koalitionseinbindung der FPÖ erließ.[27] Dieser Schritt sorgte für Kritik; er hat wohl auch deshalb trotz späterer Einbindungen von extremistischen Parteien wie in den neuen EU-Mitgliedstaaten Polen oder der Slowakei keine Anwendung mehr gefunden. Hintergrund für das Vorgehen gegen innenpolitische Angelegenheiten Österreichs waren semantische Entgleisungen *Haiders*, die ihm, zumal in der Phase des elektoralen Aufstiegs, den Vorwurf einbrachten, ein Rechtsextremist zu sein. *Haider* schwadronierte von der „ordentlichen Beschäftigungspolitik des Dritten Reiches" und bezeichnete die nationalsozialistischen Konzentrationslager als „Straflager". Dennoch stellt der Extremismusforscher *Patrick Moreau* – bei aller Emotionalität der Thematik – fest: „Aus dem Museum der verbalen Schreckmittel das Wesentliche zu machen, hieße dennoch, den Kern des *Haider*schen Denkens zu verfehlen."[28] Zu flexibel und komplex zugleich war seine Strategie ausgerichtet, um sie in ein extremistisches ideologisches Schema zu verorten. Rechtsextreme Publizisten versahen *Haider* mit dem Vorwurf, widersprüchlich zu sein, als Opportunist nationale Positionen zu verraten und damit einer angestrebten europäischen, rechtsextremistischen Bewegung enorm zu schaden.[29] Gleichwohl ist *Haider* die fehlende Distanz zum Rechtsextremismus vorzuwerfen.

24 Vgl. Thomas Macho: Politische Avatare. Jörg Haider und die Mediendemokratie, in: Gabrielle Hauch/Thomas Hellmuth/Paul Pasteur (Hrsg.): Populismus. Ideologie und Praxis in Frankreich und Österreich, Innsbruck u. a. 2002, S. 165–170.

25 Vgl. zur Bedeutung von Haiders Charisma für den Aufstieg der FPÖ bis hin zu einer vollends „charismatischen Partei" Ami Pedahzur/Avraham Brichta: The Institutionalization of Extreme Right-Wing Charismatic Parties: A Paradox?, in: Party Politics, 8(2002)1, S. 31–49; Alexandre Dorna: Le néopopulism et le charisme, in: Olivier Ihl u. a. (Hrsg.): La tentation populiste au cœur de l'Europe, Paris 2003, S. 95; Florian Hartleb: Nach Haider. Zur Bedeutung der charismatischen Person im Rechtspopulismus, in: Vorgänge 47(2008)6, S. 127–137.

26 Daran änderten ständig wiederkehrende personelle Turbulenzen wenig. Eine liberale, als Protest gegen eine als ausländerfeindliches „Österreich-zuerst"-Volksbegehren der FPÖ entstandene Abspaltung, das 1993 gegründete *Liberale Forum*, konnte den Erfolg der FPÖ nicht gefährden.

27 Der Weisen-Bericht beschrieb die FPÖ als „rechtspopulistische Partei mit extremistischer Ausdrucksweise". Vgl. dazu Margaretha Kopeinig/Christoph Kotanko: Eine europäische Affäre. Der Weisen-Bericht und die Sanktionen gegen Österreich, Wien 2000.

28 Patrick Moreau: „Österreich ist kein Volk von Nazis!" – Organisation, Programmatik und Wählerschaft der FPÖ, in: Uwe Backes/Eckhard Jesse (Hrsg.): Jahrbuch Extremismus & Demokratie, Band 12, Baden-Baden 2000, S. 73–92, hier S. 92.

29 Vgl. mit zahlreichen Beiträgen und kritischen Stimmen führender europäischer Rechtsextremisten, u. a. von *Jean Marie Le Pen*, *Franz Schönhuber*, *Gerhard Frey* und *Udo Voigt*, Rolf-Josef Eibicht (Hrsg.): Jörg Haider. Patriot im Zwielicht? Eine politische und kritische Analyse, Stuttgart 1997.

Jörg Haider ließ sich selbst nicht in die Regierung einbinden. Die Regierungspolitik des Juniorpartners FPÖ gestaltete sich schnell als schwierig, wurde sie doch von den auf einen Oppositionskurs beharrenden Hardlinern um *Jörg Haider* permanent torpediert. *Haider* zog sich mit der Regierungsbeteiligung zwar offiziell aus der Bundespartei zurück, legte inoffiziell aber nie die Rolle des mächtigsten Mannes in der Partei ab. Schnell begann der Erosionsprozess der Partei. Idealtypisch zeigt sich hier die Begrenztheit des charismatischen Anführers, der sich durch Egozentrik und Egoismus oftmals selbst im Wege stand. Er hielt sich für unersetzlich und versuchte, im Falle seines Abstiegs, die Partei mit in den Strudel des Niedergangs zu reißen. Der heimliche Parteichef nutzte jede sich bietende Möglichkeit, die Regierung zu brüskieren, beispielsweise durch einen nicht abgesprochenen Besuch beim irakischen Diktator *Saddam Hussein* im Februar 2002. Dies sorgte auf nationaler und internationaler Ebene für große Empörung. Der Österreicher, der mit guten Beziehungen zum Nahen Osten prahlte, wollte sich als Friedensstifter gerieren.[30]

Schließlich kam es im Sommer 2002 zum „Putsch von Knittelfeld". *Haider* entledigte sich seiner Regierungsmannschaft nach einem von den FPÖ-Ministern mitgetragenen Beschluss, wegen großer Flutschäden die geplanten Steuersenkungen zu verschieben. *Haider* konnte kein Umdenken erzwingen und strebte einen Parteitag in Knittelfeld an, um seinen Willen durchzusetzen. Dort kam es zum Eklat; die FPÖ-Minister traten geschlossen zurück. Nach dem verheerenden Ergebnis seiner Partei bei der von ihr ausgelösten vorgezogenen Nationalratswahl 2002 (von 26,9 auf 10,0 Prozent) kündigte *Haider* einmal mehr seine Rückkehr als Parteivorsitzender an, ohne allerdings seinen Worten Taten folgen zu lassen. Mit seiner Bezeichnung als „einfaches Parteimitglied" und den Worten „Ich bin dann mal weg" fühlten sich viele Beobachter an ein „Kasperltheater"[31] erinnert. Zwischenzeitlich schickte der Kärntner sogar seine Schwester *Ursula Haubner* vor, nachdem die FPÖ einen Vorsitzenden nach dem anderen verschliss. *Haider* selbst sprach von der Last der Aufgabe und seiner Opferrolle als „Sisyphos". Seine eigentliche Verantwortung am elektoralen Niedergang der Partei verschwieg er geflissentlich.[32]

Im Zuge eines erneuten Wahldesasters – ein Absturz der FPÖ auf 3,3 Prozent bei den niederösterreichischen Gemeinderatswahlen vom 6. März 2005 – schlug *Haider* die Neujustierung der FPÖ als „lässige, flotte und junge Partei" vor, die er „im Notfall" wieder übernehmen würde. Innenparteilich formierte sich Gegenwind. *Haider* sah sich nach den vergangenen Niederlagen durch einen neuen Rivalen herausgefordert. Auf dem Parteitag 2005 zeichnete sich eine Kampfkandidatur gegen den jungen Wiener FPÖ-Obmann *Heinz-*

30 In seinem Buch „Zu Gast bei Saddam. ‚Im Reich des Bösen'" griff der früher amerikafreundliche *Haider* die US-Außenpolitik scharf an. *Haider* beteuerte zwar, er „habe keineswegs die Absicht, ein Buch zur Förderung des Antiamerikanismus zu schreiben", doch die Aussagen sprechen eindeutig dagegen: „Egal ob in Afghanistan oder im Irak: Amerika greift [...] in der Umsetzung reiner ökonomischer Gier brutal auf die vorhandenen Energievorräte und will dadurch die totale Kontrolle über den Rohstoff Erdöl und Erdgas erzwingen." Ferner habe „die gigantische Desinformationsmaschinerie der USA in der Vergangenheit nichts ausgelassen [...], um *Saddam Hussein* als zweiten *Hitler* zu positionieren." Zitate aus Jörg Haider: Zu Gast bei Saddam. Im ‚Reich des Bösen', Wien 2003.

31 So Charles E. Ritterband: Kärntner Chamäleon. Jörg Haiders Auf- und Abstieg in Österreich, in: Internationale Politik 58(2003)4, S. 23–28, hier S. 28.

32 Vgl. Reinhard Heinisch: Success in Opposition – Failure in Government: Explaining the Performance of Right-Wing Populist Parties in Public Office, in: West European Politics 26(2003)3, S. 91–130.

Christian Strache[33] ab. *Strache* galt lange als *Haiders* Ziehsohn, in seiner eloquenten und draufgängerischen Art als der „junge *Haider*", eine Art „Kopie". Das Original wiederum entschied sich dafür, eine neue Partei mit dem Namen *Bündnis Zukunft Österreichs* (BZÖ) ins Leben zu rufen. *Strache* wiederum wurde FPÖ-Vorsitzender.

Obwohl ein beträchtlicher, allerdings nicht der überwiegende Teil zum BZÖ überlief, reüssierte *Strache* schon bei der Wiener Gemeinschaftswahl vom 23. Oktober 2005. Die FPÖ konnte sich, entgegen der schlechten Umfragewerte in den Monaten zuvor, mit 14,8 Prozent der Stimmen behaupten und hielt den Verlust gegenüber 2001 mit 5,3 Prozentpunkten in Grenzen. Verantwortlich für den Erfolg war offenkundig die aggressive Wahlkampagne „Wien darf nicht Istanbul werden!". Den antiislamischen Kurs setzte die *Strache*-FPÖ bei der Nationalratswahl 2006 mit Losungen wie „Daham statt Islam!" fort.[34] Die aggressive Wahlkampagne stellte mit dem Plakat „Wohlstand statt Einwanderung" oder „Sozialstaat statt Zuwanderung" die Themen „Ausländer" und „Kriminalität" kontradiktorisch in den Mittelpunkt, mit einem starkem Fokus auf Protest. Im Hintergrund stand die Anknüpfung an den Wohlfahrtschauvinismus, mit der Parole „soziale Leistung nur für die eigene Bevölkerung" – die Erfolgsformel *Haiders* in den 1990er Jahren. Die EU betrachtet die FPÖ als Gefährdung der eigenen Nation. Ihr Leitbild ist ein „Europa der Vaterländer". Damit bejaht sie grundsätzlich die Europäische Integration, da sie in ihr einen Schutzwall gegen den Islam sieht. Früher war die FPÖ weitaus euroskeptischer ausgerichtet. *Jörg Haider* initiierte 1999 ein Referendum gegen den EU-Beitritt Österreichs.

Das Totenglöckchen, das der FPÖ prophezeit wurde[35], erwies sich als verfrüht und zeigt ihre strukturelle Verankerung im politischen System Österreichs. Bis heute übt die FPÖ als „Männerpartei"[36] eine „Scharnierfunktion" zum Rechtsextremismus aus, wofür der deutsch-nationale Flügel um *Andreas Mölzer*[37] seit Jahren steht. Fast die Hälfte aller FPÖ-

---

33 *Strache*, geboren 1969, gelernter Zahntechniker und „alter Herr" einer schlagenden Schülerverbindung, begann seine Laufbahn in der Wiener Stadtpolitik. Er war mit der Tochter des rechtsextremen Politikers *Norbert Burger*, Aktivist der 1988 wegen Wiederbetätigung des Nationalsozialismus verbotenen *Nationaldemokratischen Partei*, liiert.

34 *Strache* lehnt den EU-Beitritt der Türkei vehement ab und sieht keine Berechtigung des Islam „in unserem christlich-europäisch geprägten Abendland". Vgl. auch FPÖ: Wir und der Islam. Freiheitliche Positionen zur Religionsfreiheit, zur islamischen Welt und zur Problematik des Zuwanderungs-Islam in Europa, Wien 2008.

35 Vgl. u. a. Patrick Moreau: Autriche. Grandeur et décadence du FPÖ, in: Pierre Blaise/ders. (Hrsg.): Extrême Droite et National-Populisme en Europe de l'ouest, Brüssel 2004, S. 59–125.

36 Vgl. Oliver Geden: The Discursive Representation of Masculinity in the Freedom Party of Austria (FPÖ), in: Journal of Language and Politics 4(2005)3, S. 399–422.

37 *Andreas Mölzer* machte, lange von *Haider* protegiert, als Publizist Karriere. Von 1983 bis 1990 war er Redaktionsmitglied des Monatsmagazins „Die Aula" der Freiheitlichen Akademikerverbände der FPÖ; zugleich war er, in der Nachfolge *Haiders*, von 1984 bis Ende 1990 Chefredakteur der FP-Wochenzeitung „Kärntner Nachrichten". 1990 wurde er Chef des *Freiheitlichen Bildungswerks* und Vorsitzender der *Freiheitlichen Parteiakademie*. Mitte der 1990er Jahre kam es zum Bruch mit *Haider*. *Mölzer* wurde 1995 Chefredakteur der Österreich-Ausgabe der „Jungen Freiheit" und ist seit 1997 Mitherausgeber und Chefredakteur der daraus hervorgegangenen und von ihm mitgegründeten deutschnationalen Wochenschrift „Zur Zeit". Am 13. Juni 2004 bekam *Mölzer*, innenparteilich umstritten, bei der EU-Parlamentswahl fast 22.000 Vorzugsstimmen und übernahm damit das Abgeordnetenmandat des von der FPÖ aufgestellten Listenführers *Hans Kronenberger*, auf den sich die FPÖ-Wahlwerbung konzentriert hatte. *Mölzer* wurde später kurzzeitig aus der Partei ausgeschlossen, ist inzwischen aber wieder fest in die neue *Strache*-FPÖ integriert. Bei der Europawahl 2009 führte er die Liste der FPÖ an.

Abgeordneten gehört einer schlagenden Verbindung an. Die FPÖ will den demokratischen Verfassungsstaat nicht abschaffen, gehört aber durch ihren fremdenfeindlichen Duktus im Sinne des „Wir – das homogen konstruierte Volk" gegen „die-da-draußen", der mitunter die Verhöhnung des Rechtsstaats einschließt, zur Gruppe radikal-rechtspopulistischer Parteien, die zwischen Demokratie und Extremismus changiert.[38] In den österreichischen Verfassungsschutzberichten ist die FPÖ nicht aufgeführt.

Die neue *Haider*-Partei, das 2005 als FPÖ-Abspaltung gegründete BZÖ, kam bei der Nationalratswahl von 2006 nur durch den „*Haider*-Faktor Kärnten", wo dieser nach wie vor durch das Amt des Landeshauptmannes populär blieb, knapp mit 4,1, Prozent in das nationale Parlament. In acht der neun Bundesländer erreichte die Partei lediglich Ergebnisse zwischen 1,7 und 3,3 Prozent. Es gelang ihr nicht, starke Parteistrukturen und eine stabile Wählerschaft aufzubauen. *Haider* selbst hielt sich im Wahlkampf zurück, auch deshalb, weil er sah, dass ihn der neue FPÖ-Vorsitzende *Heinz-Christian Strache* mit fremdenfeindlichen Aussagen und dem antielitären Gestus überflüssig zu machen schien.

Das BZÖ konnte auch in der Folgezeit außerhalb Kärntens keinerlei Erfolge verbuchen. Völlig überraschend kündigte *Haider* im August 2008 an, als Spitzenkandidat des BZÖ in den Nationalratswahlkampf zu ziehen. Der Wahlkampf des BZÖ war ganz auf die Person *Haider* abgestellt. Auf dem Wahlzettel stand „BZÖ – Liste *Jörg Haider*". Zupass kam ihm die günstige Ausgangssituation mit dem Scheitern der Großen Koalition. Mit dem Motto „Steige wieder in den Ring"[39] nahm er seine alte Rolle als „Kämpfer" gegen die großkoalitionäre rot-schwarze Regierung auf. Das BZÖ blieb zwar hinter der FPÖ zurück, konnte aber ein zweistelliges Ergebnis (10,7 Prozent) erzielen. *Haider* griff zu einer bewusst ambivalenten Strategie. Einerseits gab er sich, auf seine Funktion als Kärntner Landeshauptmann verweisend, in den öffentlichen Diskussionen und TV-Duellen mit den anderen Spitzenkandidaten betont staatsmännisch, anderseits zielte er bewusst auf dumpfe Ressentiments, vor allem in Richtung Asylbewerber. In den TV-Duellen mit den anderen Parteispitzenkandidaten konnte er durchweg mit der alten Schlagfertigkeit und Rhetorik punkten, wie unabhängige Beobachter konzedieren mussten. Nach wie vor hantierte er mit einer Politik der Exklusion: „Wenn ein Asylant auf frischer Tat ertappt wird oder sogar ein Geständnis ablegt – warum soll man dann noch ein Verfahren abwarten? Wer straffällig geworden ist, hat das Land zu verlassen. Sonst müsste man sagen, dass jeder Asylbewerber in Österreich eine elektronische Fußfessel tragen muss, damit man jederzeit weiß, wo er ist, und er nicht untertauchen kann, wie das derzeit zigtausendfach passiert." Auf die Gegenfrage „Ist das jetzt ein ernst gemeinter Vorschlag? Jeder Asylbewerber soll eine elektronische Fußfessel bekommen?" antwortete er: „Zumindest jeder kriminelle. Ich könnte mir aber auch jeden Asylbewerber vorstellen. Wo liegt das Problem?"[40]

Das Wahlprogramm, auf Seite eins mit *Jörg Haider* in Denkerpose, blieb allgemein und pointiert gehalten, mit populistischen Forderungen wie „der Senkung der Kosten von Sprit und Heizöl, einer Entbürokratisierung auf allen Ebenen, Arbeitsbeschaffungsmaßnahmen,

38 Vgl. zu diesem Typus grundlegend Hans-Georg Betz: Radical right-wing populism in Western Europe, New York 1994; ders.: La droite populiste en Europe. Extrême droite et démocratique?, Paris 2004.

39 So Jörg Haider: „Steige wieder in den Ring" (Interview), in: News vom 14. August 2008, S. 25.

40 Jörg Haider: „Da bin ich gerne prinzipienlos" (Interview), in: Profil vom 25. August 2008, S. 22–24, hier S. 23.

Mindestlohn, der Abschiebung ausländischer Straftäter, einem Bauverbot für Moscheen und Minarette sowie dem Verbot einer Ganzkörperverschleierung."[41] Antiislamistische Ressentiments wurden mit den letztgenannten Punkten geschürt. Die Forderung nach einem Mindestlohn sollte Stimmen in der Arbeiterschaft sichern, welche *Haider* in den 1990er Jahren stark unterstützt hatte. Insgesamt wies und weist das BZÖ allerdings kaum Kennzeichen einer rechtsextremistischen Partei auf und ist als weich(st)e Form des politischen Extremismus einzuordnen.

In der Nacht zum 11. Oktober 2008 verunglückte *Jörg Haider*, mitten in den Debatten um die Regierungsbildung, bei einer Autofahrt tödlich. Auffällig in den offiziellen Stellungnahmen zu seinem Tod war, dass ihm selbst seine einstigen politischen Gegner bis hin zum Noch-Kanzler der sozialdemokratischen SPÖ, *Alfred Gusenbauer*, ein außergewöhnliches Talent bescheinigten. Konsens bestand darin, dass *Haider* die österreichische Politik der letzten zwei Jahrzehnte wie kein zweiter geprägt hat. Rund 25.000 Leute nahmen an den Trauerfeierlichkeiten teil – ein Staatsbegräbnis mit beinahe religiöser Verehrung.[42] Vom *Haider*-Kult profitierte das BZÖ bei den Landtagswahlen im März 2009. Mit 45,8 Prozent in Kärnten übertraf die Partei *Haiders* Rekordergebnis von 2004 um drei Prozentpunkte, während die FPÖ mit 3,8 Prozent an der Fünf-Prozent-Hürde scheiterte.[43] Im Landtagswahlkampf wirkte das BZÖ im Vergleich zur FPÖ wesentlich moderater. Nicht erst seit dem Ableben *Haiders* sind eindeutig rechtsextremistische Positionen in der Partei eine Minderheitsposition.

3.2 Linksextremismus

Die *Kommunistische Partei Österreichs* (KPÖ) ist eine historisch gewachsene Kleinpartei und eine der ältesten kommunistischen Parteien der Welt.[44] Sie wurde bereits im November 1918, in der revolutionären Welle am Ende des Ersten Weltkriegs gegründet, nachdem sich eine oppositionelle Gruppe von der *Sozialdemokratischen Arbeiterpartei Österreichs* gelöst hatte. Im März 1919 leistete die Partei einen aktiven Beitrag zur Gründung der *Kommunistischen Internationalen*, der sie bis 1943 angehörte. Das Modell der Oktoberrevolution firmierte als Vorbild, die sozialistische Revolution nicht nur theoretisch zu fundieren, sondern auch zu implementieren. Ab 1924 waren die Prinzipien der KPdSU, insbesondere Parteikonzeption und die bolschewistische Ideologie, für die KPÖ verbindlich. Der Partei gelang es im Unterschied zu manch anderer kommunistischen Partei nicht, die dominierende Stellung der Sozialdemokratie innerhalb der Arbeiterbewegung zu gefährden.

---

41 Vgl. Deinetwegen Österreich. Das Wahlprogramm des BZÖ zur Nationalratswahl 2008, abrufbar unter: http://www.bzoe.at [Stand: 28. August 2008].

42 Die kultartige Verehrung *Haiders* vor allem in Kärnten zeigt sich auch an einer neuen „Jörg-Haider-Brücke" und einem geplanten „Jörg-Haider-Park".

43 Vgl. Reinhard Olt: Mehr als ein letzter Sieg. Das BZÖ gewinnt auch ohne Haider, in: Frankfurter Allgemeine Zeitung vom 3. März 2009, S. 6.

44 Vgl. Eigendarstellung der KPÖ-Geschichte, abrufbar unter: www.kpoe.at/bund/geschichte/gruendung.html [Stand: 15. Januar 2009].

Im Mai 1933 wurde die KPÖ vom faschistischen Regime unter *Engelbert Dollfuß* verboten.[45] Nach dem Ende des Nationalsozialismus wirkte die KPÖ an der „Unabhängigkeitserklärung“ vom 27. April 1945 mit, dem Gründungsdokument der Zweiten Österreichischen Republik. Sieben Kommunisten waren an der provisorischen Regierung beteiligt.[46] 1949 erreichte die Mitgliederzahl mit 150.000 ihren Höchststand. Allerdings brach die KPÖ schnell mit dem politischen System und richtete sich als radikale Oppositionspartei aus, die zu Mitteln wie militanten Streiks und Demonstrationen griff. Nur halbherzig nahm die Partei Anleihen am Eurokommunismus; sie sah sich selbst in der Rolle einer revolutionären Arbeiterpartei, die auf die „Zerschlagung des staatsmonopolistischen Kapitalismus“ zielte. Reformversuche, wie etwa die Perestroika am Ende der kommunistischen Epoche, fanden kaum Beachtung.

Nach der 1970 (zu diesem Zeitpunkt 29.000 Mitglieder) einsetzenden Krise durch interne Flügelkämpfe verlor die dogmatisch gebliebene Partei immer mehr Aktivisten (1980: 14.000 Mitglieder; 1990: 9.000 Mitglieder). Der Zusammenbruch des real existierenden Sozialismus traf die Partei unvorbereitet. Interne Flügelkämpfe zwischen den Polen Dogmatismus und Pragmatismus brachen aus, welche zahlreiche Parteiaustritte zur Folge hatten. Mit einer 1994 verabschiedeten Grundsatzerklärung stellte die Partei klar, sich weiterhin der 150-jährigen Geschichte des Kommunismus verpflichtet zu fühlen und eine revolutionär-marxistische Partei zu sein. Präzise Erläuterungen der letztgenannten Begriffe blieben aus. Auch das Prinzip des „demokratischen Zentralismus“ mit der Hierarchie des Parteiapparates hatte trotz Modifizierungen Bestand.[47]

2002 kam die KPÖ in arge finanzielle Bedrängnis: Nach einem Gerichtsurteil infolge eines ein Jahrzehnt andauernden Prozesses musste die KPÖ DDR-Gelder, die unrechtmäßig an sie geflossen waren, an die Bundesrepublik zahlen (etwa 100 Millionen Euro). Vor Gericht unterlag sie den deutschen Behörden, welche die DDR-Außenhandelsfirma „Novum“ als Teil des SED-Auslandsvermögens betrachteten. Bis Ende der 1990er hatte die KPÖ einen Großteil ihres Parteiapparates aus den daraus entstandenen Gewinnen finanziert. Zudem offenbarte sich ex post die Abhängigkeit einer kommunistischen Partei aus Westeuropa, in diesem Fall sogar einer bis dahin äußerst reichen, von der DDR bzw. von der Sowjetunion.[48]

Der damalige Vorsitzende *Walter Baier*, Sohn eines kommunistischen Widerstandskämpfers, kündigte nach dem Urteil massive Einsparungen an, entließ alle Beschäftigten und stellte den Betrieb der parteieigenen Wochenzeitung „Volksstimme“ ein: Ende Oktober 2004 verkaufte die Partei das Ernst-Kirchweger-Haus[49] an eine Immobiliengesellschaft, deren Geschäftsführer die frühere Mitgliedschaft in der rechtsextremistischen *Aktion Neue Rechte* (ANR) aus den 1970er Jahren vorgeworfen wurde. Dieses Vorgehen löste innerhalb der antifaschistisch ausgerichteten KPÖ massive Proteste und zahlreiche prominente Partei-

45 Vgl. zur Parteigeschichte Barbara Liegl: Kleinparteien, in: Herbert Dachs u. a. (Hrsg.): Politik in Österreich. Das Handbuch, Wien 2006, S. 402–421, hier S. 403–405. Die Autorin des kurzen Beitrags zur KPÖ (innerhalb des renommierten Standardwerks über die österreichische Politik) geht auf die Frage des Linksextremismus oder der Systemfeindschaft nicht ein.

46 Vgl. dazu Manfred Mugrauer: Die Politik der KPÖ in der Provisorischen Regierung Renner, Wien 2006.

47 Vgl. KPÖ: Grundzüge einer Neuorientierung, Wien 1994.

48 Vgl. Uwe Backes/Patrick Moreau: Conclusion, in: Dies. (Hrsg.): Communist and Post-Communist Parties in Europe, Göttingen 2008, S. 535–607, hier S. 565.

49 1945 ging das Objekt in den Besitz der KPÖ über. Am 23. Juni 1990 wurde das Haus besetzt und nach dem Kommunisten und KZ-Überlebenden *Ernst Kirchweger* benannt.

austritte aus. Der Verlust dieser Einkommensquelle brach vorübergehend die Dominanz der Bundeszentrale in der Partei, was den einzelnen Landesverbänden ein weitgehend autonomes Agieren und damit eine Abkehr vom demokratischen Zentralismus ermöglichte.

Die parlamentarische Tätigkeit der KPÖ beschränkte sich seit 1970 auf die Landes- und Kommunalebene. So ist sie in der zweitgrößten Stadt Österreichs, Graz, seit 1945 durchweg im Gemeinderat vertreten. 2005 konnte sie durch eigene, von der desaströsen Situation im Bund abgekoppelte Profilierung mit 6,3 Prozent in den Landtag der Steiermark einziehen und ein neues Erfolgskapitel in der Parteigeschichte einleiten. Dieser regionale[50] Erfolg – beruhend auf Sozial- und Wohnungsthemen („Keinen Menschen vergessen") – hängt in erster Linie mit *Ernest Kaltenegger* zusammen, der sich zuvor mit zahlreichen öffentlichkeitswirksamen Aktionen als Grazer Wohnungsstadtrat einen Namen machte.

Vor seiner Zeit als Stadtrat beriet *Kaltenegger* in der Grazer KP-Parteizentrale als „Gratis-Ombudsmann" Mieter. Er hält sich im Unterschied zu zahlreichen Parteikollegen mit klassenkämpferischen Parolen zurück und stellt als „Kümmerer" das Thema „Wohnsanierung" in den Vordergrund. Mit dem Slogan „Ein Bad für jede Gemeindewohnung" errang die KPÖ bei der Grazer Gemeinderatswahl 2003 sensationelle 20,8 Prozent, fiel aber, diesmal ohne den populären *Kaltenegger*[51] als Spitzenkandidaten, im Januar 2008 auf 11,2 Prozent zurück. Damit ist der in den 1990er Jahren zutreffende Befund obsolet, die KPÖ habe „keine nennenswerte politische Bedeutung", entwickle „[keine] gesellschaftlich relevante[n] politische[n] Konzepte oder Aktivitäten."[52] *Kaltenegger*, der sehr gute Kontakte zur deutschen Partei *Die Linke* unterhält,[53] spendet seit 1998, mit Beginn seines kommunalen Mandats, mehr als die Hälfte seiner Diäten für soziale Zwecke und legt, wie die anderen Landtagsabgeordneten der Steiermark, Rechenschaft über die Verwendung ab. Die KPÖ Steiermark distanziert sich vollends von der linksextremistischen Bundes-KPÖ, gibt sich pragmatisch-demokratisch und gestaltet ihre Politik unabhängig vom „demokratischen Zentralismus" der Mutterpartei. *Kaltenegger* will sich allerdings 2010, nach Beendigung der Legislaturperiode in der Steiermark, aus der Politik zurückziehen, womit die KPÖ ihre Galionsfigur verlieren würde. *Kaltenegger* begründete diesen Entschluss mit seiner langjährigen politischen Tätigkeit und mit gesundheitlichen Problemen. Ein Team aus drei neuen Kandidaten soll die Lücke füllen.

Die Bundes-KPÖ erreichte bei den Nationalratswahlen 2006 und 2008 1,0 Prozent bzw. 0,8 Prozent. Ihr Vorsitzender *Mirko Messner*[54], nach dem Rücktritt des lange umstrittenen *Walter Baier* seit März 2006 zusammen mit der Sozialpädagogin *Melina Klaus* Bundessprecher, sieht „das System" als „eine menschliche und soziale Katastrophe" an, weicht beim Thema „Enteignungen" aus und propagiert „eine strukturelle Änderung der Gesellschaft".

50 Schon vor 1970 konnte die Partei in diesem Land reüssieren.

51 Er wechselte in den Landtag.

52 Josef Ehmer: Die Kommunistische Partei Österreichs. Geschichte, soziales Profil, aktuelle Situation, in: Patrick Moreau/Marc Lazar/Gerhard Hirscher (Hrsg.): Der Kommunismus in Westeuropa. Niedergang oder Mutation?, Landsberg am Lech 1998, S. 209–241, hier S. 209.

53 Er tritt häufig als Referent bei Landes- und Bezirksverbänden auf, zumal nach den jüngsten Erfolgen. Die Linke-Fraktion um *Gregor Gysi* war in Graz bei *Kaltenegger* zu Gast.

54 *Messner* ist Angehöriger der slowenischsprechenden Minderheit in Kärnten. 1973 trat er in die KPÖ ein. Als er seine Auffassung von Nationalitätenpolitik in der Frage der slowenischen Minderheit in der Partei nicht durchsetzen konnte, legte *Messner* 1987 alle Parteiämter (u. a. war er Mitglied des ZK) nieder und kündigte seine Position als Parteiangestellter.

Vom Stalinismus distanziert er sich: „Die heutige KPÖ hat mit dem, was Ostblock genannt wird, so viel zu tun wie ich mit einer Prada-Handtasche. Die KPÖ hat mit dem Stalinismus, der auch in der KPÖ nach 1945 vorherrschend war, radikal abgerechnet."[55] Vor der Nationalratswahl 2008 gab es vereinzelt Bemühungen, eine Linke nach deutschem Vorbild zu schaffen, um enttäuschte Grüne und Sozialdemokraten zu gewinnen.[56] Auf ihrer Bundesliste kandidierte auf Platz vier als Parteilose die Politikwissenschaftlerin *Dunja Larise*, welche sich nüchtern und detailliert mit der Frage „Gefährdung durch den politischen Islam in Österreich – zwischen Demokratie und Fundamentalismus" auseinandergesetzt hat.[57] In den österreichischen Verfassungsschutzberichten taucht die KPÖ nicht auf.

4 Nichtparteiförmiger Extremismus

4.1 Rechtsextremismus

Vier Jahre, von 1993 bis 1997, hielt ein fremdenfeindlich motivierter Terrorismus die Republik Österreich mit zahlreichen Brief- und Rohrbomben in Atem. Hinter der *Bajuwarischen Befreiungsarmee*, angeblicher Drahtzieher laut den Briefbomben, verbarg sich der mutmaßliche, offenbar geistig verwirrte[58] Einzeltäter *Franz Fuchs*. *Fuchs* war entgegen vieler Mutmaßungen, ein neues rechtsextremistisches Netzwerk operiere, ohne soziale Kontakte und gänzlich ohne Verbindungen zu einschlägig bekannten Organisationen und Personen. Auch mit politischen Äußerungen trat *Fuchs*, nach eigenen Worten „Patriot", nicht in Erscheinung. Die mit breiten historischen Exkursen angereicherten Bekennerschreiben indizierten allerdings eine deutschnationale und minderheitenfeindliche, insbesondere antislawische und antitürkische Gesinnung. In den Bekennerschreiben befanden sich zudem deutschnationale Versatzstücke sowie die Ablehnung der Zweiten Republik, besonders der parlamentarischen Institutionen und des Justiz- und Sicherheitsapparats.[59]

Die Bombenanschläge richteten sich vornehmlich gegen Migranten, Angehörige von Minderheiten und Repräsentanten, die sich in diesem Bereich engagieren. Vier Roma starben am 5. Februar 1995 durch eine Rohrbombe, nachdem sie versucht hatten, das am Rande einer burgenländischen Roma- und Sintisiedlung aufgestellte Schild „Roma zurück nach Indien" zu entfernen. 15 Menschen, darunter der Wiener Altbürgermeister *Helmut Zilk*, wurden bei den

55 „Mit dem Stalinismus radikal abgerechnet." Interview mit dem KPÖ-Chef, in: Die Presse-Online vom 29. August 2008, abrufbar unter: http://diepresse.com/home/politik/innenpolitik/410112/index.do?from=suche.intern.portal [Stand: 24. März 2009].

56 Vgl. KPÖ möchte eigenständig bei den NR-Wahlen kandidieren, Pressemitteilung vom 11. Juli 2008, abrufbar unter: http://www.wien-konkret.at/politik/nationalratswahl2008/kpoe/ [Stand: 14. Dezember 2008].

57 Vgl. zu den Ergebnissen eines eigenen Forscherverbunds mit 14 Studierenden Thomas Schmidinger/Dunja Larise (Hrsg.): Zwischen Gottesstaat und Demokratie. Handbuch des politischen Islam, Wien 2008.

58 Die schreienden Auftritte im späteren Gerichtsprozess deuten zumindest auf eine starke Persönlichkeitsstörung hin. Dort brüllte er, wohl eine geplante Inszenierung, bis zur Heiserkeit und zu seinem Prozessausschluss Parolen wie: „Ausländerbrut: Nein, danke! Minderheitenprivilegien: Nein, danke! Tschuschenregierung: Nein, danke!" Als Ziel der *Bajuwarischen Befreiungsarmee* nannte *Fuchs*, die slawische Völkerwanderung zu stoppen. Sein freilich irrationaler Hass ergab sich wohl aus persönlichen Motiven. *Fuchs* lebte im Grenzgebiet zu Slowenien.

59 Vgl. Sebastian Reinfeldt: Nicht-wir und Die-da. Studien zum rechten Populismus, Wien 2000, S. 188.

Anschlägen zum Teil schwer verletzt. Weitere 25 Briefbomben konnten rechtzeitig entdeckt werden, was eine größere Opferzahl verhinderte.

Bei einer routinemäßigen Verkehrskontrolle am 1. Oktober 1997 zündete *Fuchs* eine Rohrbombe, weil er glaubte, man hätte ihn entlarvt. Schon vorher hatte er sich in einen Verfolgungswahn gesteigert. Mit dem Suizidversuch trennte er sich beide Hände ab und verletzte die Beamten.[60] Er wurde festgenommen und im März 1999 schließlich zu lebenslanger Haft verurteilt. Am 26. Februar 2000 beging *Fuchs*, zu lebenslanger psychischer Verwahrung verurteilt, Selbstmord in seiner Zelle.

Im Umfeld der FPÖ finden sich militante Organisationen, die rechtsextremistisches Gedankengut vertreten. *Andreas Mölzer* wirkte hier bis Mitte der 1990er Jahre als Redakteur des Aula-Verlags, ein Sprachrohr der national-freiheitlichen, „schlagenden" Studentenverbindungen Österreichs. Chefredakteur der 1952 gegründeten Zeitschrift „Aula" ist heute *Martin Pfeiffer*; seine Vorgänger waren der u. a. wegen NS-Wiederbetätigung verurteilte *Herwig Nachtmann*, gefolgt vom ehemaligen NSDAP-Mitglied und SA-Sturmführer *Otto Scrinzi* (bis 2003).[61] *Jörg Haider* wiederum ging ab 1995 deutlich auf Distanz zu diesem Organ. Obwohl die gesamte FPÖ Abstand zur „Aula" hält, haben in der Vergangenheit regelmäßig Funktionäre Artikel verfasst bzw. Interviews gegeben. Innerhalb des deutschnationalen Milieus, das zahlreiche „schlagende" Burschenschaften verkörpern, finden sich immer wieder Berührungspunkte zum Rechtsextremismus. So ist *Martin Graf*, aktuell dritter Nationalratspräsident, ein alter Herr der Wiener Burschenschaft *Olympia Wien*, welche wegen ihrer Radikalität von gemäßigteren deutschen Verbindungen gemieden wird. Bei *Olympia Wien* hielt im November 2005 *David Irving* einen Vortrag. Der 1992 verstorbene rechtsextreme Politiker *Norbert Burger* war in dieser Burschenschaft aktiv.

Aktivitäten entfalten kleinere Skinheadgruppierungen (mit einer Zahl von 15 bis 20 Personen) und die kameradschaftlich organisierte Jugendgruppierung *Bund freier Jugend* aus Oberösterreich. Der *Bund freier Jugend* ist seit seiner Gründung im Jahr 2003 Gegenstand von staatspolizeilichen Ermittlungen. Die Gruppe und ihre Exponenten sind den Sicherheitsbehörden seit Beginn ihrer Tätigkeiten als Träger rechtsextremen Gedankengutes mit völkisch-germanischer Ausrichtung bekannt. Gemäß dem Verfassungsschutz spielen die Tätigkeiten des *Bundes freier Jugend* eine zentrale Rolle für die Entwicklung des Rechtsextremismus in Österreich.[62] Mittlerweile tritt der *Bund freie Jugend* unter dem Label *Junge Aktion* in Erscheinung.[63] Es wurde bekannt, dass einige Aktivisten des Bundes zugleich Funktionäre der FPÖ-Jugendorganisation, des *Ringes Freiheitlicher Jugend*, waren.

60 Vgl. zu diesen Angaben, einschließlich der biografischen Angaben des Täters und den technischen Details der Anschläge Bundesministerium für Inneres (Hrsg.): Staatsschutzbericht 1997, Wien 1998, S. 34–36.

61 Von 1949 bis 1956 war der ausgebildete Nervenfacharzt *Scrinzi*, geb. 1918, Abgeordneter im Kärtner Landtag und sowohl Klubobmann als auch Landesobmann des *Vereins der Unabhängigen* (VdU), der Vorgängerpartei der FPÖ. 1968 wurde *Scrinzi* gegen den Willen des FPÖ-Vorstands zum stellvertretenden Parteiobmann gewählt. Vom 30. März 1966 bis zum 4. Juni 1979 war *Scrinzi* Abgeordneter der FPÖ im Nationalrat und Südtirol-Sprecher seiner Partei. Er war Mitunterzeichner des Aufrufs der „Deutschen National-Zeitung" (3. November 1978) zur Erreichung einer Generalamnestie für NS-Verbrechen. *Scrinzi* kandidierte 1986 erfolglos (1,2 Prozent) für das Bundespräsidentenamt.

62 Vgl. Bundesministerium für Inneres (Hrsg.): Staatsschutzbericht 2005–2007, Wien 2006–2008.

63 Vgl. http://www.junge-aktion.com/wordpress/ [Stand: 28. Januar 2009].

4.2 *Linksextremismus*

Die linksextremistische Szene, eine überschaubare Anzahl von Klein- und Kleinstgruppen, ist nach den Verfassungsschutzberichten durch einen Bedeutungsverlust gekennzeichnet. Ihr Gesicht zeigt sie, von moderaten Kräften dominiert, nur bei einigen Demonstrationen und Protestkundgebungen. Als Hypothek wirkt sich die Spaltung zwischen anarchistisch-autonomen und marxistisch-leninistischen Gruppierungen aus. Sie besetzen zwar gemeinsam die Themenfelder Antirassismus, Antinationalismus, Globalisierungskritik und Proteste gegen Rechtsextremismus, spalteten sich aber seit 2001 zunehmend an der Palästinafrage und Bewertung der Rolle Israels im Nahostkonflikt.

Autonome Gruppen verübten verschiedene, nicht zentral organisierte Sachbeschädigungen, selten auch Sprengstoffanschläge, zu verschiedenen Anlässen: So wurde 1992 beispielsweise ein Bunkersystem des Bundesheeres mit Sprengstoff angegriffen. Die *Radikal Agierenden AntiFaschistInnen* bekannten sich im „TATblatt" dazu. Lange Zeit sammelte sich die autonome Szene um das bis Oktober 2004 in KPÖ-Eigentum befindliche Ernst-Kirchweger-Haus in Wien.[64] Der Konflikt um das Haus führte zu Sachbeschädigungen von Autonomen an Parteilokalen und Wohnungen von KPÖ-Mitgliedern, denen der drohende und dann vollzogene Verlust des Hauses angelastet wurde. Dies führte zum Bruch mit moderaten Gruppen und schwächte die Solidarisierung zum Erhalt des Hauses. Die Öffnung für die Punk-Szene verschärfte interne Konflikte. Erst ein Eigentümerwechsel entspannte die Situation. Innerhalb der international agierenden militanten globalisierungskritischen Bewegung spielen österreichische Autonome keine nennenswerte Rolle. Auch fand eine „Entpolitisierung" in Richtung „Jugendkultur" statt. Strafbare Handlungen beschränken sich auf ein niedriges Niveau.[65] Lediglich das Thema „Rechtsextremismus" mit den Erfolgen der FPÖ, sorgt für Mobilisierung der Antifa-Gruppen gerade bei Nationalratswahlkämpfen.

4.3 *Islamistischer Fundamentalismus*

Österreich ist kein primäres Angriffsziel für islamistischen Terror, der österreichische Verfassungsschutz konstatiert aber eine Radikalisierung. Für besonderes Aufsehen sorgte der Fall *„Mohamed Mahmoud". Mahmoud*, 1985 in Wien geboren[66], besuchte nach eigener Aussage 2003 ein Trainingslager der *Al Quaida* im Irak. In Österreich gründete er 2005 eine Jugendorganisation *Islamische Jugend Österreichs*, die durch ihre Radikalität von der *Islamischen Glaubensgemeinschaft* in Österreich nicht anerkannt wurde. Vor der Nationalratswahl 2006 rief die de facto nur aus seiner Frau und ihm selbst bestehenden Organisation alle österreichischen Muslime zum Wahlboykott auf, da die Teilnahme an staatlichen Wahlen nicht mit dem Koran vereinbar sei.

64 Vgl. Bundesministerium für Inneres (FN 62).

65 Vgl. ebd.

66 Sein Vater *Sami Mahmoud* war in seinem Herkunftsland Ägypten Mitglied der verbotenen Muslimbruderschaft. Aus Angst vor einer Verhaftung flüchtete er nach Österreich, bekam Asyl und fünf Jahre später die österreichische Staatsbürgerschaft, die sich auch auf seine bereits in Österreich geborenen Kinder ausdehnte. Als Imam stand der Vater einem Gebetshaus in einem Wiener Gemeindebezirk vor.

Bei Hausdurchsuchungen kam ans Tageslicht, dass sich *Mahmoud* in Internetforen informiert hatte, wie sich ein Anschlag während der Fußball-Europameisterschaft von 2008 in Österreich (und der Schweiz) durchführen lasse. Nach seiner Verhaftung wurden *Mahmoud* und seine Frau in einem Prozess im März 2009 wegen der Bildung und Förderung einer terroristischen Vereinigung, nicht wegen Durchführung terroristischer Akte, zu vier Jahren Haft verurteilt. *Mahmoud* wurde auch dafür verantwortlich gemacht, an einem Drohvideo gegen die österreichische Regierung mitgearbeitet zu haben, das den Rückzug österreichischer Soldaten aus Afghanistan forderte.

Ein spezifisches Problem bildet in den letzten Jahren der südosteuropäische, auf einer fundamentalistischen Interpretation des Wahabismus beruhende islamische Extremismus, der vor allem in der bosniakischen *Aktiven Islamischen Jugend* (AIO) zum Ausdruck kommt. Die offiziell aufgelöste Gruppierung, die sich für die Errichtung eines islamischen Staates in Bosnien stark macht, hat ihre Zentren in Wien und Oberösterreich, begünstigt durch eine Radikalisierung unter der zweiten Generation von muslimischen Einwanderern. Die geografische Nähe zum Balkan machte den Standort Österreich für bosnische Islamisten attraktiv.[67]

5 Ergebnis

Der in der Verfassung angelegte antifaschistische Gründungskonsens verhinderte nicht, dass eine im Graubereich zwischen Demokratie und Extremismus angesiedelte Partei, die FPÖ, bis zur Regierungspartizipation erstarken konnte und spätestens ab den 1990er Jahren wesentlichen Einfluss auf die politische Kultur Österreichs nahm. Mit 20-PlusX-Prozent auf Bundesebene ist sie zumindest zeitweise zur erfolgreichsten rechten Flügelpartei Westeuropas aufgestiegen, weshalb sie auch international große Beachtung gefunden hat. Die anderen EU-Mitgliedstaaten belegten im Jahr 2000 das Land Österreich sogar mit Sanktionen als unmittelbare Folge der Regierungsbeteiligung.

Jörg Haider prägte als ihr Exponent mit einer „Politik der Ressentiments"[68] über zwei Jahrzehnte die Politik des Alpenlandes. Damit richtete er die FPÖ typologisch zu einer radikal-rechtspopulistischen[69] Partei aus, die sie bis heute ist. Aus extremismustheoretischer Sicht ist die FPÖ als weiche Form des politischen Extremismus einzuordnen. Gleichwohl brachte *Haider* kaum „Schatten über Europa", wie es zahlreiche Publizisten und wissenschaftliche Publikationen verlautbaren ließen.[70] Die FPÖ, die in ihren Reihen rechtsextremistische Kräfte duldet, wird weiterhin einen festen Platz im Parteiensystem haben. Das zeigt die von vielen

67 Vgl. Bundesministerium für Inneres (FN 62).

68 Reinhard Heinisch: Austria: The Structure and Agency of Austrian Populism, in: Daniele Albertazzi/Duncan McDonnell (Hrsg.): Twenty-First Century Populism, Houndmills/Basingstoke 2008, S. 67–83, hier S. 83.

69 Vgl. Paul Taggart: New Populist Parties in Western Europe, in: West European Politics 18(1995)1, S. 34–51; Frank Decker: Der neue Rechtspopulismus, Opladen 2004; Florian Hartleb: Rechts- und Linkspopulismus. Eine Fallstudie anhand von Schill-Partei und PDS, Wiesbaden 2004; Hans-Georg Betz/Carol Johnson: Against the current – stemming the tide: the nostalgic ideology of the contemporary radical populist right, in: Journal of Political Ideologies 9(2004)3, S. 311–327.

70 Vgl. aus journalistischer Feder Hans-Henning Scharsach/Kurt Kuch: Haider. Schatten über Europa, Köln 2000.

Beobachtern kaum mehr für möglich gehaltene Wiederkehr der FPÖ unter *Heinz-Christian Strache,* der in Stil und Inhalt große Ähnlichkeiten zur *Haider*-FPÖ der 1990er Jahre aufweist.

Auch der Fall der KPÖ ist als österreichische Besonderheit anzusehen. Durch eine hohe Legitimation als Hauptträger des Widerstandes gegen *Hitler* spielte sie bei der Gründung der Zweiten Republik eine wichtige Rolle, wurde aber später, zerrieben durch Flügelkämpfe zwischen Stalinismus und Eurokommunismus, marginalisiert. Der Zusammenbruch des Kommunismus änderte lange nichts am Selbstverständnis der Partei. 2005 konnte sie allerdings regional ein unerwartetes Comeback feiern. Nach Jahrzehnten zog sie in den Landtag der Steiermark ein. Der dortige Landesverband löste sich fast vollständig von der Bundespartei und setzte stark auf soziale Themen. Ohne den Spitzenkandidaten *Ernest Kaltenegger* dürfte ein Erfolg jedoch schwer zu wiederholen sein.

Erstaunliche psychologische Parallelen gibt es im Rechtsterrorismus und im islamistischen Terrorismus. Die Fälle *„Franz Fuchs"* und *„Mohamed Mohmoud"* zeigten das Destruktionspotenzial Einzelner gegen den demokratischen Staat. Beide gaben vor, unter dem Deckmantel einer Organisation, *Bajuwarische Befreiungsarmee* bzw. *Islamische Jugend Österreich* (als *Al Qaida*-Zelle) zu agieren, handelten aber eigenständig.

Die FPÖ kann als europäische Besonderheit angesehen werden, da sie einerseits eine Traditionspartei ist, andererseits Züge eines neuen, identitären Rechtspopulismus trägt.[71] Der weiche österreichische Rechtsextremismus wird nach dem Tod *Haider*s weiterhin eine Zukunft haben, wie sich bei der Kärntner Regionalwahl 2009 deutlich zeigte. Ängste vor einem Ansteigen der Kriminalität und Themen wie die Ausländerpolitik scheinen nach wie vor, – nicht nur deutschnational gesinnte – Bevölkerungsteile zu mobilisieren. Durch den personellen Faktor *Strache* dürfte die Rolle des charismatischen Anführers im Rechtsaußenlager auch künftig ausgefüllt sein.

71 Vgl. Anton Pelinka (FN 13), S. 281–290; Reinhard Heinisch (FN 32), S. 40–56.

Extremismus in Polen

Aleksandra Moroska/Anna Sroka

1 Rahmenbedingungen

Eine Folge des demokratischen Wandels in Polen 1989 war die Möglichkeit für extremistische politische Organisationen, sich frei zu betätigen. Das führte wiederum zu der Notwendigkeit, entsprechende Regelungen in das polnische Rechtssystem aufzunehmen, damit diese Organisationen keine Gefahr für die Beständigkeit der Demokratie darstellen. Noch in den 1990er Jahren gab es zahlreiche Rechtslücken, welche die Bekämpfung des Extremismus erschwerten. Ein Beispiel dafür war der 1996 unternommene Versuch, drei politische Parteien zu verbieten: die *Polnische Nationale Gemeinschaft – Polnische Nationalpartei* (PWN-PSN), die *Polnische Nationale Front* (PFN) und die *Nationale Wiedergeburt Polens* (NOP). Den Organisationen wurden eine aggressive Tätigkeit und ihr rassistischer Charakter vorgeworfen. Als Begründung für das Scheitern der Auflösungsanträge wies der Justizminister darauf hin, dass entsprechende Regelungen im polnischen Recht fehlten, was das Verbot der Gruppierungen verhindere.[1]

Mittlerweile sind das Gesetz über politische Parteien, das Gesetz über den Verfassungsgerichtshof sowie das Strafgesetzbuch novelliert worden. Mit dem neuen Grundgesetz vom 6. April 1997 wurde die Regelung des Verhältnisses von Demokratie und Extremismus in die Verfassung aufgenommen. Danach sind Parteien und Organisationen unzulässig, die in ihren Programmen an totalitäre Methoden und Praktiken des Nationalsozialismus, Faschismus und Kommunismus anknüpfen, deren Programm Rassenhass und Gewaltanwendung zulässt oder die Verheimlichung von Strukturen und Mitgliedschaften vorsieht.[2] Das jeweilige Gericht untersucht zunächst die durch die Parteien vorgelegten Dokumente (Satzung und Programm). Bei Zweifeln wendet es sich an den Verfassungsgerichtshof mit dem Antrag auf Untersuchung der Ziele und Tätigkeiten der Parteien auf ihre Kompatibilität mit der Verfassung. Wenn der Verfassungsgerichtshof eine Nichtübereinstimmung feststellt, lehnt das Gericht die Eintragung in das Parteienregister ab, oder es kann Korrekturen empfehlen.[3] Dieses Verfahren wurde 2002 mit Blick auf die *Selbstverteidigung der Republik Polen* (*Samoobrona RP* – SRP) angewendet. Die Zweifel betrafen Änderungen in der Satzung der

---

1 Vgl. Dokumente, in: Nigdy Więcej Nr. 4/1997, S. 31.

2 Vgl. Art. 13, Verfassung der Republik Polen vom 6. April 1997. Als verfassungswidrig gilt auch, wenn eine Partei ihre Organisation wider den Grundlagen der Freiwilligkeit und Gleichheit der Bürger aufbaut, mit undemokratischen Methoden die Gestaltung der Staatspolitik zu beeinflussen beabsichtigt und ihre Finanzierung nicht offenlegt (Art. 11).

3 Vgl. Ministerium für Inneres und Verwaltung (Hrsg.): Periodischer Bericht der Republik Polen über die Realisierung der Bestimmungen der Internationalen Konvention zur Beseitigung aller Formen von Rassendiskriminierung für die Jahre 2000 bis 2005, Warschau 2007.

Partei, die dem Vorsitzenden nahezu uneingeschränkte Macht garantierten. Das Verfahren wurde nicht abgeschlossen, denn das Bezirksgericht nahm den Antrag 2003 zurück.

Ein zweites Kontrollverfahren obliegt dem polnischen Verfassungsgerichtshof (Art. 188, Paragraph 4 der Verfassung). Er überprüft die Übereinstimmung der Ziele und der Tätigkeit einer Partei mit dem Grundgesetz.[4] Der Antrag auf Überprüfung der Verfassungskonformität bzw. -widrigkeit kann nur von den obersten Staatsorganen ausgehen, u. a. vom Präsidenten und vom Premierminister. In der Praxis wurde dieses Verfahren noch nie angewendet. Bei Verbotsverfahren gegen nichtparteiförmige Organisationen findet Artikel 258 des Strafgesetzbuches Anwendung. Es enthält u. a. Vorschriften, die Rassendiskriminierung verbieten (Art. 118, 119, 256 und 257).[5]

Anfang der 1990er Jahre war die Gesetzgebung für politische Parteien ausgesprochen liberal, was die Entstehung vieler antidemokratischer Parteien begünstigte.[6] Die Neufassung des Parteiengesetzes 1997 änderte die Bedingungen zur Parteigründung wesentlich.[7] Die Anforderung des Wahlkomitees, auf der Bezirksliste mindestens 5000 Unterschriften von Unterstützern mit festem Wohnsitz im jeweiligen Bezirk zu sammeln, beschränkt die Aussichten für kleinere Parteien.[8] Dagegen begünstigt das proportionale Wahlsystem den Parlamentseinzug von Parteien mit niedriger Wahlunterstützung. Die vor der ersten freien Wahl 1991 verabschiedete Wahlordnung schaffte besonders gute Bedingungen für extremistische Parteien. Eine fehlende Sperrklausel erleichterte ihnen den Parlamentseinzug und verursachte eine starke Fragmentierung der polnischen Parteienlandschaft. Daher wurde vor den vorgezogenen Wahlen 1993 ein neues Wahlgesetz verabschiedet. Die eingeführten Änderungen – Verkleinerung der Wahlkreise, Anwendung der *d'Hondt*-Methode verbunden mit der modifizierten *Saint-Laguë*-Methode (anstatt der bisherigen *Hare-Niemeyer*-Methode), Einführung der Fünf-Prozent-Hürde für Parteien und gestaffelte Sperrklauseln für Koalitionen und Wahlallianzen – begünstigten die großen Parteien. Zugleich führten sie aber bei den Kleinparteien zu einer Änderung der Wahlkampftaktik und zur Gründung von Wahlallianzen. Durch die Wahlrechtsänderungen 1993 sank die Zahl der Parteien im Sejm von 17 auf sechs und damit auch die Anzahl extremistischer Parteien.

Die in den 1990er Jahren und Anfang des 21. Jahrhunderts eingeführten Wahlregelungen schränkten in einem erheblichen Maß die Möglichkeit der kleinen Parteien (darunter die extremistischen) ein, im polnischen Parlament Fuß zu fassen. Allerdings trugen para-

4 Vgl. Barbara Grylak/Marek Żmigrodzki: Status prawny partii politycznych w Polsce, in: Wojciech Sokół/Marek Żmigrodzki (Hrsg.): Współczesne Partie i Systemy Partyjne. Zagadnienia Teorii i Praktyki Politycznej, Lublin 2003, S. 311–313.

5 Vgl. Strafgesetzbuch vom 6. Juni 1997; Statistiken bezüglich der Strafverfahren im Zusammenhang mit der Verletzung der Vorschriften über Diskriminierungsverbote, S. XVII–XIX; Ministerium für Inneres und Verwaltung (FN 3).

6 Vgl. Art. 4, Gesetz über politische Parteien vom 28. Juli 1990, in: Marek Migalski: Czeski i polski system partyjny, Warschau 2008, S. 138.

7 Vgl. Art. 11, Gesetz über politische Parteien vom 27. Juni 1997. Bis Frühjahr 1997 wurden in Polen 270 Parteien registriert. Nach Inkrafttreten des Gesetzes ist die Zahl bis zu den Parlamentswahlen 2001 um fast die Hälfte zurückgegangen. Vgl. Wojciech Sokół: Partie polityczne i system partyjny w Polsce w latach 1991–2001, in: Ders./Marek Żmigrodzki (FN 4), S. 296–302.

8 Vgl. Art. 140, Abs. 2 und 3, Wahlordnung zum Sejm und zum Senat der Republik Polen, abrufbar unter: http://www.pkw.gov.pl/pkw2/index.jsp?place=Menu01&news_cat_id=21778&layout=1 [Stand: 30. Januar 2009].

doxerweise gerade die institutionellen Hürden zu ihren Erfolgen bei. Die Notwendigkeit, Wahlkoalitionen eingehen zu müssen, erzwang nicht nur eine Mäßigung der extremistischen Parteien, sondern löste auch Vereinigungstendenzen aus. Diese führten zu Wahlerfolgen im zweistelligen Bereich und zu Regierungsbeteiligungen gleich mehrerer rechtsextremistischer Parteien. Ein antiextremistischer Konsens existiert in Polen folglich nur gegenüber dem Linksextremismus. Die Ablehnung alles „Kommunistischen" ist zweifelsohne mit den Erfahrungen im Realsozialismus und seiner Delegitimierung nach 1989/90 verbunden. Zugleich kann nicht von einer antirechtsextremistischen politischen Kultur gesprochen werden. In Polen fehlt eine gesellschaftliche Sensibilität gegenüber rechtsextremistischen Ideen, was in der fehlenden Abgrenzung einiger demokratischer Parteien vom Rechtsextremismus resultiert. Es scheint, als ob Polen – verglichen mit vielen Staaten Westeuropas – ein höheres Maß an Toleranz und Duldung gegenüber rechtsextremistischen Vereinigungen besitzt.

2 Wahlentwicklung

Nach dem Zusammenbruch des kommunistischen Regimes und mit der Neugründung politischer Parteien entstanden zahlreiche rechtsextreme Parteien verschiedenen Ursprungs. Im Gegensatz dazu hatte die Linke in Polen, insbesondere die extreme Linke, Probleme, sich in der neuen politischen Wirklichkeit zurechtzufinden. Das Resultat war eine kleine Zahl von selbstständig handelnden Organisationen mit Parteicharakter und einer marginalen Wählerunterstützung. Die Ursachen dafür sind in der jahrzehntelang herrschenden kommunistischen Machtpraxis sowie in einer breiten Ablehnung der polnischen Gesellschaft von sozialistischen bzw. kommunistischen Ideen zu suchen. Die Geschichte der *Sozialdemokratie der Republik Polen* (SdRP), für die ein grundlegend neues Programm zur Existenzvoraussetzung wurde, zeugt davon. Obwohl sich die SdRP von der sozialistischen Zeit nicht eindeutig distanzierte, schwor sie der Ideologie des Kommunismus ab. Diejenigen ehemaligen Aktivisten der *Polnischen Vereinigten Arbeiterpartei* (PZPR), die mit der neuen sozialdemokratischen Linie der SdRP nicht einverstanden waren, gründeten 1991 den *Bund Polnischer Kommunisten „Proletariat"*. Bis 1997 nahm er auf Listenverbindungen des *Bündnisses der Demokratischen Linken* (SLD) an Parlamentswahlen teil.[9] Auch der Nachfolgeorganisation, der 2002 wiederbegründeten *Kommunistischen Partei Polens* (KPP), gelang es nicht, im polnischen Parlament Fuß zu fassen.

Nennenswerte Wahlerfolge blieben auch bei der *Selbstverteidigung der Republik Polen* (SRP) aus.[10] Die Partei nahm 1993 erstmals an Wahlen teil, und gewann 2,8 Prozent Stimmen, was aber nicht ausreichte, um ins Parlament einzuziehen. Bei den Sejm-Wahlen 1997 sank die Unterstützung für die SRP auf 0,1 Prozent der Stimmen. Obwohl es die SRP bis Ende der 1990er Jahre nicht schaffte, ins Parlament einzuziehen, war sie wegen ihrer spektakulären Aktionen häufig in den Medien präsent. Aus den linksextremen Organisationen, zu denen

9 Das 1991 gegründete Bündnis der *Demokratischen Linken* (SLD) war aus dem reformsozialistischen Flügel der SdRP hervorgegangen.

10 Die Vorgängerin der SRP war die Partei *Bündnis – Selbstverteidigung der Republik Polen*, registriert am 12. Juni 1992.

auch marginale trotzkistische und anarchistische Strömungen gehören, entstanden keine nennenswerten politischen Organisationen, sondern Taxi-Parteien von meist kurzer Lebensdauer.

Aufgrund ihrer Zersplitterung blieben die meisten rechtsextremen Parteien in den 1990er Jahren bedeutungslos. Ende der 1990er Jahre kamen sich die Vertreter des parteipolitischen Rechtsextremismus näher. Diese Tendenz erfasste auch Gruppierungen der gemäßigten Rechten. Ein Beispiel dafür ist die 1997 gegründete *Wahlaktion Solidarność* (AWS). Die bisher größte Wahlkoalition der rechten Gruppierungen integrierte mehrere kleine rechtsextreme Parteien, die keine Chance gehabt hätten, eigenständig die Fünf-Prozent-Hürde zu überwinden.[11] Nicht zuletzt die Kooperation mit den gesellschaftlich isolierten Ultrarechten führte zum Niedergang der einst mächtigen und angesehenen Oppositionsbewegung der polnischen Werftarbeiter unter *Lech Wałęsa*. Weitere kleinere Rechtsaußenparteien, wie die *Konföderation des Unabhängigen Polens* (KPN), die *Bewegung für Wiederaufbau Polens* (ROP), die *Christlich-Nationale Vereinigung* (ZCHN)[12] und die *Union für Realpolitik* (UPR), erzielten in den 1990er Jahren vereinzelte Achtungserfolge, verschwanden mit der Jahrtausendwende aber aus der polnischen Politik (Tabelle 1).[13]

Tabelle 1 Ergebnisse der Parteien mit extremistischen Zügen bei den polnischen Parlamentswahlen 1991–2007 (in Prozent)

	1991	1993	1997	2001	2005	2007
KPN	7,5	5,8	---	---	---	---
ROP	---	---	5,6	---	---	---
ZCHN	8,7[1]	---	---[2]	---	---	---
UPR	2,3	---	---	---	---	---
LPR	---	---	---	7,9	8,0	1,3
Selbstverteidigung der RP	---	2,8	0,1	10,2	11,4	1,5
Quelle: Staatliche Wahlkommission, abrufbar unter: http://www.pkw.gov.pl [Stand: 25. Januar 2009]						

[1] Als Hauptagierende der *Katholischen Wahlaktion*.
[2] Die ZCHN erhielt 25 Abgeordnetensitze im Rahmen der Wahlaktion *Solidarność*.

Die Sejm-Wahlen 2001 führten zu einem Comeback extremistischer Parteien. Der Zerfall der AWS schaffte Freiräume für neue Parteien. Die gesellschaftliche Enttäuschung über die Regierung wurde von einer Wirtschaftsrezession und einem starken Anstieg der Arbeitslosigkeit begleitet. Die Bevölkerungsbefragungen wiesen seit Ende der 1990er Jahre auf eine steigende

11 Zu ihnen gehörten unter anderen die *National-Demokratische Partei*, die *Nationale Rechte* und die *Partei der Realpolitik*. Vgl. Edward Olszewski/Michał Wolski: Organizacje ekstremistyczne i radykalne w Polsce, in: Edward Olszewski (Hrsg.): Doktryny i Ruchy Współczesnego Ekstremizmu Politycznego, Lublin 2004, S. 410.

12 Die Partei rief in der ersten Hälfte der 1990er Jahre große Kontroversen hervor. In den folgenden Jahren nahm sie einen christlich-demokratischen Charakter an.

13 Vgl. Andrzej Antoszewski: Partie polityczne Europy Środkowej i Wschodniej, Posen/Breslau 2005, S. 165.

Unzufriedenheit mit der politischen Situation hin. Das wurde von sinkendem Vertrauen in die Politiker und von Pessimismus in der Einschätzung der Wirtschaftssituation begleitet. Zusammen bildete dies einen fruchtbaren Nährboden für das Entstehen systemalternativer Protestparteien. Die Atmosphäre der Unzufriedenheit kam der einstigen Landarbeitergewerkschaft *Selbstverteidigung* (*Samoobrona*) entgegen, die von 1997 an Bauernproteste und Straßenblockaden organisiert hatte. Die unorthodoxen Methoden trugen zur wachsenden Berühmtheit und Popularität der Partei bei. Zugleich gelang es der extremen Rechten, den internen Vereinigungsprozess zu beschleunigen und die LPR als neue vertrauenswürdige Gruppierung zu präsentieren.

Den Parteien *Liga der Polnischen Familien* (LPR) und *Selbstverteidigung der Republik Polen* (SRP) gelang 2001 der klare Einzug in den Sejm. Die Unterstützung für beide Parteien blieb bis zu den Wahlen 2005 auf konstant hohem Niveau und ermöglichte ihnen den Eintritt in die Regierungskoalition mit der konservativen Partei *Recht und Gerechtigkeit* (PiS).[14] Die LPR erhielt zwei, die *Samoobrona* drei Ministerien. Die Parteiführer, *Roman Giertych* und *Andrzej Lepper*, wurden zu Vizeministerpräsidenten ernannt; *Giertych* übernahm das Ministerium für Nationale Ausbildung und Sport, *Lepper* das Amt des Landwirtschaftministers.[15] Die inneren Zwistigkeiten zwischen den Koalitionspartnern trugen zu einer chronischen Instabilität der Regierung bei; dies führte 2007 zu Neuwahlen. Zugleich wurde die polnische Parteienlandschaft verstärkt von den beiden großen Parteien PiS und PO dominiert, und ein bipolares Parteiensystem bildete sich heraus, was wiederum den Raum für die beiden kleineren Koalitionspartner einschränkte. Dies wie die Kompromittierung der LPR und der *Selbstverteidigung* in der Regierungszeit verursachten Erdrutschniederlagen beider Gruppierungen bei den Wahlen 2007. Sie verfehlten die Fünf-Prozent-Hürde klar; dies schloss sie von der Parteienfinanzierung aus und erschwert ihr künftiges Handeln.

3 Extremistische Parteien

3.1 Rechtsextremismus

Die Ideologie der extremen Rechten in Polen wird stark durch Traditionen beeinflusst, die in der Zwischenkriegszeit wirkende Organisationen hinterließen. Viele Gruppierungen knüpften an verschiedene Strömungen der *Nationalen Demokratie* (ND)[16] an, als sie ihre Tätigkeit unter der Losung aufnahmen, die Vorkriegsbewegung wiederherzustellen. Dazu gehörten die *National-Demokratische Partei*, die *Nationale Partei „Vaterland"* und die *Nationale Partei „Szczerbiec"*. Andere Parteien wie die *Polnische Nationale Gemeinschaft – Polnische Nationale Partei*, die *Polnische Nationale Front* und die *Nationale Rechte*, bemühten sich, nach eigenen Ideen zu suchen, indem sie verschiedene Strömungen vereinten. Manche

14 Die Koalition wurde nach monatelangen Verhandlungen im Mai 2006 beendet.

15 Die Leitung des zweiten LPR-Ministeriums (Seewirtschaft und Fischfang) übernahm der ebenfalls aus der *Allpolnischen Jugend* stammende *Rafał Wiechecki*. Die SRP erhielt weiterhin das Ministerium für Arbeit und Sozialpolitik (*Anna Kalata*) sowie das Bauministerium (*Andrzej Aumiller*).

16 *Nationale Demokratie* war eine politische Bewegung mit polnisch-nationaler Ideologie und entstand Ende des 19. Jahrhunderts. Der Hauptideologe und Mitbegründer der *Nationalen Demokratie* war *Roman Dmowski*.

Gruppen griffen andere Vorkriegstraditionen als die nationaldemokratische auf, wofür als Beispiel die *Gesellschaftlich-Nationale Union* gilt, die an die Bewegung *Zadruga*[17] anknüpft.[18]

Der Nationalstaat wird im polnischen Rechtsextremismus grundsätzlich mit dem katholischen Staat gleichgesetzt; die christlich-konservative Ethik sei die rechtliche und moralische Grundlage der Nation. Eine Ausnahme stellen die Parteien *Polnische Nationale Gemeinschaft* und die *Gesellschaftlich-Nationale Union* dar, für die das Christentum mit dem nationalistischen Geist unvereinbar ist und die daher den Katholizismus sowie die damit verbundene Kirchenhierarchie ablehnen. Ein zentrales Merkmal der polnischen extremistischen Parteien ist Xenophobie, die sich durch Antisemitismus und Antideutschtum manifestiert. Juden, Deutsche, Freimaurer, Anarchisten, Kommunisten und Liberale sind nach der Meinung der Rechtsextremisten Feinde des polnischen Volkes und den Staatsinteressen schädlich. Der ausgeprägte Antisemitismus ist in Polen paradoxerweise ein „Antisemitismus ohne Juden“.[19] Er hat weniger rassistischen Charakter als vielmehr kultur-psychologische und wirtschaftliche Grundlagen. „Jude zu sein“ ist im polnischen Rechtsextremismus ein weiter und unpräziser Begriff. Ein mythisches Feindbild wird für die politischen und ökonomischen Krisen des Landes verantwortlich gemacht.[20]

Obwohl die Ansichten der rechtsextremen Parteien im Widerspruch zu den Werten der liberalen Demokratie stehen, akzeptieren die meisten Gruppierungen formal das demokratische System. Dies gilt nicht für die Parteien *Nationale Wiedergeburt Polens* (NOP) und die *Polnische Nationale Gemeinschaft* (PWN). Sie postulieren die Einführung von verschiedenen Formen des Autoritarismus. Die NOP strebt die Änderung des Systems auf dem Wege der „nationalen Revolution“ an.[21] Dagegen will die PWN das System der „Nationalmacht“ gründen, in der nur Personen mit polnischer Nationalität die vollständigen Bürgerrechte erhalten.[22] In Wirtschaftsfragen unterstützen die rechtsextremistischen Parteien zwar die freie Marktwirtschaft und das private Eigentum, aber sie setzen sich für den nationalen Kapitalismus mit starken Elementen des staatlichen Interventionismus ein. In „klassischer“ Form lehnen sie sowohl den Kommunismus als auch den Kapitalismus ab und postulieren als bevorzugte Wirtschaftsordnung einen „dritten Weg“ aus beiden.[23] In der Außenpolitik beziehen NOP und PWN fundamental-euroskeptische Positionen.

Die *Liga der Polnischen Familien* (LPR) wurde am 30. Mai 2001 registriert. Sie entstand aus verschiedenen Gruppen innerhalb des polnischen Rechtsextremismus und stieg damit

17 *Zadruga* war eine nationalistische Organisation der Zwischenkriegszeit. Ihre Ideologie verbindet slawisch-bäuerliche Traditionen und ein in Familien(clans) organisiertes Gesellschaftsmodell. Wegen ausbleibender Erfolge löste sich die *Gesellschaftlich-Nationale Union* am 31. Dezember 1997 auf.

18 Vgl. Czesław Maj/Ewa Maj: Narodowe ugrupowania polityczne w Polsce 1998–2001, Lublin 2001, S. 7–22.

19 In Polen leben derzeit etwa 4000 Juden (0,01 Prozent der Gesamtbevölkerung). Vgl. Stefan Gliszczyński: Kilka uwag o współczesnym Polskim nacjonalizmie, in: Nigdy Więcej Nr. 4/1997, S. 11.

20 Siehe dazu detailiert Stefan Zgliczyński: Antysemityzm po polsku, Warschau 2008.

21 Vgl. Narodowe Odrodzenie Polski, in: Inka Słodkowska/Magdalena Dołbakowska (Hrsg.): Wybory 2005. Partie i ich Programy, Warschau 2006, S. 325–341; Andrzej Zdolski: Obowiązek antydemokratyzmu, in: Szczerbiec Nr. 11/1994, S. 5; Krzysztof Sitnik: Zasady rewolucji narodowej, in: Szczerbiec Nr. 11/1994, S. 11.

22 Vgl. Czesław Maj/Ewa Maj (FN 18), S. 32.

23 Vgl. Stefan Stępień: Koncepcje polityczne ekstremizmu prawicowego w III Rzeczpospolitej na przykładzie Wybranych Organizacji, in: Edward Olszewski (FN 11), S. 298.

zur größten Vereinigung der national-katholischen Gruppierungen auf.[24] Anfangs schlossen sich in der Partei viele Führungspersönlichkeiten des nationalen Milieus zusammen wie *Macierewicz, Wrzodak, Łopuszański, Bender, die Giertychs* sowie *Janowski.* Infolge der inneren Machtkämpfe übernahm *Roman Giertych*[25] die Position des unumstrittenen und als charismatisch geltenden Parteiführers. Er forcierte die Zentralisierung der Macht in der Partei und bestimmte ihre ideologische und programmatische Ausrichtung.

Die LPR beruft sich meist auf die Ideen der national-demokratischen Bewegung, entstand aber aus unterschiedlichen Traditionen: Katholische, nationale, christlich-demokratische und volkstümliche Vorbilder wurden an die Bedingungen des demokratisch politischen Systems angepasst. Die Nation ist nach Auffassung der Partei ein Verbund mit den Merkmalen einer gemeinsamen Geschichte, Sprache und Kultur. Die Grundlage dieser Kultur sei die christliche Ethik und das christliche Wertesystem.[26] Die LPR fordert einen klaren Gottesbezug in der Verfassung der Republik Polen. Für die *Familienliga* gilt die Formel „Pole = Katholik". Sie strebt den Aufbau eines homogenen polnischen Nationalstaates an. Wer im Widerspruch zur christlichen Identität und Tradition steht, sei von der Gemeinschaft auszuschließen. Im Programm der LPR heißt es weiter, alle Handlungen, die gegen „Moralrecht und öffentliche Ordnung" verstoßen wie Abtreibung, Euthanasie, Menschenklonen und homosexuelle Beziehungen, seien zu verbieten.[27] Als dauerhaftes Ziel sieht die LPR die ununterbrochene Entwicklung der souveränen Nation und die Erhaltung des unabhängigen Polens an.[28] Die Feinde der Partei seien u. a. die Europäische Union und das Auslandskapital (insbesondere das deutsche). Zugleich polemisiert die LPR gegen Ausländer aus entfernten Kulturkreisen, womit hauptsächlich Muslime gemeint sind.[29]

Die LPR stellt die Verfassungsgrundlagen des polnischen Rechtsstaates formal nicht in Frage. Die *Liga* agiert im Graubereich zwischen Extremismus und Demokratie. Sie kritisiert die Funktionsweise der polnischen Demokratie und bezeichnet diese als Fassade.[30] Postkommunisten und einstige *Solidarność*-Vertreter gelten LPR-lern als „Rundtisch-Seilschaft" und „rot-rosa Kommunisten". Deren korrupte Politik sei heute das Grundübel des polni-

24 Das Wahlkomitee bestand aus folgenden Vereinigungen: *Liga der Polnischen Familien, Nationale Partei, Vereinigung der Polnischen Staatsraison, Katholisch-Nationale Bewegung* von *Macierewicz, Polnische Verständigung* von *Łopuszański, Klub „Gedanke für Polen", Polnische Liga, Allpolnische Jugend* sowie *Verständigung für Polen* von *Janowski.* Kandidaten der LPR-Wahllisten stellten auch die *Bewegung für den Wiederaufbau Polens* von *Jan Olszewski.* Vgl. Wojciech Sokół: Partie polityczne i system partyjny w Polsce w latach 1991–2001, in: Ders./Marek Żmigrodzki (FN 4), S. 253.

25 Der 35-jährige *Roman Giertych* entstammt einer in Polen landesweit bekannten nationalistischen Politikerdynastie. Sein Großvater *Jędrzej Giertych* war in der Zwischenkriegszeit Führungsfigur, Ideologe sowie Generalsekretär der nationalistischen *Endecja* (*Nationaldemokratie*) und die rechte Hand ihres Vorsitzenden *Roman Dmowski.* Sein Sohn *Maciej Giertych* gründete 1990 die *Nationale Partei* (NP), die sich 2001 der LPR anschloss. Aufgrund seines Rückhalts an der Parteibasis gilt er als einer der einflussreichsten Köpfe in der LPR und ist seit 2001 Mitglied des polnischen Parlaments. Vgl. Tom Thieme: Hammer, Sichel, Hakenkreuz. Parteipolitischer Extremismus in Osteuropa. Entstehungsbedingungen und Erscheinungsformen, Baden-Baden 2007, S. 118.

26 Vgl. LPR: Pracownia Dokumentacji i Badań Życia Politycznego, Programm der LPR vom 3. Mai 2003, Instytut Nauk Politycznych, Universität Breslau, syg.19256/07/1372, s. b. p.

27 Vgl. ebd.

28 Vgl. ebd.

29 Vgl. Wojciech Andrusiewicz: Lubelska LPR przeciw imigrantom, in: Gazeta Wyborcza vom 2. August 2006, S. 3.

30 Vgl. Jarosław Tomasiewicz: Powrót Ligi, in: Sprawy Polityczne Nr. 13-14/2002, S. 3.

schen Volkes und des polnischen Staates.[31] Die LPR strebte bis 2005 einen Sitten-, Wirtschafts- und Gesellschaftswandel an, was im Aufbau der sogenannten „Vierten Republik" zum Ausdruck kam.[32] Ein wesentliches und stark ideologisiertes Programmelement ist der Euroskeptizismus. Die EU sei das Werkzeug deutscher Expansionspolitik und eine Gefahr für die polnisch-katholische Tradition, so die LPR. Im Laufe des polnischen Integrations- und Beitrittsprozesses wandelte sich die Haltung der Partei zur EU von fundamentaler Ablehnung hin zu immanentem Widerstand. Galt die Verhinderung des polnischen EU-Beitritts lange als Hauptziel der LPR, bekämpft sie seit der EU-Mitgliedschaft Polens vor allem die weitere Vertiefung der Union.[33]

Die LPR verfolgt eine Doppelstrategie. Einerseits sucht sie die enge personelle und organisatorische Verbindung mit der extremen Jugendgruppierung *Allpolnische Jugend.* Zusammen organisieren sie Demonstrationen und Veranstaltungen an nationalen Feier- und Gedenktagen. Ein Beispiel dafür ist die Warschauer „Parade der Normalität", welche im Sommer 2005 als Gegendemonstration zum homosexuellen „Marsch der Gleichheit" stattfand.[34] Die Rufe nach einem „großem katholischen Polen" wurden von extrem homophoben Losungen begleitet: „Pedophile, Pederasten sind EU-Enthusiasten", „Schwulen, Abartige", und „Schwulentum wurde von Adolf Hitler ausgerottet"[35]. *Wojciech Wierzejski*, zweiter Mann in der LPR, kündigte an, Schwulenorganisationen verbieten zu wollen: „Diejenigen, die als aktive, extreme homosexuelle Aktivisten identifiziert werden, sollen der Sitten-, Gesellschafts- und Milieuintoleranz unterworfen werden, damit sie dann nicht bewusst, offen, öffentlich herumgehen, ihr Gesicht zeigen und damit prahlen können, dass sie unnormal sind."[36] Der Vater des Parteivorsitzenden *Giertych* nahm ebenfalls keinen Abstand von homophoben Aussagen: „[...] Öffentliche Demonstrationen, die Homosexualität unterstützen, sollen selbstverständlich verboten werden".[37]

Andererseits entwickelte sich die *Familienliga* zum gleichwertigen und glaubwürdigen politischen Partner. Vor dem II. Kongress der LPR 2003 erklärte *Roman Giertych*, dass sich die *Liga* programmatisch in Richtung Zentrum bewegen werde, gleichwohl sie den Kern der nationalen Weltanschauung beibehalte. Vollmundig kündigte er die Verwandlung der LPR in eine Massenpartei an, die eine vollständige Machtübernahme anstrebe.[38] Im März 2006, unmittelbar vor Beginn der LPR-Koalition mit der PiS und der SRP, vertrat die LPR die Losung „Null-Radikalismus".[39] Nicht nur das Parteiprogramm, sondern auch die öffentlichen Verlautbarungen und strategischen Handlungen ihrer Führungskräfte milderten das Bild der

---

31 Vgl. Zygmunt Wrzodak: Vorsitzender des politischen Rates der LPR, Erklärung der LPR über den 15. Jahrestag des Runden Tisches, Archiv der politischen Parteien, ISP PAN.

32 Vgl. Programm für die IV. Republik, in: Racja Polska vom 11. Mai 2003, S. 5.

33 Vgl. Aleks Szczerbiak: Opposing Europe or Problematizing Europe? Euroscepticism and ‚Eurorealism' in the Polish Party System, in: Ders./Paul Taggart (Hrsg.): Opposing Europe? The Comparative Party Politics of Euroscepticism, Band 1: Case Studies and Country Surveys, Oxford/New York 2008, S. 221–242.

34 An der Gegendemonstration nahmen außer den LPR-Mitgliedern auch die Mitglieder der *Allpolnischen Jugend* und Skinheads des *National-Radikalen Lagers* (ONR) teil.

35 Wojciech Szacki/Mikołaj Lizut: Polsce niesiem odrodzenie, in: Gazeta Wyborcza vom 2. Juni 2005, S. 2.

36 Wojciech Szacki: Hitler na paradzie normalności, in: Gazeta Wyborcza vom 20. Juni 2005, S. 5.

37 Ebd.

38 Vgl. Marcin Piskorski: Liga Polskich Rodzin, in: Łukasz Tomaczak (Hrsg.): Lokale und Landstrukturen der polnischen politischen Parteien, Stettin 2004, S. 193.

39 Vgl. Programm der LPR (FN 26).

Partei ab. Für viele Beobachter der polnischen Politik, aber auch für LPR-Mitglieder, war *Giertychs* Distanzierung von den Ideen *Roman Dmowskis*[40] sowie von seinem Großvater *Jędrzej Giertych* überraschend.[41] *Giertych* distanzierte sich offiziell von der *Allpolnischen Jugend,* doch die personellen Verbindungen zur MW und die Verharmlosung der Jugendorganisation blieben bestehen.[42]

Bis 2005 erfreute sich die LPR unter den sogenannten Verlierern der Transformation großer Popularität. Die Partei profitierte von den Wählern, die große Schwierigkeiten hatten, sich den sozioökonomischen Veränderungen nach 1989/90 anzupassen. Unter ihren Anhängern dominieren ältere Menschen, Personen mit Berufs- oder Grundausbildung, Landbewohner sowie streng religiöse Katholiken.[43] Daher vertritt die LPR neben rechtsextremen auch linke und christlich-fundamentalistische Positionen. Die *Familienliga* profiliert sich als Verteidigerin des „kleinen Mannes" und der polnischen Familien. Sie tritt für umfangreiche soziale Maßnahmen und eine aktive Wirtschaftspolitik des Staates ein.

3.2 Linksextremismus

Die wichtigste Partei im polnischen Linksextremismus ist die wiederbegründete unreformierte *Kommunistische Partei Polens* (KPP). Ihrer Entstehung waren interne Flügelkämpfe und Abspaltungen von alten Kommunisten vorausgegangen, die mit der sozialdemokratischen Programmlinie der SdRP nicht einverstanden waren. Die KPP wurde am 9. Oktober 2002 vom Kreisgericht in Warschau registriert; laut eigenen Angaben unterstützen die Partei einige hundert Mitglieder (Stand 2005).[44]

Die KPP ist eine marxistisch-leninistische Partei. Der Ursprung ihrer Ideologie entstammt der kommunistischen Utopie, in der sie die Heilsversprechung der Welt sieht.[45] Daher fordert sie die Einstellung der Privatisierung und der Vermögenslustration, die Verkürzung der Arbeitszeit, gerechtere Löhne, eine Reform des Steuersystems, die Teilnahme der Belegschaften an der Leitung der Betriebe sowie ein kostenloses Schul- und Gesundheitswesen.[46] Dementsprechend spricht sie sich gegen die Europäische Union und die NATO aus. Obwohl sich die KPP offiziell zum System der parlamentarischen Demokratie bekennt, bleibt die Machtgewinnung durch die Arbeiterklasse ihr endgültiges Ziel. Allerdings bedeutet die proletarische Revolution für die KPP keine gewaltsame Machterlangung. Sie strebt nach der

40 Obwohl sich *Roman Dmowskis* um die Wiedererlangung der Unabhängigkeit Polens während der Zwischenkriegsjahre verdient gemacht hat, gilt er wegen seines Nationalismus und Antisemitismus als umstritten. Seine politischen Ansichten wandelten sich in eine eindeutig antidemokratische Richtung und orientierten sich u. a. am Vorbild des italienischen Faschismus. Siehe im Einzelnen Roman Dmowski: Myśli nowoczesnego Polaka, Breslau 1994. (erstmals herausgegeben 1903); ders.: Kirche, Nation, Staat, Warschau 1927.

41 Vgl. Paweł Wroński: Dmowskiego do Ligi bym nie przyjął, in: Gazeta Wyborcza vom 15. Juli 2006, S. 14.

42 Vgl. Wojciech Szacki: Aksamitny rozwód Giertycha z Młodzieżą Wszechpolską, in: Gazeta Wyborcza vom 14. Dezember 2006, S. 7.

43 Vgl. Radosław Markowski: The Polish Elections of 2005: Pure Chaos or a Restructuring of the Party System?, in: West European Politics 29(2006)4, S. 814–832.

44 Vgl. Paweł Malendowicz: Ultralewica a współczesność, Piła 2006, S. 32.

45 Vgl. Programm und Satzung der KPP von 2002, abrufbar unter: http://www. kompol.org [Stand: 10. Oktober 2008].

46 Vgl. ebd.

(zwangsläufigen) Änderung der gesellschaftlichen Verhältnisse, der Wirtschafts- und der Gesellschaftsordnung des Staates. Nichtsdestotrotz blieb die revolutionäre Thematik in der kommunistischen Publizistik lebhaft und aktuell. Als Beispiel dafür kann ein Kommentar in „Brzask", dem Presseorgan der Partei, gelten: „Die revolutionäre Situation ist gegeben, aber die Kraft fehlt. Die polnische Arbeiterklasse ist zerschlagen, und die KPP zu schwach, um sich an die Spitze dieses Kampfes zu stellen."[47] Ihre Schwäche konnte die KPP bislang nicht überwinden; in der polnischen Politik blieb sie marginal.

Eine Partei, deren Zuordnung zum Links- bzw. Rechtsextremismus strittig scheint, ist die *Selbstverteidigung der Republik Polen* (SRP). Bei der Analyse ihres Parteiprogramms lassen sich sowohl links- als auch rechtsextremistische Elemente nachweisen. Die organisatorische Hauptbasis in den ersten Jahren ihres Bestehens bildete die im Januar 1992 gegründete Gewerkschaft der Landwirte *Selbstverteidigung*. Die erneute Registrierung der seitdem von dem ehemaligen Landarbeiter und Boxer *Andrzej Lepper* geführten Partei fand unter dem neuen Namen *Samoobrona Rzeczpospolitej Polskiej* Ende des Jahres 1999 statt. Zur Zäsur der Parteigeschichte wurde die Wahl 2001, bei der die SRP beträchtliche Wahlunterstützung erhielt, welche die Parteistrukturen intensivierte.[48] Auf dem Delegiertenkongress am 7. April 2002 wurde eine neue Satzung verabschiedet, die die Position des Parteivorsitzenden *Lepper* erheblich stärkte, da sie ihm nahezu unbeschränkte Befugnisse gewährte.[49]

Im Programm von *Samoobrona* wurde das Hauptaugenmerk auf Wirtschaftsfragen gelegt. Die linke Orientierung der SRP zeigt sich in der Verurteilung kapitalistischer Marktwirtschaft und der Forderung nach sozialer Gleichheit. Die wirtschaftliche Entwicklung führe zur Geringschätzung des Menschen und der Natur.[50] Nach Meinung der SRP habe nach dem Wandel der Gesellschaftsordnung 1989/90 ein Konsumkult die aufgezwungene marxistische Ideologie ersetzt, der die Würde des Menschen degradiere und ihn zu einem Produktionswerkzeug reduziere. Um diese Tendenzen abzuwenden, schlägt die SRP als „dritten Weg" die Erhöhung der Beteiligung des Staates an der Wirtschaft und am gesellschaftlichen Leben vor. Der Staat habe „[...] die Erziehungs- und Entwicklungsarbeit zu leisten, indem er die allgemeine Aktivität des Volkes in allen Bereichen des materiellen und geistigen Lebens organisiert."[51] Im Wirtschaftsbereich soll diese Grundlage durch eine geregelte

47 Felix Kukiełka: Co aktualnie w Polsce się dzieje?, in: Brzask Nr. 5/2003, S. 4.

48 Zusätzliches Geld aus staatlichen Subventionen ermöglichten der SRP ihre Abgeordnetenbüros in allen Wahlkreisen Polens zu eröffnen. Auch die Professionalisierung der Medienarbeit trug zu den Wahlerfolgen *Samoobronas* bei.

49 *Andrzej Lepper* bestimmte die Gewaltenteilung in seiner Partei auf folgende Weise: „Die Satzung bin ich!", zitiert nach Michał Majewski: Klub wodza, in: Rzeczpospolita vom 27. September 2001. Ein zusätzlicher Faktor, der die Abhängigkeit des Parteiapparates vom Vorsitzenden stärkt und die Selbständigkeit von lokalen Aktivisten abschafft, ist der Zugang zu finanziellen Mitteln. Ein Beispiel dafür war die sogenannte „Wechselsache". Sonst war die charismatische Persönlichkeit des Vorsitzenden von einer großen Bedeutung. Sie sicherte *Lepper* Ergebenheit und Gehorsam seitens der Mitglieder und hielt innerparteiliche Rivalen in Schach. Davon zeugt die Tatsache, dass *Andrzej Lepper* sowohl während der Parteikonventionen, die ihn zum Präsidentschaftskandidaten bestimmten, als auch auf den Kongressen und Parteitagen immer einstimmig gewählt wurde.

50 Vgl. Andrzej Lepper: Każdy kij ma dwa końce, Warschau 2001, S. 55.

51 Das Programm eines „Dritten Weges" für Polen wurde in den folgenden Dokumenten entwickelt: „Dlaczego Trzecia Droga?", „Jakiej Polski chcemy?", „Trzecia Droga Samoobrony RP". Die Programmdokumente *Samoobronas* sind abrufbar unter: http://www.samoobrona.org.pl [Stand: 30. April 2009]. Der „dritte Weg" der SRP ist nicht mit der Ausrichtung der so genannten Neuen Linken in Westeuropa zu verwechseln, die

Marktwirtschaft mit staatlichem Interventionismus, durch Maßnahmen zur Abschaffung der Arbeitslosigkeit (öffentliche Arbeiten) und durch Milderung sozialer Not (Verlängerung der Arbeitslosenunterstützung, frühere Altersrenten in den von hoher Arbeitslosigkeit betroffenen Regionen, Einführung des Sozialminimums) geschaffen werden. Die wichtigsten Industriezweige sollen in staatlicher Hand verbleiben bzw. rückverstaatlicht werden.[52] In dem Dokument „Der Dritte Weg der Selbstverteidigung der RP" vom 24. Januar 2006 beruft sich die Partei auf das Konzept des gesellschaftlich-patriotischen Sozialliberalismus.[53] Darin heißt es: „In Polen gibt es keine Linke und damit keine alternative Politik gegenüber dem Neoliberalismus. Ideologisch gesehen steht die neoliberale Utopie, die zurzeit in Polen verwirklicht wird, der kommunistischen Utopie in Polen in den Jahren 1949 bis 1956 nahe und ist ähnlich verbrecherisch wie diese damals."[54]

Andrzej Lepper und anderen SRP-Aktivisten werden oft Xenophobie und Antisemitismus vorgeworfen. Die SRP-Mitgliedschaft von bekannten Persönlichkeiten des polnischen Rechtsextremismus wie *Janusz Bryczkowski*, *Bohdan Poręba* und *Sławomir Dawidowski* zeugen davon, dass diese Anschuldigungen begründet sind. 1999 erlag *Lepper* der Versuchung, seine „solidarische Heldenhaftigkeit" mit rechtsextremistischer Provokation zu würzen: In einem Akt von Lynch-Justiz verprügelte er mit Gleichgesinnten den Verwalter eines insolventen Landwirtschaftsbetriebes und rasierte ihm einen Davidstern ins Haar.[55] Auch aktuelle Aussagen des Vorsitzenden lassen wenig Zweifel an dessen nicht nur links-, sondern zugleich rechtsextremer Gesinnung: „Nationale Minderheiten sollen keine Privilegien haben, und wenn es ihnen nicht gefällt, können sie ausreisen."[56] In außenpolitischen Fragen ist fundamentaler Euroskeptizismus für die SRP charakteristisch, obwohl ihr Parteivorsitzender lieber von Eurorealismus spricht.[57] Laut der Programmlinie sei das „Europa der Vaterländer"[58] die einzig richtige Integrationsformel im Rahmen der EU. Das Verhältnis zu anderen Fragen der Auslandspolitik, wie z. B. die negative Einschätzung der NATO-Intervention im Kosovo, machen die SRP zum potenziellen Verbündeten der national-katholischen Gruppen.

In vielen Punkten unterscheidet sich *Samoobrona* jedoch von den Parteien der polnischen Rechten. Sie lehnt die Lustration (vermeintlicher) Kommunisten ab und meidet eine klare

an das Manifest von *Blair* und *Schröder* anknüpft. Das Programm der SRP ist durch eine starke Ablehnung des Liberalismus gekennzeichnet (insbesondere in sozialen Fragen).

52 Vgl. ebd.

53 Das Adjektiv „patriotisch" bedeutet gemäß der Programmlinie die Hochschätzung der nationalen Traditionen und eine nüchterne Einschätzung der Geschichte Polens.

54 Trzecia Droga Samoobrony RP z 24 stycznia 2006 roku, abrufbar unter: http://www.samoobrona.org.pl [Stand: 30. April 2009].

55 Für diese Tat erhielt *Lepper* 1997 eine Freiheitsstrafe von 18 Monaten, welche auf drei Jahre zur Bewährung ausgesetzt wurde.

56 Zitiert nach Marcin Kornak: Cień, in: Nigdy więcej Nr. 13/2003, S. 9 f.

57 *Lepper* versuchte ab 2001, sich vom Bild des harten Euroskeptikers zu distanzieren, indem er sich als immanenter Verteidiger der polnischen Landwirtschaft inszenierte. Dabei stellte er weder den EU-Beitritt Polens noch den europäischen Integrationsprozess in Frage. Siehe dazu Andrzej Lepper: Nadzieje i obawy polskich rolników związane z procesem integracji z UE. Wystąpienie przewodniczącego Związku zawodowego Rolnictwa „Samoobrona" na Sympozjum „Wschodnie rozszerzenie UE", abrufbar unter: http://www.samoobrona.org.pl [Stand: 29. Januar 2009].

58 Die Stellungnahme des Landesrates der *Selbstverteidigung der RP* über die Verfassung für Europa vom 22. September 2003.

Position zum Abtreibungsgesetz.[59] Viele Widersprüche enthält das Verhältnis von *Lepper* und seiner Partei zur Kirche. Einerseits betont er, gläubiger Katholik zu sein, und die von ihm geleitete Organisation werde „durch die Hinweise der Kirche und die Behauptungen und Botschaften von *Johannes Paul II.* voll unterstützt".[60] Andererseits sprach sich *Lepper* mehrmals kritisch gegen die kirchliche Hierarchie aus, weil er mit der Haltung mancher Bischöfe zu seinen Bauernprotesten nicht einverstanden war. Die linken und rechten Elemente im Programm erlauben *Samoobrona* eine pragmatische Mixtur an Positionen, sodass sie unterschiedlichen Gruppierungen wie der PPS, der LPR, der PiS oder zuletzt der *Neuen Linken* als potenziell koalitionsfähig gilt.

Mehr als die Programmatik *Samoobronas* erlaubt ihr radikaler Aktionismus, sie den extremistischen Parteien zuzuordnen. Die SPR erzielte landesweite Bekanntheit durch die Besetzung des Landwirtschaftsministeriums, das Vergießen von Jauche vor dem Sitz des *Bündnisses der Demokratischen Linken* (SLD) und zahlreiche Straßenblockaden durch Bauern in ganz Polen, die mehrfach in gewaltsamen Zusammenstößen mit der Polizei eskalierten. Die Gerichtsprozesse gegen *Lepper* sind Legion (u. a. für Verleumdung der SLD- und PO-Politiker und wegen seiner Kontakte zur polnischen Unterwelt), obwohl der Vorsitzende sie immer als politische Verschwörung gegen ihn kommentierte.[61] Die SRP gewann dadurch große Unterstützung unter den Landwirten. Während der Wahlkampagne 2001 gelang es der SRP, auch urbane Räume zu gewinnen, vor allem in polnischen Kleinstädten.[62] Mit einem linkspopulistischen Wahlkampf punktete sie bei zahlreichen Transformationsverlierern dank ihres Images als systemalternative Protestpartei.

4 Nichtparteiförmiger Extremismus

Neben den extremistischen Parteien existiert in Polen eine große Zahl von nicht parteilich organisierten Vereinigungen. Sie treten meist in der Rolle des Bindegliedes zwischen Jugendkulturen und öffentlich wirkenden Organisationen auf. Nicht selten stellen sie Organisations- und Kaderreserven der extremistischen Parteien dar. Unter den rechtsextremistischen Organisationen ist die Vereinigung *Allpolnische Jugend* (MW) am bekanntesten. Sie knüpft an die Tradition der gleichnamigen Organisation aus der Kriegs- und Zwischenkriegszeit an. Ihre Ideologie stützt sich auf das national-katholische Gedankengut von *Roman Dmowski*. Daher wird sie nicht selten als eine neofaschistische Organisation bezeichnet. Die MW ist die inoffizielle Jugendabteilung der *Liga der Polnischen Familien*, was vielen jungen Nationalis-

---

59 Das Leben vom Zeugungszeitpunkt an ist für *Lepper* ein fundamentales Gut des Menschen, das vollem rechtlichen Schutz unterliegt. Gleichwohl beabsichtigte er nicht, die Senkung der Zahl an Abtreibungen durch rechtliche Regelungen anzustreben, sondern durch materielle Absicherung der Frauen in schwierigen Lebensverhältnissen zu bewirken. Siehe dazu Andrzej Lepper: Stanowisko III Kongresu Samoobrony RP dotyczące aborcji, o. O. vom 7. April 2002.

60 Stellungnahme des III. Kongresses der *Selbstverteidigung RP* über die Rolle der Gesellschaftslehre der Kirche vom 7. April 2002.

61 Vgl. Dominik Uhlig: Samoobrona, abrufbar unter: http://wiadomosci.gazeta.pl/wybory2005/1,67805,2931008.html [Stand: 30. Januar 2009].

62 Für *Samoobrona* stimmten fast 30 Prozent der Bauern und 17,3 Prozent der Landbewohner. In den Städten bis 100.000 Einwohner gewann die Partei mehr als acht Prozent der Stimmen.

ten die politische Karriere z. B. an der Seite ihres Weggefährten *Roman Giertych* ermöglichte, der erster Ehrenvorsitzender der Organisation war. Das Ziel der MW ist die Gründung von Strukturen zur Zusammenführung und politischen Aktivierung der national gesinnten Jugend aus ganz Polen. In den Reihen der MW sind zahlreiche Skinheads vertreten. Auf ihr Konto gehen eine Vielzahl von Gewalttaten gegen nationale und sexuelle Minderheiten, u. a. während der feindseligen Manifestationen gegen die NATO und Europa.[63]

Eine weitere aktive Organisation ist die *National-Radikale Offensive* (ONR), die an die gleichnamige Vorkriegsbewegung anknüpft. Die ONR bezeichnet sich als eine Ideen- und Erziehungsbewegung, deren Ziel „die Gewinnung der Jugend für die heute vergessenen und ausgelachten Begriffe Nation und Ehre ist. [...] Wir wollen die Jugend für Polen gewinnen!"[64] Der *Offensive* wird die Verbreitung der totalitären Ideologien des Faschismus und des Nationalsozialismus zur Last gelegt.[65] Die Organisation arbeitet sowohl mit der MW als auch mit dem *Bund des Weißen Adlers* zusammen, der früher den Namen *Polnische Nationalfront* trug, sowie mit den politischen Parteien, insbesondere mit der *Nationalen Wiedergeburt Polens*. Innerhalb des *Weißen Adlers* dominieren Mitglieder der Skinhead-Bewegung. Sie sind für körperliche Angriffe auf linke Gruppierungen, für Antisemitismus und für Gewaltakte gegenüber der Roma-Minderheit mutmaßlich verantwortlich.[66] Dennoch bemühen sich diese Gruppierungen um ein bürgerliches Image. Sie organisieren Vorträge, Diskussionen, öffentliche Auftritte sowie Erziehungs- und Schulungsarbeit, die auf die Rekrutierung der Jugend und deren spätere öffentliche Tätigkeiten ausgerichtet sind.[67]

In Polen besteht eine enge Zusammenarbeit der extremistischen Organisationen und NS-Skinhead-Gruppen mit den Rechts- und Linksaußenparteien. Das traf in den letzten Jahren u. a. für die *Polnische Nationale Gemeinschaft*, die *Nationale Wiedergeburt Polens*, die SRP und die LPR zu. Die Parteien nutzen die Skinheadszene als Kaderschmiede und als Sicherheitskräfte bei Kundgebungen und Kongressen. Außerdem organisieren sie Schulungslager für Jugendliche.[68] Untereinander sind die Gruppierungen durch persönliche und organisatorische Kontakte verbunden.[69] Zudem bestehen enge Beziehungen zwischen den extremistischen Vereinigungen und der neonationalsozialistischen Musikszene. Solche Gruppen sind oft das Aushängeschild der Organisationen. Als Beispiele gelten die Gruppen *Festung* (*Twierdza*), verbunden mit der MW, und *Legion*, welche mit der *Nationalen Wiedergeburt Polens* zusammenarbeitet.[70]

---

63 Vgl. Dokumentation der Vorfälle mit rassistischem und xenophoben Hintergrund, in: Stowarzyszenie Nigdy Więcej (Hrsg.): Braunes Buch, abrufbar unter: http://www.nigdywiecej.org/index.php?option=com_content &task=view&id=157&Itemid=13 [Stand: 30. Januar 2009].

64 Offizielle Homepage der Vereinigung, abrufbar unter: http://www.onr.h2.pl [Stand: 30. Januar 2009].

65 2007 stellte die Staatsanwaltschaft in Oppeln beim Gericht den Antrag auf Auflösung der *National-Radikalen Front*.

66 Vgl. Rafał Pankowski/Marcin Kornak: Poland, in: Cas Mudde (Hrsg.): Racist Extremism in Central and Eastern Europe, London u. a. 2005, S. 156–183, hier S. 168.

67 In Polen werden in den so genannten Sommerlagern jedes Jahr tausende von Teenagern geschult. Vgl. Łukasz Wojdyła: Wizja historii w tekstach muzycznych polskich grup skrajnie prawicowych, Warschau 2005, S. 32.

68 Vgl. ebd., S. 24–33.

69 2005 zogen zwölf Mitglieder der *Allpolnischen Jugend* über LPR-Listen in den Sejm ein. Vgl. Lutyński Kamil: Nazi-rockowi kandydaci, in: Nigdy Więcej Nr. 15/2006, S. 17–19.

70 Vgl. ebd.

Besonderheiten des polnischen Rechtsextremismus sind der katholische Rundfunksender „Radio Maryja“ von Vater *Tadeusz Rydzyks* und die Person des Pfarrers und Prälaten *Henryk Jankowski*, welcher als informeller Seelsorger der polnischen Nationalisten gilt. Ihre Tätigkeiten stützen sich im erheblichen Maße auf die feindliche Einstellung zum Judentum und zur EU sowie auf einen katholisch-fundamentalistischen Nationalismus. „Radio Maryja“ verfügt über starken Einfluss in den armen südöstlichen Wojewodschaften Polens und hatte wesentlichen Anteil an der Gründung der *Liga der Polnischen Familien* sowie an ihrem Wahlerfolg 2001. Das Außenamt der USA bezeichnete „Radio Maryja“ in seinem Bericht vom März 2008 als den „am offensichtlichsten antisemitischen Rundfunksender in Europa“.[71]

Die wichtigsten Organisationen des nichtparteiförmigen Linksextremismus sind die *Kommunistische Jugend Polens* (KMP) sowie die trotzkistischen Gruppen *Revolutionäre Linke* (NLR), die *Antikapitalistische Offensive* (OA), die *Linke Jugendorganisation ohne Zensur Felix Dzierżyński* (OM LBC im. FD), die *Gruppe der Arbeiterpartei* (GPR) und die *Spartakusgruppe Polens/Proletariatplattform*.[72] Unter diesen Organisationen ist die 1998 entstandene KMP am bekanntesten. Die KMP steht ideell der KPP nahe, wobei die Rhetorik der Jugendorganisation deutlich radikaler ist als die der Mutterpartei. Die jungen Kommunisten rufen offen zu einer neuerlichen Oktoberrevolution auf, um den Kapitalismus zu besiegen. Dazu heißt es: „In der Situation, in der der legale Kampf unmöglich ist, wenn sogar friedliche Demonstrationen die aggressive Reaktion der bürgerlichen Kräfte spüren, wird es notwendig, andere Kampfmethoden anzuwenden, samt der Anwendung der revolutionären Gewaltmittel. [...] Ohne entschiedene Haltung und klare Manifestation der Macht der Arbeiterklasse, ohne einen starken Schlag gegen bürgerliche Kräfte geben uns Kapitalisten nie etwas umsonst.“[73]

Die bekannteste trotzkistische Organisation Polens ist die bisher nicht registrierte *Jugendorganisation die Linke ohne Zensur Felix Dzierżyński* (OM LBC im. FD).[74] Sie betreibt das Internetportal „Die Linke ohne Zensur“. Die Bekanntheit dieser Organisation hängt mit ihrem Internetauftritt zusammen. Im Oktober 2008 wurde das Portal infolge eines Strafverfahrens geschlossen. Auf der Homepage wurden u. a. Aufrufe zur Vernichtung von nationalen Symbolen, zur Bestrafung der „Konterrevolutionäre“ und zur Verfolgung der politischen Gegner veröffentlicht. Kritische Journalisten, die die Tätigkeit der LBC beschrieben, erhielten Morddrohungen: „Totschlagen das Schwein“ oder „Semka, ändere dich, sonst stirbst du schnell am Herzinfarkt“[75] hieß es dazu aus LBC-Kreisen[76]. Die Tätigkeit

71 Vgl. Departament Stanu USA: Radio Maryja przoduje w antysemityzmie, in: Gazeta Wyborcza vom 15. März 2008, S. 7.

72 Anarchistische Organisationen wie die *Anarchistische Föderation* (FA), die *Linke Alternative*, das *Rote Kollektiv-Linke Alternative* und der *Bund der Syndikalisten Polens* (ZSP) existieren, spielen aber gesellschaftlich eine noch geringere Rolle als die ohnehin schon marginalen marxistisch-leninistischen und trotzkistischen Organisationen.

73 Jan Czarski: o. T. vom 11. Mai 2007, abrufbar unter: http://www.kmp1917.go.pl [Stand: 30. Januar 2009].

74 Die OM LBC im. FD gibt die Zeitschrift „Młody Komunista“ (Junger Kommunist) heraus. Die OM LBC erklärt, dass sie „junge Kommunisten von verschiedenen Ansichten vereinigt, von Trotzkisten bis Stalinismusanhängern“.

75 Wojciech Wybranowski: Lewaccy bojówkarze do dziennikarzy: „Szybko umrzesz“, in: Nasz Dziennik, abrufbar unter: http://www.naszdziennik.pl/ [Stand: 30. Januar 2009].

76 Die Handlungen, die von den Mitgliedern dieser Gruppe unternommen werden, unterscheiden sich kaum von den Aktivitäten des rechtsradikalen Portals „Redwatch“.

der linksextremistischen Organisationen hat insgesamt jedoch kaum Auswirkungen auf die polnische Politik. Den Hauptteil ihres Engagements bilden die Aktivitäten im Propaganda- und Publizistikbereich; dies kommt durch eine beträchtliche Zahl von Presseartikeln und Internetaktivitäten[77] zum Ausdruck.

5 Ergebnis

Die Entwicklung des Rechts- und Linksextremismus in Polen vollzog sich in unterschiedlicher Art und Weise. Nach dem Wechsel des politischen Systems 1989/90 entstanden deutlich mehr rechts- als linksextremistische Gruppierungen. Gleichwohl gelang es bis zum Jahr 2000 keiner rechtsextremistischen Partei, sich dauerhaft im politischen System der Republik Polen zu etablieren. Erst nach den Wahlen 2001 schafften zwei extremistische Parteien den Einzug ins Parlament – die *Liga der Polnischen Familien* (LPR) und die *Selbstverteidigung der Republik Polen* (SPR). Bis 2007 stellten sie Fraktionen im Sejm; von 2006 bis 2007 waren sie an der Regierungskoalition *Kaczyńskis* beteiligt.

Beide Parteien befinden sich in einer Grauzone zwischen Demokratie und Extremismus; es handelt sich um sogenannte „weiche" Extremismusformen. Sie setzen sich offiziell für das demokratische System ein. Sie agieren klar populistisch, was u. a. in den Strategien und den politischen Diskursen der Parteien zum Vorschein kommt. Allerdings sind in den inoffiziellen Aussagen und Handlungen der Parteiführer und -mitglieder offenkundig Elemente des politischen Extremismus nachzuweisen. Sie sind durch Nationalismus, xenophobe und antisemitische Haltungen, sowie durch die Diskriminierung von ethnischen Minderheiten und die Zusammenarbeit mit extremistischen Organisationen und Bewegungen, die Gewalt als Mittel zum Zweck einsetzen, gekennzeichnet.

Da beide Parteien 2007 nicht mehr ins Parlament einziehen konnten und die Unterstützung für Parteien des harten Rechts- und Linksextremismus marginal ist, spricht derzeit wenig für die These günstiger Gelegenheitsstrukturen des Extremismus in Polen. Die Gefahr durch antidemokratische Kräfte scheint 20 Jahre nach Beginn der Demokratisierung geringer denn je. Beunruhigend ist vielmehr die Tatsache, dass bestimmte Haltungen und Aussagen im Mainstream der polnischen Politik ankommen, die im Widerspruch zu den Grundlagen der liberalen Demokratie stehen. Als Beispiel dafür kann der Auftritt des PiS-Abgeordneten *Artur Górski* im Sejm nach der Wahl *Obamas* zum US-Präsidenten gelten: „Mit den Stimmen seiner Wähler zerquetschte *Obama*, der schwarze Messias der neuen Linken, den republikanischen Kandidaten *John McCain*. Schon bald zahlt Amerika einen hohen Preis für diese Grimasse der Demokratie. Wie mein Klubkollege *Stanisław Pięta* sagte, ist *Obama* eine anrückende Katastrophe, das ist das Ende der Zivilisation des weißen Menschen. Er möge

77 Die wichtigsten Pressetitel sind „Brzask", herausgegeben von der KPP, „Głos robotniczy" – gesellschaftlich-politisches Bulletin des Zentralkomitees der PSPR, das wichtigste der trotzkistischen Blätter „Obrona proletatiatu" sowie „Pracownicza Demokracja". In den letzten Jahren sind zudem unzählige Internetseiten entstanden, unter anderem: http://www.kmp1917.go.pl/ von der *Kommunistischen Jugend Polens* sowie die Seite der *Vereinigung der Polnischen Marxisten Felix Edmundowicz Dzierżyński*.

sich irren.“[78] Von dieser Aussage distanzierte sich die PiS umgehend. Sie wurde auch von anderen politischen Parteien verurteilt, und *Górski* musste sich öffentlich für seine Position entschuldigen. Dennoch: Nicht nur die klare Zuordnung der Rechts- und Linksaußenparteien Polens zum Extremismus fällt schwer. Angesichts solch rassistischer Positionen innerhalb einer demokratischen Partei geht die „Erosion der Abgrenzung“ eben nicht nur vom rechten Rand, sondern ebenso von der Mitte der polnischen Gesellschaft aus.

78 Dominik Uhlig: Poseł Górski: Obama to czarny mesjasz lewicy, in: Gazeta Wyborcza vom 10. November 2008, S. 3.

Extremismus in Portugal

Carlos Jalali/Teresa Pinheiro

1 Rahmenbedingungen

Je nach Definition von politischem Extremismus wären für den portugiesischen Fall verschiedene Aussagen zutreffend, die von einer großen bis hin zu einer minimalen Beteiligung extremistischer Gruppen am politischen Geschehen reichen. Wie eine Reihe von Autoren zeigt, sind die Kriterien zur Bestimmung extremistischer Parteien keinesfalls einheitlich und in hohem Maße durch den jeweiligen politischen Kontext bedingt. Wenn *Roger Scruton* in seinem Vorwort zur Definition des Konzepts „Extremismus" diesen als „unklaren Terminus"[1] bezeichnet, so befinden *Paul Horton*, *Gerald Leslie* und *Richard Larson* nachdrücklich, dass keine Definition des politischen Extremismus zufriedenstellend sei.[2] Auch *Albert Breton*, *Gianluigi Galeotti*, *Pierre Salmon* und *Ronald Wintrobe*[3] stellen einen Mangel an Konsens über die Definition von Extremismus fest.[4] Sie identifizieren fünf unterschiedliche Perspektiven, aus denen politischer Extremismus betrachtet wird: Lokalisierung im politischen Spektrum; Art der Behandlung politischer Werte und Ansichten (kompromisslos und unflexibel); Bandbreite politischer Wahlmöglichkeiten; Bevorzugung bestimmter Themen; Wahl des Mittels zur Erreichung politischer Ziele. Einige dieser fünf Dimensionen finden sich in *Scrutons* Definition des politischen Extremismus wieder: „1. Taking a political idea to its limits, regardless of ‚unfortunate' repercussions, impracticalities, arguments and feelings to the contrary, and with the intention not only to confront, but also to eliminate opposition. 2. Intolerance towards all views other than one's own. 3. Adoption of means to political ends which show disregard for the life, liberty, and human rights of others."[5] Folgt man *Pia Knigge*[6], so zeigt sich, dass die beiden dominanten Herangehensweisen an das Studium des Extremismus auf der Ebene des Individuums und auf derjenigen der Parteien liegen. Erstere konzentriert sich auf die Glaubenssysteme einzelner Personen, letztere auf die Identifizierung von Parteien, die als extremistisch innerhalb eines spezifischen Parteiensystems definiert werden können.

---

1 Roger Scruton: A Dictionary of Political Thought, London 1982, S. 164.

2 Vgl. Paul Horton/Gerald Leslie/Richard Larson: The Sociology of Social Problems, *Englewood Cliffs* 1985, S. 392.

3 Vgl. Albert Breton u. a.: Introduction, in: Dies. (Hrsg.): Political Extremism and Rationality, Cambridge 2002, S. XIII.

4 Vgl. auch für einen Überblick der Definitionen rechtsextremer Parteien Cas Mudde: The war of words defining the extreme right party family, in: West European politics 19(1996)2, S. 225–248.

5 Roger Scruton (FN 1), S. 164.

6 Vgl. Pia Knigge: The ecological correlates of right-wing extremism in Western Europe, in: European Journal of Political Research 34(1998)2, S. 250 f.

Für die Analyse des portugiesischen Extremismus eignet sich die parteiorientierte Herangehensweise.[7] Diese Entscheidung löst zwar nicht die definitorischen Probleme, sie gibt uns jedoch eine operationalisierbare Basis, von der ausgehend eine heuristische Annäherung an den politischen Extremismus in Portugal möglich ist. So charakterisieren wir extremistische Parteien grundsätzlich mit Blick auf ihre Ziele. *Uwe Backes* und *Eckhard Jesse* gehen davon aus, dass der politische Extremismus durch die Ablehnung des demokratischen Verfassungsstaates gekennzeichnet ist.[8] Die extreme Linke sieht im Kapitalismus das Übel des Systems und versucht, ein neues System zu installieren; die extreme Rechte kennzeichnet ein meist ausländerfeindlicher Nationalismus.[9] Mit dieser Definition von Extremismus nähern wir uns der Definition von antidemokratischen Parteien, besonders mit Blick auf ihre „ideologische Systemfeindlichkeit".[10]

Die so definierten extremistischen Parteien haben einen sehr geringen Einfluss auf das portugiesische Parteiensystem. Dies lässt sich weitgehend aus dem Übergang Portugals von der Diktatur zur Demokratie erklären, der sowohl den Rechts- als auch den Linksextremismus (wenn auch durch verschiedene Mechanismen) eingeschränkt hat. Ihre soziale Verwurzelung wurde in dieser Phase unterminiert, ihre Wählerunterstützung brach ein.

Dennoch unterscheiden sich in Portugal der Umgang und die Wahrnehmung von Rechts- und Linksextremismus. In der politischen Kultur Portugals herrscht ein antirechtsextremes Demokratieverständnis. Es spiegelt sich im 1976 erlassenen und bis heute gültigen verfassungsrechtlichen Verbot von Organisationen wider, die faschistische oder rassistische Werte vertreten.[11] Gleiches gilt nicht für kommunistische oder anarchische Kräfte. Allerdings wurde in der Praxis das Verbot für Parteien noch nie angewandt. Die portugiesische Staatsanwaltschaft bezog sich bisher nur einmal auf die dafür vorgesehenen Verfassungsparagraphen, um die nichtparteiförmige *Bewegung der Nationalen Aktion* (*Movimento de Acção Nacional* – MAN) zu verbieten.[12]

Außerdem wurde ein Wahlsystem geschaffen, das kleine Parteien benachteiligt. Portugal besitzt ein Verhältniswahlrecht mit starren Listen und primären Wahlkreisen[13] unter Benutzung der *d'Hondt*schen Formel. Dieses System ist – abgesehen von geringfügigen Modifikationen bei der Zahl der Abgeordneten – seit der ersten demokratischen Wahl 1975 in Kraft. Die Distrikte sind mit zehn Abgeordneten im Schnitt relativ groß, und die Verfas-

---

7 Vgl. Carlos Jalali: Partidos e Democracia em Portugal, 1974–2005, Lissabon 2007.

8 Vgl. Uwe Backes/Eckhard Jesse: Politischer Extremismus in der Bundesrepublik Deutschland. Bonn 1996.

9 Vgl. ebd.

10 Giovanni Capoccia: The political consequences of electoral laws: the German system at fifty, in: West European politics 25(2002)3, S. 171–202.

11 „Bewaffnete, militäre, militarisierte oder paramilitäre Verbände, rassistische oder sich der faschistischen Ideologie verschreibenden Organisationen sind untersagt" (vgl. Artikel 46-2 der Verfassung der Portugiesischen Republik von 1976). Das Parteiengesetz bestätigt dieses Verbot (vgl. Artikel 8 des Parteiengesetzes 2/2003).

12 Die Tatsache, dass sich die MAN bei Eröffnung des Strafverfahrens de facto aufgelöst hatte, führte zur Suspendierung des Urteils.

13 „Primäre Wahlkreise" sind solche, die nicht weiter in funktionale Untereinheiten geteilt werden; die Mandatsvergabe erfolgt im einstufigen („single tier") im Gegensatz zum zwei- und mehrstufigen Wahlsystem („two tier", „multiple tier") nur auf der Ebene der primären Wahlkreise oder Einerwahlkreise. Vgl. Guido Tiemann: Wahlsysteme, Parteiensysteme und politische Repräsentation in Osteuropa, Wiesbaden 2006, S. 128 f.

sung schließt Sperrklauseln aus.[14] Allerdings verbergen sich hinter der durchschnittlichen Größe der Wahlkreise auf dem portugiesischen Festland große Unterschiede. Diese Variationen bewirken zusammen mit der Anwendung des *d'Hondt*schen Verfahrens, dass kleine Parteien faktisch nur in den beiden großen Wahlkreisen Lissabon und Porto Sitze gewinnen können. Hier lag die durchschnittliche Hürde für einen Wahlerfolg im Zeitraum 1975–2006 bei 1,6 Prozent, während im Landesdurchschnitt etwa fünf Prozent der Stimmen pro Mandat nötig waren.[15] Zugleich besitzen die politischen Akteure – besonders die großen Parteien – gute strategische Möglichkeiten, extremistische Parteien dauerhaft auszugrenzen. Die dominanten Parteien agieren als wirkungsvolle „Torwächter" der Demokratie. Sie vermeiden die Polarisierung politischer Themen und entziehen damit dem Extremismus den notwendigen Entfaltungsspielraum.

Wie eingangs erwähnt, ist es wichtig, den historischen Kontext in der Analyse des Extremismus zu berücksichtigen, denn im Fall Portugals ist dieser von besonderer Relevanz. Die „Nelkenrevolution" vom 25. April 1974 und der darauf folgende Demokratisierungsprozess führten zum Ende der Ein-Parteien-Herrschaft des rechtsorientierten *Estado Novo*.[16] Während *Oliveira Salazar* den *Estado Novo* als ein korporativistisches und zentralistisches System mit der Einheitspartei *Nationalunion* (*União Nacional* – UN) konzipiert hatte, öffnete der Demokratisierungsprozess ab 1974 den Weg zum Parteienpluralismus. Die *Kommunistische Partei Portugals* (*Partido Comunista Português* – PCP) und die *Sozialistische Partei* (*Partido Socialista* – PS) wurden vor der „Nelkenrevolution" gegründet,[17] jedoch waren sie bis 1974 in Portugal nicht zugelassen. Erst 1974/75 entstanden die meisten portugiesischen Parteien.[18]

Der Übergang zur Demokratie führte zu einer beträchtlichen Linksneigung aller Parteien und des gesamten Parteiensystems. Dies erklärt sich aus der federführenden Rolle, die die *Sozialistische* und die *Kommunistische Partei* als Oppositionsparteien während des *Estado Novo* und im Übergang zur Demokratie spielten. Die *Kommunistische Partei* war bereits 1921 gegründet worden und arbeitete während des *Estado Novo* im Untergrund.[19] Die *Sozialistische Partei* wurde ein Jahr vor der „Nelkenrevolution" in Bad Münstereifel gegründet und wirkte aus dem Exil.[20] Der Einfluss der linken Parteien spiegelt sich auch in der demokratischen Verfassung von 1976 wider, die eine Zahl marxistisch inspirierter Bestimmungen enthielt, wie in Artikel 2, „den Übergang zum Sozialismus sicherzustellen".[21] Dieser Kontext liefert zugleich eine Erklärung für einige merkwürdige Ausprägungen des portugiesischen Parteiensystems, wie etwa die Bezeichnung *Sozialdemokratische Partei* (*Partido Social Democrata* – PSD) für

14 Vgl. Artikel 152 der Verfassung der Portugiesischen Republik.

15 Vgl. Carlos Jalali (FN 7), S. 274–308.

16 *Estado Novo* (*Neuer Staat*) ist die Selbstbezeichnung der rechtsorientierten Diktatur faschistischen Zuschnitts, die aus dem Militärputsch von 1926 hervorging und insbesondere von *Oliveira Salazar* als Ministerpräsident (1932–1968) geprägt wurde.

17 Vgl. Fernado Farelo Lopes/André Freire: Partidos políticos e sistemas eleitorais, Oeiras/Celta 2002, S. 43.

18 Im Jahr 1974 meldete die PCP ihre Aktivität an, ein Jahr später folgten ihr 18 weitere Parteien. Vgl. hierzu: Comissão Nacional de Eleições (Hrsg.): Partidos Portugueses, abrufbar unter: http://www.cne.pt/index.cfm?sec=0506010003 [Stand: 21. März 2009].

19 Vgl. João Arsénio Nunes: Comunismo, in: Fernando Rosas/José Maria Brandão de Brito (Hrsg.): Dicionário de história do Estado Novo, Band 1, Venda Nova 1996, S. 173–181.

20 Vgl. Carlos Jalali (FN 7), S. 150.

21 Der marxistisch inspirierte Text der portugiesischen Verfassung wurde schrittweise in den darauf folgenden Verfassungsänderungen von 1982 und 1989 im Hinblick auf den EU-Beitritt neutralisiert.

eine Mitte-Rechts-Partei. Außerdem erklärt er Abweichungen zwischen den nominellen und tatsächlichen Positionen der Parteien. Zum Beispiel nahm die *Sozialistische Partei* während der Revolution einen radikalen marxistischen Diskurs an, der aber nicht ihrem tatsächlichen Standpunkt entsprach und später aufgegeben wurde. Von Interesse sind deshalb neben nominellen, die tatsächlichen Positionen der Parteien. Eine wortwörtliche Lesart der Position der Sozialisten während der revolutionären Phase von 1974/75 würde die Partei am äußeren linken Rand des ideologischen Spektrums vermuten. Tatsächlich nahmen sie während dieser Periode die führende Rolle im gemäßigten Lager ein.

Weitere wichtige Rahmenbedingungen für die Einschätzung insbesondere der rechtsextremistischen Parteien bilden die Entstehung ethnischer Minderheiten und die Immigration. Auch wenn die Präsenz der Roma-Gemeinschaft bereits seit dem 16. Jahrhundert belegt ist und ihre Mitglieder seit der liberalen Verfassung von 1822 portugiesische Bürger sind, besteht in Portugal eine gegenseitige Abgrenzung zwischen Roma und Mehrheitsbevölkerung. Die überwiegend negativen Stereotype gegenüber den Roma spiegeln den Prozess der sozialen Ausgrenzung aus der portugiesischen Gesellschaft wider, der wiederum eine starke Kohäsion und Solidarität innerhalb der Roma-Gemeinschaft hervorruft.

Seit den 1990er Jahren ist die Immigration zu einem wichtigen Thema in der portugiesischen Gesellschaft geworden. Der Hauptgrund hierfür war das sprunghafte Ansteigen der Einwanderung aus Brasilien und Osteuropa, doch Immigration ist in Portugal bereits seit den 1960er Jahren existent. Die Auswanderung von Teilen der portugiesischen erwerbstätigen Bevölkerung in den 1960er Jahren nach Westmitteleuropa verursachte einen Arbeitskräftemangel in einigen Sektoren der portugiesischen Industrie. Der Regierungschef *Salazar* versuchte diesem Mangel durch Anwerbung von Arbeitern aus den afrikanischen Kolonien, insbesondere von den Kapverdischen Inseln, zu begegnen.[22] Mit dem Ende der Diktatur 1974 und der darauf folgenden Unabhängigkeit der ehemaligen Kolonien in Afrika wurden etwa eine halbe Million portugiesische Siedler aus Afrika nach Portugal repatriiert. Mit diesen Rückkehrern kamen etwa 28.000 Afrikaner, die vor den Bürgerkriegen in Angola und Mosambik geflüchtet waren. Die afrikanischen Volksgruppen erhielten kaum staatliche Unterstützung, was ihre Integration erschwerte. Sie stellten bis zum Ende des 20. Jahrhunderts die größte Einwanderergemeinschaft in Portugal. Gleichwohl war Immigration insgesamt kein signifikantes Phänomen – hauptsächlich war Portugal ein Auswanderungsland. Vor allem seit dem wirtschaftlichen Aufschwung, der dem Beitritt zur Europäischen Gemeinschaft 1986 folgte, zieht Portugal eine wachsende Zahl von Arbeitsimmigranten ins Land.

2 Wahlentwicklung

Extremistische Parteien sind heute in Portugal von geringer Bedeutung. Während es eine Vielzahl an extremistischen Parteien und Aktivitäten in der Periode direkt im Anschluss an den 25. April 1974 gab, ließ deren Relevanz ab dem Zeitpunkt nach, als die Wählergunst mehr wog als der revolutionäre Charakter. Die schlechten Wahlergebnisse der extremistischen Parteien seit 1975 sind ein Beleg für die Schwäche und Bedeutungslosigkeit des Extremismus.

22 Vgl. Rui Pena Pires: Migrações e integração. Teoria e aplicações à sociedade portuguesa, Oeiras 2003, S. 123.

Doch während Rechtsaußenkräfte in den Jahren nach der Revolution nur in kleiner Zahl und mit geringem Gewicht auftraten, waren die linksextremen Parteien sowohl zahlreicher als auch stärker in ihrem Einfluss. Dieses Muster ist ein Spiegelbild von Portugals Übergang zur Demokratie: Die Popularität der von linken Kräften dominierten portugiesischen Revolution und die Ablehnung des alten rechts-autoritären Regimes, führten zu gänzlich unterschiedlichen Startbedingungen rechts- und linksextremer Parteien.

Die Schwäche der extremen Rechten äußert sich in einer geringen Zahl an Parteien bei gleichzeitigem Mangel an Wählerstimmen: Von 47 seit 1974 offiziell registrierten Parteien waren nur drei dem rechtsextremen Spektrum zuzuordnen, die *Christdemokratische Partei* (*Partido Democrático Cristão* – PDC), die *Partei der Portugiesischen Rechten* (*Partido da Direita Portuguesa* – PDP) und die *Partei der Nationalen Erneuerung* (*Partido Nacional Renovador* – PRN). Deren Wahlerfolge waren marginal. Sie nahmen an acht der zwölf Parlamentswahlen in Portugal seit 1975 teil. Das beste Ergebnis erzielten sie mit gemeinsam 1,2 Prozent der Stimmen bei der Wahl von 1979. Damit verfehlten sie die parlamentarische Vertretung deutlich.

Nach 1974 hatten rechtsextreme Parteien einen schweren Start. Als der Regimewechsel einen revolutionären Charakter annahm, löste die *Bewegung der Streitkräfte* (*Movimento das Forças Armadas* – MFA), die das autoritäre Regime beendet hatte, einige der bestehenden oder neu gegründeten Parteien auf. Diese seien reaktionär und konterrevolutionär, hieß es in der Begründung. Dieses Schicksal ereilte die *Portugiesische Nationale Partei* (*Partido Nacionalista Português* – PNP) und die *Fortschrittspartei* (*Partido do Progresso* – PP), später auch die PDC, die im Anschluss an den rechtsgerichteten Militärputsch des 11. März 1975 aufgelöst wurde.

Tabelle 1 Ergebnisse der extremistischen Parteien bei den portugiesischen Parlamentswahlen 1991–2005 (in Prozent)

	1991	**1995**	**1999**	**2002**	**2005**
Linksextremistische Parteien					
BE	---	---	2,4	2,7	---
CDU (PCP-PEV)	8,8	8,6	9,0	6,9	7,5
PCTP/MRPP	0,9	0,7	0,7	0,7	0,8
POUS/PST/MUT	---	0,0	0,1	0,1	0,1
PSR	1,1	0,6	---	---	---
UDP	0,1	0,6	---	0,1	---
Rechtsextremistische Parteien					
PDC-MIRN/PDP-FN	---	---	---	---	---
PRD/PNR	0,6	---	---	0,1	0,2
Quelle: Comissão Nacional de Eleições 2007.					

Die weiterhin vorherrschende revolutionäre Atmosphäre bewirkte, dass die extreme Rechte nicht nur von der Wahl zur verfassungsgebenden Versammlung von 1975 ausgeschlossen wurde, sondern dass ihre Abwesenheit kaum jemand wahrnahm. Der PDC wurde erlaubt, 1976 an den ersten demokratischen Parlamentswahlen teilzunehmen. Bis in die 1980er Jahre hinein vertrat die PDC nun die extreme Rechte. Sie hatte jedoch aufgrund ihrer Wahlergebnisse weder Einfluss auf die Politik noch auf das Parteiensystem: Bei den sechs Wahlen bis 1987 erreichte sie im Durchschnitt weniger als 0,7 Prozent der Wählerstimmen.

1977 erschien mit der *Unabhängigen Bewegung für die Nationale Erneuerung – Partei der Portugiesischen Rechten* (*Movimento Independente para a Reconstrução Nacional – Partido da Direita Portuguesa* – MIRN-PDP) eine weitere rechtsextreme Partei auf der politischen Bildfläche.[23] Diese war der politische Arm von *General Kaúlza de Arriaga*, der in den 1960er Jahren in der Regierung *Salazars* saß und während des Kolonialkrieges in den 1970er Jahren unter *Salazars* Nachfolger *Marcello Caetano* Oberbefehlshaber der Truppen in Mosambik war. Obwohl er eine bekannte Figur der Rechten war, vermochte *Kaúlza de Arriaga* nichts am Dilemma der rechten Parteien in Portugal zu ändern. Die MIRN-PDP nahm – in Koalition mit der PDC – nur an der Parlamentswahl 1980 teil und war Mitte der 1980er Jahre bereits wieder verschwunden.

Auch die 1990er Jahre waren unfruchtbar für rechtsextreme Parteiaktivitäten, obwohl zumindest einige Parteien zu überleben vermochten. Angesichts der umfangreichen rechtlichen Beschränkungen für die Gründung neuer Parteien – für die Registrierung benötigte man die Unterschrift von 7500 gemeldeten Wählern – „übernahm" die extreme Rechte eine bereits bestehende Partei, die *Partei der Demokratischen Erneuerung* (PRD), indem Vertreter der extremen Rechten Parteimitglieder wurden und Ende der 1990er Jahre die Führung der Partei an sich rissen. Anschließend wurde die PRD umgewandelt in die *Partei der Nationalen Erneuerung* (*Partido Nacional Renovador* – PNR). Die Namensänderung wurde 1999 beantragt und 2000 bewilligt. Dennoch ist die PNR keine relevante politische Kraft. 2002 erhielt sie weniger als 5000 Stimmen, 2005 knapp über 9000 Stimmen (0,12 Prozent). Bei den Bürgermeisterwahlen 2007 in Lissabon schnitt sie mit 0,8 Prozent unwesentlich besser ab.

Wenn die extreme Rechte im politischen System Portugals nach 1974 irrelevant war, kann derlei keinesfalls von der extremen Linken gesagt werden. Der Höhepunkt des Einflusses der linksextremen Parteien auf das politische System lag in der Zeit der Revolution 1974/75. Seit dieser Zeit lässt sich ein Prozess der Mäßigung der relevanten Parteien der extremen Linken beobachten, so dass man sie nicht mehr als „systemfeindlich" bezeichnen kann. Die meisten heute wirkenden Parteien des äußeren linken Flügels sind keine extremistischen Parteien.

Die bedeutendste Partei der extremen Linken ist die *Kommunistische Partei Portugals* (PCP), die seit 1975 im Parlament vertreten ist und bei allen Wahlen an dritter oder vierter Stelle in der Wählergunst rangierte.[24] Die PCP ist die älteste Partei Portugals und die einzige mit einer nennenswerten Geschichte vor 1974. Sie folgte im Untergrund – ungeachtet der polizeilichen Verfolgung – strengen bolschewistischen Grundsätzen. Die Form einer Untergrundorganisation war an die Umstände des Polizeistaates angepasst, ähnlich *Lenins*

23 Formell wurde sie erst 1979 vom Oberverwaltungsgericht zugelassen, vgl. Comissão Nacional de Eleições (FN 18).
24 Vgl. Tabelle 1.

Bolschewiki im zaristischen Russland. Es ermöglichte der Partei bis in die 1960er Jahre als die einzige oppositionelle Organisation zu überleben, die es vermochte, massive Streiks in den Fabriken der Lissabonner Arbeitergebiete zu organisieren.[25] Ihre Untergrundtätigkeit ließ zu, ein hohes Maß an oppositioneller Aktivität aufrechtzuerhalten. Das war mit einem hohen Preis verbunden. Der *Estado Novo* unterdrückte politische Organisationen auf brutale Weise und widmete sich besonders intensiv der PCP, die somit zum zentralen ideologischen Feind des rechtsgerichteten Katholiken *Salazar* wurde.[26]

Die Praxis und Erfahrungen von 40 Jahren Untergrundarbeit hinterließen deutliche Spuren in der PCP. Die Mitgliedschaft in der PCP erforderte einen hohen Grad an Hingabe, denn es drohten Exil, Gefängnis und Folter,[27] neben der fortwährenden Isolation und den psychologischen Auswirkungen der Repressionen. Darüber hinaus erhöhte die Untergrundarbeit die finanzielle, ideologische und organisatorische Abhängigkeit der Partei von sowjetischer Unterstützung. Die Nähe zur *Dritten Internationale* wurde demonstriert und verstärkt, als *Álvaro Cunhal*, der charismatische Generalsekretär und historische Führer der Partei, in den 1960er und 1970er Jahren nach Moskau und Prag floh, während Mitglieder der sozialistischen Parteien Frankreich, England oder die Schweiz bevorzugten.

Nach der „Nelkenrevolution" positionierte sich die PCP mit einer orthodox marxistisch-leninistischen Ideologie deutlich links von der *Sozialistischen Partei.* Damit isolierten sich die Kommunisten innerhalb des Parteiensystems nach 1975. Die gegenseitige Ausgrenzung spiegelte sich bereits in der zunehmenden Polarisierung während der revolutionären Phase wider, die im „heißen Sommer" 1975 ihren Höhepunkt hatte, als ein Bürgerkrieg möglich schien. Die Aktionen der PCP in dieser Zeit wurden als ein Versuch interpretiert, zusammen mit radikalen Teilen der Streitkräfte ein kommunistisches Regime zu installieren. Dieser Eindruck wurde verstärkt durch die engen Verbindungen, die der PCP während des gesamten Kalten Krieges zur Sowjetunion unterhielt. Die Parteiführung lehnte es außerdem ab, sich zur parlamentarischen Demokratie zu bekennen. In einem Gespräch mit der italienischen Journalistin *Oriana Fallaci* 1975 behauptete *Cunhal*: „I'm telling you, elections have nothing or very little to do with the dynamics of a revolution [...]. I promise you there will be no parliament in Portugal".[28] Daraufhin wurde die PCP von einflussreichen politischen Akteuren stark angegriffen, insbesondere von anderen Parteien, von deren militärischen Verbündeten sowie von der Kirche. Mit der Vereitelung des Putsches am 25. November 1975 nahm die Polarisierung ein Ende. Die Partei hatte mit ihren Handlungen während der revolutionären Phase das Kapital ihrer demokratischen Legitimation verspielt, das sie als Hauptkraft der Opposition im *Estado Novo* erworben hatte. Sie gab es zugunsten einer systemfeindlichen Einstellung auf. Dies führte dazu, dass die PCP von 1975 bis heute von jeder Regierungs-

---

25 Vgl. Richard Robinson: Contemporary Portugal, a history, London 1979, S. 66; José Pacheco Pereira: Álvaro Cunhal – Uma Biografia Política, Band 2: „Duarte", o Dirigente Clandestino (1941–1949), Lissabon 2001, S. 228–285, 379–443.

26 Vgl. José Pacheco Pereira: O Partido Comunista Português e a esquerda revolucionária, in: Mário Baptista Coelho (Hrsg.): Portugal: O Sistema Político e Constitucional, 1974–87, Lissabon 1989, S. 79–110, hier S. 80.

27 Etwa in dem berüchtigten Konzentrationslager Tarrafal auf den Kapverdischen Inseln.

28 Álvaro Cunhal zitiert nach Kenneth Maxwell: Regime overthrow and the prospects for democratic transition in Portugal, in: Guillermo O'Donnell u. a. (Hrsg.): Transitions from Authoritarian Rule: Southern Europe, Baltimore 1986, S. 109–137, hier S. 127.

beteiligung ausgeschlossen wurde. Die Polarisierung zu den demokratischen Parteien machte Allianzen hinfällig.

Obwohl die PCP bis heute am Marxismus-Leninismus festhält, ist seit Ende der 1980er Jahre eine schrittweise Mäßigung der Kommunisten festzustellen. Sie verkündet nicht länger öffentlich die Absicht eines Systemwechsels. 1988 hat sie auf dem XII. Parteikongress in Porto die revolutionäre Programmatik abgelegt und durch die Zielvorgabe einer „fortgeschrittenen Demokratie" als Weg zum Sozialismus ersetzt.[29] Dieser Wandel ist die Folge der ständig kleiner werdenden Parteibasis und der abnehmenden Wählerschaft. Die PCP konzentriert sich nunmehr auf eine Bewahrung des „acquis revolutionnaire", der „Errungenschaften des April 1974", als die Partei und ihre revolutionären Ziele hoch im Kurs standen.

Seit den 1970er Jahren musste sich die PCP mit der Konkurrenz von linksextremen Kleingruppen auseinandersetzen, die vor allem aus abtrünnigen PCP-Mitgliedern entstanden. Die linksextremen Parteien schossen während der revolutionären Phase 1974/75 wie Pilze aus dem Boden. Allein 1975 waren zehn Parteien formal registriert, die jeweils eine andere Art von „Volksdemokratie" anstrebten. Aus diesen Parteien sind drei – aufgrund ihrer Wahlergebnisse – hervorzuheben: die *Kommunistische Arbeiter-Partei Portugals/Reorganisierende Bewegung des Portugiesischen Proletariats* (*Partido Comunista dos Trabalhadores Portugueses/Movimento Reorganizativo do Proletariado Português* – PCTP/MRPP), die maoistisch-albanisch geprägte *Volksdemokratische Union* (*União Democrática Popular* – UDP) und, seit 1979, die trotzkistische *Revolutionäre Sozialistische Partei* (*Partido Socialista Revolucionário* – PSR).

Die linksextremen Parteien hatten ihre größte Bedeutung während der revolutionären Phase 1974/75. Besonders herausragend war ihr Einfluss in Lissabon. Einige der dramatischsten Momente während dieser Zeit wie die Erstürmung der katholischen Radiostation „Rádio Renascença" im Jahre 1974 und der Versuch im März 1975, die spanische Botschaft zu besetzen, wurden von der extremen Linken herbeigeführt. Die Wortführerschaft der Linken auf der Straße zeichnet jedoch ein verzerrtes Bild ihrer in Wahrheit schwachen Unterstützung durch die Wählerschaft. Als die tatsächliche Bedeutung dieser Parteien in den demokratischen Wahlen von 1975 und 1976 offensichtlich wurde,[30] verlor die extreme Linke schrittweise an Terrain. Bis 1999 gelang es nur der UDP vereinzelt Mandate bei den Parlamentswahlen von 1975, 1976 und 1980 zu erringen.[31] Sie erzielte ihr bestes Ergebnis 1980 mit reichlich über fünf Prozent der Stimmen. Seitdem hat sich das Wählergewicht dieser Parteien stetig verringert. Sie erreichten 1995 mit gemeinsam 1,9 Prozent ihren Tiefpunkt.

Mit der Gründung des *Linksblocks* (*Bloco de Esquerda* – BE), einer Allianz von UDP, PSR und der desillusionierten marxistisch-leninistischen *Política XXI*, wurde bei den Wahlen von 1999 eine neue Situation geschaffen. Der *Block* errang zwei Sitze, was den Sozialisten die absolute Mehrheit im Parlament kostete. Infolge des daraus entstandenen Patts (die Sozialisten gewannen genau die Hälfte der 230 Sitze im Parlament) erhielt der *Linksblock*

29 Vgl. Maria Teresa Patrício/Alan David Stoleroff: The Portuguese Communist Party: Perestroika and its aftermath, in: Martin Bull/Paul Heywood (Hrsg.): West European Communist Parties and the Revolutions of 1989, London 1994, S. 90–118, hier S. 96 f.

30 Hinzu kam, dass sie ihre Verbündeten in der MFA aufgrund des misslungenen Putschversuches im November 1975 entfremdet hatten.

31 Siehe Tabelle 1.

politische Relevanz und die Möglichkeit, eigene Ideen umzusetzen. Bei den Wahlen 2002 war der *Linksblock* die einzige linke Partei, die ihr Ergebnis verbessern konnte; 2005 verdoppelte er seinen Anteil noch einmal und konkurrierte mit der PCP und der CDS-PP um Platz drei im portugiesischen Parteiensystem. Es zeichnet sich ab, dass der *Linksblock* auch weiterhin eine wichtige Position in der politischen Landschaft einnehmen wird. Jedoch kann er nicht als extremistisch eingeschätzt werden, da die ideologische Positionierung des *Linksblocks* keine antidemokratischen Ziele umfasst.

3 Extremistische Parteien

3.1 Rechtsextremismus

Die *Partei der Nationalen Erneuerung* (PNR) ist gegenwärtig die einzige zugelassene rechtsextremistische Partei in Portugal. Gleichwohl erhielt sie bei der letzten Parlamentswahl lediglich 0,2 Prozent der Stimmen. Dies gibt Aufschluss über die marginale Stellung des Rechtsextremismus in Portugal. Dennoch sorgt die PNR durch aufsehenerregende Aktionen für Schlagzeilen. Die jüngste ihrer Kampagnen begann am 30. September 2008, als die Partei eine Werbefläche an einem der wichtigsten Verkehrsknotenpunkte der Lissabonner Innenstadt für ein Plakat mit dem Titel „Immigration? Wir sagen Nein!" mietete. Auf dem Plakat ist ein weißes Schaf abgebildet, das auf portugiesischem Territorium steht und mit den Hinterläufen sechs schwarze Schafe aus dem Land stößt. Das weiße Schaf trägt das Logo der PNR auf dem Fell, die schwarzen Tiere wurden mit den Schlagwörtern und Hauptthemen der PNR versehen: „Kriminalität", „Arbeitslosigkeit", „Niedriglöhne", „Multikulturalität", „Subventionssucht" und „offene Grenzen". Unten rechts ist das Motto der Partei zu lesen: „Portugal den Portugiesen". Wenige Tage später reagierte der Stadtdezernent *José Sá Fernandes* vom *Linksblock* mit der Aufforderung an die Partei, das Plakat zu entfernen, das er als illegal und xenophob bezeichnete. Als die Partei sich weigerte, der Aufforderung nachzukommen, ließ *Sá Fernandes* das Plakat durch Ordnungskräfte entfernen. Prompt erhob der Parteichef der PNR *José Pinto Coelho* Klage gegen *Sá Fernandes* mit dem Argument, die Stadtverwaltung sei nicht legitimiert, über die Verfassungswidrigkeit des Plakats zu entscheiden. Auch der Vorsitzende der Anwaltskammer kritisierte die Stadtverwaltung Lissabon für die Entscheidung mit der Begründung, dass nur die Gerichte der Meinungsfreiheit Grenzen setzen dürften.[32]

Der Vorgang ist symptomatisch sowohl für die Inhalte als auch für die Methoden der PNR. In einem „Brief an die Nationalisten", der auf der Homepage der PNR veröffentlicht wurde, nimmt der Parteivorsitzende Stellung zum Plakat. Der Auslöser dieser Kampagne sei die „Welle der gewalttätigen Kriminalität, die das Land in den letzten Monaten erlebte, und die selbstverständlich mit der Immigration in Verbindung steht".[33] Die Lösung sei die Abschiebung der vermeintlichen Verursacher: „Das Schicksal der enormen Masse der

32 Vgl. o. A.: Ultimato da Câmara termina hoje. Cartaz do PNR vai ser retirado, in: Expresso vom 6. Oktober 2008.

33 José Pinto Coelho: Do Presidente aos Nacionalistas, in: Partido Nacional Renovador, abrufbar unter: http://www.pnr.pt [Stand: 21. März 2009].

illegalen […] Immigranten sollte sein: raus!“[34] Zuwanderer seien außerdem für erhöhte Staatsausgaben verantwortlich, denn der Staat zahle Kindergeld an „unaufhörlich wachsende Familien“[35] aus.[36] In ihrem Programm fordert die PNR den Austritt Portugals aus dem Schengen-Abkommen und die Wiedereinführung der Grenzkontrollen, um unkontrollierte Einwanderung zu stoppen. Ferner propagiert die Partei die Abschiebung nichterwerbstätiger Immigranten. Schlagwörter wie „Kriminalität“ und „Arbeitslosigkeit“ erscheinen in den programmatischen Papieren in der Regel in Verbindung mit Immigration. Die PNR pflegt einen ausländerfeindlichen Diskurs. Die Ausländerfeindlichkeit der Partei basiert auf einem radikalen Nationalismus. Die erste Ausgabe des Parteiblatts „Terra Portuguesa“ („Portugiesische Heimat“) erschien am 10. Juni 2008. Der Tag ist in Portugal Nationalfeiertag in direkter Nachfolge des „Tages der Rasse“ des *Estado Novo*. Damit knüpft die PNR bewusst an die Ideologie des *Estado Novo* an. Wie dieser beschwört auch das Programm der heutigen Rechtsextremisten die Werte „Vaterland“ und „Familie“ und versteht in Anlehnung an *Salazar* die Nation als die „Verlängerung der Familie“.

Auf den Nationalismus gründet die PNR ihre kritische Haltung gegenüber der Globalisierung und der europäischen Integration. Globalisierung sei ein „doppelköpfiges Monster, bestehend aus Kapitalismus und Multikulturalität“,[37] heißt es im Parteiprogramm. Gegen die europäische Integration wendet sich die Partei mit nationalistischen Argumenten: Portugal sei keine Provinz von Brüssel, sondern eine Nation mit einer 900 Jahre alten Geschichte und mit Staatsgrenzen, die zu den ältesten der Welt zählen.[38] Im Programm der Partei wird jede Form der europäischen Integration und damit auch der Vertrag zu einer Europäischen Verfassung strikt abgelehnt.[39]

3.2 Linksextremismus

Die an dieser Stelle als linksextremistisch behandelten Parteien werden in Portugal meist nicht als solche eingeordnet.[40] Sie entstanden in der revolutionären Phase und waren einer marxistisch-leninistischen bzw. maoistischen Ideologie verpflichtet, passten jedoch ihren Diskurs an das politische und wirtschaftliche System an. Ihre Programme sind den Positionen der rechtsextremen Organisationen diametral entgegengesetzt. Verschreiben sich die extrem rechten Parteien der Ideologie *Estado Novos*, so bezieht die PCP ihre Identität zum großen Teil aus ihrer führenden Rolle im Kampf gegen die Diktatur.[41] Sie bezeichnet den

34 Ebd.
35 Partido Nacional Renovador (Hrsg.): Perguntas mais Frequentes, abrufbar unter: www.pnr.pt/portal/index.php?option=com_content&task=view&id=61&Itemid=103 [Stand: 21. März 2009].
36 Das Argument mag schwerlich die portugiesischen Familien überzeugen, die für ein Kind ab einem Alter von zwölf Monaten durchschnittlich 21,60 Euro monatlich erhalten.
37 Partido Nacional Renovador (FN 35).
38 Vgl. ebd.
39 Ebd.
40 Außer durch die rechtsextremen Organisationen. Der Vorsitzende der PNR etwa bezog sich auf den Dezernenten des *Linksblocks José Sá Fernandes* im Fall des PNR-Plakats als Mitglied einer linksextremen Partei. Vgl. José Pinto Coelho (FN 33).
41 Vgl. Partido Comunista Português (Hrsg.): Programa, abrufbar unter: http://www.pcp.pt/index.php?option=com_content&task=view&id=13&Itemid=39#77 [Stand: 8. März 2009].

Marxismus-Leninismus als theoretische Grundlage für das Parteiprogramm. Ihr Marxismus ist jedoch eher ein wissenschaftliches Instrument der sozialen Analyse als eine politische Ideologie. Die Partei möchte dabei eine Dogmatisierung der Theorie vermeiden und favorisiert „eine kritische Aneignung des Denkens *Marx*, *Engels* und *Lenins*".[42] Somit stellt sich die PCP als eine an andere politische Kräfte anschlussfähige und an die sozialen, politischen und historischen Realitäten angepasste Partei dar. Dennoch bleibt sie den meisten marxistischen Prinzipien treu. Sie ist strikt antikapitalistisch ausgerichtet. In der jüngsten Finanzkrise sehen die Kommunisten die Agonie des kapitalistischen Systems; sie fordern die revolutionäre Überwindung des Kapitalismus und die Konstruktion des Sozialismus als einzige Antwort auf die Krise.[43] Entgegengesetzt zu den rechtsextremen Kräften verfolgt die PCP eine großzügige Immigrationspolitik. Die Partei bekämpft die Einwanderungspolitik der EU, die sie für inhuman, restriktiv und repressiv hält.[44] Auch in Portugal setzt sich die PCP gegen Rassismus und Xenophobie ein und unterstützt Initiativen der Immigrantenvereine. Ihrer Ansicht nach sollte der doppelte Charakter Portugals als Ein- und Auswanderungsland in einer Politik der Integration der Einwanderer seinen Niederschlag finden, die ihre Rechte respektiert und ihren Beitrag für die Volkswirtschaft anerkennt. Darüber hinaus macht sich die PCP zum Anwalt der Belange der portugiesischen Emigranten in Europa und in Übersee. Sie setzt sich gegen die Schließung von Konsulaten und für den Ausbau des Portugiesischunterrichts für Immigrantenkinder ein. Im Gegensatz zu den rechtsextremen Parteien fordert die PCP die Legalisierung des Schwangerschaftsabbruchs als Mittel, die illegale Abtreibung zu bekämpfen.[45]

Das Programm des *Linksblocks* ähnelt dem der PCP. Er sucht nach Alternativen zum Kapitalismus und sieht im Sozialismus das Ziel der gesellschaftlichen Transformation. Der BE bekämpft die (angebliche) Diskriminierung aufgrund ethnischer, geschlechtlicher oder religiöser Unterschiede. Daher setzt er sich für die Anerkennung gleichgeschlechtlicher Ehen ein. Der *Linksblock* ist darüber hinaus ein Umweltbündnis und will das Prinzip der ökologischen Nachhaltigkeit in der politischen Praxis stärken. Wie die PCP steht der *Linksblock* der Globalisierung kritisch gegenüber. Im Gründungsmanifest des *Blocks* heißt es, die Globalisierung konzentriere den Überschuss in wenigen Händen, schärfe die ungleiche Verteilung der Weltnaturressourcen zugunsten einer Minderheit von Ländern und sei unfähig, Armut und Ungleichheit zu bekämpfen.[46] Der *Linksblock* befürwortet im Allgemeinen das Projekt

42 Vgl. ebd.

43 Vgl. Partido Comunista Português (Hrsg.): Comunicado do Comité Central do Partido Comunista Português, 27 de Outubro de 2008, abrufbar unter: http://www.pcp.pt/index.php?option=com_content&task=view&id=32742&Itemid=195 [Stand: 21. März 2009].

44 Vgl. Partido Comunista Português (Hrsg.): Sim à protecção dos direitos dos imigrantes, abrufbar unter: http://www.pcp.pt/index.php?option=com_content&task=view&id=32107&Itemid=594 [Stand: 21. März 2009].

45 Vgl. Partido Comunista Português (Hrsg.): Sim à despenalização – Fim do aborto clandestino e dos julgamentos, abrufbar unter: http://www.pcp.pt/index.php?option=com_content&task=view&id=6938&Itemid=594 [Stand: 9. März 2009].

46 Vgl. Bloco de Esquerda (Hrsg.): Anteprojecto de declaração – começar de novo, abrufbar unter: http://www.bloco.org/media/comecardenovo.pdf [Stand: 21. März 2009].

der europäischen Integration, kritisiert jedoch darin die Deregulierung der Märkte und die geringe Möglichkeit der Bürgerpartizipation bei Entscheidungsprozessen.[47]

Neben der PCP und dem *Linksblock*, die bisher bei allen Wahlteilnahmen Sitze im nationalen Parlament erringen konnten, existieren zwei weitere Parteien des äußeren linken Flügels, die bislang nie in der Nationalversammlung vertreten waren. Es handelt sich um die *Kommunistische Arbeiter-Partei Portugals/Reorganisierende Bewegung des Portugiesischen Proletariats* (PCTP/MRPP), die bei der letzten Parlamentswahl von 2005 0,8 Prozent der Stimmen erlangte, und die *Arbeiterpartei Sozialistischer Einheit* (POUS), die 0,1 Prozent der Stimmen erhielt. Die PCTP/MRPP gilt als maoistische Partei;[48] die POUS versteht sich als eine trotzkistische Organisation. Auf ihrer Internetseite veröffentlichte die POUS im Januar 2008 einen Nachruf auf *Pierre Lambert*. Sie sieht im Sozialismus die bessere Alternative zum Kapitalismus. Anders als der *Linksblock* und die PCP ist die POUS dezidiert gegen die Europäische Union. In ihren programmatischen Papieren setzt sich die Partei „gegen die Diktatur der Europäischen Union" und „für ein freies Bündnis der unabhängigen Nationen" ein.[49] Die Partei kritisiert ebenfalls den Vertrag von Lissabon. Dieser würde die Tendenz zur Privatisierung des öffentlichen Dienstes unterstützen und den supranationalen Charakter europäischer Institutionen (Präsident, Hoher Repräsentant für Außen- und Sicherheitspolitik, Europäische Zentralbank) verstärken.[50]

4 Nichtparteiförmiger Extremismus

Nichtparteiförmige extremistische Gruppierungen existierten zwar bereits seit den 1970er Jahren – wie etwa die *Neue Ordnung* (*Ordem Nova* – ON) –, dennoch sind solche Gruppen verstärkt seit Mitte der 1980er Jahre sichtbar und tragen zur Fragmentierung der extremen Rechten bei.[51] Die prominenteste rechtsextreme Vereinigung war die *Bewegung der Nationalen Aktion* (MAN), die in den 1980er Jahren auf der politischen Bühne erschien und bis in die 1990er Jahre bestand. Die durch MAN-Mitglieder verübten xenophoben Gewalttaten erreichten 1995 ihren Höhepunkt mit dem Mord an einem dunkelhäutigen Portugiesen. Der Anführer der MAN, *Pedro Grilo*, wurde wegen Mordes zu zwölf Jahren Haft verurteilt. Die MAN löste sich nach dem Prozess auf, die meisten ihrer Mitglieder traten jedoch dem 1995 gegründeten *Nationalen Bündnis* (*Aliança Nacional* – AN) und der *Nationalen Front* (*Frente Nacional* – FN) bei.

Die FN, die mit den portugiesischen *Hammerskins* assoziiert wird, verwendet ein Logo mit nur minimaler Abweichung zum PNR-Logo. Die Parolen der FN – „Portugal den Portu-

47 Vgl. ebd.

48 Im Internetauftritt der Partei sind die Bildnisse von *Marx*, *Engels* und *Lenin* zu sehen und der Text des Kommunistischen Manifests zu lesen. Vgl. Partido Comunista dos Trabalhadores Portugueses/Movimento Reorganizativo do Partido do Proletariado (Hrsg.): Partido Comunista dos Trabalhadores Portugueses/ Movimento Reorganizativo do Partido do Proletariado, abrufbar unter: http://www.pctpmrpp.org [Stand: 21. März 2009].

49 Vgl. Partido Operário de Unidade Socialista (Hrsg.): Comunicado 7, abrufbar unter: http://pous4.no.sapo.pt/page_2.html [Stand: 21. März 2009].

50 Vgl. ebd.

51 Vgl. Herbert Kitschelt: The Radical Right in Western Europe. A Comparative Analysis, Ann Arbor 1995.

giesen", „Gegen Immigration und Kriminalität", „Wir werden überfallen, Portugal gehört den Portugiesen" – sind fast identisch mit dem PNR-Programm.[52] Es verwundert kaum, dass die *Hammerskins* und die PNR in der Öffentlichkeit zuweilen als eine einheitliche Gruppe auftreten und auch so wahrgenommen werden. Auf ihren Internetseiten solidarisiert sich die PNR mit dem Anführer der FN *Mário Machado*, der am 3. Oktober 2008 zu einer Gefängnisstrafe von vier Jahren und zehn Monaten verurteilt wurde. *Mário Machado* und weitere 35 Personen aus der Skinhead-Szene mussten sich dem Vorwurf der Körperverletzung, der Entführung und des illegalen Waffenbesitzes verantworten. Bei Durchsuchungen wurden Waffen sowie rassistisches, xenophobes und antisemitisches Propagandamaterial gefunden.[53] Auch wenn sich die PNR in ihrem Programm von Gewaltanwendung distanziert, verurteilte Parteichef *Coelho* die Freiheitsstrafe von *Mário Machado* und zeigt sich solidarisch mit den „Verfolgungsopfern und ihren Familien".[54]

Das *Nationale Bündnis* (AN) versteht sich als neues Projekt der Nationalisten. Ihr Ziel ist die Gründung einer nationalistischen Sammlungspartei. Das Bündnis hat kein politisches Programm. Auch bei den Inhalten lassen sich Gemeinsamkeiten und Unterschiede zu den rechtsextremen Parteien feststellen. Nation und Familie sind für das AN wie für die PNR die höchsten Werte. Beide Organisationen sind gegen die Liberalisierung des Abtreibungsrechts. Wenn auch weniger populistisch, so richtet sich das AN ebenfalls gegen Immigration in Portugal. In der Selbstdarstellung des Bündnisses fallen die Anknüpfung und die nationalistisch-autoritäre Ideologie des *Estado Novo* und der Kult um den ehemaligen Diktator auf. Auf der Hauptseite des Internetauftritts sind vier Photos von *Oliveira Salazar* abgebildet. *Salazar* erscheint mit dem Beinamen „Gestalter des Vaterlands". Die Beschreibungen des Diktators sind lobend, und politische Inhalte von *Salazar* werden übernommen – etwa der Ausspruch zur Autarkiepolitik „Mit Stolz allein". In den programmatischen Texten beansprucht das AN, einen so genannten „demokratischen Salazarismus" zu betreiben.[55]

Der nichtparteiförmige Linksextremismus wird in Portugal vor allem durch die Gruppe *Rede Libertária* repräsentiert. Besondere Aufmerksamkeit der Medien und Öffentlichkeit erhielt diese Gruppe während der Feierlichkeiten zum 25. April (Tag der Nelkenrevolution und Nationalfeiertag) im Jahre 2007. An jenem Tag zogen etwa 150 autonome Jugendliche mit vermummten Gesichtern durch die Innenstadt Lissabons, warfen mit Farbbeuteln, malten anarchistische Graffitis und griffen Polizisten mit Flaschen, Stöcken und Eisenstangen an. Die *Rede Libertária* mobilisiert Jugendliche anarchistischer, antikapitalistischer sowie radikal-ökologischer Gesinnung.[56] Eine nennenswerte kapitalismus- und globalisierungskritische Bewegung existiert dagegen nicht. Eine ernsthafte Bedrohung der portugiesischen Demokratie geht vom subkulturellen Linksextremismus nicht aus – es handelt sich mehr um unkoordinierte Krawalle als um organisierte und gezielte antidemokratische Aktionen.

---

52 Frente Nacional: Portugal aos Portugueses, abrufbar unter: http://www.youtube.com [Stand: 21. März 2009].

53 Vgl. o. A. Extrema-Direita: „Skinheads" conhecem sentença hoje no Tribunal de Monsanto, in: Expresso vom 4. Oktober 2008.

54 Partido Nacional Renovador (FN 35).

55 Vgl. ebd.

56 Vgl. Valentina Marcelino: Polícias e secretas reforcaram vigilância a radicais de esquerda, in: Diário de Notícias vom 25. April 2009, abrufbar unter: http://dn.sapo.pt/inicio/portugal/Interior.aspx?content_id=1211960 [Stand: 12. Juli 2009].

5 Ergebnis

Die extremistischen Parteien siedeln an relativ schmalen Rändern der portugiesischen Parteienlandschaft. Rechtsextreme Akteure sind in Portugals Gesellschaft seit der Revolution 1974 fast vollständig desavouiert. Linksextreme Parteien kämpfen dagegen mit der sozialistischen Konkurrenz des demokratischen Lagers. Auf absehbare Zeit bleibt es unwahrscheinlich, dass die antidemokratischen Parteien künftig in Regierungsverantwortung gelangen werden. Das politische wie das gesellschaftliche Terrain dürfte für diese Parteien in näherer Zukunft ungünstig bleiben. Dennoch sind Anzeichen von Unzufriedenheit und Politikverdrossenheit zu vernehmen, die mit einem wachsenden Vertrauensverlust gegenüber den demokratischen Parteien und Eliten einhergehen. Wenn diese Umstände nicht bekämpft werden, könnte das zu einer stärkeren Akzeptanz extremistischer Parteien führen, besonders wenn dies mit einer wirtschaftlichen Krise zusammentrifft, unter der Portugal seit zehn Jahren leidet und die durch die aktuelle Finanz- und Eurokrise verschärft wird.

Es gibt in der portugiesischen Gesellschaft ausgeprägte Vorurteile gegen die extreme Rechte. Die überwältigende Mehrheit extremistischer Parteien ist am linken Flügel des ideologischen Spektrums zu finden und lässt sich – wenn überhaupt – höchstens als weiche Extremismusform bezeichnen. Die Schwäche des Rechtsextremismus resultiert somit zwangsläufig aus der Stärke der extremen linken Parteien. Eine weitere Mäßigung der Kommunisten und mögliche Regierungsbeteiligungen könnten jedoch zu einem Aufschwung der rechtsextremistischen Kräfte führen, sollten diese als einzige Protest- und Anti-System-Parteien im politischen System Portugals verbleiben.

Extremismus in Rumänien

Kevin Adamson/Sergiu Florean/Tom Thieme

1 Rahmenbedingungen

Rumäniens Abschied vom Kommunismus 1989/90 stellt die Ausnahme unter den friedlichen Revolutionen in Ost- und Ostmitteleuropa dar.[1] Die Etablierung der rumänischen Demokratie wurde nach dem blutigen Ende der *Ceauşescu*-Ära nicht durch Verhandlungen zwischen kommunistischer Elite und oppositionellen Gruppen am so genannten Runden Tisch organisiert, sondern geschah im radikalen Bruch mit der Spitze des alten Regimes. Aus dem revolutionären Staatsstreich am 22. Dezember 1989 leitete die neue Führung von Reformern aus der zweiten Reihe der *Kommunistischen Partei Rumäniens* (PCR), der Armee und des Geheimdienstes ihren Machtanspruch ab, der von einer überwältigenden Mehrheit der rumänischen Bevölkerung getragen wurde. Die *Front der Nationalen Rettung* (FSN) unterstrich ihre Selbstlegitimierung mit der Verabschiedung einer gänzlich neuen Verfassung.[2]

Die am 21. November 1991 verabschiedete und 2003 revidierte Konstitution (jeweils nach Bestätigung beider Parlamentskammern und per Bevölkerungsreferendum) charakterisiert Rumänien als demokratischen und sozialen Rechtsstaat.[3] Das Land bekennt sich zu den Prinzipien der bürgerlichen Freiheitlichkeit und zur Gleichbehandlung aller Staatsangehörigen ohne Unterscheidung nach Rasse, Ethnie, Sprache, Geschlecht oder Glauben. Die rumänische Verfassung besitzt einen unveränderlichen Verfassungskern, der u. a. die Unverletzlichkeit des politischen Pluralismus sowie die Grundfreiheiten und Grundrechte der Bürger garantiert. Daher gelten Parteien und Organisationen, die durch ihre Zielsetzungen oder ihre Tätigkeiten gegen die Prinzipien der Demokratie verstoßen, als verfassungswidrig.[4] Das Initiativrecht für ein Organisationsverbot haben der Staatspräsident, die Präsidenten der beiden Parlamentskammern, die Regierung und der Oberste Gerichtshof. Die Entscheidung über ein Parteienverbot liegt beim rumänischen Verfassungsgericht. Juristische Konsequenzen ergaben sich daraus für die politische Praxis nicht. In Rumänien kam es noch nie zum Verbotsverfahren gegen eine extremistische Partei.

Vor allem in den 1990er Jahren wurde die Etablierung extremistischer Parteien nicht nur durch die unklare Verfassungspraxis, sondern mehr durch die Ausgestaltung des Parteienrechts und des Wahlsystems begünstigt. 1990 gab es kaum Beschränkungen zur Grün-

1 Siehe zu den friedlichen Revolutionen in Osteuropa unter anderem Stefan Auer: Das Erbe von 1989. Revolutionen für Europa, in: Osteuropa 54(2004)5/6, S. 31–46.

2 Siehe im Einzelnen Anneli Ute Gabanyi: Systemwechsel in Rumänien. Von der Revolution zur Transformation, München 1998.

3 Vgl. Verfassung Rumäniens vom 21. November 1991, in: Herwig Roggemann (Hrsg.): Die Verfassungen Mittel- und Osteuropas, Berlin 1999, S. 735–776.

4 Vgl. Anneli Ute Gabanyi: Das politische System Rumäniens, in: Wolfgang Ismayr (Hrsg.): Die politischen Systeme Osteuropas, 2. Auflage, Opladen 2004, S. 551–592, hier S. 578.

dung von Parteien, und zudem ein Verhältniswahlsystem ohne Sperrklausel. Daher war die Zersplitterung in der verfassungsgebenden Versammlung 1990 groß (zehn Parteien/ Bündnisse, plus die Vertreter der Minderheiten). Im Vorfeld der Wahlen 1992 beschlossen die Abgeordneten des rumänischen Zweikammernparlaments eine Drei-Prozent-Hürde, die im Jahr 2000 auf fünf Prozent für Einzelparteien bzw. mindestens acht Prozent für Wahlbündnisse angehoben wurde.[5] Durch die Novellierung des Parteiengesetzes verschwanden ab 1996 kleinere (auch extremistische) Parteien.[6] Zu ihrer (Neu)Registrierung musste jede Partei 10.000 Unterschriften von Unterstützern vorweisen, wodurch die Fragmentierung des Parteiensystems, nicht aber der Einfluss extremistischer Parteien auf parlamentarischer Ebene abnahm. Erst durch die Einführung eines neuen Wahlrechts mit Mehrheitswahlelementen im Jahr 2008 (Kandidaten mit mehr als 50 Prozent der Stimmen ziehen direkt ins Parlament ein) verschwanden extremistische Parteien aus dem rumänischen Nationalparlament.[7]

Mehr als die rechtlichen Grundlagen begünstigen die historisch-kulturellen Prägungen der rumänischen Gesellschaft die Entstehung und Etablierung des politischen Extremismus. Rumänien hat eine lange Tradition rechtsextremistischer Bewegungen. In den Zwischenkriegsjahren erwuchs die faschistische *Eiserne Garde* unter der autoritären Führung von *Corneliu Zelea Codreanu* zu einer Massenbewegung.[8] Während der Militärdiktatur *Ion Antonescus* (1940–44) verbündete sich Rumänien mit Deutschland, nahm an den Feldzügen gegen die Sowjetunion teil und beteiligte sich am Holocaust. Das letzte gilt in der rumänischen Gesellschaft als umstritten.[9] Mit der Besetzung Rumäniens durch die Rote Armee 1944 und dem Beginn der Sowjetisierung des Landes wurden alle nationalistischen Vereinigungen verboten. Der Nationalismus verschwand zunächst offiziell. Doch mit dem Machtantritt des kommunistischen Parteiführers *Nicolae Ceauşescu* 1964 erlebte er in Rumänien seine Renaissance. Das Regime bediente sich zur Sicherung der Herrschaft in dem – international verglichen – immer rückständigeren Land der Instrumentalisierung sogenannter „nationaler Werte“. Der Nationalkommunismus *Ceauşescus* beruhte auf der Glorifizierung alles Rumänischen – zu Lasten der nationalen Minderheiten. In der Rolle des Opfers von inneren und äußeren Bedrohungen bediente sich das Regime ethnonationalistischer Ressentiments („wir Rumänen, die der grausamen Welt entgegentreten“[10]) und beförderte dadurch eine Stimmung der Voreingenommenheit gegenüber Fremden, die bis heute in der Mentalität der Bevölkerung nachhält. Die Bandbreite der Ablehnung reicht von latenten Vorurteilen bis

---

5 Vgl. Philipp Harfst: Wahlsystemwandel in Mittelosteuropa. Strategisches Design einer politischen Institution, Wiesbaden 2007, S. 137–146.

6 Das betraf u. a. die rechtsextremistische *Partei der Nationalen Rechten* (PDN). Vgl. Michaela Grün: Rechtsradikale Massenmobilisierung und „radikale Kontinuität“ in Rumänien, in: Osteuropa 52(2002)3, S. 293–304, hier S. 295 f.

7 Vgl. Holger Dix: Parlamentswahlen in Rumänien, in: KAS-Länderbericht vom 8. Dezember 2008, abrufbar unter: http://www.kas.de/wf/doc/kas_15264-544-1-30.pdf [Stand: 20. November 2009].

8 Siehe im Einzelnen Marta Petreu: An Infamous Past. E. M. Cioran and the Rise of Fascism in Romania, Chicago 2005.

9 Siehe Dennis Deletant: Hitler's Forgotten Ally. Ion Antonescu and his Regime, Romania 1940–1944, London 2006.

10 *Vladimir Tismaneanu* bezeichnet die *Ceauşescu*-Zeit sinngemäß, aber treffend als stalino-faschistischen Barock. Vgl. ders.: Stalinism for All Seasosns. A Political History of Romanian Communism, Berkeley 2003; siehe außerdem Katherine Verdery: National Ideology Under Socialism. Identity and Cultural Politics in Ceausescu's Romania, Berkeley 1991.

zu manifester Feindseligkeit und wird bis weit in die Mitte der rumänischen Gesellschaft vertreten. Sie richtet sich vor allem gegen die ungarische und – wie unter *Ceaușescu* – gegen die Roma-Minderheit im Land.[11]

Ein antiextremistischer Konsens existiert in Rumänien nicht. Obwohl nach der rumänischen Verfassung antidemokratische Parteien verboten sind, ist politisch und gesellschaftlich nicht klar, was überhaupt als extremistisch bzw. demokratisch zu gelten hat. *Ceaușescu* kreierte in den 25 Jahren seiner Herrschaft nicht nur eine Herrschaftsideologie, die stärker als in allen anderen Staaten des Ostblocks auf nationalistischen Grundlagen beruhte, sondern seine repressive Führung hatte auch jeglichen Ansatz zivilgesellschaftlicher Entwicklungen unterbunden. Somit gilt einerseits der Regimekonflikt als (nach wie vor) nicht überwunden. Andererseits fehlte es während des Umbruchs 1989/90 an jener oppositionellen Gegenelite, die – wie zum Teil in Ostmitteleuropa – als Geburtshelfer in der Lage gewesen wäre, mit moralischer Integrität ausgestattet für die Verankerung demokratisch-kultureller Prinzipien zu sorgen. So ist in Rumänien antidemokratische Rhetorik weder diskreditiert noch Alleinstellungsmerkmal der extremistischen Parteien. Von Regierungskoalitionen werden extremistische Parteien nicht grundsätzlich ausgeschlossen. In vielen Bereichen der Zivilgesellschaft fehlt es am Willen und an Ressourcen, der ethnisch-nationalistisch wie kommunistisch legitimierten politischen Mobilisierung entgegenzutreten.[12] Immerhin: Gegen die Verleihung des Staatsordens „Stern Rumäniens" an den Vorsitzenden der rechtsextremistischen *Großrumänischen Partei* (PRM), *Vladimir Tudor*, regte sich 2004 ein breiter wie prominenter gesellschaftlicher Protest.[13] Seine Partei gilt den europaorientierten Parteien mittlerweile als nicht mehr koalitionsfähig. Auf linker Seite wurde der *Sozialistischen Arbeiterpartei* (PSM) 2002 die Wiederverwendung der alten Bezeichnung *Partidul Comunist Român* (*Rumänische Kommunistische Partei*) untersagt. Zumindest in Teilen der rumänischen Gesellschaft scheint es Ansätze für die Entstehung eines antiextremistischen Konsens zu geben.

Das nationalkommunistische Erbe der *Ceaușescu* Diktatur prägt heute nicht nur die gesellschaftlichen Konflikte und die Gelegenheitsstrukturen des politischen Extremismus in Rumänien, sondern führt auch zu einem – nach klassischen Rechts-Links-Kriterien – nicht klar zuordenbaren Erscheinungsbild der antidemokratischen Akteure. Rechtsextremistische Parteien, die sich auf die nationalistischen Traditionen des Landes berufen, kommen an der kommunistischen Ära *Ceaușescus* nicht vorbei. Die Herstellung einer geistigen Kontinuität zur sozialistischen Epoche ist umgekehrt im Linksextremismus nicht ohne den Verweis auf die nationale Sonderrolle Rumäniens und den rumänischen Nationalkommunismus während des Kalten Krieges denkbar. Das „Cleavage" (post)kommunistisch versus antikommunistisch ist ebenfalls wenig aussagekräftig. Es spaltet das rumänische Parteiensystem – nicht die politischen Extremismen, deren beiden Enden mehr oder weniger in Kontinuität zum *Ceaușescu*-Regime stehen. Weder in der rumänischen Gesellschaft noch in der internatio-

---

11 Vgl. Mariana Hausleitner: Wettlauf der Patrioten. Nationalismus in Rumänien, in: Egbert Jahn (Hrsg.): Nationalismus im spät- und postkommunistischen Europa. Band 2: Nationalismus in den Nationalstaaten, Baden-Baden 2009, S. 599–626.

12 Vgl. Michaela Grün (FN 6), S. 304.

13 Vgl. Jürgen Henkel: Die „Dritte Wende" – Rumänien nach den Wahlen von 2004, in: Südosteuropa Mitteilungen 45(2005)4/5, S. 24–42, hier S. 39.

nalen Fachliteratur[14] herrscht Konsens darüber, welcher Form des politischen Extremismus die meisten Akteure im antidemokratischen Spektrum Rumäniens zuzuordnen sind.[15] Um einer vergleichenden Vorgehensweise gerecht zu werden, gelten im Folgenden jene antidemokratischen Parteien, deren Ideologie eher an die vorkommunistische Epoche anschließt, als rechtsextremistisch, und die Parteien, deren Wurzeln im Nationalkommunismus liegen, als linksextremistisch.

2 Wahlentwicklung

Bei den demokratischen Wahlen in Rumänien von 1990 an erzielten extremistische Parteien regelmäßig Wahlerfolge. Zwar konnte nach den unübersichtlichen Gründungswahlen am 20. Mai 1990 keine extremistische Partei ins Parlament einziehen, doch zahlreiche Phantomparteien und Splittergruppen schafften im Fahrwasser der *Front der Nationalen Rettung* (FSN) den Sprung in die verfassungsgebende Versammlung, darunter klar antidemokratische Gruppierungen. Zwischen 1990 und 1992 gründeten sich aus vielen dieser Vereinigungen politische Parteien. Nach den Parlamentswahlen 1992 zogen drei extremistische Parteien in die Abgeordnetenkammer und in den Senat Rumäniens ein: Die rechtsextremistischen Parteien *Rumänische Nationale Einheit* (PUNR) und die *Partei Großrumäniens* (PRM) erzielten 7,7 bzw. 3,9 Prozent; die eher linksextremistische *Sozialistische Arbeiterpartei* (PSM) erhielt 3,0 Prozent der Stimmen. Alle drei Parteien wurden nach der Wahl Koalitionspartner der postkommunistischen *Partei der Rumänischen Sozialdemokratie* (PDSR), bevor die Allianz ihre offizielle Zusammenarbeit 1995 nach internen Streitigkeiten um den Vertrag über die Zusammenarbeit mit Ungarn in ein formelles Kooperationsabkommen umwandelte. Dieses bestand bis zum Ende der vierjährigen Legislatur 1996 fort.[16]

Die Regierungsbeteiligung hatte für die drei extremistischen Parteien unterschiedliche Folgen. Für PUNR und PSM begann mit den Wahlen 1996 ihr Untergang. Die PUNR erzielte 4,3 Prozent der Stimmen und verlor mehr als drei Prozentpunkte gegenüber 1992. Auch die Wahlallianz mit zwei weiteren rechtsextremistischen Parteien (Tabelle 1) im Jahr 2000 konnte den Niedergang der Partei nicht bremsen. Mit 1,4 Prozent scheiterte die PUNR deutlich an

14 Während *Michael Minkenberg* die eher linksextreme *Sozialistische Arbeiterpartei* (PSM) als rechtsextremistisch klassifiziert, spricht *Anneli Ute Gabanyi* bei den Parteien des rumänischen Rechtsextremismus von linken Nationalisten. *Michaela Grün* kommt zu dem Ergebnis, bei den meisten extremistischen Parteien Rumäniens handele es sich um nationalkommunistische Parteien. *Michael Shafir* bezeichnet solche Kräfte analog als „Elemente einer radikalen Kontinuität“. Vgl. Michael Minkenberg: Die radikale Rechte in den Transformationsgesellschaften Mittel- und Osteuropas. Konzepte, Konturen, Kontexte, in: Zeitschrift für Parlamentsfragen 33(2002)2, S. 305–322; Anneli Ute Gabanyi (FN 4); Michaela Grün (FN 6); Michael Shafir: Marginalization or Mainstream? The Extreme Right in Post-Communist Romania, in: Paul Hainsworth (Hrsg.): The Politics of the Extreme Right, London/New York 2000, S. 247–267.

15 *Cas Mudde* schlägt zur Differenzierung links- und rechtsextremistischer Parteien die Kategorien communist und pre-communist vor. Vgl. ders.: Extrem Right Parties in Eastern Europe, in: Patterns of Prejudice 34(2000)1, S. 5–27.

16 Vgl. Gabriel Andreescu: Extremismul de Dreapta în România. Centrul de Resurse pentru diversitate etnoculturală, Cluj 2003, S. 30.

der erstmalig angewendeten Sperrklausel von neun Prozent für Drei-Parteien-Bündnisse.[17] Von dieser Niederlage und dem verpassten Parlamentseinzug erholte sich die Partei nicht. 2004 erreichte sie 0,5 Prozent der Stimmen. Bei den Wahlen 2008 trat die PUNR nicht mehr eigenständig an. Sie hatte sich zwei Jahre zuvor der *Konservativen Partei* (PC) angeschlossen.[18] Die *Sozialisten* verfehlten bereits 1996 mit 2,2 Prozent die Drei-Prozent-Marke. An den Wahlen 2000 nahm die PSM nicht teil. Nachdem sich 2002 ein Teil der Partei mit den *Sozialdemokaten* (PSD) vereinigt hatte, trat der orthodoxe Rest zu den Wahlen 2004 als *Sozialistische Allianz* (PAS) an, blieb jedoch mit 0,3 Prozent der Stimmen marginal. 2008 gewann die PAS auf nationaler Ebene ganze 585 Stimmen.[19]

Tabelle 1 Ergebnisse der extremistischen Parteien bei den rumänischen Parlamentswahlen 1992–2008 (in Prozent)[1]

	1992	1996	2000	2004	2008
PUNR[2]	7,7	4,4	1,4	0,5	---
PRM	3,9	4,5	19,5	12,9	3,2
PSM/PAS	3,0	2,2	---	0,3	0,0
PNG	---	---	0,2	2,2	2,3
Quelle: Zentrales Wahlbüro Rumäniens, eigene Zusammenstellung					

[1] Resultate für die Abgeordnetenkammer des rumänischen Parlaments. Die Ergebnisse für den Senat weichen geringfügig ab.
[2] Im Jahr 2000 gemeinsam mit der *Nationalen Allianz* (NA) und der *Rumänischen Nationalen Einheit* (PNR).

Die *Großrumänische Partei* überstand ihre Regierungszeit dagegen unbeschadet. Als einzige Partei der abgewählten Koalition konnte sie ihr Ergebnis bei den Wahlen 1996 gegenüber vier Jahren zuvor verbessern, wiewohl nur geringfügig (4,5 Prozent). Der eigentliche Aufstieg der PRM begann in der Opposition. Wie bei allen Wahlen in Rumänien (mit Ausnahme 1992) wurden im Jahr 2000 die Regierungsparteien abgestraft. Die christlich-demokratische Sammlungsbewegung CDR (*Demokratische Rumänische Konvention*) verfehlte als dominante Kraft der abgelösten Koalition nach dem Verlust von mehr als 25 Prozentpunkten sogar die Sperrhürde. Der PRM gelang mit 19,5 Prozent nicht nur ein unvorhersehbares Rekordergebnis, sondern sie rückte damit auch auf Platz zwei im rumänischen Parteiensystem vor.[20] Bei der

17 Siehe im Einzelnen Christian Autengruber: Die politischen Parteien in Bulgarien und Rumänien. Eine vergleichende Analyse seit Beginn der 90er Jahre, Stuttgart 2006.
18 Vgl. Zentrales Wahlbüro Rumäniens: Wahlergebnisse der rumänischen Parlamentswahlen 2004 und 2008, abrufbar unter: http://www.bec2004.ro/ und http://www.becparlamentare2008.ro/ [Stand: 21. November 2009].
19 Vgl. ebd.
20 Vgl. Dorothée de Nève: Wahlen in Rumänien – eine ganz normale Katastrophe, in: Osteuropa 51(2001)3, S. 281–298, hier S. 285–287.

Präsidentschaftswahl am gleichen Tag erreichte der PRM-Vorsitzende *Corneliu Vadim Tudor* die Stichwahl, in der er 14 Tage später dem ehemaligen Staatschef *Ion Iliescu* allerdings klar unterlag (33,2 Prozent). Obwohl sich die PRM bis dahin zur Sammlungspartei des nationalistischen Lagers entwickelt hatte, waren ihre Wahlergebnisse von da an rückläufig. Bei den Parlamentswahlen 2004 verlor die Partei gegenüber 2000 mehr als fünf Prozentpunkte (12,9 Prozent), *Tudor* bei den Präsidentschaftswahlen mehr als 15 Prozentpunkte. 2008 folgte der Tiefpunkt in der PRM-Geschichte. Die Einführung von Direktwahlelementen führte zu Auflösungserscheinungen in der Partei, die vergeblich gegen das neue Gesetz prozessiert hatte. Von allen anderen Parteien isoliert erzielte die PRM mit 3,2 Prozent Stimmenanteil ihr schlechtestes Ergebnis auf nationaler Ebene.[21] Das bedeutete jedoch nicht das Ende der Partei. Bei den Europawahlen 2009 feierte die PRM mit 8,7 Prozent der Wählerstimmen ein schnelles und unerwartetes Comeback. Ihr Aushängeschild *Tudor* sitzt seitdem – mit einem der wenigen (drei) Mandate, welche die PRM überhaupt zu vergeben hatte – im Europäischen Parlament.[22]

Von der Schwäche der PRM konnten andere extremistische Parteien nicht profitieren. Neu gegründete linksextremistische Parteien wie die *Neue Kommunistische Partei* (nPCR) und die *Volkspartei der sozialen Sicherung* (PPPS) blieben bei den Wahlen 2004 und 2008 bedeutungslos und gesellschaftlich marginalisiert. Auch die im Jahr 2000 gegründete rechtsextremistische *Partei Neue Generation* (PNG) etablierte sich nicht. Die Partei wurde von dem Milliardär *George Becali* ins Leben gerufen, der sie als Fundament für seine Präsidentschaftsambitionen nutzen wollte. Die hohen Erwartungen erfüllten sich indes nicht. Zwar konnte die PNG ihr Ergebnis seit den Wahlen 2000 allmählich steigern (2000: 0,2; 2004: 2,2; 2008: 2,3 Prozent), verfehlte allerdings jedes Mal deutlich die Fünf-Prozent-Hürde. Und auch sein Ziel, Präsident Rumäniens zu werden, musste *Becali* verschieben. 2004 erreichte er im ersten Wahlgang 1,8 Prozent, 2009 waren es 1,9 Prozent.[23] Angesichts ihrer Erfolg- und Aussichtslosigkeit kandidierte die PNG zur Europawahl 2009 auf der Liste der PRM. Ihr Vorsitzender *Becali* wurde wie *Vadim Tudor* ins Europäische Parlament gewählt, wo er sich mit einem Abgeordnetenmandat begnügen muss.[24] Das verschafft ihm allerdings parlamentarische Immunität, denn in Rumänien laufen gegen *Becali* mehrere Gerichtsverfahren.

3 Extremistische Parteien

3.1 Rechtsextremismus

Nur wenige Wochen nach dem Sturz *Ceaușescus* entstand mit der *Partei der Nationalen Einheit Rumäniens* (PUNR) die erste und bis Mitte der 1990er Jahre größte Kraft im rumäni-

21 Vgl. Anneli Ute Gabanyi: Die Parlamentswahlen in Rumänien 2008, in: Südosteuropa Mitteilungen 49(2009)1, S. 64–75, hier S. 72.

22 Vgl. Europäisches Parlament (Hrsg.): Ergebnisse der Europawahl 2009 in Rumänien, abrufbar unter: http://www.europarl.europa.eu/parliament/archive/elections2009/pdf/RO%20Elus.pdf [Stand: 20. November 2009].

23 Vgl. Electionguide: Ergebnisse der rumänischen Präsidentschaftswahlen 2004 und 2009, abrufbar unter: http://www.electionguide.org/country.php?ID=178 [Stand: 24. November 2009].

24 Vgl. Cerstin Gammelin: Sternchen, Stars und Extremisten, in: Süddeutsche Zeitung vom 9. Juni 2009.

schen Rechtsextremismus. Sie wurde in der siebenbürgischen Stadt Târgu Mureş als politische Vertretung der nationalistischen Kulturorganisation *Vatra Românească* (*Wiege Rumäniens*) gegründet, deren Vorsitzender *Radu Coentea* die Parteispitze übernahm. 1991 wandelte sich die PUNR in eine nationale Partei um. Obwohl die Behauptung der *Vatra*-Mitarbeiter, im Jahr 1992 vier Millionen Mitglieder gehabt zu haben[25], sehr zweifelhaft scheint, entwickelte sich die PUNR zum Sammelbecken von ehemals kommunistischen Funktionären und von Mitarbeitern des rumänischen Geheimdienstes Securitate. Dabei bildeten sich in den Regionen um Târgu Mureş (Neumarkt) und Cluj-Napoca (Klausenburg) zwei innerparteiliche Machtzentren. Mit der Wahl des Nationalisten *Gheorghe Funar* 1992 zum Bürgermeister von Cluj (was er bis 2004 blieb), übernahm seine Faktion die Führung der PUNR. *Funar* steuerte die Partei in autoritärem Stil und ließ sich zweimal zum Präsidentschaftskandidaten küren. Doch die Wahlschlappe seiner Partei nach der Regierungszeit 1996 führte zu innerparteilichem Gegenwind. Nachdem die PUNR 1997 eine neue Führung gewählt hatte, verließ *Funar* die Partei und wechselte zur aufstrebenden *Großrumänienpartei* (PRM), in der er das Amt des Generalsekretärs übernahm.[26]

Die PUNR stand in ideologischer Kontinuität zum nationalkommunistischen *Ceauşescu*-Regime. Dadurch verband sie programmatisch Elemente des Rechts- und des Linksextremismus. Einerseits berief sie sich auf die Einzigartigkeit des Rumänentums und auf die Einheit des rumänischen Nationalstaats, inklusive der 1944 abgetrennten Gebiete Bessarabien und Nordbukowina. Andererseits bewertete sie die sozialistische Ära als positiv. Der Umsturz 1989/90 wurde von der Parteispitze als „eine Inszenierung des ungarischen, sowjetischen und israelischen Geheimdienstes“[27] bezeichnet. Die PUNR trat antiwestlich, staatsinterventionistisch und minderheitenfeindlich auf, speziell gegenüber den rumänischen Ungarn.[28] Im politischen Chaos der ersten post-revolutionären Wochen kam es in der Region Siebenbürgen immer wieder zu Spannungen zwischen beiden Volksgruppen, für deren Eskalation Anhänger der PUNR mitverantwortlich waren.[29] Die schweren Unruhen von Târgu Mureş im März 1990 galten der Partei als Beleg für den interethnischen Konflikt zwischen Ungarn und Rumänen, wovon sie in den folgenden Jahren stark profitierte. Sie schuf einen konfrontativen Diskurs, indem sie die ungarische Minderheit mit ihren – angeblich – antirumänischen und irredentistischen Einstellungen als Bedrohung für den rumänischen Nationalstaat ansah. Im

---

25 Vgl. Janusz Bugajski: Ethnic Politics in Eastern Europe. A Guide to Nationality Policies, Organizations and Parties, New York 1995, S. 213.

26 Vgl. Gabriel Andreescu: Romania, in: Cas Mudde (Hrsg.): Racist Extremism in Central and Eastern Europe, London u. a. 2005, S. 184–209, hier S. 186 f.

27 Marianna Hausleitner (FN 11), S. 607.

28 Obwohl die PUNR vor allem gegenüber den rumänischen Ungarn rassistisch und ethnozentrisch auftrat, war sie zugleich antisemitisch und romafeindlich orientiert. Die Parteispitze leugnete die Massenmorde an Juden unter *Antonescu*, bezeichnete die deportierten Roma als Diebe und den rumänischen Präsidenten *Ion Iliescu* als verräterischen Zigeuner. Vgl. u. a. Anneli Ute Gabanyi: Politische Parteien in Rumänien nach der Wende, in: Südosteuropa 44(1995)1/2, S. 1–50, hier S. 22–25.

29 Im März 1990 kam es in der ethnisch gemischten Stadt Târgu Mureş zu schweren Auseinandersetzungen zwischen Rumänen und Ungarn. Sechs Menschen starben, mehr als 200 wurden verletzt. Bis zum heutigen Tag sind die Ursachen dieses Ausbruchs ethnischer Gewalt Gegenstand erbitterten Streits. Die Gegner machen das jeweils andere Lager für die Eskalation der Unruhen verantwortlich. 1994 erklärte sich die PUNR in ihrem Programm als Partei, die aus der Notwendigkeit des Momentes vom März 1990 in Târgu Mureş entstanden sei, dem ersten systematischen Versuch, das moderne Rumänien zu zerstören.

Wahlkampf 1992 forderte PUNR-Spitzenkandidat *Gheorghe Funar* das Verbot der größten politischen Organisation der ungarischen Minderheit, des *Demokratischen Verbandes der Ungarn Rumäniens* (UDMR). Er versprach im gleichen Atemzug, seine erste Amtshandlung als Staatspräsident bestünde in der Verhaftung des UDMR-Vorsitzenden *Tőkés László*. Die PUNR trat für die Abschaffung der ungarischen Minderheitenrechte in Sprache, Kultur und Bildung ein. Durch die positive Diskriminierung hätten Minderheiten zahlreiche Privilegien, und Rumänen seien gegenüber den Ungarn im Alltagsleben stark benachteiligt.[30] Rumänisch sei die einzige zulässige Amtssprache in Siebenbürgen, um „die authentische, von allen Deformationen gereinigte Volkskultur zu fördern und eine Loslösung der ungarischen Minderheit in eine geistig-verwaltungsmäßige Enklave zu verhindern."[31]

Zur Popularisierung ihrer antiungarischen Politik setzte die PUNR auf eine Art Doppelstrategie: Zum einen instrumentalisierte sie lokale Konflikte (z. B. Sprachregelungen in Schulen oder für Verkehrsbeschilderungen), um so jene zahlreichen Transformationsverlierer anzusprechen, die ihren gesellschaftlichen Status nach 1989/90 teilweise gegenüber der ungarischen Minderheit eingebüßt hatten. Zum anderen konzentrierte sich die Partei bei Wahlen auf die Region Transsilvanien. Immer wieder erzielte die PUNR in ihrer Hochburg überdurchschnittliche Ergebnisse und nutzte diese Plattform zur Verbreitung ihrer rassistischen Anti-Minderheiten-Botschaften auf landesweiter Ebene. *Funar* gelang es dank seiner Popularität als Bürgermeister, in der rumänischen Öffentlichkeit aufzutreten und dabei die Vorstellung zu verbreiten, in Transsilvanien eskaliere der ethnische Konflikt. Beide Strategien der PUNR waren nach den erfolgreichen Jahren für das Scheitern der Partei mitverantwortlich. Die PUNR verlor durch den Weggang ihres einzigen Zugpferds *Funar* an Medienpräsenz und durch eine (leichte) Entspannung im ungarisch-rumänischen Konflikt ihr zentrales Thema – welches zudem von *Funars* neuer politischer Heimat, der PRM, instrumentalisiert wurde.

Zwischen der PUNR und der *Großrumänischen Partei* (PRM) gab es – abgesehen von ihrer unterschiedlichen Lebensdauer – zahlreiche Parallelen. Beide Parteien standen in ideologischer und personeller Kontinuität zur faschistischen wie zur nationalkommunistischen Diktatur, galten als minderheitenfeindlich, und wurden von zentralen Führungsfiguren geprägt. Die PRM entstand 1991 als regionale politische Organisation im Südosten Rumäniens. Mit dem Übertritt *Gheorghe Funars* gelang der PRM nicht nur die Ausdehnung nach Siebenbürgen. Sie schaffte es auch, bis Ende der 1990er Jahre zur landesweit zentralen Kraft im rumänischen (Rechts-)Extremismus aufzusteigen.[32] Vorsitzender der Partei ist bis heute der ehemalige „Hofpoet" *Ceauşescus*, *Corneliu Vadim Tudor*. Er übernahm von Anfang an die unangefochtene Führungsrolle in der Partei. In den 1990er Jahren gewann die PRM stetig an Anhängern. Bis zu ihrem Höhepunkt im Jahr 2000 stieg die Zahl der Mitglieder – angeb-

30 Vgl. Kevin Adamson: The Political Functions of Ethnic Conflict: Transylvania in Romanian Politics, in Maria Crăciun/Ovidiu Ghitta (Hrsg.): Ethnicity and Religion in Central and Eastern Europe, Cluj 1995, S. 381–398.

31 Vatra Românească zitiert nach Marianna Hausleitner (FN 11), S. 606.

32 Vgl. Kevin Adamson/Adrian Basarabă: „Changing nationalist voting patterns in Romania: The attraction of the Transylvanian electorate by Partidul România Mare", Vortragsmanuskript, präsentiert auf der Konferenz Acteurs politiques et sociaux dans les postcommunismes, IEP Bordeaux und ICP Bukarest, Bukarest 31. Mai 2003.

lich – auf 155.000 an.[33] Die personellen Verbindungen zwischen der PRM und dem früheren Geheimdienst Securitate gelten als offenes Geheimnis.[34]

Die Weltanschauung *Tudors* fußt gleichermaßen auf den Ideen der Diktatoren *Antonescu* und *Ceauşescu*. Marschall *Antonescu* wird von der PRM als Nationalheld und als heiliger Krieger gegen den Bolschewismus verehrt. *Ceauşescu* habe mit seinem nationalistisch-antisowjetischen Kurs in direkter Tradition zu den faschistischen Bewegungen Rumäniens gestanden. Die Verdienste beider um die rumänische Unabhängigkeit werden mit verschwörerischen Theorien überhöht – die rumänische Nation sei von ihren ungarischen und jüdischen Minderheiten bedroht.[35] Vor allem der Antisemitismus firmiert als verbindendes Element der historischen Brüche und zur Begründung aller historischen Errungenschaften und Verfehlungen. Einen Holocaust – und darin waren sich *Ceauşescu, Tudor* und viele Rumänen einig – habe es im Land nie gegeben.

Tudor bestimmte von Anfang an den inhaltlichen Kurs, ebenso den Wandel der PRM. In den 1990er Jahren lehnte er die Demokratisierung Rumäniens ab und propagierte die Errichtung einer Militärdiktatur nach historischem Vorbild. Das Programm stellt – wie die ideologischen Bezüge – eine Mixtur nationalistischer und sozialistischer Forderungen dar. Die PRM bezeichnet sich als Partei der Mitte, da ihre Wirtschaftspolitik links und ihre Minderheitenpolitik rechts einzuordnen sei. Ihre Nationsvorstellungen sind geprägt vom Glauben an die Besonderheit des rumänischen Volkes. Die Religionszugehörigkeit zur orthodoxen Kirche gilt als zentrales Kriterium der ethnischen Ex- und Inklusion. Die wirtschaftlichen Schwierigkeiten des Transformationsprozesses werden von der PRM instrumentalisiert und verstärken ein überhöhtes ethnisches Bewusstsein in der Gesellschaft. *Tudor* erweiterte den nationalistischen Diskurs um soziale Themen wie Armut, Korruption und Arbeitslosigkeit. Dafür verantwortlich seien die Feinde der rumänischen Nation: die politischen Eliten, Zigeuner, Ungarn, Juden und Homosexuelle. Die PRM tritt daher für eine Reihe so genannter „pro-rumänischer" Maßnahmen ein. Sie spricht sich für die Verstaatlichung von ausländischem, jüdischem und ungarischem Privatbesitz und gegen die Privatisierung staatlicher Betriebe aus. Sie verlangt die Wiederherstellung der rumänischen Armee, und sie fordert die Abschaffung zentraler Minderheitenrechte, da diese eine positive Diskriminierung gegenüber der rumänischen Mehrheitsbevölkerung seien.[36] Durch die Verbindung von Programmelementen des Nationalismus und des Kommunismus spricht die PRM vor allem die Verlierer des Systemwechsels an. Mit der Annäherung an die demokratische Mitte hat die Addition rechts- und linksextremistischer Positionen freilich nichts zu tun.

---

33 Zu den Mitgliederzahlen der rumänischen Parteien existieren keine verlässlichen Daten. Es gibt weder Mitgliedsbeiträge noch Registrierungen und damit auch keine Austritte bzw. Ausschlüsse. Die Zahl der „Karteileichen" ist nicht einzuschätzen. Zudem spielen Orts- und Regionalverbände der Parteien politisch und organisatorisch eine unbedeutende Rolle. Siehe zur Organisation und Rolle der Parteien im rumänischen Parteiensystem Tina Oltenau: Rumänien: Vom Einparteiensystem zum Einheitsbrei?, in: Dieter Segert/Ellen Bos (Hrsg.): Osteuropäische Demokratien als Trendsetter? Parteien und Parteiensysteme nach dem Ende des Übergangsjahrzehnts, Opladen/Ridgebrook 2008, S. 147–166.

34 Vgl. Michael Shafir: The Mind of Romania's Radical Right, in: Sabrina P. Ramet (Hrsg.): The Radical Right in Central and Eastern Europe since 1989, Pennsylvania 1999, S. 213–232, hier S. 214.

35 Vgl. Michaela Grün (FN 6), S. 297–299.

36 Vgl. Antoine Roger: Les parties anti-système dans la Roumanie post-communiste, in: Revue d'Etudes Comparatives Est-Ouest 31(2000)2, S. 101–136.

Strategisch und organisatorisch ist die PRM vollständig auf ihren Präsidenten *Vadim Tudor* ausgerichtet. Er gilt als charismatisch, führte die Partei zu ihren Erfolgen in den 1990er Jahren, trägt allerdings auch die Verantwortung für ihren Niedergang seit 2000. *Tudors* Politikstil beschreibt die deutschrumänische Literaturnobelpreisträgerin *Herta Müller* als „mal ruppig, dann gelehrt, mal vulgär, dann religiös, mal sentimental, dann geifernd, [...] stramm militaristisch und offen rassistisch“[37]. *Tudor* fordert von seinen Funktionären bedingungslose Gefolgschaft und entscheidet bis heute Personalfragen in autoritärem Stil. Der Personenkult um ihn trägt Züge der *Ceauşescu*-Ära. Zwar existieren lokale Parteiorganisationen, diese dienen aber nicht der innerparteilichen Willensbildung, sondern allein zur Bereitstellung von Finanzmitteln für den Wahlkampf und zur Unterstützung der Führung. *Tudors* Ausnahmestellung in der PRM resultiert vor allem aus seiner Tätigkeit als Herausgeber der nationalistischen Wochenzeitung *România Mare* seit 1990. Über das landesweit bekannte Blatt konnte *Tudor* nicht nur die politischen Inhalte seiner Partei verbreiten, sondern sich zugleich auch als ihr unbestrittenes Aushängeschild und Sprachrohr inszenieren. *Gabriel Andreescu* sieht die große Stärke *Tudors* und der PRM darin, eigene Massenmedien zu produzieren und zu vertreiben.[38]

Das Jahr 2000 wurde für die PRM zur Zäsur. Die Partei gewann mehr als 20 Prozent bei den Parlamentswahlen, und *Tudor* hatte es bis in die Stichwahl um das Präsidentenamt geschafft. Da EU-Vertreter der politischen Elite Rumäniens jedoch unmissverständlich erklärt hatten, eine Partei wie die PRM gefährde den europäischen Integrationsprozess des Landes, stand *Tudor* auf dem Zenit seines Wahlerfolges ohne Machtoption da. Die Zustimmung sank. Das führte zu einem innerparteilichen Strategiewechsel. Um künftig (mit)regieren zu können, musste sich die Partei mäßigen oder zumindest seriös erscheinen. Anfang 2004 sprach *Tudor* von einem spirituellen Erlebnis, das seine Einstellung zum Judentum grundlegend verändert habe. Er erklärte, Antisemit gewesen zu sein, doch Gott habe ihm die Augen geöffnet, und er liebe von nun an Juden so sehr, wie er sie früher gehasst habe.[39] Seinen Worten ließ *Tudor* Taten folgen. In Siebenbürgen finanzierte er ein Denkmal zu Ehren des ermordeten israelischen Ministerpräsidenten *Yitzhak Rabin*. In Auschwitz legte der einstige Holocaustleugner *Tudor* als Kopf einer PRM-Delegation einen Kranz nieder und bekannte sich zur Vernichtung von Juden in Rumänien.[40] Doch nicht nur, weil sich *Tudors* Kursänderung so abrupt und wenig plausibel begründet vollzogen hatte, bleiben Zweifel an der Ernsthaftigkeit seiner Reue. In der PRM folgt nicht jeder *Tudors* Kurs. Bis heute erscheinen in der gleichnamigen Parteizeitung antisemitische und minderheitenfeindliche Veröffentlichungen.[41] *Tudors* extremistisches Denken scheint, vom Antisemitismus abgesehen, eher von Kontinuität als von Wandel geprägt zu sein.

---

37 Vgl. Herta Müller: Vor der Diktatur ist nach der Diktatur, in: Der Tagesspiegel-Online, abrufbar unter: http://www.tagesspiegel.de/kultur/literatur/Herta-Mueller-Nobelpreis-Rumaenien;art138,2918734 [Stand: 27. November 2009].

38 Vgl. Gabriel Andreescu (FN 16).

39 Vgl. Georgeta Daniela Oancea: Mythen und Vergangenheit – Rumänien nach der Wende, unveröffentlichte Dissertation, München 2005, abrufbar unter: http://edoc.ub.uni-muenchen.de/4577/1/Oancea_Daniela.pdf [Stand: 28. November 2009], S. 113 f.

40 Vgl. ebd., S. 114.

41 Siehe hierzu Onlinearchiv der PRM-Parteizeitung „România Mare“, abrufbar unter: http://www.romare.ro/ [Stand: 27. November 2009].

Die Wähler bestraften die Mäßigung bzw. die Legalitätstaktik *Tudors*. Da die PRM keine sichtbare Alternative zu den demokratischen Parteien mehr darstellte, gab es angesichts einer fehlenden Koalitionsoption für viele Rumänen offenbar keinen Grund, sie zu wählen. *Tudor* wurde zum Opfer der eigenen Eitelkeit. In den 1990er Jahren erlangte er Popularität als Verteidiger rumänisch-nationaler Interessen, dem die politische Konkurrenz nur nachzuhecheln vermochte. Durch die Beitrittsperspektive zur EU wurde *Tudor* plötzlich erstmals selbst als Gefahr der rumänischen Zukunft wahrgenommen. Eine politische Außenseiterrolle wollte *Tudor* nicht spielen; die gesellschaftliche Ächtung konnte er nicht ertragen. Seine – vermeintliche – Läuterung beschleunigte den Bedeutungsverlust der PRM.

3.2 Linksextremismus

Obwohl die *Rumänische Kommunistische Partei* (PCR) mit der Hinrichtung *Ceauşescus* und der Beschlagnahmung des Parteivermögens aufgelöst wurde, kam das keinem offiziellen Parteiverbot gleich.[42] Am 16. November 1990 gründeten Mitglieder der ehemaligen Nomenklatur die *Sozialistische Arbeiterpartei* (PSM) als Nachfolgeorganisation der ehemaligen Staatspartei. Zu ihrem Vorsitzenden bzw. Präsidenten wählte die Partei *Ilie Verdeţ*, der als rumänischer Premierminister (1979–1982) nicht nur in ideologischer Kontinuität zum früheren Regime stand, sondern als *Ceauşescus* Schwager auch personell eng mit dem Diktator verbunden war.[43] Die Mitglieder- und Wählerstruktur rekrutierte sich in den 1990er Jahren aus dem früheren Partei-, Militär- und Polizeipersonal. Die PSM galt als Partei der Gescheiterten und Unzufriedenen.[44] Nachdem sie 1996 den Parlamentseinzug verpasst hatte, begann ein innerparteilicher Richtungsstreit. Ein Großteil der Partei fusionierte 2003 mit der postkommunistischen demokratischen PSD. Der linke Flügel wollte das nicht akzeptieren. Es kam zur Umbenennung und Neugründung als *Partei der Sozialistischen Allianz* (PAS). Die PAS ist heute nahezu bedeutungslos.

Die programmatischen Orientierungen der PSM bzw. der PAS verdeutlichen einmal mehr die Eigenheiten und Paradoxien im rumänischen Extremismus. Obwohl auch diese Partei Positionen von beiden Flügeln des politischen Spektrums verbindet, ist sie wegen ihrer traditionellen und personellen Verbindungen zur PCR am ehesten als linksextremistische Partei zu bezeichnen. In den 1990er Jahren war sie eindeutig antidemokratisch, forderte die Umkehr der Reformen und die Wiederherstellung der Diktatur sowie die Rückkehr der politischen Polizei. Zugleich war die PSM diejenige antidemokratische Partei Rumäniens, die am verhaltensten eine sozialistische Wirtschaftsordnung forderte. Ihre Nachfolgeorganisation PAS vertritt heute ein reformsozialistisches Programm nach den Vorstellungen von

42 Vgl. Marius Opera: A Romanian Tale – The Transition of the Communist Party from Ceauşescu to NATO, in: Uwe Backes/Patrick Moreau (Hrsg.): Communist and Postcommunist Parties in Europe, Göttingen 2008, S. 327–342, hier S. 336.

43 Vgl. Henry F. Carey: Post-Communist Right Radicalism in Romania, in: Peter H. Merkl/Leonard Weinberg (Hrsg.): The Revival of Right-Wing Extremism in the Nineties, London 1997, S. 149–176, hier S. 163.

44 Vgl. Anneli Ute Gabanyi (FN 28), S. 23.

Gorbatschows Perestrojka.[45] Sie proklamiert eine soziale Marktwirtschaft mit gemischten Eigentumsformen, hebt allerdings die zentrale Rolle des Staates für Sozialleistungen hervor. In ihrem Parteiprogramm fordert die PAS Vollbeschäftigung, angemessenen Wohnraum für alle Familien, Chancengleichheit in der Bildung und kostenlose Gesundheitsvorsorge.[46] Auch wenn sich die Partei programmatisch von „Totalitarismus und ideologischem Dogmatismus" distanziert, bedient sie sich zugleich nationalistischer Rhetorik und Ressentiments. Obwohl Gründungsmitglied der *Europäischen Linken* ist die Partei nicht durch Internationalismus gekennzeichnet. Im Programm heißt es, die PAS sei eine nationale Partei, und der Patriotismus die Wiege des rumänischen Volkes. Politisches Handeln müsse im Einklang mit den grundsätzlichen Interessen der Nation stehen.[47] Ihren Protektionismus begründet die PAS antikapitalistisch: Westliche Kapitalgesellschaften und internationale Finanzorganisationen seien verantwortlich für die ökonomische Ausbeutung und Rückständigkeit Rumäniens. Die Partei bedient sich dabei zugleich protektionistisch-antiwestlicher und nationalistisch-fremdenfeindlicher Argumente.

4 Nichtparteiförmiger Extremismus

Die Grenzen zwischen antidemokratischen Parteien und extremistischen Vereinigungen sind in Rumänien fließend. Das liegt zum einen an der sozialen Bedeutung des Extremismus. Systemfeindliche Positionen sind in fast allen Gesellschaftsteilen zu finden und damit auch in Massenorganisationen. Dazu gehören die so genannte Kulturorganisation *Vatra Românească* und manche Strömungen in der rumänisch-orthodoxen Kirche. Beide vermitteln ihren millionenstarken Anhängerschaften ein exklusives und teilweise intolerantes Nationalverständnis. Vor allem in der Verbindung von Orthodoxie und Nationalismus gleichen sich die Positionen der extremistischen Parteien und der offiziellen Kirchenlinie. Der rumänische Staat gehöre den Rumänen, und Rumäne sei, wer der christlich-orthodoxen Kirche angehöre. *Gabriel Andreescu* bezeichnet die *Vereinigung Christlich-Orthodoxer Studenten in Rumänien* als „vielleicht machtvollste Organisation des orthodoxen Fundamentalismus".[48]

Zum anderen organisieren sich viele frühere Anhänger der Anti-System-Parteien seit deren Niedergang in nichtparteiförmigen Organisationen. Dazu zählen Vereinigungen wie die *Rumänische Jugend*, vor allem die im Jahr 2000 von *Tudor Ionescu* gegründete militante Sammlungsbewegung *Noua Dreaptă* (*Neue Rechte* – ND). Die Organisationen teilen die Affinität zu einer nationalistischen rumänischen Ideologie in Verbindung mit der christlichen Orthodoxie als Quelle der spirituellen Einheit aller Rumänen. *Noua Dreaptă* betrachtet sich als Nachfolgeorganisation der faschistischen *Eisernen Garde*. Ihre Anhänger bezeichnen sich in Anlehnung an den ursprünglichen Namen der Bewegung (*Legion des Erzengels Michael*) als *Neolegionäre*. Ihre meist jugendlichen Aktivisten rekrutiert die Gruppe auf Fußballplätzen

45 Vgl. Florian Eckert: Vom Markt zum Plan. Parteipolitik und Privatisierungsprozesse in Osteuropa, Wiesbaden 2008, S. 93.

46 Vgl. Programul Partidului Alianta Socialista [Programm der Partei der sozialistischen Allianz], abrufbar unter: http://www.pasro.ro/index.php/program [Stand: 1. Dezember 2009].

47 Vgl. ebd.

48 Vgl. Gabriel Andreescu (FN 16), S. 191 f.

und im Umfeld der Hooligan-Szene. *Noua Dreaptă* behauptet, über 6000 Mitglieder zu haben. Obwohl es – gemessen an den Teilnehmerzahlen bei Demonstrationen – tatsächlich nur einige hundert Anhänger sein dürften, ist die Gruppe in den meisten Regionen Rumäniens präsent und für ihre provozierenden Aktionen bekannt. *Noua Dreaptă* gelingt es durch massenhafte Plakatklebeaktionen, durch die Publikation einer gleichnamigen Zeitschrift und durch ihre gut ausgebaute Internetpräsenz und Vernetzung, landesweit wahrgenommen zu werden.[49] Sie gilt als gewaltbereit und veranstaltet für ihre Mitglieder paramilitärische Ausbildungslager. Auch im internationalen Rechtsextremismus ist die *Noua Dreaptă* eine bekannte Größe. Sie war im Juni 2003 Gründungsmitglied der *European National Front* und unterhält rege Beziehungen zu rechtsextremistischen Vereinungen, u. a. in Deutschland, Frankreich, Italien, Spanien und in Ostmitteleuropa. Die *Nationaldemokratische Partei Deutschlands* (NPD) gehört zu ihren engsten Partnern.[50]

Noua Dreaptă erfüllt nicht nur organisatorisch, sondern auch inhaltlich alle Kriterien einer militanten rechtsextremistischen Organisation. Durch die enge Beziehung zur christlich-orthodoxen Kirche und ihre strenge Form der Glaubensauslegung mutet das Auftreten der *Neuen Rechten* mystisch bis messianisch an. Jedes Jahr am 13. September organisiert sie einen Erinnerungsmarsch zu Ehren des Gründers der *Legion*, *Corneliu Codreanu*. Die orthodoxe Kirche ist mit Gottesdiensten und Andachten eng in die Gedenkfeierlichkeiten eingebunden. Die Bewegung fordert einen offiziellen Heldenstatus aller Nationalisten, die sich für Gott, die Nation und das rumänische Vaterland geopfert hätten. Als ihre heilige Mission bezeichnet die *Noua Dreaptă* die „spirituelle und kulturelle Wiederauferstehung Rumäniens“.[51] Alle Rumänen hätten das Recht, in einem einheitlichen Staat zu leben. Das oberste Ziel sei daher die Wiedervereinigung Rumäniens und Moldawiens zu einem großrumänischen Staat. Auf ihrer Homepage zeigt die *Neue Rechte* Umrisse eines rumänisch-moldawischen Einheitsstaates vor der rumänischen Trikolore.[52]

Das Manifest der *Noua Dreaptă* besteht aus einer engen Verbindung von nationalistischen und religiös fundamentalistischen Positionen. So werden die Erziehung und die Bildung der Jugend im „Geiste einer christlichen Nation gefordert“.[53] Zudem behauptet die *Neue Rechte*, seit 1989 habe es eine Offensive von Sekten gegen die orthodoxe Kirche gegeben, welche die geistliche Einheit des rumänischen Volkes bedrohen. Sie lehnt jede Glaubensfreiheit ab. Die Gefahr einer kulturellen Verunreinigung durch fremde – vor allem westliche – Kulturen führe zu sozialer Ungerechtigkeit, ausländischem Kapitalismus und individualisiertem Materialismus. Die Fremden- und Minderheitenfeindlichkeit der *Noua Dreaptă* richtet sich – wie bei allen rechtsextremistischen Vereinigungen in Rumänien – gegen Ungarn und Roma. Die Volksgruppen würden aus historischer Erfahrung nicht die selben Werte teilen,

49 Siehe im Einzelnen die Internetseite der Noua Dreaptă, abrufbar unter: http://www.nouadreapta.org [Stand: 1. Dezember 2009].

50 ND-Generalsekretär *Claudiu Mihutiu* nahm 2004 an der so genannten NPD-Sommeruniversität teil. 2005 vertrat er die *Neue Rechte* als Gast auf dem 40. Jahrestag der *Nationaldemokraten*. Großen Wert legt die *Noua Dreaptă* dabei offensichtlich auf ihre Außendarstellung. Auf ihrer Internetseite berichtet die *Neue Rechte* ausführlich über ihre Aktivitäten.

51 Ebd.

52 Vgl. ebd.

53 Siehe das Programm der ND, abrufbar unter: http://www.nouadreapta.org/obiective.php [Stand: 2. Dezember 2009].

was ein Zusammenleben unmöglich mache.[54] Vor allem gegen Homosexuelle führt die ND eine moralisch begründete und von der Kirche unterstützte Kampagne. Am 28. Mai 2009 demonstrierten etwa 50 ND-Anhänger gegen die erste Homosexuellenparade in Bukarest. Unter dem Motto „Für Normalität, gegen Homosexualität" forderten sie die Re-Kriminalisierung von Homosexualität und damit das Ende des moralischen Verfalls Rumäniens. Darin unterscheidet sich die ND allerdings kaum von der „liberalen" Parlamentspartei *Partidul Conservator* (PUR) und der offiziellen Kirchenlinie. Das Gesellschaftsmodell der ND lässt sich als nationalistischer und christlich-orthodoxer Gottesstaat charakterisieren.

Im Gegensatz zur breiten gesellschaftlichen Verankerung des Nationalismus in Rumänien sind „klassisch" linke Bewegungen bzw. antifaschistische Organisationen, wie das *Romanian Social Forum* und *Attac Romania*, bedeutungslos. Antifaschismus ist kein relevantes gesellschaftliches Thema. Die Diskurse um Kapitalismus- und Globalisierungskritik werden von den linksnationalistischen Gruppierungen dominiert. Neben Themen, Aktivisten und Ressourcen fehlt es den militanten wie pazifistischen Gruppierungen im rumänischen Linksextremismus vor allem an Rückhalt in der Bevölkerung und an gesellschaftspolitischen Bündnispartnern. Umwelt- und Frauenrechtsgruppen sind in Rumänien ebenso marginalisiert wie die linksalternative Jugendszene.[55] Weder der Demokratie noch dem Rechtsextremismus hat die extreme Linke in Rumänien etwas entgegenzusetzen.

5 Ergebnis

In kaum einem Mitgliedsstaat der Europäischen Union prägte der politische Extremismus die nationale Politik in den vergangenen 20 Jahren so stark wie in Rumänien. Eine eindeutige Unterscheidung von rechts- und linksextremistischen Organisationen ist dabei unmöglich. Da fast alle Akteure in ideologischer Kontinuität zum nationalkommunistischen Regime unter *Ceauşescu* stehen bzw. standen, vermischen sich programmatisch Elemente des Rechts- und des Linksextremismus. Dennoch gibt es zwischen den beiden Dekaden seit dem Beginn der rumänischen Demokratisierung große Unterschiede in der Form, dem Erfolg und dem Intensitätsgrad extremistischer Akteure. In den 1990er Jahren schafften gleich mehrere nationalkommunistische Parteien den Parlamentseinzug, beteiligten sich von 1992 bis 1996 an der Regierung und konnten dadurch ihre rassistisch-protektionistischen und antiungarischen Forderungen in politischen Diskursen Rumäniens verankern. Während sich die Partei der ungarischen Minderheit als verlässlicher Koalitionspartner erwies, stellten die extremistischen Parteien ihre Regierungsunfähigkeit unter Beweis, die zu weiteren Spannungen in der rumänischen Gesellschaft beitrug.[56]

Seit dem Höhepunkt ihrer Wahlerfolge im Jahr 2000 schwindet der Einfluss extremistischer Parteien. Dafür sind zum Teil innere Zerwürfnisse verantwortlich. Das Parteiensystem Rumäniens stabilisierte sich, die etablierten Parteien konsolidierten bzw. demokratisierten

54 Vgl. Gabriel Andreescu (FN 16), S. 190.

55 Vgl. Dorothée de Nève/Tina Olteanu: Die Linke in Rumänien, in: Birgit Daiber/Cornelia Hildebrandt (Hrsg.): Die Linke in Europa. Analyse linker Parteien und Parteiallianzen, Reihe Rosa-Luxemburg-Stiftung Papers, Berlin 2009, S. 155–161, hier S. 156.

56 Vgl. Cristian Preda: Partide şi alegeri în România post-comunistă. 1989–2004, Bukarest 2005, S. 37–42.

sich mit Blick auf die EU-Mitgliedschaft des Landes seit 2007. Ferner scheint die Anziehungskraft charismatischer (Ver)Führerfiguren, wie *Gheorghe Funar* und *Corneliu Vadim Tudor*, beim rumänischen Wahlvolk nachzulassen. Vor dem Hintergrund, dass die Unterstützung für extremistische Parteien in der Vergangenheit eng mit dem persönlichen Image ihrer Spitzenpolitiker verknüpft war, signalisiert der Rückgang einen allgemeinen Wandel der Wählereinstellungen in Richtung eines bipolaren Parteiensystems. Die eingeführten mehrheitsbildenden Elemente im rumänischen Wahlsystem begünstigen diese Entwicklung.

Durch den Bedeutungsverlust extremistischer Parteien verschwanden jedoch nicht die antidemokratischen Einstellungen in der Politik und in der Bevölkerung. Im Gegenteil: Die extremistische Saat der 1990er Jahre ging vielleicht nicht auf, aber sie ist noch immer in der rumänischen Gesellschaft verstreut. Ungebrochen schwelt ein latenter ethnischer Konflikt zwischen rumänischer Mehrheits- und ungarischer Minderheitsbevölkerung. Nach wie vor sind die bilateralen Beziehungen beider Länder angespannt. Eine konsequente Auseinandersetzung mit der totalitären Vergangenheit und dem eigenen Geschichtsbild lässt in Rumänien auf sich warten.[57] Die fehlende Distanzierung der demokratischen Parteien von extremistischen Organisationen in den 1990er Jahren wirkt heute vielfältig nach: Die Verrohung des politischen Klimas ist weit vorangeschritten. Militante Gruppen haben durch die Mäßigung und Marginalisierung der extremistischen Parteien in den letzten Jahren sogar an Relevanz gewonnen. Eine demokratische politische Kultur existiert nur in Ansätzen. Die nachlassenden Wahlergebnisse der extremistischen Parteien können daher nicht mit der zaghaften Distanzierung durch die demokratischen Akteure seit 2000 erklärt werden. Vielmehr kam es zur Auf- bzw. Übernahme nationalistischer und sozialpopulistischer Themen durch die demokratischen Parteien. Spitzenpolitikern, wie Rumäniens Präsident *Traian Băsescu*, gelingt es mit populistischem Auftreten und moderat nationalistischen Ansichten, den früheren PRM-Wählern eine nichtextremistische Alternative anzubieten.[58] Der Überbietungswettbewerb von Volksnähe und Nationalgefühl hat in Rumänien zu einer Art Allparteienpopulismus geführt.

Falsch wäre es, wegen der momentanen Schwäche der Anti-System-Parteien auf ein generelles Verschwinden des politischen Extremismus in Rumänien zu schließen. Die Gelegenheitsstrukturen für antidemokratische Akteure sind nach wie vor günstig: Ein antiextremistischer Konsens in Form einer konsequenten Ablehnung des Extremismus in Politik und Gesellschaft existiert in Rumänien ebenso wenig wie eine positiv zur Demokratie eingestellte Mittelschicht. In den landesweiten Medien sind selbst gewaltbereite extremistische Organisationen präsent.[59] Das schwierige wirtschaftliche und soziale Klima hat sich seit dem EU-Beitritt kaum verbessert, sondern durch die Finanzkrise im Jahr 2008 verschlechtert. Die rumänische Gesellschaft wird zunehmend durch die Polarisierung zwischen eher proeuropäischen Eliten und der stärker national gesinnten Bevölkerung gespalten. Die extremistischen Organisationen nehmen derlei Entwicklungen genau zur Kenntnis, sie denken nicht daran, sich in das Schicksal ihres Untergangs zu fügen. Der Schachzug *Vadim Tudors*, seinen Konkurrenten *George Becali* für die Europawahlen 2009 zu nominieren, zeigte Erfolg: Die PRM

57 Vgl. Herta Müller (FN 37).
58 Vgl. Anneli Ute Gabanyi: Rumänien: Populismus als Instrument der Machtsicherung, in: Südosteuropa Mitteilungen 48(2008)2, S. 56–67.
59 Siehe die Auftritte des Vorsitzenden der ND im Informationsprogramm des rumänischen Fernsehens, abrufbar unter: http://www.nouadreapta.org/video.php [Stand: 3. Dezember 2009].

verdoppelte innerhalb von sieben Monaten ihr Ergebnis gegenüber den Parlamentswahlen im Vorjahr. Stärker denn je bemühen sich die extremistischen Organisationen um Einigkeit im antidemokratischen Lager. Da die ideologischen Grundlagen der meisten Akteure identisch sind und sich kaum von den Vorstellungen breiter Gesellschaftsschichten unterscheiden, wäre das Ausbleiben neuerlicher extremistischer Erfolge eine größere Überraschung als ihre Rückkehr. Rumäniens Abschied vom totalitären Erbe der Vergangenheit lässt unter diesen Vorzeichen weiter auf sich warten.

Extremismus in Schweden

Jan Freitag/Tom Thieme

1 Rahmenbedingungen

Die Gründung und die Betätigung extremistischer Parteien und Gruppierungen stoßen in Schweden kaum auf staatliche Restriktionen, da Meinungs- und Vereinigungsfreiheit unveränderbare Grundwerte des politischen Systems sind. Zwar gibt es seit dem Zweiten Weltkrieg formale Kriterien, die festlegen, wann eine Organisation verboten werden kann, doch diese Regeln kamen bisher nie zur Anwendung. Erst durch eine Reihe von Gewaltverbrechen neonationalsozialistischer Gruppierungen und das Aufkommen rechtsextremer Parteien Anfang der 1990er Jahre wurde die Möglichkeit von Parteiverboten ernsthaft erörtert.[1] Da die starke Skepsis der Schweden gegenüber Parteiverboten überwog, verabschiedete die sozialdemokratische Regierung stattdessen ein Gesetz zur Bekämpfung von „Rassenagitation gegen ethnische Gruppen". Es stellt das Tragen nationalsozialistischer Symbole und das Zeigen des Hitlergrußes unter Strafe. Befürworter einer harten Gangart gegenüber dem Rechtsextremismus bemängeln, das Gesetz fände nicht in dem Maße Anwendung, wie es rechtlich könnte und sollte.[2] Gegenüber linksextremistischen Vereinigungen exisitieren keine Vorkehrungen.

Die Besonderheit der politischen Kultur Schwedens, welche zu der Bezeichnung „Schwedisches Modell"[3] geführt hat, liegt in einer auffallenden politischen Ausgewogenheit. Statt Polarisierung und Konflikt bestimmen Konsens, Integration und Pragmatismus die schwedische Gesellschaft. Die jahrzehntelange sozialdemokratische Dominanz im schwedischen Parteiensystem prägte eine soziokulturelle Hegemonie, die sich in einem Vollbeschäftigungskonsens und dem breiten Ausbau des Wohlfahrtsstaates ausdrückt. Daher wurde lange Zeit die Legitimation des politischen Systems Schwedens hoch eingeschätzt. Seit den 1990er Jahren ist jedoch ein relativ starkes Abnehmen des Institutionenvertrauens festzustellen.[4] Vor allem die steigende Arbeitslosigkeit und die seit den 1970er Jahren bis heute anhaltende

---

1 Siehe hierzu Silvia Seehafer: Strafrechtliche Reaktionen auf rechtsextremistisch/fremdenfeindlich motivierte Gewalttaten – Das amerikanische „hate crime" Konzept und seine Übertragbarkeit auf das deutsche Rechtssystem, Dissertation abrufbar unter: http://edoc.hu-berlin.de/dissertationen/seehafer-silvia-2003-04-28/HTML/index.html [Stand: 19. November 2009].

2 Siehe hierzu die Stellungnahme der Swedish United Nations Association: Förbjud rasistka organisationer i Sverige [Verbot rassistischer Organisationen in Schweden], abrufbar unter: http://www.sfn.se/press/tal-och-artiklar/2008/forbjud-rasistiska-organisationer-i-sverige-/ [Stand: 31. Oktober 2009].

3 Siehe zum „Schwedischen Modell" unter anderem Gunilla Rising Hintz (Hrsg.): Das schwedische Modell – Zukunfts- oder Auslaufmodell?, Marburg 1994; Sven Jochem: Konzentrierung und Parteienwettbewerb: das schwedische Modell im Wandel, in: Ders. (Hrsg.): Konzentrierung, Verhandlungspolitik und Reformpolitik im Wohlfahrtsstaat: das Modell Deutschland im Vergleich, Opladen 2003, S. 271–310. Zur Kritik am „Schwedischen Modell" siehe Roland Huntford: Wohlfahrtsdiktatur: Das schwedische Modell, 4. Auflage, Frankfurt a. M. 1974.

4 Vgl. Detlef Jahn: Das politische System Schwedens, in: Wolfgang Ismayr (Hrsg.): Die politischen Systeme Westeuropas, 4. Auflage, Wiesbaden 2009, S. 107–149, hier S. 134 f.

Einwanderungswelle führten zur Desintegration bestimmter Bevölkerungsgruppen. Das erste nutzte eher dem linken Flügel, das letzte weniger stark den rechtsextremen Parteien.[5] Die von Toleranz und Integration geprägte politische Kultur Schwedens fördert und hemmt somit den politischen Extremismus gleichermaßen. Gegenüber neuen sozialen Bewegungen ist die Gesellschaft offen. Deren demokratische Elemente werden integriert, extremistische Positionen dagegen marginalisiert, denn für radikale Umbrüche und antidemokratische Positionen ist die schwedische Mehrheitsgesellschaft nicht zu gewinnen. Umgekehrt schafft dies die Gelegenheitsstrukturen, von denen gemäßigt auftretende Extremismen profitieren. Das zum Elitenmodell neigende politische System Schwedens an sich und die milde Auseinandersetzung der Volksparteien mit kritischen Themen, wie Einwanderung und Europäisierung, schaffen gewisse Etablierungschancen für populistisch agierende und moderat auftretende systemfeindliche Parteien.

Von der (in Schweden ohnehin gering ausgeprägten) Politikverdrossenheit und von Stimmen aus dem Nichtwählerlager profitieren die extremistischen Parteien kaum. Die Wahlbeteiligung bei den Riksdags-Wahlen lag im Durchschnitt von 1970 bis 2002 bei 87,4 Prozent.[6] Die Machtverteilung innerhalb des politischen Systems und das schwedische Wahlsystem begünstigen den Einfluss kleinerer und/oder extremistischer Parteien. Das liegt zum einen am Umfang der politischen Kompetenzen auf lokaler Ebene. Die schwedischen Kommunen generieren und verwalten einen Großteil der schwedischen Sozial- und Wohlfahrtspolitik, und sie sind verantwortlich für die Organisation von Arbeitslosen- und Sozialhilfe, Altenpflege und Bildung. Damit besitzen die extremistischen Parteien gewisse Gestaltungsspielräume in ihren Hochburgen.[7] Durch die Berührungspunkte von lokaler und überregionaler Politik führt dies zu einem gestärkten Einfluss ihrer Vertreter auf der nationalstaatlichen Ebene. Es bietet sich ihnen zugleich die Chance, ihre regionale Verankerung voranzutreiben.

Zum anderen profitieren extremistische Parteien von den Eigenheiten des schwedischen Verhältniswahlsystems, welches mit der Verfassungsänderung 1975 eingeführt wurde. In Schweden werden alle vier Jahre im September gleichzeitig die nationalen, regionalen und kommunalen Parlamente gewählt. Auf nationaler Ebene gilt eine Sperrklausel von vier Prozent.[8] Diese tritt außer Kraft, wenn eine Partei in einem Wahlkreis mehr als zwölf Prozent der Stimmen erhält. Bei der Einführung des proportionalen Wahlsystems in Schweden spielte der (Neben-)Effekt – Anti-System-Parteien den Riksdag-Einzug zu erschweren – keine Rolle. Im Gegenteil: Die Sozialdemokraten forderten ursprünglich eine Drei-Prozent-Hürde, um den Einzug des potenziellen Partners, der *Kommunistischen Partei Schwedens* (SKP), nicht

---

5 Lange galt die schwedische Bevölkerung als verhältnismäßig homogen. Heute dagegen hat fast ein Fünftel der schwedischen Staatsbürger einen Migrationshintergrund. Dennoch profitieren die rechtsextremistischen Parteien von starker Einwanderung nicht in dem Maße, wie dies in den skandinavischen Nachbarländern Norwegen und Dänemark der Fall ist.

6 Vgl. Christian Steffen: Die Parteiensysteme Dänemarks, Norwegens und Schwedens, in: Oskar Niedermayer/Richard Stöss/Melani Haas (Hrsg.): Die Parteiensysteme Westeuropas, Wiesbaden 2006, S. 67–108, hier S. 81.

7 Das trifft vor allem auf die rechtsextremistischen *Schwedischen Demokraten* (SD) zu, die in den südschwedischen Regionen Skåne und Blekinge überdurchschnittliche Wahlergebnisse erzielten. Vgl. Ulla Ekström von Essen: Sverigedemokraterna i de svenska kommunerna 2002–2006. En studie av politisk aktivitet, strategi och mobilisering, Integrationsverket, Norrköping 2006, S. 144 f.

8 Für Provinz-, Kreis- und Stadtparlamente gilt in Schweden eine Sperrklausel von fünf Prozent. Siehe dazu Werner T. Bauer: Wahlsysteme in den Mitgliedsstaaten der Europäischen Union, Wien 2006, S. 51–53.

zu gefährden. Die Vier-Prozent-Regelung stellte einen Kompromiss mit den bürgerlichen Parteien dar, die ursprünglich eine Fünf-Prozent-Hürde gefordert hatten.[9]

Einen antiextremistischen Konsens gibt es in der schwedischen Gesellschaft folglich nicht; hingegen besteht Übereinstimmung in der Ablehnung des Rechtsextremismus. Während die *Schwedische Kommunistische Partei* (SKP) und ihre Nachfolgeorganisationen – seit 1990 vor allem die *Linkspartei* (VP) – im schwedischen Mehrparteiensystem als Partner der Sozialdemokraten seit Jahrzehnten einen linken Block bilden, wird eine Zusammenarbeit mit den seit Anfang der 1990er Jahre aufkommenden rechtsextremen Parteien von den bürgerlichen Parteien bzw. von allen gesellschaftlich relevanten Gruppen abgelehnt. Obwohl sich die parlamentarisch vertretenen rechts- und linksextremistischen Parteien in ihrem Intensitätsgrad als jeweils weiche Extremismusformen kaum unterscheiden, gelangten Kommunisten bzw. Sozialisten mehrfach in die von Sozialdemokraten geführten Regierungskoalitionen. Den rechtsextremen Parteien *Neue Demokratie* (NyD) und *Schwedische Demokraten* (SD) verwehrten die etablierten Kräfte dagegen bislang jede Zusammenarbeit – selbst auf regionaler und lokaler Ebene.[10]

2 Wahlentwicklung

Bis Ende der 1980er Jahre galt das schwedische Parteiensystem als eines der stabilsten der Welt. Fünf Parteien bestimmten über 70 Jahre das politische Leben in Schweden, darunter die *Schwedische Kommunistische Partei* (SKP), jedoch keine rechtsextreme Partei. Das änderte sich mit den Parlamentswahlen 1991. Die im selben Jahr gegründete *Neue Demokratie* (NyD) erzielte aus dem Stand 6,7 Prozent. Die Partei profitierte dabei stark vom Thema Zuwanderung. Wurde die Migrationsfrage in Schweden bis Anfang der 1990er Jahre recht liberal gehandhabt, bekam die Diskussion um das Thema mit der Öffnung des „Eisernen Vorhangs" neue Dynamik. Fast zwei Drittel der Schweden befürworteten 1992 die Reduzierung der Asylbewerberplätze und der Zuwanderungsraten. Die Unterstützung für die NyD lag zu diesem Zeitpunkt in Umfragen bei über zehn Prozent.[11] Doch die Verschärfung der Einwanderungspolitik durch die sozialdemokratische Regierung ab 1994 führte – neben massiver Kritik von Kommunisten, Liberalen und Grünen – zu einer sinkenden Bedeutung des Einwanderungsthemas und damit zu verringerten Mobilisierungschancen der *Neuen Demokratie*. Begleitet von innerparteilichen Zerwürfnissen und Abspaltungen konnte die NyD ihren Erfolg drei Jahre[12] später nicht wiederholen. Sie erhielt 1994 nur 1,2 Prozent der Stimmen, 1998 0,2 Prozent.[13] Vor den Wahlen 2002 löste sich die Partei auf.

---

9 Vgl. Detlef Jahn (FN 4), S. 108.

10 Siehe im Einzelnen Olof Petersson: Svensk politik, Stockholm 2007.

11 Vgl. Anders Widfeldt: The diversified approch. Swedish responses to the extreme right, in: Rodger Eatwell/Cas Mudde (Hrsg.): Western Demcracies and the new Extreme Right Challenge, London/New York 2004, S. 150–171, hier S. 157.

12 Mit der Verfassungsreform im Zuge der Abschaffung des Zweikammernsystems wurde bei den Wahlen in Schweden 1970 eine dreijährige Legislaturperiode eingeführt. Seit 1994 wählen die Schweden wieder aller vier Jahre. Vgl. Ursula Degener: Die Abschaffung des Zweikammerreichstages in Schweden, in: Gisela Riescher/Sabine Ruß/Christoph M. Haas (Hrsg.): Zweite Kammern, München 2000, S. 353–367, hier S. 364 f.

13 Vgl. Detlef Jahn (FN 4), S. 126 f.

Die SD war bis 2002 eine marginale Partei. Sie wurde 1988 aus verschiedenen neonationalsozialistischen und faschistischen Gruppierungen gegründet.[14] Mit dieser „ideologischen Hypothek" beladen, stieß die Partei bis 1998 auf wenig Zustimmung. Bei den drei nationalen Wahlen in den 1990er Jahren erhielt die SD jeweils deutlich unter einem Prozent.[15] Dies änderte sich erst durch die programmatische Mäßigung der Partei und nach ihrer Distanzierung vom Nationalsozialismus. Dennoch blieben die *Schwedischen Demokraten* bei den Wahlen 2002 gesellschaftlich isoliert und mit 1,4 Prozent der Stimmen ohne nennenswerten Zuspruch. Trotzdem feierte sich die Partei als die mit Abstand größte außerparlamentarische Kraft. Auch 2006 verpasste sie den Sprung über die Vier-Prozent-Hürde (2,9 Prozent), konnten ihr Ergebnis gegenüber den vorangegangenen Reichstagswahlen jedoch mehr als verdoppeln. Auf kommunaler Ebene gewann die SD dagegen 277 Sitze in Gemeinderäten gegenüber 49 Mandaten 2002. Das bedeutete vor allem einen wichtigen ökonomischen Erfolg für die Partei, da sie erstmalig von der staatlichen Parteienfinanzierung profitierte[16] und diese sich nach der Anzahl der errungenen Sitze richtet. Die verbesserte Finanzlage nutzte die SD für eine umfangreiche Kampagne zu den Europawahlen 2009. Obwohl das Ergebnis von 3,3 Prozent für die *Schwedischen Demokraten* eine Enttäuschung gewesen sein dürfte, ist der Sprung über die Vier-Prozent-Hürde bei den Parlamentswahlen 2010 möglich.

Tabelle 1 Ergebnisse der extremistischen Parteien bei den schwedischen Parlamentswahlen 1991–2006 (in Prozent)

	1991	1994	1998	2002	2006
NyD	6,7	1,2	0,2	---	---
SD	0,0	0,2	0,4	1,4	2,9
ND	---	---	---	0,2	0,1
NSF	---	---	---	---	0,0
VP[1]	4,5	(6,2)	(12,0)	(8,4)	(5,9)
KP/SKP[2]	0,0	0,0	0,0	0,0	0,0
Quelle: Schwedische Wahlbehörde, abrufbar unter: http://www.val.se/ [Stand: 30. Oktober 2009].					

[1] Seit 1993 nicht mehr als extremistisch einzuschätzen.
[2] In wechselnden Formationen und Bezeichnungen.

14 Vgl. Jens Rydgren: Vom Wohlfahrtschauvinismus zur ideologisch begründeten Fremdenfeindlichkeit. Rechtspopulismus in Schweden und Dänemark, in: Frank Decker (Hrsg.): Populismus in Europa. Gefahr für die Demokratie oder nützliches Korrektiv?, Bonn 2006, S. 165–190, hier S. 183 f.

15 Siehe die Ergebnisse der extremistischen Parteien in Schweden hier und im Folgenden auf den Internetseiten der Schwedischen Wahlbehörde, abrufbar unter: http://www.val.se/ [Stand: 30. Oktober 2009].

16 Politische Parteien erhalten vom Staat finanzielle Unterstützung, wenn sie im landesweiten Durchschnitt mehr als 2,5 Prozent der Stimmen bei den gleichzeitig stattfindenden Riksdags-, Provinz- und Kommunalwahlen gewinnen. Vgl. Michael Koß: Staatliche Parteienfinanzierung und politischer Wettbewerb. Die Entwicklung der Finanzierungsregimes in Deutschland, Schweden, Großbritannien und Frankreich, Wiesbaden 2008, S. 194–202.

In Schweden existieren zwei weitere marginale rechtsextreme Parteien, die bei Wahlen kaum in Erscheinung traten. Die *Nationaldemokraten* (ND) formierten sich 2001 nach Abspaltung von den *Schwedischen Demokraten*, da sie mit dem gemäßigteren Kurs der SD nicht einverstanden waren. Bei den Wählern fand die Neugründung wenig Zuspruch. 2002 erzielten die *Nationaldemokraten* 0,2 Prozent, vier Jahre später waren es weniger als 0,1 Prozent. Noch unbedeutender ist die *Nationalsozialistische Front* (NSF). Sie konnte seit ihrer Gründung 1994 nie einen Sitz auf lokaler, regionaler oder nationaler Ebene gewinnen. Bei den Riksdagswahlen 2006 gewann die NSF 1417 Wählerstimmen (0,03 Prozent).[17] Insgesamt halten sich die Wahlerfolge der rechtsextremen Parteien in engen Grenzen. Rechtsextremismus ist in der schwedischen Gesellschaft weitgehend marginalisiert.

Obwohl die *Schwedische Kommunistische Partei* (SKP) eine lange Tradition besitzt, sind die Wahlergebnisse linksextremistischer Parteien seit 1990 von bescheidenem Ausmaß. Dafür ist maßgeblich die Transformation der innerparteilichen SKP-Hauptströmung verantwortlich, die spätestens seit der Umbenennung in *Vereinigte Linkspartei* (VP)[18] und der programmatischen Erneuerung 1993 nicht mehr per se als extremistisch gilt. Dem „offiziellen" Verzicht auf eine grundlegende Systemveränderung war eine Jahrzehnte lange demokratisch-pragmatische (Regierungs-)Politik vorausgegangen. Die VP stellt nicht (mehr) die Systemfrage. Der Namens- und Kurswechsel (besser: die Kurskorrektur) der Partei zahlten sich aus. Nachdem die VP bei den nationalen Wahlen 1991 und 1994 mit 4,5 bzw. 6,2 Prozent etwa im Bereich ihrer Ergebnisse nach Kriegsende gelegen hatte, erzielte sie 1998 das Rekordergebnis von 12,0 Prozent. Die VP verdankte ihren Erfolg vor allem der schwedischen Wirtschaftskrise in den 1990er Jahren und der Popularität ihrer Vorsitzenden *Gudrun Schyman*. Doch durch die Verwicklung in einen Steuerskandal und den Rücktritt *Schymans* im Jahr 2003 sanken die Zustimmungsraten für die VP. Nach 8,3 Prozent 2002 war die *Linkspartei* bei den Riksdagswahlen 2006 mit 5,9 Prozent auf ihr Nachkriegsniveau zurückgekehrt.[19]

Der allmähliche Demokratisierungsprozess der SKP hatte von den 1960er Jahren an immer wieder Abspaltungen von linksextremistischen Splittergruppen zur Folge.[20] Sie alle blieben bei Wahlen ohne Bedeutung. Die Integrationskraft der *Vereinigten Linkspartei* entzog den kommunistischen Hardlinern jeglichen Boden – zudem in einem Land, dessen so genannter „funktionaler Sozialismus"[21] als lange verwirklicht galt. Nach zahlreichen Umbe-

---

17 Am 22. November 2008 wurde die NSF aufgelöst und zugleich ihre Nachfolgeorganisation *Folkfronten* (*Volksfront*) gegründet, was einen innerparteilichen Mäßigungsprozess zum Ausdruck bringen sollte. Vgl. http://www.folkfronten.nu/ [Stand: 4. November 2009].

18 1967 benannte sich die *Kommunistische Partei Schwedens* (SKP) erstmals um. Dem war ein heftiger innerparteilicher Streit über die Orientierung der Partei vorausgegangen. Mit der Bezeichnung als *Linkspartei – Kommunisten* (*Vänsterpartiet kommunisterna* – VPK) sollte die Distanzierung von leninistischem und stalinistischem Gedankengut und das Bekenntnis zur Demokratie ausgedrückt werden. Nach dem Ende des Kalten Krieges kam es im Jahr 1990 zur zweiten Umbenennung und Umstrukturierung der Partei. Aus der VPK wurde die *Linkspartei* (*Vänsterpartie*). Seitdem verzichtet die Partei auf den Zusatz kommunistisch. Vgl. Detlef Jahn (FN 4), S. 125.

19 Vgl. ebd., S. 126.

20 Siehe im Einzelnen zur Entwicklung und Namensgeschichte der *Schwedischen Kommunistischen Partei* und ihrer Abspaltungen Svante Ersson: Post-Communism and Leftist Parties in two Scandinavian Countries after 1989 – The Cases of Denmark and Sweden, in: Uwe Backes/Patrick Moreau (Hrsg.): Communist and Postcommunist Parties in Europe, Göttingen 2008, S. 141–166.

21 Gunnar Adler-Karlsson: Funktionaler Sozialismus. Ein Glaubensbekenntnis zur modernen Demokratie, Düsseldorf 1973.

nennungen und Neuausrichtungen existieren in Schweden aktuell zwei Formationen, die um das marxistisch-leninistische Erbe der Traditionspartei streiten: die *Kommunistische Partei* (KP) und die *Schwedische Kommunistische Partei* (SKP). Es gelang jedoch – egal unter welcher Bezeichnung – keiner der linksextremistischen Parteien, in Schweden bei nationalen Wahlen auch nur annähernd ein Prozent der Stimmen zu erreichen.

3 Extremistische Parteien

3.1 Rechtsextremismus

In den meisten länderübergreifenden Untersuchungen zum Rechtsextremismus in Europa wird die *Neue Demokratie* – wenn auch nach unterschiedlichen Kriterien – als eine rechtsextremistische Partei klassifiziert.[22] Ob es sich auch bei der (rechts-)populistischen NyD um eine rechtsextreme Partei handelte, ist allerdings fraglich.[23] Die Anwendung der Kriterien zur Bestimmung antidemokratischer Intensität[24] zeigt, dass die *Neue Demokratie* allenfalls die weich(st)e Extremismusform darstellte. Zum einen fehlte es der NyD an einer „klassisch" antidemokratischen Weltanschauung. Ihre Ideologie war eher mit neoliberal als nationalistisch zu beschreiben. Die beiden prominenten Gründer der Partei, der Industrielle *Ian Wachtmeiser* und der Freizeitparkbesitzer *Bert Karlsson*, verstanden sich als Anwälte des Mittelstandes gegenüber dem schwedischen Staat mit seiner hohen Steuer- und Abgabenlast für selbstständige Unternehmer. Dabei setzten sie auf eine Anti-Etablishment-Strategie – an der Seite der kleinen Leute gegen die übermächtigen Eliten im öffentlichen Sektor zu agieren, was nicht zugleich antidemokratisch bedeutete. Die *Neue Demokratie* war basisdemokratisch organisiert. Das führte nach internen Streitigkeiten zu ihrem Niedergang bzw. Ende.[25] Militante Rechtsextremisten organisierten sich nie in der NyD, denn die Partei stand in keiner Kontinuität zu den nationalistischen Bewegungen Schwedens der Vor- und Zwischenkriegszeit.

Für eine Klassifizierung der NyD als rechtsextremistische Partei sprechen hingegen manche Äußerungen ihrer Verantwortlichen zu den Themen Einwanderung und Asylrecht. Die *Neue Demokratie* verknüpfte ihre Kritik an der Immigrations- und Asylpolitik der schwedischen Regierungen mit rassistischen Äußerungen über Ausländerkriminalität und so genannte „Sozialstaatsschmarotzer".[26] Zwar waren solche Inhalte nicht im Programm und in

22 Siehe u. a. Herbert Kitschelt: The Radical Right in Western Europe. A Comparative Analysis, Ann Arbor 1995; Anders Widfeldt (FN 11); Pippa Norris: Radical Right. Voters and Parties in the Electoral Market, New York 2005; Richard Stöss: Rechtsextreme Parteien in Westeuropa, in: Oskar Niedermayer/ders./Melanie Haas (FN 6), S. 521–563.

23 Siehe zur Typologisierung und Abgrenzung von demokratischem und extremistischem Populismus Frank Decker: Die populistische Herausforderung. Theoretische und ländervergleichende Perspektiven, in: Ders. (FN 14), S. 9–32, hier S. 16–22.

24 Siehe hierzu Eckhard Jesse: Die NPD und die Linke. Ein Vergleich zwischen einer harten und einer weichen Form des Extremismus, in: Uwe Backes/Alexander Gallus/ders. (Hrsg.): Jahrbuch Extremismus & Demokratie, Band 21, Baden-Baden 2010, S. 13–31.

25 Siehe hierzu und im Folgenden ausführlich Jens Rydgren: From Tax Populism to Ethnic Nationalism: Radical Right-wing Populism in Sweden, New York 2006.

26 Vgl. Anders Widfeldt: Scandinavia: Mixed success for the populist Right, in: Parliamentary Affairs 53(2000)3, S. 468–500, hier S. 495.

offiziellen Dokumenten der Partei zu finden, doch immer wieder sorgten ihre Repräsentanten durch öffentliche Provokationen und zynische Scherze – zum Beispiel gegenüber politisch verfolgten Asylanten aus Afrika – für Schlagzeilen.[27] Die mangelnde Glaubwürdigkeit wurde der Partei zum Verhängnis. Obwohl eine bürgerliche Minderheitsregierung (1991–1994) die NyD nicht grundsätzlich von Kooperationen ausschloss, blieb den *Neuen Demokraten* wegen ihres unseriösen Auftretens im schwedischen Parlament nur eine Außenseiterrolle. Nach dem Rücktritt des Parteivorsitzenden *Ian Wachtmeiser* im Februar 1994 brach die Unterstützung für die NyD vollends zusammen. Viele Mitglieder organisierten sich nach dem Zerfall der NyD bei den damals eindeutig rechtsextremen *Schwedischen Demokraten* (SD).

Während in der schwedischen Gesellschaft umstritten blieb, ob die NyD zumindest auf lokaler bzw. regionaler Ebene politisch ausgeschlossen oder eingebunden werden sollte, ist dies bei den *Schwedischen Demokraten* (SD) anders. Alle demokratischen Parteien bezeichnen sie seit ihrer Gründung 1988 als rechtsextremistisch. Lange schloss die Öffentlichkeit die *Schwedischen Demokraten* von den zentralen gesellschaftlichen Debatten aus. Ihnen wurde der Zugang zu öffentlichen Räumen für Veranstaltungen verwehrt und die Teilnahme an Wahlveranstaltungen an Schulen untersagt. Erst im Vorwahlkampf 2006 lockerte sich der Cordon sanitaire gegenüber der SD. Dies dürfte weniger auf die zunehmende Akzeptanz der Partei als vielmehr auf die Erkenntnis der demokratischen Parteien zurückzuführen sein, dass es am effektivsten sei, der SD in der öffentlichen Auseinandersetzung entgegenzutreten.

Die *Schwedischen Demokraten* gingen als Nachfolger aus der *Schwedischen Partei* hervor, die wiederum 1986 nach der Fusion mehrerer rechtextremer Gruppierungen entstanden war. Ideologisch und organisatiorisch war der Extremismus der SD bis Mitte der 1990er Jahre augenscheinlich. Die Partei bekannte sich zu antisemitischem Gedankengut und zur Rassenlehre der Nationalsozialisten. Sie trat für ein ethnisch homogenes Schweden und für die Rückführung aller Zuwanderer in ihre Heimatländer ein. Ihren Ausländerhass begründete die SD sowohl ethnozentrisch (mit der Besonder- und Überlegenheit der schwedischen Nation) als auch sozialdarwinistisch (als Gefahr für das schwedische Volk). Schwedens so genannte „Demokraten" waren in ihren Anfangsjahren durchsetzt von neonationalsozialistischen Antidemokraten.[28]

Mitte der 1990er Jahre begann für *Schwedens Demokraten* ein erster Mäßigungsprozess. Nach einer internen Finanzkrise kam es zum Wechsel an der SD-Spitze und *Mikael Jansson*, früher Politiker bei der demokratischen *Zentrumspartei*, übernahm den Parteivorsitz.[29] Unter seiner Führung wurde der extremistische Kurs der SD deutlich abgemildert, das Parteiprogramm entschärft und ein Uniformierungsverbot ihrer Aktivisten durchgesetzt. 1999 folgte die offizielle Distanzierung vom Nationalsozialismus, was zu heftigen parteinternen Auseinandersetzungen führte. Die Gruppe der Hardliner um *Anders Steen* und *Tor Paulsson* verließ daraufhin die SD und gründete 2001 die Partei der *Neuen Demokraten*.[30]

Programmatisch führte dies jedoch nicht zu einer Demokratisierung der SD. Die Partei mäßigte ihren Ton, nicht ihren Inhalt. Die SD blieb ihren rassistischen Grundsätzen in einem

27 Vgl. ebd.
28 Vgl. Jens Rydgren (FN 14), S. 183 f.
29 Die Eigendarstellung der Parteigeschichte, abrufbar unter: http://www.sverigedemokraterna.se/ [Stand: 5. November 2009].
30 Vgl. Jens Rydgren (FN 14), S. 184.

neuen und bis heute gültigen Parteiprogramm von 2003 treu. Als ihr Hauptziel bezeichnet sie die Verteidigung der nationalen Identität Schwedens. Darunter verstehen die *Schwedischen Demokraten* die Einheit des schwedischen Volkes mit der schwedischen Kultur, welche durch die Zuwanderung fremder Kulturen verloren gehen würde (bzw. bereits verloren ging).[31] Nach Meinung der SD stellen Immigration, von den USA dominierter kultureller Imperialismus und die europäische Integration[32] die größten Gefahren für das so genannte „Schwedentum“ dar. Um nicht allzu offensichtlich der selbstverordneten Demokratisierungstaktik zu widersprechen (die Partei bekennt sich seit 2003 offiziell zur UN-Menschenrechtserklärung), vertritt sie – wie viele rechtsextreme Parteien in Europa – das Konzept des Ethnopluralismus.[33] Jedes Volk habe demnach das Recht auf einen souveränen, ethnisch homogenen Nationalstaat. Die schwedische Staatsbürgerschaft sei Privileg der „richtigen“ Schweden. Zwar spricht die Partei nicht mehr von der Rückführung zugewanderter schwedischer Staatsbürger, fordert aber deren vollständige Assimilation und die Aufgabe kultureller Eigenheiten und Traditionen. Im Grundsatzprogramm der SD heißt es dazu: „Wir wollen eine multikulturelle Welt, keine multikulturelle Gesellschaft.“[34] *Schwedens Demokraten* verstehen sich selbst nicht als Feinde, sondern als Behüter der schwedischen Demokratie, die von Asylantenströmen und proeuropäischen politischen Eliten bedroht werde.

Die SD setzte ihre Legalitätstaktik nach der Wahl des neuen Parteivorsitzenden *Jimmie Åkesson* ab 2005 fort. Unter seiner Führung verstärkten die *Schwedischen Demokraten* ihre Bemühungen, ein respektableres Image aufzubauen.[35] Ihr 1979 geborener Spitzenpolitiker tritt in öffentlichen Debatten seriös und verantwortungsvoll auf. Außerdem versucht die Partei, Verbündete in der gesellschaftlichen Elite zu gewinnen. Mittlerweile zählen die *Schwedischen Demokraten* nach eigenen Angaben 3000 Mitglieder, deren Mehrheit nicht dem rechtsextremistischen Umfeld zuzurechnen ist. Allerdings gelingt es (bislang) den parlamentarischen Parteien, die SD effektiv zu isolieren. Die Partei befindet sich dadurch in einem Spannungsverhältnis, das mitverantwortlich dafür sein dürfte, dass der parteipolitische Rechtsextremismus in Schweden – trotz günstiger Gelegenheitsstrukturen – bedeutungslos blieb: Die Mäßigung der SD und ihre Annäherung an die politische Klasse untergraben die eigene Anti-Establishment-Haltung. Intern werden die strategischen Veränderungen nicht von allen Mitgliedern wohlwollend aufgenommen, denn ein großer Teil der Basis lehnt die Aufgabe ihrer ideologischen Prinzipien ab. Umgekehrt gerät eine Reihe von Führungsfiguren, welche schon in den 1990er Jahren aktiv war, in den Widerspruch zur eigenen (unaufgearbeiteten) Vergangenheit. Insgesamt spricht der Kurswechsel zwar für den Wandel der SD von einer harten zu einer weichen Extremismusform, doch wegen ihrer unverändert antidemokratischen

31 Siehe hier und im Folgenden: *Sverigedemokraternas* Principprogram [Grundsatzprogramm der *Schwedischen Demokraten*], abrufbar unter: http://www.sverigedemokraterna.se/ [Stand: 6. November 2009].

32 Der SD-Vorsitzende *Jimmie Åkesson* bezeichnete die (überfällige) Ratifizierung des Lissabonvertrages durch den tschechischen Präsidenten *Vaclav Klaus* am 3. November 2009 als einen der schwärzesten Tage in der europäischen Nachkriegsgeschichte. Vgl. http://www.sverigedemokraterna.se/ [Stand: 6. November 2009].

33 Siehe zum Konzept des Ethnopluralisums Wolfgang Gessenharter/Thomas Pfeiffer (Hrsg.): Die Neue Rechte – eine Gefahr für die Demokratie?, Wiesbaden 2004.

34 Sverigedemokraternas Principprogram (FN 31).

35 Dafür spricht die Änderung des Parteisymbols der SD im Jahre 2006. Die dem französischen FN-Symbol nachempfundene brennende Fackel (mit einer schwedischen Fahne) wurde durch eine blaue Anemone ersetzt.

ideologischen Grundlagen und den rechtsextremistischen Einstellungen an der Basis bleibt der Parteiname ein Etikettenschwindel.

3.2 *Linksextremismus*

Die Nachfolgeorganisation der *Schwedischen Kommunistischen Partei* (SKP), die *Vereinte Linkspartei* (VP), kann – wenn überhaupt – allenfalls als weiche linksextremistische Partei gelten. Mit der Umbenennung in *Linkspartei der Kommunisten* (VPK) 1967 distanzierte sich die Partei vom Stalinismus und schlug eine eurokommunistische Richtung ein.[36] Die zweite wichtige innerparteiliche Reform wurde 1990 eingeleitet. Die Partei beschloss mit überwältigender Mehrheit ein demokratisches Grundsatzprogramm. Die Forderungen nach einer Revolution und Diktatur des Proletariats wurden aufgegeben. Die Namensänderung in *Linkspartei* (und damit der Verzicht auf den Begriff Kommunismus) kam allerdings nur mit einer hauchdünnen Mehrheit von drei Stimmen zustande.[37] Die Partei hatte sich lange vorher von einer kommunistischen Kaderpartei zu einer basisdemokratischen Organisation gewandelt. Seit 1990 verfügt sie über eine konstante Mitgliederbasis von etwas über 10.000 Parteigängern.[38]

Detlef Jahn bewertet die VP seit dem Abschluss ihrer Transformation als ökologische linksliberale Partei.[39] Mit der Wahl *Gudrun Schymans* zur Parteivorsitzenden 1993 erhielten die Modernisierer in der Partei deutlich größere Gestaltungsspielräume. Es kam zur (Wieder-) Annäherung an die Sozialdemokraten. Offiziell proklamiert(e) die *Linkspartei* eine „sozialistische Marktwirtschaft".[40] Zugleich versuchte die VP unter Führung der Frauenrechtlerin *Schyman*, feministische und ökologische Themen aufzunehmen. Die VP verfolgte in den 1990er Jahren einen gemäßigt rot-grünen Kurs mit dem Schwerpunkt auf sozialpolitischen Themen. Dies hat nach *Spier/Wirries* zu einer elektoralen Nischenbildung geführt, bei der sich die *Grünen* rechts und die VP links der Sozialdemokratie eingerichtet hätten.[41] Die *Linkspartei* bezeichnet sich in ihrem aktuellen Parteiprogramm von 2008 selbst als sozialistische und feministische Partei.[42]

Nach dem Rücktritt *Schymans* 2003 vollzog die VP eine teilweise Abkehr von ihrer Demokratisierungsstrategie. Der neuerliche Kurswechsel geht vor allem auf den derzeit amtierenden Vorsitzenden der Partei, *Lars Ohly*, einen überzeugten Kommunisten, zurück. Mit seinem Amtsantritt sanken nicht nur die Zustimmungsraten für die *Linkspartei*, sondern

36 Vgl. Tim Spier/Clemens Wirries: Ausnahmeerscheinung oder Normalität? Linksparteien in Westeuropa, in: Tim Spier u. a. (Hrsg.): Die Linkspartei. Zeitgemäße Idee oder Bündnis ohne Zukunft, Wiesbaden 2007, S. 71–116, hier S. 81.

37 Vgl. ebd.

38 Siehe zur Mitgliederentwicklung der VP seit 1980 Svante Ersson (FN 20), S. 150.

39 Vgl. Detlef Jahn (FN 4), S. 125.

40 Vgl. David Arter: ‚Communist we are no longer, Social Democrats we can never be'. The Evolution of the Leftist Parties in Finland and Sweden, in: Journal of Communist Studies and Transition Politics 18(2002)3, S. 1–28, hier S. 17.

41 Vgl. Tim Spier/Clemens Wirries (FN 36), S. 85.

42 Vgl. Parteiprogramm der Linkspartei, beschlossen auf dem 37. Kongress vom 6. bis 8. Juni 2008, abrufbar unter: http://www.vansterpartiet.se/index.php?option=com_content&view=article&id=2022&Itemid=824 [Stand: 8. November 2009].

eine Reihe von Politikern des sozialdemokratischen Flügels trat aus der VP aus.[43] Obwohl die *Linkspartei* einen langwierigen Wandlungsprozess durchlief und ihre einstige Anti-System-Haltung aufgegeben hat, sind der VP dennoch antidemokratische Tendenzen nachzuweisen, die für eine weiche Extremismusform sprechen. Zum einen vertrat die Partei bis zur Ratifizierung des Lissabon-Vertrages 2009 eine harte bzw. eine fundamental euroskeptische Position. Die sicherheitspolitische und ökonomische Konzeption der Europäischen Union sei eine Gefahr für die schwedische Souveränität und ein Risiko für die Entwicklung Europas und der Welt – Schwedens Austritt aus der EU die einzige Alternative.[44] Zum anderen repräsentieren nicht nur marginale Kräfte in der VP antidemokratische Positionen. So müssen manche Äußerungen des Parteivorsitzenden *Ohly* als klar linksextrem gelten. Einschränkungen demokratischer Freiheitsrechte seien im Interesse der Arbeiterklasse gelegentlich notwendig.[45] Gegen den Verzicht auf den Namenszusatz kommunistisch gab es starke innerparteiliche Widerstände. Die Vorsitzende des VP-Jugendverbandes *Junge Linke* (*Ung Vänster*), *Jenny Lindahl Persson*, erklärte 2000, dass „die Jugend die intellektuelle Integrität der sich kommunistisch nennenden Parteimitglieder der opportunistischen Anpassung an moderne Trends vorziehe"[46].

Im Gegensatz zur VP stellen die *Kommunistische Partei* (KP) und die *Schwedische Kommunistische Partei* (SKP) eindeutig linksextremistische Organisationen dar. Beide Parteien gingen aus den Vorläufern der heutigen *Linkspartei* hervor. Die SKP wurde nach mehreren Umformierungen und Abspaltungen 1995 wiederbegründet. Die KP entstand 2005 aus der *Kommunistischen Partei des Marxismus-Leninismus* (KPML), die sich wiederum 1970 von der VPK-Hauptströmung gelöst hatte.[47] Im Gegensatz zu vielen (zumindest teilweise) reformierten (post-)kommunistischen Parteien in Europa stehen KP und SKP inhaltlich für ihre Namen – ideologisch-programmatisch sind sie orthodox-kommunistisch. Obwohl die KP eher trotzkistische Wurzeln hat, die SKP dagegen eine stalinistische Partei darstellt, unterscheiden sich die beiden Parteien programmatisch kaum: Sie fordern die Abschaffung des demokratisch-marktwirtschaftlichen Systems und die Errichtung eines kommunistischen schwedischen Staates unter marxistisch-leninistischen Maßstäben.[48] Sie propagieren (noch immer) eine sozialistische Gesellschaft nach ehemals realexistierendem sowjetischen bzw. ostmitteleuropäischen Vorbild. Beide Parteien unterhalten enge Verbindungen zu anderen

---

43 Diesem Trend folgte auch die ehemalige Vorsitzende *Gudrun Schyman*, die 2004 aus der VP austrat und im Frühjahr 2005 eine eigene Partei *Feministiskt Initiativ* (*Feministische Initiative*) gründete. Siehe hierzu http://www.feministisktinitiativ.se/ [Stand: 10. November 2009].

44 Vgl. Nicholas Aylott: Softer but Strong: Euroskpeticism and Party Politics in Sweden, in: Aleks Szczerbiak/Paul Taggart (Hrsg.): Opposing Europe? The Comparative Party Politics of Euroscepticism, Band 2, Case Studies and Country Surveys, Oxford/New York 2008, S. 181–200, hier S. 189.

45 Vgl. Tim Spier/Clemens Wirries (FN 36), S. 86.

46 Jenny Lindahl Persson zit. nach David Arter (FN 40), S. 17.

47 Siehe im Einzelnen Svante Ersson: Kommunismus und linke Strömungen in Skandinavien nach 1989: Niedergang, Wiederbelebung oder Schwankungen ohne zugrundliegende Tendenz, in: Patrick Moreau/Marc Lazar/Gerhard Hirscher (Hrsg.): Der Kommunismus in Westeuropa. Niedergang oder Mutation, Landsberg am Lech 1998, S. 423–452, hier S. 438.

48 Siehe im Einzelnen Kommunistiska Partiet: Detta vill kommunisterna. Kommunistiska Partiets program och stadgar, Kongress 2008 [Parteiprogramm der Kommunistischen Partei Schwedens], abrufbar unter: http://www.kommunistiskapartiet.org/index.php?option=com_content&task=blogsection&id=1&Itemid=9 [Stand: 13. November 2009].

kommunistisch-linksextremistischen Parteien und Organisationen in Europa, u. a. zur *Deutschen Kommunistischen Partei* (DKP).[49] Mit der Ablehnung des Kapitalismus begründen KP und SKP ihre fundamentale Anti-EU-Haltung. Die Europäische Union gilt ihnen als undemokratisches Werkzeug eines amerikanisch dominierten Imperialismus.[50] Die weltpolitische Zäsur 1989/90 scheint an den Kommunisten vorbeigegangen zu sein – ihr Weltbild ist nach wie vor von Vorstellungen und Kategorien des Kalten Krieges geprägt.

Insgesamt haben kommunistische, de facto also linksextremistische Einflüsse in der schwedischen Politik und Gesellschaft an Bedeutung verloren. Die Hauptströmung der VP ist nicht mehr kommunistisch. Die orthodoxen Hardliner der KP und der SKP sind weitestgehend marginalisiert. Gegenüber der gemäßigteren linken Sammlungspartei und vor dem Hintergrund eines breiten gesellschaftlichen Konsenses über sozial- und wohlfahrtsstaatliche Leistungen kann sich die SKP mit ihren radikalen Forderungen kaum profilieren. Das „Neue" an der als „Neue Linke" bezeichneten VP zeigt sich nicht nur in der programmatischen Erweiterung um Themen wie freiheitliche Bürgerrechte, Feminismus und Umweltschutz, sondern auch in der veränderten soziostrukturellen Verankerung der Partei. Die VP spricht weniger Arbeiter an, sondern vielmehr den linksliberalen urbanen Mittelstand mit überdurchschnittlichem Bildungsniveau und höherem Einkommen.[51] Eine grundlegende Systemveränderung erwartet weder das Gros der VP-Mitglieder noch wünscht es die Mehrzahl ihrer Wähler.

4 Nichtparteiförmiger Extremismus

Die im internationalen Vergleich schwachen Parteien des schwedischen Rechtsextremismus stehen im deutlichen Gegensatz zum Organisationsgrad und Aktivismus der nichtparteiförmigen rechtsextremistischen Akteure. Zwar sind internationale Vergleichsstudien zu Mitgliedschaften in militanten Vereinigungen und zu rassistisch motivierter Gewalt mit Vorsicht zu interpretieren, denn die jeweils national festgelegten Kriterien, was als extremistisch gilt, variieren stark. Im schwedischen Fall sprechen die Daten jedoch für sich: Seit den 1990er Jahren wurden zahlreiche schwere Gewaltverbrechen mit politischem und rassistischem Hintergrund von Mitgliedern neonationalsozialistischer Vereinigungen verübt[52], allein sieben Morde im Jahr 1995. Im Herbst 1999 wurde der prominente schwedische Gewerkschaftler *Björn Söderberg* von drei Neonationalsozialisten getötet.[53] Unter den kleineren EU-Staaten führt Schweden die Statistiken zu rassistischer bzw. ausländerländerfeindlicher Kriminalität mit großem Abstand an. Nach Angaben der Agentur für Grundrechte der Europäischen Union (FRA) werden seit 2000 jährlich mehr als 2300 Straftaten offiziell registriert – ein

49 Vgl. http://www.skp.se/ [Stand: 13. November 2009].

50 Vgl. Partiprogram för Svergies Kommunistiska Parti [Parteiprogramm der Schwedischen Kommunistischen Partei], abrufbar unter: http://www.skp.se [Stand: 13. November 2009].

51 Vgl. Christian Steffen (FN 6), S. 79.

52 Der schwedische Journalist und Bestsellerautor *Stieg Larsson* lebte aufgrund seiner Recherchen und Veröffentlichungen über die schwedische NS-Szene bis zu seinem Tod 2004 mit ständigen Morddrohungen und unter dauerhaftem Polizeischutz.

53 Vgl. Anders Widfeldt (FN 11), S. 162 f.

europäischer Höchstwert hinter den ungleich bevölkerungsreicheren Staaten Deutschland und Großbritannien.[54]

Etwa 3000 bis 5000 Personen werden in Schweden dem militanten Rechtsextremismus zugerechnet.[55] Für diese relativ hohe Zahl an Aktivisten sprechen die Kundenverzeichnisse von rechtsextremen Versandhäusern und White-Power-Shops, die Registrierungen von Nutzern einschlägiger Internetforen sowie die Besucherzahlen bei Konzerten neonationalsozialistischer Rockbands. Unter der Sammelbezeichnung *Nationale Bewegung* vereinigen sich Mitglieder verschiedener Gruppierungen, z. B. die NSF-Nachfolgeorganisation *Folkfronten*, die *Nordiska Förbundet* (*Nordische Vereinigung*) und die *Svenska Motståndsrörelsen* (*Schwedische Widerstandsbewegung*).[56] Die personellen Übergänge zum parteiförmigen Rechtsextremismus sind fließend. Zum einen bestanden bei der bis 2008 existierenden NSF keine festen Parteibindungen – Doppelmitgliedschaften in der Partei und in regionalen Vereinigungen dürften üblich gewesen sein. Zum anderen sind durch die Auflösung der Jugendorganisation der *Schwedischen Demokraten* 2006, der *Nationell Ungdom* (*Nationalen Jugend*), noch immer enge Verbindungen zwischen SD und neonationalistischen Kreisen vorhanden. Die einstigen Mitglieder der *Nationalen Jugend* organisieren sich heute in der neonationalsozialistischen *Schwedischen Widerstandsbewegung.*

Programmatisch unterscheiden sich die Gruppierungen des militanten schwedischen Rechtsextremismus kaum.[57] Je nach Ausrichtung berufen sie sich stärker auf den deutschen Nationalsozialismus oder eher auf einen schwedisch-skandinavischen Nationalismus mit Ursprüngen in der nordischen Mythologie. Obwohl nur wenige Schweden das Deutsche Reich unterstützt hatten und der Nationalsozialismus nach dem Ende des Zweiten Weltkrieges wie überall in Europa diskreditiert war, üben die ideologischen Grundlagen der Nationalsozialisten heute im militant-rechtsextremistischen Spektrum Schwedens großen Einfluss aus.[58] In den Vorstellungen der meisten Anhänger der *Nationalen Bewegung* gibt es für Nichtarier bzw. Nichtskandinavier keinen Platz in der schwedischen Volksgemeinschaft. Die Ideologie des Rassenwahns von einer Überlegenheit der arisch-nordischen Rasse wird mit der Instrumentalisierung von Bedrohungsängsten gegenüber der Zuwanderung bzw. der Überfremdung verbunden. Als Hauptgegner werden überwiegend nicht (mehr) die europäischen Nationen bzw. das jüdische Volk ausgemacht, sondern der Islam gilt heute als größte Bedrohung des

---

54 Nach der Erhebung lag Schweden 2007 mit 2813 rassistischen Verbrechen deutlich vor den fünf- bzw. viermal so großen Staaten Frankreich (707) und Polen (238). Die Ergebnisse erhärten allerdings methodische Zweifel am komparativen Vorgehen der Studie. Vgl. European Agency for Fundamental Rights (Hrsg.): Annual Report 2009, S. 25, abrufbar unter: http://fra.europa.eu/fraWebsite/home/ar2009_part2_en.htm [Stand: 15. November 2009].

55 Vgl. Heléne Lööw: Country Report Sweden, in: Bertelsmann Stiftung (Hrsg.): Strategies for Combating Right-Wing Extremism in Europe, Gütersloh 2009, S. 425–462, hier S. 436.

56 Bei der *Schwedischen Widerstandsbewegung* und der *Nationalsozialistischen Front* handelt es sich um Nachfolgeorganisationen bzw. Abspaltungen des schwedischen Ablegers der in den USA gegründeten *White Aryian Resistance* (*Vitt Ariskt Motstånd*). Siehe hierzu im Einzelnen Stieg Larsson/Mikael Ekman: Sverigedemokraterna. Den nationella rörelsen, Stockholm 2001.

57 Siehe hier und im Folgenden die Internetseiten der neonationalsozialistischen Vereinigungen Schwedens abrufbar unter: http://www.nordiskaforbundet.se/; http://www.kampboden.se/index.html; http://www.folkfronten.nu/ [Stand: 14. November 2009].

58 Organisatorisch sind die militanten rechtsextremistischen Vereinigungen in Schweden eng mit ihren skandinavischen Gesinnungsgenossen und den deutschen neonationalsozialistischen Gruppierungen verbunden.

Nordens. Der Widerstand gegen die biologische Vernichtung der skandinavischen Völker sei mit allen verfügbaren Mitteln zu führen.

Dem militanten Rechtsextremismus steht in Schweden ein nicht minder schlagfertiger autonomer Linksextremismus gegenüber. Dieser formierte sich als Reaktion auf die Entstehung gewaltbereiter neonationalsozialistischen Gruppen Anfang der 1990er Jahre. Seine Anhänger organisieren sich in lose verbundenen Gruppierungen, u. a. in der *Antifascistik Aktion* (AFA), in der *Revolutionära Fronten* (RF) sowie in den Jungendorganisationen der linksextremistischen Parteien, wie der *Revolutionär Kommunistisk Ungdom* (*Revolutionären Kommunistischen Jugend*) und den *Ungsocialisterna* (*Jungsozialisten*). Viele Gruppen verzichten auf offizielle Mitgliedschaften; es existieren nur schwach ausgeprägte Organisationsstrukturen. Das bekannteste dieser Netzwerke stellt die 1993 gegründete schwedische Sektion der *Antifaschistischen Aktion* (AFA) dar. Dabei handelt es sich um einen Zusammenschluss mehrerer autonomer Gruppen, darunter elf lokale und zwei überregionale Vereinigungen.[59] Die AFA versteht sich als internationale Bewegung und unterhält Strukturen in einigen Staaten Westeuropas, zum Beispiel in Deutschland und in den Niederlanden. Ihr schwedischer Ableger machte in den vergangenen zehn Jahren immer wieder durch gewaltsame Auseinandersetzungen mit rechtsextremistischen Gruppierungen auf sich aufmerksam. Ihr Aktionismus reicht von offiziellen Gegendemonstrationen, über Versuche, Treffen von Neonationalsozialisten zu stören bzw. zu zerschlagen, bis hin zu gezielten Operationen gegen Mitglieder der Skinheadszene. Die *Antifascistik Aktion* proklamiert illegale Aktionen und die Anwendung von Gewalt als legitime Mittel.[60] Neonationalsozialisten dürften demnach kein Gewaltmonopol besitzen, sondern die AFA müsse selbst paramilitärische Methoden einsetzen, um sich und ihre Veranstaltungen vor militanten Rechtsextremisten zu schützen.[61]

Die AFA profitiert vom antirechtsextremistischen Konsens in Schweden. Der Kampf gegen den Rechtsextremismus mit gewalttätigen Mitteln wird zwar weitgehend abgelehnt, gleichwohl gilt dies in der Mehrheit der schwedischen Gesellschaft nicht als extremistisch. Unter dem Deckmantel des Antifaschismus verbirgt die AFA jedoch eine klare Anti-System-Haltung. Sie bekennt sich in ihren Dokumenten zu einer fundamental oppositionellen Haltung gegenüber der „imperialistischen Klassengesellschaft“ und fordert die Zerschlagung des Kapitalismus mit paramilitärischen Mitteln. Die Eskalation der Proteste von über 25.000 Globalisierungsgegnern während des EU-Gipfels 2001 in Göteborg war von heftigen Auseinandersetzungen mit der Polizei überschattet und wurde maßgeblich von der AFA organisiert.[62]

Zwischen der AFA und den kleineren linksextremistischen Gruppierungen in Schweden besteht ideologisch-programmatisch ein weitgehender Konsens: Einerseits kämpfen sie gegen den Rechtsextremismus, andererseits gegen das als neoliberal bezeichnete kapitalistische Wirtschaftssystem.[63] Die Schwerpunktsetzung variiert dabei mehr oder weniger. Es

59 Siehe zur Organisation und Aktionen der lokalen AFA-Gruppen, abrufbar unter: http://www.antifa.se/index.php?p=3 [Stand: 14. November 2009].

60 Vgl. Präsentation der AFA, abrufbar unter: http://www.antifa.se/index.php?p=2 [Stand: 14. November 2009].

61 Vgl. ebd.

62 Vgl. Anders Widfeldt (FN 11), S. 167.

63 Siehe hier und im Folgenden die Internetseiten der linksextremistischen Vereinigungen Schwedens, abrufbar unter: http://www.antifa.se/; http://www.revfront.org/; http://www.ungsocialisterna.se/ [Stand: 15. November 2009].

lassen sich – vereinfacht – antifaschistische, antikapitalistische und globalisierungsfeindliche Gruppierungen unterscheiden. Weitere „klassisch" linksextremistische Forderungen wie die Internationalisierung der Arbeiterbewegung und die Abschaffung der EU werden thematisiert. Im Gegensatz zu den orthodoxen kommunistischen Parteien proklamieren die eng mit der alternativen schwedischen Jungendszene verbundenen Gruppen weder ein Gesellschaftsmodell nach realsozialistischem Vorbild noch den Stalinismus. Die Revolution des Proletariats dürfe nicht in einer neuerlichen Diktatur enden, sondern müsse einen demokratischen Sozialismus schaffen.

5 Ergebnis

Parteiförmiger Extremismus spielt in Schweden seit 1990 keine nennenswerte Rolle. Dieses Ergebnis überrascht, denn die Gelegenheitsstrukturen zur Etablierung antidemokratischer Politik waren vor allem in den 1990er Jahren durchaus günstig. Schwedens Links- und/ oder Rechtsextremisten profitierten jedoch weder von der wachsenden Arbeitslosigkeit und den Einschnitten in die schwedischen Sozialsysteme während der wirtschaftlichen Krisenjahre noch von der im europäischen Vergleich überdurchschnittlich hohen Einwanderung. Die Frage nach den Ursachen für den Misserfolg extremistischer Parteien lässt sich am ehesten mit den speziellen Ausprägungen der politischen Kultur Schwedens erklären. Die bis zum „Schwedischen Schicksalsjahr"[64] und zur Verfassung von 1809 zurückreichende demokratische Tradition immunisierte die Gesellschaft gegenüber den kommunistischen und nationalistischen Großideologien im so genannten „kurzen Jahrhundert"[65]. Die parlamentarische Demokratie konnte – trotz zweier Weltkriege – weitgehend reibungslos und ohne Rückschläge etabliert werden. Und auch zu Beginn des 21. Jahrhunderts hat sich am breiten demokratischen Konsens der schwedischen Gesellschaft nichts verändert. Totalitarismus und Diktatur waren und sind nicht die Sache der Schweden. Wer im größten skandinavischen Land heute offen die Systemfrage stellt, hat keine Chancen, über marginale Stimmenanteile bei Wahlen hinauszukommen.

Anders sieht es beim Umgang mit so genannten weichen bzw. semiloyalen[66] extremistischen Parteien aus. Hier unterscheiden sich die gesellschaftlichen Strategien gegenüber dem Links- und dem Rechtsextremismus deutlich. Gegenüber der *Schwedischen Kommunistischen Partei* und ihrer Nachfolgeorganisationen setz(t)en die demokratischen Kräfte Schwedens auf eine Taktik der Mäßigung durch Einbindung. Die wegen ihrer Regierungsbeteiligungen zum Pragmatismus gezwungene SKP hatte sich spätestens durch die Delegitimierung kommunistischer Ideen 1989/90 von eben diesen verabschiedet. Schwedens *Linkspartei* ist – abgesehen von manch traditionell-folkloristischen Überbleibseln, wie die stets zu Beginn einer Legislaturperiode geforderte Abschaffung der Monarchie – heute als eindeutig demokratische Par-

64 Vgl. Bernd Henningsen: Schweden, in: Gisela Riescher/Alexander Thumfart (Hrsg.): Monarchien, Baden-Baden 2008, S. 260–269, hier S. 262.

65 Eric J. Hobsbawm: Das Zeitalter der Extreme: Weltgeschichte des 20. Jahrhunderts, 9. Auflage, München 2009.

66 Siehe die Differenzierung in loyale, semiloyale und disloyale Kräfte bei Juan J. Linz: The Breakdown of Democratic Regimes: Crises, Breakdown and Reequiliberation, Baltimore 1978.

tei einzuschätzen. Selbst die jahrzehntelange fundamentale EU-Ablehnung der VP ist seit der Ratifizierung des Lissabonvertrages einem eher immanent-kritischen Kurs gewichen. Dem Rechtsextremismus wird dagegen mit einer gesamtgesellschaftlichen Ausgrenzungsstrategie begegnet. Weder gelang es seinen „weichen“ Vertretern, im politischen System Schwedens Fuß zu fassen, noch konnten diese ihre Themen entscheidend in die gesellschaftlichen Diskurse des Landes integrieren. Obwohl die *Schwedischen Demokraten* in der Wählergunst seit 1998 konstant zulegen konnten (wenngleich auf niedrigem Niveau), spricht momentan wenig für die dauerhafte Verankerung des Rechtsextremismus im schwedischen Parteiensystem.

Die naheliegende Schlussfolgerung, der größtenteils marginalisierte und überwiegend weiche parteipolitische Extremismus in Schweden bedeute eine relativ geringe Gefahr für die schwedische Demokratie, trifft nur teilweise zu. Denn die Kriterien zur Bestimmung extremistischer Intensität sind nicht identisch mit jenen zur Einschätzung antidemokratischer Gefährdungspotenziale. Hinsichtlich solcher Merkmale wie Bündnispolitik, Wahlerfolge, Koalitionspolitik und Akzeptanz bei den Medien[67] mag der Befund zutreffen: Auf allen diesen Feldern kann die isolierte rechtsextreme SD weit weniger Erfolge vorweisen, als sie in ihrer notorischen Selbstüberschätzung glauben machen will. Die *Linkspartei* musste sich dagegen von ihrem ideologischen Ballast trennen, um weiter eine (gewisse) Rolle bei der politischen Willensbildung zu spielen. Der Erfolg der Doppelstrategie – Ausgrenzung gegenüber dem Rechtsextremismus, Mäßigung durch Integration des Linksextremismus – ist aus normativ demokratietheoretischer Position nicht zu leugnen.

Doch die „erzwungene“ Mäßigung der extremistischen Parteien hinterlässt in Schweden – abseits des breiten gesellschaftlichen Konsenses und jenseits der extremistischen Parteien – ein starkes Spektrum militant-gewaltbereiter Gruppierungen. Wer für die Risikoanalyse der schwedischen Demokratie in erster Linie das Kriterium der Gewaltfrage zugrunde legt, wird den Befund vom extremismusfreien Schweden korrigieren müssen. Die Anzahl der neonationalsozialistischen Vereinigungen und ihrer Aktivisten ist im europäischen Maßstab überdurchschnittlich hoch. Zahlreiche Gewaltverbrechen mit politischem Hintergrund werden der gut organisierten skandinavischen Skinheadbewegung in Schweden zugerechnet. Die Gegenreaktion der traditionell starken antifaschistischen Gruppen führt nicht nur zu einer Aufschaukelung der Gewalt, sondern richtet sich auch gegen die Akteure des weichen Rechtsextremismus. Eine Spirale gegenseitiger Vorwürfe von fehlender Distanzierung gegenüber militanten Kreisen des eigenen Lagers reicht somit bis in die parteiförmige Ebene der Auseinandersetzung hinein. Wenngleich der Druck auf die Konsenskultur Schwedens unter derlei Spannungen wächst, wird die Demokratie in ihren Grundfesten davon nicht erschüttert. Damit dies so bleibt, sollten neben den demokratischen Vertretern die Verantwortlichen der Parteien an den Rändern des politischen Spektrums ihre Demokratiefähigkeit beweisen und eine klare Distanzierung von jeder politisch-motivierten Gewalt zum Ausdruck bringen.

67 Vgl. Uwe Backes/Eckhard Jesse: Extremistische Gefährdungspotenziale im demokratischen Verfassungsstaat. Am Beispiel der ersten und zweiten deutschen Demokratie, in: Dies. (Hrsg.): Jahrbuch Extremismus & Demokratie, Band 3, Bonn 1991, S. 7–32.

Extremismus in der Slowakei

Tom Thieme

1 Rahmenbedingungen

Die Regelung des Verhältnisses von Demokratie und politischem Extremismus ist Bestandteil des slowakischen Grundgesetzes. Die am 1. September 1992, also noch vor der staatlichen Unabhängigkeit, angenommene Verfassung orientiert sich in ihren Formulierungen und Standards an den erfolgreichen Vorbildern der westlichen Verfassungsstaaten. Ähnlich dem Prinzip der streitbaren Demokratie in Deutschland wurden aus den negativen historischen Erfahrungen totalitärer Regime Schlüsse gezogen, um die junge slowakische Demokratie gegenüber extremistischen Bestrebungen zu schützen. Dem Staat wird als Konsequenz aus den Erfahrungen mit der kommunistischen Diktatur ein ideologisches Monopol untersagt.[1]

In der slowakischen Konstitution gibt es keinen unveränderlichen Verfassungskern. Zur Abwehr von antidemokratischen Bestrebungen sind unter den politischen Rechten im Verfassungstext die Bestimmungen zur Zulassung und Beschränkung von Parteien und Vereinigungen festgelegt. Da ein eigenständiges Parteienrecht nach der Abspaltung von der Tschechischen Republik fehlte, übernahm die Slowakei in den Bestimmungen zur Vereinigungs- und Versammlungsfreiheit größtenteils die Formulierungen der tschechoslowakischen Verfassung. Danach sind Parteien, welche „vehement gegen die Verfassung oder die Gesetze verstoßen oder deren Ziel die Aufhebung der demokratischen Grundlagen des Staates ist," zu verbieten.[2] Im slowakischen Grundgesetz heißt es dazu unter Artikel 29, Absatz 3: „Die Ausübung der Rechte [...] darf nur in den durch das Gesetz vorgesehenen Fällen eingeschränkt werden, wenn dies in einer demokratischen Gesellschaft zur Sicherheit des Staates, zum Schutz der öffentlichen Ordnung, zur Verhütung von Straftaten oder zum Schutz der Rechte und Freiheiten anderer erforderlich ist."[3] Parteien gelten als extremistisch, wenn sie keine innerparteilichen demokratischen Strukturen besitzen, ihre Programme und Tätigkeiten die öffentliche Ordnung oder die Rechte und die Gleichberechtigung ihrer Bürger gefährden, die Souveränität und territoriale Integrität der Slowakei verletzten und andere Parteien an einem fairen, demokratischen Wettbewerb hindern.[4] Auf dieser Grundlage kann das slowakische Innenministerium die Registrierung einer Partei verweigern oder einen Antrag auf Einstellung der Parteitätigkeit bzw. Auflösung der Parteistrukturen beim Verfassungsgericht stellen.

---

1 Vgl. Rüdiger Kipke: Das politische System der Slowakei, in: Wolfgang Ismayr (Hrsg.): Die politischen Systeme Osteuropas, 2. Auflage, Opladen 2004, S. 285–321, hier S. 287.

2 Mahulena Hošková: Das Parteienrecht der Tschechoslowakei, in: Dimitris Th. Tsatsos/Zdzislaw Kedzia (Hrsg.): Parteienrecht in mittel- und osteuropäischen Staaten. Entstehungsmomente des Parteienrechts in Bulgarien, Litauen, Polen, Rußland, der Slowakei, Tschechien und Ungarn, Baden-Baden 1994, S. 219–272, hier S. 227 f.

3 Verfassung der Slowakischen Republik vom 16. September 1992, in: Herwig Roggemann (Hrsg.): Die Verfassungen Mittel- und Osteuropas, Berlin 1999, S. 855–901, hier S. 863 f.

4 Vgl. Mahulena Hošková (FN 2), S. 227.

Das Instrumentarium des Parteiverbotes fand erstmals 2006 Anwendung. Das slowakische Verfassungsgericht verbot die eher unbedeutende Vereinigung *Slowakische Gemeinsamkeit – Nationalpartei* (NS-SP) wegen ihrer militant-rassistischen Ausrichtung.

Das Verhältniswahlsystem der Slowakei entstammt dem tschechoslowakischen Wahlgesetz von 1990 und wurde – trotz mehrerer Versuche des ersten slowakischen Ministerpräsidenten *Vladimir Mečiar*, ein Mehrheitswahlsystem durchzusetzen – seitdem nicht grundlegend verändert. Generell kann das slowakische Wahlgesetz mit einfacher Mehrheit des Parlaments novelliert werden; dies scheiterte jedoch erwartungsgemäß am Widerstand der kleineren Regierungsparteien. Zugleich wirken gestaffelte Sperrklauseln gegen die Zersplitterung des Parteiensystems. 1998 erfuhr das slowakische Wahlrecht tiefgreifende Veränderungen. Diese gehen auf die Absichten des zeitweise autoritär regierenden *Vladimir Mečiar* zurück, seine Macht im Fünf-Millionen-Einwohner-Staat dauerhaft zu sichern. Bestanden bis dahin gestaffelte Sperrklauseln für Einzelparteien und Wahlkoalitionen (fünf Prozent für eine Partei, sieben Prozent für Zweier- und Dreierbündnisse, zehn Prozent bei Allianzen mit vier oder mehr Partnern), müssen seitdem alle Parteien eines Bündnisses bei Parlamentswahlen mindestens fünf Prozent der landesweiten Wählerstimmen gewinnen.[5] Die Rechnung *Mečiars* – durch institutionelle Veränderungen kleinere Parteien zu schwächen – ging bekanntlich nicht auf: Die *Bewegung für eine demokratische Slowakei* (HZDS) unterlag bei den Parlamentswahlen 1998 der demokratischen Regenbogenallianz unter Führung *Mikuláš Dzurindas*. Seiner Regierungskoalition aus vier Parteien waren wiederum zahlreiche Vereinigungen vorausgegangenen. Insgesamt gelang sechs Parteien der Einzug ins Parlament. Eine Konzentration und Stabilisierung des slowakischen Parteiensystems stellte sich nicht ein – die Wahlsystemreformen verfehlten ihre Wirkung.

Um an Parlamentswahlen teilnehmen zu können, muss jede Partei entweder 10.000 Mitglieder nachweisen oder eine unterzeichnete Petition zur Unterstützung der jeweiligen Partei von mindestens ebenso vielen Sympathisanten vorzulegen.[6] Dies fällt kleineren Parteien naturgemäß schwerer als größeren. Gleichwohl konnte die Wahlteilnahme mehrerer extremistischer Parteien bei den Parlamentswahlen seit 1990 dadurch nicht verhindert werden (vgl. Kapitel 2).

Zwei andere Umstände begünstigen die Erfolgsaussichten antidemokratischer Akteure: die Anwesenheit großer nationaler Minderheiten und die Ausprägungen der politischen Kultur der Slowakei. Bei vielen Slowaken existieren latente Vorurteile gegenüber der ungarischen Volksgruppe im Land und manifeste Überzeugungen gegen die Roma. Während nationalistischer Hass auf die ungarische Minderheit nur vom harten Kern der slowakischen Rechtsextremisten ausgeht, betrachten besorgniserregend viele Slowaken die etwa 300.000 Zigeuner als Sündenböcke für soziale Probleme des Landes. Die Regimevorstellungen sind für die Mehrheit der Slowaken paternalistischer und autoritärer Natur. Das Vertrauen in die Funktionsfähigkeit der demokratisch-staatlichen Institutionen fehlt größtenteils. Die Menschen erwarten vom Staat soziale Regulierung und wirtschaftliche Kontrolle. Nur 20 Prozent der

5 Vgl. Philipp Harfst: Wahlsystemwandel in Mittelosteuropa. Strategisches Design einer politischen Institution, Wiesbaden 2007, S. 162.

6 Vgl. Karel Vodička: Wahlen und Transition in der Slowakei, in: Klaus Ziemer (Hrsg.): Wahlen in postsozialistischen Staaten, Opladen 2003, S. 255–281, hier S. 260.

Slowaken sind zufrieden mit den Leistungen demokratisch legitimierter Politik. Lediglich ein Viertel der Menschen bewertet das demokratische System als besser gegenüber dem früheren Sozialismus.[7] Der Befund des tschechoslowakischen Staatsgründers Thomas G. Masaryk hat für die Slowakei nach 90 Jahren nichts an Aktualität eingebüßt: „Vielleicht haben wir hier eine Demokratie. Aber wir haben wenig Demokraten.“[8]

2 Wahlentwicklung

Bei allen Parlamentswahlen nach der slowakischen Unabhängigkeit 1993 gelang alten und neuen Anti-System-Parteien der Einzug ins Abgeordnetenhaus. Die größten Erfolge konnte die *Slowakische Nationalpartei* (SNS) erzielen. Sie wurde am 7. März 1990 gegründet und versteht sich als offizielle Nachfolgeorganisation der gleichnamigen Partei aus der vortschechoslowakischen Periode. Von allen slowakischen Parteien war sie diejenige politische Kraft, die sich nach dem Zusammenbruch des Kommunismus am vehementesten für die Unabhängigkeit des slowakischen Staates eingesetzt hatte. Davon profitierte die SNS bei den Wahlen zum slowakischen Nationalrat im tschechoslowakischen Staatenverbund, obwohl es weder in der tschechischen noch in der slowakischen Bevölkerung eine Mehrheit für die Spaltung des Landes gab. Die Nationalisten erreichten 1990 13,9 Prozent, beim letzten gemeinsamen Urnengang von Tschechen und Slowaken 1992 7,9 Prozent. Die faktische Koalition mit der *Bewegung für eine Demokratische Slowakei* wurde nach der Unabhängigkeit des Landes am 1. Januar 1993 in eine formale umgewandelt.[9]

Die erste slowakische Regierung aus Populisten der HZDS und der extremistischen SNS hielt nur zwei Jahre. Nach inneren Differenzen spaltete sich Ende 1993 ein Teil der SNS-Fraktion ab. Nachdem auch der große Koalitionspartner HZDS zehn abtrünnige Abgeordnete ausgeschlossen hatte, verlor die Allianz ihre Parlamentsmehrheit. Aufgrund massiver Verletzung der Chancengleichheit, durch die Einflussnahme auf die staatlichen Medien und wegen des eingeschränkten Zugangs zu den öffentlich-rechtlichen Informationskanälen für die Oppositionsparteien gelang es *Mečiar* bei den Wahlen 1994, sein Regierungsbündnis mit der SNS zu erneuern – erweitert um die linksextreme *Arbeitervereinigung der Slowakei* (ZRS). Die neugegründete Partei gewann 7,3 Prozent der Stimmen, verschwand jedoch bereits vier Jahre später in der politischen Versenkung. Die slowakischen Nationalisten verloren dagegen an Unterstützung. Mit 5,4 Prozent erzielten sie ihr bis dahin schlechtestes Resultat.[10]

---

7 Vgl. Gerd Pickel/Jörg Jacobs: Der soziokulturelle Unterbau der neuen Demokratien Osteuropas, in: Dies. u. a. (Hrsg.): Osteuropas Bevölkerung auf dem Weg in die Demokratie. Repräsentative Untersuchungen in Ostdeutschland und zehn osteuropäischen Transformationsstaaten, Wiesbaden 2006, S. 31–52, hier S. 40 f.

8 Thomas G. Masaryk zit. nach Christian Schmidt-Häuer: Die Verführung Europas, in: Die Zeit vom 25. Januar 2007, S. 8.

9 Vgl. Lubomír Kopeček: Slovenská Republika, in: Petr Fiala/Jan Holzer/Maximilián Strmiska (Hrsg.): Politické strany ve střední a východni Evropě. Ideově-politický profil, pozice a role politických stran v postkomunisttických zemích, Brünn 2002, S. 355–381, hier S. 367.

10 Vgl. Darina Malová/Tim Haughton: Parliament and System Change in Slovakia, in: Susanne Kraatz/Silvia von Steinsdorff (Hrsg.): Parlamente und Systemtransformation im postsozialistischen Europa, Opladen 2002, S. 127–143, hier S. 131.

Die Parlamentswahlen im Herbst 1998 brachten das Aus für die von innenpolitischen Korruptionsvorwürfen und außenpolitischer Isolation gebeutelte Koalition. Trotz offensichtlicher Wahlrechtsmanipulation gelangen HZDS und SNS nicht mehr als Pyrrhussiege. Die HZDS wurde knapp Wahlsieger; die Nationalisten steigerten ihr Ergebnis auf 9,1 Prozent. Die ZRS scheiterte mit 1,3 Prozent klar an der Fünf-Prozent-Hürde. Es kam zu einer breiten Anti-*Mečiar*-Koalition und zur Bildung einer neuen Regierung unter *Mikuláš Dzurinda*. Der Machtverlust und die folgende vierjährige Oppositionsrolle im Parlament führten zu tiefen Zerwürfnissen innerhalb der SNS. Aufgrund innerer Machtkämpfe und persönlicher Rangeleien zwischen dem von 1994 bis 1999 amtierenden Vorsitzenden *Ján Slota* und seiner Nachfolgerin *Anna Malíková* spaltete sich die Partei. Die Konsequenz: Sowohl die SNS als auch die um *Slota* neu formierte *Wahre Slowakische Nationalpartei* (PSNS) scheiterte 2002 an der Fünf-Prozent-Hürde.[11] Trotz der monatelang von der Öffentlichkeit begleiteten parteiinternen Querelen erzielten beide Fraktionen mit 3,3 bzw. 3,7 Prozent achtbare Ergebnisse.[12]

Tabelle 1 Ergebnisse der extremistischen Parteien bei den slowakischen Parlamentswahlen 1990–2006 (in Prozent)

	1990[1]	1992[1]	1994	1998	2002	2006
SNS	13,9	7,9	5,4	9,1	3,3	11,7
PSNS	---	---	---	---	3,7	---
ZRS	---	---	7,3	1,3	0,5	---
KSS	13,4	0,8	2,7	2,8	6,3	3,9

Quelle: Offizielles Statistikamt der Slowakischen Republik unter http://www.statistics.sk [Stand: 08. August 2008].

[1] Angaben für den slowakischen Landesteil bei den Parlamentswahlen in der Tschechoslowakei 1990 und 1992.

Dafür gelang der längst tot geglaubten *Kommunistischen Partei der Slowakei* (KSS) erstmals der Parlamentseinzug. Im Gegensatz zu Tschechien kam es bei der Mehrzahl der slowakischen Kommunisten zu einer ideologischen und programmatischen Neuorientierung. Im September 1990 wurde der slowakische Teil der *Kommunistischen Partei der Tschechoslowakei* (KSČ) in KSS-SDL (*Partei der Linken*) umbenannt, und die Partei entwickelte rasch ein eher gemäßigt sozialistisches Profil mit sozialdemokratischen Elementen. Gleichwohl stimmten nicht alle Mitglieder der KSS mit der umfassenden Parteitransformation überein. Orthodoxe Kommunisten und Altstalinisten gründeten im Juni 1991 die *Kommunistische Partei der Slowakei '91* (KSS '91).[13] Wegen ihres Namens und des Images als altmodische,

11 Vgl. Cas Mudde: Another One Bites The Dust: Extremism and Democracy in Postcommunist Europe, in: RFE/RL newsline vom 10. April 2002, abrufbar unter: http://www.rferl.org/newsline/2002/04/5-not/not-100402.asp [Stand: 17. Dezember 2007].

12 Vgl. Ergebnisse der Parlamentswahl 2002. Angaben des offiziellen Statistikamtes der Slowakischen Republik, abrufbar unter: http://www.statistics.sk [Stand: 10. August 2007].

13 Das Kürzel '91 wurde nach einem Beschluss auf dem zweiten Parteitag 1997 abgelegt. Die Partei benutzt seitdem nur die Kurzform KSS.

koalitionsunfähige Verliererpartei scheiterte lange Zeit das Unterfangen, eine wichtige Rolle in der Slowakei zu spielen. Folgerichtig brachte dies der KSS in den 1990er Jahren mehrere Wahlschlappen ein. Bei den letzten Wahlen zum tschechoslowakischen Nationalrat 1992 erzielte die Partei 0,8 Prozent der Stimmen. Der erste Urnengang im neuen slowakischen Staat verbesserte das Resultat geringfügig auf 2,7 Prozent. Auch 1998 scheiterte die KSS mit 2,8 Prozent Stimmenanteil deutlich an der Fünf-Prozent-Hürde.[14] Da jedoch in den Jahren der Post-*Mečiar*-Ära sowohl die zersplitterte SNS als auch die reformkommunistische SDL ein zerrissenes Bild abgab, wurde die KSS unverhofft zur einzigen Alternative für ehemals kommunistische Anhänger wie antidemokratisch eingestellte Wähler. Bei den Wahlen 2002 eroberte die KSS 6,3 Prozent der Stimmen. Sie zog damit erstmals in das Parlament der Slowakischen Republik ein.[15]

Nach vier Jahren von Isolation geprägter Parlamentsbeteiligung stellte sich nach der Wahl im Juni 2006 Ernüchterung bei der KSS ein. Mit 3,9 Prozent Stimmenanteil verpasste die KSS den Wiedereinzug ins slowakische Parlament. Dafür verantwortlich waren zwei wesentliche Ursachen: zum einen die erfolgreiche Instrumentalisierung linker Protestthemen durch die neugegründete linkspopulistische Partei *Smer* (Richtung), zum anderen die Rückkehr der wiedererstarkten extremen Rechten. Die Wiederannäherung der beiden SNS-Teile begann reichlich ein Jahr vor den vorgezogenen Parlamentswahlen im Juni 2006. Die reformmüde Bevölkerung belohnte die radikale Regierungskritik der Nationalisten mit 11,7 Prozent Stimmenanteil.[16] Damit gelang der SNS nicht nur eine deutliche Steigerung des Wahlergebnisses gegenüber 2002, sondern auch die neuerliche Übernahme der Regierungsverantwortung. Im Kabinett unter Ministerpräsident *Robert Fico* (*Smer*) erhielt die SNS die Ministerien für Regionalentwicklung, Umwelt und Bildung.[17]

3 Extremistische Parteien

3.1 Rechtsextremismus

Im slowakischen Rechtsextremismus hat die SNS eine zentrale Position. Zwar gibt es weitere Kleinstparteien und Allianzen verschiedener Splitterorganisationen, z. B. der *Unabhängige Slowakische Kongress* (SNK) und die *Unabhängige Partei der Slowaken* (NSS), doch sie alle gelangten bei Parlamentswahlen nicht annähernd in den Bereich der Fünf-Prozent-Hürde. Die Allianz einiger dieser Organisationen (*Slowakische Nationalkoalition – Slowakische Gegenseitigkeit* – SLNKO) erzielte bei den Wahlen 2006 lediglich 0,2 Prozent der Stimmen.

---

14 Vgl. Florian Grotz: Politische Institutionen und post-sozialistische Parteiensysteme in Ostmitteleuropa: Polen, Ungarn, Tschechien und die Slowakei im Vergleich, Opladen 2000, S. 395 und S. 415.

15 Vgl. http://www.statistics.sk (FN 12).

16 Vgl. ebd.

17 Soňa Szomolányi: Parlamentné voľbyv krajinách V4 2005–2006: dôvod k obavám?, in: Stanislav Balík u. a. (Hrsg.): Parlamentní volby 2005–6 v zemích Visegrádské čtyřky, Prag 2007, S. 15–28; Svetozár Zrno: Slovenská národná strana a radikalizmus, in: Vladimír Srb/Petra Hirtlová (Hrsg.): Radikalismus a jeho projevy v současném světě, Kolín 2007, S. 127–142.

Trotz zeitweise heftiger innerparteilicher Auseinandersetzungen blieb die SNS bis heute wichtigstes Sammelbecken des nationalistischen Lagers. Ihre Popularität verdankt die Partei vor allem ihrem 1994 gewählten Vorsitzenden *Ján Slota*. Der Bürgermeister der Stadt Žilina führte die SNS zunächst bis 1999 in autoritärem Stil und leitete den Wandel der SNS von einer bis dahin eher national-konservativen zu einer rechtsextremen Partei ein. Doch nach dem Verlust der Regierungsverantwortung 1998 verstärkte sich die Kritik am Führungsstil *Slotas*. 1999 wurde seine Stellvertreterin *Anna Malíková* zur Vorsitzenden gewählt. *Slota* hielt am eigenen Machtanspruch fest und gründete 2001 seine eigene Partei (PSNS). Als es 2003 zur Wiedervereinigung der beiden SNS-Fraktionen kam, übernahm der alte und neue Vorsitzende *Ján Slota* die Macht bei den Nationalisten.[18]

Populär ist die Nationalpartei vor allem in den ländlichen Regionen nahe der polnischen Grenze, wo sie teilweise über 20 Prozent der Stimmen erzielt, sowie in den Städten Bratislava, Nitra und Žilina. Ihre Wählerklientel sind größtenteils Männer bis 45, Arbeiter und Arbeitslose aus mittelgroßen Städten des Nordens und der Mitte des Landes. Im Bratislavaer Intellektuellenmilieu hat die SNS ebenfalls Anhänger.[19] Nach eigenen Angaben verfügt die Partei über 1000 bis 1100 Mitglieder.[20]

Die Ideologie der SNS ist eindeutig rechtsextrem. Die Partei steht in der Tradition der gleichnamigen, ältesten slowakischen Partei. 1871 gegründet, vertrat sie von Anfang an die Ziele nationaler Selbstbestimmung und eines eigenen unabhängigen Staates. Mit dem Anschluss der Slowakei an Deutschland 1938 kam es zur Zwangsvereinigung mit der *Partei der nationalen Freiheit* von *Hitlers* Staatshalter in Bratislava, *Jozef Tiso*.[21] Eine Distanzierung der SNS vom profaschistischen Regime blieb nicht nur aus, sondern die Kollaborateure werden heute als Gründungsväter des ersten slowakischen Staates vom gesamten nationalen Lager verehrt. Zur Rechtfertigung bemüht man sich in der SNS um die Relativierung der Verbrechen und eine Differenzierung zwischen dem deutschen und slowakischen Faschismus. Im Gegensatz zum Dritten Reich sei der slowakische Faschismus eine klerikale, demokratische und liberale Variante gewesen, die den 1000-jährigen Traum des Landes nach staatlicher Unabhängigkeit erfüllte habe. Die SNS versucht, den Pakt mit Deutschland dadurch zu rechtfertigen, dass die slowakische Nation bei einer Verweigerung des *Hitler*-Diktats von Polen und Ungarn geschluckt worden wäre.[22] Der von *Hitler* als Präsident installierte *Jozef Tiso*, dem *Ján Slota* in seiner Heimatstadt Žilina 2001 eine Gedenkmedaille widmete, wurde für seine Verbrechen verantwortlich gemacht und 1947 zum Tode verurteilt.[23]

In den Nationsvorstellungen der SNS wird das slowakische Volk ausdrücklich von den ethnischen Minderheiten des Landes abgegrenzt. Über 1000 Jahre hätten Slowaken um ihre Unabhängigkeit gekämpft und in einem jahrhundertelangen Prozess eigene individuelle Traditionen und eine speziell slawisch-slowakische Kultur entwickelt. Diese erachtet die SNS

---

18 Vgl. Lubomír Kopeček: Politické strany na Slovensku 1989 až 2006, Brünn 2007, S. 410–420.

19 Vgl. Oľga Gyárfášová: Slovakia: The Slovak National Party, in: Helga Amesberger/Brigitte Halbmayr (Hrsg.): Rechtsextreme Parteien – eine mögliche Heimat für Frauen?, Opladen 2002, S. 161–210, hier S. 170–173.

20 Die Angabe der Mitgliedszahl laut Informationen des Parteisekretariats der SNS vom 11. November 2006.

21 Vgl. Matej K. Schwitzer: Slovakia: The Path to Nationhood, London 2002, S. 117 f.

22 Vgl. Rudolf Chmel: Slowakei: Kleine Nation, große Mythen, in: Europäische Rundschau 34(2006)2, S. 59–69, hier S. 59 f.

23 Vgl. Daniel Milo: Slovakia. People Against Racism, in: Cas Mudde (Hrsg.): Racist Extremism in Central and Eastern Europe, London u. a. 2005, S. 210–241, hier S. 215.

als überlegen gegenüber der Roma-Minderheit und als bedroht von grenzrevisionistischen Bestrebungen der Ungarn, der ungarisch-slowakischen Minderheit und der Europäischen Union. Im Wahlkampfprogramm von 2006 heißt es: „Die Garantie von Menschenrechten und der Schutz vor offener oder versteckter Diskriminierung kann nicht gewährleistet werden, da die Staatsangehörigen der nationalen Minderheiten keine Mitglieder der slowakischen Nation sind."[24] Sie nähren ihren Anspruch als Verteidiger der Nation vor allem mit xenophoben Ressentiments gegenüber den „irredentistischen Ungarn und nationslosen Roma", welche die Slowakische Republik in ihrer Existenz gefährden würden. Die Argumente einer Bedrohung versucht die SNS absurd zu verdrehen: Slowaken seien durch die positive Diskriminierung der Minderheiten benachteiligt. Nicht die ungarische Minorität habe slowakische Ansprüche zu fürchten, sondern die Slowakei sei von großungarischen Absichten bedroht. Die slowakischen Extremisten bezeichnen die ungarische Minderheit als „fünfte Kolonne".[25] Seit ihrer Rückkehr ins slowakische Abgeordnetenhaus 2006 verfolgt die SNS verstärkt eine wohlkalkulierte Doppelstrategie.

Zum einen sucht sie die Anbindung an die rechtsextreme Szene. Die Jugendorganisation der Partei (*Slowakisch-Nationale Jugend* – MSNS) ist beliebtes Sammelbecken von Skinheads, Hooligans und Neonationalsozialisten. In einigen Städten basiert die gesamte Struktur des Parteinachwuchses auf den Aktivitäten der Skinheadszene, wenngleich die SNS manchen Hardlinern nicht extrem genug ist.[26] Der Parteivorsitzende *Slota* erfreut sich bei militanten jugendlichen Anhängern großer Beliebtheit, denn seine Aussagen strotzen häufig vor chauvinistischer und rechtsextremer Hetzerei. Auf einer Kundgebung erklärte er angetrunken, mit Panzern Budapest attackieren zu wollen und die Stadt dem Erdboden gleich zu machen.[27] Dies sei eine notwendige Abwehrmaßnahme, da der südliche Nachbar seinerseits plane, sich die Slowakei einzuverleiben. Landesweit bekannt ist sein Auftritt in einer slowakischen Fernsehsendung, in welcher er den ehemaligen Vorsitzenden der *Ungarischen Koalitionspartei* (MK), *Béla Bugár*, aufs Heftigste attackierte: „Ich kann kein Wort für ihn finden, weil ich ihn nicht mal einen Menschen nennen kann.[...] Er ist mehr Rindvieh als Mensch." Auf die Gegenfrage des Kommentators, ob diese Anfeindungen nicht zu weit gehen würden, entgegnete *Slota*: „Nein, es ist wahr, denn ein Mensch kann denken, aber ein Rindvieh wie er macht nur Muh."[28] Auch die Aussicht auf eine Regierungsbeteiligung nach den Wahlen schreckte ihn nicht ab, seine Brutalrhetorik abzumildern. Zum Entsetzen der aufgeschreckten internationalen Presse hetzte er während seines ersten Fernsehauftritts nach den Koalitionsverhandlungen lauthals gegen die „ungarischen Mörder", „Lumpen aus der

24 Hier und im Folgenden Sme Slováci, Slovákom Slovenskú Vládu. Volebný Programm SNS 2006 [Wir sind Slowaken, slowakische Regierung für slowakische Menschen. Wahlprogramm der SNS 2006].

25 Vgl. Thomas S. Szayna: The extreme-right political movements in post-communist Central Europe, in: Peter H. Merkl/Leonard Weinberg (Hrsg.): The Revival of Right-Wing Extremism in the Nineties, London 1997, S. 111–148, hier S. 129.

26 Vgl. Daniel Milo (FN 23), S. 215.

27 Vgl. Hans-Jörg Schmidt: Slowakische Linke koalieren mit Rechtsextremen. Parteichef Robert Fico verkündet Bündnis mit Ex-Premier Meciar und den Nationalisten – Heftige Kritik von EU-Linksparteien, in: Die Welt vom 30. Juni 2006, S. 8.

28 Ján Slota in einem Interview mit dem öffentlich-rechtlichen Fernsehen der Slowakei, zit. nach Nancy Závodská: Primitiv?, in Plus7 Nr. 44/2004, Artikel abrufbar auf der Internetseite der Zeitschrift unter: http://www.plus7dni.sk/index.cfm?Page=ShowArticle&ArticleID=13020 [Stand: 23. Januar 2006].

Ungarnpartei" und „Schwule".[29] *Ján Slota* wird mit den Worten zitiert, es gebe keine Roma, sondern nur Zigeuner, die stehlen, rauben und plündern würden.[30]

Zum anderen betreibt die SNS im slowakischen Kabinett eine kompromissbereite Regierungspolitik. *Slota* blieb ein Ministerposten in den Koalitionsverhandlungen mit der *Smer* ausdrücklich verwehrt, und es scheint, als ob viele an der Parteispitze dem aggressiven Kurs ihres Vorsitzenden nur begrenzt folgen. Dem ideologischem Kampf gegen ausländische Investitionen und die EU-Verträge ist tagespolitischer Pragmatismus gewichen. Wirtschafts- und außenpolitisch wird die internationale Verflechtung der Slowakei akzeptiert. Wurde die Europäische Union in der Zeit vor dem slowakischen EU-Beitritt vehement abgelehnt und hinter dem europäischen Vertragswerk eine jüdische Verschwörung mit dem Ziel der Vernichtung der slowakischen Unabhängigkeit vermutet, erklärt sich die Partei heute einverstanden mit den Rechten und Verpflichtungen der EU-Verträge. Zudem sind von kaum einem der SNS-Parlamentarier derartig drastische Aussagen zu vernehmen wie vom Partei-Aushängeschild *Slota*. Nach den Verstimmungen im ungarisch-slowakischen Verhältnis seit den letzten Wahlen verabschiedete das Parlament im Sommer 2006 eine Resolution gegen Extremismus und Rassismus. Die SNS-Fraktion stimmte geschlossen dafür – lediglich ihr Spitzenmann blieb dem Votum fern.[31] Dies ist im Vergleich zu anderen extremistisch-populistischen Parteien Europas ein ungewöhnlicher Umstand: Zumeist profiliert sich ein verhältnismäßig moderater Parteiführer als Zuchtmeister seiner aufbegehrenden Flügel. Von wenigen Ausnahmen im Führungsgremium und Gewalttätern an der Parteibasis abgesehen, ist es bei der SNS umgekehrt: Eine vorsichtige Funktionärselite versucht, ihren zügellosen Frontmann zu bremsen.

Auch gegenüber den extremistischen Antipoden tritt die SNS zweck- und nutzenorientiert auf. Mit der linksextremen ZRS bildete sie vier Jahre eine Koalition – gegenüber der KSS bewahrt die Partei jedoch ihre Abneigung. Stattdessen vertritt die SNS teilweise eigene linke und linksextreme Politikinhalte. Als Anwalt der kleinen Leute versucht die SNS, sich nicht nur durch die Propagierung sozialer Gleichheit zu profilieren, sondern appelliert auch stark an die Gefühle aus der sozialistischen Zeit. Um nicht offensichtlich in Widerspruch zur ideologisch taxierten Antikommunismuslinie zu geraten, wählt die Partei für ihr Programm die positiven Errungenschaften der alten Epoche aus: Die Abhängigkeit des Landes von der internationalen Wirtschaft führe zu Armut, sozialer Unsicherheit und Perspektivlosigkeit. Die SNS kämpfe „für gesellschaftliche Solidarität, soziale Gerechtigkeit und gegen die von den USA verschuldete geistige Dekadenz."[32]

29 Ján Slota zit. nach Ulrike Braun: Neues Gruselkabinett in der Slowakei, in: die tageszeitung vom 5. Juli 2006, S. 9.

30 Vgl. Klaus Brill: Koalition der Extremisten in der Slowakei. Künftiger Premier Fico verhandelt mit Nationaler Partei, Ausfälle gegenüber Minderheiten, in: Süddeutsche Zeitung vom 30. Juni 2006, S. 7.

31 Vgl. Parliament adopts declaration against Extremism, in: The Slovak Spectator Online, abrufbar unter: http://www.slovakspectator.sk/clanok.asp?vyd=online&cl=24569 [Stand: 24. Oktober 2006].

32 Volebný Programm SNS 2006 (FN 24).

3.2 Linksextremismus

Größte und wichtigste Organisation im slowakischen Linksextremismus ist die *Kommunistische Partei der Slowakei* (KSS). Obwohl nicht offizielle Rechtsnachfolgerin der einstigen tschechoslowakischen Einheitspartei, bemüht sie sich um politische und ideologische Kontinuität zur KSČ. In der ersten Dekade nach Ende des Kommunismus funktionierte die innerparteiliche Willensbildung ganz wie zu tschechoslowakischen Zeiten. Der ehemalige KSČ-Hinterbänkler *Jozef Ševc* wurde 1992 zum Vorsitzenden gewählt und bestimmte mehr als ein Jahrzehnt den ideologischen und programmatischen Kurs der Kommunisten. Mit dem ersehnten Parlamentseinzug 2002 begannen allerdings auch die seit längerem schwelenden regionalen und personellen Konflikte in der Partei auszubrechen. 2005 spaltete sich ein Teil der ostslowakischen Parteibasis ab. Er gründete die Organisation *Úsvit* (*Morgendämmerung*), welche bedeutungslos blieb. Nach dem enttäuschenden Wahlergebnis 2006 und dem verpassten Wiedereinzug ins Parlament begann sich der innerparteiliche Druck auf die KSS-Spitze zu erhöhen. Als Konsequenz des Machtkampfes stellte die gesamte Führungsriege der Partei um den Vorsitzenden *Jozef Ševc* ihre Ämter zur Verfügung. Zum neuen Mann an der Spitze des Zentralkomitees der KSS wurde der bisher zweitrangige Funktionär *Vladimír Ďaďo* ernannt.[33] Nach eigenen Angaben verfügt die Partei über 10.000 Mitglieder. Ihre Hochburgen hat sie im Osten und in den industriell geprägten mittelgroßen Städten des Landes. Die Anhängerschaft der KSS ist stark überaltert – jeder zweite Wähler der Partei ist älter als 65 Jahre. In ihrer Jugendorganisation *Sozialistischer Jugendverband* (SZM) sind laut Parteibüro etwa 900 Mitglieder vereinigt, welche teilweise radikal-dogmatischere Positionen vertreten als die Mutterpartei KSS.[34]

Neben der KSS existieren weitere kleinere linksextreme Parteien in der Slowakei. Die von 1994 bis 1998 mitregierende ZRS hat ihre Aktivitäten wegen fehlender Mitglieder im Jahr 2004 eingestellt. Ihre Führungskräfte versuchten bei unterschiedlichen Formationen im slowakischen Parteiensystem Fuß zu fassen. Weitere nennenswerte, aber bei Wahlen kaum in Erscheinung getretene linksextreme Gruppierungen sind die *Sozialistische Arbeiterorganisation* (SOP) und die *Antifaschistische Aktion Slowakei* (AFA).[35]

Politikwissenschaftler, Länderexperten, ebenso die KSS selbst, bezeichnen die Partei als marxistisch-leninistisch.[36] Als ihr politisches Ziel erklärt die Partei in den Statuten, den Menschen aus der „Abhängigkeit des Kapitals zu befreien und eine klassenlose Gesellschaftsordnung zu etablieren". Typisch für die Charakterisierung als eine von dogmatischer, linksextremer Ideologie geprägte Partei ist ihr absoluter Wahrheitsanspruch. An der Richtigkeit der kommunistischen Lehre hegt die Partei keinerlei Zweifel; Widerstand sei durch die

33 Vgl. KSS leaders resign after election failure, in: The Slovak Spectator Nr. 29/2006, S. 2.

34 Die Angaben laut Informationen des Parteisekretariats der KSS vom 3. November 2006.

35 Vgl. Miroslav Mareš: Länderporträt Slowakei, in: Uwe Backes/Eckhard Jesse (Hrsg.): Jahrbuch Extremismus & Demokratie, Band 19, Baden-Baden 2008, S. 237–262, hier S. 254 f.

36 Diese Charakterisierung teilen u. a. Miroslav Mareš (FN 35); Marek Rybář: Old Parties and New: Changing Patterns of Party Politics in Slovakia, in: Susanne Jungerstam-Mulders (Hrsg.): Post-Communist EU Member States. Parties and Party Systems, Hampshire 2006, S. 147–175; Hans-Joachim Veen: Die Entwicklung der Parteiensysteme in den postkommunistischen EU-Beitrittsländern, in: KAS-Auslands-Informationen (2005)7, S. 22–39, hier S. 29. Die Selbsteinschätzung als marxistisch-leninistische Partei ist u. a. in der 14-tägig erscheinenden Parteizeitung *Úsvit* und in den Parteidokumenten unter http://www.kss.sk nachzulesen.

individualistischen Interessen der faschistisch und kapitalistisch geprägten Oberschichten verursacht. Die Verwirklichung einer sozialistischen Gesellschaft sei dagegen eine historisch-revolutionäre Konsequenz aus dem Streben der Massen nach der Verwirklichung von Freiheit und Wohlstand für alle. Im Grundsatzprogramm der KSS von 1994 heißt es dazu: „Die ganze Historie der Menschheit ist mit der Suche nach dem optimalen Gesellschaftssystem verbunden, das die Sehnsucht der Menschen nach sozialer Gerechtigkeit und Glück befriedige. Dieser Prozess läuft noch heute."[37] Nur die vollständige Verwirklichung des Sozialismus würde zu echter Demokratie führen, während aus dem derzeitigen marktwirtschaftlichen System Diskriminierung und Ungerechtigkeit resultierten. Das demokratische System wird als „System des Kapitalismus" attackiert und abgelehnt: „Es kommt zu einer fortschreitenden Liquidation der grundsätzlichen sozialen Sicherheiten der Menschen, die versuchen, sich mithilfe eigener Arbeit zu ernähren. Das Lebensniveau von hunderttausenden Bürgern sinkt, es kommt zum Zerfall der industriellen Produktion und zur Destruktion der Landwirtschaft. Das Bildungswesen, das Gesundheitswesen, die Wissenschaft und die Kultur sind in einem desolaten Zustand. Die Zunahme an Kriminalität und brutaler Gewalt zerstört die Basis der gesellschaftlichen Stabilität und ihre Moral. […] Immer mehr Menschen ist klar, dass die Totalität des privaten Eigentums und eines unkontrollierbares Marktes weder zu mehr Prosperität und Demokratie führten, noch soziale Gerechtigkeit schafften."[38] Die Notwendigkeit der gesellschaftlichen Umwälzung wird mit apokalyptischen Visionen vom bevorstehenden Weltuntergang ganz im Stile Marx'scher Rhetorik unterfüttert: „Ökologische und soziale Probleme gewinnen einen katastrophalen Charakter. […] Die Menschheit muss, wenn sie überleben will, neue alternative Lösungen finden."[39]

Bei aller moralischen Selbstbeweihräucherung ist die KSS der Versuchung erlegen, aus einer populistischen Mixtur von Antikapitalismus, Globalisierungskritik und nationalen Ressentiments Kapital zu schlagen. Eine Reihe von Beispielen belegt, wie die Partei nicht nur Klassenkampfrhetorik anstimmt, sondern sich auch nationalistisch-protektionistischer Argumentationen bedient. Im Wahlkampfprogramm 2006 heißt es, der Wandel von Staats- zu Privateigentum habe zu einem vom Westen verschuldeten Verfall der Ökonomie sowie von Moral und Kultur geführt: „Alle Banken und Versicherungsgesellschaften, die Mehrheit der Industriebetriebe, Medien, Hotels und Dienstleistungseinrichtungen wurden an ausländische Besitzer verkauft. Die Bürger der Slowakei werden nur als billige Arbeitskraft gemietet."[40] Die EU-Mitgliedschaft wird von der KSS im Gegensatz zur strikt abgelehnten NATO-Unterstützung grundsätzlich begrüßt, jedoch von populistischem Gedöns begleitet: Falls die europäische Integration zum Vorteil für die Slowakei und slowakische Staatsbürger verlaufe, unterstütze man sie, aber nicht um eine Art Billigproduzent zu sein oder wie Lakaien im

37 Program Komunistickej strany Slovenska, Schválený 15. mája 1994 [Grundsatzprogramm der Kommunistischen Partei der Slowakei, verabschiedet am 15. Mai 1994], abrufbar unter: http://www.kss.sk/index.php?option=com_content&task=view&id=18&Itemid=35 [Stand: 23. Juni 2006].

38 Ebd.

39 Ebd.

40 Volebný Programm Komunistickej Strany Slovenska. Vol`by do Národnej rady Slovenskej Republiky 2006 [Wahlkampfprogramm der Kommunistischen Partei der Slowakei. Wahlen zum Nationalrat der Slowakischen Republik 2009], abrufbar unter: http://www.kss.sk/ [Stand: 14. August 2006].

eigenen Heimatland zu dienen, so das Statement von *Jozef Ševc* im Wahlkampf 2002.[41] Bei der euroskeptischen Einschätzung der EU überwiegt für die Kommunisten der Verlust nationaler Eigenständigkeit gegenüber der supranationalen Effizienz gemeinschaftlicher Politik.

Die bis 2002 andauernde Erfolglosigkeit der KSS führte zu einem parteiinternen Strategiewechsel. Die marxistischen Ideen einer kommunistischen Weltrevolution sind in der Praxis einem populistisch-pragmatischen Kurs gewichen. Der weltweite Untergang des Kommunismus hat selbst bei den orthodoxen Hardlinern in der Partei zu der Erkenntnis geführt, die angestrebte Weltrevolution werde wohl längere Zeit auf sich warten lassen. Daher verschiebt die KSS ihr Endziel einer antikapitalistischen Weltgesellschaft. Sie begnügt sich vorerst mit dem Anspruch, gesellschaftliche Diskriminierung und Ungleichheit zu bekämpfen und eine sozial-gerechte Gesellschaft aufzubauen. Sie beklagt Arbeitslosigkeit, das Sinken des Lebensstandards und den Wegfall von sozialen Sicherheiten. Dafür verspricht sie umfassende Reprivatisierungen, Vollbeschäftigung und ein ehrwürdiges Leben für alle Slowaken.[42] Als langfristiges Ziel erklärt sie, das kapitalistische System abzuschaffen, eine sozialistische Gesellschaft zu etablieren und „im Sinne des Internationalismus gegen [...] Nationalismus, Separatismus und Irredentismus aufzutreten“.[43]

Seit dem Wechsel an der Führungsspitze der KSS 2005 hat sich die Partei deutlich von ihren EU-feindlichen Vorstellungen gelöst. Selbst die jahrelang bekämpfte Euro-Einführung des Landes wird heute akzeptiert, die Mitgliedschaft in der NATO indessen generell abgelehnt. Dazu erklärte der Ex-Vorsitzende *Jozef Ševc* im Jargon des Ost-West-Konflikts: „Die KSS war und bleibt gegen den NATO-Beitritt der Slowakei. Sie ist ein Relikt des Kalten Krieges. Wir sehen keinen Sinn im Beitritt und betrachten die NATO als aggressiven Pakt.“[44] Stattdessen bemüht sich die KSS um eine Eingliederung in den Zusammenschluss der sozialistischen Parteien im Europaparlament und gute weltweite Beziehungen im Rahmen der Kommunistischen Internationale.

Sollte der KSS bei den nächsten Parlamentswahlen der Wiedereinzug in den slowakischen Nationalrat gelingen, ist eine Regierungsbeteiligung nicht ausgeschlossen. Die Partei löste sich in den vergangenen Jahren von vielerlei ideologischem Ballast, tritt gemäßigter auf als früher und demokratischer als die Regierungspartei SNS. Außer den Rechtsextremisten gilt der KSS jede andere Parlamentspartei als potenziell koalitionsfähig. Umgekehrt scheint die politischen Kultur der Slowakei gegenüber dem Linksextremismus deutlich kritischer als gegenüber dem Rechtsextremismus. Während die SNS dreimal seit 1992 in der Regierung saß, wurde die KSS 2002 ausdrücklich aus dem breiten Bündnis zur Verhinderung einer erneuten Regierung unter *Vladimir Mečiar* ausgeschlossen.[45] Da die sozialpopulistische Politik der Partei an vielen Stellen deckungsgleich mit dem Programm der *Smer* ist und die slowakische

41 Jozef Ševc zit. nach Dewey Smolka: Greetings, Comrade. Communist Party returns to parliament for the first time since independent Slovakia, in: The Slovak Spectator Nr. 8/2002, S. 2.

42 Vgl. Volebný Programm Komunistickej Strany Slovenska 2006 (FN 40).

43 Program Komunistickej strany Slovenska (FN 37).

44 Jozef Ševc zit. nach Lukáš Fila: Support grows for NATO referendum. High-profile civic initiative launched to push for vote on NATO membership, organise petition, in: The Slovak Spectator Nr. 1/2003, S. 2.

45 Vgl. Tim Haughton: „We'll Finish What We Startet: The 2002 Slovak Parliamentary Elections, in: Journal of Communist Studies and Transition Politics 19(2003)4, S. 65–90, hier S. 80f.

Regierung nach ihrem Antritt 2006 einen spürbaren Ausbau des Sozialstaates betrieb, sind die Chancen eines erneuten Parlamentseinzugs der KSS als eher niedrig einzuschätzen.

4 Nichtparteiförmiger Extremismus

Neben den extremistischen Parteien existieren in der Slowakei zahlreiche Gruppierungen ohne Parteistrukturen. Vor allem die gewaltbereite rechtsextreme Szene machte in den letzten Jahren immer wieder von sich reden. Zu den bekanntesten Vereinigungen zählen die *Einheit der Slowakischen Jugend* (JSM), die *Neue Freie Slowakei* (NSS), die *Slowakische Bewegung der Erneuerung* (SHO) und die mittlerweile verbotene *Nationalpartei* (vgl. Kapitel 1). Verschiedene international agierende rechtsextreme Organisationen unterhalten Strukturen in der Slowakei, z. B. die *Slovakia Hammer Skins* und die *Blood & Honour Division Slovakia*. Zur gesamten militant-rechtsextremen Szene zählen etwa 1000 Aktivisten und 3000 Sympathisanten. Pro Jahr kommt es zu rund 100 rassistisch motivierten Gewalttaten.[46]

Ideologische Unterschiede zwischen „traditionellen" slowakischen Nationalisten und vom deutschen Nationalsozialismus inspirierten Gruppen gibt es kaum, da der gemeinsame Kampf gegen „mindere Rassen" (vor allem die Roma) und den Bolschewismus als geistige Klammer funktioniert. Viele Aktivisten der einzelnen Gruppierungen sind zudem eng mit der Bratislavaer Fußball-Hooligan-Szene verbunden. Im Zuge der Anfeindungen von ungarischen und slowakischen Nationalisten nach den Wahlen 2006 kam es wiederholt zu Verbrennungen ungarischer Flaggen vor der ungarischen Botschaft in Bratislava.[47]

Im slowakischen Linksextremismus gibt es ähnlich viele nichtparteiförmige Organisationen und Kleinstgruppierungen wie im Rechtsextremismus, wenngleich die Anzahl von aktiven Szenegängern deutlich niedriger ist. Dazu zählen der trotzkistische *Bund der Revolutionären Sozialisten* (ZRS), die *Liga für die Fünfte Internationale* (L5I), die anarchistische Gruppe *Radikaler Antifaschistischer Widerstand* (SRPO) und die *Tschechoslowakische anarchistische Föderation* (ČSAF). Die gewaltbereit-autonome Szene umfasst nach Einschätzung des slowakischen Innenministeriums rund 200 Anhänger.[48] Zudem werden verschiedene lose organisierte Bands und Anhänger der Punk- und Technomusikszene dem linksextremen Lager zugerechnet. Im Unterschied zum nationalistischen Lager präsentiert sich die linksextreme Szene allerdings deutlich heterogener als die rechtsextreme. Der slowakische Anarchismus ist stark antileninistisch bzw. antibolschewistisch ausgerichtet. In der Slowakei existiert kein gemeinsames Bündnis von orthodoxen Kommunisten und autonomen Antifaschisten.[49]

Eine weitere Herausforderung für die innere Sicherheit der Slowakei stellt das Problem des ethnischen Minderheitenextremismus dar. Die Feindseligkeit slowakischer Nationalisten schürt bei Teilen der Roma und den slowakischen Ungarn Hass und Gewaltbereitschaft gegenüber der Bevölkerungsmehrheit. Während die meisten ungarischen Politiker und die Vertreter der Roma um Ausgleich und Chancengleichheit bemüht sind, stoßen die radikalen

46 Vgl. Extrémistická Scéna na Slovensku, abrufbar unter: http://www.minv.sk/, [Stand: 15. April 2008].
47 Vgl. Hans-Jörg Schmidt: Xenophobie: Fremdenfeindliche Attacken in der Slowakei nehmen zu, in: Die Welt vom 29. August 2006, S. 8.
48 Vgl. Extrémistická Scéna na Slovensku (FN 46).
49 Vgl. Miroslav Mareš (FN 35), S. 256.

Ansichten einer Minderheit – der gesellschaftlich benachteiligten jungen Männer – auf gewisse Resonanz. Bei den Organisationen ungarischer Extremisten handelt es sich größtenteils um Ableger rechtsextremer Vereinigungen aus dem Kernland. Dazu zählen die *Jugendbewegung der Vierundsechzig Gaue* (HVIM)[50] und Sympathisanten im Umfeld der 2007 gegründeten paramilitärischen *Ungarischen Garde* (MG). Kenner der Szene bestätigen zudem eine Verbindung dieser Organisationen mit Skinheads und Hooligans im Umfeld der Fußballmannschaft FC DAC Dunajská Streda.[51] Zu ihren politischen Forderungen gehören die Revision des Vertrages von Trianon sowie weitreichende politische und kulturelle Autonomie der ungarischen Minderheit.

Im Gegensatz dazu handelt es sich bei den extremistischen Kräften der Roma um eher lose Jugendgruppen. Ihre politischen Vertreter sind größtenteils zersplittert. Sie nutzen ihre politischen Ämter mehr zum persönlichen Vorteil als im Sinne der eigenen Volksgruppe. Der tschechische Politikwissenschaftler *Miroslav Mareš* urteilt: „Es handelt sich im Fall der Roma eher um eine schlecht organisierte militante Selbstverteidigung und um sozialethnische Unruhen als um ideologisch gefestigten Extremismus."[52] So kam es nach rassistischen Übergriffen auf Zigeuner zur Gründung einer Roma-Heimwehr, welche mehrfach in gewaltsame Auseinandersetzungen mit der Polizei verwickelt wurde. Zu Beginn des Jahres 2004 erreichten die Spannungen im Verhältnis von Slowaken und Roma ihren Höhepunkt. Eine umstrittene Sozialreform brachte erhebliche Einschnitte der ohnehin spärlichen Sozialleistungen für die zu etwa 80 Prozent arbeitslose Minderheit. Zumeist jugendliche Roma plünderten daraufhin mehrere Tage in ihren Hochburgen der Ostslowakei Kaufhäuser und Lebensmittelgeschäfte. Die slowakische Regierung konnte die Unruhen nur durch massiven Polizei- und Armeeeinsatz beenden. Die soziale Lage und die Integrationsbereitschaft der Roma sind seitdem schlechter geworden.

Das Phänomen fundamentalistischer Islamismus blieb bislang weitgehend bedeutungslos. Die meisten der etwa 5000 in der Slowakei lebenden Muslime gelten als moderat und im Vergleich zu den Roma besser integriert, da sie größtenteils vor dem Ende des Kommunismus als Gastarbeiter und Studenten ins Land kamen. Trotz der Drohungen militanter Fundamentalisten gab es bisher weder nennenswerte gewalttätige Auseinandersetzungen mit anderen Volksgruppen, noch wurde ein terroristischer Anschlag verübt. Gleichwohl registrieren die slowakischen Sicherheitsbehörden seit einigen Jahren, dass das Land zunehmend als Rückzugsraum ausländischer Islamisten und für Finanzoperationen genutzt wird. Dabei handelt es sich um Unterorganisationen und Zellen der *Salafisten-Gruppe für Predigt und Kampf* (GSPC), der *Hamas* und der *Hizbollah*.[53]

50 Ungarn hatte in den bis 1918 geltenden Grenzen 64 Gaue, und die HVIM fordert die Wiederherstellung des alten Staatsgebietes.

51 Vgl. Miroslav Mareš/Josef Smolík/Marek Suchánek: Fotbaloví chuligáni. Evropská dimenze subkultury, Brünn 2004, S. 103.

52 Miroslav Mareš (FN 35), S. 256.

53 Vgl. Slovenská informačná služba, Správa o činnosti slovenskej informačnej služby v roku 2003, Bratislava 2004, abrufbar unter: http://www.sis.gov.sk/index_sis.html [Stand: 12. Februar 2008].

5 Ergebnis

Die Kräfteverhältnisse des Rechts- und Linksextremismus sind in der Slowakei ungleich verteilt, wenngleich auf beiden Seiten des politischen Spektrums mindestens eine relevante Partei existiert. Während den slowakischen Kommunisten nur bei den Wahlen 2002 der Einzug ins Abgeordnetenhaus glückte, war die *Slowakische Nationalpartei*, abgesehen von der Legislaturperiode 2002 bis 2006, immer im Parlament vertreten. Sie kehrte 2006 mit einem zweistelligen Ergebnis ins Parlament und in die Regierung zurück und ist damit eine der konstant erfolgreichsten rechtsextremen Parteien Europas.[54]

Auch im Intensitätsgrad unterscheiden sich der slowakische Rechts- und Linksextremismus. Während die enge Verzahnung der SNS-Strukturen mit Teilen der politisch rechtsextremen Szene vor allem auf der lokalen Ebene immer wieder zu gewalttätigen Konflikten führt, betreibt die KSS einen stark sozialpopulistischen Kurs. Beide Lager beziehen sich zwar ideologisch auf die jeweils historischen Ordnungsvorstellungen ihrer antidemokratischen Vorläuferorganisationen, verfolgen aber tagespolitisch kaum grundsätzlich systemablehnende Ziele. Durch die mehrmalige Regierungsbeteiligung der SNS beschränkt sich ihr Aktionismus allerdings nicht – wie bei der KSS – auf eine ohnmächtig-oppositionelle Protesthaltung. In den 1990er Jahren war sie maßgeblich für die Abkehr der Slowakei von demokratischen Prinzipien und Verfahrensregeln mitverantwortlich. Gleichwohl scheint die Zeit von autokratisch-pseudodemokratischen Abwegen vorbei zu sein. Die extremistischen Parteien besitzen kein ausreichend großes Stimmen- und Sympathisantenpotenzial, um die freiheitlich-demokratische Ordnung des Landes zu gefährden. Die europäische Integration des Landes ist mittlerweile so fortgeschritten, dass eine Umkehr des Weges weder von der SNS noch von einer Mehrheit der Slowaken ernsthaft erwünscht wird.

Die eigentliche Gefahr liegt in der verstärkten gesellschaftlichen Polarisierung, in der Verrohung des politischen Klimas und in der Relativierung des nationalen bzw. kommunistischen Geschichtsbildes. Besonders die davon ausgesendeten Impulse für die militant-gewaltbereite rechtsextreme Szene stellen ein Problem für die innere Sicherheit des Landes dar. Die massive Stimmungsmache gegen Nichtslowaken wird aus deren Sicht nicht nur von Außenseitern artikuliert, sondern auch von Regierungsvertreten und populären Politikern. Die Signale, welche eine derartige Krawallpolitik aussendet, sind für den gesellschaftlichen Zusammenhalt doppelt schädlich: Zum einen bleiben rassistische und fremdenfeindliche Positionen keine Randerscheinung. Sie prägen im Bewusstsein vieler Slowaken latente rechtsextreme Einstellungsmuster. Zum anderen löst der dauerhafte Argwohn gegenüber den nationalen Minderheiten im Land zwangsläufig feindselige Gefühle auf Seiten der Roma und Ungarn aus. Er provoziert somit die Reaktion von deren radikalen Kräften. Die antiungarische bzw. antislowakische Stimmung in beiden Ländern eskalierte im Sommer 2006, führte zu gewaltsamen Auseinandersetzungen zwischen den Volksgruppen und zu Massenkundgebungen in Bratislava und Budapest sowie zu ernsthaften diplomatischen Verstimmungen im slowakisch-ungarischen Verhältnis.

Die Spaltung der slowakischen Gesellschaft verläuft allerdings nicht nur entlang der ethnischen Konfliktlinie. Das slowakische Parteiensystem ist auch 20 Jahre nach Ende des

54 Als Überblick hierzu Cas Mudde: Populist Radical Right Parties in Europe, Cambridge 2007, S. 280.

Kommunismus hoch polarisiert und deutlich fragmentierter als in anderen Staaten Ostmitteleuropas. Das politische System der Slowakei krankt nicht zuletzt wegen des Einflusses extremistischer Parteien an „chronischer Instabilität“[55]. Auch wenn ein (erneuter) Rückfall des Landes in autokratische Strukturen höchst unwahrscheinlich ist, wird die Slowakei auf längere Zeit mit den Begleiterscheinungen extremistischer Regimevorstellungen leben müssen.

55 Dieter Segert: Parteiendemokratie in der Krise. Gründe und Grundlagen in Ostmitteleuropa, in: Osteuropa 58(2008)1, S. 49–62.

Extremismus in Slowenien

Miroslav Mareš

1 Rahmenbedingungen

Die Republik Slowenien ist 20 Jahre nach Ende des Kommunismus eine stabile Demokratie.[1] Von Mitte der 1980er Jahre an ist für die slowenische Politik das Streben nach Demokratisierung sowie nach nationaler Unabhängigkeit charakteristisch. Nach dem kurzen Unabhängigkeitskrieg 1991 verließ Slowenien die Sozialistische Föderative Republik Jugoslawien. Die erfolgreiche postkommunistische Transformation stellt eine Ausnahme unter den post-jugoslawischen Republiken dar. Slowenien hat sich ökonomisch und in seiner demokratischen Entwicklung an die Spitze der postkommunistischen Staaten Osteuropas gesetzt.[2] Seit Mitte der 1990er Jahre wird die slowenische Politik wesentlich vom Prozess der Europäisierung beeinflusst. Slowenien ist seit 2004 Mitgliedsstaat der Europäischen Union sowie der NATO.

Die slowenische Verfassung aus dem Jahr 1991 verankert die demokratischen Grundrechte und Grundprinzipien. Nach dem Politikwissenschaftler *Igor Lukšič* beinhaltet die slowenische Verfassung „liberale, sozialistische, demokratische und korporative Grundsätze"[3]. Die Verabschiedung der Verfassungsänderung erfordert die Zustimmung einer Zweidrittelmehrheit aller Abgeordneten. Diese Veränderung kann auch dem Volk zum Referendum vorlegt werden. Erforderlich ist die Mehrheit der Abstimmenden sowie eine Beteiligung von über 50 Prozent.[4]

Das slowenische Parteienrecht ermöglicht das Verbot von verfassungswidrigen Parteien. Für die Registrierung der Parteien ist das Innenministerium zuständig. Über die Verfassungswidrigkeit der politischen Parteien entscheidet das Verfassungsgericht.[5] Auch das Verbot der Vereinigungen ist möglich, wenn diese nichtdemokratische Ziele verfolgen. In Slowenien existieren strafrechtliche Normen zur Extremismusbekämpfung im Sinne von Gesetzen gegen „hate crime". Diese wurden bislang relativ selten genutzt.[6] Auf europäischer Ebene unterstützte Slowenien gemeinsam mit Polen und den baltischen Staaten 2007 die Genehmigung der gesamteuropäischen „Hate crime"-Legislative, die sich gegen alle Formen

---

1 Der Beitrag wurde im Rahmen des Forschungsprojektes „Politische Parteien und Vertretung der Interessen in den europäischen Demokratien von heute" (Code MSM0021622407) erarbeitet.

2 Vgl. Judy Batt: Introduction: Defining Central and Eastern Europe, in: Stephen White/Judy Batt/Paul G. Lewis (Hrsg.): Developments in Central and East European Politics 3, New York 2003, S. 3–22, hier S. 8.

3 Igor Lukšič: Das politische System Sloweniens, in: Wolfgang Ismayr (Hrsg.): Die politischen Systeme Osteuropas, 2. Auflage, Opladen 2004, S. 637–675, hier S. 641.

4 Vgl. ebd., S. 641 f.

5 Vgl. Stoyan Stalev: Verfassungssysteme im Umbruch. Eine rechtsvergleichende Untersuchung zu Bulgarien, Rumänien und Slowenien, Baden-Baden 1999, S. 106.

6 Vgl. European Commission Against Racism and Intolerance (Hrsg.): Third Report on Slovenia, Straßburg 2007, S. 9, abrufbar unter: http://hudoc.ecri.coe.int/XMLEcri/ENGLISH/Cycle_03/03_CbC_eng/SVN-CbC-III-2007-5-ENG.pdf [Stand: 15. Juli 2009].

des Totalitarismus richtet. Es handelte sich um eine Reaktion auf die deutschen Versuche, gemeinsame antirassistische und antifaschistische Normen in der EU zu bilden.[7]

Für die Bekämpfung der kriminellen extremistischen Aktivitäten ist die slowenische Polizei zuständig. Der zivile Geheimdienst – die *Slowenische Nachrichten- und Sicherheitsagentur* (*Slovenska Obveščevalno Varnostna Agencija* – SOVA) – bemüht sich um die Aufklärung von Bedrohungen der nationalen Sicherheit aus dem In- und Ausland. Dies ist besonders wichtig im Bereich der Terrorismusbekämpfung.[8] Die potenziellen militärisch relevanten extremistischen Bedrohungen beobachtet der Nachrichten- und Sicherheitsdienst des Verteidigungsministeriums (*Obveščevalno varnostna služba – Ministrstva za obrambo Republike Slovenije* – OVS – MOSR).

Das politische System Sloweniens ermöglicht eine effektive Machtkontrolle. Das slowenische Parlament besteht aus zwei Kammern. Direkt wird nur die erste Kammer gewählt – die Staatsversammlung (Državni sbor). Die zweite Kammer – der Staatsrat – (Državni svet) ist nach dem Prinzip der korporativen Vertretung zusammengesetzt.[9] Direkt gewählt wird der Staatspräsident, der relativ geringe Kompetenzen hat. Die Wahl in die Staatsversammlung ist nach dem Verhältniswahlsystem organisiert. Vor den Wahlen 2000 wurde die Vier-Prozent-Hürde eingeführt. Das System ermöglicht die Repräsentation einer relativ großen Zahl von Parlamentsparteien. Es existieren keine gestaffelten Sperrklauseln für Wahlallianzen und Koalitionen, sondern es treten zumeist Einzelparteien an, was die Chancen für extremistische Parteien zwar erhöht, aber bislang zu keiner Überrepräsentation führte[10] (vgl. Kapitel 2).

Ein hoher Konsens und ein starkes nationales Bewusstsein kennzeichnen die politische Kultur im modernen Slowenien. Aus historischer Sicht sind für die Entwicklung der slowenischen Gesellschaft drei politisch-kulturelle Lager wichtig: die konservativ-katholische, die klassisch-liberale und die sozialistisch-sozialdemokratische Richtung.[11]

Für die postkommunistische slowenische Gesellschaft sind zwei verflochtene historische Debatten mit „extremistischer Relevanz" charakteristisch. Die erste Debatte befasst sich mit dem Kampf der projugoslawischen Antifaschisten gegen faschistische Kollaborateure (mit italienischen und deutschen Okkupanten). Besondere Emotionen ruft die Diskussion um die Ermordung von etwa 10.000 Personen aus der *Slowenischen Landwehr* (*Slovensko domobranstvo*) sowie anderer Antikommunisten durch die kommunistischen Revolutionäre im Mai 1945 hervor.[12] Die zweite Debatte betrifft das Erbe des Kommunismus in Slowenien, einschließlich der starken Präsenz der ehemaligen Kommunisten in der gegenwärtigen slowenischen Politik und dessen rechtliche Konsequenzen.[13]

---

7 Vgl. Government Communication Office: Slovenia Wants EU Hate Law Expanded to Include Totalitarianism, Brüssel 2007, abrufbar unter: http://www.ukom.gov.si/eng/slovenia/publications/slovenia-news/4685/4712/ [Stand: 15. Juli 2008].

8 Vgl. Boštjan Šefic: Vloge Slovenske obveščalno-varnostne agencije v boju proti terorizmu in sodelovanje z drugimi akterji na nacionalni in mednarodni ravni, in: 7. Slovenski dnevi varstvoslovja, Ljubljana 2006, S. 942–950, hier S. 948, abrufbar unter: http://www.sova.gov.si/media/dnevi_varstvoslovja_2006_sefic.pdf [Stand: 16. Juli 2008].

9 Vgl. Igor Lukšič (FN 3), S. 649.

10 Vgl. Jakub Šedo: Volební systémy postkomunistických zemí, Brünn 2007, S. 212.

11 Vgl. Marjan Brezovšek/Miro Haček/Milan Zver: Democratic Praxis in Slovenia, Pilsen 2007, S. 165.

12 Vgl. Ladislav Cabada: Politický systém Slovinska, Prag 2005, S. 62.

13 Vgl. Lovro Šturm: Ústavní souvislosti vyrovnání se s komunistickou minulostí ve Slovinsku, in: Ústavní soud v ČR ve spolupráci s Německou nadací pro mezinárodní soudní spolupráci (Hrsg.): Vyrovnání se

Im postkommunistischen Slowenien spielt die Minderheitenthematik eine wichtige Rolle. Die slowenische Verfassung erkennt zwei autochthone nationale Minderheiten an – die ungarische und die italienische Minderheit. Beiden Volksgruppen wird ein Sitz in der Staatsversammlung garantiert.[14] Ähnliche Positionen beansprucht die deutsche Minderheit – bis jetzt erfolglos. Eine verfassungsrechtliche Sonderstellung haben die Roma, die allerdings nicht als autochthone Minderheit gelten.[15] Die Roma in Slowenien fühlen sich daher oft als Opfer einer strukturellen Diskriminierung.[16] Ein spezifisches Problem sind die Rechte der Bürger aus anderen ehemaligen jugoslawischen Teilrepubliken, die ihren Wohnsitz in Slowenien haben. 1992 wurde ihnen die slowenische Staatsbürgerschaft aberkannt (sogenannte „Ausgelöschte"). Das verursachte viele Probleme im Rechts- und Arbeitsbereich. Es handelt sich dabei um etwa 20.000 Personen. In letzter Zeit versucht die slowenische Regierung die Situation der „Ausgelöschten" mit verschiedenen Mitteln zu lösen.[17]

In Slowenien dominiert die katholische Konfession (57,8 Prozent der Bevölkerung). Jeder zehnte Slowene ist konfessionslos.[18] In den letzten Jahren haben Proteste gegen den Moschee-Bau in Ljubljana die Beziehungen zwischen Muslimen und ethnischen Slowenen belastet (sowie andere islamophobe Aktivitäten), doch stellt Islamophobie kein großes Problem in Slowenien dar. Im Jahr 2008 wurde nach langjährigen Diskussionen der Bau einer Moschee in Ljubljana vom Stadtrat zugelassen.[19]

2 Wahlentwicklung

In der slowenischen Politik existiert keine starke linksextremistische Partei. Die ehemaligen Organisationen des kommunistischen Regimes wurden grundsätzlich reformiert oder aufgelöst. Bereits von Mitte der 1980er Jahre an engagierten sich slowenische Kommunisten für nationale Souveränität und Demokratisierung. Im kommunistischen Jugoslawien regierte als Staatspartei der *Bund der Kommunisten Jugoslawiens* (*Zveza komunistov Jugoslavije* – ZKJ); die regionale Organisation in Slowenien bildete der *Bund der Kommunisten Sloweniens* (*Zveza komunistov Slovenije* – ZKS). Die slowenischen Kommunisten verteidigten besonders ab Ende der 1960er Jahre die nationalen-slowenischen Interessen innerhalb Jugoslawiens, da Slowenien der reichste Teil der südslawischen Föderation war.[20] Nach dem Tod von *Josip Broz Tito* 1980 wurden die nationalen Interessen in allen jugoslawischen Republiken immer deut-

s komunistickou minulostí ve státech střední Evropy. Sborník příspěvků z Konference středoevropských ústavních soudů, Prag 2003, S. 69–112, hier S. 69–71.

14 Vgl. Marjan Brezovšek/Miro Haček/Milan Zver (FN 11), S. 150.

15 Vgl. ebd. S. 151.

16 Vgl. Amnesty International (Hrsg.): Amnesty International Report 2008. State of the World's Human Rights: Slovenia, abrufbar unter: http://archive.amnesty.org/report2008/press-area/en/air08-en-low-res.pdf [Stand: 16. Juli 2008].

17 Vgl. ebd.

18 Vgl. Central Intelligence Agency (Hrsg.): The World Factbook 2008, abrufbar unter: https://www.cia.gov/library/publications/the-world-factbook/geos/si.html [Stand: 16. Juli 2008].

19 Vgl. Ljubljana is getting a Mosque, in: Slovenia Times vom 30. Juni 2008, abrufbar unter: http://www.slovenia-times.com/en/inside.cp2?uid=9A6CD927-B976-B6BF-6CDD-764326B08720&linkid=ne ws&cid=1BB540C4-EA25-0226-785F-74436DBF408E [Stand: 16. Juli 2008].

20 Vgl. Ladislav Cabada (FN 12), S. 80 f.

licher formuliert. Dazu entstand in Slowenien eine relativ starke demokratische Bewegung mit einem ausgeprägten nationalen Selbstbewusstsein. Die slowenischen Kommunisten (seit 1986 unter Führung von Reformpolitiker *Milan Kučan*) hatten gemeinsam mit der demokratischen Opposition im Jahr 1989 die ersten freien Wahlen für April 1990 vereinbart.

Im Januar 1990 verließen die slowenischen Kommunisten wegen der nationalen Streitigkeiten den letzten Parteitag des ZKJ in Belgrad. Kurz danach trat der ZKS aus dem ZKJ aus.[21] Im Februar 1990 wurde der Name der Partei mit einem Zusatz in *Bund der Kommunisten Sloweniens – Partei der demokratischen Reform* (*Zveza komunistov Slovenije – Stranka demokratske prenove*) umbenannt. Wenig später folgte die Namensänderung in die *Partei der Demokratischen Reform* (*Stranka demokratske prenove* – SDP). Bis zu den Parlamentswahlen 1990 arbeitete die Partei an einer sozialdemokratisch orientierten Neuausrichtung. Bei den Parlamentswahlen im April 1990 hatte die SDP nur 17,3 Prozent der Stimmen erhalten und ihr Machtmonopol verloren.[22] Neben der SDP kandidierten zudem andere Parteien mit sozialdemokratischem Profil.

Wenig später wurde die SDP in *Partei der Sozialdemokratischen Reform Sloweniens* (*Socialdemokratska prenova Slovenije* – SDPS) umbenannt. Bei den ersten Wahlen im unabhängigen Slowenien hatte sie eine gemeinsame Wahlliste namens *Vereinigte Liste* (*Združena lista* – ZL) mit der *Arbeiterpartei* (*Delavska stranka* – DS), mit dem *Demokratischen Verband der Pensionäre* (*Demokratična zveza upokojencev* – DZU) und mit der *Sozialdemokratischen Union* (*Socialdemokratska unia* – SDU) gebildet.[23] Diese Wahlliste erhielt 14 Prozent der Stimmen.

1993 wurde der Großteil dieser Wahlkoalition gemeinsam mit zwei kleineren Gruppierungen in eine einzige politische Partei namens *Vereinigte Liste der Sozialdemokraten* (*Združena lista socialnih demokratov* – ZLSD) transformiert. Seit 2005 tritt diese Partei unter dem neuen Namen *Sozialdemokraten* (*Socialni Demokrati* – SD) auf. Diese Partei, ein konstitutives Element des slowenischen Parteiensystems, und ein Mitglied der sozialdemokratischen/sozialistischen Parteienfamilie, ist keineswegs extremistisch.

Der Prozess der erfolgreichen „Sozialdemokratisierung" der ehemaligen Staatsparteien ist im postkommunistischen Kontext keine Ausnahme. Als slowenische Besonderheit ist die Transformation der ehemaligen kommunistischen Jugendorganisation in eine liberale Partei zu betrachten. Es handelt sich um die Gründung der *Liberaldemokratischen Partei* (*Liberalno Demokratska Stranka* – LDS) auf der Basis des *Bundes der sozialistischen Jugend Sloweniens* (*Zveza socialistične mladine Slovenije* – ZSMS).[24] Die ZSMS prägte schon in den 1980er Jahren reformorientierte demokratische Politik.[25] Der Spielraum für linksextremistische Politik ist seit der Bildung des unabhängigen Staates in Slowenien damit sehr begrenzt. 1992 wurde die kleine dogmatische *Kommunistische Partei Sloweniens* (*Komunistična Partija Slovenije* – KPS) gegründet, doch diese Partei hat sehr schwache Wahlergebnisse erzielt (stets unter einem Prozent der Stimmen bei landesweiten Wahlen). Andere linksextremis-

---

21 Vgl. ebd., S. 115.

22 Vgl. Aleš Balut/Ladislav Cabada: Postkomunistické strany v České republice a ve Slovinsku, in: Politologická revue 6(2000)1, S. 60–75, hier S. 65.

23 Vgl. ebd., S. 66.

24 Vgl. ebd., S. 65.

25 Vgl. ebd., S. 63.

tische Strömungen (besonders Anarchisten) sind noch schwächer und nicht in politischen Parteien organisiert.

Eine stärkere Rolle als der Linksextremismus spielt im slowenischen politischen System der Rechtsextremismus. In März 1991 wurde die *Slowenische Nationalpartei* (*Slovenska nacionalna stranka* – SNS) von ehemaligen nationalistisch orientierten Mitgliedern der liberalen antikommunistischen Koalition DEMOS und der *Sozialdemokratischen Partei Sloweniens* gegründet. Bei allen Wahlen seit 1992 ist der SNS der Einzug ins Parlament gelungen. Die Partei war nie Mitglied einer Regierungskoalition; sie hat das kleinste Koalitionspotenzial unter den Parlamentsparteien. Allerdings wurde sie von den Koalitionsverhandlungen nicht generell ausgeschlossen (z. B. im Jahr 2004).[26] Vorsitzender der SNS ist seit ihrer Gründung *Zmago Jelinčič Plemeniti*. Er kandidierte zweimal für das Amt des Präsidenten. Im Jahr 2002 erhielt er 8,5 Prozent der Stimmen (3. Rang), 2007 19,2 Prozent (4. Rang).

Aus der SNS haben sich während ihrer Existenz kleinere rechtsextreme Parteien ohne größere Wahlerfolge abgespalten. Es handelt sich um die 1993 gegründete *Slowenische nationale Rechte* (*Slovenska nacionalna desnica* – SND)[27], die sich später in die *Partei der slowenischen Nation* (*Stranka slovenskega Naroda* – SSN) umbenannte[28], um die *Nationale Partei der Arbeit* (*Nacionalna stranka dela* – NSD)[29] und um die Partei *Die Linde* (*Lipa*), die 2008 entstand. Auch die kleine rechtextreme Partei *Republikaner Sloweniens* (*Republikanci Slovenije* – RS) konnte in den vergangenen 20 Jahren kaum Einfluss gewinnen.[30] Die rechtsextreme *Nationalsozialistische Union Sloweniens* (*Nacional-socialna zveza Slovenije* – NSZS) versuchte sich 1996 als politische Partei registrieren zu lassen, doch die Staatsbehörden verweigerten die Registrierung wegen verfassungswidriger Ziele.[31] Neben den politischen Parteien wirken in Slowenien seit Beginn der 1990er Jahre auch nichtparteiförmige rechtsextremistische Gruppierungen (einschließlich paramilitärische und subkulturelle Organisationen).

---

26 Vgl. Leona Kleinová: Analýza výsledků parlamentních voleb v Republice Slovinsko a jejich dopad na stranický systém na celostátní a teritoriální úrovni, Brünn 2007, S. 31.

27 Die Partei verfügt über eine eigene paramilitärische Organisation, die *Slowenischen Falken* (*Slovenski sokoli* – SS).

28 Vgl. Peace Institute/Tomaž Trplan: Slovenia, in: Cas Mudde (Hrsg.): Racist Extremism in Central and Eastern Europe, London u. a. 2005, S. 243–266, hier S. 246 f.

29 Den bisher größten Erfolg erzielte diese Partei bei den Kommunalwahlen 2002, als der Vorsitzende *Marjan Polšjak* zum Bürgermeister von der Stadt Ajdovščina gewählt wurde. Vgl. ebd., S. 247 f.

30 Vgl. ebd., S. 248.

31 Vgl. ebd., S. 249.

Tabelle 1 Ergebnisse der extremistischen Parteien bei den slowenischen Parlamentswahlen 1990–2008 (in Prozent)

	1990	1992	1996	2000	2004	2008
SNS	---	10,0	3,2	4,4	6,3	5,4
SND	---	---	0,3	---	---	---
SSN	---	---	---	---	0,3	0,3
NSD	---	---	0,5	---	---	---
RS	---	0,5	0,5	---	---	---
KPS	---	---	0,5	0,2	---	---

Quelle: Staatswahlkommission, abrufbar unter http://www.dvk.gov.si [Stand 11. September 2008].

3 Extremistische Parteien

3.1 Rechtsextremismus

Im slowenischen Rechtsextremismus ist die SNS die zentrale Kraft. Die kleineren rechtsextremen Parteien waren und sind nicht fähig, relevante Wahlergebnisse zu erzielen. Trotz innerparteilicher Streitigkeiten und Abspaltungen gelang es dem Vorsitzenden der SNS, *Zmago Jelinčič Plemeniti*, eine effektive Parteitätigkeit innerhalb des slowenischen Parteiensystems zu gewährleisten. Die SNS wird in der Literatur als eine rechtsextreme Partei bezeichnet.[32] Der Politologe *Ladislav Cabada* hat die SNS wegen der Wurzeln ihrer Gründungsmitglieder sowie wegen ihrer antiklerikalen Politik als „postkommunistische nationalisierte Partei"[33] charakterisiert. Für den Politologen *Vít Hloušek* ist die Bezeichnung der SNS als rechtsextrem nicht selbstverständlich, weil die Rhetorik der Partei seit 1993 sehr pragmatisch und nicht eindeutig extremistisch sei.[34] Der Vorsitzende *Jelinčič* bekannte sich im Jahr 2000 zu einem Kurswechsel in Richtung einer sozialpopulistischen Politik, um die Partei für breite Wählerschichten zu öffnen.[35] Gegenwärtig ist die SNS als eine „gemäßigte" oder „weiche" rechtsextremistische Partei zu klassifizieren.

Ihre Parteiprogrammatik umfasst starke nationalistische und wohlstandschauvinistische Elemente[36], was die Basis ihrer Wahlerfolge darstellt. Die Partei propagiert eine offene

32 Vgl. Petra Rotter: Slovenia, in: Bogdan Szajkowski (Hrsg.): Political Parties of the World, London 2005, S. 532–537, hier S. 535; Ladislav Cabada: Koncepce stranických rodin a její problematická aplikace na středoevropské modely – příklad stranického systému Republiky Slovinsko, in Politologický časopis 10(2003)3, S. 262–268, hier S. 267; Cas Mudde: Central and Eastern Europe, in: Cas Mudde (FN 28), S. 267–285, hier S. 268.

33 Ladislav Cabada (FN 32), S. 267.

34 Vgl. Vít Hloušek: Slovinsko, in: Maxmilián Strmiska u. a.: Politické strany moderní Evropy. Analýza stranickopolitických systémů, Brünn 2005, S. 529–550, hier S. 547.

35 Vgl. Miha Šmicar/Vanja Pirc: Stranke na robu, Mladina Nr. 40/2000, abrufbar unter: http://www.mladina.si/tednik/200040/clanek/stranke/ [Stand: 17. Juli 2008].

36 Vgl. ebd., S. 547.

Diskriminierung in der Minderheitenproblematik. Die SNS will weder spezifische Rechtsnormen für die Begünstigung der Roma-Minderheit noch für die ex-jugoslawischen Bewohner ohne Staatsbürgerschaft.[37] Die Partei, antiklerikal orientiert, bekennt sich zur Tradition des antifaschistischen Kampfes aus dem Zweiten Weltkrieg, was ein wesentlicher Grund für die Zersplitterung der kleineren Parteien in den 1990er Jahren war, da die einstigen Mitglieder die Kollaborateure der prodeutschen Landwehr unterstützt hätten.[38]

Die Partei verteidigt die slowenischen Minderheiten im Ausland, besonders in Österreich. Wegen der – angeblichen – antislowenischen Aktivitäten *Jörg Haiders* forderte die SNS 2006 das Verbot des BZÖ.[39] Die Partei tritt aktiv für slowenische Interessen im Rahmen des territorialen Grenzstreites mit Kroatien ein.[40] Große Aufmerksamkeit hat die Partei auch wegen der irredentistischen Elemente („Großes Slowenien") in ihrer Politik gewonnen. Im Parteienlogo sind bis heute die historischen Symbole Kärntens, Istriens und der italienischen Furlania-Julia Region enthalten, was auf die historischen Staatskonzepte der slowenischen Nationalbewegung im 19. Jahrhundert zurückgeht.[41]

Die SNS ist die einzige slowenische Parlamentspartei mit stark euroskeptischen Positionen. Vor dem Beitritt des Landes stellte die SNS besonders die potenziellen Gefährdungen einer EU-Mitgliedschaft heraus. Diese würde massiv die slowenischen Nationalinteressen bedrohen.[42] Die Partei mäßigte zwar vor den Europawahlen 2004 ihre europafeindliche Rhetorik[43], jedoch konnte sie kein Mandat gewinnen (5,0 Prozent). Die Partei unterhält keine langjährigen Beziehungen mit einer transnationalen Parteienorganisation in Europa.[44]

Die SNS mit offiziell 6800 Mitgliedern (September 2006)[45] hat Wählerunterstützung in allen Regionen Sloweniens und keine Wählerhochburgen.[46] In der slowenischen Politik strebt die Partei regelmäßig nach einer Beteiligung an den Wahlkoalitionen, doch bisher blieben alle Versuche erfolglos. In einzelnen Politikfeldern hat die SNS die liberale Regierungspolitik unterstützt (u. a. gegen Vermögensansprüche der katholischen Kirche[47]). Die SNS unterhielt in den 1990er Jahren Kontakte zu rechtsextremistischen Skinheads. Wegen der „Pragmatisierung" der Politik wurden diese Kontakte jedoch abgebrochen.[48]

Kleinere rechtsextremistische Parteien versuchen dagegen mit radikalerer nationaler Politik als die SNS ihre Ziele umzusetzen (nur die bisherige Politik der neuen Partei *Lipa* ist gemäßigt). In ihren Parteiprogrammen finden sich allerdings auch demokratische Positionen.

---

37 Vgl. Petra Rotter (FN 32), S. 535.
38 Vgl. Peace Institute/Tomaž Trplan (FN 28), S. 245.
39 Vgl. Aufruf zu Verbot des BZÖ, abrufbar unter: http://volksgruppen.orf.at/slowenen/aktuell/stories/46229/ [Stand: 17. Juli 2008].
40 Vgl. Petra Rotter (FN 32), S. 534.
41 Vgl. Peace Institute/Tomaž Trplan (FN 28), S. 245.
42 Vgl. Ladislav Cabada: Evropeizace slovinských politických stran, in: Břetislav Dančák/Petr Fiala/Vít Hloušek (Hrsg.): Evropeizace. Nové téma politologického výzkumu, Brünn 2005, S. 40–53, hier S. 51.
43 Vgl. Simona Kustec Lipicer/Alenka Krašovec: Party-based Euroscepticism in Slovenia: Election to the National and European Parliaments, in: Ladislav Cabada/Alenka Krašovec (Hrsg.): Europeanization of National Political Parties, Pilsen 2004, S. 219–238, hier S. 230.
44 Vgl. Ladislav Cabada (FN 42), S. 46.
45 Vgl. Marjan Brezovšek/Miro Haček/Milan Zver (FN 11), S. 108.
46 Vgl. Leona Kleinová (FN 26), S. 62.
47 Vgl. Ladislav Cabada (FN 32), S. 267.
48 Vgl. Peace Institute/Tomaž Trplan (FN 28), S. 246.

Bisher haben diese Parteien nur limitierte Erfolge auf kommunaler Ebene erzielt. Manche arbeiten mit paramilitärischen oder subkulturellen Organisationen zusammen. Starker slowenischer Nationalismus ist für alle rechtsextremen Parteien typisch. Traditionell kämpfen sie gegen die Verbesserung der Rechte für Nichtslowenen. Diese Parteien prägen slowenische Nationalinteressen in der Europäischen Union, wobei die slowenische Mitgliedschaft in die EU mittlerweile akzeptiert wird. Die *Partei der slowenischen Nation* versuchte 2008 ein Referendum gegen den Lissaboner Vertrag zu initiieren, blieb allerdings erfolglos.[49]

3.2 Linksextremismus

Die Programmatik der *Kommunistischen Partei Sloweniens* (KPS) richtet sich gegen die kapitalistische und die demokratische Staatsordnung in Slowenien und setzt auf Nostalgie zur jugoslawisch-kommunistischen Ära. Die KPS lehnt den Zerfall der Sozialistischen Föderativen Republik Jugoslawiens klar ab und strebt ihre Wiederherstellung an.[50] Eine sehr wichtige Rolle spielen die antifaschistischen Traditionen der Partei. Auf ihrer Web-Seite bekennt sich die KPS zum Erbe von *Marx*, *Lenin*, *Stalin*, *Tito* sowie *Edvard Kardelj*.[51] Die letztgenannte Person war ein wichtiger slowenischer kommunistischer Funktionär sowie Chefideologe im Jugoslawien *Titos*. Die Partei versucht, moderne linke Themen zu propagieren, z.B. den Umweltschutz oder die Menschenrechte. Sie macht sich ebenso den linken Euroskeptizismus zu Eigen.[52] Bislang brachte ihr diese Politik allerdings keine Wahlerfolge.

Die strategische wie ideologische Orientierung der KPS ist eng mit dem Generalsekretär der Partei *Marek Lenardič* sowie dessen Ehefrau *Darja* verbunden. Die KPS hat keine relevanten Verbündeten innerhalb des slowenischen Parteiensystems und gilt den demokratischen Parteien als nicht koalitionsfähig. Sie verfügt über eine eigene Jugendorganisation – *Kommunistische Jugendinitiative* (*Komunistična Mladinska Iniciativa* – KMI), und sie arbeitet mit kleineren außerparlamentarischen Organisationen zusammen – dem *Demokratischen Menschenbund* (*Demokratična ljudska zveza* – DLZ), der *Atheistischen Bewegung Ljubljana* (*Ateistično združenje Ljubljana* – AZL) und dem *Ökologischen Bund*.[53] Auf internationaler Ebene unterhält die KPS besonders mit kleineren kommunistischen Parteien in den früheren jugoslawischen Republiken regelmäßige Kontakte.[54]

---

49 Vgl. Stranka Slovenskego Naroda: Program za razvoj Slovenije 2008, abrufbar unter: http://www.ssn.si/si/index.php?option=com_content&task=view&id=139&Itemid=87 [Stand: 18. Juli 2008].

50 Vgl. Komunistična Partija Slovenije: Komunistična Partija Slovenije ne priznaje razbijanje SFRJ 2005, abrufbar unter: http://slobodnajugoslavija.com/forum/viewtopic.php?t=190 [Stand: 18. Juli 2008].

51 Vgl. Komunistična Partija Slovenije: KPS-Komunistična Partija Slovenije 2008, abrufbar unter: http://www.communistpartyslovenia.si/komunisticna-partija-slovenije.html [Stand: 18. Juli 2008].

52 Vgl. Komunistična Partija Slovenije: Program 2003, abrufbar unter: http://users.volja.net/mrmilan/kps.htm [Stand: 7. April 2005].

53 Vgl. Sebastijan Ozmec: Nova Jugoslavija, in: Mladina Nr. 34/2001, abrufbar unter: http://www.mladina.si/tednik/200134/clanek/m-komiji/ [Stand: 18. Juli 2008].

54 Gespräch des Generalsekretärs der KPS *Marek Lenardič* mit dem Autor dieses Beitrages vom 15. Juli 2008.

4 Nichtparteiförmiger Extremismus

4.1 Rechtsextremismus

Im slowenischen subkulturellen Rechtsextremismus spielt die militante Skinhead-Szene die wichtigste Rolle. Die ersten slowenischen Skinheadgruppen entstanden bereits 1984. Damals waren sie meistens auf Randale aus. Trotz des starken Patriotismus und Antikommunismus konnte nicht von einem ideologisch gefestigten Rechtsextremismus gesprochen werden. Die zweite Skinhead-Generation aus den Jahren 1989–1991 trat vehement und mit stark nationalistischer Agitation für die slowenische Unabhängigkeit ein. Erst die dritte Generation der Skinheads, die nach der slowenischen Souveränität zur Szene kam, hat ihren festen ideologischen Hintergrund im Neonationalsozialismus und in den Traditionen der slowenischen Kollaboration aus dem Zweiten Weltkrieg gefunden.[55]

Die slowenischen Skinheads gründeten in der ersten Hälfte der 1990er Jahre ihre ersten eigenen Organisationen, u. a. die *Slowenische Nationalfront* (*Slovenska Nacionalna Fronta*), später die *Nationalistische Front Sloweniens* (*Nacionalna Fronta Slovenije* – NFS)[56] und die *Slowenischen Adler* (*Orli Slovenije* – OS). Seit Mitte der 1990er Jahre werden auch slowenische Sektionen der transnationalen rassistischen Netzwerke gegründet – *Ku Klux Klan*, *Slowenische Hammerskins* und besonders die *Blood and Honour Division Slovenia* (B&H).[57]

Die slowenische B&H entwickelte sich zur wichtigsten neonationalsozialistischen Organisation in Slowenien. Als offizieller Teil der internationalen B&H wurde sie im Jahr 2001 anerkannt, doch ihre Wurzeln liegen schon in den 1990er Jahren. 2005 organisierte die Gruppe ein großes Treffen mit internationaler Beteiligung. Dort spielte u. a. die bekannteste slowenische *White-Power*-Musikgruppe *Korpus*. Die slowenische B&H unterhielt 2002 ebenfalls persönliche Kontakte mit der Partei der *Nationalen Arbeit*.[58] 2003 versuchte sie an der Antikriegsbewegung teilzunehmen. Ihre Mitglieder beteiligten sich an Demonstrationen gegen den Irak-Krieg in Ljubljana.[59]

Die B&H gründete ihre eigene gewaltbereite Schutzorganisation *Rudolf Maister Division* (*Divizija Rudolfa Maistra* – DRM).[60] Die B&H Slovenia distanzierte sich anfangs von den terroristischen Methoden[61] der *Combat 18*, doch in den letzen Jahren sind die Anhänger des C 18 wieder in Slowenien tätig. Bisher wurden aus diesem Umfeld keine terroristischen Aktionen realisiert. Die slowenischen rassistischen Skinheads werden aber für viele gewaltige Attacken gegen die Nichtslowenen sowie gegen Antifaschisten verantwortlich gemacht.[62]

Ebenso entstanden in Slowenien verschiedene rechtsextreme Organisationen ohne subkulturelle Skinhead-Basis. Diese Gruppen versuchen die nationalistischen militanten Tradi-

55 Vgl. Brian Požun: Uncivil Society. Are racist skinheads just a symptom of a larger problem in Slovenia?, in: Central Europe Review 2(2000)17, abrufbar unter: http://www.ce-review.org/00/17/pozun17.html [Stand: 21. Juli 2008].
56 Vgl. Peace Institute/Tomaž Trplan (FN 28), S. 251.
57 Vgl. Brian Požun (FN 55).
58 Vgl. Peace Institute/Tomaž Trplan (FN 28), S. 248.
59 Vgl. ebd., S. 250.
60 Vgl. ebd.
61 Vgl. ebd.
62 Vgl. ebd., S. 254–256.

tionen zu pflegen und auf diese Weise den slowenischen Nationalismus weiterzuentwickeln. Organisationen wie der *Schwarze Panther* (*Črni panter* – ČP), der *Slowenische Landwehrverband* (*Slovenska domobranska zveza* – SDZ) und die *Front des nationalen Wiederaufbaus* (*Fronta narodne obnovi* – FNO) haben paramilitärischen Charakter und verfolgen ihre Ziele mit gewalttätigen Methoden.[63] Gegenwärtig ist besonders die nationalistische *Gesellschaft Hervardi, Gesellschaft für den Schutz der patriotischen Traditionen* (*Društvo Hervardi, društvo za ohranjanje domolubnih tradicij*) wichtig. *Hervardi* ist – angeblich – die Bezeichnung der militärischen Elitetruppen im alten Karantanien. Die *Hervardi* wurde 2004 gegründet. Sie organisiert paramilitärische Übungen und erhielt staatliche finanzielle Subventionen für ihre Projekte. Im Rahmen ihrer Politik machte es sich die Anti-Roma-Propaganda zu Eigen.[64] Eine weitere nationalistische Jugendorganisation trägt den Namen *Hier ist Slowenien* (*Tukaj je Slovenija).*[65]

Für die Ideologie und Symbolik der oben genannten Gruppierungen spielt das Konzept des historischen Karantaniens (Karantanija) eine wichtige Rolle. Dieses Staatsgebilde existierte im 7. und 8. Jahrhundert auf heutigem slowenischem Territorium sowie in Teilen der Gebiete der heutigen Nachbarstaaten Sloweniens. Diese Strömung der slowenischen Nationalisten nutzt die alte karantanische Symbolik, besonders das Wappen des Schwarzen Panthers (Črni panter). Sie möchten die heutige slowenische Staatssymbolik mit dieser Symbolik ersetzen oder zumindest ergänzen.[66]

4.2 Linksextremismus

Im nichtparteiförmigen Linksextremismus spielen in Slowenien die Anarchisten die wichtigste Rolle. Ihr Einfluss auf das politische System ist gleichwohl marginal, obwohl sie auf verschiedene Weise auch mit nichtextremistischen alternativen Jugend- und Studentenorganisationen zusammenarbeiten. Slowenische Anarchisten treten in aller Regel nicht gewaltbereit gegenüber dem Staat auf, wohl aber gegenüber Rechtsextremisten.

Traditionen haben die heutigen Anarchisten teilweise im slowenischen Anarchismus des frühen 20. Jahrhunderts.[67] Die ersten neueren anarchistischen Gruppierungen wurden in Slowenien in den 1980er Jahren bemerkbar. Für die Weiterentwicklung des Anarchismus in Slowenien waren die einzelnen autonomen Zentren und deren Kollektive in Ljubljana wichtig, besonders das autonome Zentrum *Metelkova*, *AC Molotov* und *AC Galicijen.*[68]

---

63 Vgl. Andrej Sotlar: Coping with Extremism within Society – the Slovenian Experiences, in: Milan Pagon (Hrsg): Policing in Central and Eastern Europe: Deviance, Violence and Victimization, Ljubljana 2002, S. 593–610, hier S. 600.

64 Vgl. Aleksandar Mićić: Hervardi proti Romom in Neslovencem, in: Mladina Nr. 1/2007, abrufbar unter: http://www.mladina.si/tednik/200701/clanek/uvo-manipulator--aleksandar_micic/ [Stand: 21. Juli 2008].

65 Vgl. Tukaj je Slovenija, abrufbar unter: http://www.tu-je.si/assets/site/slike/zl2.jpg [Stand: 21. Juli 2008].

66 Vgl. Peace Institute/Tomaž Trplan (FN 28), S. 251.

67 Vgl. Siniša Gačič, Anarhiji naproti, Mladina vom 25. September 2003, abrufbar unter: http://www.mladina.si/tednik/200338/clanek/nar--druzba-sinisa_gacic/ [Stand: 22. Juli 2008].

68 Vgl. Socialno Anarhistična Federacija: Od lokalne organizacije do mednarodne borbe! Kratek pregled anarhistične dejavnosti v Sloveniji od 90-ih let do danes vom 23. Oktober 2003, abrufbar unter: http://www.ruleless.com/cgi-bin/rull.exe?a=6&b=3&msgid=290 [Stand: 22. Juli 2008].

1999 gründeten die Anarchisten in Ljubljana die *Antifaschistische Front*, welche nur für kurze Zeit existierte. Im Jahr 2001 entstand die *Antifaschistische Aktion* (*Antifašistična Akcija* – AFA), die bis heute wirkt. 2003 wurde die *Soziale Anarchistische Föderation* (*Social Anarchična Federacija* – SAF)[69] gegründet, die in den letzten Jahren viele Aktionen organisierte, gegenwärtig aber kaum aktiv ist. Die Anarchisten in Slowenien verfügen über die kleine registrierte Gewerkschaft namens *Syndikat der selbstorganisierten Arbeiter* (*Sindikat samoorganiziranega delavstva* – SiSD/USW).[70] Für die Organisation, Kommunikation und Propaganda ist gegenwärtig das *Slowenische anarchistische Portal* (*Slovenski anarchitični Portal* – SIP)[71] sehr wichtig. Eine starke Position im anarchistischen Leben besitzen die kulturpolitischen Aktivitäten, mit engen Beziehungen zum Punk, Hardcore, Crust und anderen Jugendsubkulturen. Es handelt sich besonders um Kollektive in der Nähe von *Klub Gromka* und weitere Lokal-Gruppierungen.

Die slowenischen Anarchisten sind international aktiv. Sie vernetzen ihre Aktionen, nehmen an Anti-Globalisierung-Demonstrationen im Ausland teil und kooperieren besonders eng mit Gleichgesinnten aus den ehemaligen jugoslawischen Republiken. 2003 hat die SAF die „1st Balkan Anarchist Book Fair" organisiert.[72] Einzelne Aktivisten sind Mitglieder der Gruppe *Abolishing the Borders from Below* (*ABB Collective*), welche ein gleichnamiges Journal in Berlin herausgibt. ABB dient als ein wichtiges Kommunikationsforum des osteuropäischen Anarchismus.

Die slowenischen Anarchisten organisieren Demonstrationen sowie verschiedene kulturpolitische Aktionen. Die wichtigsten politischen Themen der slowenischen Anarchisten sind der Antifaschismus, der Antirassismus, der Antimilitarismus (Anarchisten waren die großen Gegner des NATO-Beitritts Sloweniens sowie des Anti-Terror-Krieges), der Kampf gegen den „Neoliberalismus" und gegen Homophobie.

Neben den Anarchisten sind weitere kleine slowenische linksextremistische Gruppierungen tätig. Der dogmatisch orientierte *Slowenische kommunistische Ausschuss* (*Slovenski komunistični odbor* – SKO), eine Abspaltung der *Kommunistischen Partei Sloweniens*, strebt nach Wiederherstellung des kommunistischen Jugoslawiens durch den Klassenkampf. Die Gruppe mit dem Namen *Vorwärts! – Kreis der slowenischen Marxisten* (*Naprej! – Stran Slovenskih Marksistov*) ist eine Organisation der vielen trotzkistischen Internationalen – *International Marxist Tendency*[73], die auch in slowenischer Sprache agitiert.[74]

---

69 Vgl. ebd.

70 Vgl. Delavska Solidarnost 2004, abrufbar unter: http://sindikat-solidarnost.si/index.php?module=webpage&id=20 [Stand: 22. Juli 2008].

71 Vgl. Slovenski anarchitični Portal, abrufbar unter: http://www.ruleless.com/portal/ [Stand: 22. Juli 2008].

72 Vgl. Socialno Anarhistična Federacija (FN 68).

73 Vgl. Trotskyist Parties vom 27. November 2005, abrufbar unter: http://www.broadleft.org/trotskyi.htm [Stand: 22. Juli 2008].

74 Vgl. In Defence of Marxism, o. O. 2008, abrufbar unter: http://www.marxist.com/slovenian.htm [Stand: 22. Juli 2008].

4.3 Ethnischer Minderheitenextremismus

In Slowenien existiert kein ethnischer Extremismus im klassischen Sinne. Doch die politischen und rechtlichen Ansprüche der drei nationalen Minderheiten, die in Slowenien leben, kommen in den Nachbarstaaten von Rechtsextremisten zur Sprache. Ihre Propaganda wirkt auch in Slowenien. Um die Rechte der serbischen „Ausgelöschten" in Slowenien kämpfen die rechtsextremen Nationalisten in Serbien. Weiter handelt es sich um das Engagement der österreichischen und teilweise der deutschen Rechtsextremisten im Streben um die Anerkennung der deutschen Minderheit in Slowenien als autochthone Minderheit. Diese Forderung ist eng mit der Problematik der slowenischen Minderheit in Österreich, meistens im österreichischen Bundesland Kärnten, verbunden.

Die österreichischen rechtsextremistischen Parteien oder Organisationen kritisieren die Situation der deutschen Minderheit in Slowenien, zumeist im Rahmen der Diskussionen über die Situation der slowenischen Minderheit in Österreich. Es handelt sich z. B. um die *Freiheitliche Partei Österreichs* (FPÖ)[75], um den *Kärntner Heimatdienst* (KHD)[76] oder um den deutschnationalen *Alpenländischen Kulturverband Südmark* (AKVS). Der AKVS leistet zudem finanzielle Unterstützung für die slowenischen Deutschen.[77] Doch gibt es keine sichtbaren extremistischen Erscheinungen unter der deutschen Minderheit in Slowenien. Ebenso ist die Bezeichnung der oben genannten Organisationen als rechtsextremistisch umstritten.[78]

In Slowenien ist kein Extremismus der Roma-Minorität erkennbar. Die einzelnen Roma-Clans randalieren als Reaktion auf bürgerliche und staatliche Maßnahmen, die gegen die sozial nicht anpassungsfähigen Gruppen oder kriminelle Roma-Clans gerichtet sind (besonders die Ausquartierung einer Roma-Familie im Dorf Ambrus in 2006). Es wäre unangemessen, solche Aktivitäten als ideologisch gefestigten ethnischen Extremismus zu bezeichnen. Roma-Proteste finden Unterstützung bei den slowenischen extremistischen Linken im Rahmen des Kampfes gegen den „Faschismus" und „Neoliberalismus".[79] Bisher gibt es keine feste Koalition zwischen den Roma und den Linken.

4.4 Islamistischer Fundamentalismus

In Slowenien sind geringe Aktivitäten im Bereich des islamischen Fundamentalismus zu verzeichnen. Meistens waren und sind die Aktivitäten des islamischen Extremismus in Slowenien eng mit der Situation in Bosnien-Herzegowina verbunden, wo die Islamisten eine

75 Vgl. Andreas Mölzer: Slowenien muß die deutsche Minderheit schützen! vom 25. Januar 2008, abrufbar unter: http://www.andreas-moelzer.at/index.php?id=385 [Stand: 23. Juli 2008].

76 Vgl. Kärntner Heimatdienst: Was erwartet Kärnten von Slowenien?, abrufbar unter: http://www.khd.at/ [Stand: 23. Juli 2008].

77 Vgl. Donja Noormofidi: Die Deutschtümler, in: Falter [Ausgabe für die Steiermark] vom 14. Dezember 2005.

78 Vgl. Brigitte Bailer/Wolfgang Neugebauer: Vorfeld- und Umfeldorganisationen, in: Dokumentationsarchiv des österreichischen Widerstandes (Hrsg.): Handbuch des österreichischen Rechtsextremismus, 2. Auflage, Wien 1994, S. 239–252, hier S. 240–246.

79 Vgl. Fascist and Neo-Liberal Tendencies in contemporary Slovenia, in: Abolishing the Borders from Below Nr. 28/2007, S. 7 f.

starke Basis haben.[80] Während des Krieges in Bosnien-Herzegowina in der ersten Hälfte der 1990er Jahre wurde über slowenischem Territorium der Übergang der Mudjahidin-Kämpfer[81] und die Lieferung der Waffen und Finanzen aus den islamischen Staaten sowie die Organisationen für kämpfende Muslime in Bosnien-Herzegowina gesteuert. Nach einzelnen Quellen hat bei den Waffengeschäften im Jahr 1993 auch der slowenische Geheimdienst geholfen.[82] Gemäß Geheimdienstkenntnissen war in diese Aktivitäten die extremistische islamistische *Third World Relief Agency* (TWRA) verwickelt.[83]

Slowenien dient vielen Islamisten als Transitland. Durch Slowenien ist z. B. ein Kanadier algerischer Herkunft namens *Fateh Kamel* gereist, ein Islamist und Veteran des Afghanistan-Krieges mit Kontakten zu vielen terroristischen Organisationen.[84] In Slowenien sollen auch Aktivisten der *Hizbollah*[85] agieren. Über Slowenien wurde laut Geheimdienstinformationen jene Pistole in die Niederlande geschmuggelt, mit der der islamistische Extremist *Mohammed Bouyeri* den holländischen Regisseur *Theo van Gogh* 2004 ermordete.[86] Die Transit-Aufenthalte der Islamisten auf dem slowenischen Gebiet hängen damit zusammen, dass Slowenien auf der sogenannten Balkan-Route liegt. Diese bezeichnet den Weg, auf dem Drogen und illegale Waren nach Westeuropa gelangen.[87] An solchen schwarzen Geschäften beteiligen sich Islamisten, die auf diese Weise ihre Operationen finanzieren.

Die islamische Gemeinschaft in Slowenien ist relativ gemäßigt. Die bosniakischen Emigranten lehnen den dogmatischen Islamismus meistens ab, aber sie sind den Mudjahidin dankbar für die Hilfe im Bosnien-Krieg.[88] Einzelne in Slowenien lebende Muslime besuchen die wahabistischen Veranstaltungen in Bosnien-Herzegowina (z. B. das Begräbnis des wahabistischer Predigers *Jusuf Barčič* in Tuzla in März 2007[89]). Andere nehmen an islamischen Projekten teil, an denen auch die extremistischen Organisationen partizipieren. Als Beispiel kann die Teilnahme der bosnischen Muslime aus Slowenien an dem nichtextremistischen Internet-Projekt des *Bosnischen Jugendnetzwerkes* (*Bošnjačka Omladinska Mreža* – BOM) dienen. Das BOM wurde 2002 in Tuzla gegründet. Eine der Mitgliedsorganisationen ist

---

80 Vgl. Věra Stojarová: Současné bezpečnostní hrozby západního Balkánu. Kritická analýza konceptu bezpečnosti Kodaňské školy, Brünn 2007, S. 118 f.

81 Vgl. Evan F. Kohlmann: Al Quaida's Jihad in Europe. The Afghan Bosnian Network, Oxford/New York 2004, S. 28.

82 Vgl. J. Millard Burr/Robert O. Collins: Alms for Jihad, Cambridge 2006, S. 135.

83 Vgl. ebd, S. 141.

84 Vgl. Evan F. Kohlmann (FN 81), S. 186 f.

85 Vgl. Matthew A. Levit: Islamic Extremism in Europe. Beyond Al-Quaeda, Hamas and Hizbollah, Washington 2005, S. 5.

86 Vgl. Antonio Vidali: Teroristi delujejo prek Slovenije, in: Mladina vom 16. Dezember 2004, abrufbar unter: http://www.mladina.si/tednik/200450/clanek/uvo-manipulator--antonio_vidali/ [Stand: 24. Juli 2008].

87 Vgl. Bojan Dobovšek: Organizirana kriminaliteta in propovedane droge, in: Inštitut za varovanje zdravja Republike Slovenije (Hrsg.): Poročilo s področja prepovedanih drog v Republiki Sloveniji, Ljubljana 2007, S. 167–174, hier S. 169, abrufbar unter: http://www.ivz.si/javne_datoteke/datoteke/1423-Porocilo_s_podrocja_prepovedanih_drog.pdf [Stand: 24. Juli 2008].

88 Vgl. Evan F. Kohlmann (FN 81), S. 93.

89 Vgl. C. R.: Na pogrebu vodje skrajnežev tudi Slovenci, RTV Slovenia, Ljubljana 2007, abrufbar unter: http://www.rtvslo.si/modload.php?&c_mod=rnews&op=sections&func=read&c_menu=2&c_id=138961 [Stand: 24. Juli 2008].

die extremistische *Aktive islamische Jugend* (*Aktivna Islamska Omladina* – AIO).[90] Doch die Hauptorganisatoren dieses Netzwerkes sind die relativ gemäßigten *Jungen Bosniaken* (*Mladi Bosnijaci*).

Es ist nicht ausgeschlossen, dass die AIO-Anhänger oder Anhänger der anderen islamistisch-extremistischen Gruppierungen in Slowenien leben. Eine kleine Basis für den islamischen Extremismus in Slowenien existiert. Zur Radikalisierung führten u. a. die langjährigen Streitigkeiten um den Moscheen-Bau in Slowenien (diesen Bau wollen die Stiftungen aus den arabischen Ländern finanzieren[91]) und die Islamophobie mancher Slowenen[92]. Die aktive slowenische Beteiligung am Antiterrorkrieg und die aktive Mitgliedschaft in der EU und in der NATO können als Motiv für die islamistische Feindschaft gegen Slowenien dienen. Allerdings ist die extremistische oder sogar terroristische Bedrohung Sloweniens durch radikale Islamisten im Vergleich zu vielen anderen europäischen Staaten relativ begrenzt.[93]

5 Ergebnis

In Slowenien spielt der Rechtsextremismus eine weitaus stärkere Rolle als der Linksextremismus. Andere extremistische Varianten sind kaum von Bedeutung. Die rechtsextremistische Dominanz gilt für den parteiförmigen Extremismus sowie für die nichtparteilichen Varianten. Nur im subkulturellen Milieu spielen die Anarchisten eine ähnlich große Rolle wie die ultrarechten Skinhead- und Post-Skinhead-Strukturen.

Die kontinuierliche Präsenz der SNS im Parlament seit 1992 ist ein einzigartiges Phänomen im ostmitteleuropäischen Kontext. Allerdings ist diese Partei unfähig, ihre Wahlergebnisse deutlich zu verbessern.[94] Andere rechtsextremistische Parteien stellten bisher keine bedeutende Konkurrenz für die SNS dar. In der rechtsextremistischen Szene existiert eine Trennlinie aufgrund der unterschiedlichen Ansichten zu den Traditionen des nationalen antifaschistischen Kampfes.[95]

Der schwache Linksextremismus ist eng mit den antikommunistischen und antijugoslawischen Traditionen moderner slowenischer Politik verbunden, die zu der schnellen und deutlichen Reform der ehemaligen slowenischen Kommunisten am Beginn der 1990er Jahre geführt haben. Die heutige dogmatische KPS ist ohne Wählerunterstützung und hat keine relevanten Verbündeten innerhalb des slowenischen Parteiensystems. Das anarchistische

90 Vgl. Deklaracija o osnivanju Bošnjaèke omladinske mreže 2002, abrufbar unter http://bosnjaci.net/prilog.php?pid=10751 [Stand: 24. Juli 2008].

91 Vgl. György Lederer: Countering Islamist Radicals in Eastern Europe, in: Anne Aldis/Graeme P. Herd (Hrsg.): The Ideological War on Terror. Worldwide Strategies for Counter Terrorism, London/New York 2007, S. 213–227, hier S. 222.

92 Vgl. Srečo Dragoš: Islamopohobia in Slovenia: Politically Produced Intolerance, in: Journal of Contemporary European Studies 13(2005)3, S. 299–315, hier S. 313.

93 Vgl. Iztok Prezelj: Teroristično ogrožanje nacionalne varnosti Republike Slovenije, abrufbar unter: http://www.sos112.si/slo/tdocs/ujma/2006/prezelj.pdf [Stand: 24. Juli 2008].

94 Vgl. Cas Mudde (FN 28), S. 268.

95 Vgl. József Bayer: Rechtspopulismus und Rechtsextremismus in Ostmitteleuropa, in: Österreichische Zeitschrift für Politikwissenschaft 31(2002)3, S. 265–280, hier S. 278.

Spektrum ist mit protestorientierten Jugendszenen verbunden und hat nur sehr limitierte Möglichkeiten, das politische Leben Sloweniens wesentlich zu beeinflussen.

Insgesamt stellt der politische Extremismus keine grundlegende Gefahr für den slowenischen demokratischen Verfassungsstaat dar. Die SNS ist nicht fähig und wahrscheinlich auch nicht willens, die Grundelemente des politischen Systems zu verändern. Andere extremistische Parteien haben eine sehr schwache Position. Die rechtsextremistischen subkulturellen und paramilitärischen Gruppierungen können die Sicherheit auf Kommunalebene durch Gewaltexzesse beeinflussen (besonders in der Interaktion mit antifaschistischen Gruppierungen und Minderheiten-Aktivisten), aber nicht die Stabilität des Landes bedrohen. Das gilt ebenso für die Islamisten in Slowenien.

Für Slowenien ist der Nationalpopulismus typisch, den viele „Mainstream"-Parteien prägen. Das kommt dem nationalen Selbstbewusstsein der meisten Wähler entgegen, und deshalb haben die Rechtsextremisten nur ein begrenztes Mobilisierungspotenzial. Die linksextremistischen Strukturen werden zunehmend schwächer. Anarchismus kann auch in der Zukunft einen kleinen Teil besonders junger Slowenen beeinflussen. Minderheitenextremismus ist in Slowenien nicht wahrscheinlich. Einzelne islamistische Exzesse sind im relativ islamophoben Milieu nicht ausgeschlossen, doch existiert in Slowenien heute kein größeres Potenzial für den organisierten islamistischen Fundamentalismus.

Extremismus in Spanien

Marianne Kneuer

1 Rahmenbedingungen

Sowohl die Etablierung des institutionellen Rahmens als auch das Verhalten der maßgeblichen politischen Akteure während der Anfangsphase der jungen spanischen Demokratie war durch eine starke Konsensorientierung geprägt. Die Erfahrungen der Zweiten Republik, deren Polarisierung den Hintergrund für die Eskalation in den Bürgerkrieg bildete, und die von *Franco* während seiner Diktatur propagierte Spaltung der Spanier in Sieger und Besiegte spielten dabei eine zentrale Rolle. Das Handeln der politischen Elite nach 1975 war darauf angelegt, eine ähnliche polarisierende Aufladung zu vermeiden und es dominierte das Streben nach Versöhnung und Konsens. Auch die Verfassung und das Wahlgesetz sind in diesem Sinne sowohl mit Blick auf die Verfahren bei der Erarbeitung als auch auf ihre Inhalte als Produkt einer im hohen Maße an Konsens und Kompromiss orientierten Haltung der politischen Elite zu verstehen.

Die spanische Verfassung bleibt in den Bestimmungen zur Zulassung und Beschränkung von Parteien ebenso wie beim Schutz vor antidemokratischen Bestrebungen in Parteien oder Vereinigungen relativ ungenau. Die innere Struktur und das Funktionieren der Parteien müssen demokratisch sein (Artikel 6).[1] Obwohl sich die spanische Verfassung bei dieser Bestimmung an Artikel 21 Abs. 1 des deutschen Grundgesetzes anlehnt, wurde aber der in GG 21 Abs. 2 festgehaltene Aspekt der Verfassungswidrigkeit von Parteien von den spanischen Verfassungsvätern nicht aufgenommen, weshalb Kontrollmechanismen zu deren Feststellung fehlen. Das vorkonstitutionelle Parteiengesetz von 1978[2] sah zwei Fälle für die Auflösung von Parteien vor: illegale Aktivitäten und der Verstoß gegen die demokratischen Prinzipien. Auch hier gab es keine weiteren Konkretisierungen, etwa zum Verfahren. Erst mit dem 2002 verabschiedeten Parteiengesetz[3] wurde dieser Mangel behoben. Dieses Gesetz entstand aus der immer stärker empfundenen Notwendigkeit, einerseits der konstitutionellen Bedeutung von Parteien Rechnung zu tragen und andererseits Verbote von Parteien zu ermöglichen, wenn diese „gegen die demokratische Ordnung […] verstoßen, Rassismus und Fremdenfeindlichkeit rechtfertigen oder auf politischem Wege Gewalt und die Aktivitäten terroristischer Banden unterstützen"[4]. Das im Parteiengesetz von 2002 festgeschriebene Prozedere sieht vor, dass ein Parteienverbot vom Abgeordnetenhaus (Congreso) oder dem Senat bei einer speziellen Kammer des Verfassungsgerichtes beantragt werden muss, die

---

1 Vgl. Constitución española, Madrid 1983 (Edición preparada por Luis López Guerra).

2 Vgl. Ley 54/1978 de partidos politicos, abrufbar unter: http://www.derecho.com/l/boe/ley-54-1978-partidos-politicos/ [Stand: 22. Januar 2009].

3 Vgl. Ley Orgánica 6/2002 de partidos politicos vom 27. Juni 2002, abrufbar unter: www.mir.es/SGACAVT/derecho/lo/lo06-2002.html [Stand: 22. Januar 2009].

4 Ebd., Exposición de Motivos.

darüber zu befinden hat. Bis dahin gab es lediglich die Prüfung der Partei bei der Registrierung durch das Innenministerium.

Eine Klage der baskischen Regierung wegen Verfassungswidrigkeit des Parteiengesetzes von 2002 argumentierte u. a., die Einführung einer Form der wehrhaften Demokratie sei nicht durch die Verfassung gedeckt. Tatsächlich kennt der spanische Verfassungsgeist dieses Prinzip nicht. Das Verfassungsgericht, das die Klage insgesamt ablehnte, stimmte der baskischen Regierung in dem Punkt zu, dass das Modell wehrhafter Demokratie nicht in das spanische Verfassungsgebäude passe[5] und bestätigte damit 25 Jahre nach dessen Verabschiedung, was seinerzeit bereits in diesem Sinne erörtert, aber in eine ambivalente Formulierung gegossen worden war. Das Parteiengesetz richtete sich insbesondere gegen *Herri Batasuna* (HB), den politischen Arm der baskischen Terrororganisation ETA. Die Partei wurde am 28. März 2003 verboten. Weitere Parteiverbote erfolgten später gegen aus der HB hervorgegangene Neugründungen (siehe 3.3).

Das spanische Wahlsystem stellt einen Kompromiss dar: Die politische Rechte wollte ein Mehrheitswahlsystem, die demokratische Opposition und vor allem die Regionen ein Proporzsystem. Ein Verhältniswahlrecht mit „korrektiven Regelungen" sollte übermäßige Fragmentierung verhindern. Zum einen wird dies durch die Festlegung eines Minimums an Abgeordneten, nämlich zwei, in den einzelnen Wahlkreisen, zum zweiten durch eine Sperrklausel von drei Prozent sowie drittens durch die Verteilung nach *d'Hondt* innerhalb der 52 Wahlkreise erreicht. Das Wahlsystem zeitigt zwei zentrale Disproportionalitäten in der Repräsentation: Es begünstigt kleinere Wahlkreise und große Parteien, d. h. starke Parteien werden über- und Kleinparteien unterrepräsentiert. Experten verteidigen das spanische Wahlsystem, da es erstens die Zersplitterung des Parteiensystems vermeidet, zweitens den regionalen Parteien den Zugang zum nationalen Parlament ebnet und drittens durch die Begünstigung der großen Parteien die parlamentarische Mehrheitsbildung und somit das Funktionieren des parlamentarischen Systems erleichtert.[6]

Die Entstehung und Entwicklung der spanischen Parteienlandschaft wurde maßgeblich durch zwei Faktoren geprägt: zum einen durch historische Erbschaften und zum anderen durch den Verlauf der Transition und Konsolidierung der jungen Demokratie. Wie erwähnt, herrschte nach dem Polarisierungstrauma der Zweiten Republik und der *Franco*-Diktatur bei den Parteieliten Konsensorientierung. Dies betraf sowohl die aus dem Franquismus hervorgegangenen Akteure als auch die antifranquistische Opposition, deren Positionen in der Transitionsphase von deutlicher Moderation geprägt waren. Der Militärputsch vom 23. Februar 1981 bewirkte eine weitere Diskreditierung der „alten" franquistischen Kräfte, die durch das entschiedene Agieren des Königs zudem endgültig in die Grenzen bzw. Kasernen geschickt wurden. Auf der anderen Seite rückten sowohl die Kommunisten als auch die Sozialisten von ihren während der Untergrund- oder Exilzeit formulierten programmatischen Inhalten ab

5 Vgl. Urteil 48/2003 vom 14. März 2003 in: Boletín Oficial del Estado Nr. 63, Suplemento, S. 117; siehe dazu auch Francisco Fernández Segado: Algunas reflexiones sobre al Ley Orgánica 6/2002, de partidos políticos, al hilo de su interpretación por el Tribunal Constitucional, in: Foro. Revista de Ciencias Jurídicas y Sociales Nr. 10/2004, S. 179–225, hier S. 184 f.

6 Vgl. dazu Dieter Nohlen/Andreas Hildenbrand: Spanien, Wiesbaden 2005, S. 263 f.; Richard Gunther/Giacomo Sani/Goldie Shabad: El Sistema de Partidos Politícos en España: Génesis y evolución, Madrid 1986, S. 50–52.

(Republik statt Monarchie, radikaler Bruch mit dem *Franco*-Regime statt Reform, marxistische bzw. leninistische Inhalte). Die Sozialisten distanzierten sich von einer Politik der Volksfront, und die Kommunisten übten Kritik an der radikalen Machtübernahme in Portugal.[7]

Das von Moderation geprägte Elitenverhalten trug dazu bei, dass die während der Zweiten Republik stark wirkenden Cleavages (Kapital versus Arbeit, Stadt versus Land, Kirche versus Staat, Monarchie versus Republik) nach 1975 deutlich abgemildert oder aufgelöst wurden. Selbst die Konfliktlinie zivile Kontrolle versus Militär hatte während der Transition eine deutlich geringere Bedeutung als angesichts der Vergangenheit angenommen.[8] Einen entscheidenden Einfluss über die Transition hinaus hat bis heute der Konflikt zwischen Zentrum und Peripherie. Der Antagonismus zwischen dem Bestreben, die Einheit der spanischen Nation beizubehalten, und den zentrifugalen nationalistischen Kräften stellte ein zentrales Problem während der Transition dar. Insbesondere in den historischen Regionen Baskenland und Katalonien, weniger stark in Galizien, kamen die jahrzehntelang unterdrückten Forderungen nach kultureller Unabhängigkeit und weitgehenderer Autonomie wieder auf. Das durchaus spannungsreiche Verhältnis zwischen der Zentralregierung und den 17 autonomías (Autonome Gemeinschaften) stellt bis heute einen vitalen Aspekt der politischen Debatte dar. Eine besondere Rolle spielt zudem im Baskenland die Verbindung von separatistischen Bestrebungen mit terroristischen Methoden. Der Terror der während des *Franco*-Regimes entstandenen Organisation *Baskenland und Freiheit* (*Euskadi Ta Askatasuna* – ETA) begleitet das demokratische Spanien bis heute, und eine Lösung des Problems ist ebenso wenig in Sicht wie ein Ende der Gewalt (siehe dazu 4.).

Eine hervorgehobene Rolle spielen in dem Zentrum-Peripherie-Cleavage die zahlreichen Regionalparteien, ein Charakteristikum der spanischen Parteienlandschaft. Regionale Parteien sind im nationalen Parlament kontinuierlich präsent; seit 1977 vor allem die katalanischen und baskischen, seit 1993 zunehmend auch andere Regionalparteien. Im Baskenland spielten bzw. spielen die *Baskische Nationalistische Partei* (PNV) sowie *Herri Batasuna* (HB) und *Eusko Alkartasuna* (EA) eine dominante Rolle; in Katalonien ist die stärkste Kraft *Konvergenz und Union* (CiU) sowie die *Republikanische Linke Kataloniens* (ERC). In den 1990er Jahren traten die *Kanarische Koalition* (CC) und der *Nationale Galizische Block* (BNG) hinzu sowie weitere regionale Parteien, die vereinzelt einen Abgeordneten stellen.[9] Dies ist bemerkenswert, da die im Wahlgesetz angelegte Begünstigung großer Parteien dies nicht vermuten lässt. Die katalanische CiU und die baskische PNV haben zudem auch nationales Gewicht, was sich daran zeigt, dass sie mehrfach eine bedeutende Rolle als Mehrheitsbeschaffer spielten, so etwa in den Minderheitsregierungen von 1993, 1996, 2000 und 2004, also sowohl für sozialistische wie für konservative Regierungen.

Ein ebenfalls hervorstechendes und für die Einordnung insbesondere des Kommunismus wichtiges Merkmal ist die politische Kultur in Spanien. Bereits in der Endphase des Fran-

7 Siehe Santiago Carrillo, Parteichef der Kommunisten, im Interview mit Oriana Fallaci, in: República Portugal Socialista Nr. 67 vom 22. Oktober 1975, S. 8 f.

8 Vgl. Ramón Cotarelo: El Sistema de Partidos, in: José Felix Tezanos/Ramón Cotarelo/Andrés de Blas (Hrsg.): La Transición Democrática Española, Madrid 1993, S. 347–389, hier S. 362.

9 So etwa *Partido Aragonés Regionalista*, *Partido Andalucista*, *Unió Valenciana*, *Chunta Aragonés*, *Nafarroa-Bai* (*Coalición Nacionalista de Navarra*).

quismus befürwortete eine Mehrheit der Bevölkerung die demokratische Regierungsform.[10] Bis heute liegen die Werte für Demokratie als bevorzugte Regierungsform konstant hoch (etwa 75 Prozent), und dies gilt selbst für Bevölkerungsteile, die sich als extrem rechts oder extrem links einschätzen.[11] Auch die Zufriedenheit mit dem Funktionieren der Demokratie ist höher (71 Prozent) als im europäischen Durchschnitt (56 Prozent).[12] Auf der Links-Rechts-Achse siedelt sich die Bevölkerung links von der Mitte an; im Vergleich mit den „alten" EU-Mitgliedern sogar am weitesten links.[13]

Abbildung 1 Selbsteinschätzung der spanischen Bürger auf der Links-Rechts-Achse 1995–2008 (in Prozent)

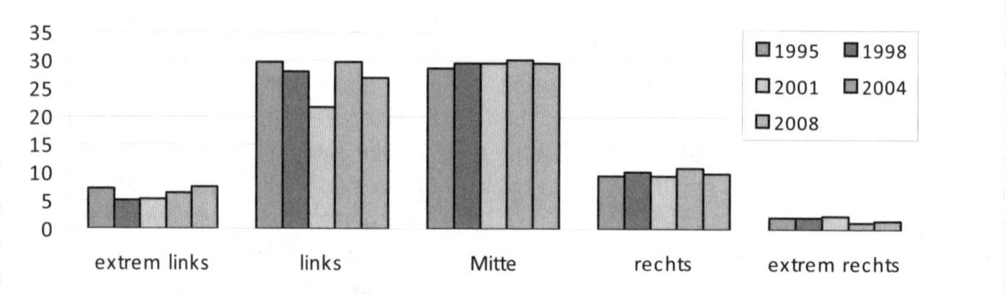

Quelle: Eigene Zusammenstellung auf der Grundlage der Umfragen des CIS (2130, 2307, 2423, 2568, 2754).

Was das antiextremistische Demokratieverständnis angeht, so wirkt auch hier wiederum die Vergangenheit der rechtsautoritären *Franco*-Diktatur. Es gibt eine hohe Sensibilität gegenüber rechtsextremem Gedankengut, Akteuren und Aktivitäten, so dass man von einer antirechtsextremen politischen Kultur sprechen kann. Dies lässt sich nicht analog für den linken Pol anwenden. Schon die Einordnung von Linksextremismus ist schwierig. Kommunisten sind als politische Kraft akzeptiert und werden kaum als linksextrem eingeschätzt.

10 1974 unterstützten 60 Prozent demokratische und nur 18 Prozent autoritäre Regierungspraktiken. Im Mai 1975 wünschten sich 74 Prozent, dass das Land sich zu einer Demokratie entwickle. Vgl. Rafael López Pintor: El estado de la opinión pública española y la transición a la democracia, in: Revista Española de Investigaciones Sociológicas (REIS) Nr. 13/1981, S. 7–47.

11 So hielten 1998 durchschnittlich 85 Prozent der Bevölkerung die Demokratie für die beste Regierungsform. Bei Bürgern, die sich als extrem links bzw. extrem rechts einschätzen, lag der Wert bei 88 Prozent bzw. 77 Prozent. Centro de Investigaciones Sociológicas (CIS), Datos de Opinión 20, April–Juni 1999, S. 3.

12 Vgl. Eurobarometer Nr. 65/2006, S. 45, abrufbar unter: http://ec.europa.eu/public_opinion/archives/eb/eb65/eb65en.pdf [Stand: 22. Januar 2009].

13 Auf einer Skala von 1,0 (links) bis 10,0 (rechts) ist Spanien auf 2,5 positioniert. Vgl. Jürgen W. Falter/Markus Klein/Siegfried Schumann: Politische Konflikte. Wählerverhalten und die Struktur des Parteienwettbewerbs, in Oscar W. Gabriel (Hrsg.): Die EU-Staaten im Vergleich. Strukturen, Prozesse, Politikinhalte, Opladen 1992, S. 194–221, hier S. 196. Siehe dazu auch José Juan Toharia: Cambios recentes en la sociedad española, Madrid 1989, S. 95.

2 Wahlentwicklung

Rechtsextreme Parteien sind im demokratischen Spanien bedeutungs- und erfolglos. Zwar stellen sich regelmäßig Parteien dieses Spektrums zur Wahl, erzielen aber Resultate von zusammen genommen nicht einmal einem Prozent. Bislang ist lediglich einmal, nämlich 1979, die *Unión Nacional* in die spanischen Cortes eingezogen und dies mit einem Abgeordneten. Rechte Ideen waren nach dem *Franco*-Regime diskreditiert; dass etliche der alten politischen Eliten während der Transitionsphase in der konservativen *Alianza Popular* (*Volksallianz*) führende Rollen annahmen, förderte die Gleichsetzung von Franquismus und Rechten, von Konservatismus und Autoritarismus.[14] So wurde von einer Mehrheit der Bürger die *Alianza Popular* unter dem ehemaligen Presseminister *Francos*, *Manuel Fraga Iribarne*, als „franquistisch" betrachtet.[15] Die Bevölkerungsteile, die sich als extrem rechts positionierten, wurden in den 1970er und 1980er Jahren von der *Alianza Popular* (AP) absorbiert.[16] Zusammengezählt überschritt der Stimmanteil aller rechtsextremen Parteien 2008 nicht einmal ein halbes Prozent. Zudem gelingt es den rechtsextremen Parteien kaum, Wähler anzuziehen (Tabelle 1).[17] Auch neue, rechtsextrem-populistische Parteien, die in vielen europäischen Ländern in den letzten Jahrzehnten erfolgreich die politische Bühne betraten, konnten sich in Spanien in keiner Weise verankern oder zu relevanten politischen Akteuren avancieren. Dies gilt auf nationaler wie auf regionaler Ebene.

Tabelle 1 Ergebnisse rechtsextremer Parteien bei den spanischen Parlamentswahlen 1989–2008 (in Prozent)

	1989	1993	1996	2000	2004	2008
JONS	0,1	0,0	---	---	0,1	0,1
La Falange	---	---	---	---	0,0	---
Democracia Nacional	---	---	---	---	---	0,1
Alianza Nacional	---	---	---	---	---	0,0

Eigene Zusammenstellung: Spanisches Innenministerium (Hrsg.): Offizielle Wahlstatistik, abrufbar unter: http://www.elecciones.mir.es [Stand: 22. Januar 2009].

14 Vgl. José Ramón Montero: Los fracasos políticos y electorales de la derecha española: Alianza Popular, 1976–1987, in: José Felix Tezanos u. a. (FN 8), S. 495–543, hier S. 522.

15 Dieses Bild hatten 1977 69 Prozent der Wähler und 73 Prozent der AP-Wähler. 1985 gaben weiterhin 65 Prozent der Wähler an, ihr Bild von der AP sei autoritär. Vgl. ebd., S. 500 und S. 524.

16 1979 positionierten sich 18 Prozent der AP-Wähler als extrem rechts, 1987 war die Zahl quasi unverändert (17 Prozent). Vgl. ebd., S. 529. Siehe des Weiteren Luis Ramiro-Fernández: Programatic Adaption and Organizational Centralization in the AP-PP, in: Jocelyn A. J. Evans (Hrsg.): The South European Right in the 21st Century. Italy, France and Spain, London/New York 2008, S. 39–56.

17 Siehe dazu Rosario Montero: La extrema derecha española, 1976–1996: Estratégias de movilización y estructura de la oportunidad política, in: Sistema Nr. 135/1996, S. 105–122.

Die Einordnung des Linksextremismus in Spanien ist schwierig und bedarf daher einer Differenzierung. In Spanien existiert eine kommunistische Partei, die sich 1986 mit anderen ideologisch nahestehenden Parteien zur *Vereinten Linken* zusammenschloss. Als Anti-System-Partei ist sie jedoch nicht zu bezeichnen, da sie nur punktuell systemfeindliche Positionen vertritt.[18] Da die *Kommunistische Partei Spaniens* (*Partido Comunista de España* – PCE) bzw. die *Vereinte Linke* (*Izquierda Unida* – IU) die bedeutendste Partei links von den *Sozialisten* (PSOE) war bzw. ist, soll sie hier dennoch behandelt werden.

Die PCE unter *Santiago Carrillo* schlug während der Transition einen erkennbar moderaten Weg ein: Abkehr vom Leninismus und vom Republikanismus und Anerkennung der Monarchie, Unterstützung der *Pactos de la Moncloa.* Dies förderte die Akzeptanz der Partei und führte dazu, dass sie auch bei der Ausarbeitung der Verfassung beteiligt wurde.[19] Diese Moderation sowie das konstruktive und besonnene Verhalten der kommunistischen Parteieliten trugen zur Stabilisierung der jungen Demokratie bei und erhöhten zugleich die Attraktivität bei den Wählern.[20] Der Beitrag der Kommunisten zur Etablierung und Legitimierung der jungen spanischen Demokratie ist weithin anerkannt. Hierbei spielte vor allem *Santiago Carrillo* eine positive Rolle, der seine Partei bereits Ende der 1970er Jahre von der Sowjetunion abrückte und den neuen eurokommunistischen Kurs verantwortete.

Dieser Wandel sowie die fehlende interne Demokratisierung der Partei – *Carrillo* agierte mit autoritärer Hand – riefen jedoch parteiinterne Konflikte und Kontroversen hervor, die in den 1980er Jahren zu Austritten, Ausschlüssen und Abspaltungen führten.[21] Auch der Einfluss des PCE in der traditionell nahe stehenden Gewerkschaft *Comisiones Obreras* (CCOO) schwächte sich ab.[22] Der Zusammenschluss mit anderen, links von dem PSOE positionierten Parteien, der 1986 unter dem Name *Vereinte Linke* (*Izquierda Unida*) stattfand, sollte insofern sowohl der Schwächung des PCE entgegenwirken als auch der kommunistischen Linken als (parlamentarischer) Kraft in Spanien zu mehr Stoßkraft verhelfen. Tatsächlich stellten die 1990er Jahre für die IU das erfolgreichste Jahrzehnt in der jungen Geschichte des

---

18 Es gibt interessanterweise wenige Versuche der Abgrenzung, was auf die Schwierigkeit hinweist. Sehr gründlich dazu Eusebio Mujal-León: Die Kommunistische Partei Spaniens, in: Heinz Timmermann (Hrsg.): Die kommunistischen Parteien Südeuropas, Baden-Baden 1979, S. 153–189. *Walther L. Bernecker* weist ebenfalls auf die Schwierigkeit hin, die extreme Linke in Spanien definitorisch einzugrenzen. Siehe das Stichwort „Extrema izquierda" in dem von ihm mit herausgegebenen Spanien-Lexikon, München 1990, S. 180 f. Auch nach *Bernecker* kann die IU nicht als extrem links bezeichnet werden.

19 Als Vertreter des PCE war der Verfassungsrechtler und Kommunist *Jordi Solé Tura* Mitglied der Verfassungskommission.

20 Zur Rolle des PCE in der Transition siehe Juan Carlos González Hernández: El Partido Comunista de España en el proceso de transición política, in: José Felix Tezanos u. a. (FN 8), S. 543–587; Luis Ramiro Fernández: Cambio y adaptación en la izquierda. La evolución del Partido Comunista de España y de Izquierda Unida (1986–2000), Madrid 2004.

21 1984 Abspaltung des prosowjetischen Sektors und Gründung des *Partido Comunista de los Pueblos de España* (PCPE), 1985 Austritt des langjährigen Parteiführers *Santiago Carrillo* und Gründung des *Partido Comunista des España – Marxista revolucionario*, später *Partido de los Trabajadores de España – Unidad Comunista* (PTE-UC), bei den Wahlen 1986 angetreten als *Mesa para la Unidad de los Comunistas.*

22 In Spanien hatten und haben die beiden Links-Parteien je eigene Verbündete im Gewerkschaftsbereich: Die *sozialistische Partei* PSOE und die *Unión General de Trabajadores* (UGT) sind beide im gleichen historischen Kontext (1879 bzw. 1888) entstanden und stehen sich seit jeher nahe. PCE ist mit CCOO verbunden. Zum Verhältnis zwischen PCE bzw. *Izquierda Unida* und CCOO seit den 1980er Jahren siehe Luis Ramiro Fernández (FN 20) S. 280–282.

demokratischen Spaniens dar.[23] Die IU konnte 1993 und 1996 ihre Wahlergebnisse deutlich verbessern (Tabelle 2) und Werte erreichen, die sogar die ersten freien Wahlen in den 1970er Jahren übertrafen. Die Partei erlangte 1993 und 1996 knapp bzw. über zehn Prozent. Damit stellt die IU seit 1989 die drittstärkste Kraft im Parlament dar. Dennoch konnte sie nicht in der erhofften Form von der zunehmenden Schwäche des PSOE profitieren. 1996 gewann der konservative *Partido Popular* (PP) unter *José María Aznar* die nationalen Parlamentswahlen; selbst für eine linke Koalition von PSOE und IU hätte es nicht gereicht. Ende des Jahrzehnts brach die erfolgreiche Phase ab. Die Kommunal- und Regionalwahlen 1999 – ebenso die Europawahlen – brachten herbe Verluste für die IU. 6,5 Prozent bedeuteten gleichsam eine Halbierung der Stimmen gegenüber 1995 (11,7 Prozent). Dieser Trend bestätigte sich bei den nationalen Parlamentswahlen 2000: Die Konservativen (*Partido Popular*) konnten die absolute Mehrheit gewinnen, der PSOE verlor leicht, aber die Stimmen der IU halbierten sich, was einen Verlust von fast zwei Dritteln der Abgeordneten bedeutete.

1999/2000 nahm die Partei einen entscheidenden Kurswechsel vor: Pragmatismus und Regierungsmacht wurden über programmatische und ideologische Gegensätze mit den *Sozialisten* gestellt. Das führte dazu, dass die IU auf regionaler Ebene mit nationalistischen Parteien zusammenarbeitete – so etwa im Baskenland und Katalonien seit 1999. Auch vor den nationalen Parlamentswahlen 2004 gab es eine Zusage zur Unterstützung des PSOE, und erstmals seit 1975 wurde diese umgesetzt. Auf regionaler Ebene regieren die katalonischen Kommunisten (*Iniciative per Catalunya-Els Verds*)[24] seit 2003 in einer Koalition mit Linksnationalisten (ERC) und Sozialisten, die sie nach den Wahlen 2006 fortführten. Im Baskenland traten die Kommunisten 2001 in eine Koalitionsregierung mit den baskischen Nationalisten (PNV) und der linksnationalistischen EA ein, die nach 2005 eine Neuauflage erfuhr, allerdings als Minderheitsregierung. Die Wahlen im März 2009 stellten einen historischen Einschnitt für die baskische Geschichte dar, denn nach 30 Jahren konnten erstmals die Nationalisten abgelöst werden durch eine Koalition aus Sozialisten und Konservativen. Die Kommunisten büßten Stimmen ein und sind nun nur noch mit einem Abgeordneten vertreten. Landesweit erhielten die Kommunisten auf kommunaler Ebene im letzten Jahrzehnt stabile fünf bis sechs Prozent.

Die nationalen Parlamentswahlen 2008 waren ein Debakel für die IU, die nur 3,8 Prozent der Stimmen bekam und mit zwei Abgeordneten – damit ohne Fraktionsstatus – in den Cortes einzog. Nachdem der strategische Kurswechsel 1999/2000 der IU „soviel politische Macht [...] wie noch nie seit der Transition"[25] eingebracht hatte, ist dieser Zustand – zumindest auf nationaler Ebene – seit 2008 beendet. Die Minderheitsregierung des PSOE muss seither wieder auf die Regionalparteien als Bündnispartner zurückgreifen.

23 Siehe insbesondere Luis Ramiro Fernández (FN 20), S. 111–114; Andreas Baumer: Kommunismus in Spanien. Die Partido Comunista de España – Widerstand, Krise und Anpassung (1970–2006), Baden-Baden 2008, S. 254 f.

24 1995 ging die *Linke* ein Wahlbündnis mit den *Grünen* ein.

25 Andreas Baumer (FN 23), S. 411 f.

Tabelle 2 Ergebnisse des PCE/IU bei den spanischen Parlamentswahlen 1989–2008 (in Prozent)

	1989	1993	1996	2000	2004	2008
PCE/IU	9,1	9,6	10,5	5,5	5,0	3,8

Eigene Zusammenstellung: Spanisches Innenministerium (Hrsg.): Offizielle Wahlstatistik, abrufbar unter: http://www.mir.es/DGPI/Elecciones/ [Stand: 22. Januar 2009].

Einzelne kommunistische Regionalorganisationen haben in den Regionen eine eigenständige Entwicklung genommen. Dies betrifft insbesondere die baskischen und katalanischen Kommunisten. In Katalonien waren die Kommunisten (PSUC)[26] zwar ein Zweig der PCE, zugleich aber völlig autonom. 1987 schlossen sie sich mit anderen kommunistischen und linken Parteien zur *Initiativa per Catalunya* (IC) zusammen, die sich 1995 zu einem Wahlbündnis mit den katalanischen Grünen *Els Verds* erweiterte (IC-EV). Die Kommunisten sind in dieser wechselnden Konstellation seit den ersten Regionalwahlen 1980 permanent vertreten, in den 1980er Jahren als dritt- oder viertstärkste, in den 1990er als fünfstärkste Partei. Bei den letzten Regionalwahlen konnten sie deutlich an Unterstützung gewinnen. Eine weitere Partei ist die *Esquerra Republicana de Catalunya* (ERC), die seit 1980 kontinuierlich im katalanischen Parlament vertreten ist. Sie stellt seit 1999 die drittstärkste Kraft und seit 2003 zusammen mit den Kommunisten und Sozialisten die Regierung.[27]

Im Baskenland entwickelten die Kommunisten – der Parteiname lautet *Ezker Batua* (IU-EB) – ebenfalls eine gewisse Eigenständigkeit von der Mutterpartei. Anders jedoch als in Katalonien war diese weder historisch begründet noch ursprünglich nationalistisch orientiert, denn traditionell standen die spanischen Kommunisten den Nationalismen distanziert gegenüber. Die baskischen Kommunisten sind seit 1994 im Regionalparlament repräsentiert, wobei sie sich auf Wahlergebnisse von etwa fünf bis sechs Prozent eingependelt haben. Auf kommunaler Ebene waren die Resultate in den 1980er Jahren eher schwach (nicht mehr als zwei Prozent), erst in den 1990er Jahren erreichten sie höhere Werte (zwischen vier und acht Prozent).

Linksextreme Anti-System-Parteien sind in Spanien relativ bedeutungslos, nicht zuletzt auch deshalb, weil die PCE bzw. IU als relevante kommunistische Partei die meisten Aktiven bzw. Wähler links von den Sozialisten versammelt. Es gibt einige kleine Parteien maoistischen, trotzkistischen oder marxistisch-leninistischen Zuschnitts, von denen *Partido Comunista de los Pueblos de España* (PCPE)[28], *Partido Obrero Socialista Internationalista*

26 Der Name *Partit Socialista Unificat de Catalunya* (PSUC) ist insoweit verwirrend, als es sich nicht um eine sozialistische, sondern um eine kommunistische Partei handelt. Der PSUC bestand bereits während der Zweiten Republik und blickt somit auf eine lange historische Eigenständigkeit zurück.

27 Siehe Richard Gunther/Giacomo Sani/Goldie Shabad (FN 6), S. 35–355; John Etherington/Ana-Mar Fernández: Political Parties in Catalonia, in: David Hanley/John Loughlin (Hrsg.): Spanish Political Parties, Cardiff 2006, S. 74–108.

28 PCPE ist eine Abspaltung des PCE, von der aber eine signifikante Gruppe 1989 wieder mit dem PCE fusionierte. Seither stellt PCPE eine orthodox marxistisch-leninistische Partei dar.

(POSI) und *Partido Obrero Revolucionario* (POR) eine konstante Präsenz aufweisen, während andere auftauchen und wieder verschwinden.[29] PCPE und POSI präsentieren sich regelmäßig bei den nationalen Parlamentswahlen. Das Wählerpotenzial befindet sich auf einem ähnlichen Niveau wie bei den rechtsextremen Parteien, also deutlich unter einem Prozent (2008 erreichten PCPE 0,1 Prozent und POSI 0,0 Prozent).

Relevante Akteure stellen in Spanien die Regionalparteien dar, worunter sich auch linksnationalistische und separatistische Anti-System-Parteien befinden. Die beiden wichtigsten Parteien dieser Art waren national wie regional *Euskadiko Eskerra* (EE), die *Baskische Linke*, und *Herri Batasuna* (HB), die *Volksunion*. Sie unterscheiden sich durch ihre Einstellung zur Gewalt: Die EE ist Referenzpunkt für die nichtmilitanten Linksnationalisten; die HB stellte den politischen Arm der terroristischen Organisation ETA dar. Von 1977 bis 1993 hatte die EE im nationalen Parlament kontinuierlich einen bzw. zwei Sitze erhalten. Im baskischen Nationalparlament stellte sie seit den ersten Regionalwahlen 1980 die viertstärkste Kraft. 1993 fusionierte die Partei mit den *Baskischen Sozialisten* zu PSE-EE, die seit 1990 (bis auf 1998) die zweitstärkste Fraktion stellt. Die HB erzielte im nationalen Parlament von 1979 bis 2000 immer Mandate. Im baskischen Regionalparlament verkörperte die Partei meist die dritte Kraft. 1998 präsentierte sie sich unter dem Namen *Euskal Herritarok* (EH) und erreichte ihr bestes Ergebnis, zog sogar mit den Sozialisten gleich. Erstmals nahmen die Kandidaten ihre Mandate wahr; bis dahin hatten sie sich immer geweigert, da sie die staatlichen Institutionen nicht anerkannten. Der Wahlerfolg von 1998 stand unter dem Eindruck des Paktes von Lizarra[30] und des von der ETA erklärten Waffenstillstandes.

Die rein baskische Regierung, die sich nach den Wahlen 1998 formierte, wurde von EH unterstützt. Als die ETA 1999 jedoch den Waffenstillstand kündigte und die EH sich weigerte, die Anschläge und Morde zu verurteilen, beendete die PNV den Pakt. Die EH reagierte mit dem Boykott des Parlaments, und bei den vorgezogenen Neuwahlen fuhr sie ihr schlechtestes Ergebnis mit einem Verlust von rund 40 Prozentpunkten der Stimmen ein. 2001 gründete sich die *Herri Batasuna* bzw. *Euskal Herritarok* als *Batasuna* wieder. Nach ihrem Verbot 2003 (siehe 1. und 3.3.) ließ sich die *Partido Comunista de las Tierras Vascas* (PCTV), eine ebenso wie *Batasuna* radikale, nationalistische Partei marxistisch-leninistischer Ausrichtung registrieren und bot an, *Batasuna* im Regionalparlament zu vertreten. Die PCTV erreichte bei den Regionalwahlen 2005 12,4 Prozent und wurde viertstärkste Partei. Eine weitere Partei, die nach dem Verbot von *Batasuna* eine Revitalisierung erfuhr, war *Acción Nacionalista Vasca* (ANV), die bis 2003 marginal war und sich bis dahin nie zur Wahl gestellt hatte. 2007 löste sie die PCTV bei den Kommunalwahlen als viertstärkste Kraft ab. Vor den nationalen Wahlen 2008 wurden beide Parteien wegen ihrer Verbindungen zur ETA ausgeschlossen. *Aralar* entstand 2001/02 zwar im Umfeld von *Batasuna* und ist ebenfalls als linksnationalistische, independistische Partei zu bezeichnen, gleichwohl lehnt sie Gewalt und die Aktivitäten der ETA ab. Daher wurde bisher auch noch kein Verbotsverfahren gegen *Aralar* eingeleitet.

29 So etwa *Partido del Trabajo de España* und die *Organización Revolucionaria de los Trabajadores*, später fusioniert zum *Partido de los Trabajadores* oder auch *Partido Comunista de España – marxista-leninista*. Relativ lange existierte das *Movimiento Comunista* (1976–1992) und absorbierte wiederum andere Kleinstparteien wie etwa die *Organización de Izquierda Comunista*.

30 Pakt zwischen den gemäßigten und den radikalen Kräften des Nationalismus für einen Dialog. Der Pakt wurde von beiden gesamtspanischen Parteien, PSOE und PP, abgelehnt.

Tabelle 3 Ergebnisse der separatistischen Parteien im baskischen Regionalparlament 1990–2009 (in Prozent)

	1990	1994	1998	2001	2005	2009
EA	11,4	10,3	8,7	---[1]	---[1]	3,7
EE[2]	7,8	17,1	---	---	---	---
HB	18,2	16,0	---	---	---	---
EH[3]	---	---	17,9	10,1	---	---
Aralar	---	---	---	---	2,3	6,1
PCTV	---	---	---	---	12,4	---

Eigene Zusammenstellung: Spanisches Innenministerium (Hrsg.): Offizielle Wahlstatistik, abrufbar unter: http://www.mir.es/DGPI/Elecciones/ [Stand: 22. Januar 2009]; http: www9.euskadi.net/q93TodoWar/q93Desplegar.jsp [Stand: 22. Januar 2009].

[1] Wahlbündnis mit EAJ/PNV.
[2] 1993 mit der sozialistischen PSE zu PSE-EE fusioniert.
[3] Nachfolgepartei der HB.

3 Extremistische Parteien

3.1 Rechtsextremismus

In Spanien existiert kaum nennenswerter Rechtsextremismus. Zwar gibt es verschiedene rechtsextreme Parteien, diese können aber nur in geringem Maße Mitglieder und Wähler anziehen. Ideologisch sind zwei Typen zu unterscheiden: zum einen falangistische Parteien, also jene, die sich in der Tradition der unter *Franco* dominanten *Falange*-Bewegung sehen.[31] Dazu gehören *Falange Española Independiente*, *Falange Española* und andere Gruppen, die „*Falange*" im Namen tragen. Für die geringfügige Zahl an Anhängern und Mitgliedern ist die relativ große Fraktionierung erstaunlich.[32] Ideologisch sind sie in der unter *Franco* propagierten nationalkatholischen Wertewelt verhaftet. Die Einheit Spaniens und seiner Nationen gilt als zentraler Wert, und daher werden nationalistische Bestrebungen verurteilt. Die EU wird, je nach Partei, kritisch bzw. als „liberal-kapitalistisch" (*Falange Independiente*) ablehnend betrachtet.

31 Die *Falange* wurde von *José Antonio Primo de Rivera*, Sohn von *Miguel Primo de Rivera*, der Spanien von 1923 bis 1930 als Diktator regierte, 1933 gegründet. Sie schloss sich zusammen mit den 1931 ins Leben gerufenen *Juntas de Ofensiva Nacional Sindicalista* (JONS), einer revolutionär-syndikalistischen Studentenbewegung zur *Falange Española* (FE) *de las JONS* oder später zur *Falange Española Tradicionalista* (FET) *de las JONS*. Unter *Franco* war sie die einzige zugelassene Partei und Pfeiler seines Regimes. Die *Falange* war stark beeinflusst von faschistischen Ideen, wie sie zu jener Zeit grassierten, und nahm sich insbesondere den italienischen Faschismus zum Vorbild. Dennoch ist sie durch spezifisch spanische Merkmale geprägt, zum einen den Nationalismus, der die Einheit des Landes betont, und zum anderen durch den Katholizismus. Siehe das einschlägige Werk von Stanley G. Payne: Falange: A History of Spanish Fascism, Stanford 1961.

32 Vgl. Antonio Garcia Fernández/José Jiménez: Fascismo, Neofascismo y Extrema Dercha, Madrid 2001, S. 84 f.

Der andere rechtsextreme Typus, nämlich die Parteien der „Neuen Rechten" sowie populistische Parteien, sind ebenfalls wenig erfolgreich. *Alianza Nacional* ist eine Neugründung der *Unidad Nacional*, der einzigen rechtsextremen Partei, die 1979 einmalig Mandate im Nationalparlament erlangen konnte. Sie formierte sich 2006 neu. *Democracia Nacional* ist die Wiederauflage des *Spanischen Kreises der Freunde von Europa* (CEDADE), einer rechtsextremen Partei, die bereits während der *Franco*-Zeit aktiv war. Nach inneren Kontroversen hatte sich CEDADE 1993 aufgelöst und tritt seit 1995 unter dem neuen Namen in Erscheinung. Diese Parteien bilden neben ihrem Rekurs auf die Fundamente der franquistischen Zeit ein „moderneres" Ideengebäude ab, das durch Fremdenfeindlichkeit, Rassismus und Ablehnung von Immigration gekennzeichnet ist. *Alianza Nacional* beschreibt seine Ideologie als „rassischen Nationalismus".

Beide Typen von rechtsextremen Parteien – die falangistischen wie die „Neue Rechte" – sind Anti-System-Parteien, denn sie wollen die politischen Institutionen und Parteien abschaffen zugunsten anderer „organischer" Einheiten. Sie lehnen die Einbindung in internationale Organisationen – insbesondere in die NATO – ab und streben nach größtmöglicher Eigenständigkeit. Der europäische Gedanke wird zwar generell befürwortet, nicht aber die starke Einbindung in das supranationale Gebilde EU. Die Einheit Spaniens spielt bei diesen Parteien eine große Rolle, wobei deren starke Betonung sich einerseits im Sinne eines zentralistischen Staatsaufbaus gegen separatistische Tendenzen richtet und andererseits auch territoriale Rückforderungen – etwa Gibraltars – beinhaltet.

3.2 Linksextremismus

Die *Vereinte Linke* stellt ein Wahlbündnis aus zunächst sechs, später weniger Parteien dar, das eine gewisse interne Fluktuation durchlebt hat. Den dominanten Teil dieses Bündnisses und in gewisser Weise den Kern bildet die kommunistische Partei PCE. Die restlichen Gründungsparteien waren die *Partido de Acción Socialista* (PASOC) – eine Gruppe enttäuschter Linker aus dem PSOE –, die *Federación Progresista* um *Ramón Tamames*, dem früheren PCE-Mitglied und prominenten Wirtschaftswissenschaftler, die *Izquierda Republicana* sowie zwei Kleinstparteien, die 1986 ausgeschlossen wurden (*Partido Carlista* und *Partido Humanista*). Der Zusammenschluss zur *Vereinten Linken* erfolgte vor dem Hintergrund der Krise der Kommunisten in der ersten Hälfte der 1980er Jahre, als zum einen der PSOE zur dominanten Linkspartei wurde und mit seinem Aufstieg ein Teil der eigenen Wählerbasis wegbrach, zum anderen als sich die Suche nach politischen Raum links des PSOE verschärfte. Dazu kamen parteiinterne Konflikte und Kontroversen, die von folgenden Aspekten bestimmt waren: der Organisation der Partei (viele Mitglieder und Funktionäre störten sich an dem autoritären Stil *Santiago Carrillos*), dem demokratischen Zentralismus sowie der Programmatik. *Carrillos* eurokommunistischer Weg war nicht von allen getragen worden und angesichts der fehlenden Wahlerfolge und des dramatischen Mitgliederschwunds (zwischen

1977 und 1981 verlor die Partei über ein Drittel an Mitgliedern)[33], verstärkten sich die Rufe nach programmatischer Schärfung.

Der PCE entschied sich daher Mitte der 1980er Jahre zur Rückkehr der Massenmobilisierung anlässlich des NATO-Referendums.[34] Aus dieser Plattform entstand kurz vor den Wahlen 1986 die *Vereinte Linke*.[35] Das Hauptziel der IU bestand darin, die Hegemonie des PSOE zu brechen und die Gegner der sozialistischen Regierung zu mobilisieren. Unter dem seit 1988 amtierenden Generalsekretär *Julio Anguita* kam die IU aus der Defensive und grenzte sich sowohl mit scharfen Attacken als auch mit einem programmatischen Linksruck von den *Sozialisten* ab. 1989 kam es zu einer Wiedervereinigung mit dem 1984 aus der PCE ausgetretenen prosowjetischen *Partido Comunista de los Pueblos de España* (PCPE). Es war vor allem dem PCPE geschuldet, dass sich in der IU eine ideologische Radikalisierung vollzog und ein leninistisches Organisations- und Politikverständnis wiedererstarkte.[36]

1991 schaffte die Partei zwar den demokratischen Zentralismus ab, betonte aber die kommunistische Identität und bestätigte als Ziel die Überwindung der kapitalistischen Gesellschafts- und Wirtschaftordnung sowie die Übertragung der Produktionsmittel an die Gesellschaft. Zudem zeugten zwei parteiinterne Debatten von dem „umfassenden Linksruck“[37]: zum einen die Debatte um die Verfassung, getrieben von den Befürwortern einer republikanischen Staatsform, zum anderen jene um die Korrektur der bisherigen Pro-Maastricht-Linie. Die IU blieb – ebenso wie der PCE – eine politisch, ideologisch und strategisch zutiefst gespaltene Partei mit drei markanten Gruppierungen: Orthodoxe, Erneuerer und das Zentrum um *Anguita*, der vor allem die Partei zusammenhalten wollte.

Die Sozialisten wurden als die zentralen Gegner definiert[38], und dieser harte Konfrontationskurs gegen die regierenden Sozialisten führte zu der widersinnigen Situation, dass Kommunisten und Konservative auf nationaler Ebene gemeinsam Opposition betrieben. Auf regionaler und kommunaler Ebene überließ die IU lieber den *Konservativen* das Feld, als mit dem PSOE zu kooperieren. So verweigerte die IU bei den Kommunal- und Regionalwahlen 1995 – wie in der Vergangenheit durchaus geschehen – eine Paktbildung mit den *Sozialisten*. Trotz des besten jemals erzielten Ergebnisses bei Kommunalwahlen (11,7 Prozent) und linker Mehrheiten vielerorts zogen die *Konservativen* in die Rathäuser ein.

Die schlechten Ergebnisse bei den Wahlen 1999 und 2000 waren Anstoß zu einem Strategiewechsel, der sich – angesichts der harten antisozialistischen Linie der 1990er Jah-

---

33 1977 hatte der PCE rund 190.000 Mitglieder, 1987 nur noch 62.000. Die Datenlage bzgl. der Zahlen ist nicht eindeutig. Bis 2008 hat die Zahl nochmals abgenommen.

34 Siehe dazu Marianne Kneuer: Politische Führung und öffentliche Meinung als Spannungspole im politischen Entscheidungsprozess. Das Beispiel des spanischen NATO-Referendums, in: Bernhard Vogel/Dietmar Herz/dies. (Hrsg.): Politik – Kommunikation – Kultur, Paderborn 2007, S. 182–204.

35 Zu den folgenden Ausführungen Luis Ramiro Fernández (FN 20), S. 47–49 und Andreas Baumer (FN 23), S. 269–271.

36 Vgl. ebd., S. 278.

37 Ebd., S. 307.

38 „Der PSOE ist unser wichtigster Gegner. Weiterhin an das Knüpfen politischer Allianzen mit dem PSOE zu denken, bedeutet die historische Evidenz zu negieren und eine gescheiterte Haltung von politischer und kultureller Subalternität einzunehmen. Es ist notwendig, das Projekt, das heute von der Regierung des PSOE organisiert und verkörpert wird, politisch und kulturell zu zerstören. Dies ist das zentrale Ziel der gegenwärtigen Etappe.“ Beschluss der Delegierten der IV. Föderalversammlung im Dezember 1994, zitiert nach: El País vom 11. Dezember 1994.

re – erstaunlich schnell vollzog. Der Radikalisierung unter *Anguita* folgte übergangslos ein pragmatischer Kurs unter *Gaspar Llamazares*, der dem erkrankten *Anguita* Anfang 2000 folgte. Die Prognosen der beiden linken Parteien PSOE und IU, ebenso die neue Führungsriege – *Joaquín Almunia* bei dem PSOE und *Gaspar Llamazares* bei der IU – ermöglichten, dass noch vor den Cortes-Wahlen im Jahr 2000 ein Abkommen mit dem PSOE geschlossen und Unterstützung vereinbart wurde – beides erstmalig in der Geschichte des demokratischen Spanien.

Auf regionaler Ebene kam es 2001 im Baskenland und 2003 in Katalonien zu Koalitionsregierungen mit den kommunistischen Föderalorganisationen und 2004 auf nationaler Ebene zu einer Stützung der PSOE-Regierung. Dieser für die Partei neue strategische Pragmatismus war allerdings nicht unumstritten – sowohl mit Blick auf eine Zusammenarbeit mit den Sozialisten als auch mit Blick auf die nationalistischen Kräfte im Baskenland. Mit dem schlechtesten Wahlergebnis seit 1977 kehrte 2008 allerdings nicht nur große Ernüchterung, sondern auch Ratlosigkeit ein. Hatte sich die Partei nach langem, innerem Kampf endlich dazu durchgerungen, mit dem PSOE zu kooperieren, ist diese Frage seither obsolet, denn zu einer Unterstützung der Minderheitsregierung reicht es nicht. Es ist paradox, dass gerade die traditionell am wenigsten nationalistisch eingestellte Partei in den historischen Regionen größeren Einfluss hat bzw. hatte – mit dem Preis allerdings, mit Separatisten in einer Regierung zu sitzen – gegen den Widerstand der Zentralpartei.

Insgesamt ist die Zukunft der IU seit 2008 unsicherer geworden. Dies liegt nicht nur an den Wahlergebnissen, sondern ist auch bedingt durch die permanente, interne Spannungssituation zwischen den einzelnen Gruppierungen. Das neue Manifest von 2004 sollte ein „Relaunch" darstellen: Um der krisenhaften Situation der Partei einerseits und der Wirtschaft andererseits zu begegnen, will die IU der Idee des Sozialismus in der Gesellschaft zu neuem Ansehen verhelfen. Das Bild von Uneinigkeit auf der Föderalversammlung vom November 2008 wurde öffentlich kritisch begleitet. Die IU habe, so das Editorial der bedeutendsten spanischen Tageszeitung El País, Kurs auf die Bedeutungslosigkeit genommen.[39]

Die IU hat im Zuge ihrer inneren Fluktuation immer wieder neue Parteien in ihr Bündnis aufgenommen bzw. andere sind ausgeschert. Obwohl die IU keine Anti-System-Partei ist, wurde zugleich erkennbar, dass zum Beispiel der fusionierte Teil von PCPE systemkritische und revolutionäre Elemente mitbrachte. Auch die *Izquierda Republicana*, die mit der IU bei den Wahlen 2008 kooperierte, hat durch ihren republikanischen Ansatz ein antikonstitutionelles Ziel. Der Vorteil der IU ist allerdings, dass solche radikaleren Strömungen innerhalb des Gesamtgebildes moderiert und abgeschwächt werden.

Anders stellt sich dies für die radikalen linksnationalistischen und separatistischen Parteien dar. Die kommunistischen Parteien im Baskenland und in Katalonien vertreten eigenständige Positionen, insbesondere, was die Beziehungen zum Mutterland angeht. Das hat zu Spannungen und Kontroversen zwischen Zentralpartei und Föderalorganisation geführt. *Santiago Carrillo* hatte 1980 eine nationalistische Fraktion ausgeschlossen, als sie einen Pakt mit den Linksnationalisten *Euskadiko Eskerra* (EE) einging. Im Baskenland sind die Kommunisten die einzige nicht regionale Kraft, die die Selbstbestimmung des Baskenlandes verteidigt. Die Teilnahme – als einzige nationale Partei – am Pakt von Lizarra, in dem die

39 Vgl. Congreso en falso, in: El País vom 17. November 2008, S. 1.

baskischen gemäßigten und radikalen Kräfte sich zu einem „Dialog ohne Grenzen" bereit erklärten, löste in der Zentralpartei heftige Kritik aus. Als es 2001 zu einer Regierungskoalition aus regionalen nationalistischen Parteien und der IU-EB kam, reagierten die Zentralpartei und einige föderale Organisationen der IU entsetzt. Die Annäherung der IU-EB an linksnationalistische Positionen aber ging weiter, und die Koalition wurde 2007 erneuert.[40] Ein weiteres Indiz für kommunistisch-separatistische Allianzen ist das Wahlbündnis mit der Partei *Aralar* für die Kommunalwahlen 2007. *Aralar* hatte sich nach dem Bruch des Waffenstillstandes 2000 von der ETA-nahen *Herri Batasuna* abgespalten. In dem Wahlbündnis beschreibt sich die EB als föderalistisch und *Aralar* als nach nationaler Souveränität für das Baskenland strebend; gemeinsamer programmatischer Nenner ist der Sozialismus.[41] Die baskischen Kommunisten stellen sich – insbesondere seit sie Teil der nationalistischen Regierung sind – zudem bei zentralen Fragen auf deren Seite. So lehnte das Baskische Parlament mit den Regierungsstimmen und gegen die Stimmen der gesamtspanischen Parteien das Parteienverbot von PCTV und ANV ab. Bei der Feier zum 30. Bestehen der Spanischen Verfassung im Dezember 2008 waren nur die drei gesamtspanischen Parteien zugegen – PSOE, PP und IU; die baskischen und katalanischen Kommunisten fehlten ebenso wie die Regionalparteien.

3.3 Separatistisch-nationalistischer Extremismus

Der baskische Terrorismus ist seit längerem Gegenstand wissenschaftlicher Studien, die hier nicht rekapituliert werden sollen. Wichtig ist die Unterscheidung zwischen der in der Transition artikulierten, legitimen Forderung nach Wiederherstellung bestimmter, von *Franco* unterdrückter, historischer Rechte einerseits und die von der ETA und ihrer politischen Partei *Herri Batasuna* (HB) seit Jahrzehnten mit terroristischer Gewalt verfolgte Abtrennung von Spanien. Zudem darf nicht übersehen werden, dass nach 1975 große Teile der baskischen Bevölkerung die Aktivitäten der ETA als Reaktion auf die franquistische Repression durchaus tolerierten, zugleich aber auch angenommen wurde, dass der Terrorismus verschwinden würde, wenn Demokratie und Autonomierechte erst hergestellt seien. Längst aber identifiziert die Mehrheit der Spanier den ETA-Terrorismus als das wichtigste Problem des Landes.

Im Baskenland verlaufen zusätzliche und stark akzentuierte Trennlinien: erstens, die zwischen Befürwortern einer föderalen Lösung – d. h. ein mit starken Autonomierechten ausgestattetes Baskenland – versus *independistas*, das sind die Parteien und Gruppierungen, die eine nationale Unabhängigkeit des Baskenlandes anstreben, wobei unter der historischen Nation auch die auf französischem Boden befindlichen Teile verstanden werden. Zweitens, die Trennlinie zwischen Gewalt ablehnenden und befürwortenden Parteien. Somit ergibt sich eine Zweiteilung von PNV, EA und IU-EB auf der einen Seite und den linksnationalistischen und separatistischen Kräften, die zugleich eng mit dem baskischen Terrorismus verknüpft sind, auf der anderen Seite. Und drittens hat sich der Konflikt zwischen den gesamtspanischen

40 Siehe dazu Dieter Nohlen/Andreas Hildenbrand (FN 6), S. 339 f.

41 Vgl. Wahlbündnis, Artikel 1 und 8 sowie 19, abrufbar unter: http://www.aralar.net/Aralar_alderdia/zergara/Elkarlanean_ga.pdf [Stand: 22. Januar 2009], sowie die Parteistatuten, abrufbar unter: http://www.aralar.net/Aralar_alderdia/zer-gara/nuevos-estatutos.pdf [Stand: 22. Januar 2009].

Parteien und den Regionalparteien verschärft, nicht zuletzt durch den Plan, den der Präsident der Autonomie Baskenland, *Juan José Ibarretxe*, 2003 vorlegte und den das baskische Parlament 2004 verabschiedete. Dieser Plan sieht die „freie Assoziierung" des Baskenlandes mit Spanien vor[42], was einen Bruch der spanischen Verfassung bedeuten würde. Im Nationalparlament wurde dieser Plan 2005 abgelehnt, wobei die baskischen, katalanischen, galizischen Regionalparteien sowie die Navarras zustimmten (die katalonischen Kommunisten enthielten sich). Hier geht es somit nicht nur um eine zunehmende zentrifugale Dynamik, sondern um einen sich stärker akzentuierenden Antagonismus von gesamtspanischen und nationalistischen Parteien.

Euskadido Esquerra (EE) und *Herri Batasuna* (HB) waren im Kontext der ETA-internen Debatte während der Transition, die die These von der funktionellen Verdopplung in politische Aktion und bewaffnetem Kampf hervorbrachte, entstanden:[43] Die EE formierte sich 1977 als Koalition verschiedener kleinerer kommunistischer bzw. marxistischer Parteien als der politische Arm der ETA (ETA-pm). Als sich ETA-pm 1982 auflöste, integrierten sich viele Mitglieder in die EE und kehrten zu einem zivilen Leben zurück. Die EE wurde zum Referenzpunkt für die nichtmilitanten Linksnationalisten. Die HB wurde 1978 als politischer Arm der militärisch-terroristischen Organisation ETA-*militar* (ETA-m) gegründet und blieb die radikalste Partei im Baskenland.

Beide Parteien stimmen in den zentralen politischen Inhalten überein: Sie hatten zur Enthaltung bei dem Verfassungsreferendum 1978 aufgerufen und lehnten die Verfassung ab. Sie verlangten die Amnestie aller politischen Gefangenen und den Abzug der spanischen Polizei aus dem Baskenland. Insbesondere streben sie nach Unabhängigkeit vom spanischen Mutterland. Die beiden Parteien unterscheiden sich allerdings in dem Gewicht, das die Unabhängigkeit für sie einnimmt: Die EE vertritt einen gemäßigten Nationalismus und lehnt Gewalt ab. Für die HB sind die essenziellen und gleichsam exklusiven Bezugspunkte die Ablehnung der spanischen Verfassung und die Abtrennung des Baskenlandes unter Anschluss von Navarra. Um dies zu erreichen, nutzt sie jedes Mittel und unterstützt daher militante Aktionen der ETA-m. Die HB wurde zwar regelmäßig sowohl ins Nationalparlament als auch ins baskische Regionalparlament gewählt, nahm diese Mandate aber nie wahr, da die Partei die Mitarbeit in den staatlichen Institutionen ablehnte.

Nach jahrzehntelangem ETA-Terror und den vergeblichen Bemühungen einer Beilegung des Konflikts einigten sich die beiden großen spanischen Parteien PSOE und PP sowie die regionalen Parteien Kataloniens, der Kanaren und Aragóns (CiU, CC, PA) darauf, den baskischen Terrorismus durch ein Parteiengesetz zu bekämpfen, mit dem das Verbot von Parteien möglich wurde, die „in wiederholter und schwerwiegender Form den demokratischen und freiheitlichen Staat angreifen, Rassismus und Fremdenfeindlichkeit rechtfertigen oder die Gewalt und Aktivitäten von terroristischen Gruppen unterstützen."[44] Tatsächlich richtete sich das Gesetz zuvorderst gegen die HB bzw. die EH sowie gegen Partei(neu)gründungen, die den ETA-Terrorismus unterstützten bzw. mit ihm – auch personell – in Verbindung

42 Vgl. Vorschlag eines Politischen Status für das Baskenland, abrufbar unter: http://www.nuevoestatutodeeuskadi. net/docs/estatutovasco_cas.pdf [Stand: 22. Januar 2009].

43 Vgl. dazu Fernando Reinares: Democratización y terrorismo en el caso español, in: José Felix Tezanos/ Ramón Cotarelo/Andrés de Blas (FN 8), S. 611–645.

44 Ley orgánica Nr. 6/2002 vom 27. Juni 2002, de partidos políticos; dort: Exposición de Motivos (FN 3).

standen. Das erste Parteiverbotsverfahren richtete sich gegen die HB. Als mit neuem Namen etikettierte Nachfolgevereinigungen auftauchten, wurden diese schnell Gegenstand neuer Verbotsverfahren (Tabelle 4).[45] Ihre Wahlerfolge verdanken die Parteineugründungen einem festen Kern von sympathisierenden Wählern (gut zehn Prozent). Auch die Zahl der Mitglieder bzw. Unterstützer dürfte kaum zurückgehen.

Tabelle 4 Verbotene Parteien nach dem neuen Parteiengesetz vom Juni 2002

Verbotene Parteien	**Datum des Verbots**
Herri Batasuna/Euskal Herritarok/Batasuna	28. März 2003
Acción Nacionalista Vasca (ANV)	16. September 2008
Partido Comunista de las Tierras Vascas (PCTV)	18. September 2008
Annullierte Kandidaturen/Ablehnung der Registrierung	
Herritaren Zerrenda (HZ)	Mai 2004
Aukera Guztiak (AG)	März 2005
Abertzale Sozialistak (AS)	Mai 2007
Abertzale Sozialisten Batasuna (ASB)	März 2008
Quelle: Eigene Zusammenstellung.	

4 Nichtparteiförmiger Extremismus

Ein wichtiger Bezugspunkt nicht nur für falangistische Parteien, sondern auch für nicht organisierte „Ewiggestrige" bleiben weiterhin die Gründungs- oder Leitfiguren der Vergangenheit – *José Primo de Rivera* oder *Francisco Franco* – , deren beider Todestag auf den 20. November fällt und daher ein Kristallisationspunkt im rechtsextremen Bereich ist. An diesem Tag pilgern tausende *Franco*-Anhänger zum monumentalen Grabmal des Valle de los Caídos. Während und nach der Transition bestand ein breiter Konsens, keine gezielte Aufarbeitung der franquistischen und der Bürgerkriegsvergangenheit zu betreiben. Die sozialistische Regierung unter *Felipe González* (1982–1996) wollte dieses Thema nicht anrühren, da das Aufreißen der alten Wunden die Polarisierung der Gesellschaft fördern könne. Diese Politik wurde unter *José María Aznar* weitergeführt. Erst die Regierung *Zapatero* setzte 2004 einen Anfangspunkt, die u. a. den unhaltbaren Zustand beendete, dass Straßen oder Plätze weiterhin die Namen franquistischer Protagonisten tragen oder von ihnen gebaute Denkmäler in vielen Stadtbildern dominieren. Trotz der jährlich wiederkehrenden Auftritte von *Falange*-Anhängern ist das Hochhalten franquistischer Ideengebäude stark rückläufig.

45 Ein Problem der Verbotsverfahren ist inzwischen, dass die baskischen Separatisten, vormals HB, sich zunehmend an die Gesetzgebung anpassen und ihre Programme insofern verfeinern, dass sie der Gewalt entsagen und angeben, exklusiv politische Wege einschlagen zu wollen oder sogar die demokratischen Prinzipien anerkennen.

Die „modernere" Version rechtsextremer Aktivisten stellen neonationalsozialistische Gruppen dar, deren Mitgliederzahl von der Polizei auf etwa 10.000 geschätzt wird.[46] In diesen Gruppen versammeln sich Skinheads, die sich zum Fußball, zu Rockkonzerten und ähnlichen Ereignissen treffen. In Großstädten wie Madrid haben sie ihre festen Aufenthaltsorte (bestimmte U-Bahn-Stationen). Aggressive Übergriffe sind meist ausländerfeindlich und richten sich größtenteils gegen Immigranten.

Der linksnationalistische Separatismus im Baskenland manifestiert sich jenseits der beschriebenen politischen Parteien – HB, EH, *Batasuna*, PCTV, ANV – maßgeblich in der Terrororganisation ETA. Die ETA ist ein vielschichtiges Phänomen, dessen Entstehung im historischen Kontext der *Franco*-Diktatur und der Unterdrückung der ethnischen Minderheiten in Spanien gesehen werden muss.[47] Zu den Aktionsformen der ETA zählen Propaganda, Sachzerstörung, Menschengefährdung und Morde. 1968 begann der selektive Terror gegen Vertreter des *Franco*-Regimes. In dessen Endphase verfestigte sich der systematische Terror, der im demokratischen Spanien als etabliertes Terrorsystem weiterexistierte.[48] Gerade aber weil sich die Bedingungen für die baskische Gesellschaft sowohl kulturell (Ausübung ihrer Kultur, Sprache) als auch politisch (weitgehende Autonomierechte) signifikant änderten, waren der breiten baskischen Protestbewegung die Grundlagen entzogen worden.[49] Die Übergänge zwischen Befreiungs- und Unterdrückungsterror, so *Peter Waldmann*, haben sich in der Praxis als fließend erwiesen.[50] Der Protest gegen Unterdrückung und der Widerstand gegen die *Franco*-Diktatur verbanden sich von Anfang an mit sozial-revolutionären Motiven und dem Ziel einer sozialistischen Gesellschaftsordnung. Die ETA lehnt die spanische Verfassung sowie die demokratischen Institutionen ab. Sie strebt die Loslösung von Spanien und die völlige Unabhängigkeit des Baskenlandes in seiner historischen Dimension an.

Die breite stillschweigende oder offene Unterstützung der ETA in der baskischen Bevölkerung während der *Franco*-Zeit macht seit den 1980er Jahren zunehmender Distanzierung Platz. Die Ablehnung der ETA hat sich von 1981 bis 2008 verdreifacht (auf 61 gegenüber 23 Prozent).[51] Während die ETA-Aktivisten 1978 von 35 Prozent der Basken für Idealisten gehalten wurden, gelten sie heute bei den meisten Basken als „Verrückte" und „Terroristen".[52] In der baskischen Bevölkerung liegt die Zahl der Befürworter einer Unabhängigkeit stabil bei 30 Prozent; als Nationalisten bezeichneten sich 2008 39 Prozent, das ist der niedrigste Wert seit 20 Jahren. Die Zufriedenheit mit dem derzeitigen Status war 2008 ebenfalls so hoch wie nie zuvor. Drei Viertel der baskischen Bevölkerung stehen hinter der momentanen Autonomieregelung.[53]

Längst durchdringt die ETA die baskische Gesellschaft. Die hat über Jahrzehnte nicht nur ein militärisches, sondern auch ein politisches und gesellschaftliches Netzwerk aufge-

46 Vgl. Duva Jesús: La policia calcula que en España hay casi 10.000 ‚ultras' y neonazis, in: El País vom 18. November 2008.
47 Vgl. die einschlägige Darstellung von Peter Waldmann: Militanter Nationalismus im Baskenland, Frankfurt a. M. 1990, hier besonders S. 61–63.
48 Vgl. ebd., S. 122.
49 Vgl. ebd., S. 89.
50 Vgl. ebd., S. 135.
51 Vgl. Euskobarómetro. Series Temporales, November 2008, Grafik 20, abrufbar unter: http://www.ehu.es/p200-home/eu [Stand: 12. April 2009].
52 Vgl. ebd., Grafik 21.
53 Vgl. ebd., Grafiken 17 und 21.

baut.[54] Neben dem erheblichen Einfluss, den die ETA auf ihre politischen Partner HB bzw. EH ausübt und den personellen Verquickungen, gibt es ein breites radikal-nationalistisches Lager, das in Gruppen und Verbänden organisiert ist und der ETA nahesteht.[55] Des Weiteren hat die ETA mafiöse Strukturen aufgebaut, was darauf hindeutet, dass sich aus der Terrororganisation „ein weit verzweigtes Unternehmen mit ökonomischen und finanziellen Interessen krimineller Art entwickelt hat".[56] Zu diesem System gehören Schutzgelderpressungen, Einschüchterungen, Drohungen und massiver Druck auf Nicht-ETA-Sympathisanten. Tatsächlich herrschen im Baskenland in breiten Teilen der Gesellschaft Angst, Misstrauen und ein zunehmender Vertrauensverlust in die Problemlösungsfähigkeit der politischen Institutionen. Die ETA ist seit 1968 für über 850 Morde verantwortlich, davon fast die Hälfte an Zivilisten.[57] 2008 und 2009 gelangen der französischen Polizei Festnahmen von Führungspersonen, die auf eine bessere Kooperation zwischen Spanien und Frankreich zurückzuführen sind. Die ETA-Spitze wurde in den letzten Jahren zunehmend ausgedünnt. Insgesamt gibt es Anzeichen für eine gewisse Schwächung der ETA, was allerdings weder die Ausführung von Morden verhindert noch deutliche Hinweise auf eine Waffenruhe oder sogar auf ein Ende des Terrors erkennen lässt.

5 Ergebnis

Die Zahlen zeigen, dass weder der Rechts- noch der Linksextremismus ein Gefährdungspotenzial für die spanische Demokratie darstellen. Harte links- und rechtsextreme Parteien erzielten seit den ersten Wahlen 1977 Stimmenanteile im Nationalparlament, die als marginal zu bewerten sind. Links der Sozialisten stellt die *Kommunistische Partei*, später *Vereinte Linke*, die wichtigste, streckenweise drittstärkste, Kraft dar. Seit 2000 ist ihr Wähleranteil jedoch erheblich gesunken. Auf die Schwierigkeiten bei der Einordnung der *Vereinten Linken* wurde bereits hingewiesen; sie lässt sich maximal als weiche linksextreme Partei einordnen. Sie hält an dem Ziel der Überwindung der kapitalistischen Wirtschaftsordnung und der Übertragung der Produktionsmittel fest. Ein Teil der Partei strebt weiterhin eine republikanische Herrschaftsform an. Die baskische *Vereinte Linke* agiert derweil deutlich radikaler; sie unterstützte den Plan von *Ibarretxe* und somit die Abtrennung vom Mutterland.

Anders fällt das Urteil in Bezug auf den separatistischen Nationalismus und sein Gefährdungspotenzial für die spanische Demokratie aus. Bei dem separatistischen, linksextremen Nationalismus des Baskenlandes handelt es sich eindeutig um harten Extremismus. Zugleich ist er eines der zentralen Probleme für die spanische Gesellschaft und das Land insgesamt. Verschiedene Lösungsansätze – sei es Gegengewalt, seien es Dialogversuche – haben (bislang) keine befriedigenden Ergebnisse gezeitigt. Das Parteiengesetz von 2002 stellt einen neuen Versuch dar, auf dem Wege des Parteienverbots den politischen Arm der ETA auszutrocknen.

54 Vgl. ebd., S. 14.

55 Siehe dazu José Manuel Mata: The weakness of democracy in the Basque Country, in: Sebastian Balfour (Hrsg.): The Politics of Contemporary Spain, Milton Park 2005, S. 81–106.

56 Michael Däumer/Sebastian Grundberger/Karolina Jenninger: Spanien und sein Trauma: 40 Jahre ETA-Terror und die Ohnmacht der Politik, in: KAS-Auslandsinformationen Nr. 6/2008, S. 75–97, hier S. 88.

57 Vgl. die Aufschlüsselung in Dieter Nohlen/Andreas Hildenbrand (FN 6), S. 34.

Dieser Ansatz erscheint folgerichtig, denn damit wurde ein Instrumentarium – nicht nur mit Blick auf den baskischen Terrorismus – ins Leben gerufen, um verfassungsfeindlichen und antidemokratischen Parteien begegnen zu können. Da die ETA zudem an der Doppelstrategie von gewaltsamem Kampf und politischer Aktion festhält, bleibt für sie die Repräsentanz durch eine politische Partei zentral. Zugleich zeigte sich zweierlei:

Zum einen hat sich die politische Führungsgruppe der ehemaligen *Herri Batasuna* der staatlichen Strategie angepasst, indem sie unter neuen Namen immer wieder auftauchte und versuchte, neue Parteien registrieren zu lassen. Während die Parteiprogramme der Nachfolgeparteien der HB anfangs noch die gleiche Einstellung zu Gewalt und Demokratie vermittelten und deswegen vom Innenministerium nicht als Partei zugelassen wurden, sind sie inzwischen dazu übergegangen, die Parteiprogramme verfassungstreu zu formulieren und so der Nichtregistrierung zuvorzukommen. Das wiederum führte dazu, dass sich die Parteiverbotsverfahren in den letzten Jahren häuften. Eine Inflation an Prozessen herbeizuführen, gilt als eine neue Taktik der ETA.

Die Verbote der ETA-nahen Parteien werden von einigen demokratisch-baskischen Parteien, respektive den Regierungsparteien PNV, EA und den *Baskischen Kommunisten* (EB) abgelehnt. Hier zeichnet sich eine Tendenz ab, die auf den neuen Präsidenten des Baskenlandes *Ibarretxe* zurückgeht. In deren Mittelpunkt steht die zunehmende Konfrontation zwischen den nationalistischen nichtextremistischen Kräften und der Zentralregierung bzw. den gesamtspanischen Parteien. Die fehlende Distanzierung der baskischen Regierung von den ETA-nahen Parteien vermittelt zudem den gefährlichen Eindruck eines Zusammenrückens der nationalistischen Kräfte. Das neue Instrumentarium des Parteienverbots stellt ein wichtiges Mittel in der Bekämpfung der ETA dar. Bei den Wahlen im März 2009 konnten infolgedessen keine ETA-nahen Parteien ins baskische Nationalparlament einziehen. Zudem stellt erstmals seit 1980 nicht der PNV die Regierung, denn für einen Zusammenschluss mit den anderen nationalistischen Parteien reichten die Mandate nicht. Das Wahlergebnis, das erstmals eine nichtnationalistische Regierung im Baskenland ermöglicht, nämlich eine Große Koalition von Sozialisten und Konservativen – auch dies für Spanien ein historisches Ereignis – kommt einem Erdbeben gleich. Was dies für die weitere Entwicklung des Separatismus und des ETA-Terrorismus bedeutet, muss abgewartet werden.[58]

Keine andere Form des politischen Extremismus – seien es die marginalen rechts- und linksextremistischen Anti-System-Parteien und Gruppierungen – bedroht die Demokratie Spaniens in vergleichbarer Weise wie der linksnationalistische Separatismus und der Terrorismus im Baskenland. Die Polarisierung in der baskischen Gesellschaft wie auch zwischen Baskenland und Zentralregierung deutet darauf hin, dass ein Ende des ETA-Terrors die sozialen und politischen Spannungen und Spaltungen nicht automatisch lösen wird. Dem Ende des ETA-Terrors müssten eine umfassende soziale Befriedung, eine Zivilisierung der gewaltbereiten und gewaltstützenden Segmente und eine neue politische Konsensbildung folgen. Die Aussicht auf ein solches Szenario hat sich trotz der offensichtlichen Schwächung der ETA-Führungsstruktur in den letzten Jahren nicht verbessert. Es ist daher nicht übertrieben, die Frage des Umgangs, aber auch der Implikationen mit dem separatistischen Nationalismus und Terrorismus weiterhin als Zerreißprobe für Spaniens Demokratie anzusehen.

---

58 Dieses Manuskript wurde kurz nach den Wahlen abgeschlossen.

Extremismus in Tschechien

Lukáš Novotný

1 Rahmenbedingungen

Die Erfolge der *Kommunistischen Partei von Böhmen und Mähren* (KSČM) und ihre Position als drittstärkste politische Kraft zeigen deutlich, welche Schwierigkeiten es in der Tschechischen Republik mit der Vergangenheitsbewältigung gibt.[1] Die Existenz der orthodox-kommunistischen Partei und ihre Stärke im Abgeordnetenhaus blockieren die Bildung von stabilen Regierungen, so dass die Schaffung stabiler Koalitionsmehrheiten aus programmatisch ähnlichen Parteien nur selten möglich war. Zwar wollte eine Minderheit innerhalb der Sozialdemokraten (ČSSD) zweimal nach den Wahlen von 1998 und 2002 mit den Kommunisten koalieren, doch ein offizieller Parteibeschluss verbot es ihnen. Die Kommunisten profitieren bisher als dauerhaft einzige Oppositionspartei von der Unzufriedenheit der Bürger mit ihrer sozialen Situation sowie von ihrer steigenden Skepsis gegenüber der Politik und den öffentlichen Organen. In der tschechischen Bevölkerung wächst das, was während des kommunistischen Regimes (zumindest in den 1970er und 1980er Jahren) bereits anwesend war: ein Misstrauen gegenüber den politischen Eliten.[2] Das bietet Raum für politischen Extremismus. Wer die Entwicklung und die Besonderheiten im tschechischen Extremismus seit 1989, die Organisation, Ideologie und Strategie der extremistischen Parteien sowie den Einfluss nichtparteiförmiger extremistischer Organisationen behandelt, muss dies berücksichtigen.

In Tschechien können politische Parteien frei als juristische Personen des Privatrechts gegründet werden. In Artikel 5 der Verfassung steht, dass das politische System des Landes auf dem freien Wettbewerb politischer Parteien beruht. Parteien sind nach dem Parteiengesetz zugelassen, wenn sie die grundlegenden demokratischen Prinzipien respektieren und Gewalt als Mittel zur Durchsetzung ihrer Interessen ablehnen. Welche Parteien aus dem parteilichen Wettbewerb ausgeschlossen sind, konkretisiert das Gesetz 424/1991 über politische Parteien und Bewegungen. Unzulässig sind demnach solche Parteien, welche die Rechtsordnung der Tschechischen Republik nicht respektieren, die Beseitigung der demokratischen Verfassungsordnung anstreben, über keine demokratische Satzung verfügen, ihre Parteiorgane nicht demokratisch bilden und die Gleichberechtigung der Bürger untergraben.[3] Das Gesetz verbietet weiterhin die Tätigkeit derjenigen politischen Gruppierungen, deren Programmatik

1 Vgl. dazu Ústavní soud [Das Verfassungsgericht] (Hrsg.): Vyrovnávání se s komunistickou minulostí ve státech střední Evropy [Die Auseiandersetzung mit der kommunistischen Vergangenheit in den Staaten Mitteleuropas], Brünn 2003.

2 Vgl. Peter Hardi: Vom Komunismus zur Demokratie – Der schwierige Umgang in Mittel- und Osteuropa, in: Werner Weidenfeld (Hrsg.): Demokratie am Wendepunkt. Die demokratische Frage als Projekt des 21. Jahrhunderts, Berlin 1996, S. 347–369.

3 Vgl. Vojtěch Šimíček: Extremistické politické strany z pohledu práva [Extremistische politische Parteien aus Sicht des Rechts], in: Petr Fiala (Hrsg.): Politický extremismus a radikalismus v České republice [Der politische Extremismus und Radikalismus in der Tschechischen Republik], Brünn 1998, S. 105–116.

oder deren praktische Arbeit die öffentliche Meinung, Moral oder die Rechte und Freiheiten anderer gefährden. Wenn die entsprechenden Ausschüsse des tschechischen Innenministeriums, die Polizei oder andere Staatsinstitutionen feststellen, dass auf eine Partei eines oder gleich mehrere dieser Kriterien zutreffen, kann das Ministerium ihre amtliche Registrierung ablehnen. Die Tätigkeit einer Partei wird unterbunden, wenn diese in gravierender Weise die Regeln des demokratischen Wettbewerbs verletzt. Über die Auflösung einer Partei oder die Einstellung ihrer Tätigkeit entscheidet das Oberste Gericht in Brünn. Seit 1992 wurden neun kleinere extremistische Parteien und vier Vereinigungen aufgelöst.[4] Meistens handelte es sich um orthodoxe kommunistische Gruppierungen, die die demokratischen Prinzipien beseitigen wollten.

Nach dem Parteiengesetz können politische Parteien erst vom Innenministerium registriert werden, wenn der Antrag auf die Registrierung von wenigstens drei Personen vorliegt. Diesem Antrag ist eine Liste mit Unterschriften von mindestens 1000 Bürgern sowie die Satzung beizufügen. Im Juli 2008 registrierte das tschechische Innenministerium 63 politische Parteien. Nur etwa die Hälfte von ihnen ist tatsächlich aktiv. An den letzten Wahlen zum Abgeordnetenhaus im Jahr 2006 nahmen 26 Parteien und Wahlkoalitionen teil. Zur Wahl stellten sich zwei extremistische Parteien, die *Kommunistische Partei von Böhmen und Mähren* (KSČM – 12,8 Prozent) und die *Nationale Partei* (NS). Diese erzielte gerade 0,2 Prozent. Andere extremistische Parteien beteiligten sich nicht.

Das tschechische Parlament besteht aus zwei Kammern, einem Abgeordnetenhaus mit 200 Abgeordneten und einem Senat mit 81 Mitgliedern. Im Abgeordnetenhaus sind von den extremistischen Parteien nur die Kommunisten vertreten. Sie verfügen dort über 26 Sitze. Ihre Kandidaten können sich in den Wahlen deshalb durchsetzen, weil die Sitze entsprechend dem Verhältniswahlrecht zugeteilt werden. Andere extremistische Parteien verfehlten 2006 die Fünf-Prozent-Hürde und zogen nicht ins Abgeordnetenhaus ein. In der zweiten Kammer des Parlaments, die in Übereinstimmung mit ihrer Rolle in der ersten tschechoslowakischen Republik 1996 als regionale Vertretung wieder hergestellt wurde, ist von den extremistischen Parteien ebenfalls nur die *Kommunistische Partei* vertreten. Von den 81 Senatoren gehören drei der Partei an. Grund für den Misserfolg der Kommunisten sowie kleinerer Parteien ist das bei Senatswahlen angewendete Mehrheitswahlrecht. In jedem Wahlkreis konkurrieren die Kandidaten der Parteien. Gewonnen hat, wer in der ersten Runde über 50 Prozent der Stimmen erhält. Erreicht niemand diese Stimmenzahl, genügt im zweiten Wahlgang, an dem nur die beiden erfolgreichsten Kandidaten aus dem ersten Wahlgang teilnehmen, die einfache Mehrheit.[5] Die Kandidaten der KSČM haben es als dritte Kraft im tschechischen Parteiensystem meist schwer, die zweite Wahlrunde überhaupt zu erreichen.

Im tschechischen Innenministerium befasst sich der Ausschuss für Sicherheitspolitik mit dem politischen Extremismus und Terrorismus. Das Ministerium gibt jedes Jahr einen Bericht heraus, der die neuesten Entwicklungen im Rechts- und Linksextremismus analysiert. Das Ministerium definiert politischen Extremismus als „illegale Tätigkeit mit ideologischem Hintergrund", der gegen die in der Verfassung definierten grundlegenden demokratischen

4 Vgl. Karel Vodička: Das politische System Tschechiens, in: Wolfgang Ismayr (Hrsg.): Die politischen Systeme Osteuropas, 2. Auflage, Opladen 2004, S. 247–284, hier S. 262.

5 Vgl. ebd., S. 261.

Prinzipien gerichtet ist.[6] 2002 wurde zudem der religiöse Fundamentalismus in den Bericht aufgenommen. Mit dem parteipolitischen Extremismus befasst sich vorwiegend der *Sicherheits- und Informationsdienst Tschechiens* (BIS); der nichtparteiliche Extremismus fällt in die Kompetenz der Polizei.

Ähnlich wie in den meisten Ländern des ehemaligen kommunistischen Lagers profitieren die extremistischen Parteien noch immer von der Unterstützung vieler objektiver und subjektiver Transformationsverlierer („modernization losers“[7]). Insbesondere die KSČM thematisiert die Sozialfrage, so dass viele Transformationsverlierer in der Partei eine starke Befürworterin ihrer Interessen sehen. Bei diesen sozial frustrierten Menschen tauchen Gefühle auf, „deren gemeinsamer Nenner die Überzeugung über den Zerfall der anerkannten Normen des Handelns sowie der zwischenmenschlichen Beziehungen ist, und daraus ergibt sich ein wachsendes Gefühl der Entwurzelung und Hoffnungslosigkeit“[8]. Einer Studie der Weltbank von 2007 zufolge behauptet fast die Hälfte der Tschechen und Slowaken (42 Prozent), dass es ihnen im Kommunismus besser ging als jetzt. Nur 20 Prozent der tschechischen Rentner sind der Meinung, die heutige sozialpolitische Situation sei besser als während des Kommunismus.[9]

Ähnlich wie *Die Linke* in Deutschland wandelt sich die tschechische *Kommunistische Partei* langsam in eine „catch-all-party“.[10] Die rechtsextremistischen Parteien propagieren dagegen immer wieder die Politik der „nationalen Interessen“ und Fremdenfeindlichkeit. Beide extremistischen Lager finden ihre Wähler in den Unzufriedenen. Es ist ein postkommunistisches Syndrom, dass der Glaube in die Funktionsfähigkeit der demokratisch-staatlichen Institutionen fehlt. Im September 2008 vertrauten nur 30 Prozent der Tschechen ihrer Regierung; die beiden Kammern des Parlaments, das Abgeordnetenhaus und der Senat erfreuen sich noch geringerer Zustimmung (24 und 26 Prozent).[11] 71 Prozent der Bürger haben kein Vertrauen in die politischen Parteien.[12] Die Politik entfernt sich somit weitgehend von den Menschen. Eine Reaktion seitens der Bevölkerung darauf ist die Unterstützung der extremistischen Parteien, die durch die Propagierung der direkten Demokratie sowie durch die insgesamt stärkere Einbindung der Bürger in das politische Leben Wählerstimmen bekommen. Das gelingt momentan nur der KSČM, doch in absehbarer Zeit ist auch der Aufstieg einer rechtsextremistischen Partei möglich, wenn das Vertrauen der Bürger in die Politik weiterhin abnimmt.

---

6 Vgl. Štefan Danics: Extremismus: hrozba demokracie [Der Extremismus: Die Bedrohung der Demokratie], Prag 2002, S. 62.

7 Michael Minkenberg: The Renewal of the Radical Right: Between Modernity and Anti-Modernity, in: Government and Opposition 35(2000)2, S. 70–188.

8 Petr Matějů: Nelze spoléhat na voliče [Man kann sich nicht auf die Wähler verlassen], in: Lidové noviny vom 17. Februar 1997, S. 8.

9 Vgl. Umfrage des tschechischen Radiosenders Rádio Impuls: Komunismus? Polovina lidí na něj vzpomíná v dobrém, abrufbar unter: http://www.impuls.cz/komunismus-polovina-lidi-na-nej-vzpomina-v-dobrem/article.html?id=215895 [Stand: 2. März 2009].

10 Vgl. Dan Hough/Vladimír Handl: The post-communist left and the European Union. The Czech Communist Party of Bohemia and Moravia (KSČM) and the German Party of Democratic Socialism, in: Communist and Post-Communist Studies 37(2004)3, S. 319–339.

11 Vgl. Daniel Kunštát: Důvěra k ústavním institucím a spokojenost s politickou situací v září 2008 [Vertrauen gegenüber Verfassungsinstitutionen und Zufriedenheit mit der politischen Situation im September 2008]. Presseinformation des CVVM, abrufbar unter: http://www.cvvm.cas.cz/upl/zpravy/100821s_pi80919.pdf [Stand: 28. Januar 2009].

12 Vgl. ebd.

2 Wahlentwicklung

Mit der Novemberrevolution 1989 begann sich in Tschechien ein unabhängiges Parteiensystem zu entwickeln. Auch wenn die Parlamentswahlen – oder besser gesagt die Wahlen zum Tschechischen Nationalrat – vom Frühjahr 1990 den Charakter eines Plebiszits gegen den Kommunismus trugen, konnten die Kommunisten dennoch mit 13 Prozent einen gewissen Erfolg feiern. „Die kurze Periode des negativen Konsenses gegen den Kommunismus ging in dem Augenblick zu Ende, in dem anstelle der Abschaffung des kommunistischen Machtsystems der Anteil an der Macht sowie die Durchsetzung einiger Vorstellungen über Demokratie und Marktwirtschaft zum Hauptziel der Politik wurden."[13] In der ersten Legislaturperiode zwischen 1990 und 1992 zerfiel die *Kommunistische Partei der Tschechoslowakei* (KSČ) in die *Kommunistische Partei von Böhmen und Mähren* und die *Partei der Demokratischen Linken* (SDL) im slowakischen Landesteil. Diese kandidierte im tschechischen Landesteil zwei Jahre später gemeinsam mit zwei anderen kommunistischen Parteien in der Koalition *Der Linke Block* und erhielt etwa dieselbe Unterstützung (14 Prozent).[14] In der KSČM entstanden mehrere Gruppierungen, die forderten, dass sich die Partei für Reformen öffnen oder zumindest auf den Begriff „kommunistisch" verzichten solle. In einer innenparteilichen Abstimmung gewannen die Hardliner, die reformistischen Politiker wurden zum Schweigen gezwungen, die KSČM blieb eine unreformierte orthodox-kommunistische Partei.[15]

Seit 1989 ist die KSČ/KSČM immer im Parlament vertreten gewesen. Das beste Ergebnis erzielten die Kommunisten bei den Wahlen 2002 mit 18,5 Prozent. Die Prognosen darüber, dass die Kommunisten „aussterben" oder dass sie auf Grund ihrer schrumpfenden Mitgliederbasis (von 1,7 Millionen im Januar 1989 auf knapp 100.000 im Jahr 2005) ihr Stimmenpotenzial verlieren, bestätigen sich bislang nicht. Bei den Wahlen im Jahr 2006 – unter dem neuen Vorsitzenden *Vojtěch Filip* – gewannen sie 12,8 Prozent der Stimmen und festigten somit ihre Position als drittstärkste Partei im Land.[16] Die KSČM ist die einzige linksextremistische Partei Tschechiens, die parlamentarisch vertreten ist. Da sie ununterbrochen im Parlament saß und meist eine konstruktive Opposition darstellte, lehnen einige Politikwissenschaftler die Bezeichnung der Partei als extremistisch ab.[17] Tatsächlich agieren ihre Repräsentanten im politischen Prozess kaum verfassungsfeindlich. Formal bleiben Teile der Ideologie und der Programmatik dennoch problematisch, da sie ausdrücklich gegen die demokratische Ordnung gerichtet sind.

---

13 Karel Vodička (FN 4), S. 262 f.

14 Vgl. Petr Fiala/Miroslav Mareš: KSČM a koalice Levý blok. Formování české levice a otázka transformace komunistické strany [Die KSČM und die Koalition Der Linke Block. Die Formierung der tschechischen Linken und die Frage der Transformation der Kommunistischen Partei], in: Politologický časopis 4(1999)2, S. 183–206.

15 Vgl. Lukáš Novotný: Länderporträt: Tschechien, in: Uwe Backes/Eckhard Jesse (Hrsg.): Jahrbuch Extremismus & Demokratie, Band 16, Baden-Baden 2004, S. 204–219, hier S. 208.

16 Vgl. Karel Vodička: Konsolidierung und Parlamentswahlen in Tschechien 2006, in: Totalitarismus und Demokratie 4(2007)1, S. 75–102.

17 Vgl. Vladimír Handl: „Evropeizace" KSČM mezi „Ortodoxií a „eurokominismem" [„Europäisierung" der KSČM zwischen „Orthodoxie" und „Eurokommunismus"], Policy Paper, Prag 2004, abrufbar unter: http://www.iir.cz/upload/PolicyPapers/2004/vhandl2004.pdf [Stand: 17. Juni 2009].

Zu den Ursachen der Erfolge der *Kommunistischen Partei* gehören ökonomische und soziale Faktoren. Generell gilt, dass sie vor allem in Zeiten der Wirtschaftsstagnation punktet. In der letzten Zeit gehören außenpolitische Probleme des Landes zur politischen Agenda der Partei. Wegen der Ablehnung finanzieller Unterstützung für Afghanistan und der Entsendung militärischer Truppen in verschiedene Auslandseinsätze mobilisiert sie Wähler. Zustimmung erhielt die KSČM auch für ihre kompromisslose Kritik an dem geplanten Projekt einer amerikanischen Radaranlage in Tschechien.

Die traditionelle Wählerschaft der KSČM ist stark überaltert. Keine Partei Tschechiens kann mehr Sympathisanten in der Altersgruppe über 65 aufweisen als die Kommunisten. Untersuchungen aus den 1990er Jahren zufolge rekrutieren sich bis zu 90 Prozent der kommunistischen Wähler aus Bevölkerungsschichten mit niedrigem Einkommen; 40 Prozent leben in Kleinstädten.[18] Die Wahlanalysen zeigen, dass die Unterstützung der Kommunisten mit wachsender Wahlbeteiligung steigt.[19] Das ist überraschend, denn bisher galt, dass die KSČM bei einer hohen Wahlbeteiligung eher Stimmen verloren als gewonnen hat. Den Kommunisten gelingt es offensichtlich, neue Wählergruppen anzusprechen, vor allem Protestwähler.

Die KSČM zählt zu den erfolgreichsten kommunistischen Parteien in Europa. Dass sie sich (noch) nicht ausreichend von ihrer Vergangenheit distanziert hat, stellt ein ernsthaftes Problem für die demokratische Entwicklung der Tschechischen Republik dar. Zudem gelingt es den Kommunisten immer wieder, die eigene Geschichte zu relativieren. Im Februar 2008 bekannte sich der KSČM-Parteivorstand wiederholt zum revolutionären Umbruch von 1948. Dieser sei für die Partei die Grundlage zur Entstehung der historisch ersten Form des Sozialismus in der Tschechoslowakei gewesen. Damit verstößt die KSČM gegen die tschechische Verfassung. Hierin heißt es: „Am politischen Leben können nur diejenigen Parteien und Bewegungen teilnehmen, die Gewalt als Mittel zur Erreichung ihrer Ziele ablehnen.“[20]

Während die KSČM heute einen starken sozialpopulistischen Kurs betreibt, führt die enge Verzahnung der rechtsextremistischen Parteien mit der militant-rechtsextremistischen Szene vor allem auf der lokalen Ebene zu gewalttätigen Konflikten. Die KSČM kann somit als weiche Form des Extremismus bezeichnet werden; der gesamte Rechtsextremismus Tschechiens stellt dagegen eine harte Variante dar.

Der Fall des Kommunismus im Jahre 1989 brachte zwei Entwicklungen mit sich, die in den 1990er Jahren zum Aufstieg des Rechtsextremismus beitrugen. Erstens war es die massive Ablehnung des Kommunismus, die sich bei den rechtsextremistischen Vereinigungen in einer aggressiven Form des Antikommunismus manifestierte. Zweitens führten die sozialen Veränderungen und die damit verbundenen Ängste in der Bevölkerung zu einem verstärkten Interesse an diesen Parteien. In der tschechischen Mainstream-Rock-Szene kam es außerdem zum Aufstieg der Band *Orlík*, die mit ihren chauvinistisch-tschechischen und

18 Vgl. Petr Fiala: Komunismus v České republice [Der Komunismus in der Tschechischen Republik], Brünn 1999, S. 189; Petr Machonin: Strategie sociální transformace české společnosti [Die Strategie der sozialen Transformation der tschechischen Gesellschaft], Brünn 1996, S. 124.

19 Vgl. Lukáš Linek: Vliv volební účasti na zisky politických stran [Der Einfluss der Wahlbeteiligung auf die Gewinne der politischen Parteien], in: Tomáš Lebeda u.a. (Hrsg.): Voliči a volby 2006 [Wähler und Wahlen 2006], Prag 2007, S. 87–110, hier S. 100f.

20 Verfassung der Tschechischen Republik, Prag 1992, abrufbar unter: http://ustavacr.blogspot.com [Stand: 6. Juni 2009].

Anti-Roma-Texten nicht nur die gerade entstandene Skinheadszene, sondern auch breite Jugendgruppen ansprach.[21] Die Entwicklung des Rechtsextremismus in der Tschechischen Republik kann in drei Phasen eingeteilt werden: In der ersten Phase vom November 1989 bis Juni 1992 entstanden die rechtsextremistischen Parteien. Von Juni 1992 bis Juni 1998 lässt sich ein kontinuierlicher Aufstieg dieser Parteien feststellen. Die dritte Phase (seit 2000) ist vom Niedergang und der Marginalisierung der rechtsextremistischen Parteien gekennzeichnet.[22]

Die bisher erfolgreichste rechtsextremistische Partei in Tschechien war die *Vereinigung für die Republik – Republikanische Partei der Tschechoslowakei* (SPR-RSČ). Die im Februar 1990 von ihrem autoritären Vorsitzenden *Miroslav Sládek* gegründete Partei, profitierte von der gesellschaftlich unsicheren Atmosphäre. Die Partei scheiterte zwar 1990 – wie fast alle neu entstandenen Parteien – an der Sperrklausel, doch zwei Jahre später gelang ihr der Einzug ins Parlament. Zu diesem Zeitpunkt konnte die SPR-RSČ allerdings noch keine stabile Struktur aufweisen. Zwischen 1992 und 1996 verließ jeder zweite Abgeordnete die Partei. Die Rücktritte waren dem autoritären Stil des Parteichefs *Sládek* geschuldet. *Sládek* tolerierte keine Kritiker, zwang sie zur Konformität oder zum Verlassen der Partei.[23]

Die SPR-RSČ wollte von Anfang an die Aufmerksamkeit der breiten Öffentlichkeit auf sich ziehen. Einer der ersten Parteibeschlüsse war die Forderung, die Karpatenukraine wieder an die Tschechoslowakei anzuschließen und die tschechoslowakische Föderation in eine Bundesrepublik zu verwandeln.[24] Zwischen 1992 und 1998 waren die *Republikaner* im Abgeordnetenhaus vertreten. Ihr bestes Ergebnis erzielten sie bei den Parlamentswahlen 1996 (8,0 Prozent). Bei den vorgezogenen Wahlen 1998 scheiterte die Partei an der Fünf-Prozent-Hürde. Viele ihrer früheren Wähler wandten sich anderen Parteien zu, vornehmlich der *Sozialdemokratischen Partei* (ČSSD) und der KSČM.[25] Ein Steuerhinterziehungsskandal verschlimmerte die Parteikrise. Durch das schlechte Abschneiden bei den Parlamentswahlen 1998 wollten zudem nicht alle Repräsentanten der Partei den uneingeschränkten Machtanspruch und den aggressiven Kurs von *Miroslav Sládek* akzeptieren.[26] In den Jahren 2000 bis 2002 spaltete sich die SPR-RSČ in die *Republikaner von Miroslav Sládek* (*Republikáni Miroslava Sládka* – RMS), die *Republikaner* (REP) und die *Arbeiterpartei* (*Dělnická strana*).[27] Alle drei Einzelparteien erreichten bei den Wahlen 2002 und 2006 keine nennenswerten Ergebnisse:

---

21 Vgl. Jan Charvát: Současný politický extremismus a radikalismus v České republice [Der gegenwärtige Extremismus und Radikalismus in der Tschechischen Republik], Prag 2007, S. 145 f.

22 Vgl. Jan Maršák: Postavení extrémně pravicových stran ve stranickém systému ČR v letech 1989–2006 a jejich programová východiska [Die Stellung der Parteien der extremen Rechten im Parteiensystem der Tschechischen Republik in den Jahren 1989–2006 und ihre programmatischen Ziele], in: Politologický časopis 12(2007)2, S. 3–34, hier S. 12.

23 Vgl. Martin Kreidl/Klára Vlachová: Rise und Decline of Right-Wing Extremism in the Czech Republic in the 1990s, in: Czech Sociological Review 8(2000)1, S. 69–91, hier S. 72.

24 Vgl. Miroslav Mareš: Pravicový extremismus a radikalismus v České republice [Rechtsextremismus und Radikalismus in der Tschechischen Republik], Brünn 2003, S. 192.

25 Vgl. Martin Kreidl/Klára Vlachová: Sociální zázemí extrémní pravice v ČR. Voliči SPR-RSČ v letech 1996–1998 [Soziale Hintergründe der extremen Rechten in der Tschechischen Republik. Wähler der SPR-RSČ in den Jahren 1996–1998], in: Sociologický časopis 35(1999)3, S. 335–354.

26 Vgl. Ondřej Čakl/Radek Wollmann: Czech Republic, in: Cas Mudde (Hrsg.): Racist Extremism in Central and Eastern Europe, London u. a. 2005, S. 30–57, hier S. 32 f.

27 Vgl. Lukáš Novotný (FN 15), S. 213 f.

Tabelle 1 Ergebnisse der extremistischen Parteien bei den tschechischen Parlamentswahlen 1992–2006 (in Prozent)

Parteien bzw. Wahlbündnisse	1992[1]	1996	1998	2002	2006
KSČM	14,0	10,3	11,0	18,5	12,8
Republikaner	6,0	8,0[2]	3,9[2]	1,1[3]	---
NS	---	---	---	0,2	---
Arbeiterpartei	---	---	---	---	---

Quelle: Offizielles Statistikamt der Tschechischen Republik, unter: http://www.volby.cz [Stand: 1. Dezember 2009].

[1] Angaben für den tschechischen Landesteil bei den Parlamentswahlen in der Tschechoslowakei 1992.
[2] Als *Vereinigung für die Republik – Republikanische Partei der Tschechoslowakei* (SPR-RSČ).
[3] Getrennt als *Republikaner von Miroslav Sládek* (0,97 Prozent) und *Republikaner* (0,14 Prozent).

Seit der Niederlage der *Republikaner* bei den Wahlen 1998 scheint die tschechische Öffentlichkeit resistent gegenüber dem Rechtsextremismus. Neue und weitere Parteien aus diesem Spektrum blieben bislang marginal. Im tschechischen Rechtsextremismus sind zur Zeit zwei Hauptströmungen zu erkennen: die konservativ-nationalistischen Kräfte und die vor allem vom deutschen Nationalsozialismus inspirierten neonationalsozialistischen Parteien und Vereinigungen. Politisch stärker vertreten ist die erste Gruppe. Die wichtigste politische Kraft ist die *Nationale Partei* (*Národní strana* – NS)[28], die bei der Parlamentswahl 2006 0,2 Prozent erreichte. Dabei galt die Partei als potenzielle Nachfolgerin der skandalbehafteten *Republikaner* im tschechischen Rechtsextremismus. Bei den Wahlen proklamierte sie unter anderem die „Endlösung der Zigeunerfrage“. Laut einem Parteidokument soll Land in Indien gekauft werden, um die in Tschechien lebenden 150.000 bis 200.000 Roma umzusiedeln. Man wolle das Problem dahin verlagern, wo es entstanden sei, heißt es unter Repräsentanten der Partei.[29] Anfang 2008 gab die *Nationale Partei* bekannt, sie habe eine *Nationale Garde* gegründet, für die sich binnen einiger Monate etwa 2000 Kandidaten beworben hätten.[30] Diese unbewaffnete paramilitärische Truppe, die jedoch aus früheren Berufssoldaten und Offizieren besteht, soll nicht nur bei Parteiveranstaltungen auftreten, sondern auch bei Naturkatastrophen eingesetzt werden. Ihren ersten Einsatz hatte die *Nationale Garde* in einer Grundschule in Karlsbad, um die Schüler vor – angeblich – aggressiven Roma-Jugendlichen zu schützen. Die Gardisten patrouillierten dort mehrere Tage, was das Aufsehen der Presse erregte. Die Partei will

28 Vgl. Jan Rataj: Český nacionalismus a identita v konceptu současných krajně pravicových stran v České republice [Der tschechische Nacionalismus und die tschechische Identität im Konzept der gegenwärtigen Parteien der äußeren Rechten in der Tschechischen Republik], in: Marie Neudorflová (Hrsg.): Spory o dějiny IV [Streit um Geschichte IV], Prag 2003, S. 44–83.

29 Vgl. Lidové noviny vom 29. Juli 2008, abrufbar unter: http://www.lidovky.cz/cikany-do-indie-hlasa-studie-extremistu-f0g-/ln_domov.asp?c=A080729_203739_ln_domov_nev [Stand: 14. Juni 2009].

30 Vgl. Internatauftritt der *Nationalen Garde*, abrufbar unter: http://www.narodni-garda.cz [Stand: 14. Juni 2009].

ihre Miliz überall dort einsetzen, wo nach Meinung der NP die Rechte der tschechischen Bevölkerung verletzt werden.

3 Extremistische Parteien

3.1 Rechtsextremismus

Die *Republikaner* waren im Parlament stets isoliert.[31] Die Partei gilt und galt als nicht koalitionsfähig. In ihren Dokumenten lehnte sie selbst eine Zusammenarbeit mit anderen im Parlament vertretenen politischen Parteien ab. Sie bezeichnete diese als „politisch schmutzig" und beschuldigte sie, Kontakte zum kommunistischen Regime gepflegt zu haben.[32]

Als der Vorsitzende der SPR-RSČ *Miroslav Sládek* Mitte der 1990er Jahre seine Partei als „radikal rechte Partei" bezeichnete, hatte er völlig recht. Die *Republikaner* waren fremden- und minderheitenfeindlich und gewannen ihre Wähler vor allem aufgrund der aggressiven Rhetorik gegenüber den Roma[33] und den Deutschen. Die strafrechtliche Verantwortung für jugendliche Roma wollte die Partei schon ab dem zehnten Lebensjahr einführen.[34] Bekannt ist *Sládek* für seine romafeindlichen Äußerungen. Zigeuner seien allein dafür zu bestrafen, „dass sie geboren sind"[35]. Mitte der 1990er Jahre versprach er – angeblich – demjenigen Polizisten der nordböhmischen Stadt Jirkov einen neuen Alfa Romeo, der die meisten „Zigeuner liquidiere"[36]. Unter „liquidieren" verstand er nicht töten, sondern aus dem Land deportieren. Seine Partei konnte bei den Wahlen 1996 auch deshalb ihr bestes Ergebnis erzielen, weil er versprach, dass im Falle eines Wahlsieges der *Republikaner*, die Roma das Land verlassen müssten. Das fand vor allem bei der Bevölkerung in den Regionen Interesse, in denen die Roma eine starke Minderheit bilden. Die Roma stellen – ähnlich wie in anderen Ländern – bei den Rechtsextremisten das zentrale Feindbild dar. In manchen Regionen liegt die Arbeitslosenquote der Roma zwischen 60 und 90 Prozent. Die Mehrheit ist in den Arbeitsprozess nicht integriert und es mangelt an Kontakten zur Majorität. Daraus speist sich eine Ablehnung der Roma seitens der Mehrheitsbevölkerung.

Außenpolitisch lehnen die *Republikaner* die Aussöhnung mit Deutschland und die Mitgliedschaft Tschechiens in der NATO und der EU ab. Die antideutsche Ausrichtung lässt sich am besten an der Reaktion der *Republikaner* zur Unterzeichnung der Deutsch-tschechischen Erklärung von 1997 erkennen. Es sei schade, dass während der Vertreibung nur so wenige

31 Vgl. Radim Dostal: Komparace formování systému politických stran Česka a Polska (1989–1998) [Komparation der Formierung des Systems der politischen Parteien von Tschechien und Polen (1989–1998)], in: Politologický časopis 4(1999)3, S. 282–192.

32 Vgl. Kevin Krause: Systém politických stran v České republice, demokracie a volby roku 1996 [Das System der politischen Parteien in der Tschechischen Republik, Demokratie und Wahlen im Jahr 1996], in: Sociologický časopis 32(1996)4, S. 423–438.

33 Vgl. Josefine Wallat: Tschechische Republik, in: Werner Weidenfeld (Hrsg.): Europa-Handbuch. Band II: Die Staatenwelt Europas, Gütersloh 2004, S. 373–381, hier S. 377.

34 Vgl. Pierre Milza: Evropa v černých košilích [Europa in schwarzen Hemden], Prag 2004, S. 421.

35 Vgl. Miroslav Sládek: o. T., abrufbar unter: http://www.republikani.com/diskuze.htm [Stand: 11. Juni 2009].

36 Vgl. Kamila Karhanová: Respekt: jiná podoba mediálního diskurzu o Romech [Respekt: eine andere Art und Weise des medialen Diskurses über Roma], abrufbar unter: http://ulug.ff.cuni.cz/projekty/romove/07_RESPEKT.pdf [Stand: 18. Juni 2009].

Deutsche getötet wurden, sagte *Sládek* während der Ratifizierung im Abgeordnetenhaus.[37] Die Integration Tschechiens in die EU und NATO sei dagegen der Versuch Deutschlands, die politische und ökonomische Unabhängigkeit Tschechiens zu zerstören.

Was die Verwaltung des Staates betrifft, vertrat die SPR-RSČ eine zwiespältige Politik. Auf der einen Seite plädierte sie für Steuersenkungen und für einen schmalen Staat, auf der anderen versprach sie großzügige Ausgaben für sozial schwächere Menschen. Die *Republikaner* propagierten ein national-sozialistisches Gesellschaftsmodell, das eine Durchmischung von rechts- und linksextremen Weltanschauungen darstellt.[38]

Der heutige Misserfolg der rechtsextremistischen Parteien in Tschechien liegt in der starken Konkurrenz durch die extreme Linke, insbesondere durch die KSČM, der es besser gelingt, die sozialen Ängste aufzufangen.[39] Auch die Überschreitung der Fünf-Prozent-Hürde bei den Wahlen ins Abgeordnetenhaus scheint heute für alle rechtsextremistischen Parteien ein fernes Ziel zu sein. Die Frage, ob Rechtsextremismus in Tschechien weiter wachsen, stagnieren oder zurückgehen wird, hängt wesentlich mit der künftigen sozioökonomischen Entwicklung zusammen.[40]

Die tschechischen konservativ-nationalen rechtsextremistischen Vereinigungen sind organisatorisch zersplittert. Es kommt immer wieder zu Umbildungen, Neugründungen und Auflösungen.[41] Die doktrinäre Unterschiedlichkeit und teilweise stark persönliche Unversöhnlichkeit der einzelnen Strömungen verhindern die zweckbestimmte Integration in eine politische Partei. Dabei scheint die Bündelung der Kräfte die einzige Möglichkeit, ins Parlament zu gelangen und die frühere Position der *Republikaner* einnehmen zu können. Einige Gruppierungen versuchen zwar, an die Parteien aus der Zwischenkriegszeit anzuknüpfen, doch eine direkte Verbindung in Form von Vorgängerorganisationen mit persönlicher Kontinuität sowie die Wählerbasis fehlen bislang.

Im Wahljahr 2002 repräsentierte diese Strömung nur die *Nationale Partei*. Diese charakterisiert sich selbst als konservativ-traditionalistisch, im Unterschied zur konservativ-liberalen Regierungspartei ODS (*Bürgerlich-demokratische Partei*). Die Partei bekennt sich zur Hussiten-Tradition und bezeichnet sich selbst als Nachfolgepartei der alttschechisch-konservativen *Nationalen Partei* aus der Zwischenkriegszeit. In den programmatischen Dokumenten gibt es zudem Verweise auf die *Tschechoslowakische National-demokratische Partei*, die ebenfalls zwischen den beiden Weltkriegen existierte. Sie knüpft an den traditionellen tschechischen Nationalismus an, der in erster Linie stark antideutsch ausgerichtet war. Die *Nationale Partei* setzt sich zum Ziel, die tschechische Staatlichkeit zu schützen. Sie fordert die Bevorzugung aller ethnischen Tschechen gegenüber nationalen Minderheiten und propagiert einen wert-

37 Vgl. Lukáš Novotný: Vergangenheitsdiskurse zwischen Deutschen und Tschechen. Baden-Baden 2009, S. 138–146.

38 Vgl. Stefan Danics (FN 6), S. 16 f.

39 Vgl. Jakub Šedo: Volební reformy a pozice antisystémových stran v České republice [Wahlreformen und die Position der Anti-System-Parteien in der Tschechischen Republik], in: Rexter vom November 2003, abrufbar unter: http://www.rexter.cz/clanek.aspx?id=55 [Stand 2. Oktober 2008].

40 Vgl. Tom Thieme: Hammer, Sichel, Hakenkreuz. Parteipolitischer Extremismus in Osteuropa: Entstehungsbedingungen und Erscheinungsformen, Baden-Baden 2007, S. 271.

41 Als Beispiel sei die Initiative der *Nationalen Partei* genannt, die vor den Europawahlen 2004 versuchte, gemeinsam mit acht weiteren politischen Organisationen eine gemeinsame Kandidatenliste zu erstellen. Dies scheiterte.

gebundenen Traditionalismus, der die ganze Gesellschaft integrieren soll. Die liberale Demokratie stellt für die Partei ein Risiko dar. Die NP spricht sich für Antiindividualismus sowie für die Bevorzugung der nationalen Interessen vor denen des Einzelnen aus. Die *Nationale Partei* lehnt die multikulturellen Konzepte der Gesellschaft ab und fordert eine „natürliche Diskriminierung", da nicht alle gleich seien.[42] Die Partei propagiert zudem antireligiöse Ziele. Für die Durchsetzung ihrer ideologischen Ziele wird Gewalt als legitimes Mittel betrachtet.

Ein wichtiges Thema, mit dem die Partei besonders die Aufmerksamkeit der Presse auf sich zieht, ist die sudetendeutsche Frage. Die Partei gründete einen „Antisudetendeutschen Fonds" und führt eine aggressive Kampagne gegen die Forderungen der Sudetendeutschen sowie gegen ihre Vertretung in Prag. Diese unterhält seit 2003 ein Informationsbüro. Im Jahr 2006 ließ die *Nationale Partei* illegal deponierten Müll aus Deutschland demonstrativ vor das Büro der sudetendeutschen Vertretung in Prag kippen.[43] Die Partei drückte damit öffentlich ihren Protest gegen die Tätigkeit einiger deutscher Firmen aus, die ihren Müll in Tschechien entsorgen.

Die wirtschaftspolitischen Vorstellungen der *Nationalen Partei* konzentrieren sich auf die Bevorzugung der tschechischen Unternehmen gegenüber ihrer ausländischen Konkurrenz. Als Ziel ihrer Politik erklärt sie einen nationalen, zentralistischen, starken und souveränen Staat, der von transnationalen Institutionen wie der EU unabhängig ist. Im Gegensatz zu den *Republikanern* kritisiert sie scharf jegliche sozialistischen Vorstellungen über die Wirtschaft. Die Partei verspricht die Beseitigung der Arbeitslosigkeit durch die Ausweisung sämtlicher Arbeitsmigranten aus Tschechien. Zudem fordert die *Nationale Partei* eine grundlegende Verfassungsänderung zugunsten eines autoritären Staates. Der Senat soll abgeschafft werden, das Abgeordnetenhaus einige Kompetenzen verlieren. Dafür planen die Repräsentanten der *Nationalen Partei*, die Funktionen des Präsidenten zu stärken. Das Volk soll selbst in Volksabstimmungen entscheiden. Die von der Partei propagierte Vorstellung der autoritären Demokratie beinhaltet auch die Abschaffung einiger Ministerien und eine stärkere Kontrolle der Gerichte. Die *Nationale Partei* stellt sich entschieden gegen die Neonationalsozialisten. Ihre Mitglieder werden immer wieder von Veranstaltungen der Partei ausgeschlossen. Die Parteipresse *Národní politika* (*Nationale Politik*) charakterisiert die Neonationalsozialisten als „Geschwür, das unser Land sowie diejenigen schmäht, die bei seiner Verteidigung gestorben sind"[44].

3.2 Linksextremismus

Für den tschechischen Linksextremismus ist das hohe Maß an Konservatismus und Orthodoxie typisch. Während sich die rechtsextremistischen Gruppierungen unter Druck entwickelten und deshalb zur Neuformulierung und Modernisierung ihrer Ideologien gezwungen wurden, blieben Reformen im Linksextremismus aus. Alle Parteien berufen sich heute auf

42 Vgl. Programm der *Nationalen Partei*, abrufbar unter: http://www.narodni-strana.cz/program.php [Stand: 15. Juni 2009].

43 Vgl. Tiskový Odbor: Sobotní demonstrace proti Sudetoněmeckému neonacismu, abrufbar unter: http://www.narodni-strana.cz/clanek.php?id_clanku=1700 [Stand 11. Juni 2008].

44 Zit. nach Národní politika vom 1. Februar 2006, S. 4.

die politischen Ziele, die vor Jahrzehnten formuliert wurden. Es gelang ihnen nicht, die alten Ziele an die heutige Zeit anzupassen. Zwar ist der diktatorische Charakter des Kommunismus in Tschechien weitgehend anerkannt, doch im Schulunterricht, in den Medien und im gesellschaftlichen Diskurs wird vorwiegend auf die NS-Verbrechen hingewiesen. Viel seltener kommen hingegen die Straftaten der Kommunisten gegen die Menschlichkeit zur Sprache. Die kommunistischen Lager und die Monsterprozesse gegen (angebliche) Feinde der sozialistischen Gesellschaft in den 1950er Jahren wie gegen die Freiheitskämpferin und Antikommunistin *Milada Horáková* und gegen General *Heliodor Pika*, bei denen beide und viele andere zum Tode verurteilt wurden, sind heute aus dem historischen Gedächtnis weitestgehend verdrängt. Was bleibt, sind die „frischeren" Erlebnisse mit dem kommunistischen Regime der 1980er Jahre. Wenn Tschechen heute an den Kommunismus denken, verbinden viele damit häufig Heiterkeit, machen sich lustig über den damaligen Generalsekretär *Milouš Jakeš* und verbinden die Spätphase der Diktatur nicht mit Angst und Bedrohung.

Die KSČM reformierte sich nach 1989 nur halbherzig. Sie will sich verstärkt breiten Bevölkerungsschichten öffnen. Um dies zu erreichen, sucht sie Verbündete in anderen Gruppierungen. Anfang der 1990er Jahre versuchte sie Einfluss in den anarchistischen Gruppierungen zu gewinnen, was ihr jedoch misslang. Die Parteiführung konzentrierte sich deshalb verstärkt auf die ideologisch nahe stehenden Verbände. Sie unterstützt die Tätigkeit des orthodox-kommunistischen *Klubs des tschechischen Grenzlands* (*Klub českého pohraničí*) oder des bereits 2003 verbotenen *Kommunistischen Jugendverbandes* (*Komunistický svaz mládeže*). Dieser wurde aufgelöst, weil seine Mitglieder verfassungsfeindliche Ziele verfolgten, wie z. B. die kompromisslose Verstaatlichung des Privateigentums und die Kollektivierung der Wirtschaft.[45]

Die KSČM lehnt noch immer das ökonomisch-soziale System in seiner Gesamtheit ab. Allerdings belegen die Akzeptanz privaten Eigentums und die teilweise Zustimmung zur Mitgliedschaft Tschechiens in der Europäischen Union, dass die bisherigen programmatischen Ziele etwas abgeschwächt wurden.[46] Den politischen Umbruch von 1989 bezeichnen die Kommunisten als eine Eigentümerwende und nicht als Ende einer Diktatur. Die Privatisierung des Eigentums sei ein ökonomischer Putsch, von dem nur die neu entstandene Elite und die „parasitären Schichten" profitiert hätten.[47] Ähnlich wie die rechtsextremistischen Parteien befürwortet die KSČM die Erhöhung des unmittelbaren Anteils der Bürger an den Entscheidungen in Form von Volksabstimmungen. Weitere langfristige Ziele sind die konsequente Trennung von Kirche und Staat, die Verankerung des Rechts auf Arbeit und Wohnung sowie Vollbeschäftigung. Die KSČM stellt sich gegen die Teilnahme der tschechischen Armee an Auslandseinsätzen, die Amerikanisierung der Kultur, den Ausverkauf des Bodens und der Betriebe an ausländisches Kapital.[48]

Seit dem EU-Beitritt Tschechiens ist eine Tendenz zur Akzeptanz der Mitgliedschaft festzustellen, sofern die Sicherheitspolitik unberücksichtigt bleibt. Als Mitgliedsstaat der EU muss die Partei vollendeten Tatsachen ins Auge sehen, so dass die ablehnende Politik langsam abgeschwächt wird. Daher kandidieren die Kommunisten seit 2004 bei den

45 Vgl. Programm der KSČM, abrufbar unter: http://www.kscm.cz [Stand: 17. Juni 2009].
46 Vgl. Tom Thieme (FN 40), S. 135.
47 Vgl. Miroslav Ransdorf: Nově čtení Marxe [Marx neu lesen], Prag 1996, S. 10.
48 Vgl. Lukáš Novotný (FN 15), S. 211 f.

Europawahlen.[49] Sie vertreten im EU-Parlament gemeinsam mit anderen kommunistischen Parteien eine sozialistische Politik. Auf internationaler Ebene pflegt die Partei Kontakte zu eurokommunistischen und einigen postkommunistischen Parteien. Die KSČM hat insgesamt 150 Partnerorganisationen auf der ganzen Welt. Das seit Jahren bestehende *Ständige Forum der europäischen Linken der Regionen* wurde 2007 auf die grenznahen Gebiete Tschechiens und Sachsens ausgeweitet. Die Zusammenarbeit zwischen der KSČM und der PDS/*Die Linke*, welche auf einem im Juni 2004 geschlossenen Kooperationsvertrages basiert, erstreckt sich in unterschiedlicher Intensität auf den Meinungsaustausch der regionalen Fraktionen in Tschechien, Polen, Brandenburg und Sachsen.

Neben der KSČM existieren zwei weitere kommunistische Parteien, die *Partei der tschechoslowakischen Kommunisten* (*Strana československých komunistů*) und die *Kommunistische Partei der Tschechoslowakei* (*Komunistická strana Československa*). Es handelt sich um Kleinparteien ohne realen politischen Einfluss. Beide Gruppierungen nehmen unregelmäßig an Wahlen teil. Ihre Wahl-Rhetorik richtet sich an die Verlierer des demokratischen Wandels: „Wem es vor 1989 besser ging als jetzt, der soll uns wählen."[50] Beide Parteien unterhalten enge Kontakte zu den orthodox-kommunistischen Kräften in Nordkorea und Kuba.

4 Nichtparteiförmiger Extremismus

Die ersten nichtregistrierten Gruppierungen im Rechtsextremismus entstanden innerhalb der Skinheadszene, zumeist zwischen den Jahren 1990 und 1993. Von Anfang an existierten unter ihnen zwei Hauptgruppen: Die einen waren um die Registrierung beim Innenministerium als eingetragene Vereine bemüht, die anderen nicht. Die Anhänger der Musikgruppe *Orlík* bildeten im Jahr 1993 die Organisation *Patriotenliga* (*Vlastenecká Liga*). Sie war beim Innenministerium registriert und propagierte den tschechischen Nationalismus mit Tendenz zur Radikalisierung der Hussiten-Traditionen. Sie vereinigte rassistisch orientierte Skinheads, die jedoch nicht neonationalsozialistisch oder neofaschistisch ausgerichtet waren. Kurz nach ihrer Gründung wollte die *Patriotenliga* gänzlich auf Rassismus verzichten, was ihr allerdings nicht gelang. Mitte der 1990er Jahre machte sie sich einen Namen, als sie einen ideologischen Streit mit den neonationalsozialistisch orientierten Skinheads führte. In der zweiten Hälfte der 1990er Jahre stagnierte ihre Tätigkeit, seit Ende der 1990er Jahre übt sie keine Aktivitäten mehr aus.

Viel radikaler als die *Patriotenliga* war die im gleichen Jahr entstandene Brünner Organisation *Landsleutefront* (*Vlastenecká fronta*). Diese vereinigte einen konservativen autoritären Führungsanspruch mit dem fundamentalistischen Christentum. Für kurze Zeit hatte sie ein gemeinsames Postfach mit der tschechischen Zweigstelle der *Bohemia Hammer Skinheads* (BHS). Als die Partei Mitte der 1990er Jahre versuchte, politische Ziele zu formulieren, verzichtete sie auf die Verbindung mit der neonationalsozialistischen Szene. Zu dieser Zeit zersplitterte die *Patriotenliga* in zwei mehr oder weniger aktive Gruppierungen; das Jahr

49 Vgl. ebd., S. 216.
50 Vgl. Stefan Danics (FN 6), S. 27.

1997 bedeutete den faktischen Untergang dieser Organisation. Sie ist zwar offiziell existent, aber inaktiv.

Die nichtregistrierten Gruppen lehnten jede staatliche Autorität ab. Die meisten waren und sind neonationalsozialistischer Ausrichtung, so die *Nationale faschistische Gemeinde* (*Národní obec fašistická*) und die *Bohemia Hammer Skinheads*. Die BHS gilt als Untergruppe der gleichnamigen amerikanischen Organisation, hat aber mit dem Vorbild aus den USA kaum etwas zu tun. Die tschechischen Gründungsmitglieder ließen sich zwar von Amerika inspirieren, doch der tschechische Ableger wurde in den Vereinigten Staaten nie akzeptiert.[51] Die BHS war die erste rechtsextremistische Gruppierung, die in Tschechien Konzerte von neonationalsozialistischen Musikgruppen organisierte und eine – wenn auch unregelmäßig erschienene – neonationalsozialistische Zeitschrift herausgab. Ähnlich wie in anderen Ländern verzichtete die BHS in Tschechien auf eine politisch-parlamentarische Arbeit. Ihre Existenz endete (offiziell) Mitte der 1990er Jahre. An ihre Stelle trat die ebenfalls nicht registrierte Vereinigung *Blood and Honour*. Die in Tschechien gegründete Untergruppe der britischen Organisation setzte die Tätigkeit der BHS fort. Ihre Zentren befanden sich in Prag und Pilsen. Die Pilsner Gruppe wurde 1999 aufgelöst, die Prager Gruppe transformierte sich zwischen 1999 und 2001 in den *Nationalwiderstand* (*Národní odpor*). Hinter dem *Nationalwiderstand* ist die neonationalsozialistische Organisation *Nationaler Korporativismus* (*Národní korporativismus*) heute die zweitwichtigste Vereinigung im militanten Rechtsextremismus Tschechiens. Die Mitglieder des *Nationalen Korporativismus* bestreiten, der neonationalsozialistischen Szene anzugehören. Sie selbst bezeichnen sich als „Nationale". Nach den Berichten des Innenministeriums nehmen an den Veranstaltungen des *Nationalen Korporativismus* häufig Neonationalsozialisten teil. Die personellen Verbindungen zur Skinhead-Szene sind offenkundig.

Der *Nationalwiderstand* zeigt bisher keine Ambitionen nach politischen Ämtern und konzentriert sich auf den „Kampf um die Straße", welcher in Prag, in Schlesien und in Světlá nad Sázavou am stärksten ausgeprägt ist. Der *Nationalwiderstand* pflegt Kontakte zum deutschen Rechtsextremismus, vor allem zur NPD. Seit 2005 ist im zersplitterten, weil politisch unbedeutenden rechtsextremistischen Spektrum der Trend einer gegenseitigen Annäherung zu beobachten, wobei sich die *Nationale Partei* nicht an diesem (Zweck-)Bündnis beteiligt.[52]

Die linksextremistischen Gruppierungen sind ebenso wie die rechtsextremistischen schwach und ohne politischen Einfluss.[53] Es gibt marxistisch-leninistische Gruppen wie den verbotenen, aber weiter existierenden *Kommunistischen Jugendverband* (*Komunistická svaz mládeže*) oder die ebenfalls nicht registrierte *Gruppe der Kommunistischen Jugend REVO* (*Skupina komunistické mládeže REVO*). Der *Kommunistische Jugendverband* entstand aus einer Initiative der KSČM, um ihren Einfluss in der jüngeren Generation zu steigern.[54] Er wollte sich mit dem Verbot nicht zufrieden geben und erhielt Unterstützung von einigen

51 Vgl. Jan Charvát (FN 21), S. 147.

52 Vgl. ebd., S. 154.

53 Vgl. Martin Bastl: Radikální levice v České republice po roce 1990 [Die radikalen Linken in der Tschechischen Republik nach dem Jahr 1990], Brünn 2002.

54 Vgl. Michal Mazel: Oponenti systému [Die Opponenten des Systems], in: Petr Fiala (Hrsg.): Politický extremismus a radikalismus v České republice [Der politische Extremismus und Radikalismus in der Tschechischen Republik], Brünn 1998, 117–277, hier S. 160.

europäischen kommunistischen Jugendorganisationen. Im Herbst 2006 organisierte der *Jugendverband* sogar das jährliche Treffen der *Kommunistischen Jugend* in Prag. Die Gruppe der *Kommunistischen Jugend REVO* ist eng vernetzt mit der trotzkistischen *Sozialistischen Organisation der Arbeiter* (*Socialistická organizace pracujících*). Auch wenn es zwischen den Strömungen vielfältige ideologisch-programmatische Unterschiede gibt, eint sie der Kampf gegen den gemeinsamen Feind – den Kapitalismus.

Unbedeutend sind die anarchistischen Gruppen in Tschechien. Dem Innenministerium zufolge fehlen den Anarchisten starke Persönlichkeiten, die die junge Generation ansprechen und sie für die Mitgliedschaft gewinnen können. Die bekannteste Gruppierung ist die *Tschechoslowakische Föderation der Anarchisten* (*Československá anarchistická federace*), deren Aktivitäten sich hauptsächlich auf Proteste gegen die Globalisierung und den Rechtsextremismus beschränken.[55]

5 Ergebnis

Während sich die *Kommunistische Partei von Böhmen und Mähren* in Zukunft wenig Sorgen um ihre Existenz machen muss, wird es auf absehbare Zeit keiner rechtsextremistischen Partei gelingen, ins Parlament einzuziehen. Das Parteiensystem Tschechiens scheint mittlerweile stabil und konsolidiert zu sein, so dass es nur wenig Raum für neue extremistische Akteure gibt. Die Unzufriedenen aus den sozial schwachen Regionen wie Nordböhmen oder Nordmähren entscheiden sich mit ihrer Proteststimme für die KSČM, was den Aufstieg neuer rechtsextremistischer Parteien deutlich erschwert. Die Stimmenverluste der *Republikaner* an die Kommunisten und Sozialdemokraten, welche bei den Wahlen 1998 einen starken Protest gegenüber dem politischen Establishment äußerten, sind dafür der beste Beweis. Ein klar autoritäres System wird von der deutlichen Mehrheit der tschechischen Wähler abgelehnt; die (Negativ)Erfahrungen mit dem Realsozialismus wirken nach. Viele Themen, mit denen rechtsextremistische Parteien in Westeuropa Wählerstimmen gewinnen, können zudem nicht effektiv eingesetzt werden. In Tschechien gibt es kaum Zuwanderung. Populistische Strategien greifen ebenfalls nur wenig, da Populismus unter allen Parteien Tschechiens eher die Regel als eine Ausnahme ist. Auf der anderen Seite gewinnen extremistische Parteien Aufmerksamkeit und Sympathien in der Öffentlichkeit, weil die demokratischen Parteien in der Roma-Politik glück- und erfolglos agieren.

In Tschechien wären rechtsextremistische Parteien möglicherweise erfolgreicher, würden sie sich thematisch verbreitern und ihre fremdenfeindliche Rhetorik mit Sozialthemen verbinden. Nur so könnten sie eine Alternative gegenüber der KSČM darstellen. Auch die Bewertung der postkommunistischen wirtschaftlichen und politischen Transformation wird bisher vor allem von den Kommunisten und weit weniger von den Rechtsextremisten instrumentalisiert. Eine Zukunft könnten die rechtsextremistischen Parteien haben, wenn es ihnen gelingt, ihre Interessen zu vereinigen und eine gemeinsame Partei oder zumindest eine (Wahl-)Koalition zu bilden. Bisher stellte die Integration das große Hindernis dar, denn kein

55 Vgl. Innenministerium der Tschechischen Republik (Hrsg.): Informace o problematice extremismu na území České republiky v roce 2006, Prag 2007, S. 5.

Zusammenschluss überstand die gegenläufigen Interessen der Bündnispartner. Mittlerweile sind sich Teile des tschechischen Rechtsextremismus darüber im Klaren, dass ihre Schwäche unmittelbar mit ihrer Zersplitterung zusammenhängt, und eine Art tschechischer „Deutschlandpakt" unumgänglich sein wird.

Ändern könnte sich die Situation im rechtsextremistischen Lager durch die Aufhebung des Beschlusses der Sozialdemokraten, keine Koalitionen mit der KSČM zu bilden. Das scheint zwar bisher nicht realisierbar zu sein, doch die Entwicklung in einigen Ländern Europas – auch in Deutschland – zeigt, dass eine Zusammenarbeit der Sozialdemokraten mit den sozialistischen Parteien möglich ist, wiewohl (noch) nicht auf nationaler Ebene.[56] Die tschechischen Sozialdemokraten testen ihre Grenzen seit den letzten Bezirkswahlen in den Landesregierungen. Entweder koalieren sie mit den Kommunisten oder sie lassen sich zumindest von ihnen unterstützen. Ob diese Kooperation ein Testlauf für die parlamentarische Zusammenarbeit auf nationaler Ebene sein soll, blieb bislang offen. Im Wahlkampf 2006 stellte vor allem die ODS auf die Gefahren einer rot-roten Allianz ab.

Wenn es zur Übernahme politischer Verantwortung durch die Kommunisten kommen sollte, würde die Partei auch ihr Protestimage gegenüber einer pragmatischeren Politik opfern müssen, was dann möglicherweise eine Stärkung der rechtsextremistischen Kräfte zur Folge hätte. Diese Vermutungen könnten sich realisieren, falls die demokratischen Parteien das doppelte Risiko einer KSČM-Einbindung (linksextremistische Regierungsverantwortung und rechtsextremistische Protestetablierung) nicht erkennen und den antiextremistischen Konsens der tschechischen Politik kündigen.

56 Vgl. Pavel Pšeja: Stranický systém České republiky. Politické strany a jejich vývoj 1989–1998 [Das Parteiensystem der Tschechischen Republik. Politische Parteien und ihre Entwicklung 1989–1998], Brünn 2005, S. 146.

Extremismus in Ungarn

Melani Barlai/Florian Hartleb

1 Rahmenbedingungen

Der politische Extremismus stößt in Ungarn kaum auf staatliche Einschränkungen. Parteien können sich nach der ungarischen Verfassung frei gründen und betätigen (Art. 3). In der Verfassung und den konstitutionellen Regeln findet sich keine Vorschrift über ein Parteiverbot. Lediglich Art. 63 Abs. 2 der Verfassung verbietet die Gründung von politischen Zwecken dienenden bewaffneten Organisationen. Ein ordentliches Gericht kann nach Klageerhebung durch einen Staatsanwalt als Ultima Ratio eine gesellschaftliche Organisation auflösen, falls deren Tätigkeit eine Straftat mit Rechtsverletzung gegenüber anderen darstellt. Der Verstoß selbst muss schwerwiegend sein.[1] Nach den Regularien des Vereinigungsrechts könnte dann die Staatsanwaltschaft Anklage erheben. Bislang kam das Verbot nicht zur Anwendung. Abwehrmechanismen wie eine beispielsweise in Deutschland bekannte „wehrhafte Demokratie" sind kaum vorhanden, da Ungarn ein im europäischen Vergleich sehr liberales Versammlungsrecht besitzt.[2] Unter diesem staatsrechtlichen Blickwinkel gedeiht der subkulturelle Extremismus.

Gegen die rechtsextremistische, im August 2007 gegründete *Ungarische Garde* wurde bei der Staatsanwaltschaft Budapest ein Verbotsverfahren eingeleitet. Das Budapester Berufungsgericht bestätigte am 2. Juli 2009 das erstinstanzliche Verbot des Trägervereins der *Garde* vom Dezember 2007. In der Begründung hieß es, die Aktivitäten der Garde hätten die Rechte einer Vereinigung im Sinne des Vereinsgesetzes übertreten und die bürgerlichen Freiheiten der Roma beeinträchtigt. Als Folge des Verbots hatten mehrere tausend Anhänger am 11. Juli 2009 in Budapest die „Wiederbelebung" der *Ungarischen Garde* in Form einer „Bewegung" verkündet.

Gleichwohl erschwert das ungarische Wahlsystem den Einzug extremistischer Parteien in das nationale Parlament. Die komplizierte Verrechnung gleicht Majorzsystem (Direktkandidaten) und Proporzsystem (Listenwahl) „kompensatorisch" aus. Beide grundlegenden Elemente werden nicht wie beispielsweise im personalisierten Verhältniswahlsystem Deutschlands miteinander verrechnet, sondern existieren durch einen „Graben" separat. Durch Ausgleichsmandate ergibt sich eine „Verzerrung" zugunsten größerer Parteien. Für die Komitatswahlliste (vergleichbar mit den Landeslisten) gilt eine Fünfprozenthürde.[3]

---

1 Vgl. dazu Katerina Kontopodi: Die Rechtssprechung des Europäischen Gerichtshof für Menschenrechte zum Verbot politischer Parteien, Baden-Baden 2007, hier S. 135 f.

2 Vgl. Michael Frank: Gefährliche Nebenwirkungen der Meinungsfreiheit. Ungarns Demonstrationsrecht ist eines der liberalsten in Europa – rechtsextreme Schlägertrupps profitieren davon, in: Süddeutsche Zeitung vom 15. Juli 2008, S. 8.

3 Vgl. Jürgen Dieringer: Die ungarischen Parlamentswahlen vom 9./23. April 2003, in: Südosteuropa 54(2006)2, S. 147–163, hier S. 149 f.

Schon die kommunistische Epoche bringt durch den Kádárismus, der Politik der „kleinen Freiheiten", Unterschiede zu den anderen ostmitteleuropäischen Staaten mit sich – gerade für die Relevanz des politischen Extremismus. Aus parteipolitischer Perspektive zeichnete sich Anfang der 1990er Jahren ein ungarischer Sonderweg ab.[4] Formal hat sich das Parteiensystem konsolidiert.[5] Die Parteiendemokratie steckt dennoch in einer schweren Krise, weil Ungarn durch die wirtschaftliche Entwicklung und das Haushaltsdefizit innerhalb eines Jahrzehnts vom Musterknaben zum Sorgenkind der Europäischen Union wurde.[6] Ein antiextremistischer Konsens besteht nicht, da sich die gesellschaftliche Spaltung in der Polarisierung der Großparteien, die sozialistische MSZP und der bürgerliche FIDESZ, widerspiegelt. Für die jeweiligen Lager gibt es nur eine einseitige antirechtsextremistische oder antilinksextremistische Ausrichtung. Während im reformkommunistischen Lager bis heute eine klare Distanzierung von der sozialistischen Diktatur aussteht, fehlt es den national-bürgerlichen Kräften an einer klaren Abgrenzung vom einstigen (Rechts-)Totalitarismus und heutigem Rechtsextremismus.

Das Spannungsfeld „zwischen Macht und Gegenmacht" veranschaulicht der Blick auf die große Oppositionspartei FIDESZ: 2002 erschien ihr als wirksames Instrument, die Wahrhaftigkeit der Wahlergebnisse aufgrund von Manipulations- und Fälschungsverdacht anzuzweifeln und Neuwahlen „auszurufen". Die parteipolitische Polarisierung als Folge des Dualismus zwischen den Großparteien führt zu fast extremistischen Verhaltensmustern.[7] Die Spaltung zeigt sich zudem im Umgang mit der Vergangenheit. Eine gemeinsame Gedenkfeier zum 50. Jahrestag des Aufstandes von 1956 scheiterte durch die unterschiedliche Deutungskultur. Die MSZP betonte den reformsozialistischen Charakter der Revolution, die Oppositionspartei FIDESZ sah hingegen einen nationalen Aufstand gegen die kommunistische Fremdherrschaft. Der fehlende antiextremistische Konsens zeigt sich aktuell im Umgang mit dem neuen rechtsextremistischen Phänomen *Jobbik*.

Lange galt die ungarische Gesellschaft als resistent gegenüber dem politischem Extremismus. Auslöser für neue rechtsextremistische Potenziale war eine im Herbst 2006 öffentlich bekannt gewordene „Geheimrede" des damaligen ungarischen Ministerpräsidenten *Ferenc Gyurcsány* von der MSZP. Er gab zu, die Staatsverschuldung vor den Parlamentswahlen 2006 bewusst verheimlicht zu haben. Öffentliche Tumulte leiteten eine Zäsur in der ungarischen Politik ein. Seither befindet sie sich in einer gravierenden moralischen Krise. Am 21. März 2009 kündigte *Gyurcsány* seinen Rücktritt als Ministerpräsident an, am 30. März gab er seine Funktion als Parteivorsitzender auf, trotz seiner Bestätigung als Parteichef.[8] Der taktische, scheinbar gut vorbereitete Zug war insofern nicht überraschend, als sämtliche Tageszeitungen bereits Wochen vor der Entscheidung mögliche Szenarien aufgrund der verfehlten Wirtschaftspolitik erörtert hatten. Der neue Regierungschef und Wirtschaftsexperte

4 Vgl. Attila Ágh: The Hungarian Party System and Party Theory in the Transition of Central Europe, in: Journal of Theoretical Politics 6(1994)2, S. 217–238.

5 Vgl. Zsolt Enyedi: The Survivel of the Fittest: Party System Concentration in Hungary, in: Susanne Jungerstam-Mulders (Hrsg.): Post-Communist EU Member States: Parties and Party Systems, Aldershot 2006, S. 177–202.

6 So Melani Barlai/Florian Hartleb: Ungarn – vom Musterknaben zum Sorgenkind der Europäischen Union, in: Politische Studien 58(2007)1, S. 95–104.

7 Vgl. András Körösényi: A jobboldal elhúzódó válsága [Lange Krise der Rechten], in: Honi Figyelö [Nationale Rundschau] 12(2007)4, S. 4–10, hier S. 8.

8 Vgl. http://www.nol-online.hu [Stand: 30. März 2009].

Gordon Bajnai (MSZP), der bis dahin das Amt des Ministers für nationale Entwicklung und Wirtschaft leitete, soll Ungarn aus der Krise führen. Der Minderheitsregierung – der liberale Koalitionspartner SZDSZ schied aus – wird wenig Problemlösungskompetenz zugetraut und dürfte ein Provisorium mit Halbwertszeit bis zur Parlamentswahl 2010 bleiben. Gegen „die-da-oben" verstärkte sich der Unmut aus den Reihen des „Volkes", welcher zu einer Legitimationskrise des demokratischen Regierungssystems geführt hat.

Die Prägekräfte für einen Extremismus „in der Mitte der Gesellschaft" resultieren aus dem Umstand, dass es in Ungarn an einer historisch gewachsenen demokratischen Kultur mangelt. Vom Ende des Ersten Weltkriegs bis zum Zusammenbruch des Sozialismus stand das Land, mit Ausnahme von 1945 bis 1948, unter autoritärer Herrschaft. Ein aktuell-politischer Anlass bringt die historische Dimension als Ursache für Rechtsextremismus zum Vorschein. In der benachbarten Slowakei ist mit der *Slowakischen Nationalpartei* (SNS) eine Kraft an der Regierung, die bewusst antiungarische Ressentiments schürt. Das hängt mit der besonderen Situation der Auslandsungarn zusammen. Mehr als zwei Millionen ethnische Ungarn leben außerhalb des Nationalstaats, im rumänischen Siebenbürgen, in Serbien, der Ukraine sowie der Slowakei. Durch den am 4. Juni 1920 unterzeichneten Vertrag von Trianon als Folge des Ersten Weltkriegs verlor Ungarn zwei Drittel seines Territoriums. Lösungsmodelle wie eine doppelte Staatsbürgerschaft der Auslandsungarn werden von den Eliten immer wieder diskutiert.[9] Sie bergen durch die Brisanz der „nationalistischen" Thematik extremistische Potenziale in sich.[10]

Antisemitismus ist in Ungarn ein problematisches, wenig aufgearbeitetes Thema. Nach der Besetzung Ungarns wurden rund 450.000 ungarische Juden durch die Nationalsozialisten und unter dem Regime von *Miklós Horthy* im Sommer 1944 nach Auschwitz deportiert. Nach dem Holocaust war im realsozialistischen Ungarn der Antisemitismus offiziell verpönt.[11] In Erinnerung an die Judenvernichtung führte die FIDESZ-Regierung unter *Viktor Orbán* im Jahr 2001 einen offiziellen Holocaust-Gedenktag ein. Offen verlautbarter Antisemitismus ist in Ungarn weniger als beispielsweise in Polen zu finden. Der Antisemitismus besteht in Ungarn aus verbalen Übergriffen, die in erster Linie auf Vorurteilen aus dem 19. Jahrhundert basieren. So fallen antisemitische Äußerungen immer wieder im öffentlich-rechtlichen Rundfunk.[12]

Demokratieschutz bedeutet Minderheitenschutz. Im Falle der Roma ist dies nicht gegeben: Die Roma sind für Ungarns Rechtsextremisten zentrales Feindbild. Sie gelten (nicht nur) Rechtsextremisten als die Parias der ungarischen Gesellschaft.[13] Von der Transforma-

9 Die FIDESZ-Partei trug nach ursprünglicher Ablehnung ein Referendum vom 5. Dezember 2004 mit, ob die jenseits der ungarischen Grenze lebenden Magyaren eine „doppelte Staatsbürgerschaft" bekommen sollten. Sie betonte die patriotische Notwendigkeit dieses Schrittes, während die Sozialisten die hohen finanziellen Belastungen für den Staatshaushalt anführten. Nach ungarischem Brauch spitzte sich die Diskussion auf die Frage zu, wer zur Nation gehöre und wer Verräter am eigenen Land sei. Das Referendum scheiterte.

10 Vgl. Thomas von Ahn, Staat, Nation, Europa. Ungarn und die Auslandsungarn, in: Osteuropa 57(2007)11, S. 177–194.

11 Vgl. András Kovács (Hrsg.): A modern antiszemitizmus [Moderner Antisemitismus], Budapest 1999.

12 Speziell das *Kossuth Rádio*. Die Tageszeitung *Magyer Hírlap* (im Internet zu finden unter http://www.magyarhirlap.hu) diffamiert regelmäßig jüdische Bürger. Verantwortlich dafür ist der Industrielle *Gábor Szeles*, der das einst liberale Blatt vor einigen Jahren übernahm.

13 Belege dafür finden sich auch im Internet. Ein kursierendes Lied lautet „Majmok", das „Affen" bedeutet. Es diffamiert die Roma im Land als Sozialschmarotzer. Jeder kann das Lied im Internet-Portal YouTube ab-

tion profitierten Roma nicht – im Gegenteil.[14] Mit dem Zusammenbruch der „sozialistischen Großindustrie“ erfolgte eine rasche Reduzierung der Beschäftigten im sekundären Wirtschaftsbereich, die besonders stark die untere Gesellschaftsschicht mit geringer Schulbildung traf. Heute bilden die Roma die größte Minderheit Ungarns mit einer Bevölkerungszahl von schätzungsweise 700.000 (etwa sieben Prozent der Gesamtbevölkerung). Die Arbeitslosenquote liegt in manchen Regionen zwischen 50 und 90 Prozent, in einzelnen ausschließlich von Roma bewohnten Dörfern im Grenzgebiet Ungarn-Slowakei sogar bei 100 Prozent.[15] Die Ursachen dafür sind einerseits die niedrige Schulbildung, andererseits die Exklusion, also die soziale, kulturelle, ökonomische sowie politische Ausgrenzung, welche die Geschichte der ungarischen Roma bis heute prägt. Die Mehrheit der Roma ist in den Arbeitsprozess nicht integriert, und es fehlt ihnen der Kontakt zur Mehrheitsbevölkerung. Dieser Hintergrund generiert die fundamentale Ablehnung der Roma seitens der Mehrheitsbevölkerung. Im politischen Prozess kommt ihnen neben ihrer „Feindbildrolle“ keine Bedeutung zu.[16] Ungarische Soziologen beschwören bereits in naher Zukunft bürgerkriegsähnliche Zustände herauf. Die demographische Entwicklung[17], könnte aus der düsteren Prophezeiung Wirklichkeit werden lassen. Durch die allgemeine Misere eignen sich die Roma ohnehin als Sündenböcke. Das Potenzial für parteiförmigen und subkulturellen (Rechts)Extremismus ergibt sich zusammenfassend aus politisch-wirtschaftlichen, historischen und soziokulturellen Faktoren:

- Politisch-wirtschaftlich (aktuelle Anlässe: „Lügenrede“ des Ministerpräsidenten; Enttäuschung über die schlechte Wirtschaftslage nach der hohen Erwartung im Zuge des EU-Beitritts);
- Historisch (Verankerung des Antisemitismus in der ungarischen Gesellschaft; strukturell bedingte Polarisierung);
- Soziokulturell (Minderheitenproblematik; Roma als Feindbild der ungarischen Mehrheitsgesellschaft).

rufen. „Ich verdiene die Stütze, von der ihr lebt“, heißt es sinngemäß im Text. Im Refrain werden die „Affen“ symbolisch für die ungarischen Roma-Familien verwendet.

14 Vgl. zu Einzelheiten Melani Barlai/Florian Hartleb: Die Roma in Ungarn, in: Aus Politik und Zeitgeschichte Nr. 29-30/2009, S. 33–39.

15 Vgl. Flórián Farkas: Óriási mértékben emelkedhet az analfabétizmus, abrufbar unter: http://www.romnet.hu/hirek/hir0608121 [Stand: 12. September 2008].

16 Für die Europawahl von 2009 trat die Roma-Partei MCF an, was von den Romavertretern aus den anderen Parteien wegen der Aussichtslosigkeit scharf kritisiert wurde. Ohne Wahlprogramm bekundete sie, für alle zwölf Millionen Roma in Europa eintreten zu wollen. Als Spitzenkandidat fungierte der 21-jährige *Zsolt Kis*. Als erste Romapartei überhaupt nahm die 2006 gegründete Formation *MCF Roma Összefogás Párt* an der nationalen Wahl im selben Jahr teil und kam auf 0,1 Prozent der Stimmen; bei der Europawahl 2009 erhielt sie 0,5 Prozent.

17 Einige Wissenschaftler prognostizieren bis zum Jahre 2050 einen Bevölkerungsanteil von zehn Prozent.

2 Wahlentwicklung

Die rechtsextremistische *Ungarische Partei der Wahrheit und des Lebens* (MIÉP) scheiterte beim erstmaligen nationalen Wahlantritt 1994 mit 1,6 Prozent deutlich am Parlamentseinzug. Nach dem Ausbau der Parteistruktur gelang es der MIÉP, bei den nationalen Wahlen 1998 in das Parlament einzuziehen (5,5 Prozent). Diesen Erfolg konnte sie in der kommenden Wahl von 2002 nicht wiederholen. Die MIÉP scheiterte mit 4,4 Prozent knapp an der Fünf-Prozent-Hürde. Personelle und inhaltliche Gegensätze kamen an die Oberfläche. Ein weiterer Grund für den Misserfolg war die verfrühte Aussage des Parteivorsitzenden *István Csurka*, der drei Wochen vor den Wahlen ankündigte, in der zweiten Runde werde er die Kandidaten der MIÉP aus 100 Wahlkreisen zugunsten des FIDESZ zurückziehen.[18] Dieses Vorhaben lockte wohl viele der weniger stark verankerten MIÉP-Sympathisanten zum FIDESZ. Die Verteilung der Wählerstimmen konzentrierte sich auf die Hauptstadt und deren Umgebung. Um den extremistischen Kurs etwas abzuschwächen, unternahmen die Reformer in der Partei den erfolgslosen Versuch, den autoritären Parteichef *Csurka* abzulösen. Inzwischen wirkt die Partei mit ihrem 1934 geborenen Vorsitzenden längst anachronistisch, obwohl sie noch immer 7000 Mitglieder hat. Das taktische Bündnis von MIÉP, *Jobbik* und der Post-FGKP-Vereinigung *Kisgazdák* (*Kleinlandwirte*), genannt MIÉP-*Jobbik – A Harmadik Út* (*Der Dritte Weg*) hatte bei der Parlamentswahl von 2006 keinen Erfolg (2,2 Prozent) und zerstritt sich anschließend.[19]

Die kurzzeitige Schwächung des Rechtsextremismus lag auch in der „Aufsaugstrategie" der Großpartei FIDESZ. Diese trachtete schon in ihrer Regierungszeit zwischen 1998 und 2002 danach, die Einheit des „nationalen Lagers" herzustellen. Damit marginalisierte sie auch die agrarpopulistische *Unabhängige Kleinlandwirte, Landarbeiter- und Bürgerpartei* (*Független Kisgazda, Földmunkás és Polgári Párt* – FGKP), welche bis zur Wahl von 2002 fester Bestandteil des Parlaments war. Bei der Wahl 1990 holte sie 11,7 Prozent, 1994 8,8 Prozent, 1998 sogar 13,1 Prozent. Nach der Wahl von 1998 und auf dem Zenit ihres Erfolgs partizipierte sie an der FIDESZ-Regierung, musste sich aber schnell der politischen Realität beugen. Bei der Wahl von 2002 wurden die Kleinlandwirte abgestraft; sie fielen mit 0,8 Prozent in die Bedeutungslosigkeit. Bei der Wahl von 2006 traten sie nicht mehr an.

Nach der im Herbst 2006 einsetzenden Glaubwürdigkeitskrise für die gesamte ungarische Politik vermochte sich der parteiförmige wie subkulturelle Rechtsextremismus neu zu formieren. Im März 2007 meldete *Jobbik* als eine Art „Jugendverein" die *Ungarische Garde* an, um die Jugend auf „außergewöhnliche Situationen" vorzubereiten. Bis zu 2500 Mitglieder konnte die *Garde* „vereidigen". Drahtzieher der doppelten Bewegung ist *Gábor Vona*, Vorsitzender der *Jobbik*-Partei wie der *Garde*. *Jobbik* trat eigenständig bei der Europawahl 2009 an und wurde mit 14,8 Prozent der Stimmen drittstärkste Kraft. So zeichnet sich eine Etablierung von *Jobbik* im ungarischen Parteienwettbewerb ab; der Einzug bei der Parlamentswahl von 2010 dürfte gesichert sein. Die sensationelle Entwicklung hängt direkt mit

---

18 Vgl. o. A.: Csurka mindent alárendel a kormányra kerülésnek [Csurka ordnet alles der Regierungsbildung unter], abrufbar unter: http://www.nol.hu/archivum/archiv-52113 [Stand: 22. Mai 2009].

19 Vgl. o. A.: Az Országos Választási Bizottság közleménye az országgyűlési képviselők 2006. évi választásának eredményéről [Mitteilung der staatlichen Wahlkommission über die Verteilung der Parlamentsmandate bei den Parlamentswahlen 2006], abrufbar unter: http://www.valasztas.hu [Stand: 17. Juni 2009].

dem allgemeinen Ursachenbündel zusammen, das schwer auf der gesamten Politik und Gesellschaft lastet (vgl. Kapitel 1).

Die MSZP (*Magyar Szocialista Párt*) kann als Nachfolgepartei der Kommunistischen Partei Ungarns angesehen werden. Besonders Anfang der 1990er Jahre gewann sie ihre Wählerbasis aus der einstigen kommunistischen Nomenklatura und der neuen, postsozialistischen Mittelschicht. Ihre Mitarbeiter und Abgeordneten rekrutierte die MSZP in den 1990er Jahren aus vornehmlich hauptamtlichen Parteifunktionären. Eine glaubwürdige Verankerung als sozialdemokratische Partei wurde ihr durch die Abspaltung einer orthodoxen Strömung, der *Ungarischen Arbeiterpartei* (MP), erleichtert. Die MP konnte sich dagegen nicht zu einer erfolgreichen Alternative entwickeln und blieb marginal. Bei der Parlamentswahl von 2002 kam sie auf 2,2 Prozent – ihr bestes Ergebnis. Die Partei erzielte in den alten Industriestädten des nordöstlichen Komitats Nógrád ihre größten Erfolge: In Salgótarján holte sie 10,1, in Pásztó 7,7 und in Szécsény 5,7 Prozent.[20] Bei der Parlamentswahl von 2006 vermochte die gesellschaftlich isolierte Partei in vielen Bezirken schwerlich Kandidaten zu finden und erreichte landesweit nur 0,4 Prozent der Stimmen. Der Linksextremismus spielt in Ungarn seit dem Systemwechsel keine Rolle.

Tabelle 1 Ergebnisse der extremistischen Parteien bei den ungarischen Parlamentswahlen 1990–2006 (in Prozent)

	1990	1994	1998	2002	2006
MIÉP	---	1,6	5,5	4,4	2,2[1]
FGKP	11,7	8,8	13,1	0,8	---
MP	3,7	3,2	4,0	2,2	0,4
Quelle: Nationales Wahlbüro Ungarns, abrufbar unter: http://www.valasztas.hu [Stand: 27. August 2009].					

[1] Als Vereinigung von MIÉP und *Jobbik* unter dem Namen *A Harmadik Út* (*Der Dritte Weg*).

3 Extremistische Parteien

3.1 Rechtsextremismus

Die Ursache für den parteiförmigen Rechtsextremismus liegt in einem latenten gesellschaftlichen Rechtsextremismus, der bis zum Oktober 2006 eine konstante soziale Begleiterscheinung war. Schon vor dem Systemwechsel, in den frühen 1980er Jahren kam der Rechtsextremismus zum Vorschein, vornehmlich in der Musikszene. Insbesondere Jugendliche aus der Arbeiterschicht begannen sich zu organisieren, wiewohl eher unpolitisch. Neben dem Nationalstolz artikulierten sie Themen wie Romahass und Antikommunismus. Ende der 1980er Jahre ging diese Bewegung auf konkrete, rassistische Übergriffe über, die zu Beginn der 1990er Jahre ihre Fortsetzung fanden. Zu diesem Zeitpunkt waren es geschätzte 1500 bis 2500 Aktivisten.

20 Vgl. http://www.vokscentrum.hu/valaszt/valeredm.php?mszkod=112401&evvalaszt=2002&lvford= [Stand: 16. April 2009].

Die Zahl verdoppelte sich Mitte der 1990er Jahre auf 4000. Der erweiterte Kreis der in die Gesellschaft integrierten Sympathisanten fiel weitaus größer aus; nach einer Untersuchung des Nationalen Büros für Sicherheit geschätzte 160.000 Anhänger.[21]

Die *Ungarische Partei der Wahrheit und des Lebens* (MIÉP) entstand im Jahr 1993 aus einem nationalistischen Flügel der Partei *Ungarisches Demokratisches Forum* (MDF) und zugleich als Reaktion auf die Existenz des *Bundes der freien Demokraten* (SZDSZ). Das MDF-Gründungsmitglied *István Csurka* sammelte bereits als stellvertretender Vorsitzender[22] die nationalistisch denkenden Kräfte um sich. Ende 1992 trat er auf Geheiß des Parteivorsitzenden und Ministerpräsidenten *József Antall* vom Amt zurück. *Csurka* gründete daraufhin zusammen mit einer Gruppe nationalistischer Politiker die *Magyar Igazság és Élet Pártja* (MIÉP). 4000 Mitglieder registrierte die Partei bei der ersten Delegiertenwahl im November 1993. Ein stetiger Anstieg an Mitgliedern bestätigte den zwischenzeitlichen Aufwärtstrend – im Jahr 2000 mit dem Höchststand von 11.760.[23]

Die erste politische Schrift von *István Csurka* „Die unannehmbare Realität" aus dem Jahr 1986 legte den Grundstein für die MIÉP-Ideologie. Die Partei betrachtet sich als die Vertreterin des nationalen Radikalismus sowie als Erbfolge der geistigen Produkte von *Dezsõ Szabó*, *Ottokár Prohászka* sowie *Endre Bajcsy-Zsilinszky*, allesamt ungarische populistische Schriftsteller der Zwischenkriegszeit. Diese erkannten im Bauerntum die Quelle der ungarischen Volksseele.[24] Bäuerliche Bewegungen, nationalistisch und volkstümlich ausgerichtet, entstanden in Osteuropa und auf dem Balkan in der Zeit zwischen den beiden Weltkriegen. Sie waren keine dogmatischen Antimodernisten, sondern traten für eine Mobilisierungsstrategie ein, die „von unten", von Bauern und einheimischen Kleinunternehmern (nicht Industriearbeitern) ausgehen sollte.

Die MIÉP agitiert gegen die in ihrer Diktion leere, kapitalistische, individualistische Gesellschaft sowie die globalisierte Welt. Die ungarische Kultur sei durch „nationsfremde Cliquen" und den steigenden Sittenverfall, bedingt durch Amerikanisierung und wirtschaftlicher Globalisierung, gefährdet.[25] So verneinte sie als einzige größere Partei in vehementer Weise den NATO- und EU-Beitritt Ungarns. Sie erfüllt die Kriterien einer rechtsextremistischen Partei – mit rassistischem Unterton. *István Csurka* äußerte, der biologisch-genetische

21 Vgl. László Karsai: The Radical Right in Hungary, in: Sabrina P. Ramet (Hrsg.): The Radical Right in Central and Eastern Europe since 1989, Pennsylvania 1999, hier S. 133–146, hier S. 146.

22 Das *Ungarische Demokratische Forum* (*Magyar Demokrata Fórum* – MDF) ist eine Mitte-Rechts-Partei, die unmittelbar nach dem Systemwechsel als Gegenbewegung zum Sozialismus erfolgreichste Partei war und mit *József Antall* den ersten Ministerpräsidenten stellte. Nach der Abspaltung des radikalen Teils drängte die Partei auf eine sozial abgefederte Marktwirtschaft. 1996 kam es abermals zu einer Spaltung, so dass der verbliebene MDF-Teil mehr und mehr zur Kooperation mit FIDESZ bereit war. Vor den Wahlen von 2002 schloss man ein gemeinsames Wahlbündnis. Im gemeinsamen Wahlkampf verschlechterte sich die Beziehung zwischen beiden Parteien. Das MDF betont seither seine Selbständigkeit als konservative Kraft.

23 Vgl. Csilla Machos: Parteien in Ungarn. Organisationsstruktur und Funktionsverständnis, Berlin 2003, S. 8.

24 Vgl. Zoltán Szöcs: A MIÉP genézise [Die Genese der MIÉP], abrufbar unter: http://www.miep.hu/index.php?option=com_content&view=article&id=44:parttoertenet&catid=37:felsmenue&Itemid=54 [Stand: 7. Mai 2009].

25 Vgl. Andreas Bock: Ungarn: Die „Wahrheits- und Lebenspartei" zwischen Ethnozentrismus und Rassismus, in: Osteuropa 52(2002)3, S. 280–292, hier S. 285.

Bestand des Ungarntums sei durch die Roma gefährdet.[26] Die sozialistische Vergangenheit wird äußerst kritisch betrachtet; der Systemwechsel sei ein Trick der moskauhörigen Eliten gewesen, ihre Pfründe in eine Epoche hinüberzuretten. Die Krise der Partei sollte durch ein Bündnis mit der neuen rechtsextremistischen Kraft *Jobbik* bei der Parlamentswahl von 2006 gestoppt werden. Nach dem Misserfolg folgten Streitigkeiten, die zu einer Trennung führten. Auf die jungen Aktivisten des subkulturellen Rechtsextremismus entfacht die MIÉP kaum Einfluss. Gleichwohl demonstrierte *Csurka* nach dem Niedergang seiner Partei auf der Straße, beispielsweise bei den gewalttätigen Protesten vom Oktober 2006.[27] Der 1934 geborene Parteivorsitzende steht dennoch mit seiner Partei heute im Schatten von *Jobbik*.

Die *Unabhängige Kleinlandwirte-, Landarbeiter- und Bürgerpartei* (FGKP) verkörpert eine agrarische Traditionslinie, die vor dem Kommunismus, dem Agrarpopulismus in der Zwischenkriegszeit, ansetzt. 1990 trat die Partei in die *Antall*-Regierung ein. Ein oppositioneller Flügel formierte sich um den aus der Regierungskoalition ausgeschiedenen *József Torgyán*. Aus einem treuen Partner des MDF Anfang der 1990er Jahre wurde sie immer mehr zu einer „hysterischen" Last. Die Partei trug mehr und mehr Grundzüge einer antielitären[28], rechtsorientierten Partei. Ins Zentrum ihrer Programmatik rückte die Forderung nach der Revision der seit 1947 verlorenen landwirtschaftlichen Gebiete. Aufgrund ihres aggressiven Tons sowie des aus der Sicht des MDF und auch des Staates nicht vertretbaren anachronistischen *Kleinlandwirte*-Programms wurde sie zum Ballast in der Koalition.[29] In der Regierungszeit von *Viktor Orbán* (1998 bis 2002) hatte die *Torgyán*-Partei drei Ministerien (Landwirtschaft, Verteidigung und Umweltschutz) inne. Ihr Erfolg mobilisierte: Im Jahr 2000 stellte die Partei mit 120.000 Mitgliedern deutlich die höchste Zahl, weit mehr als alle anderen Parteien in Ungarn zusammen.[30]

Ihre Wählerbasis entstammte in erster Linie aus Menschen mit geringem Sozialstatus. Mit dem Jahr 2000 begann allerdings der Niedergang der Partei. Minister wurden ausgetauscht, die einst unantastbare Führungsfigur *Torgyán* kam wegen dubioser finanzieller Transaktionen massiv unter Beschuss. Parteiabspaltungen nach Ausschlüssen aus der Partei führten zu einer Zerreisprobe. Bei den Wahlen von 2002 wurde die Partei dafür mit einem Ergebnis unter der Einprozentmarke abgestraft. Der agrarisch begründete Revisionismus macht neben der mitunter deftigen Rhetorik die Kategorisierung „weicher Rechtsextremismus" zumindest bedenkenswert.

Den geistigen Grundstein für die heutige *Ungarische Garde* legte die *Rechte Jugendgemeinschaft* (*Jobboldali Ifjúsági Közösség*, kurz *Jobbik*[31]). Diese riefen Universitätsstuden-

26 Vgl. József Bayer: Rechtspopulismus und Rechtsextremismus in Ostmitteleuropa, in: Österreichische Zeitschrift für Politikwissenschaft 31(2002)3, S. 265–280, hier S. 274.

27 Vgl. András Bozóki/Borbála Kriza: Party system and political discourse. The semi-loyal parties, in: Péter Sándor/László Vass (Hrsg.): Magyarország politikai évkönyve 2001-röl [Politisches Jahrbuch Ungarns 2001], Band 1, Budapest 2002, o. S.

28 Antielitarismus wird allgemein als konstitutives Merkmal des Populismus angesehen.

29 Vgl. Mihály Bihari: Rendszerváltás és hatalomváltás Magyarországon (1989–1990) [System- und Machtwechsel in Ungarn 1989–1990], in: Péter Sándor/László Vass (Hrsg.): Magyarország politikai évkönyve 1990-röl [Politisches Jahrbuch Ungarns über 1990], Budapest 1991, o. S.

30 Zu diesem Zeitpunkt hatten nach den offiziellen Parteiangaben die MSZP 32.000 und der FIDESZ 16.000 Mitglieder. Vgl. Csilla Machos: Parteien in Ungarn (FN 23), S. 8.

31 Der Name hat zwei Bedeutungen (Steigerungsform von „gut" und „rechts"), ist also ein Wortspiel mit Tiefsinn.

ten 1999 aus Frustration über die politischen Eliten ins Leben. *Jobbik* formierte sich im Oktober 2003 zu einer gleichnamigen Partei, die einen starken Anspruch auf System- und Gesellschaftskritik äußert. Ihren Radikalismus sieht die „neue soziale Bewegung" in ihrer Methodik legitimiert, nach der sie „die richtigen Fragen stelle und die richtigen Lösungen bereithalte". Ihr Zukunftsbild bildet die Ideologie „eines moralisch erneuerten, im Sinne der Nation denkenden und handelnden Ungarntums", welche die ganze ungarische Nation zu vereinen vermag. In der ungarischen Politik dominierten Worte, nicht Taten, heißt es im Gründungsdokument von *Jobbik*.[32]

Das taktische Bündnis mit MIÉP bei der Parlamentswahl von 2006 hatte keinen Erfolg; es erreichte 2,2 Prozent der Stimmen und zerstritt sich anschließend. *Jobbik* beansprucht nun das Rechtsaußenlager allein zu repräsentieren und die frühere Rolle von MIÉP zu übernehmen. Strategisch stärkte sie ihre Position, indem sie eine Art paramilitärische Organisation, die *Ungarische Garde*, gründete. Der Parteivorsitzende bzw. Anführer *Gábor Vona*, ein junger Akademiker, der aus einer traditionellen Bauernfamilie stammt, wurde zugleich Führer der Gardisten. *Vona* studierte an der Loránd-Eötvös-Universität Geschichte und Psychologie. Dort lehrt eine promovierte Dozentin namens *Krisztina Morvai* Strafrecht, die kurz vor der Europawahl 2009 plötzlich Spitzenkandidatin (ohne Parteimitgliedschaft) wurde. Dieser Coup beflügelte die Partei, die fast 15 Prozent der Stimmen gewann, weit mehr als ihr alle Prognosen prophezeit hatten. Ihre vornehmlich jungen Wähler bekam *Jobbik* auch aus den Reihen enttäuschter Anhänger der Sozialisten, ebenso vom FIDESZ. [33]

Morvai, 1963 in Budapest geboren, stand im Mittelpunkt der Wahlkampagne und -plakate. Sie sorgte dafür, der Partei nach außen hin eine angemessene Reputation mit scheinbarer Bürgerlichkeit zu geben und der Männerpartei einen wahlstrategisch bedeutenden weiblichen Farbtupfer zu verschaffen. Dafür bürgt ihre Biographie, das Image einer „Frauenrechtlerin": Sie arbeitete von 2003 bis 2006 im Sachverständigenausschuss der Vereinten Nationen zur Beseitigung von Diskriminierung gegenüber Frauen. Unter dem Titel „Terror in der Familie" veröffentlichte *Morvai* eine Studie über häusliche Gewalt in Ungarn. *Morvai* ist keineswegs als gemäßigt einzustufen. Mit ihrer exponierten Kandidatur symbolisierte sie den Schulterschluss mit dem parteiförmigen wie subkulturellen Rechtsextremismus. Gardisten flankierten mitunter die öffentlichen Auftritte *Morvais*. Bei der konstituierenden Sitzung im Europäischen Parlament erschien ein neuer *Jobbik*-Europaabgeordneter in *Garde*-Uniform.

Jobbik ist bereits in die Mitte der Gesellschaft vorgedrungen – durch eine clevere Strategie. So schloss sie im Vorfeld der Europawahl einen Pakt mit der über 5000 Mitglieder (rund ein Zehntel des Personalstandes der ungarischen Polizei) zählenden *Gewerkschaft der Tatkräftigen Ungarischen Polizei* (TMRSZ). Die TMRSZ bot *Jobbik* „fachliche Unterstützung" an, um ein Programm zur öffentlichen Sicherheit und Ordnung auszuarbeiten. Im Gegenzug setzte *Jobbik* die Generalsekretärin von TMRSZ, *Judit Szima*, auf Platz vier ihrer Kandidatenliste für die Wahlen zum Europa-Parlament. Der Fall sorgte für öffentliche Empörung und rechtliche Konsequenzen für die diskreditierte Polizeigewerkschaft. In einer

32 Vgl. Jobbik Magyarország alapító nyilatkozat (Gründungsurkunde von Jobbik vom 24. Oktober 2003), abrufbar unter: http://jobbik.hu/modules.php?name=Content&pa=showpage&pid=11 [Stand: 25. März 2009].

33 O. A.: Stimmen, Köpfe, Herzen. Ungarn, die pervertierte Demokratie – Wer ist Schuld an Jobbik?, in: Pester Lloyd vom 11. Juli 2009.

internen Untersuchung stellte das Landespolizeipräsidium (ORFK) fest, die Zusammenarbeit der Polizeigewerkschaft mit der rechtsnationalen Partei *Jobbik* sei gesetzeswidrig. Nach Ansicht der Behörde verstößt die Kooperation gegen das Verbot der politischen Betätigung von Polizeibeamten und behindert auf diese Weise die Arbeit der Polizei. Laut Auskunft von Landespolizeipräsident *József Bencze* beantragt seine Behörde nun eine Untersuchung durch die Staatsanwaltschaft, die in diesem Fall als Aufsichtsbehörde der Polizei fungiert.[34]

Keineswegs ist mit Blick auf die Parlamentswahl von 2010 ausgemacht, ob sich der FIDESZ klar gegen *Jobbik* positioniert. Intern wird über die Wahl der Strategie, Einbindung oder Ausgrenzung auf dem Weg zur Macht, momentan heftig diskutiert. Mit Parolen wie „Ungarn gehört den Ungarn" ist die Partei rechtextremistisch, romafeindlich und antisemitisch ausgerichtet. Besonderen Argwohn verspürt der antisemitisch gesinnte *Vona* gegen das „Judentum": „Die *Ungarische Garde* war noch gar nicht gegründet, da hat der *Jüdische Weltkongress* bereits einen Brief an den ungarischen Ministerpräsidenten verfasst, damit dieser verhindern sollte, dass die *Garde* überhaupt gegründet wird. So viel ich weiß, ist dieser Vorgang in der Geschichte einmalig. Noch nicht einmal während des Zweiten Weltkrieges gab es einen derartigen direkten und öffentlichen Versuch des organisierten Judentums, sich in die inneren Angelegenheiten eines Landes einzumischen."[35] *Jobbik* greift auf tradierte wie neu belebte Ressentiments wie die Romaphobie und antiintellektuelle Vorurteile zurück. Sie weckt Assoziationen zum Faschismus der Vergangenheit, indem sie z. B. ein Denkmal für *Miklós Horthy* errichten will. Im Ergebnis erfüllt *Jobbik* alle Kriterien einer „harten" rechtsextremistischen Partei.

3.2 Linksextremismus

Die *Ungarische Arbeiterpartei* (*Magyar Szocialista Munkáspárt*) löste sich von der offiziellen Rechtsnachfolgerin der alten kommunistischen Organisation, der MSZP, ab. Im Unterschied zur MSZP betont sie die Kontinuitäten zur sozialistischen Vergangenheit. Der orthodoxe Flügel der ehemaligen Staatspartei gründete im November 1989 eine eigene Partei. 43 Altkommunisten unter Führung des ehemaligen Generalsekretärs *Károly Grósz* beschlossen eine strikte Kontinuität zur ehemaligen Staatspartei MSZP (*Ungarische Sozialistische Partei*). Kurze Zeit zeichnete sich zwischen den beiden postkommunistischen Formationen ein Rennen mit offenem Ausgang ab. Als Parteivorsitzender kam mit dem Diplomaten *Gyula Thürmer* eine junge Kraft an die Spitze der Partei. Dennoch verfehlte die MP bei der ersten Wahl im Mai 1990 knapp den Parlamentseinzug, was ihr für die Zukunft jeglichen Wind aus den Segeln nahm. Der Parteivorsitzende war und ist äußerst unpopulär. Zu keiner Zeit konnte die Partei ein Parlamentsmandat erringen. Kurze Hoffnungen machte sich die MP im Zuge der Parlamentswahl von 1998, nachdem im ersten Wahlgang die Beteiligung in zwei östlichen Komitaten unter 50 Prozent geblieben war. Die *Arbeiterpartei* forderte vom

---

34 O. A.: Polizisten auf Abwegen, in: Budapester Zeitung vom 2. Juli 2009, abrufbar unter: http://www.budapester.hu/index.php?option=com_content&task=view&id=4379&Itemid=26 [Stand: 15. Juli 2009].

35 „Ungarn schützen, das ist unser Ziel", Interview mit Gábor Vona, dem Chef der ungarischen Garde, in: Deutsche Stimme 32(2008)5, S. 9.

Vorstand der MSZP, ihre Anhänger bei der Nachwahl für die Arbeiterpartei zu mobilisieren, damit diese den Sprung über die Fünfprozenthürde schaffen und als Koalitionspartner zur Verfügung stehen könnte. Die MSZP lehnte dieses Ansinnen aber ab.

Thürmer versucht bis in die Gegenwart erfolglos, marxistisches Gedankengut wieder salonfähig zu machen. Für die jüngere Generation strahlt die *Arbeiterpartei* keinerlei Attraktivität aus. Ihre Kampagnen gegen die NATO fanden kein Gehör. Das gilt ebenso für die verstärkte Hinwendung hin zu nationalen Traditionen und Werten.[36] Die Bevölkerung zeigt sich gegenüber jeglicher Art kommunistischer Ideen immun, obwohl paradoxerweise *János Kádár* selbst nach wie vor äußerst populär ist und sich nach Meinung vieler die Zeit im „Gulaschkommunismus" positiv von der Gegenwart abhebt. Ihr Gesicht zeigt die *Arbeiterpartei* mit kleineren Kundgebungen vornehmlich in Budapest.[37]

2006 erlitt die MP ihre größte Wahlniederlage. Sie verfehlte nicht nur den Einzug ins Parlament, sondern konnte sich, da sie weniger als ein Prozent der Stimmen erhielt, auch von der staatlichen Parteienfinanzierung verabschieden. Dem Parteivorsitzenden *Gyula Thürmer* wurde, anläßlich einer öffentlichen Stellungnahme, in der er mit Blick auf das geplante Referendum über die doppelte Staatsbürgerschaft der Auslandsungarn den Standpunkt von *Viktor Orbán* teilte,[38] die Mitwirkung bei der „antikommunistischen Opposition" des rechten Lagers vorgeworfen. Ihre Wählerschaft rekrutiert sie fast gänzlich aus Kreisen von älteren Menschen, die sich nach dem alten System zurücksehnen und das neue ablehnen.

4 Nichtparteiförmiger Extremismus

Der subkulturelle Rechtsextremismus ist kein unmittelbares Transformationsphänomen. Gewalttätige Straßenproteste sowie das Auftauchen paramilitärischer Vereinigungen seit dem Herbst 2006 indizieren das sprunghafte, „nach außen" sichtbare Wachsen des Protestpotenzials anderthalb Jahrzehnte nach dem Systemwechsel. Der subkulturelle Rechtsextremismus entwickelt sich mehr und mehr zu einer ernsthaften Bedrohung der liberalen Demokratie. Die feierliche Gründung der *Ungarischen Garde* (*Magyar Gárda*)[39] fand mit der Vereidigung der ersten Mitglieder auf der Budapester Burg statt. Rund 1000 Sympathisanten und Anhänger kamen direkt vor dem Amtssitz von Staatspräsident *László Sólyom* zusammen. *Lajos Für*,

36 Vgl. zur Partei ausführlicher János Hauszmann: Die Ungarische Sozialistische Arbeiterpartei (Magyar Szocialista Munkáspárt/MSZMP) in Ungarn 1956–1997, in: Gerhard Hirscher (Hrsg.): Kommunistische und postkommunistische Parteien in Osteuropa, München 2000, S. 103–131; Tom Thieme: Hammer, Sichel, Hakenkreuz. Parteipolitischer Extremismus in Ostmitteleuropa: Entstehungsbedingungen und Erscheinungsformen, Baden-Baden 2007, hier S. 172–179.

37 Eigene Beobachtung der Autoren. Wenige Aktivisten, in der Regel nicht mehr als 20, vornehmlich ältere Personen, zeigen sich mit kommunistischen Symbolen.

38 Vgl. Rede von *Gyula Thürmer* anlässlich des 21. Kongresses der *Ungarischen Kommunistischen Arbeiterpartei*, abrufbar unter: http://www.munkaspart.hu [Stand: 16. Juni 2009].

39 Die *Ungarische Garde* ist der Namenbezeichnung nach bereits die fünfte seit 1990. Mit den Vorgängern ist diese aber nicht gleichzusetzen, da in den früheren Garden zwei bis drei Dutzend junge Männer aktiv waren. Die „Vorläufergarden" verschwanden schnell von der Bildfläche.

in der ersten postsozialistischen Regierung zwischen 1990 und 1994 Verteidigungsminister, händigte den Gardisten die Mitgliedsurkunde aus.[40]

Bei der Konstituierung wurde eine rot-weiß-rote Flagge gehisst, die an die Pfeilkreuzerbewegung der ungarischen Faschisten während des Zweiten Weltkriegs erinnert. Die Teilnehmer waren zum Teil in schwarze Uniformen gekleidet. Auch das Datum der Vereidigung schien nicht zufällig gewählt. Vor 1100 Jahren schlug die ungarische Armee am 25. August in der Schlacht von Bratislava die Truppen des bairischen Stammes vernichtend. Die *Garde*, die auch bei der *Orbán*-Gruppe (wenn auch, wohl bewusst, etwas spät) auf Ablehnung stieß, sucht mit einer Schwärmerei von Ungarn in den Grenzen des alten Königsreichs den Bezug zum Faschismus der Zwischenkriegszeit.

Ihr Anführer *Gábor Vona* äußerte in einem Interview mit der „Deutschen Stimme", dem offiziellen Parteiorgan der deutschen, rechtextremistischen NPD[41], über den Zweck der *Garde*: Ungarn sei „physisch, seelisch und auch geistig/geistlich" zu schützen. Das zentrale Problem des ungarischen Volkes ergebe sich „mit den hiesigen Zigeunern – in Bezug auf deren äußerst unverhältnismäßig große Kriminalitätsrate und der bei ihnen ausgeprägten Arbeitsunwilligkeit." Die *Ungarische Garde* sei „eine Bewegung auf der Grundlage von christlichen Grundwerten." „Ungar-Sein" und „Christ-Sein" ginge Hand in Hand. Sie knüpft an den Revisionismus auch unter Jugendlichen an, wo zum Beispiel T-Shirts von Großungarn vor Trianon verbreitet sind.

Die Protestwelle im Herbst 2006 beeinflusst bis heute den subkulturellen Rechtsextremismus nachhaltig: Neben *Jobbik* sind andere rechtsextremistische Gruppierungen involviert. Traditionell verlaufen die Stränge der „freien Kräfte" im Rechtsextremismus nebeneinander. An den Straßenprotesten im Herbst 2006 nahmen unterschiedliche Gruppierungen teil, so die rechtsextremistische Großungarn-Organisation *64 vármegye* (*64 Komitate*)[42], eine militante Jugendbewegung. Ihr Wortführer *László Toroczkai* suchte unmittelbar nach Bekanntwerden der „Lügenrede" mediale Aufmerksamkeit. Nachdem ihm das öffentlich-rechtliche Fernsehen nicht gestattete, den an die Regierung gerichteten Rücktrittsaufruf zu verlesen, sammelte er einen Teil der Demonstranten auf dem Szabadság-Platz vor dem Rundfunkgebäude um sich. Einige hundert Personen – neben Mitgliedern von rechtsextremistischen Organisationen Hooligans eines Fussballclubs[43] – stürmten abends das Fernsehgebäude, was zu einer

40 Dessen Wut, im weiteren Sinne „mitverantwortlich" für die Gründung der *Garde*, hängt mit den jüngsten Militärreformen der MSZP-Regierung zusammen. Nach der zwischen 2004 und 2006 durchgeführten Reform wurde die allgemeine Wehrpflicht abgeschafft und eine Berufsarmee mit ca. 40.000 Mann eingeführt. Die *Garde* glaubt nun, als Kompensation eine allgemeine „Schutzfunktion" ausüben zu müssen.

41 Das Gespräch führte er am 28. März mit dem deutschen Diplom-Psychologen und stellvertretenden NPD-Kreisvorsitzenden von Köln *Benedikt Frings* in Budapest. Dieser nahm an einer Konferenz „zur Erforschung des Holocaust" vom Dezember 2006 in Teheran teil, beklagt regelmäßig eine „Schuldneurose des deutschen Volkes" und sieht die Anschläge des 11. September 2001 als „inside job" der USA an. Vgl. hier und im Folgenden (FN 35).

42 Wie der Name aussagt, kämpft die Organisation für das Großungarn vor dem Trianon-Vertrag von 1920, das bis dahin aus 64 Bezirken bestand.

43 Der einst erfolgreiche Traditionsverein *Ferencváros Budapest*, im Volksmund *Fradi* genannt, musste aufgrund finanzieller Misswirtschaft 2006 zwangsabsteigen, schaffte im Mai 2009 aber den Wiederaufstieg. Bei einem Freundschaftsspiel gegen den deutschen Verein Hertha BSC Berlin im Juli 2009 gingen Hooligans auf die mitgereisten Fans los, ohne dass Sicherheitskräfte einschritten. In seinen Reihen duldet der Verein Hooligans, die seit Jahren antisemitische Hetzparolen bis hin zur Erwähnung „Juden in die Gaskammern"

eineinhalbstündigen Sendeunterbrechung und zu Sachschäden von über 100.000 Euro führte. In den folgenden Nächten kam es vor dem MSZP-Sitz auf dem Köztársaság-Platz erneut zu Krawallen mit der Polizei.[44]

Der nationale Radikalismus gewann mit der Gründung der *Jobbik* neuen Schwung, Initiativfähigkeit und Stärkung. Die akademischen Wurzeln der *Jobbik*-Bewegung sorgen für einen breiten inhaltlichen Überbau. So werden historische Ereignisse bewusst instrumentalisiert, zuletzt am 15. März 2008, dem 160-jährigen Gedenken an die 1848er Revolution und den Freiheitskampf gegen die Habsburger. Rechtsextremismus in Ungarn ist kein Unterschichten- oder Randgruppenphänomen, obwohl die Gewalt der jüngsten Zeit mehrheitlich sozial Deklassierte verüben. Die Entstehung der *Ungarischen Garde* kann einerseits als „absurdes Theater", anderseits als Symptom für den erstarkten, ernst zu nehmenden Rechtsextremismus interpretiert werden.[45] Die *Garde* ist kein in sich homogener Block. Im Herbst 2008 traten interne Rivalitäten zum Vorschein, Worte von der Spaltung der *Garde* machten die Runde.

Ihre Gründung legitimiert die *Ungarische Garde* aktuell-politisch – die *Gyurcsány*-Regierung zu „verjagen". Zu Kundgebungen und Demonstrationen marschierte sie durch Roma-Viertel wie Olaszliszke, Kerepes, Tatárszentgyörgy und verbreitete Schrecken bei der Minderheit. Auch deshalb wurde im August 2007 bei der Staatsanwaltschaft Budapest ein Verbotsverfahren eingeleitet. Das Budapester Berufungsgericht bestätigte am 2. Juli 2009 das erstinstanzliche Verbot des Trägervereins der *Garde* vom Dezember 2007. In der Begründung hieß es, die Aktivitäten der *Garde* hätten die Rechte einer Vereinigung im Sinne des Vereinsgesetzes übertreten und die bürgerlichen Rechte der Roma beeinträchtigt. Als Folge des Verbots hatten mehrere tausend Anhänger am 11. Juli 2009 in Budapest die „Wiederbelebung" der *Ungarischen Garde* in Form einer „Bewegung" verkündet. Die Polizei löste die nicht angemeldete Kundgebung auf, nachdem die Demonstranten mit Gegenständen geworfen hatten. Auch *Gábor Vona*, Anführer von *Jobbik* und *Garde*, wurde festgenommen. Er gelangte nach einigen Stunden wieder in Freiheit. Die Problematik um die *Garde* dürfte weiterhin virulent bleiben. Das Verbot bringt ihr einen Märtyrerstatus im eigenen Lager ein.

5 Ergebnis

Die parteipolitische Polarisierung als Folge des Dualismus zwischen den Großparteien führt zu starkem Populismus. Die vergangenen nationalen Wahlkämpfe von 2002 und 2006[46] waren von Aggressivität, Freund-Feind-Denken, Verschwörungstheorien und Spionage[47] geprägt.

skandieren. Darüber hinaus spielt die Karte „Großungarns" eine besondere Rolle. Vor dem Systemwechsel galt der Verein als „leicht-oppositionell", da er von staatlicher Seite nicht unterstützt wurde.

44 Vgl. Thomas von Ahn: Demokratie oder Straße? Fragile Stabilität in Ungarn, in: Osteuropa 56(2006)10, S. 89–103, hier S. 94.

45 So Michael Ehrke/János Molnár: Die Ungarische Garde – Trachtengruppe oder neue SS?, Kurzanalyse der Friedrich-Ebert-Stiftung Budapest, abrufbar unter http://www.fesbp.hu/ger/first.htm [Stand: 18. Juli 2008].

46 Vgl. zum Wahlkampf von 2006 Ervin Csizmadia: Ungarn sucht den Superstar. Die ungarischen Parlamentswahlen 2006, in: Osteuropa 56(2006)5, S. 75–86.

47 Für Empörung bei den Wählern sorgte vor allem eine als „Watergate an der Donau" bekannt gewordene Affäre. FIDESZ-Mitglieder hackten sich illegal in den Server von MSZP ein. Es wurden knapp 3000 geheime Dokumente heruntergeladen, darunter – angeblich – auch die detaillierten Wahlkampfpläne der Parteispitze.

Das sind Elemente, welche die westlich geprägte normative Extremismustheorie als typische Merkmale von Extremismus und extremistischem Denken ansieht. Ungarn erweist sich daher als ein Fall, der eine intensive, von der Komparatistik losgelöste Gesamtbetrachtung mit einer Betrachtung der Großparteien nahelegt, um den Rechtsextremismus angemessen einschätzen zu können.[48] Der so beschriebene Extremismus aus den Reihen der Großparteien steht mit seiner Freund-Feind-Dichotomie im direkten Gegensatz zu den Werten des demokratischen Verfassungsstaats.[49] Die MSZP bindet Wähler bis an den äußeren linken Rand des politischen Spektrums, was die Hauptursache für die Schwäche des Linksextremismus sein dürfte. Der FIDESZ hat wählerperspektivisch eine harsche Wendung bis hin nach „rechtsaußen" vollzogen. Dieser Schritt war auch deshalb möglich, weil die Partei nie ein echtes bürgerliches Manifest ausarbeitete. Strategisch sollen mit antikapitalistischen Anklängen, dem Appell an die Nation und einfachen Parolen speziell die „Modernisierungsverlierer" eingebunden werden. Kritische Stimmen bezeichnen den Parteivorsitzenden *Viktor Orbán* als nationalen Populisten, der mit extremistischer Rhetorik jongliere.[50] Auch international hat sein Ansehen dadurch Schaden genommen. Die beiden Großparteien geben sich gegenseitig Schuld am Erstarken von *Jobbik*. Die rechtsextremistische Kraft ist bereits in der Mitte der Gesellschaft angekommen, wie das Bündnis mit der Polizeigewerkschaft und die Rekrutierung einer Persönlichkeit, *Krisztina Morvai*, belegen.

Den zentralen Baustein des „Bewegungsrechtsextremismus" um *Jobbik* bilden vornehmlich junge Männer, die zu historischen oder aktuellen Anlässen aufmarschieren. Er trägt Züge einer „neuen sozialen Bewegung" mit einem historisch-symbolischen Rahmen, beispielweise der rot-weiß-roten Fahne. *Jobbik* stilisiert sich zum Retter in der Not und benennt Schuldige. Derartige Ansätze gibt es auch in Westeuropa, wenngleich nicht in dieser Massivität. Charakteristisch für eine neue soziale Bewegung sind nach der deutschen Rechtsextremismusforschung eine straffe Organisation, Medienwirksamkeit und ein fester Demonstrationszyklus.[51] Neue soziale Bewegungen protestieren in Form einer „plebejischen Bewegung" gegen die Moder-

---

Die Parteiführung versuchte den Vorfall erfolglos herunterzuspielen. Der FIDESZ-Wahlkampfleiter *Antal Rogan* sagte, „übereifrige" Helfer hätten eine „Dummheit" begangen. Vgl. Tobias Lill: Ungarn. Watergate an der Donau, in: Spiegelonline vom 7. April 2006, abrufbar unter: http://www.spiegel.de/politik/ausland/0,1518,410180,00.html [Stand: 9. Juni 2006]. Schon im Wahlkampf 2002 brachte FIDESZ Gerüchte über eine Wahlfälschung von Sozialisten in Umlauf.

48 Vgl. Melani Barlai/Florian Hartleb: Ungarischer Populismus und Rechtsextremismus. Ein Plädoyer für die Einzelfallforschung, in: Südosteuropa Mitteilungen 48(2008)4, S. 34–51.

49 Vgl. Uwe Backes: Politischer Extremismus im demokratischen Verfassungsstaat. Elemente einer normativen Rahmentheorie, Opladen 1989.

50 Vgl. József Bayer: Die FIDESZ im Wechsel zwischen Oppositions- und Regierungspartei, in: Susanne Frölich-Steffen/Lars Rensmann (Hrsg.): Populisten an der Macht: Populistische Regierungsparteien in Ost- und Westeuropa, Wien 2005, S. 173–189. Während der Systemwechselphase gelangte *Viktor Orbán* zur Berühmtheit, als er am 16. Juni 1989 mit gerade 26 Jahren bei der feierlichen Umbettung des von den Sowjets exekutierten Ministerpräsidenten *Imre Nagy* – bis heute als Held von 1956 gefeiert – vor 150.000 Menschen eine viel beachtete Grabrede hielt, in der er mutig den Abzug der Sowjettruppen gefordert hatte.

51 Vgl. für die Diskussion in Deutschland Hans-Gerd Jaschke: Rechtsradikalismus als soziale Bewegung. Was heißt das?, in: vorgänge 32(1993)122, S. 105–111; Lazaros Miliopoulos: Strategische Ansätze, Potentiale und Perspektiven der NPD, in: Uwe Backes/Henrik Steglich (Hrsg.): Die NPD – Erfolgsbedingungen einer rechtsextremistischen Partei, Baden-Baden 2007, S. 121–141.

ne.[52] Dieser Umstand erklärt auch die weitreichenden historischen Rückgriffe im ungarischen Rechtsextremismus. Das Thema des Extremismus bekommt durch die jüngsten Entwicklungen neue Relevanz. *Jobbik* scheint sich als rechtsextremistische Kraft fest zu etablieren. Keineswegs lässt sich diese Entwicklung durch die Massivität an Nährboden für Rechtsextremismus als überraschend einzustufen. Alarmsignale gab es en masse.[53] Die neue Kraft *Jobbik* profitiert von ungelösten Problemen und festen Stereotypen, insbesondere gegenüber den Roma. Milieustudien könnten Klarheit über die Hintergründe bringen und die Frage klären, ob eine „normale Pathologie"[54] der ungarischen Gesellschaft oder ein Aufstand gegen den Individualismus vorherrscht. Analytisch ist das Unterfangen, den Rechtsextremismus zu erklären, keineswegs einfach, insbesondere aufgrund der starken Polarisierung, die tief in der Gesellschaft wurzelt. Die Absenz des Linksextremismus wiederum erklärt sich aus dem Wandel der MSZP, die zwar programmatisch kosmopolitisch-liberal ausgerichtet ist, aber auf Wählerstrukturen aus dem Sozialismus, insbesondere in den klassischen Industriegebieten und Bergbauregionen, zählen kann.

Um die politische Situation und die jüngsten politischen Erschütterungen zu verstehen, ist die Spaltungslinie zwischen Gewinnern und Verlierern der Transformation von zentraler Bedeutung. In den neuen EU-Ländern hält die Mehrheit der Bevölkerung die Lage im Gesundheitswesen und im Sozialbereich für besorgniserregend. In Ungarn zeigte sich die Konfliktlinie zwischen sozialer Beharrung und Bewegung gerade im erfolgreichen Referendum gegen die Gesundheitsreformen der Regierung. Mit Blick auf die beiden Großparteien FIDESZ und MSZP ist das politisch-ideologische Rechts-Links-Schema unbrauchbar, wie *Herbert Kitschelt* allgemein für Ostmitteleuropa schon früh feststellte.[55] Ungarn weicht deutlich vom westlichen Regelfall ab.

Insgesamt fehlen der Forschung bislang Erklärungsmuster, warum es nach einer erfolgreich abgeschlossen Transformation von der Diktatur zur Demokratie zu extremistischen und populistischen Aufwallungen kommt. Hängt es wirklich mit einem ungarischen „Post-EU-Beitrittssyndrom" zusammen[56], bei dem sich Europäisierungstendenzen im nationalen Parteiensystem und euroskeptische Töne der Parteien kaum bemerkbar machen? Auf der anderen Seite wäre es angesichts des späten Zeitpunktes der ungarischen Krise falsch, von Transformationspopulismus[57] oder -rechtsextremismus zu sprechen. Die weitere Forschung

52 Vgl. dazu Claus Leggewie: Rechtsextremismus – eine neue soziale Bewegung?, in: Wolfgang Kowalsky/Wolfgang Schroeder (Hrsg.): Rechtsextremismus. Einführung und Forschungsbilanz, Opladen 1994, S. 325–338.

53 Vgl. Melani Barlai/Florian Hartleb: Länderporträt Ungarn, in: Uwe Backes/Eckhard Jesse (Hrsg.): Jahrbuch Extremismus & Demokratie, Band 20, Baden-Baden 2009, S. 215–234.

54 Die Begrifflichkeit wurde in den späten 1960er Jahren gewählt, um den zeitgenössischen Rechtsextremismus in den westlichen (Industrie-)Gesellschaften zu erklären. Vgl. Erwin K. Scheuch/Hans D. Klingemann: Theorie des Rechtsradikalismus in westlichen Industriegesellschaften, in: Hamburger Jahrbuch für Wirtschafts- und Gesellschaftspolitik, Hamburg 1967, S. 11–19, hier 12.

55 Vgl. Herbert Kitschelt: The Formation of Party Systems in East Central Europe, in: Politics & Society 20(1992)1, S. 7–50, hier S. 17.

56 So Attila Ágh: Hungarian Politics in The Early 21st Century: Reforms and Post-EU Accession Crisis, in: Südosteuropa Mitteilungen 48(2008)2, S. 68–81.

57 So u. a. für den ostmitteleuropäischen Raum, Ungarn eingeschlossen, Marianne Kneuer: Die Stabilität populistischer Regierungen am Beispiel der slowakischen HZDS: Wechselwirkungen innen- und außenpolitischer Prozesse, in: Susanne Frölich-Steffen/Lars Rensmann (Hrsg.): Populisten an der Macht: Populistische Regierungsparteien in Ost- und Westeuropa, Wien 2005, S. 149–171, hier S. 168.

steht vor der anspruchsvollen Aufgabe, länderspezifisch eine fundierte Antwort auf die Frage nach Kurz- oder Langfristigkeit dieser Phänomene zu geben. Die Besonderheiten des Postsozialismus erklären zwei Jahrzehnte nach der Transformation keineswegs den Zuspruch für den Rechtsextremismus in Ungarn. Die Ursachen dafür sind eher in der Unfähigkeit zur diskursiven Konsensbildung zu finden, die alte historische Gräben wieder zum Vorschein bringt und den Rechtsextremismus als Posttransformationsphänomen strukturell verankern könnte.

Zusammenfassung

Extremismus in den EU-Staaten im Vergleich

Eckhard Jesse/Tom Thieme

1 Rahmenbedingungen

1.1 Demokratische bzw. diktatorische Traditionen

Die vergleichende Analyse des politischen Extremismus in den EU-Staaten muss einerseits Entstehungsursachen, andererseits Faktoren zur Beschränkung und Verhinderung der extremistischen Kräfte berücksichtigen. Dabei ist es notwendig, landes- und nationalitätsspezifische Unterschiede herauszuarbeiten. Nur so können die verschiedenen Ausprägungen von Extremismus genau und differenziert erfasst werden. Obwohl die Renaissance von autoritären Regimes im vereinten Europa mit wachsender zeitlicher Distanz zu den rechten und linken Diktaturen in unabsehbare Ferne gerückt scheint, bleibt das Problem des Extremismus in Europa nach wie vor präsent. Vor allem von den sozialen Wandlungsprozessen im Zuge der technologischen Modernisierung und der ökonomisch-kulturellen Globalisierung seit dem Ende der 1980er Jahre profitieren extremistische Kräfte. Die Liberalisierung der Wirtschaft, die Reformierung sozialer Standards, internationale Standortkonkurrenz, die Deregulierung der Arbeitsmärkte sowie wachsende Migrationsbewegungen hätten einen guten Resonanzboden für den Rechtsextremismus geschaffen, so Richard Stöss.[1] Von gesellschaftlicher Desintegration, wachsender Unsicherheit und Unzufriedenheit profitieren jedoch Protestparteien – diese müssen nicht immer extremistisch sein – und Anti-System-Kräfte jeder Couleur. Für die postkommunistischen Staaten kommen Schwierigkeiten durch die komplexen wirtschaftlichen, politischen und kulturellen Transformationsprozesse („Dilemma der Gleichzeitigkeit") hinzu. An beiden Flügeln des politischen Spektrums suchen die Verlierer des Systemwechsels in ihrer materiellen und geistigen Unzufriedenheit nach Alternativen, die teilweise ideologisch an vordemokratische Epochen anknüpfen. Doch nicht nur für die Fragen, wie und warum Extremismus in den einzelnen postautokratischen EU-Staaten ausgeprägt ist, spielt die Dimension der Vergangenheit bzw. ihrer Bewältigung eine Rolle. Auch das gesellschaftliche Verhältnis der meisten europäischen Demokratien zum politischen Extremismus wird maßgeblich durch das historische Erbe – demokratischer wie autokratischer Prägung – bestimmt.

Spielarten der Großideologien von Nationalismus und Kommunismus ließen in Europa als dem Zentrum der weltpolitischen Verwerfungen des 20. Jahrhunderts kaum einen Staat unversehrt. Dennoch verlief die Entwicklung der einzelnen Länder in Richtung Demokratie zeitlich und räumlich unterschiedlich. In manchen Ländern griffen „politische Monster"[2] nach

1 Vgl. Richard Stöss: Rechtsextreme Parteien in Westeuropa, in: Oskar Niedermayer/ders./Melanie Haas (Hrsg.): Die Parteiensysteme Westeuropas, Wiesbaden 2006, S. 521–563, hier S. 521 f.
2 So Hans Peter Schwarz: Das Gesicht des Jahrhunderts. Monster, Retter, Mediokritäten, Berlin 1998.

der Macht, deren Despotie und Vernichtungswahn Millionen Menschen zum Opfer gefallen sind. Andere Staaten blieben zwar von den Auswirkungen der Weltkriege und des Kalten Krieges nicht unverschont, doch sie bildeten allmählich demokratische Regierungsformen heraus – von Kriegsbesatzungen abgesehen. Mit dem amerikanischen Politikwissenschaftler Samuel Huntington und in Abwandlung seiner Phaseneinteilung lassen sich drei Zyklen der Demokratisierung, aber auch Gegenwellen ausmachen[3], die jeweils eng mit den Zäsuren des 20. Jahrhunderts zusammenhängen. Die erste Demokratisierungsphase begann vielfach nach dem Ende des Ersten Weltkriegs, die zweite nach 1945 und die dritte im Zuge der (meist) friedlichen Revolutionen von 1989/90.

Tabelle 1 Demokratisierung in den heutigen EU-Staaten (ohne Unterbrechung)

Bis 1945	**1946–1989**	**Ab 1989/90**
Belgien, Dänemark, Frankreich, Finnland, Großbritannien, Irland, Luxemburg, Niederlande, Schweden	Deutschland/West, Griechenland, Italien, Malta, Österreich, Portugal, Spanien, Zypern	Bulgarien, Deutschland/Ost, Estland, Lettland, Litauen, Polen, Rumänien, Slowakei, Slowenien, Tschechien, Ungarn

Von den heute 27 EU-Staaten waren bis zum Ende des Zweiten Weltkrieges weniger als ein Drittel Demokratien. Die schrittweise Systemtransformation von autokratischer (meist monarchischer) zu demokratischer Herrschaft wurde mit der Einführung parlamentarischer Regierungssysteme, die aus freien und einigermaßen fairen Wahlen (ein Frauenwahlrecht existierte lange nicht überall) hervorgingen, bis 1918 weitgehend abgeschlossen. Daneben entstanden in Mittel- und Ostmitteleuropa demokratische Staaten, von denen sich die meisten allerdings als instabil erwiesen und nicht in der Lage waren, den inneren und äußeren Anfechtungen ihrer Regierungsform standzuhalten (Tabelle 1). Wenngleich es der Sowjetkommunismus bis zu Beginn des Zweiten Weltkrieges nicht schaffte, sich in Europa auszubreiten, existierten in vielen Staaten starke kommunistische Bewegungen (Deutschland, Italien, Frankreich, Spanien). Das Erstarken der Sowjetunion beförderte wiederum indirekt den Erfolg strikt antikommunistisch ausgerichteter faschistischer Bewegungen. Vor allem in den neuen Demokratien profitierten diese von vielfältigen Nationalitätenproblemen, fehlender demokratischer Akzeptanz durch die Bevölkerung und alten Eliten sowie dem erschütterten Selbstverständnis der besiegten Staaten des Ersten Weltkrieges. Faschistische und nationalistische Diktaturen etablierten sich in den 1920er und 1930er Jahren in Deutschland, Griechenland, Italien, Österreich und in Ost- bzw. Ostmitteleuropa (mit Ausnahme der Tschechoslowakei). Die meisten autoritären Diktaturen Europas stützen sich auf den Rückhalt im inneren und stürzten erst durch die Einwirkungen von außen.

3 Vgl. Samuel P. Huntington: The Third Wave. Democratization in the Late Twentieth Century, Norman/London 1991.

Tabelle 2 Autokratische Systeme in den heutigen EU-Staaten von 1918 bis 1989/90

Nationalistische bzw. faschistische Diktaturen	Kommunistische Diktaturen
Bulgarien, Estland, Deutschland, Griechenland, Italien, Lettland, Litauen, Österreich, Polen, Portugal, Rumänien, Slowakei, Spanien, Ungarn	Bulgarien, Deutschland (Ost), Estland, Lettland, Litauen, Polen, Rumänien, Slowenien, Tschechoslowakei, Ungarn

Die kommunistischen Diktaturen, durch Gewalt errichtet, wurden dagegen von außen (der Sowjetunion) gestützt und erst nach vier Jahrzehnten durch den inneren Widerstand der Bevölkerungen gestürzt. Während nach dem Ende des Zweiten Weltkrieges in den meisten Staaten Westeuropas stabile Demokratien entstanden (Griechenland, Portugal und Spanien folgten mit Verzögerungen in den 1970er Jahren), lösten in Osteuropa kommunistische Diktaturen unter dem Schirm des Sowjetimperiums die meist nationalistischen Regime ab. Innere Versuche, die sowjethörigen politischen Systeme zu beseitigen (oder zumindest zu reformieren), scheiterten in der DDR (1953), in Ungarn (1956), in der Tschechoslowakei (1968) und in Polen (1981) an der militärischen Rückendeckung aus Moskau. Als die Sowjetunion Ende der 1980er Jahre die Breschnew-Doktrin aufgab, offenbarte sich die fehlende Legitimität der kommunistischen Machthaber in den Blockstaaten. Innerhalb weniger Monate entstanden in den heute osteuropäischen EU-Staaten aus Diktaturen demokratisch-politische Systeme, bei deren Ausgestaltung die alten Eliten mehr (Bulgarien, Polen, Rumänien) oder weniger (DDR, Tschechoslowakei) beteiligt wurden. Obwohl einige Staaten, wie die Slowakei und Rumänien, in den 1990er Jahren zahlreiche Demokratiedefekte aufwiesen und im Bereich der Verankerung einer demokratisch politischen Kultur z. T. bis heute aufweisen, bestand zu keinem Zeitpunkt in einem der Länder die Gefahr, die (bisweilen hysterisch prophezeite) Rückkehr des Kommunismus und/oder des Nationalismus könne Realität werden. Die meisten osteuropäischen Demokratien sind besser konsolidiert als zunächst angenommen.[4] Manche Staaten erlebten zahlreiche Systembrüche, manche kamen ohne diese aus. Für die erste Variante ist Deutschland ein Beispiel[5], für die zweite Großbritannien[6].

1.2 Politische Kultur

Die teilweise traumatischen Erfahrungen mit den Großideologien des 20. Jahrhunderts und das historische Erbe des Totalitarismus[7] prägen im heutigen Europa auf unterschiedliche Weise die politischen Kulturen im Allgemeinen und die Wahrnehmung und den Umgang mit

4 Vgl. Wolfgang Merkel: Gegen alle Theorie? Die Konsolidierung der Demokratie in Ostmitteleuropa, in: Politische Vierteljahresschrift 48(2007)3, 413–433.

5 Vgl. Eckhard Jesse: Systemwechsel in Deutschland. 1918/19 – 1933 – 1945/49 – 1989/90, Köln u. a. 2010.

6 Vgl. Christina Bussfeld: Democracy versus Dictatorship. Die Herausforderung des Faschismus und Kommunismus in Großbritannien 1932–1937, Paderborn u. a. 2001.

7 Siehe hierzu u. a. Barbara Spinelli: Der Gebrauch der Erinnerung. Europa und das Erbe des Totalitarismus, München 2002.

dem politischen Extremismus im Besonderen. Das bereits in den 1950er Jahren entwickelte Konzept der politischen Kulturforschung[8], als „Beschäftigung mit der Gesamtheit von Einstellungen und Wertüberzeugungen gegenüber dem politischen System", ist verstärkt im Zuge der Transformationsprozesse in Osteuropa revitalisiert worden. Verantwortlich für den Bedeutungsgewinn kulturalistischer Ansätze in der vergleichenden Politikwissenschaft ist einerseits die unzureichende Erklärungskraft (neo-)institutionalistischer und akteurszentrierter Ansätze bei Fragen der Konsolidierung oder Gefährdung (junger) Demokratien[9], andererseits die offenkundige Diskrepanz zwischen „objektiver" institutioneller Demokratiemessung und „realistischer" Demokratiewirklichkeit.[10] Für die Analyse des politischen Extremismus sind spezielle Aspekte, z. B. das Verständnis der Bevölkerung gegenüber den politischen Systemen bzw. den demokratischen Verfassungsstaaten sowie die Akzeptanz oder Inakzeptanz antidemokratischer Politik, von besonderer Relevanz.

Obwohl strittig ist, welche konkreten Einstellungen als Teil einer demokratisch-politischen Kultur zu gelten haben, bleibt die Frage nach der Legitimität eines politischen Systems zentral, da diese das Verhältnis zwischen Bürger und staatlicher Ordnung bestimmt: „Die Anerkennung des politischen Regimes als legitime, gegenüber möglichen Alternativen zu bevorzugende Herrschaftsordnung gehört zu den unverzichtbaren Merkmalen der demokratischen politischen Kultur."[11] Eine in diesem Sinn verstandene grundsätzliche Unterstützung der Demokratie als Ordnungsmodell gilt laut *Eurobarometer* für alle EU-Staaten, wenngleich mit regionalen Unterschieden. So erreicht die Unterstützung der Demokratie als Regierungsform ihre Höchstwerte in Skandinavien, aber auch in Mittel-, Süd- und Westeuropa seit Jahrzehnten eine „nahezu konsensuale Zustimmung"[12] von konstant über 80 Prozent, wenngleich mit abnehmenden Werten im letzten Jahrzehnt. In den postkommunistischen Gesellschaften Osteuropas ist die Akzeptanz der Demokratie mit durchschnittlich über 70 Prozent zwar ebenfalls durch eine deutliche Bevölkerungsmehrheit gesichert, doch vor allem bei den objektiven wie subjektiven Verlierern der demokratischen Transformation erfreuen sich antidemokratische Alternativen einer gewissen Beliebtheit. Die Diktatur als Systemalternative wird zwar in allen EU-Staaten vom Großteil ihrer Bewohner wie von nahezu allen gesellschaftlichen relevanten Gruppen abgelehnt, dennoch gelten autokratische Ordnungsvorstellungen in manchen Ländern für bis zu 20 Prozent starke Minderheiten als eine erstrebenswerte Alternative.[13]

Gleichwohl hängen die Etablierungschancen für extremistische Phänomene nicht nur mit der generellen Systemakzeptanz, sondern auch mit der Demokratiezufriedenheit, also mit dem Funktionieren und den wahrgenommenen Leistungen der politischen Systeme zu-

8 Siehe u. a. das Grundlagenwerk von Gabriel A. Almond/Sydney Verba: The Civic Culture. Political Attitudes and Democracy in Five Nations, Princeton 1963.

9 Vgl. Susanne Pickel/Gert Pickel: Politische Kultur- und Demokratieforschung: Grundbegriffe, Theorien und Methoden. Eine Einführung, Wiesbaden 2006, S. 15.

10 Vgl. Jürgen Neyer: Externe Demokratisierung in Mittel- und Osteuropa und die Beständigkeit der politischen Kultur, in: Gunnar Folke Schuppert/Stefan Gosepath (Hrsg.): WZB Jahrbuch 2007, Berlin 2008, S. 223–238.

11 Oscar W. Gabriel: Politische Einstellungen und politische Kultur, in: Ders./Sabine Kropp (Hrsg.): Die EU-Staaten im Vergleich. Strukturen, Prozesse, Politikinhalte, 3. aktualisierte und erweiterte Auflage, Wiesbaden 2008, S. 181–214, hier S. 184.

12 Ebd., S. 188.

13 Vgl. Europäische Kommission (Hrsg.): Eurobarometer 1990–2009. Verschiedene Ausgaben, abrufbar unter: http://ec.europa.eu/public_opinion/index_en.htm [Stand: 13. März 2010].

sammen. Hierbei fallen die Werte in den meisten, gleichwohl nicht in allen (z. B. Dänemark, Deutschland, Irland) Staaten niedriger aus als bei der Frage nach der Akzeptanz der demokratischen Staatsform. Vor allem in den postkommunistischen Ländern ist ein Großteil der Bevölkerung unzufrieden mit den Leistungen der politischen Systeme. Mit der Ausnahme Italiens finden sich in der Gruppe von Staaten mit niedriger Demokratiezufriedenheit ausschließlich frühere Ostblockstaaten, so neben Bulgarien, Rumänien, der Slowakei und Ungarn auch der Sonderfall „Ostdeutschland" (Tabelle 3). Nur in Tschechien und Slowenien sind die Werte unwesentlich geringer als in westeuropäischen Staaten der Mittel-Kategorie wie Belgien, Frankreich und Portugal. Die nachlassende Akzeptanz der repräsentativen Demokratien, welche ein Absinken der Demokratiezufriedenheit nach sich ziehen und zumal Transformationsstaaten berühren, hat teils langfristige, teils spontan-affektive Gründe. Wandelnde Werteinstellungen und soziostrukturelle Verschiebungen sind nicht automatisch die Folge von Leistungsschwierigkeiten oder Strukturmängeln der politischen Systeme, verstärken allerdings den Problemdruck auf die Politik, woraus neue Konflikte resultieren können. Nach *Oscar W. Gabriel* hat „in jüngster Zeit die Zufriedenheit mit dem politischen System im westlichen Teil der EU zugenommen, nicht im östlichen. Infolgedessen hat sich der Unterschied zwischen den beiden Großregionen nicht abgeschwächt, sondern vertieft."[14] Das gilt auch und vor allem mit Blick auf die Europäische Union und ihre Institutionen, die trotz eines gestiegenen Euroskeptizismus im Westen deutlich positiver gesehen wird als im Osten.[15] Regionale Unterschiede treten jedoch nicht nur entlang des früheren Eisernen Vorhangs auf. So sind die Zufriedenheit mit den Leistungen der Demokratie und die allgemeine Lebenszufriedenheit in Nordeuropa am größten, in Mittel- und Westeuropa überwiegen leicht positive gegenüber negativen Einstellungen, in Südeuropa ist es umgekehrt.

Tabelle 3 Demokratiezufriedenheit in den Mitgliedsstaaten der EU (1975–2006)

Hoch	**Mittel**	**Niedrig**
Dänemark, Deutschland (West), Finnland, Irland, Luxemburg, Niederlande, Österreich, Schweden, Zypern	Belgien, Estland, Frankreich, Griechenland, Litauen, Malta, Polen, Portugal, Slowenien, Spanien, Tschechien	Bulgarien, Deutschland (Ost), Italien, Lettland, Rumänien, Slowakei, Ungarn
Quelle: Eurobarometerdaten berechnet nach Oscar W. Gabriel (FN 11), S. 193, eigene Darstellung.		

Die Einstellungen zur Demokratie bzw. die Zufriedenheit mit den politischen Systemen wirken sich auf die Chancen extremistischer Kräfte aus. Der Zusammenhang ist zwangsläufig: Je stärker die Ideen und Institutionen der Demokratie in den Gesellschaften anerkannt werden, umso schwächer dürfte das Mobilisierungspotenzial extremistischer Akteure ausgeprägt sein. Zugleich beeinflusst eine ausgeprägte demokratische politische Kultur den Charakter und den Intensitätsgrad politischer Extremismen. Wo radikale Systemalternativen weitgehend

14 Oscar W. Gabriel (FN 11), S. 193.
15 Vgl. Eurobarometer (FN 13).

diskreditiert sind, gerieren sich Akteure eines weichen (parteiförmigen) Extremismus nicht allzu offensichtlich als systemfeindlich, sondern eher als systemkonform. Vor allem in den postautokratischen Staaten ergibt sich daraus die paradoxe Situation, dass die diktatorischen Vergangenheiten das Potenzial des Extremismus zugleich hemmen und fördern. Fördern, weil der Unzufriedenheit mit den demokratischen Leistungen ein einst „realexistierendes" Vorbild entgegengehalten werden kann; hemmen, weil aufgrund der praktischen Erfahrungen solche Systeme in weiten Teilen der EU-Bevölkerung diskreditiert sind.

Nicht gleichzusetzen mit der Akzeptanz und der Bewertung der Demokratie ist das Verhältnis von Mehrheitskultur und politischem Extremismus. Die Frage, ob ein gesellschaftlicher antiextremistischer Konsens existiert, hängt nicht nur von empirisch messbaren Einstellungen zur Demokratie ab, sondern auch von subjektiven Faktoren: Inwieweit werden bestimmte extremistische Phänomene überhaupt als solche wahrgenommen? Sind sie isoliert oder agieren sie als Teil der Mehrheitskultur? Wie stark ist ihre gesellschaftliche Verankerung vorangeschritten (z. B. in den Medien)? Während es in den EU-Staaten Konsens darüber gibt, dass gewaltbereite extremistische Formationen aller Richtungen undemokratisch und damit zu bekämpfen sind, unterscheiden sich die europäischen Gesellschaften im Umgang mit legalistisch agierenden Organisationen, in erster Linie Parteien, zum Teil deutlich.

Ein antiextremistischer Konsens in Form einer gesellschaftlich wie politisch lagerübergreifenden Ablehnung und Isolierung jeglicher extremistischer Ideologien und Organisationen existiert nur in wenigen EU-Staaten, z. B. in Deutschland und Tschechien, wiewohl es in beiden Ländern eine Erosion der Abgrenzung gegenüber dem linken Flügel gibt. In einigen Ländern, wie Finnland, Irland und Großbritannien, besteht zugleich wenig Notwendigkeit, den demokratischen Zusammenhalt herauszustreichen, sind die Bindungen der Bevölkerung an die demokratischen Eliten doch geradezu selbstverständlich und Extrempositionen marginalisiert. Unterschiede betreffen vor allem das Verhältnis von Rechts- und Linksextremismus. In Westeuropa sind rechtsextremistische Parteien gesellschaftlich weitgehend stigmatisiert und politisch isoliert. Kooperationen mit ihnen lehnt die Mehrheitskultur ab. Das gilt für Staaten mit erfolgreichen extremistischen Parteien (z. B. Belgien und Frankreich) ebenso wie für die meisten anderen Staaten (z. B. Deutschland, Portugal Spanien). In Dänemark, Italien und Österreich existieren zwischen einem Teil der Mehrheitskultur und dem weichen Rechtsextremismus Berührungspunkte, während auf der anderen Seite der Linksextremismus kaum als antidemokratisch gilt.

Umgekehrt scheinen einige der östlichen EU-Staaten dem Linksextremismus – vermutlich nicht zuletzt wegen der Erfahrungen mit den kommunistischen Unrechtsregimes – kritischer gegenüber zu stehen als dem Rechtsextremismus, z. B. im Baltikum, in Rumänien, der Slowakei und Ungarn. Während Antikommunismus hier weit verbreitet ist, stehen die Erfolge rechtsextremistischer Parteien in einem starken Zusammenhang mit rechtsextremen Einstellungen, die weder die Bevölkerungsmehrheit als inakzeptabel ansieht, noch die politische Konkurrenz. In den meisten Staaten jedoch genießt der Linksextremismus ein höheres Maß an gesellschaftlicher Akzeptanz als der Rechtsextremismus. Während die Bevölkerung nationalistische Ideologien vor dem Hintergrund der Verbrechen von Nationalsozialismus bzw. Faschismus in allen EU-Staaten klar ablehnt, heißt es mit Blick auf den Linksextremismus vielerorts, der Kommunismus sei eine gute, nur schlecht ausgeführte Idee gewesen.[16] Hier liegt offenkundig eine Schieflage vor.

1.3 Grundlagen für Parteien- und Vereinigungsverbote

Die unterschiedlich geprägten historischen Erfahrungen und politischen Kulturen bestimmen nicht nur, in welcher Weise extremistisches Denken in den europäischen Gesellschaften verankert ist, sondern auch, welche Schutzvorkehrungen gegenüber den verschiedenen antidemokratischen Strömungen existieren und wie diese tatsächlich genutzt werden. Deutschland stellt mit dem Modell der streitbaren Demokratie[17] und seinen wesentlichen Elementen der Wertgebundenheit, Abwehrbereitschaft und Vorverlagerung einen gewissen Sonderfall dar – freilich mehr in der Theorie als in der Praxis. Nirgendwo kann der Staat auf ein derartiges Instrumentatrium zur Verhinderung jedweder extremistischer Bestrebungen zurückgreifen – die Konsequenz aus dem Untergang der wehrlosen Weimarer Republik. Mit Wertgebundenheit ist gemeint, dass das Grundgesetz gemäß Art. 79, Abs. 3 die Menschenwürde und die Staatsstrukturprinzipien für unantastbar erklärt. Es gibt Werte, die über der Volkssouveränität rangieren (wie etwa die Menschenwürde). Ein solcher unveränderlicher Kernbestand der Verfassung ist neben der Bundesrepublik in den Verfassungen Griechenlands, Litauens und Tschechiens implementiert. Abwehrbereitschaft ist das Pendant zur Wertgebundenheit. Wer diese Werte in Zweifel zieht und sie abzuschaffen versucht, kann aus dem politischen Willensbildungsprozess ausgeschaltet werden.

Während es in allen EU-Staaten (theoretisch) möglich ist, die Tätigkeit nichtparteiförmiger Organisationen auf zivil- und strafrechtlicher Grundlage einzuschränken bzw. zu verbieten, unterscheiden sich die Abwehrmaßnahmen gegenüber Parteien stark. Zur ersten Ländergruppe gehören Staaten, in denen verfassungs- und/oder parteigesetzliche Regelungen zum Demokratieschutz verankert sind, auf deren Grundlage nicht nur die Mittel, sondern auch die Ziele extremistischer Strömungen als antidemokratisch gelten und daher verboten werden können. Dazu zählen mit Deutschland, den baltischen Staaten, Bulgarien, Polen, Slowakei, Slowenien, Spanien und Tschechien ausschließlich Staaten, die Abwehrbereitschaft offensichtlich als Konsequenz aus den leidvollen Erfahrungen mit den Diktaturen in ihre Verfassungen installierten. Die Verbotsmöglichkeiten richten sich gegen verfassungsfeindliche Parteien jede Couleur. Im spanischen Fall wurde die gesetzliche Regelung speziell auf das Verbot der baskischen *Batasuna*-Partei 2003 zugeschnitten.[18]

Eine gesetzlich verbriefte Abwehrbereitschaft findet sich jedoch nicht in allen posttotalitären bzw. -autoritären Staaten. In einigen Ländern der zweiten Gruppe, z.B. in

16 Vgl. Detlef Pollack: Nationalismus und euroskeptische Einstellungen in den postkommunistischen Einstellungen in den postkommunistischen Staaten Mittel- und Osteuropas, in: Gert Pickel u. a. (Hrsg.): Osteuropas Bevölkerung auf dem Weg in die Demokratie. Repräsentative Untersuchungen in Ostdeutschland und zehn osteuropäischen Transformationsstaaten, Wiesbaden 2006, S. 123–136.

17 Vgl. u. a. Eckhard Jesse: Demokratieschutz, in: Ders./Roland Sturm (Hrsg.): Demokratien des 21. Jahrhunderts im Vergleich. Historische Zugänge, Gegenwartsprobleme, Reformperspektiven, Opladen 2003, S. 451–476.

18 Vgl. Länderbeitrag „Spanien“ von Marianne Kneuer in diesem Band.

Griechenland, Italien, Österreich und Ungarn, wurde als Reaktion auf die Unfreiheit der Diktaturen gerade besonderer Wert auf eine möglichst liberale Ausgestaltung des politischen Wettbewerbs gelegt. Analog zu den Staaten mit langen freiheitlich demokratischen Traditionen, wie Belgien, Dänemark, Finnland, Frankreich, Irland und Niederlande genießen die Parteien umfangreiche Schutzrechte, ja Privilegien. Die Abwehrmöglichkeiten der Demokratie sind stark eingeschränkt. Zwar können die Aktivitäten von Parteien aus „formalen" Gründen, z. B. wegen Organisationsdefiziten oder illegalen Aktivitäten (Steuerhinterziehung, Korruption) eingeschränkt werden, doch sind solche Maßnahmen kein Merkmal des Demokratieschutzes, da sie sich nicht gegen die ideologische Ausrichtung der Parteien richten und somit auch demokratische Parteien (be)treffen. Nur wenn die Freiheit zur Abschaffung der Freiheit missbraucht wird, besteht die Möglichkeit, dass die Staaten agieren können – Ziele allein sind dagegen nicht strafbar.

Bei der dritten Ländergruppe richtet sich die Abwehrbereitschaft nicht gegen sämtliche Formen antidemokratischer Parteien, sondern ausschließlich gegen rechtsextremistische oder religiöse Bestrebungen. Das trifft auf Portugal (die Konsequenz aus dem antirechtsextremistischen Demokratieverständnis nach Überwindung der *Salazar*-Diktatur), Schweden und Großbritannien zu, wo Antidiskriminierungsgesetze und „Rassismusparagrafen" (Dänemark) rechtsextremistische Straftaten (auch von Parteien) behandeln. Obwohl von der EU vorgegebene länderübergreifende strafrechtliche Normen gegen so genannte „Hassverbrechen"[19] existieren und Antidiskriminierungsgesetze in vielen Ländern erörtert werden, gibt es im Bereich der Abwehrbereitschaft gegenüber (rechts-)extremistischen Parteien keine länderübergreifenden Standards bzw. eine transnational abgestimmte Vorgehensweise. Wo Parteienverbote möglich sind, entscheiden zumeist die obersten nationalen Gerichte über Verfassungsmäßig- oder Verfassungsfeindlichkeit.

Die EU-Staaten variieren jedoch nicht nur im Grad und in der Ausrichtung ihrer Abwehrmechanismen, sondern auch und vor allem in ihren mannigfaltigen Schwankungen zwischen Verfassungstheorie und -praxis. Während gegenüber terroristischen Bestrebungen (besonders im Zuge der zunehmenden Gefährdung durch den islamistischen Terrorismus) die Abwehrbereitschaft vieler Staaten zugenommen hat und zahlreiche militante rechtsextreme Vereinigungen auf der Grundlage von Antidiskriminierungsgesetzen verboten wurden (allerdings kaum linksextreme wegen ihrer Systemablehnung), fand das Instrument des Parteienverbotes selten Anwendung. In Deutschland scheiterte 2003 der Verbotsantrag von Bundesregierung, Bundestag und Bundesrat gegen die rechtsextreme *Nationaldemokratische Partei Deutschlands* (NPD) wegen Verfahrensfehlern im Zuge der V-Mann-Affäre.[20] Doch abgesehen vom Ausschluss alter „Systemparteien" im Zuge der demokratischen Transformation (wie in Österreich, Italien nach 1945, in Litauen nach 1990), kam es in den vergangenen 20 Jahren nur in Bulgarien, Portugal, der Slowakei, in Spanien und Tschechien zu Parteiverboten wegen Verfassungsfeindlichkeit. Richteten sich die spanischen und bulgarischen Beschlüsse gegen separatistisch-ethnoregionalistische Parteien, ging es in den anderen Fällen

19 Vgl. European Commission Against Racism and Intolerance, abrufbar unter: http://www.coe.int/t/dghl/monitoring/ecri/default_en.asp [Stand: 11. April 2010].

20 Siehe im Einzelnen u. a. Lars Flemming: Das NPD-Verbotsverfahren. Vom „Aufstand der Anständigen" zum „Aufstand der Unfähigen", Baden-Baden 2005.

um rechtsextreme Parteien. Das einzige (und letzte) Verbot einer linksextremen Partei in den vergangenen 20 Jahren betraf 1991 die *Litauische Kommunistische Partei* (LKP), wohl eher eine Nachwirkung der Transformation.

1.4 Wahlsysteme und Wahlrecht

Die Wahlsysteme in den EU-Staaten sind höchst unterschiedlich.[21] Kein Wahlsystem gleicht dem anderen völlig. Auch die Wahlrechtsbestimmungen (z. B. das aktive und passive Wahlalter sowie die Verankerung von Wahlrechtsmodalitäten in den Verfassungen) weichen voneinander ab, wenngleich sich beträchtliche Angleichungen vollzogen haben. Das aktive Wahlalter liegt mittlerweile in allen Ländern bei 18 Jahren, mit Ausnahme von Österreich (16 Jahre). Die Variationsbreite der Wahlsysteme ist dagegen beträchtlich. Zwei Länder weisen eindeutig ein Mehrheitswahlsystem auf: Frankreich wählt nach den Bedingungen der absoluten, Großbritannien nach denen der relativen Mehrheitswahl – jedoch beabsichtigt die im Mai 2010 gebildete neue konservativ-liberale Regierungskoalition im Vereinigten Königreich eine Modifizierung des Wahlsystems, maßgeblich forciert durch die Liberalen, welche als dritte Kraft der britischen Politik bislang vom Mehrheitswahlsystem stark benachteiligt wurde.

In den meisten EU-Staaten gibt es Verhältniswahlsysteme (zumindest für die Wahlen zu den Ersten Kammern). Nur in den Niederlanden existiert ein System der reinen Verhältniswahl ohne natürliche (Wahlkreise) und künstliche Sperrhürden (Sperrklausel). Weiterhin finden Proporzsysteme in Belgien, Deutschland, Bulgarien, Dänemark, Estland, Finnland, Lettland, Österreich, Polen, Schweden, der Slowakei, in Slowenien und Tschechien Anwendung. Völlige Proportionalität wird dort nicht angestrebt, gibt es doch in all diesen Verhältniswahlsystemen mehrheitsbildende Elemente, um einer zu starken Parteienzersplitterung entgegenzuwirken. Die Sperrhürden betragen in der Regel vier oder fünf Prozent, für Parteienbündnisse und Wahlallianzen gelten häufig gestaffelte Regelungen.

Die Wahlsysteme Griechenlands, Irlands, Italiens, Litauens, Portugals, Rumäniens, Spaniens und Ungarns müssen als Mischwahlsysteme bezeichnet werden, da die Mehrmannwahlkreise eine restriktive Wirkung für kleinere Parteien haben. In der Literatur firmieren sie hingegen meistens – ungenau – wegen des Verteilungsprinzips im Wahlkreis als Verhältniswahlsysteme. Tatsächlich sind die Grenzen zwischen Verhältniswahlsystemen und den als „Mischwahlsystemen" apostrophierten Wahlverfahren fließend. Nur das litauische „Grabenwahlsystem" ist ein Musterbeispiel für ein exakt zwischen Verhältnis- und Mehrheitswahl angesiedeltes Wahlsystem, bei dem ein Teil der Mandate nach dem Proporzprinzip und ein Teil nach dem Winner-takes-it-all-Prinzip vergeben wird. Die Kategorie der Mischwahlsysteme lässt aufgrund der variierenden Größe der Personenwahlkreise und der unterschiedlichen Formen der Verrechnungsverfahren mannigfaltige Ausformungen zu: Bei manchen überlagern Mehrheitswahlelemente jene der Verhältniswahl (Irland), in manchen ist es umgekehrt (Portugal). Ferner kann der Proportionalitätsgrad von Wahl zu Wahl schwanken.

---

21 Vgl. hier und im Folgenden Eckhard Jesse: Wahlsysteme und Wahlrecht, in: Oscar W. Gabriel/Sabine Kropp (FN 11), S. 299–348.

Die verschiedenen Ausprägungen der Wahlsysteme haben wesentliche Auswirkungen auf die Parteien (auf die Art des Parteiensystems und -wettbewerbs) sowie die Regierungen (auf deren Stabilität und die Möglichkeit von Regierungswechseln) und damit auch auf die Bedeutung extremistischer Parteien. Tendenziell fördern Mehrheitswahlsysteme Zweiparteiensysteme (und damit große Parteien), Misch- und Verhältniswahlsysteme – je nach Variante – mehr oder weniger Vielparteiensysteme und damit auch extremistische Parteien, weil diese meistens eher klein sind. Der Zusammenhang von Wahlsystem und Extremismus bestätigt sich jedoch nur teilweise. Zwar waren und sind extremistische Parteien in Großbritannien bei Unterhauswahlen chancenlos, in Frankreich jedoch, wo Kommunisten traditionell auf den Listen der Sozialisten kandidieren, gilt dies nicht in gleichem Maße. Umgekehrt fördert das „reinste“ Verhältniswahlsystem in den Niederlanden kaum antidemokratische Parteien, während in Italien unter ähnlichen Bedingungen (der lange Zeit fehlenden Sperrklausel) mehrfach rechts- und linksextremistische Parteien in das nationale Parlament eingezogen sind. Ähnliche Unterschiede gibt es mit Blick auf die verschiedenen Mischwahlsysteme, z. B. für Litauen und Ungarn.

Stärker ist der Zusammenhang von Wahl- und Parteiensystem mit Blick auf die Frage der Regierungsstabilität. Hier zeigt sich, dass stärker mehrheitswahlorientierte Systeme eher zu Einparteienregierungen führen als Verhältniswahlsysteme. Sie weisen grundsätzlich eine höhere Stabilität auf als Koalitionsregierungen, wenngleich eine klare Regierungsmehrheit kein zureichender Faktor für Stabilität ist. Umgekehrt müssen Koalitionsregierungen nicht zwangsläufig instabil sein. Indessen nimmt die Regierungsstabilität deutlich ab, wenn extremistische Parteien als Juniorpartner an Regierungsbündnissen beteiligt werden. Die meisten innerhalb der EU-Staaten gebildeten nationalen Kabinette unter Einschluss von Anti-System-Parteien überstanden nicht ihre vorgesehenen Legislaturperioden – davon zeugten zuletzt die Allianzen in Polen (2006–2007) und Italien (2007–2008); allerdings gibt es auch hier Ausnahmen (Slowakei: 2006–2010). Grundsätzlich gilt: Die Auswirkungen der Wahlsysteme auf den politischen Extremismus sind bedeutend, aber in den meisten Fällen nicht monokausal zu betrachten. Meist stehen sie in einer komplizierten Wechselbeziehung zu anderen Faktoren, vor allem zur politischen Kultur eines Landes im Allgemeinen und in der gesellschaftlichen Wahrnehmung und Behandlung des Extremismus im Besonderen.

2 Wahlentwicklung extremistischer Parteien

Wer die Wahlergebnisse extremistischer Parteien seit 1990 betrachtet, sieht sich in mehrfacher Hinsicht Schwierigkeiten ausgesetzt – das gilt auf der nationalen wie auf der europäischen Ebene. Abgrenzungsprobleme ergeben sich zum einen aus der allgemeinen Theorie. Neben dem Umstand jeweils national unterschiedlicher Interpretationen, ob bzw. ab wann eine Organisation als extremistisch zu gelten hat oder nicht, sind vor allem Parteien in der Grauzone zwischen „noch nicht demokratisch“ und „nicht mehr extremistisch“ ein Politikum. Zum anderen resultieren konzeptionelle Schwierigkeiten aus der politischen Praxis. Das betrifft vor allem die Form der Wahlteilnahme extremistischer Parteien. Sie können allein agieren, in Listenverbindungen (mit demokratischen wie mit extremistischen Partnern) antreten oder durch Vereinigungen und Abspaltungen in anderen Parteien bzw. Bündnissen aufgehen.

Das betrifft vor allem – aber nicht nur – die instabilen (z. B. Italien, Spanien) und wenig konsolidierten Parteiensysteme (Osteuropa in den 1990er Jahren). Ferner sind Wandlungsprozesse extremistischer Parteien zu berücksichtigen. Zudem ist nicht jede Organisation für den gesamten Untersuchungszeitraum von 1990 bis 2009 durchweg demokratisch oder extremistisch. Während in den meisten Fällen ein Mäßigungsprozess eingetreten ist, müssen ebenso extremistische Aktivitäten in demokratischen Parteien wahrgenommen werden. Ein Überblick über die Wahlergebnisse seit 1990 soll die Erfolge bzw. Misserfolge extremistischer Parteien in Europa beleuchten, die Stärken und Schwächen des Rechts- und/oder Linksextremismus analysieren, die Kontinuität bzw. die Dauerhaftigkeit der Etablierung untersuchen und auf die Transformation (post)extremistischer und (ex)demokratischer Bestrebungen eingehen. Als Kriterien für den Wahlerfolg extremistischer Parteien gelten Parlaments- und Regierungsbeteiligungen sowie die Stabilität der Ergebnisse.

Rechtsextremistische Parteien existieren zwar in allen 24 untersuchten EU-Staaten, doch ihre Wahlergebnisse unterscheiden sich stark. In einem Drittel der Länder waren Rechtsextremisten im gesamten Untersuchungszeitraum parlamentarisch vertreten. In ebenso vielen Staaten erzielten sie vereinzelte oder einmalige Erfolge. In den übrigen acht Demokratien konnten rechtsextremistische Parteien von 1990 an keinerlei Mandate auf nationaler Ebene gewinnen. Vor allem die 14 EU-Staaten Westeuropas unterscheiden sich stark im Ausmaß rechtsextremer Wahlerfolge. Mit Ausnahme Schwedens und Griechenlands handelt es sich entweder um Länder mit konstant etablierten (Belgien, Dänemark, Frankreich, Italien und Österreich) oder dauerhaft erfolglosen rechtsextremen Parteien (Deutschland, Finnland, Griechenland, Großbritannien, Irland, Niederlande, Portugal und Spanien). In den meisten osteuropäischen Staaten verbuchten Rechtsextremisten dagegen nur vereinzelte Erfolge. Hier lässt sich – abgesehen von Bulgarien, wo die rechtsextreme Partei ATAKA seit 2005 im Parlament vertreten ist – eine klare Tendenz erkennen: In Estland, Lettland, Tschechien und Ungarn verschwanden Rechtsaußenparteien bis Ende der 1990er Jahre aus den nationalen Parlamenten, in Polen und Rumänien nach den letzten Wahlen. Nur in der Slowakei und in Slowenien sind die jeweiligen rechtsextremistischen *Nationalparteien* (beide: SNS) konstant auf nationaler Ebene parlamentarisch präsent. Der parteiförmige Rechtsextremismus ist damit momentan in den etablierten Demokratien Westeuropas stärker vertreten als in den postautokratischen Systemen Osteuropas. Kurz- und mittelfristige Erfolge in Ländern ohne parlamentarischen Rechtsextremismus sind nach Wahlumfragen und Experteneinschätzungen in West- (Schweden) und Osteuropa (Rumänien, Ungarn) realistisch. In den wegen ihrer geringen Einwohnerzahl nicht in den Vergleich einbezogenen Staaten Luxemburg und Malta existieren keine nennenswerten rechtsextremistischen Kräfte, in Zypern erzielte die Partei *Neue Horizonte* (NE) bei den Parlamentswahlen 2001 mit 3,0 Prozent (ein Mandat) ihr bestes Ergebnis.[22]

22 Vgl. Peter A. Zervakis/Tasos Costeas: Das politische System Zyperns, in: Wolfgang Ismayr (Hrsg.): Die politischen Systeme Osteuropas, 3. Auflage, Wiesbaden 2009, S. 1097–1157, hier S. 1135.

Tabelle 4 Staaten nach dem Erfolg rechtsextremistischer Parteien auf nationaler Ebene 1990–2009

Staaten mit dauerhaft erfolgreichen Parteien	**Staaten mit vereinzelt oder einmalig erfolgreichen Parteien**	**Staaten ohne erfolgreiche Parteien**
Belgien, Dänemark, Frankreich, Italien, Österreich, Rumänien, Slowakei, Slowenien	Bulgarien ↑, Estland ↓, Lettland ↓, Griechenland ↑, Polen ↓, Schweden ↓, Tschechien ↓, Ungarn ↓	Deutschland, Finnland, Großbritannien, Irland, Litauen, Niederlande, Portugal, Spanien

Weniger deutlich sind die Unterschiede zwischen Ost und West bei der Frage nach erfolgreichen Regierungsbeteiligungen rechtsextremistischer Parteien (Tabelle 5). Nirgendwo in Europa stellte und stellt eine rechtsextremistische Partei die größte Parlamentsfraktion oder den Regierungschef. In fünf Ländern gelangten von 1990 an Rechtsaußenparteien in die Regierungsverantwortung – in Rumänien vor dem EU-Beitritt des Landes. In drei Staaten wurden mehrfach nationale Regierungen unter Einschluss rechtsextremer Parteien gebildet: in Italien in den drei Kabinetten von *Silvio Berlusconi* (1994, 2001–2005 und seit 2008), in Österreich (2000–2003 und 2003–2007) und in der Slowakei (1992–1998 und seit 2006).[23] In Polen und Rumänien kam es von 1990 an zu einmaligen Koalitionen unter Einschluss rechtsextremer Parteien. Beide Regierungsbündnisse überdauerten nicht die vollen Legislaturperioden. Polens (2006–2007) und Rumäniens (1992–1995) unheilige Allianzen zerbrachen nach etwa der Hälfte ihrer Amtszeiten an der Regierungsunfähigkeit der rechtsextremistischen Juniorpartner. In Dänemark (seit 2001) und Bulgarien[24] (seit 2009) unterstützen weiche rechtsextremistische Parteien Minderheitsregierungen. Die meisten Bündnisse mit rechten Flügelparteien erwiesen sich als instabil. Alle Koalitionen mit Rechtsaußenparteien zerbrachen vor dem Ende der offiziellen Legislaturen, oder es gab umfangreiche Kabinettsumbildungen.

23 Siehe hier und im Folgenden die Länderporträts dieses Bandes sowie die Beiträge in Wolfgang Ismayr (Hrsg.): Die politischen Systeme Westeuropas, 4. Auflage, Wiesbaden 2009; ders. (Hrsg.): Die politischen Systeme Osteuropas, 3. Auflage, Wiesbaden 2010; Dieter Nohlen/Philipp Stöver (Hrsg.): Elections in Europe. A Data Handbook, Baden-Baden 2010.

24 Vgl. Michael Hein: Die Parlaments- und Europawahlen 2009 in Bulgarien, in: Südosteuropa Mitteilungen 49(2009)5, S. 44–61.

Tabelle 5 Staaten nach der Beteiligung rechtsextremer Parteien an nationalen Regierungen 1990–2009

Staaten mit rechtsextremen Regierungsparteien	**Staaten mit Minderheitsregierungen unter Tolerierung rechtsextremer Parteien**	**Staaten ohne rechtsextreme Regierungsparteien**
Italien, Polen, Österreich, Rumänien, Slowakei,	Bulgarien, Dänemark	Belgien, Deutschland, Finnland, Estland, Frankreich, Griechenland, Großbritannien, Irland, Lettland, Litauen, Niederlande, Portugal, Schweden, Slowenien, Spanien, Tschechien, Ungarn

Insgesamt gelang von 1990 bis 2009 19 rechtsextremen Parteien der nationale Parlamentseinzug (Tabelle 6), sieben davon erzielten konstante Wahlergebnisse – der *Vlaams Belang* in Belgien, Dänemarks *Fortschritts-* bzw. *Volkspartei* (FRP/DF), der französische *Front National* (FN), die italienische *Lega Nord* (LN), Österreichs *Freiheitliche* (FPÖ) sowie die slowakische und die slowenische *Nationalpartei* (SNS). Sechs Parteien, die in den 1990er Jahren vorübergehende Wahlerfolge feierten, existieren dagegen heute nicht mehr. Die Gründe weichen voneinander ab: Tschechiens *Republikaner* und die lettische *Volksbewegung* (TKL) zerfielen nach internen Querelen; ihre Nachfolgeparteien blieben bedeutungslos. Im Fall der italienischen MSI begann mit der Umbenennung in *Alleanza Nationale* (AN) ein grundlegender Kurswechsel zur Demokratisierung der Partei. Die *Estnischen Bürger* (EK) und die *Rumänische Unabhängigkeitspartei* (PUNR) bildeten Allianzen mit demokratischen Parteien, von denen sie später aufgesogen wurden. In Ungarn und Schweden verdrängten neue Rechtsaußenparteien wie *Jobbik* und die *Schwedische Demokratie* (SD) die früher erfolgreichen Kräfte – diese blieben allerdings bis Ende 2009 ohne parlamentarische Repräsentation auf nationaler Ebene.

Die Perspektiven der übrigen fünf Parteien sind ungewiss. Die einstigen Rivalen der FPÖ und ihrer Abspaltung *Bündnis Zukunft für Österreich* (BZÖ) kündigten Anfang 2010 die Wiedervereinigung nach einer Art CDU/CSU-Modell an, wobei das BZÖ bei Wahlen nur im Stammland Kärnten unter dem Namen *Freiheitliche in Kärnten* antreten soll, die FPÖ im restlichen Bundesgebiet.[25] In beiden Parteiflügeln gibt es starke Widerstände gegen den Zusammenschluss. Die polnische *Familienliga* (LPR) und die *Großrumänische Partei* (PRM) galten bis vor wenigen Jahren als Belege für einen rasanten Aufstieg des Rechtsextremismus in Osteuropa, doch beide erlebten bei den letzten Parlamentswahlen herbe Niederlagen. Während Polens LPR nach dem Ende der skandalbehafteten *Kaczyński*-Koalition 2007 nahezu vollständig von der politischen Bühne verschwand, stehen die Chancen für ein Comeback der PRM aufgrund der günstigen Gelegenheitsstrukturen des Extremismus in Rumänien gut. Nach wie vor fehlen der politische und gesellschaftliche Wille, sich mit der diktatorischen Vergangenheit und dem politischen Extremismus auseinander zu setzen. Die beiden einzigen

25 Vgl. Saskia Jungnikel/Lukas Kapeller: FPÖ und BZÖ fusionieren, in: Der Standard vom 17. Dezember 2009.

rechtsextremen Gruppierungen, die momentan in nationalen Parlamenten vertreten sind und nicht bereits von 1990 an regelmäßige Wahlerfolge erzielten, sind die bulgarische *Koalition ATAKA* und die *Volksorthodoxe Sammlungsbewegung* (LAOS) in Griechenland. Dazu kommen Einzelpersonen und Kleinstparteien, die auf Listen oder im Fahrwasser von demokratischen Parteien in parlamentarische Ämter aufrückten, aber nach wie vor zum Spektrum des Rechtsextremismus zu zählen sind. Das trifft – neben dem AN in Italien – vor allem auf die osteuropäischen Staaten zu (Bulgarien, Polen und das Baltikum), wo das *Party-Hopping* rechtsextremistischer Einzelpersonen in den Entstehungs- und Konsolidierungsphasen der Parteiensysteme eindeutige Zuordnungen und Abgrenzungen erschwert(e).

Neben den erfolgreichen rechtsextremistischen Kräften existieren in den EU-Staaten nur wenige solche Parteien, die bei nationalen Wahlen zumindest ein Prozent der Wählerstimmen gewinnen konnten. Manche erzielten in bestimmten Hochburgen nennenswerte Ergebnisse, blieben aber auf landesweiter Ebene bedeutungslos, so der wallonische Ableger des *Front National* in Belgien, die *Nationaldemokratische Partei Deutschlands* (NPD), die italienische *Movimento Sociale-Fiamma Tricolore* (MS-FT) und die Partei *Visu Latvijai* (*Alles für Lettland*). Die „erfolgreichste" außerparlamentarische Kraft im europäischen Rechtsextremismus sind derzeit die *Schwedischen Demokraten* (SD), die bei Wahlen seit 2002 konstant – auf niedrigem Niveau – zulegen konnten (2006: 2,9 Prozent).

Allerdings waren weitere rechtsextremistische Parteien bei den Europawahlen erfolgreich. Die wegen der Mehrheitswahl auf nationaler Ebene chancenlose *British National Party* (BNP) profitiert auf europäischer Ebene vom Verhältniswahlmodus und zog 2009 mit 6,3 Prozent erstmals ins Europaparlament ein (Tabelle 7). Wegen der fehlenden Sperrhürde im italienischen Fall gelangten 2004 zwei rechtsextreme Parteien nach Straßburg, darunter die *Alternativa Sociale* (AS) unter Führung *Alessandra Mussolinis*, der Enkelin des Duce, obwohl beide nur etwa ein Prozent der Stimmen gewannen.

Die Wahlmodalitäten der Europawahl begünstigen (rechts)extremistische Parteien nicht automatisch, sondern schwächen sie vor allem in den kleinen Ländern. So entsendet beispielsweise Lettland insgesamt nur acht Abgeordnete ins Europaparlament, Slowenien sieben, Estland sechs. Bei einem nationalen Wahlkreis liegen die natürlichen Sperrhürden für ein Mandat dadurch zwischen zehn und 20 Prozent. Eine Partei wie die slowenische SNS mit durchschnittlich fünf bis zehn Prozent Zustimmung auf nationaler Ebene ist bei den Europawahlen chancenlos. Doch nicht nur wegen des Wahlsystems konnten rechtsextremistische Parteien bei Europawahlen weniger stark reüssieren als auf nationaler Ebene. Zum einen besitzt das Europathema für Nationalisten kaum Bindekraft, und es gelingt ihnen nicht, ihr Wählerpotenzial im gleichen Maße abzurufen wie bei nationalen Wahlen. Zum zweiten existieren in vielen EU-Staaten erfolgreiche demokratisch euroskeptische Kräfte (Großbritannien, Polen, Tschechien), die fundamental europafeindliche Parteien ersetzen und abschwächen bzw. überflüssig werden lassen.[26] Zum dritten scheiterten rechtsextremistische Parteien im Europaparlament mehrfach an den Versuchen, einheitliche Positionen und Fraktionen zu

26 Das gilt im gleichen Maße für Rechts- wie Linksaußenparteien, wie *Szczerbiak/Taggert* in ihrer vergleichenden Analyse des parteipolitischen Euroskeptizismus nachweisen konnten. Siehe im Einzelnen dies. (Hrsg.): Opposing Europe? The Comparative Party Politics of Euroscepticism, Band I: Case Studies and Country Surveys, Band II: Comparative and theoretical perspectives, Oxford/New York 2008.

Tabelle 6 Rechtsextremistische Parlamentsparteien in den EU-Staaten 1990–2009

Land	**Partei**	**1. Wahl nach 1990**	**1. Wahl nach 1999**	**Letzte Wahl**	**Bestes Ergebnis**
Belgien	*Vlaams Blok/Belang* (VB)	6,6	11,6	12,0	12,0 (2007)
Bulgarien	*Natsionalen Săyuz Ataka* (ATAKA)	---	---	9,4	9,4 (2009)
Dänemark	*Fremskridtspartiet/Dansk Folkeparti* (FRP/DF)	6,4	12,0	13,9	13,9 (2007)
Estland	*Eesti Kodanik* (EK)	6,9	---	---	6,9 (1992)
Frankreich	*Front National* (FN)	12,4	11,3	4,3	15,1 (1997)
Griechenland	*Laikós Orthódoxos Synargemós* (LAOS)	---	---	3,8	3,8 (2007)
Italien	*Lega Nord* (LN)	8,7	3,9	8,3	10,1 (1996)
	Movimento Sociale Italiano (MSI)	5,4	---	---	5,4 (1992)
Lettland	*Tautas Kustība Latvijai* (TKL)	14,9	---	---	14,9 (1995)
Österreich	*Freiheitliche Partei Österreichs* (FPÖ)	16,6	10,0	17,5	26,9 (1999)
	Bündnis Zukunft für Österreich (BZÖ)	---	---	10,7	10,7 (2008)
Polen	*Liga Polskich Rodzin* (LPR)	---	7,9	1,3	8,0 (2005)
Rumänien	*Partidul Unităţii Naţionale Române* (PUNR)	7,7	1,4	---	7,7 (1992)
	Partidul România Mare (PRM)	3,9	19,5	3,2	19,5 (2000)
Schweden	*Ny Demokrati* (NyD)	6,7	---	---	6,7 (1992)
Slowakei	*Slovenská Národná Strana* (SNS)	7,9	3,3	11,7	11,7 (2006)
Slowenien	*Slovenska Nacionalna Stranka* (SNS)	10,0	4,4	5,4	10,0 (1992)
Tschechien	*Republikánská Strana* (SPR-RSČ)	6,0	1,1	---	8,0 (1998)
Ungarn	*Magyar Igazság és Élet Partja* (MÍEP)	---	4,4	2,2	5,5 (1998)

Quelle: Eigene Darstellung nach den Beiträgen dieses Bandes.

bilden. Wegen Spannungen zwischen rumänischen und italienischen Nationalisten zerbrach 2008 die Fraktion *Union für das Europa der Nationen* (UEN). Im derzeitigen Europaparlament organisieren sich einige rechtsextreme Parteien (LN, SNS, DF) zusammen mit demokratischen europaskeptischen Kräften in der Fraktion *Europa der Freiheit und der Demokratie* (EFD). Die meisten Rechtsextremisten blieben allerdings (gezwungenermaßen) im Europaparlament fraktionslos, da nationale Befindlichkeiten unter Europas Nationalisten engere Kooperationen im EU-Parlament stets verhinderten. In den Fraktionen der demokratischen Parteien sind sie ohnehin unerwünscht.

Tabelle 7 Rechtsextremistische Parteien im Europaparlament 1994–2009 (in Prozent und Mandaten)

Land	**Partei**	**1994/95**	**1999**	**2004/07**	**2009**
Bulgarien	*Natsionalen Săyuz Ataka* (ATAKA)			14,2 (3)	12,0 (2)
Belgien	*Vlaams Blok/Belang* (VB)	7,8 (2)	9,4 (2)	13,5 (3)	9,6 (2)
	Front National (FN)	2,9 (1)	1,5 (0)	2,7 (0)	1,3 (0)
Dänemark	*Fremskridtspartiet/Dansk Folkeparti* (FRP/DF)	2,9 (0)	5,8 (1)	6,8 (1)	14,8 (2)
Frankreich	*Front National* (FN)	10,5 (11)	5,7 (5)	9,8 (7)	6,3 (3)
Griechenland	*Laikós Orthódoxos Synargemós* (LAOS)	---	---	4,1 (1)	7,2 (2)
Großbritannien	*British National Party* (BNP)		1,1 (0)	4,9 (0)	6,2 (2)
Italien	*Lega Nord* (LN)	6,6 (6)	4,5 (4)	5,0 (4)	10,2 (9)
	Movimento Sociale-Fiamma Tricolore (MS-FT)	---	1,6 (1)	0,7 (1)	0,8 (0)
	Alternativa Sociale (AS)	---	---	1,2 (1)	---
Österreich	*Freiheitliche Partei Österreichs* (FPÖ)	27,5 (6)	23,4 (5)	6,3 (1)	12,7 (2)
Polen	*Liga Polskich Rodzin* (LPR)			15,9 (10)	1,1 (0)
Rumänien	*Partidul România Mare* (PRM)			---	8,7 (3)
Slowakei	*Slovenská Národná Strana* (SNS)			2,0 (0)	5,6 (1)
Ungarn	*Jobbik*			---	14,8 (3)

Die Wahlerfolge bzw. Misserfolge linksextremistischer Parteien in Europa zeigen ein ähnlich uneinheitliches Bild. In elf der 24 untersuchten Staaten blieb der Linksextremismus von 1990 an bedeutungslos, ebenso in Luxemburg und auf Malta. In der anderen Hälfte der Länder gelang es Linksaußenparteien seit 1990, in die nationalen Parlamente einzuziehen – davon in sieben Staaten dauerhaft (Tabelle 8 und 10). In den früheren Ostblockstaaten sind kommunistische Parteien heute größtenteils diskreditiert. Lediglich in Tschechien und im Sonderfall der für lange Zeit nur in Ostdeutschland erfolgreichen PDS (jetzt *Die Linke*) sind weiche linksextremistische Parteien momentan auf nationaler Ebene parlamentarisch vertreten. Innerhalb Westeuropas lässt sich dagegen ein deutliches Nord-Süd- bzw. Süd-Nord-Gefälle des Linksextremismus feststellen. Mit Ausnahme Schwedens und gelegentlicher Erfolge einzelner Abgeordneter in Irland (aufgrund der starken Personalisierung des Wahlsystems) und Dänemark sind linksextremistische Parteien bis heute am stärksten in Frankreich, Griechenland, Italien, Portugal und Spanien. In diesen Staaten besitzen die kommunistischen Parteien wegen ihres Widerstandes gegen den Nationalsozialismus (Frankreich, Italien) oder gegen die rechtsautoritären Diktaturen (Griechenland, Portugal, Spanien) ein hohes Maß an politischer Legitimität. Durch den Zusammenbruch des Realsozialismus gerieten die meisten kommunistischen Parteien jedoch in eine tiefe Finanz- und Identitätskrise. Sie konnten nicht annähernd an ihre Wahlerfolge vor 1990 anknüpfen.[27] Die Parteien reagierten auf den Niedergang der kommunistischen Regime unterschiedlich: Einige wandelten sich zu demokratischen linken Parteien (Schweden, Polen, Ungarn), einige beendeten ihre unabhängige Existenz und gingen in neuen Allianzen auf, die sowohl demokratischer (Italien, Niederlande) als auch extremistischer (Deutschland, Spanien) Natur sind. Nur wenige linksextremistische Parteien stehen in ungebrochener Kontinuität zum Kommunismus.[28]

Tabelle 8 Staaten nach dem Erfolg linksextremistischer Parteien auf nationaler Ebene 1990–2009

Staaten mit dauerhaft erfolgreichen Parteien	**Staaten mit vereinzelt oder einmalig erfolgreichen Parteien**	**Staaten ohne erfolgreiche Parteien**
Deutschland, Frankreich, Griechenland, Italien, Portugal, Spanien, Tschechien	Dänemark, Irland, Polen ↓, Rumänien ↓, Schweden ↓, Slowakei ↓	Belgien, Bulgarien, Estland, Finnland, Großbritannien, Lettland, Litauen, Niederlande, Österreich, Slowenien, Ungarn

Die verschiedenen Entwicklungswege der linksextremistischen Parteien hatten mit Blick auf ihre Regierungsbeteiligungen unterschiedliche Auswirkungen. In fünf Ländern schafften es linksextreme Parteien, Regierungsämter einzunehmen, aber nur im hier nicht näher beleuchteten Präsidialsystem Zyperns stellt die vormals kommunistische *Fortschrittspartei des Werktätigen Volkes* (AKEL) seit 2006 die stärkste Parlamentspartei und mit *Dimitris Christofias* seit 2008 den Präsidenten. Obwohl sich die Partei in ihrem Programm offiziell zum Marxismus-Leninismus bekennt, hat sie weder vor noch nach ihrer Kabinettsbildung einen Systemwechsel forciert und ist daher nicht als antidemokratische Partei einzuschätzen.[29]

27 Siehe zur Entwicklung der kommunistischen Parteien nach 1945 Jerzy Holzer: Der Kommunismus in Europa. Politische Bewegung und Herrschaftssystem, Frankfurt a. M. 1998.

28 In Anlehnung an Cas Mudde: Radikale Parteien in Europa, in: Aus Politik und Zeitgeschichte Nr.47/2008, S. 12–18, hier S. 14.

29 Siehe im Einzelnen zur AKEL Andreas Stergiou: The Communist Party of Cyprus – AKEL, in: Uwe Backes/ Patrick Moreau (Hrsg.): Communist and Post-Communist Parties in Europe, Göttingen 2008, S. 259–281.

In Westeuropa konnten nach 1990 nur die kommunistischen Parteien in Frankreich und in Italien Regierungsverantwortung erlangen. Das geschah bei den Nachfolgeorganisationen der italienischen PCI mehrmals durch die Beteiligung an breiten Bündnissen der politischen Linken zur Verhinderung konservativer Regierungen (1996–2001 und 2006–2008). In Frankreich kandidieren wegen der Mehrheitswahl Kommunisten traditionell in Allianz mit der *Sozialistischen Partei* (PS) und gelangen so – wie zuletzt unter Premier *Lionel Jospin* (1997–2002) – in Regierungsämter.

Tabelle 9 Staaten nach der Beteiligung linksextremistischerer Parteien an nationalen Regierungen 1990–2009

Staaten mit linksextremen Regierungsparteien	**Staaten mit Minderheitsregierungen unter Tolerierung linksextremer Parteien**	**Staaten ohne linksextreme Regierungsparteien**
Frankreich, Italien, Polen, Rumänien, Slowakei	Dänemark, Schweden, Spanien	Belgien, Bulgarien, Deutschland, Finnland, Estland, Griechenland, Großbritannien, Irland, Lettland, Litauen, Niederlande, Österreich, Portugal, Slowenien, Tschechien, Ungarn

Die drei Koalitionen unter Einschluss linksextremistischer Parteien in Osteuropa blieben einmalige Konstellationen. In Polen (2006–2007) und Rumänien (1992–1994) zerbrachen die fragilen Bündnisse, an denen links- und rechtsextremistische Kräfte beteiligt waren, vor dem Ende der Legislaturperioden an der Regierungsunfähigkeit ihrer Partner.[30] Die slowakische *Arbeiterpartei* (ZRS) verschwand nach vier Jahren in der semidemokratischen Regierung *Vladimir Mečiars* (1994–1998) aus dem Parteiensystem. In Schweden und Spanien kam es zur Bildung von sozialdemokratisch bzw. sozialistisch geführten Minderheitsregierungen, punktuell auch in Dänemark. Die schwedischen Staatsminister *Ingvar Carlsson* (1990–1991 und 1994–1996) und *Göran Persson* (1996–2006) stützten sich auf die *Vereinigte Linkspartei* (VP), vor und nach ihrer demokratischen Transformation. *José Louis Rodriguez Zapatero* regiert in Spanien seit 2004 mit Hilfe der *Vereinigten Linken* (IU). Die erfolgreichen Linksaußenparteien in Deutschland, Griechenland und Tschechien wurden (bisher) nicht an den nationalen Regierungen beteiligt, wobei nur die griechischen Kommunisten nicht grundsätzlich von Koalitionen ausgeschlossen blieben.

15 linksextremistische Parteien gelangten in den vergangenen 20 Jahren in die nationalen Parlamente der EU-Staaten (Tabelle 10). Davon waren sieben in allen oder fast allen Legislaturperioden vertreten: in Dänemark die *Einheitsliste*, in Deutschland die PDS (seit 2007 *Die Linke*), die französische *Parti Communiste Français* (PCF), Griechenlands *Kommounistikó Kómma Elládas* (KKE), die *Kommunistische Partei Portugals* (PCP), die spanische *Izquierda*

30 Vgl. Tom Thieme: Wandel in den Parteiensystemen Ostmitteleuropas: Stabilität und Effektivität durch Konzentrationseffekte?, in: Zeitschrift für Parlamentsfragen 39(2008)4, S. 795–809, hier S. 805–808.

Unida (IU) und die *Kommunistische Partei Böhmens und Mährens* (KSČM) in Tschechien. Gleiches gilt für die schwedischen Kommunisten, allerdings sind diese seit ihrer Umbenennung als *Vereinigte Linkspartei* (VP) und dem damit verbundenen programmatischen Kurswechsel Anfang der 1990er Jahre heute nicht mehr als linksextremistisch einzuschätzen. Orthodoxe Abspaltungen wie die wiederbegründete *Schwedische Kommunistische Partei* (SKP) blieben auf elektoraler Ebene marginal. Den mehrfach umbenannten und umformierten italienischen Kommunisten gelang es trotz sinkender Wahlergebnisse aufgrund einer fehlenden Sperrhürde im italienischen Wahlsystem bis 2008, mit zwei Parteien im Parlament vertreten zu sein. Beim ersten gemeinsamen Wahlantritt nach der Spaltung 1998 als *La Sinistra* (*Die Linke*) scheiterten die Kommunisten an der 2008 eingeführten Vier-Prozent-Klausel. So verfehlten sie erstmalig in der italienischen Nachkriegsgeschichte den Parlamentseinzug.

Zwei frühere Regierungsparteien in Osteuropa existieren heute nicht mehr bzw. ihre Konkursmassen gingen in anderen bedeutungslos gebliebenen Vereinigungen auf: die slowakische ZRS und Rumäniens *Sozialistische Partei* (PSM). Polens *Samoobrona* (*Selbstverteidigung*) erzielte zwar bei den Sejm-Wahlen 2001 und 2005 zweistellige Ergebnisse, stürzte aber nach der skandalbehafteten Regierungszusammenarbeit mit den rechten bzw. rechtsextremen Parteien 2007 auf 1,5 Prozent ab. Die slowakische KSS scheiterte 2006 mit 3,9 Prozent am erneuten Parlamentseinzug, da sie der linkspopulistischen Konkurrenz durch die amtierende Regierungspartei *Smer* (*Richtung*) nicht gewachsen war. Einen Sonderfall stellt die sozialistisch-ethnoregionalistische *Sinn Féin* in Irland dar. Die Partei profitiert vom irischen Verhältniswahlsystem mit der einfach übertragbaren Stimmgebung (Single Transferable Vote, STV). Das Wahlsystem und die politische Kultur auf der grünen Insel sind stark auf die Kandidaten ausgerichtet, weniger auf Parteien. Dadurch konnte sich *Sinn Féin* auf erfolgversprechende Wahlkreise konzentrieren und 2002 fünf Mandate gewinnen, 2007 vier.

Nur wenige weitere linksextremistische Parteien konnten bei Wahlen mehr als ein Prozent Zustimmung erreichen. In Frankreich profitierten trotzkistische Vereinigungen – die *Union communiste* und die *Ligue Communiste Révolutionnaire* (LCR) – von der schwachen, zum Pragmatismus gezwungenen Regierungspartei PCF. So schnitt der LCR-Kandidat *Olivier Besancenot* bei den Präsidentschaftswahlen 2002 (4,3 Prozent) und 2007 (4,1 Prozent) besser ab als die Bewerber der PCF. In Ungarn erzielte die orthodox-kommunistische *Arbeiterpartei* (MP) – eine Abspaltung der reformierten früheren Staatspartei MSZP – bis 2002 Ergebnisse zwischen zwei und vier Prozent. Seit den Parlamentswahlen 2006 (0,4 Prozent) ist die MP nahezu bedeutungslos. Die *Österreichische Kommunistische Partei* (KPÖ) erreichte 2006 ihr „Rekordergebnis" von 1,0 Prozent. Den „Erfolg" verdankte sie vor allem dem Landesverband in der Steiermark, wo ihr Zugpferd *Ernest Kaltenegger,* der sich programmatisch und personell von der Bundespartei distanzierte, 2005 in den Landtag einzog.

Tabelle 10 Linksextremistische Parlamentsparteien in den EU-Staaten 1990–2009

Land	**Partei**	**1. Wahl nach 1990**	**1. Wahl nach 1999**	**Letzte Wahl**	**Bestes Ergebnis**
Dänemark	*Enhedslisten*	1,7	2,4	2,2	3,4 (2005)
Deutschland	*Partei des Demokratischen Sozialismus/Die Linke*	2,4	4,0	11,9	11,9 (2009)
Frankreich	*Parti Communiste Français* (PCF)	9,2	4,8	4,6	9,9 (1997)
Griechenland	*Kommounistikó Kómma Elládas* (KKE)	10,3	5,5	8,2	10,3 (1990)
Irland	*Sinn Féin*	0,5	3,0	2,4	3,0 (2002)
Italien	*Partito Rifondazione Communista* (RC)	5,6	5,0	3,1	8,6 (1996)
	Partito dei Comunisti Italiani (PdCI)	---	1,7		2,6 (2006)
Polen	*Samoobrona Rzeczpospolitej* (SR)	---	10,2	1,5	11,4 (2005)
Portugal	*Partido Comunista Português* (PCP)[1]	8,8	6,9	7,5	9,0 (1999)
Rumänien	*Partitul Socialist al Muncci* (PSM)	3,0	---	---	3,0 (1992)
Schweden	*Vänsterpartiet* (VP)[2]	6,7	8,4	5,9	12,0 (1998)
Slowakei	*Kommunistická Strana Slovenska* (KSS)	0,8	6,3	3,9	6,3 (2002)
	Združenie Robotníkov Slovenska (ZRS)	---	0,5	---	7,3 (1994)
Spanien	*Izquierda Unida* (IU)	9,6	5,5	3,8	10,5 (1996)
Tschechien	*Kommunistická Strana Čech a Moravy* (KSČM)	14,0	18,5	12,8	18,5 (2002)

[1] Bei Wahlen als führende Kraft im Wahlbündnis *Coligação Democrática Unitária* (CDU) mit den portugiesischen *Grünen* (PEV).
[2] Seit 1993 nicht mehr als extremistisch einzuschätzen.

Zehn linksextremistische Parteien zogen von 1994 an ins Europaparlament ein, von denen die meisten – mit Ausnahme der polnischen *Samoobrona* – in ihren Wahlergebnissen relativ stabil blieben. Die portugiesische PCP und Tschechiens KSČM erzielten – verglichen mit den nationalen Wahlen – leicht überproportionale Resultate, die deutsche PDS/Linke legte – freilich nicht so stark wie auf der Bundesebene – konstant zu. In Frankreich und in Griechenland veränderten sich die Zustimmungsraten kaum, allerdings verhinderte der getrennte Wahlantritt von PCF und der *Nouveau Parti Anticapitaliste* (NPA) 2009 in Frankreich ein besseres Ergebnis der linksextremen Parteien. Die NPA gewann zwar 4,5 Prozent der Stimmen, scheiterte damit jedoch an der national geltenden Fünf-Prozent-Hürde bei Europawahlen. In Italien und Spanien profitierten Linksaußenparteien 1999 und 2004 trotz sinkender Wahlerfolge von fehlenden Sperrklauseln. Die Einführung der Vier-Prozent-Marke auf nationaler und auf europäischer Ebene in Italien führte zwar 2008 zur Wiedervereinigung der kommunistischen Flügel, aber auch vereint schafften sie nicht den erneuten Sprung nach Brüssel bzw. Straßburg. *Sinn Féin* gelang es wegen der niedrigen Gesamtmandatszahl Irlands trotz zweistelliger Ergebnisse, nur einmal einen Sitz zu gewinnen. Berührungsängste zwischen demokratischen und antidemokratischen Linksaußenformationen bestehen kaum. Fast alle linksextremistischen Parteien organisieren sich im Europaparlament in der Fraktion *Konföderale Fraktion der Vereinigten Europäischen Linken/Nordische Grüne Linke* (GUE-NGL) zusammen mit demokratisch-sozialistischen und ökologisch ausgerichteten Parteien. Nur mit Polens *Samoobrona* konnte Europas Linke wenig anfangen, auch keine andere EP-Fraktion, weswegen die zehn Abgeordneten der SO in ihrer Legislatur (2004–2009) unabhängig geblieben sind

Tabelle 11 Linksextremistische Parteien im Europaparlament 1994–2009 (in Prozent und Mandaten)

Land	Partei	1994/95	1999	2004/07	2009
Deutschland	*Partei des Demokratischen Sozialismus/Die Linke*	4,7 (0)	5,8 (6)	6,1 (7)	7,5 (8)
Frankreich	*Parti Communiste Français* (PCF)	6,9 (7)	6,8 (6)	5,8 (3)	6,5 (5)
Griechenland	*Kommounistikó Kómma Elládas* (KKE)	6,3 (2)	8,7 (3)	9,5 (3)	8,4 (2)
Irland	*Sinn Féin*	3,0 (0)	6,3 (0)	11,1 (1)	11,2 (0)
Italien	*Partito Rifondazione Communista* (RC)	6,1 (5)	4,3 (4)	6,1 (5)	3,4 (0)[1]
	Partito dei Comunisti Italiani (PdCI)	---	2,0 (2)	2,4 (0)	
Polen	*Samoobrona Rzeczpospolitej* (SR)			10,8 (6)	1,5 (0)
Portugal	*Partido Comunista Português* (PCP)[2]	11,6 (3)	10,7 (2)	9,5 (2)	11,4 (2)
Spanien	*Izquierda Unida* (IU)	13,6 (9)	5,9 (4)	4,2 (2)[3]	3,8 (2)[3]
Tschechien	*Kommunistická Strana Čech a Moravy* (KSČM)			20,3 (6)	14,2 (4)

[1] Im Bündnis mit zwei weiteren Parteien als *La Sinistra – L'Arcobaleno* (*Die Linke – Der Regenbogen*).
[2] Bei Wahlen als führende Kraft im Wahlbündnis *Coligação Democrática Unitária* (CDU) mit den portugiesischen *Grünen* (PEV).
[3] In einer Wahlallianz mit den *Katalanischen Grünen* (ICV).

Auf parteiförmiger Ebene konnten Organisationen des ethnischen Minderheitenextremismus und religiöse Gruppierungen kaum reüssieren. Separatistische Parteien im Baskenland, in Schottland und Nordirland erzielten einzelne, regional begrenzte Wahlerfolge, aber keine im nationalen Maßstab. Ähnliches gilt für extremistische Parteien der russisch-nationalen Minderheiten im Baltikum. Beim Vergleich der Erfolge verschiedener Extremismusvarianten lassen sich vier Ländergruppen unterscheiden: 1. Staaten mit rechts- und/oder linksextremistischen Parlaments- und/oder Regierungsparteien, 2. Länder mit erfolgreichen linksextremistischen Parlamentsparteien ohne nennenswerten Rechtsextremismus, 3. umgekehrt Staaten mit parlamentarisch vertretenen rechtsextremistischen Parteien, denen ein eher schwach ausgeprägter Linksextremismus gegenübersteht, 4. Staaten, in denen extremistische Parteien seit 1990 bedeutungslos sind.

In einem Viertel der untersuchten Länder (Frankreich, Italien, Polen, Österreich, Rumänien und der Slowakei) kam es auf nationaler Ebene zu Regierungsbeteiligungen – in vier Fällen mit rechts- und linksextremistischen Partnern (Tabelle 12), wovon, außer in Italien, antidemokratische Parteien beider Flügel meist in den selben Kabinetten vertreten waren. Die Verbindungen in Polen und Rumänien blieben einmalige Allianzen. In der Slowakei konnte sich dauerhaft nur die rechtsextremistische SNS behaupten, in Italien wechselten sich rechte und linke Regierungsbündnisse unter Einschluss von Anti-System-Parteien ab. Auch in Österreich existiert kein Konsens unter den demokratischen Parteien, extremistische Parteien zu isolieren. Die FPÖ gilt zwar (vor allem unter Linken) als rechtsextrem, dennoch kam es von 2000 bis 2007 zu von der *Österreichischen Volkspartei* (ÖVP) geführten Regierungen unter Beteiligung der *Freiheitlichen*. Die KPÖ firmiert dagegen kaum als linksextrem, doch die Frage einer möglichen Regierungsbeteiligung stellte sich wegen ihrer marginalen Wahlergebnisse nicht. In Frankreich gibt es zwar ebenfalls eine erfolgreiche rechtsextremistische Partei, aber im Gegensatz zur mehrfach mitregierenden PCF ist der *Front National* – wie der gesamte Rechtsextremismus – politisch (weniger gesellschaftlich) isoliert.

Tabelle 12 Staaten nach dem Erfolg extremistischer Parteien auf nationaler Ebene 1990–2009

Rechtsextremismus / Linksextremismus	Staaten mit rechtsextremen Regierungsparteien	Staaten mit rechtsextremen Parlamentsparteien	Staaten ohne rechtsextreme Regierungs- oder Parlamentsparteien
Staaten mit linksextremen Regierungsparteien	Italien, Polen, Rumänien, Slowakei,	Frankreich	(Zypern)
Staaten mit linksextremen Parlamentsparteien		Dänemark, Schweden, Tschechien	Deutschland, Griechenland, Irland, Portugal, Spanien
Staaten ohne linksextreme Regierungs- oder Parlamentsparteien	Österreich	Belgien, Bulgarien, Estland, Lettland, Slowenien, Ungarn	Finnland, Großbritannien, Litauen, Niederlande

Die Übernahme von Regierungsverantwortung durch extremistische Parteien hatte unterschiedliche Auswirkungen – für die jeweiligen Demokratien wie für den Extremismus. In

Frankreich veränderte die Einbindung der PCF (zuletzt 1997 bis 2002) die Politik wenig, teilweise wegen der starken Stellung des Präsidenten im politischen System, teilweise wegen der schwachen, zum Pragmatismus gezwungenen Position der Kommunisten innerhalb der Regierung. Die Wahlergebnisse der PCF sind seitdem rückläufig. Auch die extreme Rechte in Österreich, deren Regierungsbeteiligung international stark kritisiert und von der EU boykottiert wurde, zeigte sich gemäßigter und betrieb kaum Anstrengungen in Richtung des versprochenen grundlegenden politischen Wandels, wofür die FPÖ 2003 (10,0 Prozent) und 2006 (11,0 Prozent) von ihren Wählern abgestraft wurde. Wieder in der Opposition konnte die Partei ihre Ergebnisse bei den letzten Wahlen 2008 (zusammen mit der Abspaltung BZÖ 28,2 Prozent!) erheblich steigern. In Italien blieben die Positionen der extremistischen Parteien innerhalb der Regierungen schwach und ihre Forderungen ohne Durchschlagskraft. Die zunehmende Polarisierung des italienischen Parteiensystems führte aber von den 1990er Jahren an in beiden Lagern zur Entstehung neuer Parteien bzw. Allianzen, in denen extremistische Parteien – freilich ohne größere Machtposition – beteiligt sind und somit zumindest teilweise ihre (Anti-)Systemvorstellungen in die gesellschaftlichen Mehrheitsdiskurse einbringen.

Im postkommunistischen Europa sieht (besser: sah) es anders aus: In der Slowakei (1992–1998) verhinderten, in Rumänien (1992–1996) verzögerten semidemokratische Regierungen die demokratische Konsolidierung der Länder. Während die unheilige Allianz in Bukarest nach zwei Jahren zerbrach, entstand in der Slowakei in den 1990er Jahren unter der Führung aus Populisten und Extremisten eine Art deliberale defekte Demokratie[31], die erst nach der Formierung eines breiten Bündnisses demokratischer Parteien abgelöst wurde. In beiden Ländern verschwanden die linksextremistischen Juniorpartner nach ihrer Regierungsbeteiligung, während die rechtsextremistischen Parteien daran wenig Schaden nahmen und in der Slowakei von 2006 bis 2010 erneut mitregierten. In Polen stellte sich dagegen die Regierungsunfähigkeit von *Samoobrona* und der LPR schon nach wenigen Monaten heraus. Statt der angekündigten Gründung einer „Vierten Republik" Polens folgten nach zwei Jahren Chaos Neuwahlen und Erdrutschniederlagen beider extremistischer Parteien.

In den meisten Staaten mit parlamentarisch erfolgreichen Linksaußenparteien sind Rechtsaußenparteien schwach. Das gilt für Deutschland, Griechenland, Irland, Portugal und Spanien, mit Abstrichen für Schweden und Tschechien, in denen rechtsextremistische Parteien allenfalls kurzzeitig reüssieren konnten. In diesen Ländern wird dem Rechtsextremismus mit einer breiten gesellschaftlichen Ablehnung begegnet, was nicht gleichermaßen für den Linksextremismus gilt und für die Erfolge solcher Parteien mitverantwortlich sein dürfte. Umgekehrt existier(t)en in Belgien, Bulgarien, Estland, Lettland, Slowenien und Ungarn rechtsextremistische Parlamentsparteien, die davon profitier(t)en, dass es kein nennenswertes Pendant auf der linken Seite des politischen Spektrums gibt. Auffällig sind die regionalen Unterschiede. Während in den ehemaligen Ostblockstaaten mit dem Kommunismus weithin auch linksextremistische Parteien verschwanden, behaupten sich erfolgreiche Linksaußenkräfte vor allem in Südeuropa.

In vier Staaten blieb der parteipolitische Extremismus von 1990 an bedeutungslos. Im britischen Fall verhinderte das Mehrheitswahlsystem die Etablierung extremistischer Parteien. In Finnland und in den Niederlanden sind erfolgreiche populistische Parteien für die

31 Vgl. Wolfgang Merkel u. a.: Defekte Demokratien. Band 2: Regionalanalysen, Wiesbaden 2006.

Schwäche antidemokratischer Kräfte verantwortlich. Die starke Personalisierung der Politik erklärt die Marginalität extremistischer Parteien in Litauen (wie im gesamten Baltikum), wo wegen häufiger Umformierungen, Abspaltungen und Neugründungen weniger die Organisationen an sich, sondern vielmehr nur bestimmte Personen dem politischen Extremismus zuzurechnen sind.

In keinem Staat und zu keinem Zeitpunkt konnten extremistische Parteien von 1990 an aufgrund ihrer Wahlergebnisse den Bestand der demokratischen Verfassungsstaaten gefährden. Stets hatten demokratische Parteien eine Mehrheit von über 70 Prozent, dennoch kooperierten und koalierten demokratische mit antidemokratischen Kräften. Die besten Wahlergebnisse erzielten extremistische Parteien von 1990 an in Österreich und in Frankreich. Hier erreichten Anti-System-Parteien auf nationaler Ebene zusammen im Durchschnitt mehr als ein Fünftel der Stimmen, bei einzelnen Wahlen sogar knapp 30 Prozent (Österreich 2008: 29,2 Prozent; Frankreich 1997: 27,5 Prozent). Nirgendwo wurden von 1990 an Parlamente auf nationaler Ebene so oft gewählt wie in Österreich (sieben Mal), dagegen nur in Großbritannien so selten wie in Frankreich (vier Mal). In Tschechien und Italien gewannen Extremisten durchschnittlich mehr als 15 Prozent, allerdings mit rückläufigen Zustimmungsraten. Während in beiden Ländern rechts- und linksextremistische Organisationen in den 1990er Jahren Erfolge erzielten, ist in den vergangenen zehn Jahren nur die Unterstützung für jeweils eine Systemalternative konstant – in Tschechien für die kommunistische KSČM, in Italien für die *Lega Nord*. In weiteren Staaten (Rumänien, Slowakei, Belgien und Dänemark) erreichten extremistische Parteien zweistellige Werte, die nach dem Bedeutungsverlust des Linksextremismus in Rumänien und der Slowakei momentan fast ausschließlich Rechtsaußenparteien erlangen. Polen ist ein Grenzfall, da der Medianwert (8,9 Prozent) auffällig von den Durchschnittsergebnissen (10,3 Prozent) abweicht, weil extremistische Parteien nur bei zwei Wahlen überdurchschnittlich erfolgreich waren (2001 und 2005). Ähnliches gilt für Bulgarien – auf niedrigerem Niveau – und Schweden sowie Lettland, wo systemfeindliche Parteien lediglich bei jeweils einer Wahl überproportional abschnitten. In den Ländern mit erfolgreichen Linksaußen- und eher erfolglosen Rechtsaußenparteien (Deutschland, Griechenland, Portugal und Spanien) liegen die Werte antidemokratischer Parteien zwischen fünf und zehn Prozent und damit im Bereich des EU-Durchschnitts von 8,2 Prozent. In Finnland, Litauen, Großbritannien und den Niederlanden gewannen extremistischen Parteien bei keiner Wahl einen Stimmenanteil von einem Prozent, wiewohl bei der niederländischen *Partij vor de Vrijheid* (PVV) jüngst ein Radikalisierungsprozess zu beobachten ist, der eine Einordnung der Partei als rechtsextrem z. T. rechtfertigt.

Abbildung 1 Stimmenanteile extremistischer Parteien in Europa bei nationalen Wahlen 1990–2009 (in Prozent)

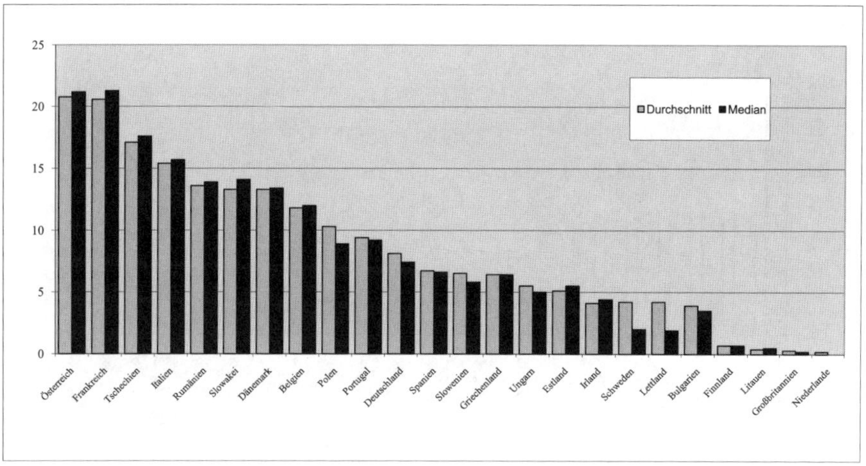

Die Resultate der extremistischen Parteien bei den letzten nationalen Wahlen spiegeln die durchschnittlichen Ergebnisse nur teilweise wider. In den Ländern ohne Rechts- und Linksaußenparteien gab es von 1990 an keine Überraschungen. An der Spitze extremistischer Wahlerfolge bestätigte Österreich seine „Führungsposition". Neuwahlen nach dem Scheitern der Großen Koalition unter Kanzler *Alfred Gusenbauer* (SPÖ) sorgten 2008 für ein Rekordergebnis der Rechtsaußenparteien (55 von 183 Parlamentssitzen). In Belgien, Dänemark, Italien und der Slowakei bestätigten vor allem rechtsextreme Parteien ihre Wahlergebnisse der vergangenen 20 Jahre.

In einigen Staaten mussten extremistische Kräfte bei den letzten Wahlen deutliche Stimmenverluste hinnehmen. In Frankreich und Tschechien geht seit Ende der 1990er Jahre die Unterstützung zurück, wiewohl die Stimmenanteile für extremistische Parteien in beiden Ländern nach wie vor zweistellig sind. In Polen und Rumänien dagegen verschwanden diese 2007/2008 abrupt von der politischen Bühne. In Slowenien, Spanien und Ungarn sanken die Zustimmungsraten langsamer, doch „Comebacks" sind gerade in den volatilen Parteiensystemen Osteuropas schnell möglich. In Deutschland und Irland konnten linksextremistische Parteien deutlich, in Griechenland die KKE etwas zulegen. In Bulgarien ist (Rechts-)Extremismus bei den Parteien erst seit den Wahlen 2005 präsent – ATAKA gehört seitdem zu den wichtigsten Rechtsaußenformationen Europas. In Estland, Lettland und Schweden verharrt der Extremismus nach kurzzeitigen Erfolgen Anfang der 1990er Jahre auf konstant niedrigem Niveau. Insgesamt spricht der Vergleich der aktuellen Wahlergebnisse mit den Resultaten vor 2000 weder für einen gravierenden Rechts- noch Linksruck. Von Abweichungen in einzelnen Ländern abgesehen konnten extremistische Parteien im gesamteuropäischen Maßstab ihre Wahlunterstützung weder signifikant steigern noch büßten sie an einer solchen ein. Eine Machtübernahme durch extremistische Kräfte ist anhand der Wahlergebnisse ebenso wenig zu erwarten wie deren (baldiges) Verschwinden.

Abbildung 2 Ergebnisse extremistischer Parteien bei den jeweils letzten nationalen Wahlen 2005–2009

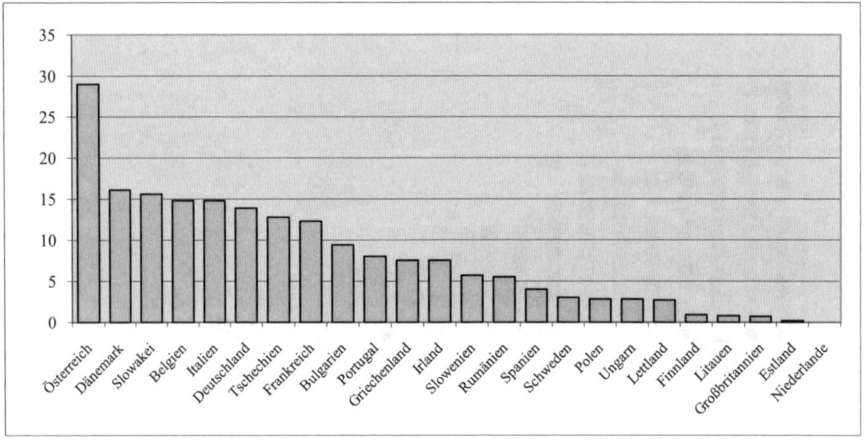

3 Organisation, Ideologie und Strategie extremistischer Parteien

3.1 Rechtsextremismus

Extremistische Parteien lassen sich vielfältig vergleichen und typologisieren. Die Parteienforschung unterscheidet drei wesentliche Untersuchungsfelder – Organisation, Ideologie und Strategie. Auf organisatorischer Ebene spielen die Mitgliederzahlen eine wichtige Rolle, doch Daten zur Organisationsstärke extremistischer Parteien in Europa sind erstens nicht flächendeckend vorhanden (vor allem in Osteuropa und bei den kleineren, lose organisierten Parteien) und zweitens wenig aussagekräftig für die Fragen nach internen Strukturen und Kräfteverhältnissen. Gerade diese Merkmale sind für die Bestimmung extremistischer Intensität und Gefahrenpotenziale zentral.

Sinnvoller erscheint daher zum einen die qualitative Unterscheidung nach der Integrationsfähigkeit einer Partei (Milieu- oder Sammlungspartei), also nach dem Grad an innerparteilichem Pluralismus. Offene Bewegungen zielen auf die Einbindung breiter Wählerschichten, verwässern dadurch ihr ideologisches Profil, was zur Desintegration des harten Kerns an Parteigängern führen kann. Strikt organisierte Vereinigungen lassen dagegen wenig Pluralität zu und verschrecken dadurch größere Wählerkreise. Zur ersten Gruppe zählt eindeutig Österreichs FPÖ, zur zweiten eher die deutsche NPD. Beides kann Abspaltungen und Neugründungen im nationalen Lager hervorrufen. Die stärkere Vereinigung innerparteilicher Strömungen begünstigt einerseits Wahlerfolge, birgt aber andererseits die Gefahr interner Flügelkämpfe.

Zum anderen ist bei extremistischen Parteien die Führungsstruktur wichtig. In manchen Parteien existiert eine meist auf eine Person zugeschnittene Spitze, in anderen konkurrieren innerparteiliche Faktionen um den Machtanspruch. Es gibt monistische und nichtmonistische Führungszentren. Der französische FN galt unter *Jean-Marie Le Pen* jahrzehntelang als Beispiel einer Partei mit autokratischer Führung. Im Falle der NPD scheint eine solche Zuordnung unzutreffend, da die Machtbasis des Vorsitzenden *Udo Voigt* gegenüber gemäßigteren und radikaleren Parteiflügeln weniger gefestigt zu sein scheint als im französischen Fall. Machtzentren verschieben sich und die inneren Strukturen können sich verändern – vor allem nach dem Ausscheiden prägender Persönlichkeiten. Insofern sind solche Zuordnungen wandlungsfähig und gegebenenfalls zu revidieren. Die Klassifizierung der rechtsextremen Parteien Europas nach den organisatorischen Unterscheidungskriterien (Milieu- versus Sammlungspartei und monistische versus nichtmonistische Führung) zeigt folgendes Bild.

Tabelle 13 Organisationsformen rechtsextremer Parteien in Europa

Organisationsgrad / **Interne Machtverteilung**	**Milieupartei**	**Sammlungspartei**
Monistische Führung	*Jobbik* (HU) *Movimento Sociale-Fiamma Tricolore* (IT) *Partido Nacional Renovador* (PT) *British National Party* (GB)	*Dansk Folkeparti* (DK) *Front National* (FR) *Lega Nord* (IT) *Partidul România Mare* (RO) *Magyar Igazság és Élet Partja* (HU) *Freiheitliche Partei Österreichs* (AT) *Liga Polskich Rodzin* (PL) *ATAKA* (BG)
Nichtmonistische Führung	*Nationaldemokratische Partei Deutschlands* (DE) *Narodni strana* (CZ) *Ellinikó Métopo* (GR)	*Vlaams Belang* (BE) *Slovenská Národná Strana* (SK) *Slovenska Nacionalna Stranka* (SI) *Sverige Demokraterna* (SE)

Straff hierarchisch aufgebaute Milieuparteien sind abgesehen von vereinzelten und regionalen Wahlerfolgen auf elektoraler Ebene weitgehend bedeutungslos (Tabelle 13). Solche Ordnungsmodelle binden zwar mitunter schlagkräftige militante Sympathisantengruppen an sich, doch für Massenanhängerschaften sind sie historisch diskreditiert und programmatisch unattraktiv. Bei allen parlamentarisch vertretenen rechtsextremistischen Parteien handelt es sich dagegen um relativ offene Bewegungen, die auf die Integration breiter Wählerschichten zielen, wenngleich (zu viele) innerparteiliche Strömungen die Geschlossenheit gefährden können, wie die Beispiele der zeitweise gespaltenen *Freiheitlichen* in Österreich und die *Slowakische Nationalpartei* zeigen. Für die Wahlerfolge rechtsextremer Parteien scheint es dagegen relativ unerheblich zu sein, ob sie eher autoritär oder nicht autoritär gelenkt werden. Zwar profitierten z. B. der *Front National*, Österreichs FPÖ und die *Großrumänienpartei* von den außenwirksamen Fähigkeiten ihrer Spitzenpersönlichkeiten *Le Pen*, *Haider* bzw. *Strache* und *Tudor*, doch stehen solche Führungen wegen ihrer „Betriebsblindheit" in Krisensituationen ebenso symptomatisch für den Bedeutungsverlust rechtsextremer Formationen. Umgekehrt nutzt ein eher nichtmonistisches Machtgefüge den rechtsextremen Parteien zur

Integration verschiedener ideologischer bzw. programmatischer Strömungen. Dies kann jedoch zu innerparteilichen Spannungen und Spaltungen führen, wie Anfang der 1990er Jahre in Dänemark und Schweden.

Die unterschiedlichen Organisationsformen extremistischer Parteien stehen in einem gewissen Zusammenhang zur Struktur ihrer Ideologie. Je hermetischer diese ist, desto schwächer sind die Bindekräfte ausgeprägt, um verschiedene Strömungen beheimaten zu können. Eine weltanschauliche Utopie der angestrebten Gesellschaftsform stellt den Kern extremistischen Denkens dar. Doch mit der Gewährung innerorganisatorischer Pluralität ist – wenn auch in geringem Ausmaß – häufig ein Aufweichen ideologischer Positionen verbunden. Wie die Untersuchung rechtsextremer Parteien nach weltanschaulichen Gesichtspunkten bestätigt, orientieren sich die meisten als Sammlungsparteien klassifizierten Organisationen kaum an ideologischen Leitbildern. Nur wenige Parteien fordern (mehr oder weniger offen) die Abschaffung der Demokratie und die Errichtung einer autoritären bzw. totalitären Diktatur nach historischem Vorbild. Eine zum Teil NS-affine Anhängerschaft beheimaten Organisationen wie die *Nationaldemokratische Partei Deutschlands* und die italienische *Movimento Sociale – Fiamma Tricolore* (Tabelle 14). Sie orientieren sich mehr oder weniger ideologisch am Nationalsozialismus bzw. Faschismus und sind eindeutig systemfeindlich, fremdenfeindlich und antisemitistisch. Das bedeutet nicht, Parteien der so genannten „Neuen Rechten“[32] (wegen der fehlenden weltanschaulichen Verankerung) müssten demokratisch(er) sein. Ihr Anliegen ist nicht die Rückkehr zu einer undemokratischen Staatsform, sondern die Schaffung ethnisch exklusiver Volksherrschaft. Alle Parteien versuchen, die soziale Gemeinschaftsbildung zu fördern und diese zur Abgrenzung gegenüber Minderheiten und Ausländern zu nutzen. Angehörige der eigenen (ethnischen) Volksgruppe seien gesellschaftlich zu bevorzugen. Ihr Rassismus verletzt damit die fundamentalen Gleichheitsrechte und missachtet das demokratische Prinzip. Nicht erst, aber verstärkt seit dem 11. September 2001 geht dies bei einigen Parteien wie dem *Vlaams Belang* und der *British National Party* mit radikaler Islamfeindlichkeit einher. Der elektorale Erfolg unverblümt rassistischer Parteien hält sich in engen Grenzen. Wer dogmatisch den Systemwechsel proklamiert, hat keine Chancen auf gesellschaftliche Mehrheiten oder zumindest eine gewisse gesellschaftliche Akzeptanz.

Daher bemühen sich die meisten rechtsextremen Parteien in Europa um eine tatsächliche oder simulierte Mäßigung ihrer ideologischen Positionen. Die erfolgreichen Rechtsaußenparteien lehnen die politischen Ordnungen ihrer Länder nicht pauschal ab. Nicht die Demokratie als Regierungsform an sich, sondern ihre liberale Variante sei durch ein Modell autoritär-demokratischen Zuschnitts zu ersetzen (wie auch immer das in der Praxis aussehen mag). Ferner geht es ihnen weniger um Großmachtstreben und Expansionismus, sondern um die Bewahrung der eigenen nationalen und kulturellen Gesellschaftsvorstellungen. Angesichts der europäischen Integration und den Negativfolgen der Globalisierung orientieren sich die wichtigsten rechtsextremen Parteien Europas heute am Konzept des so genannten „Ethnopluralismus“. Nicht die Überlegenheit einer Rasse bzw. Ethnie wird in den Vordergrund gerückt, sondern die Verschiedenheit der Völker betont, deren kulturelle und traditionelle

32 *Piero Ignazi* unterscheidet einen „alten“ gegenüber einem „neuen“ Rechtsextremismus, ja nachdem, ob Verbindungen zur faschistischen Ideologie existieren. Vgl. Piero Ignazi: Extreme Right Parties in Western Europe, Oxford 2003, S. 33.

Besonderheiten vor äußeren Einflüssen zu schützen seien. Da es sich bei den meisten Ländern Europas längst nicht mehr um ethnisch homogene Nationalstaaten handelt, bedeutet ein solches „Grundrecht auf Verschiedenheit" im Klartext nichts anderes als die Diskriminierung ethnischer Minderheiten. *Richard Stöss* argumentiert: „Wer die Bewahrung der Vielfalt der ‚Rassen' fordert, zielt freilich auf weltweite Rassentrennung."[33] Rechtsextremen Parteien gemeinsam sind Fremdenfeindlichkeit, ein übersteigertes Nationalbewusstsein und die Ablehnung der europäischen und transatlantischen Gemeinschaftspolitik. Bei den klar antidemokratischen Parteien äußert sich dies in Forderungen nach sofortiger Ausweisung bzw. Abschiebung von „Nichtangehörigen" der Volksgemeinschaft und der Abschaffung der EU. Die gemäßigten Rechtsaußenparteien suchen eher nach Privilegien für die Mehrheitsbevölkerung und stehen gegen eine weitere Vertiefung Europas zulasten der nationalen Souveränität. Richtet sich die fremdenfeindliche Agitation in Westeuropa meist gegen arabische und afrikanische Einwanderer, sind in Osteuropa Roma, ehemalige Gastarbeiter (vor allem aus Vietnam) sowie nationale Minderheiten aus den Nachbarstaaten die bevorzugten Sündenböcke rechtsextremer Parteien.

Tabelle 14 Rechtsextreme Parteien nach ideologischen Positionen und ihrer Einstellung zur Demokratie

Weltanschauung / **Systemeinstellung**	**Faschistische bzw. nationalsozialistische Ideologie**	**Völkisch nationalistische Ideologie**
„Harter Extremismus"	*Movimento Sociale-Fiamma Tricolore* (IT) *Nationaldemokratische Partei Deutschlands* (DE) *Jobbik* (HU) *Partido Nacional Renovador* (PT)	*Narodni strana* (CZ) *British National Party* (GB)
„Weicher" Extremismus	*Freiheitliche Partei Österreichs* (AT) *Ellinikó Métopo* (GR)	*Vlaams Belang* (BE) *Dansk Folkeparti* (DK) *Slovenská Národná Strana* (SK) *Front National* (FR) *Lega Nord* (IT) *Partidul România Mare* (RO) *Liga Polskich Rodzin* (PO) *ATAKA* (BL) *Slovenska Nacionalna Stranka* (SI) *Sverige Demokraterna* (SE)

Auch auf strategischer Ebene des Parteienvergleichs ergeben sich Zusammenhänge mit ideologischen und organisatorischen Merkmalen. Hier sind (rechts)extremistische Partei-

33 Richard Stöss (FN 1), S. 525.

en hinsichtlich ihres Kooperationsverhaltens zu unterscheiden. Um ein möglichst breites Spektrum potenzieller Anhänger (und damit Wähler) zu gewinnen, suchen sie entweder die Zusammenarbeit mit anderen extremistischen Parteien und (mitunter gewaltbereiten) außerparlamentarischen Kräften, oder sie distanzieren sich von militanten Gruppen und setzen auf die Anbindung zum demokratischen Mehrheitslager. Im europäischen Rechtsextremismus zählen die meisten erfolgreichen und ideologisch gemäßigten Parteien eher zur zweiten Kategorie, z. B. die *Lega Nord*, der *Vlaams Belang* und die *Dänische Volkspartei*. Sie erteilen militanten Szenen eine Absage. Vor allem die eindeutig systemfeindlichen Parteien, wie die deutsche NPD und Italiens MS-FT, versuchen dagegen die inneren Reihen zu schließen. Sie verstehen sich in einer Querfrontstrategie als parteiförmige Vertretung des gesamten Rechtsaußenspektrums. Die ungarische Bewegung *Jobbik* entstand aus der so genannten *Ungarischen Garde* und beheimatet heute einen militanten und einen parlamentarischen Flügel, wobei sich die personellen Verbindungen überlappen. In manchen Fällen können auch beide Strategien zugleich angewandt werden, z. B. agiert so die slowakische SNS. Sie ist die zentrale Referenz im slowakischen Rechtsextremismus auf der Parteienebene. Durch ihre mehrfachen Regierungsbeteiligungen ist sie jedoch zugleich im demokratischen Lager akzeptiert. Gerade in kleineren Ländern mit überschaubaren Milieus stellen sie mitunter die einzige Vertretung des gesamten Rechtsextremismus auf parteipolitischer Ebene dar. Sie versuchen sich gerade dadurch als mäßigende Kraft, gleichsam als „demokratischer Arm" einer breiten Bewegung zu inszenieren und so im demokratischen System Fuß zu fassen. Der französische FN scheiterte mit dem Versuch, Jugendliche aus militanten Subkulturen für die Partei zu gewinnen.

Dieses Selbstverständnis einer extremistischen Partei spielt aus strategischer Perspektive eine weitere wichtige Rolle: Verstehen sich Extremisten als Teil der demokratischen Ordnung oder als „von außen" agierende fundamentale Systemopposition? Anders gefragt: Halten sich extremistische Parteien (zumindest formal) an die demokratischen Prinzipien, oder stehen sie offen im Konflikt mit der demokratischen Rechtsordnung? Nur wenige rechtsextreme Parteien in Europa zielen augenscheinlich auf die Abschaffung der Demokratie, noch weniger treten militant auf, wie Ungarns *Jobbik*. Die Gewaltorientierung einer Partei kann aus strategischer Perspektive nicht als Untersuchungskriterium dienen, da selbst eindeutig systemfeindliche Parteien wie die NPD Gewalt nicht nur nicht anwenden, sondern auch offiziell ablehnen. Die parlamentarisch erfolgreichen Rechtsaußenparteien versuchen, ihren Extremismus zu verbergen. Sie stilisieren sich zu Bewahrern der demokratischen Ordnung, welche durch innere (Minderheiten und korrupte gesellschaftliche Eliten) und äußere (Einwanderer, multinationale Unternehmen) Feinde bedroht werde. Da unverblümte Systemalternativen – egal welcher Couleur – in Europa weitgehend diskreditiert sind, bedienen sich fast alle rechtsextremistischen Parteien (selbst klar antidemokratische Kräfte wie die NPD und die MS-FI) populistischer Strategien. Galt in den 1980er und 1990er Jahren ein antiegalitärer Rechtspopulismus als idealtypisch für erfolgreiche rechtsextremistische Parteien in Westeuropa, gewann in den letzten Jahren als Gegenreaktion auf die zunehmende gesellschaftliche Entnationalisierung der Sozialpopulismus an Bedeutung. Den beschleunigten Modernisierungs- und Globalisierungsprozessen begegnen Rechtsaußenparteien mit protektionistischen Abwehrstrategien, was sie von klassisch internationalistisch ausgerichteten linken Parteien unterscheidet. Sie verbinden (sozialen) Populismus mit Fremdenfeindlichkeit zu einem mehr oder weniger kohärenten Bedrohungsszenarium für den Nationalstaat. Nicht zuletzt vor dem Hintergrund der weltweiten Wirtschafts- und Finanzkrise zeichnet sich ab: Der ökonomische Neoliberalismus tritt gegenüber protektionistischen Einstellungen zurück, und rechtsextreme Parteien positionieren sich mehr und mehr linkspopulistisch-volksgemeinschaftlich. Das gilt mit Blick auf das traditionelle Erbe autoritärer Regierungsformen besonders für Osteuropa[34], doch hat die Verbindung rechter- und linker Ideologieelemente schon vor einigen Jahren auch in Westeuropa an Bedeutung gewonnen. Außer in Skandinavien und bei Österreichs FPÖ, wo gewisse neoliberale Positionen der rechtsextremen Parteien als Kritik auf die breite gesellschaftliche Umverteilung erhalten geblieben sind, trat an ihre Stelle eine Art neuer Wohlstandschauvinismus. Ferner wandelten die meisten Rechtsaußenparteien in den letzten 20 Jahren wegen der Proletarisierung ihrer Anhängerschaft den neoliberalen Kurs zu einer sozialprotektionistischen Linie, was nach *Frank Decker* ideologisch kein großes Problem darstellte, „da sich das neue Konzept mit den identitätspolitischen Kernforderungen der Rechtsaußenparteien bestens vereinbaren ließ"[35]. Klar systemfeindliche Parteien (z. B. deutsche NPD und Ungarns *Jobbik*) ebenso wie weiche Rechtsextremisten (z. B. *Vlaams Belang* und die polnische LPR) profitieren von so genannten Modernisierungsverlierern[36] und konkurrieren dadurch mit linken bzw. linksextremistischen Parteien um ähnliche Wählerklientel.

3.2 Linksextremismus

Wie im Rechtsextremismus ergeben sich vielfältige Unterscheidungsmöglichkeiten und Abgrenzungsprobleme für Parteien der extremen Linken. Galt der Kommunismus nach dem Zweiten Weltkrieg als „einzig wirkliche ernstzunehmende Herausforderung der Demokratie in Westeuropa"[37], verlor die marxistisch-leninistische Utopie nicht erst, aber vor allem durch den Zusammenbruch des Kommunismus 1989/90 an Attraktivität, und es kam zu einer tiefen Krise der lange Zeit an Moskau orientierten Linksaußenparteien. In Ost- wie Westeuropa wandelten sich ehemals einflussreiche Staats- bzw. Massenorganisationen zu sozialistischen bzw. sozialdemokratischen Parteien, während andere unverändert an ihrer Ideologie und Bezeichnung als kommunistisch festhielten. Aus extremismustheoretischer Perspektive lassen sich neben den an dieser Stelle nicht untersuchten, vollständig demokratisierten (post-) kommunistischen Parteien grob traditionell-unreformierte und weiche linksextremistische Gruppen unterscheiden, was sich auf allen drei Untersuchungsebenen (Organisation, Ideologie und Strategie) des Parteienvergleichs widerspiegelt. Interne Strömungen und Kräfteverschiebungen sind dabei ebenso zu berücksichtigen wie zeitliche Veränderungen.

---

34 Siehe ausführlich Tom Thieme: Hammer, Sichel, Hakenkreuz. Parteipolitischer Extremismus in Osteuropa. Entstehungsbedingungen und Erscheinungsformen, Baden-Baden 2007.

35 Frank Decker: Die populistische Herausforderung. Theoretische und ländervergleichende Perspektiven, in: Ders. (Hrsg.): Populismus in Europa, Bonn 2006, S. 9–32, hier S. 24.

36 Vgl. Michael Minkenberg: The Renewal of the Radical Right: Between Modernity and Anti-Modernity, in: Government and Opposition 35(2000)2, S. 170–188.

37 Cas Mudde: Politischer Extremismus und Radikalismus in Westeuropa – Typologie und Bestandsaufnahme, in: Uwe Backes/Eckhard Jesse (Hrsg.): Gefährdungen der Freiheit. Extremistische Ideologien im Vergleich, Göttingen 2006, S. 87–104, hier S. 92.

Obwohl kommunistische bzw. linksextremistische Parteien nach ihrem Selbstverständnis revolutionäre Kampforganisationen der arbeitenden Klasse darstellen wollen, entsprechen sie heutzutage bis auf wenige Ausnahmen kaum dem Typus professioneller Kaderparteien. Einige von ihnen (die deutsche PDS/Die Linke, Frankreichs PCF sowie die in Wahlallianzen agierenden Kommunisten in Portugal und Spanien) kompensierten ihren Bedeutungsverlust, indem sie sich programmatisch und organisatorisch öffneten, sich gleichsam in „semidemokratische" linke Sammlungsparteien verwandelten. Die orthodox-kommunistischen Parteien waren dagegen nicht breit, von ihrem zentralistischen Machtgefüge abzurücken und sich gegenüber anderen sozialen Milieus zu öffnen. Wegen ihrer Schwäche im Allgemeinen und wegen der Überalterung ihrer Mitglieder im Besonderen fehlen solchen Parteien größtenteils die personellen und materiellen Ressourcen für die Rekrutierung einer durchsetzungsfähigen Parteielite. Am leninistischen Prinzip des demokratischen Zentralismus orientierte Flügel existieren zwar auch am Rande der eher offenen Linksaußenparteien, doch reicht deren Einfluss und Verwurzelung nicht, ihren autoritären Führungsanspruch zu untermauern.

Da bei den meisten linksextremistischen Parteien keine von der Basis losgelösten breiten Funktionärseliten existieren, sondern eine weitgehende soziale Übereinstimmung von Wählern und Parteigängern herrscht, sind fast alle (nicht nur dem Namen nach) „kommunistischen" Organisationen als so genannte Milieuparteien zu klassifizieren (Tabelle 15). Umgekehrt war der Verzicht auf die Etikettierung „kommunistisch" teilweise notwendige Voraussetzung für breitere Linksbündnisse wie in Italien, Schweden und Spanien. Für die Frage nach dem Erfolg- und Misserfolg der Linksaußenparteien bei Wahlen ist die organisatorische Differenzierung dagegen wenig aussagekräftig. Parlamentarisch dauerhaft vertretene Milieuparteien wie die KPs in Griechenland und Tschechien stehen Sammlungsparteien (etwa in Deutschland, Frankreich und Portugal) gegenüber.

Tabelle 15 Organisationsformen linksextremer Parteien in Europa

Milieuparteien	**Sammlungsparteien**
Kommunistinen Työväenpuolue (FI)	*Samoobrona Rzeczpospolitej* (PL)
Kommounistikó Kómma Elládas (GR)	*Sinn Féin* (IE)
Lietuvos Komunistu Partija (LT)	*Partei des Demokratischen Sozialismus/DieLinke* (DE)
Kommunistische Partei Österreichs (AT)	*Suomen Kommunistinen Puolue* (FI)
Communist Party of Great Britain (GB)	*Parti Communiste Français* (FR)
Sveriges Kommunistika Parti (SE)	*Izquierda Unida* (ES)
Kommunistická Strana Čech a Moravy (CZ)	*Partido Comunista Português* (PT)
Kommunistická Strana Slovenska (SK)	*Partij van de Arbeid van België* (BE)
Partito dei Comunisti Italiani (IT)	*Partito Rifondazione Communista* (IT)
Munkáspárt (HU)	

Mit der Öffnung oder Abschottung gegenüber anderen linken Strömungen ist keine stärker pluralistische oder autoritäre Führungsstruktur der Parteien verbunden. Innerparteilicher Pluralismus geht vor allem bei den elektoral erfolgreichen Sammlungsparteien mit einer relativ offenen Führungsspitze einher, die versuchen muss, mehrere Strömungen zu repräsentieren und zwischen den einzelnen Parteiflügeln zu vermitteln. Der Zusammenschluss verschiedener linksextremer Gruppierungen (z. B. Marxisten, Leninisten, Trotzkisten und Maoisten) kann ebenso wie bei Allianzen von demokratischen und extremistischen Parteien zu unüberbrückbaren Differenzen führen. Vor allem in den nichtkommunistischen Linksaußenparteien wie in Polens *Samoobrona* und Irlands *Sinn Féin* dominieren autoritäre Führungsfiguren. Sie verfügen über Posten und besetzen Schlüsselpositionen in der Partei mit ihren Gefolgsleuten, ohne sich intern zu legitimieren. Sie dominieren die Parteien organisatorisch, strategisch und programmatisch.

Im Unterschied zu den in breite Sammlungsparteien verwandelten erfolgreichen kommunistischen Parteien Westeuropas scheinen die meisten linksextremistischen Parteien Osteuropas kaum fähig, Anhänger außerhalb ihrer angestammten Milieus erreichen zu können (bzw. überhaupt erreichen zu wollen). Wegen der praktischen Erfahrungen mit dem Prinzip des „demokratischen Zentralismus" stoßen autoritäre Führungsansprüche hier schnell auf interne Gegenwehr. Das gilt für *Die Linke* in Deutschland wie für die kommunistischen Parteien in Tschechien und in der Slowakei, mit Einschränkung auch für Ungarn, wo der Vorsitzende der *Arbeiterpartei* (MP) *Gyula Thürmer* zwar seit 1993 amtiert, allerdings nicht ohne Widerstände. 2006 wurde er für das Wahldebakel seiner Partei verantwortlich gemacht und intern scharf kritisiert.[38] Autoritäre Führungsansprüche sind bei vielen linksextremen Parteien schwächer ausgeprägt als bei den meisten rechtsextremen Organisationen. Das trifft noch mehr auf die nichtparteiförmige Ebene zu.

Ideologisch lassen sich vielfältige Linksextremismusvarianten unterscheiden. Anti- bzw. nichtkommunistische Parteien wie Polens Landarbeitergewerkschaft *Samoobrona* und die ethnoregionalistische *Sinn Féin* in Irland stellen Ausnahmen dar. Ihre sozialistischen Gesellschaftsutopien beruhen auf der Verbindung von solidarischer Gesellschaft und nationaler Identität, was zu ideologischen Überschneidungen mit rechtsextremen Parteien führen kann.[39] Die meisten Linksaußenparteien orientierten sich nach dem Ende des Zweiten Weltkrieges am marxistisch-leninistischen Gesellschaftsmodell sowjetischer Prägung. Daneben existier(t)en in fast allen europäischen Staaten trotzkistische (z. B. Frankreichs *Union communiste*), maoistische (die belgische PvdA) und anarchistische Gruppen – allerdings blieben diese überwiegend bedeutungslos und ihre Wahlergebnisse hinter denen der „klassischen" kommunistischen Parteien zurück. Sie alle zielen auf die Verwirklichung der sozialistischen Utopie – einer egalitären Gesellschaft ohne Wohlstands- und Klassenunterschiede. Doch der Niedergang des Realsozialismus in den Jahren 1989 bis 1991 zwang viele linksextreme Parteien in Ost- wie Westeuropa nicht nur zu organisatorischen Veränderungen, sondern auch zu ideologischen Neuausrichtungen. Linksextreme Parteien, die einen revolutionären Sozialismus vertreten, samt der von ihnen angestrebten „Diktatur des Proletariats" sind nach den Enthüllungen der kommunistischen Unrechtsregime in Osteuropa[40] heutzutage in den EU-

---

38 Vgl. Rede von *Gyula Thürmer* anlässlich des 21. Kongresses der *Ungarischen Kommunistischen Arbeiterpartei*, abrufbar unter: http://www.munkaspart.hu [Stand: 16. Juni 2009].

39 Vgl. Tom Thieme: Jenseits politischer Richtungsbegriffe? – Extremismus zwischen Fundamentalismus, Rechts- und Linksextremismus, in: Uwe Backes/Eckhard Jesse (Hrsg.): Jahrbuch Extremismus & Demokratie, Band 17, Baden-Baden 2005, S. 53–72.

40 Stéphane Courtois u. a. (Hrsg.): Das Schwarzbuch des Kommunismus. Unterdrückung, Verbrechen und Terror, München 1998; dies. (Hrsg.): Das Schwarzbuch des Kommunismus 2. Das schwere Erbe der Ideologie,

Staaten weitgehend diskreditiert. Unabhängig von ihrer Etikettierung – sowohl dem Namen nach kommunistische wie umbenannte Parteien können demokratischer oder extremistischer Natur sein – versuchen vor allem die parlamentarisch vertretenen Linksaußenparteien, sich von dogmatisch klassenkämpferischen Positionen zu lösen. In der politischen Praxis treten sie pragmatisch kompromissbereit auf und zeigen kaum systemfeindliches Verhalten. Analog zum Konzept des Ethnopluralismus der extremen Rechten heißt die Zauberformel der linksextremen Parteien „Demokratischer Sozialismus". Demnach sei die sozialistische (Welt-) Gesellschaft nicht länger mit revolutionären und diktatorischen Mitteln zu erreichen, sondern auf demokratischer Grundlage und durch die Förderung der sozialen Emanzipation der Bevölkerung. Obwohl die revolutionären Bemühungen solcher Parteien ausgesprochen schwach ausgeprägt sind, stellt sich auch hier die Frage nach der Umsetzung eines solchen Systems. Ein existentes Vorbild gibt es weltweit nicht, wie *Linken*-Fraktionschef und Parteiaushängeschild *Gregor Gysi* einräumen muss. Wenn *Richard Stöss* für den Rechtsextremismus zurecht aus normativer Sicht hinterfragt, wie ein solches „Grundrecht auf Verschiedenheit" mit den demokratisch multiethnischen Gesellschaften der Gegenwart zusammen passen soll, gilt gleiches im Linksextremismus für die Vereinbarkeit von verstaatlichter Wirtschaft und Interessenpluralismus. Ein zumindest der Theorie nach angestrebtes sozialistisches Regime zielt zwangsläufig auf die Enteignung und Verstaatlichung von Eigentum und Privatbesitz. Dies umzusetzen scheint auf demokratischer und freiwilliger Basis illusorisch.

Von den ideologischen Positionen der linksextremen Parteien lässt sich auf deren Anti-System-Einstellung schlussfolgern. Traditionell kommunistische Parteien lehnen die parlamentarische Demokratie ab. Zur Umsetzung der von ihnen postulierten allumfassenden gesellschaftlichen Gleichheit fordern sie die Errichtung einer Diktatur des Proletariats, was sich konträr zu den konstitutionellen Prinzipien der Gewaltenteilung und Rechtsstaatlichkeit verhält. Mit Ausnahme der griechischen KKE handelt es sich bei den traditionellen kommunistischen Parteien um Klein-, ja Zwergparteien ohne gesellschaftliche Bedeutung, bei den parlamentarisch vertretenen linksextremen Parteien Europas dagegen überwiegend um Parteien des so genannten demokratischen Sozialismus. Vor allem bei Wahlen erfolgreiche Parteien wie *Die Linke*, die *Parti Communiste Français,* die *Partito Rifondazione Communista* und die *Partido Comunista Português* bewiesen als Juniorpartner in Regierungskoalitionen auf regionaler bzw. nationaler Ebene eine gewisse Kompromiss-, Politik- und Demokratiefähigkeit. Sie stehen immanent zu den demokratischen Ordnungen ihrer Länder, fordern mehr plebiszitäre Elemente und eine stärkere Einheit von Staat, Bevölkerung und Wirtschaft. Zumeist hat ihr Bekenntnis zum Kommunismus eher rhetorische und strategische Ursachen, um den traditionellen Teil der Anhängerschaft zu bedienen.

München/Zürich 2004; Stefan Creuzberger/Ingo Mannteufel/Jutta Unser: Unterdrückung, Gewalt und Terror im Sowjetsystem. Diskussionsbeiträge zum „Schwarzbuch des Kommunismus", in: Osteuropa 50(2000)6, S. 581–720.

Tabelle 16 Linksextremistische Parteien in Europa nach ihrer ideologischen Ausrichtung

Traditionell kommunistische Parteien	**Reformorientiert sozialistische Parteien**
Deutsche Kommunistische Partei (DE)	*Enhedslisten* (DK)
Kommunistinen Työväenpuolue (FI)	*Partei des Demokratischen Sozialismus/Die Linke* (DE)
Kommounistikó Kómma Elládas (GR)	*Suomen Kommunistinen Puolue* (FI)
Lietuvos Komunistu Partija (LT)	*Parti Communiste Français* (FR)
Communist Party of Great Britain (GB)	*Izquierda Unida* (ES)
Sveriges Kommunistika Parti (SE)	*Partido Comunista Português* (PT)
Partito dei Comunisti Italiani (IT)	*Partij van de Arbeid van België* (BE)
Munkáspárt (HU)	*Partito Rifondazione Communista* (IT)
	Kommunistická Strana Čech a Moravy (CZ)
	Kommunistická Strana Slovenska (SK)
	Kommunistische Partei Österreichs (AT)

Im Gegensatz zu den meisten erfolgreichen rechtsextremistischen Parteien gibt es aus strategischen Gründen im parteiförmigen Linksextremismus kaum Berührungsängste gegenüber orthodoxen Hardlinern und militanten außerparlamentarischen Organisationen. Durch ihren Anspruch als linke Sammlungsparteien vielfältige Strömungen binden zu wollen, beheimaten sie – mehr oder weniger gewollt – auch radikal antidemokratisch eingestellte Kräfte. Gegenüber der Öffentlichkeit werden sie als Randerscheinungen abgetan, intern sollen sie jedoch Anhänger binden, denen die Mäßigung bzw. pragmatische Ausrichtung der offiziellen Parteilinie zu weit geht. Die linken Flügel der linksextremen Parteien lassen sich in zwei Typen unterscheiden: zum einen orthodoxe kommunistische Altkader, zum anderen autonome Gruppierungen. Obwohl sich beide Lager inhaltlich und kulturell stark unterscheiden und dies zu innerparteilichen Spannungen führen kann, vereint vor allem die Klammer des Antifaschismus verschiedene Linksaußenkräfte. Anders als im Rechtsextremismus, wo mit der Zunahme an extremistischer Intensität der Parteien auch die Kooperationsbereitschaft mit militanten Gruppen wächst, sind es im Linksextremismus eher breite Bündnisse, die eindeutige demokratische wie klar extremistische Flügel vereinen (z. B. in Dänemark), während dogmatisch kommunistische Parteien mit autonomen, anarchistischen und ökologisch orientierten Kreisen eher wenig anfangen können.

Wie erwähnt werben extremistische Parteien um ähnliche Wählerklientel. Auch Linksextremisten bedienen sich teilweise populistischer Methoden und Inhalte.[41] Manche Linksaußenparteien neigen – analog zu rechtsextremen Parteien, die sich gewisser Versatzstücke des linken Populismus bedienen – zu rechtspopulistischen und nationalistischen Positionen. Auf die gesellschaftlichen Veränderungen im Zuge beschleunigter Modernisierungs- und Globalisierungsprozesse reagieren linksextreme Parteien mit nationalem Protektionismus. Zwar bekennen sie sich ideologisch zum Marxismus-Leninismus, mixen aber in ihrer Poli-

41 Vgl. hierzu ausführlich Florian Hartleb: Rechts- und Linkspopulismus. Eine Fallstudie anhand von Schill-Partei und PDS, Wiesbaden 2004.

tik kommunistische mit nationalistischen Inhalten. Vor allem linksextremistische Parteien im postkommunistischen Osteuropa, wie die tschechische KSČM, die slowakische KSS, Ungarns MP und die aus den ehemaligen Einheitsparteien hervorgegangenen Parteien der russisch-nationalen Minderheiten im Baltikum, verknüpfen Antikapitalismus mit – angeblichen – Bedrohungsszenarien der sozialistisch-nationalen Interessen. Um den alten Idealen treu zu bleiben und angesichts der breiten antikommunistischen Haltung in den meisten Ländern trotzdem überleben zu können, bedienen sie sich nationalistischer und fremdenfeindlicher Argumentationen. Auch im westlichen Europa steigt bei linksextremen Parteien die Bereitschaft, rechtspopulistische Themen zu instrumentalisieren. Statt eine egalitär-universalistische Weltgesellschaft anzustreben, ist die Protektion der Nation dominantes Motiv. Diskriminierende Parolen richten sich vor allem gegen die – vermeintlichen – Verursacher vergrößerter Wohlstandsunterschiede und gesellschaftlicher Verarmung: die EU, internationale Großkonzerne und die Ambitionen der Nachbarstaaten. Die Zuwendung zu Nationalismus und die Verbindung von rechten und linken Ideologieelementen soll einerseits die angekratzte Legitimation kommunistischer Parteien aufpolieren, anderseits nicht nur im Lager der traditionellen Sozialisten, sondern vielmehr bei allen Klientel an Modernisierungsverlierern für Stimmenzuwächse sorgen.

3.3 Andere Formen des parteipolitischen Extremismus

Unabhängig von den Abgrenzungsproblemen einiger antidemokratischer Parteien, die sich sowohl rechts- als auch linksextremistischer Ideologieelemente bedienen und deshalb nicht eindeutig einem der beiden Lager angehören, sind nur wenige parteiförmige Organisationen anderen Varianten des politischen Extremismus zuzurechnen. In einigen europäischen Staaten existieren separatistisch orientierte Parteien ethnischer Minderheiten, deren Abspaltungsbemühungen die territoriale Integrität der Staaten in unterschiedlicher Weise bedrohen. Extremistische Minderheitenparteien wie die *Türkische Demokratische Partei* und die *Vereinte Makedonische Organisation* in Bulgarien und die nationalistischen Parteien der russischen Minderheiten im Baltikum suchen die Anbindung zu bzw. die Vereinigung mit ihren Ursprungsnationen. Dagegen geht es den sezessionistisch ausgerichteten Parteien in (Nord)Irland und im Baskenland darum, sich vom Vereinigten Königreich bzw. von Spanien abzutrennen oder wenn nicht staatliche Unabhängigkeit, zumindest umfangreiche Autonomierechte zu erlangen. Zwar blieben sie alle bei Wahlen auf nationaler Ebene bedeutungslos, erreichten jedoch wie die baskische *Herri Batasuna* auf regionaler Ebene in ihren Hochburgen teilweise zweistellige Ergebnisse. Typisch für extremistische Parteien nationaler Minderheiten sind die engen Verbindungen zu militanten und terroristischen Gruppen, gleichsam als „parlamentarischer Arm des Widerstandes", weshalb die baskische HB (2003) und Bulgariens OMO (2000) offiziell verboten wurden. Die ideologischen Übergänge ethno-regionalistischer Parteien zu rechts- wie linksextremistischen Weltanschauungen sind fließend. Umgekehrt bestätigen dies die Einordnungen der ebenfalls separatistisch orientierten italienischen *Lega Nord* (zum Rechtsextremismus) und von *Sinn Fein* (zum Linksextremismus). Solche ideologische Grenzfälle lassen unterschiedliche Einordnungen zu.

Vereinigungen des religiösen Fundamentalismus, die sich gegen die Trennung von Staat und Religion richten und in letzter Konsequenz einen Gottesstaat errichten wollen, betätigen sich kaum auf der Parteienebene. Das liegt nicht zuletzt daran, dass der Betätigung religiöser Parteien im Allgemeinen und islamistischer Organisationen im Speziellen in vielen Ländern enge Grenzen gesetzt sind. Zudem ist durch die Terroranschläge in New York, London und Madrid im letzten Jahrzehnt das Misstrauen gegenüber Organisationen des fundamentalistischen Islamismus stark gestiegen. Die wenigen existierenden islamistischen Parteien in Westeuropa (z. B. in Großbritannien, Belgien und in den Niederlanden) spielen bei Wahlen keinerlei Rolle, auch nicht in Regionen mit einem hohen muslimischen Bevölkerungsanteil. In Osteuropa gibt es keine islamistisch fundamentalistischen Parteien, dafür aber die Tendenz einiger – zum Teil erfolgreicher – rechtsextremistischer Parteien zum christlichen Fundamentalismus (z. B. die polnische LPR, Rumäniens PRM und PNG). Charakteristisch ist für sie die enge Verbindung der nationalen Identität mit einem radikal religiösen Bekenntnis. Allerdings geht es ihnen weniger um die Errichtung eines klerikalen Gottesstaates als vielmehr um die enge Verzahnung der Elemente Volk und Religion als identitätsstiftende und moralische Grundlagen der jeweiligen Nationsvorstellungen.

4 Nichtparteiförmiger Extremismus

4.1 Rechtsextremismus

Sind auf parlamentarischer Ebene und bei der Verankerung in den Bevölkerungen vor allem extremistische Parteien von Bedeutung, geht es bei der Untersuchung von Militanz und Gewaltbereitschaft in erster Linie um außerparlamentarische Extremismusformen. Nichtparteiförmige Vereinigungen lassen sich – neben der Differenzierung in verschiedene Extremismusvarianten – u. a. nach organisatorischen, ideologischen, strategischen und aktionistischen Gesichtspunkten unterscheiden. Auf organisatorischer Ebene fehlt es bei losen Vereinigungen noch mehr als bei Parteien an europaweiten verlässlichen Daten zu Mitgliederzahlen. Dieser Sachverhalt wird durch häufig unregistrierte Gruppierungen und unübersichtliche Sympathisantenmilieus erschwert. Neben kaum strukturierten Verbindungen (wie intellektuelle Theoriezirkel und rechtsextreme Verlage) lassen sich nichtparteiförmige Gruppierungen hinsichtlich ihres Organisationsgrades in subkulturelle Vereinigungen der rechtsextremen Szene und rechtsextremistische Erscheinungen am Rande gesellschaftlicher Massenorganisationen unterscheiden. Zu der letzten Kategorie gehören im europäischen Rechtsextremismus ganz unterschiedliche Kräfte, z. B. die rumänische Kulturorganisation *Vatra Românească*, welche ihren Millionen Anhängern ein exklusives und teilweise intolerantes Nationalverständnis vermittelt. In Italien sind politische Richtungsgewerkschaften wie die *Unione Generale di Lavoro* (UGL) eng mit ihren Pendants auf parteiförmiger Ebene verbunden. Im Zuge der zahlreichen EU-Referenden in Irland (ähnlich in Dänemark) engagierten sich rechtsextreme Kräfte in breiten Anti-EU-Bündnissen. Die Ablehnung der europäischen Integration wird mit Verlustängsten der staatlichen Souveränität, einer aggressiven Ablehnung von Immigration und mit den religiösen Eigenarten des Landes begründet, was in ähnlicher Weise auf rechtsextreme Strömungen innerhalb der katholischen Kirche in Polen und in der rumänisch-orthodoxen Kirche zutrifft.

In vielen europäischen Staaten existieren subkulturelle rechtsextreme Szenen[42], die in manchen Ländern durch ihr Gewaltpotenzial ein massives Problem der inneren Sicherheit darstellen, politisch jedoch – mit Ausnahme Ungarns – irrelevant sind, da sie keine Massenbewegungen bilden, sondern meist nur über wenige hundert und selten über mehr als tausend Anhänger verfügen. Die Schwäche außerparlamentarischer Gruppierungen erklärt sich in einigen Ländern (z. B. in Frankreich und Italien) durch die Integrationskraft starker rechtsextremer Parteien. Zudem handelt es sich bei den nichtparteiförmigen Vereinigungen der extremen Rechten nur zum Teil um organisatorisch geschlossene Einheiten. Vielmehr weisen ihre Organisationsniveaus deutliche Differenzen auf. Es lassen sich lose Cliquen ohne feste Strukturen im lokalen Bereich, Gruppierungen mit relativ hohem Organisationsgrad (und interlokalen Beziehungen) und international agierende Netzwerke (z. B. *Blood & Honour* und *Hammerskins*) unterscheiden. Die organisatorische Reichweite geht mit den ideologischen Einstellungen einher. Die meisten Gruppen auf lokaler Ebene, zu denen vor allem Angehörige der Skinhead-Subkultur und des Hooliganismus zu zählen sind, formieren sich häufig spontan, besitzen weder nach innen noch nach außen organisatorische Strukturen, was vielfach mit eher „unpolitischen" Orientierungen verbunden ist.[43] Kaderähnliche, vor allem neonationalsozialistische Vereinigungen (z. B. in Schweden, Dänemark und Deutschland) weisen dagegen einen hohen Organisationsgrad auf, was mit einem verstärkten Interesse für politische Themen korrespondiert. Zwar nehmen Mitglieder der kaum organisierten Gruppen häufig an Veranstaltungen von straff strukturierten Vereinigungen teil, doch mangelt es an Interesse, Disziplin und Unterordnungsbereitschaft, sich fest in rigide Kaderstrukturen zu integrieren. Transnational agierende Netzwerke koordinieren die Aktivitäten der einzelnen Szenen und sorgen für die internationale Verbreitung rechtsextremer Ideologien.

Wie rechtsextremistische Parteien unterscheiden sich die meisten nichtparteiförmigen Organisationen ideologisch in völkisch-nationalistische und neonationalsozialistische Gruppierungen, wobei die inhaltlichen und personellen Übergänge zwischen den Lagern fließend sind. Nicht immer ist das Verhältnis zueinander von gegenseitiger Akzeptanz geprägt. Im Baltikum beispielsweise stehen sich nationalistische Gruppen der Mehrheitsbevölkerung und Kräfte der russischen Minderheiten gegenüber. Dazu kommen in einigen Ländern nationalkonservative und neomonarchische Strömungen, die aber im Bereich des nichtparteiförmigen Rechtsextremismus und damit hinsichtlich ihres systemgefährdenden Potenzials keine große Rolle spielen. Ob beide Hauptrichtungen weitgehend identisch sind oder starke Differenzen das Verhältnis zueinander bestimmen, hängt maßgeblich von der jeweiligen Perzeption des historischen Nationalsozialismus im eigenen Geschichtsbild ab. In Staaten, in denen faschistische Massenbewegungen bis zum Ende des Zweiten Weltkrieges an der Seite Deutschlands agierten und dadurch Anknüpfungspunkte zum Nationalsozialismus existieren, sind die Unterschiede zwischen den verschiedenen Gruppierungen des subkulturellen Rechtsextremismus gering. NS-affine Anhänger glorifizieren mehr oder weniger offen die Drahtzieher des Dritten Reiches und vertreten einen biologischen Rassismus, wiewohl nationalrevolutionäre

42 Vgl. Cas Mudde: Central and Eastern Europe, in: Ders. (Hrsg.): Racist Extremism in Central and Eastern Europe, New York 2005, S. 267–285.

43 Vgl. Uwe Backes/Eckhard Jesse: Autonome und Skinheads, in: Dies. (Hrsg.): Vergleichende Extremismusforschung, Baden-Baden 2005, S. 307–327, hier S. 320.

Kräfte und autonome Nationalisten versuchen – teils durch eine gewisse Distanzierung zum Dritten Reich, teils durch die Übernahme linker Ideologieelemente –, sich vom klassischen Nationalsozialismus abzuheben. Doch der Kern ihrer sozialdarwinistischen, antisemitischen und fremdenfeindlichen Positionen orientiert sich an der Rassenlehre der Nationalsozialisten, wonach die überlegenen „arischen Völker" von so genannten „Untermenschen" reinzuhalten seien. Neonationalsozialistische bzw. faschistische Organisationen wie die *Neue Rechte* (ND) in Rumänien, *Forza Nuova* in Italien, die *Ungarische Garde* und die *Bulgarische Nationalunion* (BNU) dominieren in den rechtsextremen Szenen ihrer Länder.

Auch in Staaten, deren Nationalverständnis auf einer tiefen Gegnerschaft zum deutschen Nationalsozialismus gründet, existieren paradoxerweise neonationalsozialistische Organisationen. Das trifft in Westeuropa z. B. für Großbritannien, Frankreich und die Niederlande zu, in Osteuropa für Polen und Tschechien, wo völkisch-nationale und neonationalsozialistische Gruppierungen miteinander konkurrieren. Widersprüche mit der eigenen Nationalgeschichte versuchen solche Gruppen mit Verschwörungstheorien und verwegenen Ideologiekonstruktionen zu überspielen. Es gelte, die historische Feindschaft der europäischen Nationen zu überwinden, um alte (Juden) und neue Bedrohungen (Muslime, Afrikaner und Asiaten) abzuwehren. In Skandinavien berufen sich einige Gruppen des militant-rechtsextremen Spektrums auf einen germanischen Nationalismus mit Ursprüngen in der nordischen Mythologie. Die ideologischen Differenzen zu den völkisch orientierten Gruppierungen sind generell häufig geringer ausgeprägt als (sub)kulturelle und regionale Unterschiede, z. B. welche Fußballvereine, Rechtsrockgruppen und Szenelabels unterstützt werden. Im Gegensatz zu den erfolgreichen rechtsextremen Parteien kennzeichnet die meisten Organisationen des nichtparteiförmigen Rechtsextremismus – egal welcher Strömung – die offene Ablehnung des demokratischen Verfassungsstaats sowie eine tiefe Verachtung von Liberalismus und Pluralismus.

Was für die ideologische und organisatorischen Ebene gilt, trifft auch für die Aktionsformen dieser Gruppierungen zu: Ihre Intensität weist eine erhebliche Bandbreite auf. Die Palette der meist illegalen Aktivitäten reicht vom Veröffentlichen ideologischer Schriften, über spontane Gewalttaten am Rande von Sportveranstaltungen und Volksfesten, individuelle Gewalt, die Ausrichtung von Musikkonzerten und politischen Veranstaltungen bis hin zur Organisation paramilitärischer Ausbildungslager sowie die Durchführung von terroristischen Aktionen. Zwar sind internationale Vergleichsstudien[44] zu rassistisch motivierter Gewalt mit großer Vorsicht zu interpretieren, denn die jeweils national festgelegten Kriterien variieren stark. Doch die massiven Bedrohungen gesellschaftlicher Minderheiten und politisch Andersdenkender zeigen in vielen Ländern ein beunruhigendes Gefahrenpotenzial, das von solchen Gruppen ausgeht. Obwohl rassistisch motivierte Gewalttaten meist von kleinen Gruppierungen der Skinheadsubkultur verübt werden und es sich nicht um ein Zeichen von Massenmilitanz handelt, erschüttern in Deutschland – speziell im Ostteil des Landes – immer wieder fremdenfeindliche Übergriffe die Gesellschaft. In den nordeuropäischen Ländern wurden von

44 Die *European Agency for Fundamental Rights* (FRA) zählte beispielsweise in ihrem Jahresbericht 2009 für 2007 in Großbritannien 65.736 und für Deutschland 17.606 offiziell registrierte rassistische Verbrechen, im gleichen Zeitraum in Frankreich aber nur 707, in Polen 238 und in Dänemark ganze 36 Vorfälle dieser Art, was Zweifel an der Vergleichbarkeit solcher Daten erhärtet. Vgl. European Agency for Fundamental Rights (Hrsg.): Annual Report 2009, S. 25, abrufbar unter: http://fra.europa.eu/fraWebsite/home/ar2009_part2_en.htm [Stand: 15. März 2010].

1990er Jahren an zahlreiche schwere Gewaltverbrechen mit politischem und rassistischem Hintergrund von Mitgliedern neonationalsozialistischer Vereinigungen begangen, in Schweden allein sieben Morde im Jahr 1995.[45] In vielen Ländern Osteuropas kommt es regelmäßig zu gewalttätigen Auseinandersetzungen mit Roma-Jugendlichen. In Großbritannien eskalieren die Auseinandersetzungen zwischen Mitgliedern der Skinheadszenen und Gruppen der ethnischen Minderheiten häufig in Massenschlägereien mit zahlereichen Verletzten. In den südeuropäischen Staaten sind es vor allem Angriffe gegenüber Migranten aus Nordafrika, die nicht zuletzt wegen der ungelösten Probleme mit der illegalen Einwanderung in Teilen der Mehrheitsgesellschaften Zustimmung finden.

Eine Demonstrationskultur wie im deutschen Rechtsextremismus existiert dagegen nirgends in Europa in dieser Form. Die internationale Zusammenarbeit rechtsextremer Vereinigungen wird durch länderübergreifend agierende Organisationen und ihre lokalen „Divisionen" gesteuert, über das Internet verbreitet und durch den Vertrieb rechtsextremistischer Magazine, CDs und Bekleidungsmarken forciert. Vielfach ist innerhalb der rechtsextremen Szenen ein Wandel des Habitus zu beobachten – vom klassischen „baseballschläger-schwingenden Springerstiefelnazi" hin zu aus der linksalternativen Subkultur entlehnten Aktions- und Kleidungsweisen. Die konspirativ-planerische Vorgehensweise bei der Vorbereitung und Durchführung von Veranstaltungen und Anschlägen hat wie die internationale Zusammenarbeit der rechtsextremen Kräfte durch die Nutzung des World-Wide-Web an Qualität gewonnen, reicht jedoch bei weitem nicht an den aktionellen Professionalisierungsgrad der linksextremistischen Szenen heran.

4.2 Linksextremismus

Nichtparteiförmige linksextremistische Vereinigungen treten nicht weniger vielgestaltig auf. Organisatorisch unterscheiden sich linke subkulturelle Gruppierungen von extremistischen Kreisen innerhalb breiter (teilweise demokratischer) Bündnisse. Dazu gehören Aktive in linken politischen Richtungsgewerkschaften, wie in der italienischen *Confederazione Generale Italina del Lavoro* und in Polens *Somoobrona*, Anhänger der Umweltbewegung sowie Teile der international agierenden globalisierungskritischen Netzwerke wie ATTAC. Analog zum nichtparteiförmigen Rechtsextremismus variiert der Organisationsgrad linksextremistischer Gruppierungen im subkulturellen Milieu von losen Zusammenschlüssen (z. B. Punks und Hausbesetzer), über fest strukturierte Gruppierungen (z. B. autonome Szenen und kommunistische Jugendorganisationen) bis hin zu international agierenden Netzwerken. Vielfach überschneiden sich die einzelnen Milieus personell, nicht zuletzt deshalb, weil der Antifaschismus eine Brücke für weite Teile des linksextremen Spektrums bildet.

Nicht nur im Bereich der Zusammenarbeit, sondern auch ideologisch sind sich die außerparlamentarischen Organisationen im europäischen Linksextremismus näher gekommen. Zwar hat sich die jahrzehntelange Zersplitterung zwischen maoistisch, trotzkistisch, anar-

45 Vgl. Anders Widfeldt: The diversified approch. Swedish responses to the extreme right, in: Rodger Eatwell/Cas Mudde (Hrsg.): Western Demcracies and the new Extreme Right Challenge, London/New York 2004, S. 150–171, hier S. 162 f.

chistisch und am Sowjetkommunismus orientierten Gruppierungen nicht aufgelöst, aber durch den Zusammenbruch des Kommunismus stark vermindert. Das Zusammenwirken der verschiedenen Vereinigungen dient vor allem dem gemeinsamen „antifaschistischen Kampf". Er stellt die ideologische Klammer aller linksextremen Gruppen dar. Zudem eint sie die Forderung, den Kapitalismus abzuschaffen und eine sozialistische Gesellschaft zu errichten. Bei der Frage, wie ein solches Gemeinschaftsmodell konkret aussehen soll, unterscheiden sich die verschiedenen Strömungen jedoch grundsätzlich. Während es beim sowjetgeprägten Kommunismus vereinfacht darum geht, sozialistische Staaten unter einer Diktatur des Proletariats zu errichten, trachten Trotzkisten nach einer weltweiten und permanenten Revolution. Anarchisten, zu denen die meisten der so genannten Autonomen gehören, lehnen dagegen zur Verwirklichung der klassenlosen Utopie jede Staatlichkeit ab. Danach entscheiden nicht politische Führungen oder persönliche Besitzverhältnisse über die Verteilung von gesellschaftlichen Ressourcen, sondern der tatsächliche Bedarf: Man nimmt, was man braucht, und gibt, was man entbehren kann. Privateigentum wird nach diesem Prinzip in jeglicher Form abgelehnt.

Die Kräfteverhältnisse von kommunistischen und anarchistischen Gruppierungen widersprechen den Größenordnungen auf der parteipolitischen Ebene – mit Ausnahme der trotzkistischen Strömungen, die weder inner- noch außerhalb von Parteien relevant sind und nur in Frankreich und Dänemark eine gewisse Bedeutung haben. Sowjetkommunistisch orientierte Kräfte spielen im subkulturellen Milieu keine große Rolle – zu stark sind die Differenzen zwischen den autoritären Systemvorstellungen von kommunistischen Hardlinern und dem antiautoritären Habitus der linken Szene. Das heißt nicht, dass kommunistische Parteien nicht versuchen würden, mit autonomen und anarchistischen Gruppierungen zu kooperieren (vor allem bei „antifaschistischen" Aktionen), doch nach dem Prinzip des „demokratischen Zentralismus" repräsentieren allein sie den Willen der arbeitenden Klasse. Eine alternative Szene kann es nach diesem Selbstverständnis im Grunde nicht geben. Die wenigen nennenswerten Gruppierungen des außerparlamentarischen Kommunismus agieren als Jugendorganisationen oder separierte Flügelbewegungen im direkten Umfeld der linksextremistischen Parteien.

Umgekehrt erfreuen sich nichtparteiförmige anarchistische Gruppierungen in manchen Ländern eines regen Zuspruchs, da sie wegen ihrer Abwehrhaltung gegenüber den staatlichen Strukturen in der Regel nicht am Parteienwettbewerb partizipieren und somit die einzige organisatorische Alternative für antistaatlich ausgerichtete Linksextremisten darstellen. Anarchisten glauben an die Repressivität und Dekonstruktivität des Kapitalismus, welcher nur unter dem Einsatz revolutionärer Mittel überwunden werden könne. Obwohl Anhänger der autonomen Szene in der Öffentlichkeit wenig Hehl aus ihrer Systemablehnung machen, genießen sie in Teilen der demokratischen Linken durchaus Sympathien. Das hängt mit einer Reihe von inhaltlichen Schnittmengen zusammen: Antifaschismus, Antikapitalismus und Globalisierungskritik sind die zentralen Themen der demokratischen wie antidemokratischen Linken. Innerhalb der breiten internationalen Antiglobalisierungsbewegung finden sich gewalttätige Autonome, die teilweise dem so genannten *Schwarzen Block* zuzurechnen sind. Im Gegensatz zum gesellschaftlich stigmatisierten gewaltbereiten Rechtsextremismus sind die Übergänge vom militanten Linksextremismus zum demokratischen Lager fließend,[46] wenngleich der Rückhalt und die Unterstützung für gewalttätige Aktionen in den Bevölkerungen gering sind. Allerdings gibt es auch innerhalb des subkulturellen Linksextremismus strategische Debatten darüber, ob Gewalt gegen Personen und die Institutionen des Staates ein akzeptables Mittel ist.

Die je nach Ideologie eher antifaschistisch oder anarchistisch ausgerichteten Szenen sind in Westeuropa deutlich weiter verbreitet als im postkommunistischen Europa, wo im subkulturellen Bereich der Rechtsextremismus stärker ausgeprägt ist. Der subkulturelle Linksextremismus ist in Metropolen wie Berlin, Hamburg, Kopenhagen, Amsterdam, London, Barcelona und Athen fest in breiten linksalternativen Milieus bestimmter Stadtviertel verankert. Dies trifft nicht annähernd für Millionenstädte wie Warschau, Prag und Budapest zu. International vernetzte Organisationen wie die *Antifaschistische Aktion* und eher lose Zusammenschlüsse wie die *Anti-G8-Bewegung* verstehen sich als transnationale Akteure, welche für die Kommunikation und Koordinierung gemeinsamer Aktionen verantwortlich sind. Die AFA unterhält Strukturen in allen westeuropäischen Ländern, während sie in Osteuropa nur in Tschechien, Slowenien und Estland vertreten ist.[47] Bei der weltweiten Antiglobalisierungsbewegung handelt es sich zum Teil um Anarchisten auf der Suche nach einer herrschaftsfreien Ordnung jenseits von Staat und Markt und um globalisierungskritisch engagierte Neokommunisten, die sich um eine Erneuerung der Leninschen Imperialismustheorie bemühen[48] – teils als unerschrockene Idealisten und Wahrheitssucher bewundert, teils als unbelehrbare Weltverbesserer und Spinner belächelt.

Trotz diametral entgegengesetzter Ideologien ähneln sich rechte und linke Szenen in ihren netzwerkartigen Gruppenbildungen, ihrer sich aggressiv gegenüber der Öffentlichkeit absetzenden Symbolik und ihrer Neigung zu gewaltsamem Vorgehen. Die Handlungsfelder linksextremistischer Gruppierungen reichen ähnlich wie in der „rechten Szene" von spontanen Sachbeschädigungen, Protesten und Krawallen über eigenständig koordinierte Demonstrationen bis hin zu Aktivitäten mit hoher Planungsintensität, z. B. so genannte Antifacamps, Hausbesetzungen und Terroranschläge. Beide Lager unterscheiden sich auf der Aktionsebene weniger in ihren Handlungen, sondern vielmehr darin, wie sie diese umsetzen. Ein weitaus höherer organisatorischer Professionalisierungs- und damit demokratischer Gefährdungsgrad ist in den meisten Ländern (z. B. in Deutschland, Griechenland, Großbritannien und Frankreich) und in der internationalen Zusammenarbeit eindeutig den Linksaußengruppierungen zuzuschreiben. Informationsseiten im Internet, Rundmails, Ketten-SMS, Flyeraktionen und „Szene"-Blätter ermöglichen die schnelle und grenzübergreifende Mobilisierung ihrer Klientel. Das Ausmaß an Massenmilitanz erreicht bei den rechtsextremen Kräften in diesen Ländern bei weitem nicht das Niveau der autonomen Szene. Auch die Mobilisierungsfähigkeit des nichtparteiförmigen Linksextremismus scheint – zumindest in den Ländern mit einer ausgeprägten alternativen Szene – deutlich das Anziehungspotenzial von rechtsaußen zu über-

46 Vgl. Patrick Moreau/Eva Steinborn: Die Bewegung der Altermodialisten – Eine Gefahr für die Demokratie?, in: Uwe Backes/Eckhard Jesse (Hrsg.): Gefährdungen der Freiheit. Extremistische Ideologien im Vergleich, Göttingen 2006, S. 147–177.

47 Vgl. Antifascist Network, abrufbar unter: http://www.antifa.net/joomla/ [Stand: 22. März 2010].

48 Vgl. Yolène Dilas-Rocherieux: Communism and Neo-Communism in Times of „Globalization", in: Uwe Backes/Patrick Moreau (Hrsg.): Communist and Post-Communist Parties in Europe, Göttingen 2008, S. 523–534.

treffen. Bei internationalen Spitzentreffen der Politik wie den G8-Gipfeln in Genua (2001) und Heiligendamm (2007) kamen, neben mehrheitlich friedensbewegten Demonstranten, tausende gewaltorientierte Linksextremisten aus ganz Europa zusammen. Sie sorgten bei regelrechten Straßenschlachten für zahlreiche Verletzte auf Seiten der Autonomen wie der Sicherheitskräfte. Der Hauptgrund für die größere Schlagkräftigkeit des subkulturellen Linksextremismus hat eine weitere, grundsätzliche Ursache: Während die antiegalitäre Idee des Nationalismus eine internationale Kooperation der Gruppen gleichsam naturbedingt behindert und angeblich schlagkräftige Allianzen vielmals nicht mehr als inhaltlich verschwommene Zweckbündnisse bilden, verbindet die linksextremen Kräfte – trotz der ideologischen und organisatorischen Vielgestaltigkeit solcher Organisationen – eine egalitär internationalistisch Weltanschauung mit klar definierten Feindbildern. Einfach formuliert: Linksextremisten vereint in Europa mehr als sie trennt – Rechtsextremisten trennt mehr als sie vereint.

Nicht nur wegen ihrer ausgefeilten Aktionsformen orientieren sich Rechtsextreme gern an der konspirativen und zielgerichteten Vorgehensweise von links. Guerilla-Taktiken und *Che Guevara*-Kult üben auf sie eine beträchtliche Anziehungskraft aus, weshalb sie Aktionsmuster und Kleidungsstil der autonomen Szene kopieren. Die Ablehnung des Rechtsextremismus ist im linksextremen Milieu vielfach stärker ausgeprägt als umgekehrt. In manchen Ländern existieren zudem Verbindungen linker und linksextremer Gruppen ins linksterroristische Milieu, wenngleich nur ein Bruchteil ihrer Anhänger sich an gewalttätigen Aktionen gegen die Zivilgesellschaft beteiligt. Das traf für Deutschland – die RAF war ein Kind der Studentenbewegung – wie für Frankreich in den 1970er und 1980er Jahren zu und gilt bis heute unter anderem für Italiens *Neue Rote Brigaden* und Griechenland, wo Organisationen wie der *Revolutionäre Kampf* und die *Revolutionäre Sekte* für eine Anschlagsserie seit Ende 2008 verantwortlich sind und als aktuell größte Herausforderung der griechischen Demokratie gelten.

Obwohl das Gefährdungspotenzial einiger europäischer Staaten durch die Gewaltbereitschaft linksextremistischer Organisationen besteht, resultiert deren Stärke paradoxerweise aus einem gewissen gesellschaftlichen Verankerungsgrad. Denn auch in der Entfernung zur gesellschaftlichen Mitte unterscheiden sich subkulturell linke und rechte Zirkel. Zwar treten beide Lager aggressiv gegenüber der Mehrheitskultur auf, doch suchen Teile der extremen Linken für ihren Antifaschismus nach demokratischer Legitimation, was nicht in gleichem Maße für Rechtsextremisten und ihren Antikommunismus gilt. Umgekehrt genießt der militante Linksextremismus vor allem bei der demokratischen Linken in Westeuropa gewisse Sympathien, gerade wegen seines aggressiven Antifaschismus. Für die schwach entwickelten Strukturen der außerparlamentarischen extremen Linken in Osteuropa trifft dies nicht in gleichem Maße zu, weil die Erfahrungen mit den militarisierten linksautoritären Regimes offenbar für eine stärkere Diskreditierung solcher Gruppen sorgen.

4.2 Andere Formen des nichtparteiförmigen Extremismus

Militante Formen des politisch-religiösen Fundamentalismus in seinen islamischen Ausprägungen bilden nach Einschätzung der Behörden in vielen Ländern Europas derzeit das größte Bedrohungspotenzial für die innere Sicherheit. Das gilt vor allem in Staaten, die durch die

Erfahrung von Anschlägen gegen die Zivilgesellschaft oder durch vereitelte Terroranschläge traumatisiert wurden und in denen Sensibilität und Angst vor weiteren Attentaten erheblich zugenommen haben. Es gibt verschiedene Formen des religiösen Fundamentalismus, denen allen die rigorose Ablehnung der Moderne zu eigen ist und die sich gegen das Prinzip der Trennung von Kirche und Staat – zugunsten der Errichtung eines theokratischen Systems – wenden. Islamistische Terroristen orientieren sich am Koran und der islamischen Rechtsordnung (Scharia) und predigen den „Heiligen Krieg", den Dschihad.

Die wichtigsten ideologischen Ausrichtungen des islamistischen Fundamentalismus lassen sich im Wesentlichen entlang der Hauptströmungen des Islam verfolgen. Der Dschihadismus des international bekanntesten Terrornetzwerks *Al-Qaida* findet Unterstützung bei ultraorthodoxen Islamauslegungen wie den sunnitischen Taliban in Afghanistan, aber längst nicht überall in der islamischen Welt. Islamisten stehen nicht nur den Un- und Andersgläubigen in der westlichen Welt extrem feindselig gegenüber, obwohl der Westen, speziell der „große Satan" USA, Israel und ihre Verbündeten, für alle fundamentalistischen Kräfte des Islams als zentrales Feindbild firmiert. Sunnitische und schiitische Ausprägungen des Islamismus bekämpfen sich auch untereinander. Dabei geht es um die Vorherrschaft der Glaubensauslegung und -praxis. Weiterhin lassen sich Anhänger der *Hizbollah* (ursprünglich aus dem Libanon) und der palästinensischen *Hamas* unterscheiden, die wiederum zahlreiche Differenzen zu den in Europa vielerorts aktiven türkischen, kurdischen oder nordafrikanischen fundamentalistischen Gruppen aufweisen. Obwohl nur ein Bruchteil der Millionen Muslime in Europa sich in islamistischen Terrorgruppen organisiert, ist die Bedrohung der Demokratien durch gewaltsam operierende Fundamentalisten zweifellos gegeben. Das hängt einerseits mit der starken Verinnerlichung des islamischen Weltbildes zusammen, andererseits mit den Organisations- und Aktionsformen fundamentalistischer Terroristen. Gewaltsame Muslime identifizieren sich mit den Konflikten im Nahen Osten, verstehen sich als Teil der islamischen Weltgemeinschaft und betrachten die Toten ihres Terrors als Vergeltungsakte für die Opfer in Afghanistan und Irak. Ihre zellenartigen Verbindungen agieren ohne feste Kommandostrukturen, was deren geheimdienstliche Überwachung erschwert. Besonders bedrohlich machen den islamistischen Terrorismus die Bereitschaft und der Wille seiner Anhänger, möglichst viele zivile Opfer zu verursachen.[49]

Vor den Anschlägen islamistischer Fundamentalisten in Madrid (2004) und London (2005) galten die separatistischen Terrororganisationen in Spanien und Nordirland als größte Gefahren der europäischen Demokratien. Im Gegensatz zum heilversprechenden extremistischen Islamismus geht der separatistische Terrorismus im Baskenland und in Nordirland auf die Unterdrückung der ethnischen Minderheiten zurück. Die baskische Terrororganisation *Euskadi Ta Askatasuna* (*Baskenland für Freiheit*) entstand unter dem *Franco*-Regime, als die Politik der Madrider Zentrale über die Autonomiebestrebungen der Basken systematisch hinwegging und eine rücksichtslose Hispanisierungspolitik betrieb. Der Terror der nordirischen *Irish Republican Army* hat seine Wurzeln ebenfalls in einer historischen Unterdrückungserfahrung, weswegen sich die IRA (wie die ETA) jahrzehntelang der Loyalität großer

49 Vgl. Albrecht Metzger: Forum, Bedeutung und Bedrohungspotenzial des islamischen Extremismus, in: Uwe Backes/Eckhard Jesse (Hrsg.): Jahrbuch Extremismus & Demokratie, Band 19, Baden-Baden 2008, S. 115–138, hier S. 116–119.

Bevölkerungsteile sicher sein konnte. Durch die Dauer der Konflikte und die Brutalität des ETA- bzw. IRA-Vorgehens sank jedoch in den 1980er Jahren die gesellschaftliche Unterstützung für terroristische Aktionen. Seit Ende der 1990er Jahren sind beide Gruppierungen deutlich geschwächt. Dies geht auf unterschiedliche Ursachen zurück. Während das Karfreitags-Abkommen zwischen Großbritannien, Irland und den nordirischen Konfliktparteien vom 10. April 1998 zu einer allmählichen Deeskalation des Kriegszustandes und zur schrittweisen Entwaffnung der IRA führte, wurde die Spitze der ETA durch spektakuläre Fahndungserfolge der international operierenden Polizei in den letzten Jahren zunehmend ausgedünnt. Auch wenn der separatistische Terrorismus in Spanien seit zehn Jahren an Schlagkraft verloren hat, ist ein baldiges Ende des Terrors noch weit entfernt. Selbst in Nordirland verübten weiterhin Splittergruppen der aufgelösten IRA eine Serie von Anschlägen, zuletzt im März 2009. Seit Beginn des Nordirlandkonfliktes Ende der 1960er Jahre gingen etwa 1800 Todesopfer auf das IRA-Konto[50], in Spanien wird die ETA für 850 Morde seit 1968 verantwortlich gemacht.[51] Bildet man im Hinblick auf den Grad der Gefährdung durch terroristische Aktionen eine Skala, so stehen nach wie vor nicht islamistische Vereinigungen, sondern ETA und IRA an vorderster Stelle.

5 Intensitätsgrad des politischen Extremismus

5.1 Harter Extremismus

Extremistische Bestrebungen variieren nicht nur in ihren Ideologie-, Organisations-, Strategie- und Aktionsformen, sondern auch und vor allem im Grad ihrer Systemablehnung, also in ihrer extremistischen Intensität. Die Faktoren zur Bestimmung harter und weicher Extremismen sind dabei für Parteien und nichtparteiförmige Organisationen nicht identisch. Je nachdem, ob Parteien oder subkulturelle Strömungen untersucht werden, sind unterschiedliche Kriterien für die Merkmale Ideologie, Organisation, Strategie und Aktion anzuwenden.[52] Grenzfälle zwischen harten und weichen Extremismusformen sind wie Abstufungen innerhalb der Kategorien nicht ausgeschlossen.

Wer die Relevanz extremistischer Parteien an ihren Wahlerfolgen festmacht, sieht bei harten Varianten auf parteiförmiger Ebene in Europa weitgehend Irrelevanz. Ihre bekanntesten Vertreter auf Seiten der extremen Rechten sind die NPD, Italiens MS-FT, *Jobbik* in Ungarn und die *British National Party*. Obwohl diese Parteien nicht offen an historische Weltanschauungsmodelle anknüpfen, distanzieren sie sich nicht von ihnen. Ihre Programmatiken sind klar antidemokratisch ausgerichtet. Alle harten rechtsextremen Parteien sind dezidiert fremdenfeindlich, ihr Ziel ist eine ethnisch homogene Volksgemeinschaft. Was sie verfechten, läuft auf die Errichtung einer Diktatur hinaus. Strategisch machen sie daraus keinen Hehl. Sie sind bestrebt, möglichst militante Richtungen um sich zu versammeln, und sie forcieren

50 Vgl. Roland Sturm: Länderporträt: Nordirland, in: Uwe Backes/Eckhard Jesse (Hrsg.): Jahrbuch Extremismus & Demokratie, Band 21, Baden-Baden 2010, S. 53–72.

51 Vgl. Dieter Nohlen/Andreas Hildenbrand: Spanien, Wiesbaden 2005, S. 34.

52 Siehe zur theoretischen Konzeption „harter“ und „weicher“ Extremismen den Einführungsbeitrag in diesem Band.

die Zusammenarbeit mit gewaltbereiten Kräften. Wiewohl auf organisatorischer Ebene Zwistigkeiten zwischen gemäßigten und radikalen Parteiflügeln auftreten können, stellt sich für harte rechtsextreme Parteien die Frage nach dem innerparteilichen Verhältnis von extremistischen und demokratischen Strömungen nicht ernsthaft. Hard- wie Softliner stehen in klarer Gegnerschaft zum demokratischen System. Bei den harten rechtsextremen Parteien Europas sind die internen Größen- und Kräfteverhältnisse eindeutig zugunsten der antidemokratischen Akteure ausgerichtet. Sie kooperieren mit militanten Gruppierungen, deren Mitglieder als Rekrutierungs- und Mobilisierungspool dienen. Gemäßigtere Rechtsaußenformationen gelten ihnen dagegen meist als lasch oder gar als Teil des politischen Establishments. Sie haben keinerlei Interesse an Kooperationen oder Bündnissen mit demokratischen Organisationen, allenfalls aus taktischen Motiven.

Bei den harten Extremismen der parteiförmigen Linken handelt es sich meist um orthodoxe, nicht parlamentarisch vertretene Splitterparteien wie die kommunistischen Parteien in Deutschland, Finnland und Schweden oder um Abspaltungen von den reformsozialistisch orientierten Kräften wie in Italien, Frankreich und in einigen Ländern Osteuropas. Sie stellen offen die Systemfrage, fordern die Rückkehr zur Großideologie des realen Sozialismus, orientieren sich am Prinzip des „demokratischen Zentralismus" und verharmlosen oder glorifizieren die Vergangenheit der kommunistischen Regime. Gewalt als Mittel der Politik wird zwar nicht bzw. nur in seltenen Fällen direkt angewandt, doch fehlt eine glaubhafte Distanzierung gegenüber militanten Gegnern der Demokratie. Mitunter kooperieren sie mit „außerparlamentarischen Revolutionären", ungeachtet der politischen und kulturellen Unterschiede zwischen subkulturellen linken Szenen und orthodoxen kommunistischen Parteien existieren. Das Gros ihrer Anhänger wie die führenden Kräfte der äußersten Linksaußenparteien lehnen den demokratischen Verfassungsstaat ab. Gegenüber demokratischen Organisationen, die als Teil des kapitalistischen Systems wahrgenommen werden, gehen sie auf Distanz. Ihr Selbstverständnis als traditionell kommunistische Parteien entspringt nicht zuletzt der ideologischen wie organisatorischen Loslösung von den reformorientierten sozialistischen Parteien. Die marxistisch-leninistische Weltanschauung gilt nach wie vor als oberste Maxime.

Im Gegensatz zur parteiförmigen Ebene, wo nur wenige relevante Organisationen einen hohen extremistischen Intensitätsgrad aufweisen, dominieren bei nichtparteiförmigen Gruppierungen harte Extremismusvarianten. Da die Ausübung von Gewalt als eindeutiges und gemeinhin anerkanntestes Indiz für Demokratiefeindlichkeit gilt, zählen dazu sämtliche terroristischen Vereinigungen – unabhängig von ihrer ideologischen Ausrichtung als „braune", „rote" oder „grüne" Extremismusformen. Auch nichtterroristische Gruppierungen, z. B. subkulturell geprägte militanten Szenen wie Skinheads und Autonome wenden Gewalt an oder propagieren sie zumindest. Ihr bewaffneter Kampf richtet sich nicht nur gegen die Einrichtungen und Symbole des Staates, sondern im schlimmsten Fall auch gegen die Unversehrtheit von Andersdenkenden und der Zivilbevölkerung. Ein solch militanter Aktionismus ist dabei fast immer mit einer starren ideologischen Weltsicht verbunden. Die De-Ideologisierung vieler extremistischer Parteien trifft für subkulturelle Gruppierungen nicht in gleichem Maße zu, was einerseits deren politische Irrelevanz – wegen der breiten Isolierung solcher Positionen in den meisten Ländern – und andererseits ihre gesellschaftliche Gefahr erklärt, die von wenigen, aber stark ideologisch mobilisierten und häufig gewaltbereiten Anhängern ausgeht.

Harte nichtparteiförmige Extremismusvarianten lehnen die Zusammenarbeit mit gemäßigteren oder demokratischen Gesinnungsgenossen ab, was nicht bedeutet, diese würden keineswegs versuchen, potenzielle Bündnispartner zu instrumentalisieren. Das trifft für die Linksaußenszene mehr zu als für den subkulturellen Rechtsextremismus. Während (fast) überall in Europa gewaltbreite Rechtsextremisten geächtet sind, genießen autonome Gruppen in Teilen der Mehrheitskultur gewisse Sympathien, was abhängig von den Ausprägungen der politischen Kultur ist. Sie treten meist im Fahrwasser demokratisch antifaschistischer Initiativen in Erscheinung; der gewaltlose Widerstand wird jedoch als wirkungslos und feige abgetan. Kommt es zur Eskalation, dienen ihnen Gewaltlosigkeit propagierende Demonstranten nicht selten als Schutzschild und bei Übergriffen als Beispiel der Staats- bzw. Polizeigewalt. Ein weiteres Merkmal für eine hohe extremistische Intensität ist der Organisationsgrad solcher Gruppierungen. Autonome und NS-affine Kreise werden oftmals straff geführt, unterhalten zum Teil paramilitärische Ausbildungslager, und es existieren klare Kommandostrukturen. Wenngleich sich lose subkulturelle Gruppen wie Skinheads und Punks in ihrer Militanz wenig von hochgradig strukturierten Vereinigungen unterscheiden, erreicht ihr Organisationsniveau nicht das Maß stark militarisierter Kräfte. Für sie sind die „Gruppen" meist Freizeitgestaltung, während sie für harte Szenegänger den zentralen Lebensinhalt bedeuten.

5.2 Weicher Extremismus

Bei den meisten erfolgreichen rechts- wie linksextremistischen Parteien in Europa handelt es sich um weiche Extremismusformen (bei manchen Abstufungen im Einzelnen). Gemeinsam ist ihnen eine deutliche Distanz zu den Großideologien des Nationalsozialismus und des „realen Sozialismus", wenngleich die Auseinandersetzung mit den autoritären Regimes zum Teil nur halbherzig oder gar nicht geschieht. Weiche extremistische Parteien distanzieren sich vom Nationalsozialismus und Stalinismus, nicht vom Nationalismus und Kommunismus. Weichen Linksaußenvarianten fällt der Abschied von ihrer theoretischen Grundlage schwerer als ihren rechten Pendants, wie die Beibehaltung kommunistischer Namen und Parteiprogramme belegt, obwohl sie in der praktischen Politik selten die Systemfrage stellen. Die Parteien eines weichen Rechtsextremismus achten stattdessen wegen der verbreiteten gesellschaftlichen Ächtung offen rassistischer und nationalsozialistischer Positionen darauf, nicht in die „Faschismusecke" gestellt zu werden. Parteien wie *Lega Nord*, *Vlaams Belang*, *Front National* und die FPÖ verstecken geradezu ihre Systemfeindlichkeit, was nicht in gleichem Maße für Parteien wie *Die Linke*, die PCF oder die RC gilt. Weiche extremistische Parteien zielen nicht auf die Errichtung nationalistischer oder kommunistischer Diktaturen nach historischen Vorbildern. In gewisser Weise verfechten beide Seiten des weichen parteiförmigen Extremismus Staatskonzeptionen eines so genannten Dritten Weges zwischen dem demokratischen Verfassungsstaat und (real)sozialistischer bzw. nationalistischer Diktatur. Trotz der ideologischen Unterschiede weisen solche Vorstellungen ein Reihe von inhaltlichen Gemeinsamkeiten auf: einen starken Staat, mehr innere Sicherheit, wirtschaftliche Regulierung und Zentralisierung, umfangreiche Umverteilungsmaßnahmen sowie die Begrenzung (wenn nicht Beendigung) der europäischen Gemeinschaftspolitik.

In weichen extremistischen Parteien existieren Kräfte, die eindeutig den Verfassungsstaat ablehnen, allerdings nicht den Kurs ihrer Parteien bestimmen. Das Verhältnis gegenüber Gewaltbefürwortern ist ambivalent. Sie lehnen Militanz ab, nicht jedoch die extremistischen Szenen an sich. Die interne und externe Verzahnung von demokratischen und extremistischen Strukturen, von Reformern und Pragmatikern auf der einen Seite und Dogmatikern und Ideologen auf der anderen lässt sich bei vielen Parteien und noch mehr bei Wahlallianzen nur schwer durchblicken. Das hängt mit der selbstverordneten innerparteilichen Heterogenität zusammen, die auch – zum Teil miteinander konkurrierenden – extremistischen Minderheitsströmungen Raum bietet. Trotz ihrer schwachen oder zumindest nicht dominanten internen Stellung sind radikale Untergruppierungen für das Selbstverständnis solcher Parteien sowie für deren Binnenintegration von beachtlicher Bedeutung. Wer auf die dominierende Linie abstellt, kommt zu dem Ergebnis, dass bei weichen extremistischen Parteien die offen antidemokratischen Akteure nicht „das Sagen haben", obwohl sie auch in führende Positionen gelangten, also auch Unterstützung vom gemäßigten Parteimainstream erfahren. Weichen Extremismen fehlt es im Unterschied zu demokratischen Parteien an einer klaren Distanzierung von internen Fundamentalisten, und es mangelt an Versuchen, solche Kräfte aus den Parteien auszuschließen. Moderate Führungsspitzen wissen um die Notwendigkeit, diese Strömungen einzubeziehen.

Weiche Extremismusvarianten – egal ob auf partei- oder nichtparteiförmiger Ebene – suchen einerseits die Zusammenarbeit mit demokratischen Kräften, andererseits fällt ihnen die Grenzziehung zu militanten Kreisen schwer. Sie lavieren in ihrem Legalitätsverständnis. Gewalt als Mittel der Politik wird zwar nicht gerechtfertigt, doch erfolgt die Distanzierung gegenüber militanten Kräften der eigenen Richtung keineswegs ohne Wenn und Aber. Das gilt für die extreme Rechte, die trotz aufgesetzter Bürgerlichkeit ein klares Bekenntnis gegen Neonationalsozialisten und Skinheads vermissen lässt, ebenso wie für die extreme Linke, die sich grundsätzlichen Distanzierungen gegenüber Orthodoxen und Autonomen verwahrt. Wer subkulturelle Extremismen in harte und weiche Typen anhand des Kriteriums der Gewaltablehnung unterscheidet, gelangt zu anderen Ergebnissen, als wenn nach der direkten Gewaltanwendung gefragt wird.

Nichtparteiförmige weiche Extremismusformen unterscheiden sich von gewaltbereiten Vereinigungen nicht nur in ihrem Aktionismus, sondern auch in ihrer Organisationsstruktur und in ihrer Bündnisfähigkeit. Gleichwohl war die Abwendung von Militanz nicht zwingend ein Bekenntnis zur demokratischen Ordnung. Weiche Extremismen verzichten – teils aus strategischen Gründen, teils aus eigener Unfähigkeit – auf straff geführte Strukturen. Dazu zählen auf der rechten wie auf der linken Seite des politischen Spektrums weniger die extremistischen Szenen, sondern vor allem Massenorganisationen mit demokratischen und antidemokratischen Flügeln, wie politische Gewerkschaften, (regionalistische) Kulturinstitutionen und kirchennahe Vereinigungen. Sie zeichnen sich dadurch aus, dass sie Kooperationen mit demokratischen Parteien und gesellschaftlichen Interessensgruppen forcieren, um einerseits ihre Anliegen als mehrheitsfähig auszugeben, andererseits um selbst als demokratisch wahrgenommen zu werden. Damit einher geht – freiwillig oder gezwungenermaßen – eine organisatorische Pluralität, die einer starken Zentralisierung und Homogenisierung der inneren Ordnungen wie beim harten nichtparteiförmigen Extremismus entgegensteht. Weiche Varianten bilden kaum feste Strukturen, die Hierarchien sind schwach ausgebildet, es fehlt an regelmäßigen Versammlungen. Sie treten meist nur bei bestimmten Ereignissen wie (Musik-) Festivals, Streiks, Massendemonstrationen oder historischen Gedenkfeiern in Erscheinung und verlaufen sich danach wieder. Weiche außerparlamentarische Extremismen betreiben im Gegensatz zu manch harten Varianten keine permanente Revolution, sondern eher eine Art „Teilzeitsystemwechsel".

6 Ergebnis – Extremismus in den EU-Staaten. Gefahr für die Demokratie?

Extremismen gefährden die demokratischen Verfassungsstaaten Europas auf vielfältige Weise, wobei die Ausprägungen und Bedrohungspotenziale von Land zu Land stark variieren.[53] Wie der Vergleich des politischen Extremismus in 24 EU-Staaten verdeutlicht, unterscheiden sich antidemokratische Phänomene nicht nur in ihrem Ausmaß und in ihren ideologischen Ausrichtungen (Rechts- und Linksextremismus, regionalistischer Separatismus, religiöser Fundamentalismus), sondern auch in ihren Aktions- und Organisationsformen (Parteien, subkulturelle Gruppierungen, terroristische Zellen) sowie im Grad ihrer extremistischen Intensität (harte und weiche Extremismen). Lässt das die naheliegende Schlussfolgerung zu, je erfolgreicher und massiver extremistische Kräfte agieren, desto größer ist die Gefahr für die europäischen Demokratien?

Nicht zwangsläufig, denn die Kriterien für den Erfolg und den Intensitätsgrad des Extremismus sind nicht dieselben wie die, welche das Ausmaß der Gefährdung bestimmen (vgl. Einleitung in diesem Band). Der politische Extremismus bezieht seine Dynamik nicht zuletzt aus einem Beziehungsgeflecht verschiedener Elemente, die einander unterstützen (Stimulationsthese) und hemmen (Absorbationsthese)[54] können. So sind die Wahlergebnisse zwar wesentliche Anhaltspunkte für die Stärke und den Einfluss extremistischer Parteien, doch nur ein Faktor unter anderen, um die demokratischen Systeme zu unterminieren. Mehrheitsfähige Ergebnisse erreichten extremistische Parteien von 1990 an nirgends in Europa, allerdings erzielten sie in einigen Staaten (einzeln oder in Addition der extremistischen Antipoden) über 20 Prozent Stimmenanteile und gelangten teilweise in Regierungskoalitionen. Gerade der gewachsene Einfluss extremistischer Parteien führte jedoch in den meisten Fällen zu einer Abschwächung bzw. Aufgabe ihrer Systemablehnung. Fast alle extremistischen Parlamentsparteien zählen zu weichen Extremismusformen oder wandelten sich in diese Richtung. Und nicht selten fanden parlamentarische Vertreter extremistischer Parteien mit ihren Erfolgen Gefallen am Politikerdasein. Dadurch riskierten sie den Bruch mit ihren Anhängern, die ihnen Verrat vorwarfen, was besonders bei Regierungsverantwortung zu Tage trat. Aus diesem Befund ergibt sich eine paradoxe Situation: Aus extremismustheoretischer Perspek-

53 Allerdings muss nicht jede Gefahr der Demokratien von Extremisten ausgehen. Günstlingswirtschaft, Elitenkartelle, wachsende soziale Ungleichheit oder ein Staatsbankrott können das Vertrauen und damit den Bestand der demokratischen Ordnungen dauerhaft untergraben bzw. beschädigen. Vor allem die in einigen europäischen Staaten allgegenwärtige Korruption wird von internationalen Polizei- und Sicherheitsexperten als größte Gefahr für die als quasi-demokratisch bezeichneten Systeme eingeschätzt. Siehe u. a.: Plamen K. Gerogiev: Corruptive Patterns of Patronage in South East Europe, Wiesbaden 2008.

54 Vgl. Uwe Backes/Matthias Mletzko/Jan Stoye: NPD-Wahlmobilisierung und politisch motivierte Gewalt. Sachsen und Nordrhein-Westfalen im kontrastiven Vergleich, Köln 2010.

tive verbietet sich die Kooperation mit antidemokratischen Kräften strikt, doch gerade die Einbindung extremistischer Parteien zeigt aus normativ demokratietheoretischer Sicht eine Reihe positiver Effekte. Sie zwingt Extremisten zu Pragmatismus und Kompromissen, damit zur Milderung ihres Anti-System-Potenzials und entzaubert ihre teilweise populistisch vermarkteten Forderungen, die sie nur als permanente Oppositionsparteien formulieren können bzw. konnten. Minderheitsregierungen unter Tolerierung extremistischer Parteien wie in Bulgarien, Dänemark und Spanien stellen (faule) Kompromisse dar, damit Demokraten wie Extremisten ihr Gesicht wahren. Sie haben in aller Regel nicht die „positiven Nebeneffekte" einer Schwächung und Abschwächung des politischen Extremismus.

Integration ist kein Allheilmittel extremistischer Auswüchse, zumal eine Einbeziehung harter Formationen demokratietheoretisch nicht zu rechtfertigen ist. Trotz Mäßigungstendenzen blieben viele solcher Parteien im Kern extremistisch, und nur einige vollzogen den vollständigen Wandel in Richtung Systemloyalität. Auch wenn die meisten extremistischen Parteien nicht alle Elemente der demokratischen Verfassungsstaaten beseitigen wollen, trachten sie in bestimmten Bereichen nach fundamentalen Veränderungen, etwa Forderungen wie im Rechtsextremismus zur Ausländergesetzgebung oder im Linksextremismus zur Wirtschaftspolitik. Problematisch ist zum ersten, dass es den etablierten Parteien bei Kooperationen mit extremistischen Kräften große Mühe macht, sich von solchen Positionen zu distanzieren. Zum zweiten erlangen sie ein gewisses Maß an Reputation, werden allenfalls als nicht politikfähig, nicht aber als nicht demokratiefähig abgelehnt. Zum dritten steigt mit ihrer Aufwertung die gesellschaftliche Verankerung des politischen Extremismus. Wenn extremistische Parteien weder politisch noch öffentlich noch medial geächtet werden, nehmen sie stärkeren Einfluss auf die gesellschaftlichen Diskurse und sorgen für die Verbreitung ihrer extremistischen Positionen in der Bevölkerung. Das prägt in manchen Ländern mit erfolgreichen rechtsextremen Parteien (Dänemark, Niederlande, Polen, Slowakei, Ungarn) die Mehrheitsmeinung derart, dass nationalistische Parolen auch zum politischen Kalkül demokratischer Parteien gehören. Die meisten erfolgreichen linksextremen Parteien, wie in Deutschland und Frankreich, werden in großen Teilen der Öffentlichkeiten kaum als solche wahrgenommen, geschweige denn kritisiert. Die Gefahr durch extremistische Parteien liegt insgesamt weniger in der Abschaffung der demokratischen Ordnungen und in der Errichtung autoritärer politischer Systeme, sondern vor allem in der verstärkten gesellschaftlichen Polarisierung, in der vielfach zu beobachtenden Verrohung des politischen Klimas und in der Relativierung der nationalen bzw. kommunistischen Geschichtsbilder.

Besonders die Impulse für die militant-gewaltbereiten Szenen stellen ein Problem für die innere Sicherheit der europäischen Staaten dar. Allerdings lässt sich nicht automatisch von den Erfolgen extremistischer Parteien auf das Ausmaß politisch motivierter Gewaltaktionen schließen. In manchen Ländern genießen die gewaltorientierten Szenen Sympathien und Unterstützung von den extremistischen Parteien. In anderen Staaten sind militante Gruppierungen gerade wegen des Fehlens einer erfolgreichen Partei von Bedeutung. Erfolg versprechende Gegenstrategien lassen sich im internationalen Vergleich kaum erkennen. Die Integration extremistischer Organisation kann zwar deren Mäßigung bewirken, zugleich besteht aber darin die Gefahr, antidemokratische Positionen salonfähig zu machen. Umgekehrt kann zwar die Stigmatisierung extremistischer Parteien auf elektoraler Ebene erfolgreich sein, doch gerade dies schafft möglicherweise größere Sympathisantenkreise jenseits klassischer

Wählermilieus. Gleiches gilt für Parteien- und Organisationsverbote. Eine extremismustheoretisch inspirierte Lösung gerät in ein nahezu zwangsläufiges Dilemma: Wer von weichen extremistischen Parteien verlangt, sich gegenüber militanten Formationen abzugrenzen, riskiert die Radikalisierung militanter Splittergruppen, deren Einbindung und Mäßigung preisgegeben wird. Ob Integration oder Ausgrenzung – der aus normativer Perspektive „richtige" Umgang mit politischem Extremismus lässt sich aufgrund seiner vielfältigen Erscheinungsformen, wegen der Mehrdimensionalität nationaler Rahmenbedingungen und seiner zahlreichen gesellschaftlichen Entstehungsursachen kaum verallgemeinern. Auf der Suche nach Lösungswegen zur Eindämmung extremistischer Bestrebungen scheint die qualitative Einzelfallforschung besser geeignet zu sein als eine Vorgehensweise, die verallgemeinert.

Die Signale, welche von der politischen und sozialen Bedrohung des Extremismus ausgehen, sind für den Zusammenhalt der europäischen Gesellschaften doppelt schädlich: Zum einen bleiben extremistische Positionen keine Randerscheinung, wiewohl die politische Mitte in allen europäischen Staaten gefestigt genug zu sein scheint, dass es extremistischen Bestrebungen aller Art weiterhin an Mehrheitsfähigkeit fehlen wird. Doch prägen sie im Bewusstsein vieler Menschen latente antidemokratische Einstellungsmuster und Vorurteile gegenüber den demokratischen Werten. Zum anderen löst die Polarisierung der politischen Arena feindselige Reaktionen bei der jeweils anderen Extremismusvarianten auf. Das gilt nicht nur für das Verhältnis von Rechts- und Linksextremismus.

Seit dem Ende des „Endes der Geschichte" am 11. September 2001 sind sich Politiker, Sicherheitsexperten und Militärs in aller Welt einig, dass der islamistische Fundamentalismus momentan die größte Gefährdung der demokratischen Systeme darstellt. Wer auf die Staaten der Europäischen Union blickt, muss diese Einschätzung relativieren. Auch hier hinterließ der islamistische Terrorismus blutige Spuren, wovon hunderte Tode bei Anschlägen auf Nahverkehrseinrichtungen in London und Madrid zeugen. Bemisst man die Gefährdung durch extremistische Bestrebungen jedoch allein an der Zahl der Opfer, zeigt sich – wie erwähnt – ein anderes Bild: Durch den regionalistischen Separatismus in Nordirland und im Baskenland haben weit mehr Menschen ihr Leben verloren als durch den terroristischen Rechts- und Linksextremismus sowie den islamistischen Fundamentalismus in allen EU-Staaten zusammen. Zugleich befeuert der radikale Islamismus den gewalttätigen Rechtsextremismus, entlang der Konfliktlinie „Proisraelisch versus Antizionistisch", zum Teil auch den gewalttätigen Linksextremismus. Muslime gelten mittlerweile nicht nur in rechtsextremen Kreisen als größte Bedrohung der europäischen „Volks- und Kulturgemeinschaften". Militante Nationalisten profitieren von wachsenden islamfeindlichen Ressentiments in den europäischen Bevölkerungen. Ein steigendes Maß an rechtsextremer Gewalt korreliert wiederum mit wachsender Militanz von Linksaußen, und umgekehrt.

Europa am Rande autoritärer Restaurierung – oder ist alles eitel Sonnenschein? Weder noch! Die gute Nachricht: In allen Staaten der Europäischen Union scheint die Zeit autokratisch-pseudodemokratischer Systemvorstellungen vorbei zu sein, obwohl noch immer erhebliche regionale Unterschiede in den Ausprägungen der demokratisch politischen Kulturen existieren. Extremistische Parteien – egal ob hart oder weich – besitzen kein ausreichend großes Stimmen- und Sympathisantenpotenzial, um die freiheitlich-demokratischen Ordnungen der Länder zu gefährden. Die europäische Integration ist im gesamten EU-Raum mittlerweile so weit fortgeschritten, dass eine nationale Umkehr des Weges nirgends ernsthaft Aussicht hat.

Totalitäre Ideologien gehören der Vergangenheit an, die von den breiten Bevölkerungsmehrheiten in allen EU-Ländern abgelehnt werden, nicht allerdings – und damit zur Kehrseite der Freiheit – von gewalttätigen Minderheiten. Diese stellen eine erhebliche gesellschaftliche Bedrohung dar. Dass es innerhalb Europas Gebiete gibt, wo sich Menschen wegen ihrer Herkunft, Rasse oder politischen Einstellung nicht frei bewegen können, dass militante Gruppierungen mancherorts lokale Selbstverwaltungsstrukturen aufgebaut haben und bei ihren Aktionen zivile Opfer in Kauf nehmen, dass Terroristen in Hinterzimmern von Vereinen und Gebetshäusern an Sprengsätzen basteln, dämpft die Erfolgsbilanz der Demokratie in Europa. Scheint ein gewisser Bodensatz an Extremismus in der Demokratie unvermeidlich zu sein, kann die Konsequenz – nämlich damit leben zu müssen – nur für legalistisch agierende Extremismen gelten, nicht jedoch für militante Phänome. Politisch motivierter Gewalt – egal aus welcher Richtung – ist mit aller Entschlossenheit und mit sämtlichen Mitteln des Rechtsstaats zu begegnen. Blickt man auf die konkreten Zustände „vor Ort", wäre einigen Staaten ein wenig mehr Wehrhaftigkeit gegenüber dem politischen Extremismus zu wünschen, wiewohl es einem Drahtseilakt gleicht, die Balance zwischen verstärkten Sicherheitsmaßnahmen einerseits und der Wahrung individueller Freiheitsrechte andererseits zu halten.

Auswahlbibliographie

Monographien und Sammelbände

Albertazzi, Daniele/Duncan McDonnell (Hrsg.): Twenty-First Century Populism. The Spectre of Western European Democracy, Houndmills 2008.
Aldis, Anne/Graeme P. Herd (Hrsg.): The Ideological War on Terror. Worldwide Strategies for Counter Terrorism, London/New York 2007.
Amesberger, Helga/Brigitte Halbmayr (Hrsg.): Rechtsextreme Parteien – eine mögliche Heimat für Frauen?, Opladen 2002.
Arzheimer, Kai: Die Wähler der extremen Rechten 1980–2002, Wiesbaden 2008.
Autengruber, Christian: Die politischen Parteien in Bulgarien und Rumänien. Eine vergleichende Analyse seit Beginn der 90er Jahre, Stuttgart 2006.
Backes, Uwe/Eckhard Jesse (Hrsg.): Jahrbuch Extremismus & Demokratie, 20 Bände, 1989–1994 Bonn, 1995–2009 Baden-Baden.
Backes, Uwe: Extremismus in demokratischen Verfassungsstaaten. Elemente einer normativen Rahmentheorie, Opladen 1989.
Backes, Uwe/Eckhard Jesse: Politischer Extremismus in der Bundesrepublik Deutschland, Bonn 1993.
Backes, Uwe (Hrsg.): Rechtsextreme Ideologien in Geschichte und Gegenwart, Köln/Weimar/Wien 2003.
Backes, Uwe/Eckhard Jesse (Hrsg.): Vergleichende Extremismusforschung, Baden-Baden 2005.
Backes, Uwe/Eckhard Jesse (Hrsg.): Gefährdungen der Freiheit. Extremistische Ideologie im Vergleich, Göttingen 2006.
Backes, Uwe: Politische Extreme. Eine Wort- und Begriffsgeschichte von der Antike bis zur Gegenwart, Göttingen 2006.
Backes, Uwe/Henrik Steglich (Hrsg.): Die NPD – Erfolgsbedingungen einer rechtsextremistischen Partei, Baden-Baden 2007.
Backes, Uwe/Patrick Moreau (Hrsg.): Communist and Post-Communist Parties in Europe, Göttingen 2008.
Backes, Uwe/Matthias Mletzko/Jan Stoye: NPD-Wahlmobilisierung und politisch motivierte Gewalt. Sachsen und Nordrhein-Westfalen im kontrastiven Vergleich, Köln 2010.
Baumer, Andreas: Kommunismus in Spanien. Die Partido Comunista de España – Widerstand, Krise und Anpassung (1970–2006), Baden-Baden 2008.
Bergsdorf, Harald: Ungleiche Geschwister, Die deutschen Republikaner (REP) im Vergleich zum französischen Front National (FN), Frankfurt a. M. 2000.
Bertelsmann Stiftung (Hrsg.): Strategies for Combating Right-Wing Extremism in Europe, Gütersloh 2009.
Betz, Hans-Georg: Radical Right-Wing Populism in Western Europe, New York 1994.
Blaise, Pierre/Patrick Moreau (Hrsg.): Extrême Droite et National-Populisme en Europe de l'ouest, Brüssel 2004.
Botella, Joan/Luis Ramiro (Hrsg.): The crisis of Communism and Party Change. The evolution of West European Communist and Post-Communist Parties, Barcelona 2003.
Bos, Ellen/Dieter Segert (Hrsg.): Osteuropäische Demokratien als Trendsetter? Parteien und Parteiensysteme nach dem Ende des Übergangsjahrzehnts, Opladen 2008.
Bozóki, András/John T. Ishiyama (Hrsg.): The Communist Successor Parties of Central and Eastern Europe, New York 2002.
Brandstetter, Marc: Die NPD im 21. Jahrhundert. Eine Analyse ihrer aktuellen Situation, ihrer Erfolgsbedingungen und Aussichten, Marburg 2006.
Breton, Albert u. a. (Hrsg.): Political Extremism and Rationality, Cambridge 2002.
Bull, Martin/Paul Heywood (Hrsg.): West European Communist Parties and the Revolutions of 1989, London 1994.
Burr, J. Millard/Robert O. Collins: Alms for Jihad, Cambridge 2006.
Camus, Jean-Yves: Front National. Eine Gefahr für die französische Demokratie?, Bonn 1998.
Canu, Isabelle: Der Schutz der Demokratie in Deutschland und Frankreich. Ein Vergleich des Umgangs mit politischem Extremismus vor dem Hintergrund der europäischen Integration, Opladen 1997.
Caramani, Daniele/Yves Mény (Hrsg.): Challenges to Consensual Politics. Democracy, Identity and Populist Protest in the Alpine Region, Brüssel 2005.
Carter, Elisabeth: The extreme right in Western Europe. Success or failure?, Manchester/New York 2005.

Casals, Xavier (Hrsg.): Political Survival on the Extreme Right. European Movements Between the Inherited Past and the Need to Adapt to the Future, Barcelona 2005.
Courtois, Stéphane u. a. (Hrsg.): Das Schwarzbuch des Kommunismus. Unterdrückung, Verbrechen und Terror, München 1998.
Courtois, Stéphane u. a.: Das Schwarzbuch des Kommunismus. Band 2: Das schwere Erbe der Ideologie, München/Zürich 2004.
Decker, Frank: Der neue Rechtspopulismus, 2. Auflage, Opladen 2004.
Decker, Frank (Hrsg.): Populismus in Europa, Bonn 2006.
Decker, Frank/Viola Neu (Hrsg.): Handbuch der deutschen Parteien, Wiesbaden 2007.
Deletant, Dennis: Hitler's Forgotten Ally. Ion Antonescu and his Regime, Romania 1940–1944, London 2006.
Eatwell, Roger/Cas Mudde (Hrsg.): Western democracies and the new extreme right challenge, London 2004.
English, Richard: Radicals and the Republic. Socialist Republicanism in the Irish Free State, 1925–1937, Oxford 1994.
Evans, Jocelyn A. J. (Hrsg.): The South European Right in the 21st Century. Italy, France and Spain, London/New York 2008.
Falter, Jürgen W./Hans-Gerd Jaschke/Jürgen R. Winkler (Hrsg.): Rechtsextremismus. Ergebnisse und Perspektiven der Forschung, Politische Vierteljahresschrift Sonderheft, Opladen 1996
Ferraresi, Franco: Threats to Democracy: The Radical Right in Italy After the War, Princeton 1996.
Flemming, Lars: Das NPD-Verbotsverfahren. Vom „Aufstand der Anständigen" zum „Aufstand der Unfähigen", Baden-Baden 2005.
Frölich-Steffen, Susanne/Lars Rensmann (Hrsg.): Populisten an der Macht. Populistische Regierungsparteien in West- und Osteuropa, Wien 2005.
Gabriel, Oscar W./Sabine Kropp (Hrsg.): Die EU-Staaten im Vergleich. Strukturen, Prozesse, Politikinhalte, 3. Auflage, Wiesbaden 2008.
Gessenharter, Wolfgang/Thomas Pfeiffer (Hrsg.): Die Neue Rechte – eine Gefahr für die Demokratie?, Wiesbaden 2004.
Givens, Terri E.: Voting Radical Right in Western Europe, New York 2005.
Goodwin, Matthew J.: New British Fascism: The Rise of the British National Party (BNP), London 2009.
Grotz, Florian: Politische Institutionen und post-sozialistische Parteiensysteme in Ostmitteleuropa: Polen, Ungarn, Tschechien und die Slowakei im Vergleich, Opladen 2000.
Grumke, Thomas/Andreas Klärner: Rechtsextremismus, die soziale Frage und Globalisierungskritik. Eine vergleichende Studie zu Deutschland und Großbritannien seit 1990, Berlin 2006.
Hainsworth, Paul (Hrsg.): The Extreme Right in Europe and the USA, London 1992.
Hainsworth, Paul (Hrsg.): The Politics of the Extreme Right. From the Margins to the Mainstream, London/New York 2000.
Hanley, David/John Loughlin (Hrsg.): Spanish Political Parties, Cardiff 2006.
Holtmann, Everhard: Die angepassten Provokateure. Aufstieg und Niedergang der rechtsextremen DVU als Protestpartei im polarisierten Parteiensystem Sachsen-Anhalts, Opladen 2002.
Holzer, Jerzy: Der Kommunismus in Europa. Politische Bewegung und Herrschaftssystem, Frankfurt a. M. 1998.
Huntington, Samuel P.: The Third Wave. Democratization in the Late Twentieth Century, Norman/London 1991.
Hartleb, Florian: Rechts- und Linkspopulismus. Eine Fallstudie anhand von Schill-Partei und PDS, Wiesbaden 2004.
Hirscher, Gerhard (Hrsg.): Kommunistische und postkommunistische Parteien in Osteuropa. Ausgewählte Fallstudien, München 2000.
Hirscher, Gerhard/Armin Pfahl-Traughber (Hrsg.): Was wurde aus der DKP. Beiträge zu Geschichte und Gegenwart der extremen Linken in Deutschland, Brühl 2008.
Ignazi, Piero: Extrem Right Parties in Western Europe, Oxford/New York 2003.
Ismayr, Wolfgang (Hrsg.): Die politischen Systeme Westeuropas, 4. Auflage, Wiesbaden 2009.
Ismayr, Wolfgang (Hrsg.): Die politischen Systeme Osteuropas, 3. Auflage, Wiesbaden 2010.
Jahn, Egbert (Hrsg.): Nationalismus im spät- und postkommunistischen Europa, 3 Bände, Baden-Baden 2008 und 2009.
Jaschke, Hans-Gerd: Politischer Extremismus, Wiesbaden 2006.
Jesse, Eckhard/Jürgen P. Lang: Die Linke – der smarte Extremismus einer deutschen Partei, München 2008.
Jesse, Eckhard: Systemwechsel in Deutschland. 1918/19, 1933, 1945/49, 1989/90, Köln/Weimar/Wien 2010.
Jungerstam-Mulders, Susanne (Hrsg.): Post-Communist EU Member States: Parties and Party Systems, Aldershot 2006.
Kailitz, Steffen/Eckhard Jesse (Hrsg.): Prägekräfte des 20. Jahrhunderts. Demokratie, Extremismus, Totalitarismus, Baden-Baden 1997.
Kailitz, Steffen: Politischer Extremismus in der Bundesrepublik Deutschland. Eine Einführung, Wiesbaden 2004.
Kitschelt, Herbert: The Radical Right in Western Europe. A Comparative Analysis, Ann Arbor 1995.
Knütter, Hans-Hellmuth/Stefan Winckler (Hrsg.): Handbuch des Linksextremismus: Die unterschätzte Gefahr, Graz/Stuttgart 2002.
Kohlmann, Evan F.: Al Quaida's Jihad in Europe. The Afghan Bosnian Network, Oxford/New York 2004.

Kraatz, Susanne/Silvia von Steinsdorff (Hrsg.): Parlamente und Systemtransformation im postsozialistischen Europa, Opladen 2002.
Kraushaar, Wolfgang (Hrsg.): Die RAF und der linke Terrorismus, Band 2, Hamburg 2006.
Levitt, Matthew A.: Islamic Extremism in Europe. Beyond Al-Quaeda, Hamas and Hezbollah, Washington 2005.
Mauthe, Jan Christopher: Erfolgsbedingungen für Rechtspopulisten in Skandinavien. Schweden und Dänemark im Vergleich, Saarbrücken 2008.
Merkel, Wolfgang: Systemtransformation, 2. Auflage, Wiesbaden 2010.
Merkl, Peter H./Leonard Weinberg (Hrsg.): The Revival of Right-Wing Extremism in the Nineties, London 1997.
Menhorn, Christian: Skinheads: Portrait einer Subkultur, Baden-Baden 2001.
Mény, Yves/Yves Surel (Hrsg.): Democracies and the Populist Challenge, Hampshire/New York 2002.
Minkenberg, Michael: Die neue radikale Rechte im Vergleich. USA, Frankreich, Deutschland, Opladen 1998.
Moreau, Patrick/Marc Lazar/Gerhard Hirscher (Hrsg.): Der Kommunismus in Westeuropa. Niedergang oder Mutation?, Landsberg am Lech 1998.
Mudde, Cas: The Ideology of the Extreme Right, Manchester/New York 2000.
Mudde, Cas (Hrsg.): Racist Extremism in Central and Eastern Europe, London u. a. 2005.
Mudde, Cas: Populist Radical Right Parties in Europe, Cambridge 2007.
Niedermayer, Oskar/Richard Stöss/Melanie Haas (Hrsg.): Die Parteiensysteme Westeuropas, Wiesbaden 2006.
Nohlen, Dieter/Philipp Stöver (Hrsg.): Elections in Europe. A Data Handbook, Baden-Baden 2010.
Norris, Pippa: Radical Right. Voters and Parties in the Electoral Market, New York 2005.
Pekonen, Kyösti (Hrsg.): The New Radical Right in Finland, Helsinki 1999.
Petreu, Marta: An Infamous Past. E. M. Cioran and the Rise of Fascism in Romania, Chicago 2005.
Pickel, Gert u. a. (Hrsg.): Osteuropas Bevölkerung auf dem Weg in die Demokratie. Repräsentative Untersuchungen in Ostdeutschland und zehn osteuropäischen Transformationsstaaten, Wiesbaden 2006.
Ramet, Sabrina P. (Hrsg.): The Radical Right in Central and Eastern Europe since 1989, Pennsylvania 1999.
Roggemann, Herwig (Hrsg.): Die Verfassungen Mittel- und Osteuropas, Berlin 1999.
Rydgren, Jens: From Tax Populism to Ethnic Nationalism: Radical Right-wing Populism in Sweden, New York 2006.
Schubarth, Wilfried/Richard Stöss (Hrsg.): Rechtsextremismus in der Bundesrepublik Deutschland. Eine Bilanz, Bonn 2000.
Shields, James G.: The Extreme Right in France. From Pétain to Le Pen, Abingdon/New York 2007.
Spier, Tim u. a. (Hrsg.): Die Linkspartei. Zeitgemäße Idee oder Bündnis ohne Zukunft, Wiesbaden 2007.
Steglich, Henrik: Rechtsaußenparteien in Deutschland. Bedingungen ihres Erfolges und Scheiterns, Göttingen 2010.
Szajkowski, Bogdan (Hrsg.): Political Parties of the World, London 2005.
Szczerbiak, Aleks/Paul Taggart (Hrsg.): Opposing Europe? The Comparative Party Politics of Euroscepticism, Band I: Case Studies and Country Surveys, Band II: Comparative and theoretical perspectives, Oxford/New York 2008.
Taggart, Paul: Populism, Philadelphia 2000.
Thieme, Tom: Hammer, Sichel, Hakenkreuz. Parteipolitischer Extremismus in Osteuropa. Entstehungsbedingungen und Erscheinungsformen, Baden-Baden 2007.
Thomczyk, Stephan: Der dritte politische Etablierungsversuch der Republikaner nach 1994, Konstanz 2001.
Werz, Nikolaus (Hrsg.): Populismus. Populisten in Übersee und Europa, Opladen 2003.
Williams, Michelle Hale: The impact of radical right-wing parties in West European democracies, New York 2006.

Aufsätze

Andreescu, Gabriel: Romania, in: Cas Mudde (Hrsg.): Racist Extremism in Central and Eastern Europe, London u. a. 2005, S. 184–209.
Art, David: The Organizational Origins of the Contemporary Radical Right. The Case of Belgium, in: Comparative Politics 40(2008)4, S. 421–440.
Arter, David: „Communists we are no longer, Social Democrats we can never be". The Evolution of the Leftist Parties in Finland and Sweden, in: Journal of Communist Studies and Transition Politics 18(2002)3, S. 1–28.
Aylott, Nicholas: Softer but Strong: Euroskpeticism and Party Politics in Sweden, in: Aleks Szczerbiak/Paul Taggart (Hrsg.): Opposing Europe? The Comparative Party Politics of Euroscepticism, Band II, Case Studies and Country Surveys, Oxford/New York 2008, S. 181–200.
Backes, Uwe: Extremismus und Populismus von rechts. Ein Vergleich auf europäischer Ebene, in: Aus Politik und Zeitgeschichte Nr. 46/1997, S. 3–14.

Backes, Uwe/Eckhard Jesse: Extremistische Gefährdungspotentiale im demokratischen Verfassungsstaat. Am Beispiel der ersten und zweiten deutschen Demokratie, in: Dies. (Hrsg.): Vergleichende Extremismusforschung, Baden-Baden 2005, S. 245–264.

Backes, Uwe/Eckhard Jesse: Autonome und Skinheads. Unterschiede und Perspektiven, in: Dies. (Hrsg.): Vergleichende Extremismusforschung, Baden-Baden 2005, S. 307–327.

Backes, Uwe: Rechtsextreme Wahlmobilisierung und Demokratiekonsolidierung im östlichen Deutschland, in: Totalitarismus und Demokratie 4(2007)1, S. 17–43.

Backes, Uwe/Patrick Moreau: Conclusion, in: Dies. (Hrsg.): Communist and Post-Communist Parties in Europe, Göttingen 2008, S. 535–607.

Barlai, Melani/Florian Hartleb: Ungarischer Populismus und Rechtsextremismus. Ein Plädoyer für die Einzelfallforschung, in: Südosteuropa Mitteilungen 48(2008)4, S. 34–51.

Barlai, Melani/Florian Hartleb: Länderporträt Ungarn, in: Uwe Backes/Eckhard Jesse (Hrsg.): Jahrbuch Extremismus & Demokratie, Band 20, Baden-Baden 2009, S. 215–234.

Bayer, József: Rechtspopulismus und Rechtsextremismus in Ostmitteleuropa, in: Österreichische Zeitschrift für Politikwissenschaft 31(2002)3, S. 265–280.

Beichelt, Timm/Michael Minkenberg: Rechtsradikalismus in Transformationsgesellschaften. Entstehungsbedingungen und Erklärungsmodell, in: Osteuropa 52(2002)3, S. 247–262.

Bell, John D.: The Radical Right in Bulgaria, in: Sabrina P. Ramet (Hrsg.): The radical right in Central and Eastern Europe since 1989, Pennsylvania 1999, S. 233–254.

Betz, Hans-Georg/Carol Johnson: Against the current – stemming the tide: the nostalgic ideology of the contemporary radical populist right, in: Journal of Political Ideologies 9(2004)3, S. 311–327.

Beyme, Klaus von: Rechtsextremismus in Osteuropa, in: Jürgen W. Falter/Hans-Gerd Jaschke/Jürgen R. Winkler (Hrsg.): Rechtsextremismus. Ergebnisse und Perspektiven der Forschung, Opladen 1996, Politische Vierteljahresschrift Sonderheft, S. 423–442.

Bock, Andreas: Ungarn: Die „Wahrheits- und Lebenspartei“ zwischen Ethnozentrismus und Rassismus, in: Osteuropa 52(2002)3, S. 280–293.

Brandstetter, Marc: Autonome Nationalisten im Vergleich, in: Uwe Backes/Eckhard Jesse (Hrsg.): Jahrbuch Extremismus & Demokratie, Band 20, Baden-Baden 2009, S. 185–203.

Čakl, Ondřej/Radek Wollmann: Czech Republic, in: Cas Mudde (Hrsg.): Racist Extremism in Central and Eastern Europe, London u. a. 2005, S. 30–57.

Callaghan, John: Die marxistische Linke Großbritanniens: Rückzug und Verfall, in: Patrick Moreau/Marc Lazar/Gerhard Hirscher (Hrsg.): Der Kommunismus in Westeuropa. Niedergang oder Mutation?, Landsberg am Lech 1998, S. 551–573.

Carey, Henry F.: Post-Communist Right Radicalism in Romania, in: Peter H. Merkl/Leonard Weinberg (Hrsg.): The Revival of Right-Wing Extremism in the Nineties, London/New York 1997, S. 149–176.

Clark, Terry D./Jovita Pranevičiūte: Perspectives on communist successor parties: The case of Lithuania, in: Communist and Post-Communist Studies 41(2008)4, S. 443–464.

Cole, Alexandra: Old Right or New Right? The Ideological Position of Parties of the Far Right, in: European Journal of Political Research 44(2005)2, S. 203–230.

Conti, Nicolò: On political fragmentation: stay in or stay out? The role of small parties in the Italian centre-left, in: Journal of Modern Italian Studies 13(2008)3, S. 388–404.

Courtois, Stéphane: Das letzte Jahrzehnt des französischen Kommunismus – Agonie oder Mutation?, in: Patrick Moreau/Marc Lazar/Gerhard Hirscher (Hrsg.): Der Kommunismus in Westeuropa. Niedergang oder Mutation?, Landsberg am Lech 1998, S. 23–93.

Courtois, Stéphane/Dominique Andolfatto: France – The Collapse of the House of Communism, in: Uwe Backes/Patrick Moreau (Hrsg.): Communist and Post-Communist Parties in Europe, Göttingen 2008, S. 87–132.

Dilas-Rocherieux, Yolène: Communism and Neo-Communism in Times of „Globalization“, in: Uwe Backes/Patrick Moreau (Hrsg.): Communist and Post-Communist Parties in Europe, Göttingen 2008, S. 523–534.

Downs, William M.: Pariahs in their Midst: Belgian and Norwegian Parties React to Extremist Threats, in: West European Politics 24(2001)3, S. 23–42.

Ehmer, Josef: Die Kommunistische Partei Österreichs. Geschichte, soziales Profil, aktuelle Situation, in: Patrick Moreau/Marc Lazar/Gerhard Hirscher (Hrsg.): Der Kommunismus in Westeuropa. Niedergang oder Mutation?, Landsberg am Lech 1998, S. 209–241.

Ersson, Svante: Kommunismus und linke Strömungen in Skandinavien nach 1989, in: Patrick Moreau/Marc Lazar/Gerhard Hirscher (Hrsg.): Der Kommunismus in Westeuropa. Niedergang oder Mutation?, München 1998, S. 423–452.

Ersson, Svante: Post-Communist and Leftist Parties in Two Scandinavian Countries after 1989 – The Cases of Denmark and Sweden, in: Uwe Backes/Patrick Moreau (Hrsg.): Communist and Post-Communist Parties in Europe, Göttingen 2008, S. 141–166.

Garstecki, Stefan: Länderporträt: Polen, in: Uwe Backes/Eckhard Jesse (Hrsg.): Jahrbuch Extremismus & Demokratie, Band 15, Baden-Baden 2003, S. 223–246.

Gilland, Karin: Shades of Green: Euroscepticism in Irish Political Parties, in: Aleks Szczerbiak/Paul Taggart (Hrsg.): Opposing Europe? The Comparative Party Politics of Euroscepticism, Band I: Case Studies and Country Surveys, Oxford/New York 2008, S. 117–133.

Grün, Michaela: Rechtsradikale Massenmobilisierung und „radikale Kontinuität" in Rumänien, in: Osteuropa 52(2002)3, S. 293–304.

Gyárfášová, Ol'ga: Slovakia: The Slovak National Party, in: Helga Amesberger/Brigitte Halbmayr (Hrsg.): Rechtsextreme Parteien – eine mögliche Heimat für Frauen?, Opladen 2002, S. 161–210.

Heinisch, Reinhard: Success in Opposition – Failure in Government: Explaining the Performance of Right-Wing Populist Parties in Public Office, in: West European Politics 26(2003)3, S. 91–130.

Heinisch, Reinhard: Austria: The Structure and Agency of Austrian Populism, in: Daniele Albertazzi/Duncan McDonnell (Hrsg.): Twenty-First Century Populism, Houndmills/Basingstoke 2008, S. 67–83.

Höhne, Roland: Der Sieg der Demokratie. Die Transformation der neofaschistischen italienischen Sozialbewegung MSI in die rechtsnationale Alleanza Nazionale, in: Uwe Backes/Eckhard Jesse (Hrsg.): Jahrbuch Extremismus & Demokratie, Band 19, Baden-Baden 2008, S. 89–114.

Hough, Dan/Vladimír Handl: The post-communist left and the European Union. The Czech Communist Party of Bohemia and Moravia (KSČM) and the German Party of Democratic Socialism, in: Communist and Post-Communist Studies 37(2004)3, S. 319–339.

Ignazi, Piero: Legitimation and Evolution on the Italian Right Wing: Social and Ideological Repositioning of Alleanza Nazionale and the Lega Nord, in: South European Society & Politics 10(2005)2, S. 333–349.

Ivanov, Christo/Margarita Ilieva: Bulgaria, in: Cas Mudde (Hrsg.): Racist Extremism in Central and Eastern Europe, London u. a. 2005, S. 1–29.

Jahn, Detlef/Kati Kuitto/Christoph Oberst: Das Parteiensystem Finnlands, in: Oskar Niedermayer/Richard Stöss/Melanie Haas (Hrsg.): Die Parteiensysteme Westeuropas, Wiesbaden 2006, S. 135–159.

Jesse, Eckhard: Formen des politischen Extremismus: Westliche Demokratien Europas im Vergleich, in: Steffen Kailitz/ders. (Hrsg.): Prägekräfte des 20. Jahrhunderts. Demokratie, Extremismus, Totalitarismus, Baden-Baden 1997, S.127–168.

Jesse, Eckhard: Politischer Extremismus heute: Islamistischer Fundamentalismus, Rechts- und Linksextremismus, in: Aus Politik und Zeitgeschichte Nr. 46/2001, S. 3–5.

Jesse, Eckhard: Das neue Parteiprogramm der DKP, in: Uwe Backes/ders. (Hrsg.): Jahrbuch Extremismus & Demokratie, Band 19, Baden-Baden 2008, S. 199–211.

Jesse, Eckhard: Die NPD und die Linke. Ein Vergleich zwischen einer harten und einer weichen Form des Extremismus, in: Uwe Backes/Alexander Gallus/ders. (Hrsg.): Jahrbuch Extremismus & Demokratie, Band 21, Baden-Baden 2010, S. 13–31.

Kalyvas, Stathis N./Nikos Marantzidis: The Two Paths of the Greek Communist Movement (1985–2001), in: Joan Botella/Luis Ramiro (Hrsg.): The Crisis of Communism and Party Change. The Evolution of West European Communist and Post-Communist Parties, Barcelona 2003, S. 14–32.

Karsai, László: The Radical Right in Hungary, in: Sabrina P. Ramet (Hrsg.): The Radical Right in Central and Eastern Europe since 1989, Pennsylvania 1999, S. 133–146.

Kasekamp, Andres: Extreme-right parties in contemporary Estonia, in: Patterns of Prejudice 37(2003)4, S. 401–414.

Kerner, Manfred/Mārcis Gobiņš: Politische Parteien in Lettland. Persönlichkeiten, Programme, Perspektiven, in: Osteuropa 47(1997)2, S. 139–149.

Kestilä, Elina: Is There Demand for Radical Right Populism in the Finnish Electorate?, in: Scandinavian Political Studies 29(2006)3, S. 169–191.

Kiaulakis, Giedrius: Lithuania, in: Cas Mudde (Hrsg.): Racist Extremism in Central and Eastern Europe, London u. a. 2005, S. 129–155.

Kreidl, Martin/Klára Vlachová: Rise und Decline of Right-Wing Extremism in the Czech Republic in the 1990s, in: Czech Sociological Review 8(2000)1, S. 69–91.

Lang, Jürgen P.: Ist DIE LINKE eine demokratische Partei?, in Uwe Backes/Alexander Gallus/Eckhard Jesse (Hrsg.): Jahrbuch Extremismus & Demokratie, Band 21, Baden-Baden 2010, S. 161–179.

Logvinov, Michail: Zwischen regionalem und internationalem Terrorismus – der Weg der Islamistischen Dschihad-Union, in: Uwe Backes/Alexander Gallus/Eckhard Jesse (Hrsg.): Jahrbuch Extremismus & Demokratie, Band 21, Baden-Baden 2010, S. 180–196.

Lööw, Heléne: Country Report Sweden, in: Bertelsmann Stiftung (Hrsg.): Strategies for Combating Right-Wing Extremism in Europe, Gütersloh 2009, S. 425–462.
Lucardie, Paul: Populismus im Polder: Von der Bauernpartei bis zur Liste Pim Fortuyn, in: Nikolaus Werz (Hrsg.): Populismus. Populisten in Übersee und Europa, Opladen 2003, S. 177–194.
Lucardie, Paul: Das Parteiensystem der Niederlande, in: Oskar Niedermayer/Richard Stöss/Melanie Haas (Hrsg.): Die Parteiensysteme Westeuropas, Wiesbaden 2006, S. 331–350.
Luther, Kurt Richard: Wahlstrategien und Wahlergebnisse des österreichischen Rechtspopulismus, 1986–2006, in: Fritz Plasser/Peter A. Ulram (Hrsg.): Wechselwahlen. Analysen zur Nationalratswahl 2006, Wien 2007, S. 231–253.
March, Luke/Cas Mudde: What's Left of the Radical Left? The European Radical Left after 1989. Decline and Mutation, in: Comparative European Politics 3(2005)1, S. 23–49.
Mareš, Miroslav: Länderporträt Slowakei, in: Uwe Backes/Eckhard Jesse (Hrsg.): Jahrbuch Extremismus & Demokratie, Band 19, Baden-Baden 2008, S. 237–262.
Menhorn, Christian: „Autonome Nationalisten", in: Uwe Backes/Eckhard Jesse (Hrsg.): Jahrbuch Extremismus & Demokratie, Band 19, Baden-Baden 2008, S. 213–225.
Meret, Susi: Country Report Denmark, in: Bertelsmann Stiftung (Hrsg.): Strategies for Combating Right-Wing Extremism in Europe, Gütersloh 2009, S. 81–125.
Miliopoulos, Lazaros: Strategische Ansätze, Potentiale und Perspektiven der NPD, in: Uwe Backes/Henrik Steglich (Hrsg.): Die NPD – Erfolgsbedingungen einer rechtsextremistischen Partei, Baden-Baden 2007, S. 121–141.
Milo, Daniel: Slovakia. People Against Racism, in: Cas Mudde (Hrsg.): Racist Extremism in Central and Eastern Europe, London u. a. 2005, S. 210–241.
Minkenberg, Michael: The Renewal of the Radical Right: Between Modernity and Anti-Modernity, in: Government and Opposition 35(2000)2, S. 70–188.
Minkenberg, Michael: Die radikale Rechte in den Transformationsgesellschaften Mittel- und Osteuropas. Konzepte, Konturen, Kontexte, in: Zeitschrift für Parlamentsfragen 33(2002)2, S. 305–322.
Moreau, Patrick: „Österreich ist kein Volk von Nazis!" – Organisation, Programmatik und Wählerschaft der FPÖ, in: Uwe Backes/Eckhard Jesse (Hrsg.): Jahrbuch Extremismus & Demokratie, Band 12, Baden-Baden 2000, S. 73–92.
Moreau, Patrick: Die kommunistischen und postkommunistischen Parteien Westeuropas: Ein unaufhaltsamer Niedergang?, in: Totalitarismus und Demokratie 1(2004)1, S. 35–62.
Mudde, Cas: Extrem Right Parties in Eastern Europe, in: Patterns of Prejudice 34(2000)1, S. 5–27.
Mudde, Cas: Warum ist der Rechtsradikalismus in Osteuropa so schwach?, in: Osteuropa 52(2002)5, S. 626–630.
Mudde, Cas: Central and Eastern Europe, in: Ders. (Hrsg.): Racist Extremism in Central and Eastern Europe, London u. a. 2005, S. 267–285.
Mudde, Cas: Politischer Extremismus und Radikalismus in Westeuropa – Typologie und Bestandsaufnahme, in: Uwe Backes/Eckhard Jesse (Hrsg.): Gefährdungen der Freiheit. Extremistische Ideologien im Vergleich, Göttingen 2006, S. 87–104.
Mudde, Cas: Radikale Parteien in Europa, in: Aus Politik und Zeitgeschichte Nr. 47/2008, S. 12–19.
Muiznieks, Nils: Latvia, in: Cas Mudde (Hrsg.): Racist Extremism in Central and Eastern Europe, London u. a. 2005, S. 101–128.
Müller-Enbergs, Helmut: Eine stalinistische Sekte wird 40 Jahre alt – seit 25 Jahren heißt sie MLPD, in: Uwe Backes/Eckhard Jesse (Hrsg.): Jahrbuch Extremismus & Demokratie, Band 20, Baden-Baden 2009, S. 167–184.
Niedermayer, Oskar: Die Wählerschaft der Linkspartei.PDS 2005: Sozialstruktureller Wandel bei gleich bleibender politischer Positionierung, in: Zeitschrift für Parlamentsfragen 37(2006)3, S. 523–538.
Niedermayer, Oskar: Bevölkerungseinstellungen zur Demokratie: Kein Grundkonsens zwischen Ost- und Westdeutschen, in: Zeitschrift für Parlamentsfragen 40(2009)2, S. 383–397.
Niedermayer, Oskar: Die Entwicklung der Parteimitgliedschaften 1990 bis 2009, in: Zeitschrift für Parlamentsfragen 41(2010)2, S. 421–437.
Novotný, Lukáš: Länderporträt: Tschechien, in: Uwe Backes/Eckhard Jesse (Hrsg.): Jahrbuch Extremismus & Demokratie, Band 16, Baden-Baden 2004, S. 204–219.
Opera, Marius: A Romanian Tale – The Transition of the Communist Party from Ceauşescu to NATO, in: Uwe Backes/Patrick Moreau (Hrsg.): Communist and Postcommunist Parties in Europe, Göttingen 2008, S. 327–342.
Ost, David: The Radical Right in Poland: Rationality of the Irrational, in: Sabrina P. Ramet (Hrsg.): The radical right in Central and Eastern Europe since 1989, Pennsylvania 1999, S. 85–107.
Peace Institute/Tomaž Trplan: Slovenia, in: Cas Mudde (Hrsg.): Racist Extremism in Central and Eastern Europe, London u. a. 2005, S. 243–266.
Pedahzur, Ami/Avraham Brichta: The Institutionalization of Extreme Right-Wing Charismatic Parties: A Paradox?, in: Party Politics 8(2002)1, S. 31–49.

Pelinka, Anton: Die FPÖ in der vergleichenden Parteienforschung. Zur typologischen Einordnung der Freiheitlichen Partei Österreichs, in: Österreichische Zeitschrift für Politikwissenschaft 31(2002)3, S. 281–290.
Pelinka, Anton: Right-Wing Populism Plus „X": The Austrian Freedom Party (FPÖ), in: Daniele Caramani/Yves Mény (Hrsg.): Challenges to Consensual Politics. Democracy, Identity and Populist Protest in the Alpine Region, Brüssel 2005, S. 141–143.
Pfahl-Traughber, Armin: Die Autonomen: Portrait einer linksextremistischen Subkultur, in: Aus Politik und Zeitgeschichte Nr. 9-10/1998, S. 36–46.
Pfahl-Traughber, Armin: Der „zweite Frühling" der NPD zwischen Aktion und Politik, in: Uwe Backes/Eckhard Jesse (Hrsg.): Jahrbuch Extremismus & Demokratie, Band 11, Baden-Baden 1999, S. 146–166.
Pfahl-Traughber, Armin: Das Gefahrenpotential gewaltorientierter Islamisten in Deutschland – eine vergleichende Betrachtung der regional und transnational ausgerichteten Anhänger, in: Uwe Backes/Eckhard Jesse (Hrsg.): Jahrbuch Extremismus & Demokratie, Band 18, Baden-Baden 2006, S. 189–206.
Poleshchuk, Vadim: Estonia, in: Cas Mudde (Hrsg.): Racist Extremism in Central and Eastern Europe, London u. a. 2005, S. 60–79.
Ramet, Sabrina P.: Defining the Radical Right: The Values and Behaviors of Organized Intolerance, in: Dies. (Hrsg.): The radical right in Central and Eastern Europe since 1989, Pennsylvania 1999, S. 3–27.
Reetz, Axel: Baltische Staaten: Politiker als Fixpunkte und verschiedene Varianten von parteipolitischer Fluidität, in: Ellen Bos/Dieter Segert (Hrsg.): Osteuropäische Demokratien als Trendsetter? Parteien und Parteiensysteme nach dem Ende des Übergangsjahrzehnts, Opladen 2008, S. 229–252.
Richter, Heinz A.: Die Entwicklung der griechischen Linken 1918–1996, in: Patrick Moreau/Marc Lazar/Gerhard Hirscher (Hrsg.): Der Kommunismus in Westeuropa. Niedergang oder Mutation?, Landsberg am Lech 1998, S. 131–166.
Rochtus, Dirk: Länderporträt: Belgien, in: Uwe Backes/Eckhard Jesse (Hrsg.): Jahrbuch Extremismus & Demokratie, Band 14, Baden-Baden 2002, S. 182–202.
Rydgren, Jens: Explaining the Emergence of Radical Right Wing Populist Parties: The Case of Denmark, in: West European Politics 27(2004)3, S. 474–502.
Rydgren, Jens: Vom Wohlfahrtschauvinismus zur ideologisch begründeten Fremdenfeindlichkeit. Rechtspopulismus in Schweden und Dänemark, in: Frank Decker (Hrsg.): Populismus. Gefahr für die Demokratie oder nützliches Korrektiv?, Bonn 2006, S. 165–190.
Shafir, Michael: The Mind of Romania's Radical Right, in: Sabrina P. Ramet (Hrsg.): The Radical Right in Central and Eastern Europe since 1989, Pennsylvania 1999, S. 213–232.
Shafir, Michael: Marginalization or Mainstream? The Extreme Right in Post-Communist Romania, in: Paul Hainsworth (Hrsg.): The Politics of the Extreme Right, London/New York 2000, S. 247–267.
Spier, Tim/Clemens Wirries: Ausnahmeerscheinung oder Normalität? Linksparteien in Westeuropa, in: Tim Spier u. a. (Hrsg.): Die Linkspartei. Zeitgemäße Idee oder Bündnis ohne Zukunft, Wiesbaden 2007, S. 71–116.
Stankiewicz, Katharina: Die „neuen Dmowskis" – eine alte Ideologie im neuen Gewand?, in: Osteuropa 52(2002)3, S. 263–279.
Steffen, Christian: Die Parteiensysteme Dänemarks, Norwegens und Schwedens, in: Oskar Niedermayer/Richard Stöss/Melanie Haas (Hrsg.): Die Parteiensysteme Westeuropas, Wiesbaden 2006, S. 67–108.
Steglich, Henrik: Aktuelle Bedeutung und Perspektiven rechtsextremer Parteien in Deutschland, in: Totalitarismus und Demokratie 7(2010)1, S. 15–38.
Stöss, Richard: Rechtsextreme Parteien in Europa, in: Oskar Niedermayer/ders./Melanie Haas (Hrsg.): Die Parteiensysteme Westeuropas, Wiesbaden 2006, S. 521–563.
Strobel, Georg W.: Das andere Polen. Struktur und Selbstverständnis der rechten und rechtsextremen Kräfte in der polnischen Politik, in: Osteuropa 51(2001)3, S. 259–280.
Swyngedouw, Marc/Gilles Ivaldi: The Extreme Right Utopia in Belgium and France: The Ideology of the Flemish Vlaams Blok and the French Front National, in: West European Politics 24(2001)3, S. 1–22.
Szayna, Thomas S.: The extreme-right political movements in post-communist Central Europe, in: Peter H. Merkl/Leonard Weinberg (Hrsg.): The Revival of Right-Wing Extremism in the Nineties, London 1997, S. 111–148.
Taggart, Paul: New Populist Parties in Western Europe, in: West European Politics 18(1995)1, S. 34–51.
Taggart, Paul: Populism and the Pathology of Representative Politics, in: Yves Mény/Yves Surel (Hrsg.): Democracies and the Populist Challenge, Hampshire/New York 2002, S. 62–79.
Tarchi, Marco: The Far Right Italian Style, in: Xavier Casals (Hrsg.): Political Survival on the Extreme Right. European Movements Between the Inherited Past and the Need to Adapt to the Future, Barcelona 2005, S. 35–50.
Thieme, Tom: Jenseits politischer Richtungsbegriffe? – Extremismus zwischen Fundamentalismus, Rechts- und Linksextremismus, in Uwe Backes/Eckhard Jesse (Hrsg.): Jahrbuch Extremismus & Demokratie, Band 17, Baden-Baden 2005, S. 53–72.

Thieme, Tom: Extremistische Parteien im postkommunistischen Osteuropa, in: Aus Politik und Zeitgeschichte Nr. 43/2007, S. 21–26.
Thieme, Tom/Lukas Novotny: Jenseits des vereinten Europas. Rechtsextremistische Parteien in Tschechien und der Slowakei, in: Totalitarismus und Demokratie 7(2010)1, S. 105–121.
Voerman, Gerrit: Das Gespenst des Kommunismus – Eine verblassende Erscheinung. Gegenwart und Vergangenheit des Kommunismus in den Niederlanden, in: Patrick Moreau/Marc Lazar/Gerhard Hirscher (Hrsg.): Der Kommunismus in Westeuropa. Niedergang oder Mutation?, Landsberg am Lech 1998, S. 498–523.
Voerman, Gerrit: The Disappearance of Communism in the Netherlands, in: Uwe Backes/Patrick Moreau (Hrsg.): Communist and Post-Communist Parties in Europe, Göttingen 2008, S. 15–38.
Weber, Matthias: Prototyp der Neuen Rechten. Alain de Benoist und die Nouvelle Droite in Frankreich, in: Wolfgang Gessenharter/Thomas Pfeiffer (Hrsg.): Die Neue Rechte – eine Gefahr für die Demokratie?, Wiesbaden 2004, S. 145–161.
Widfeldt, Anders: Scandinavia: Mixed success for the populist Right, in: Parliamentary Affairs 53(2000)3, S. 468–500.
Widfeldt, Anders: The diversified approch. Swedish responses to the extreme right, in: Rodger Eatwell/Cas Mudde (Hrsg.): Western Demcracies and the new Extreme Right Challenge, London/New York 2004, S. 150–171.
Williams, Christopher: Problems of Transition and the Rise of the Radical Right, in: Sabrina P. Ramet (Hrsg.): The Radical Right in Central and Eastern Europe since 1989, Pennsylvania 1999, S. 29–48.
Winkler, Jürgen R.: Rechtsextremismus, in: Wilfried Schubarth/Richard Stöss (Hrsg.): Rechtsextremismus in der Bundesrepublik Deutschland. Eine Bilanz, Bonn 2000, S. 38–68.
Wunderle, Michaela: Die Roten Brigaden, in: Wolfgang Kraushaar (Hrsg.): Die RAF und der linke Terrorismus, Band 2, Hamburg 2006, S. 782–808.

Abkürzungsverzeichnis der Parteien und Vereinigungen

17N	17. Noémvrios (Griechenland)
ABB	Abolishing the Borders from Below Collective (Slowenien)
AEL	Arabisch-Europese Liga (Belgien)
AFA	Antifacistische Actie (Niederlande)
AFA	Antifascistik Aktion (Schweden)
AFA	Antifašistická akcia Slovensko (Slowakei)
AFA	Antifašistična Akcija (Slowenien)
AG	Aukera Guztiak (Spanien)
AGALEV	Anders Gaan Leven (Belgien)
AGV	Arjalainen Germaaniveljeskunta (Finnland)
AIO	Aktive Islamische Jugend (Österreich)
AIO	Islamska Omladina (Slowenien)
AIVD	Algemene Inlichtingen en Veiligheidsdienst (Niederlande)
AKEL	Anorthotiko Komma Ergazomenou Laou (Zypern)
AKVS	Alpenländischer Kulturverband Südmark (Österreich)
AMADA	Alle Macht aan de Arbeiders (Belgien)
AN	Alleanza Nazionale (Italien)
AN	Aliança Nacional (Portugal)
ANR	Aktion Neue Rechte (Österreich)
ANS	Actiefront Nationale Socialisten (Niederlande)
ANV	Acción Nacionalista Vasca (Spanien)
AP	Alianza Popular (Spanien)
ARB	Armée Révolutionnaire Bretonne (Frankreich)
AS	Azione Sociale/Alternativa Sociale (Italien)
AS	Abertzale Sozialistak (Spanien)
ASB	Abertzale Sozialisten Batasuna (Spanien)
AWS	Wahlaktion Solidarność (Polen)
AZL	Ateistično združenje Ljubljana (Slowenien)
B&H	Blood and Honour
BBET	Bloed-Bodem-Eer-Trouw (Belgien)
BDF	Bălgarski Demokratičeski Forum (Bulgarien)
BE	Bloco de Esquerda (Portugal)
BHDP	Bălgarska Hristian-Demokratičeska Partija (Bulgarien)
BHS	Bohemia Hammerskins (Tschechien)
BKP	Bălgarska Komunisticheska Partija (Bulgarien)
BNG	Bloque Nacionalista Galego (Spanien)
BNP	British National Party (Großbritannien)
BNRP	Bălgarska Nacional-radikalna Partija (Bulgarien)
BNU	Bălgarski Nacionalen săjuz (Bulgarien)

BOM	Bošnjačka Omladinska Mreža (Bosnien)
BR	Brigate Rosse (Italien)
BSP	Bălgarska Socialističeska Partija (Bulgarien)
BTI	Bertelsmann Transformation Index
BZÖ	Bündnis Zukunft Österreich (Österreich)
C 18	Combat 18 (Slowenien)
CAP	Comité voor een Andere Politik (Belgien)
CC	Coalición Canaria (Spanien)
CCOO	Comisiones Obreras (Spanien)
CD	Centrumdemocraten (Niederlande)
CD&V	Christen-Democratisch en Vlaams (Belgien)
CDA	Christen Democratisch Appèl (Niederlande)
CDR	Convenţia Democrată Română (Rumänien)
CDS-PP	Centro Democrático e Social – Partido Popular (Portugal)
CEDADE	Circulo Español de Amigos de Europa
CGIL	Confederazione Generale Italiana del Lavoro (Italien)
CISNAL	Confederazione Italiana Sindacati Nazionali dei Lavoratori (Italien)
CiU	Convergència i Unió (Spanien)
Cobas	Comitati di Base (Italien)
CP	Centrumparti (Niederlande)
ČP	Črni panter (Slowenien)
CP'86	Centrumpartij '86 (Niederlande)
CPB	Communist Party of Britain (Großbritannien)
CPGB	Communist Party of Great Britain (Großbritannien)
CPN	Communistische Partij van Nederland (Niederlande)
CRE	Commission for Racial Equality (Großbritannien)
ČSAF	Československá anarchistická federácia (Slowakei)
ČSSD	Česká strana sociálně demokratická (Tschechien)
CWI	Committee for a Workers' International (Niederlande)
D66	Democraten 66 (Niederlande)
DC	Democrazia Cristiana (Italien)
DDF	Den Danske Forening (Dänemark)
DEVA	Demokraattinen Vaihtoehto (Finnland)
DF	Dansk Folkeparti (Dänemark)
DFT	Dansk Front (Dänemark)
DFU	Dansk Folkeparti Ungdom (Dänemark)
DKP	Danmarks Kommunistiske Parti (Dänemark)
DKP	Deutsche Kommunistische Partei (Deutschland)
DKU	Danmarks Kommunistiske Ungdomsforbund (Dänemark)
DL	Democratic Left (Irland)
DLZ	Demokratična ljudska zveza (Slowenien)
DNSB	Danmarks Nationalsocialistiske Bavægelse (Dänemark)
DP	Democrazia Proletaria (Italien)
DPS	Demokrātiskā Partija Saimnieks (Lettland)

DPS	Dwischenie sa Prawa i Swobodi (Bulgarien)
DRC	Disability Rights Commission (Großbritannien)
DRM	Divizija Rudolfa Maistra (Slowenien)
DS	Democratici di Sinistra (Italien)
DS	Delavska stranka (Slowenien)
DU	Demokratická únia (Slowakei)
DVU	Deutsche Volksunion (Deutschland)
DZU	Demokratična zveza upokojencev (Slowenien)
EA	Epanastatikós Agonas (Griechenland)
EA	Eusko Alkartasuna (Spanien)
EAJ/PNV	Eusko Alderdi Jelzalea/Partido Nacionalista Vasco (Spanien)
EB	Ezker Batua (Spanien)
EDT	Eesti Demokraatlik Partei (Estland)
EE	Euskadiko Eskerra (Spanien)
EH	Euskal Herritarok (Spanien)
EHRC	Equality and Human Rights Commission (Großbritannien)
EIP	Eesti Iseseisvuspartei (Estland)
EK	Eesti Kodanik (Estland)
EKP	Eestimaa Kommunistlik Partei (Estland)
EL	Enhedslisten (Dänemark)
ELA	Epanastatikós Laikós Agónas (Griechenland)
EM	Ellinikó Métopo (Griechenland)
EOC	Equal Opportunities Commission (Großbritannien)
EPEN	Ethnikí Politikí Énosis (Griechenland)
ERC	Esquerra Republicana de Catalunya (Spanien)
ERKL	Eesti Rahvuslaste Keskliit (Estland)
ERSP	Eesti Rahvusliku Sõltumatuse Partei (Estland)
ESTP	Eesti Sotsiaaldemokraatlik Tööpartei (Estland)
ETA	Euskadi Ta Askatasuna (Spanien)
ETA-m	Euskadi Ta Askatasuna-militar (Spanien)
ETA-pm	Euskadi Ta Askatasuna-político-militar (Spanien)
EVP	Eesti Vasakpartei (Estland)
EVP	Evangelische Volkspartij (Niederlande)
FA	Federacja Anarchistyczna (Polen)
FAB	Federacija na Anarhistite v Bălgarija (Bulgarien)
FDF	Front démocratique des Francophones (Belgien)
FE	Falange Española (Spanien)
FET	Falange Española Tradicionalista (Spanien)
FGKP	Független Kisgazdapárt (Ungarn)
FIDESZ	Fidesz – Magyar Polgári Szövetség (Ungarn)
FN	Front National (Belgien)
FN	Front National (Frankreich)
FN	Frente Nacional (Portugal)
FNO	Fronta narodne obnovi (Slowenien)

FPÖ	Freiheitliche Partei Österreichs (Österreich)
FRA	Agentur für Grundrechte der Europäischen Union
FRP	Fremskridtspartiet (Dänemark)
FSN	Frontul Salvării Nationale (Rumänien)
GERB	Graždani za Evropejskoto Razvitie na Bălgarija (Bulgarien)
GIA	Groupe Islamique Armé (Frankreich)
GL	GroenLinks (Niederlande)
GPR	Grupy na rzecz Partii Robotniczej (Polen)
GSEE	Geniki Synomospondia Ergaton Elládos (Griechenland)
GSPC	Groupe salafiste pour la prédication et le combat (Frankreich)
HB	Herri Batasuna (Spanien)
HVIM	Hatvannégy Vármegye Ifjúsági Mozgalom (Slowakei)
HVIM	Hatvannégy Vármegye Ifjúsági Mozgalom (Ungarn)
HZ	Herritaren Zerrenda (Spanien)
HZDS	Hnutie za demokratické Slovensko (Slowakei)
IC	Iniciativa per Catalunya (Spanien)
IC-EV	Iniciative per Catalunya-Els Verds (Spanien)
ICP	Immigration Control Platform (Irland)
IKB	Internationale Kommunistenbond (Niederlande)
IKL	Isänmaallinen Kansanliike (Finnland)
IMRO-BNB	Vătrešna Makedonska Revoljucionna Organizacija-Bălgarsko Nacionalno Dviženie (Bulgarien)
INLA	Irish National Liberation Army (Irland)
Interfront	Latvijas Darbaļaužu Internacionālā Fronte (Lettland)
IO	Isänmaallinen Oikeisto (Finnland)
IP	Itsenäisyyspuolue (Finnland)
IPVSL	Itsenäisyyspuolue Vapaan Suomen Liitto (Finnland)
IRA	Irish Republican Army (Irland)
IRSP	Irish Republican Socialist Party (Irland)
IS	Internationalen Sozialisten (Niederlande)
IS/U	Internationale Socialistes/Ungdom (Dänemark)
IU	Izquierda Unida (Spanien)
IU-EB	Izquierda Unida-Ezker Batua (Spanien)
JL	Jauna Lietuva (Litauen)
Jobbik	Jobbik (Jobboldali Ifjúsági Közösség) Magyarországért Mozgalom (Ungarn)
JONS	Juntas de Ofensiva Nacional Sindicalista (Spanien)
JSM	Jednota slovenskej Mládeže (Slowakei)
KA	Köyhien Asialla (Finnland)
KAP	Kommunistisk Arbejderparti (Dänemark)
KD	Kristillisdemokraatit (Finnland)
KDH	Krest'anskodemokratické (Slowakei)
KESK	Suomen Keskusta (Finnland)
KF	Konservative Folkeparti (Dänemark)
KHD	Kärntner Heimatdienst (Österreich)

KKE	Kommounistikó Kómma Ellados (Griechenland)
KMI	Komunistična Mladinska Iniciativa (Slowenien)
KMP	Postępowa Młodzież Polski (Polen)
KNE	Kommounistikí Neolaía Elládas (Griechenland)
KOK	Kansallinen Kokoomus (Finnland)
KP	Kommunistiska Partiet (Schweden)
KPD	Kommunistische Partei Deutschlands (Deutschland)
KPB	Kommunistische Partij België (Belgien)
KPML	Kommunistiska förbundet marxist-leninisterna (Schweden)
KPN	Konfederacja Polski Niepodleglej (Polen)
KPÖ	Kommunistische Partei Österreichs (Österreich)
KPP	Komunistyczna Partia Polski (Polen)
KPS	Komunistična Partija Slovenij (Slowenien)
KSČ	Komunistická strana Československa (Slowakei)
KSČ	Komunistická strana Československa (Tschechoslowakei)
KSČM	Komunistická strana Čech a Moravy (Tschechien)
KSS	Komunistická strana Slovenska (Slowakei)
KSS'91	Komunistická strana Slovenska '91 (Slowakei)
KSS-SDL	Kommunistická strana Slovenska – Strana demokratickej l'avice (Slowakei)
KTP	Rauhan ja Sosialismin Puolesta – Kommunistinen Työväenpuolue (Finnland)
L	Līdztiesība (Lettland)
L5I	Socialistická organizace pracujících česká sekuce Ligy za 5. internacionálu (Slowakei)
LANS	Landelijk Actieplatform voor Nationalistische Studenten (Niederlande)
LAOS	Laikós Orthódoxos Synargemós (Griechenland)
LCR	Ligue Communiste Révolutionnaire (Frankreich)
LDDP	Latvijas Demokrātiskā Darba Partija (Lettland)
LDDP	Lietuvos demokratinės darbo partija (Litauen)
LDPR	Liberal'no-dempkratičeskaja partija Rossii (Russland)
LJS	Lietuvių jaunimo sąjunga (Litauen)
LKP	Latvijas Komunistiskā partija (Lettland)
LKP	Lietuvos komunistų partija (Litauen)
LLS	Lietuvos laisvės sąjunga (Litauen)
LLS	Lietuvos liberalų sàjunga (Litauen)
LN	Lega Nord (Italien)
LN	Leefbaar Nederland (Niederlande)
LNDP	Latvijas nacionáldemokrátiská partija (Lettland)
LNDP	Lietuvos nacionaldemokratų partija (Litauen)
LNF	Latvijas Kultūras akadēmija (Lettland)
LNNK	Latvijas Nacionālās Neatkarības Kustība (Lettland)
LO	Lutte Ouvrière (Frankreich)
LPF	Lijst Pim Fortuyn (Niederlande)
LPR	Liga Polskich Rodzin (Polen)
LSD	Liberalno Demokratska Stranka (Slowenien)
LSDP	Lietuvos socialdemokratų partija (Litauen)

LSDSP	Latvijas Sociāldemokrātiskā Strādnieku Partija (Lettland)
LSP	Latvijas Socialistiskā Partija (Lettland)
LSP	Lietuvos socialistų partija (Litauen)
LŠU	Šauliai-Union (Litauen)
MABI	Métopo Apelefhérosis Voreiou Ypeírou (Griechenland)
MAN	Movimento de Acção Nacional (Portugal)
MCF	Magyarországi Cigányszervezetek Fóruma (Ungarn)
MD	Mladi Domobran (Slowenien)
MDF	Magyar Demokrata Fórum (Ungarn)
MFA	Movimento das Forças Armadas (Portugal)
MG	Magyar Gárda (Ungarn)
MIÉP	Magyar Igazság és Élet Pártja (Ungarn)
MIRN-PDP	Movimento Independente para a Reconstrução Nacional – Partido da Direita Portuguesa (Portugal)
MK	Magyar Koalíció (Slowakei)
MKP	Magyar Koalíció Pártja (Slowakei)
ML	Maalaisliitto (Finnland)
MLPD	Marxistisch-Leninistische Partei Deutschlands (Deutschland)
MNR	Mouvement national et républicain (Frankreich)
MP	Munkáspárt (Ungarn)
MR	Mouvement Réformateur (Belgien)
MS-FT	Movimento Sociale – Fiamma Tricolore (Italien)
MSI	Movimento Sociale Italiano (Italien)
MSNS	Mládež Slovenskej národnej strany (Slowakei)
MSZMP	Magyar Szocialista Munkáspárt (Ungarn)
MSZP	Magyar Szocialista Párt (Ungarn)
MW	Mlodziez wszechpolska (Polen)
NA	Nationale Alliantie (Niederlande)
NBP	Nacional'bol'shevistskaya partija (Lettland)
NCPN	Nieuwe Communistische Partij van Nederland (Niederlande)
ND	Nationaldemokraterna (Schweden)
ND	Néa Dimokratía (Griechenland)
ND	Noua Dreaptă (Rumänien)
ND	Nowa Demokracja (Polen)
NE	Neue Horizonte (Zypern)
NF	National Front (Großbritannien)
NFS	Nacionalna Fronta Slovenije (Slowenien)
NJSV	Nationalistische JongStudentenverbond (Belgien)
NLR	Nurt Lewicy Rewolucyjnej (Polen)
NLSV	Nederlandse Landelijke Studentenvereniging (Niederlande)
NNP	Nieuwe Nationale Partij (Niederlande)
NOP	Narodowe Odrodzenie Polski (Polen)
NPA	Nouveau parti anticapitaliste (Frankreich)
nPCR	Noul Partid Comunist Român (Rumänien)

NPD	Nationaldemokratische Partei Deutschlands (Deutschland)
NS	Národní strana (Tschechien)
NSA	Nationaal-Socialistische Aktie (Niederlande)
NSB	Nationaal Socialistische Beweging (Niederlande)
NSD	Nacionalna stranka dela (Slowenien)
NSDAP	Nationalsozialistische Deutsche Arbeiterpartei (Deutschland)
NSF	Nationalsocialistisk front (Schweden)
NSS	Nacionālā Spēka Sapvienība (Lettland)
NSS	Nezávislá strana Slovákov (Slowakei)
NS-SP	Slovenská pospolitosť – Národná strana (Slowakei)
NSV	Nationalistisch Studentenverbond (Belgien)
NSV	Nationalistische Studentenverbond (Belgien)
NSZS	Nacional-socialna zveza Slovenije (Slowenien)
N-VA	Nieuw-Vlaamse Alliantie (Belgien)
NVB	Nationalistische Volks Beweging (Niederlande)
NVU	Nederlandse Volksunie (Niederlande)
NyD	Ny Demokrati (Schweden)
OA	Obraźliwe Antykapitalistyczne (Polen)
ODS	Občanská demokratická strana (Tschechien)
OM LBC im. FD	Organizacja Młodzieżowa „Lewica bez Cenzury im. Feliksa Dzierżyńskiego (Polen)
ON	Ordem Nova (Portugal)
ONR	Obóz Narodowo-Radykalny (Polen)
OS	Orli Slovenije (Slowenien)
ÖVP	Österreichische Volkspartei (Österreich)
OVS-MOSR	Obveščevalno varnostna služba Ministrstva za obrambo Republike Slovenije (Slowenien)
PA	Partido Andalucista (Spanien)
PANA	Peace and Neutrality Alliance (Irland)
PAS	Partidul Alianța Socialistă (Rumänien)
PASOC	Partido de Acción Socialista (Spanien)
PASOK	Panellínio Sosialistikó Kínima (Griechenland)
PBP	People Before Profit (Irland)
PC	Partidul Conservator (Rumänien)
PCE	Partido Comunista de España (Spanien)
PCE/IU	Partido Comunista de España/Izquierda Unida (Spanien)
PCF	Parti Communiste Français (Frankreich)
PCI	Partito Comunista Italiano (Italien)
PCP	Partido Comunista Português (Portugal)
PCPE	Partido Comunista de los Pueblos de España (Spanien)
PCR	Partidul Comunist Român (Rumänien)
PCTP/MRPP	Partido Comunista dos Trabalhadores Portugueses/Movimento Reorganizativo do Proletariado Português (Portugal)
PCTV	Partido Comunista de las Tierras Vascas (Spanien)
PCTVL	Cilvēka Tiesībām Vienotā Latvijā (Lettland)
PD	Partito Democratico (Italien)

PDC	Partido Democrático Cristão (Portugal)
PdCI	Partito dei Comunisti Italiani (Italien)
PDF	Parti de la France (Frankreich)
PDN	Partidul Demnităţii Naţionale (Rumänien)
PDP	Partido da Direita Portuguesa (Portugal)
PDS	Partei des Demokratischen Sozialismus (Deutschland)
PDS	Partito Democratico della Sinistra (Italien)
PDSR	Partidul Democraţiei Sociale Română (Rumänien)
PERUS	Perussuomalaiset (Finnland)
PET	Politiets Efterretningstjeneste (Dänemark)
PFLP	Popular Front for the Liberation of Palestine (Dänemark)
PFN	Polski Front Narodowy (Polen)
PG	Parti de gauche (Frankreich)
PiS	Prawo i Sprawiedliwość (Polen)
PNG	Partidul Noua Generatie (Rumänien)
PNP	Partido Nacionalista Português (Portugal)
PNR	Partido Nacional Renovador (Portugal)
PNV	Partido Nacionalista Vasco (Spanien)
PO	Platforma Obywatelska (Polen)
POI	Parti ouvrier indépendant (Frankreich)
POL.AN	Politikí Ánixi (Griechenland)
POP	Perustuslaillinen oikeistopuolue (Finnland)
POR	Partido Obrero Revolucionario (Spanien)
POSI	Partido Obrero Socialista Internationalista (Spanien)
POUS	Partido Operário de Unidade Socialista (Portugal)
PP	Partido do Progresso (Portugal)
PP	Partido Popular (Spanien)
PPPS	Partidul Popular şi al Protecţiei Sociale (Rumänien)
PPR	Politieke Partij Radicalen (Niederlande)
PPS	Polska Partia Socjalistyczna (Polen)
PRC	Partito Rifondazione Comunista (Italien)
PRD	Partido Renovador Democrático (Portugal)
PRM	Partidul România Mare (Rumänien)
PRN	Partido Nacional Renovador (Portugal)
PS	Parti Socialiste (Belgien)
PS	Parti Socialiste (Frankreich)
PS	Partido Socialista (Portugal)
PSD	Partido Social Democrata (Portugal)
PSD	Partidul Social Democrat (Rumänien)
PSDR	Partidul Social Democrat Român (Rumänien)
PSE-EE	Partit dels Socialistes de Catalunya-Euskadiko Eskerra (Spanien)
PSM	Partidul Socialist al Muncii (Rumänien)
PSNS	Pravá Slovenská národná strana (Slowakei)
PSOE	Partido Socialista Obrero Español (Spanien)

PSP	Pacifistisch-Socialistische Partij (Niederlande)
PSP'92	Pacifistisch Socialistische Partij '92 (Niederlande)
PSR	Partido Socialista Revolucionário (Portugal)
PSUC	Partit Socialista Unificat de Catalunya (Spanien)
PT	Parti des travailleurs (Frankreich)
PTB	Parti du Travail de Belgique (Belgien)
PTE-UC	Partido de los Trabajadores de España-Unidad Comunista (Spanien)
PUNR	Partidul unității Naționale ein Romanilor (Rumänien)
PvdA	Partij van de Arbeid (Niederlande)
PVV	Partij voor de Vrijheid (Niederlande)
PWN	Polska Wspolnota Narodowa (Polen)
PWN-PSN	Polska Wspolnota Narodowa – Polskie Stronnictwo Narodowe (Polen)
PZPR	Polska Zjednoczona Partia Robotnicza (Polen)
RaRa	Revolutionaire Anti-Racistische Actie (Niederlande)
RAF	Rote Armee Fraktion (Deutschland)
REM	Remonttiryhmä (Finnland)
REP	Republikaner (Deutschland)
REP	Republikaner (Tschechien)
RF	Revolutionära Fronten (Schweden)
RKP	Ruotsalainen kansanpuolue (Finnland)
RMS	Republikáni Miroslava Sládka (Tschechien)
RNE	Russkoe Nacional'noe Edinstvo (Russland)
RNE	Russkoe Nacional'noe Edinstvo v Estonii (Estland)
RNE	Russkoe Nacional'noe Edinstvo v Latvije (Lettland)
ROP	Ruch Odbudowy Polski (Polen)
RPR	Rassemblement Pour la République (Frankreich)
RS	Republikanci Slovenije (Slowenien)
RV	Det Radikale Venstre (Dänemark)
RVF	Racial Volunteer Force (Niederlande)
SA	Socialist Alliance (Großbritannien)
SAF	Social Anarchična Federacija (Slowenien)
SAP	Socialistische Arbeiderspartij (Belgien)
SAP	Socialistische Arbeiderspartij (seit 2004: Socialistische Alternatieve Politiek) (Niederlande)
SAP	Socialistisk Arbejderparti (Dänemark)
SC	Saskaņas Centrs (Lettland)
SD	Sinistra Democratica (Italien)
SD	Socialdemokratiet i Danmark (Dänemark)
SD	Socialni Demokrati (Slowenien)
SD	Sverigedemokraterna (Schweden)
SDB	Sociaal-Democratischen Bond (Niederlande)
SDK	Slovenská demokratická koalicia (Slowakei)
SDL	Strana demokratickej l'avice (Slowakei)
SDL	Trana demokratickej l'avice (Tschechien)
SDP	Stranka demokratske prenove (Slowenien)

SDP	Suomen sosialidemokraattinen puolue (Finnland)
SDPS	Socialdemokratska prenova Slovenije (Slowenien)
SdRP	Socjaldemokracja Rzeczypospolitej Polskiej (Polen)
SDS	Sajus na Demokratitschnite Sili (Bulgarien)
SDU	Socialdemokratska unia (Slowenien)
SDZ	Slovenska domobranska zveza (Slowenien)
SED	Sozialistische Einheitspartei Deutschlands (Deutschland)
SF	Sozialistisk Folkeparti (Dänemark)
SFN	Stormfront Nederland (Niederlande)
SFU	Socialistisk Folkepartis Ungdom (Dänemark)
SHO	Slovenské hnutie obrody (Slowakei)
SI	Suomi – Isänmaa (Finnland)
SIAC	Special Immigration Appeals Commission (Großbritannien)
SIKL	Suomen Isänmaallinen Kansanliike (Finnland)
SIP	Slovenski anarchitični Portal (Slowenien)
SIP	Suomen Islamilainen Puolue (Finnland)
SiSD/USW	Sindikat samoorganiziranega delavstva
SKDL	Suomen kansan demokraattinen liitto (Finnland)
SKO	Slovenski komunistični odbor (Slowenien)
SKP	Suomen Kommunistinen Puolue (Finnland)
SKP	Sveriges Kommunistiska Parti (Schweden)
SKPy	Suomen Kommunistinen Puolue yhtenäisyys (Finnland)
SKS	Suomen Kansan Sinivalkoiset (Finnland)
SLD	Sojusz Lewicy Demokratyczney (Polen)
SLNKO	Slovenská národná koalícia – Slovenská vzájomnosť (Slowakei)
SMK	Strana mad'arskej koalicie (Slowakei)
SMP	Suomen Maaseudun Puolue (Finnland)
SN	Stronnictwo Narodowe (Polen)
SND	Slovenska nacionalna desnica (Slowenien)
SNK	Slovenský národný kongres (Slowakei)
SNKY	Suomi Nousee – Kansa Yhdistyy (Finnland)
SNS	Slovenska nacionalna stranka (Slowenien)
SNS	Slovenská národná strana (Slowakei)
SOP	Strana občianskeho porozumenia (Slowakei)
SOVA	Slovenska Obveščevalno Varnostna Agencija (Slowenien)
SP	Socialistische Partij (Belgien)
SP	Socialist Party (Irland)
SP	Socialistische Partij (Niederlande)
SP.A	Socialistische Partij – Anders (Belgien)
SPÖ	Sozialdemokratische Partei Österreichs (Österreich)
SPR-RSČ	Sdružení pro republiku – Republikánská strana Československa (Tschechien)
SRP	Samoobrona Rzeczpospolitej Polskiej (Polen)
SRP	Sozialistische Reichspartei (Deutschland)
SRPO	Skupina radikálneho protifašistického odboja (Slowakei)

SSN	Stranka slovenskega Naroda (Slowenien)
STP	Suomen Työväenpuolue (Finnland)
SUF	Socialistisk Ungdomsfront (Dänemark)
SWP	Socialist Workers Party (Großbritannien)
SWP	Socialist Workers Party (Irland)
SWP	Socialist Workers Party (Niederlande)
SYN	Synaspismós (Griechenland)
SZDSZ	Szabad Demokraták Szövetsége (Ungarn)
SZM	Socialistický sväz mladých (Slowakei)
TB	Tēvzemei un Brīvībai (Lettland)
TB/LNNK	Tēvzemei un Brīvībai/Latvijas Nacionālās Neatkarības Kustība (Lettland)
TDP	Turska Demokratičeska Partija (Bulgarien)
TKL	Tautas Kustība Latvijai (Lettland)
TMRSZ	Tettrekész Magyar Rendőrség Szakszervezete (Ungarn)
TPP	Tautos prisikelimo partija
TSP	Tautas Saskaņas Partija (Lettland)
TWRA	Third World Relief Agency (Slowenien)
UDF	Nouvelle Union pour la Démocratie Française (Frankreich)
UDMR	Uniunea Democrată Maghiară din România (Rumänien)
UDP	União Democrática Popular (Portugal)
UGL	Unione Generale di Lavoro (Italien)
UGT	Unión General de Trabajadores (Spanien)
UN	União Nacional (Portugal)
UPR	Unia Polityki Realnej (Polen)
V	Venstre (Dänemark)
VAS	Vasemmistoliitto (Finnland)
VB	Vlaams Belang/Vlaams Blok (Belgien)
VBJ	Vlaams Blok Jongeren (Belgien)
VCN	Verbond van Communisten in Nederland (Niederlande)
VdU	Verein der Unabhängigen (Österreich)
VEE	Vene Erakond Eestis (Estland)
VIHR	Vihreä liitto (Finnland)
VJM	Vlaamse Jongeren Mechelen (Belgien)
VLD	Vlaamse Liberalen en Democraten (Belgien)
VNJ	Vlaams Nationaal Jeugdverbond (Belgien)
VNN	Volksnationalisten Nederland (Niederlande)
VNV	Vlaams Nationaal Verbond (Belgien)
VP	Vänsterpartie (Schweden)
VPK	Vänsterpartiet kommunisterna (Schweden)
VS	Partiet Venstresocialisterne (Dänemark)
VSL	Vapaan Suomen Liitto (Finnland)
VU	Volksunie (Belgien)
VU	Vlaamse Volksunie (Niederlande)
VVD	Volkspartij voor Vrijheid en Democratie (Niederlande)

WASG	Wahlalternative Arbeit und soziale Gerechtigkeit (Deutschland)
WP	Workers Party (Irland)
ZCHN	Zjednoczenie Chrześcijańsko-Narodowe (Polen)
ZKJ	Zveza komunistov Jugoslavije (Slowenien)
ZKS	Zveza komunistov Slovenije (Slowenien)
ZL	Združena lista (Slowenien)
ZLSD	Združena lista socialnih demokratov (Slowenien)
ZRS	Združenie robotnikov Slovenska (Slowakei)
ZSMS	Zveza socialistične mladine Slovenije (Slowenien)
ZSP	Związek Syndykalistów Polski (Polen)
ZZR	Samoobrona (Polen)

Autorenverzeichnis

Dr. Kevin Adamson ist Dozent für Politikwissenschaft an der Universität West of Scotland in Paisley.

Dr. Uwe Backes ist Professor und Stellvertretender Direktor des Hannah-Arendt-Instituts für Totalitarismusforschung an der Technischen Universität Dresden.

Melani Barlai, M. A., ist Doktorandin der Politikwissenschaft an der Technischen Universität Dresden.

Niels Dehmel ist studentische Hilfskraft der Professur Politische Systeme/Politische Institutionen am Institut für Politikwissenschaft der Technischen Universität Chemnitz.

John Fitzgibbon, M. A., ist Doktorand und wissenschaftlicher Mitarbeiter an der Universität Sussex.

Sergiu Florean, M. A., ist wissenschaftlicher Assistent im Fachbereich Politikwissenschaft an der Universität Timisoara.

Jan Freitag, B. A., ist wissenschaftliche Hilfskraft der Professur Politische Systeme/Politische Institutionen am Institut für Politikwissenschaft der Technischen Universität Chemnitz.

Marleen Gambel, M. A., ist Doktorandin der Politikwissenschaft an der Friedrich-Alexander-Universität Erlangen-Nürnberg.

Dr. Florian Hartleb ist Professor und Leiter des Instituts für Politikmanagement an der Internationalen Hochschule für Exekutives Management in Berlin.

Dr. Carlos Jalali ist Assistenzprofessor für Sozialwissenschaften am Institut Políticas e do Território der Universität Aveiro.

Dr. Eckhard Jesse ist Professor für Politische Systeme/Politische Institutionen am Institut für Politikwissenschaft der Technischen Universität Chemnitz.

Dr. Marianne Kneuer, PD, ist Gastprofessorin für Vergleichende Regierungslehre an der Phillips-Universität Marburg.

Dr. Stefan Köppl ist wissenschaftlicher Assistent und persönlicher Referent des Direktors an der Akademie für politische Bildung in Tutzing.

Kati Kuitto, M. A., ist wissenschaftliche Mitarbeiterin am Institut für Politik- und Kommunikationswissenschaft der Universität Greifswald.

Michail Logvinov, M. A., ist Doktorand am Institut für Politikwissenschaft der Technischen Universität Chemnitz.

Dr. Paul Lucardie ist Mitarbeiter des Dokumentationszentrums für Niederländische Politische Parteien an der Universität Groningen.

Dr. Miroslav Mareš, PD, ist wissenschaftlicher Mitarbeiter am Institut für Vergleichende Studien der Masaryk Universität Brno.

Michael Meznik, M. A., ist Doktorand am Institut für Politikwissenschaft der Universität Wien.

Dr. Lazaros Miliopoulos ist wissenschaftlicher Mitarbeiter am Institut für Europäische Geschichte der Johannes Gutenberg-Universität in Mainz.

Dr. Aleksandra Moroska ist wissenschaftliche Mitarbeiterin am Institut für Sicherheit und Internationale Angelegenheiten der Niederschlesischen Universität Wroclaw.

Dr. Lukáš Novotný ist wissenschaftlicher Mitarbeiter an der Philosophischen Fakultät der Jana Evangelisty Purkyně Universität Ústí nad Labem.

Christoph Oberst, M. A., ist wissenschaftlicher Mitarbeiter am Institut für Politik- und Kommunikationswissenschaft der Universität Greifswald.

Dr. Teresa Pinheiro ist Juniorprofessorin für Kulturellen und Sozialen Wandel am Institut für Europäische Studien der Technischen Universität Chemnitz.

Dr. Axel Reetz ist Dozent für Politikwissenschaft an der School of Business Administration Turiba.

Dr. Dirk Rochtus ist Dozent für internationale Politik an der Lessius Hochschule Leuven.

Dr. Thomas Schubert ist wissenschaftlicher Mitarbeiter der Professur Politische Systeme/Politische Institutionen am Institut für Politikwissenschaft der Technischen Universität Chemnitz.

Dr. Anna Sroka ist Assistenzprofessorin am Institut für Politikwissenschaft der Universität Warschau.

Dr. Roland Sturm ist Professor für Politische Wissenschaft an der Friedrich-Alexander-Universität Erlangen-Nürnberg.

Dr. Tom Thieme ist wissenschaftlicher Mitarbeiter der Professur Politische Systeme/Politische Institutionen am Institut für Politikwissenschaft der Technischen Universität Chemnitz.

Dr. Gerrit Voerman ist Direktor des Dokumentationszentrums für Niederländische Politische Parteien an der Universität Groningen.

Dr. Friso Wielenga ist Professor und Direktor des Zentrums für Niederlande-Studien an der Westfälischen Wilhelms-Universität Münster.